„Unser Ja zum neuen Deutschland"

STUDIEN ZUR BILDUNGSREFORM
Herausgegeben von Wolfgang Keim
Universität Paderborn

BAND 49

PETER LANG
Frankfurt am Main · Berlin · Bern · Bruxelles · New York · Oxford · Wien

Martin Dust

„*Unser Ja zum neuen Deutschland*"

Katholische Erwachsenenbildung
von der Weimarer Republik
zur Nazi-Diktatur

PETER LANG
Europäischer Verlag der Wissenschaften

Bibliografische Information der Deutschen Nationalbibliothek
Die Deutsche Nationalbibliothek verzeichnet diese Publikation
in der Deutschen Nationalbibliografie; detaillierte bibliografische
Daten sind im Internet über <http://www.d-nb.de> abrufbar.

Zugl.: Paderborn, Univ., Diss., 2006

Gedruckt auf alterungsbeständigem,
säurefreiem Papier.

D 466
ISSN 0721-4154
ISBN-10: 3-631-55693-4
ISBN-13: 978-3-631-55693-1
© Peter Lang GmbH
Europäischer Verlag der Wissenschaften
Frankfurt am Main 2007
Alle Rechte vorbehalten.

Das Werk einschließlich aller seiner Teile ist urheberrechtlich
geschützt. Jede Verwertung außerhalb der engen Grenzen des
Urheberrechtsgesetzes ist ohne Zustimmung des Verlages
unzulässig und strafbar. Das gilt insbesondere für
Vervielfältigungen, Übersetzungen, Mikroverfilmungen und die
Einspeicherung und Verarbeitung in elektronischen Systemen.

Printed in Germany 1 2 3 4 5   7

www.peterlang.de

Dank

Die nachfolgende Arbeit wurde im Sommersemester 2006 als Dissertation an der Fakultät für Kulturwissenschaften der Universität Paderborn angenommen. Für die Drucklegung wurde sie geringfügig überarbeitet. Sowohl ihre Entstehung als auch ihr Abschluss gehen wesentlich auf Prof. Dr. Wolfgang Keim zurück. Seine Anregung für diese Untersuchung erfolgte nach Abschluss meines pädagogischen Studiums. Der folgenden Mitarbeit an seinem Lehrstuhl, seinen Oberseminaren wie den persönlichen Gesprächen verdanke ich wesentliche Anregungen für die inhaltliche Ausrichtung. Er hat den langwierigen und durchaus mühsamen Forschungs- und Arbeitsprozess – parallel zu meiner späteren Berufstätigkeit als Volkshochschulleiter der Großen Kreisstadt Schramberg in Baden-Württemberg sowie anschließend als Direktor der Volkshochschule des Kreises Olpe in Nordrhein-Westfalen – über die vergangenen Jahre hinweg mit nicht ermüdender Ausdauer betreut und wesentliche Impulse für die nunmehr erfolgte Fertigstellung der Arbeit gegeben. Ihm bin ich von daher zu herzlichem Dank verpflichtet; nun nicht zuletzt auch dafür, dass er sofort bereit war, die Dissertation in die von ihm herausgegebene Reihe „Studien zur Bildungsreform" beim Peter Lang Verlag aufzunehmen. Besonderer Dank gilt auch Prof. Dr. Wolfgang Seitter von der Philipps-Universität Marburg sowohl für seine sorgfältige Zweitbegutachtung als auch für wertvolle Hinweise für die Veröffentlichung.

Ohne vielfältige Unterstützung wäre der Abschluss dieses Projektes nicht möglich gewesen. Stellvertretend für alle Archive möchte ich den Mitarbeitern und Mitarbeiterinnen der Kommission für Zeitgeschichte in Bonn, für alle Bibliotheken den Mitarbeiterinnen in der Erzbischöflichen Akademischen Bibliothek Paderborn danken. Besonderer Dank gilt Frau Erna Nagel, die handschriftliche, teils schwer lesbare Unterlagen aus den Archiven von der deutschen Sütterlin- in die lateinische Ausgangsschrift transkribierte. Danken möchte ich allen, die Korrektur gelesen haben. Hier ist zuerst in seinem hohen Alter mein Vater, darüber hinaus mein Bruder Friedrich sowie meine Lebenspartnerin Stefanie zu nennen.

Widmen möchte ich diese Arbeit meinem Vater in seinem 95. Lebensjahr – ihm verdanke ich das persönliche Interesse für die Disziplin Geschichte – sowie Stefanie anlässlich des Abschlusses ihres postgraduierten Studienganges Wirtschafts- und Steuerrecht (LL.M.) – sie motivierte mich immer wieder zum Abschluss dieser Arbeit.

Vorwort des Herausgebers

Mit seiner Untersuchung über „Katholische Erwachsenenbildung von der Weimarer Republik zur Nazi-Diktatur" widmet sich Martin Dust einem Strang deutscher Erwachsenenbildung, der in neueren Gesamtdarstellungen eher am Rande und vor allem für die Zeit *vor* 1918 behandelt wird wie zuletzt in der gegenwärtig umfassendsten, 2001 erschienenen Darstellung zur „Geschichte der Erwachsenenbildung in Deutschland" von Josef Olbrich. Dabei fehlt es nicht an Veröffentlichungen zur katholischen Erwachsenenbildung der Weimarer Zeit, und zwar weder an großen Überblicken wie denen von Niggemann (1967), Benning (1970), auf begrenzterem Raum auch Zangerle (in dem von Franz Pöggeler herausgegebenen Handbuch zur „Geschichte der Erwachsenenbildung" von 1975), noch an detaillierten Einzelstudien zu zentralen Einrichtungen wie dem „Volksverein für das Katholische Deutschland" (z.B. Heitzer 1979, Grothmann 1997) oder zu wichtigen Repräsentanten wie Anton Heinen (z.B. Kuhne 1981, Wulfert 1992, Schmidt 1995). Dass derartige Untersuchungen von der Historiographie der Erwachsenenbildung nur sehr eingeschränkt zur Kenntnis genommen werden, hängt vermutlich damit zusammen, dass sie in der Regel einerseits sehr eng auf den katholischen Erwachsenenbildungssektor beschränkt bleiben, andererseits – trotz aller Akribie – ihren Gegenstand eher unkritisch-affirmativ behandeln. Dies zeigt sich vor allem dann, wenn es um Bezüge zur NS-Zeit oder gar zur Rolle katholischer Erwachsenenbildung während dieses Zeitabschnittes geht. Entweder wird nämlich – wie lange Zeit auch für andere Bereiche des Bildungswesens – von „nationalsozialistischer Unterdrückung", „Kahlschlag" und „jähem Ende" im Jahre 1933 gesprochen (so z.B. Zangerle), im besten Falle von „Versagen", ohne dass die Ursachen dafür analysiert würden. Dabei ist zumindest die kritische Kirchengeschichtsschreibung seit Ernst-Wolfgang Böckenfördes – bereits 1961 erschienenem – grundlegenden Aufsatz „Der deutsche Katholizismus im Jahre 1933" längst zu viel differenzierteren Einsichten bezüglich des Verhältnisses von Katholischer Kirche und Nationalsozialismus gelangt und hat dabei nicht zuletzt auf entsprechende Kontinuitäten mentaler Muster verwiesen, wie sie bislang in Untersuchungen zum Verhältnis von katholischer Erwachsenenbildung und Nationalsozialismus nur sehr rudimentär untersucht und erkannt (oder sollte man sagen: anerkannt) worden sind. Vor dem Hintergrund dieses Forschungsstandes ist vorliegende, als Dissertation in Paderborn angenommene Arbeit von Martin Dust einzuordnen, die erstmals das Hauptaugenmerk auf derartige Kontinuitäten innerhalb katholischer Erwachsenenbildung von der Weimarer zur NS-Zeit legt, und das heißt schwerpunktmäßig deren

„weltanschauliches Gepäck" untersucht bzw. die Frage nach der Attraktivität des Nationalsozialismus für ihre Protagonisten stellt, und zwar mit einem von der Fragestellung her nahe liegenden ideologiekritischen Untersuchungsansatz.

Das Besondere dieses Ansatzes ist, dass die pädagogischen Zielperspektiven katholischer Erwachsenenbildung vor dem Hintergrund philosophisch-theologischer, gesellschaftlicher und politischer Grundannahmen damaligen katholischen Denkens gespiegelt werden, und zwar von einem nicht-kirchlich gebundenen Standpunkt aus, was die Untersuchung auch über rein katholische Fachkreise hinaus lesenswert macht. Inhalte und Formen dieses Denkens sieht Dust vor allem durch die – bis in die Weimarer Zeit anhaltende – Auseinandersetzung von katholischer Kirche und katholischem Milieu mit der Zeitepoche der Moderne bestimmt und d.h. mit dem Prozess der aus Aufklärung und Französischer Revolution resultierenden Veränderungen mit einem – kirchlichen Lehrmeinungen entgegenstehenden – neuen Selbstverständnis des Menschen als mündigem Subjekt einerseits, mit entsprechenden Formen einer auf Partizipation hin angelegten – hierarchisch-autoritären kirchlichen Herrschaftsformen widersprechenden – Gesellschaftsverfassung andererseits. Dust verdeutlicht, wie die Kirche auf Tendenzen von Liberalismus, Individualismus und Pluralismus mit deren strikter Verwerfung, etwa im „Syllabus errorum", sowie der Stärkung kirchlicher Autorität vor allem durch das Unfehlbarkeitsdogma des Papstes, schon im 19. Jahrhundert reagiert und wie die Kirche aus derselben Haltung heraus, zumal nach den Erfahrungen des Kulturkampfes, auch die Grundlagen der Weimarer Republik – als „Ausformung der Moderne" – abgelehnt und bekämpft hat, so dass sich hier bereits Schnittmengen zur NS-Ideologie ergaben. Ebenso zeigt er, wie die Funktion katholischer Erwachsenenbildung von ihren Anfängen an eben darin gesehen wurde, den Herausforderungen von Aufklärung und Französischer Revolution im Sinne der Katholischen Kirche zu begegnen, später vor allem, dem letztendlich ebenfalls aus Gedanken der Aufklärung resultierenden sozialistischen Einfluss entgegenzuwirken, wozu auch das Bemühen um alternative, auf Integration der Arbeiterschaft in die bestehende Gesellschaft zielende Lösungswege für den durch die Industrialisierung entstandenen Pauperismus und die damit verbundene Arbeiterfrage gehörten, eine Zielvorstellung, die in den ständischen Leitbildern und Gesellschaftsvorstellungen des seit 1890 für die katholische Erwachsenenbildung maßgeblichen „Volksvereins für das katholische Deutschland" weitergewirkt haben.

Das Überdauern dieser Denkkategorien im katholischen Milieu insgesamt wie im Bereich katholischer Erwachsenenbildung im Besonderen bis in die Zwischenkriegszeit hinein verdeutlicht Dust auf drei unterschiedlichen Ebenen, und zwar auf der Grundlage klug ausgewählter Materialcorpora jeweils schwerpunktmäßig für den Zeitraum Endphase Weimar/ NS-Vorkriegszeit. Zunächst einmal analysiert er, um den prägenden Einfluss dieses Gedankenguts im katholischen Milieu nachzuweisen, die unter Klerikern bis heute weit verbreitete Zeitschrift „Der Prediger und Katechet", die sowohl „fertig ausgearbeitete Predigten für die Sonn- und Festtage" als auch „Gelegenheitspredigten und Standesunterweisungen", nicht zuletzt „Vorlagen für die Christenlehre sowie die Kirchenpredigt", ab 1937 auch „systematische Vorträge für Erwachsene als Versuch einer theologischen Erwachsenenbildung" enthielt (S. 112) und von Dust als „pragmatische Predigtzeitschrift" bezeichnet wird (S. 113). „Da sowohl die Schriftleiter als auch die Mitarbeiter aus der seelsorglichen Praxis stammten", folglich „das inhaltliche Angebot mit dem Durchschnitt des Klerus … korrespondierte", sieht Dust mit seiner Analyse dieser Zeitschrift „eine objektive Möglichkeit, sich der Praxis der kirchenamtlichen Verkündigung im katholischen Milieu sowohl innerhalb des Gottesdienstes als auch in kirchlichen Vereinen und Gemeinschaften zu nähern." (S. 113f.) Methodisch entscheidet er sich, nicht nur einzelne Aufsätze oder Rubriken der Zeitschrift zu untersuchen, sondern sie im angegebenen Zeitraum vollständig zu erfassen und auszuwerten, um so die Sicherheit zu haben, „den Gesamttrend der Zeitschrift in ihren gesellschaftspolitischen Aussagen vollständig zu erfassen." (S. 113) Systematische Gesichtspunkte der Analyse sind etwa „Mythos Mittelalter und Antipode Neuzeit", „Autoritäre Volksgemeinschaft und berufsständische Ordnung", „Deutungsmuster Naturrecht" oder „Die Feinde der Volksfamilie: Liberalismus – Judentum – Sozialismus – Bolschewismus", anhand derer sich das der Zeitschrift durchgängig zugrunde liegende Gesellschaftsbild mit einer erdrückenden Anzahl von Belegen nachweisen lässt, bevor abschließend – sozusagen als Quintessenz – die Wahrnehmung des Nazismus durch die Zeitschrift bzw. deren Forderungen an die Gläubigen bezüglich ihres Verhaltens im nazistischen Staat herausgearbeitet werden.

Auf einer zweiten, den Bereich der Erwachsenenbildung eingrenzenden Ebene unternimmt der Verfasser eine vergleichbare ideologiekritische Analyse für das zentrale Periodikum katholischer Erwachsenenbildung in der Endphase Weimars „Volkstum und Volksbildung". Dabei arbeitet Dust neben den bereits skizzierten Kategorien, die für das Selbstverständnis katholischer Erwachsenenbildung charakteristischen Denkfiguren und Leitvorstellungen heraus, etwa das auch in anderen Richtungen Weimarer Erwachsenenbildung weit verbreitete, allerdings unterschiedlich gefüllte Ziel „Volksbildung als Volkbildung", ebenso die spezifischen Bemühungen katholischer Erwachsenenbildung im Umgang mit der sich damals verschärfenden Arbeitslosigkeit im Sinne von Lebenshilfe, nicht zuletzt die propagierten Formen und Methoden katholischer Erwachsenenbildung. Sie hießen zwar – ähnlich wie in anderen Bereichen der Erwachsenenbildung – Arbeitsgemeinschaft und Heimvolkshochschule, waren also grundsätzlich subjektorientiert, standen freilich in krassem Widerspruch zu den skizzierten Zielvorstellungen katholischer Erwachsenenbildung insgesamt. Auch diese Analyse schließt mit dem Verhältnis der Zeitschrift zum Nazismus und zum nazistischen Staat, das sich spätestens seit März 1933 positiv gestaltet habe. Aufgrund seiner Nachweise nur konsequent, macht Dust dafür weniger die veränderte Haltung der katholischen Bischöfe, als vielmehr die „antidemokratische Gesinnung, die Grundeinstellung der katholischen Erwachsenenbildung", wie sie sich auch in dieser Zeitschrift spiegele, verantwortlich, so dass sie „gemeinsam mit den antidemokratischen Kräften den Untergang der Weimarer Republik gefördert" habe (S. 372).

Schließlich werden auf einer letzten – dritten – Ebene die zuvor auf der Grundlage der Zeitschriftenanalysen gewonnenen Ergebnisse an einem zentralen Repräsentanten katholischer Erwachsenenbildung zu exemplifizieren versucht, wobei sich Emil Ritter nicht nur aufgrund seiner Bedeutung für die katholische Erwachsenenbildung im Untersuchungszeitraum, sondern auch aufgrund seiner Wirksamkeit in ganz unterschiedlichen Zeitabschnitten des vergangenen Jahrhunderts anbietet. Unter Forschungsgesichtspunkten ist vor allem darauf hinzuweisen, dass das von Dust entworfene biographische Bild Ritters wie die Analyse seiner Gedankenwelt erstmals den umfänglichen archivalischen Nachlass Ritters im Archiv bei der Kommission für Zeitgeschichte in Bonn einbezieht und darauf schwerpunktmäßig basiert.

Grundsätzlich finden sich bei ihm dieselben Affekte gegen eine demokratische Zivilgesellschaft, wie sie bereits die Zeitschriftenanalysen zutage gefördert hatten, wobei es allerdings interessante Besonderheiten bei Ritter gibt, wie beispielsweise die frühzeitige Bewunderung des italienischen Faschismus, dem er schon Ende der 20er Jahre eine „Vorbild- und Leitfunktion für eine mögliche Neuordnung Deutschlands" zuschreibt (S. 473), oder die von ihm lange vor dem März 1933 propagierte Zusammenarbeit zwischen Zentrum und Hitler. Einem programmatischen Artikel Ritters aus der von diesem als Hauptschriftleiter redigierten Zeitschrift „Germania" ist auch das Zitat im Titel der

Arbeit entnommen: „Unser Ja zum neuen Deutschland", das bei Ritter besonders extrem ausgefallen war. Erstaunlich (oder auch nicht), dass er sich nach 1945 keinerlei kritische Rechenschaft ablegte, sondern sein Gedankengut letztendlich ungebrochen weiter tradiert, was in ähnlicher Weise für andere zentrale zeitgenössische Repräsentanten katholischer Erwachsenenbildung gegolten hat.

Der Wert von Martin Dusts Dissertation für die erziehungshistorische Forschung liegt m.E. zunächst einmal in einer wesentlichen Erweiterung unseres Wissens über die Geschichte der Erwachsenenbildung in der Zwischenkriegszeit, und zwar für einen Sektor damaliger Erwachsenenbildung, der rein zahlenmäßig in seiner Bedeutung und in seinem Einfluss kaum zu überschätzen ist. Gehörten doch dem 1890 gegründeten, katholische Erwachsenenbildung lange Zeit dominierenden „Volksverein für das katholische Deutschland" bei Beginn des Ersten Weltkrieges ca. 800.000 Mitglieder an. Als diese bis 1932 auf 325.000 schrumpften, gewann dafür der 1919 gegründete „Zentralbildungsausschuss der katholischen Verbände Deutschlands" (ZBA) zunehmend an Einfluss. Dem ZBA gehörten 1929 allein 34 Verbände, Vereine und Gemeinschaften mit über 5 Millionen Mitgliedern an (vgl. S. 100ff. und 565). Was dies im Hinblick auf die mit der Weimarer Verfassung angestrebte Demokratisierung der Gesellschaft bedeutet hat, wird erst voll verständlich, wenn man die von Dust analysierten Prämissen, Zielvorstellungen und Durchsetzungsstrategien katholischer Erwachsenenbildung rezipiert, die bereits vom Ansatz her anti-liberal und bis in die Führungs- und Entscheidungsstrukturen ihren Organisationen hinein anti-demokratisch ausgerichtet waren. Die Weimarer Republik wurde hier ebenso wie die ihr zugrunde liegenden Prinzipien von Aufklärung, Menschen- und Bürgerrechten nicht nur verneint, sondern sogar bekämpft. Dies galt zwar nicht für das gesamte katholische Milieu als solches, wenn man etwa an das Spektrum des Linkskatholizismus denkt, wohl aber – wie Dust eindrucksvoll nachweist – für die wesentlichen Bereiche damaliger katholischer Erwachsenenbildung.

In diesem Kontext gewinnen die verschiedenen Richtungen freier, aber auch demokratisch-sozialistischer Erwachsenenbildung zumindest einen anderen Stellenwert, als wenn man sie nur losgelöst davon betrachtet, wie dies bis heute vielfach der Fall ist. Ihr Charakteristikum war gerade, dass Hörer und Teilnehmer nicht aufgrund von Mitgliedschaften in weltanschaulichen Vereinigungen, sondern aus freiem Entschluss, unabhängig von derartigen Bindungen zu den von ihnen – öffentlich und für alle zugänglich – angebotenen

Veranstaltungen, nach 1918 vor allem in städtische Volkshochschulen, kamen. Weltanschauliche Ungebundenheit, Teilnehmerzusammensetzung quer durch die Milieus, Neutralität der Lehrenden gegenüber unterschiedlichen religiösen und politischen Standorten, zugleich jedoch Bereitschaft, Veranstaltungen der Erwachsenenbildung als Forum zu Austausch und Diskussion zu nutzen, waren für sie selbstverständlich, womit sie – bei aller Unzulänglichkeit im einzelnen – die sich aus der Weimarer Verfassung ergebenden Maßgaben in anderer Weise erfüllten als die von Dust untersuchten Einrichtungen katholischer Erwachsenenbildung.

Damit hängt aufs engste zusammen deren besondere Anfälligkeit für den Nazismus, die Dust auf allen drei untersuchten Ebenen eindrucksvoll nachweist. Was Hans-Ulrich Wehler in seiner „Deutschen Gesellschaftsgeschichte" für „führende Kleriker, Politiker und Intellektuelle" resümiert, dass sie nämlich „zu ‚einflussreichen Wegbereitern' des nationalsozialistischen ‚Aufstandes' gegen die liberal-demokratisch verfasste Gesellschaft" wurden (Bd. IV, S. 815), gilt für die katholische Erwachsenenbildung in besonderem Maße. Der nahezu bruch-, ja reibungslose Übergang von Weimar zur Nazi-Diktatur, wie er sich sowohl in den von Dust untersuchten Zeitschriften als auch in den Publikationen und Archivalien Emil Ritters spiegelt, war eben nicht erst Ergebnis des Umschwenkens der Bischöfe im März 1933, sondern vielmehr langfristiges Resultat der von Dust analysierten gesellschaftspolitischen Denkkategorien des Katholizismus mit starken Affinitäten zur NS-Ideologie, deren Ursprünge bis weit ins 19. Jahrhundert zurückreichen.

Mit diesem Nachweis leistet Dust einen wesentlichen Beitrag zur Kontinuitätsdebatte innerhalb der deutschen Erziehungswissenschaft. Anders als etwa Klaus-Peter Horn in seiner nach wie vor grundlegenden Analyse pädagogischer Zeitschriften im Nationalsozialismus beschränkt sich Dust bei seiner Untersuchung nicht auf den Zeitraum 1933-1945, sondern nimmt die Endphase Weimars mit hinzu und kann damit Kontinuität direkt nachweisen, ebenso beschränkt er sich auf wenige Zeitschriften, konzentriert sich auf exemplarisch ausgewählte Jahrgänge und spezifische Topoi, was der Analyse von Feinstrukturen im politischen Denken der von ihm untersuchten Erwachsenenbildner zugute kommt. M.W. beschreitet er mit diesem methodischen Vorgehen zumindest im Bereich der Erwachsenenbildung Neuland.

Zugleich ist seine Arbeit ein weiterer Beleg für die Kontinuität antidemokratischen Denkens in der deutschen Pädagogik vom Kaiserreich, über Weimar, den Nationalsozialismus bis hin in die Nachkriegszeit, was in vorliegender Arbeit vor allem das Beispiel Emil Ritters zeigt. Martin Dusts Untersuchung steht damit in engem Zusammenhang mit den ebenfalls in den „Studien zur Bildungsreform" erschienenen Arbeiten von Barbara Siemsen und Kurt Beutler zu Erich Weniger, insbesondere zu seiner Rolle als Militärpädagoge, oder mit Hans-Günther Brachts Untersuchung zur Aufbauschule in Rüthen.

Bleibt ein letzter, nicht minder wichtiger Aspekt, auf den vorliegende Arbeit indirekt aufmerksam macht, nämlich die Frage nach dem Verhältnis von Katholizismus und Bildungsarbeit heute. An deren ideologisch-normativer Ausrichtung hat sich bis heute kaum etwas geändert. Zwar haben innerhalb des katholischen Gesellschaftsbildes Entwicklungen stattgefunden, werden Demokratie, Religions- und Gewissensfreiheit grundsätzlich bejaht, zugleich gibt es jedoch nach wie vor innerhalb der institutionellen Verfasstheit der katholischen Kirche kaum zu übersehende antidemokratische, antiliberale, autoritär-hierarchische und patriarchalische Elemente, wie sie besonders in Regionen, in denen die katholische Kirche Teile des Bildungswesens dominiert, deutlich werden. Martin Dusts Untersuchung hätte ein wesentliches Ziel erreicht, wenn sie innerhalb des Katholizismus zum Nachdenken darüber anregen könnte. Schon allein deshalb wünschte man der Arbeit eine über das pädagogische Fachpublikum hinausgehende breite Leserschaft.

Paderborn, Dezember 2006   Wolfgang Keim

Inhaltsverzeichnis

I. Einleitung 21

1. Motive für die Auseinandersetzung mit der Thematik
und persönliche Zugänge 21

2. Schwerpunkte der Forschung 24

3. Entwicklung der Fragestellung 45

4. Quellenlage, Materialkorpus und Aufbau der Untersuchung 49

5. Methodische und methodologische Überlegungen 53

II. Kontexte 67

1. Auseinandersetzung mit der Moderne:
Historischer Kontext 67

2. Zur Entstehung katholischer Erwachsenenbildung:
Pädagogischer Kontext 84

3. Volksverein und Zentralbildungsausschuss:
Organisatorischer Kontext 93

III. Theologische Kulisse: Ideologiekritische Analyse der Zeitschrift „Der Prediger und Katechet" 107

1. „Der Prediger und Katechet": Vorbemerkungen 107

2. Die Positionen im Weltanschauungskampf:
Mythos Mittelalter und Antipode Neuzeit 114

3. Die gesellschaftspolitische Vision:
Autoritäre Volksgemeinschaft und berufsständische Ordnung 130

4. Das Deutungsmuster Naturrecht:
Der Anspruch der Kirche auf ihre Multiplikatoren 171

5. Die „Feinde" der „Volksfamilie":
Judentum, Sozialismus und Bolschewismus 196

6. Die „Kinder der Kirche":
Treu Gott, dem Führer und dem Vaterland 214

IV. Erwachsenenbildnerischer Hintergrund: Ideologiekritische Analyse der Zeitschrift „Volkstum und Volksbildung"   237

    1. Entstehung und Entwicklung der Zeitschrift von 1912 bis 1941   237

        a) Die Anfänge: Die „Volkskunst" von 1912 bis 1914   239

        b) Der Kriegseinsatz: Die „Volkskunst" von 1915 bis 1919   244

        c) Die Kulturkrise: Die „Volkskunst" von 1920 bis 1928   251

        d) Christlich-deutsche Volksgemeinschaft:
           „Volkstum und Volksbildung" von 1929 bis 1933   259

        e) Das Sakristeichristentum:
           Die „Geweihte Gemeinschaft" von 1934 bis 1941   267

    2. Ideologiekritische Analyse der Zeitschrift
       „Volkstum und Volksbildung"
       in der Endphase der Weimarer Republik   273

        a) Die Notzeit der Tage:
           Diagnose der Zeit als Katastrophe   273

        b) Organische Gemeinschaft:
           Entwurf einer katholisch-deutschen Gesellschaft   277

           aa) Religiöser Totalanspruch   277

           bb) „Volk" und „Volkstum"   285

           cc) Nationaler Katholizimus   299

           dd) Die Vision des Reiches   303

           ee) Menschliche Obrigkeit als Abglanz
               der göttlichen Autorität   307

           ff) Fronterlebnis und nationaler Wehrgedanke   312

           gg) Katholischer Antisemitismus   317

           hh) Katholische Feindbilder:
               Sozialismus und Bolschewismus   321

c) Das Volk zu schaffen: Selbstverständnis katholischer
Erwachsenenbildung 327

    aa) „Volksbildung als Volk-bildung" 327

    bb) Weltanschaulicher Idealismus
statt aufgeklärter Mündigkeit 335

    cc) Die Arbeitslosigkeit: Erwachsenenbildung als
pragmatische Lebenshilfe 338

d) Die Überwindung des Individualismus: Formen und
Methoden katholischer Erwachsenenbildung 344

    aa) Vereine und Gemeinschaften 344

    bb) Arbeitsgemeinschaft 348

    cc) Abend- und Heimvolkshochschule 352

    dd) Massenmedien: Film – Rundfunk – Schallplatte 360

e) Betend in die neue Zeit:
Die „Hommage" an den neuen Staat 368

V. Repräsentant katholischer Erwachsenenbildung: Emil Ritter 373

1. Vorbemerkungen 373

1. Biographie Emil Ritters 377

    a) Kaiserreich:
„Krieg und Kunst" (1914) 377

    b) Weimarer Republik:
„Die Volksbildung im deutschen Aufbau" (1919) 382

    c) Nazismus:
„Unser Ja zum neuen Deutschland!" (1933) 406

    d) Bundesrepublik Deutschland:
„Die katholisch-soziale Bewegung Deutschlands
und der Volksverein" (1954) 435

2. Gedankenwelt 439

    a) Biographischer Hintergrund 439

    b) Antidemokratische Kritik 443

        aa) Die Dämonisierung des Liberalismus 443

        bb) Der Kampf gegen die Demokratie 446

        cc) Die Widersacher christlich-deutscher Kultur 449

    c) Vision der Volksgemeinschaft 455

        aa) Die deutsche Volksgemeinschaft im „Mutterboden des Volkes" durch „Volksbildung" 455

        bb) Die Remilitarisierung für „den deutschen Kampf um Boden und Volkstum im Osten" 466

        cc) „Das heilige Zeichen auf der Stirn des Berufenen": Die Grundlegung des Führerkultes 468

    d) Erfüllung im Nazismus 472

        aa) „Mussolini: Der autoritäre Demokrat": Der italienische Faschismus als Vorbild 472

        bb) Der Hitlerputsch als „Jugendsünde": Die Annäherung an den Nazismus 477

        cc) „Im Volk geboren – Zum Führer erkorn – Alle sagen: Ja": Das Nazi-Reich als beglückendes Finale 484

3. „Ohne ein Jota katholischer Lehre preiszugeben": Persönliche Reflexion 509

4. „Der gute und edelste aller Menschen": Rezeption 516

5. Katholische Erwachsenenbildner seiner Zeit: ein Vergleich 524

    a) Vorbemerkungen 524

    b) „Der Staatsgedanke der deutschen Nation": August Pieper (1866-1942) 527

    c) „Ein Führergeschlecht für die Massen": Anton Heinen (1869-1934) 535

    d) „Die Theologie des Reiches": Robert Grosche (1888-1967) 543

VI. Fazit 549

Anhang 555

   Biographien 555

      Biographie: Emil Ritter 555

      Biographie: Dr. Ignaz Gentges 557

      Biographie: Dr. Robert Grosche 558

      Biographie: Dr. Anton Heinen 559

      Biographie: Bernhard Marschall 560

      Biographie: DDr. August Pieper 562

      Biographie: Dr. Erich Reisch 563

   Mitgliederverbände des ZBA 1924/25 564

   Mitgliederstand der Verbände im ZBA 565

   Auflagenhöhe der Zeitschriften und Zeitungen 566

   Abkürzungen 567

   Literaturverzeichnis 571

   Personenverzeichnis 627

I. Einleitung

1. Motive für die Auseinandersetzung mit der Thematik und persönliche Zugänge

Für die Geschichte der katholischen Erwachsenenbildung gelten die Jahre zwischen 1933 und 1945 immer noch als weißer Fleck.[1] Auf dieses Urteil Pöggelers, es stammt aus den sechziger Jahren und hat im wesentlichen bis heute Bestand, traf ich am Beginn meines Pädagogikstudiums, welches ich Mitte der neunziger Jahre nach einer längeren Unterbrechung an der Universität Paderborn mit Schwerpunkt Erwachsenenbildung berufsbegleitend wieder aufnahm. Angeregt durch die Seminare von Prof. Dr. W. Keim zur historischen Erwachsenenbildungsforschung begann eine intensive Auseinandersetzung mit der Geschichte der katholischen Erwachsenenbildung in den diversen Zeitepochen seit ihrer Entstehung.[2] Der Anfang der Beschäftigung mit dieser Thematik reicht bis in das Studium der katholischen Theologie an den Theologischen Fakultäten in Paderborn, Freiburg im Breisgau und Münster sowie das nachfolgende Studium der Erziehungs- und Geschichtswissenschaft an der Katholischen Universität Eichstätt zurück. Im Verlauf der pädagogischen Studien konnte ich feststellen, dass das Segment der katholische Erwachsenenbildung in den allgemeinen Gesamtdarstellungen zur Geschichte der

---

[1] „In der Darstellung der Geschichte der deutschen Erwachsenenbildung haben wir uns daran gewöhnt, die Zeit von 1933 bis 1945 als Zäsur anzusehen, in der vermeintlich auf dem Gebiet der Erwachsenenbildung nichts geschah und geschehen konnte ..." Pöggeler: Katholische Erwachsenenbildung. Ein Beitrag zu ihrer Geschichte, 1965, 118.

[2] Unter dem Begriff „Katholische Erwachsenenbildung" wird im folgenden zunächst jene konfessionelle Erwachsenenbildung verstanden, die einen institutionellen Bezug zu katholischen Trägern der Erwachsenenbildung aufweist (bspw. der Katholische Verein Deutschlands, der Volksverein für das Katholische Deutschland, der Zentralbildungsausschuss der katholischen Verbände Deutschlands mit seinen Mitgliedsvereinen und -gemeinschaften, die Bundesarbeitsgemeinschaft für katholische Erwachsenenbildung mit den angehörigen Vereinen und Verbänden) bzw. durch die dort tätigen Protagonisten vertreten wurde. Vgl. Benning: Quellentexte katholischer Erwachsenenbildung, 1971, 13
Dies korrespondiert im wesentlichen auch heute noch mit dem gängigen Selbstverständnis katholischer Erwachsenenbildung, die sich als spezifische Ausformung des kirchlichen Sendungsauftrages, als Forum und Instrument des Dialogs und somit letztlich als Teil des kirchlichen Lebens versteht. Vgl. „Selbstverständnis und Auftrag der Katholischen Erwachsenenbildung in Bayern". Ergebnis einer Fachtagung am 3./4. November 1997 sowie „Kirchliche Erwachsenenbildung stärken!" Aufruf der Katholischen Bundesarbeitsgemeinschaft für Erwachsenenbildung (KBE) an die deutschen (Erz-)Bischöfe vom 15. Juni 2004

Erwachsenenbildung eher randständig und mit deutlichem Schwerpunkt auf der Epoche des Wilhelminischen Kaiserreichs abgehandelt wird;[3] dies obwohl eine ganze Reihe von Arbeiten zur katholischen Erwachsenenbildung in der Weimarer Republik vorliegen und es für diesen Zeitraum weder an großen Überblicken, noch an detaillierten Untersuchungen zu einzelnen Einrichtungen und Verbänden wie zu repräsentativen Protagonisten katholischer Erwachsenenbildung fehlt.[4] Die anschließende Zeit der Nazi-Diktatur wird zumeist nur allgemein als Phase der „nationalsozialistischen Unterdrückung"[5] beschrieben, die „der „goldenen Zeit" katholischer Erwachsenenbildung, wie man die Phase von 1918-1933 genannt hat, ein jähes Ende bereitete."[6]

Auch innerhalb der katholischen Erwachsenenbildung sind die Übergänge zur Nazi-Diktatur bisher eher randständig erforscht und dargestellt worden. Der Focus liegt hier vielmehr auf den kirchenpolitischen Differenzen und Auseinandersetzungen mit der Nazi-Bewegung vor der Machtübernahme sowie dem später einsetzenden Kirchenkampf als Auseinandersetzung um die institutionelle Organisation und das weltanschauliche Deutungsmonopol der katholischen Kirche.[7] Dabei wären nach der gereizten Diskussion um die ideengeschichtlich orientierte Darstellung Böckenfördes[8] durchaus weitere kritische Untersuchungen zu erwarten gewesen. Diese sind jedoch weitgehend ausgeblieben.[9]

Derart angeregt durch das persönliche theologische, historische und erziehungswissenschaftliche Interesse erfolgte ein weiterer Anstoß zur vertieften Auseinandersetzung mit der Thematik durch die Kontinuitätsdebatte in der erziehungs- wie geschichtswissenschaftlichen Disziplin und Profession. Die

---

[3] Vgl. als derzeit umfassendste Darstellung Olbrich: Geschichte der Erwachsenenbildung als Sozialgeschichte, 2001 sowie die knappe Darstellung von Zangerle: Geschichte der katholischen Erwachsenenbildung, 1975

[4] Vgl. im einzelnen die Angaben im nachfolgenden Abschnitt „Schwerpunkte der Forschung" dieser Arbeit.

[5] Benning: Der Bildungsbegriff der deutschen katholischen Erwachsenenbildung, 1970, 41f.

[6] Zangerle 1975, 339; etwas differenzierter fallen dagegen die Urteile von Pöggeler 1965, 9ff, sowie Niggemann: Das Selbstverständnis katholischer Erwachsenenbildung bis 1933, 1967, 10, aus.

[7] Vgl. Pöggler 1965 sowie zu einzelnen Verbänden, Institutionen und Protagonisten katholischer Erwachsenenbildung die weiterführenden Hinweise im nächsten Abschnitt „Schwerpunkte der Forschung" dieser Arbeit.

[8] Böckenförde: Der deutsche Katholizismus im Jahre 1933, 1961; vgl. die Angaben im nachfolgenden Abschnitt „Schwerpunkte der Forschung" dieser Arbeit.

[9] Eine Zusammenstellung zum aktuellen Forschungsstand findet sich im nächsten Abschnitt „Schwerpunkte der Forschung" dieser Arbeit.

Beiträge und Publikationen von Prof. Dr. W. Keim[10] sowie dem Umfeld seines Lehrstuhls[11] zur Problematik der Kontinuität in den pädagogischen Disziplinen im Übergang von der Weimarer Republik zum Nazismus sowie den „weitreichenden Affinitäten und Schnittmengen im Denken der Pädagogenschaft" zum nazistischen Gedankengut[12] bildeten ein wichtiges inhaltliches und methodisches Vorbild. Von daher legte ich bereits während meines erziehungswissenschaftlichen Studiums einen Schwerpunkt der Arbeit auf die kritische Betrachtung und Erforschung der Kontinuitäten im Gedankengut der katholischen Erwachsenenbildung über die Epochen des Wilhelminischen Kaiserreichs, der Weimarer Republik und die Nazi-Diktatur bis hin zu den Anfängen der Bundesrepublik Deutschland. Lag der Focus zunächst auf der Geschichte der katholischen Erwachsenenbildung in der Weimarer Zeit,[13] rückte später der Übergang zur Nazi-Diktatur in den Mittelpunkt meines Interesses.[14]

Der Abschluss der hiermit vorgelegten Darstellung ist damit ein sichtbares Ergebnis meiner nunmehr über ein Jahrzehnt währenden intensiven Auseinandersetzung mit der Geschichte der katholischen Erwachsenenbildung. Die genannten Stationen im wissenschaftlichen Werdegang bilden zugleich wesentliche Abschnitte der Subjektwerdung in meiner beruflichen Biographie, die mich von der pastoralen Tätigkeit im Erzbistum Paderborn über die Mitarbeit in Forschung und Lehre an der Universität Paderborn schließlich in leitende Positionen der Weiterbildung in bundesdeutschen Volkshochschulen in Baden-Württemberg und Nordrhein-Westfalen führte.

---

[10] Vgl. vor allem: W. Keim: Pädagogen und Pädagogik im Nationalsozialismus, 1988; ders.: Erziehungswissenschaft und Nationalsozialismus, 1990; ders.: Erziehung unter der Nazi-Diktatur, Bd. 1: Antidemokratische Potentiale, Machtantritt und Machtdurchsetzung,1995; ders.: Erziehung unter der Nazi-Diktatur, Bd. 2: Kriegsvorbereitung, Krieg und Holocaust, 1997; ders.: Die Wehrmachtsausstellung in erziehungswissenschaftlicher Perspektive, 2003; ders.: Bildung versus Ertüchtigung, 2004

[11] Vgl.: Himmelstein: Ortserkundung, 1994²; Siemsen: Der andere Weniger. Eine Untersuchung zu Erich Wenigers kaum beachteten Schriften, 1995; Himmelstein/ W. Keim: Die Schärfung des Blicks. Pädagogik nach dem Holocaust, 1996; Bracht: Das höhere Schulwesen im Spannungsfeld von Demokratie und Nationalsozialismus, 1998; Watzke-Otte: „Ich war ein einsatzbereites Glied in der Gemeinschaft ..." Vorgehensweise und Wirkungsmechanismen nationalsozialistischer Erziehung am Beispiel des weiblichen Arbeitsdienstes, 1998

[12] W. Keim 1995, 181

[13] Vgl.: Dust: „Durch Gottes Gnade – Deutsches Volk". Katholische Erwachsenenbildung in der Endphase der Weimarer Republik, 1998

[14] Vgl.: Dust: Zwischen Anpassung und Resistenz. Katholische Erwachsenenbildung im Übergang zum Nazismus – am Beispiel der „Religionshochschule" der „Akademischen Bonifatiuseinigung" in Elkeringhausen, 2000

2. Schwerpunkte der Forschung

Zur Geschichte der katholischen Erwachsenenbildung in der Weimarer Zeit hatten bereits in den sechziger Jahren Pöggeler[1] und Niggemann[2] bei allen Einschränkungen durch den Forschungsgegenstand[3] und die Quellenlage[4] Gesamtübersichten erarbeitet. Benning vervollständigte dies durch eine umfassende Studie zum Bildungsverständnis katholischer Erwachsenenbildung[5] sowie durch die Edition einer Sammlung von Quellentexten.[6] Diese drei Arbeiten sind auch heute noch in ihren Aussagen maßgebend. Neuere Übersichten für diese Periode, wie die von Uphoff in den neunziger Jahren, haben allenfalls summarische Funktion und weisen keine neuen Erkenntnisse auf.[7] Ruster dagegen ergänzte mit seiner Habilitationsschrift die vorliegenden Darstellungen um den wichtigen soziologischen Aspekt des katholischen Milieus in der Auseinandersetzung mit der Moderne in der Weimarer Zeit.[8] Der Anstoß für die Arbeit erfolgte aus der Beschäftigung mit der Geschichte der katholischen Erwachsenenbildung; die beachtliche Darstellung präsentiert jedoch umfassend die katholische Theologie in der Weimarer Republik am Beispiel ihrer exponierten Vertreter und ist damit in weiten Teilen eher der Disziplin der Theologiegeschichtsschreibung mit besonderem Schwerpunkt im sozialgeschichtlichen Bereich zuzuordnen. Trotzdem bietet das Werk wichtige Hinweise für

---

[1] Pöggeler: Katholische Erwachsenenbildung. Ein Beitrag zu ihrer Geschichte, 1965

[2] Niggemann: Das Selbstverständnis katholischer Erwachsenenbildung bis 1933, 1967

[3] „Eine Geschichte der katholischen Erwachsenenbildung ist noch nicht geschrieben. Sie wird als Einzelwerk auch kaum möglich sein, weil katholische Erwachsenenbildung in ihrer institutionellen Ausgliederung hoch differenziert ist. Monografische Untersuchungen könnten einmal ein Mosaik dieser Bildungswirklichkeit erstellen." Niggemann 1967, 9

[4] Vgl. die allgemeinen Ausführungen in Pöggeler 1965, 31ff., und zum Archiv des Volksvereins für das katholische Deutschland, das in der Bundesrepublik Deutschland lange als verschollen galt, sich aber seit Ende der fünfziger Jahre im Zentralen Staatsarchiv der Deutschen Demokratischen Republik befand, in Grothmann 1997, 14, und Klein 1996, 26f. Die wechselvolle Geschichte der bedeutenden ehemaligen Volksvereins-Bibliothek ist bei Kamphausen 1979, 1ff., beschrieben.

[5] Benning: Der Bildungsbegriff der deutschen katholischen Erwachsenenbildung, 1970

[6] Benning: Quellentexte katholischer Erwachsenenbildung, 1971

[7] Uphoff: Kirchliche Erwachsenenbildung. Befreiung und Mündigkeit im Spannungsfeld von Kirche und Welt, 1991; ders.: Auf der Suche nach einem eigenen Profil. Katholische Erwachsenenbildung in der Weimarer Republik, 1995

[8] Ruster: Die verlorene Nützlichkeit der Religion. Katholizismus und Moderne in der Weimarer Republik, 1994 und 1997^2

eine kritische Betrachtung der katholischen Erwachsenenbildung in der Weimarer Republik.[9]

In der institutionsgeschichtlichen Forschung hat eine Konzentration auf den Volksverein für das katholische Deutschland als Träger katholischer Erwachsenenbildung stattgefunden. Als unmittelbar Beteiligter hatte Emil Ritter[10] die Geschichte des Volksvereins schon 1954 aus seinem eigenen Erleben und auf der Basis der Aufzeichnungen von August Pieper[11] niedergeschrieben.[12] Mit diesem Werk prägte Ritter für lange Zeit die Geschichtsschreibung über den Volksverein.[13] In der Zwischenzeit erschienen zwar einige Artikel in Handbüchern und Lexika,[14] aber erst fünfundzwanzig Jahre später ergänzte Heitzer[15] dieses bisher bruchstückhafte Bild für den Zeitraum des Wilhelminischen Kaiserreichs. Die seit Mitte der neunziger Jahre veröffentlichten umfangreichen Arbeiten von Grothmann,[16] Müller[17] und Klein[18] stellten die Tätigkeit und den Untergang des Volksvereins in der Zeit der Weimarer Republik dar.

Auf dem Feld der biographischen Forschung erschien mit sieben Dissertationen eine Vielzahl von Forschungsarbeiten zur Person Anton Heinens[19] und

---

[9] Ruster 1997, 11f.

[10] Vgl. die weiterführenden Angaben im Kapitel „Repräsentant katholischer Erwachsenenbildung: Emil Ritter" sowie den Lebenslauf im Anhang dieser Arbeit.

[11] Vgl. die weiterführenden Angaben im Abschnitt „'Der Staatsgedanke der deutschen Nation': August Pieper (1866-1942)" sowie den Lebenslauf im Anhang dieser Arbeit.

[12] Ritter: Die katholisch-soziale Bewegung Deutschlands im 19. Jahrhundert und der Volksverein, 1954. Vgl. zur Geschichtsschreibung über den Volksverein: Grothmann 1997, 9ff. Zum Werk von Ritter führt Grothmann aus: „Die teilweise gravierenden sachlichen und methodischen Mängel der flüssig geschriebenen detailreichen Darstellung Ritters – die ungeprüfte Übernahme der Pieperschen Aufzeichnung, die fehlende Distanz zum Untersuchungsobjekt und die oft einseitig positive oder negative Beurteilung der handelnden Personen – haben verschiedene Rezensenten und Kritiker überzeugend nachgewiesen." A.a.O., 10

[13] So basiert die 1977 erschienene Dissertation von Baumgartner in ihrer Darstellung des Volksvereins noch hauptsächlich auf dem Werk von Ritter; vgl. zudem Patt 1984, 212f., der auch die Arbeiten von Fell durch die Urteile Ritters beeinflusst sieht.

[14] Vgl. auch die Darstellungen von Brüls 1961 und Ritter 1961, 90ff.

[15] Heitzer: Der Volksverein für das katholische Deutschland im Kaiserreich 1890-1918, 1979

[16] Grothmann: Verein der Vereine? Der Volksverein für das katholische Deutschland im Spektrum des politischen und sozialen Katholizismus der Weimarer Republik, 1997

[17] Müller: Arbeiter – Katholizismus – Staat. Der Volksverein für das katholische Deutschland und die katholischen Arbeiterorganisationen in der Weimarer Republik, 1996

[18] Klein: Der Volksverein für das katholische Deutschland 1890-1933. Geschichte, Bedeutung, Untergang, 1996

[19] Vgl. die weiterführenden Angaben im Abschnitt „'Ein Führergeschlecht für die Massen': Anton Heinen (1869-1934)" sowie den Lebenslauf im Anhang dieser Arbeit.

diversen Aspekten seiner Bildungstätigkeit;[20] zudem wurden einige der Schriften Heinens neu zusammengestellt oder sogar als Nachdruck erneut aufgelegt.[21] Neuere biographische Arbeiten wenden sich den Lebenswerken von Robert Grosche[22] sowie August Pieper[23] zu. Darüber hinaus sind in den vergangenen Jahren eine Anzahl von Veröffentlichungen zu Vereinen, Verbänden, Gemeinschaften, Bildungseinrichtungen und geistigen Strömungen der katholischen Erwachsenenbildung erschienen.[24]

---

[20] Vgl. die weiterführenden Angaben im o.a. Abschnitt dieser Arbeit.

[21] Vgl. Bergmann 1950 sowie Heinen 1984

[22] Goritzka: Der Seelsorger Robert Grosche (1888-1967). Dialogische Pastoral zwischen Erstem Weltkrieg und Zweiten Vatikanischem Konzil, 1999
Vgl. die weiterführenden Angaben im Kapitel „'Die Theologie des Reiches': Robert Grosche (1888-1967)" sowie den Lebenslauf im Anhang dieser Arbeit.

[23] Dahmen: August Pieper. Ein katholischer Sozialpolitiker im Kaiserreich, 2000
Vgl. die weiterführenden Angaben im Kapitel „'Der Staatsgedanke der deutschen Nation': August Pieper (1866-1942)" sowie den Lebenslauf im Anhang dieser Arbeit.

[24] Vgl. die weiterführenden Hinweise im Literaturverzeichnis dieser Arbeit sowie im einzelnen: Aretz: Katholische Arbeiterbewegung und Nationalsozialismus. Der Verband katholischer Arbeiter- und Knappenvereine Westdeutschlands 1923-1945, 1982; ders.: Die Katholische Arbeiterbewegung (KAB) im Dritten Reich, 1983²; Beck: Die Bistumspresse in Hessen und der Nationalsozialismus 1930-1941, 1996; Blumberg-Ebel: Sondergerichtsbarkeit und "Politischer Katholizismus" im Dritten Reich, 1990; Boberach: Berichte des SD und der Gestapo über Kirchen und Kirchenvolk in Deutschland 1934-1944, 1971; Clemens: Martin Spahn und der Rechtskatholizismus in der Weimarer Republik, 1983; Gotto: Die Wochenzeitung Junge Front/Michael. Eine Studie zum katholischen Selbstverständnis und zum Verhalten der jungen Kirche gegenüber dem Nationalsozialismus, 1970; Gruber: Rechtskatholizismus im Kaiserreich und in der Weimarer Republik unter besonderer Berücksichtigung des Rheinlandes und Westfalens, 1984; ders.: Friedrich Muckermann S.J. (1883-1946). Ein Katholischer Publizist in der Auseinandersetzung mit dem Zeitgeist, 1993; Hannot: Die Judenfrage in der katholischen Tagespresse Deutschlands und Österreichs 1923-1933, 1990; Kösters: Katholische Verbände und moderne Gesellschaft. Organisationsgeschichte und Vereinskultur im Bistum Münster 1918-1945, 1995; Küppers: Der katholische Lehrerverband in der Übergangszeit von der Weimarer Republik zur Hitler-Diktatur. Zugleich ein Beitrag zur Geschichte des Volksschullehrerstandes, 1975; Küppers: Der Pädagoge Leo Weismantel und seine „Schule der Volkschaft" (1928-1936), 1992; Mazura: Zentrumspartei und Judenfrage 1870/71-1933. Verfassungsstaat und Minderheitenschutz, 1994; Richter: Nationales Denken im Katholizismus der Weimarer Republik, 2000; Schellenberger: Katholische Jugend und Drittes Reich. Eine Geschichte des Katholischen Jungmännerverbandes 1933-1939 unter besonderer Berücksichtigung der Rheinprovinz, 1975; Scheller: Zwischen Romantik und Faschismus. Der Beitrag Othmar Spanns zum Konservatismus der Weimarer Republik, 1970; Vogel: Katholische Kirche und nationale Kampfverbände in der Weimarer Republik. 1989.

Die meisten Arbeiten bleiben jedoch historisch-deskriptiv; manche schließen eine kritische Sichtweise von vornherein aus.[25] Als offenkundige Beispiele sei hier auf Baumgartner[26] und Patt[27] verwiesen.

Für den Zeitraum nach 1945 legte Fell in den achtziger Jahren ein grundlegendes Werk vor[28] und vervollständigte dies etwas später durch eine Dokumentation von Quellentexten.[29] Es schlossen sich eine Reihe von Regionalstudien zur Geschichte der katholischen Erwachsenenbildung an.[30]

Doch bei allen Verdiensten ist diesen Arbeiten gemeinsam, dass sie die Zeit zwischen 1933 und 1945 gleichsam ausblenden. Zwar weisen Pöggeler,[31] Urbach[32] und H. Keim[33] die Tätigkeit einzelner überregionaler, regionaler und

---

[25] Vgl. zu den Schwierigkeiten des Umgangs mit der Geschichte der Erwachsenenbildung Tietgens 1995b, 12ff.

[26] „Das Jahr 1933 und die Frage, wie es zum Versagen katholischer Kreise kommen konnte, wären jedoch, ohne daß ihnen eine gewisse heuristische Bedeutung abgesprochen werden soll, für das hier gestellte Thema ein ungeeigneter Ausgangspunkt. Es kann nicht darum gehen, rückschauend eine Art „Genesis des Sündenfalls" des Jahres 1933 zu rekonstruieren, in welcher die Hauptvertreter gemeinschaftlichen Denkens gleichsam in einer Ahnengalerie katholischer Wegbereiter des Nationalsozialismus vorgestellt würden. Ein solches Vorgehen bekäme zahlreiche Varianten und Aspekte gemeinschaftlichen Denkens entweder nicht in den Blick oder müßte sie, wie es retrospektiven Prophetien eigen ist, gewaltsam und mit fragwürdigen Interpretationen in ihr Betrachtungsschema zwängen." Baumgartner 1977, 14

[27] „Ich persönlich halte es für unsachlich und für unfair, Menschen aus der Zeit vor 1933 an den Ergebnissen des Nationalsozialismus nach 1933 zu messen, erst recht mit heutigen Maßstäben, nachdem eine ganze Generation von Historikern Forschung, Zusammenschau und eine Beurteilung ermöglicht hat." Patt 1984, 213

[28] Fell: Mündigkeit durch Bildung. Zur Geschichte katholischer Erwachsenenbildung in der Bundesrepublik Deutschland zwischen 1945 und 1975, 1983

[29] Fell/ Güttler: Katholische Erwachsenenbildung in der Bundesrepublik Deutschland. Dokumentation zu ihrer Geschichte, 1984

[30] Heuser: Erwachsenenbildung in katholischer Trägerschaft in Frankfurt am Main. Geschichte und Konzeptionen der Arbeit von 1945 bis 1981, 1984; Blum: Regionalgeschichte der Erwachsenenbildung in katholischer Trägerschaft. Am Beispiel der Diözese Eichstätt, 1995

[31] An überregionalen Einrichtungen werden für den Zeitraum zwischen 1933 und 1940 die „Religionshochschule" der „Akademischen Bonifatiuseinigung" in Elkeringhausen, das „Raskopsche Institut für neuzeitliche Volksbildungsarbeit" in Dortmund, der „Borromäusverein" sowie der „Michaelsbund", an regionalen Einrichtungen die „Katholische Volkshochschule Chemnitz" für den Zeitraum 1936/37 sowie die „Religiöse Erwachsenenbildung Dresden" für den Winter 1940/41 genannt. Pöggeler 1965, 131ff.

[32] Vgl. zur Arbeit der Katholischen Volkshochschule Berlin: Urbach: Die Katholische Volkshochschule Berlin 1923-1940, 1967
Urbach wies anhand des „Aufrufs zum zweiten Winterprogramm der Katholischen Volkshochschule Berlin" aus dem Katholischen Kirchenblatt für das Bistum Berlin vom 31.12.1933 darauf hin, in „welch unkritischer und unverantwortlicher Weise sich auch kirchliche Stellen in Deutschland mit den Lehren des Nationalsozialismus identifizierten."

lokaler Institutionen der katholischen Erwachsenenbildung teilweise bis in die Kriegszeit hinein nach, dessen ungeachtet wurde diesen Hinweisen in der weiteren Forschung nicht nachgegangen. Im allgemeinen begnügte man sich damit pauschal darauf hinzuweisen, dass katholische Erwachsenenbildung unter dem zunehmenden Druck des Nazismus nicht mehr möglich war[34] sowie als Erklärung anzuführen, dass „die katholische Erwachsenenbildung der Zeit vor der NS-Diktatur als ein Teil des Verbandskatholizismus mitliquidiert wurde".[35]

Die historische Forschung ist dagegen auf einem anderen Stand. Dabei ist jedoch die Analyse der Kirchen-, Religions- und Konfessionsgeschichte bis heute vor allem das Gebiet von Kirchenhistorikern. Allein die Schnittstelle im Verhältnis der Kirche zum Staat findet die Beachtung der allgemeinen Geschichtswissenschaft. Relativ neu ist indessen das Interesse der auch methodisch innovativen Sozialgeschichte an diesem Forschungsgebiet.

Die Aufmerksamkeit der kirchlichen Wissenschaftler konzentrierte sich zunächst vor allem auf die Politik und Haltung der deutschen Bischöfe. Der vorherrschende totalitarismustheoretische Ansatz führte zu einer isolierten Betrachtung kirchlichen Verhaltens in der Nazi-Diktatur, die es zugleich ermöglichte, historische Kontinuitäten weitgehend auszublenden. Die Rolle und Haltung der Kirche wurde auf den Kirchenkampf reduziert und der Widerstand gegen den Nazismus als allgemein und alle Schichten erfassend charakterisiert.[36]

---

[33] A.a.O., 174. Ferner führte er aus, dass die Katholische Volkshochschule Berlin, die ab Oktober 1936 im Untertitel die Bezeichnung "Institut für religiöse Erwachsenenbildung" führte und sich ab 01.04.1939 in „Katholisches Vortragswerk Berlin (KVB)" umbenannte, ihre Arbeit auch über das Jahr 1940 hinaus fortsetzte. A.a.O., 178
Als Dokumente zur Arbeit der „Katholischen Volkshochschule Berlin" werden hier wiedergegeben: Der „Aufruf zum zweiten Winterprogramm der Katholischen Volkshochschule Berlin" aus dem Katholischen Kirchenblatt für das Bistum Berlin vom 31.12.1933, der „Aufruf der Katholischen Volkshochschule Berlin zum Beginn des 15. Studienjahres und 40. Trimesters" im Oktober 1936 sowie ein Dokument zur Umbenennung der „Katholischen Volkshochschule Berlin" in „Katholisches Vortragswerk Berlin (KVB)" nebst Ankündigung religiöser Vorträge und Kurse für den Zeitraum von Mai bis Juli 1939. H. Keim 1976, 278ff.

[34] „Die Zeit des Nationalsozialismus und des Zweiten Weltkrieges führte unter zunehmendem Druck zum Erlahmen der zuvor so lebendigen und außerordentlich produktiven Erwachsenenbildungsarbeit nicht nur im katholischen Raum." Uphoff 1991, 93

[35] Zangerle 1975, 345

[36] „Der Widerstand war kräftig und zäh, bei hoch und nieder, bei Papst und Bischöfen, bei Klerus und Volk, bei Einzelpersonen und Organisationen." Neuhäusler, Johann: Kreuz und Hakenkreuz. Der Kampf des Nationalsozialismus gegen die katholische Kirche und der katholische Widerstand. Teil II. München 1946, 10. Zitiert nach Hummel 2004a, 63

Einen Sturm der Entrüstung löste daher ein Artikel des Kirchenrechtlers Böckenförde Anfang der sechziger Jahre in der Zeitschrift „Hochland" aus,[37] der in einer ideengeschichtlich angelegten Untersuchung die Kontinuität prämoderner Denkstrukturen sowie politisch antiquierter Leitbilder im deutschen Katholizismus nachwies[38] und den Blickwinkel auf die Kollaboration der Bischöfe, katholischer Theologen und Laien mit dem Nazismus im Frühjahr 1933 richtete.[39] Eine Reaktion auf die nun folgende Auseinandersetzung[40] war die Gründung der Kommission für Zeitgeschichte bei der Katholischen Akademie in Bayern,[41] die seit 1972 selbständig arbeitet und eine Vielzahl von Darstellungen und Quellensammlungen[42] zur Geschichte der deutschen Katholiken von 1918-1945 veröffentlichte.[43]

---

[37] Böckenförde: Der deutsche Katholizismus im Jahre 1933. HL 53 (1961), 215-239; später auch in: ders.: Der deutsche Katholizismus im Jahre 1933. Kirche und demokratisches Ethos, 1988, 39-69. Auf diese Ausgabe beziehen sich die im folgenden angegebenen Seitenzahlen.

[38] „So lebte das katholische politische Denken schließlich weithin aus einer prinzipiellen Verneinung von mindestens zweihundert Jahren gewordener Geschichte." Böckenförde 1961, 66

[39] Böckenförde stellte fest, dass die „Führer des deutschen Katholizismus, die für eine „organische", die liberale Gesellschaft überwindende Ordnung eintraten, ... ohne es in ihrer ideologischen Befangenheit zu bemerken, zu einflußreichen Wegbereitern des faschistischen Aufstandes ... wurden, der in Deutschland mit dem Jahre 1933 anhob." A.a.O., 68

[40] Vgl. Böckenförde: Der deutsche Katholizismus im Jahre 1933. Stellungnahme zu einer Diskussion. HL 54 (1962), 217-245, später auch in: ders. 1988, 71-104.
So wurde Böckenförde u.a. eine „außerordentlich-primitive Methode, Zitate zu sammeln und auszuwählen" bescheinigt und sein Ansatz als „schlechthin unseriös" abqualifiziert. A.a.O., 72. Dabei richtete sich die Kritik vor allem auf die historische Darstellung, die zur Interpretation herangezogenen Einstellungen und Grundhaltungen des deutschen Katholizismus blieben in der Kritik außer acht.

[41] Hehl sieht dagegen als Initialzündung der zeitgeschichtlichen Katholizismusforschung die Würzburger Zeitzeugentagung über „Die Deutschen Katholiken und das Schicksal der Weimarer Republik" im Mai 1961. Hehl 2004, 17 sowie Hummel 2005, 20

[42] Bis zum Jahr 2005 sind in der „Reihe B: Forschungen" 105 Monographien und in der „Reihe A: Quellen" 48 Quellenbände erschienen. Hummel 2004, 253ff., sowie Petersen 2005

[43] Vgl. zur Geschichte der Kommission Morsey: Gründung und Gründer der Kommission für Zeitgeschichte 1960-1962, 1995 sowie Hehl: Zeitgeschichtliche Katholizismusforschung. Versuch einer Standortbestimmung, 2004, 15ff.

Auch eine Fülle von regional oder lokal orientierten Studien,[44] die Veröffentlichungen des seit 1976 tagenden Arbeitskreises „Deutscher Katholizismus im 19. und 20. Jahrhundert",[45] das Anfang der achtziger Jahre abgeschlossene Projekt „Bayern in der NS-Zeit"[46] sowie die Arbeiten von Hürten, die in einer Anfang der neunziger Jahren erschienenen Gesamtdarstellung gipfeln,[47] ergänzen den Kenntnisstand über die Situation der Kirche und der katholischen Verbände im Nazismus.[48]

Dabei hatte Hürten selbst auf die völlig offene Fragestellung der Erforschung des deutschen Katholizismus aus der Perspektive „von unten" mit Methoden der Soziologie und Sozialgeschichte aufmerksam gemacht.[49] Auch von anderer Seite wurde seit Anfang der neunziger Jahre auf dieses Defizit eindringlich hingewiesen.[50] Eine Reihe von Arbeiten auf diesem Gebiet der Milieuforschung liegen mittlerweile vor und stellen das widerständige Bild des

---

[44] Vgl. Beck: Die Bistumspresse in Hessen und der Nationalsozialismus 1930-1941, 1996; Bracht: Das höhere Schulwesen im Spannungsfeld von Demokratie und Nationalsozialismus. Ein Beitrag zur Kontinuitätsdebatte am Beispiel der preußischen Aufbauschule, 1998; Breuer: Verordneter Wandel? Der Widerstreit zwischen nationalsozialistischem Herrschaftsanspruch und traditioneller Lebenswelt im Erzbistum Bamberg, 1992; Damberg: Der Kampf um die Schulen in Westfalen 1933-1945, 1986; Ettle: Die Entnazifizierung in Eichstätt. Probleme der politischen Säuberung nach 1945, 1985; Kaufmann: Katholisches Milieu in Münster 1928-1933. Politische Aktionsformen und geschlechtsspezifische Verhaltensräume, 1984; Rauh-Kühne: Katholisches Milieu und Kleinstadtgesellschaft. Ettlingen 1918-1939, 1991; Smula: Milieus und Parteien. Eine regionale Analyse der Interpendenz von politisch-sozialen Milieus. Parteiensystem und Wahlverhalten am Beispiel des Landkreises Lüdinghausen 1918-1933, 1987; Wagener: Das Erzbistum Paderborn in der Zeit des Nationalsozialismus. Beiträge zur regionalen Kirchengeschichte 1933-1945, 1993

[45] Als Zusammenfassungen sind hier zu nennen: Rauscher: Der soziale und politische Katholizismus. Entwicklungslinien in Deutschland 1803-1963, 2. Bde., 1981/82; Angaben zu den einzelnen Veröffentlichungen finden sich im Literaturverzeichnis der Arbeit.

[46] Broszat 1977-1983

[47] Hürten: Deutsche Katholiken 1918 bis 1945, 1992

[48] Doch sind viele dieser Arbeiten – vielleicht bedingt durch die institutionelle Nähe zur katholischen Kirche – darum bemüht, die Haltung des Katholizismus gegenüber dem Nazismus verständnisvoll zu würdigen und im übrigen die eingeschränkten Handlungsmöglichkeiten des katholischen Milieus im totalitären Kontext zu betonen.
Vgl. auch den Hinweis von Rauh-Kühne auf die interessante Fallstudie Ettles (Ettle 1995); die Dissertation, die von Hürten betreut wurde, erschien nicht in der Reihe der KfZG und wurde von der kirchennahen zeitgeschichtlichen Katholizismusforschung weitgehend ignoriert. Rauh-Kühne 1997, 162

[49] „Das Leben der Kirche und der Gläubigen geht nicht in Kirchenpolitik auf. Weil sie aber besser als die Realität des alltäglichen Lebens dokumentiert ist, gerät der Historiker nur zu leicht in die Gefahr, sie für das Ganze zu halten." Hürten 1992a, 271

[50] AKKZG: Katholiken zwischen Tradition und Moderne. Das katholische Milieu als Forschungsaufgabe, 1993

deutschen Katholizismus eindringlich in Frage.[51] Sie stellen nur sehr begrenzt eine resistente Haltung des katholischen Milieus fest und weisen darauf hin, dass sich Verweigerung, Opposition und widerständiges Verhalten fast ausschließlich auf die kirchenpolitischen Ziele des Nazismus bezogen. Dagegen dokumentieren sie eine erstaunliche Reibungslosigkeit, mit der auch in unmittelbarer Nähe der katholischen Bevölkerung die Entrechtung politisch und rassisch Verfolgter vonstatten ging, solange die Betroffenen nicht dem Milieu angehörten. Zudem wird eine durchgängig systemstabilisierende Wirkung vor allem in der Kriegszeit konstatiert.[52]

Besier hat für seine aktuelle Darstellung der Deutschlandpolitik des Vatikans im Zeitraum von 1918 bis 1939 in jüngster Zeit neu erschlossene Quellen ausgewertet und die Ergebnisse der Milieuforschung bestätigt. Er weist als zentrales Interesse des Vatikans die Sicherung kirchlicher Rechte und kirchlichen Einflusses nach. Mit dieser Haltung verstand sich die Kirche weniger als Hüterin der Menschenrechte, sondern vielmehr als Anwalt eigener institutioneller Interessen im Sinne einer geordneten Seelsorge. Menschenrechtsverletzungen wurden nur wahrgenommen, sofern Katholiken davon betroffen waren.[53]

Mit Blick auf dieses – zunächst widersprüchlich erscheinende – Verhalten kommt der nicht einfach zu beantwortenden und weitgehend offenen Fragestellung nach der „Alltagsrealität des Katholiken aus der letzten oder vorletzten Kirchenbank", als der Problematik, „wie die Menschen damals ihr eigenes Handeln verstanden",[54] welche theologischen, politischen und sozialen Leitbilder und kollektiven Einstellungen ihrem Verhalten zugrunde lagen, wie diese zustande kamen, tradiert und konserviert wurden, eine ganz besondere Bedeutung zu. Hinweise über solche Mentalitätsmuster geben das

---

[51] Rauh-Kühne 1991; dies.: Katholikinnen unter dem Nationalsozialismus. Voraussetzungen und Grenzen von Vereinnahmung und Resistenz, 1995; dies.: Anpassung und Widerstand? Kritische Bemerkungen zur Erforschung des katholischen Milieus, 1997; sowie Paul: „... gut deutsch, aber auch gut katholisch". Das katholische Milieu zwischen Selbstaufgabe und Selbstbehauptung, 1995
Vgl. als weitere, aufschlussreiche Arbeit mit einem milieuspezifischen Ansatz, jedoch einer etwas anders gelagerten Fragestellung: Ummenhöfer: Wie Feuer und Wasser? Katholizismus und Sozialdemokratie in der Weimarer Republik, 2003

[52] Rauh-Kühne 1997, 153ff.

[53] Besier: Der Heilige Stuhl und Hitler-Deutschland. Die Faszination des Totalitären, 2004. Vgl. zur Außenpolitik des Vatikans auch die aktuellen Darstellungen von Brechenmacher: Pius XII und der Zweite Weltkrieg. Plädoyer für eine erweiterte Perspektive, 2004; sowie ders.: Der Heilige Stuhl und die europäischen Mächte im Vorfeld und während des Zweiten Weltkriegs, 2005

[54] Hürten 1992a, 7

autobiographische Werk Beilmanns[55] sowie die Untersuchungen Missallas über die herrschaftsstabilisierende Funktion katholischer Denkmuster im Zweiten Weltkrieg.[56] Missalla griff in seinen Veröffentlichungen auf Predigtskizzen der „Kirchlichen Kriegshilfe" des Deutschen Caritasverbandes in Freiburg aus den Jahren 1940 bis 1944 zurück.[57] Weitere Forschungen Missallas mit Selbstzeugnissen von Theologen und Priestern aus der Kriegszeit[58] untermauern das hier skizzierte Bild, welches auch von Untersuchungen über die katholische Publizistik im Übergang zur Nazi-Diktatur belegt wird. Ausdrücklich zu nennen sind hier die Darstellung Schelonkes zur Haltung katholischer „Intelligenzblätter" gegenüber dem Nazismus im Zeitraum von 1929 bis 1933[59] sowie die Studie Becks über die Bistumspresse in Hessen von 1930 bis 1941.[60] Als eine der wenigen Arbeiten im katholischen Kontext bezieht Beck in

---

[55] Beilmann: Eine katholische Jugend in Gottes und dem Dritten Reich, 1989

[56] Missalla: Für Volk und Vaterland. Die kirchliche Kriegshilfe im Zweiten Weltkrieg, 1978; ders.: Wie der Krieg zur Schule Gottes wurde. Hitlers Feldbischof Rarkowski. Eine notwendige Erinnerung, 1997

[57] Missalla wurde jedoch inhaltlich entgegengehalten, dass all „diese Predigtentwürfe kaum als ein von taktischen Rücksichten unberührtes Zeugnis kirchlicher Reflexion über die Zeitereignisse genommen werden dürfen." Hürten 1992b, 33

[58] Missala: Für Gott, Führer und Vaterland. Die Verstrickung der katholischen Seelsorge in Hitlers Krieg, 1999

[59] Schelonke: Katholische Publizistik angesichts des Nationalsozialismus. Eine ideologiekritische Untersuchung für den Zeitraum 1929 bis 1933 unter besonderer Berücksichtigung katholischer „Intelligenzblätter", 1995
Die Darstellung schildert die Haltung der Zeitschriften Schönere Zukunft, Das Neue Reich, Hochland, Gelbe Hefte sowie Allgemeine Rundschau gegenüber der sich ausbreitenden und zur Macht drängenden nazistischen Partei nebst den dazugehörigen „Problemfeldern" vom Jahresbeginn 1929 bis zur Ratifizierung des Reichskonkordats im Juli 1933.
Da der Autor damit einen Beitrag leisten will, um die „Reaktionsweisen des Katholizismus auf den machtpolitisch bereits etablierten Nationalsozialismus im Lichte dieser „Vorgeschichte" besser zu verstehen", a.a.O., 5, lässt sich die Arbeit aufgrund ihrer Fragestellung wie ihrer Ergebnisse in den Kontext der Kontinuitätsdebatte einordnen.

[60] Beck: Die Bistumspresse in Hessen und der Nationalsozialismus 1930-1941, 1996
In der Arbeit werden die Bistumszeitungen Martinusblatt (Diözese Mainz), Bonifatiusbote (Diözese Fulda), St. Georgsblatt (Diözese Limburg) sowie die überregionale Wochenschrift Der Katholik und die Frankfurter Katholische Kirchenzeitung mit ihrer reichsweiten Ausgabe Der neue Wille in ihrer politischen Linie anhand ausgewählter Artikel dargestellt.
In seiner Schlussbetrachtung führt Beck aus: „Als fatal erwies sich ... das Fehlen eines theologisch wie politisch fundierten Demokratiebegriffs, der geeignet gewesen wäre, die angesichts der Krise des Parteienstaates naheliegende Bedrohung des autoritären Elements staatlicher Herrschaft erkennbar von Positionen und Parolen der antidemokratischen Rechten abzusetzen. In diesem Zusammenhang machte sich auch die aus den Weltanschauungskämpfen des neunzehnten Jahrhunderts überkommene Verwerfung aller Denkansätze liberal-aufklärerischer Provenienz bemerkbar." A.a.O., 417. Er

seine Untersuchung die Frage nach ideologischer Kontinuität ausdrücklich mit ein.[61] Er beginnt seine Auswertung mit dem Jahr 1930, also der Endphase Weimars, und beendet sie mit der weitgehenden Einstellung jeder konfessionellen Presse auf dem außenpolitischen Höhepunkt der Nazi-Diktatur im Jahr 1941.[62] Forschungen, die sich im Rahmen einer „kontextuellen Theologie" bewegen, weisen ähnliche Linien auf.[63] Sie gehen den antimodernistischen Grundaffekten des Weimarer Katholizismus bis in viele Einzelheiten hinein nach, teilweise noch bis in die Zeit des Zweiten Weltkrieges,[64] und stützen damit die These, dass die „konservative Revolution", die in der Volksgemeinschaft des Nazismus ihre Ausformung fand, von vielen katholischen Denkern vorgedacht wurde.[65]

---

schließt mit dem Fazit: „Der selbst im Ringen um sein Verhältnis zur Moderne begriffene Katholizismus fand im Nationalsozialismus nicht nur einen Gegner, sondern zumindest zeitweise auch eine Projektionsfläche eigener Wünsche und Erwartungen." A.a.O., 422f.

[61] Neben der Untersuchung des Verhältnisses von Katholizismus und Moderne „orientiert sich die Darstellung an einer Leitidee, die in der bisherigen Literatur allenfalls am Rande begegnet: der Frage nach der Bedeutung des Jahres 1933 für die untersuchten Zeitschriften, insbesondere nach den durch das geschichtliche Datum der ‚Machtergreifung' erzeugten Brüchen wie auch nach dieser Zäsur widerstehenden Kontinuitäten." A.a.O., 13

[62] A.a.O., 13f.

[63] Ruster 1997, 18ff. sowie als aktuelles Beispiel die Arbeit von Richter: Nationales Denken im Katholizismus der Weimarer Republik, 2000. Die ideengeschichtlich orientierte Untersuchung Richters geht den „Spielformen" des Nationalen im Katholizismus als Ausdrucksform nach und zeigt unter anderem auf, wie das nationale Gedankengut im Katholizismus der Weimarer Republik zu „Zapfstellen der Annäherung" an die Nationalkultur als Gegenbegriff zum „System von Weimar" wurde und somit zahlreiche Schnittstellen zum „Ideologienbrei des Nationalsozialismus" bot.

[64] Vgl. die brisante Darstellung von Ruster mit dem Titel „Ein heiliges Sterben" über den Zweiten Weltkrieg in der Deutung deutscher Theologen. Ruster 2005, 10ff.

[65] Vgl.: Lutz: Demokratie im Zwielicht. Der Weg der deutschen Katholiken aus dem Kaiserreich in die Republik 1914-1925, 1963; Breuning: Die Vision des Reiches. Deutscher Katholizismus zwischen Demokratie und Diktatur (1929-1934), 1969; Greive: Theologie und Ideologie. Katholizismus und Judentum in Deutschland und Österreich 1918-1935, 1969; Bröckling: Katholische Intellektuelle in der Weimarer Republik. Zeitkritik und Gesellschaftstheorie bei Walter Dirks, Romano Guardini, Carl Schmitt, Ernst Michel und Heinrich Mertens, 1993; Ruster 1997.
Umfassende Gesamtübersichten zum Forschungsstand des Katholizismus während der Nazi-Zeit finden sich bei Kösters: Katholische Kirche im nationalsozialistischen Deutschland – Aktuelle Forschungsergebnisse, Kontroversen und Fragen, 2004 sowie Hummel: Zeitgeschichtliche Katholizismusforschung. Tatsachen, Deutungen, Fragen. Eine Zwischenbilanz, 2004

Schließlich führten eigene Arbeiten des Autors zur Haltung der katholischen Erwachsenenbildung in der Endphase der Weimarer Republik zu ähnlichen Forschungsergebnissen.[66]

Innerhalb der Erziehungswissenschaft waren dagegen schon früher, zunächst jedoch eher von Außenseitern der Disziplin, die Kontinuitäten im erziehungswissenschaftlichen Denken in den Epochen vom Wilhelminischen Kaiserreich, über die Weimarer Republik bis in die Zeit der Nazi-Diktatur und darüber hinaus auch in die Anfänge der Bundesrepublik Deutschland hinein aufgezeigt worden.[67] Die Untersuchungen und Analysen betrafen sowohl die Disziplin an sich als auch des weiteren einzelne zentrale Gestalten der Pädagogik. W. Keim ordnete 1988 die Erforschung des nazistischen Erziehungswesens in eine erste Epoche bis 1978 sowie einen zweiten Zeitraum von 1978 bis 1988 ein und setzte als Schnittpunkt die Tagung der Historischen Kommission der DGfE „Erziehung und Schulung im Dritten Reich" im Jahr 1978 an.[68] Den Forschungsverlauf systematisierte er anhand der pädagogischen Teildisziplinen „Jugend und Jugendorganisation", „Schule" mit Studien sowohl zu einzelnen Regionen als auch zu einzelnen Schulen wie zu einzelnen Fächern, „Sozialpädagogik" und „Erwachsenenbildung" sowie „Hochschule".[69] Innerhalb der Diskussion unterschied W. Keim dabei vier richtungsweisende Interpretationsmuster,[70] die er mit den Begriffen „hitlerzentriert", „totalitarismustheoretisch", „ideologiekritisch" sowie „funktionalistisch" charakterisierte.[71] Zwölf

---

[66] Dust 1998 sowie 2000

[67] Vgl. die Ansätze bei Gamm: Der braune Kult, 1962; ders.: Führung und Verführung. Pädagogik des Nationalsozialismus, 1964 und 1984²; sowie ausführlicher Ringer: Die Gelehrten. Der Niedergang der deutschen Mandarine 1890-1933, 1983 (im englischen Original bereits 1969 erschienen); Lingelbach: Erziehung und Erziehungstheorien im nationalsozialistischen Deutschland, 1970 und 1984²; Weber: Pädagogik und Politik vom Kaiserreich zum Faschismus, 1979

[68] W. Keim 1988b, 109

[69] A.a.O., 110ff.; diese Systematisierung behielt W. Keim auch zwei Jahre später in einem Forschungsbericht bei und ergänzte diese um die Themenfelder „Gesamtdarstellungen, Überblicke, Quellensammlungen, Sammelbände, Hilfsmittel" sowie „Verfolgung, Vertreibung, Vernichtung, Widerstand, Okkupation, Exil". W. Keim: Erziehung im Nationalsozialismus. Ein Forschungsbericht, 1990

[70] A.a.O., 14ff.

[71] Die „hitlerzentrierte" Interpretation leitet Erziehung im Nazismus zuerst aus Hitlers politischen Leitvorstellungen ab und fokussiert damit die Forschung auf die Person und Gedankenwelt Hitlers. Der „totalitarismustheoretische" Ansatz untersucht vor allem die totalitären Methoden der nazistischen Machtausübung. Die „ideologiekritischen" Arbeiten sieht W. Keim in der Tradition der Frankfurter wie der Marburger Schule. Die „funktionalistische" Interpretation versucht, ohne normative Bewertungen eine „nüchterne" und „distanzierte" Analyse zu liefern. A.a.O.

Jahre später orientierte Klafki sich bei seiner Einteilung der Diskussion um das Verhältnis der „Geisteswissenschaftlichen Pädagogik" zum Nazismus in vier Phasen aufgrund des Forschungsgegenstands seiner Untersuchung vor allem an der Auseinandersetzung um das Leben und Werk einzelner Protagonisten der Pädagogik.[72] Bedingt durch die persönliche Betroffenheit als akademische „Schüler" oder „Enkel" der im Fokus der Diskussion stehenden Personen, von der auch Klafki selbst als Schüler Erich Wenigers tangiert ist, entwickelten diese Auseinandersetzungen die größte Brisanz. Von daher sei die von Klafki gegebene Einteilung zur Systematisierung der Debatte der vergangenen Jahrzehnte im folgenden kurz dargestellt. Eine erste Frühphase fand demnach bis 1986 statt. Die zweite Phase mit der Ausformulierung der „Kontinuitätsthese"[73] setzt Klafki von 1986 bis 1992 an und ordnet diesem Zeitraum die Diskussionen um Eduard Spranger[74] und Wilhelm Flitner[75] zu. Es erstaunt,

---

[72] Klafki: Geisteswissenschaftliche Pädagogik und Nationalsozialismus: Herman Nohl und seine „Göttinger Schule" 1932-1937, 2002, 11ff.

[73] Klafki hält die Bezeichnung „Kontinuitätsthese" in der Debatte „genau genommen" für einen „verkürzenden Ausdruck", da es sich „eigentlich um eine These vom Überwiegen der Kontinuitätsmomente im Verhältnis zu den Distanzierungsmomenten" handeln würde. A.a.O., 12. Da eine terminologische Alternative jedoch nicht angeboten wird, bleibt die Feststellung im tautologischen Bereich, denn eine Bestätigung vom „Überwiegen der Kontinuitätsmomente" würde die „Kontinutitätsthese" letztlich belegen und somit auch sprachlich bestätigen.
Zudem hatte W. Keim bereits erheblich früher darauf verwiesen, dass die in der Politologie und Geschichtswissenschaft entwickelte Kontinuitätsthese „bekanntlich *nicht vollständige* [Kursivstellung im Originaltext] Identität von Personen und gesellschaftlichen Prozessen bzw. erziehungswissenschaftlichen Theorien vor 1933, zwischen 1933 und 1945 sowie nach 1945, sondern immer nur *partielle* [Kursivstellung im Originaltext] Gemeinsamkeiten bzw. Affinitäten beinhaltet." W. Keim 1990, 938

[74] Spranger, Eduard. * 27.06.1882 in Berlin-Lichterfelde. 1911 Professor an der Universität Leipzig, ab 1920 Professor an der Universität Berlin. Einer der profiliertesten Vertreter der geisteswissenschaftlichen Pädagogik und Protagonist der Berufspädagogik. Im Frühjahr 1933 Zustimmung zur nazistischen Machtübernahme. In der Märzausgabe der Zeitschrift Die Erziehung 1933 erschienen zwei Artikel von Spranger und Flitner, die sich in positivem Grundtenor zur Machtübernahme des Nazismus äußerten. 1936/37 als Gastprofessor Repräsentant des nazistischen Regimes in Japan. In Zusammenhang mit dem 20. Juli im September 1944 kurzzeitig inhaftiert. Seit 1946 Professor an der Universität Tübingen. + 17.09.1963 in Tübingen.
Vgl. vor allem die Veröffentlichungen von Himmelstein: „Wäre ich jung, wäre ich Nationalsozialist ..." – Anmerkungen zu Eduard Sprangers Verhältnis zum deutschen Faschismus, 1990; ders.: Zur Konstruktion des Geschlechterverhältnisses in der pädagogischen Theorie Eduard Sprangers, 1994; ders.: Eduard Sprangers Bildungsideal der „Deutschheit" – Ein Beitrag zur Kontingenzbewältigung in der modernen Gesellschaft? 1996; ders.: Die Konstruktion des Deutschen gegen das Jüdische im Diskurs Eduard Sprangers, 2001; ferner: Göing: „Grosse Worte": Instrumentalisierung von kulturellen Werten bei Eduard Spranger, 2004. Anders dagegen die Wertungen von Hermann 1988 und 1989, Tenorth 1990 sowie Henning 1990 und 1991.

dass in diesem Zusammenhang der Name Theodor Wilhelms[76] nicht genannt wird, bildete doch die im Jahr 1984 vorgesehene Verleihung der Ehrenmitgliedschaft der DGfE an Wilhlem den Auslöser einer intensiven, durchaus kontroversen Diskussion, die ihren vorläufigen Höhepunkt im Podium „Pädagogik und Nationalsozialismus" auf dem 12. Kongress der DGfE vom 19. bis 21.03.1990 in Bielefeld[77] und der nachfolgenden Debatte fand.[78] Den dritten

---

[75] Flitner, Wilhelm. * 20.08.1889 in Berka bei Weimar. Ab 1909 Studium unter anderem bei Herman Nohl. 1912 Promotion. 1914 bis 1918 Kriegsteilnehmer im Ersten Weltkrieg. 1919 an der Gründung der Volkshochschule Jena beteiligt, die er bis 1925 leitete. 1922 Habilitation. 1926 Professor für Philosophie und Pädagogik an der Pädagogischen Akademie Kiel. 1929 Professor an der Universität Hamburg. Schriftleiter der Zeitschrift Die Erziehung, welche er seit 1925 gemeinsam mit Aloys Fischer, Theodor Litt, Herman Nohl und Eduard Spranger herausgab. Im März 1933 gemeinsam mit Eduard Spranger Zustimmung zur nazistischen Machtübernahme. 1935 Niederlegung der Schriftleitung. 1951 Vorsitzender des Schulausschusses der Westdeutschen Rektorenkonferenz. 1955 Mitbegründer der Zeitschrift für Pädagogik gemeinsam mit Fritz Blättner, Otto Friedrich Bollnow, Josef Dolch und Erich Weniger. + 21.01.1990 in Tübingen.
Vgl.: Groothoff: Flitner, 1986 sowie: Rang: Reaktionen auf den Nationalsozialismus in der Zeitschrift „Die Erziehung" im Frühjahr 1933, 1986; ders.: Spranger und Flitner 1933, 1988; ders.: Beklommene Begeisterung – Sprangers und Flitners Reaktionen auf den Nationalsozialismus im Jahr 1933, 1989

[76] Wilhelm, Theodor. * 1906 in Neckartenzlingen/Württemberg. Studium der Germanistik, Anglistik und Geschichtswissenschaft sowie der Rechtswissenschaft. 1928 Promotion zum Dr. phil., 1933 zum Dr. iur. 1933 Referent beim Deutschen Akademischen Austauschdienst in Berlin. 1934 Publikation der Schrift „ Deutschland, wie es wirklich ist. Ein Wort an das Ausland", in welcher sowohl die „Bücherverbrennung" als auch die Vertreibung von Wissenschaftlern, Künstlern und Schriftstellern aus Deutschland gerechtfertigt werden. 1935 Schriftleiter der Internationalen Zeitschrift für Erziehung, einem Propagandaorgan nazistischer Politik und Pädagogik. 1937 Dozent für Erziehungswissenschaft an der Hochschule für Lehrerbildung in Oldenburg. 1939 Einberufung zur Wehrmacht. 1940-1943 Tätigkeit am Deutschen Institut für Außenpolitische Forschung. 1944 Publikation des Aufsatzes „Die kulturelle Kraft Europas im Kriege", in welchem Wilhelm in der Endphase der Nazi-Diktatur den rassistischen Antisemitismus mit all seinen Konsequenzen befürwortet und verteidigt. Nach 1945 Karriere als Professor der Pädagogik in Flensburg, später in Kiel. Firmierte in der Bundesrepublik Deutschland zunächst unter dem Pseudonym „Friedrich Oetinger" als einer der führenden Vertreter der politischen Bildung. 1971 Emeritierung.
Vgl. als ausführlichste Darstellung der Tätigkeit Wilhelms während der Nazi-Diktatur sowie der Kontroverse der achtziger Jahre: W. Keim: Pädagogik und Nationalsozialismus. Zwischenbilanz einer Auseinandersetzung innerhalb der bundesdeutschen Erziehungswissenschaft, 1990, 17f.; Horn: Pädagogische Zeitschriften im Nationalsozialismus. Selbstbehauptung, Anpassung, Funktionalisierung, 1996, 313ff.; ferner: W. Keim: Erziehung unter der Nazi-Diktatur. Bd. 2: Kriegsvorbereitung, Krieg und Holocaust, 1997, 183ff.

[77] Vgl.: Klafki: Bericht über das Podium: Pädagogik und Nationalsozialismus, 1990

[78] Vgl.: Prange: Sind wir allzumal Nazis? Eine Antwort auf Wolfgang Keims Bielefelder Kontinuitätsthese, 1990; W. Keim: „Moralismus vs. ‚menschliches Maß'". Eine Erwiderung auf den Versuch einer Satire von Klaus Prange, 1990

Diskurs setzt Klafki für den Zeitraum von 1992 bis 1996 über die Person Erich Weniger sowie dessen militärtheoretische und militärpädagogische Veröffentlichungen seit 1935 während seiner Tätigkeit als Offizier der Wehrmacht an.[79] Eine vierte Phase beginnt Klafki zufolge im Jahr 1996 mit der Auseinandersetzung um das Werk Herman Nohls.[80] Allen hier genannten Personen ist gemeinsam, dass sie ihre akademischen Karrieren in der Bundesrepublik

---

[79] Weniger, Erich. * 11.09.1894 in Steinhorst/Niedersachsen. Kriegsfreiwilliger im Ersten Weltkrieg. 1919 Gerichtsoffizier, Unterrichtsoffizier und politischer Verbindungsoffizier der Reichswehr. Studium der Fächer Geschichte, Deutsch und Latein. 1921 Promotion. 1923 bis 1927 Assistent und einziger Habilitand von Herman Nohl in Göttingen. 1929 Professor für Pädagogik und Philosophie an der Pädagogischen Akademie Kiel, 1930 Direktor und Professor an der Pädagogischen Akademie in Altona, 1932-1933 Direktor und Professor an der Pädagogischen Akademie in Frankfurt am Main. 1933 wegen Verdachts der „politischen Unzuverlässigkeit" aus dem Dienst entlassen,1934 rehabilitiert und in das Amt eines Studienrats versetzt. Seit 1935 für die wissenschaftliche Arbeit auf dem Gebiet der Militärpädagogik aus dem Schuldienst beurlaubt. Zahlreiche Schriften zur Militärpädagogik. Anfang 1944 NS-Führungsoffizier. 1945 Rektor der neugegründeten Pädagogischen Hochschule Göttingen, seit 1949 Professor für Pädagogik an der Universität Göttingen. Zudem seit 1951 Wehrberater im „Amt Blank", seit 1958 im „Beirat für innere Führung der Bundeswehr", maßgebliche Beiträge zum Aufbau der „Inneren Führung" der Bundeswehr. + 02.05.1961 in Göttingen.
Vgl.: Strunk: Erich Weniger, 1986; Beutler: Deutsche Soldatenerziehung von Weimar bis Bonn. Erinnerung an Erich Wenigers Militärpädagogik, 1989; ders.: Geisteswissenschaftliche Pädagogik zwischen Politisierung und Militarisierung – Erich Weniger, 1995; Siemsen: Der andere Weniger. Eine Untersuchung zu Erich Wenigers kaum beachteten Schriften, 1995; Beutler: Der Begriff der Militärpädagogik bei Erich Weniger, 2004 sowie Hartmann: Erich Wenigers Militärpädagogik, 2004

[80] Nohl, Herman. * 07.10.1879 in Berlin. Hauptvertreter der geisteswissenschaftlichen Pädagogik. 1919 Professor an der Universität Jena, seit 1920 an der Universität Göttingen. Wintersemester 1933/34 Vorlesung „Die Grundlagen der nationalen Erziehung" mit weitgehenden Annäherungen an die nazistische Ideologie. 1937 Entlassung. Nach 1945 Professor und Dekan an der Universität Göttingen. + 27.09.1960 in Göttingen.
Vgl. die Veröffentlichungen von Zimmer: Die Hypothek der Nationalpädagogik. Herman Nohl, der Nationalsozialismus und die Pädagogik nach Auschwitz, 1995; ders.: Pädagogik, Kultur und nationale Identität. Das Projekt einer „deutschen Bildung" bei Rudolf Hildebrand und Herman Nohl, 1996; ders.: Von der Volksbildung zur Rassenhygiene: Herman Nohl, 1998; ferner: Horn: Herman Nohl, 1986; Klafki: Geisteswissenschaftliche Pädagogik und Nationalsozialismus: Herman Nohl und seine „Göttinger Schule" 1932-1937, 2002; Dudek: Ein Leben im Schatten. Johannes und Herman Nohl – zwei deutsche Karrieren im Kontrast, 2004; Stühmer: Das Verhältnis von Politik und Pädagogik im Werk Herman Nohls, 2004 sowie als aktuellste Darstellung: Gran: Das Verhältnis der Pädagogik Herman Nohls zum Nationalsozialismus. Eine Rekonstruktion ihrer politischen Gehalte, 2005. Gran kommt in dieser Darstellung zum Ergebnis, dass sich politische wie anthropologische Elemente nazistischen Gedankenguts sichtbar im wissenschaftlichen Wirken und Werk Nohls niederschlagen. Das Verhältnis der Pädagogik Nohls zum Nazismus ist danach zunächst geprägt von einem inhaltlichen, auf Affinität beruhenden Moment, darüber hinaus aber auch von persönlichen Motiven, welche die eigene wissenschaftliche Vorherrschaft schützen wollen.

Deutschland – abgesehen von kurzen Unterbrechungen – nahtlos fortsetzen konnten.

Während innerhalb der erziehungswissenschaftlichen Diskussion bis heute einige Autoren das Jahr 1933 noch immer mit einem vollständigen Bruch im Erziehungsdenken verknüpfen oder das Verhalten der ehemaligen Protagonisten als Verführung, Opportunismus oder befristetes Schweigen kennzeichnen, kann als weitgehend unumstritten bezeichnet werden, dass sich wichtige Elemente der pädagogischen Grundkategorien und Konzepte der Disziplin und Profession in ihren kulturkritischen, antidemokratischen, antiliberalen, autoritären, utilitaristischen, rassistischen und erbbiologischen Tendenzen mit nazistischen Ideen und Vorstellungen in großen Teilen als höchst kompatibel erwiesen.[81] Allein diese Feststellung ist geeignet, die frappierend reibungslose und erstaunlich schnelle Anpassung und Gleichschaltung des gesamten Bildungswesens nach der Machtübernahme des Nazismus im Januar 1933 zu erklären; schließlich leistete das Bildungs- und Erziehungswesen auch weit über Anpassung und Gleichschaltung hinaus wichtige Beiträge zur Umsetzung und Durchsetzung der nazistischen Ideologie, einschließlich der imperialistischen und rassistischen Vorstellungen, an exponierten gesellschaftlichen Stellen.[82]

Ähnliche Befunde liegen mittlerweile für weite Bereiche der Geistes- und Kulturwissenschaften sowohl im Übergang zum Nazi-Regime als auch für spätere Phasen der Nazi-Diktatur vor,[83] nachdem eine dritte Generation von Wissenschaftlern und Forschern die notwendige Distanz gewonnen hat und aus diesem Abstand heraus bereit war, Fragen zu thematisieren, die aus

---

[81] Vgl. vor allem das Kapitel „Affinitäten, Schnittmengen und Differenzen zur NS-Ideologie – deutsche Pädagogik vor 1933". In: W. Keim 1995, 20ff.
Weiterführende Literaturhinweise zum Forschungsstand sowie Literaturberichte finden sich bei W. Keim 1988, 1990a, 1995, 1997 sowie 2004 und Tenorth 2003a

[82] W. Keim nennt hier im einzelnen: die Durchdringung des Erziehungswesens mit rassistischer Ideologie, die Selektion der „Minderwertigen" und Brauchbarmachung in Hilfsschule und Jugendfürsorge, die nazistische Eliteerziehung in NS-Ausleseschulen, die Dekulturation polnischer „Untermenschen" in den okkupierten Ostgebieten sowie eine Fülle verschiedenster Kriegshilfs- und Kriegsdienste. Vgl.: W. Keim 1997, 9ff sowie ders. 2004, 224; vgl. ferner: Gatzemann: Geisteswissenschaftliche Pädagogik, Krieg und Nationalsozialismus, 2004

[83] Vgl. zur Diskussion in den Kulturwissenschaften: Lehmann/ Oexle: Nationalsozialismus in den Kulturwissenschaften. Band 1: Fächer – Milieus – Karrieren, 2004; dies.: Nationalsozialismus in den Kulturwissenschaften. Band 2: Leitbegriffe – Deutungsmuster – Paradigmenkämpfer – Erfahrungen und Transformationen im Exil, 2004.
Zur Diskussion in der Geschichtswissenschaft: Schulze/ Oexle: Deutsche Historiker im Nationalsozialismus, 2000^3 [Erstausgabe 1999]

„lebensweltlichen Gründen" bisher nicht gestellt wurden.[84] Auch für die Fächer der naturwissenschaftlichen Disziplin[85] und Profession[86] sowie die wissenschaftlichen Institutionen[87] lassen sich entsprechende Diskussionen und Befunde nachweisen.

Während im Rahmen der historischen Bildungsforschung im allgemeinen[88] als auch innerhalb der Kontinuitätsdebatte im besonderen in der

---

[84] Schulze 2000³, 27. Neben dem Generationenwechsel in den Wissenschaften mit dem Diktum der „schuldigen Väter, milden Söhne und strengen Enkel" nennt Schulze als Begründungsmöglichkeiten für den späten Zeitpunkt der Debatte eine neue Sensibilität im Umgang mit dem Holocaust und eine damit verbundene Fokussierung der Sichtweise auf die Entwicklung der nazistischen Diktatur zu einem System der Massenvernichtung, welche die Frage nach der individuellen Beteiligung einzelner Personen nach sich zieht. Darüber hinaus werden die öffentliche Debattenvielfalt um die NS-Vergangenheit, der wachsende Bereich der Wissenschafts-, Unternehmens- und Institutionsgeschichte sowie der Anspruch der „modernen Kulturgeschichtsschreibung" auf Vorrangstellung unter den geisteswissenschaftlichen Disziplinen genannt. A.a.O., 27ff.
Auch Schwan weist für den Bereich der Kulturwissenschaften auf die „enge emotionale und lebensgeschichtliche Verbindung" zwischen den akademischen Schüler- und Lehrergenerationen hin und führt dazu aus: „Nationalsozialistische Anteile in der Wissenschaft der eigenen Lehrer ausfindig zu machen, bedeutet daher zugleich, die eigene Wissenschaft darauf hin zu befragen und gegebenenfalls zu untersuchen, woher eine vorgängige, unbefragte Identifizierung mit Lehrern, deren nationalsozialistische Involviertheit sich hinterher herausstellt, kommen konnte. ... Wenn Schüler von Wissenschaftlern, die im Nationalsozialismus involviert waren, z.B. allgemein danach gefragt haben, warum die Elterngeneration nicht hin-, sondern weggeschaut hat, so kann sich die nachfolgende Frage anschließen, warum sie selbst gegenüber ihren Lehrern nicht hin-, sondern weggeschaut haben. Damit ist das eigene moralische Verhalten in Frage gestellt, und das ist kein rein intellektueller oder analytischer Vorgang. Daher darf man sich nicht wundern, daß die Rekonstruktion von Zusammenhängen in existentielle Dimensionen vorstößt und ungemein schwierig, eben schmerzvoll, ist." Schwan: Nationalsozialismus in den Kulturwissenschaften, 2004, 654f.

[85] Deichmann: Biologen unter Hitler. Porträt einer Wissenschaft im NS-Staat, 1995

[86] Klee: Was sie taten – was sie wurden. Ärzte, Juristen und andere Beteiligte am Kranken- oder Judenmord, 1998; ders.: Deutsche Medizin im Dritten Reich. Karrieren vor und nach 1945, 2001

[87] Kaufmann: Geschichte der Kaiser-Wilhelm-Gesellschaft im Nationalsozialismus. Bestandsaufnahme und Perspektiven der Forschung. 2 Bd.e, 2000; Kohl: Die Präsidenten der Kaiser-Wilhelm-Gesellschaft im Nationalsozialismus. Max Planck, Carl Bosch und Albert Vögler zwischen Wissenschaft und Macht, 2002; Hammerstein: Die Deutsche Forschungsgemeinschaft in der Weimarer Republik und im Dritten Reich, 1999

[88] Vgl. als aktuelles Beispiel: Ritzi/ Wiegmann: Behörden und pädagogische Verbände im Nationalsozialismus. Zwischen Anpassung, Gleichschaltung und Auflösung, 2004
In diesem Sammelband mit interessanten Einzelbeiträgen zu einzelnen Behörden und pädagogischen Verbänden, die bisher im Verlauf der Forschung noch keine Beachtung gefunden hatten, wird jedoch keine übergreifende inhaltliche Fragestellung, etwa die nach vorhandenen Brüchen und Kontinuitäten, gestellt.

Erziehungswissenschaft eine Reihe von Einzeluntersuchungen sowohl für die diversen pädagogischen Teildisziplinen als auch für die damit verbundenen Institutionen und Einrichtungen, darüber hinaus auch für spezifische Aspekte sowie pädagogische Protagonisten veröffentlicht wurden, liegen für den Bereich der Erwachsenenbildung nur vereinzelte Studien vor.[89] Die Quellensammlung von H. Keim und Urbach mit Dokumenten und einer kurzen Einführung zur Erwachsenenbildung im Zeitraum der Nazi-Diktatur von 1933 bis 1945 stellt immer noch ein wichtiges Hilfsmittel dar;[90] bedingt durch den gewählten Zeitraum wird der Frage der Kontinuität jedoch nicht weiter nachgegangen. Die neomarxistisch geprägte Untersuchung Fischers bezieht dagegen unter der Fragestellung der historischen Kontinuität den Zeitraum vor Beginn der Nazi-Diktatur ausdrücklich mit ein,[91] widmet dieser Epoche jedoch nur einen knappen Abschnitt von zwanzig Seiten.[92] Aufgrund der kritischen Betrachtungsweise, die sowohl die politischen und ökonomischen Rahmenbedingungen als auch die herrschende Ideologie und Bildungspolitik als Voraussetzungen für die Entwicklung der Erwachsenenbildung umfasst, wird die Darstellung bis heute zurecht als „wichtige Publikation" eingestuft.[93] Fischer bezieht in seine Untersuchung als lokale Beispiele die Entwicklungen der Volkshochschulen in München und Nürnberg mit ein.[94]

Zwischenzeitlich liegen auch einige institutionsgeschichtliche Darstellungen für spezifische Einrichtungen der Erwachsenenbildung vor, die zumeist aus Anlass von Jubiläen entstanden.[95]

Als interessantes Exempel einer lokalen Studie zur Geschichte der Erwachsenenbildung kann auf die Darstellung von Müller-Commichau[96]

---

[89] Vgl. die Literaturberichte sowie die Hinweise zum Forschungsstand von W. Keim 1988, 1990a, 1995, 1997 sowie 2004 und Tenorth 2003a

[90] H. Keim/ Urbach: Volksbildung in Deutschland 1933 – 1945. Einführung und Dokumente, 1976.
Einige Jahre zuvor hatten beide Autoren eine Bibliographie zur Erwachsenenbildung im genannten Zeitraum erarbeitet. Vgl.: Dies.: Bibliographie zur Volksbildung von 1933 bis 1945, 1970

[91] Fischer: Erwachsenenbildung im Faschismus. Eine historisch-kritische Untersuchung über die Stellung und Funktion der Erwachsenenbildung zwischen 1930 und 1945, 1981

[92] Vgl. den Abschnitt „Historische Entwicklung vor 1933". A.a.O., 25-44

[93] Vgl.: W. Keim 1990a, 122

[94] Vgl.: Fischer 1981, 67f.

[95] Vgl. die Darstellungen zur Geschichte der Volkshochschulen in Stuttgart: Recknagel 1989; in Düsseldorf: Henneböhl 1991 und 1994; in Jena: VHS Jena 1994 sowie Meinl 1995; in Dresden: Rook 2006; in Leipzig: Knoll/ u.a. 2007

[96] Müller-Commichau: Erwachsenenbildung in Mainz 1924-1936. Kontinuität und Brüche, 1994

verwiesen werden, der für die Jahre von 1924 bis 1936 die Erwachsenenbildungslandschaft in Mainz in ihren Brüchen und Kontinuitäten erforscht hat. Der Schwerpunkt der Untersuchung liegt jedoch weniger in einer inhaltlichen Analyse ideologischer Kontinuitäten[97] als vielmehr in einer milieuspezifischen und institutionellen Sichtweise.[98] Aufgrund der weitgehenden Ausblendung der inhaltlichen Ebene[99] ist die Arbeit für die hier zu untersuchende Fragestellung nur teilweise von Belang; sie belegt jedoch anhand des lokalen Beispiels die Reibungslosigkeit der Gleichschaltung sowohl der Milieus als auch der zugehörigen Erwachsenenbildungseinrichtungen.

Auch für den publizistischen Bereich der Erziehungswissenschaft wurde der Frage der Kontinuität und Diskontinuität in der pädagogischen Disziplin und Profession in den vergangenen Jahren nachgegangen. So legte Horn eine umfangreiche Darstellung zu pädagogischen Zeitschriften unter der Nazi-Diktatur vor.[100] Er analysiert die Entwicklung der pädagogischen

---

[97] Müller-Commichau bezieht zwar das Thema „Kontinuität versus Diskontinuität" in einem eigenen Abschnitt der Einleitung, a.a.O., 4-7, ausdrücklich in seine Fragestellung mit ein, geht jedoch auf die „inhaltliche Seite" der Erwachsenenbildung nur in äußerst knappen, allgemein gehaltenen Abschnitten ein. Vgl. für den Bereich der katholischen Erwachsenenbildung im Zeitraum von 1924 bis 1933, a.a.O., 42ff., für den Zeitraum der Systemstabilisierung der Nazi-Diktatur von 1933 bis 1936, a.a.O., 176f.

[98] Am lokalen Beispiel der Stadt Mainz werden die Transformationsprozesse der Milieus sowie der zugehörigen milieuspezifischen Erwachsenenbildungsinstitutionen mit ihren Angeboten geschildert und nachgebend, dass der Nazismus über die bisher dominanten Milieugrenzen hinweg eine Entgrenzung der Stadtöffentlichkeit betrieb, die einen bis dahin unbekannten überdimensionalen Bildungsraum zur Folge hatte, aus dem allein das jüdische Milieu ausgegrenzt wurde. War die Erwachsenenbildung in der Weimarer Zeit durch die milieuspezifischen Einrichtungen mit ihrer je eigenen Teilnehmerschaft bestimmt, so entstand damit eine neue Figuration der Erwachsenenbildung und der diese tragenden Institutionen, die durch eine milieuunabhängige Teilnehmerschaft geprägt wurde und bis in die Gegenwart hinein die Strukturen der Erwachsenenbildung beeinflusst. Aus dieser Sichtweise heraus stellt Müller-Commichau für die Mainzer Erwachsenenbildung im Untersuchungszeitraum zwischen 1924 bis 1936 im Fazit seiner Arbeit für das Jahr 1933 das „Jahr des großen Bruchs" fest. A.a.O., 255. Kontinuität macht er dagegen auf der „personellen Ebene einiger Erwachsenenbildungs-Anbieter" aus, da die „jeweils führenden Repräsentanten weitgehend in ihren Positionen verharrten." A.a.O., 256

[99] Im elfseitigen Fazit der Arbeit findet sich zur Thematik der inhaltlichen Kontinuitäten der Erwachsenenbildung im Übergang zum Nazismus nur ein kurzer Absatz, der auf die Auflösung der Milieus im Jahr 1933 bezug nimmt und in einem Halbsatz für das katholische Milieu bilanziert: „Hinzu traten für das katholische Milieu die scheinbare Übereinstimmung in Fragen der „berufsständischen Ordnung" bzw. der Bekämpfung von Sozialismus und Liberalismus, ...", a.a.O., 250

[100] Horn: Pädagogische Zeitschriften im Nationalsozialismus. Selbstbehauptung, Anpassung, Funktionalisierung, 1996

Fachzeitschriften im Übergang zum Nazismus anhand der quantitativen Entwicklung der Publikationen im Zeitraum von 1913 bis 1947, einer Darstellung der nazistischen Pressepolitik mit ihren zugehörigen Instanzen und Maßnahmen sowie mit Fallbeispielen, welche sowohl die Einflussnahme des Regimes als auch die Reaktion der Herausgeber, Schriftleiter und Autoren schildern. Ein eigenes Kapitel der Untersuchung setzt sich mit den „Katholischen pädagogischen Zeitschriften und Autoren" auseinander.[101] Hier werden zunächst drei bedeutende Zeitschriften der katholischen Pädagogik[102] mit ihrem Nachfolgeorgan[103] dargestellt, ferner der Umgang des Nazismus mit drei

---

[101] A.a.O., 171-214

[102] Der Pharus erschien als Zeitschrift der pädagogischen Stiftung Cassianeum in Donauwörth sowie des Vereins für christliche Erziehungswissenschaft von 1910 bis 1934. Hauptschriftleiter im Zeitraum von 1932 bis 1934 war Dr. Heinrich Kautz, ein „Befürworter einer vorbehaltlosen Mitarbeit des katholischen Lehrers im nationalsozialistischen Staat". Küppers 1975, 129. Kautz war Volksschullehrer und hauptamtlicher Mitarbeiter des Auer-Verlages. 1933 Mitglied im NSLB sowie der NSV. 1937 Mitglied der NSDAP. 1934-1942 als Hauptschriftleiter im Reichsverband der Deutschen Presse organisiert. Daten zur Auflagenhöhe des „Pharus" werden durch Horn nicht angegeben. Horn 1996, 175ff.
Die Zeitschrift Schule und Erziehung wurde von 1918 bis 1933 von der Zentralstelle der Katholischen Schulorganisation herausgegeben. In einer apologetischen Ausrichtung sollten die katholische Erziehung und Schule geschützt und der christliche Charakter der Volksschule auf konfessioneller Basis verteidigt werden. Die Auflagenhöhe schwankte zwischen 6.000 Exemplaren im Jahr 1927 und 4.000 im Jahr 1390. A.a.O., 181
Das 1922 gegründete Deutsche Institut für wissenschaftliche Pädagogik in Münster, welches über einen Trägerverein von Mitgliedern des Katholischen Lehrerverbandes des Deutschens Reiches und des Vereins katholischer deutscher Lehrerinnen gegründet und dominiert wurde, widmete sich neben der wissenschaftlichen Forschung der Fort- und Weiterbildung der Lehrer und Lehrerinnen und gab zu diesem Zweck von 1925 bis 1933 die Vierteljahrsschrift für wissenschaftliche Pädagogik heraus. Zur Auflagenhöhe gibt es unterschiedliche Angaben. Horn geht von einer Zahl von 6.000 Exemplaren aus. A.a.O., 179ff.

[103] Die Zeitschrift Schule und Erziehung sowie die Vierteljahresschrift für wissenschaftliche Pädagogik fusionierten Ende des Jahres 1933 zu einer neuen Schrift mit dem Titel Bildung und Erziehung. Die Zeitschriften wurden eingestellt da mit der Auflösung der konfessionellen Lehrer- und Lehrerinnenvereine sowie dem Ende der Katholischen Schulorganisation die tragenden Institutionen verschwunden waren. Mit der neuen Schrift Bildung und Erziehung schloss sich zur Jahreswende 1934 auch der Pharus zusammen, dessen Veröffentlichung aufgrund finanzieller Engpässe des Trägers eingestellt werden musste.
Die Zeitschrift Bildung und Erziehung wurde von der Katholischen Arbeitsgemeinschaft für Bildung und Erziehung in Düsseldorf sowie vom Deutschen Institut für wissenschaftliche Pädagogik in Münster getragen. Die Zeitschrift startete Ende 1933 mit einer Auflagenhöhe von 5.400 Exemplaren, die jedoch auf 3.000 Exemplare im letzten Erscheinungsjahr 1937 sank. Bildung und Erziehung ist zudem die einzige katholische pädagogische Zeitschrift, von der sich ein Artikel in der Nationalsozialistischen Bibliographie findet. A.a.O., 181ff. Im Frühjahr 1938 wurde das Deutsche Institut für wissenschaftliche

katholischen Autoren anhand deren Aufnahmegesuche in die „Reichsschrifttumskammer" geschildert[104] und schließlich ein zentrales Organ der katholischen Sozialpädagogik dargestellt.[105] Während jedoch schon diese Auswahl und Zusammenstellung des Materials Anlass zu Fragen aufwirft, fällt

---

Pädagogik in Münster als Institution von Lehrervereinen zwangsweise aufgelöst, da Beamtenvereinigungen außerhalb der NS-Organisationen bereits seit 1937 gesetzlich verboten waren. Mit der Auflösung des Instituts wurde auch die weitere Herausgabe der von diesem getragenen Zeitschrift untersagt. A.a.O., 187

[104] Es handelt sich im einzelnen um
Franz Xaver Weigl, einen katholischen Lehrer, beteiligt an der Gründung des Pharus und dort häufig als Autor vertreten. Seine Bibliographie zählt über 80 Buchausgaben und mehr als 300 Beiträge in Zeitschriften zur Religionspädagogik, Schulpädagogik sowie zur Arbeitsschule. A.a.O., 188ff.
Weigl, Franz Xaver. * 05.02.1878 in Preith bei Eichstätt. Aus einer Lehrerfamilie stammend. 1891-96 Ausbildung zum Lehrer in Eichstätt. Seit 1899 in München bei Georg Kerschensteiner sowie als Assistent von Joseph Göttler am Katechetischen Institut tätig. Vertrat seit 1918 als Abgeordneter der Bayerischen Volkspartei im Bayerischen Landtag schulpolitische Forderungen, seit 1919 Stadtschulrat von Amberg. Stellte 1921 die pädagogischen Leitsätze des Katholischen Lehrerverbandes auf. 1930 Eintritt in den Ruhestand. Nach 1945 Dozent für Lehrerbildung in München-Pasing. Seit 1947 Schriftleiter der Zeitschrift Pädagogische Welt. + 19.11.1952 in Gräfeling bei München. Vgl.: DBE, Bd. 10, 388f.
Aloys Henn, Leiter der Zweigstelle Düsseldorf des Deutschen Instituts für wissenschaftliche Pädagogik in Münster und Referent an der Zentralstelle der Katholischen Schulorganisation. Horn 1996, 190ff.
Henn, Aloys. * 1902. 1927 Promotion in Bonn. Dozent sowie ab 1933 Leiter der Zweigstelle Düsseldorf des Deutschen Instituts für wissenschaftliche Pädagogik in Münster. 1930 bis 1934 Referent an der Zentralstelle der Katholischen Schulorganisation Deutschlands in Düsseldorf. Mitglied des Katholischen Lehrerverbandes des Deutschen Reiches sowie der Zentrumspartei. Seit 1935 Mitglied der NSV, der DAF und Parteianwärter, später Mitglied der NSDAP. Seit 1937 in einem pädagogischen Verlag in Düsseldorf tätig. A.a.O., 190 sowie Küppers 1975, 85f.
Heinrich Getzney, vor allem in der ländlichen Erwachsenenbildung tätig, Landessekretär des Volksvereins für das katholische Deutschland in Württemberg. A.a.O., 192ff.
Getzney, Heinrich. * 26.05.1894 in Ludwigsburg in Württemberg. Nach Studium an der Universität Tübingen und Militärdienst Promotion zum Dr. phil. 1919-20 Mitarbeiter Carl Sonnenscheins im SSS in Berlin. 1920-25 Landesvertreter des Volksvereins für das katholische Deutschland für Berlin und Ostpreußen, 1925-33 Landesvertreter des Volksvereins in Württemberg. Von 1945-70 Kurs- und Vortragstätigkeit in der Erwachsenenbildung in Württemberg. + 01.04.1970 in Stuttgart. Vgl.: Schoelen 1982, 187

[105] Die Zeitschrift Jugendwohl: Katholische Zeitschrift für Kinder- und Jugendfürsorge wurde von 1920 bis 1939 vom Deutschen Caritasverband herausgegeben. Dieser war seit Juli 1933 neben der NSV als Spitzenverband der Freien Wohlfahrtspflege anerkannt. Sein Betätigungsfeld wurde jedoch zunehmend eingeschränkt. Der Zeitschrift Jugendwohl wurde durch die Gleichschaltungsmaßnahmen im Feld der berufsständischen Organisationen die Grundlage sukzessive entzogen. Die Veröffentlichung wurde 1939 aus Papiermangel eingestellt. Als Auflagenhöhe wird eine Zahl von 3.000 Exemplaren für das Ende der zwanziger Jahre und sowie von 2.500 Exemplaren für Mitte der dreißiger Jahre angegeben. Horn 1996, 195ff.

gegenüber der deskriptiven Darstellung und quantitativen Betrachtung die qualitative Analyse und Würdigung der Inhalte der genannten Zeitschriften wie der Biographien der ausgewählten Autoren relativ knapp und dürftig aus.[106] Da Horn sich in seiner Analyse fast durchweg auf das Jahr 1933 sowie die Folgejahre bezieht, kann eine solche Betrachtungsweise ideologische Kontinuitäten nur randständig in den Blick bekommen. Dennoch fügen sich seine Feststellungen nahtlos in den bisher skizzierten Stand der Forschung ein.[107] Das katholische Bildungs- und Erziehungswesen war offenkundig bemüht, sich aus „katholischem Sein und Denken" in die „Front der neuen deutschen Nationalpädagogik" einzuordnen[108] und dies bis hin zu weitgehenden Zustimmungen zur nazistischen Eugenik. Neben diesen erheblichen Übereinstimmungen in weltanschaulich-gesellschaftlichen Fragen finden sich jedoch über den gesamten Zeitraum in allen Publikationen Abgrenzungen in weltanschaulich-kirchenpolitischen Fragen der „Werteskalen, Letztbegründungen und -orientierungen".[109] Hier wurde gegenüber dem nazistischen Staat die grundsätzliche Achtung der katholischen Positionen und der institutionellen Rechte der katholische Kirche eingefordert.

Mit dem durch den Nazismus bedingten Untergang des politischen Katholizismus konstatiert Horn auch das allgemeine Ende der katholischen Pädagogik; ein Urteil, welches allein mit Blick auf den immensen kirchlichen Einfluss auf die Gestaltung des Schulwesens in der Gründungsphase der Bundesrepublik Deutschland jedoch mehr als fraglich erscheint.[110]

---

[106] Der Frage „Welche Stellung nahmen nun die Autoren in den katholischen allgemeinpädagogischen Zeitschriften in den Jahren um 1933 ein?", widmet sich Horn auf ca. zehn Seiten. A.a.O., 201ff. Der gesamte Abschnitt über „Katholische pädagogische Zeitschriften und Autoren" umfasst dreiundvierzig Seiten.

[107] So zeigte Horn bereits für das Jahr 1932 eine vereinzelte positive Wertung von Elementen nazistischer Ideologie auf, die nach der Machtübernahme des Nazismus im Frühjahr und Sommer des Jahres 1933 emphatische Ausmaße annahm. Dabei wurde sowohl die nationale Phraseologie des Nazismus durchweg geteilt als auch auf die gemeinsame, langjährige Gegnerschaft zum liberalistischen, individualistischen, rationalischen und materialistischen Feindbild verwiesen.

[108] Editorial. In: Pharus 24 (1933), 479f. zitiert nach Horn 1996, 178

[109] A.a.O., 206

[110] Vgl. allgemein Kraiker: Politischer Katholizismus in der BRD. Eine ideologiekritische Analyse, 1972 sowie mit Schwerpunkt im schulischen Bereich Himmelstein: Kreuz statt Führerbild. Zur Volksschulentwicklung in Nordrhein-Westfalen 1945-1950, 1986

3. Entwicklung der Fragestellung

„Mit welchem weltanschaulichen Gepäck kamen die Katholiken – die katholischen Laien und Theologen – 1933 im Dritten Reich an? Wohin führten und verführten die Sehnsucht nach nationaler Größe und christlichem Abendland, Vaterlandstreue und Obrigkeitsverständnis? Wie weit reichte die Übereinstimmung der Katholiken mit bestimmten gesellschaftspolitischen oder außenpolitischen Zielen des Regimes?"[1] Diese offenen Fragen warf Dr. Karl Josef Hummel, Direktor der Kommission für Zeitgeschichte e.V., anlässlich eines Symposions über eine Zwischenbilanz der zeitgenössischen Katholizismusforschung im Mai 2003 in München als offene und zugleich weiterführende Problemstellungen für die Forschung auf.[2] Der Historiker und Publizist Volker Ullrich stellte diese Fragen zwei Jahre später in einen globaleren Kontext und bezog den gesamten Zeitraum der Nazi-Diktatur in die Problematik mit ein: „Es gibt auch bis heute keine überzeugende Erklärung dafür, was das NS-Regime für eine große Mehrheit der Deutschen so attraktiv machte, dass sie ihm buchstäblich bis zur letzen Minute Gefolgschaft leisteten."[3]

Vor dem Hintergrund der skizzierten Forschungsschwerpunkte und -desiderata versucht vorliegende Arbeit Antworten auf diese Fragen zu finden und somit einen Beitrag zur Kontinuitätsdebatte der katholischen Erwachsenenbildung als Teil des katholischen Milieus zu leisten.

Publikationen, Organe und Repräsentanten katholischer Erwachsenenbildung äußern sich nur selten direkt und explizit zu politischen und wirtschaftlichen Problemen der Zeit. Deshalb soll analysiert werden, welches Gesellschaftsbild entworfen, welches Selbstverständnis die Protagonisten prägte und

---

[1] Hummel: Kirche und Katholiken im Dritten Reich, 2004, 80

[2] Die Tagung fand am im Mai 2003 anlässlich des 75. Geburtstages von Rudolf Morsey und des 80. Geburtstages von Konrad Repgen zu Ehren dieser beiden Gründungsmitglieder der Kommission in München gemeinsam mit der Katholischen Akademie in Bayern statt. Im Zentrum der Tagung standen die Fragen „Katholische Kirche und Drittes Reich", „Katholizismus und Antisemitismus" sowie „Kirche und Gesellschaft nach 1945". Die Referate wurden ein Jahr später in einem Sammelband veröffentlicht. Hummel 2004b, 10

[3] Ullrich: Alles bekannt? Mitnichten! Für NS-Forscher gibt es noch viel zu tun, 2005
Eine mögliche Antwort auf diese Frage hat im vergangenen Jahr Götz Aly vorgelegt. Er widersprach allen bisherigen, den totalitären Zwangscharakter des Regimes betonenden Darstellungen. Aly interpretierte das Nazi-Regime vielmehr als „Gefälligkeitsdiktatur". Die „Volksgemeinschaft" des Nazismus entwickelte sich danach schnell zu einer Raubgemeinschaft auf Kosten der Juden und der okkupierten Gebiete in ganz Europa. Vgl.: Aly: Hitlers Volksstaat. Raub, Rassenkrieg und nationaler Sozialismus, 2005 sowie die kontroversen Rezensionen von Ullrich 2005b und Tooze 2005

mit welchen Formen und Methoden versucht wurde, die Ziele und Intentionen zu erreichen und umzusetzen.

Im Mittelpunkte der Analyse steht die Auseinandersetzung der katholischen Kirche und damit des deutschen katholischen Milieus mit der Zeitepoche der Moderne, eine Auseinandersetzung, die innerhalb der katholischen Kirche bis heute nicht beendet ist.[4] Unter dem Begriff "Moderne" werden im folgenden die politischen, gesellschaftlichen und geistigen Veränderungen erfasst, die sich als Folgen von Aufklärung und Französischer Revolution entwickelt haben und bis heute die Mentalität der Menschen in den westlichen Freiheitskulturen prägen.[5] Zur weiteren Kennzeichnung des Begriffs "Moderne" seien hier die schlagwortartigen Stichworte Menschen- und Bürgerrechte, Individualität und Rationalität, Pluralität, gesellschaftliche Dynamik und

---

[4] Ein differenziertes Urteil für die Art der kirchlichen Reaktion auf die Moderne zu finden, ist nicht einfach. In dem geschlossenen katholischen Milieu, das seit dem Kulturkampf entstand, herrschte im deutschen Sprachraum ein bemerkenswert intensives kirchliches Leben, welches sich vor allem in der Stärke der katholischen Vereine und Verbände zeigte. Der Preis, der für diese Antwort bezahlt werden musste, war die Abschottung von der Moderne. Mit der Erosion der konfessionellen Milieus, die bereits im Kaiserreich begann und sich seit den sechziger Jahren des 20. Jahrhunderts exponentiell entwickelte, hat in der katholischen Kirche ein Umdenken eingesetzt, dass sich in der Öffnung der Kirche zur Welt im Zweiten Vatikanischen Konzil 1962-1965 manifestierte. Die Umsetzung der Konzilsbeschlüsse steht jedoch noch weitgehend aus. Besonders in der Ekklesiologie stehen das alte hierarchische „Leib-Christi-Modell" und ein neues „Communio-Modell" beziehungslos nebeneinander. Seit den achtziger Jahren hat in der Kirche selbst eine stark restaurative Tendenz eingesetzt, die sich in den päpstlichen Enzykliken „Veritatis splendor" mit der Betonung der Naturrechtslehre und „Fides et ratio" mit der Betonung der scholastischen Philosophie manifestiert.
So ging es auch noch im Jahre 1993 bei den meisten Forderungen des sogenannten „Kirchen-Volksbegehrens" letztlich darum, individuelle Freiheitsrechte und demokratische Regelungen in der Kirche durchzusetzen. Vgl.: Zulehner: Kirchenvolks-Begehren (und Weizer Pfingstvision). Kirche auf Reformkurs, 1995, 16ff.

[5] Vgl. im folgenden: Behrens: Postmoderne, 2004, 6ff.; Beinert: Kirchenbilder in der Kirchengeschichte, 1995, 82ff.; Brüggeboes/ Mensing: Kirchengeschichte, 1972, 163ff.; Schmidt: Die Bedeutung personaler Beziehung im Bildungsprozeß. Anton Heinens Beitrag zur Landpädagogik als Lebenshilfe,1995, 14ff.; Seibel: Krise der Kirche heute? Genauer: Vor welchen Problemen steht die Kirche? 1995, 63ff.
Damit ist natürlich nur ein Teil der Moderne im Blickfeld. Kennzeichnend für die „Moderne" ist auch die Industrialisierung mit der Folge der Urbanisierung und dem Pauperismus. „Modernität ist ein historisches Phänomen wie jedes andere auch. Als solches ist es notgedrungen eine Mischung aus bewunderns- und beklagenswerten Zügen. Und höchstwahrscheinlich auch eine Mischung aus Wahrheiten und Irrtümern." Berger: Der Zwang zur Häresie. Religion in der pluralistischen Gesellschaft, 1980, 23f.; vgl. auch die Einleitung in Höhn: Krise der Immanenz. Religion an den Grenzen der Moderne, 1996, 7ff.
Eine ausführliche Darstellung der „Moderne" als grundlegende Theorie würde jedoch den Rahmen dieser Arbeit übersteigen.

Öffentlichkeit genannt.⁶ In der Weimarer Republik traf das katholische Milieu auf einen Staat, der eine Ausformung der Moderne darstellte. Die katholische Kirche reagierte auf die Herausforderung mit einer generellen Absage,⁷ einer scharfen gesellschaftliche Abgrenzung, einer hierarchisch-autoritären Struktur und einem dirigistischen Zentralismus,⁸ bediente sich in der Durchsetzung ihrer Reaktion aber durchaus moderner Mittel.⁹

---

[6] Unter diesen Schlagwörtern wird im folgenden verstanden:
Menschen und Bürgerrechte: Das sind in erster Linie die persönlichen Freiheitsrechte, wie Gewissens-, Religions- und Meinungsfreiheit, daraus folgend die Rechtsgleichheit aller Menschen und somit die Demokratie als Staatsform.
Individualität und Rationalität: Während bisher staatliche, kirchliche oder gesellschaftliche Institutionen über die jeweilige Lebensform und die Werte, die das menschliche Leben prägen, bestimmten, entscheidet jetzt der einzelne Mensch aufgrund der Überzeugungskraft der Argumente. Haltungen und Meinungen werden nur aufgrund eigener Einsicht übernommen, nicht weil sie von einer Autorität kommen.
Pluralität: Eine große Anzahl von Werten, Menschen- und Weltbildern prägt die moderne Welt. Möglich ist dies nur bei der Grundhaltung der Toleranz.
Gesellschaftliche Dynamik: Die Welt wird nicht mehr als statische Größe erfahren. Das Festhalten an althergebrachten Werten, Normen und Verhaltensmustern verliert an Bedeutung. Die Beweislast liegt nun beim Bestehenden, nicht mehr beim Neuen. Wesentliches Moment der gesellschaftlichen Wirklichkeit ist der fortgesetzte Wandel.
Öffentlichkeit: Die Informationsmedien erlangen eine starke Bedeutung, denn die Menschen beanspruchen das Recht auf umfassende Information in allen Fragen. Meinungsbildung geschieht durch offene Auseinandersetzung und öffentliche Diskussion.
Vgl.: Seibel 1995, 63ff.

[7] Die Antwort auf die Herausforderung durch die Moderne „war eine universale Restauration – theologisch in der Neuscholastik, politisch im Ultramontanismus, kirchenamtlich im Antimodernismus, lebensweltlich im schon erwähnten Kampf gegen alles Neue zu greifen." Beinert 1995, 106

[8] Es setzte sich in dieser Zeit ein Kirchenbild durch, das bis heute die Kirche prägt. Dieses Bild wird zwar vielfach aus der göttlichen Offenbarung abgeleitet; es unterscheidet sich aber ganz wesentlich vom Kirchenbild früherer Epochen und ist damit vor allem ein zeitbedingtes Ergebnis entsprechender geschichtlicher Entwicklungen. Seine Kennzeichen sind:
Zentralistisch: Ausgehend vom biblischen Bild des Leibes mit seinen Gliedern (1 Kor 12, 12ff., in: Bibel 1980, 1291) gilt der Papst als das von allen innerkirchlichen Bindungen freie, nur seinem eigenen Gewissen unterworfene, absolute Haupt der Kirche. Alle anderen Christen sind seine Untergebenen. Eine Eigenständigkeit oder ein Eigenrecht von Ortskirchen gibt es in diesem Bild nicht.
Hierarchisch-autoritär: Aus dem Zentralismus entstand ein streng vertikaler Kirchenaufbau. Der Papst ist das hierarchische Haupt, von dem Glauben, Lehre und moralische Weisungen über die Bischöfe und Kleriker bis an den letzten Gläubigen gelangen. Vom Haupt verlaufen die Lebensströme einbahnig und allein in einer einzigen Richtung. So ergibt sich eine straffe und autoritäre Führung, die Problemlösungen allein durch Weisung von oben, Kontrolle und Disziplinierung kennt. Die Einheit der Kirche ist das Ergebnis des Gehorsams gegenüber der Lehr- und Leitungsautorität der Hierarchie. Einheit bedeutet in diesem Sinne eine straffe Uniformität in allen Fragen. Auch im politischen Handeln in der Gesellschaft ist das Ziel ein einheitliches, geschlossenes Handeln

Von diesen Prämissen ausgehend, geht es im folgenden um die zentrale These, dass dieses katholische Reaktionsmuster die Position wie auch die Auseinandersetzung der katholischen Erwachsenenbildung als Teil des katholischen Milieus mit der Weimarer Republik und dem Nazismus bestimmte. In der zwiespältigen Haltung zur Moderne waren autoritäre, hierarchische, kulturkritische und antidemokratische Grundmuster enthalten, die die Basis für einen weit reichenden gesellschaftspolitischen Konsens mit dem Nazismus bildeten. Die kirchenpolitischen Ziele des Nazismus führten schließlich zu einer Abwehrhaltung und Resistenz des katholischen Milieus wie der katholischen Erwachsenenbildung, die sich aber bis auf einige wenige Ausnahmen ausschließlich auf diesen weltanschaulich-kirchenpolitischen Bereich bezogen, während der weltanschaulich-gesellschaftspolitische Konsens und damit die systemstabilisierende Wirkung bis zum Zusammenbruch des nazistischen Systems bestehen blieben.

---

unter der Führung der Autorität.
Abgegrenzt: Die Kirche unterscheidet sich scharf von der modernen Gesellschaft und ihren prägenden Prinzipien, aber ebenso scharf von allen anderen christlichen Konfessionen. Das Bild von der Burg oder Festung, die sich gegen die widergöttlichen Mächte siegreich verteidigt, wird zum Schlüsselbild der Kirche
Vgl.: Jedin 1985, Bd. VI/1, 320ff.

[9] Wichtiger dürfte sein, daß ... die Methoden des deutschen Katholizismus zur Selbstbehauptung wie zur Gestaltung der Gesellschaft Methoden der Moderne waren: Parteien, Verbände, Presse, in Ansätzen auch Rundfunk und Film." In: Hürten 1992a, 552

4. Quellenlage, Materialkorpus und Aufbau der Untersuchung

Die Thematik der Arbeit wird über einen dreifachen Zugang erschlossen, wobei der Untersuchung in allen drei Bereichen von der Forschung bisher unter dieser Fragestellung nicht ausgewertetes Material zugrunde gelegt beziehungsweise neue Quellenbereiche eröffnet werden.

Als Hinführung zum Thema werden im Kapitel II. die wesentlichen Kontexte in historischer, pädagogischer und organisatorischer Hinsicht als Rahmen expliziert, um sowohl die Auseinandersetzung der Katholischen Kirche wie des Katholizismus als Sozialform in die gesellschaftlichen und ökonomischen Veränderungen des 19. und 20. Jahrhunderts einzuordnen als auch darüber hinaus die Anfänge, Entwicklung und Funktion katholischer Erwachsenenbildung von ihrer Entstehung bis in den untersuchten Zeitraum hinein darzustellen.

Als theologischer Hintergrund folgt in Kapitel III. eine Auswertung der Zeitschrift „Der Prediger und Katechet" für den Zeitraum von 1929 bis zur Einstellung der Veröffentlichung im Jahr 1938. Die seit Mitte des 19. Jahrhunderts monatlich herausgegebene Zeitschrift mit Vorlagen für Predigt und Katechese hat bis heute im klerikalen Milieu des deutschen Sprachraums eine hohe Bedeutung und ist mir aus meiner beruflichen Tätigkeit im kirchlichen Dienst bekannt. Innerhalb des katholischen Milieus kam dem Klerus als Multiplikator und Milieumanager eine besondere Stellung mit zentralen Einflussmöglichkeiten zu.[1] Die Frage, welches gesellschaftliche Gedankengut der Klerus im katholischen Milieu verbreitete, hat daher eine zentrale Schlüsselstellung.[2] Mit einer solchen, unter gesellschaftspolitischem Aspekt stehenden Fragestellung, wird die Zeitschrift erstmals analysiert und auf diesem Weg klerikales Gedankengut für die Endphase der Weimarer Republik und die herrschaftsstabilisierende Phase des Nazismus erschlossen.

---

[1] „Von seiner unangefochtenen Machtbasis, der Kirche, okkupierte er [der Klerus] konzentrisch ausgreifend alle außerkirchlichen Lebensbereiche der Laienwelt, die Presse, die Politik und den Alltag." Blaschke 1996, 134

[2] Gegen die Auswahl des Materials könnte der Vorwurf erhoben werden, mit dieser Zusammenstellung die in neuerer Zeit mühsam gezogene Abgrenzung zwischen Erwachsenenbildung und Seelsorge außer acht zu lassen, doch bleibt diese Trennlinie für die hier aufgeworfene Fragestellung unbedeutend.
Vgl. das Kapitel „Das Problem der Verhältnisbestimmung von Seelsorge und Erwachsenenbildung" Uphoff 1991, 101-113; so wurde schon 1933 von Grosche eine deutliche Abgrenzung zwischen Erwachsenenbildung und Seelsorge gefordert (Grosche: Volksbildung und Weltanschauung. VuV 2 (1930), 195), doch bezeichnete Pöggeler noch 1959 die katholische Erwachsenenbildung „als neue Form der Seelsorge", die in Bereiche hineinreichen würde, „die der traditionellen Seelsorge weitgehend verschlossen sind" und damit Menschen anspräche, „die auf andere Weise der Heilslehre nicht mehr zugänglich sind." Stichwort „Erwachsenenbildung", in: LThK², Bd. 3, 1057f.

Im Mittelpunkt des Kapitels IV. steht die Analyse der Zeitschrift „Volkstum und Volksbildung" für den Erscheinungszeitraum von 1929 bis 1933.[3] Ein Hinweis im Werk von Niggemann sowie die Sichtung des Nachlasses von Emil Ritter bei der Kommission für Zeitgeschichte in Bonn führten mich auf die Spur dieser Publikation. Niggemann schrieb dieser „Monatsschrift des ZBA [Zentralbildungsausschuss der katholischen Verbände Deutschlands] ... eine bedeutende Rolle in der katholischen Volksbildung" zu.[4] Damit rückt gleichzeitig der ZBA als Dachverband und Multiplikator katholischer Erwachsenenbildung in das Blickfeld der Untersuchung.[5] Die Zeitschrift „Volkstum und Volksbildung" erschien von 1929 bis 1933; ab 1934 wurde sie durch die Zeitschrift „Geweihte Gemeinschaft" fortgesetzt. Vorgängerin von „Volkstum und Volksbildung" war die Zeitschrift „Volkskunst", die 1912 erstmals erschien und seit 1924 über die Arbeit des ZBA berichtete. Eine systematische Auswertung dieser Zeitschriften ist bisher nicht erfolgt. Mit ihr lassen sich Inhalte und Ausrichtung der Arbeit des Dachverbandes der katholischen Erwachsenenbildungsarbeit in der Endphase der Weimarer Republik sowie im Übergang zur Nazi-Diktatur darstellen. Dem ZBA gehörten in dieser Zeit durch die angeschlossenen Verbände mehr als sechs Millionen Katholiken an. Von ihrer Zielsetzung und Ausrichtung wandte sich die Zeitschrift an die Multiplikatoren der katholischen Vereinsarbeit; es kann daher ein hoher Verbreitungsgrad angenommen werden. Zudem wurden die Vorgängerzeitschrift „Volkskunst" und die Nachfolgeschrift „Geweihte Gemeinschaft" ausgewertet, um Entwicklungslinien und Kontinuitäten

---

[3] Dieses Kapitel der Untersuchung geht im Kern auf die Ende 1998 vorgelegte Diplomarbeit an der Universität-Gesamthochschule Paderborn mit dem Titel „‚Durch Gottes Gnade – deutsches Volk' Katholische Erwachsenenbildung in der Endphase der Weimarer Republik" zurück. Vgl.: Dust 1998
Schelonke betont aus einem anderen Gesichtspunkt die Bedeutung dieser Zeitspanne: „Meine Untersuchung betrifft den Zeitraum von Januar 1929 bis zum September 1933. Diese Eingrenzung geht von dem Faktum aus, daß dem spektakulären Wahlerfolg der NSDAP bei der Reichstagswahl vom September 1930, der diese Partei endgültig zum Gegenstand öffentlicher Wahrnehmung machte, schon nationalsozialistische Erfolge bei Wahlen ... vorausgegangen waren, ... Der Abschluß des Untersuchungszeitraumes bezieht sich auf die Ratifizierung des Reichskonkordats, mit der ein historischer Einschnitt gesetzt war." Schelonke 1995, 5

[4] Niggemann 1967, 155; in seinen Ausführungen über die „bedeutende Rolle" der Zeitschrift „als zentrales Organ der Erwachsenenbildung" orientiert sich Niggemann allerdings an den eigenen Aussagen der Schriftleitung der Zeitschrift, die er im wesentlichen dem Artikel „Eine Rechenschaft" von Emil Ritter in VuV 1/17 (1929), 1ff., entnommen hat.

[5] Eine ausführliche Darstellung der Geschichte und der Bildungsarbeit des ZBA wird aufgrund der ungenügenden Quellenlage kaum noch möglich sein. Vgl. zur Forschungslage über die Geschichte des ZBA die weiterführenden Angaben im Abschnitt „Organisatorischer Kontext" dieser Arbeit.

feststellen zu können. Im ersten Abschnitt werden die Entstehung und die Entwicklungslinien der Zeitschrift für den Zeitraum von 1912 bis 1941 dargestellt. Der zweite Abschnitt stellt die Charakterisierung des Gesellschaftsbildes, die Darstellung des Selbstverständnisses und die Beschreibung der Formen und Methoden katholischer Erwachsenenbildung dar. Eingeleitet werden diese durch die Schilderung der Diagnose der Zeit, die als Grundlage für das Handeln vorausgesetzt wird. Abschließend wird dargestellt, wie – bedingt durch die weit reichenden ideologischen Affinitäten zum Nazismus – die katholische Erwachsenenbildung des ZBA versuchte, sich im Frühjahr und Sommer 1933 in den nazistischen Staat einzugliedern.

Kapitel V. behandelt Leben und Werk Emil Ritters als zentralen Repräsentanten damaliger katholischer Erwachsenenbildung. Ritter war von 1912 bis 1933 Schriftleiter der Zeitschriften „Volkskunst" sowie „Volkstum und Volksbildung". Als Erwachsenenbildner und Publizist lässt sich das Wirken Ritters über vier politische Systeme – Kaiserreich, Weimarer Republik, Nazi-Diktatur und Bundesrepublik Deutschland – hinweg verfolgen. Obwohl Ritter in seiner vielfältigen Arbeit in unterschiedlichen katholischen Verbänden, Organisationen sowie der Zentrumspartei, als Herausgeber und Schriftleiter zahlreicher katholischer Publikationen sowie als Hauptschriftleiter einer der angesehensten katholischen Tageszeitungen, der „Germania" in Berlin,[6] und als Chronist des Volksvereins für das katholische Deutschland zentrale Positionen bekleidete, sind – abgesehen von zwei kürzeren Zeitschriftenartikeln – sowohl sein Lebensweg wie die Inhalte seiner Bildungsarbeit bisher in keiner Weise erarbeitet worden. Der Schwerpunkt dieser Untersuchung liegt jedoch weniger auf der Erarbeitung einer kompletten und abschließenden Biographie Ritters – diese steht einerseits aufgrund der Fragestellung nicht im Mittelpunkt und kann andererseits aufgrund der Quellenlage kaum mit Anspruch auf Vollständigkeit erarbeitet werden – der Focus ist vielmehr auf die ideologischen Kontinuitäten der erwachsenenbildnerischen und publizistischen Tätigkeit Ritters über die genannten vier politischen Systeme hinweg gerichtet. Somit sollen mögliche Kontinuitätslinien seiner Gedankenwelt aufgezeigt sowie seine persönliche Reflexion als auch die Rezeption des Lebens und Werkes Ritters dargestellt werden. Um die Ergebnisse abzusichern, wird abschließend ein Vergleich mit zeitgenössischen katholischen Erwachsenenbildnern gezogen,

---

[6] „Führende Berliner Tageszeitung, die der Zentrumspartei nahestand und die sozialpolitische Linie der Zentrumsfraktion im Deutschen Reichstag publizistisch unterstützte. Die G. wurde 1871 gegründet und musste 1938 ihr Erscheinen einstellen." Budde 1967, 105 Ritter war im Mai 1932 sowie von Juli 1933 bis November 1934 als Hauptschriftleiter der „Germania" in Berlin tätig.

um Gemeinsamkeiten und Unterschiede sowohl in den Bildungsvorstellungen als auch in der Rezeption aufzeigen zu können. Die Materialauswahl sowie der vorgestellte Aufbau der Arbeit ermöglichen somit, in den Kontexten und der „theologischen Kulisse" der Zeitschrift „Der Prediger und Katechet" zunächst das Umfeld katholischer Erwachsenenbildung darzustellen, mit der Analyse der Zeitschrift „Volkstum und Volksbildung" als „erwachsenenbildnerischem Hintergrund" die Haltung des Dachverbandes katholischer Erwachsenenbildung selbst zu untersuchen und schließlich mit Emil Ritter einen exemplarischen Repräsentanten vorzustellen. Die Arbeit setzt damit auf einer Makroebene an, um dann immer stärker auf Mikrobereiche zu fokussieren, wobei die Untersuchung der Einzelperson Emil Ritter durch den Vergleich mit Parallelfällen noch einmal auf ihre Aussagekraft hin überprüft wird.

5. Methodische und methodologische Überlegungen

Da das Material dieser Untersuchung in den zugrunde liegenden Quellen auf dem schriftlich überlieferten Wort basiert, wird als wesentliche Methode der Arbeit die Hermeneutik angewandt, die im engeren Sinn die Theorie und Praxis der Auslegung von Texten und im weiteren Sinn das Verstehen von Sinnzusammenhängen in menschlichen Lebensäußerungen als zentrale Methode der Geisteswissenschaften in der Tradition von Schleiermacher[1] und Dilthey[2] beinhaltet und versucht, die Bedeutung und den Sinn von Äußerungen und Werken des menschlichen Geistes aus sich und in ihrem Zusammenhang zu verstehen. Das Verfahren wurde in der philosophischen Hermeneutik[3] von Heidegger[4] und Gadamer[5] vertieft und den Geisteswissenschaften allgemein als Methode vorgeordnet;[6] innerhalb der Erziehungswissenschaft entwickelte Klafki das Verfahren weiter.[7]

---

[1] Schleiermacher: Hermeneutik und Kritik, 1977[7]

[2] Vgl. zur historischen Entwicklung der Hermeneutik als wissenschaftlicher Methode das Kapitel „Die geisteswissenschaftliche Pädagogik" bei Wulf: Theorien und Konzepte der Erziehungswissenschaft, 1977, sowie ausführlicher: Thiersch: Die hermeneutisch-pragmatische Tradition der Erziehungswissenschaft, 1978

[3] Einen historischen Überblick mit einem Schwerpunkt auf der Traditionslinie Schleiermacher, Dilthey, Heidegger und Gadamer bietet: Grondin: Einführung in die philosophische Hermeneutik, 2001[2]. Dilthey vertrat als Erklärung des Problems des Verstehens in den Geisteswissenschaften die These, dass jeder Einzelinhalt aus dem Gesamt des Lebens, das sich in ihm verobjektiviere, im nachfühlenden oder erlebenden Mitvollzug zu verstehen sei.

[4] Für Heidegger dagegen war die Hermeneutik nicht nur eine partikuläre Methode; für ihn bedeutete das Verstehen vielmehr eine generelle Seinsweise des Menschen, als entwerfende Selbstauslegung und Eröffnung des Horizonts der Welt. Vgl.: Heidegger: Sein und Zeit, 1927. In den späten Werken gründete sich dieser Horizont der Welt, der das Verstehen erst ermögliche, in der Geschichte des Seins, welches sich vor allem in der Sprache niederschlägt. Vgl.: Heidegger: Die Frage nach dem Ding, 1984; ders.: Die Grundbegriffe der Metaphysik, 2004; ders.: Wegmarken, 2004

[5] Gadamer ergänzte diese Überlegungen um wichtige Aspekte der grundsätzlichen Allgemeinheit des hermeneutischen Problems sowie die historische Perspektive der Hermeneutik, in der der jeweils eigene, persönliche Verständnishorizont mit dem Horizont des ihm begegnenden historischen Einzelinhalts verschmilzt. Vgl.: Gadamer: Wahrheit und Methode. Grundzüge einer philosophischen Hermeneutik, 1965[2]; ders.: Hermeneutik 1974; ders.: Hermeneutik als praktische Philosophie, 1976; Gadamer/Boehm: Seminar: Philosophische Hermeneutik 1976; dies.: Seminar: Die Hermeneutik und die Wissenschaften, 1978

[6] Vgl. als allgemeine Einführung in die Hermeneutik mit Schwerpunkt auf den klassischen Bereichen angewandter Texthermeneutik in den Disziplinen Theologie, Rechtswissenschaften und Pädagogik: Seiffert: Einführung in die Hermeneutik, 1992; als Beispiel für

Für die Arbeit wird vor allem auf diese grundlegenden Überlegungen von Klafki zurückgegriffen,[8] die von Rittelmeyer und Parmentier aktualisiert und inhaltlich weitergeführt wurden.[9] Einige fundamentale Grundlagen werden im folgenden in komprimierter Form kurz vorgestellt.[10] Die Hermeneutik als das Bemühen, Texte beziehungsweise deren Urheber und somit das historische Umfeld zu verstehen, beantwortet ihre Fragen[11] als wissenschaftliche Methode in einer methodisch reflektierten Weise.[12] Da die Interpretation eines Textes immer unter einer bestimmten Fragestellung erfolgt, in welcher sich ein Vorverständnis des Interpreten ausdrückt, müssen sowohl die Fragestellung selbst wie auch das Vorverständnis als wesentliche Einsicht in die Standortgebundenheit jeder Interpretation thematisiert und als Notwendigkeit der Offenlegung der in der Interpretation enthaltenen Voraussetzungen transparent gemacht werden. Im Gang der Untersuchung sind sowohl Fragestellung als auch Vorverständnis am Text immer wieder zu überprüfen und gegebenenfalls zu verändern. Wesentlich ist dabei, den historischen Kontext des jeweiligen Textes als Sprachprodukt sowohl in seiner Entstehungszeit als auch in seinem aktuellen Interpretationszeitraum zu beachten. Indem pädagogische Texte häufig Ausdrücke eines praktischen Engagements oder Kontroversen

---

die Anwendung der Hermeneutik in den Sozialwissenschaften: Kurt: Hermeneutik. Eine sozialwissenschaftliche Einführung, 2004

[7] Klafki konstituierte Erziehungswissenschaft als kritisch-konstruktive Theorie, die neben der Hermeneutik auch die Empirie sowie die gesellschaftskritischen Positionen der Ideologiekritik und kritischen Theorie umfasst. Vgl.: Klafki: Erziehungswissenschaft als kritisch-konstruktive Theorie. Hemeneutik – Empirie – Ideologiekritik, 1971; ders: Hermeneutische Verfahren in der Erziehungswissenschaft, 1971
Vgl. zur kritischen Theorie als kompakte Einführungen und Zusammenfassungen: Behrens: Kritische Theorie, 2002; Bubner: Was ist kritische Theorie, 1975; Weiß: Wissenschaft und Kritische Theorie – Rückbesinnung auf die kritischen Traditionen der Erziehungswissenschaft, 2006

[8] A.a.O.

[9] Rittelmeyer/ Parmentier: Einführung in die pädagogische Hermeneutik, 2001. Vgl. als ältere kompakte Zusammenfassung der hermeneutischen Methode in der erziehungswissenschaftlichen Disziplin: Hüllen: Pädagogische Theorie – Pädagogische Hermeneutik, 1982

[10] Vgl.: Klafki 1971a, 35ff. sowie ders. 1971b, 132ff.

[11] Etwa die, was die Texte bedeuten, die Autoren, mit dem was sie sagen oder schreiben meinen, welchen Zweck die Urheber in einem bestimmten sozialen oder historischen Zusammenhang verfolgen oder welche Motive die Verfasser bewegen. Vgl.: Rittelmeyer/ Parmentier 2001, 1f.

[12] Dabei verweist die Frage, was verstehen und was in diesem weiteren Sinne Hermeneutik eigentlich ist, weit in das Gebiet der philosophischen Hermeneutik. Diese Frage muss bis heute als keineswegs geklärt bezeichnet und letztlich offen gelassen werden, da sie den Kontext dieser Untersuchung deutlich übersteigt. Vgl.: a.a.O., 12f.

widerspiegeln, sind diese ohne die jeweiligen Gegenpositionen kaum verständlich. Da einzelne Aussagen und ihre sprachlichen Elemente im Laufe der Interpretation immer wieder in den Kontext größerer Aussagenzusammenhänge gestellt werden, wirken sich diese sowohl ergänzend als auch verändernd auf das Gesamtverständnis aus. Diese wechselseitige Verknüpfung von Einzelelementen und größeren Zusammenhängen sowie der konkreten Interpretation des Textes und den Fragen des Interpreten wird auch als „hermeneutische Spirale" bezeichnet.[13] Aufgrund des Konnexes zwischen gesellschaftlicher Lage und Bewusstsein – sowohl des Urhebers des Textes als auch des Interpreten – ist die Berücksichtigung einer ideologiekritischen Perspektive bei der Interpretation eine wesentliche Anforderung an eine zeitgemäße und konsequente Textinterpretation.[14]

Hatte bereits Klafki eindringlich darauf hingewiesen, dass im Rahmen der hermeneutischen Methode eine ideologiekritische Perspektive zu berücksichtigen sei, so stellt sich bei die hier vorliegenden Arbeit, die einen solchen ideologiekritischen Ansatz explizit verfolgt, die Frage nach dem zugrunde gelegten Verständnis des Begriffs „Ideologie" im allgemeinen als auch darüber hinaus der „Ideologiekritik" im besonderen. Aufgrund der umfangreichen Geschichte und der vielfältigen Bedeutung des Begriffs kann dabei eine Vollständigkeit in der Darstellung keinesfalls intendiert werden; vielmehr ist beabsichtigt – neben einer kurzen Einführung in die Begrifflichkeit – vor allem das eigene Verständnis des Autors zu thematisieren.

In der ursprünglichen Bedeutung wurde der Begriff der Ideologie als Wissenschaft von den Ideen und Synonym für die Ideenlehre oder ein System von Ideen durch Antoine Destutt de Tracy im 18. Jahrhundert in den wissenschaftlichen Diskurs eingeführt.[15] Doch schon einige Zeit vorher hatte Francis Bacons mit seiner Lehre von den Idolen die Kritik am falschen, durch gesellschaftliche Vorurteile getäuschten Bewusstsein thematisiert und damit das spätere Verständnis inhaltlich vorweggenommen. In der Aufklärung wurden diese Gedanken vertieft und durch Karl Marx zum Verständnis der Ideologie

---

[13] Klafki 1971b, 145

[14] Exemplarische Anwendungsbeispiele, welche zudem plausible Methodenreflexionen beinhalten, finden sich bei Siemsen in ihrer Untersuchung zur Militärpädagogik Erich Wenigers im Abschnitt „Methodenreflexion", Siemsen 1995, 37-42, sowie bei Bracht in seiner Darstellung über die Rüthener Aufbauschule im Spannungsfeld von Demokratie und Nazismus in den Abschnitten „Quellen und ihre Auswertung, methodische Überlegungen". Bracht 1998, 41-43 sowie 62-73.

[15] Vgl. im folgenden Sandkühler: Ideologie, 1990, sowie: Grieder: „Ideologie" – Unbegriffenes an einem abgegriffenen Begriff, 1992

als Vorstellung zur Interpretation der Welt in einer von Interessen geleiteten und damit verfälschenden Sichtweise, die zur Herrschaftsstabilisierung instrumentalisiert wird, weiterentwickelt. Aufgrund dieser Entstehungsgeschichte teilt Schweppenhäuser den Ideologiebegriff in einen subjektiven Begriff, den die Denker der Aufklärung entwickelten, und einen objektiven, der durch Karl Marx bestimmt wurde, ein.[16] Durch die anschließende mannigfaltige, völlig unterschiedliche wissenschaftliche Anwendung, die Instrumentalisierung als Kampfparole und Bezichtigungsbegriff in der politischen Auseinandersetzung sowie den Übergang in einen vielfältigen alltagssprachlichen Gebrauch ist der Ideologiebegriff völlig diffundiert. Während Sandkühler neben dem alltagssprachlichen Gebrauch und einigen weiteren Definitionsansätzen vor allem drei unterschiedliche Begriffsbestimmungen der Ideologie als „gesellschaftlich notwendiger Schein", „gesellschaftlich notwendiges falsches Bewußtsein" sowie „wissenschaftlich weltanschaulich begründetes System von Wissen und Normen" aufzeigt,[17] weist Salamun im Rückgriff auf den norwegischen Philosophen Naess[18] mindestens sieben verschiedene Klassen von Definitionen nach, die von allgemeinen deskriptiven Bestimmungen bis zu eindeutig auf den politischen Bereich bezogenen normativen Definitionen reichen.[19] Zima unterscheidet in seinem Versuch einer Begriffsbestimmung nach einem historischen Überblick eine soziologische und eine semiotische Bedeutung von Ideologie und führt dies in jeweils vier Unterabschnitten im einzelnen aus.[20] Klafki verstand den Ideologiebegriff in seinen Ausgangsüberlegungen zunächst als wissenschaftliche Grundhypothese vom Zusammenhang und der Abhängigkeit „menschlichen Denken und Handelns, menschlicher Lebensformen, Institutionen und kulturellen Objektivationen aller Art bis hin zu den Fragen, Verfahrensweisen und Ergebnissen der Wissenschaft" von den „jeweiligen gesellschaftlich-politischen Verhältnissen, gesellschaftlich vermittelten Interessen, Abhängigkeiten, Herrschaftsverhältnissen, Zwängen oder auch Chancen" und setzte ihn als solchen vom marxistischen Verständnis des

---

[16] Schweppenhäuser: Adornos Begriff der Kritik, 1990
[17] Sandkühler 1990, 617ff.
[18] Naess: Democracy, Ideology und Objectivity. Studies in the Semantics and Cognitive Analysis of Ideological Controversy, 1956, 16ff.
[19] Salamun: Ist mit dem Verfall der Großideologien auch die Ideologiekritik am Ende?, 1992
[20] Zima: Ideologie und Theorie. Eine Diskurskritik, 1989. Unter „Ideologie soziologisch" führt der Autor „Kultur", „Religion", „Mythos" und „Weltanschauung" auf, unter „Ideologie semiotisch" werden „Sprache", „Werbung", „Propaganda" sowie „Theorie/Ideologie" genannt. A.a.O., 23ff.

„notwenig falschen Bewußtseins" ab.[21] Einige Jahre später zählte Klafki vier wesentliche Bedeutungsvarianten des Begriffs auf: als gesellschaftlich-ökonomisch bedingtes, „notwendig" falsches Bewusstsein; als gesellschaftstheoretisch-politisch bestimmten Begriff; als wissenssoziologisch bestimmten Begriff von der gesellschaftlichen Bedingtheit allen Wissens sowie als in der Tradition des kritischen Rationalismus beziehungsweise Neopositivismus bestimmten Begriff.[22] Der Erziehungswissenschaft wies Klafki im Anschluss an die Ideologiekritik zwei zentrale Aufgaben zu: „Pädagogische Zielsetzungen, Theorien, Einrichtungen, Lehrpläne, Methoden, Medien sind erstens daraufhin zu untersuchen, ob sich in ihnen unreflektierte gesellschaftliche Interessen ausdrücken, zweitens darauf hin, ob bestimmte gesellschaftliche Gruppen ihre Interessen bewußt hinter bestimmten Zielsetzungen, Theorien, usw. verbergen, um bei anderen Menschen ... Ideologien, falsches Bewußsein zu erzeugen."[23]

In Anlehnung an Salamun findet in dieser Arbeit ein umfassender Ideologiebegriff Verwendung, der in der Tradition des kritischen Rationalismus wie der kritischen Theorie[24] die innovativen Ansätze der Sozialforschung integriert. Ideologie wird somit verstanden als ein Gedankengebilde, welches durch spezifische tendenzielle Merkmale charakterisiert ist und gesellschaftlichen Gruppen als universaler Orientierungsrahmen bei der Interpretation der gesellschaftlichen Wirklichkeit dient, die Machtansprüche dieser Gruppen im politischen Leben legitimiert und neben fundierten wissenschaftlichen Einsichten und offenen Wertungen, Normen und Handlungsappellen auch kryptonormative sowie falsche Vorstellungen beinhaltet, deren ungerechtfertigte Wahrheitsansprüche oder Unwahrheiten auf interessenbedingte Befangenheiten ihrer Produzenten zurückzuführen sind.[25]

Ausgehend von einem solchen Ideologieverständnis entwickelte Salamun eine Reihe von Verfahrensweisen und Strukturmerkmalen von Ideologien, die wiederum bestimmte Aspekte der Ideologiekritik implizieren.[26] Ideologiekritik fragt demzufolge nach der Existenz von Absolutheitsansprüchen in Form von Behauptungen über absolut wahre Einsichten und Prinzipien als manifeste

---

[21] Vgl.: Klafki 1971a, 40f.
[22] Vgl.: Klafki: Ideologiekritik und Erziehungswissenschaft – eine Problemskizze, 1976, 50ff.
[23] A.a.O., 53
[24] Vgl. zu den Gemeinsamkeiten und Unterschieden der Kritik des Kritischen Rationalismus sowie der Kritischen Theorie an der Hermeneutik: Hüllen 1982, 94
[25] Vgl.: Salamun 1992, 45
[26] A.a.O., 45ff.

Wahrheiten, die ein für allemal unrevidierbar und unbezweifelbar sind, wobei in der Praxis Prinzipien des Kernbereichs als wahr und unrevidierbar von Randbereichen oder Aussagen des operativen Bereichs als anpassbare und revidierbare Feststellungen unterschieden werden. Nicht nur das Erkenntnisprivileg sondern auch das Interpretationsmonopol, welches sich auch auf die Definition des Kern- und Außenbereichs der jeweiligen Ideologie bezieht, kommen als vorgeblich höheres und ausschließliches Wissen einer ganz bestimmten, eng umrissenen Elite als alleinigem Recht zu. Den Anhängern der Ideologie obliegt die Aufgabe, den Weisungen der Elite gläubig und vertrauensvoll zu gehorchen. Das Erkenntnisprivileg als auch das Interpretationsmonopol werden gegen jede Art von Kritik durch Frageverbote, Zensur, subtile Rechtfertigungsargumentationen und letztlich auch durch Gewaltanwendung geschützt; Abweichler in jedem Fall durch gestufte Formen der Ausgrenzung abgestraft. Ideologien tendieren außerdem dazu in der Interpretation der politischen Realität dogmatisierte, dichotomische Deutungsraster anzuwenden, die durch Polarisierungskategorien und Kontrast-Zeichnungen des Geschehens gekennzeichnet sind und somit häufig dämonisierte Feindbilder und Verschwörungstheorien nach sich ziehen; diese werden auch zur Stabilisierung von Machtpositionen in Gemeinschaften und Staatsverbänden sowie zur Abwehr von Desintegrationstendenzen in weltanschaulich orientierten Milieus genutzt. Ferner neigen Ideologien dazu, ihren Anhängern durch utopisch-messianische Heilsideen die Überzeugung zu vermitteln, zu einer auserwählten Elite zu gehören, die berufen ist, ihren je eigenen Auftrag in der Welt auch gegen alle Widerstände zu erfüllen. Zudem wird durch eine Vermischung von bestätigten wissenschaftlichen Hypothesen und Tatsachenerkenntnissen mit politisch-weltanschaulichen Wertvorstellungen letztlich der Eindruck vermittelt, die ideologischen Wertstandpunkte seien allgemeinverbindliche Tatsachen, was die Möglichkeit beinhaltet, politische Wertvorstellungen unter dem Deckmantel der Wissenschaftlichkeit durchzusetzen.

Zu Beginn vorliegender Arbeit wurde anhand der hier skizzierten formalen Aspekte der Ideologiekritik sowie der inhaltlichen Ergebnisse der Forschungsarbeiten Schelonkes[27] und Becks[28] ein Kategorienraster entwickelt, welches bei Lektüre und Auswertung der Quellen an die jeweiligen Texte angelegt und im Fortgang der Arbeiten mehrfach überarbeitet und revidiert wurde.

---

[27] Schelonke 1995
[28] Beck 1996

Da eine einheitliche Theorie der Ideologiekritik nicht existiert[29] und sowohl die Form als auch die Stoßrichtung derselben in Abhängigkeit von den zugrundegelegten erkenntnis-, wert- und sozialtheoretischen Voraussetzungen der Akteure ganz erheblich variieren,[30] stellt sich an dieser Stelle sowie vor allem in den Abschnitten der Arbeit, in welchen sich neben der Darstellung des Diskurses auch normative Wertungen niederschlagen, die Frage nach dem zugrunde gelegten Urteilsmaßstab. Auch hier hatte Klafki bereits zu Beginn der siebziger Jahre auf die Notwendigkeit der Ergänzung der hermeneutischen Methode durch die gesellschaftskritische Position der kritisch-emanzipatorischen Pädagogik hingewiesen und als Maßstab zentrale Prinzipien wie „Emanzipation", „Mündigkeit", „Selbstbestimmung" und „Demokratisierung" benannt. Die leitende Hauptfragestellung ist demnach durch das „'Erkenntnisinteresse' an der Ermittlung der Bedingungen und der praktischen Möglichkeiten, Freiheit, Gerechtigkeit, Vernunft zu realisieren – jeweils verstanden als dialektischen Zusammenhang von individueller und gesellschaftlicher Freiheit und Gerechtigkeit, individueller Vernunft und vernunftgemäßen gesellschaftlichen Verhältnissen" – charakterisiert.[31]

In der wissenschaftlichen Praxis hatte Broszat schon in den achtziger Jahren hervorgehoben, dass sowohl die Inhumanität der nazistischen Ideologie als auch die gesellschaftliche und soziale Praxis des Nazismus eine wertneutrale historische Darstellung unmöglich machen.[32] Manche Autoren versuchen jedoch derartige Postulate zu umgehen und mit Berufung auf eine „wertneutrale" und somit „objektive" Betrachtungsweise einer Grundwertediskussion zu entkommen.[33] Aus methodischen Gesichtspunkten im allgemeinen[34] sowie

---

[29] Salamun: Ideologie und Aufklärung, 1988, 88ff.
[30] Schmid: Formen der Ideologiekritik, 1989, 149ff.
[31] Kalfki 1971a, 44ff.
[32] Vgl.: Broszat: Grenzen der Wertneutralität in der Zeitgeschichtsforschung. Der Historiker und der Nationalsozialismus, 1981; ders.: Eine Insel in der Geschichte? Der Historiker in der Spannung zwischen Verstehen und Bewerten der Hitler-Zeit, 1983; ders.: Was heißt Historisierung des Nationalsozialismus? 1988
[33] Vgl. Tenorth, der die „Historisierung" als wesentliches „Geschäft" der historischen Pädagogik herausstellt und damit eine „wertneutrale" Betrachtung favorisiert. Siehe dazu: Tenorth: Zur deutschen Bildungsgeschichte 1918-1945. Probleme, Analysen und politischpädagogische Perspektiven, 1985, 120; sowie: ders.: Wahrheitsansprüche und Fiktionalität. Einige systematische Überlegungen und exemplarische Hinweise an die pädagogische Historiographie zum Nationalsozialismus, 1993, 99. In ähnlicher Weise stellt Tenorth auch „normative Abwehr" gegen „kritische Analyse" in: Tenorth: Pädagogik der Gewalt. Zur Logik der Erziehung im Nationalsozialismus, 2003, 7
[34] Vgl.: W. Keim 1987, 34f., sowie 1988a: „Sie [die Zuordnungen und Reflexionen Tenorths zu einer „wertneutralen" Betrachtungsweise] verdeutlichen zugleich ..., dass es ein methodischer Trugschluss ist zu meinen, Problemzusammenhänge gesellschaftlicher Art

hermeneutischer[35] Betrachtung im besonderen wurden derartige Interpretationsmuster scharf kritisiert und darauf hingewiesen, dass Untersuchungen mit einem solchen Ansatz zumeist „im Formalen stecken bleiben".[36] Eine Gesamtbetrachtung der Arbeiten, die im Rahmen der Kontinuitätsdebatte in der erziehungswissenschaftlichen Disziplin und Profession entstanden sind, lässt von daher signifikant deutlich werden, dass die Kontinuitätsdebatte ohne derartige Leitbegriffe nicht zu führen ist und es letztlich unmöglich bleibt, den Nazismus ohne „solchen ethischen bzw. moralischen Prinzipien zureichend analysieren, kritisieren und bekämpfen zu können".[37] W. Keim nennt in diesem Zusammenhang als Postulate „pädagogisch verantwortbarer Erziehung": „Mündigkeit, Eigenrecht der menschlichen Person, kritische Instanz des individuellen Gewissens, Brüderlichkeit, mitmenschliche Solidarität und Hoffnung auf eine bessere und glücklichere Menschheit".[38] Auch innerhalb der Kontinuitätsdebatte in

---

[35] wertneutral bzw. mit wertneutralen Kategorien beschreiben zu können. ... Mir scheint, daß der reflektierte und reflektierende Umgang mit bedeutungsgeladenen Kategorien da letztendlich eindeutiger ist, zumindest aber vor Fehldeutungen von Sachverhalten ... eher bewahrt.", a.a.O., 32; ferner: Lingelbach: „Erziehung" unter der NS-Herrschaft – methodische Probleme ihrer Erfassung und Reflexion, 1988, 49f.; ders.: Unkritische Bildungshistorie als sozialwissenschaftlicher Fortschritt?, 1990; Gamm: Über die Schwierigkeiten, von einer deutschen Pädagogik zu sprechen, 1990, 11; Koneffke: Auschwitz und die Pädagogik. Zur Auseinandersetzung der Pädagogen über die gegenwärtige Vergangenheit ihrer Disziplin, 1990, 29ff.
„Das aber heißt, daß Tenorth die wissenschaftliche Analyse der Erziehungsprozesse trennen möchte von ihrer moralischen Bewertung. Damit würde dann die als „wertneutral" verstandene wissenschaftliche Analyse zum eigentlichen, mit dem Anspruch der Objektivität verbundenen Geschäft der Wissenschaft und erhielte umgekehrt die darauf sich stützende moralische Bewertung den Charakter der Zweitrangigkeit, wenn nicht sogar der Beliebigkeit. Dieses Anliegen Tenorths ist kaum originell und hat sowohl durch die Frankfurter als auch die Marburger Schule eine gründliche Kritik erfahren. Dabei ist vor allem darauf verwiesen worden, daß bereits die Konstituierung des Forschungsgegenstandes interessenbedingt und d.h. mit einer Fülle von Vorentscheidungen verbunden ist, die höchstens aufgeklärt und d.h. kritisch reflektiert, nicht aber ausgeschaltet werden können." W. Keim 1990a, 17f.; ferner: Lingelbach: Zur Kritik "Pädagogischen Denkens" in der zeithistorischen Erziehungsforschung, 1990, 123f.; Beutler: Bemerkungen zur Anwendung der hermeneutischen Methode in der Auseinandersetzung zwischen Adalbert Rang und Ulrich Hermann, 1990, 137ff.

[36] W. Keim 1990a, 18

[37] W. Keim 1988b, 113

[38] A.a.O. Als exemplarisches Praxisbeispiel sei an dieser Stelle erneut auf die Untersuchung von Bracht zur Rüthener Aufbauschule im Spannungsfeld von Demokratie und Nazismus verwiesen. Vgl.: Bracht 1998. Eine Einführung in die Problematik nebst dazugehöriger Reflexion findet sich im Abschnitt „Modernisierung und Nationalsozialismus", a.a.O., 30-36

den Kulturwissenschaften ist diese Position hinreichend thematisiert und inhaltlich abgesichert worden.[39]

Somit wird mit den von Klafki und W. Keim genannten zentralen Prinzipien als Leitbegriffen die wechselseitige Bedingtheit der in der Erwachsenenbildung vermittelten Selbstbestimmungsmöglichkeiten des einzelnen und einer politisch zu verwirklichenden Gesellschaftsstruktur, die Autonomie für alle zulässt, zum Axiom des Urteils in der hier vorliegenden Untersuchung.

War einleitend festgestellt worden, dass unter dem Begriff „Katholische Erwachsenenbildung" in Anlehnung an Benning sowie an das bis heute gängige Selbstverständnis katholischer Erwachsenenbildung zunächst die konfessionelle Erwachsenenbildung verstanden wurde, die einen institutionellen Bezug zu katholischen Trägern der Erwachsenenbildung aufweist beziehungsweise durch die dort tätigen Protagonisten vertreten wurde,[40] muss vor allem im Rahmen der Reflexion über die normativen Wertsetzungen der Arbeit die Frage nach den Grenzen des hier zugrunde gelegten Begriffs erneut thematisiert werden. So wäre etwa im Anschluss an die Katholizismusforschung bei Verwendung einer umfassenden Definition des Begriffs „Katholizismus"[41] durchaus ein komplexeres Verständnis von „Katholischer Erwachsenenbildung" vertretbar und möglich; eine Arbeit, die sich einem derart umfassendem Begriff stellen würde, wäre jedoch gezwungen, andere Grenzen zu setzen.[42] Von daher wird zunächst am einleitend vorgestellten Verständnis nebst den damit verbundenen Grenzen des Begriffs festgehalten.

---

[39] Vgl.: Schwan 2004. Zur Kooperation der Kulturwissenschaften mit dem Nazismus stellt Schwan fest: „Ein zentrales Problem der Beteiligung von Wissenschaft am Nationalsozialismus liegt ... in einem unreflektierten Wissenschaftsverständnis, das vorwissenschaftliche Ideologeme durch das Pathos angeblich wertfreier wissenschaftlicher Erkenntnis legitimierte. Das Problem liegt in einem „departementalisierten" Wissenschaftsverständnis, das dessen Bezüge zur sozialen, politischen, allgemein menschlichen Wirklichkeit zerschneidet.", a.a.O., 653f. und stützt u.a. darauf die einleitende These: „Eine kritische Beurteilung von wissenschaftlicher Beteiligung am Nationalsozialismus macht nur Sinn, wenn man sich dabei auf moralische Kriterien stützt.", a.a.O., 652

[40] Vgl. die Hinweise im Abschnitt „Motive für die Auseinandersetzung mit der Thematik und persönliche Zugänge" dieser Arbeit.

[41] Beispielsweise summiert Lehmann unter Katholizismus „alle geschichtlichen Lebensäußerungen im geistigen, politischen und sozialen Bereich, die zwar von katholischen Christen – seien es einzelne oder auch Gruppen bzw. Verbände – unter Berufung auf ihre Kirchenzugehörigkeit stammen oder durch Motive ihres Glaubens mitgeprägt sind, aber darum nicht einfach mit der katholischen Kirche identifiziert werden können." Lehmann: Glauben bezeugen, Gesellschaft gestalten. Reflexionen und Positionen, 1993, 10

[42] Die Vielfältigkeit „aller geschichtlichen Lebensäußerungen im geistigen, politischen und sozialen Bereich" könnte nie mit einem wissenschaftlichen Anspruch auf Vollständigkeit erhoben und dargestellt werden.

Doch soll in diesem Zusammenhang kurz die Frage nach einer „anderen" katholischen Erwachsenenbildung und möglichen exponierten Vertretern erörtert werden. Beispielsweise gab es in der Weimarer Zeit eine Arbeitsgemeinschaft „Katholischer Sozialisten" im „Bund der religiösen Sozialisten Deutschlands" (BRSD); dieser Bund hatte sich als Laienbewegung nach dem Ersten Weltkrieg sowohl aus der christlichen Friedensbewegung als auch aus Kreisen christlicher Sozialdemokraten entwickelt. In den Jahren 1930 bis 1933 veröffentlichte die Arbeitsgemeinschaft „Katholischer Sozialisten" mit dem „Roten Blatt katholischer Sozialisten" ein eigenes Periodikum.[43] Aus diesen Kreisen gab es einige personelle sowie viele inhaltliche Überschneidungen zum Friedensbund Deutscher Katholiken (FDK).[44] Doch sind diese Richtungen und Institutionen von ihrer Wirksamkeit und ihrem Selbstverständnis eher dem Spektrum des politischen Katholizismus als der katholischen Erwachsenenbildung zuzuordnen. In der katholischen Erwachsenenbildung entfalteten sie keine institutionelle Tätigkeit; die „Katholischen Sozialisten" waren wie auch der FDK zu keinem Zeitpunkt als Mitglieder im ZBA vertreten.

Für das Gebiet der katholischen Publizistik wird im Abschnitt „Weimarer Republik: „Die Volksbildung im deutschen Aufbau" (1919)" dieser Arbeit auf den Kreis um die „Rhein-Mainische Volkszeitung" verwiesen; doch blieb auch dieser Bereich des katholischen Pressewesens ohne inhaltliche und personelle Pendants in der katholischen Erwachsenenbildung.[45]

Auch kann beispielsweise der katholische Publizist und Erwachsenenbildner Ernst Michel,[46] der bis 1933 als Direktor der Akademie der Arbeit an der

---

[43] Vgl. zum Linkskatholizismus in der Weimarer Zeit auch die Ausführungen in den Abschnitten „Die Feinde der Volksfamilie: Liberalismus – Judentum – Sozialismus – Bolschewismus" sowie „Katholische Feindbilder: Sozialismus und Bolschewismus" ferner Pfeiffer: Religiöse Sozialisten. Dokumente der Weltrevolution, 1976; Peter: Der „Bund der religiösen Sozialisten" in Berlin von 1919 bis 1933, 1995; Baig: Bund der religiösen Sozialisten Deutschlands in der Weimarer Republik, 1996; Peter: Christuskreuz und rote Fahne. Der Bund der religiösen Sozialisten in Westfalen und Lippe während der Weimarer Republik, 2002; Ummenhofer: Wie Feuer und Wasser? Katholizismus und Sozialdemokratie in der Weimarer Republik, 2003.

[44] Vgl. die Ausführungen im Abschnitt „Fronterlebnis und nationaler Wehrgedanke" dieser Darstellung sowie Riesenberger: Die katholische Friedensbewegung in der Weimarer Republik 1976; ders.: Der „Friedensbund deutscher Katholiken" und der politische Katholizismus in der Weimarer Republik, 1981; ders.: Der Friedensbund Deutscher Katholiken in Paderborn – Versuch einer Spurensicherung, 1983; ders.: Geschichte der Friedensbewegung in Deutschland. Von den Anfängen bis 1933, 1985

[45] Vgl.: Lowitsch: Der Kreis um die Rhein-Mainische Volkszeitung, 1980

[46] Michel, Ernst. * 08.04.1889 im hessischen Klein-Welzheim am Main. Studium der Germanistik, Geschichte und Philosophie sowie der Zoologie, Botanik und Geographie in Heidelberg und München. 1914 Promotion. Frontdienst im Ersten Weltkrieg. Nach 1918 wechselnde Tätigkeiten in der allgemeinen und ländlichen Erwachsenenbildung. 1921

Universität Frankfurt am Main tätig war, nur eingeschränkt als katholischer Erwachsenenbildner charakterisiert werden,[47] da sich zum einen keine institutionelle Verbindung mit Verbänden und Einrichtungen der katholischen Erwachsenenbildung aufzeigen und zum anderen keine zeitgenössische Rezeption seiner Veröffentlichungen als auch seiner Tätigkeit innerhalb der katholischen Erwachsenenbildung nachweisen lässt.[48] Allenfalls zur lokalen katholischen

---

Berufung an die von Hugo Sinzheimer gegründete – von Eugen Rosenstock-Hussey geleitete – Akademie der Arbeit an der Universität Frankfurt am Main als hauptamtlicher Dozent und späterer Direktor bis zur Schließung der Einrichtung zum Beginn der Nazi-Dikatur 1933. Während der Weimarer Zeit regelmäßige Beiträge in der „Rhein-Mainischen Volkszeitung" sowie im „Roten Blatt der katholischen Sozialisten". Als Mitglied des Hohenrodter Bundes vertrat auch Michel das Paradigma der „Volksbildung als Volk-Bildung". Sein 1926 veröffentlichtes Werk „Politik aus dem Glauben" wurde drei Jahre später durch die katholische Kirche, vermutlich als Reflex auf Michels öffentliches Bekenntnis zum Sozialismus, auf den Index der verbotenen Bücher gesetzt. Seit 1933 als freier Schriftsteller und Psychotherapeut tätig. Nach 1945 Wiederaufnahme der Lehrtätigkeit an der Universität Frankfurt am Main sowie Publikations- und Vortragstätigkeit. + 28.02.1964 in Frankfurt am Main.

Vgl. zur Biographie Michels: LThK³, Bd. 3, 240 sowie ausführlicher Lowitsch: Ernst Michel (1889-1964), 1982 und Strunk: Ernst Michel, 1986. Die umfangreichste biographisch-bibliographische Übersicht findet sich bei Groß: Bio-bibliographische Daten zu Ernst Michel, 1996, 259ff.

Vgl. zum Werk Michels und seiner Bedeutung: Reifenberg: Situationsethik aus dem Glauben. Leben und Denken Ernst Michels (1889-1964), 1992; Bröckling: Katholische Intellektuelle in der Weimarer Republik. Zeitkritik und Gesellschaftstheorie bei Walter Dirks, Romano Guardini, Carl Schmitt, Ernst Michel und Heinrich Mertens, 1993; Reifenberg: Ernst Michel – der „ernstzunehmende Laientheologe", 1994; Ikechukwu: Die befreiende Versöhnung. Die christliche Heilsbotschaft der Sündenvergebung in ihren heilsgeschichtlich-politischen Zusammenhängen bei Ernst Michel, 1994; Groß: Weltverantwortung des Christen. Zum Gedenken an Ernst Michel (1889-1964). Dokumentationen, 1996; Heuser: Ernst Michel, die Akademie der Arbeit und die katholische Erwachsenenbildung in Frankfurt am Main, 1996 sowie Ruster 1997, 224ff. Eine Auswahl der wichtigsten Schriften Michels findet sich im Literaturverzeichnis dieser Arbeit.

[47] Reifenberg kategorisiert Michel in der dritten Ausgabe des LThK als wegweisenden „Sozialanthropologen": „Michel, der früh für die Mündigkeit der Laien eintrat, entwickelte im Anschluss u.a. an M. Buber einen christlichen Personalismus. Die von Michel entwickelte Situationsethik ist wegweisend für eine relational-autonome Moral im christlichen Kontext." LThK³, Bd. 3, 240
Lowitsch ordnet die Arbeiten Michels in eine theologische und eine soziologische Richtung ein, die jedoch in unmittelbarem Zusammenhang standen. Lowitsch 1982, 227

[48] Benning wählte für seine Quellentexte katholischer Erwachsenenbildung Anfang der siebziger Jahre unter anderem auch zwei Abhandlungen von Michel „Volksbildung als „Bildung zum Volk" (1929)", 182-190, sowie „Weltanschauung und Erwachsenenbildung (1931)", 201-218, aus. Benning nennt als Auswahlkriterien für seine Textsammlung eine Heterogenität der Auffassungen katholischer Erwachsenenbildung, eine vom „Wesen der Texte her bestimmte innere Kontinuität katholischer Erwachsenenbildung" sowie „ein sinnstiftendes Eigentliches, das die katholische Erwachsenenbildung als diese entscheidend Begründende" ansieht. Vgl.: Benning 1971, 14f. Die Texte von Michel wurden

Erwachsenenbildung in Frankfurt am Main gab es lockere Verbindungen. Innerhalb des katholischen Milieus wurde und wird Michel vielmehr sowohl in theologischen als auch gesellschaftspolitischen Kontexten rezipiert und gilt bis heute als exponierter und einflussreicher Vertreter und Vordenker eines katholischen Sozialismus. Somit handelt es sich beim Leben und Werk Ernst Michels um das Beispiel eines katholischen Intellektuellen, der an leitender Stelle in der allgemeinen Erwachsenenbildung tätig war. Michel teilte jedoch als Mitglied des Hohenrodter Bundes nicht nur dessen kulturkritische Ausrichtung[49] sondern auch dessen Grundparadigma der „Volksbildung als Volk-Bildung".[50] Lowitsch spricht in diesem Zusammenhang von „Unsicher-heiten" in der Positionierung Michels und nennt im einzelnen als Beispiele die Unterzeichnung des Gründungsaufrufes des „Reichs- und Heimatbundes deutscher Katholiken", der für ein föderalistisches-großdeutsches und überparteiliches Reichs- und Staatsideal eintrat, die „volksdemokratische" Charakterisierung des Gemeinwesens, welche nicht allein der Republik zukäme,[51] sowie die antipreußische Favorisierung des Föderalismus süddeutscher Provenienz mit einem der Weimarer Demokratie fremden Bezug auf germanische Stammestraditionen.[52]

---

ursprünglich in Publikationen der allgemeinen Erwachsenenbildung, in „Der Kunstwart. Monatshefte für Kunst, Literatur und Leben" sowie in „Hefte für Büchereiwesen", veröffentlicht.
Auch in den Kurzbiographien zum Abschluss der Quellensammlung gibt Benning keine weiteren Hinweise zur Einordnung Michels als katholischer Erwachsenenbildner. Dort heißt es nun allgemein: „Fundamentale Beiträge insbesondere zur Erwachsenenbildung und christlichen Anthropologie." A.a.O., 295

[49] „Alle Gegenwartszusammenbrüche wurden nunmehr in einem großen dreihundertjährigen Zusammenhang gesehen: als Erscheinungen des Zusammenbruches der Ordnungen, Werte und Sitten, auf denen der innere und äußere Halt unseres öffentlichen und privaten Daseins beruhte, einer epochalen Volkszerstörung, begründet in tiefen Veränderungen der geistesgeschichtlichen Lage der letzten Jahrhunderte." Michel 1929, 184
„Diese Volksbildner ... sehen den Einzelnen als verarmten Wir-Menschen, das Individuum als Krankheitsprodukt des kranken Volkslebens, in dem aus Mangel einer bindenden und wirksamen Gemeinschaftsordnung die seelischen und geistigen Kräfte in Zerspaltung leben und wirken." A.a.O., 188

[50] „Das Erste dieser Erwachsenenbildung ist somit die Bildung der Gemeinschaft zur Gemeinschaft." Michel 1929, 188
"Das aber ist die Gefahr, die heute die Erwachsenenbildung zu bedrängen beginnt: dass sie konfessionell und parteiisch aufgespalten und in den Abriegelungsprozeß der politischen und Weltanschauungsgruppen hineingezogen wird. Von ihrer volkspädagogischen Verantwortung aus muß die gestaltende Volksbildung diese Haltung als unfruchtbar und gefährlich bekämpfen." Michel 1931, 218

[51] In diesem Zusammenhang bezeichnete es Michel als eine „irrige Auffassung, daß Republik und Demokratie ein und dasselbe seien, oder das Republik und Monarchie sich gegenseitig ausschlössen". Lowitsch 1982, 230

[52] A.a.O., 229f.

Auch Ruster geht davon aus, dass Michel in seinem Denken „dem kulturpessimistischen, anti-neuzeitlichen Affekt seiner Jugendwerke verhaftet blieb."[53] Vor diesem Hintergrund bleibt die Frage, ob eine Analyse des Lebens und Werkes Michels zu grundlegend anderen Ergebnissen führen oder die Schlussfolgerungen dieser Darstellung weitgehend bestätigen würde, offen und muss weiterführenden Arbeiten vorbehalten werden.

Es dürfte für den Fortgang dieser Untersuchung aufgrund der bisher skizzierten Überlegungen verständlich sein, dass sich sowohl die in der Arbeit dargestellten Ergebnisse als auch die normativen Wertungen auf das innerhalb dieser Darstellung untersuchte Spektrum katholischer Erwachsenenbildung beziehen, welches jedoch, wie der Fortgang der Untersuchung zeigen wird, für weite Teile beziehungsweise den Mainstream katholischer Erwachsenenbildung als repräsentativ gelten kann.

Schließlich noch einige eher formale Hinweise.

Bei der Analyse der Zeitschriften und Zeitungen sowie die Nachlasses von Emil Ritter werden die untersuchten Topoi in den Fußnoten jeweils vollständig in ihrem Kontext zitiert. Dies ermöglicht dem Leser den Fortgang der Arbeit wie die Urteile des Autors selbständig am Text nachzuprüfen als auch inhaltlich nachzuvollziehen.

In thematisch innerhalb der Arbeit erstmals genannten Zusammenhängen wird zumeist neben einer Einleitung in die Materie auch eine Bewertung gegeben. Um Redundanzen zu vermeiden, nehmen diese Einführungen und Urteile zum Ende der Arbeit hin ab.

Die Lebensdaten von Personen sind nur angegeben, sofern dies weiterführende Informationen für die Arbeit erwarten ließ. Tabellarische Biographien finden sich im Anhang, ebenso eine Übersicht der dem ZBA angeschlossenen Verbände nebst Mitgliederzahlen sowie eine Übersicht über die Auflagenhöhe der untersuchten Zeitschriften und Zeitungen.

Anmerkungen des Verfassers sind im Text und in den Fußnoten in [... Beispiel] gesetzt. Abkürzungen werden in einem eigenen Verzeichnis erklärt.

---

[53] Ruster 1997, 227. Ruster führt als Begründung an: „Nur so lassen sich die apokalyptischen Töne deuten, die sich ganz unvermittelt in seinen Aufweis der neuen Aufgaben der Kirche mischen: er war „ueberzeugt von dem Anbruch der Endzeit", sah sowohl das Kirchen- wie das Volks- und Staatsleben in die „Kategorien gemeinsamer Endzeit gestellt" und hörte „das „Ite missa est!" der Kirche wie eine im Dämmern der Frühe noch verborgene, aber zwingende Stimme". Die Welt, die ihm unterging, war die der katholischen geistlichen Weltgestaltung, die in alle Bereiche des Lebens und der Kultur gereicht hatte, es war aber zugleich die Welt des „gesunden Volkstums".", a.a.O.

In den Fußnoten wurden die Titel der untersuchten Zeitschriften abgekürzt, die Titel anderer Zeitschriften und Zeitungen nicht in Anführungszeichen gesetzt. Bei wörtlichen Zitierungen wurde der Text der Vorlage unverändert – ohne Anpassungen an Rechtschreibung und Grammatik – übernommen. Archivarische Belege sind aus sich verständlich; es folgen die Belegkürzel des jeweiligen Archivs.

Die benutzten Werke werden um der Lesbarkeit willen nicht im Text selbst genannt, sondern finden sich in Kurzform, angegeben sind der Autor und das Jahr der Veröffentlichung, als Fußnoten auf der betreffenden Seite. Hier sind auch – um dem Leser ein mühseliges Blättern zu den Endnoten zu ersparen – die weiterführenden Anmerkungen als Fußnoten verzeichnet. In der Einleitung werden die Titel in den Anmerkungen bei erstmaliger Nennung vollständig wiedergegeben. Die kompletten bibliographischen Angaben finden sich im Literaturverzeichnis, in dem auch die verwendeten Kurzformen bei Autoren, die mehrere Schriften in einem Jahr veröffentlichten, angegeben sind. Bei Veröffentlichungen von Emil Ritter muss aufgrund der Vielzahl der Quellen von diesem Schema abgewichen werden. Hier werden nur die mehrseitigen Veröffentlichungen in Broschüren-, Heft- oder Buchform mit dem Namen des Autors und dem Jahr der Veröffentlichung bezeichnet. Die Veröffentlichungen in Zeitschriften und Zeitungen werden mit vollständigem Quellenhinweis genannt. Sofern sich diese Veröffentlichungen auch im Nachlass Emil Ritters befinden, wird zudem die entsprechende Fundstelle im Archiv angegeben.

Die ideologisch besetzten Begriffe „Volk" und „Volksbildung" wurden nach Möglichkeit durch „Bevölkerung" und „Erwachsenenbildung" ersetzt. „Nationalsozialistische" Terminologie wurde bewusst in Anführungszeichen gesetzt, der Begriff „Nationalsozialismus" durch die Kurzform Nazismus ersetzt.[54]

---

[54] Vgl.: W. Keim 1990a, 18; 1995, 6f.; 1997, 7f.

II. Kontexte

1. Auseinandersetzung mit der Moderne: Historischer Kontext

Eine Analyse katholischer Erwachsenenbildung erfordert zunächst einen Blick auf die gesellschaftlichen Rahmenbedingungen und den historischen Kontext der jeweiligen Epoche. Dafür ist die Situation der Kirche in der Gesellschaft im zu untersuchenden Zeitraum darzustellen. In einer Hinführung kann diese nur in großen Entwicklungslinien aufgezeigt werden.

Aufklärung, Französische Revolution und Säkularisation stehen am Beginn des jüngsten Abschnitts der deutschen Kirchengeschichte.[1] Bis dahin war das Deutsche Reich in eine Vielzahl von Kleinstaaten zergliedert. Fast uneingeschränkt galt in diesen Staaten das Prinzip „cuius regio, eius religio". Zwar gab es im Deutschen Reich durch die Reformation mehrere Konfessionen, in den jeweiligen Staaten aber nur eine. Auch wenn bisweilen Spannungen zwischen Kirche und Staat existierten, so waren doch religiöse und politische Ordnung untrennbar miteinander verbunden, religiöse Normen und Werte bildeten gesellschaftlich verbindliche Maßstäbe.

Mit der Säkularisation von 1803 änderte sich dies grundlegend. Die Reichskirche gehörte der Vergangenheit an. Die geistlichen Kurfürstensitze Köln, Mainz und Trier sowie weitere 18 Reichsfürstbistümer wurden aufgelöst; die Bischöfe gezwungen, ihre doppelte Funktion als weltliche Landesherren und kirchliche Hirten aufzugeben. Die ehemals reichsunmittelbaren Bischöfe waren jetzt Untergebene deutscher Landesherren. Ein großer Teil der vorher homogen katholischen Gebiete wurde protestantischen Staaten zugeordnet. In Baden, Hessen, Preußen und Württemberg lebten die Katholiken plötzlich als Minderheit in protestantischen Staaten. Aber nicht nur die äußeren Strukturen waren zerbrochen. Durch die Aufhebung von 80 Abteien und mehr als 200 Klöstern sowie der Auflösung der katholischen Universitäten mit Ausnahme von Freiburg, Münster und Würzburg erlitt die Kirche mehr als nur einen großen ideellen Verlust. Die materielle Grundlage, der politische Rückhalt, die zentralen Bildungseinrichtungen waren verloren.

---

[1] Vgl. im folgenden als Überblicke bzw. Gesamtdarstellungen: Brüggeboes/Mensing 1972; Buchheim 1963; Franzen 1981; Franz-Willing 1977, 87ff.; Hegel 1980, 80ff.; Hürten 1986 und 1992a; Jedin 1973; Jedin 1985, Bd. VI/1, VI/2, VII; Morsey 1988; Schelonke, 1995, 7ff.; Spael 1964; Volk 1980, 110ff.

Es dauerte einige Zeit, bis sich die Kirche zum Ende der zwanziger Jahre hin reorganisiert hatte. Doch die Existenzgrundlage blieb dünn, Schwierigkeiten gab es genug. Die Kirche forderte Freiheit für ihre Arbeit, interne Vergabe der kirchlichen Ämter, kirchliche Ausbildung des Klerus sowie die Erfüllung der finanziellen Ansprüche aus der Säkularisation. Die deutschen Staaten wollten der Kirche eine landeskirchliche Organisation aufoktroyieren, Aufsicht über das kirchliche Vermögen und die kirchlichen Aktivitäten bekommen und ihren Einfluss in Personalfragen sichern. Zwischen 1821 und 1827 kam es in diesen Fragen zu einer Reihe rechtlicher Vereinbarungen zwischen dem Hl. Stuhl und den deutschen Staaten.

Mit der äußeren Reorganisation ging eine innere einher.[2] Vor allem die 1817 in Tübingen gegründete Katholisch-Theologische Fakultät suchte in der Auseinandersetzung mit den zeitgenössischen Geistesrichtungen nach neuen Wegen. Auch die Universitäten in Mainz, Bonn und München sind hier als neue Zentren zu nennen.[3]

Die Frage der Freiheit der Kirche vom Staat führte 1837 zur offenen Auseinandersetzung, zum "Kölner Kirchenstreit". Der Erzbischof von Köln, Clemens-August von Droste-Vischering (1773-1845),[4] widersetzte sich einem preußisch-königlichen Erlass von 1825 für die Rheinprovinzen, nach dem Kinder aus gemischten Ehen der Konfession des Vaters zu folgen hatten. Wegen Widerstandes gegen die Staatsgewalt wurde der Bischof daraufhin verhaftet und auf die Festung Minden abgeführt. 1842 beendete König Friedrich-Wilhelm IV. von Preußen diese Auseinandersetzung, überließ die Frage der Kindererziehung der Gewissensentscheidung der Eltern und versöhnte die Rheinländer durch die feierliche Grundsteinlegung für den Weiterbau des Kölner Domes.[5]

---

[2] Vgl. die Kapitel „Das Erwachen der katholischen Lebenskraft", in: Jedin 1985, Bd. VI/1, 247ff., und „Die Ausgangslage: Zusammenbruch und Reorganisation der kirchlichen Strukturen am Beginn des 19. Jahrhunderts", in: Hürten 1986, 11ff.

[3] Vgl. das Kapitel „Das katholische Denken auf der Suche nach neuen Wegen", in: Jedin 1985, Bd. VI/1, 443ff.

[4] Droste-Vischering, Clemens August Freiherr von. * 21.01.1773 in Schloß Vorhelm bei Beckum. 1791 Domherr, 1798 Ordination in Münster. Engagierte sich sowohl in der katholischen Sozialarbeit als auch im Kampf gegen die sogenannten Hermesianer, die sich für eine Verständigung zwischen den rationalistischen Idealen der Aufklärung und der Theologie einsetzten. 1835 Erzbischof von Köln, ging sofort gegen die Hermesianer an der Theologischen Fakultät in Bonn vor und brachte den Lehrbetrieb zum Erliegen. Von der Leitung des Bistums Köln blieb Droste-Vischering auch nach seiner Entlassung aus der Haft ausgeschlossen. † 19.10.1845 in Münster. Vgl.: LThK³, Bd. 3, 379f.

[5] Vgl. das Kapitel „Der erste Konflikt: Die Kölner Wirren", in: Hürten 1986, 62ff.

Die bürgerliche Revolution von 1848/49 versuchte das Deutsche Reich in den politischen Formen zu erneuern und persönliche Freiheitsrechte verfassungsmäßig festzuschreiben. Die Katholiken sahen darin die Möglichkeit, auch Garantien für die Unabhängigkeit und Freiheit ihrer Kirche zu erlangen.[6] Der erste deutschen Katholikentag in Mainz[7] und die etwas später erstmals tagende Bischofskonferenz in Würzburg schrieben die Forderungen der Kirche nach freier institutioneller Entfaltung fest.[8] Auf Drängen der katholischen Abgeordneten wurde der Staat auf religionspolitische Neutralität festgelegt, die freie Religionsausübung gesichert und die institutionelle Eigenständigkeit der Kirche verbürgt.

Trotz des Scheiterns der Frankfurter Nationalversammlung konnten die neuen Freiheiten in den Beziehungen zwischen Kirche und Staat nicht übersehen werden. Preußen übernahm die kirchlichen Grundrechte der Sache nach in die Verfassung von 1848/50 und gestand die kommunale konfessionelle Schule zu. Die Kirchenpolitik war in den einzelnen Ländern verschieden. Die Spannungen zwischen der badischen Regierung und dem Erzbischof von Freiburg eskalierten 1852/54 zum badischen Kirchenstreit, in dessen Verlauf der Bischof in Untersuchungshaft genommen wurde.[9] In anderen Ländern, wie in Hessen, suchte man die Zusammenarbeit mit der Kirche.

Zwischen 1850 und 1870 nahmen die Aktivitäten im kirchlichen Leben in erheblicher Weise zu.[10] Die Kirche nutzte die den Bürgern gewährte Versammlungs-, Vereins- und Pressefreiheit. Eine Vielfalt von katholischen Vereinen wurde mit ganz unterschiedlicher Zielsetzung gegründet. Die Spannweite reichte von rein religiösen Verbänden über soziale und kulturelle bis hin zu politischen Zusammenschlüssen. Kirchliche Orden und Genossenschaften entstanden als religiöse Gemeinschaften in großer Zahl. Als Antwort auf die soziale Frage wurden Krankenhäuser, Waisenhäuser und ähnliche Einrichtungen als kirchliche Initiativen gegründet. Dies Engagement ist um so höher zu

---

[6] Vgl. das Kapitel „Der Aufbruch: Katholische Vereine und die Revolution von 1848", in: Hürten 1986, 79ff.

[7] Vgl. den Artikel von Grosinki „Katholikentag 1848-1932", in: LzPg, Bd. 3, 182ff.

[8] „Freier Verkehr mit dem Heiligen Stuhl, Freiheit in der Errichtung und Besetzung kirchlicher Ämter, in der Niederlassung religiöser Orden und Genossenschaften, in der Ausbildung des Klerus, die Freiheit in Unterrichtung und Erziehung, in der Ausübung der geistlichen Gerichtsbarkeit und in der Verwaltung des Kirchenvermögens. Als außerordentlich wichtig wurde die Schulfrage angesehen." Hegel 1980, 93

[9] Vgl. das Kapitel „Vorstufen des Kulturkampfes", in: Jedin 1985, Bd. VI/1, 726ff.

[10] Vgl. die Kapitel „Der Aufbruch: Katholische Vereine und die Revolution von 1848", in: Hürten 1986, 79ff., und „Die Länder des deutschen Bundes und die Schweiz 1848-1870", in: Jedin 1985, VI/1, 533

bewerten, als die Kommunen und der Staat auf diesem Sektor bisher nur wenig tätig geworden waren. Von den Vereinen mit kulturellem Auftrag muss der Borromäusverein, gegründet 1844 in Bonn zur Verbreitung christlicher Literatur, genannt werden. Internationale Bedeutung erlangte das Kolpingwerk, gegründet 1849 als Gesellenverein in Köln mit berufsständischer Tradition. Die jährlich stattfindenden Katholikentage entwickelten sich aus dem „Katholischen Verein Deutschlands", gegründet 1848 in Mainz, der später eine Dachorganisation der kirchlichen Vereine bildete.[11] Als politischer Zusammenschluss zur Vertretung der kirchlichen Interessen in den Parlamenten wurde 1852 die „Katholische Fraktion" ins Leben gerufen.[12] Nachdem seit Beginn des Jahrhunderts eine Reihe von katholischen Zeitschriften vor allem im deutschen Süden erschienen waren, so 1821 „Der Katholik" in Mainz oder 1838 die „Historisch-politischen Blätter" in München,[13] begann mit der Pressefreiheit 1848 auch die katholische Tagespresse mit ihrer Arbeit.[14]

Die Kirche nutzte die freiheitlichen Möglichkeiten, die der Staat den Bürgern und Institutionen anbot, im eigenen Interesse. Doch wurden in dieser Zeit auch freiheitliche Forderungen in der Kirche selbst erhoben.[15] Vor allem in den südwestdeutschen Diözesen Rottenburg und Freiburg forderten die Geistlichen in Verbindung mit Reformen der kirchlichen Disziplin größere Mitspracherechte und individuelle Freiheiten. Sie betrafen die Verwendung der Landessprache im Gottesdienst, die Praxis des Sakramentes der Beichte, die Aufhebung der Zölibatsverpflichtung und die Deregulierung des Dispenswesens. Die Bischöfe wiesen diese Forderungen mit Verweis auf die hierarchisch-monarchische Struktur der Kirche ab und hielten innerkirchlich an einer autoritären Linie und am römischen Vorbild fest. Auch in der Wissenschaft setzte in dieser Zeit eine Rückwärtsbewegung ein. In größerer Zahl wandten sich die Theologen wieder der Scholastik zu. Die Tatsache, daß dies von höchster Stelle gefördert wurde, gab der Neuscholastik das Siegel der besonderen Kirchlichkeit.

---

[11] Vgl. zur Geschichte und Entwicklung den Artikel von Herz „Katholischer Verein Deutschlands (KVD) 1848-1858", in: LzPg, Bd. 3., 243ff.

[12] Die „Katholische Fraktion" kann mit gewissen Einschränkungen als eine Vorläuferorganisation der Zentrumspartei angesehen werden. Vgl. den Artikel von Herz „Katholische Fraktion (KF) 1852-1867", in: LzPg, Bd. 3, 224ff., sowie zur Geschichte des Zentrums Bachem 1927ff.

[13] Vgl. Albrecht 1990

[14] Vgl. zur Entwicklung des katholischen Presse- und Verlagswesens Schmolke 1987, 93ff.

[15] Vgl. das Kapitel „Katholisches Denken auf der Suche nach neuen Wegen", in: Jedin 1985, Bd. VI/1, 447ff.

Die autoritäre Struktur verdichtete sich, als Papst Pius IX. (1792-1846-1878)[16] 1864 im „Syllabus errorum" eine Zusammenstellung von achtzig zu verwerfenden Zeitirrtümern veröffentliche; unter anderen wurden hier pauschal der Rationalismus, der Sozialismus, der Kommunismus und der Liberalismus verurteilt.[17]

Als kurz darauf ein Allgemeines Konzil angekündigt wurde, und die Möglichkeit einer dogmatischen Definition der Unfehlbarkeit des Lehramtes im Raum stand, reagierten die Bischöfe unterschiedlich.[18] Vor allem der Münchener Kirchenhistoriker Döllinger[19] und der Mainzer Bischof von Ketteler[20] standen dem Vorhaben kritisch gegenüber; führende Befürworter waren die Bischöfe Senestry von Regensburg (1818-1906)[21] und Konrad Martin von Paderborn (1812-1879).[22] Auf dem ersten Vatikanischen Konzil 1870 wurde

---

[16] Vgl. Franzen/Bäumer 1978, 353ff.

[17] Vgl. das Kapitel „Der Syllabus und seine Folgen", in: Jedin 1985, Bd. VI/1, 750ff.

[18] Vgl. das Kapitel: „Das Vatikanische Konzil", in: Jedin 1985, Bd. VI/1, 770ff.

[19] Döllinger, Johannes Joseph Ignaz von. * 28.02.1799 in Bamberg. Studium in Würzburg und Bamberg, 1823 Professor für Kirchengeschichte und Kirchenrecht in Aschaffenburg, von 1826-1890 in München. 1838 Mitbegründer der „Historisch politischen Blätter", Mitglied des Bayerischen Landtages und der Frankfurter Nationalversammlung. Anfangs apologetisch für die Freiheit der Kirche tätig, setzte er sich später für eine selbstkritische Orientierung des Katholizismus ein. Den Beschlüssen des I. Vaticanums, die er publizistisch bekämpfte, versagte Döllinger aus Gewissensgründen seine Zustimmung und wurde daraufhin 1871 exkommuniziert. 1873 Präsident der Bayerischen Akademie der Wissenschaften. + 10.01.1890 in München. Vgl.: LThK³, Bd. 3, 306f.

[20] Ketteler, Wilhelm Emmanuel Freiherr von. * 25.11.1811 in Münster. Stammte aus einer alten westfälischen Adelsfamilie, trat nach juristischen Studien in den preußischen Staatsdienst ein, studierte anschließend Theologie und wurde 1844 in Münster ordiniert. Als Mitglied der Frankfurter Nationalversammlung trat er in besonderer Weise für die Freiheitsrechte der Kirche ein. Früh wandte er sich der sozialen Frage zu. 1850 zum Bischof in Mainz ernannt; hier setzte er sich sowohl gegen staatliche Bevormundung als auch gegen den zunehmenden kirchlichen Zentralismus ein. Auf dem I. Vaticanum lehnte er die Definition der päpstlichen Unfehlbarkeit sowie des päpstlichen Universalepiskopates ab und verließ das Konzil vor der formellen Schlussabstimmung, um nicht gegen die Vorlage votieren zu müssen. Bekannt wurde Ketteler vor allem durch seine Stellungnahmen zur sozialen Frage und der Verelendung der Arbeiterschaft. Ketteler glaubte diese Probleme ohne staatliche Reglementierung durch Selbsthilfemaßnahmen und Produktionsgenossenschaften lösen zu können.+ 13.07.1877 in Burghausen. Vgl.: LThK³, Bd. 5, 1413f., sowie als aktuellste Darstellung Petersen 2005

[21] Senestry, Ignaz von. * 13.07.1818 in Bärnau in der Oberpfalz. Nach theologischen Studien in Rom 1842 ordiniert. 1853 zum Domkapitular in Eichstätt und 1858 zum Bischof von Regensburg ernannt. + 16.08.1906 in Regensburg. Vgl.: LThK³, Bd. 9, 461

[22] Martin, Konrad. * 18.05.1812 in Geismar im Eichsfeld. Nach theologischen Studien in München, Halle, Würzburg und Münster 1836 ordiniert. Nach einer Tätigkeit als Religionslehrer seit 1843 Professor für Moral- und Pastoraltheologie an der katholischen Fakultät der Universität in Bonn. 1856 zum Bischof von Paderborn ernannt. Martin hatte

gegen die Aufklärung versucht, den Sinn und die Tatsache der Offenbarung näher zu fassen und damit den katholischen Gottesglauben weiter zu klären. Die päpstliche Unfehlbarkeit in Glaubens- und Sittenfragen wurde definiert und dem Papst die Fülle der höchsten, ordentlichen und unmittelbaren Leitungsgewalt zugesprochen. Als während des Konzils die Annahme der Infallibilitätsformel feststand, reisten einige Bischöfe vor der feierlichen Schlussabstimmung ab. Hauptzentren der Konzilsopposition waren Bonn, Freiburg im Breisgau und München. 1871 führten die Proteste zur Bildung der „Altkatholischen Kirche" mit Bischofssitz in Bonn.[23]

Die Entstehung dieser kirchlichen Opposition war einer der Gründe, die zum Ausbruch des „Kulturkampfes" in Deutschland führten.[24] Die Wurzeln reichen jedoch weiter zurück in die Zeit der Spannungen zwischen protestantisch-preußischen Kleindeutschen mit ihrem Führer Bismarck[25] und den zumeist katholischen Großdeutschen sowie die Auseinandersetzung der Kirche mit dem Liberalismus, besonders seit dem „Syllabus".

Mit der Reichsgründung versuchte Bismarck als Kanzler des deutschen Reiches einen möglichst einheitlichen Nationalstaat zu bilden. Da er selbst in protestantisch-staatskirchlichen Gedankengut aufgewachsen war, konnte er sich dies nur vorstellen, wenn sich auch die katholische Kirche, ähnlich den evangelischen Landeskirchen, dem Staatswillen unterordnete. Dabei war Bismarck besonders die Existenz einer eigenen politischen Vertretung der Katholiken in der Zentrumspartei, die sich 1870 neu gebildet hatte und im neuen Reichstag eine beachtliche politische Größe darstellte, suspekt.[26] So kam es,

---

enge Kontakte zu Papst Pius IX. und zur römischen Kurie. Schon vor dem I. Vaticanum setzte er sich für eine Definition der päpstlichen Unfehlbarkeit ein. Aufgrund seine Haltung im Kulturkampf musste er nach seiner Absetzung durch den staatlichen Gerichtshof 1875 in die Niederlande und 1876 weiter nach Belgien fliehen. + 16.07.1879 Mont St. Guibert in Belgien. Vgl.: LThK³, Bd. 6, 1430f
Im Erzbistum Paderborn wird Konrad Martin noch heute als „Bekennerbischof" verehrt. Seine Autorenschaft antisemitischer Schriften wird dagegen häufig verschwiegen.

[23] Vgl. das Kapitel: „Die Entstehung der altkatholischen Kirchengemeinschaft", in: Jedin 1985, Bd. VI/1, 792ff.

[24] Vgl. Morsey 1981a; das Kapitel: „Der Widerstand: Das Zentrum und der Kulturkampf", in: Hürten 1986, 136ff., und „Der Kulturkampf in Preußen und im Deutschen Reich", in: Jedin 1985, Bd. VI/2, 28ff.

[25] Bismarck, Otto Eduard Leopold v., Graf von, Fürst von. * 01.04.1815 in Schönhausen. Reichskanzler. + 30.07.1898 in Friedrichsruh. Vgl.: NDB, Bd. 2, 269ff.

[26] „Bismarck lehnte den Katholizismus nicht als Religion, sondern als Gesellschaftsphänomen ab ... Bismarck argwöhnte, die Katholiken wollten einen "Staat im Staate" bilden (Rede vom März 1873), der katholische Klerus sei nicht reichstreu, sondern hänge vom Papst ab." Palmade 1974, 308

von Preußen inspiriert, bald im ganzen Reich – allein mit der Ausnahme von Württemberg – zu einer scharfen Auseinandersetzung, die als „Kulturkampf" gegen die katholische Kirche ausgegeben wurde. Der Begriff „Kulturkampf" geht ursprünglich auf Lasalle[27] zurück und sollte verdeutlichen, dass es sich um einen „Kampf des modernen Fortschritts" gegen die von der Kirche „vertretene Unkultur" handelte.[28]

Durch eine Flut von Gesetzen wurde versucht, das kirchliche Leben zu reglementieren und unter staatliche Aufsicht zu stellen. Es waren teils Reichsgesetze, teils Landesgesetze, wobei sich andere Länder die preußischen Gesetze mehr oder weniger zum Vorbild für eigene Gesetze nahmen.[29] Einmütig lehnten die Bischöfe die „Kulturkampfgesetze" ab und verweigerten den Gehorsam gegenüber dem Staat. In ebenso großer Einheit leistete das katholische Milieu Widerstand gegen diese Zwangsmaßnahmen. Durch die staatlichen Verhaftungen und Amtsenthebungen brach die kirchliche Organisation fast zusammen. In Preußen waren 1878 als Folge des „Kulturkampfes" von

---

[27] Lasalle, Ferdinand. * 11.04.1825 in Breslau. Theoretiker und Organisator der Arbeiterbewegung. + 31.08.1864 in Genf. Vgl.: NDB, Bd. 13, 661ff.

[28] Vgl.: LThK³, Bd. 6, 517ff.

[29] „Reichsgesetze im Kulturkampf:
1871 Kanzelparagraph: „Ein Geistlicher, welcher in Ausübung seines Berufs öffentlich vor einer Menschenmenge oder welcher in einer Kirche oder einer religiösen Versammlung Angelegenheiten des Staates in einer den öffentlichen Frieden gefährdenden Weise zum Gegenstand einer Verkündigung oder Erörterung macht, soll mit Gefängnis oder Festungshaft bis zu zwei Jahren bestraft werden." ... Erst 1952 ist dieser „Gummiparagraph" gefallen.
1872 Jesuitengesetz: Ausweisung der Jesuiten und jesuitenähnlichen Orden ... – 1917 aufgehoben ...
1875 Einführung der verpflichtenden Zivilehe vor dem Standesamt. Möglichkeit der staatlichen Ehescheidung. ...

Preußische Gesetze
1871 wurde die katholische Abteilung im Kultusministerium aufgehoben
1872 Ministerialerlaß für die höheren Schulen: Alle religiösen Vereine an höheren Schulen sind aufzuheben. ...
1873 „Maigesetze" ... Die Priesterkandidaten sollen ein „Kulturexamen" vor dem Staat in Geschichte, Philosophie und deutscher Literatur ablegen ... Wer die Zustimmung des Staates nicht erhalten hatte, durfte nicht einmal die heilige Messe lesen, geschweige denn andere Amtshandlungen vornehmen.
Der Austritt aus der Kirche geschieht durch Erklärung vor einem Richter.
1874 Wer ohne staatliche Erlaubnis ein Kirchenamt ausübt oder überträgt, wird mit hohen Geldstrafen, Gefängnis oder Ausweisung bestraft.
1875 Sperr- und Brotkorbgesetz: Sperrung aller staatlichen Zuschüsse an den Klerus bis zur schriftlichen Gehorsamserklärung. Ausweisung aus den Pfarrhäusern.
Alle Orden, mit Ausnahme der krankenpflegenden, werden ausgewiesen." Brüggeboes/ Mensing 1972, 174f.

zwölf Bistümern nur noch vier besetzt; rund 1.000 Pfarreien waren ohne Leitung, 2.000 Geistliche wurden mit Geld- oder Gefängnisstrafen belegt, 480 Niederlassungen von Orden wurden aufgelöst. Aber es gelang Bismarck nicht, das katholische Milieu zu spalten. Im Gegenteil durch den staatlichen Druck wuchs die katholische Bevölkerungsgruppe noch enger zusammen. Die Zentrumspartei erhielt immer mehr Mandate. Bismarck sah die Gefahr, dass der „Kulturkampf" das Rechtsbewusstsein erschütterte und das Vertrauen zum Obrigkeitsstaat aushöhlte. Die katholische Kirche war mit Polizeigewalt nicht zu besiegen. Eine Kursänderung war deshalb nötig; ebenso wichtig aber waren für Bismarck die veränderte politische Gesamtlage als auch seine neuen innenpolitischen Pläne. Seine Wiederannäherung an die konservativen Gruppierungen war schon im Gange, und er plante zusätzlich, die Zentrumspartei an sich zu ziehen. Der Kurswechsel war nur ein Teil der großen konservativen Wende und der Verfestigung der Reichsstrukturen, die Bismarck seit 1878 einleitete. Die Wahl des neuen Papstes Leo XIII. (1810-1878-1903)[30] bot im selben Jahr die Gelegenheit, den „Kulturkampf" langsam zu beenden. Die problemreiche Beilegung erfolgte in drei Phasen. In der ersten Phase wurden von 1878 bis 1880 Verhandlungen zwischen dem Heiligen Stuhl und Preußen geführt, in der zweiten Phase von 1881 bis 1885 die „Kulturkampfgesetze" langsam gemildert oder abgebaut und in der dritten Phasen von 1886 bis 1887 zwei Friedensgesetze erlassen. 1887 erklärte Leo XIII. die Auseinandersetzung für beendet.

Der „Kulturkampf" brachte den deutschen Katholiken ihre Stärke neu zum Bewusstsein. Die Auseinandersetzung trug viel zur Bildung und Festigung des katholischen Milieus bei.[31] Als „Kulturkampfstimmung" wirkte sie aber in einer Mischung zwischen Ressentiment und Minderwertigkeitskomplex der Katholiken im deutschen Reich und preußischen Staat noch lange nach.[32] Mit der Konzentration auf die Wiederherstellung der Freiheit der Kirche hatte man eine Verteidigungshaltung geschaffen; geistig war man ins Ghetto gedrängt. Viele wollten aus diesem Bezirk aber gar nicht mehr heraus, aus Angst, der

---

[30] Vgl.: Franzen/ Bäumer 1978, 368ff.
[31] „Zu den langfristigen Folgen gehörten die Ausbildung einer kath. Sonder-Ges., die besondere Form eines relativ geschlossen auftretenden, parlamentarisch erfolgreich agierenden dt. Katholizismus, die Entfremdung der Religion in ihrem Verhältnis z. Öffentlichkeit als spez. Phänomen des 19. Jh., während im 18. Jh. die Religion noch einen integrierenden Faktor in Politik u. Ges. dargestellt hatte." Vgl. „Kulturkampf", in: LThK³, Bd. 6, 520
[32] Vgl. zur Frage der Inferiorität und Parität des katholischen Bevölkerungsteils im Kaiserreich Baumeister 1987 und Nell-Breuning 1980, 24ff.

katholische Glauben könne Schaden erleiden. Dies äußerte sich in der Auseinandersetzung um die wissenschaftlich-theologische Bildung und im Literaturstreit. 1906 warnte Julius Bachem[33] in seinem legendären Artikel „Wir müssen aus dem Turm heraus!"[34] vor der Überbetonung des Konfessionsgedankens im gesellschaftlichen Leben und vor einem Verbleib im defensiven Kulturkampfkatholizismus. Die Gegner sahen darin einen reinen Indifferentismus und wollten am liebsten das gesamte wirtschaftliche und politische Leben der Katholiken unter bischöfliche Leitung stellen.[35]

Im Gewerkschaftsstreit bekam diese Frage die größte Bedeutung.[36] Aufmerksam geworden auf die soziale Frage durch die Forderungen des Mainzer Bischofs Ketteler, setzte sich seit den siebziger Jahren die Überzeugung durch, dass die wesentlichen Arbeiterfragen nur durch eine neue Gesetzgebung gelöst werden könnten. Katholische Arbeitervereine gab es schon seit Mitte des 19. Jahrhunderts. Unter dem Einfluss des Priesters Franz Hitze[37] kam man zu dem Entschluss, die religiös-sittlichen Fragen von den wirtschaftlich-sozialen Anliegen zu trennen. Als wirksame Vertretung der Arbeiterinteressen sei die konfessionelle Grundlage zu eng, man wollte interkonfessionelle christliche Gewerkschaften gründen. Eine andere Richtung wollte alles in katholischer Hand behalten. In die ermüdenden Auseinandersetzungen wurde

---

[33] Bachem, Julius. * 02.07.1845 in Mülheim an der Ruhr. Journalist und Parlamentarier. Als Mitbegründer der Görresgesellschaft gestaltete er die ersten vier Auflagen des Staatslexikons entscheidend mit. Zusammen mit Cardauns entwickelte er die Kölnische Volkszeitung zum führenden Organ der Zentrumspartei. + 22.01.1910 in Köln. Vgl.: LThK³, Bd. 1, 1342; sowie ausführlicher Stehkämper 1973a

[34] Bachem 1906, 376ff.; vgl. zur Bedeutung dieses Artikels auch Morsey 1988, 82ff.

[35] Vgl. die Kapitel „Die Integration und die Krise: Nationaler Staat, Sozialpolitik und Integralismusstreit", in: Hürten 1986, 160ff.; „Die Ausbildung des Katholizismus in der modernen Gesellschaft", in: Jedin 1985, Bd. VI/2, 195ff. und „Der deutsche Katholizismus zwischen Kulturkampf und 1. Weltkrieg", in: Jedin 1985, Bd. VI/2, 515ff.

[36] Vgl. das Kapitel „Der ‚Gewerkschaftsstreit'", in: Spael 1964, 44ff.

[37] Hitze, Franz. * 16.03.1851 in Hanemicke bei Olpe. Nach Studien der Theologie und Philosophie in Würzburg und Paderborn 1878 ordiniert. 1880 Generalsekretär des Verbandes „Arbeiterwohl" in Mönchen-Gladbach. Mitglied des preußischen Abgeordnetenhauses, des Deutschen Reichstages und der Deutschen Nationalversammlung, als solcher sozialpolitischer Sprecher der Zentrumspartei. 1890 Mitbegründer des „Volksvereins für das katholische Deutschland" und dessen erster Generalsekretär. 1893 außerordentlicher und 1903 ordentlicher Professor für christliche Gesellschaftslehre an der katholischen Fakultät der Universität in Münster. Hitze gilt als einer der bedeutendsten Vertreter der katholisch-sozialen Bewegung in Deutschland. Er setzte sich für die Gründung katholischer Arbeitervereine sowie christlicher Gewerkschaften und für eine Entwicklung des Arbeitsrechts sowie eines Systems sozialer Sicherungen ein. Im berufsständischen Denken verhaftet versuchte er die Arbeiterschaft als eigenen Stand in den Organismus der Gesellschaft zu integrieren.+ 20.07.1921 in Bad Nauheim. Vgl.: LThK³, Bd. 5, 172; sowie ausführlicher Mockenhaupt 1973a

viel Kraft und Energie investiert. Erst der Beginn des Ersten Weltkrieges beendete diesen Streit.

Die theologischen Disziplinen waren mit in die Richtungskämpfe involviert. Den Versuchen, den Anschluss an das moderne Denken durch eine Rezeption des Evolutionsgedankens zu finden, setzte Pius X. (1835-1903-1914)[38] 1907 in der Verurteilung des „Modernismus" ein deutliches Ende.[39] Seit 1910 wurde allen in Lehramt und Seelsorge tätigen Geistlichen ein vorgeschriebener „Antimodernisteneid" abverlangt. Diese Haltung führte in der Folgezeit vielfach zu einer „förmlichen Modernismuspsychose",[40] der sich alle ausgesetzt sahen, die irgendwelche Kritik an kirchlichen Einrichtungen und Zuständen übten oder versuchten neue Wege zu gehen.[41]

Aus kirchen- oder konfessionspolitischen Gründen hatten die deutschen Katholiken fast das ganze 19. Jahrhundert hindurch dem Staat distanziert gegenüber gestanden, obwohl sie die Monarchie befürworteten und seine Ordnungsfunktion akzeptierten. Mit der Beendigung des Kulturkampfes konnten sie sich immer mehr mit dem kleindeutschen Reich Bismarcks, zum Teil auch mit dem zunehmenden Nationalismus identifizieren. Die Aufbruchsstimmung zu Beginn des Ersten Weltkrieges schien für die Katholiken Gelegenheit zu bieten, ihre nationale Gesinnung zu beweisen und sich als vollwertige Mitglieder in die Gesellschaft zu integrieren. Die Revolution von 1918 traf den deutschen Katholizismus völlig unvorbereitet. Zwar gab es mit der Zentrumspartei bescheidene demokratische Traditionen, aber auf keinen Fall eine Neigung zur republikanischen Staatsform. Wenn sich die Zentrumspartei dennoch den politischen Tatsachen stellte, geschah dies in erster Linie, um einen sozialistischen Staat und einen neuen Kulturkampf zu vermeiden.[42]

Die von der Zentrumspartei mitgetragene Weimarer Verfassung von 1919 schrieb die religiösen Grundrechte fest, nur die Schulfrage blieb für die Kirche in einer unbefriedigenden Weise offen.[43] Einzelne Fragen zwischen Staat und Kirche waren Sache der Länder und mussten durch entsprechende

---

[38] Vgl.: Franzen/ Bäumer 1978, 373ff.
[39] Vgl. das Kapitel „Die modernistische Krise", in: Jedin 1985, Bd. VI/2, 435ff., sowie Loome 1979
[40] Hegel 1980, 106
[41] Vgl.: Katz 1980, 116ff.
[42] Vgl.: Hehl 1987, 238ff.; das Kapitel „Revolution und Republik", in: Hürten 1992a, 49ff.; Kühnl 1985, 120ff. sowie Lönne 1986, 217ff.
[43] Vgl.: Scholder 1977, 102ff.

vertragliche Regelungen geklärt werden; Konkordate folgten 1924 in Bayern, 1929 in Preußen und 1932 in Baden.[44] Die Bedeutung des Bayerischen Konkordats lag aus Sicht der Kirche in den Schulartikeln; das preußische Konkordat wäre an dieser Frage, die schließlich ausgeklammert wurde, fast gescheitert. Auch die staatliche Zustimmung zur Ernennung von Bischöfen musste neu geregelt werden. Hier kam das Leitungsamt des Papstes zum Durchbruch, in Bayern ohne diözesane Mitwirkung, in Preußen und Baden bekamen die Domkapitel ein beschränktes Wahlrecht, das sie innerhalb eines päpstlichen Dreiervorschlags ausüben konnten. Die staatlichen Stellen bekamen das Recht, Bedenken allgemein politischer Art gegen einen Bischofskandidaten geltend zu machen.

Ihre Zustimmung zum Staat von Weimar hatten die Katholiken weder einstimmig noch mit Entschiedenheit gesprochen.[45] Nach wie vor konnten sich die katholischen Parteien der Unterstützung der Bischöfe sicher sein, doch die unter Katholiken einst selbstverständliche Überzeugung von der Unentbehrlichkeit der Zentrumspartei nahm immer mehr ab.[46] Die auf Zentrum und BVP

---

[44] Vgl. das Kapitel „Die Konkordatspolitik des Heiligen Stuhls", in: Jedin 1985, Bd. VI/2, 179ff.
Vgl. zur Außenpolitik des Vatikans in der Weimarer Zeit Hürten 1985c

[45] Sontheimer unterscheidet fünf Hauptrichtungen des geistig-politischen Lebens in der Einstellung zur Republik und zur demokratischen Ordnung:
1. Die traditionell Konservativen
2. Die Neokonservativen
3. Die Vernunftrepublikaner
4. Die Weimarer Demokraten
5. Die Linksintellektuellen
Er schätzt den Anteil der ersten beiden Gruppen auf ungefähr dreißig bis fünfzig Prozent, der dritten und vierten Gruppe auf vierzig Prozent und der fünften Gruppe auf zehn bis fünfzehn Prozent.
Der überwiegende Teil des katholischen Milieus muss sicher den ersten drei Gruppen zugeordnet werden.
Während die ersten beiden Gruppen die Weimarer Republik klar ablehnten, arbeiteten die Vernunftrepublikaner allein aus Einsicht in der Unveränderlichkeit der politischen Verhältnisse in der Republik mit. Sie arrangierten sich mit den vorgegebenen Verhältnissen, waren aber in Krisen nicht bereit, sich besonders intensiv für die Demokratie und Republik zu engagieren. Sontheimer 1983b, 32ff.

[46] Der Erosionsprozess hatte bereits im Kaiserreich begonnen. 1881 erhielt die Zentrumspartei mit 86,3% den höchsten prozentualen Anteil an katholischen Wählerstimmen. 1907 waren es nur noch 63,8%, 1912 nur noch 54,6% (Prozentangaben nach Gründer 1984, 129). Bei der zweiten Reichstagswahl 1924 wählten 55,3% der Katholiken BVP und Zentrum; davon profitierten in dieser Zeit die linken Parteien. 25,4% der katholischen Wähler stimmten für die sozialistischen Parteien, 17,1 % für die rechten Gruppierungen (Prozentangaben nach Morsey 1975, 108ff.). Vgl. auch Winkler 1993, 294ff.

entfallenden Stimmenanteile sanken zwischen 1919 und 1933 von 18 auf 14 Prozent der abgegebenen Stimmen.[47]

Nach dem sprunghaften Anschwellen der nazistischen Partei seit 1929 unterstrichen die katholischen Bischöfe seit 1930 die Unvereinbarkeit von Christentum und Nazismus.[48] Sie verboten Katholiken, der Partei und ihren Untergliederungen beizutreten und bestraften Abweichler mit dem Ausschluss von den Sakramenten.[49]

Das Zentrum muss zwar zu den prinzipiellen Gegnern des Nazismus gerechnet werden, doch verfolgt man die Entwicklung der Partei in der Geschichte der Weimarer Republik, so fällt mit der Wahl Brünings[50] ein deutlicher Trend nach „rechts" auf. Dieser äußerte sich in den Verhandlungen zwischen Zentrum und „NSDAP" im Jahr 1932. Bei der Reichstagswahl vom 5. März 1933 konnten Zentrum und Bayerische Volkspartei ihre Stimmenanteil annähernd stabil halten. Die Tatsache, dass Hitler bei dieser Wahl mit Abstand die wenigsten Stimmen in den mehrheitlich katholischen Gebieten des Deutschen Reiches erhielt, kann noch einmal als Beweis für die Geschlossenheit des katholischen Milieus gelten.[51] Die Koalition Hitlers hatte mit der Wahl zwar die absolute Mehrheit der Sitze im Reichstag gewonnen, doch reichte dies für die angestrebte Verfassungsänderung nicht aus. Verhandlungen zwischen den

---

[47] Vgl. das Kapitel „Die Schicksalskurve der Zentrumspartei", in: Hürten 1992a, 63ff.

[48] Vgl. das Kapitel „Die katholische Kirche und der Nationalsozialismus", in: Schelonke 1995, 7ff., das eine sehr gute Übersicht bietet; sowie Scholder 1986.

[49] Zimmermann-Buhr weist in seiner Untersuchung allerdings darauf hin, dass die bischöflichen Warnungen „lediglich auf Grund von kulturpolitischen Grundsätzen und Zielen der NSDAP erfolgten ... Der Nationalsozialismus an sich wird gar nicht so scharf und eindeutig abgelehnt; d.h. die nationalsozialistische Bewegung als nationale Bewegung im Sinne einer Verbesserung der politischen und wirtschaftlichen Not wäre zu akzeptieren, wenn sie eben nicht eine der Kirche und dem katholischen Glauben widersprechende Kulturpolitik betreiben oder anstreben würde." Zimmermann-Buhr 1982, 16f.

[50] Brüning, Heinrich. * 26.11.1886 in Münster. Nach Studium und Teilnahme am Ersten Weltkrieg Mitarbeiter Carl Sonnenscheins in Berlin und später des Preußischen Wohlfahrtsministers Adam Stegerwald. 1921-1930 Geschäftsführer des Deutschen Gewerkschaftsbundes. Von 1924 bis 1933 als Abgeordneter der Zentrumspartei Mitglied des Deutschen Reichstages. Vom 28.03.1930 bis zum 30.05.1932 Reichskanzler. Nach der Flucht von Prälat Kaas nach Rom von Mai bis Juli 1933 Vorsitzender der Zentrumspartei. 1934 Emigration in die Vereinigten Staaten von Amerika. 1937 Professor für Politische Wissenschaft an der Universität in Harvard und von 1951-1954 an der Universität in Köln. + 30.03.1970 in Norwich in den Vereinigten Staaten von Amerika. Vgl.: LThK³, Bd. 2, 726f sowie ausführlicher Morsey 1973c

[51] Vgl. das Kapitel „Die Parteianteile nach Gemeindegrößenklasse und Konfessionsanteil", in: Falter 1986, 171ff.

Parteiführern, Prälat Kaas[52] für das Zentrum und Hitler für die Nazi-Partei, führten schließlich zur Zustimmung der Zentrumsfraktion zum „Ermächtigungsgesetz" am 23.03.1933 und damit zum Ende des demokratischen Rechtsstaats.[53] Da Hitler in seiner Regierungserklärung zur Verabschiedung des „Ermächtigungsgesetzes" versprach die Rechte der Kirche mit weitgehenden Zusicherungen zu beachten und zu sichern,[54] gaben die deutschen Bischöfe durch ihre Verlautbarung vom 28.03.1933 die Vorbehalte gegen den Nazismus weitgehend auf. [55] Innerhalb kürzester Zeit schmolz die alte Abwehrhaltung gegen den Nazismus dahin; nun wollten die Katholiken beim Aufbau des neuen Staates mit dabei sein. Mit ihrem Hirtenwort vom 06.06.1933 signalisierten die Bischöfe weitgehende ideologische Übereinstimmungen zum nazistischen Staat.[56] Die traditionellen Maßstäbe und Institutionen verschwanden über Nacht, mit ihr am 5. Juli 1933 auch die Zentrumspartei durch Selbstauflösung. Die Bayerische Volkspartei hatte diesen Beschluss bereits einen Tag vorher gefasst. In diese Phase der Selbstauflösung fiel der diplomatische Vorstoß von Papens[57] und Hitlers ein Reichskonkordat abzuschließen.[58]

---

[52] Kaas, Ludwig.* 23.05.1881 Trier. 1918-1924 Professor für Kirchenrecht in Trier. Berater Eugenio Pacellis in dessen Amt als Nuntius und ab 1939 als Papst Pius XII. 1919/20 Mitglied der Deutschen Nationalversammlung. 1920-1933 Mitglied des Reichstags. 1928-1933 Vorsitzender des Zentrums. 1933 beteiligt am Abschluss des Reichskonkordats. Seit 08.04.1933 in Rom. Als Parteivorsitzender ist Kaas noch heute umstritten. + 25.04.1952 Rom. Vgl.: LThK³, Bd. 5, 1117; sowie ausführlicher Morsey 1973e

[53] Vgl.: Junker 1969

[54] „Die nationale Regierung sieht in den beiden christlichen Konfessionen die wichtigsten Faktoren zur Erhaltung unseres Volkstums. Sie wird die zwischen ihnen und den Ländern abgeschlossenen Verträge respektieren. Ihre Rechte sollen nicht angetastet werden ... Ebenso legt die Reichsregierung, die im Christentum die unerschütterlichen Fundamente der Moral und Sittlichkeit des Volkes sieht, größten Wert auf freundschaftliche Beziehungen zum Heiligen Stuhl und sucht sie auszugestalten." Zitiert nach Franzen 1981, 370f.

[55] „Ohne die in unseren Maßnahmen liegende Verurteilung bestimmter religiös-sittlicher Irrtümer aufzuheben, glaubt der Episkopat, das Vertrauen hegen zu dürfen, dass die vorbezeichneten allgemeinen Verbote und Warnungen nicht mehr als notwendig betrachtet zu werden brauchen." Veröffentlicht in KABl 56 (1933), 29

[56] „Auch die Ziele, die die neue Staatsautorität für die Freiheit unseres Volkes erhebt, müssen wir Katholiken begrüßen ... Wenn die neue staatlichen Autorität sich weiter bemüht, sowohl die Ketten zu zerbrechen, die andere uns schlugen, als auch die eigene Volkskraft und Volksgesundung zu fördern und damit unser Volk zu verjüngen und zu einer neuen, großen Sendung zu befähigen, so liegt auch das ganz in der Richtung des katholischen Glaubens ..." Veröffentlicht a.a.O., 65-70

[57] Papen, Franz von. * 29.10.1879 in Werl. Stammt aus alteingesessenem katholischen Landadel in Westfalen. Berufsoffizier. 1914 Militärattaché in Washington und Mexiko. 1921-28 sowie 1930-32 Mitglied des preußischen Abgeordnetenhauses für das Zentrum. 1925 Aufsichtsratsvorsitzender der „Germania AG". Am 02.06.1932 wurde Papen auf

Kirchlicherseits wurden nun alle Hoffnungen auf vertragliche Regelungen mit dem Nazi-Regime gesetzt. Das am 20. Juli 1933 unterzeichnete Konkordat schien der Kirche auf den ersten Blick den institutionellen Bestand mit der nötigen Rechtssicherheit im religiös-kulturellen Raum zu gewähren.[59] Die Frage, warum die kirchliche Hierarchie den politischen Katholizismus durch den Abschluss des Reichskonkordates ohne große Widerstände aufgab, ist in der historischen Forschung immer noch umstritten.[60] Gegen die Zusicherung institutioneller Rechte war man ohne Zögern bereit, alle politischen Bedenken gegen ein diktatorisches Regime zu vernachlässigen. Wie der Vatikan die Vertragstreue Hitlers einschätzte, wird durch ein geheimes Zusatzprotokoll deutlich, im welchem Regelungen zum Einsatz der Priester und Theologiestudenten im Falle der Wiedereinführung der allgemeinen Wehrpflicht in Deutschland getroffen wurden;[61] dass dies nur unter Bruch der Bestimmungen des Versailler Vertrages möglich sein konnte, bedarf keiner ausführlichen Erläuterung.[62] Schon

---

Betreiben Schleichers von Reichspräsident Hindenburg zum Reichskanzler ernannt. Austritt aus dem Zentrum. 20.06.1932 Absetzung der Regierung Otto Brauns in Preußen durch eine staatsstreichähnliche Aktion. Einsatz als Reichskommissar in Preußen. Am 17.11.1932 Rücktritt als Reichskanzler. 30.01.1933 Vizekanzler in der von ihm vorbereiteten Regierung Hitlers. Nach Abschluss des von ihm initiierten Reichskonkordats verlor Papen als national-konservatives Aushängeschild jeden Einfluss. Mit der Mordaktion der „Röhm-Revolte" wurden enge Mitarbeiter Papens ermordet. Seit Juli 1934 deutscher Gesandter in Wien. Seit April 1939 deutscher Botschafter in Ankara. Im April 1945 verhaftet und im Nürnberger Kriegsverbrecherprozess freigesprochen. Die Veröffentlichung seiner Erinnerungen unter dem Titel „Der Wahrheit eine Gasse" löste 1952 lebhafte Diskussionen aus, ebenso seine Ernennung durch Papst Johannes XXIII. zum päpstlichen Kammerherrn 1959. + 02.05.1969 in Obersasbach. Vgl.: NDB, Bd. 20, 46ff.; sowie ausführlicher Morsey 1974b. Vgl. zu den autobiographischen Schriften Papen 1952 und 1968

[58] Vgl. zur Geschichte und Vorgeschichte des Reichskonkordats als zeitgenössische Darstellung Stillger 1934 sowie im historischen Rückblick Volk 1972.
Vgl. zur Deutschlandpolitik des Vatikans die aktuelle Darstellung bei Besier 2004.

[59] Veröffentlicht in KABl 56 (1933), 109-122

[60] Vgl.: Arentin 1991, 171ff., Hehl/ Repgen 1988 sowie Scholder 1977, 103

[61] Vgl.: Hürten 1992a, 244f.

[62] Vor diesem Hintergrund sind die im Katholizismus weit verbreiteten Feststellungen und Kommentare wie bei Franzen 1981, 371f., äußerst fragwürdig: „Freilich wusste damals niemand, daß die Verhandlungen über das Reichskonkordat für Hitler nur ein taktisches Manöver waren; sie dienten ihm dazu, Zeit zu gewinnen und einen Keil zu treiben zwischen der Zentrumspartei und dem Episkopat. Zeit brauchte er, um sich und seine Regierung zu etablieren und die katholischen Wähler zu gewinnen."
Hürten versucht die Tatsache des Geheimanhangs abzuschwächen: „Der französische Boschafter, der von diesem Geheimanhang erfuhr, war verärgert, sein britischer Kollege nahm die Sache gelassener. In der Tat konnte man der Kurie nicht den Vorwurf machen, sich über den Versailler Vertrag hinwegzusetzen, nachdem die Alliierten selbst sich davon schon zu distanzieren begonnen hatten." Hürten 1992a, 245

unmittelbar nach Abschluss des Reichskonkordats setzten die Auseinandersetzungen zwischen Kirche und Nazi-Diktatur wieder ein. Während sich in den Jahren 1933/34 direkte Maßnahmen in Gestalt von einzelnen Terrorakten, so der Ermordung von Klausener[63] und Probst[64] während der „Röhmrevolte", Einzelfälle blieben, setzte ab dem Jahr 1934 immer mehr ein offener Kirchenkampf mit dem Ziel der Verdrängung der Kirche aus dem öffentlichen Leben ein. [65] Die katholischen Verbände, Gemeinschaften und Vereine wurden sukzessiv verboten, Versuche unternommen, den Religionsunterricht einzuschränken, die kirchliche Presse beschnitten, finanzielle Unterstützungen zurückgefahren sowie Multiplikatoren im katholischen Milieu mit Druck und Terror überzogen.[66] Den Höhepunkt bildeten die Sittlichkeits- und Devisenprozesse mit denen das Regime versuchte, das Vertrauen der katholischen Bevölkerung zum Klerus zu untergraben. Mit Beginn des Zweiten Weltkrieges setzte die letzte Phase des Kirchenkampfes ein. Die Beschlagnahmung von Klöstern wurde auf kirchlichen Druck in der Öffentlichkeit eingestellt,[67] ebenso die Euthanasieaktionen an Behinderten. Die mutigen Predigten von Galens vom 13.[68] und 20. Juli[69] sowie vom 3. August 1941[70] verdienen vor dem gesellschaftlichen, kirchlichen sowie biographischen Hintergrund des Bischofs besonderen Respekt.[71] An diesen Beispielen wird deutlich, über welche

---

[63] Klausener, Erich. * 25.01.1885 Düsseldorf. 1911. Dr. iur. et rer. Pol.. 1917 Landrat in Adenau, 1919 in Recklinghausen. 1924 Ministerialdirektor. 1926 Leiter der Polizeiabteilung im preußischen Innenministerium. 1933 Versetzung ins Reichsverkehrsministerium. Seit 1928 Leiter der Katholischen Aktion Berlin kritisierte er antikirchliche Maßnahmen des Nazismus. Im Rahmen der Mordaktion der „Röhm-Revolte" wurde er auf Befehl Görings und Heydrichs am 30.06.1934 in Berlin durch Kurt Gildisch erschossen. Sein Grab befindet sich heute in der Kirche „Maria Regina Martyrium". Vgl.: LThK^3, Bd. 6, 118

[64] Probst, Adalbert. * 26.07.1900 in Regensburg. Als Jugendlicher in der nationalen Bewegung aktiv. März 1933 Referent für Geländesport in der DJK-Leitung. Dezember 1933 Reichsführer der DJK mit Sitz in Düsseldorf. + 02.07.1934 in Berlin. Vgl.: Schellenberger 1998

[65] Vgl. zu den religionspolitischen Zielen der Nazi-Diktatur Hürten 1985a

[66] Vgl. zur Religionspolitik auch Dierker 2002

[67] Vgl. als aktuelle Darstellung zur Beschlagnahmung und Enteignung katholischer Einrichtungen in den Jahren 1940-1942 Huth 2005, 14ff.

[68] Galen 1988, 843ff.

[69] A.a.O., 855ff.

[70] A.a.O., 874ff.

[71] Galen, Clemens August Graf von. * 16.03.1878 auf Burg Dinklage bei Oldenburg. 1906 bis 1924 Pfarrer in Berlin, 1929 bis 1933 Pfarrer an St. Lamberti in Münster. Seit 1933 Bischof von Münster. Aufgrund seiner adeligen Herkunft und seiner erzkonservativen Einstellung erschien von Galen dem nazistischen Regime als Bischof durchaus akzeptabel. Mit seinen berühmten drei Predigten wandte sich von Galen auf dem Höhepunkt der militärischen Erfolge des Nazi-Regimes offen gegen den Totalitätsanspruch und die

Möglichkeiten der Einflussnahme die Kirche mit einer Mobilisierung des Milieus auch in diesem Zeitraum noch verfügte.[72] Die Aktionen der Bischöfe unter Leitung des Vorsitzenden der Fuldaer Bischofskonferenz, Adolf Kardinal Bertram aus Breslau,[73] beschränkten sich dagegen auf das Abfassen und den Versand von Protestnoten, die direkt oder über den diplomatischen Notenwechsel des Vatikans bei den zuständigen staatlichen Stellen vorgebracht wurden. Einen öffentlichen Höhepunkt erreichte diese Politik mit den Enzyklika „Mit brennender Sorge" vom 14. März 1937. In der Gesamtschau beschränkte sich der kirchliche Protest jedoch – mit Ausnahme der Euthanasieopfer – lediglich auf die Verletzung beziehungsweise Sicherung der institutionellen Rechte der katholischen Kirche. Und während die Bischöfe im Hintergrund Protestnoten einreichten,[74] versicherten sie dem Nazi-Regime in der Öffentlichkeit und Hitler an dessen Geburtstagen immer wieder ihre „vaterländische wie religiöse Pflicht der Treue zum jetzigen Staat und seiner regierenden Obrigkeit im Vollsinne des göttliches Gebotes, das der Heiland selbst und in seinem Namen der Völkerapostel verkündet hat" und riefen den katholischen

---

Rechtsbrüche des nazistischen Staates. Nach dem Krieg setzte sich von Galen insbesondere gegen die These der Kollektivschuld des deutschen Volkes ein. 1945 wurde von Galen durch Papst Pius XII. zum Kardinal ernannt. + 22.03.1946 in Münster. Vgl.: LThK³, Bd. 4, 267f., sowie ausführlicher Morsey 1974a, Galen 1988 und Hürten 1992c. Vgl. als aktuelle Darstellungen Wolf 2005 sowie Klausa 2005; dieser weist darauf hin, dass von Galen schon ein Jahr vor seinen Protesten von den Krankenmorden Kenntnis erhalten hatte und nach Beendigung des „Klostersturms" wie des „Euthanasieprogramms" seine öffentlichen Proteste einstellte: „Der Löwe aber knurrte nur noch, er brüllte nicht mehr." A.a.O.

[72] Vgl. als weiteres Beispiel die Erfolge der Kirche in der Auseinandersetzung um das konfessionelle Schulwesen, in Damberg 1986.
Eine aktuelle Einschätzung der Erfolge von Galens durch seine Predigten findet sich bei Süß 2005, 18ff.

[73] Bertram, Adolf. * 14.03.1859 in Hildesheim. Studium in Würzburg, München, Innsbruck und Rom. Studien zur Kunst und Bistumsgeschichte. 1905 Bischof von Hildesheim. 1914 Fürstbischof von Breslau. 1920-45 Vorsitzender der Fuldaer Bischofskonferenz. Geprägt durch die Erfahrungen des Kulturkampfes setzte Betram auf eine Konzentration der kirchlichen Aktivitäten in der Seelsorge bei nationalpolitischer Abstinenz. Seine Haltung auf öffentliche Proteste gegen das Nazi-Regime zu verzichten und allein auf schriftliche Eingaben zu vertrauen, ist bis heute umstritten. + 06.07.1945 in Johannesberg bei Breslau. 1991 wurden seine sterblichen Überreste in den Dom zu Breslau übertragen. Vgl.: LThK³, Bd. 2, 294f., sowie ausführlicher Volk 1973

[74] Volk trifft dazu das euphemistische Urteil: „In der ungleichen Auseinandersetzung mit dem NS Regime hat Adolf Bertram, solange die Waffe des schriftlichen Protests noch nicht abgestumpft war, als Wortführer des Gesamtepiskopats mit äußerster Hingabe gefochten. Das kalkulierte Risiko einer unkonventionellen Verteidigungstaktik auf sich zu nehmen, war ihm nicht gegeben. Daß er sich mit der Eingabenpolitik so völlig identifizierte, bis er geradezu mit ihr verschmolz, bezeichnet die Größe und Grenze seines Wirkens." Volk 1973, 286

Bevölkerungsteil zu „treuer Pflichterfüllung und tapferem Ausharren" auf.[75] An keiner Stelle findet sich ein Protest gegen die Aufhebung der demokratischen Grundrechte, insbesondere gegen das Ende der Meinungs-, Presse- und Versammlungsfreiheit, die den Aufstieg und Glanz des katholischen Milieus erst ermöglicht hatten; kein Protest ist zu finden gegen die Justizmorde, die Beseitigung demokratisch gesinnter Politiker; kein Protest gegen die Annexion Österreichs und der Tschechei sowie den anschließenden Krieg in ganz Europa; kein Protest gegen die Judenpogrome und die Judenvernichtung. An dieser Stelle zeigt sich am deutlichsten, dass die Bischöfe und mit ihnen weite Kreise der katholischen Bevölkerungsgruppe nie ein selbstverständliches, bejahendes Verhältnis zum demokratischen Rechtsstaat gefunden hatten. Dass die Hommage Bertrams an Hitler keinen bedauerlichen Einzelfall oder eine einmalige Entgleisung darstellte, zeigt die Tatsache, dass der Vorsitzende der Fuldaer Bischofskonferenz noch Anfang Mai 1945 nach der Mitteilung über Hitlers Tod eigenhändig allen Pfarrämtern der Erzdiözese Breslau die Anweisung erteilte „ein feierliches Requiem zu halten im Gedenken an den Führer und alle im Kampf für das deutsche Vaterland gefallenen Angehörigen der Wehrmacht, zugleich verbunden mit innigsten Gebeten für Volk und Vaterland und für die Zukunft der katholischen Kirche in Deutschland".[76]

Der Herausforderung in der Auseinandersetzung mit einem totalitären Weltanschauungsstaat war die katholische Kirche nicht gewachsen.

---

[75] In seinem Glückwunschschreiben zum Geburtstag Hitlers im Jahr 1940, welches Bertram „namens der Oberhirten aller Diözesen Deutschlands" versandte, biederte sich der Kardinal kaum überbietbar dem Regime an. Im Terminus eines Untergebenen, führte er in Anrede- und Grußformel aus: „Hochgebietender Herr Reichskanzler und Führer!" und: „In ehrerbietigstem Gehorsam", eine Rahmung, die die Interpretation erleichterte, zumal nach dem einleitenden „Rückblick auf die unvergleichlich großen Erfolge und Ereignisse der letzten Jahre". Mit der ebenso generalisierenden Aussage, dass „die Katholiken Deutschlands am 20. April an den Altären für Volk, Herr und Vaterland, für Staat und Führer" heiße Gebete zum Himmel senden, untermauerte er die allumfassende positive Einstellung der Katholiken zu zentralen Institutionen des Reichs. Die katholische Kirche wolle „unserem Volke jene geistigen Kräfte erhalten, durch die zu allen Zeiten Deutschland groß geworden ist, – Kräfte, die besonders unseren im Felde stehenden Soldaten seelische Ausdauer und Zuversicht zu glücklichem Ausgang des Krieges zu verleihen imstande sind." Ferner betonte Bertram, „daß dieses unser Streben nicht im Widerspruch steht mit dem Programm der nationalsozialistischen Partei". Zitiert nach Leugers 1996, 84ff.
Volk kommentiert diese Glückwünsche in beschönigender Weise: „Für den Absender war das ohne Zweifel immer ein Akt der Selbstüberwindung, den er sich höherer Rücksichten wegen abverlangte. Denn unter der gratulatorischen Umhüllung verbargen sich unübersehbare Klagen über die Bedrängnisse der Kirche im Staate Hitlers." Volk 1973, 284

[76] Faksimile der Anweisung in Scholder 1988, 237

2. Zur Entstehung katholischer Erwachsenenbildung: Pädagogischer Kontext

Wenn man nach den Anfängen katholischer Erwachsenenbildung[1] fragt, ist zunächst eine Begriffsklärung notwendig. Versteht man diesen Begriff der „Erwachsenen-Bildung" umfassend und weit, dann bleibt nur festzuhalten, dass es diese Form von Bildung wahrscheinlich immer schon gegeben hat. Schaut man dagegen auf den eigentlichen Sinn des Begriffes, dann liegen die ideengeschichtlichen Anfänge der Erwachsenenbildung in der Zeit der Aufklärung. Als „Bildungsprojekt" führte sie dazu, dass im Zuge der Französischen Revolution erstmals ein Recht aller auf Bildung gefordert wurde.

Für die Kirche stellten die ideengeschichtlichen und politischen Entwicklungen im Zuge der Aufklärung eine große Herausforderung dar, denn durch und mit dieser Entwicklung zerfiel der christliche Kulturkreis. Ein bis dahin fraglos überliefertes Glaubensgut war in seiner Tradierung massiv in Frage gestellt. Sollte der Einfluss der Kirche wieder gefestigt werden, musste sich auch im Verständnis der Vermittlung des Glaubens etwas Grundlegendes verändern. Die Notwendigkeit der Bildung der Erwachsenen trat damit deutlich in das Bewusstsein vieler Katholiken. So liegt in der Aufklärung auch der Entstehungsort der katholischen Erwachsenenbildung.

Mit Anfang des 19. Jahrhunderts sind Bildungsbemühungen nachweisbar, die deutlich von einer Entstehung katholischer Erwachsenenbildung Zeugnis geben. In Johann Michael Sailers[2] Werken lässt sich ab 1804 erstmals im katholischen Raum eine Art erwachsenenbildnerischer Theorie finden.

In einem seiner bekanntesten Werke „Über Erziehung für Erzieher" differenzierte Sailer zwischen den Begriffen „Erziehung" und „Bildung" und stellte heraus, daß die Erziehung der Bildung als Bedingung vorausgeht.[3] Während die Erziehung die Menschwerdung des Menschen als Anliegen verfolgt, hat

---

[1] Vgl. die Kapitel: „Zur Geschichte der deutschen katholischen Erwachsenenbildung von den Anfängen ihrer Institutionalisierung bis zur Gegenwart", in: Benning 1970, 21ff.; „Katholische Erwachsenenbildung bis zum 1. Weltkrieg", in: Niggemann 1967, 13ff. und „Historischer Zugang zur kirchlichen Erwachsenenbildung – Die geschichtliche Entwicklung katholischer Erwachsenenbildung", in: Uphoff 1991, 80ff. und „Ursprünge katholischer Erwachsenenbildung", in: Uphoff 1995, 16ff. sowie Zangerle 1975, 336ff.

[2] Sailer, Johann Michael. * 11.11.1751 in Aresing bei Schrobenhausen. Trat 1770 bei den Jesuiten ein. 1774 Dr. phil., seit 1780 Professor in Ingolstadt und Dillingen. Zeitweilig als „Obskurant" entlassen, scheiterte seine Nomination zum Bischof von Augsburg 1820 durch den Widerstand des Hl. Stuhls. 1829 Bischof von Regensburg. + 20.05.1832 in Regensburg. Vgl. die Biographie in Sailer 1982, 31ff., sowie LThK^3, Bd. 8, 1431ff.

[3] Sailer 1962, 11

die Bildung die Aufgabe, das Menschsein in der Praxis des Lebens zu unterstützen. Sailer versuchte, in Auseinandersetzung mit der Pädagogik der Aufklärung einen eigenen Bildungsbegriff zu entwickeln, der von einem christlichen Grundverständnis geprägt ist. So wandte er sich deutlich gegen eine einseitige Überbetonung des Verstandes „dieser unseligen Trennung zwischen Wissen und Wollen, zwischen Kopf und Herz, zwischen Schule und Leben, ... zwischen Belehrung und Veredlung" und setzte sich im Gegenzug für eine Erweiterung der Verstandesbildung durch die Bereiche der Tugend, der Gesinnung und des Gefühls ein.[4] Ziel seiner Bildung war nicht nur vernünftige, sondern auch „rechtschaffene Christen" zu bilden. Bildung erhielt ein letztes religiöses Fundament, das in der klassischen katholischen „Imago-Dei-Lehre" vom Menschen als Ebenbild Gottes begründet ist.[5]

Damit versuchte Sailer schon in den Anfängen katholischer Erwachsenenbildung, in der Auseinandersetzung mit dem aufklärerischen Bildungsverständnis sowie durch dessen Erweiterung und Ergänzung einen eigenen katholischen Bildungsbegriff zu entfalten. In dieser Tradition ist die katholische Erwachsenenbildung bis heute eingebunden in ein allgemeines Bildungsverständnis, jedoch mit Akzentsetzung auf einer in der christlichen Glaubenstradition wurzelnden Anthropologie. Sailers Bildungsverständnis ist bis auf den heutigen Tag in der katholischen Erwachsenenbildung wirksam.

Der Generalvikar des Bistums Konstanz, Ignaz Heinrich von Wessenberg,[6] versuchte als Schüler Sailers, dessen bildungstheoretische Ansätze zu tradieren und in eine konkrete Praxis umzusetzen.[7] Wessenberg setzte bei den ökonomischen Rahmenbedingungen der Katholiken an und ließ in der Landpastoral durch die Geistlichen in einer Art von dörflichen Bildungskreisen Vorträge zur Viehfütterung, Haushaltsführung und Wirtschaftsweise halten. Die Geistlichen sollten sich der weltlichen Bildung öffnen, den Anschluss an die Entwicklungen der Zeit halten und bildend auf die ihnen anvertrauten Menschen wirken. Im Anschluss an die Arbeit entstanden Arbeits- und Sonntagsschulen als eigenständige Fortbildungseinrichtungen. Durch Unterricht und Bildung sollten Armut und Not der unteren Volksschichten wenigstens

---

[4] A.a.O., 161f.
[5] A.a.O., 17ff.; ebenso Sailer 1982, 70: „Die Bildung zur Religion ... ist also die Krone aller Bildung."
[6] Wessenberg, Ignaz Heinrich Reichsfreiherr von. * 04.11.1774 in Dresden. 1802 Generalvikar im Bistum Konstanz. 1815 auf Druck des Hl. Stuhls aus seinem Amt entlassen. + 09.08.1860 in Konstanz. Vgl.: LThK³, Bd. 10, 1115ff.
[7] „Eine gesunde Seele in einem gesunden Körper bleibt immer das edelste und vollkommenste Ziel der Erziehung." Wessenberg 1814, 11f.

ansatzweise behoben werden. Wessenberg forderte in Anlehnung an die katholische Vorstellung einer ständischen Ordnung der Gesellschaft eine spezifische Erwachsenenbildung für jeden Stand.[8] Die soziale Verantwortung der Kirche für die Menschen ist bei Wessenberg der erste Ansatzpunkt seiner Bildungsbemühungen. Erstmals bekam die Erwachsenenbildung damit die Aufgabe, eine Antwort auf die Verarmung weiter Kreise der Bevölkerung zu geben. Nicht allein Verteidigung des Glaubens, sondern ein hohes Maß an eigenständigem Einfallsreichtum ist kennzeichnend für diesen Beginn einer unabhängigen und zeitgemäßen, auf die gesellschaftlichen Probleme eingehenden katholischen Erwachsenenbildung. Drei wesentliche Schwerpunkte sind für diese Arbeit Wessenbergs kennzeichnend: die berufliche Bildung, um die Armut zu überwinden, die Bildung der Persönlichkeit und die religiöse Bildung.[9]

Bewegt durch die soziale Frage begann mit der katholischen Vereinsbewegung ein neues Kapitel in der katholischen Erwachsenenbildung. Vor allem Adolph Kolping[10] versuchte die Situation des wandernden Handwerkerproletariats durch Bildung zu verbessern. Von den Erfahrungen des Elberfelder Lehrers Johann Gregor Breuer sowie durch die Schriften Sailers und Grundtvigs[11] beeinflusst, versuchte Kolping, Gesellenvereine aufzubauen, in denen der soziale Kontakt und Zusammenhalt auch als ein Moment der Bildung gesehen

---

[8] „Eine eigene Erwachsenenbildung, „Belehrungsstunden für Erwachsene", für Dienstboten, Hausväter und Hausmütter in eigenen Schulen, Lesebücher für „Geistes- und Herzensbildung", Unterhaltungen und Feste, Volksbibliotheken, einen „Verfassungskatechismus" für die staatsbürgerliche Erziehung und vor allem eine besondere Erziehung und Bildung für Mädchen und Frauen." Niggemann 1967, 22

[9] „Diese Bereiche behalten ihre Gültigkeit durch die ganze Entwicklung der katholischen Erwachsenenbildung hindurch. Verändert haben sich ihre jeweilige Akzentuierung, ihre Verschränkung, schließlich natürlich die Interpretation aller drei Bereiche." Uphoff 1991, 33, zitiert wird hier Messerschmid, a.a.O.

[10] Kolping, Adolph. * 08.12.1813 in Kerpen bei Köln. Als Sohn einer Tagelöhnerfamilie lernte er das Schuhmacherhandwerk. Auf Wanderschaft lernte er die Not der Handwerksgesellen kennen. Nach Besuch des Gymnasiums und theologischer Ausbildung zunächst Tätigkeit in der Seelsorge in Elberfeld. Hier lernte er den von Johannes Gregor Breuer gegründeten katholischen Gesellenverein kennen und wurde dessen 2. Präses. Am 06.05.1846 gründete er als Domvikar in Köln einen Gesellenverein, der sich mit päpstlicher Anerkennung schnell auf ganz Europa und die USA ausdehnte. Kolping war kein Systematiker der christlichen Gesellschaftslehre, sondern ein praktischer, im religiösen verankerter Erwachsenenbildner, dessen Ideen jedoch weltweit Verbreitung gefunden haben. + 04.12.1865 in Köln. Im Jahre 1991 wurde Kolping selig gesprochen. Vgl.: LThK^3, Bd. 6, 203; sowie ausführlicher Schmolke 1979

[11] Vgl.: Röhrig 1986, 19ff. sowie Röhrig 1991, 19ff.

wurde.[12] Ziel der Bildungsarbeit Kolpings war die Förderung der persönlichen Tüchtigkeit sowie der religiösen und bürgerlichen Tugend. Die erste Wirklichkeit war für Kolping der Beruf des Menschen; dort sah er den Ausgangspunkt von Bildung, deshalb wies er auf die Berufsbildung hin, die immer zugleich die Tüchtigkeit des ganzen Menschen umfasst.

Kolping setzte sich damit für einen berufs- und gesellschaftsbezogenen Ansatz katholischer Erwachsenenbildung ein, ohne dabei die religiöse Bildung auszuklammern. Bildung der Familie und Bildung durch den Beruf sind das Ziel Kolpings, immer geleitet von einem Bildungsbegriff, der wie Sailers in der „Imago-Dei-Lehre" wurzelt. Bildung hieß für Kolping damit „... gestalten, formen, ausprägen, und je schärfer und vollkommener das geschieht, um so richtiger und wirklicher schreitet die Bildung vorwärts."[13]

Wenn sich auch Kreise im Katholizismus für die Bildung der Landbevölkerung und der Handwerksgesellen einsetzten, so waren doch die eigentlichen sozialen Probleme des 19. Jahrhunderts der durch die Industrialisierung geschaffene Pauperismus und die Arbeiterfrage.[14] Um die Verbesserung der sozialen Lage sowie der Bildung der Arbeiter bemühten sich die unterschiedlichsten gesellschaftlichen Gruppen und Organisationen. Im katholischen Milieu kommt es Wilhelm Emanuel von Ketteler, seit 1850 Bischof von Mainz, zu, der Arbeiterbildung wichtige Anregungen gegeben zu haben. Dabei war für Ketteler das primäre Problem nicht die äußere, materielle Not, sondern die innere Gesinnung, die für diese Not verantwortlich ist. Abhilfe versprach sich Ketteler allein durch eine auf den Lehren der katholischen Kirche fußende Bildung; für Ketteler fiel Bildung damit „mit Religiösität, christlicher Liebeshaltung und allgemeiner Autoritätsgebundenheit in der Kirche" zusammen.[15] Deutlich bezog er Position gegen eine sogenannte „allgemeine Menschenbildung", die durch die Weckung der sittlichen, geistigen und körperlichen Anlagen den Arbeiter zur „Selbsthilfe" erziehen möchte.[16] Alle sozialen und materiellen Forderungen und Verbesserungen haben nur „in der Religion und Sittlichkeit ihre

---

[12] Vgl. zur Geschichte und Entwicklung den Artikel von Grosinski „Katholische Gesellenvereine (Kgv) 1846-1945", in: LzPg, Bd. 3, 228ff.
[13] Kolping 1964, 68
[14] Vgl. zur Bedeutung der sozialen Frage Knoll 1932
[15] Niggemann 1967, 46
[16] Polemisch fragte er „Wo ist die allgemeine Menschenbildung, die den Geizigen mildtätig mache, die ... mit Liebe zum Nebenmenschen erfüllt? ... Zeigt mir ein Geschlecht mit wahrer Nächstenliebe, das ihr ohne Christentum mit eurer Weltweisheit gebildet, und ich will mit euch das Christentum über Bord werfen." Ketteler 1924, 236

wahre Stütze".[17] Trotz dieser starken religiösen Akzentsetzung stellte Ketteler auch gesellschaftliche Forderungen: „die Notwendigkeit des solidarischen Zusammenschlusses der Arbeiter, die Notwendigkeit der Eigentumsbildung in Arbeiterhand und die Notwendigkeit der staatlichen Sozialpolitik."[18]

Im politischen Raum versuchte er, als Abgeordneter der Nationalversammlung diese Forderungen durchzusetzen. Nach dem Vorbild der Gesellenvereine sollten christliche Arbeitervereine gegründet werden. So entstanden in scharfer Abgrenzung zu dem 1863 von Ferdinand Lasalle gegründeten „Allgemeinen Deutschen Arbeiterverein" (ADAV) viele christlich-soziale Arbeitervereine mit Vereinskassen für kranke und berufsunfähige Arbeiter, Vermittlung von Arbeitsplätzen, Schlichtungsstellen für Konfliktfälle, Büchereien, Festen und Vortragsabenden.[19]

Resümierend lässt sich festhalten, dass Kettelers Bildungsarbeit durch ausgeprägte religiöse Züge bestimmt wurde und seine Bildungsarbeit sich nur schwer von der sogenannten Sozialarbeit abgrenzen lässt.

Der „Kulturkampf" drängte die Kirche in eine deutliche Abwehr- und Verteidigungshaltung zum Staat. Starke apologetische Tendenzen, die als Folge der Aufklärung bereits die ganze katholische Schrifttumsbewegung bestimmten, prägten nun auch die Erwachsenenbildung. Bildung stand nur noch im Dienst der Glaubensverteidigung und Glaubenssicherung; Glaubensbildung diente allein der Formung und Prägung der Moralität. Eine „christliche Gesinnung" stand im Mittelpunkt der Bildungsbemühungen und führte zu einer deutlichen Verengung der Erwachsenenbildung auf Fragen und Probleme des Glaubens ohne tiefere gesellschaftliche Bezüge.

Die apologetischen Tendenzen, die bereits bei Ketteler deutlich wurden, verstärkten sich im Kulturkampf und führten schließlich zur Bildung des „Volksvereins für das katholische Deutschland". Zuvor muss für den katholischen Bildungsbereich noch der 1844 im Rahmen der Schrifttumsbewegung gegründete „Borromäusverein" genannt werden. Mit fast 260.000 Mitgliedern vor dem Ersten Weltkrieg wollte der Verein durch die Verbreitung „guter Bücher" einen Beitrag zur Bildung des katholischen Bevölkerungsteils leisten.

---

[17] A.a.O., 210
[18] Höffner 1962, 22
[19] Vgl. den Artikel von Fricke/Gottwald „Katholische Arbeitervereine" in LzPg, Bd. 3, 194ff.

Doch war es der Volksverein, der seit 1890 das Verständnis der katholischen Bildungsarbeit weitgehend prägte.[20] Der Volksverein, der auf Initiative von Franz Brandts,[21] Franz Hitze und Karl Trimborn[22] unter dem starken Einfluss von Windthorst[23] gegründet wurde, verstand sich von Anfang an als Fortbildungsverein, der als solcher keine Konkurrenz zur traditionellen Bildungsarbeit der katholischen Vereine und Verbände darstellen wollte. Beweggründe, die zur Entstehung des Volksvereins führten, waren die Einsicht in die Erfordernis eines katholischen Massenbildungsvereins, der Wunsch nach einem Gegengewicht zur sozialistischen Bildung und die Notwendigkeit der Sensibilisierung des katholischen Bevölkerungsteils für die soziale Frage. Inhaltlich entstand der Volksverein damit aus den antikirchlichen und antireligiösen Tendenzen der Bismarck-Ära. In einer Art Massenbewegung wollte der Verein die Inferiorität der Katholiken durch Bildung beenden. Ein wichtiger Anstoß kam durch die 1891 veröffentlichte Sozialenzyklika „Rerum novarum" von Papst Leo XIII. Ausgehend von der Staatslehre des Thomas von Aquin entwickelte der Papst Gedanken, die der modernen politischen Situation gerecht werden sollten. Der Sozialismus und der Liberalismus wurden als falsche Lösungen

---

[20] Vgl. den Artikel von Gottwald „Volksverein", in: LzPg, Bd. 4, 436ff., Grothmann 1991 und 1997, 17ff., Heitzer 1979, 15ff., Klein 1996, 37ff. sowie Ritter 1954, 129ff.

[21] Brandts, Franz. * 12.11.1834 in Mönchen-Gladbach. 1865 Aufstellung mechanischer Webstühle im patriachal geleiteten Familienunternehmen. Seine „Fabrikordnung" von 1882 mit „Arbeitsausschuss" und „Wohlfahrtseinrichtungen" war ein Vorbild für die christliche Sozialreform. Als Vorsitzender des Vereins „Arbeiterwohl" holte er Franz Hitze in den Verein. Gemeinsam mit Windthorst Mitbegründer des „Volksvereins für das katholische Deutschland". + 05.10.1924 in Mönchen-Gladbach. Vgl.: LThK^3, Bd. 2, 633; sowie ausführlicher Löhr 1979

[22] Trimborn, Karl. * 02.12.1854 in Köln. 1882 Rechtsanwalt in Köln, 1894-1914 Stadtverordneter in Köln. Reorganisierte und leitete die rheinische Zentrumspartei. 1896-1914 Mitglied des Reichstags und des preußischen Abgeordnetenhauses. 1890 stellvertretender und 1914 erster Vorsitzender des „Volksvereins für das katholische Deutschland". 1918 Staatssekretär im Reichsamt des Innern. 1919 Mitglied der Nationalversammlung, 1920 des Reichstags. Seit November 1919 Vorsitzender der Zentrumsfraktion, seit Januar 1920 der Zentrumspartei. + 25.07.1921 in Köln. Vgl.: LThK^3, Bd. 10, 238; sowie ausführlicher Morsey 1973d

[23] Windthorst, Ludwig. * 17.01.1812 auf Gut Kaldenhof bei Ostercappeln. Nach juristischer Ausbildung und Tätigkeit von 1851-53 sowie 1862-65 Justizminister im Königreich Hannover. Seit 1867 Abgeordneter des Reichstags und des preußischen Abgeordnetenhauses. Nach 1871 unbestrittener Führer der Zentrumspartei und scharfer Kritiker der Gesetzgebung im Kulturkampf. 1890 Mitbegründer des „Volksvereins für das katholische Deutschland." + 14.03.1891 in Berlin. Vgl.: LThK^3, Bd. 10, 1226f.; sowie ausführlicher Morsey 1979b

verworfen und christliche Grundsätze über die Rechte der verschiedenen gesellschaftlichen Gruppen und das Eigentum dargelegt.[24]

Die Zentrale des Volksvereins und die gesamte Organisation mussten aus dem Nichts aufgebaut werden.[25] In diese Zusammenhang fällt im katholischen Milieu zum ersten Mal eine auch quantitativ bedeutsame Zahl von hauptberuflichen katholischen Erwachsenenbildnern.[26] Vor allem die bestehenden katholischen Standesvereine hemmten in den ersten Jahren den Aufbau des Volksvereins. Seit 1894 unterstützte der Volksverein in umfassender Weise die christlichen Gewerkschaften. Nach ungefähr zehn Jahren war der Aufbau des Volksvereins abgeschlossen. In dieser Zeit gehörten zum Volksverein etwa 150.000 Mitglieder. Die Hinwendung zur Arbeiterschaft sowie der Abschluss der Aufbauphase führten zu einem stetigen Mitgliederanstieg auf 805.000 Mitglieder im Jahr 1914. Mit Beginn des Ersten Weltkrieges nahm die Mitgliederzahl bis auf 539.000 Mitglieder im letzten Jahr des Kaiserreiches ab.[27] Eine neue Satzung modifizierte 1906 den Vereinszweck. Der soziale Auftrag des Volksvereins stand nun an erster Stelle, die Frontstellung gegen die Sozialdemokratie glitt auf den zweiten Platz.[28] 1908 wurde mit dem Reichsvereinsgesetz (15.05.1908) Frauen erstmals die Mitgliedschaft in Vereinen erlaubt. Im Volksverein entstand ab 1912 eine eigene Frauenarbeit, die aber bald in Konkurrenz zum katholischen "Frauenbund" geriet und deshalb keine große Wirksamkeit entfalten konnte. Der Beginn des Ersten Weltkriegs führte 1914 zu einer eingeschränkten Tätigkeit des Volksvereins.

Zunächst setzte der Volksverein in seiner Arbeit auf Presseinformation, die Verbreitung von preiswerten Flugschriften, jährliche Versammlungen, vierteljährliche Vereinsgaben für die Mitglieder und jährliche große Generalversammlungen.[29] Später trat die Schulung der Mitglieder durch Versammlungen, Kurse und Schrifttum in den Vordergrund.[30] Bei den Schulungen wurde zwischen „Führerschulung" und „Massenschulung" unterschieden. Die Massenschulung erfolgte vor allem durch Versammlungen und Schriften. Die

---

[24] Vgl.: Brüggeboes/ Mensing 1972, 176ff.; Franzen 1981, 349ff. sowie das Kapitel „Der Weltplan Leos XIII", in: Jedin 1985, Bd. VI/2, 3ff.

[25] Vgl.: Ritter 1954, 208-355

[26] Vgl. zum Aspekt der Professionalisierung Kade 1999, 40ff.

[27] Vgl.: Mitgliederbewegung; in: Pieper 1926a, 17 sowie: Statistik der Mitgliederzahlen 1891-1918; in: Heitzer 1979, Anhang II, 5

[28] Satzung des Volksvereins für das katholischen Deutschland (von 1906), in: Heitzer 1979, Anhang I, 2; vgl. zur Bedeutung der sozialen Frage auch Klinkenberg 1981.

[29] Vgl. den zweiten Aufruf des Volksvereins vom 20.12.1890: „Volksverein für das katholische Deutschland. Aufruf vom 20. December 1890", in: Heitzer 1979, Anhang I, 4

[30] Vgl.: Heitzer 1979, 228ff.; Pieper 1926, 42ff. und Ritter 1954, 255ff.

„Führerschulung" geschah dagegen ausschließlich durch entsprechende Kurse. Ein großes Tätigkeitsfeld des Volksvereins war die Herausgabe und Verbreitung von schriftlichen Informationsmaterial. Die breite Palette reichte von der Volksvereinszeitschrift für Männer sowie einer speziellen Ausgabe für Frauen über allgemeine, sozialpolitische, apologetische und gemeinnützige Flugblätter bis hin zu Agitationsschriften und einer Präsideskorrespondenz.

Durch diese Art der extensiven Erwachsenenbildung gelang es dem Volksverein, auch den unteren Bevölkerungsschichten im Katholizismus Bildungsmöglichkeiten zu eröffnen. Der extensive Erwachsenenbildungsbegriff hat seine Wurzeln im Bildungsideal der mittelalterlichen Enzyklopädisten und in den Bildungsvorstellungen des Comenius. Bildung wurde verstanden als Ausstattung aller Menschen mit allem, ohne Vorbehalt gegen Herkunft, Geschlecht und Stand. Bildung war damit eine Art von „Quantität des Wissens". Einer der führenden Erwachsenenbildner der damaligen Zeit, Robert von Erdberg,[31] nannte als Ziel dieser Bildungsarbeit: Die Erwachsenenbildung wolle als Bildung der Masse „das Massenleben heben und durch ihre Arbeit zur Weckung von Persönlichkeitswerten innerhalb des Massenlebens beitragen."[32]

Schon vor dem Ersten Weltkrieg zeichnete sich ab 1905 ein Wechsel im Verständnis der Erwachsenenbildung von diesem extensiven Erwachsenenbildungsbegriff, der sich über das Bildungswissen definierte, zu einem intensiven Erwachsenenbildungsbegriff ab, der in einer individualisierenden Bildung seinen Ausgangspunkt suchte.[33] Etwa ab 1909 näherte sich der Volksverein unter dem Einfluss von August Pieper und Anton Heinen diesem intensiven Erwachsenenbildungsverständnis an.

Auf politischer Ebene war der Volksverein mit der Zentrumspartei vor allem durch entsprechende personelle Verflechtungen eng verbunden.[34] Der Einfluss von Windthorst auf die Gründung und Gestalt des Volksvereins wurde bereits erwähnt. Bis zur Jahrhundertwende hielt sich der Volksverein auch in den Wahlkämpfen zurück. Die Aufgabenfelder von Zentrum und Volksverein waren einigermaßen voneinander abgrenzbar. Während sich das Zentrum als

---

[31] Erdberg-Krczenciewski, Robert Adelbert Wilhelm von. * 06.06.1866 in Riga. Studium der Nationalökonomie in Marburg, Halle, Wien und Leipzig. 1896 Promotion. Mitarbeit in der Zentralstelle für Arbeiterwohlfahrtseinrichtungen in Berlin. 1909 Gründung der Zeitschrift „Volksbildungsarchiv". Führendes Mitglied im Hohenrodter Bund. 1919-29 Ministerialrat und Leiter der Abteilung Erwachsenenbildung im preußischen Kultusministerium. + 03.04.1929 in Berlin. Vgl.: NDB, Bd. 4, 569; sowie zur Bildungsarbeit Erdbergs im Spiegel autobiographischer Zeugnisse Seitter 1996

[32] Erdberg/Bäuerle 1918, 68

[33] Vgl.: Erdberg 1921 und 1924

[34] Vgl.: Heitzer 1979, 144ff.

politische Partei verstand, die das Programm des Volksvereins parlamentarisch vertrat, sah sich der Volksverein wiederum als das soziale und staatsbürgerliche Gewissen der Zentrumspartei.

Im Gesellschaftsbild wurde der Volksverein durch eine Ständeidee geleitet, die als dynamisches Prinzip gleichberechtigte neben- und miteinander arbeitende Leistungsgemeinschaften vorsah. Standesbewusstsein, Standesehre und Standesstolz waren tragende Säulen dieser Ordnung.[35] Dieser Ständebegriff des Volksvereins sollte als ein Antibegriff zur sozialistischen Klasse verstanden werden. Die Abgrenzung zur Sozialdemokratie bestimmte wesentlich die Arbeit des Volksvereins. Seit seiner Gründung versuchte der Volksverein, die Arbeiterschaft als eigenen Stand in die Gesellschaft zu integrieren und die Klassengegensätze zu überbrücken. Dies stieß auch in katholischen Kreisen weitgehend auf Unverständnis und Ablehnung. Der Volksverein stand bis 1918 fest zum monarchischen Staat. In seiner Arbeit bejahte, verteidigte und festigte er damit das deutsche Kaiserreich.

Niggemann hält es für ein Kennzeichen der katholischen Erwachsenenbildung in dieser Zeit, „daß mehr praktisch geleistet als theoretisch reflektiert wurde."[36] So stellte sich die Geschichte der katholischen Erwachsenenbildung weitgehend als Biographie- oder Institutionsgeschichte dar.

Der Volksverein hatte um die Jahrhundertwende als die maßgebliche Bildungsinstitution die Katholiken an die Wirklichkeit ihrer Zeit herangeführt. Indem er eine eindrucksvolle Schulungs- und Bildungsorganisation bildete, überwand er die katholische Inferiorität und öffnete den Katholiken den Zugang zu den Lebensbereichen, denen sie bisher misstrauisch und ablehnend gegenübergestanden hatten. Damit war eine Grundlage geschaffen, aus der sich nach dem Ersten Weltkrieg eine vielfältige Erwachsenenbildungsarbeit herausdifferenzieren konnte.

---

[35] Vgl. zum katholischen Standesbegriff Gundlach 1929, 284ff.; Herrfahrdt 1919; Hoffmann 1995, 133ff; Lelieveld 1965 sowie Velden 1932

[36] Niggemann 1967, 77

3. Volksverein und Zentralbildungsausschuss: Organisatorischer Kontext

Hatte der Volksverein 1914 mit 805.000 Mitgliedern den höchsten Mitgliederstand in seiner Geschichte erreicht, so sank die Zahl während des Ersten Weltkrieges auf 539.000 Mitglieder im letzten Kriegsjahr 1918.[1] An diese große Zeit konnte der Volksverein in der Weimarer Republik nicht wieder anknüpfen. Die Mitgliederzahl stieg zwar bis zum Jahre 1922 wieder auf 690.000 an, sank dann aber kontinuierlich bis auf 325.000 im Jahr 1932 ab.[2]

Eine Vielzahl von Gründen hat zu diesem Niedergang des Volksvereins beigetragen.[3] Die Entstehung von zahllosen katholischen Standesvereinen, die durch den Volksverein mitinitiiert wurden und in der Folgezeit eine eigene Bildungsarbeit entwickelten, entzog diesem Stück für Stück das Arbeitsfeld. Ab 1922 übernahm die Katholische Schulorganisation, die bis dahin dem Volksverein vorbehaltene – für das katholische Milieu so wichtige – Werbung und Vertretung für das katholische Schul- und Erziehungswesen.[4] Selbst die Zentrumspartei entwickelte ab 1927 eine eigenständige institutionalisierte Bildungs- und Vortragstätigkeit.[5] Neue Tätigkeitsfelder konnte sich der Volksverein nicht erschließen. Zudem kam der Verein unter den Druck des päpstlichen Konzeptes der „Katholischen Aktion", die eine stärkere Eingliederung der Laien unter das Primat der kirchlichen Hierarchie sowie eine Ordnung der Arbeit nach den „Naturständen" forderte und damit den Inhalten und Traditionen des Vereins in keiner Weise entsprach. Ein weiterer Grund für den Niedergang lag in den Inhalten der Arbeit des Volksvereins. In Abwendung von der extensiven

---

[1] Vgl.: Mitgliederbewegung, in: Pieper 1926a, 17 sowie: Statistik der Mitgliederzahlen 1891-1918, in: Heitzer 1979, Anhang II, 5

[2] Vgl.: : Grothmann 1997, 156f.

[3] Grothmann formuliert als abschließende These seiner umfangreichen Dissertation: „Strukturell war der Volksverein durch die gesellschaftlichen Bedingungen in Deutschland vor 1918 so sehr geprägt, daß seine Überlebensfähigkeit in der Weimarer Republik und angesichts des heraufkommenden Nationalsozialismus in jedem Falle in Frage gestellt war; wie diese Studie im einzelnen nachgezeichnet hat, reichten die inneren Ressourcen des Volksvereins nicht hin, um diese prekäre Situation zu überwinden.", Grothmann 1997, 449
Vgl. auch den Artikel von Gottwald „Volksverein", in: LzPg, Bd. 4, 436ff., sowie die Dissertation von Klein 1996, die sich mehr auf die finanziellen Aspekte konzentriert, die zum Niedergang des Volksvereins führten, in den ersten drei Kapiteln aber auch eine Darstellung der Geschichte des Volksvereins beinhaltet.

[4] Vgl. zur Geschichte und Entwicklung den Artikel von Gottwald „Katholische Schulorganisation Deutschlands (KSO) 1911-1936", in: LzPg, Bd. 3, 251ff.

[5] Die Zentrumspartei gründete in diesem Jahr die „Gesellschaft zur Förderung politischer Bildungsarbeit e.V.", Grothmann 1997, 266ff.

Erwachsenenbildung entwickelten die beiden führenden Persönlichkeiten des Volksvereins, August Pieper und Anton Heinen, ein intensives Bildungsverständnis, in welches sie die Ideenwelt verschiedener Gesellschafts- und Bildungstheoretiker wie Friedrich Wilhelm Förster, Georg Kerschensteiner, Ferdinand Tönnies, Max Scheler, Othmar Spann, Eduard Spranger und Peter Tischleder in Teilen aufnahmen. Dieses schwer zu fassende Ideenkonglomerat hielt einer wissenschaftlich-systematischen Analyse in keiner Weise stand.[6] Pieper und Heinen legten darauf auch gar keinen Wert.[7] In krasser Ablehnung einer „Sozialreform" konnte für Pieper und Heinen allein eine „Gesinnungsreform" den Ansprüchen der Zeit gerecht werden.[8] Bildung war damit nicht mehr Schulung von Vereinsmultiplikatoren, Bildung wurde „'geistige Zeugung' von ‚Lebensführern' für das Volk als ‚Lebensgemeinschaft'."[9]

Doch mit diesen unklaren Begrifflichkeiten, den weltfremden Vorstellungen, der spiritualistischen Überhöhung und den unangemessenen, überzogenen Ansprüchen isolierten Pieper und Heinen den Volksverein immer mehr von der Basis der katholischen Vereine.[10] Jostock fällt dazu das harte Urteil, „daß

---

[6] Vgl. zum zeitgenössischen Gesamtkontext Schwan 1980, 259ff.

[7] „Sie weigerten sich fortan, die menschliche Existenz, ja die Realität überhaupt nach den Kriterien wissenschaftlicher Systematik in abstrakten Definitionen zu erfassen; vielmehr „erschauten" sie diese nach eigenen Worten intuitiv." Grothmann 1997, 443;
vgl. auch Pöggeler 1963, 131: „Heinens angeborener Irrationalismus, der sein Leben wie auch seine Auffassung von Volksbildung, Volk, Staat und Kirche bestimmt, ist einer der Erklärungsgründe für die stark ausgeprägte Organisationsfeindlichkeit, den Organisationsaffekt und Anti-Institutionalismus Heinens."
Zu einem anderen Urteil kommt dagegen Patt: „Es ist doch eigenartig, einen Mann, der sein Leben lang in Vereinen und mit Vereinen, und zwar örtlichen und überörtlichen Zusammenschlüssen, zu wirken genötigt war, Organisationsfeindlichkeit oder Institutionalismusphobie vorzuwerfen." Patt 1984, 212

[8] Vgl.: Heinen 1927, das Kapitel „Neuansatz in der Bildungsarbeit", in: Heitzer 1987, 136ff. sowie das Kapitel „Die sozialethische Neuorientierung des Volksvereins", in: Klein 1996, 139ff.

[9] A.a.O., 444

[10] Diese Konzeption stieß schon in der Weimarer Zeit auf Kritik: „So verzichteten bereits zu frühem Zeitpunkt die Präsides der Jugend- und Standesvereine auf die „Führer-Korrespondenz" des Volksvereins mit der Begründung „sie seien das Gesinnungsgerede von Pieper und Heinen satt"." Fell 1983, 44
Ähnlich fällt auch das Urteil in der NDB aus: „In der theoretischen Durchdringung seiner Arbeit war Heinen abhängig von den Hohenrodter Freunden (Volksbildung als „Begegnung", „Not-Hilfe", „Volk-bildung"). Heinens neuromantischer Irrationalismus zeigt sich in seiner gelegentlich pathetischen Diktion und in seiner für „Hohenrodt" kennzeichnenden Organisationsfeindlichkeit, die Heinen, der vor persönlichen Ausfällen nicht zurückschreckte, nach und nach völlig isolierte und in Gegenstellung brachte zu den kath. Verbänden, vor allem zum Zentralbildungsausschuß und seinem Generalsekretär Bernhard Marschall." NDB, Bd. 8, 355

August Pieper und Anton Heinen, also zwei Hauptsäulen der Gladbacher Zentrale, wider Willen selbst zu Totengräbern des Volksvereins geworden sind."[11]

1928 erfolgte zudem der finanzielle Zusammenbruch des Volksvereinsverlages, des Vermögensträgers des Vereins. Nur durch die Hilfe der deutschen Bischöfe und einer zumindest formalen Eingliederung in die „Katholische Aktion" konnte der Volksverein noch einmal finanziell saniert werden.[12] In der Folgezeit zogen sich Pieper und Heinen aus der Arbeit immer mehr zurück.

Die Besetzung der Volksvereinszentrale in Mönchengladbach durch die GeStaPo des Nazismus am 01. Juli 1933 beendete die wechselvolle Geschichte des Vereins. Nach dem Ende des nazistischen Regimes wurde der Volksverein als einer der wenigen katholischen Vereine nicht wiederbegründet.

Eine wichtige Konkurrenz bekam der Volksverein nach dem Ersten Weltkrieg durch die Gründung des „Zentralbildungsausschusses der katholischen Verbände Deutschlands" (ZBA).[13] Für Ende September 1918 lud der „Ausschuß der deutschen Volksbildungsvereinigungen" zur Rothenburger Tagung ein. Von katholischer Seite nahmen der Generalsekretär des Borromäusvereins, Johannes Braun,[14] für den Volksverein Anton Heinen und für den

---

[11] Zitiert nach Klein 1996, 156, a.a.O; in etwas modifizierter Weise urteilt auch Pöggeler 1963, 133: Es bleibt daher fraglich, „ob Heinen selbst „seinen" Volksverein in seiner Vereinsstruktur und seinem sozialen Sinn begriffen oder aber lediglich als Plattform persönlicher Entfaltung benutzt habe."

[12] Vgl. zur Katholischen Aktion Köhler 1983, 141ff.

[13] Vgl.: Niggemann 1967, 131ff.; Klein 1996, 137ff., Pöggeler 1965, 14ff.; Marschall 1961, 106ff.; Uphoff 1991, 90ff. und 1995. Die umfangreichste und quellenmäßig fundierteste Darstellung findet sich im Kapitel „Streit um die Gesamtvertretung der katholischen Volksbildungsarbeit: Der Volksverein und der Zentralbildungsausschuß der katholischen Verbände Deutschlands", in: Grothmann 1997, 326ff. Grothmann hat für die Rekonstruktion der Geschichte des ZBA vor allem auf die Unterlagen in den Akten des Volksvereins zurückgegriffen, die heute im Bundesarchiv Berlin deponiert sind. Die persönliche Sichtung der Unterlagen hat gegenüber der Darstellung Grothmanns keine Ergänzungen ergeben.
Patt weist allerdings darauf hin, daß der ZBA als Dachverband auf keinen Fall auf einer Ebene mit dem Volksverein gesehen werden dürfe; in Patt 1984, 210f. Doch zeigen die Unterlagen im Archiv des Volksvereins die ständige und dauerhafte institutionelle Konkurrenz zwischen ZBA und Volksverein auf, die dieses Urteil Patts widerlegt. In: Grothmann 1997, 326ff.

[14] Braun, Johannes. * 11.07.1879 in Waldböckelheim im Rheinland. Nach theologischer Ausbildung in der Seelsorge tätig. 1909 Sekretär, 1912 Generalsekretär, 1924-34 Direktor des Borromäus-Vereins. Seit 1934 geschäftsführender Direktor und stellv. Vorsitzender. + 27.10.1958 in Bonn. Vgl.: Klein 1996, 137

Verein katholischer Lehrerinnen Frau Pages teil. Der Vorschlag zu einer organisatorischen Neugliederung der Erwachsenenbildung, indem sich alle Bildungsverbände dauerhaft dem „Ausschuß der deutschen Volksbildungsvereinigungen" anschließen sollten, traf vor allem bei Braun aus weltanschaulichen Gründen auf starke Widerstände. Die inhaltliche Differenz zu den vertretenen Gruppierungen schien Braun zu groß zu sein und die konfessionelle Bindung der katholischen Erwachsenenbildung zu gefährden. Braun dachte an einen Zusammenschluss aller katholischen Bildungsorganisationen, traf mit diesen Gedanken aber auf massive Kritik Heinens, der eine überkonfessionelle Einigung anstrebte. Doch Braun ließ sich davon nicht beeindrucken und so trafen sich auf Einladung des Borromäusvereins am 29. Juli 1919 Vertreter von dreizehn der zwanzig eingeladenen katholischen Bildungsorganisationen zu einer Vorbesprechung der Gründungsversammlung in Köln. Trotz Einladung waren Vertreter des Volksvereins wegen der ablehnenden Haltung Piepers und Heinens zu dieser Versammlung nicht gekommen. Anton Heinen hat auch später an keinem Treffen des ZBA teilgenommen.

Im Ursulinenkoster in Köln kamen am 05. September 1919 vierzehn der zweiundzwanzig eingeladenen Organisationen zur entscheidenden Versammlung zusammen und gründeten den „Zentralbildungsausschuß der katholischen Verbände Deutschlands" (ZBA). Den Namen prägte Emil Ritter, der für den Volksverein an der Sitzung teilnahm, in Anlehnung an den „Zentralbildungsausschuß der SPD".[15] Die vorläufige Satzung wurde genehmigt und ein Vorstand sowie ein Arbeitsausschuss gewählt. Zum ersten Vorsitzenden wurde Geheimrat Dyroff[16] vom katholischen Akademiker- und Bonner Vortragsverband und zum Generalsekretär Johannes Braun vom Borromäusverein gewählt.

Am 05. August 1920 fand die erste Generalversammlung des ZBA im Bibliothekssaal der Akademischen Bibliothek in Paderborn statt.[17] Der Entwurf der

---

[15] Vgl.: Klein 1996, 137

[16] Dyroff, Adolf. * 02.02.1866 in Damm bei Aschaffenburg. Katholischer Philosoph. Seit 1903 Professor in Bonn. + 03.07.1943 in München. Vgl.: LThK³, Bd. 3, 420

[17] Bei dieser Generalversammlung waren folgende Verbände vertreten:
Verband der Vereine katholischer Akademiker zur Pflege der katholischen Weltanschauung,
Gesamtverband der katholischen Arbeitervereine Westdeutschlands,
Augustinusverein zur Pflege der katholischen Presse,
Verband der katholischen Beamtenvereine Deutschlands,
Verein vom hl. Karl Borromäus,
Bühnenvolksbund,
Katholischer Frauenbund Deutschlands,
Zentralverband der katholischen Jungfrauenvereinigungen Deutschlands,

Satzung wurde angenommen. § 1 nannte als Zweck des ZBA die „Förderung und Vertiefung der freien Bildungsarbeit auf katholischer Grundlage" sowie die „Vertretung nach außen".[18] In der folgenden Aussprache wurde vor allem der Antrag verworfen, den ZBA an eine bestehende Organisation anzuschließen, die konkurrierende Stellung zum Volksverein besprochen und betont, dass die einheitliche katholische Weltanschauung die Grundlage aller Bildungsarbeit sein müsse.[19] Als Organisationsstruktur wurden die Gründung örtlicher Bildungsausschüsse der katholischen Verbände sowie die Errichtung einer Geschäftsstelle und eines Archivs für katholische Bildungsarbeit vorgesehen.[20] Der ZBA wollte damit die Bildungsbemühungen der angeschlossenen Verbände nicht nur auf zentraler Ebene, sondern auch am einzelnen Ort koordinieren und zu gemeinsamen Aktivitäten verflechten. Zur Verbindung zwischen ZBA und den Ortsbildungsausschüssen sollte ein Informationsblatt „Mitteilungen" in Form einer „Korrespondenz" alle zwei Monate herausgegeben werden. Dabei sollte kein neuer Verein mit Zentrale und Verwaltung entstehen, sondern nur eine Geschäftsführung mit einem kleinen Büro. Zu Arbeitstagungen wollte der ZBA vierteljährlich zusammenkommen.

Die Entwicklung der Arbeit gestaltete sich in den nächsten Jahren schwierig. Die Konstituierung von Arbeitsgemeinschaften zu verschiedenen Bildungsfragen scheiterte mehrfach, die Herausgabe der „Mitteilungen" ließ sich aufgrund der geringen Abonnentenzahl von 100 bis 200 Stück[21] und dem

---

Verband der katholischen Jünglingsvereinigungen,
Verband der katholischen kaufmännischen Vereinigungen,
Katholischer Lehrerverband des deutschen Reiches,
Verein katholischer deutscher Lehrerinnen,
Verband der katholischen Oberlehrerinnen,
Diözesanpriesterverband der katholischen Geistlichen Bayerns,
Organisation der Katholiken Deutschlands zur Verteidigung und Förderung der christlichen Schule und Erziehung
Verein katholischer Sozialbeamtinnen Deutschlands
Volksverein für das katholische Deutschland
Bonner Vortragsverband
In: Niggemann 1967, 140f

[18] „Zur Förderung und Vertiefung der freien Bildungsarbeit auf katholischer Grundlage und zu ihrer Vertretung nach außen bilden die katholischen Zentralorganisationen Deutschlands einen Ausschuß. Sein Name ist Zentralbildungsausschuß der katholischen Verbände Deutschlands." Zitiert nach Niggemann 1967, 142

[19] Vgl.: a.a.O., 139ff.

[20] „Der ZBA sucht durch folgende Mittel sein Ziel zu erreichen:
a) durch Gründung von örtlichen Bildungsausschüssen der katholischen Verbände,
b) durch eine Geschäftsstelle zur Anregung und Beratung sowie Einrichtung eines Archivs für katholische Bildungsarbeit ...". Zitiert a.a.O., 140f.

[21] Zahlenangaben bei Grothmann 1997, 332

finanziellen Druck der Inflation nicht durchhalten. Auf der zweiten großen Tagung des ZBA in Fulda wurde Emil Ritter zum ersten Vorsitzenden gewählt.[22] Hatten zunächst die Vertreter des Borromäusvereins die organisatorische Leitung des ZBA übernommen, so zogen sie sich im Lauf des Jahres 1923 aus der Vorstandsarbeit zurück.

Auf der Generalversammlung am 19. September 1923 in Köln wurde unter Vorsitz des Generaldirektors des Volksvereins, Wilhlfried Hohn[23], eine neue Vorstandsstruktur und eine Geschäftsordnung beschlossen. Auf den Posten eines ersten Vorsitzenden wurde in der Geschäftsordnung verzichtet, zu ehrenamtlichen Geschäftsführern Bernhard Marschall und Emil Ritter gewählt. Die neue Geschäftsordnung[24] nannte in den Paragraphen 1. und 2. als Zweck des ZBA den Zusammenschluss der katholischen Vereine und Verbände der Volks- und Jugendbildung sowie die gegenseitige Förderung und Außenvertretung.[25] Als Mitteilungsorgan des ZBA diente nun die Zeitschrift „Volkskunst".[26] Dem ZBA gehörten jetzt 28 angeschlossene Verbände an.[27]

---

[22] Niggemann 1967, 148

[23] Hohn, Wilfried. * 14.01.1871 in Bühlingen bei Neuwied. Nach theologischer Ausbildung und seelsorglicher Tätigkeit 1898-1900 Studium der Staatswissenschaften an der Universität Berlin und Promotion zum Dr. phil. 1901-1902 Dezernent für landwirtschaftliche Fragen an der Zentralstelle des Volksvereins für das katholische Deutschland. Von 1902-21 als Gast Mitglied im engeren Vorstand des Vereins sowie von 1902-28 Direktor der Abteilung für innere Verwaltung. 1905-1928 Geschäftsführer der „Volksvereinsverlags GmbH". 1922-28 Generaldirektor des Volksvereins mit Sitz und Stimme im engeren Vorstand. 1932-1938 Direktor des Bonifatiuswerks in Österreich. + 06.01.1954 in Wien. Vgl.: Schoelen 1982, 312

[24] „1. Die katholischen Gesamtverbände Deutschlands, zu deren Aufgabe die Volks- und Jugendbildung gehört, schließen sich zu einer Interessen- und Arbeitsgemeinschaft zusammen. Der Name dieses Ausschusses ist Zentralbildungsausschuß der katholischen Verbände Deutschlands (ZBA).
2. Der Zweck des ZBA. ist die geschlossene Vertretung der katholischen Bildungsorganisationen nach außen und die gegenseitige Förderung. Die geeigneten Mittel und Wege werden von Fall zu Fall vom Ausschuß ermittelt."
Geschäftsordnung des ZBA, in Mitteilungen des ZBA, 7. Vk 12 (1924)

[25] A.a.O., 7

[26] Im Bericht über die Generalversammlung vom 28. September 1925 hieß es dazu: „Religionslehrer B. Marschall stellte zum Schluß die „Volkskunst" zur Besprechung. Er forderte die Verbandsleitung dringend auf, noch mehr die „Volkskunst" zu unterstützen durch Empfehlung in den Verbandszeitschriften und vor allem durch schriftstellerische Mitarbeit. Die „Volkskunst" müsse auch wirklich das Organ des ZBA werden ... Jeder Vereinsvorstand müsse neben der Vereinszeitschrift auch die „Volkskunst" in mehreren Exemplaren halten. In der Aussprache anerkannten alle die Bedeutung der „Volkskunst" für die Volksbildungsarbeit in unseren Vereinen." Marschall, Bernhard: Generalversammlung. Vk 13 (1925), 495f.

Nach § 4 der Geschäftsordnung entsandte jeder dieser Verbände in den Ausschuss einen Vertreter, der bei Abstimmungen für jede angefangenen 50.000 Mitglieder seines Verbandes eine Stimme erhielt.[28]
In der Folgezeit konnte sich die Arbeit des ZBA durch den Einfluss und die Arbeit von Bernhard Marschall konsolidieren. Bernhard Marschall wurde damit über fast zehn Jahre die führende Person im ZBA.[29] Die Biographie Marschalls lässt sich aber eher durch seine leitende Tätigkeit in der katholischen Rundfunkarbeit als durch sein Engagement in der katholischen Vereinsarbeit und Erwachsenenbildung rekonstruieren.[30] Marschall war als Diözesanpräses des Borromäusvereins 1919 Mitbegründer des ZBA. Seit 1924 fanden in unregelmäßiger Folge Frühjahrs-, Sommer-, Herbst- und Wintertagungen des ZBA statt. Auf diesen Tagungen wurden aktuelle Fragen der Erwachsenenbildung

---

[27] Angeschlossene Verbände, in Mitteilungen des ZBA, 7f. Vk 12 (1924); eine Aufstellung und Übersicht der dem ZBA angeschlossenen Verbände findet sich im Anhang dieser Arbeit.

[28] Geschäftsordnung des ZBA. A.a.O.

[29] Marschall, Bernhard. * 25.11.1888 in Essen-Steele. Nach dem Studium der Theologie, Philosophie und Kunstgeschichte an den Universitäten in Köln und Bonn war er als Kaplan in Elberfeld und Köln und von 1918 bis 1930 als Religionslehrer an einer Knabenmittelschule in Köln tätig. Als Diözesanpräses des Borromäusvereins nahm er 1919 an der Gründungsversammlung des ZBA teil. Zusammen mit Emil Ritter war Marschall von 1922 bis 1926 als ehrenamtlicher Geschäftsführer, seit 1927 als ehrenamtlicher geschäftsführender Vorsitzender und seit 1930 als hauptamtlicher geschäftsführender Vorsitzender des ZBA in der Erwachsenenbildung tätig. In dieser Funktion war er von 1929 bis 1932 Herausgeber der Zeitschrift „Volkstum und Volksbildung", 1932 und 1993 arbeitete er in der Schriftleitung der Zeitschrift mit. Seine Tätigkeit und seine Veröffentlichungen lassen darauf schließen, dass Marschalls Schwerpunkt in der Erwachsenenbildung eher auf dem Gebiet der Praxis lagen. Hier könnte auch ein Grund für die erwähnten Auseinandersetzungen mit Anton Heinen liegen. Marschalls großer Einsatz galt der katholischen Rundfunkarbeit im nationalen und internationalen Bereich sowie der Zusammenführung und Außenvertretung der katholischen Vereinsinteressen im ZBA. Nach der Auflösung der katholischen Vereine während der Nazi-Diktatur war Marschall in der Pfarrseelsorge tätig, übernahm nach dem Ende des Zweiten Weltkrieges aber sofort wieder die Führung der katholischen Rundfunkarbeit als Leiter der „Kirchlichen Hauptstelle für Rundfunkarbeit in den deutschen Diözesen". + 22.06.1963 in Köln.
Ein Nachlass Marschalls ist nicht vorhanden. Schriftliche Auskunft des Historischen Archivs des Erzbistums Köln vom 11.05.2005. Im Besitz des Verfassers. Vgl. zur Biographie Marschalls: Klein 1996, 137; Wolgast 1986, 261f.; Kosch 1938, Bd. 2, 278ff.; NDB 1990, Bd. 16, 253; Reichshandbuch der Deutschen Gesellschaft 1930, 1196; eine ausführliche tabellarische Biographie findet sich im Anhang dieser Arbeit. Die Bedeutung Marschalls für die Rundfunkarbeit der katholischen Kirche nach 1945 wird bei Glässgen 1983 sowie Niederhofer 1985 ausführlich dargestellt.

[30] Da Marschall nur wenige programmatische Schriften und Artikel veröffentlicht hat, lässt sich seine Geisteswelt in dieser Arbeit nicht erschließen und beurteilen. Eine Würdigung Marschalls ist bisher nur im Rahmen einer unveröffentlichten Magisterarbeit über seine Rundfunktätigkeit erfolgt. Vgl.: Glässgen 1983 und Niederhofer 1985

besprochen; Beschlüsse wurden nur bei der jährlichen Generalversammlung gefasst. 1925 trat der ZBA mit einer Denkschrift über „Die Einführung der Theologen in die Volksbildungsarbeit"[31] an die Fuldaer Bischofskonferenz in die Öffentlichkeit und versuchte, dadurch Einfluss auf die entscheidenden Multiplikatoren des katholischen Milieus[32] zu bekommen.

Der Anspruch, eine Dachorganisation der katholischen Erwachsenenbildungsorganisationen zu sein, wurde auch dadurch deutlich, dass Bernhard Marschall den Herausgeber des „Kirchlichen Handbuches für das katholische Deutschland" darum bat, den ZBA in der Tabelle der „Vereine zur Pflege der Kultur- und Volksbildung" als Reichsspitze an die erste Stelle zu setzen.[33] Seit 1926 gründete der ZBA Arbeitsgemeinschaften zu verschiedenen Fragen der Erwachsenenbildung und nahm auch damit die Organisation und Alleinvertretung der katholischen Bildungsarbeit immer mehr in die Hand.

Im Dezember 1926 legte Emil Ritter schriftlich die Geschäftsführung nieder, so dass auf der Frühjahrstagung des ZBA vom 11. Mai 1927 ein neuer Geschäftsführer gewählt werden musste. Bernhard Marschall setzte sich mit einem Satzungsänderungsantrag[34] gegen Robert Grosche und Emil Ritter durch, die die ausufernde Tätigkeit des ZBA unter Führung von Marschall kritisierten, und wurde zum ehrenamtlichen geschäftsführenden Vorsitzenden mit dem Titel „Direktor" gewählt. Der vorgesehene Beirat wurde nicht nominiert. Gegen alle Widerstände konnte Bernhard Marschall nun als Direktor des ZBA die Arbeit nach seinen Vorstellungen frei gestalten. Zum 01. April 1930 schied Bernhard Marschall aus dem Schuldienst aus und war in der Folge hauptamtlich für die Arbeit im ZBA freigestellt.[35]

Im Jahr 1929 konnte der ZBA nach zehnjähriger Tätigkeit eine ausgesprochen positive Bilanz ziehen. Das KHB nannte für den ZBA 34 angeschlossene Verbände mit 5 Millionen Mitgliedern und fünf Arbeitsgemeinschaften: die

---

[31] Veröffentlicht in Vk 13 (1925), 497f.

[32] Vgl. zur zentralen Bedeutung der Kleriker für das katholische Milieu: Blaschke 1996, 93ff.

[33] Grothmann 1997, 338

[34] Marschall beantragte, den § 5 der Geschäftsordnung wie folgt zu ändern: „Der ZBA wählt einen ehrenamtlichen geschäftsführenden Vorsitzenden. Die Wahl wird jeweils auf ein Jahr mit einfacher Stimmenmehrheit getätigt. Ihm obliegt die Vorbereitung und Leitung der Sitzungen des ZBA, die Führung der Kasse, der Korrespondenz und der sonstigen Geschäfte. Dem Vorsitzenden ist ein Geschäftsbeirat von vier Personen beigegeben, der für zwei Jahre mit einfacher Stimmenmehrheit bestimmt wird." Grothmann 1997, 341

[35] Marschall, Bernhard: Bericht des ZBA. VuV 2/18 (1930), 313f.
Grothmann nennt als Zeitpunkt für die hauptamtliche Freistellung Marschalls Ostern 1927, ohne dafür weitere Quellen zu nennen. Grothmann 1997, 348

Rundfunkarbeitsgemeinschaft der deutschen Katholiken (RDK), die Filmarbeitsgemeinschaft der deutschen Katholiken (FmDK), die Arbeitsgemeinschaft für Laienspiel und Theaterpflege, die Arbeitsgemeinschaft für Volkshochschulfragen und die Arbeitsgemeinschaft für Büchereiwesen.[36]
1929 wurde die Zeitschrift „Volkskunst" umgestaltet in die Zeitschrift „Volkstum und Volksbildung", die durch den Kreis der Herausgeber Robert Grosche, Bernhard Marschall und Emil Ritter eng mit dem ZBA verbunden war und auch weiterhin als Organ des ZBA betrachtet wurde.[37] Direktor Marschall schaute im Jubiläumsjahr mit Stolz auf die Ergebnisse der zehnjährigen Arbeit des ZBA zurück.[38] Auch Grothmann konstatiert, dass der ZBA im Jahre 1929 dem Volksverein „in der Bearbeitung von Erwachsenenbildungs- und Volkshochschulfragen eindeutig den Rang abgelaufen"[39] hatte.

Die Rivalität zwischen ZBA und Volksverein, die sich vor allem in der beißenden Kritik Anton Heinens gegen Bernhard Marschall manifestierte,[40] lässt

---

[36] KHB 16 (1928/29), 89f.

[37] Vgl.: Ritter, Emil: Eine Rechenschaft. VuV 1/17 (1929), 1ff.

[38] „In zielstrebiger Arbeit ist der ZBA. in den 10 Jahren die „geschlossene Vertretung der katholischen Bildungsorganisationen nach außen" geworden. Als das wird er von den zuständigen Regierungsstellen und von der Öffentlichkeit anerkannt. ... So anerkennt den ZBA. auch der hochwürdigste Episkopat von ganz Deutschland. Diese Geschlossenheit ermöglichte unsere erfolgreiche Mitarbeit bei Gesetzesentwürfen und staatlichen Unternehmungen, bei Volksbildungstagungen und in Arbeitsgemeinschaften aller Volksbildungsrichtungen. Der ZBA. konnte so wissenschaftlichen und volksbildnerischen Werken unsere Kräfte zur Verfügung stellen. ... Er ist geworden, was er sollte, ein Sammelpunkt der eigenen Kräfte zur Wirkungsmöglichkeit in der Gesamtarbeit der Katholiken und in der allgemeinen deutschen Volksbildungsarbeit." Marschall, Bernhard: Zehn Jahre Zentralbildungsausschuß. VuV 1/17 (1929), 221f.

[39] Grothmann 1997, 348

[40] Am ausführlichsten hat Pöggeler diese Ausfälle Heinens gegen Marschall dargelegt. Demnach sah Heinen in der Gründung des ZBA eine „Sonderbündelei" mit „katholischem Bildungsbetrieb" und einem „Extraladen in Bildung" Pöggeler 1965, 28f. Zudem ironisierte Heinen über die „Bildungs-Marschälle", a.a.O., 16, und führte in einem Brief an Theodor Bäuerle im Januar 1930 aus, der ZBA sei deshalb keine Gefahr, „weil sein Leiter zur Hauptsache sich bemüht, katholische Filme und katholische Radio-Erbauungsstunden in Umlauf zu setzen und von der Problematik der Bildung unberührt ist. Er hemmt bloß durch Lärm und Dilettantismus", a.a.O., 28.
Pöggeler hält darum die Auseinandersetzungen zwischen Volksverein und ZBA weniger für institutionelle Differenzen als vielmehr für „weitgehend persönlich bedingt", a.a.O., 28; vgl. auch: ders. 1963, 129ff.
Patt hat dem energisch widersprochen „Das Problem des Zentralbildungsausschusses lag in seiner katholischen Engführung. Dagegen hatte der Volksverein früh eine politische und gesellschaftliche Zusammenarbeit über die Konfessionen hinaus für nötig gehalten, die ja auch Heinen in seiner Mitarbeit im Hohenrodter Bund und auf vielen andern Feldern der staatlich-politischen und sozialen Aufgabe des Volksvereins praktizierte." Patt 1984, 212

sich durch die gesamte Zeit der Weimarer Republik verfolgen.[41] Im Jahr 1929 fand ein erneuter Vorstoß statt, indem der Volksverein versuchte, den lästigen Konkurrenten in die eigene Vereinsstruktur zu integrieren.[42] Im Juli 1929 machte der Volksvereinsvorstand der Fuldaer Bischofskonferenz den Vorschlag, der ZBA solle unter der „bewährten Leitung Marschalls" zu einer Abteilung der großen Volksvereinszentrale in Mönchengladbach werden.[43] Die eigenständige Existenz des ZBA war ernsthaft gefährdet. Doch gelang es Marschall durch geschicktes Taktieren unter Ausnutzung der finanziellen Schwierigkeiten des Volksvereins, die Selbständigkeit des ZBA zu sichern. Die auf der Sommertagung des ZBA am 15. Juli 1931 beschlossene neue Satzung betonte das Selbstverständnis des ZBA als Arbeitsgemeinschaft der katholischen Verbände, sicherte die Stellung von Bernhard Marschall als hauptamtlichen geschäftsführenden Direktor und die institutionelle Eigenständigkeit des ZBA, der jetzt nur noch mit Zweidrittelmehrheit in einer Vollversammlung aufgelöst werden konnte.[44]

Bereits 1930 hatte man einen Förderkreis gegründet, der die Arbeit des ZBA geistig und finanziell unterstützen sollte.[45] Die Mitglieder des Förderkreises erhielten für ihren Beitrag die Zeitschrift „Volkstum und Volksbildung".[46]

---

[41] Vgl. das Kapitel „Der Dualismus zwischen Volksverein und Zentralbildungsausschuß", in: Fell 1983, 42ff.

[42] Grothmann stellt fest, dass Direktor van der Velden „anders als sein Vorgänger Hohn, der nur einen größeren Einfluß des Volksvereins auf die Arbeit des ZBA erstrebte, offensichtlich von vornherein entschlossen [war], den lästigen, immer einflußreicheren und erfolgreicheren Konkurrenten auszuschalten." Grothmann 1997, 350

[43] A.a.O., 348

[44] O.V.: Satzung. VuV 4/20 (1932), 24ff.
„§ 1 Die katholischen Gesamtverbände Deutschlands, zu deren Aufgaben die Volks- und Jugendbildung gehört, schließen sich zu einer Arbeitsgemeinschaft zusammen. Der Name dieser Arbeitsgemeinschaft ist „Zentralbildungsausschuß der Katholischen Verbände Deutschlands" (ZBA).
§ 2 Der Zweck des ZBA ist, die Bildungsarbeit der katholischen Verbände durch Gedankenaustausch und gegenseitige Hilfe zu fördern, bestimmte Aufgaben im Auftrag aller Verbände durchzuführen und gemäß den Beschlüssen der Vollversammlung die gemeinsamen Bestrebungen der katholischen Bildungsorganisationen gegenüber den Behörden zu vertreten und in der gesamtdeutschen Volksbildungsbewegung zur Geltung zu bringen. ...
§ 5 ... Für die Durchführung der laufenden Arbeiten bestimmt die Vollversammlung ein Mitglied des Direktoriums als hauptamtlichen Geschäftsführer mit der Amtsbezeichnung „Direktor"."

[45] Der Förderkreis zählte zu Beginn des Jahres 1931 400 Mitglieder, die einen Beitrag von 10,-- Reichsmark für die Arbeit beisteuerten; in Marschall, Bernhard: Der Zentralbildungsausschuß im Jahre 1930. VuV 3/19 (1931), 52

[46] KHB 17 (1930/1931), 181; hier werden für den Förderkreis „über 300 Mitglieder" genannt.

Von seiner Struktur her stand der ZBA zwar unter der federführenden Leitung von Direktor Marschall, bildete aber nach innen durchaus ein heterogenes Gebilde, das oft von Auseinandersetzungen zwischen den verschiedenen Mitgliedsverbänden geprägt war. Diese standen stets in der Gefahr, zuerst die eigenen Interessen zu verfolgen, sich abzukapseln und damit den Kontakt zur gesamten Erwachsenenbildung zu verlieren. So führte 1930 die Diskussion über die Stellung der Katholiken zum Hohenrodter Bund und zur Deutschen Schule für Volksforschung und Erwachsenenbildung zu scharfen Diskussionen und Auseinandersetzungen.[47] Doch auch aus dieser inneren Krise ging der ZBA gefestigt hervor.

Besondere Bedeutung erreichte der ZBA durch seine Rundfunk- und Filmarbeitsgemeinschaften, RDK und FmDK. In der Auseinandersetzung mit den neuen Massenmedien sowie der Mitwirkung und Gestaltung der katholischen Programmanteile im Rundfunk kam dem ZBA zweifellos die führende Rolle im katholischen Deutschland und darüber hinaus auch im internationalen Bereich zu.[48]

In den folgenden Jahren wurde die Arbeit des ZBA in den genannten Bereichen ausgebaut und intensiviert. Nach wie vor nannte das Kirchliche Handbuch 1933/1934 für den ZBA 34 Mitgliedsverbände mit 5 Millionen Mitgliedern und sieben Arbeitsgemeinschaften.[49] Im Jahresbericht 1932 konstatierte Bernhard Marschall, dass der ZBA in der Öffentlichkeit nunmehr als die zentrale Stelle des deutschen Katholizismus anerkannt sei.[50]

---

[47] Vgl.: Faßbinder, Klara M: Herbsttagung des ZBA. VuV 2/18 (1930), 365f.

[48] So war Bernhard Marschall Direktor des „Internationalen Katholischen Rundfunkbüros" IKR. Vgl.: Marschall, Bernhard: Internationales Katholisches Rundfunkbüro. VuV 1/17 (1929), 98ff.

[49] KHB 18 (1933/1934), 123ff.; als Arbeitsgemeinschaften werden hier genannt:
1. RDK – Rundfunkarbeitsgemeinschaft Deutscher Katholiken
2. FmDK – Filmarbeitsgemeinschaft Deutscher Katholiken
3. Lichtspielverband im ZBA
4. Volkshochschularbeitsgemeinschaft mit der Untergruppe: Vereinigung der katholischen Volkshochschulheime
5. Arbeitsgemeinschaft für Musikpflege
6. Arbeitsgemeinschaft für Theater und Laienspiel
7. Arbeitsgemeinschaft für Volksbüchereiwesen

[50] „Das verflossene Jahr zeigte, daß die ZBA-Krise des Jahres 1930 die Kräfte des ZBA gestärkt hat. Der Gesundungsprozeß des Jahres 1931 konnte 1932 vollendet werden, so daß der ZBA heute im Bewußtsein der Öffentlichkeit als die zentrale Arbeitsstelle der Deutschen Katholiken auf dem weiten Gebiet der Bildungsarbeit dasteht. Es lag im Zuge der Zeit, daß die Fuldaer Bischofskonferenz vom August 1932 in einem anerkennenden Schreiben den ZBA als zentrale Arbeitsstelle der katholischen Verbände begrüßt und die katholische Öffentlichkeit zur Unterstützung seiner Arbeiten auf den Gebieten des

Nach der Machtübernahme des Nazismus fuhr Marschall als Direktor des ZBA sofort nach Berlin, um mit dem Reichsparteiausschuss des Zentrums die weiteren Schritte für die Erwachsenenbildungsarbeit abzustimmen. Auf seiner Sitzung am 30. März 1933 „begrüßte das Direktorium des ZBA den Weg der Katholiken „in die nationale Bewegung", den die deutschen Bischöfe gewiesen hätten."[51]

Offensichtlich fand im April 1933 auch ein Treffen mit Reichspropagandaminister Joseph Goebbels zur Besprechung der Rundfunkarbeit und im Mai 1933 eine längere Aussprache mit dem neuen Leiter der Abteilung Volksbildung im Reichsinnenministerium, Ministerialdirektor Buttmann, über die Arbeiten des ZBA und eine mögliche Zusammenarbeit mit dem neuen Regime statt.[52]

Der ZBA geriet unter den Druck des neuen Regimes, als die GeStaPo am 01. Juli 1933 Akten fand, die auf eine Kooperation mit dem Volksverein schließen ließen. Im August 1933 entschied die Fuldaer Bischofskonferenz, den ZBA zum Jahreswechsel in die „Bischöfliche Hauptarbeitsstelle für die Katholische Aktion" mit Sitz in Düsseldorf zu integrieren.[53] Bernhard Marschall wurde zum 01.10.1934 Pfarrer in St. Nikolaus in Gruiten bei Düsseldorf und verrichtete seine Erwachsenenbildungsarbeit wieder ehrenamtlich. Eine Einladung der Filmarbeitsgemeinschaft vom Ende des Jahres 1934 ist „das letzte Lebenszeichen"[54] des ZBA.

Als Fazit lässt sich resümieren, dass es dem ZBA über eine wechselvolle Geschichte gelang, sich als Dachverband der katholischen Bildungsverbände zu etablieren. Trotz der Auseinandersetzungen mit dem Volksverein wurde der ZBA mehr und mehr die zentrale Stelle der Katholiken für Bildungsfragen in der Weimarer Republik.[55] Der persönliche Einfluss von Bernhard Marschall auf die Gestaltung der Arbeit des ZBA muss groß gewesen sein.[56] Auf dem Gebiet

---

Rundfunks, des Films und der Schallplatte aufruft." Marschall, Bernhard: Der Zentralbildungsausschuß im Jahre 1932. VuV 5/21 (1933), 25

[51] Grothmann 1997, 358; zitiert wird hier aus dem Protokoll der Sitzung des ZBA-Direktoriums vom 30.03.1993

[52] Grothmann 1997, 358f.

[53] Vgl. auch: Reisch, Erich/ Marschall, Bernhard: Ausklang. VuV 5/21 (1933), 161

[54] Grothmann 1997, 359

[55] "Der ZBA ... wurde ... wirklich zu dem Kristallisationspunkt zeitgemäßer intensiver Volksbildungsarbeit" Uphoff 1995, 33

[56] Eine Einschätzung seiner Tätigkeit findet sich bei Fell 1983, 46f.: „Marschall war eine Persönlichkeit von ganz anderem geistigen Eigenwuchs [als Heinen]: Für ihn war Organisieren ein Koordinieren und Aufeinander-Abstimmen von Initiativen und Zielen. Zugleich war für ihn die Organisation eine unerläßliche Basis auch für schöpferische

der neuen Massenmedien, des Rundfunks und des Films, wurde der ZBA in kurzer Zeit zum Mittelpunkt des katholischen Deutschlands. Als Multiplikator konnte der ZBA in der Endphase der Weimarer Republik über die angeschlossenen Verbände 5 Millionen Katholiken erreichen. Wie groß seine Wirkungsgeschichte, sein Einfluss auf die katholische Bevölkerung gewesen ist, bleibt letztlich offen.

Initiativen in der Volksbildung. Gerade in seiner Nutzung des soeben neu geschaffenen Rundfunk kombinierte er Information und Bekenntnis.".
In ähnlicher Weise urteilte auch Muckermann in seinen persönlichen Lebenserinnerungen: „Zunächst ist hier noch eine Persönlichkeit vorzustellen, deren geistiges Ausmaß nicht überwältigend war, die aber dennoch eine für den deutschen Katholizismus außerordentlich segensreiche Tätigkeit entwickelt hat, ich meine den Prälaten Marschall. In seiner äußeren Erscheinung war diese Persönlichkeit imponierend, lag auch in dem grünen Auge etwas Lauerndes, manchmal gar etwas Falsches. Man durfte seine Kreise nicht stören, sein Ansehen nicht anfechten, einen gewissen gesunden Egoismus bei ihm nicht vergessen. Alles in allem aber war er ein sympathischer Mensch, ein Organisator, ein auf seinem Gebiet weitblickender Führer." Junk 1973, 310

III. Theologische Kulisse: Ideologiekritische Analyse der Zeitschrift „Der Prediger und Katechet"

1. „Der Prediger und Katechet": Vorbemerkungen

Einleitend sollen in diesem Teil die historische Genese der Zeitschrift „Der Prediger und Katechet" sowie die Entwicklung ihres Umfeldes von der Entstehung bis zum Untersuchungszeitraum in den Jahren 1929 bis 1938 dargestellt werden. Dabei wird zunächst die Verlagsgeschichte als äußere ökonomische Basis der Zeitschrift vorgestellt, weitere Abschnitte widmen sich den Schriftleitern und Mitarbeitern sowie dem Redaktionsprogramm der Zeitschrift;[1] abschließend wird die methodische Zugangsweise zu den Predigttexten erläutert.

Die Geschichte schriftlich fixierter Predigthilfen reicht bis in das 6. Jahrhundert zurück. Vor allem im Mittelalter waren diese Sammlungen wegen des schlechten Bildungsstandes des Klerus geradezu unentbehrlich. Als sich das kirchliche Leben nach der Säkularisation zu Beginn des 19. Jahrhunderts neu formierte, wurden Predigthilfen vorerst als geschlossene Werke herausgegeben, die Musterpredigten berühmter Prediger als Vorlagen für den Klerus enthielten. Die heute bekannten Predigtzeitschriften wurden ab der Mitte des 19. Jahrhunderts gegründet. So entstanden im Zeitraum von 1830 bis 1880 über zwanzig katholische Predigtzeitschriften. Zwar kann für diese Zeitspanne auf allen Gebieten der Wissenschaft ein steter Anstieg in der Veröffentlichung von Büchern und Zeitschriften konstatiert werden, doch weist diese stattliche Zahl der Predigthilfen auch darauf hin, dass gerade durch die Verbesserung der Predigt die Position des Geistlichen als Redner in der Gesellschaft gestärkt werden sollte. Die Lebensdauer der einzelnen Zeitschriften entwickelte sich jedoch sehr unterschiedlich. Während einige nicht über einen einzelnen Jahrgang hinaus Bestand hatten, konnten sich andere – wie „Der Prediger und Katechet" – bis in die Gegenwart halten. Am weitesten verbreitet war die Gruppe der Predigtzeitschriften, die nichts anderes als fertige Predigten für Sonn- und Festtage sowie Kasualien veröffentlichten. Es entstanden darüber hinaus zwar auch Zeitschriften, die neben den Predigten Aufsätze und Abhandlungen aus dem Gebiet der Homiletik und Katechetik enthielten oder von ihrer Konzeption her als allgemeine pastorale Zeitschriften klassifiziert werden können, doch kam, wie die Auflagenentwicklung der Zeitschriften zeigt, der Lieferung von

---

[1] Vgl.: Brosseder 1978, 1-127

fertigen Predigten die größte Bedeutung zu. Vor diesem Hintergrund wurde die Zeitschrift „Der Prediger und Katechet" 1850 von Ludwig Mehler[2] gegründet. Verlegt wurde die Zeitschrift beim Manz-Verlag, der, 1830 von Georg Joseph Manz[3] gegründet, schon zur Mitte des 19. Jahrhunderts zu den führenden katholischen Verlagen Deutschlands gezählt werden konnte. Seinen guten Ruf im katholischen Milieu hatte der Verlag vor allem durch die Herausgabe des „Athanasius" von Joseph Görres[4] im Jahr 1838 begründet. Neben Görres wurden Werke von Baader und Döllinger veröffentlicht, die mit ihrer konservativkatholischen Grundtendenz die Grundlagen für den späteren politischen Katholizismus legten. Abgesehen von dieser theologischen Literatur lag der Schwerpunkt des Verlags jedoch in der praktischen Homiletik. Einen großen Teil des Verlagsprogramms bildeten Sammelwerke der großen Prediger. Darüber hinaus können das Jugendschrifttum sowie der Kunstverlag, der die Kunstrichtung der Nazarener durch die Missionstätigkeit sogar weltweit verbreitete, als weitere Ausrichtungen genannt werden. Anlässlich seines Rückzugs ins Privatleben wandelte Manz seinen Betrieb 1886 in eine Aktiengesellschaft um.

Mit dem persönlichen Ausstieg des Firmengründers nahm die große theologische Bedeutung des Verlagshauses schnell ab; viele Autoren wandten sich anderen Verlegern zu. Bedingt durch Zukäufe entwickelte sich das Verlagshaus dagegen in zunehmendem Maß vom Buch- zum Zeitschriftenverlag,[5] der dadurch auch im wirtschaftlichen und politischen Leben eine wichtige Rolle einnahm. Durch den Gründer der bayerischen Volkspartei, Dr. Georg Heim,[6] der dem Aufsichtsrat der Manz AG seit 1904 fast dreißig Jahre angehörte, war das Verlagshaus auf engste mit dem politischen Katholizismus der Weimarer Republik verbunden. Neben theologischen Kleinschriften und volkstümlichen

---

[2] Mehler, Ludwig. * 07.03.1816 in Tirschenreuth in der Oberpfalz. Nach theologischen Studien Einsatz als Lehrer sowie in der Priesterausbildung. Verfasser von Werken der praktischen Theologie, die weite Verbreitung fanden. + 10.04.1872 in Regensburg. Vgl.: ADB, Bd. 21, 185

[3] Manz, Georg Josef. * 01.02.1808 in Würzburg. Entwickelte seinen 1830 begründeten Verlag in Regensburg zu einem führenden des katholischen Deutschlands. 1880 veröffentlichte er „Erinnerungsblätter aus meinem Leben." Vgl dazu Kosch 1963, 812

[4] Vgl. zur Biographie und Lebenswerk Görres Morsey 1979a

[5] So erwarb die Manz AG bereits 1890 die Verlagsrechte an drei bayerischen Tageszeitungen: „Münchener Fremdenblatt", „Bayerischer Kurier" und „Bayerischer Volksbote". Brosseder 1978, 11

[6] Heim, Georg. * 24.04.1865 in Aschaffenburg. Studium und Promotion in München. Gründer der Bayerischen Volkspartei (BVP). Rege Tätigkeit zur Förderung der Landwirtschaft. Gründung der „Landwirtschaftlichen Zentralgenossenschaft des Bayerischen Bauernvereins für Ein- und Verkauf". + 18.08.1938 in Würzburg. Vgl.: Kosch 1963, 493

Erbauungsschriften hatte die Predigtliteratur auch in diesem Zeitraum eine große Bedeutung für den Verlag. 1929 wurde durch die Fusion mit der „Vereinigten Druckereien, Kunst- und Verlagsanstalten AG, Dillingen" das Verlagsspektrum um fünf bedeutende Tageszeitungen im Raum Donautal und Nordschwaben[7] sowie einen Zeitungsromanvertrieb erweitert. Der Verlag, dem durch diesen Besitz zahlreicher führender Tageszeitungen große politische Bedeutung zukam, geriet nach der Machtübernahme des Nazismus schnell unter politischen und wirtschaftlichen Druck. Neben Repressalien, wie der Verhaftung des Schriftleiters der bei Manz gedruckten Zeitschrift „Der gerade Weg" Dr. Franz Gerlich, wirkte sich vor allem die Verordnung der Reichsschrifttumskammer vom 24.04.1935, wonach allen Aktiengesellschaften eine Betätigung als Zeitungs-, Zeitschriften- und Buchverleger verboten wurde, als politisches Instrument aus, um den Einfluss der Nazi-Partei auf das gesamte deutsche Pressewesen auszudehnen. Ab diesem Zeitpunkt durften Verlagsrechte nur noch von Einzelpersonen wahrgenommen werden, die in jedem Fall die Genehmigung der Parteiinstanzen benötigten. Dem Aufsichtsrat gelang es jedoch, bei einigen Verlagsobjekten qualifizierte Einzelpersönlichkeiten für die Übernahme zu gewinnen. So wurde die Zeitschrift „Der Prediger und Katechet" durch den kulturellen Schriftleiter der Manz eigenen Tageszeitung „Bayerischer Kurier", Dr. Erich Wewel, übernommen. Dieser gründete im September 1936 einen eigenen Verlag, den er programmatisch „Verlag Das Wort in der Zeit" nannte. Der äußerst erfolgreichen Arbeit mit der Zeitschrift war jedoch nur ein kurzer Zeitraum gegönnt. Mit Beschluss der Geheimen Staatspolizei vom 30. August 1938 wurde die Herausgabe der Zeitschrift mit sofortiger Wirkung verboten. Begründet wurde die Verfügung mit der Behauptung, dass einige Volkskatechesen mit christologischen Themen und Themen der alttestamentlichen Heilsgeschichte geeignet wären, „... die öffentliche Ruhe und Ordnung zu stören".[8] Auch eine erneute Anfrage mit der Bitte um Aufhebung des Verbots im Frühjahr 1939 beim Reichsminister für Volksaufklärung und Propaganda erbrachte keine positive Antwort.[9] Wewel gründete daraufhin einen reinen Buchverlag, der im August 1944 kriegsbedingt seine Arbeit einstellen musste. Im Frühjahr 1947 bekam Wewel die Linzenz zur Wiedereröffnung des Verlags und widmete sich zuallererst der Fortsetzung der Zeitschrift „Der

---

[7] „Schwäbische Donauzeitung", „Donauwörther Anzeigenblatt", „Wertinger Zeitung", „Rieser Volkszeitung" sowie „Schwäbisches Volksblatt mit Günz- und Mindelbote". Brosseder 1978, 14f.

[8] Beschluss der GeStaPo (B Nr. 57058/38 II P-Be-) im Nachlass Dr. Erich Wewel, in: Brosseder 1978, 16

[9] Briefabschrift des Reichsministers für Propaganda und Volksaufklärung vom 02.02.1939 (Geschäftszeichen IV A 4003/26.11.37/107-16) im Nachlass Dr. Erich Wewel, a.a.O., 18

Prediger und Katechet". Diese erschien erstmals wieder im November 1949. Der Erich-Wewel-Verlag entwickelte sich in den fünfziger Jahren zu einem Verlag mit bedeutenden Werken der Theologie. 1965 musste Wewel den Verlag krankheitsbedingt an die Manz AG verkaufen; mit der Übernahme des gesamten Verlagsspektrums des Erich-Wewel-Verlags kam auch „Der Prediger und Katechet" wieder in das Verlagshaus zurück, in dem er vor über hundert Jahren erstmals herausgegeben wurde.[10]

Als Schriftleiter fungierten in den Anfangsjahren der Zeitschrift vor allem Regensburger Diözesanpriester.[11] Neben den Schriftleitern hatte die Zeitschrift seit Beginn eine große Zahl von freien Mitarbeitern. Für fast jeden Jahrgang lassen sich dreißig bis vierzig verschiedene Autoren benennen. Es scheint sich dabei um einen Durchschnitt des deutschsprachigen Klerus mit einem geographischen Schwerpunkt im süddeutschen Raum zu handeln. Die Zeitschrift wandte sich in diesem Zeitraum besonders an die Seelsorger auf dem Lande und in kleineren Städten.

Mit Beginn des Jahres 1916 wurde die Schriftleitung durch das Provinzialat der Kapuziner mit Sitz in Altötting übernommen, einer Ordensgemeinschaft, die innerhalb des kirchlichen Milieus als volkstümlicher Predigerorden gilt. In einem Rundschreiben vom 25. Januar 1916 forderte der Provinzial alle Patres seiner Gemeinschaft zu eifriger Mitarbeit in der Zeitschrift auf.

Die Kapuziner teilten sich die Schriftleitung zunächst intern auf. Der jeweils verantwortliche Hauptschriftleiter sammelte die Arbeiten der Abteilungsredakteure im Provinzialat; die Abteilungsredakteure konnten ihre Mitarbeiter jeweils selbständig bestimmen. Diese Regelung wurde jedoch 1923 aufgegeben und ein einziger verantwortlicher Schriftleiter benannt. Von 1923 bis 1937 wurde diese Funktion durch Pater Nivardus Ebenhoech übernommen, der selbst viele Predigten in der Zeitschrift veröffentlichte.[12] In der Epoche der Kapuziner

---

[10] Die theologische Abteilung der Manz AG wird seit 1965 mit der Firmierung „Erich-Wewel-Verlag" geführt.

[11] Ludwig Mehler (1816-1872), Studienlehrer, Stiftskanoniker und später Stiftsdechant in Regensburg, Schriftleiter von 1850-1872
Johannes Evangelist Zollner (1814-1888), Pfarrseelsorger und Schriftsteller, Schriftleiter von 1872-1881
Joseph Ziegler (1816-1908), Domprediger, Stadtpfarrer, Stiftskanoniker, Schriftleiter von 1881-1887
Dr. Franz Klasen (1852-1902), Stadtpfarrprediger, Schriftleiter von 1887-1888
Johann Paul Brunner (1845-1904), Pfarrer, Regens, Schriftleiter von 1889-1904
Franz Aich (1863-1938), Pfarrer, Schriftleiter von 1904-1916

[12] Schriftleiter aus dem Kapuzinerorden
Pater Pius Koller (1878-1939), Schriftleiter von 1916-1920
Pater Odorich Heinz (1878-1972), Schriftleiter von 1920-1923

stellte diese Gemeinschaft die größte Zahl der Mitarbeiter, die vor allem aus Klöstern des süddeutschen Raumes stammten. Zudem arbeiteten Mitglieder der Ordensgemeinschaften der Redemptoristen, Franziskaner sowie Benediktiner regelmäßig in der Zeitschrift mit. Ab 1923 verschob sich die Zahl der Mitarbeiter wieder zugunsten des weltlichen Klerus, der im Untersuchungszeitraum der Zeitschrift im ausgeglichenen Verhältnis zu den Ordenspriestern mitarbeitete.

Mit der Übernahme der Zeitschrift durch Dr. Erich Wewel im Jahr 1937 wurde die Schriftleitung Pater Bernhard Willenbrink[13] als Mitglied der Oblatenmissionare übertragen. Die Missionare Oblaten der makellosen Jungfrau Maria (OMI), eine zu Beginn des 19. Jahrhunderts in Südfrankreich gegründete Gemeinschaft, widmete sich vor allem der sozialen Frage und der Volksmission. Willenbrink hatte in dieser Tradition neben der Theologie Volkswirtschaft in München studiert und im Verband der Katholischen Arbeiterbewegung (KAB) mitgearbeitet. Ende August 1938 wurde die Zeitschrift „Der Prediger und Katechet" endgültig verboten. Willenbrink gründete daraufhin 1940 im Echter-Verlag in Würzburg als Herausgeber das Predigtjahrbuch „Gottes Wort im Kirchenjahr", welches bis heute Bestand hat.[14]

Die große Zahl der Mitarbeiter und die weite geographische wie berufliche Streuung lassen zwar einen süddeutschen Schwerpunkt, aber keine einheitliche gesellschaftliche, kirchenpolitische oder theologische Ausrichtung der Zeitschrift erkennen. Vielmehr kam durch die zum größten Teil völlig unbekannten Prediger ein durchaus repräsentativer Querschnitt kirchlicher Praxis in den Vorlagen zur Sprache; diese Schlussfolgerung wird zudem durch den vollständigen Verzicht auf berühmte Prediger mit Sammlungen von Musterpredigten bestärkt. Das Gesellschaftsbild lässt sich von daher in keinem Fall bestimmten theologischen Richtungen oder Theologen bestimmter Epochen zuzuordnen, es entspricht vielmehr den gängigen Vorstellungen, die der durchschnittliche Klerus dem katholischen Milieu in der Predigt im Gottesdienst sowie im Vortrag in der Vereins- und Gemeinschaftsarbeit vermittelte.

Pater Aidan Rachl (1883-1937), Schriftleiter 1923
Pater Nivardus Ebenhoech (1880-1947), Schriftleiter 1923-1937
dieser wurde in den Jahren 1936-1937 in seinem Amt von Pater Markus Sieber (1901-1958) unterstützt

[13] Pater Bernhard Willenbrink (1900-heute), Schriftleiter 1937-1938. Brosseder 1978, 33f. Bernhard Willenbrink verstarb am 20.01.1987 in Essen. Vgl.: Schrodi 1987

[14] Willenbrink war nach der Wiederbegründung von 1949-1964 Herausgeber und Redakteur des Predigtjahrbuchs. A.a.O, 7

Mit dem Wechsel der Schriftleitung an die Kapuziner wurde das Redaktionsprogramm überarbeitet; die Zeitschrift erhielt eine klare Gliederung. Im ersten Abschnitt „Der Prediger" wurden fertig ausgearbeitete Predigten für die Sonn- und Festtage sowie Gelegenheitspredigten und Standesunterweisungen veröffentlicht. Der zweite Abschnitt „Der Katechet" lieferte Vorlagen für die Christenlehre sowie die Kinderpredigt. Hier setzte sich ab 1930 der Begriff Kinderpredigt für die Auslegung im Gottesdienst sowie Christenlehre für den außergottesdienstlichen Vortrag durch. Vorher wurden die Begriffe Katechese, Christenlehre, Kinderpredigt, Kinderlehre oder Religionsstunde häufig synonym ohne inhaltliche Differenzierungen genutzt. Ab 1937 wurden in dieser Rubrik als Volkskatechesen auch systematische Vorträge für Erwachsene als Versuch einer theologischen Erwachsenenbildung veröffentlicht. Im „Vereinsredner", der die besondere Bedeutung der Vereine als Multiplikationsinstanzen des katholischen Milieus stärkte, wurden Vorträge für die unterschiedlichen katholischen Standes- und Berufsvereine publiziert. Die Zeitschrift spiegelt somit nicht allein die gottesdienstliche Verkündigung in der Predigt wider, vielmehr lässt sich die gesamte Bandbreite der Unterweisung durch den Klerus im katholischen Milieu beispielhaft nachvollziehen. Im „homiletischen Ratgeber" wurde Theorie zur Verkündigung der Predigt angeboten. Dieser Teil macht im Durchschnitt jedoch nur einen sehr geringen Umfang der Zeitschrift aus. Er wurde bereits in den dreißiger Jahren durch fertig ausgearbeitete Predigten gefüllt, da die Zeitschrift in dieser redaktionell am besten geführten Epoche zugleich ihre niedrigste Auflagenhöhe erreichte. Das Bedürfnis der Leser richtete sich offensichtlich weniger auf theologische Theorie, gefragt waren direkt verwertbare Vorlagen für die pastorale Praxis. Je mehr die Zeitschrift dieser Ausrichtung nachkam, desto höher entwickelte sich die Auflage. Den Abschluss bildeten Buchrezensionen, wobei sich kein Schema der Besprechungen erkennen lässt. Während die Rezensionen zum einen den Seelsorgern die Auswahl der Predigtliteratur aus Antiquariatskatalogen erleichtern sollte, wurden zum anderen eine breite Palette von Büchern besprochen, die wohl mehr oder weniger zufällig in die Redaktion gelangten.

Vom Umfang wurden für die Jahrgänge 79 (1929) bis 87 (1937) etwa 1.000 Seiten pro Jahrgang veröffentlicht. Die Durchschnittsauflage der Zeitschrift betrug im zweiten Quartal 1937 noch 3.383 Exemplare.[15] Im Jahr 1938 stieg die Auflagenhöhe auf 7.400.[16]

---

[15] PuK 87 (1937), 780

[16] PuK 88 (1938), 584
Brosseder nennt als Vergleichszahlen: 1860 7.000 Exemplare, 1960 9.000 Exemplare, 1977 15.200 Exemplare. Brosseder 1978, 73

Zum Abschluss lässt sich feststellen, dass es sich bei „Der Prediger und Katechet" um eine rein pragmatische Predigtzeitschrift handelt, die sich als Gebrauchszeitschrift nahezu ausschließlich an den Bedürfnissen der Leser orientierte. Da sowohl die Schriftleiter als auch die Mitarbeiter aus der seelsorglichen Praxis stammten, korrespondiert das inhaltliche Angebot mit dem Durchschnitt des Klerus. Von daher bietet die Zeitschrift eine objektive Möglichkeit, sich der Praxis der kirchenamtlichen Verkündigung im katholischen Milieu sowohl innerhalb des Gottesdienstes als auch in kirchlichen Vereinen und Gemeinschaften zu nähern.

Methodisch bieten sich von der Zielsetzung dieser Arbeit unterschiedliche Zugangsweisen zur Analyse an. Angesichts der Fülle der vorliegenden Predigten – wie schon erwähnt umfasst ein durchschnittlicher Jahrgang der Zeitschrift etwa 1.000 Seiten – wäre eine Einschränkung sowohl auf bestimmte Predigtanlässe als auch auf relevante Predigtthemen möglich gewesen.[17] Doch zeigt die nachfolgende Analyse der Predigten, dass damit vielfach gesellschaftlich relevante Aussagen der Autoren nicht in das Blickfeld der Arbeit gekommen wären, denn viele Ausführungen, Bemerkungen und Auslassungen zum Gesellschaftsbild finden sich in Predigten zu Anlässen oder Themen, die dies auf den ersten Blick kaum vermuten ließen. Von daher wurden die Jahrgänge der Zeitschrift von 1929 bis 1938 vollständig für die Analyse ausgewertet. Allein dieser methodische Zugang bietet den Vorteil und damit letztlich die Sicherheit, den Gesamttrend der Zeitschrift in ihren gesellschaftspolitischen Aussagen vollständig zu erfassen.

Im ordensinternen Nachruf auf Bernhard Willenbrink heißt es dazu: „Innerhalb eines Jahres verdoppelte sich die Auflage des PuK. In so kurzer Zeit konnte das nur gelingen, wenn neben der Qualität auch die Werbung erheblich gesteigert würde. Dahinter steckte gewiß P. Willenbrink, der es verstand, jede Chance aufzuspüren." Schrodi 1987, 5

[17] So nimmt Brosseder in seiner Untersuchung zum Priesterbild der Zeitschrift in einem ersten Auswertungsschritt zwar alle Predigtvorlagen, die sich thematisch mit dem Priesterbild befassen, in den Blick, trifft aber in einem zweiten Schritt aufgrund der Fülle des Materials noch einmal eine subjektiv gefärbte Auswahl unter dokumentarischen Aspekten. Vgl.: Brosseder 1978, XVIIIff. Aufgrund des Zeitraums seiner Untersuchung, die die Jahrgänge von 1850 bis in die Mitte der 1970er Jahre umfasst, ist ein solcher Zugang nachvollziehbar.

2. Die Positionen im Weltanschauungskampf: Mythos Mittelalter und Antipode Neuzeit

Wann immer in den Predigten die aktuelle Situation der gegenwärtigen Zeit einer kritischen Wertung unterzogen wurde,[1] finden sich durchgängig negative Beurteilungen. Das Urteil über die gesellschaftliche Situation konnte offensichtlich nur vernichtend ausfallen. Rationalismus,[2] Materialismus,[3] Mammonismus,[4] Skeptizismus,[5] Individualismus,[6] Kulturkampf, Sittenlosigkeit[7] und Gottlosigkeit[8] sind die Stichworte, um die diese Diagnosen immer wieder kreisen. Auch in der Beurteilung des Auslösers jener krisenhaften Verfallserscheinungen waren sich die verschiedenen Autoren weitgehend einig: Die „moderne Freiheit" hatte als Wegbereiter der Säkularisierung zur Abkehr von Gott und

---

[1] Vgl. zur Diagnose der Zeit und den Verhaltensmustern im katholischen Milieu im folgenden Ruster 1997, 35-181; sowie Beck 120ff.

[2] „Der Heiland fällt also mit diesem Wort das Verdammungsurteil über den verderblichen Weltgeist, der soviele blendet, über den Materialismus und Rationalismus unserer Tage. Er verurteilt sie als Hauptquelle des Unglücks, die Sünde und des ewigen Verderbens." P. Hermengild: Die acht Seligpreisungen. PuK 79 (1929), 55

[3] „Die Wahrzeichen der modernen Zeit sind die Ruß und Qualm zum Himmel speienden Schornsteine. Die heutige, materialistische Menschheit hat den Höhenblick verloren. ... Aber ich frage euch: Welche Zeiten waren denn glücklicher: Jene, in welchen zufriedene, gläubige Menschen in Gebet und Arbeit Gott dienten, oder jene, in welchen grausam geballte Fäuste dem Götzen Mammon blutigharte Sklavendienste tun mußten?" Obendorfer, Andreas: Eucharistischer Völkersegen. PuK 79 (1929), 874

[4] „Alle Armseligkeit, alle Schwäche, alle Hinfälligkeit des Leibes ist nicht Wille Gottes, sondern kommt von der Sünde ... von der Sünde des mammonistischen Kapitalismus, der unendlich viel an Menschenleib und Menschenglück zerstört hat." Bußigel, Ernst: Katholikentagsbericht. PuK 80 (1930), 910

[5] „Gefährlich, unheilbringend waren und sind immer die Zeiten des Unglaubens (und was ist der Unglaube schließlich anderes als Geistlosigkeit, Gedankenlosigkeit), Materialismus, Pessimismus, Skeptizismus." Dür, Franz: Christus und deine Ideale. PuK 86 (1936), 351

[6] „Wir sind individualistisch und damit krank und friedlos geworden. ... Man hat diese Revolution als Befreiung aus unwürdigen Bindungen gepriesen, man hat „Freiheit" gerufen und ist in Wirklichkeit Sklave geworden." Grellner, Cajus: Der Friede Christi. PuK 80 (1930), 20

[7] „Ja, groß ist die Not der Seelen! Wie ein riesiger Moloch umschlingt der Geist der Gottlosigkeit und Sittenlosigkeit die heutigen Menschen. Man kann den schlimmen Lockungen und Reizen kaum entrinnen." P. Hermengild: Die acht Seligkeiten. PuK 79 (1929), 647

[8] „Schauen wir tiefer in die heutigen Zustände hinein, so müssen wir uns mit Bedauern sagen: großen Massen unserer Menschheit ist der Gottesgedanke abhanden gekommen, das Gottesbewußtsein, der Gottesglaube das Gottvertrauen. Der tiefere Grund aller Übel ist dieses Schwinden des Gottesglaubens." Kröninger, J.: Kausalitätsbeweis. PuK 81 (1931), 137

seiner katholischen Kirche geführt und musste von daher für all diese negativen Verfallserscheinungen verantwortlich gemacht werden.[9] So findet sich in diesem Zusammenhang als Auswirkung der Säkularisierung und der fortschreitenden Gottlosigkeit eine Aufreihung all der gesellschaftlichen Symptome, die die These der Verfasser scheinbar belegten. Die Abkehr von den Lehren der katholischen Kirche, der Mangel an Religion, die „Pest des Laicismus"[10] war Ursache für den Ersten Weltkrieg und die Kriegsgreuel,[11] den Kulturkampf,[12] den Kampf gegen die christliche Schule und die Orden,[13] den Sozialismus, Kommunismus und Bolschewismus,[14] die Geiselmorde in der Räterepublik,[15] die Christenverfolgungen,[16] den mammonistischen Kapitalismus,[17] die Ausbeutung[18] und schließlich sogar für die Arbeitslosigkeit.[19]

---

[9] „Der tiefste Grund der heutigen Weltkatastrophe ist die religiöse Säkularisation, d.h. die Verweltlichung der einzelnen Lebensgebiete z.b. der Politik, der Wirtschaft etc. Die Ausschaltung der Religion bei den wichtigsten Angelegenheiten und die Zurückdrängung derselben in Kirche und Sakristei." Kiermaier, Kaspar: Näher, mein Gott zu mir; näher, mein Gott, zu Dir. PuK 84 (1934), 31

[10] Schwenzel, J.: Drei Gegenkönige. PuK 80 (1930), 110; vgl. auch: Kiermaier, Kaspar: Auf den vierten Adventssonntag. Näher, mein Gott, zu mir; näher, mein Gott, zu Dir. PuK 83 (1934), 31; Dür, Franz: Vorträge für die Christus-Jugend. IV. Christus und deine Ideale. PuK 86 (1936), 351

[11] Reuterer, Rudolf: Auf den Sonntag Sexagesima. Gottes Wort. PuK 79 (1929), 167; Hermenegild, P.: Männerapostolats-Ansprachen. Die acht Seligkeiten. 10. Die Friedfertigen. PuK 79 (1929), 826f.; Haßl, G.: Das Arbeitsleben in der Gemeinde. PuK 80 (1930), 635; Bußigel, Ernst: Eine vergessene Predigtstoffquelle. Katholikentagsberichte. PuK 80 (1930), 910; Beck, Pius: Vom bösen Feind. PuK 82 (1932), 196; Gogolin: 1. Adventssonntag. PuK 83 (1933), 7; Bußigel, Ernst: Jungmännervorträge. IV. Vorsehung. Rätsel der Vorsehung. PuK 83 (1933), 355; Gaudentius, P.: Der biblische Kampf zwischen Gottes Reich und Satan. Lesung: Mt 18, 23-35. PuK 83 (1933), 469

[12] Haßl, G.: Das Arbeitsleben in der Gemeinde. PuK 80 (1930), 635

[13] Beck, Pius: Vom bösen Feind. PuK 82 (1932), 196; Bußigel, Ernst: Jungmännervorträge. IV. Vorsehung. Rätsel der Vorsehung. PuK 83 (1933), 355

[14] Beck, Pius: Vom bösen Feind. PuK 82 (1932), 196; vgl. die Hinweise im Abschnitt „Die Feinde der Volksfamilie: Liberalismus – Judentum – Sozialismus – Bolschewismus" dieser Arbeit

[15] Silvester, P.: Auch der Mann muß Religion haben. PuK 82 (1932), 743

[16] Hermenegild, P.: Die Verfolgung leiden. PuK 79 (1929), 911; Gaudentius, P.: Der biblische Kampf zwischen Gottes Reich und Satan. Lesung: Mt 18, 23-35. PuK 83 (1933), 469

[17] Bußigel, Ernst: Eine vergessene Predigtstoffquelle. Katholikentagsberichte. PuK 80 (1930), 910

[18] Silvester, P.: Auch der Mann muß Religion haben. PuK 82 (1932), 743f.

[19] Gogolin: 1. Adventssonntag. PuK 83 (1933), 7; Bußigel, Ernst: Jungmännervorträge. IV. Vorsehung. Rätsel der Vorsehung. PuK 83 (1933), 355; Gaudentius, P.: Der biblische Kampf zwischen Gottes Reich und Satan. Lesung: Mt 18, 23-35. PuK 83 (1933), 469

In historischen Rekursen wurde die geistesgeschichtliche Entwicklung aufgezeigt, die nach Ansicht der Autoren zu diesen bedauerlichen Resultaten führte. Der Ausgangspunkt lag demnach in der Reformation als Umschwung zum Subjektivismus begründet. Sicher muss hier eine gewisse Form von konfessioneller Polemik angenommen werden, doch ist aus katholischer Weltsicht die Verbindung von Reformation und Liberalismus als Wende zum Subjekt nicht ohne historischen Kern. Allerdings reduzierten die Predigten die Kernthese der Reformation auf den schlichten Satz „Nach der Lehre Luthers darf der Mensch tun, was er will."[20] Schließlich machte man auf die Begriffsbedeutung des Wortes „Reformation" als „Verbesserung" aufmerksam und wies diese als vollkommen verfehlt zurück, häufig verbunden mit Ausführungen über die große, positive Bedeutung des Bußsakramentes in der katholischen Kirche, was als ein eindeutiger Beweis für das Schlussfazit gelten sollte: „Die Religion Luthers hat also der Welt keine Verbesserung, sondern eine Verschlechterung gebracht."[21] Um dies zu bekräftigen war man auch bereit, die Kirchengeschichte in höchst eigenwilliger, für die katholische Kirche begünstigender Weise auszulegen.[22]

Die logische Fortsetzung dieses in der Reformation begonnenen Niedergangs sah man in den Maximen „Freiheit, Gleichheit, Brüderlichkeit" der Französischen Revolution. Der dort gepflegte Rationalismus habe dazu geführt, dass Gebildete und Wortführer des Freidenkertums „den Abfall von Gott als Staatsreligion proklamierten" und den Kult der Vernunft, „die Ichreligion" ausriefen.[23] Ganz eindeutig könne man jedoch an den Ergebnissen erkennen, wohin so eine Entwicklung führen würde: „Nach Beseitigung des Glaubens an Gott erscheint im Menschen die Tiernatur."[24] Ein Topos, an den offensichtlich häufig angeknüpft wurde, und den später in fast synonymer Wortwahl auch Erzbischof Lorenz Jäger, Paderborn,[25] in einer Predigt als Legitimation des

---

[20] Sebastian, Jakob: Luther. Die Reformation. PuK 80 (1930), 981

[21] Sebastian, Jakob: Das Konzil von Trient. PuK 84 (1934), 165

[22] „Die dummgläubige Wundersucht der Lutheraner, Mangel an Gewissenhaftigkeit und geringe Ehrfurcht vor dem Frauengeschlechte begünstigen den Hexenwahn. ... waren bei den Katholiken Priester und Volk bemüht, den Hexenwahn zu bekämpfen, leider nicht immer mit Erfolg, nicht bei den eigenen Leuten, geschweige denn bei den Protestanten." Stark, Eugen: Historische Frauenfragen. IX. Die Unholden. PuK 84 (1934), 835

[23] Tauber, Wenzel: V. Fastenpredigt. PuK 83 (1933), 412f.

[24] A.a.O., 412

[25] Jäger, Lorenz. * 23.09.1892 in Halle/Saale. Teilnahme am Ersten Weltkrieg. Theologische Studien in Paderborn und Münster. Nach seelsorglicher Tätigkeit Religionslehrer in Herne und Dortmund. Divisionspfarrer im Zweiten Weltkrieg. 1941 Erzbischof von Paderborn. Gründer des Johann-Adam-Möhler-Instituts für ökumenische Theologie in Paderborn. + 01.04.1975 in Paderborn. DBE, Bd. 5, 284

nazistischen Vernichtungskrieges gegen die Sowjetunion aufgriff.[26] Die nachfolgenden Revolutionsereignisse in der französischen Geschichte sah man dagegen als direkten Eingriff Gottes, der seine Ordnung wieder zur Geltung brachte.[27] Ausführlich wurde darüber berichtet, wie zu den Revolutionszeiten die Kirche verfolgt und ihrer Freiheit beraubt wurde.[28] Am Schluss ließ sich auch hier nur einseitig werten: „Zu dem Furchtbarsten der Geschichte gehört die französische Revolution."[29]

Ein weiterer Schritt auf diesem Weg lag in der Säkularisation, dem Einzug des kirchlichen Besitzes durch den Reichsdeputationshauptschluss von 1803. Auch über einhundert Jahre später konnte man dieser Entwicklung, etwa durch die Rückführung und Konzentration der Kirche auf ihre geistiggeistlichen Aufgaben, nichts Positives abgewinnen. Die Säkularisation blieb ein „gottloser Raub".[30] In langer Aufzählung wurde den Zuhörern eine Zusammenstellung des eingezogenen Vermögens gegeben, der damalige Ertrag aus dem Besitz in Bayern für das Jahr 1929 auf 45 Millionen Reichsmark geschätzt.[31] Während man den Grund für die Säkularisation noch halbwegs zutreffend mit der Entschädigung der deutschen Fürsten für die im Krieg gegen Frankreich verlorenen linksrheinischen Gebiete angab, betonte man jedoch ausdrücklich, dass es den „Untertanen der geistlichen Fürsten" vor diesem Ereignis sehr viel besser ging als ihren „weltlichen" Pendants[32]. Die Auswirkungen der Säkularisation wurde wie folgt systematisiert: Auf politischer Ebene wurde der Einfluss der katholischen Bevölkerungsgruppe zurückgedrängt. Der katholische, deutsche Kaiser blieb allein in Österreich. Die Protestanten nutzten ihr Übergewicht bis in die Besetzung der kleinen Beamtenstellen hinein. In wirtschaftlicher Beziehung führte die „Vermögensverschiebung" von den Katholiken zu den Protestanten zu einer Verarmung des katholischen Bevölkerungsteils und damit einhergehend zu einem Bildungsvorsprung der

---

[26] Vgl dazu den Wortlaut im Fastenhirtenbrief 1942 von Erzbischof Lorenz Jäger: „Meine lieben Erzdiözesanen! Schaut hin auf Rußland! Ist jenes arme unglückliche Land nicht der Tummelplatz von Menschen, die durch ihre Gottfeindlichkeit und durch ihren Christushaß fast zu Tieren entartet sind? Erleben unsere Soldaten dort nicht ein Elend und ein Unglück sondergleichen? Und warum? Weil man die Ordnung des menschlichen Lebens dort nicht auf Christus, sondern auf Judas aufgebaut hat." Beilmann 1989, 293

[27] „Aber selten strafte Gott die Frevel so rasch und so furchtbar wie damals." Tauber, Wenzel: VI. Fastenpredigt. PuK 83 (1933), 419

[28] Clarenz, P.: Vorträge für den katholischen Arbeiterverein. IX. Die Redlichkeit. PuK 83 (1933), 1035

[29] Abenthum, Karl: Über die Ehrfurcht. PuK 88 (1938), 555

[30] Sebastian, Jakob: Die Säkularisation. PuK 81 (1931), 154

[31] Sebastian, Jakob: Der Priesterstand. PuK 79 (1929), 665

[32] Sebastian, Jakob: Die Säkularisation. PuK 81 (1931), 155

Protestanten, was die wirtschaftliche Vormachtstellung derselben noch mehr verfestigte. Auch auf bildungspolitischem Gebiet förderte die Aufhebung der katholischen Universitäten und Schulen diesen Bildungsvorsprung der Protestanten und vermehrte damit die Zahl der „gebildeten Kirchenfeinde", die gegen die katholische Kirche kämpften. Die katholischen Geistlichen sah man nunmehr vom Staat abhängig, da dieser jetzt für das Gehalt aufkommen musste.[33]

Auch der von Preußen ausgehende und ganz Deutschland bis auf Württemberg betreffende Kulturkampf wurde in diesen Zusammenhang eingeordnet. Ausgelöst durch den „grimmigen Katholikenhasser, den Protestanten Bismarck",[34] versuchten die deutschen Staaten eine katholische Nationalkirche zu gründen, die, losgelöst vom Papst in Rom, eigentlich nur dem Ziel dienen sollte, „die katholische Kirche in Deutschland allmählich ganz auszurotten und nach und nach alle Deutschen protestantisch zu machen."[35] Die Aufzählung der entsprechenden juristischen Schritte aus den siebziger Jahren über die Aufhebung der katholischen Abteilung im preußischen Kultusministerium, den Kanzelparagraph, das Jesuitengesetz, die Maigesetze, die Sperr- und Brotkorbgesetze wurden mit entsprechenden Erzählungen ausgeschmückt, das Ende des Kulturkampfes als großer Sieg der katholischen Kirche herausgestellt. Gewonnen werden konnte die Auseinandersetzung aber nur, „weil die Bischöfe und Priester lieber die größten Opfer auf sich nahmen, als Verräter an ihrer Kirche zu werden. Und weil das katholische Volk seinen geistlichen Führern die Treue hielt."[36] Die daraus folgende Lehre für die Gegenwart war schnell gezogen. Die Katholiken sollten immer treu zur Kirche und ihren Führern stehen, dies aber nicht nur innerhalb der Kirche, sondern vor allem auch in ihrem gesellschaftlichen Umfeld, insbesondere bei Wahlen. Hier kam es darauf an, nur solche politischen Vertreter zu wählen, „die im öffentlichen Leben sich als Katholiken zeigen und bei der Schaffung der Gesetze für die Rechte der Kirche eintreten."[37] Erstmals wurde hier in der Auseinandersetzung zwischen Kirche und Staat der entscheidende Maßstab benannt: Die Wahrung der Rechte der Kirche.

---

[33] A.a.O., 157f.

[34] Sebastian, Jakob: Der Kulturkampf. PuK 81 (1931), 243

[35] A.a.O., 243f; vgl. auch: Obendorfer, Andreas: Auf den 1. Sonntag nach der Erscheinung. Gehorsam. PuK 80 (1930), 119f. sowie Haßl, G.: Auf den 4. Sonntag nach Pfingsten. Das Arbeitsleben in der Gemeinde. PuK 80 (1930), 635f.

[36] A.a.O., 248

[37] Sebastian, Jakob: Der Kulturkampf. PuK 81 (1931), 248

Galt der Kulturkampf als Schreckbild staatlicher Willkür gegen die Freiheit der Kirche in Deutschland, und wurden in diesem Zusammenhang sogar Parallelen zur Christenverfolgung gezogen, so nahmen die Ausführungen über die Verfolgung der Kirche in Russland, Mexiko und Spanien einen breiten Raum ein. Einige wenige Male finden sich in diesem Zusammenhang auch Exkurse zur Lage der Kirche in China und der Türkei. Dabei wurde zumeist ein einheitlicher Argumentationsstrang zugrunde gelegt: In Russland hatten sich die sozialistischen Kräfte zuerst einrichten können und ein antichristliches Regime etabliert, welches die Kirche mit einer grausamen Verfolgung überzog und ihre legitimen Rechte mit Füßen trat. Dieses System war nun auf dem Weg, in der ganzen Welt, in China sowie in Mexiko und mit Spanien erstmals in einem katholischen Land des westlichen Europas Außenposten zu installieren. Die scheinbare Gefahr, dass diese „diabolischen Mächte" auch in Deutschland ein solches System der antichristlichen Mächte installieren wollten, wurde den Zuhörern immer wieder neu in düsteren Schreckensvisionen vor Augen gestellt.[38]

Wie stellte sich die Lage der Kirche in den einzelnen Ländern dar? Als in Russland nach dem Zusammenbruch des Zarenreiches 1918 die „Russische Sozialistische Föderative Räterepublik" und vier Jahre später die „Union der Sozialistischen Sowjetrepubliken" gegründet wurde, gab es in diesem neuen Staat nur eine kleine Minderheit von 1,6 Millionen Katholiken, die unter 78 Millionen Andersgläubiger, in der Mehrheit orthodoxer Christen, lebte.[39] Nach der

---

[38] „Aber wer kann uns versichern, dass nicht vielleicht gar bald Stürme schwerster Verfolgung auch über die katholische Kirche in Deutschland hereinbrechen? Ist nicht Rußland und Mexiko ein Vorbote solcher Zeiten? Wird der Bolschewismus nicht doch noch seinen Siegeszug auch durch Deutschland antreten? Wird dann nicht Märtyrerblut, vielleicht in Strömen, auch bei uns fließen?" P. Hermenegild: Die Verfolgung leiden. PuK 79 (1929), 911; in ähnlicher Weise auch: „Und wie es unsere junge Generation auch noch wird tun müssen, das Blutzeugnis für ihren katholischen Glauben ablegen, wenn einmal Sozialismus und Bolschewismus als Gottesgeißel die Herrschaft über unser jetzt oft so glaubenslaues Volk erlangt hat." Obendorfer, Andreas: Gehorsam. PuK 80 (1930), 120; sowie in Sebastian, Jakob: Fest der Schutzfrau Bayerns. PuK 81 (1931), 481

[39] Der Topos der widergöttlichen Mächte, die gegen die Kirche Christi „wüteten" wurde immer wieder mit dem Hinweis auf die Zustände in Russland verknüpft „..., auch aus den christlichen Ländern erstehen dem König Christus Feinde ohne Zahl! In neuester Zeit heißen diese Feinde: Sozialismus, Kommunismus, Bolschewismus, Neuheidentum! ... Kein Mittel wird unversucht gelassen, um den Thron Christi zu stürzen und seiner Königsherrschaft ein Ende zu bereiten! Presse und Schule, Wissenschaft und Diplomatie, List und Gewalt, blendende Schlagworte und tumultische Straßendemonstrationen! Vor keiner Gewalttat scheut man zurück! Bischöfe werden eingekerkert, Kirchen geschlossen und geplündert, Ordensleute ausgewiesen, standhafte Christen scharenweise hingemordet! Man denke nur an die Kirchenverfolgung in Rußland!" Brunner, Ludwig: Auf das Christ-Königsfest. PuK 81 (1931), 889; vgl. auch: Sebastian, Jakob: Primizpredigt. Was ist uns der Priester? PuK 86 (1936), 601; O.V.: Aus dem Leben für die Praxis.

am 23. Januar 1918 proklamierten Trennung von Kirche und Staat wurde die Organisation der katholischen Kirche mittels staatlicher Zwangsmaßnahmen schnell aufgelöst. Durch Verhaftung, Ausweisung oder Liquidierung der Bischöfe und Priester, Aufhebung der Seminare, Profanisierung der Kirchen und Kapellen wurde das kirchliche Leben innerhalb weniger Jahre fast vollständig zerschlagen. Zwar gab es Ende der zwanziger Jahre diplomatische Initiativen des Vatikans und des Sowjetstaates, dem vor allem daran gelegen war, sich internationale und völkerrechtliche Anerkennung zu verschaffen, doch scheiterten diese Verständigungsbemühungen daran, dass die sowjetische Regierung nicht bereit war, der katholischen Kirche weitgehende Freiheiten zu gewähren. Nachdem bereits Benedikt XV. (1914-1922) die Anschauungen des Kommunismus scharf verworfen hatte,[40] verurteilte Pius XI. (1922-1939) den Bolschewismus und seine Gewalttaten in zahlreichen Dokumenten.[41] Zudem rief er 1930 in einer Erklärung die ganze Christenheit zu einer weltweiten Gebetsaktion gegen den Kommunismus auf.[42]

Vernichtung der Religion in Rußland. PuK 88 (1938), 761

Zu einer noch drastischeren Wortwahl griff ein anderer Prediger „Soll ich die Greueltaten der Bolschewikenregierung in Rußland schildern, wie man dort die Gotteshäuser raubt und, angeblich um der Wohnungsnot zu steuern, in Theater, Kinos und Vergnügungslokale umwandelt? Soll ich beschreiben, wie man dort viele Priester erbarmungslos niederknallt ... . Rußland ist heute tief getränkt mit christlichem Märtyrerblut! ... Satan, der Feind Gottes, hat im Kreml zu Moskau seinen Thron aufgeschlagen!" Reuterer, Rudolf: Auf den sechsten Sonntag nach Ostern. Verfolgungen. PuK 80 (1930); 543; vgl. auch: Beck, Pius: Auf den sechsten Sonntag nach Ostern. Die Zeugen Christi. PuK 84 (1934), 461; Sebastian, Jakob: Auf den fünften Sonntag nach Epiphanie. Das Unkraut unter dem Weizen. PuK 85 (1935), 203

Offensichtlich wurden die aktuellen Notlagen der Kirche dabei häufig mit Festen der Märtyrer verknüpft und die Katholiken zu Opferbereitschaft gegenüber der Kirche aufgerufen: „Auch in unseren Tagen haben Tausende – in Rußland allein z.B. schon über 1200 Priester – ihr Leben gelassen für Jesus. ... Nein, wenn wir wie Laurentius glaubensstreu sind auch in schwerer Zeit und für Jesus zu jedem Opfer, selbst zum Tod bereit sind, dann ist auch uns die Stärke und Hilfe Gottes immer nahe ..." Timotheus, P.: Auf das Fest des hl. Martyrers Laurentius. PuK 83 (1933), 761. Ähnlich verlaufen die Hinweise und Argumentationen auch in: Expeditus, P.: St. Florian, Patron in Feuer- und Wassersnot. Predigt für das Feuerwehrfest. PuK 79 (1929), 467; Beck, Pius: Auf das Fest des heiligen Sebastian. St. Sebastian defensor ecclesiae et martyr Christi. PuK 83 (1933), 127; Sebastian, Jakob: Fest des Apostelfürsten Petrus und Paulus. Festgedanken. PuK 84 (1934), 573; Ders.: Christenlehrvorträge. Bekennerpflicht. Bekennermut. PuK 85 (1935), 716.

Zur Entwicklung der Kirche in Russland vgl. Jedin 1985, VII, 515-517

[40] AAS 12 (1920), 313-317. Hinweis in: Jedin 1985, Bd. VII, 517
[41] Eine Aufstellung findet sich in AAS 29 (1937), 67. Hinweis in: a.a.O.
[42] AAS 22 (1930), 89-93. Hinweis in: a.a.O.

In Mexiko, einem Land mit 97 Prozent katholischer Bevölkerung, kam es zu Beginn des 20. Jahrhunderts zu einer sozialistischen Revolution.[43] Das Faktum, dass über 70 Prozent der Bevölkerung lohnabhängige Landwirte oder Arbeiter waren, gab dem Umbruch zusätzlichen Auftrieb. Mit dieser politischen Wende war auch eine Kirchenverfolgung verbunden, in deren Verlauf Bischöfe und Priester des Landes verwiesen oder festgenommen, die Klöster aufgehoben, die katholischen Schulen geschlossen, der Kirchenbesitz beschlagnahmt wurde. Die Verfassung des Landes vom 05. Februar 1917 legalisierte diese Vorgehensweise, schrieb die scharfe Trennung von Kirche und Staat fest und schränkte die Entfaltungsmöglichkeiten der Kirche weitgehend ein. Diese Verfolgung setzte sich in den Jahren von 1917 bis 1923 fort. In den darauf folgenden Jahren gingen die Katholiken vom passiven zum aktiven bewaffneten

---

[43] Allgemeine Hinweise zur Kirchenverfolgung in Mexiko finden sich in: Clarentinus, P.: Auf das Fest der Apostelfürsten Petrus und Paulus. Bedeutung des Papsttums. 79 (1929), 542f; Frank, Wilhelm: Auf den Pressesonntag. Die katholische Presse. PuK 81 (1931), 794; Haßl, Guido: Auf den achten Sonntag nach Pfingsten. Die Verwaltung der Gemeinde. PuK 82 (1932), 682; Nivard, P.: Auf die Bittwoche. Not lehrt beten. PuK 83 (1933), 499; Beck, Pius: Auf den sechsten Sonntag nach Ostern. Die Zeugen Christi. PuK 84 (1934), 461
Über Jahre wird in den Predigten das Martyrium der christlichen Lehrerin Juliana Olazar geschildert. Diese widersetzte sich einer durch mexikanische Militärs angeordneten Verunglimpfung des Kreuzes durch die Kinder ihrer Schulklasse. Sie versuchte sowohl das Symbol des Kreuzes als auch die Kinder zu schützen und kam dabei ums Leben. Die Berichte endeten mit dem Appell sich daran ein Beispiel zu nehmen und gegen die „widergöttlichen Mächte" einzusetzen. Expeditus, P.: Kinderpredigten. IV. Schulschlußfeier. PuK 81 (1931) 353f.; vgl. auch: Sebastian, Jakob: Auf den dreizehnten Sonntag nach Pfingsten. Glaubenshelden. PuK 81 (1931), 761; Weber, G.: Auf den zwanzigsten Sonntag nach Pfingsten. Hakenkreuz gegen Christenkreuz. PuK 81 (1931), 871f; Sebastian, Jakob: Fest des Apostelfürsten Petrus und Paulus. Festgedanken. 84 (1934), 573; Sebastian, Jakob: Auf den fünften Sonntag nach Epiphanie. Das Unkraut unter dem Weizen. 85 (1935), 202
Ähnliche Darstellungen mit derselben Aussagerichtung werden über das Martyrium des Manuel Bonilla gegeben, vgl.: Expeditus, P.: Vorträge für Jugendvereine. Böse und brave Buben. X. der Jüngste der makkabäischen Brüder. PuK 80 (1930), 992. Ebenso wird über das Martyrium des Gonzalez Flores berichtet. Vgl.: Ignatius, P.: Drittordenspredigten. Heilige und Selige aus dem Dritten Orden. 8. Der ehrwürdige Anaklet Gonzalez Flores, Martyrer des Dritten Ordens in Mexiko. 1927. PuK 85 (1935), 699; Heinrich, R.P.: Auf das Fest der Heiligen Familie. Die christliche Familie – das kleine Gotteshaus auf Erden. PuK 86 (1936), 107; Sebastian, Jakob: Primizpredigt. Was ist uns der Priester? PuK 86 (1936), 601; Sebastian, Jakob: Männerapostolatsvorträge. XI. Die Ewigkeit. PuK 86 (1936), 981f.
Episoden der Verfolgung wurden auch als Beispiele oder zur Bekräftigung bestimmter Aussagen benutzt. Vgl.: O.V.: Bücherschau. Mexikanische Märtyrer. PuK 84 (1934), 183f.; Hendlmeier, Josef: Vorträge für Jugendvereine. Wege der Selbsterziehung. IV. Kluge Freundschaftswahl. PuK 84 (1934), 351
Vgl. zur kirchlichen Lage in Mexiko: Jedin 1985, VII, 758-768

Widerstand über; so waren die Jahre von 1926 bis 1929 durch scharfe militärische Auseinandersetzungen gekennzeichnet, bei der es auf beiden Seiten zu Übergriffen und Exzessen kam: 78 Priester, Ordensleute und Laien wurden getötet. 1929 wurde zwischen Pius XI. und Präsident Emilie Portes Gil eine Vereinbarung unterzeichnet, die den bewaffneten Konflikt beenden und einen modus vivendi zwischen Kirche und Staat festschreiben sollte. Doch zogen sich die Auseinandersetzungen zwischen Kirche und Staat noch bis ins Jahr 1940 hin, in dem General Manuel Avila Camacho die Verfolgung beendete und eine Ära der Verständigung begann.

In Spanien war es mit der Ausrufung der Republik am 14. April 1931 zu einer Auseinandersetzung mit der katholischen Kirche gekommen.[44] In ihren Anfängen wollte die Zweite Spanische Republik das Land zu einem demokratischen und laizistischen Staat umformen. So wurde ein Ehescheidungsgesetz verabschiedet, die Friedhöfe säkularisiert, die Kreuze aus den Schulen entfernt, aber auch der Orden der Jesuiten im Land verboten. Von der Mehrheit der Bevölkerung wurde diese Politik zunächst mitgetragen. Spannungen zwischen Anarchosyndikalisten und revolutionären Kommunisten belasteten jedoch von Anfang an die demokratische Entwicklung. In totaler Opposition dazu standen die Großgrundbesitzer, das Großbürgertum und in steigendem Maße auch die katholische Kirche. Bereits im Mai 1931 kam es zu gewalttätigen Ausschreitungen, wie dem Abbrennen von Klöstern und Kirchen und der Ausweisung von Bischöfen. Ein kurzer Aufstand der extremen Linken in Asturien im Oktober 1934 führte zum Tod von 34 Klerikern und der Brandschatzung von 58 Kirchen. Die Auseinandersetzungen verschärften sich nach den Wahlen vom Februar 1936, aus der die Volksfront, als Vereinigung aller linken

---

[44] „Und aus dem bolschewisierten Spanien kommt die grauenerregende Nachricht, daß dort eben von Satans Helfershelfern ein diabolischer Feldzug gegen das Kreuz durchgeführt wird. Es vollzieht sich, was der Psalmist mit bitterem Weh vorausgesehen und vorausgesagt hat. „Es toben die Heiden wider den Herrn und seinen Gesalbten ..." Haßl, Guido: Predigt auf das Fest Kreuzauffindung. PuK 83 (1933), 479
„Vergeßt nicht die Zerstörungen des christlichen Lebens in Spanien und in Mexiko! Alle Zerstörungsmittel der Kriegsindustrie werden übertroffen durch die endlose Reihe der gefährlichen Sprengstoffe, mit denen das Antichristentum das Fundament der christlichen Familie zu vernichten sucht." Heinrich, R.P.: Auf das Fest der Heiligen Familie. Die christliche Familie – das kleine Gottesreich auf Erden. PuK 86 (1936) 107
Ausführliche Schilderungen von „religionsfeindlichen Ausschreitungen" in Spanien finden sich in: Sebastian, Jakob: Männerapostolatsvorträge. XI. Die Ewigkeit. PuK 86 (1936), 981. Der Absatz schließt mit der Frage „Nun saget mir: Muß es nicht eine Ewigkeit geben, in welche diese verteufelten Menschen den Lohn für ihre Satansarbeit bekommen?" Ähnliche Schilderungen des Autors finden sich in: Ders.: Christenlehrvorträge. Bekennerpflicht. Bekennermut. PuK 85 (1935), 716
Vgl. als Übersicht über die Lage der Kirche im spanischen Bürgerkrieg: Jedin 1985, VII, 610-625

Parteien, als Sieger hervorging. Unterstützt von Italien und Deutschland erhob sich am 18. Juli 1936 das Movimento Nacional: Spanien wurde zum Schlachtfeld zwischen der sozialistischen und der nationalen Zone. Während Pius XI. bereits im Juni 1933 die Entwicklung in Spanien verurteilt hatte, wandten sich die spanischen Bischöfe am 01. Juli 1937 an alle katholischen Bischöfe der Welt und wiesen auf die Zweiteilung des Landes hin: auf der einen Seite die kommunistische Revolution mit ihren „barbarischen, antispanischen und antireligiösen Zügen", auf der anderen Seite die Nationale Bewegung mit ihrem „Respekt vor der nationalen und religiösen Ordnung". Die Bischöfe stellten sich eindeutig auf die Seite der Nationalen Bewegung, die „zur Verteidigung der Ordnung, des sozialen Friedens, der traditionellen Zivilisation und der Heimat, und nicht zuletzt zur Verteidigung der Religion auszog".[45] Das Echo auf diesen Brief war groß. Die Bischöfe der Welt betonten in ihren Antworten die Legitimität des Krieges seitens des nationalen Spaniens und „seinen Charakter als Kreuzzug für die christliche Religion und die Zivilisation".[46] Die spanische Kirche zahlte in dieser Auseinandersetzung einen hohen Blutzoll. Fast 7.000 Priester und Ordensleute verloren ihr Leben. Der Krieg auf spanischem Boden hatte von Anfang an europäische Dimensionen. Während die nationale Bewegung offen durch das faschistische Italien und das nazistische Deutschland militärische Unterstützung bekamen, hielten sich die westlichen Demokratien mit einer Unterstützung der demokratischen Kräfte weitgehend zurück. Allein die sozialistisch-kommunistischen Kräfte organisierten entsprechende militärische Hilfe durch die Internationalen Brigaden sowie materielle und ideelle Unterstützung. Die Auseinandersetzung wurde mit äußerster Härte geführt und brachte vor allem für die Zivilbevölkerung Tod, Leid und Elend mit sich. Die „totale Dimension" des Zweiten Weltkrieges warf ihre Schatten voraus. Das nazistische Deutschland nutzte den Krieg als Test für neue Waffensysteme und Kampftaktiken wie das Flächenbombardement von Städten. Traurige Berühmtheit bekam die vollständige Zerstörung des Ortes Guernica durch die Luftwaffe der „Legion Condor". Ohne die massive militärische Intervention der Achsenmächte hätte die Auseinandersetzung wohl einen anderen Verlauf genommen. Der Sieg der nationalen Bewegung im Jahr 1939 stabilisierte das Franco-Regime für Jahrzehnte und beendete die Verfolgung der Kirche. In der Folgezeit erlangte sie schnell wieder einen großen Einfluss auf die spanische Gesellschaft und festigte ihre Dominanz vor allem im Erziehungs- und Bildungswesen.

---

[45] A. Granados, El Cardenal Goma, Primado de Espana. Madrid 1969; in: Jedin 1985, VII, 617

[46] A.a.O., 617

Zu einer tragischen Entwicklung aus kirchlicher Sicht führte der Versuch der katholischen Mission in China in Verbindung mit der Kolonisierung des Landes durch die europäischen Mächte.[47] Die verschiedenen Abkommen bahnten der Mission zwar den Weg in das Land und brachten für die Kirchen große Möglichkeiten zur Verbreitung des Glaubens; es wurde beim Aufbau der Kirche jedoch viel zu wenig auf das nationale Empfinden und religiöse Traditionen Rücksicht genommen. Die christliche Religion galt als Religion der Eroberer, die chinesischen Anhänger dieser Religion der Weißen zogen sich die Missachtung und den Argwohn der Bevölkerung zu. Der Boxeraufstand von 1900 war ein Vorfall, in dem sich die aufgestauten Aggressionen explosionsartig entluden. Er wurde mit einer drakonischen militärischen Strafaktion der westlichen Mächte und neuen Zwangsmaßnahmen beantwortet. Doch war die katholische Kirche in China auch in der Folgezeit immer wieder lokalen Auseinandersetzungen und Verfolgungen ausgesetzt. Nach der Schlichtung der Differenzen zwischen chinesischem und ausländischem Klerus, dem Beginn einer Indigenisierung und der Errichtung einer apostolischen Delegatur im Jahre 1922 stabilisierte sich die Lage für die katholische Kirche. Die chinesische Nationalsynode des Jahres 1924 schien sogar einen neuen Aufbruch für den Katholizismus in China zu bringen. Doch die politischen Ereignisse des chinesisch-japanischen Konfliktes fügten dem gerade begonnenen Aufbau großen Schaden zu. Die Etablierung des maoistischen Systems führte dann zu einer konsequenten Verfolgung der katholischen Kirche und der Errichtung einer chinesischen Nationalkirche. Dagegen wandten sich die Päpste Pius XII. und Paul VI. in scharfer Form, doch das Klima verschlechterte sich weiter und endete mit dem Abbruch aller Beziehungen der Kirche zum „Reich der Mitte".

---

[47] „Der Unglaube gewinnt immer mehr an Boden. ... Gesetze und Verordnungen, vom Geiste des Unglaubens diktiert, unterbinden ... auch heute wieder die Rechte der heiligen Kirche. Ja, Mexiko, China und Rußland lehren es uns, daß man auch vor blutiger Verfolgung nicht zurückschreckt." Expeditus, P.: St. Florian, Patron in Feuer- und Wassersnot. Predigt für ein Feuerwehrfest. PuK 79 (1929) 467
„Und die Martyrer, die für Christus sterben, sterben nicht aus. Ja gerade in unseren Tagen legt sich die hl. Kirche wieder den königlichen Purpurmantel um, gefärbt mit Martyrerblut. In Rußland, in China und in Mexiko tobt zur Stunde eine Christenverfolgung, nicht minder raffiniert gemein und blutig, wie die eines Kaisers Diokletian, der unser hl. Sebastian als einer der ersten zum Opfer fiel." Beck, Pius: Auf das Fest des heiligen Sebastian. St Sebastian defensor ecclesiae et martyr Christi. PuK 83 (1933) 127
Vgl. zur Geschichte der Kirche in China Jedin 1985, VI/2, 550-579 sowie VII, 771-781

Die Lage der Christen in der Türkei wurde eher am Rande erwähnt.[48] Die Andeutungen bezogen sich allein auf die mit der katholischen Kirche unierten Armenier. Die orthodoxe Kirche galt als schismatisch, deren Verfolgung und Bedrängung wurde mit keiner Silbe erwähnt. Die armenische Kirche war seit dem Mittelalter in fünf Teilkirchen auseinandergefallen. Das Kerngebiet der Armenier wurde mit Eriwan und Großarmenien zu Beginn des 19. Jahrhunderts dem russischen Zarenreich zugeordnet. Der türkische Sultan hatte dem armenischen Patriachat in Konstatinopel die Aufsicht über alle Armenier in seinem Reich übertragen. Als ab Mitte des 19. Jahrhunderts zunehmend eigenständige Staaten in Südosteuropa entstanden, gingen der Einflussbereich des Patriachats Konstantinopel immer mehr zurück. Mit dem Einsetzen einer nationalen Bewegung in der Türkei wurde die Armenier wegen ihrer kulturellen und religiösen Besonderheit in den Jahren 1894 bis 1896 sowie 1909 rücksichtslos bedrängt. Der Vorwurf der Russenfreundlichkeit führte während des Ersten Weltkrieges zu einer Verfolgung des armenisches Bevölkerungsteils, in deren Verlauf Hunderttausende ums Leben kamen. Diese Verfolgungen, die damit einhergehenden Massendeportationen und Auswanderungen sowie die erzwungenen Übertritte zum Islam schwächten das Patriachat außerordentlich. Nach dem Ersten Weltkrieg betrug die Gesamtzahl der armenischen Christen nur noch 60.000. Bis heute ist dies ein nicht aufgearbeitetes Kapitel europäischer Geschichte.[49]

Die Schilderungen der Verfolgungen der katholischen Kirche in den einzelnen Ländern wurden, wie eingangs erwähnt, vor allem dazu benutzt um auf die „bolschewistische Gefahr" hinzuweisen, die von diesen Ländern ausging. Zudem wurden die Berichte instrumentalisiert um deutlich zu machen, wie die „legitimen Rechte" der Kirche in diesen Ländern durch die Trennung von Kirche und Staat beschnitten und damit die christliche Gesellschaftsordnung aufgelöst wurde. Der einzelne sollte auf diese Weise sensibilisiert werden, sich entsprechenden Tendenzen in Deutschland zu widersetzen und sich im

---

[48] „Gerade in unserem Jahrhundert hat die alte Höllenschlange wieder ihr freches Haupt erhoben, um Gott und seine Kirche zu bespeien. Auf allen Linien ist die Geisterschlacht in bisher unbekannter Heftigkeit entbrannt. Soll ich erzählen, wie während des Weltkrieges von der türkischen Regierung das Zweimillionenvolk der christlichen Armenier wegen seines Glaubens auf die grausamste, teuflischste, ungerechteste Weise hingeschlachtet und nahezu ausgerottet wurde?" Reuterer, Rudolf: Auf den sechsten Sonntag nach Ostern. Verfolgungen. PuK 80 (1930), 541
Vgl. zur Geschichte der armenischen Kirche: Jedin 1985, VI/2, 373-387. Dort finden sich auch zahlreiche weiterführende Literaturhinweise.

[49] Allein Franz Werfel hat in seinem Roman „Die vierzig Tage des Musa Dagh" 1933 den verfolgten Armeniern ein literarisches Denkmal gesetzt. Vgl. zum aktuellen Diskurs Schmidt-Häuer 2005.

Gehorsam gegenüber der Kirche – notfalls unter Einsatz seines Lebens – für die christliche Wertordnung einzusetzen.[50] Ein weiterer weltanschaulicher Gegner wurde in den Predigten unter dem Begriff „Moderne" gefasst; dabei blieb allerdings unscharf, was unter diesen Oberbegriff subsumiert werden konnte.[51] Er hatte die Funktion eines Sammelbegriffes, unter dem alles Kirchenfremde und -feindliche zusammengetragen wurde.

Zum Fest der heiligen drei Könige präsentierte ein Prediger seinen Hörern ausführlich die „Gegenkönige der Moderne".[52] Diese hatte er ausgemacht in der Wissenschaft, doch nicht in der christlich gebundenen, vom Glauben erleuchteten sondern vor allem in der freien, voraussetzungslosen Wissenschaft, die allenfalls „ein Irrlicht zum zeitlichen und ewigen Verderben"[53] sein konnte. Den zweiten König sah er im Mammonismus oder Kapitalismus und Materialismus, der die innere Armut der Menschen durch eine materielle äußere Fülle zu befriedigen suche und den dritten König hatte er in der modernen Staatsgewalt erkannt, die die christliche Staatsidee bekämpfe und sich selbst absolut setze.

Oftmals wurde der Begriff der Moderne mit dem Evolutionsgedanken verbunden. Dabei wurden kaum differenzierte oder theologisch-philosophisch fundierte Ausführungen gegeben.[54] Der Mensch könne schlechthin nicht vom Tier abstammen, dies sei allein mit der Existenz der Sprache, des Gewissens und der Vernunft widerlegt. Und damit konnte man gleich die gesamte Evolutionstheorie zur Seite legen.[55]

---

[50] Diese Indoktrination begann bereits im frühen Kindesalter und setzte sich durch die umfassende Organisation des katholischen Alltags über alle Lebensalter und Lebenslagen fort. Vgl. als Beispiel einer Kinderpredigt: Expeditus, P.: Kinderpredigten. IV. Schulschlußfeier. PuK 81 (1931) 353ff., sowie als Beispiel einer Jugendpredigt: Expeditus, P.: Vorträge für Jugendvereine. Böse und brave Buben. X. Der Jüngste der makkabäischen Brüder. PuK 80 (1930),

[51] Vgl. zur Haltung des katholischen Milieus in der Abwehr der Moderne im folgenden Ruster 1997, 113ff.; sowie Beck 109ff.

[52] Schwenzl, J.: Auf das Fest der heiligen drei Könige. Drei Gegenkönige. PuK 80 (1930), 107-111

[53] A.a.O.

[54] Hörmann, N.: Wider die Behauptungen der gottlosen Naturwissenschaft. PuK 81 (1931), 719-724; nicht ganz so pauschalierend argumentiert: Sebastian, Jakob: Christenlehr-Vorträge. Erschaffung des Menschen. PuK 81 (1931), 322-326

[55] „Laß dir nichts vormachen! Laß dich nicht verleiten! Was die gottfeindliche Wissenschaft aufstellt, ist nicht bewiesen, ist unbeweisbar, ist unvernünftig, vernunftlos, und darum unmöglich. Blinde führen hier Blinde! Ja, nur die vollkommene Blindheit, nur die vollkommene Unvernunft und Gottverlassenheit kann sich in so unsinniger Weise versteigen." Hörmann, N.: Wider die Behauptungen der gottlosen Naturwissenschaft. PuK 81

Sicher war man sich dagegen darin, dass die gottlose Wissenschaft hier wieder einen Weg gefunden hatte, um den Menschen von Gott als Schöpfer zu trennen und damit seiner Kirche zu entfremden. Deshalb war es für die Prediger auch nur zu verständlich, dass diese Theorien vor allem von „Freidenkern und Sozialdemokraten" vertreten wurden.[56]

Dabei war man selbst im theologischen Kontext der dreißiger Jahre soweit anzuerkennen, dass die Tatsache einer Evolution mit theologischen oder philosophischen Mitteln weder erwiesen noch als unmöglich abgelehnt werden konnte. Ablehnend stand man allein der Frage gegenüber, ob die Kategorien der biologischen Evolution univok auf die Evolution des Menschen als solchen, auf seine eigentliche Geschichte zu übertragen und diese von diesen Kategorien her zureichend zu deuten und zu erklären sei. Dagegen hielt man fest, dass es Veränderungen evolutiver Art geben müsse, die ermöglicht seien durch eine Dynamik transzendenter Ursächlichkeit, die der Welt durch einen Schöpfer eingestiftet sei.

Eine weitere negative Charakterisierung der Zeit wurde mit dem Stichwort „Humanität" gegeben. Diese sei durch Aufklärung und Liberalismus in Szene gesetzt worden und zeige sich vor allem in der Industrialisierung und dem damit einhergehenden Wirtschaftsliberalismus. Damit hätte diese „Religion der Humanität", die sich besonders in der Ausbeutung der Arbeiter durch „die harte Faust des Kapitals" manifestiere, ihr wahres Gesicht in „Zerstörung und Elend" gezeigt. Letztlich sei diese „Humanität" nichts als Schwindel und stamme von den Freimaurern, die für den blutigen Weltkrieg sowie den Friedensschluss und die damit einhergehende wirtschaftliche Zwangslage verantwortlich seien.[57]

Bleibt der Begriff der Moderne inhaltlich eher unbestimmt, so sind sich die Autoren in den Wirkungen der Moderne weitgehend einig. Auf die Kirche bezogen versuche der Modernismus den Glauben „gleich einem Maulwurf zu

---

(1931), 720

„Es lohnt sich nicht, auf diese unsinnige Ansicht [dass die Ehe eine Entwicklung aus dem Tierreiche sei] näher einzugehen. Diese stützt sich nämlich auf die sogenannte Evolutionstheorie, wonach der Mensch vom Affen abstammt und sich im Laufe der Jahrtausende allmählich zu einem höheren Wesen entwickelt hat. Diese törichte Entwicklungstheorie, insofern sie auf den Menschen angewandt wird, ist längst widerlegt und wissenschaftlich abgetan." Gutberlet, P.: Predigten über die päpstliche Enzyklika „Casti connubii" vom 31. Dezember 1930. II. Predigt: Der göttliche Ursprung der Ehe. PuK 84 (1934), 141

[56] Sebastian, Jakob: Christenlehr-Vorträge. Erschaffung des Menschen. PuK 81 (1931), 322

[57] Erhard, P.: Predigt auf den zwölften Sonntag nach Pfingsten. Moderne „Humanität" oder christliche Liebe? PuK 81 (1931), 753-758

unterwühlen". Es sei Papst Pius X. (1903-1914) zu verdanken, dass er mit seinem Rundschreiben gegen den Modernismus im Jahre 1907 diesem in der Kirche endgültig den Boden entzogen hätte.[58] Gesellschaftlich betrachtet bringe der Modernismus nur Verfall, als Folge der Ungebundenheit die Freiheit in aller Sinnlichkeit und Begierde.[59]

Bisweilen verstieg man sich sogar zu heute kurios erscheinenden Verbindungen. So wurden auch bestimmte Tänze als Ausformung der Moderne gesehen und in detaillierten Ausführungen ihre Ausübung den Gläubigen verboten;[60] damit wurde eine Wertung der Moderne gegeben, die sich gegenüber dem nazistischen Kulturbegriff als unmittelbar anschlussfähig erwies. So sah sich die Kirche als Felsenturm in den Modemeinungen der modernen Welt: „unbeugsam, unnachgiebig, unabänderlich".[61]

Welches Idealbild wurde demgegenüber entworfen? Immer wieder wurde in den Predigten der „gesunde Geist des Mittelalters"[62] gepriesen und den

---

[58] Valerius, P.: Drittordenspredigten. Heilige und Selige aus dem Dritten Orden. 12. Papst Pius X. PuK 79 (1929), 916-919 sowie Cremers, W.: Des Predigers Sprache sei populär, daher gemeinfaßlich, leicht verständlich, anschaulich! PuK 79 (1929), 250-253

[59] „Wie sich die ersten Menschen einflüstern ließen, daß sie selbst über gut und böse bestimmen würden, so fühlt sich die Welt auch heute darin „autonom". ... Wie sind heute alle Bande der Ordnung zerrissen, erhebt sich immer wieder Revolution mit Blut und Schrecken, weil man konsequent mit der göttlichen auch die weltliche Autorität leugnet! So hat der ganze Freiheitstaumel die Menschheit immer in tausendfaches Elend, in Versklavung jeder Art und zum Untergang „zur Knechtschaft des Verderbens" geführt, weil sie sich der göttlichen und gottgesetzten Gewalt nicht fügen will. Es ist der Fluch der mißbrauchten, der falschen Freiheit." Erhard, P.: Auf den dritten Sonntag nach Ostern. Die moderne Freiheit. PuK 80 (1930), 454f.

[60] Neben den Bischöfen des deutschen Reiches zitiert der Prediger die österreichischen Bischöfe: „Mit den Päpsten Benedikt XV. und Pius XI. verurteilen auch wir Bischöfe Oesterreichs auf entschiedenste die sogen. modernen, internationalen Tänze. Unter diesen stehen obenan der sogen. Foxtrott, Tango, Onestep und Shimmytanz. Wir erklären diese Tänze als mit dem christlichen Sittengesetz unvereinbar, als schwer sündhaft und schwere Aergernis gebend." Keßler, Otto: Predigt auf oder vor dem Kirchweihsonntag. Die Wahrheit über das Tanzen. PuK 86 (1936), 967

[61] Kiermaier, Kaspar: Predigt auf den Papstkrönungs-Sonntag. PuK 86 (1936), 215

[62] „Da sehen wir dann aber so recht die segensreichen Wirkungen christlichen Geistes – im viel geschmähten, aber doch goldenen Mittelalter!" Erhard, P.: Predigt auf den zwölften Sonntag nach Pfingsten. Moderne „Humanität" oder christliche Liebe? PuK 81 (1931), 755
„Solange diese ganze Umwelt von katholischem Geiste durchdrungen war wie zeitenweise im Mittelalter, und solange das ganze Leben von einem starken Zuge des Religiösen beherrscht war, hatte die Familienerziehung eine Hilfe und gesunde Atmosphäre. Seit aber diese Umwelt eine starke Aenderung erfahren hat, seitdem sie z.B. durch die Renaissancezeit und durch die Glaubensspaltung, durch die sog. Aufklärung und den Rationalismus ihre Atmospähre geändert hat ... seitdem das politische und

Katholiken als Orientierung empfohlen.[63] Jene Zeit, in der kirchliche und weltliche Herrschaft in so „vorbildlicher Weise" eins waren und das Leben geprägt wurde vom christlichen Glauben.[64] Gerühmt wurden dabei die Bodenkultur und der Bauernstand als Grundlage und Wurzel echten christlichen Volkstums; dies musste einhergehen mit einer deutlichen Abwehr der Industrialisierung. Auf simplifizierende Weise zusammengefasst wurde dies in Sätzen wie: „Die elektrische Birne hat noch wenig glückliche Tage der Menschheit beleuchtet."[65] Dass man mit der Ablehnung der „modernen Industriegesellschaft" zugleich der demokratischen Neuordnung der Gesellschaft wenig Positives abgewinnen konnte, ist ein Schluss, der sich schon am Ende dieses Kapitels nahelegt.

---

wirtschaftliche Leben „laisiert" und „säkularisiert" ist, ... seitdem ist es schwer, sehr schwer, die Kinderseele so zu festigen und zu erziehen, daß sie dem Weltgeiste widerstehen kann." Aidan, P.: Katholischer Elterngeist und moderne Umwelt. PuK 82 (1932), 447f

[63] Vgl.: Sebastian, Jakob: Christenlehr-Vorträge. Der Siegeszug der Kirche. PuK 81 (1931), 345-349; Aidan, P.: Katholischer Elterngeist und moderne Umwelt. Vereinsvortrag. PuK 82 (1932), 447-454; Stark, Eugen: Standeslehren für Eltern und Erzieher. II. Der Weg zu Jesus. PuK 85 (1935), 153-156; Murböck, J.: Material zu Vorträgen für Gesellen- und Arbeitervereine. VI. Maria im Kirchenjahr. PuK 85 (1935), 541-546; Lechner, Josef: Das katholische Heldentum: Der Heilige. PuK 85 (1935), 682-686

[64] „Gerade die Fortschritte der Industrie und Technik, die mit schuld sind an der Katastrophe der Gegenwart, sie bestätigen: Je höher die Zivilisation und Kultur steigt, um so tiefer müssen sie mit den Ideen und Imperativen des Christentums unterbaut werden, wenn sie nicht zum Sturz und Umsturz der menschlichen Gesellschaft führen sollen." Kiermaier, Kaspar: Auf den Silvesterabend. Des Christen Abendgebet. PuK 84 (1934), 45

[65] Stark, Eugen: Vorträge für christliche Müttervereine. Moderne Frauenfragen. X. Die ewige Lampe. PuK 83 (1933), 953

3. Die gesellschaftspolitische Vision: Autoritäre Volksgemeinschaft und berufsständische Ordnung

Durch die Aufklärung, die Französische Revolution und die folgende Säkularisation hatte in Deutschland endgültig der große freiheitsfördernde Trennungsprozess von Staat und Religion beziehungsweise Staat und Kirche begonnen. In der Weimarer Republik traf die katholische Kirche nach Jahrhunderten der Monarchie erstmals auf einen säkularen demokratischen Verfassungsstaat. Zu Beginn dieses Kapitels soll dieser demokratische Verfassungsstaat einleitend kurz charakterisiert und anschließend das Verhältnis der Kirche zum Verfassungsstaat im allgemeinen wie die Haltung der Prediger im besonderen dargestellt werden.[1]

Die Weimarer Republik war als Verfassungsstaat gekennzeichnet durch die Garantie der Grundrechte, als Ausformung der Erklärung der Menschen- und Bürgerrechte der französischen Verfassung von 1789, die organisatorische Gestaltung des Staatsaufbaus gemäß dem Prinzip der Gewaltenteilung sowie die Repräsentation des Volkes durch allgemeine, gleiche und freie Wahlen sowie durch freies Mandat. Damit erfüllte die Weimarer Verfassung die Kennzeichen eines modernen, demokratischen Verfassungsstaates im Gegensatz etwa zum diktatorischen Staat oder gewaltenkonzentrierten Weltanschauungsstaat, in dem die staatliche Ordnung durch eine Partei oder Person zur ideologischen teilweise auch soziologischen Homogenisierung der Bevölkerung instrumentalisiert wird. Der Weimarer Verfassungsstaat versuchte mit demokratischen Mitteln, die verschiedenen Gruppen mit ihren divergierenden Interessen zusammenzubringen und zu integrieren. In seinen identitätsbestimmenden Wertgrundlagen legte sich der Staat allerdings Beschränkungen auf, indem er den Kirchen weitgehende Selbstbestimmungsrechte sowie exklusive Zugänge zum Schul- und Bildungswesen öffnete.[2] Unberührt blieb davon das Selbstverständnis der Weimarer Republik als Kultur- wie Sozialstaat. Als äußerst problematisch erwies sich das Spannungsverhältnis zwischen demokratischem Verfassungsstaat und einer nur in Anfängen demokratisierten Gesellschaft. Für den Aufbau und Fortbestand eines demokratischen Gemeinwesens ist es nötig, immer wieder neu den Mittelweg zwischen der unumschränkten Identifikation von Staat und Gesellschaft im Zeichen von ideologischer Homogenität und Harmonie der Interessen und der neutralistischen

---

[1] Vgl.: Böckenförde 1973; ders. 1976; Hollerbach 1981
[2] Vgl. die Artikel 135 bis 141 WRVfg, in: Blanke 2003

Indifferenz im Sinne des altliberalen Laisse-faire-Systems zu finden. So muss jeder demokratische Staat von seinen Mitgliedern eine gewisse staatliche Inpflichtnahme sowie eine prinzipielle Bereitschaft zur Mitarbeit und Mitverantwortung fordern. In der Charakterisierung der Weimarer Republik als „Demokratie ohne Demokraten" blieb dies ein unlösbarer Widerspruch. Doch war die Weimarer Republik auf die Kooperation nach innen, mit den gesellschaftlichen Gruppen im innerstaatlichen Bereich, ebenso angewiesen, wie sie die Kooperation nach außen – mit den Nachbarstaaten im zwischenstaatlichen Bereich – suchen musste.

Für das kirchliche Lehramt waren die Begriffe Demokratie, Mitbestimmung, Grundrechte und Gewaltenteilung schon bedingt durch ihre Verbindung mit der Aufklärung und der Französischen Revolution mehr als suspekt. Durch die Trennung von Kirche und Staat und einen vielfach kämpferischen Liberalismus wurden sie in der Folge zu reinen Angstbegriffen. Deutlich wird diese Abwehrhaltung in den päpstlichen Enzykliken „Mirari vos", Papst Gregor XVI. (1765-1831-1846) von 1832,[3] und „Quanta cura", Papst Pius IX. (1792-1846-1878) von 1864[4] diese Haltung gipfelte im „Syllabus errorum", der jener Enzyklika angefügt wurde.[5] Mit Leo XIII. (1810-1878-1903) bahnte sich eine leichte Entspannung zwischen Kirche und demokratischer Bewegung an. Mit Hilfe der Indifferenz-These hielt dieser Papst für die Kirche fest, dass sie keine der drei klassischen Staatsformen, Monarchie, Aristokratie oder Demokratie, prinzipiell bevorzuge. Bis weit in das 20. Jahrhundert hinein hatte die Kirche sowohl die Gewissens- und Religionsfreiheit als auch den Grundsatz der Trennung von Kirche und Staat schärfstens verworfen. Die katholische Kirche war danach die alleinige Repräsentantin der wahren Religion. Deshalb war auch der Staat verpflichtet ihr den Status der Staatsreligion zuzugestehen, andere Religion konnten in diesem Modell allein wegen des staatlichen Gemeinwohls allenfalls geduldet werden. Nur dort war man bereit, einen paritätischen Status der Religionen zu fordern, wo sich der eigentliche Anspruch nicht voll durchsetzen ließ.[6] Die kirchlichen Erfahrungen mit den totalitären Systemen des 20. Jahrhunderts führten dann gegen Ende des Zweiten Weltkrieges langsam dazu,

---

[3] Vgl. den Abschnitt „Die Enzyklika „Mirari vos", in: Jedin 1985, Bd. VI/1, 341f.
[4] Vgl.: Jedin 1985, Bd. VI/1, 752
[5] Vgl. den Abschnitt „Der Syllabus und seine Folgen", in: Jedin 1985, Bd. VI/1, 750-756
[6] „Was nicht der Wahrheit und dem Sittengesetz entspricht, hat objektiv kein Recht auf Dasein, Propaganda und Aktion. Es kann aber im Interesse eines höheren, umfassenden Guts gerechtfertigt sein, trotzdem nicht durch staatliche Gesetze und Zwangsmaßnahmen einzugreifen." Toleranzansprache Pius XII von 1953, in: Hollerbach 1973, 57

dass die Kirche mit Papst Pius XII. (1876-1941-1958) dem Verfassungsstaat aufgeschlossener begegnete.[7] Doch bedeutete diese Hinwendung zum Verfassungsstaat keineswegs, dass die Kirche nunmehr ein säkulares Staatsverständnis übernehmen oder das Volk als vollkommen freien Träger der Souveränität akzeptieren würde. Staat und Verfassung sind im kirchlichen Verständnis nach wie vor gebunden an den Primat des katholischen Glaubens und damit an das Begriffspaar „Naturrecht und Evangelium", für dessen verbindliche Auslegung allein das Lehramt der katholischen Kirche die nötige Kompetenz besaß. Zwar war schon Leo XIII. in der Enzyklika „Immortale Dei" von 1881 bereit, im Sinne der Zwei-Mächte-Lehre auch der weltlich-staatlichen Macht einen eigenständigen Aufgabenbereich zuzugestehen, doch sollte dieser Bereich möglichst durch Konkordate in einer „ordinata colligatio" wieder an die Kirche gebunden werden.[8] Insbesondere durch die Nichtanerkennung der Religionsfreiheit ließ sich dieses Modell nur schwer mit dem Anspruch der Verfassungsstaatlichkeit verbinden.

In Deutschland war die Geschichte der Beziehungen zwischen Staat und Kirche in unterschiedlichen Schüben verlaufen.[9] Die Entstehung des Katholizismus als politische Größe stand am Beginn dieses Weges. Die Juli-Revolution und besonders die „Kölner Wirren" ließen deutlich werden, dass sich die katholische Kirche einer staatskirchenrechtlichen Bevormundung vor allem durch Berufung auf die maßgeblichen Grundfreiheiten der liberalen Bewegung, die Gewissensfreiheit, die Meinungsfreiheit, die Freiheit des Bildungswesens und die Vereinigungsfreiheit entziehen konnte. Durch Berufung auf diese Freiheiten konnte man dem staatlichen Monopolanspruch widerstehen und ein Vereins- und Bildungswesen aufbauen, das für den deutschen Katholizismus über zwei Jahrhunderte charakteristisch werden sollte. Auch in der Revolution von 1848 versuchte der sich formierende politische Katholizismus diese Rechte der Gewährleistung der Religions- und Glaubensfreiheit, der Garantie der kirchlichen Selbstbestimmung und der Ablehnung einer Staatskirche durchzusetzen. Auch wenn ihre Umsetzung durch die politische Restauration ausblieb, wirkten sie als Leitbild im Katholizismus weiter nach, bis sie schließlich im Jahr 1919 in die Weimarer Verfassung einflossen. Der Kulturkampf war auf diesem Weg eine tiefe Zäsur. Kirchlich gesehen fielen die

---

[7] Vgl. die Abschnitte „Pius XII" sowie „Der Zweite Weltkrieg: Pius XII.", in: Jedin 1985, Bd. VII, 30-36 sowie 79-96

[8] Vgl. den Abschnitt „Das Problem der Toleranz", in: Jedin 1985, Bd. VI/2, 203f.

[9] Vgl. zur Entwicklung im Verhältnis der Kirche zum Staat Kaufhold 1982 sowie Hollerbach 1981

deutschen Länder in dieser Auseinandersetzung in längst überholte staatskirchliche Positionen zurück. Der kirchliche Einsatz für die Wiedergewinnung der alten Freiheit war damit zugleich ein Weg, der hinführte in die freie gesellschaftliche Aktivität in den katholischen Vereinen auf sozialem und politischem Gebiet. Mit der Weimarer Verfassung wurden der Kirche weitgehende Rechte zugestanden. Der Kompromiss der Artikel 135 bis 141 WRVfg gewährte der Kirche ein freies Selbstbestimmungsrecht und einen öffentlich-rechtlichen Status mit zahlreichen Privilegien, wie etwa der Kirchensteuer, dem Religionsunterricht und eigenen wissenschaftlichen Fakultäten. Die Aufgabe der Weimarer Republik durch die Zustimmung des Zentrums zum „Ermächtigungsgesetz" am 23. März 1933 zeigte, dass der Einsatz des politischen Katholizismus für den demokratischen Verfassungsstaat keineswegs unumstritten und unumkehrbar war. Allzu leicht war man bereit, allgemeine Grundrechte aufzugeben, wenn man die weltanschaulich-religiösen Standpunkte scheinbar gesichert sah. Doch auch staatliche Verträge wie das Reichskonkordat erwiesen sich in der Folgezeit als ungenügender Schutz. Die Erfahrung des totalitären Staats bewirkte jedoch, dass die Akzeptanz eines demokratischen Staates nach 1945 im deutschen Katholizismus nicht mehr in Frage stand. Durch das größere Gewicht des Katholizismus in der neu entstehenden Bundesrepublik Deutschland konnte man im Sinne der neuscholastischen Naturrechtslehre eine entsprechende Verfassungspolitik betreiben und die Position der Kirche sichern. Doch zumindest bis zum Zweiten Vatikanischen Konzil wurden manche Fragen im Verhältnis von Kirche und Staat nicht geklärt; damit waren dann auch entsprechende Zweideutigkeiten gegenüber der Demokratie als Staatsform zu beobachten.[10] Eine Entscheidung des Bundesverfassungsgerichts aus dem Jahr 1959 bildete den Beginn des Abschlusses dieser Epoche; erstmals wurde durch das höchste Organ der Judikative das Naturrecht als Rechtsgrundlage grundlegend in Frage gestellt und allein auf das Grundgesetz als Norm verwiesen.[11]

Wie stellten sich die Prediger zum demokratischen Verfassungsstaat? In den Predigten fällt zunächst die Ablehnung des pluralistischen Gedankens auf.

---

[10] Vgl.: Böckenförde 1973

[11] „Für die hier vorzunehmende Prüfung kommt daher als Maßstab nur das Grundgesetz in Betracht. ... Dies entspricht auch allein der einem weltanschaulich nicht einheitlichen Staat wie der Bundesrepublik Deutschland gestellten gesetzgeberischen Pflicht, das Recht so zu normieren, daß es den Bürgern die Freiheit läßt, bei der Gestaltung ihres Ehe- und Familienlebens ihren religiösen und weltanschaulichen Verpflichtungen mit allen Konsequenzen nachzuleben." In: Entscheidungen des Bundesverfassungsgerichts, Bd. 10, 1960, 59ff.

Unter dem Stichwort „Was ist denn die Sünde?" wurde den Zuhörern wortreich und emphatisch zur Kenntnis gegeben, dass hierunter vor allem der Pluralismus verstanden werden muss.[12] In logischer Folge konnte man mit dieser Abwertung des pluralistischen Prinzips auch der Parteienvielfalt im demokratischen Verfassungsstaat nichts abgewinnen, vor allem weil die demokratisch erforderliche Verschiedenartigkeit und Ausrichtung der politischen Parteien einem wesentlichen katholischen Staatsziel zuwiderlief: Ruhe und Ordnung im Gemeinwesen zu sichern.[13]

Dabei wurde formal die Indifferenzthese Leo XIII. herausgestellt und betont, dass es vom katholischen Standpunkt her den Bürgern jedes Staates selbst überlassen sei, sich die Staatsform frei zu wählen,[14] doch blieb dieses Argument auf einer verbal-kraftlosen Ebene, denn parallel dazu wurde bedeutend häufiger die Legitimität der Erbmonarchie befürwortet und die Berechtigung jeder Art von Revolution gegen die Staatsgewalt bestritten.[15] Auch die Rede von der dringenden Notwendigkeit einer „Monarchie der Religion",[16] einer „Entehrung der Fürsten" durch die Revolution[17] sowie die Betonung des

---

[12] „Welch unheimliche Flut von Meinungsverschiedenheiten, nein Gegnerschaft und Haß und Streit auf allen Lebensgebieten, welch unheimliche Flut von Geistesverwirrung und Willensentartung! Und aus diesen unheimlichen Fluten gurgelt ein einziger, wüster Schrei: Unsere Mutter ist die Sünde, die Sünde!" Füglein, Gaudentius: Auf den 3. Adventssonntag. Das wahre Messiasreich ist Entsündigung. PuK 79 (1929), 19

[13] „Parteikämpfe herrschen in allen Ländern. Gerade in Deutschland lassen die vielen politischen Parteien Friede, Ruhe und Ordnung nicht aufkommen. Gibt es denn da gar keinen Weg zur Befreiung unseres Volkes von so traurigen Mißständen?" Gutberlet, Friedrich: Auf den Caritassonntag. Die christliche Liebe gegen die Notleidenden. PuK 83 (1933), 296

[14] Sebastian, Jakob: Christenlehr-Vorträge. Der christliche Staat. PuK 79 (1929), 66f.

[15] Vgl. als deutlichste Hinweise die Rezensionen der Bücher von: Kiefl, F.X.: „Die Staatsphilosophie der katholischen Kirche und die Frage der Legitimität in der Erbmonarchie." mit der Rezension von Obernhummer, J.: „Seine [Kiefls] glühende Vaterlandsliebe, seine entschiedene Ablehnung moderner Pharsen und grundsatzloser Opportunitätspolitik muss imponieren." PuK 79 (1929), 785ff.; sowie Hartmann, Otto: „Republik oder Monarchie?" mit der Rezension von Bischof Freiherr von Ow: „Möchte dieser edle Geist echter Bayerntreue und kernigen bayerischen Selbstbewußtseins überall da zünden, wo eine von Prinzipienlosigkeit, Angst- und Rücksichtsmaierei, Servilismus gegenüber den Tagesgötzen verseuchte Geistesrichtung widerstands- und verständnislos dem Abgrund des bolschewistischen Unitarismus zusteuert." A.a.O.
Ähnliche Hinweise in PuK 79 (1929), 858ff., 948ff.; sowie PuK 80 (1930), 439

[16] Kiermaier, Kaspar: Auf den vierten Adventssonntag. Näher, mein Gott zu mir; näher, mein Gott, zu Dir. PuK 84 (1934), 31

[17] Treml, Romuald: Fastenpredigten. II. Reihe. VII. Predigt: Vertrauensvolle Bitte. PuK 84 (1934), 398

Christkönigsfestes[18] macht deutlich, dass sich die Prediger weniger von demokratischem als vielmehr von monarchistisch-hierarchischem Gedankengut leiten ließen. Welches Bild der staatlichen Herrschaft wurde den Hörern gezeigt? Dazu sei stellvertretend die Predigt „Der christliche Staat" kurz skizziert.[19] Da das oberste Staatsziel, die „Förderung der Wohlfahrt der Staatsbürger", in jeder Staatsform erreicht werden könne, gebe es in dieser Frage keine Priorität. Die „Förderung der Wohlfahrt der Staatsbürger" könne der Staat vor allem durch die Beachtung von vier Teilzielen erreichen. An erster Stelle müsse der Staat demnach für „Ruhe und Ordnung" nach innen durch Polizei und Justiz sowie nach außen durch das Militär sorgen, an zweiter Stelle den Schutz des Eigentums sichern, an dritter Stelle die „Ausbildung der Seelenkräfte seiner Bürger" durch die Errichtung und Unterhaltung von Schulen aller Art fördern und viertens dem Menschen zu seinem „ewigen Glück verhelfen". Aus dieser Aufzählung ließ sich dann folgerichtig ableiten, dass eine Trennung von Kirche und Staat undenkbar, ja widergöttlich sei, vielmehr wären nach organischem Vorbild Kirche und Staat wie Seele und Leib aufeinander verwiesen. Dazu sollten möglichst Konkordate als Verträge zwischen Staat und Kirche dafür Sorge tragen, dass diese Entsprechung ein juristisches und dauerhaftes Fundament bekommen würde. Als Beispiele dafür wurden die Konkordate mit dem faschistischen Italien und den einzelnen Ländern im Deutschen Reich ausführlich gelobt.[20] Den Aufgaben des Staates stellte man im folgenden die Pflichten des Bürgers gegenüber. Zuallererst schulde der Bürger dem Staat Gehorsam, die sich in der Befolgung der Gesetze dokumentiere. Komme der Bürger dieser gesetzlichen Pflicht nicht nach, müsse er bestraft werden, im äußersten Fall auch fraglos mit der Todesstrafe.[21] Die Gesetze eines Staates seien allerdings nur solange bindend, wie sie keinem katholischen Prinzip widersprächen. Eine weitere Bürgerpflicht bestehe in der Steuerpflicht und eine

---

[18] Bundschuh, E.P.: Internationale Christkönigstagung zu Leutesdorf am Rhein. PuK 79 (1929), 592-595

[19] Sebastian, Jakob: Christenlehr-Vorträge. Der christliche Staat. PuK 79 (1929), 65-68; vgl. auch die gleiche Argumentationsstruktur in: Fruntke, Willibald: Predigten über die Encyclica: Quadragesimo anno. I. Der Staat und sein Verhältnis zum Menschen. PuK 82 (1932), 134-138; Gaudentius, P.: Biblische Staatslehre. PuK 83 (1933), 1047-1049; Benignus, P.: Zum Feste der vierzehn Nothelfer. Unser Gebet zu den vierzehn Nothelfern. PuK 84 (1934), 649-652

[20] „Wie gut, wenn Staat und Kirche einträchtig nebeneinander wirken! Das war bis zum Jahre 1929 in Italien nicht der Fall." In: Rensing, N.: Pius XI als Papst. Kirchengeschichtliches Unterrichtsbild zum Heiligen Jahr 1933/34. PuK 83 (1933), 639

[21] „Der zweite Leitsatz lautet also: Die Staatsgewalt muß das Böse ahnden, wenn nötig, sogar mit der Todesstrafe." In: Gaudentius, P.: Biblische Staatslehre. PuK 83 (1933), 1048

dritte in der Beteiligung an öffentlichen Wahlen. Natürlich seien für Katholiken nur solche Parteien und Abgeordnete wählbar, „die Gott die Ehre geben" und welche „für Gott und die Rechte der katholischen Kirche eintreten". In diesem Sinne könne auch eine Beteiligung an Wahlen „ein gutes Werk oder auch ein schlechtes Werk" sein, „für das man einmal von Gott belohnt oder bestraft wird". Vorausgesetzt wurde auch in dieser Skizze, dass sich die Staatsgewalt allein von Gott her ableiten ließ.[22] Der Gedanke der Volkssouveränität wurde demgegenüber mit scharfen Worten verworfen.[23] Dies ging soweit, dass auch noch zum Ende der Weimarer Republik die Reichsverfassung abgelehnt wurde, weil in ihr von Gott keine Rede mehr sei.[24]

Wenn im folgenden die Äußerungen zur Wirtschafts- und Sozialordnung skizziert werden, so soll diesen Befunden eine knappe Einleitung über die wirtschaftliche und soziale Entwicklung in Deutschland sowie zur Reaktion der katholischen Kirche auf diese Prozesse vorangestellt werden.[25] Den zentralen Motor der gesellschaftlichen Veränderung bildete die Industrialisierung. Mit diesem Begriff kann in einem engeren Verständnis die Einführung der industriellen Fertigung im Gewerbe bezeichnet werden, an dieser Stelle wird darunter ein weiter gefasster Begriff mit der Einbeziehung der wesentlichen Auswirkungen dieser neuen Produktionsmethode in Wirtschaft und Gesellschaft verstanden. Die Industrialisierung hatte in Deutschland im Vergleich zum übrigen Europa – hier vor allem im Kontrast zu Großbritannien – erst relativ spät in der ersten Hälfte des 19. Jahrhunderts zögerlich begonnen, sich dann jedoch zwischen 1850 und 1870 schnell durchgesetzt. Seit 1870 kann das Deutsche Reich als „Industriestaat" bezeichnet werden, im welchem die industrielle Konjunktur das Tempo der wirtschaftlichen Entwicklung bestimmte und von ihr als

---

[22] „Das Fazit aber aus all dem ist der erste Leitsatz: Jegliche Staatsgewalt ist von Gott eingesetzt". A.a.O.

[23] „Macht und Autorität auch des Staates kann und darf also niemals vom menschlichen Ich abgeleitet werden. Nicht von dem persönlichen Ich des Einzelnen, sagen wir zum Beispiel vom Individual-Ich eines Diktators oder Usurpators oder Monarchen! Nicht von dem Kollektiv-Ich einer Partei! Nicht einmal vom Gesellschafts-Ich eines ganzen Volkes, auch wenn es noch so einig in sich wäre ..." Gaudentius, P.: Fastenpredigten. IV. Pilatus und seine Nachahmer. PuK 82 (1932), 310

[24] „Ja in unserer neuen Reichsverfassung ist von Gott mit keinem Wort mehr die Rede. Es ist fast so, als ob Gott stillschweigend abgesetzt wäre, als ob man über ihn hinweg zur Tagesordnung übergegangen wäre. Wißt ihr noch, was früher auf unserem Dreimarkstück stand? ... „Gott mit uns". Und was steht heute darauf? „Einigkeit, Recht und Freiheit". Gewiß, das sind schöne Worte ...". Renland, Josef: Gott zur Ehr, dem Nächsten zur Wehr. Predigt für ein Feuerwehrfest. PuK 82 (1932), 712

[25] Vgl. im folgenden Kaufhold 1982

Triebfeder die wesentlichen Impulse für die anderen Wirtschaftszweige ausgingen. Damit einher ging ein tiefgreifender sozialer Wandel von einer ehemals ständisch-agrarstrukturierten Gesellschaft zur modernen Industriegesellschaft. Im Vordergrund stand ökonomisch gesehen ein langfristig anhaltender wirtschaftlicher Wachstumsprozess, der zunächst zu einer massenhaften Pauperisierung weiter Bevölkerungskreise, auf Dauer aber zu einer stetigen Wohlstandssteigerung führte. Als Auswirkung der beiden Weltkriege und der Weltwirtschaftskrise trat die Verelendung jedoch zeitweise wieder auf. Die wirtschaftliche Struktur war durch das industrielle Wachstum einem deutlichen Wandel unterworfen. Die Dienstleistungsberufe bekamen eine zunehmende Bedeutung, die Zahl der Beschäftigten in der Landwirtschaft sank stark ab, während die Zahl der Industriearbeiter entsprechend zunahm. Die soziale Stellung der breiten unterständischen Schichten änderte sich grundlegend durch die allmähliche Auflösung des traditionellen ständisch-agrarstrukturierten Aufbaus der Gesellschaft. Mit den Arbeitern und Angestellten entstanden neben den Bauern und Handwerkern in einem komplizierten Prozess neue gesellschaftliche Schichten. Die räumliche Mobilität bekam durch die Bildung neuer Ballungszentren eine große Rolle.

Während sich die staatlichen Eingriffe und Lenkungsmaßnahmen in der Gründerzeit gemäß den liberalen Auffassungen über die zurückhaltende Rolle des Staates im Wirtschaftsprozess in Grenzen hielten, änderte sich dies seit dem Ersten Weltkrieg zunehmend. Der gesamtwirtschaftliche Einfluss des Staates nahm zu, der Staat begann ein Gegengewicht zur Wirtschaft zu bilden.

In diesem Prozess entstand die Christliche Gesellschaftslehre als eigenständige wissenschaftliche Disziplin in Auseinandersetzung und Abgrenzung zum Liberalismus einerseits und Sozialismus andererseits sowie herausgefordert durch die „soziale Frage".[26] Im engeren Sinn wird im Katholizismus mit diesem Begriff der sozialen Frage die Problematik von Fehlern und Mängeln der bestehenden gesellschaftlichen Ordnung und die Suche nach den Mitteln und Wegen, um diese zu beheben, verstanden. Im 19. Jahrhundert wurden unter dem Terminus zunächst die Umbrüche in der sich bildenden Industriegesellschaft mit der Entstehung und Pauperisierung der Arbeiterschaft sowie deren Eingliederung als vierter Stand in die Gesellschaft zusammengefasst. Die vom Wirtschaftsliberalismus ausgerufenen Grundsätze und die durch sie entstandenen unhaltbaren sozialen Probleme wurden gerade von christlichen Positionen her heftig kritisiert. Dabei wäre auf der Grundlage dieser Kritik durchaus eine Partnerschaft mit dem Sozialismus möglich gewesen, doch

---

[26] Vgl. im folgenden Rauscher 1981a sowie Rauscher 1982

waren hier die weltanschaulichen Barrieren auf beiden Seiten zu hoch. Im Katholizismus galt der Sozialismus vor allem aufgrund seiner antikirchlichen Haltung als vollkommen unfähig, die Arbeiterfrage ernsthaft zu lösen. Die wahre Lösung war allein durch eine Rückkehr zu den christlichen Normen und Geboten und die Erneuerung einer christlichen Gesellschaftsordnung möglich.

Für das, was man heute unter christlicher Gesellschaftslehre und katholischer Soziallehre versteht, lagen zu Beginn dieses wirtschaftlichen und gesellschaftlichen Prozesses keine systematischen Überlegungen vor. Solange die Kirche im staatskirchlichen Sinn als Trägerin der Kultur galt und ihre Normen ungefragt die Gesellschaftsordnung prägten, war kein Anlass für eine tiefergehende systematische Auseinandersetzung gegeben. Erst mit der Trennung von Kirche und Staat und der Entstehung nicht-christlicher Gesellschaftsordnungen, bekam die Frage nach einer christlichen Sozial- und Gesellschaftslehre erstmals eine besondere Aktualität. Zudem war die Kirche in der Auseinandersetzung mit den geschlossenen Weltbildern des Liberalismus und Sozialismus gefordert, einen eigenen Gegenentwurf vorzulegen. Die Kritik am Liberalismus und Sozialismus, mochte sie in Einzelheiten auch noch so berechtigt sein, konnte auf Dauer nur wirksam werden, wenn die Katholiken von ihrem System her einen eigenständigen konkreten Weg zur Überwindung der sozialen Frage aufzeigen konnten. Als Grundlage für dieses System lagen einzelne Überlegungen wie etwa zur staatlichen Autorität und ihrer Beziehung zum Gemeinwohl, zum Gemeinwohl selbst, zum Widerstandsrecht und zur Bildung des rechten Preises im Warenaustausch sowie zur Vermeidung des Wuchers vor. Auf der Basis dieser Überlegungen entwickelte die christliche Sozial- und Gesellschaftslehre den Grundgedanken des Solidarismus.[27] Dieser das Ganze beherrschende und verbindende Grundgedanke sollte in Abgrenzung zum Individualprinzip des Liberalismus und Kollektivprinzip des Sozialismus das tragende gesellschaftliche Prinzip sein. Nach der christlichen Gesellschaftslehre sind die Gesellschaft und der Einzelne in der Spannung von Personalität und Solidarität aufeinander verwiesen. Doch ist das Wohl des Einzelnen vom Wohl der Gemeinschaft bedingt. Wie in einer organischen Einheit ist die

---

[27] Die Namensgebung „Solidarismus" wählte der Jesuit Heinrich Pesch zur Kennzeichnung seines gesellschaftlichen Entwurfes. Die Gesamtheit der katholischen Soziallehre läßt sich auch nur in Ansätzen unter diesem Sammelbegriff summieren. Doch bestehen bei allen Differenzen in den unterschiedlichen Betrachtungsweisen zwei wichtige grundsätzliche Gemeinsamkeiten, die erstens in der Begründung des Gesellschaftlichen und in den wichtigsten damit zusammenhängenden Einsichten in die Strukturen der Gesellschaft sowie zweitens in der Abgrenzung gegenüber anderen gesellschaftlichen Systemen und in der Abwehr der dadurch entstehenden sozialen Probleme liegen. Vgl. Rauscher 1981a, 344 sowie Pesch 1924, 408ff.

Gemeinschaft den Gliedern, sind die Glieder der Gemeinschaft wechselseitig verpflichtet. Dabei ist der Einzelne mehr als nur ein Teil des Ganzen. Er hat unaufgebbare Rechte und darf niemals als Mittel zum Zweck des Ganzen missbrauchtt werden. Auch die Gemeinschaft ist mehr als die Summe der Einzelnen, weil diese selbst als Einzelne auf die Gemeinschaft hin in die Pflicht genommen sind. Kritik entstand an dieser Theorie vor allem im Katholizismus der Weimarer Republik, der aufgrund seines ausgeprägten antiindividualistischen Gemeinschaftsbewusstseins den Solidarismus als einen verkappten Individualismus ansah und demgegenüber auf einer organischer Sichtweise aufbauend den ganzheitlichen Charakter der Gemeinschaft gegenüber dem Einzelnen betonte.[28] Zudem ließen sich diese eher allgemeinen Überlegungen inhaltlich sehr unterschiedlich füllen.

Die Predigten lassen die Entwicklung dieser Frage deutlich werden. Während zunächst eher Einzelfragen aufgegriffen und zu aktuellen gesellschaftlichen Problemen, wie etwa der Arbeitslosigkeit Stellung genommen wurde, setzte mit dem Jahr 1932 eine systematischere Unterweisung ein. Ein eigener Predigtzyklus widmete sich der Enzyklika „Quadragesimo anno" und versuchte, deren Lehren im katholischen Volk zu verbreiten.[29]

Ausgangspunkt der Einzelfragen bildete der Standpunkt der katholischen Kirche zum Privateigentum. Vor allem in Frontstellung gegen die sozialistische Bewegung wurde festgehalten, dass das Recht auf Privateigentum ein göttliches Recht bedeute.[30] Als den Menschen von Gott übertragenes und

---

[28] Rauscher nennt an dieser Stelle als Kritiker vor allem Eugen Kogon und Franz Xaver Landmesser. Rauscher 1981a, 353

[29] Frunkte, Willibald: Predigten über die Encyklika Quadragesimo Anno.
1. Die Kirche als Hüterin der sozialen Ordnung. PuK 82 (1932), 37-40
2. Der Staat und sein Verhältnis zum Menschen. PuK 82 (1932), 134-138
3. Die Eigentumsfrage im Lichte des Glaubens. PuK 82 (1932), 222-229
4. Ungeordnetes Gewinn- und Erwerbsstreben. PuK 82 (1932), 413-418
5. Die sittliche Wertung der Arbeit. PuK 82 (1932) 515-520
6. Die Arbeit als Lebensnotwendigkeit. PuK 82 (1932), 619-624
7. Sonntagsruhe und Sonntagsheiligung. PuK 82 (1932), 713-718.

[30] „'Eigentum ist Diebstahl': so lautet ... das Zauberwort, womit der Sozialismus in seinen verschiedenen Abstufungen das besitzlose und arme Volk betört." [Dagegen] ist das Privateigentum durch göttliches Gebot geschützt. Zwei Gebote sind es, welche das Privateigentum heilig und unverletztlich machen: „Du sollst nicht stehlen" und ‚du sollst nicht begehren deines nächsten Gut'." Cyprian, P.: Vorträge für das Männerapostololat. IX. Der Zöllner Matthäus ein Männervorbild der Gerechtigkeit. PuK 80 (1930), 782.
„Gott hat alles erschaffen, und darum ist er auch der wirkliche Eigentümer alles Erschaffenen. Er hat es dem Menschen zum Gebrauch übergeben ..." Silvester, P.: Christliche Grundsätze über irdischen Besitz. PuK 82 (1932), 258

damit unveränderliches Recht, ist es dem menschlichen Zugriff entzogen.[31] Ein Beispiel dafür, wie mit dem Transfer einer gesellschaftlich-sozialen Ordnung in eine religiöse Dimension, die bestehenden gesellschaftlich-sozialen Verhältnisse gefestigt und gesichert sowie zugleich mit einer theologischen Argumentation legitimiert werden. Denn jeder Verstoß gegen das göttliche Grundrecht auf Privateigentum bedeutete damit zugleich eine Missachtung der göttlichen Gebote.[32] Als verschiedene „Rechtstitel", durch die Eigentum rechtmäßig entsteht, wurden noch im Jahre 1932 aufgezählt: „Da ist es zuerst die Besitzergreifung herrenlosen Gutes, dann der natürliche Zuwachs, durch eigene Arbeit gestaltetes Naturgut, ferner durch Schenkung oder Erbschaft erworbene Güter."[33] Das Beispiel zeigt, dass sich die katholische Kirche in ihrem Denken noch in einer reinen Agrargesellschaft bewegte. Der gesamte Komplex der lohnabhängigen Arbeit, die Differenzierung von privatem und gesellschaftlichem Eigentum, die Fragen nach dem Besitz der Produktionsmittel werden noch nicht zur Kenntnis genommen. Mit diesem Eigentumsbegriff konnte schwerlich eine moderne Industriegesellschaft gestaltet werden. Um die Spannung zwischen Individuum und Gesellschaft in der Eigentumsfrage zu lösen, wurde darauf verwiesen, dass das Recht auf Privateigentum mit einer sozialen Verpflichtung korrespondiere. Auf der individuellen Ebene habe das Eigentum die Aufgabe den „Lebensunterhalt und die Lebenswohlfahrt" zu sichern, auf der gesellschaftlichen Ebene bestehe die soziale Verpflichtung des Eigentums. Diese wurde in einer gerechten Steuerpflicht, dem Angebot von Arbeit und Verdienstmöglichkeit und als „schönster und edelster Verwendung

---

[31] „Katholische Anschauung und Lehre ist: a) Der eigentliche Herr aller Güter ist Gott selbst. b) Das Eigentumsrecht ist ein von Gott übertragenes Recht." Sakowsli, Sebald: Auf das Fest des heiligen Franziskus. „St. Franziskus, ein heiliger Kommunist". PuK 82 (1932), 906

[32] „Da war es notwendig, daß Gott das Recht des Eigentums durch seine Gebote schützte: „Du sollst nicht stehlen! Du sollst nicht begehren [deines Nächsten Gut]!" Gott setzt auch als notwendige Bedingung der Vergebung aller Sünden der Ungerechtigkeit an fremdem Gut die Wiedererstattungen und Wiedergutmachung des Unrechts nach besten Kräften." Fruntke, Willibald: Predigten über die Encyclica: Quadragesimo anno. III. Die Eigentumsfrage im Lichte des Glaubens. PuK 82 (1932), 225
„Ihr seht, wie Gott das Eigentum schützt und den Frevler straft. Was entweder durch Kauf oder durch Schenkung oder rechtlichen Arbeitserwerb oder durch Erbfolge in den Besitz des Menschen übergegangen ist, ist Eigentum des Betreffenden, und kein anderer, wäre er auch Fürst oder König, hat ein Recht, ohne triftigen Grund, ohne Einwilligung des Eigentümers sich die Sache anzueignen." Bußigel, Ernst: Jungmännervorträge. V. Eigentum und Diebstahl. PuK 83 (1933), 552

[33] Fruntke, Willibald: Predigten über die Encyclica Quadragesimo anno. III. Die Eigentumsfrage im Lichte des Glaubens. PuK 82 (1932), 224

der überflüssigen Mittel in den Werken der christlichen Nächstenliebe"[34] gesehen. Dies jedoch nicht als juristisch-kodifizierter Anspruch, sondern als „christliche Tat", die vom Glauben gefordert ist.[35] Allein diese christliche Grundhaltung zum Eigentum sei in der Lage, die sozialen Gegensätze zu überbrücken und jede Form des Klassenkampfes im Kern überflüssig zu machen.[36]

Spärlicher fallen dagegen die Erklärungen zum Verständnis der Arbeit an sich aus.[37] Dies muss überraschen, da die Interpretation der Arbeit eine der wesentlichen Grundbedingungen menschlichen Lebens erschließt und damit für eine Sinnstiftung menschlicher Existenz wesenskonstitutiv ist. Die Arbeit wurde zunächst aus der Sicht des Alten Testamentes der Bibel als „Werk der Buße für jeden Menschen, [als] eine ernste sittliche Pflicht" verstanden, die Gott dem Menschen nach seiner Vertreibung aus dem Paradies auferlegt hatte.[38] Das Christentum habe der Arbeit dann einen anderen Stellenwert gegeben, da Jesus selbst als Sohn eines Handwerkers dreißig Jahre seines Lebens in einer Werkstätte verbrachte und die Apostel allesamt aus der Reihe der berufstätigen Männer gewählt wurden. Diese Sicht der Arbeit als eine sittliche Pflicht, die als Dienst für Gott jedem „freien und edlen Manne würdig" erscheint, habe dafür gesorgt, dass die Arbeit zu einer Quelle „höchsten Wohlstandes" wurde.[39] Der neue, moderne Zeitgeist habe demgegenüber als

---

[34] A.a.O., 228

[35] „Verwende die zeitlichen Güter, um Gottes heilige Absichten damit zu erfüllen, dein zeitliches und ewiges Wohl zu sichern und fremde Not zu lindern. Dann wird Gott dich als seinen treuen Verwalter und treuen Diener anerkennen, dich einst über viele setzen und aufnehmen in die Freude deines Herrn!" Silvester, P.: Christliche Grundsätze über irdischen Besitz. PuK 82 (1932), 260

[36] Die Verbindung von Eigentumsfrage und gesellschaftlichen Spannungen wurde dann dazu benutzt, den Sozialismus als Idee zu verwerfen und seine Protagonisten zu diskreditieren. „Denn erst wo der Besitz falsch gewertet wird, wird er Ziel unversöhnlichen Kampfes in der Gesellschaft. Die Besitzenden vergessen ihre Pflichten und die Besitzlosen verfallen der gleichen Besitzanbetung wie die ersten. Das hat z.B. Karl Marx in seiner Sozialreform vollkommen verkannt. Von den Wogen wildester Leidenschaft und heftigster Kämpfe umbrandet steht dieser Gründer des sogenannten wissenschaftlichen Sozialismus, dem die Eroberung von Besitz und Macht ausgesprochenes Lebensziel bedeutet, im schroffsten Gegensatz zu Franziskus." Gatz, Johannes: Das soziale Programm des hl. Franziskus. PuK 87 (1937), 815

[37] Vgl.: Reuterer, Rudolf: Auf den Sonntag Septuagesima. Arbeit. PuK 79 (1929), 115-120; Frunkte, Willibald: Predigten über die Encyclica: Quadragesimo anno. V. Die sittliche Wertung der Arbeit. PuK 82 (1932), 515-520; Frunkte, Willibald: Predigten über die Encyclica: Quadragesimo anno. VI. Die Arbeit als Lebensnotwendigkeit. PuK 82 (1932), 619-624; Clarenz, P.: Vorträge für den katholischen Arbeiterverein. V. Das Arbeitsleben des christlichen Mannes. PuK 83 (1933), 453-458

[38] Frunkte, Willibald: Predigten über die Encyclica: Quadragesimo anno. V. Die sittliche Wertung der Arbeit. PuK 82 (1932), 516

[39] A.a.O., 519

„verweltlichter Geist" die Arbeit ihrer „christlichen Weihe" beraubt und zu einem Götzen erhoben, der einen „göttlichen Welterlöser" für überflüssig erkläre.[40] Dagegen seien die Christen verpflichtet, der Arbeit wieder den Charakter der „Erfüllung eines heiligen Gebotes des Schöpfers, einer sittlichen Pflicht" zurückzugeben.[41] Darüber hinaus wurde die Arbeit in ihrer individuellen Dimension als Notwendigkeit „für das geistige und körperliche Wohl des Menschen" sowie zur „Schaffung der Lebensbedürfnisse" begründet.[42] Diesem Verständnis der Arbeit könne man in jedem Beruf nachgehen, wichtig sei die Pflichterfüllung an sich, die Art der beruflichen Tätigkeit sei demgegenüber sekundär.[43] Selbst die Freiheit der Berufswahl wurde auf diese Weise mit Einschränkungen belegt. Später wurde dann auch ganz im Sinne der nazistischen Ideologie herausgestellt, dass die Berufsarbeit als „Dienst am Volk" einen herausgehobenen Stellenwert habe.[44] Neben aller Betonung der besonderen Bedeutung der Pflichterfüllung wurde auch erwähnt, dass der Arbeitsleistung ein gerechter Lohn entsprechen müsse[45] und jede Form der Ausbeutung der Arbeiter zu verwerfen sei.[46] Um ihren gerechten Forderungen Ausdruck zu verleihen, sei es den Arbeitern auch erlaubt, sich gewerkschaftlich zu

---

[40] A.a.O., 520

[41] A.a.O., 520

[42] Ders.: Predigten über die Encyclica: Quadragesimo anno. VI. Die Arbeit als Lebensnotwendigkeit. PuK 82 (1932), 620ff.

[43] „Eine Pflicht haben heißt eine Aufgabe haben. Pflichterfüllung heißt darum Erfüllung deiner Aufgaben. Deine Pflichterfüllung heißt das leisten, das schaffen, was dir zu schaffen, was dir zu wirken und zu werken aufgegeben ist. Jeder hat seine Aufgabe. Wer diese Aufgabe weder kennt noch leistet, übt keine Pflichterfüllung aus. Was ich für eine Aufgabe zu erfüllen habe, ist nebensächlich." Frank, Wilhelm: Auf das Fest des seligen Bernhard von Baden (15. Juli): Der selige Bernhard und die Pflicht. PuK 80 (1930), 645

[44] „Du kannst deinen Beruf auffassen: ... Als Dienst an deinem Volk! Die nationale Erhebung der letzten Jahre brachte es vielen wieder zum Bewußtsein, daß wir auch Pflichten haben gegen unser Volk. Wie hat sich ein hl. Paulus, wie hat sich Christus selbst gemüht um seine Volksgenossen. In der Tat, echte, aufrichtige, selbstlose Liebe zu Volk und Vaterland kann unserer Berufsarbeit idealen Schwung und starke Kraft verleihen!" Dür, Franz: Vorträge für die Christusjugend. VI. Christus und dein Beruf. PuK 86 (1936), 543

[45] „Der Hauptteil des Arbeitsertrages muß aber dem Arbeiter zufließen. Der Lohn des Arbeiters muß mindestens so groß sein, daß sein und seiner Familie standesgemäßer Lebensunterhalt gewährleistet ist. ... Über die Lebensbedürfnisse hinaus soll der Arbeitslohn nach Quantität und Qualität der Arbeitsleistung abgestuft sein." Reuterer, Rudolf: Auf den Sonntag Septuagesima. Arbeit. PuK 79 (1929), 116

[46] „Deswegen warnt Papst Leo XIII. in seinem Rundschreiben über die Arbeiterfrage, daß „durch den Eigennutz und die Hartherzigkeit von Arbeitgebern die Arbeiter oft maßlos ausgebeutet und sie nicht als Menschen, sonden als Sachen behandelt werden." Frunkte, Willibald: Predigten über die Encyclica: Quadragesimo anno. VI. Die Arbeit als Lebensnotwendigkeit. PuK 82 (1932), 620ff.

organisieren. Dafür kämen aber allenfalls christliche Gewerkschaften in Frage, die „Zugehörigkeit zu sozialistischen Organisationen" wäre dagegen „Verrat am katholischen Glauben" und würde „mit der Verweigerung der priesterlichen Lossprechung und sogar mit der Exkommunikation, d.h. mit dem Ausschluss aus der kirchlichen Gnaden- und Rechtsgemeinschaft bestraft ... ."[47] Nachdem der 1. Mai durch das Nazi-Regime zum gesetzlichen Feiertag deklariert worden war, widmeten die Prediger diesem staatlich verordnetem „Tag der Arbeit" eine ganze Reihe von Predigten,[48] die die Ehrung der „Würde und Weihe der Arbeit"[49] an diesem „nationalen Tag"[50] in besonderer Weise begrüßten[51] und versuchten, die christliche Interpretation der „geheiligten Arbeit" in diesen Tag einzubringen. Auffällig ist, dass die soziale Dimension der Arbeit, die neben der Humanisierung der menschlichen Existenz auch dazu geeignet ist, Solidaritätsstrukturen zu schaffen, weitgehend unthematisiert blieb. Der Schwerpunkt der Ausführung lag auf der individuellen Ebene und in der Subjekt-Objekt Beziehung von Schöpfer und Geschöpf. Der soziale Charakter der Arbeit wurde allein als „Dienst am Volk" in besonderer Weise erwähnt.

Die Vision einer nach Berufsständen geordneten Gesellschaft kann als Zentralidee der christlichen Gesellschaftslehre bezeichnet werden.[52] Die Auflösung der agrarstrukturierten Gesellschaft durch die Industrialisierung mit der Entstehung der Arbeiterschicht als gesellschaftlicher Klasse, stellte die Kirche

---

[47] Reuterer, Rudolf: Auf den Sonntag Septuagesima. Arbeit. PuK 79 (1929), 119

[48] Silvester, P.: Für den nationalen Tag der Arbeit. Christliche Arbeit. PuK 84 (1934), 478-484; Dür, Franz: Geheiligte Arbeit. Kurzpredigt auf den 1. Mai, den Tag der Arbeit. PuK 85 (1935), 499-501; Sebastian, Jakob: Tag der Arbeit am 1. Mai. Arbeit und Kirche. PuK 86 (1936), 490-493

[49] Dür, Franz: Geheiligte Arbeit. Kurzpredigt auf den 1. Mai, den Tag der Arbeit. PuK 85 (1935), 499

[50] Silvester, P.: Für den nationalen Tag der Arbeit. Christliche Arbeit. PuK 84 (1934), 478

[51] „Der Tag der Arbeit soll nach der Absicht der Regierung sein: ein Feiertag des arbeitenden Volkes, ein Ehrentag der Arbeit, ein Werbe- und Sturmtag für das ganze deutsche Volk zu neuer Arbeitsfreude und erhöhtem Arbeitswillen. ... gehen wir heute gern auf die Absichten unserer Führer ein, und wir werden sehen, wie gerade aus unserer katholischen Weltanschauung, aus unserem katholischen Glauben heraus jene Absichten und Wünsche ihre idealste und vollkommenste Erfüllung finden." Dür, Franz: Geheiligte Arbeit. Kurzpredigt auf den 1. Mai, den Tag der Arbeit. PuK 85 (1935), 499
„Der heutige Tag ist ein staatlicher, kein kirchlicher Feiertag, er ist nicht von der Kirche, sondern vom Staate eingesetzt und geboten. Und doch feiert ihn auch die Kirche wie einen ihrer eigenen höchsten Feste. ... Die Kirche beteiligt sich an der Feier des heutigen Tages aus innerster Überzeugung." Sebastian, Jakob: Tag der Arbeit am 1. Mai. Arbeit und Kirche. PuK 86 (1936), 490

[52] Gundlach 1957, 1124

vor das Problem, einen neuen tragfähigen Gesellschaftsentwurf zu konzipieren. In einer rückwärtsgewandten Haltung versuchte man, die noch bestehenden ständischen Elemente der agrarstrukturierten und handwerklich-gewerblichen Ordnung als Maßstäbe einer neuen gesellschaftlichen Organisation zu nutzen. Bauerntum und Handwerk sollten Vorbilder für den Arbeiterstand werden. In Arbeit und Beruf sah man im Gegensatz zum sozialistischen Antagonismus von Arbeit und Kapital das zentrale Gliederungsprinzip der Wirtschaft und damit auch der Gesellschaft. Auf diesem Modell versuchte man eine ständische Ordnung aufzubauen. Diese knüpfte damit im Kontrast zur Wirtschaftsordnung des Mittelalters nicht mehr an die Herkunft, im Widerspruch zur sozialistischen Idee nicht an ein wirkliches oder vermeintliches Sein des Menschen, sondern an dessen berufliche Funktion an; in diesem Sinne verstand sie sich als berufsständisch.[53] Die Unvereinbarkeiten von Kollektivismus und Individualismus, von Sozialismus und Kapitalismus sollten durch die berufsständische Ordnung überwunden und die Arbeiter in die Gesellschaft integriert werden. Der Versuch, die gesamte Arbeiterschaft als eigenen Stand zu organisieren und eine entsprechende Arbeiterstandesbewegung mit einer eigenen Arbeiterstandesbildung zu initiieren, ließ die Grenzen zwischen dem Standes- und Klassenbegriff jedoch immer wieder verschwimmen.

Die Enzyklika „Quadragesimo Anno" vom 15. Mai 1931 gab der Diskussion einen neuen Schub und legte vom Lehramt aus die Richtlinien neu fest. Sie verkündete den Wiederaufbau der gesellschaftlichen Ordnung als Aufgabe der christlichen Gesellschaftslehre und stellte dabei den berufsständischen Gedanken in den Mittelpunkt, der damit zum anerkannten Richtziel der christlichen Sozialreform erhoben wurde. Ausgehend von organizistischem Gedankengut sollten die Berufsstände oder Leistungsgemeinschaften wie organische Glieder des menschlichen Körpers mit je unterschiedlichen Funktionen zum Wohle des Ganzen die eine menschliche Gesellschaft bilden und damit die unorganischen Klassengebilde überwinden. Jeder Berufsstand sollte in sich geeint durch die gemeinsame Leistung die verschiedenartigen Beiträge zur Förderung des Gemeinwohls einbringen. Dabei könne durch die Kooperation von Arbeitgebern und Arbeitnehmern in der Leistungsgemeinschaft jeder Klassengegensatz überflüssig werden. Verschiedene Leistungsgemeinschaften sollten gleichberechtigt nebeneinander existieren können, über die Zugehörigkeit zu einer Leistungsgemeinschaft sollte der einzelne frei entscheiden.

Ein Modell, das von einem idealistischen Grundsatz aus versuchte, die bestehenden Gegensätze zu überbrücken, aufgrund seiner organizistisch-harmonisierenden Sichtweise jedoch in keiner Weise geeignet war, den

---

[53] Vgl.: Nell-Breuning 1959, 9

gesellschaftlichen Realitäten auch nur im Ansatz gerecht zu werden. Noch Jahrzehnte später hielten führende Vertreter dieses wirklichkeitsfremde Modell für einen „wahren christlichen Dienst am demokratischen Staat von Weimar"[54], und bis in die Gegenwart hinein bestimmt dieses Modell als sogenannter „Dritter Weg" die Regelung der Arbeitsverhältnisse in der katholischen Kirche.

Ein treffendes Beispiel, in dem der Gegensatz von Arbeitgeber und Arbeitnehmer in einer harmonisierenden Weise aufgehoben wird, bietet eine Predigt über „Rechte und Pflichten der ländlichen Dienstboten und Herrschaften".[55] Einleitend wird zunächst festgestellt, dass Knechte und Mägde sich durch die neue Zeit nicht mehr der Hoffamilie zugehörig fühlten. Dies sei der Kernpunkt aller Schwierigkeiten: „Der Dienstbote betrachtet sich als einen Arbeiter, der seine Arbeit tut und sonst sein eigener Herr sein will."[56] Daraus resultiere die Notwendigkeit, die gegenseitigen Rechte und Pflichten, das wechselseitige Geben und Nehmen genau zu definieren und zu kennen. Letztlich ließen sich alle Schwierigkeiten aber doch nur überwinden, wenn die Dienstboten sich als „Glied der Familie" betrachten würden. Ähnlich wurde in einer Predigt über die Entstehung und Geschichte des Arbeiterstandes argumentiert. Sie beginnt sofort mit dem organizistischen Bild vom Körper mit den unterschiedlichen Gliedern und propagiert von diesem Gleichnis aus die berufsständische Ordnung.[57] Derartige Ausführungen wurden häufig mit Hinweisen darauf verbunden, dass man schließlich in jedem Berufsstand seine persönliche Erfüllung finden könne.[58] Die Unterschiede zwischen den Berufsständen wurden als

---

[54] „Im Rückblick wird man heute feststellen können, daß diese Neuorientierung der katholischen Arbeiterschaft wahrer christlicher Dienst am demokratischen Staat von Weimar gewesen wäre, wenn man Erfolg gehabt hätte. Denn diese Neuorientierung legte den Finger auf die tödliche Wunde des Staates: seine Wertleere, sein Absinken zu einem „gegen Wahrheit und Wert neutralen Mehrheitsfunktionalismus". Er ward das Opfer des Einbruchs der Wirtschaftsmächte, das Feld, wo der marxistische Klassenkampf der Arbeitsmarktparteien sich austobte." Gundlach, Gustav: Katholische Arbeiterschaft im Volksstaat von Weimar, in: Ders 1964b, 487

[55] Sebastian, Jakob: Christenlehrvorträge. Rechte und Pflichten der ländlichen Dienstboten und Herrschaften. PuK 81 (1931), 921-925.

[56] A.a.O., 921

[57] Sebastian, Jakob: Christenlehrvorträge. Der Arbeiterstand. PuK 87 (1937), 749-753

[58] „Aber schließlich ist es der Wille Gottes, den Posten gut auszufüllen, auf den uns die Vorsehung gestellt hat." Hermenegild, P.: Die acht Seligkeiten. 10. Die Friedfertigen. PuK 79 (1929), 826
„Wer dient, soll sich als Kind Gottes fühlen, nicht als einen Menschen, der tun darf, was ihm beliebt, dann wird ihm das Dienen nicht schwer fallen." Sebastian, Jakob: Christenlehrvorträge. Rechte und Pflichten der ländlichen Dienstboten und Herrschaften. PuK 81 (1931), 921-925;
„ ... so sind auch nicht alle Glieder der menschlichen Gesellschaft gleich, sondern es herrscht nach Gottes Anordnung eine Verschiedenheit der Stände und

gottgewollt dargestellt,[59] jeder Gedanke an einen Klassenkampf oder eine Auseinandersetzung zwischen den Ständen mit diesem Hinweis verworfen.[60] Allein dem „auf Gerechtigkeit und Liebe gegründeten Frieden Christi" sei es möglich, die Gesellschaft zu einem harmonischen Ganzen zu vereinen.[61] Von daher ist es kaum verwunderlich, dass die Auflösung der Gewerkschaften und

---

[59] Lebensverhältnisse. Es ist demnach Gottes heiliger Wille, daß der eine herrsche, der andere gehorche, daß der eine diesem, der andere jenem Stand angehöre. An und für sich ist es auch ganz gleichgültig, in welchem Stande man lebt. Es ist keiner ein Hindernis der Tugend, vielmehr ein Mittel zur christlichen Vollkommenheit." Graf, Johann: Auf das Fest des heiligen Leopold. Man kann in jedem Stande selig werden. PuK 82 (1932), 1012
„Seid zufrieden mit dem, was eine heilige weise Vorsehung Gottes euch für dieses Leben zugedacht hat." Wangler, Elzear: Der Mann und seine Erzieherpflichten. VII. Väter, schult eure Kinder für ihr späteres, soziales Leben!" PuK 82 (1932), 636
„Er [Gott] wollte also den Unterschied der Stände, nicht aber den Klassenkampf. Im Interesse einer gedeihlichen Entwicklung muß es Arbeiter und Arbeitgeber, Vorgesetzte und Untergebene, Reiche und Arme geben. Aber alle sind berufen, den anderen zu dienen. ... Wie anschaulich kommt dieser Gedanke zum Ausdruck in der bekannten Parabel vom Magen und den anderen Gliedern." Hermenegild, P.: Die acht Seligkeiten. 10. Die Friedfertigen. PuK 79 (1929), 825f
„Unterschiede gibt es, wird es geben und muß es geben in der Stellung der Menschen untereinander, und die kann auch die Kirche nicht verwischen noch aufheben – das ist das gegebene soziale Gefüge." Salutaris, P.: Drittordenspredigten. IX.. Lebensweise. a) Kleidertracht. PuK 81 (1931), 811
„Diese Gegensätze [zwischen den Klassen] währen im Leben fort, kein neues Gesetz, keine veränderte Staatsform wird alle diese Lebensgegensätze aus der Welt schaffen. ... Keine Revolution kann hier eine letzte, entscheidende Wendung bringen, endgültiger Austausch zwischen Arm und Reich, zwischen Besitzenden und Besitzlosen kann nur die Ewigkeit bringen." Bußigel, Ernst: Jungmännervorträge. Parabeln Christi. I. Soziale Gegensätze und ihr Ausgleich im Jenseits. PuK 84 (1934), 88

[60] „Darum ist jeder Klassenkampf, sei er von oben durch Ausbeutung der arbeitenden Schichten, sei er von unten durch Gewalt und Terror, zu verwerfen. Alle Stände und Berufe müssen zusammenhelfen, und durch gerechte und liebevolle Handlungsweise werden sie den zeitlichen Frieden, das irdische und ewige Wohl gewinnen." Reuterer, Rudolf: Auf den Weißen Sonntag. Friede. PuK 80 (1930), 381
„'Überbrückung der Klassengegensätze!' So lautet das Feldgeschrei einer vom Christentum losgelösten Welt. ... Eine öde kommunistische Gleichmacherei ist widergöttlich; kann darum nie ihr Ziel erreichen. Wer mit roher Gewalt, ohne Christus, das soziale Problem meistern will, merket und lauschet!, der ist aus dem Lager der Königsmörder von Golgotha." Kiermaier, Kaspar: Auf das Fest des heiligen Ulrich (4. Juli). St. Ulrich, unser Vorbild. PuK 86 (1936), 653

[61] Das Menschengeschlecht hat einen gemeinsamen Ursprung, es ist eine organische Zweckgemeinschaft ihrer Natur nach, es ist durch Christus eine geheiligte, übernatürliche Leibeseinheit geworden. Der Einzelmensch ist kein Atom, das ziellos im Weltall herumfliegt, sondern ein Glied, das vom gemeinsam Leib ernährt wird und ihm dafür dienen muß. ... Nicht der furchtbare Klassenkampf, der nur Haß und Feindschaft erzeugt, kann uns glücklich machen, sondern der auf Gerechtigkeit und Liebe gegründete Friede Christi." Reuterer, R.: Auf den vierten Adventssonntag. Wegbereitung. PuK 81 (1931), 34

die zwangsweise Vereinigung der Arbeitgeber und Arbeitnehmer in der Deutschen Arbeitsfront „als gute Überbrückung der Gegensätze zwischen Arbeit und Kapital" positiv begrüßt wurde[62] und auch der 1. Mai als „Tag der nationalen Arbeit" eine entsprechende Würdigung in den Predigten erfuhr.[63] Als Bilder besserer Zeiten wurde das Vorbild des „guten katholischen Mittelalters"[64] bemüht, in welchem „glückliche Zustände" herrschten und alle Menschen ihren Platz und ihr Auskommen hatten.[65] Gelegentlich wurde auch die „Wohltätigkeit des Urchristentums" als Lösungsansatz der sozialen Frage in Anspruch genommen.[66] Wurde im Ansatz tiefergehend nach den Ursachen der Schwierigkeiten gefragt, finden sich auf den ersten Blick erstaunlich kritische Feststellungen zum System des liberalen Wirtschaftskapitalismus.[67] Doch reichte

---

[62] „Daher verlangten die Päpste die ständische Ordnung. ... Jetzt ist das in Deutschland zu einem guten Teil verwirklicht. Im Dritten Reich haben wir für die Arbeiter und die Arbeitnehmer eine gemeinschaftliche Organisation ... die Deutsche Arbeitsfront. Hier sind alle Arbeiter und alle Arbeitgeber Deutschlands zu einer großen Organisation vereinigt. Und gemeinschaftlich wollen sie hier ihre Interessen fördern. Darum müssen wir froh sein, daß wir die Deutsche Arbeitsfront haben ..." Sebastian, Jakob: Christenlehrvorträge. Der Arbeiterstand. PuK 87 (1937), 752f

[63] „Maienstimmung klingt durch unser Vaterland. Ihr wißt ja, daß der 1. Mai als Feiertag der nationalen Arbeit die Verbundenheit des ganzen deutschen Volkes, und die Bereitschaft der Arbeiter der Stirn und der Faust verkünden soll. ... Bereit sein zur Arbeit aus Liebe zu Gott und zum Vaterland, soll jeden Morgen euer Gebet werden." Hendlmeier, Josef: Kinderpredigten. Kinder als Mitarbeiter Gottes. VI. Bereitschaft. PuK 84 (1934), 524
Vgl. auch das Gebet „Geheiligte Arbeit" zum „Tag der nationalen Arbeit" in PuK 88 (1938), 471

[64] „In der ganzen Geschichte sind gut katholische Zeiten immer gleichbedeutend gewesen mit Zeiten allgemeinen, glücklichen Wohlstandes. Was wir heute an ungesunder Gleichheit sehen, ist nicht Schuld der Kirche, sondern des Abfalles von der Kirche, weil wir so selten mehr katholischen Einfluß, wahres katholischen Leben sehen, wie damals im Mittelalter." Erhard, P.: Auf den Sonntag Septuagesima. Gleichheit. PuK 81 (1931), 181

[65] „Die Volkswirtschaft des Mittelalters ... muß darum im Vergleich mit den Zuständen der Gegenwart als glücklich bezeichnet werden." Reuterer, Rudolf: Auf das Erntedankfest. Gottes Gaben und unsere Aufgaben. PuK 81 (1931), 800

[66] Vgl.: Burger, Tiberius: Auf das Fest der heiligen Elisabeth. Selig die Armen im Geiste. PuK 81 (1931), 966-970

[67] „Hat der Kapitalismus ... nicht ein modernes Sklaventum geschaffen, nachdem die Kirche durch Jahrzehnte hindurch mit allen Mitteln die Sklaverei unter den Heiden bekämpft und bezwungen hat?" Benignus, P.: Auf den zweiten Sonntag nach Ostern. Was tut die Kirche für die Armen? PuK 81 (1931), 399
„Mit vollem Recht wird das System des Kapitalismus im Wirtschaftsleben verflucht. Unsägliche Not an Leib und Seele hat es über die Arbeiterschaft gebracht." Silvester, P.: Nicht vom Brot allein lebt der Mensch. PuK 82 (1932), 123
„Der Reichtum aber, meine Zuhörer, der Kapitalismus, das Geldprotzertum betrachtet die Religion nur als Ordnungsmittel für die niederen Volksschichten, für die Besitzlosen,

diese Kritik kaum tiefer, ganz davon abgesehen, dass hier eine Kooperation mit anderen kapitalismuskritischen gesellschaftlichen Gruppen – etwa der sozialistischen Bewegung – durchaus im Bereich des Möglichen gelegen hätte. Die Ursachenforschung verlor endgültig an Tiefe, wenn wieder das religiöse Motiv der säkularisierten Welt als Ursache jeglichen gesellschaftlichen Missstands ins Feld geführt wurde.[68] Auch gegenüber der großen Wirtschaftskrise zu Beginn der dreißiger Jahre mit dem Elend der Massenarbeitslosigkeit blieben die Aussagen eher dürftig. Sie reichen von der reinen Zustandsbeschreibung[69] über die Negation der Krise[70] hin zu einer Individualisierung des

---

für die großen Massen, daß Ordnung und Ruhe herrsche im Land ..." Kröninger, J.: Auf den siebzehnten Sonntag nach Pfingsten. Begriff und Auswirkung der Religion. PuK 81 (1931), 784

[68] „Es gibt Leute, welche der katholischen Kirche einen Vorwurf daraus machen, daß es auf Erden auf der einen Seite Leute mit ungeheuren Reichtümern gibt und auf der anderen Seite Leute, die nicht einmal das Nötigste zum Leben haben. Ganz mit Unrecht. Denn die katholische Kirche ist an diesen traurigen Zuständen nicht schuld. Wenn es wirklich Zustände gibt, die zum Himmel schreien, dann kommt das daher, weil man die Lehren der katholischen Kirche nicht befolgt." Sebastian, Jakob: Christenlehr-Vorträge. Stiftung der Kirche. Zweck der Kirche. PuK 80 (1930), 512
„Aber wie war das [die unsägliche Not der Arbeiterschaft bedingt durch das kapitalistische System] doch möglich? Dieses System hat außer Kraft gesetzt das Wort Gottes ..." Silvester, P.: Nicht vom Brot allein lebt der Mensch. PuK 82 (1932), 123
„Der wirtschaftliche Liberalismus war es, der jenes höhere Gesetz, vor allem den Gottesglauben und das Gebot der Liebe aus dem Wirtschaftsleben ausgeschlossen hat." Gaudentius, P.: Fastenpredigten. V. Herodianer von gestern und heute. PuK 82 (1932), 316

[69] „Wir durchleben eine Zeit wirtschaftlicher Not; das Gespenst der Arbeitslosigkeit hat in vielen Familien Einkehr gehalten und Sorge über viele gebracht. Zur Zeit haben wir Millionen von Arbeitslosen; ein ganzes Heer von Arbeitslosen ist es! ... Millionen von Arbeitswilligen, aber keine Arbeit. Tausende und Abertausende werden auf die Straße gestellt, die gerne arbeiten würden. Der große Menschenfreund Carlyle sagt: „Das größte Unglück ist es, wenn man arbeiten will und keine Arbeit finden kann." Heß, Oskar: Die Arbeitslosigkeit und die Heidenmission. PuK 81 (1931), 899
„Gegenwärtig ist die Not in unserem Vaterlandes so außerordentlich groß. Die Arbeitslosigkeit hat Millionen erfaßt und ist zu einem furchtbaren Volksunglücke geworden." Gutberlet, F.: Auf das Fest des hl. Apostels und Evangelisten Johannes. Die Liebe des hl. Johannes zu Jesus. PuK 82 (1932), 31

[70] „Wie viele gibt es, die sich Arbeitslosenunterstützung ausbezahlen lassen, obwohl sich ihnen Gelegenheit zu ehrlicher Arbeit bietet, oder die noch eine Arbeit finden könnten, wenn sie wollten. Das ist nichts weiter als Diebstahl." Hönle, N.: Auf den dritten Adventssonntag. Der heilige Johannes, ein gewissenhafter, ein seeleneifriger, ein aufrechter Mann. PuK 81 (1931), 25f
„Ich weiß, daß viele Tausende in Deutschen Reich vergeblich nach Arbeit suchen. Ich weiß, daß Tausende ohne würdige Wohnung, viele im Nachtwagen, Autogaragen und Kegelbahnen ihr Dasein fristen. Aber nennt mir einen einzigen Menschen, der immer sittlich intakt blieb, der treu seine Pflicht getan und im übrigen wie ein Kind auf seinen Vater im Himmel vertraut hat und doch zugrunde gegangen ist. Nennt mir einen! Ihr wißt

Problems,[71] übrigens eine bemerkenswert moderne Interpretation, und gipfeln schließlich in einer Spiritualisierung[72] mit vollkommen wirklichkeitsfremden Vorschlägen.[73] Allein tragfähige gesellschaftspolitische Konzepte und Entwürfe sucht man vergebens.

Eines der schillernden Modewörter im katholischen Milieu zu Beginn des 20. Jahrhunderts war der Begriff des „Organischen".[74] In einer Zeit der „pluralistischen Zerrissenheit" schien dieses Bild originär geeignet zu sein, die natürliche, innere Einheit der katholischen Kirche in besonderer Weise zu betonen,

---

keinen. Es gibt keinen." Grellner, Cajus: Auf das Fest des heiligen Franziskus. Das Armutsideal. PuK 80 (1930), 830

[71] „Damit tritt also der Heiland in unserer Vaterunser-Bitte einerseits der Trägheit, Arbeitsscheu und dem Müßiggang entgegen, andererseits aber auch dem unrechtmäßigen Erwerb des täglichen Lebensunterhaltes. Wer Arbeit hat und Arbeitskraft besitzt, dabei aber arbeitsscheu ist, versündigt sich darum gegen Gottes heilige Anordnung, hat keinen Anspruch auf „das tägliche Brot" und ist auch nicht wert, den Lebensbedarf durch fremde Hände zu erhalten." Wiesnet, J.: Das Gebet des Herrn. Predigtreihe über das Vater unser. 6. „Unser täglich Brot gib uns heute!". PuK 82 (1932), 523

[72] „Schwere wirtschaftliche Not lastet auf unserem lieben Vaterlande. Immer noch zählt das Heer der Arbeitslosen nach Millionen. Verkennen wir diese Zeit der Heimsuchung nicht! Auch sie ist wie alle andern „betrübte, armselige Zeiten" eine Prüfung im Ratschlusse der göttlichen Vorsehung. Mit Erbitterung und Hadern gegen Gott würden wir uns nur um den Segen bringen, den der Vater im Himmel auch für Notzeiten uns zugedacht." Ansbert, P.: Auf den vierten Sonntag nach Pfingsten. Das Geheimnis unseres Erfolges. PuK 81 (1931), 583
„Die große Weltwirtschaftskrise hat eine große Not hervorgerufen. ... Von dieser Not betroffen sind viele, die früher einmal in gesegneten, oder gar üppigen Verhältnissen gelebt haben; ... Und daß Gott für uns alle sorgen muß, wenn wir nicht alle zusammenbrechen wollen, das wird uns jetzt handgreiflich klar." Frank, Wilhelm: Auf den dritten Sonntag nach Pfingsten. Er sorgt für Euch! PuK 83 (1933), 591
„Erschreckend groß ist immer noch die Zahl der Arbeitslosen in diesem Winter. ...Aber wie würde uns erst zumute sein, wenn wir in die Arbeitslosenliste Gottes Einsicht nehmen könnten!" Beck, Pius: Auf den Sonntag Septuagesima. PuK 84 (1934), 127f
„Die Weltwirtschaftskrise und die Arbeitslosigkeit verlangt von vielen dasselbe [ein furchtbares Fasten]. ... Durch Kritisieren und Dreinschlagen hat noch niemand Arbeit und Brot geschaffen. Armut und Entbehrenmüssen schützen auf der anderen Seite vor vielen Sünden und Gefahren für die Seele. ... Durch Leiden hat Christus die Welt erlöst, durch Leiden, das in christlicher Geduld getragen wird, ergänzen wir Christi Werk und breiten sein Reich aus." Reuterer, A.: Vom Fasten. PuK 85 (1935), 288

[73] „Wenn die Welt, deine Heimat, dein Vaterland dir, junger Mensch, keine Arbeit gibt, hast du dann nicht den Mut, Gott selbst deine Arbeit anzutragen? Jesus der große Volksmissionär sagt: ‚In den Heidenmissionen ist Arbeit in Hülle und Fülle. ... Weißt du, wo man immer tüchtige Arbeiter braucht? Weißt du, wo man nie arbeitslos wird? In den Heidenmissionen'." Heß, Oskar: Die Arbeitslosigkeit und die Heidenmission. PuK 81 (1931), 899ff

[74] Vgl.: Ruster 1997, 138ff

darüber hinaus aber auch der von „Zersetzung geprägten Gegenwart" den Entwurf einer wahren harmonischen Gemeinschaft entgegenzustellen. Man konnte mit einer Fülle von Beispielen und Bildern im Rückgriff auf die agrarstrukturierte Gesellschaft an die plausible Evidenz alles Naturwüchsigen anknüpfen und im Begriff des Organischen jene innere Sinnenhaftigkeit betonen, die dem bloß mechanischen und zweckgerichteten Zeitalter angeblich so gänzlich fehlte. Auch die biblischen Bilder vom menschlichen Körper, vom Haupt und den Gliedern, waren prädestiniert, um diese organische Einheit des Gemeinschaftsleibes aufzuzeigen und vor allem auch die geforderte Einordnung der einzelnen Glieder in die Einheit des Ganzen zu fordern. In einem weiteren Schritt konnte das Beispiel der katholischen Kirche dann zu einem Ur- und Vorbild für die wesenhafte Gemeinschaft von Volk und Nation werden. Diese „Bildung der Gesellschaft zur Gemeinschaft"[75] schloss zugleich an eine weit verbreitete Suche nach einer neuen, staatstragenden Weltanschauung, nach einer verbindlichen Idee und Form der Volksgemeinschaft an. Der Begriff des Organischen stand dafür, dass aus der Gesellschaft wieder eine wesenhafte, natürliche Gemeinschaft werden konnte.

Die Predigten bieten eine Fülle von Beispielen für die Verwendung dieses organizistischen Gedankengutes. Neben einer naturalistischen Sprache, die Begriffe entsprechend kategorisiert,[76] wurden die „Lebenskreise" des Menschen als organische Gebilde vorgestellt und mit scheinbar korrespondierenden naturalistischen Beispielen belegt:[77] das Leben des Individuums,[78] die

---

[75] Michel 1971, 188f.

[76] „Das Blutbad – ist unsere Wirtschaftskrise nicht ein Blutbad am Volkskörper? Die Pest, die Lebensnot – ist unsere Arbeitslosigkeit nicht ähnliches?" Haugg, Donatus: Auf den Karfreitag. Der sterbende Heiland. PuK 84 (1934), 304

[77] „Die Familie ist die älteste, von Gott selbst geschaffene menschliche Gemeinschaft. Aus ihr erwachsen alle anderen Vereinigungen, das Volk, der Staat, die Kirche. Die Familie ist die Wurzel, Volk und Staat sind der Baum. Ist die Wurzel gesund, dann ist es auch der Baum. Ist die Wurzel krank, so wird der ganze Baum allmählich absterben. Auf Leben und Tod sind also Familie und Gesellschaft voneinander abhängig." Reuterer, Rudolf: Auf das Fest der heiligen Familie. Familiensinn. PuK 79 (1929), 98
"Das Menschengeschlecht hat einen gemeinsamen Ursprung, es ist eine organische Zweckgemeinschaft ihrer Natur nach, es ist durch Christus eine geheiligte, übernatürliche Leibeseinheit geworden." Reuterer, R.: Auf den vierten Adventssonntag. Wegbereitung. PuK 81 (1931), 34
„Da liegt ein großes Grundgesetz menschlicher Gemeinschaft ausgesprochen, das Gesetz, daß es in der Natur wie im Menschenleben eine Verschiedenheit der einzelnen Glieder gibt, daß aber die einzelnen Teile füreinander arbeiten und schaffen sollen, und daß über all dieser Zusammenarbeit ein großer Wille steht, der das einzelne an seinen Platz gerufen hat." Kürzinger, J.: Auf das Fest Mariä Lichtmeß. Dienstboten. PuK 82 (1932), 182

Ehe,[79] die Familie,[80] die Kirche,[81] das Volk[82] und schließlich die Völkergemeinschaft.[83] Alles hatte demnach seine naturgemäße Bestimmung, seine Ordnung

---

[78] „Sünde wie Tugend wirkt auf die ganze Zellenstruktur. Diese Eindrücke von Gut oder Bös im Körper aber pflanzen sich fort wie andere körperliche Eigenschaften ... damit pflanzt sich auch das Gute wie das Böse weiter!" Erhard, P.: Vorträge für christliche Müttervereine. 5. Erzieherische Mutteraufgabe. PuK 79 (1929), 422

[79] „Die Ehe ist kein Verein, sondern ein Organismus, der an bestimmte, von Gott gegebene Lebensgesetze gebunden ist. Zwei Personen bilden in der Ehe eine Einheit. Liebe und Gehorsam sind die Bindeglieder. Soll das Eheleben in gottgefälliger Weise geführt werden, dann muß zwischen den Ehegatten die rechte Ueber- und Unterordnung bestehen." Gutberlet, P.: Predigten über die päpstliche Enzyklika „Casti connubii" vom 31. Dezember 1931. VII. Die Stellung des Mannes und der Frau in der christlichen Familie. PuK 84 (1934), 603

[80] „Wie das Christentum die Naturordnung nicht aufhebt, sondern im Gegenteil darauf baut, sie stützt und fördert, so trat es auch von jeher voll und ganz und mit aller Entschiedenheit für die Familie und ihre Rechte ein und tut es immer noch. ... Denn die Wurzel der Familie ist die Ehe ..." Zeilner, Angelus: Standesunterweisungen. Der katholische Mann und unsere Zeit. Männer-Apostolatsansprachen. X. Der katholische Mann in seinem Familienleben. PuK 83 (1933), 929
„Das Grundproblem unseres Volkes ist die Familie, weil sie die Keimzelle jeglicher Volkskraft ist." Leo, P.: Drei Bruder-Konrad-Predigten. I. Die sichtbaren Führer zur Heiligkeit. PuK 86 (1936), 499

[81] „Gegründet vom Sohne Gottes hat und lebt die Kirche auch ein göttliches Leben; er hat sie als lebensvollsten Organismus mitten in die Weltgeschichte hineingestellt und ihr ein unzerstörbares Dasein und Leben garantiert durch sein Wort ..." Zeilner, Angelus: Standesunterweisungen. Männer-Apostolatsansprachen. Der katholische Mann und unsere Zeit. IX. Anteilnahme am kirchlichen Leben. PuK 83 (1933), 827
„Ein Organismus ist Blut und Leben, eine Organisation bloß Technik. Der Organismus des mystischen Leibes Christi in der Urkirche ... war so stark, daß der eiseren Koloß des römisches Weltreiches ... daran zerschellte." Reuterer, R.: Zum 30-jährigen Jubiläum der Enzyklika über die öftere Kommunion. Der Eucharistische Kreuzzug Pius X. PuK 86 (1936), 49

[82] „Schwere Jahre der Entbehrung und des sittlichen Niederganges hat unser Volk in den Kriegs- und Revolutionsjahren durchgemacht. ... Jetzt ist es besser geworden. ... Aber der Weg zur Gesundung ist nicht leicht." Quint, Severin: Vorträge für christliche Müttervereine. 2. Die Mutter und das Gebet für ihr Kind. PuK 79 (1929), 147
„Fröhnt nun ein ganzes Volk solchen Sitten oder besser Unsitten, solcher materialistischer Lebensweise, so legt es selbst die Axt an die Wurzel seines Stammes." Cremers, W.: Gelegenheitspredigten. Was tut uns not? 7. Seelen, welche die Menschheit erneuernde Kraft aus Jesu Blut schöpfen. PuK 79 (1929), 390

[83] „Was den Untergang ganzer Reiche ... angeht, so darf nicht übersehen werden, daß bestimmte menschliche Gesetze in Natur und Geschichte obwalten – Entwicklung, Blüte, Reife, Niedergang. Dabei darf man nie vergessen, daß auch die sittliche Schuld der Völker bestimmend in die Wagschale fällt." Bußigel, Ernst: Jungmännervorträge. IV. Vorsehung (Rätsel der Vorsehung). PuK 83 (1933), 355

und seine Zweckmäßigkeit.[84] In diesem Sinne sollte sich der Einzelne zum Wohl der Kirche und des Volkes in das Ganze einordnen.[85] Lag die Betonung des Organischen ganz im Zug der Zeit, so wurde auch die Ausrichtung auf die nebulösen Größen von „Volk" und „Volksgemeinschaft" inhaltlich geteilt.[86] Hier sah man die Möglichkeit, eine Weltanschauung zu bilden und zu fördern, in der sich das katholische Urprinzip des Organischen in seiner ganzen Größe entfalten konnte. Wer in den Jahren der Weimarer Republik von „Volk", „Volkstum" und „Volksgemeinschaft" sprach, knüpfte damit zunächst an das hohe Ansehen des Alten und Bewährten, des Ursprünglichen an und stellte sich in eine Tradition, die noch nicht von der Zivilisation angekränkelt war. Doch zugleich hatte man die Kraft des Neuen auf seiner Seite, die sich im Vorbild der Einheit des Volkes zum Kriegsausbruch des Ersten Weltkrieges im August 1914 so augenscheinlich gezeigt und in der „Volksgemeinschaft" des Schützengrabens bewährt hatte. In diesem mit hohen Erwartungen und Anspruch aufgeladenem Feld konnte der Katholizismus mit seinem aus dem Kirchenverständnis abgeleiteten organologischem Gedankengut durchaus glänzen. Mit seinem konkreten gesellschaftspolitischen Modell der berufsständischen Gesellschaft war er zwar ohne Zweifel rückwärtsgewandt, doch bot er damit eine mögliche Alternative zu einer demokratischen, auf Gleichberechtigung aller gerichteten modernen Gesellschaft. Die im berufsständischen Modell geforderte Unterordnung in den jeweiligen Stand und Beruf war durch die Einbeziehung der Ideologie von „Volk" und „Volkstum" eingebettet in eine Verheißung von Einheit und Erlebnisgemeinschaft, die als Vision einer besseren Zukunft in Aussicht gestellt werden konnte. Organische Einheit des Volkes durch Einordnung des einzelnen in das Ganze: das war das Vorbild des organizistischen Denkens, das aus naturalistischen Bildern abgeleitet, auf das Wesen der Kirche übertragen und in der Gesellschaft realisiert werden sollte. Dass sich aus diesem Gedankengut heraus vielfältige Affinitäten zum Nazismus ergaben, ist offenkundig. Der später folgenden totalitären Verwendung dieser Begriffe hatte der Katholizismus dann auch nichts mehr entgegenzusetzen.

---

[84] „Nach dem Willen des allmächtigen und allweisen Gottes herrscht in der ganzen Schöpfung einschließlich des Menschenlebens Ordnung und Zweckmäßigkeit. Alles hat seinen Grund und seinen bestimmten Zweck." Zeilner, Angelus: Standesunterweisungen. Männer-Apostolatsansprachen. Der katholische Mann und unsere Zeit. XIX. Schwächen, Fehler und Sünden im Mannesleben. PuK 84 (1934), 692

[85] „Wenn doch die vielen Irrlehrer ... vom heiligen Paulus die notwendige Ein- und Unterordnung in den kirchlichen Organismus gelernt hätten!" Reuterer, Rudolf: Auf das Fest der Apostelfürsten Petrus und Paulus. Vas electionis. PuK 81 (1931), 596

[86] Vgl.: Sontheimer 1983, 244ff.; sowie Mosse 1991, 21ff.

In dieser Weise findet sich in den Predigten in einem rückwärtsgewandten Gesellschaftsverständnis immer wieder der Hinweis auf das Landleben als gültiges Vorbild der Volksgemeinschaft.[87] Wollte man möglicherweise damit der dörflichen Bevölkerung eine Bestätigung ihrer Bräuche und ihres Gemeinschaftslebens geben, fällt doch andererseits die unzeitgemäße Sichtweise mit der Betonung des Vorranges der agrarstrukturierten Gesellschaft stark ins Gewicht. Ein weiteres, wichtiges Vorbild der Volksgemeinschaft bildete in den Predigten die Einheit des Volkes zum Beginn des Ersten Weltkrieges im August 1914, der der Friedensschluss von Versailles und die nachfolgende „Zerrissenheit" des Volkes in der Weimarer Demokratie als „Zwietrachtslied der

---

[87] In der Predigt „Liebe zur Scholle. Religiös-sittliche Gefahren der Landflucht" stellt der Prediger den Bedrohungen der Großstadt „1. Gefahren für das Glaubensleben, 2. Gefahren für die Sittlichkeit", die Vorzüge des Landlebens gegenüber: „1. Unser bäuerliches Anwesen ist von den Vätern ererbt, 2. Der Bauer ist Herr auf seiner Scholle, 3. Die Landarbeit wird in Gottes Natur geleistet, 4. Die Menschen auf dem Land halten zusammen, 5. Auf dem Land kann man ein Vermögen bilden". Landleben und Dorfgemeinschaft werden als Kernzellen der Volksgemeinschaft vorgestellt. Sebastian, Jakob: Christenlehrvorträge. Liebe zur Scholle. Religiös-sittliche Gefahren der Landflucht. PuK 81 (1931), 1008-1012
„Der Bauernstand produziert nicht bloß die Lebensmittel, sondern auch die Menschen; bisher wenigstens ist er die hauptsächlichste Quelle der Volksvermehrung und Volkserneuerung, der Jungbrunnen des Volkes gewesen ... Wenn nun auch noch diese Quelle sprudelnder Volkskraft verstopft wird, ... dann „ade, du mein lieb Vaterland!". Beck, Pius: Für die Bittwoche. Bauer und Bittage. PuK 84 (1934), 454f
„Vor allem ist da zu sagen, daß die Bewohner eines Dorfes noch eine Gemeinschaft bilden. Sie sind gleichsam eine Familie im Großen." Im weiteren Verlauf werden die dörflichen Bräuche als „Gedanken der Volksgemeinschaft" dargestellt. In: Sebastian, Jakob: Christenlehrvorträge. Katholische Heimatpflege und Volkswohlfahrt auf dem Lande. PuK 84 (1934), 711f
„Grundlage aller Kultur aber ist die Bodenkultur. ... Die Ackererde vermehrte sich zusehends und auf ihr erwuchs nun, aus der Verbindung der ungebrochenen deutschen Volkskraft mit den Segensströmen des Christentums, die eine Kultur des Mittelalters von solcher Geschlossenheit und Vielseitigkeit, wie wir sie seitdem nicht mehr erlebt haben. ... „Wahrhaftig, der Boden, auf dem du stehst, ist heiliges Land!" Beck, Pius: Auf den zweiundzwanzigsten Sonntag nach Pfingsten. Was hat das Christentum dem deutschen Volke gegeben? PuK 85 (1935), 961f
„In ganz Deutschland wird am heutigen Sonntag das Erntedankfest feierlich begangen. Wenn auch die ganze Volksgemeinschaft, Arbeiter, Bürger, Beamte, diesen festlichen Tag freudigen und dankbaren Herzens mitfeiert, so ist der heutige Sonntag doch in erster Linie ein Ehrentag des Bauern, ein Festtag und Einkehrtag des Landvolkes. ... Die Kirche begrüßt die Einführung dieses allgemein verpflichtenden Erntedanktages der Nation. Gerade die Kirche als besorgte Mutter der Gläubigen hat im Verein mit dem Staate das größte Interesse an einem religiös gefestigten, gesunden, biederen Bauernstand, dem Väterglaube und Väterbrauch, staatserhaltende Kräfte und lebendiges Christentum innewohnen." Hahn, Jakob: Auf das Erntedankfest. PuK 86 (1936), 879

Hölle" gegenübergestellt wurde.[88] Der „fehlende Gemeinschaftsgeist" wurde immer wieder als gesellschaftlicher Makel thematisiert.[89] Im Gegensatz dazu sollte sich der katholische Bevölkerungsteil aufgrund seiner Tradition seiner existentiellen Bedeutung und seines speziellen Auftrages bewusst sein, sich als vollwertiges Glied der Volksgemeinschaft fühlen und seine Kräfte in den Dienst am Volksganzen einbringen.[90] Dieser Dienst der katholischen

---

[88] „Zu Beginn des großen Weltkrieges hat ein deutscher Kirchenfürst das Wort geprägt: „Der Krieg singt das Hohelied der Liebe" (Dr. v. Faulhaber). In der Tat. Wir haben dieses Lied vernommen, und Freude und Trost, Kraft und Mut ist uns mit ihm geworden. Das Hohelied der alles einenden Liebe erklang, und wahr geworden ist jenes andere Wort: „Ich kenne keine Parteien mehr, sondern nur Deutsche." Das Hohelied der opferstarken Liebe erklang, und deutsche Männer und Jungmänner setzten ihr Leben ein für ihre Lieben. Das Hohelied der helfenden Liebe erklang, und tausend und abertausend Hände in der Heimat rührten sich, um den Kämpfern die nötige Hilfe zu bieten. Das Hohelied der betenden Liebe erklang, und tausend und abertausend Hände falteten sich, um in heißem Flehen des Himmels Beistand zu erbitten.
Und dann ward Friede – ein harter, schwerer Friede! Mit ihm aber hob das Zwietrachtslied der Hölle an. Und Gott sei's geklagt: Das wehe Unfriedslied ist bis heute noch nicht verstummt – ja, es tönt heute lauter denn je!" Ansbert, P.: Auf den zehnten Sonntag nach Pfingsten. Eine wichtige Zeitenfrage in drei Bildern. PuK 81 (1931), 737
„Welch ernsten und hehren Klang hat dieses Wort [Gefahr] in den letzten Jahrzehnten seit den Augusttagen von 1914 bei uns erhalten. Wie hat damals die Gefahr die Opferfreudigkeit im Volke gehoben, gestärkt, die Einigkeit befestigt!... Ist dieser Gemeinschafts- und Opfergeist heute ganz ausgestorben? Fast möchte es bei der Parteien Hader und dem Haß der Klassen und dem Kampf der Stände wider einander so scheinen." Haßl, Guido: Auf den zweiundzwanzigsten Sonntag nach Pfingsten. Pflichten gegen die Obrigkeit. PuK 82 (1932), 913f

[89] „Seit der Glaubensspaltung, die unsere Volksgemeinschaft jäh zerriß, ..." Schneider, H.: Auf ein Marienfest. Marienverehrung im Lichte des Glaubens und der Frömmigkeit. PuK 81 (1931), 190
„In Naim war es anders. Da war wie man heute sagt, Gemeinschaftsgeist ... Von diesem Geist, der uns so not tut in der Zeit der Not, redet auch der Apostel Paulus ... Leider fehlt uns oft dieser Geist. ... Daher die furchtbaren Klassenkämpfe, Parteikämpfe. Wann wird das deutsche Volk einmal sich verstehen und aufhören, sich selbst zu zerfleischen, zu verdächtigen und zu beschimpfen? ... Pflegen wir nur den Gemeinschaftsgeist, und es wird uns und dem ganzen Volke zum Wohle sein." Hotzelt, J.: Auf den fünfzehnten Sonntag nach Pfingsten. PuK 81 (1931), 775

[90] „Da darf und soll der Katholik Verständnis oder direkte freudige Anteilnahme an den Tag legen, sich als Glied der Volksgemeinschaft fühlen und zeigen, soll den Beweis erbringen, daß „katholisch sein" nicht soviel heißt als „volksfremd oder gar volksfeindlich" sein ... Da ist vor allem der Gemeinschaftssinn als eine unbedingte Notwendigkeit zu nennen." Zeilner, Angelus: Standesunterweisungen. Männer-Apostolatsansprachen. Der katholische Mann und unsere Zeit. XI. Der katholische Mann im öffentlichen Leben. PuK 83 (1933), 1013f
„Die christliche Familie hat in erster Linie die Aufgabe, die Kinder für das Leben und die Volksgemeinschaft zu erziehen und geistig auszurüsten. Unsere Volksgemeinschaft braucht tüchtige Menschen. ... Unsere Volksgemeinschaft braucht dann zweitens intelligente, d.h. geistig regsame Menschen! ... Unsere Volksgemeinschaft braucht weiterhin

Bevölkerungsgruppe und die Einordnung des Einzelnen in die Gemeinschaft wurde mit vielen Beispielen illustriert.[91]

Ein von der Forschung bisher wenig beachteter Aspekt liegt in dem Faktum, dass sich im Gefolge des organizistischen Denkens und der Betonung von „Volk" und „Volkstum" unter den beschriebenen gedanklichen Voraussetzungen auch ein offener Erbbiologismus und Rassismus,[92] ein bis zur

---

[91] sittlich reife Menschen!" Brunner, L.: Rechte und Pflichten in der Familie. PuK 85 (1935), 118
„An der Wiege des deutschen Volks- und Reichsgedankens stand unsere Mutter, die hl. Kirche. ...Wenn wir uns heute wieder auf die Quellen unseres Volkstums und unserer Volkskraft besinnen, vergessen wir nicht, wer sie so reichlich hat sprudeln lassen. Möge die Vergangenheit die Lehrmeisterin der Zukunft sein für unser Volk, so wie der Segen des Herbstes wieder zur Saat für das nächste Erntejahr verwendet wird." Beck, Pius: Auf den zweiundzwanzigsten Sonntag nach Pfingsten. Was hat das Christentum dem deutschen Volke gegeben? PuK 85 (1935), 959-964
„Bei aller Persönlichkeitszüchtigung vergißt unsere Weltanschauung die Pflichten der Gemeinschaft nicht. Sie werden sogar als Kriterium, als Kennzeichen eines echten Christen bekanntgegeben." Hendlmeier, J.: Hammer und Amboß. Ansprache für Jugendliche. PuK 85 (1935), 991
„Der Staat muß ferner sorgen, daß an allen Schulen vaterländisch gesinnte Lehrer die Jugend zur treuen Pflichterfüllung dem Volksganzen gegenüber erziehen." Reuterer, R.: Auf den Schulsonntag. Unser Schulprogramm. PuK 79 (1929), 46
„Männer erkennt euren Beruf im Dienste eures Volkes! ... Nur wer ein Geist ist mit Christus, ... nur der findet sein Glück und nur der kommt in Frage für die Rettung eines Volkes." Grellner, Cajus: Fastenpredigten. 4. Gesinnungsgemeinschaft mit Christus. PuK 79 (1929), 309
„Wenn wir so von unserem christlichen Standpunkt aus für Frauenwürde und Mutterwürde kämpfen, dann kämpfen wir auch für das Wohl unseres Volkes. Dann arbeiten wir an wichtiger Stelle mit am inneren Aufbau und sittlichen Gesunden unsers Volkes. Dann leisten wir wahrhaft nationale Arbeit." Stiefvater, Alois: Gelegenheitspredigten. Für den Muttertag. PuK 84 (1934), 477
„... du leistest durch dein Schaffen Kulturarbeit, baust mit an dem gewaltigen Dom der Zivilisation! Oder: Arbeit ist Dienst am Volk, an der Volksgemeinschaft." Dür, Franz: Gelegenheitspredigten. Geheiligte Arbeit. Kurzpredigt auf den 1. Mai, den Tag der Arbeit. PuK 85 (1935), 500
„Die Gemütswerte der deutschen Volksseele erfüllen noch Haus und Heim, Gott sei Dank, im Gegensatz zu anderen Ländern mit Traulichkeit und Heimeligkeit ..." Heinrich, R.P.: Auf das Fest der heiligen Familie. Die christliche Familie – das kleine Gottesreich auf Erden. PuK 86 (1936), 107
„Es sind wahrhaftig keine kleinen Ansprüche, mit welchen die derzeitige Volksgemeinschaft an die Mutter herantritt." Brunner, Ludwig: Auf den Muttertag. Die christliche Mutter. PuK 86 (1936), 497

[92] Vgl.: Ruster 1997, 146-150. Der Autor verweist auf einen entsprechenden Diskurs in den Jahrgängen 1925/25 und 1925/26 der katholischen Intellektuellenzeitschrift „Hochland", in welchem der Autor Otfried Eberz Gelegenheit bekam primitivsten Rassismus sowie aristokratisch-antidemokratische Auffassungen vorzutragen (Eberz, Otfried: Europäisches Selbstbewußtsein. HL 22 (1924/25), 172-188). Eine in Ansätzen kritische Ge-

Menschenverachtung gesteigerter moralischer Extremismus mit entsprechenden gesellschaftspolitischen Forderungen im katholischen Milieu etablieren konnte.

Auch über den katholischen Einsatz für Ehe und Familie wurde im katholischen Milieu erbbiologistisches und rassistisches Denken verbreitet. Die Wertschätzung von Ehe und Familie wurde als „Volksaufartung durch die Familie" mit entsprechenden Zitaten aus Hirtenworten deutscher Bischöfe legitimiert,[93] mit der Darstellung der Geburtenziffer im Deutschen Reich das Szenario aufgezeigt, dass „die Slawen in ungefähr 25 Jahren die Hälfte der europäischen Bevölkerung ausmachen, während die Romanen auf ein Fünftel, die Germanen auf ein Viertel zurückgesunken seien."[94] Die Tatsache, dass der „Gebärstand" über die Zukunft des Volkes entscheide, sei damit unumstößlich,[95] die

---

genstimme (Michel, Hedwig: Otfried Eberz. Europäisches Selbstbewußtsein. Eine Glosse. HL 22, (1924/25), 587-589) wurde von der Schriftleitung in die Schranken verwiesen, die Position Eberz befürwortet (A.a.O., 587) und diesem weiterer Raum zur Ausbreitung seiner Thesen eingeräumt (Eberz, Otfried: Die Krisis der weißen Rasse. HL 23, (1925/26), 385-406). Eberz gibt sich dabei als Vertreter einer obskuren Rassenforschung zu erkennen und setzt sich für einen pangermanischen Bund ein, der dem verbündeten Hass der Slawen und Romanen, der auf die physische und geistige Vernichtung der germanischen Rassen zielt, entgegentreten soll. Gegen diese Bedrohungsabsichten helfe zur Sicherung der nordischen Herrenrasse nur, die „Waffe der rassenbiologischen Bedrohung entschlossen in die Hand" zu nehmen, dass die „nominelle Aristokratie wieder zur realen" werde und sich das Verständnis durchsetze, „daß edles Blut der höchst und unentbehrlichste aller irdischen Werte ist." Rassistisches und erbbiologisches Gedankengut fanden bei Eberz ebenso ihre pseudowissenschaftliche Legitimierung wie das Eintreten für eine patriachale Familienordnung und ein aristokratisch-ständisches Gesellschaftssystem. Das war mitten in der Weimarer Republik so unumstritten, dass sich dagegen kein Widerstand erhob und auch die Schriftleitung keine weiteren Kommentare dazu abgab.
Vgl. zum Verhältnis des Katholizismus zur Eugenik in der Weimarer Republik und der Nazi-Diktatur die umfangreiche Darstellung von Richter 2001

[93] Reisch, Erich: Volksaufartung durch die Familie. Aus den Hirtenbriefen deutscher Bischöfe über die Familie von 1919 bis 1937. Berlin 1937, 6-13
„Nun hat sich aber herausgestellt, daß diese gemischten [konfessionsverschiedenen] Ehen auch biologisch ein Unglück sind für unser Volk. Es ist die auffällig geringe Fruchtbarkeit der Ehe aus Angehörigen verschiedener Bekenntnisse und der auffällig große Anteil an Ehescheidungen durch eine so glaubwürdige Stelle wie die amtliche Statistik nachgewiesen; religiöse Mischehen weisen die höchste Zahl von Ehescheidungen und den niedrigsten Kinderstand auf." Beck, Pius: Auf den Schulsonntag. Zusammenarbeit von Familie, Staat und Kirche. PuK 87 (1937), 45f

[94] A.a.O., 21

[95] Reisch, Erich: Deutscher Lebenswille und katholisches Christentum. Gedanken und Zahlen zur Bevölkerungsbewegung. Berlin 1937, 22
„Welche Anforderungen müssen an den Körper der Braut gestellt werden? ... Sie muß vor allen Dingen gesund sein. Die Frau soll arbeiten, sie soll etwas leisten können. Das aber kann nur eine körperlich gesunde Frau. Die Frau ist bestimmt, Kinder aufzuziehen.

absehbare Gefahr der „Vergreisung" müsse vor allem im Hinblick auf die „Wehrhaftigkeit des Volkes"[96] durch eine „totale Bevölkerungspolitik als volkliche und wirtschaftliche Notwendigkeit"[97] unbedingt vermieden werden. Beklagt wurde zudem „die unterschiedliche Fruchtbarkeit nach der sozialen Stellung", die das „Problem der Kulturbedrohung durch den Ausfall des besten Erbgutes" beinhalte. Dagegen gäbe es eine Vielzahl kinderreicher Familien, „von denen Nachwuchs aus volksgesundheitlichen Gründen nicht erwünscht ist."[98]

Gleichermaßen kamen erbbiologistische Forderungen aus dem Bereich der katholischen Abstinenzbewegung. Dort wurde das Thema „Alkohol und Nachkommenschaft" als Ausschnitt des umfassenderen Zusammenhangs von „Rassenhygiene und Alkoholismus" behandelt, der katholische Einsatz gegen „moderne Genusssucht und Alkoholismus" als notwendige Seelsorgsaufgabe der Zeit gesehen. Ganz im Zeichen der Zeit gipfelt die Darstellung in rassehygienischen Folgerungen: „Die Ergebnisse der Forschungen über Alkoholismus und Nachkommenschaft berechtigen zu rassenhygienischen Forderungen: Die Flut der erblich belasteten Trinker muß eingedämmt werden. Dann aber muß alles geschehen, um eine Neuentstehung krankhafter Erbanlagen durch Alkoholmißbrauch zu verhindern."[99]

Die Predigten stellen zunächst die besondere Bedeutung der Vererbungslehre in den Zusammenhang von Ehe und Familie. Der „Gattenwahl" und der Gründung einer Familie kam damit eine ausgesprochen wichtige erbbiologische Bedeutung zu, denn selbst Eigenschaften wie „Gut" und „Böse" waren demnach biologisch bedingt vererbbar.[100] In der katholischen Weltsicht wurde

---

Auch das ist so, wie es sein soll, nur einer körperlich gesunden Frau möglich." Sebastian, Jakob: Christenlehrvorträge. Die Brautwahl. PuK 82 (1932), 1049

[96] Reisch, Erich: Deutscher Lebenswille und katholisches Christentum. Gedanken und Zahlen zur Bevölkerungsbewegung. Berlin 1937, 16f.

[97] A.a.O., 21

[98] A.a.O., 20

[99] Lux, Erhard: Alkohol und Nachkommenschaft. Berlin 1937, 35

[100] „Sünde wie Tugend wirkt auf die ganze Zellenstruktur. Diese Eindrücke von Gut und Böse im Körper aber pflanzen sich fort wie anderen körperliche Eigenschaften ... Das müssen sich ernst vor Augen halten schon alle jene, die eine Familie gründen, ein Acker der Menschheit werden wollen." Erhard, P.: Vorträge für christliche Müttervereine. 5. Erzieherische Mutteraufgabe. PuK 79 (1929), 422
„Von ehrbaren Eltern geboren"! Die Fortpflanzung des Menschengeschlechtes im Ganzen und daher auch die Erzeugung im Einzelnen ist eine hochwichtige Sache. ... Ich darf euch bloß das Wort „arische Abstammung" sagen, dann wißt ihr auch sofort, was für eine Bewegung jetzt durch unser Volk geht. Und da handelt es sich um, wenn auch nationale, so doch weltliche, irdische Interessen ..." Widmann, Wilhelm: Auf das Fest des heiligen Antonius. Beati immmaculati in via. PuK 85 (1935), 568
„So wird die zukünftige Zeit auch die Völker brechen, die faul und morsch geworden und

dies noch mit dem Schuld- und Sühnegedanken in Verbindung gebracht,[101] die „Sünden der Eltern an den Kindern rächen sich bis in das dritte und vierte Geschlecht".[102] Dem Kampf gegen den Alkoholismus als Volkskrankheit wurde auch aus erbbiologischer Sicht eine große Bedeutung beigemessen.[103] Zudem erinnerte man die „gesunden" Familien aus „intellektuellen Kreisen" an ihre christkatholische Pflicht der Nachkommenzeugung mit eindringlichen Worten,[104] denn dem allgemeinen Rückgang der Geburtenziffer konnte man als

---

andere junge Völker werden kommen und die Plätze einnehmen. Und beim Gericht wird es einem solchen Volk nicht besser ergehen als Sodoma und Gomorrha." Baumer, Franz: Vortrag für einen Gesellen- oder Jungmännerverein. Im Kampf um die christliche Ehe. PuK 81 (1931), 167

[101] „In straffer Entwicklung behandelt Verf. das Problem der Erbbiologie; darüber hinaus Schuld und Sühne. Diese Wandlung vom Fluch zum Verdienst wird greifbar klar durch die Verwebung des Romanstoffes mit der Gedankenwelt um den hl. Gral. – Ein Roman, der feierlich stimmt wie Allelujaglocken am Ostermorgen und tief in die Herzen eingeht." O.V.: Rezension zu Nabor, Felix. Die Stimme des Blutes. PuK 84 (1934), 186ff.
„Übrigens sehen wir gerade in dem heutzutage so stark betonten Gesetz der Vererbung ebenfalls einen natürlichen Beweis für die Tatsache, daß wir ... auf Gedeih und Verderb miteinander verbunden sind." Burkard, P.: Standesunterweisungen. Drittordenspredigten. VII. Sühne für andere – eine echt menschenwürdige Tat. PuK 86 (1936), 611

[102] „Man gewinnt Einblicke in die unheimlichen Tiefen der erblichen Belastung und ahnt, wie die Sünde der Eltern an den Kindern sich rächen bis in das dritte und vierte Geschlecht, wie Mangel an elterlicher Autorität, an Zucht und Ordnung den Kindern zum Verderben wird." Demleitner, N.: Die Ahnen grüßen Euch! Ansprache, gehalten in der Kirche St. Margaret zu Zwergern am Walchensee von Pfarrer Demleitner in Eschenlohe, gelegentlich der Zwergertagung am 19. September 1937. PuK 88 (1938), 633

[103] „Ja, es wird uns überhaupt schwer, abzugrenzen, welche Kinder wir als moralisch minderwertig betrachten müssen ... Eine Ursache seelischer Erkrankungen, die viel zu sehr unterschätzt wird, ist die Vererbung ... und alles, was damit zusammenhängt. Da ist vor allem auf ein Uebel hinzuweisen, das wir allzuleicht nehmen möchten, obwohl es unsere ganze Beachtung verdient: auf den Alkoholismus, und zwar auf den Alkoholimus der Eltern." Dietrich, Theodor: Die religiöse Erziehung moralisch minderwertiger Kinder. PuK 83 (1933), 535ff.
„Kinder, die schwachsinnig, blöde, geistig minderwertig die Familie, die Anstalten belasten – schreien sie nicht einem Vater den furchtbaren Vorwurf ins Gesicht: Du bist schuld! Die Personalakten von Taubstummen-Anstalten, Irrenhäusern, Kretinen-Anstalten – welch furchtbare Sprache führen sie gerade gegen die Sünden der Väter! Hüten wir uns, unser Auge zu verschließen vor den zerstörenden, den Geist, den Verstand direkt zersetzenden Wirkungen des Alkohols durch seinen Mißbrauch." Salutaris, P.: Drittordenspredigten. XI. Lebensführung. C. Speise und Trank. PuK 81 (1931), 1000f

[104] „Ewige Gesetze – der Volkserneuerung! Die aber wird ausbleiben, wenn Bequemlichkeit das Zweikindersystem selbst dort einführt, wo die gesunde Kraft in Verantwortung vor Gott und dem Volk mehr Kindern das Leben schenken sollte! Das zeigt die Verfasserin an Ehen aus intellektuellen Kreisen, und zwar mit einer Klarheit und Schärfe, wie sie nur edelster Bekennermut aufbringt." O.V.: Rezension zu Bestler, Klementin. Ewige Gesetze. PuK 84 (1934), 186ff.

„dem Selbstmord der deutschen Nation"[105] vom „vaterländischen und völkischen Standpunkt" aus nicht tatenlos zusehen.[106] In manchen Predigten wurde die „Fruchtbarkeit des Volkes" sogar zum entscheidenden Problem der „inneren Gesundheit des lebendigen deutschen Volkskörpers" hochstilisiert.[107] Die besondere Bedeutung der katholischen Religion, die die hohe Wertschätzung von Ehe und Familie durch den sakramentalen Charakter zusätzlich sichere und sich zudem in einer größeren Geburtenhäufigkeit des katholischen Bevölkerungsteils dokumentiere, gab einmal mehr Gelegenheit die besondere Relevanz der katholischen Kirche für das deutsche Volk herauszustellen.[108]

---

[105] „Man klagt schon heute von berufener Seite und warnt immer mehr vor diesem Geburtenrückgang als dem Selbstmorde auch der deutschen Nation, die es in kurzer Zeit schon weiter gebracht hat als die Franzosen. Es ist Zermürbung der Kraft, der Untergang jedes Volkes." Erhard, P.: Vorträge für christliche Müttervereine. Stellung der christlichen Frau und Mutter gegen den Geburtenrückgang. PuK 79 (1929), 931

[106] „Deutschland und Deutschösterreich ist in der Geburtenbeschränkung an der Spitze von Mitteleuropa. Früher waren wir ein Volk ohne Raum, bald wird Deutschland ein Raum ohne Volk sein." Hotzelt, J.: Auf den fünfzehnten Sonntag nach Pfingsten. PuK 81 (1931), 772
„Denn wenn es einem Volk an dem seiner Größe und Bedeutung entsprechenden Nachwuchs fehlt, dann ist es ein sterbendes Volk, und die bewußte und schuldbare Herbeiführung solchen Kindermangels ist langsamer Selbstmord eines Volkes. Und ebenso ist jeder, der an diesem Selbstmord mitwirkt, ein Feind seines eigenen Volkes und Vaterlandes, mag er auch sonst noch so vaterländisch sich gebärden, noch so viele und schöne patriotische Lieder singen." Zeilner, Angelus: Standesunterweisungen. Männer-Apostolatsansprachen. Der katholische Mann und unsere Zeit. XX. Unsittliches Verhalten im Ehestand. PuK 84 (1934), 816

[107] „... zeigt auf eine schreckliche Gottentfremdung und Sünde unserer Zeit hin. Eine Sünde, die noch immer in der Welt grausiger als Krieg und Krankheiten wütet am Untergang der Völker und Menschen, vor allem das Frauengeschlecht seiner Menschenwürde und Gotteskindschaft beraubt. Diese Sünde war schuld am Sterben der alten Kulturvölker Babylons und Aegyptens, Griechenlands und Roms. Und seit 1913 wirkt diese Sünde unter allen europäischen Völkern am stärksten und verheerendsten in unserem deutschen Volke! Wem es noch nicht deutlich geworden ist ... daß alle unsere großen Probleme der Nachkriegszeit, die Krise der Landwirtschaft, die Landflucht, das Wohnungselend, die Steuerpolitik, die Kolonialfrage, die Frage der Ostgrenzen, die der Reparationen usw. auf ein entscheidendes Problem zurückgehen: das der inneren Gesundheit des lebendigen deutschen Volkskörpers, der weißt nichts von Geschichte und nichts vom Schicksal großer Völker, und sollte deshalb über politische Dinge schweigen. Die Gesundheit eines Volkes aber nennt er Fruchtbarkeit." Gaudentius, P.: Silvestergedanken. PuK 81 (1931), 55

[108] „Auch das reinste deutsche Blut kann nie auf die Veredelung des Charakters und Werdegangs des jungen Deutschland solch mächtigen Einfluß ausüben als die Tugenden echt christlicher Eheleute, die sich auf das nachfolgende Geschlecht übertragen. Anerkennung und Dank schuldet daher eine nationale Staatsgewalt der katholischen Kirche, welche durch Aufrechterhaltung der sakramentalen Würde der Ehe der Grundlage des Staates ihren Adel und ihre Heiligkeit sichert." Gutberlet, Friedrich: Predigten über die päpstliche Enzyklika „Casti connubii" vom 31. Dezember 1930. IX. Der Staat und die

Ein interessanter Nebenaspekt ist dabei, dass selbst der Wert der Jungfräulichkeit in diesen „volksgesundheitlichen" Kontext eingeordnet wurde.[109] Abgrenzungen wurden dagegen gegenüber einem radikalen Rassismus vorgenommen, der vor allem die Gefahr beinhalte, die eigene Rasse als höchsten Wert über Gott und die Kirche zu stellen.[110] Den zentralen Maßstab bildeten auch hier wieder die genuinen kirchlichen Interessen.[111] Bei Anerkennung des Deutungsmonopols der katholischen Religion und Kirche hatten die Prediger offensichtlich keine Scheu, sich ganz in den erbbiologischen Sprachgebrauch einzuordnen und von „moralisch"[112] oder „geistig minderwertigen

---

Ehe. PuK 84 (1934), 813
„Vorliegendes Heft befaßt sich mit der Statistik der Geburtenhäufigkeit bei den verschiedenen Konfessionen und weist unwiderleglich fest, daß der Lebenswille der Katholiken viel höher ist als der anderer Religionsangehörigen, namentlich zeigt es, wie gerade die katholischen Geistlichen aus kinderreichen Familien hervorgehen, wie schließlich die katholischen Theologen im Weltkriege die größten Opfer durch den Heldentod gebracht haben." Nivardus, P.: Rezension zu Leclerk, Erhard. Katholik und Heldentum der Lebensbereitschaft. Ein statistischer Beitrag zur ernstesten Schicksalsfrage des deutschen Volkes. PuK 86 (1936), 727

[109] Vgl.: Sebastian, Jakob: Vorträge für Jungfrauenkongregationen. 1. Die Jungfräulichkeit. PuK 81 (1931), 68

[110] „Und erst im Neuheidentum? Nach dessen Anschauung haben nur gesunde, kräftige, rassereine Menschen Daseinsberechtigung. „Mißratene, Kranke, Gebrechliche, Leidende sollten rückhaltlos von den Starken zertreten werden", fordert der Wahnsinnsphilosoph Nietzsche." Haßl, Guido: Auf den achtzehnten Sonntag nach Pfingsten. Krankenfürsorge in der christlichen Gemeinde. PuK 82 (1932), 814
„Vor Jahrzehnten hat man den Begriff des Herrenmenschen geprägt und hat ihm den Herdenmenschen gegenüber gestellt. Der erstere hat nur Rechte, aber keine Pflichten, und der letztere hatte umgekehrt nur Pflichten, aber keine Rechte. Der Katechismus kennt eine solche Unterscheidung nicht." Bazner, Beda: Auf das Fest des heiligen Heinrich (15. bezw. 13. Juli). Heinrich II. ein Held und ein Heiliger. PuK 84 (1934), 656

[111] „Ich will gewiß keinem übertriebenen Nationalismus das Wort reden, der die eigene Rasse nicht nur über die anderen Völker, sondern sogar über den lieben Herrgott und über die Kirche stellt, die eigene Rasse zum Götzen macht – vor diesem Nationalismus haben die Bischöfe mit Recht gewarnt." Hotzelt, J.: Auf den fünfzehnten Sonntag nach Pfingsten. PuK 81 (1931), 775
„Da gibt es nun Vertreter neuer religiöser Richtungen ... Die deutsche Glaubensbewegung möchte am liebsten durch neue 10 Vorschriften die alten 10 Gebote auswechseln. „Arteigen" statt „gotteigen" sollen die neuen Wege ins Gottesreich sein. „Sünde wider das Blut", „Sünde wider die Rasse", wird als höchste und oberste Sünde erklärt. ... Wer diesen nachläuft, verliert den sittlichen Halt unter den Füßen und gerät in den Sumpf der Glaubensverblendung!" Stangl, Ludwig: Auf den achtzehnten Sonntag nach Pfingsten. Der Mensch und die Gebote Gottes. PuK 85 (1935), 867

[112] Dietrich, Theodor: Die religiöse Erziehung moralisch minderwertiger Kinder. PuK 83 (1933), 535-541, 624-629, 716-718, 840-844

Kinder",[113] „der Sprache des Blutes, als der eindringlichsten aller Sprachen", dem „ungebrochenen Rassencharakter"[114] oder dem „deutschen Volkskörper"[115] zu sprechen und damit den soeben selbst aufgestellten Grenzen und Maßstäben wieder die klare Schärfe zu nehmen.

Im Gefolge der hohen Bedeutung, die dem Volk und der Volksgemeinschaft zugemessen wurden, prägte die Ausrichtung auf das Volkstum sowie in seiner spezifischen Ausprägung das Deutschtum die Gedankenwelt der katholischen Kirche. Zunächst versuchte man dabei die besondere Bedeutung der katholischen Kirche für die Werdung und Bildung des Volkes[116] sowie die Wahrung des Deutschtums[117] herauszustellen. Nach der Machtübernahme des Nazismus richtete sich die Argumentation vor allem dahin mit vielen Beispielen nachzuweisen, dass die Religion dem deutschen Wesen in keiner Weise „orientalisch-artfremd"[118] sondern vielmehr „der Eigenwert des germanischen Wesens durch die Verklärung der Gnadengemeinschaft mit Christus nicht beeinträchtigt, sondern zu vollkommener Reife gebracht worden ist".[119] Im Rückgriff auf die Geschichte wurde dabei neben Heiligen, die sich in besonderer Weise für Deutschland eingesetzt hatten,[120] immer wieder auf

---

[113] Salutaris, P.: Drittordenspredigten. XI. Lebensführung. C. Speise und Trank. PuK 81 (1931), 1000f

[114] Rindfleisch, N.: Material zum Kapitel „Sünde und Erlösung". PuK 85 (1935), 379

[115] Gaudentius, P.: Silvestergedanken. PuK 81 (1931), 55

[116] „...denn nur Gott und der Kirche verdankt unser Volk seine Größe und kulturelle Höhe." Mathis, Josef: Maipredigten. 6. Maria, unser Vorbild im Glauben. PuK 79 (1929), 556

[117] „Im Glauben an diesen Gott ist unser deutsches Vaterland groß und stark geworden. Der Glaube an diesen Gott muß unseren Kindern und Kindeskindern erhalten bleiben." Sebastian, Jakob: Männerapostolatsvorträge. I. Gott. PuK 86 (1936), 62

[118] „Die christliche Erlösungslehre ist den Germanen nicht als orientalisch-artfremd, sondern als Erfüllung ihrer innersten Sehnsucht erschienen." Burkhard, P.: Standesunterweisungen. Drittordenspredigten. VI. Religion und Freude. 526

[119] „... in rechter Weise zum Bewußtsein zu bringen, daß der Eigenwert des germanischen Wesens durch die Verklärung in der Gnadengemeinschaft mit Christus nicht beeinträchtigt, sondern zu vollkommener Reife gebracht worden ist." Willenbrink, Bernhard: Advent in der Germanenwelt. PuK 88 (1938), 2
„Spüren wir hier nicht den Schritt Gottes, auch in der Sagenwelt unserer Ahnen. Nichts hindert uns als gläubige Christen die Mythen unserer Urväter zu lesen, aber je mehr wir nachdenken über die Sagen und Mythen der Heiden, desto klarer und deutlicher erkennen wir: Was dort Sehnsucht und bilderreiche Ahnung ist, das steht in der Heiligen Schrift im hellen Licht der göttlichen Offenbarung vor unseren Augen." Muhler, Emil: Ein Blick in die germanische Mythenwelt. PuK 88 (1938), 420

[120] „Wir Katholiken verehren mit Petrus Kanisius den großen Marienverehrer, der ... für jene kostbaren Güter gekämpft hat, die einem Volke und Lande Heil und Segen bieten. Und für welches Volk und für welches Land glühte sein Herz von größerem Eifer als für unser

nationale Größen wie von Bismarck oder Hindenburg als Zeugen der fruchtbaren Verbindung von Religion und Deutschtum verwiesen.[121]

Ein zweiter Gedanke, der sich mit dem Topos des Volkes und der Volksgemeinschaft verband, dabei aber von seiner begrifflichen Klarheit ebenso im wesentlichen offen blieb, war der der Nation.[122] Wie die Familie von Gott eingesetzt sei, so verhielte es sich auch mit der Nation, sie war etwas „Gottgewolltes".[123] Häufig wurde in diesem Zusammenhang der Begriff der Nation mit dem des Vaterlandes verbunden. Der Einsatz für dieses Vaterland und die deutsche Nation zu einem quasigöttlichen Auftrag stilisiert, die Vaterlandsliebe wurde zur religiösen Pflicht.[124] Doch blieb der Wortgebrauch fließend: Volk,

---

deutsches Volk und Land?" Graf, Johann: Zum Feste des heiligen Petrus Kanisius. Der heilige Kanisius als Marienverehrer. PuK 79 (1929), 372
Vgl. auch die Schilderung wie der hl. Bischof Wolfgang im Kriege gegen Lothar von Frankreich die Nachhut des deutschen Heeres rettet, in: Beck, Pius: Auf das Fest des heiligen Wolfgang (31. Okt.) Der Heilige in seiner Demut und Größe. PuK 85 (1935), 891

[121] Vgl. das Beispiel des Tiroler Schützenhauptmanns Peter Mayer, der 1809 in den Tiroler Freiheitskämpfen lieber sein Leben für sein Vaterland Tirol aufgab, als sein Wort zu brechen, in: Expeditus, P.: Kinderpredigten. X. Sei aufrichtig! PuK 82 (1932), 968; ebenso in: Clarenz, P.: Der Vereinsredner. Vortage für den katholischen Arbeiterverein. X. Ueber die Wahrheitsliebe. PuK 83 (1933), 950; ebenso: „Aber heut' noch klingt hoch das Lied vom braven Mann. In ganz Tirol, ja in allen deutschen Gauen ist er geehrt." Hendlmeier, Josef: Vorträge für Jugendvereine. Wege der Selbsterziehung. IV. Kluge Freundschaftswahl. PuK 84 (1934), 351
„Wenn das Beten den Deutschen artfremd ist, dann war der große deutsche Nationalheld Hindenburg kein richtiger Deutscher. Denn Hindenburg hat gerne gebetet. ... Wenn er im Weltkrieg einen Sieg errungen hatte, schloß er seine Siegesmeldung mit den Worten: „Gott dem Herrn sei die Ehre!" ... Wer möchte es wagen, Hindenburg keinen echten Deutschen zu nennen. Hindenburg, dem das deutsche Volk ein so wuchtiges Ehrenmal errichtet hat? ... zum Wesen des echten Deutschen gehört die Demut, die Ehrfurcht vor Gott, das feste Vertrauen auf Gott und das Beten zu Gott." Sebastian, Jakob: Männerapostolatsvorträge. VIII. Das Gebet. PuK 86 (1936), 701
„Während des Krieges mit Frankreich tat Bismarck folgende Aussprüche: ‚Wenn ich nicht mehr Christ wäre, bliebe ich keine Stunde mehr auf meinem Posten. Wenn ich nicht auf meinen Gott rechnete, so gäbe ich nichts auf irdische Herren. Nehmen Sie mir den Glauben und Sie nehmen mir das Vaterland. Wenn ich nicht so ein strammgläubiger Christ wäre, wenn ich die wundervolle Basis der Religion nicht hätte, so würden Sie einen solchen Bundeskanzler gar nicht erlebt haben'." Wüst, Theo: Auf den zehnten Sonntag nach Pfingsten. Die Taufe: ihr Segen, ihre Verpflichtung. PuK 87 (1937), 635

[122] Vgl. zur Analyse des nationalen Gedankengutes im Katholizismus der Weimarer Zeit Richter 2000

[123] „Nationen sind gottgewollt, der Staat ist etwas Gottgewolltes; genau so wie die Familie von Gott eingesetzt ist, so auch der Staat. Was gottgewollt ist, das liebt Jeremias ... Patriotismus, wie er vor Gott einen Wert hat! Nationalismus, wie er gottgewollt ist!" Treml, Romuald: Fastenpredigten. II. Reihe. Ruinen. Die Klagelieder in Fastenpredigten. IV. Predigt. Die Trauer des Propheten. PuK 84 (1934), 314

[124] „Aber nicht etwa bloß aus Furcht vor solcher Strafe wollen wir unsere Pflichten gegen die Obrigkeit treu erfüllen, sondern auch aus achtungsvoller Liebe zu ihr, aus Liebe zu

Vaterland, Nation, Deutschtum dies waren Synonyme, die beliebig ausgetauscht werden konnten.[125] Welche Bedeutung die katholische Kirche als Anwältin nationaler deutscher Interessen hatte, wurde durch Beispiele aus der Geschichte sowie durch Hinweise auf Äußerungen der Päpste belegt. So konnten diese Beispiele der religiösen Vaterlandsliebe die große Bedeutung der katholischen Kirche für das Nationale darstellen und damit gleichzeitig

---

Volk und Vaterland, deren Leitung jenen anvertraut ist. ... Dieses heilige Gelöbnis haben Millionen unserer Besten in schwerster Zeit mit ihrem Herzblut besiegelt. Wir ehren sie darob in Denkmälern, Dankworten, Gedenktagen und Gedenkfeiern. Ehren wir sie auch durch treue opferwillige Nachahmung ihrer Vaterlandsliebe und ihres Treugehorsams! Wir ehren dadurch uns selbst und arbeiten an der Besserung unserer Lage." Haßl, Guido: Auf den zweiundzwanzigsten Sonntag nach Pfingsten. Pflichten gegen die Obrigkeit. PuK 82 (1932), 914

„Die Kirche gebietet ja ebenso streng die Vaterlandsliebe und Vaterlandsverteidigung wie die Treue gegen Papst und Kirche. Hebt das alles bei Gelegenheit ja recht mutig und kräftig hervor, ihr katholischen Männer und Jünglinge!" Zeilner, Angelus: Standesunterweisungen. Männer-Apostolatsansprachen. Der katholische Mann und unsere Zeit. VI. Von der Liebe zur katholischen Kirche. PuK 83 (1933), 524

„Wer im Dienste des Staates und des Vaterlandes steht, der steht im allereigentlichen Sinne im öffentlichen Leben und was der katholische Mann da für Pflichten zu erfüllen hat, wißt ihr längst, liebe Männer des Apostolats! Da ist vor allem die Vaterlandsliebe, die ihre Rechte fordert. Ist doch das Vaterland auch dem Christen etwas Liebes und Teueres, ja Ehrwürdiges und Heiliges und muß es sein." Zeilner, Angelus: Standesunterweisungen. Männer-Apostolatsansprachen. Der katholische Mann und unsere Zeit. XI. Der katholische Mann im öffentlichen Leben. PuK 83 (1933), 1015

„Ein echter Deutscher nimmt teil wie am Wohl so auch am Wehe seines Vaterlandes." Gmelch, Josef: Auf das Fest des heiligen Stephanus. Martyrer des Alltags. PuK 86 (1936), 40

„Das Christentum erzieht seine Anhänger zur Vaterlandsliebe im wahren Sinne des Wortes! Denn Vaterlandsliebe ist eine Blume aus dem Garten Gethsemane!" Kiermaier, Kaspar: Auf das Fest des heiligen Ulrich (4. Juli). St. Ulrich, unser Vorbild. PuK 86 (1936), 654

„Wir aber wollen uns nicht irre machen lassen: wir danken dem lieben Gotte herzlichst dafür, daß er uns in den Schoß seiner wahren katholischen Kirche berufen hat, und wir legen auf den Altar als Gabe das Gelöbnis, daß wir stets treue Kinder unserer katholischen Kirche sein wollen, wie es für uns selbstverständlich ist, daß wir auch unserem Volk und Vaterlande treu bleiben wollen. Amen." Götz, Georg: Auf den vierundzwanzigsten Sonntag nach Pfingsten, sechster nach Epiphanie. Die weltumfassende und weltumgestaltende Kraft unserer Kirche. PuK 86 (1936), 950

„Eine solche Jugend brauchen wir heute, die gottgläubig und christusfreudig ist, die weiß, daß sie dadurch Gott, der Kirche, dem Volk und Vaterland am besten dient und nützt, wenn sie eintritt für ein stahlhartes und klares Christentum." Wüst, Theodor: Gläubig und rein. Gedanken und Anregungen zum Gott-Bekenntnis kath. Jugend. PuK 87 (1937), 637

[125] „Jungmann und Volk. Rechtes Nationalgefühl muß erwachsen ... aus den Werten des deutschen Volkstums ... Deutsch sein ist uns eine Selbstverständlichkeit wie Katholisch sein." Heuberger, N.: Kath. Jugendpflege und Jugendbewegung. Jugendführer, Jugendvolk, Jugendführung. Vortrag. PuK 80 (1930), 334

eine Art der Existenzberechtigung aufzeigen. Die Nützlichkeit der katholischen Kirche für die deutsche Nation konnte dann sogar soweit gehen, dass ein Prediger resümierte: „Wir Katholiken können uns stolz als die Nationalen bezeichnen. Denn am katholischen Wesen allein kann unser Volk genesen!"[126]
Dieser besondere Rang des Nationalen verwundert um so mehr, als die katholische Kirche eine internationale, weltumspannende Gemeinschaft ist, die Gelegenheit gegeben hätte, die Zusammenarbeit der Völker unter ihrem Primat zu fordern und zu fördern. In diesem Zusammenhang finden sich denn auch zaghafte Abgrenzungen, wenn dieses globale Wirken der katholischen Kirche unter Hinweis auf die nationale Identität kritisiert wurde.[127] Abgrenzungen von einer übersteigerten Bedeutung des Nationalen finden sich nur, wo diese sich gegen Inhalte der Religion oder die Kirche wenden. Denn selbst wenn „die Verschiedenheit der Völker in Nationen eine gottgewollte" sei, so sei diese dennoch nicht das „höchste Gut oder der Wertmesser eines Menschen". Dies sei allein der „Gotteskindschaft der Gnade" vorbehalten.[128]

---

[126] „Wir Katholiken wissen, daß unser Sein und unsere Seele im Heimatboden wurzeln, daß wir das Beste, was wir besitzen, aus ihm wie aus der Mutterbrust eingesogen haben. Wir lassen uns von niemand an echter Vaterlandsliebe und nationaler Gesinnung übertreffen, wir können uns stolz als die Nationalen bezeichnen. Denn am katholischen Wesen allein kann unser Volk genesen!" Reuterer, R.: Auf den Jugendsonntag. Glaube und Heimat. PuK 80 (1930), 585

[127] „Meistens hat der Haß gegen die katholische Kirche seinen Grund darin, daß die katholische Kirche international ist, d.h. sich über die ganze Erde erstreckt. Wir leben in einer Zeit, in welcher das Wort national zu einem großen Schlagwort geworden ist. Auch die Religion soll, sagt man, national sein. Jedes Volk, sagt man, soll seine eigene Religion haben. Und die Deutschen sollen eine deutsche Religion haben. Wenn das nicht gar zu viel Unheil anrichten würde, müßte man darüber lachen. Denn so wie es nur einen Gott gibt, so kann es auch nur eine Religion geben. Gewiß kann sich die Religion, welche in allen Ländern die gleiche sein muß, je nach dem Volkscharakter in den einzelnen Ländern verschieden äußern. Aber in der Hauptsache muß die Religion, weil sie überall an den gleichen Gott glauben muß, in allen Ländern die gleiche sein. Eine deutsche Religion, so wie sie heute vielfach gepredigt wird, ist eine Torheit und ein Rückschritt." Sebastian, Jakob: Christenlehrvorträge. Das Heidentum. Die Menschheit ohne Gott. PuK 84 (1934), 78
„Das ist die Wahrheit, und die heutigen Vorwürfe gegen das Christentum, die jetzt eine Modesache geworden sind, werden zur rechten Zeit wieder verstummen. Es wird eine Zeit kommen, in der man darüber lachen wird, daß man heute das Christentum als artfremd dem deutschen Charakter mit Stumpf und Stiel ausrotten wollte, eine Zeit, in der man sich lustig machen wird über die Ersatzreligionen, die heute aus angeblich nationalen Gründen uns angeboten werden. Wie es für alle Menschen nur einen Gott gibt, so kann es für alle Menschen auch nur eine wahre Religion geben." Sebastian, Jakob: Standesunterweisungen. Heilige Männer. Apostolatsvorträge. I. Der heilige Hermenegild. PuK 87 (1937), 54

[128] „Ein großes Hindernis für das Gedeihen des wahren Weinstockes, für die Fleischwerdung Christi in uns ist der übertriebene, hochmütige Nationalstolz. ... Die

Die Ablehnung der Weimarer Republik und der Entwurf einer völkischen, berufsständischen Ordnung durch den Katholizismus legen eine gewisse Affinität zur Gedankenwelt des Faschismus beziehungsweise Nazismus nahe. Doch herrscht in den Predigten bis zur Machtübernahme des Nazismus im Januar 1933 eine kritische Distanz gegenüber der Hitler-Bewegung vor. Ausgangspunkt der Beurteilung war dabei „einzig und allein der religiöse Standpunkt".[129] Unternimmt man den Versuch, die mit der Distanzierung gelieferten Deutungen der nazistischen Ideologie zu systematisieren, bietet sich ein an den in diesem Zusammenhang immer wieder begegnenden Begriffen des Bolschewismus und des Kulturkampfes orientiertes Verfahren an.

Der Bolschewismus bildete die erste und wichtigste jener weltanschaulichen Größen, mit deren Hilfe ein Bezugsrahmen zur Klassifizierung und Deutung des Nazismus hergestellt wurde. In diesem Begriff des Bolschewismus verdichtete sich für die Prediger eine Gefahr für das Christentum und die christlich geprägte Kultur, deren Wesen und Ausmaß nur mit Hilfe apokalyptischer Bilder angemessen zum Ausdruck gebracht werden konnte. Den Schlüssel für die Verbindung zwischen Bolschewismus und Nazismus sah man in der antikirchlichen Haltung dieser beiden Kräfte.[130]

Verschiedenheit der einzelnen Völker ist eine gottgewollte. ... Wir müssen unser Volk lieben und ihm einen Platz an der Sonne sichern, aber nur mit rechtlichen, erlaubten Mitteln. Niemals dürfen wir aus Liebe zum eigenen Volk, die Lebensrechte anderer verkürzen, Fremdvölker hassen. Nicht die völkische Zugehörigkeit oder die Sprache ist das höchste Gut, der Wertmesser eines Menschen, sondern die Gotteskindschaft der Gnade, die an keine Farbe, Sprache und Volksgemeinschaft gebunden ist." Reuterer, R.: Auf den vierten Adventssonntag. Wegbereitung. PuK 81 (1931), 32
Der Autor setzte sich in seinen Ausführungen deutlich gegen die Abwertung des Alten Testamentes ein und stellte dagegen die „innere Einheit" von Alten und Neuen Testament fest. Zudem wandte er sich gegen Arisierungsversuche der Person Jesu und empfahl anhand des Stammbaums Christi nach Matthäus diese „wahnwitzigen Behauptungen" zu widerlegen. In: Weber, Hugo: Material zu aktuellen Predigtthemen aus Augustinus Enarrationes in psalmos. II. Material zu Predigten, die sich mit nationalistischen Auswüchsen befassen. PuK 83 (1933), 562

[129] „Es ist höchste Zeit, daß wir Katholiken zum Hakenkreuz Stellung nehmen. Glaubet aber ja nicht, daß ich diese Kanzel bestiegen habe, um für oder gegen eine politische Partei eine Lanze zu brechen. Einzig und allein vom religiösen Standpunkt aus will ich sprechen und euch dartun, wie das Hakenkreuz in einem dreifachen klaffenden Gegensatz steht gegen Christus, nämlich 1. gegen Christi Person, 2. gegen Christi Kirche, 3. gegen Christi Lehre. Leiht mir ein aufmerksames Ohr, damit ihr nicht ratlos darsteht in der Flut des modernen Lebens, sondern Bescheid wißt in einer der brennendsten Fragen der Gegenwart." Weber, G.: Auf den zwanzigsten Sonntag nach Pfingsten. Hakenkreuz gegen Christenkreuz. PuK 81 (1931), 868

[130] An einem Beispiel kann deutlich werden, wie die antikirchliche Haltung des Nazismus eingeschätzt und nur durch den scheinbar noch größeren Terror des Bolschewismus übertroffen wurde. Nach einem Zitat aus Hitlers „Mein Kampf", demzufolge der „geistige Terror der Kirche" durch Zwang und Terror beseitigt werden sollte, resümierte der

Beziehen sich die Prediger in anderen Deutungszusammenhängen auf den Nazismus, so stand für gewöhnlich der Vorwurf der religions- und kirchenfeindlichen Haltung im Vordergrund. Dabei ließ die Kritik keinen Zweifel daran, wie wenig sie an einer politisch motivierten Auseinandersetzung mit dem Nazismus interessiert war.[131] Erst der direkte Angriff des Nazismus auf die katholische Kirche war der Anlass der Replik. Die Neuauflage des Kulturkampfes bildete dabei das äußerste Szenario.[132] Andererseits wurden die Hörer durchaus mit der Rassenideologie des Nazismus und ihrer Bedeutung für den antikirchlichen Impetus dieser Weltanschauung bekannt gemacht.[133] Ansatzweise

---

Prediger: „Terror und brutale Macht sind wahrhaftig nicht bloß die allerunchristlichsten, sondern auch die allerschwächsten Schutz- und Trutzmittel der Staatskunst. Denn Terror wird immer noch größeren Terror auf den Plan rufen. Und Ungerechtigkeit wird immer noch größere Ungerechtigkeit erzeugen! Und sollte in Deutschland der sogenannte nationalistische Terror siegen, so gilt ihm das Wort Petri: ‚Siehe die Füße derer, die dich begraben, stehen bereits vor der Türe'." Nur wenige Zeilen später heißt es jedoch „Ja schon lauern vor Deutschlands Grenzen, nein, schon wühlen in Deutschlands Gauen die größten Lehrmeister des unchristlichen Terrors: die Bolschewisten." Als positives Beispiel wurde gegen diese Bestrebungen der italienische Diktator Mussolini gestellt: „Möchten wir Deutsche mehr und mehr zu der christ-katholischen Auffassung kommen, die vor nicht allzu langer Zeit der italienische Staatslenker Mussolini als seine, nach langen Irrwegen wiedergefundene Staatsweisheit bekannte: ‚Nicht aus oberflächlicher Huldigung habe ich heute in der Kirche meine Knie gebeugt, sondern in der innersten Überzeugung, daß eine Nation nur groß werden kann, wenn sie sich auf die Religion stützt und diese als wesentliche Sache ihres öffentlichen und privaten Lebens betrachtet!'" Füglein, Gaudentius: Fastenpredigten. IV. Pilatus und seine Nachahmer. PuK 82 (1932), 311

[131] Vgl. den Hinweis in Anmerkung 126, in: Weber, G.: Auf den zwanzigsten Sonntag nach Pfingsten. Hakenkreuz gegen Christenkreuz. PuK 81 (1931), 868

[132] A.a.O.; den Schlüssel für diese Verbindung zwischen Nationalsozialismus und Bolschewismus sah man in der antikirchlichen Haltung. Wie „einst Pilatus und Herodes Freunde wurden im Kampf gegen Christus" so würden sich auch ganz verschiedenartige und einander bekämpfende Parteien miteinander verbünden, wenn sie der Kirche schaden könnten. Füglein, Gaudentius: Fastenpredigten. V. Herodianer von gestern und heute. PuK 82 (1932), 319

[133] „Wie steht es nun mit dem Hakenkreuz? Es gibt diesem Gebot [der Nächstenliebe] eine schallende Ohrfeige. Denn es treibt Rassenkultur, Rassenpolitik. Die deutsche Rasse soll groß- und hochgezüchtet werden. Die deutsche Rasse soll dominieren in der Welt. Die Macht allein soll gelten. Verträge, sobald sie lästig sind, wird man in Fetzen reißen und dem Gegner vor die Füße werfen. Was wird die unausbleibliche Folge sein? Ununterbrochene Feindseligkeiten, beständige Eifersucht zwischen den Nationen. Neue Kriege, gegen die der Völkerkrieg nur ein Kinderspiel gewesen ist." Weber, G.: Auf den zwanzigsten Sonntag nach Pfingsten. Hakenkreuz gegen Christenkreuz. PuK 81 (1931), 870
„Was aber soll mit dem Kleinen geschehen, wenn die Nation großgezogen werden soll? Ein Führer des Hakenkreuzes deutet es an mit den brutalen Worten: „Würde man in Deutschland jährlich siebenhundert- bis achthunderttausend der schwächsten Kinder beseitigen, so wäre das Ergebnis eine Kräftesteigerung!" Wie denkt man sich diese

wurde dabei sogar der nazistische Kirchenhass als Ausdruck einer zutiefst inhumanen mythischen Überhöhung von „Rasse" und „Blut", welche die Werte der europäischen Zivilisation fundamental in Frage stellt, gedeutet.[134]

An Deutlichkeit ließ diese Positionsbestimmung auf den ersten Blick wenig zu wünschen übrig. Die Kirchen- und Religionsfeindlichkeit, der völkische Rassismus mit einer Ablehnung der Rechte des Individuums, der übersteigerte Nationalismus, – all dies musste den katholischen Hörern ein entsprechendes Urteil nahelegen. Um so bemerkenswerter ist es, wie die Prediger ihre Sympathie gegenüber dem italienischen Faschismus zum Ausdruck brachten. Ausgangspunkt in der Beurteilung Mussolinis war dabei die im September 1931 erfolgte Unterzeichnung des „Accordo per l'Azione Catolica", welches den Staat und Kirche entzweienden Konflikt um die Arbeitsmöglichkeiten der Katholischen Aktion in Italien vorerst entschärfte. Wurde Mussolini für seine freundliche Haltung zur katholischen Kirche gelobt,[135] so konnte man sich ohne weiteres die Vision eines in gleicher Weise geläuterten, mit der Kirche ausgesöhnten Hitler vorstellen.

Ab 1933 kam es zu einer stärkeren Betonung der Gemeinsamkeiten zwischen katholischer Kirche und Nazismus. Die Diskrepanzen wurden nun untergeordnet oder zurückgestellt. Wesentliche Übereinstimmungen mit dem Nazismus sahen die Prediger in den ideologischen Schnittmengen des autoritären Charakters, des Antibolschewismus, der organischen Volksgemeinschaft sowie der Bedeutung des Militärs.

Der autoritäre Charakter zeigte sich vor allem in der Grundüberzeugung, dass es sowohl im religiösen wie im politischen Kontext die Autorität eines Führers geben müsse. Diese Grundüberzeugung aller Gruppen der antidemokratischen Rechten wurde durch die Prediger vorbehaltlos geteilt. Dem Führer

---

Beseitigung schwächlicher Nachkommen? Ich weiß es nicht. Vielleicht soll alljährlich an Weihnachten der Bethlehemitische Kindermord nachgeahmt werden. Und welche Kinder werden als Schwächlinge angesehen und auf die Proskriptionsliste gesetzt werden?" Weber, G.: Auf den zwanzigsten Sonntag nach Pfingsten. Hakenkreuz gegen Christenkreuz. PuK 81 (1931), 870

[134] „Oder wird nicht gerade in unseren deutschen Landen von den Predigern der völkisch- und nationalsozialistischen Weltanschauung die Römisch-katholische Kirche eben deshalb verurteilt und verfolgt, weil sie die Lehre Christi vertritt. Die Lehre Christi nämlich: das Gottesreich gehört allen Menschen und Völkern. Und Christus ist Lehrer und Priester und Erlöser für alle Rassen und Völker, nicht bloß für die germanische Rasse und fürs deutsche Volk. Christliche Glaubenssätze und Sittenlehre sind absolute und ewige Größen, nicht der Willkür und den Zeitbedürfnissen unterworfene Lebensfaktoren." Füglein, Gaudentius: Fastenpredigten. Gottes Feinde einst und heute. III. Das Synedrium – der Feind Jesu – einst und heute. PuK 82 (1932), 221

[135] Vgl.: Füglein, Gaudentius: Fastenpredigten. IV. Pilatus und seine Nachahmer. PuK 82 (1932), 311

auf der einen Seite entsprach die Gefolgschaft auf der anderen. Aus dieser Grundbeziehung von Führer und Gefolgschaft ließen sich dann folgerichtig Gehorsam und Treue als wesentliche Werte ableiten. All dies sah man nun im nazistischen Staat verwirklicht.[136] Als herausragende Leistung dieses Staates wurde der „Sturm und Fall der Hochburgen des Bolschewismus in unserem Vaterland" ganz besonders gewürdigt.[137]

Aufgezeigt werden die Berührungspunkte zwischen den zentralen Kategorien der christlichen Gesellschaftslehre „Organismus" und „Korporativismus" mit dem Gesellschaftsbild des Nazismus. Bereits auf den ersten Blick scheint es hier Übereinstimmungen zu geben. Das aus dem Jahr 1920 datierende Parteiprogramm des Nazismus hatte sich in Punkt 25 mit der Forderung der „Bildung von Stände- und Berufskammern" Inhalte bedient, die auf katholische Befürworter berufsständischer Ordnungsmodelle durchaus gewinnend wirken konnten. Derartige „organische" Denkschemata, wie sie die katholische Staats- und Gesellschaftslehre vertrat, bildeten einen festen Topos der gegen die Weimarer Republik opponierenden rechten Systemkritik. Katholisches und nazistisches Ideal einer organisch-ständischen Gesellschaftsordnung waren, dies konnte der Hörer unschwer folgern, leicht zu einer Harmonie zu bringen.[138] Verbunden wurden diese Gedanken mit Repliken auf die Einheit, die das Volk einmal im Schützengraben des Ersten Weltkriegs gefunden hatte.

---

[136] „Der Geist der Vaterlandsliebe war ständig in seinen Reihen [des Veteranenvereins]. Diese Vaterlandsliebe umfaßte zunächst die Liebe zur Obrigkeit. Lange hat der Wahlspruch gelautet: Mit Gott für König und Vaterland! Damals war der König die Obrigkeit, und jetzt, da wir im Dritten Reich den Führer haben, ist die Treue nicht minder groß. Kann auch gar nicht anders sein!" Schuster, N.: Ansprache anläßlich des 100. Stiftungsfestes des Veteranen- und Kampfgenossenvereins Schwabach. PuK 85 (1935), 316
„In unserer Zeit sollte die Unterwerfung unter eine kirchliche Lehrautorität überhaupt keine Schwierigkeiten machen. Wir leben in der Zeit des Führertums. Wir erachten es als eine große Wohltat, daß in politischen und wirtschaftlichen Fragen ein Führertum da ist, dem wir uns ohne Vorbehalt unterordnen können. Sollte es da in religiösen Dingen nicht auch ein Führertum geben?" Sebastian, Jakob: Männerapostolatsvorträge. X. Das Papsttum. PuK 86 (1936), 902

[137] „Stramme Treue, Stammestreue und Glaubenstreue gehören zusammen wie Stahl und Eisen. ... Dem Gottlosentum ist ein eherner Damm entgegengesetzt, die Hochburgen des Bolschewismus sind wenigstens in unserm Vaterlande erstürmt und gefallen." Haugg, Donatus: Gelegenheitspredigten. Für den Heldensonntag. Unsere Toten reden! PuK 85 (1935), 313

[138] „Die Päpste der katholischen Kirche haben immer darauf hingewiesen, daß Arbeitgeber und Arbeitnehmer sich nicht feindlich gegenüberstehen dürfen, sondern sich in gemeinschaftlichen Verbänden zusammenschließen und gemeinschaftlich ihr beiderseitiges Wohl fördern müßten. Daher verlangten die Päpste die ständische Ordnung. Die Angehörigen der einzelnen Stände, z.B. Arbeiter und Arbeitgeber, sollten in einem großen Verband zusammenarbeiten. Jetzt ist das in Deutschland zu einem großen Teil verwirklicht. Im Dritten Reichen haben wir für die Arbeiter und die Arbeitnehmer eine

Doch nun sah man, wie sich durch die nazistische Bewegung nach „Stunden der fortschreitenden Nacht die Blutsaat" im neuen Staat erfüllte, „Frontgeist und Heldentod ihre Auferstehung feierten" und „sich unter dem Kommando des Führers die Reihen enger schlossen, und es steht wiederum vor uns ein geeintes Volk."[139]

Trotz der insgesamt positiven Bewertung wurde an den kirchenfeindlichen Angriffen[140] sowie am radikalen Rassismus des Nazismus[141] weiterhin Kritik

---

gemeinschaftliche Organisation. Wer kann sie mir nennen? Die Deutsche Arbeitsfront. Hier sind alle Arbeiter und alle Arbeitgeber Deutschlands zu einer großen Organisation vereinigt. Und gemeinschaftlich wollen sie hier ihre Interessen fördern. Darum müssen wir froh sein, daß wir die Deutsche Arbeitsfront haben, und müssen wünschen, daß sie den Frieden zwischen Arbeitgebern und Arbeitnehmern erhält und den Arbeitern hilft, ihnen gute Löhne und gute Arbeitsbedingungen bringt und erhält." Sebastian, Jakob: Christenlehrvorträge. Der Arbeiterstand. PuK 87 (1937), 752

[139] „Wie sanken sie dahin, die Blüten Deutschlands, die Blüten des Volkes im Ringen, bei dem es um das Letzte ging, um Heimat und Vaterland. ... Gott sei dank, Frontgeist und Heldentod feiern heute Auferstehung." Haugg, Donatus: Gelegenheitspredigten. Für den Heldensonntag. Unsere Toten reden! PuK 85 (1935), 313
„Der Krieg warf nicht bloß seine Schatten voraus, er grub nicht bloß tiefe Furchen ein in das Angesicht der Welt, er warf auch seine Schatten auf die spätere Welt. ... Ich nenne die Stunden dieser fortschreitenden Nacht: Versailles, Youngplan, Ruhreinfall, Inflation, Hader und Zwist. Und in dieser Nacht versank vielfach die Erinnerung an all das, was unsere Soldaten getan und gelitten hatten ... Aber sie waren nicht umsonst gestorben, denn die Blutsaat, die sie gesät, ging doch langsam auf und in den Herzen formte sich wieder der Begriff: Vaterland. ... Unter dem Kommando des Führers schlossen sich enger die Reihen, und es steht wiederum vor uns ein geeintes Volk." Huber, N.: Auf den Heldengedenktag. PuK 87 (1937), 295

[140] „'Die deutsche Kirche soll eine arische Kirche sein', heißt es in einer Zeitschrift. ... Warum lehnt man die katholische Kirche ab? Weil sie von den Juden herkommen soll. ... darf man nicht vergessen, daß die kath. Kirche nicht eine jüdische Kirche ist. Für uns gilt die Darstellung im Bamberger Dom. Dort ist das Judentum dargestellt mit einer Binde um die Augen. Das Judentum war einmal auserwählt, aber es hat sich der Auserwählung unwürdig gezeigt. Als der Erlöser kam, hatte es seine Augen verbunden, es erkannte ihn nicht als Gott und Erlöser an. Seitdem ist das Judenvolk auch in unseren Augen das verworfene Volk. Unsere Kirche hält also vom Judentum sehr weiten Abstand. Es ist gut, wenn man das weiß." Sebastian, Jakob: Männerapostolatsvorträge. III. Die Kirche. PuK 86 (1936). 226f
„Die Gegner der christlichen Religion behaupten, das Christentum sei dem deutschen Volkscharakter etwas Fremdes aus dem Grunde, weil es angeblich von dem jüdischen Volke herkomme. Nun aber ist es ganz merkwürdig: Alle Völker der Erde haben die christliche Religion angenommen. Nur ein Volk hat sich ihrer verschlossen und verschließt sich ihr heute noch. Welches ist dieses Volk? Das jüdische. Wenn also die christliche Religion einem Volke wirklich nicht artgemäß ist, dann ist sie dem jüdischen Volke nicht artgemäß. Und wenn dies der Fall ist, dann fällt für jeden aufrichtig Suchenden der Grund weg, das Christentum als dem deutschen Volk nicht artgemäß abzulehnen." Sebastian, Jakob: Männerapostolatsvorträge. IV. Die christliche Religion. PuK 86 (1936), 334

geübt. Den kirchenfeindlichen Angriffen, die sich auf Ablehnung des Internationalismus der katholischen Kirche richteten, hielt man die Äußerungen führender Vertreter des Nazismus entgegen und versuchte auf diese Weise, quasi im Rahmen einer Selbstverpflichtung, den Angriffen ihre Schärfe zu nehmen.[142] Richteten sich die kirchenfeindlichen Argumentationen gegen den jüdischen Ursprung der katholischen Kirche, scheute man sich bei aller Distanz zum völkischen Rassismus überhaupt nicht, einen religiös begründeten Antisemitismus als Argumentationshilfe ins Spiel zu bringen, wodurch sich die Grenzen der Argumentation auflösten.[143]

„Gegenüber Bestrebungen in Deutschland eine einheitliche Nationalkirche zu gründen, was ganz im Widerspruch steht mit feierlichen Erklärungen des Führers, zeigt Erzbischof Gröber, daß der Begriff der Nationalkirche ein Requisit des Liberalismus ist, also im Gegensatz steht zum Nationalsozialismus, der nach einem Ausspruche Minister Kerrls religiös ist und jede religiöse Überzeugung achtet." O.V.: Eingesandte Bücher. Rezension zu „Nationalkirche? Ein aufklärendes Wort zur Wahrung des konfessionellen Friedens." PuK 86 (1936), 450

„Es ist darum ein Verbrechen am deutschen Volk, ihm diese stärkste Stütze seiner Kraft, seiner Kultur zu nehmen: den christlichen Charakter, die Verbindung mit der katholischen Kirche, wie die Reichsregierung sie niedergelegt hat im Reichskonkordat. Wir lehnen darum alle Bestrebungen auf das Schärfste ab, die unserem Volk eine neuheidnische Nationalkirche aufzwingen möchten." Leo, N.: Drei Bruder-Konrad-Predigten. PuK 86 (1936), 501

[141] „Die „modernen" Propheten aber kehren in ihren neuen Lehren zurück zu den Sitten des alten, griechischen Heidentums in Sparta. Sie lehren die Tötung schwacher Kinder mit der Begründung einer dadurch begründeten Kräftesteigerung im Volke. (cfr. Hitler, Programmrede in Nbg. 1929, Völk. Beob. Nr. 181; 7. Aug. 29) ... Hat nicht auch das kränkliche Kind ein Recht auf das Leben? Stammt nicht auch sein Leben aus der Hand des ewigen Vaters?" Brunner, Harduin.: Auf den siebenten Sonntag nach Pfingsten. Der modernen falschen Propheten Lehre über das fünfte Gebot: „Du sollst nicht töten!". PuK 83 (1933), 677

„Vor Gott, meine Teuersten, gibt es kein Art- und Rassereligion, so zwar, daß der eine Mensch nach seiner Art und Rasse Gott verehrt, der andere wieder nach seiner Art und Rasse. Vor Gott gibt es keine nationale Religion, so daß eine Nation diese und eine andere Nation wieder eine andere Religion hat. Die Religion ist nicht arteigen, nicht rassegebunden, nicht national, sie ist erhaben über jede Art und Rasse und Nation." Hauß, Josef: Fastenpredigten. I. Begriff und Bedeutung der Religion. PuK 86 (1936), 307

„Das Christentum ist nichts Jüdisches und nichts Arisches, sondern etwas Göttliches und steht über allen Rassen und kann und muß daher von allen Rassen angenommen werden." Muhler, Emil: Volkskatechesen. Erste Folge: Religiöse Zeitfragen um Christus. Sechzehnte Volkskatechese. Ist das Evangelium aus Indien gestohlen? PuK 88 (1938), 150

[142] Vgl. die Hinweise und Quellen in Anmerkung 137
[143] A.a.O.

4. Das Deutungsmuster Naturrecht: Der Anspruch der Kirche auf ihre Multiplikatoren

Den zentralen Ansatz der Durchdringung der Gesellschaft mit christlichem Gedankengut bildete für den Katholizismus der ungehinderte Zugriff auf seine Multiplikatoren. Die Freiheit der Kirche von staatlicher Beeinflussung, die Gestaltung der Gesellschaft nach katholischem Gedankengut, die Normierung von Ehe und Familie sowie die Aufrechterhaltung und der Ausbau der Bekenntnisschule waren die wichtigen Grundforderungen auf diesem Weg. Die Grundregeln, nach denen die katholische Kirche über die Ehe und Familie sowie die Schule hinaus alle gesellschaftlich-staatlichen Prozesse zu normieren suchte, lassen sich als Ableitungen des Naturrechts deuten.[1]

Diese katholische Naturrechtslehre erhebt den Anspruch, ihre Normen und Prinzipien aus der natürlichen Ordnung, der Seinsordnung, zu entwickeln. Dieser Terminus umfasst die empirisch zu erfassende Welt und im Anschluss an die scholastische Philosophie das metaphysische Wesen. So können aus dieser Seinsordnung die Ordnungen des menschlichen Seins und des Sollens, im natürlichen Sittengesetz, abgeleitet werden. Die Seins- und Sollensbestimmung des Menschen entwickelt sich im Unterschied zum nicht-menschlichen Sein nicht kausalgesetzlich, sondern ist an den freien Willen des Menschen gebunden.

Durch diese Lehre werden die Natur und das Wesen des Menschen gemäß der Denkweise der mittelalterlichen Philosophie als Konstante begriffen; deshalb sind die naturrechtlichen Prinzipien und Normen unhinterfragbar und zeitlos gültig. Eine historisch-gesellschaftliche Vermittlung und Veränderung dieser Normen ist damit ausgeschlossen. Es gibt zwar eine Unterscheidung zwischen einem primären Naturrecht, das eine absolute Gültigkeit hat, und einem sekundären Naturrecht, das historisch-gesellschaftlich bedingt und für Veränderungen offen ist, aber hier kann allein das kirchliche Lehramt bestimmen, was absolutes oder historisch bedingtes Naturrecht ist. Die Unterscheidung bleibt damit für den Anspruch des Naturrechts bedeutungslos; sie wird allenfalls benutzt, die Naturrechtslehre nachträglich von historischen Altlasten zu befreien.

In der gesellschaftlichen Entwicklung wird der Mensch durch diese Lehre von der Vergangenheit bestimmt, indem durch die Vorstellung einer dem Menschen vorgegebenen Seinsordnung historisch-gesellschaftlich vermittelte Ordnungen und Formen zur Natur und zum Wesen des Menschen erklärt werden.

---

[1] Kraiker weist an dieser Stelle zu Recht auf die fragwürdige Erkenntnisproblematik dieser Naturrechtslehre hin, in: Kraiker 1972, 31

Die Behauptung, dass die Natur- und Wesensbestimmungen des Menschen den historisch-gesellschaftlichen Bedingungen entzogen seien, lässt diese nur um so deutlicher zum Durchbruch kommen. Was als Natur und Wesen des Menschen definiert wird, sind tatsächlich überwiegend konservierte Vorurteile, mit denen die Wertordnungen der Vergangenheit tradiert oder wieder neu zur Geltung gebracht werden sollen.

Die katholische Kirche hält an diesem statischen Naturrechtsbegriff fest, weil er immer wieder zur Bewahrung der bestehenden Ordnung im Sinne der Kirche führt; denn jede Form von Veränderung kann das labile Gleichgewicht zwischen Glaubens- und Lebenswelt bedrohen. Der Naturrechtsbegriff ist damit ein Leitbegriff zur Verhinderung von Neuen, das als Chaos erlebt wird. Chaos in diesem Sinne sind Ideen, die den ewigen Wahrheiten nicht entsprechen, die sich den absoluten Normen nicht fügen, sind soziale Veränderungen, die von der natürlichen Ordnung noch mehr entfernen. Chaos ist auch jedes abweichende Verhalten, das die soziale und psychische Ordnungsharmonie in Frage stellen könnte. Wenn die Kirche selbst gesellschaftliche Veränderungen fordert, dann immer nur in dem Sinne, die Ordnung als Entsprechung zwischen Glaubens- und Lebenswelt wiederherzustellen.

In den Predigten wurde zunächst der kirchliche Absolutheitsanspruch vermittelt werden, nach dem sich die Kirche als Institution der göttlichen Wahrheit definierte. Sowohl in Glaubens- wie in Sittenfragen kann die katholische Kirche folglich „niemals etwas Falsches lehren".[2] Die dogmatische Infallibilität des Papstes verzweigte sich in den Ämtern der katholischen Kirche bis hin zum jeweiligen Pfarrer vor Ort. Selbst durch diesen spricht nicht nur „die lehrende Kirche" sondern letztlich „der Sohn Gottes selbst".[3] Jede gesellschaftliche Frage wurde damit im Grunde dem kritischen Urteil der menschlichen Vernunft entzogen und statt dessen dem kirchlichen Lehramt übertragen.[4] „Heiligste

---

[2] „Er [der Hl. Geist] sorgt dafür, daß in der von Christus gestifteten Kirche immer die Wahrheit ist, und daß in Glaubens- und Sittenlehren niemals etwas Falsches gelehrt werden kann." Sebastian, Jakob: Auf das Pfingstfest. Das Wirken des Heiligen Geistes. PuK 79 (1929), 454

[3] „Es ist nicht belanglos für euer Seelenheil, wie ihr euch zu euerem Pfarrer stellt. In seiner Person ist die kirchl. Autorität verkörpert. ... Hinter ihm stehen Bischof und Papst, ja der Sohn Gottes selbst; durch ihn spricht die lehrende Kirche zu euch; durch ihn seid ihr mit dem Bischof und mit dem Papst in Eintracht und Liebe verbunden." Beck, Pius: Gelegenheitspredigten. Auf das 25jährige Priesterjubiläum des Pfarrers. Gegenseitige Pflichten. PuK 83 (1933), 699

[4] „Darum hüten wir uns vor den Lehren jener, die uns unter dem Deckmantel der modernen Freiheitsreligion die Religion Christi verächtlich machen und rauben wollen. Halten wir fest an den Glaubens- und Sittenlehren der katholischen Kirche, sie sind ...

Pflicht" des einzelnen aber war es, durch Liebe und Gehorsam zur Kirche „alle Wahrheiten gläubig und kindlich gern anzunehmen". Aber auch vom Staat wurde eine solche Pflicht gefordert. Die Kompetenzen des Staates bezogen sich allein auf die „natürliche Ordnung", während der Kirche primär der Bereich der „übernatürlichen Ordnung" zufiel, doch wurde eine strikte Trennung dieser Dimensionen gleichzeitig mit der Begründung verworfen, dass der übernatürliche Bereich in den natürlichen hineinreicht. Die „natürliche Ordnung" des Staates unterlag zwar eigenen Gesetzen; da das christliche Sittengesetz, dessen Auslegung allein durch die Kirche erfolgt, aber wiederum den Rahmen dieser Gesetze bildete, konnte jederzeit die geistliche Gewalt ihren Vorrang vor der staatlichen Gewalt legitimieren. Die Kirche agiert in diesen Zusammenhängen „mit einem göttlichen Totalitätsanspruch".[5]

In bezug auf Ehe und Familie waren es zwei große Forderungen, die die katholische Kirche gegenüber dem Staat und der Gesellschaft stellte: die Freiheit der Institution „Ehe" gegenüber staatlichen Eingriffen und die Absicherung der Funktionen, die die Familie als Fortpflanzungs- und Erziehungsinstitution für die Kirche erfüllen sollte.[6] Diese Axiome stammen vornehmlich aus dem

---

hochragende, weithin sichtbare Leuchttürme, die ihr Licht hinaussenden in die finstere Nacht des unendlichen Forschungsmeeres der Menschheit. Sie sind noch mehr als dies: sie sind ein ganzes Sonnensystem, das den Geistern, die die Wahrheit und in der Wahrheit Gott suchen, Licht und Wärme spendet." Tauber, Wenzel: Fastenpredigten. Die Kreuzesworte Jesu und die Welt. I. Fastenpredigt. PuK 83 (1933), 300

[5] „Wenn man darum heute zuweilen vom Totalitätsanspruch des Staates redet, so muß man das richtig verstehen. Es mag vielfach in wirtschaftlichen und in anderen Dingen gut sein, wenn der Staat straff zentralisierend eingreift. Aber wo der Bereich des religiösen Glaubens, wo das Gebiet sittlicher Lebensführung beginnt, wo es sich um das übernatürliche Leben der Seele handelt, da hat die Kirche einen göttlichen Totalitätsanspruch zu vertreten. „Wer euch hört, der hört mich," so sprach Christus zu den Führern der Kirche." Büche, Kurt: Auf den sechsten Sonntag nach Pfingsten. Christentum ist Uebernatur. PuK 87 (1937), 554

[6] Vgl. zum naturrechtlichen Deutungsschema „Ehe und Familie" im katholischen Milieu im folgenden Kraiker 1972, 37ff.
Vgl. zur Bedeutung und den Inhalten des Themenkomplexes die Predigtreihe zur päpstlichen Eheenzyklika „Casti connubii" aus dem Jahr 1930: Gutberlet, P.: Predigten über die pästliche Enzyklika „Casti connubii" vom 31. Dezember 1930
1. Veranlassung und Zweck der Enzyklika. PuK 84 (1934), 50-53
2. Der göttliche Ursprung der Ehe. PuK 84 (1934), 140-144
3. Die christliche Ehe. PuK 84 (1934), 211-214
4. Die christliche Treue. PuK 84 (1934), 321-325
5. Der Kindermord in der Ehe. PuK 84 (1934), 402-406
6. Die Unauflöslichkeit des Ehebandes. PuK 84 (1934), 504-508
7. Die Stellung des Mannes und der Frau in der christlichen Familie. PuK 84 (1934), 603-608
8. Die Mischehe. PuK 84 (1934), 686-691
9. Der Staat und die Ehe. PuK 84 (1934), 810-813

agrargeprägten Gesellschaftsbild, an dem die katholische Kirche ungeachtet der Entwicklungen der Gesellschaft zur modernen Industriegesellschaft und der damit verbundenen Tatsache festhielt, dass nur noch ein geringer Anteil der Familien über eine Basis als ökonomische Reproduktionsinstanz verfügte. Diese Wandlung der Familie, die vor allem zur Folge hatte, dass die Familie ihre Festigkeit als Gemeinschaft verliert, die sie als bodengebundene Produktionseinheit einmal notwendigerweise besaß, und statt dessen nur noch „auf empfindender Einheit" beruht, wurde durch die katholische Kirche in keiner Weise wahrgenommen. Kontradiktorisch wurde durch die Verabsolutierung agrargesellschaftlichen Normen mit Hilfe des Naturrechts versucht, diese Entwicklung durch Rechtsgewalt, die als Schutz individueller Rechte ausgegeben wurde, zu verhindern. Die Familie wurde in religiöser Überhöhung zur „Keimzelle von Volk, Staat und Kirche".[7] Die große Veränderung und Lösung der menschlichen Beziehungen von den sozioökonomischen Bestimmungen, die mit der Auflösung der Familie als ökonomische Produktionszelle verbunden ist, konnte die Kirche durch die Verabsolutierung ihrer agrargesellschaftlichen Normen als Naturrecht nicht erkennen. Als wichtigstes Recht von Ehe und

---

10. Entfernte Vorbereitung auf den Ehestand. PuK 84 (1934), 904-908
11. Nähere Vorbereitung auf den Ehestand. PuK 84 (1934), 1006-1010

[7] „Die Familie ist die älteste von Gott selbst geschaffene menschliche Gemeinschaft. Aus ihr erwachsen alle anderen Vereinigungen, das Volk, der Staat, die Kirche. Die Familie ist die Wurzel, Volk und Staat sind der Baum. Ist die Wurzel gesund, dann ist es auch der Baum. Ist die Wurzel krank, so wird der ganze Baum allmählich absterben. Auf Leben und Tod sind also Familie und Gesellschaft voneinander abhängig." Reuterer, Rudolf: Auf das Fest der heiligen Familie. Familiensinn. PuK 79 (1929), 98

„Man braucht nicht weit herumgekommen zu sein in der Welt und im Land, man braucht keine besonderen Studien gemacht zu haben, um zu erkennen, daß in unserer Zeit gerade die Familie, diese zarteste und edelste Gemeinschaft, die es unter Menschen gibt, die Familie, diese innerste Zelle allen Glückes und aller Freunden und allen Friedens, die Familie dieses Heiligtum eines Volkes ... in Not ist. Und wo die Familie in Not ist, das sagt uns die Geschichte, die Erfahrung und unser Denken, da ist alles in Not, das Volk und der Staat und die Kirche und damit alles Edle und alles Hohe." Kürzinger, J.: Auf das Fest der Heiligen Familie. Die Heilige Familie. PuK 82 (1932), 113

„Aus Familien setzt sich die Gemeinde, setzt sich Kirche und Staat zusammen. Die Familie ist für Staat und Kirche, was die Wurzel für den Baum, was die Quelle für den Strom ist. Wir können daher leicht schließen, daß von der Familie das Schicksal der ganzen menschlichen Gesellschaft abhängt." Haselbeck, P.: Auf das Fest der christlichen Familie. Die christliche Familie. PuK 83 (1933), 111

„Wie das Christentum die Naturordnung nicht aufhebt, sondern im Gegenteil darauf aufbaut, sie stützt und fördert, so trat es auch von jeher voll und ganz und mit aller Entschiedenheit für die Familie und ihre Recht ein und tut dies immer noch. Der Anfang von Familie und Familienleben fällt zusammen mit dem Anfang des Menschengeschlechtes und beruht auf direkter Anordnung Gottes." Zeilner, Angelus: Standesunterweisungen. Männer-Apostolatsansprachen. Der katholische Mann und unsere Zeit. X. Der katholische Mann in seinem Familienleben. PuK 83 (1933), 929

Familie gilt, dass diese als unauflösliche Gemeinschaft durch den Staat geschützt wird. Dieser postulierte Schutz der Ehe vor staatlichem Eingriff könnte in der Tat einen Schutz individueller Recht darstellen. Was die katholische Kirche jedoch vor allem beabsichtigt, ist nicht der Rechtsschutz des individuellen Menschen, vielmehr sollen die Rechte der als Vertrag etablierten Institution Ehe mit Hilfe der Staatsgewalt vor den Subjekten dieser Institution selbst geschützt werden. Unter Berufung auf das Naturrecht wurde damit die feinste menschliche Beziehung entindividualisiert,[8] über die Grundrechte der Gesamtgesellschaft eine Ordnung aufgezwungen, die rationaler Beurteilung letztlich entzogen ist. In den Predigten finden sich eine Reihe von Formulierungen, die nahelegen, es handele sich um das Recht auf Selbstbestimmung, wo letztlich der Bestand der Institution Ehe gegen die individuelle Selbstbestimmung verteidigt wird.[9] Unter einem psychoanalytischen Ansatz handelt es sich bei der katholischen Ehedoktrin um Resultate des aus der psychoanalytischen Theorie bekannten Kreislaufes zwischen einer Triebkräfte unterdrückenden Ordnung, die unheimliche Ängste hervorruft, deren Bewältigung jedoch eine noch intensivere Fixierung auf die Ordnung erzwingt. Der Begründungszusammenhang lautet dann: Rechtsordnung der Institution Ehe – geschlechtliche Not – Gefahr für die soziale Ordnung der Gemeinschaft – Schutz der Ehe durch staatliche Gewalt.[10]

---

[8] „Die Unauflöslichkeit des Ehebandes wird nicht nur von Gott, von der katholischen Kirche, sondern auch vom Naturgesetz, von der Vernunft gefordert." Gutberlet, P.: Predigten über die päpstliche Enzyklika „Casti connubii" vom 31. Dezember 1931. VI. Predigt. Die Unauflöslichkeit des Ehebundes. PuK 84 (1934), 507

[9] „Der Staat hat ein Recht über die bürgerlichen Lebensfragen der Ehe Gesetze zu erlassen. Der Staat hat aber kein Recht die volle Gerichtsbarkeit über das gesamte Eherecht in Anspruch zu nehmen, im Gegensatz zur kirchlichen Ehe eine bürgerliche Ehe einzuführen oder gar von sich aus zu trennen, was Gott verbunden und der Bindegewalt der Kirche übergeben hat. Der Staat hat kein Recht, eine Heirat oder Wiederverheiratung zu gestatten, die Gott verboten hat." Bußigel, Ernst: Eine vergessene Predigtstoffquelle. Hirtenbriefe der Bischöfe. PuK 81 (1931), 365f

[10] Vgl. zu diesem Deutungsschema Hans Hirschmann S.J., in: Kraiker 1972, 39; in den Predigten: „Die Ehe ist unseres Volkes Leben und unseres Volkes Tod. Des Volkes Leben, wenn es zum Schöpfer seiner Jugend und zur heiligen Schöpferordnung zurückkehrt. Des Volkes Tod, wenn die heutige Verwilderung und Auflösung aller Zucht und Ordnung weiterschreitet. Des Volkes Leben, wenn seine Ehen nach den Ehegesetzen der Kirche die Keimzelle gesunder Familien, der Mutterschoß einer neuen Jugend, die Wiege einer wiedergeborenen Volksgesundheit werden. Des Volkes Tod, wenn es weiter den Baum seines Lebens in die Gefilde von Sodoma und Gomorrha pflanzt." Bußigel, Ernst: Eine vergessene Predigtstoffquelle. Hirtenbriefe der Bischöfe. PuK 81 (1931), 368f.
„Wir stehen in einer Revolutionierung der Ehe. Die Ehe ist in ihrem Sinn und Sein bedroht. Die heutige junge Generation hat vielfach Zucht und Ordnung verloren. Man verlangt, daß allem sinnlichen Treiben volle Freiheit gewährt werde. Von Sittengesetzen, so

Vor allem erwartete die Kirche jedoch von der Ehe, dass diese durch einen „reichen Kindersegen" den biologischen Fortbestand der eigenen Institution wie der Volksgemeinschaft sicherstellte.[11] Kinder sind demnach der primäre und heiligste Zweck der Ehe.[12] Bekanntlich tritt die katholische Kirche mehr und entschiedener als jede andere Institution für „Kinderreichtum" ein. Gegenüber der Funktion, die diese Forderung einmal erfüllte, wie Verhinderung des Aussterbens der Gattung, Sicherung von Arbeitskräften für den familiären Produktionsbereich sowie der Altersversorgung und -sicherung der Eltern, hat sich dieser Topos des Kinderreichtums längst verselbständigt. Wenn trotzdem an dieser Ideologie festgehalten wird und wurde, dann wohl deshalb, weil diese Forderung nach Kinderreichtum als erstem Ehezweck die Zweckbestimmung der Ehe als Fortpflanzungsinstitution stützt. Daneben dürfte auch die Vergrößerung der Zahl der Kirchenmitglieder, von der letztlich der gesellschaftliche Einfluss der Kirche abhängt, eine nicht unwesentliche Rolle spielen.[13]

Neben der Reproduktionsfunktion bestand ein weiterer Konsens mit dem Staat im Anspruch an Ehe und Familie als erste Sozialisationsagentur.[14] Die

---

auch von christlichen Ehegesetzen wollen viele moderne Menschen nichts mehr wissen. Durch diese Zügellosigkeit ist das ganze Volk bedroht." Gutberlet, P.: Predigten über die päpstliche Enzyklika „Casti connubii" vom 31. Dezember 1930. I. Predigt: Veranlassung und Zweck der Enzyklika. PuK 84 (1934), 50

[11] „Die christliche Familie hat in erster Linie die Aufgabe, die Kinder für das Leben und die Volksgemeinschaft zu erziehen und geistig auszurüsten. Unsere Volksgemeinschaft braucht tüchtige Menschen. ... Unsere Volksgemeinschaft braucht dann zweitens intelligente Menschen. ... Unsere Volksgemeinschaft braucht weiterhin sittlich reife Menschen!" Brunner, L.: Rechte und Pflichten in der Familie. PuK 85 (1935), 118

[12] „So wie die Ehe ist als Natureinrichtung, bezweckt sie in erster Linie nicht die Versorgung, sondern die Fortpflanzung der Menschen, das Kind. ... Die Ehe ist nicht in erster Linie für die Gatten da, sondern für die Kinder; ... Das Kind steht im Vordergrund: Und so ist es auch Gotteswille; die Menschheit soll weiter bestehen und zunehmen." Romuald, P.: Mutterwürde. Predigt für Müttervereinsfeste. PuK 82 (1932), 1057
„Das Kind ist ein Hauptzweck der Ehe ..." Stark, Eugen: Vorträge für Müttervereine. Moderne Frauenfragen. I. Das Reich der anderen Welt. PuK 83 (1933), 80
„Zu diesen so sehr bekämpften Gütern der Ehe zählt er [der Papst] vor allem das Kind. Der Heilige Vater sagt: ,Die erste Stelle unter den Gütern der Ehe nimmt das Kinder ein. So hat es der Schöpfer des Menschengeschlechtes selbst gelehrt, ...'." Gutberlet, P.: Predigten über die päpstliche Enzyklika „Casti connubii" vom 31. Dezember 1931. V. Predigt. Der Kindermord in der Ehe. PuK 84 (1934), 402

[13] „Kinder gehören zur Familie so wie Christen zur Kirche. Wie die Kirche die Pflicht hat, unsterbliche Seelen für den Himmel zu gewinnen, so ist es auch Aufgabe der kleinen Kirche, der Familie, den Himmel mit Auserwählten zu erfüllen." Reuterer, Rudolf: Auf das Fest der heiligen Familie. Familiensinn. PuK 79 (1929), 100

[14] „Die christliche Familie hat in erster Linie die Aufgabe, die Kinder für das Leben und die Volksgemeinschaft zu erziehen und geistig auszurüsten. Unsere Volksgemeinschaft

Familie sollte für jene angepassten autoritären Charaktere sorgen, die die reibungslose Einordnung der Heranwachsenden in die bestehende gesellschaftliche Ordnung ermöglichten. Während der Staat somit um die Sicherung des bestehenden sozialen, politischen und gesellschaftlichen Systems bemüht ist, benötigt auch die katholische Kirche hierarchisch-autoritäre Charaktere zum Fortbestand ihres Systems, denn letztlich garantieren nur diese die konfliktlose Ein- und Unterordnung unter das kirchliche Normensystem. Gerade die Vorstellung einer vorgegebenen natürlichen Ordnung im Sinne eines unveränderlichen Naturrechts, aus dem sich ewig gültige Normen ableiten, ist in besonderer Weise geeignet, die Reglementierung der nachkommenden Generationen sicher zu stellen. Emanzipatorische Erziehungsziele passen in keiner Weise in ein solches Schema. Die Ideologie der ewigen, tradierten Ordnungssysteme ist vielmehr dazu geeignet – als Stimme Gottes und Gewissensaufruf auslegt – auch noch die Fremdbestimmung im Erwachsenenalter zu ermöglichen. Dazu wurde in besonderer Weise die Stellung der Vaterautorität gesichert, der als Alleinverdiener und Hausvater als „Oberhaupt der Familie" Verantwortung für die Ordnung des Hauses und der Familie[15] sowie die Erziehung der Kinder[16] trug. Die Rolle der Frau wurde auf die Hausfrauen- und Mutterrolle reduziert.[17] Die Vorstellungen vom Familienleben orientierten sich nach wie vor am

---

braucht tüchtige Menschen. ... Unsere Volksgemeinschaft braucht dann zweitens intelligente Menschen. ... Unsere Volksgemeinschaft braucht weiterhin sittlich reife Menschen!" Brunner, L.: Rechte und Pflichten in der Familie. PuK 85 (1935), 118

[15] „Wer wird nun aber in erster Linie dafür verantwortlich sein, daß die Familien echt christlich sind und infolgedessen für die Allgemeinheit von diesen segensreichen Wirkungen entstehen? Ohne Zweifel das Oberhaupt der Familie, der Mann." Zeilner, Angelus: Standesunterweisungen. Männer-Apostolatsansprachen. Der katholische Mann und unsere Zeit. X. Der katholische Mann in seinem Familienleben. PuK 83 (1933), 929
„Der Vater ist die erste Autorität von Gottes Gnaden und er trägt eine Krone, die ihm kein Mensch von Haupte reißen kann." Brunner, L.: Rechte und Pflichten in der Familie. PuK 85 (1935), 116

[16] „Väter, helft uns in der Erziehung eurer Kinder! ... Durch eure Worte! ... durch euer Beispiel! ... durch Verhängung der verdienten Strafe! ... Denn ‚Wer seinen Sohn liebt, hält ständig die Rute für ihn bereit, damit er sich an seinem Lebensabend freuen kann ...'." Wangler, Elzear: Standesunterweisungen. Vorträge für das Männerapostolat. Der Mann und seine Erzieherpflichten. VI. Väter, helft uns in der Erziehung eurer Kinder! PuK 82ff (1932), 527ff.
„Liebe Väter! ... der einmal als richtig erkannte und ausgesprochene Befehl wird unter keinen Umständen zurückgenommen, sondern mit männlicher Festigkeit und Ruhe zur Geltung gebracht." Wangler, Elzear: Standesunterweisungen. Vorträge für das Männerapostolat. Der Mann und seine Erzieherpflichten. IX. Väter: Nur eine einheitliche Erziehung ist erfolgreich! PuK 82 (1932), 1041

[17] „Das ist also nach der Heiligen Schrift der Wille Gottes, daß die Ehefrau ihrem Ehemanne unterworfen sei. Alle Tätigkeiten der Glieder des menschlichen Körpers sind vom Haupt abhängig. Wie von den Kindern Gehorsam gegen die Eltern das vierte Gebot

agrargesellschaftlichen Leitbild der Familie als Produktionsgemeinschaft.[18] "Geschworene Todfeinde der Familie" sah man vor allem in "Rußland, dem Paradies der Sowjets und Kommunisten" am Werk, "wo christliche Ehemoral hohnlachend mit Füßen getreten wurde".[19] Da Familie und Volksgemeinschaft

---

[18] Gottes fordert, so ist auch die Unterwerfung der Frau unter den Willen des Mannes Gottes Anordnung. ... Ein solches Verhältnis ... wird schon von der Natur gefordert." Gutberlet, P.: Predigten über die päpstliche Enzyklika "Casti connubii" vom 31. Dezember 1931. VII. Predigt. Die Stellung des Mannes und der Frau in der christlichen Familie. PuK 84 (1934), 604f

"Den einzelnen Familienangehörigen muß ihre Arbeit vorgeschrieben werden. Es muß feststehen die Zeit des Aufstehens am Morgen und des Schlafengehens am Abend. Zur pünktlichen Zeit muß mit der Arbeit begonnen werden. Zur bestimmten Zeit müssen während des Tages die Mahlzeiten eingenommen werden. Für eine solche Hausordnung hat der Hausvater, der Mann im Hause zu sorgen." Gutberlet, P.: Predigten über die päpstliche Enzyklika "Casti connubii" vom 31. Dezember 1931. VII. Predigt. Die Stellung des Mannes und der Frau in der christlichen Familie. PuK 84 (1934), 604f

[19] "Eines unserer heiligsten und größten Güter ist sturmumbrandet: die christliche Ehe und Familie. Wer Augen hat zu sehen, der schaue hin nach Rußland, in dieses Paradies der Sowjets und Kommunisten. Dort wird die christliche Ehemoral hohnlachend mit Füßen getreten. Diese Sowjets predigen nicht bloß die moderne heidnische Ehe, nein, sie ist bei ihnen an der Tagesordnung. Man begnügt sich damit, das Zusammenleben zweier Personen auf eine unbestimmte Zeitdauer zu verzeichnen. Will man wieder auseinandergehen, so läßt man sich wieder streichen. Und davon wird täglich reichster Gebrauch gemacht. Die Kinder, die kommen, gehören dem Staat. Das ist das Ende der christlichen Familie. Aber wir brauchen gar nicht so weit zu schauen. Auch bei uns in Deutschland wird bereits auf sozialistischen Tagungen die Familie abgelehnt." Baumer, Franz: Vortrag für einen Gesellen- oder Jungmännerverein. Im Kampf um die christliche Ehe. PuK 81 (1931), 165

"Wenn ihr auch wenig Zeitung leset, so wißt ihr doch, daß die gottesfeindlichen Machthaber in Rußland sich das Ziel gesetzt haben, die Familie aufzulösen. ... Weil sie wissen, daß die Familienerziehung die beste ist, weil sie wissen, daß in der Familie am besten und sichersten der christliche Geist gepflegt wird, weil sie wissen, daß das gottlose Leben und schließlich der Haß gegen die christliche Religion von selbst kommt, wenn Vater und Mutter und Kinder nicht mehr durch die Bande der Familie zusammengehalten werden. Auch die deutsche Sozialdemokratie sieht das Familienleben nur ungern." Sebastian, Jakob: Vorträge für Jungfrauenkongregationen. 6. In der Familie. PuK 81 (1931), 542

"Unserer "aufgeklärten" Zeit war es jedoch vorbehalten, einen geschworenen Todfeind der Familie hervorzubringen, das ist der russische Kommunismus oder Bolschewismus. Denn "er sieht in ihr eine Hemmung für die Verwirklichung seiner (weltrevolutionären) Ideen"." Zellner, Angelus: Standesunterweisungen. Männer-Apostolatsansprachen. Der katholische Mann und unsere Zeit. X. Der katholische Mann in seinem Familienleben. PuK 83 (1933), 929

"Alle Zerstörungsmittel der Kriegsindustrie werden übertroffen durch die endlose Reihe der gefährlichen Sprengstoffe, mit denen das Antichristentum das Fundament der christlichen Familie zu vernichten sucht." Heinrich, R.: Auf das Fest der Heiligen Familie. Die christliche Familie – das kleine Gottesreich auf Erden. PuK 86 (1936), 107

als auf Leben und Tod voneinander abhängig angesehen wurden,[20] wurde in Horrorszenarien auf den möglichen gesellschaftlichen Niedergang hingewiesen.[21] Darüber hinaus wurde vor allem gegen den Schwangerschaftsabbruch polemisiert[22] sowie vor der Mischehe als „Mörderin der Kindheitsseelen" gewarnt. Alle Bereiche des kirchlichen Lebens[23] und hier vor allem des

---

[20] „Das Grundproblem unseres Volkes ist die Familie, weil sie die Keimzelle jeglicher Volkskraft ist. Alle Reform und Aufbauarbeit an Volk und Staat werden umsonst sein, wenn die Reform nicht mit der Familie beginnt, wenn es nicht gelingt, das Familien- und Eheleben auf den Boden der Religion und der Gebote Gottes zu stellen." Leo, P.: Drei Bruder-Konrad-Predigten. I. Die sichtbaren Führer zur Heiligkeit. PuK 86 (1936), 499

[21] „Desgleichen führen sich sonstige Gesellschaftsschäden auf die Familienzerrüttung zurück. ... sicherheitsgefährliche Subjekte ... Vergnügungs- und Genußssucht der jungen Welt ... Unsittlichkeit ... Unbotmäßigkeit und Auflehnung gegen jegliche Autorität und Gewalt ..." Haselbeck, P.: Auf das Fest der christlichen Familie. Die christliche Familie. PuK 83 (1933), 111f

[22] „Und Familien, in denen Kinder mit Hilfe von ungläubigen Aerzten oder Hebammen schon im Mutterschoß getötet werden, sind schrecklich und fluchbeladen wie eine Mördergrube. Unsere heilige Kirche drückt ihren Abscheu vor diesem Verbrechen gegenüber dem keimenden Leben dadurch aus, daß sie diesen Mord mit der Exkommunikation, d.h. mit dem Ausschluß aus der kirchlichen Rechts- und Gnadengemeinschaft bedroht. Wie furchtbar wird aber für solch sündhafte Eheleute erst die Verantwortung vor dem Richterstuhle Gottes sein! Wie werden sie schuldbewußt verstummen, wenn der allwissende Gott sie fragen wird: Wo sind eure Kinder, die ihr nach allem, was vorausgegangen ist, haben sollt?" Reuterer, Rudolf: Auf das Fest der heiligen Familie. Familiensinn. PuK 79 (1929), 100
„Diese Kindermörderinnen [Frauen, die einen Schwangerschaftsabbruch herbeiführen] führen einen radikalen Vernichtungskrieg gegen das Menschengeschlecht. Man hat vom letzten Kriege, diesem Weltkriege, gesagt, er sei ein Massenmord gewesen. Der Kampf der grausamen Mutter gegen das Menschengeschlecht ist aber noch schlimmer als der Weltkrieg. Dieser Krieg hat etwas über vier Jahre gedauert, das Kindermorden dauert aber schon Jahrzehnte hindurch. Wann es endet, kann man nicht voraussehen. Die Zahl der Wiegen sinkt, die der Särge steigt trotz der hohen Entwicklung unserer Hygiene. Statt Lebensspender sind unzählige Eheleute Totengräber des Menschengeschlechtes geworden." Gutberlet, P.: Predigten über die päpstliche Enzyklika „Casti connubii" vom 31. Dezember 1931. V. Predigt. Der Kindermord in der Ehe. PuK 84 (1934), 403f
„Warum ist aber diese Handlungsweise [„der Mißbrauch der Ehe zur Verhütung von Kindersegen"] in den Augen Gottes so verabscheuungswürdig? Weil sie eine freche Verkehrung der von ihm für allemal festgesetzten Naturordnung und ein frevelhafter Eingriff in die sittliche Ordnung ist. ... Der erste Zweck der Ehe ist aber Nachkommenschaft, Kindersegen und die darauf beruhende Forterhaltung des Menschengeschlechts." Zeilner, P.: Standesunterweisungen. Männer-Apostolatsansprachen. Der katholische Mann und unsere Zeit. XX. Unsittliches Verhalten im Ehestand. PuK 84 (1934), 815

[23] „Gottes Gesetze sind dem Menschen gegeben zum Segen, zum Segen des Einzelnen und zum Segen der Völker. Niemand übertritt sie ungestraft. Zieht in den Kampf für das Christentum! Kirche und Vaterland schauen auf euch. Es ist ein heiliger Kampf!" Baumer, Franz: Vortrag für einen Gesellen- oder Jungmännerverein. Im Kampf um die christliche Ehe. PuK 81 (1931), 167

kirchlichen Vereinswesens waren aufgerufen, das Familienbild in dieser Sicht zu sichern und zu stärken.[24] Mit dem „Verein der heiligen Familie von Nazareth" wurde ein eigener Verein gegründet, dem diese Aufgabe vordringlich zukam.[25]

Ein besonderes Augenmerk richteten die Prediger auf die Rolle der Frau.[26] Dabei waren die Frauen der Weimarer Republik nicht nur äußerlich in Mode und Erscheinungsbild von den Frauen der Wilheminischen Epoche zu unterscheiden. In den Kriegsjahren des Ersten Weltkriegs hatten Frauen vielfach bisher den Männern vorbehaltene Arbeitsplätzen übernommen, ihre Bindungen an Haushalt und Familie hatten sich sichtbar gelöst, sie hatten erleben müssen und sich darin bewährt, dass sie – vielleicht nicht nur aus Leid – auch ohne Mann leben können. Die Weimarer Republik hatte ihnen mit den bürgerlichen Grundrechten auch das Wahlrecht gebracht, weite Felder der Berufs- und Erwerbstätigkeit und die damit verbundene materielle Unabhängigkeit standen ihnen offen. Eine spezifische Frauenbildung bemühten sich um die Emanzipation und Förderung der Frauen in allgemeinen und gesellschaftspolitischen Fragen. Durch die nunmehr auch offen propagierten Methoden der Empfängnisverhütung war die Bindung an eine große Kinderschar nicht länger ein zwangsläufiges Schicksal. Scharf wurde in der Weimarer Republik um eine gesetzliche Regelung zum Schwangerschaftsabbruch gestritten. Der gesellschaftliche Wandel ließ sich auch an diesen empanzipatorischen Fortschritten in der gesellschaftlichen Gleichberechtigung der Frauen signifikant ablesen. Gegen diese modernen Bestrebungen setzte die Kirche den Willen der Natur zur Unterordnung der Frau und zur Einordnung in ihre „heiligsten Pflichten": die Mutterschaft und die Kindererziehung. Als erste und heiligste Mutterpflicht galt die religiöse Kindererziehung,[27] als zweite Pflicht die Kinder zu

---

[24] „Jeder Verein, nicht zuletzt der Jugendverein muß Familiengeist in sich tragen, muß zum Familiengeist erziehen und führen und in etwa ersetzen dann und dort, wo die Eltern den Kindern die Familie nicht bieten, vielleicht nicht bieten können. Tut der Verein das nicht, so hat er keine Existenzberechtigung." Gaudentius, P.: Gelegenheitspredigten. Auf den Jugendsonntag. Jesus der Lebensspender und Freund der Jugend. PuK 79 (1929), 555

[25] „Um nun die christlichen Familien um so erfolgreicher zur Nachfolge der heiligen Familie anzueifern und sie ihnen zu erleichtern, hat Leo XIII. auch noch einen eigenen frommen Verein ins Leben gerufen und auf wärmste empfohlen, nämlich den Verein der heiligen Familie von Nazareth." Zeilner, Angelus. Standesunterweisungen. Männer-Apostolatsansprachen. Der katholische Mann und unsere Zeit. X. Der katholische Mann in seinem Familienleben. PuK 83 (1933), 930

[26] Vgl. zur Rolle der Frau im katholischem Milieu Ruster 1997, 64ff.

[27] „Die heiligste Pflicht christlicher Mütter ist die Erziehung ihrer Kinder nach dem Willen Gottes und im Geiste unserer heiligen Kirche." Graf, Joh.: Vorträge für christliche Müttervereine. 1. Tägliches Vereinsgebet des christlichen Müttervereins. PuK 79 (1929), 74

brauchbaren Gliedern der Volksgemeinschaft zu formen.[28] Zeitgleich wurde neben dem Bild der Mutter als gleichwertige Alternative das Muster der katholischen Jungfrau propagiert.[29] Dabei wurden durchweg traditionelle Geschlechtsmuster beibehalten, verinnerlicht und vor allem als religiöse Aufgabe gegen den in der Gesellschaft stattfindenden Wandel gestellt. Der Topos von der besonderen Opferfähigkeit und Opferbereitschaft, die den Frauen von Natur zu eigen sei, wurde stehende Redewendung.[30] Es vermischten sich in der theologisch-religiösen Argumentation Aussagen über die „naturrechtlich" begründete Stellung der Frau in der Gesellschaft mit ihrer dienenden Rolle in der

---

„Selig und heilig soll dein Kind werden, das liegt bei dir. Die Mutter ist die geborene und die berufene Erzieherin ihrer Kinder." Stark, Eugen: Vorträge für christliche Müttervereine. Moderne Frauenfragen. VI. Mutter und Kind. PuK 83 (1933), 554

„Was erwartet die Kirche von der Mutter? Auf die kürzeste Formel gebracht lautet die Antwort auf diese Frage: Die Mutter soll ihre Kinder zu guten Christen erziehen, sie soll ihnen eine Führerin sein auf dem Wege zum Himmel!" Brunner, Ludwig: Auf den Muttertag. Die christliche Mutter. PuK 86 (1936), 495

[28] „... kann man im Namen der Volksgemeinschaft von den Müttern dreifaches verlangen: ... Erziehet eure Kinder zu arbeitsfreudigen Menschen! Sorget namentlich dafür, daß eure heranwachsenden Mädchen für alle Anforderungen und Arbeiten des Hausfrauenberufes gut ausgebildet ins Leben eintreten! .... Erziehet dann zweitens eure Kinder zu gewissenhaften Menschen! ... Erziehet eure Kinder zu sparsamen Menschen!" Brunner, Ludwig: Auf den Muttertag. Die christliche Mutter. PuK 86 (1936), 497

„Die Frau als Mutter und Betreuerin der kommenden Generation ist in erster Linie berufen für die Bewährung echten Volkstums, für die Heranbildung eines körperlich und geistig gesunden Jungvolkes." Hahn, Jakob: Huldigung vor dem Maialtar. PuK 87 (1937), 472

[29] Edermaninger, Joseph: Jungfrauen-Vorträge
1. Die Tugend der Demut. PuK 83 (1933), 56-60
2. Die Tugend der Sanftmut. PuK 83 (1933), 151-155
3. Die Tugend der Geduld. PuK 83 (1933), 229-233
4. Die Tugend der Gottesliebe. PuK 83 (1933), 333-337
5. Die Tugend der Nächstenliebe. PuK 83 (1933), 436-440
6. Die Tugend der Feindesliebe. PuK 83 (1933), 530-535
7. Die Tugend der christlichen Selbstliebe. PuK 83 (1933), 620-624
8. Die Tugend der Einfalt. PuK 83 (1933), 712-715
9. Die Tugend der Bescheidenheit. PuK 83 (1933), 835-840
10. Die Tugend des Starkmutes. PuK 83 (1933), 937-941
11. Die Tugend der Beharrlichkeit. PuK 83 (1933), 1020-1024

[30] „Frauenberuf, Mutterberuf ist Opferberuf. Es klingt zwar nicht modern das Wort Opfer, und die moderne Frau möchte es am liebsten aus dem Wörterbuch ihres Lebens streichen und ausmerzen. Sie sagt auch wie damals die Jünger zum Heiland: „Diese Rede ist hart, wer kann sie anhören?" Wir wollen auch genießen, trinken den Becher der Lust, wir wollen keine Sklavinnen mehr sein, gebunden an Küche und Wiege und Kinderstube, nein auch für uns hat die Stunde der Freiheit geschlagen. Drum schweigt uns vom Opfer, weg mit Opferkelch und Opferschale und Opferaltar! So die moderne Frau ..." Utz, Simon: Vorträge für christliche Müttervereine. VI. Die christliche Mutter am Opferaltar. PuK 81 (1931), 556

Kirche, die man wiederum auf den Willen Gottes und den der Schrift zurückführte. Wo dieses traditionelle katholische Frauenbild mit der gesellschaftlichen Realität in Verbindung kam, wurden übertrieben apokalyptische Szenarien bemüht, die schnell deutlich werden lassen, dass derartige Urteile nur aufgrund diffuser Ängste und Zwangsphantasien möglich waren. So ist die radikale Ablehnung gewisser Modeerscheinungen aus heutiger Sicht kaum mehr nachvollziehbar.[31] Manche Prediger wollten die Frauen auch aus der modernen Sklaverei befreien, in die sie die neue Freiheit gebracht hatte.[32] Als Mittel wurde dazu jene abgöttische Verehrung, wie sie den Frauen im Mittelalter als dem Zeitalter der Ritterlichkeit entgegengebracht wurde, empfohlen.[33] Ferner

---

[31] „Die Hals- und Ohnekleidsitte unserer Tage ist das Werk der Freimaurerei und ein Kind der Hölle. Die Eitelkeit der Frauen ist Helfershelfer. ... In zahlreichen Vereinen geloben die Mädchen und Frauen auf Ehre, sich nie anders geben und kleiden zu wollen als entsprechend den Anweisungen der Kirche." Stark, Eugen: Vorträge für Müttervereine. Moderne Frauenfragen. IV. Die große Schande. PuK 83 (1933), 358
„Mädchen, die zwar als Modepuppen einherstolzieren, die wohl die modernsten Tänze und die neuesten Modejournale kennen, aber von der edlen Kunst des Kochens und Nähens nichts verstehen, solchen sollte das Heiraten polizeilich verboten sein, weil sie ihre Männer doch bloß unglücklich machen" Brunner, L.: Auf den 2. Sonntag nach der Erscheinung. Die Ehe. PuK 79 (1929), 132
„Wer ist Zeuge dafür, daß die moderne Frauenkleidung unehrbar ist? Da nenne ich in erster Linie den Papst. Ihr wißt wohl, daß der Papst so viele Arbeit und so viele Sorgen hat, daß er sich um Kleinigkeiten nicht kümmert. Wenn nun der Papst sich gegen die moderne Kleidung ausspricht, dann folgt daraus, daß sie wirklich unehrbar ist, und daß es sich bei der Sache um keine Kleinigkeit, sondern um etwas sehr Ernstes handelt." Sebastian, Jakob: Vorträge für Jungfrauenkongregationen. 8. Die Mode. PuK 81 (1931), 705
„Gerade das weibliche Geschlecht hat zu wählen, ob es auf die gottbestellte Hüterin der Sittlichkeit, die Kirche, hören oder ob es sich sklavisch und gedankenlos dem ungeschriebenen, willkürlichen Gesetzen der Mode unterwerfen will." In : Salutaris, P.: Drittordenspredigten. IX. Lebensweise. a) Kleidertracht. PuK 81 (1931), 808

[32] „Eine Irrlehre, die heute in der Frauenwelt ihr Unwesen treibt, ist die Emanzipation. Das Wort kommt aus Frankreich und bedeutet: Freigabe der Frau, Entknechtung, Entjochung der Frau. ... Christliche Mutter, für solche Reden hast du nur ein mitleidiges Lächeln übrig. Da weißt gar nichts davon, daß du geknechtet bist, und willst dich auch nicht verhetzen lassen." Stark, Eugen: Vorträge für Müttervereine. Moderne Frauenfragen. II. Bleibe Frau! PuK 83 (1933), 172f

[33] „Es war eine schöne, glückliche Zeit. Wie der große Otto, förderten auch seine Nachfolger im Geiste Karls des Großen die Religion und den Aufschwung der Bildung. Die Frauen stunden tapfer an ihrer Seite, ihnen gebührt der Ehrenpreis. ... mehr als die herrlichsten Siege dienen dem Wohle des Vaterlandes züchtige Mädchen und pflichtbewußte Mütter. Unseren wackeren Frauen Heil!" Stark, Eugen: Vorträge für christliche Frauen. Historische Frauenfragen. V. Karl der Große und große Frauen. PuK 84 (1934), 431
„Bewunderswürdige Frauen, aus deren Lebensverhalten das Bildnis der heiligsten Jungfrau aufleuchtet! Glücklicher Glaube, stets unter den Augen der leibhaften Gottesmutter den Lebensweg zu gehen! Katholische Frauen, seid Rittersfrauen, fromm, züchtig, lieb und gut, und die katholische Männerwelt wird euch huldigend zu Füßen liegen! Heil!"

wurde in eigenen Predigtreihen Frauen des Mittelalters als Vorbilder vorgestellt[34] sowie auf die besondere Bedeutung der germanischen Frau für die Ausbreitung des Christentums verwiesen[35].

In dieser Argumentation hängen die Zukunft des Katholizismus und der Volksgemeinschaft, die der Familie und die Rolle der Frau immer miteinander zusammen.[36] Die Einhaltung der traditionellen Geschlechterrolle der Frau

---

Stark, Eugen: Vorträge für christliche Frauen. Historische Frauenfragen. VI. Minnedienst und Rittertum. PuK 84 (1934), 532

[34] Sebastian, Jakob: Heilige deutsche Jungfrauen. Vorträge für Jungfrauenkongregationen.
1. Die heilige Margareta. PuK 82 (1932), 57-62
2. Die heilige Walburga. PuK 82 (1932), 148-152
3. Die selige Krescentia Höß. PuK 82 (1932), 243-247
4. Die selige Lidwina. PuK 82 (1932), 348-352
5. Die selige Christina. PuK 82 (1932), 433-437
6. Die heilige Radegund. PuK 82 (1932), 530-534
7. Die heilige Hildegard. PuK 82 (1932), 640-643
8. Die heilige Notburga. PuK 82 (1932), 725-729
9. Die heilige Hadeloga. PuK 82 (1932), 958-962
10. Die heilige Ludgarde. PuK 82 (1932), 1044-1048

[35] „Dieses Volk, das die Frauen ehrte, war berufen und befähigt, die sittlich verlotterten Nachbarvölker mit frischen Blute zu verjüngen. Mehr noch! Dieses Volk, das die Frauen ehrte, hatte schon eine aufgeschlossene Seele für die Glaubenswahrheiten des Christentums. Von den Verdiensten der Germaninnen um die Ausbreitung des Christentums werden Sie in den folgenden Vorträgen hören. Doch weil ich meine Begeisterung nicht zurückhalten kann, rufe ich Ihnen heute schon zu: Deutsche Frauen – katholische Frauen! Heil!" Stark, Eugen: Vorträge für christliche Frauen. Historische Frauenfragen. I. Die Germanin. PuK 84 (1934), 82

„Eine deutsche Frau ohne Begeisterung für Christus und seine Kirche, wäre eine Frau, die aus der Art geschlagen. Es ist wahr, es bleibt wahr: Deutsche Frauen – katholische Frauen haben dem Christentume in Deutschland zum Sieg verholfen." Stark, Eugen: Vorträge für christliche Frauen. Historische Frauenfragen. II. Dem Christentume zu. PuK 84 (1934), 172

„Mit Christus ... steht Maria ... im Mittelpunkt der Weltgeschichte. Mit Stolz dürfen gerade wir deutschen Katholiken am heutigen Hochfeste sagen: Mehr als so vielen anderen Völkern, ja mehr als den Juden, den Hütern der Offenbarungsreligion und der Offenbarungsbücher bedeutet Maria, die hochedle Gottesmagd, den germanischen Völkern. Germanische Frauen haben durch die Bewahrung ihrer fraulichen Würde in besonderer Weise Verständnis geweckt für das Erscheinen der jungfräulichen Gottesmutter. Sie sind geradezu Wegweiserinnen zu Maria zu nennen. Und darum sind germanische Frauen wohl auch die eifrigsten Schülerinnen und vollkommensten Nachbilder der jungfräulichen Gottesmutter geworden." Füglein, Gaudentius: Zum Fest der unbefleckten Empfängnis Mariens. Germanische Frauenwürde und Maria. PuK 88 (1938), 75

[36] „Wenn wir so von unserem christlichen Standpunkt aus für Frauenwürde und Mutterwürde kämpfen, dann kämpfen wir auch für das Wohl unseres Volkes. Dann arbeiten wir an wichtigster Stelle mit am inneren Aufbau und sittlichen Gesunden unseres Volkes. Dann leisten wir wahrhaft nationale Arbeit." Stiefvater, Alois: Gelegenheitspredigten. Für den Muttertag. PuK 84 (1934), 477

„... starkes Frauentum ist der Mutterboden für ein starkes Volkstum." Bopp, Linus: Der

wurde wohl zurecht als Garantie für die Aufrechterhaltung der traditionellen Familienstruktur gesehen. Denn sollte die Frau über ihre Bindung an die Familie und den Haushalt hinaus sich auch in die übrigen Gebiete des Lebens, die allein dem Mann vorbehalten sind, vorarbeiten, könnte sie daran naturgemäß nur zerbrechen.[37] Diese Folge wäre allerdings auch für den Mann katastrophal, denn damit würde er die Verbindung zu den tragenden Kräften des Lebens verlieren.[38] So lässt sich vieles, was mit großem religiösen Pathos über das Wesen und die Bestimmung der Frauen in den Predigten gesagt wurde, allein als Strategie zur Stabilisierung und Rettung des traditionellen Familienbildes verstehen, von dem man mit Recht sah, dass es zentral auf der Fixierung der Frau auf ihre herkömmliche Rolle beruhte. Mit seinem Einsatz für das überkommene Frauenbild ging es dem Katholizismus vor allem darum, das traditionelle Element „Familie" in der sich wandelnden Gesellschaft zu erhalten. Nachdem zahlreiche die Religion bisher tragende traditionelle Strukturen dem gesellschaftlichen Wandel zum Opfer gefallen waren, musste den Predigern daran vor allem gelegen sein. Auf dem Gebiet der Familie war die Stellung der Kirche noch immer so stark, dass sich hier ein Ansatzpunkt fand, diesen Wandel aufzuhalten. Das Interesse an der Überlieferung der traditionellen Familienstruktur diente in dieser Sicht der Erhaltung eines traditionell den Katholizismus tragenden und in seinem Einfluss stehenden Lebensbereichs. Diese Interessen wiederum forcierten die Bemühungen, dem „naturgemäßen Frauenbild" seine angestammte Bedeutung auch in Zukunft zu verschaffen. Die Forcierung des Muttertags durch den Nazismus[39] sowie die

---

Edelmut zur Mutterschaft. PuK 88 (1938), 485
„Jedes Volkes Untergang hat damit begonnen, daß es keine Jungfrauen und keine Mütter mehr hatte, daß die jungfräuliche und mütterliche Gesinnung verachtet war. Die marianische Kongregation will am Wohl des Volkes mitarbeiten. Frauen will sie dem Volke schenken, wie die Braut von Nazareth gewesen." Högerle, P.: Jungfrauenvorträge. VI. Die Braut von Nazareth. PuK 87 (1937), 520

[37] „Eine emanzipierte Ehefrau im modernen Sinne kann sich im Ehestande nicht glücklich fühlen. Die Freiheit, die sie fordert, widerspricht der hohen Aufgabe, die eine christliche Frau und Mutter zu erfüllen hat." Gutberlet, P.: Predigten über die päpstliche Enzyklika „Casti connubii" vom 31. Dezember 1931. VII. Die Stellung des Mannes und der Frau in der christlichen Familie. PuK 84 (1934), 606

[38] „Wo zwei zusammenkommen, wird sicher politisiert. Deine Lieben sehnen sich nach einem stillen, ruhigen Plätzchen, wo der Lärm des Weltkampfes nicht mehr gehört wird, wo eine innerliche Seele erwärmend Gottergebenheit und Zufriedenheit ausstrahlt. Wo sollen sie dieses glückliche Stücklein Paradies finden, wenn nicht bei dir, liebes, gutes Mutterherz?" Stark, Eugen: Vorträge für christliche Müttervereine. Moderne Frauenfragen. IX. Nicht immer jammern. PuK 83 (1933), 856

[39] „Wir haben also allen Grund, durch einen besonderen Tag die Mütter zu feiern. Durch diesen Muttertag soll die Achtung vor der Mutter vertieft werden. Und da ist es gut, wenn wir bei den alten Germanen anknüpfen. Unsere Vorfahren, die alten Deutschen, haben

Einschränkung der Berufstätigkeit der verheirateten Frauen[40] wurden als richtige Schritte auf dem Weg zur Wiederherstellung eines starken Frauentums durchweg begrüßt. Grundfragen des Schulwesens wurden in keiner anderen Zeitepoche der deutschen Bildungsgeschichte so intensiv und leidenschaftlich diskutiert wie in der Weimarer Republik.[41] In den Predigten wurde die Schulfrage in dieser Weise als „Daseinsrecht des Glaubens" hochstilisiert.[42] Denn dem Totalitätsanspruch katholischer Weltanschauung entsprechend, ist im Zugriff auf die gesellschaftlichen Multiplikatoren gerade der für das Schulwesen erhobene Anspruch ein totaler. Der gesamte Sozialisations- und Bildungsprozess sollte als Ganzer nach konfessionellen, katholischen Maßstäben geprägt sein.[43] Objekt des Streits, der bereits in der Weimarer Republik katholischerseits als „Kampf um die Schule" und „heiliger Krieg" bezeichnet wurde,[44] war in erster

---

die Frauen und Mütter hoch geehrt." Sebastian, Jakob: Auf den Muttertag. Unsere Mutter. PuK 87 (1937), 476

[40] „Die wirtschaftliche und soziale Betätigung vieler Ehefrauen unserer Zeit ist von großem Nachteile für das Ehe- und Familienleben. Es ist mit Dankbarkeit und Freude zu begrüßen, daß unsere jetzige nationale Regierung die dem Familienleben entfremdete Ehefrau durch Einschränkung der Arbeit der verheirateten Frau außerhalb des Hauses der Familie wieder zurückgegeben und zur Erfüllung der häuslichen Pflichten zurückrufen will. Auch der Heilige Vater will nichts anderes." Gutberlet, P.: Predigten über die päpstliche Enzyklika „Casti connubii" vom 31. Dezember 1931. VII. Die Stellung des Mannes und der Frau in der christlichen Familie. PuK 84 (1934), 606

[41] Vgl. zum naturrechtlichen Deutungsschema der Schulfrage im Katholizismus Kraiker 1971, 39f. sowie 42ff.; zur Schulpolitik des Katholizismus Küppers 1982

[42] „... die Schulfrage ist keine politische, sondern eine religiöse Angelegenheit, es handelt sich dabei um das Daseinsrecht unseres Glaubens." Reuterer, R.: Auf den Schulsonntag. Unser Schulprogramm. PuK 79 (1929), 44

[43] „Die katholische Kirche stellt die Forderung, daß die katholischen Schulkinder in katholischen Schulen erzogen werden. Sie lehnt also die sogenannten Gemeinschaftsschulen ab und verlangt die Konfessionsschulen. ... Wenn die Kirche die katholische Erziehung der Kinder in katholischen Schulen verlangt, so erfüllt sie einfach ihre Pflicht. Die Kirche hat die Aufgabe dafür zu sorgen, daß die Menschen in möglichst vollkommener Weise nach katholischen Grundsätzen erzogen werden. Das aber geschieht in der katholischen Schule." Sebastian, Jakob: Schulsonntag. Die katholische Schule. PuK 86 (1936), 46f

[44] „Der Kampf um die Schule ist ein heiliger Krieg. Es geht um die heiligsten Güter, um die unsterblichen Seelen unserer Kleinen, um die Sache Gottes. Folgt also freimütig und tapfer, wenn eure heilige Kirche aufruft zu diesem ernsten Kampf." Benignus, P.: Auf den Schulsonntag. Wer hat ein Recht auf die Schule? PuK 80 (1930), 58
„Eltern! Es ist traurig genug, daß um die christliche Schule ein Kampf entbrannt ist, daß das Kreuz in der Schule und die christliche Erziehung in Gefahr sind. In der Schule darf kein Kampf sein." Juen, Ferd.: Auf den Schulsonntag. Elternhaus und Schule. PuK 83 (1933), 43
„Markerschütternd wie Kriegslärm erschallt der Ruf der Religionsfeinde über die ganze Welt: Verweltlichung der Schule! Kein Priester soll das Schulzimmer betreten dürfen,

Linie die Volksschule als die damals dominierende allgemeine Bildungseinrichtung im öffentlichen Erziehungssystem. Sie war im Gegensatz zu den Mittelschulen und höheren Lehranstalten überwiegend konfessionell strukturiert. Die Parteien hatten in den Verfassungsberatungen des Jahres 1919 zwar eine Übereinkunft mit dem sogenannten Weimarer Schulkompromiss erzielt, der daraus resultierende Paragraph 146 WRVfG war aber so allgemein formuliert, dass er den jeweiligen Gruppierungen in der Folgezeit genügend Spielraum bot, die gruppeneigenen schulpolitischen Interessen unter Vernachlässigung der in der Verfassung angestrebten Überbrückung der Gegensätze zu verfolgen. Der Kern des Streits um die Volksschule lag in der Frage, ob allen in Artikel 146 WRVfG genannten Volksschularten ein gleichrangiges Existenzrecht zustand oder ob der christlichen Gemeinschaftsschule als allgemeinverbindlicher Regelschule ein Vorrang gegenüber den Bekenntnisschulen und der sogenannten weltlichen Schule zukam. Im Rückgriff auf Artikel 120 WRVfG, der die Achtung vor dem natürlichen Erziehungsrecht der Eltern formulierte, und mit Verweis auf die sogenannte Regelschultheorie, die eine Vorzugsstellung der Gemeinschaftsschule gegenüber der Bekenntnisschule und der weltlichen Schule ablehnte, hatte der Katholizismus eine juristische Grundlage gefunden, um für die Bekenntnisschule einzutreten. Diesen „natürlichen Erziehungsrechten der Eltern"[45] sowie den institutionellen Rechten der Kirche[46] wurde das

---

kein Bild an der Wand soll an Gott und Ewigkeit erinnern, kein Wort von überirdischen Dingen soll während des Unterrichtes vernommen werden. Gott sei Dank, daß es bei uns noch nicht so weit gekommen ist." Stark, Eugen: Moderne Frauenfragen. VIII. Unsere Schule. PuK 83 (1933), 731

[45] „Ihr Eltern habt nicht nur das erste Recht, sondern auch die oberste Pflicht, eure Kinder für Gott zu erziehen. Sie sind Gotteskinder, von Gott erschaffen und euch anvertraut. ... Dann katholische Eltern, ist es auch eure höchste Pflicht, die Kinder Gott zuzuführen durch eine christliche Erziehung im Hause und in der Schule. ... Nie und nimmer könnt und dürft ihr dulden, daß ungläubige Lehrer oder Lehrerinnen das niederreißen, was ihr aufgebaut." Benignus, P.: Auf den Schulsonntag. Wer hat ein Recht auf die Schule? PuK 80 (1930), 58

[46] „Wir fordern die Religion für unsere Schule ... 1. um unserer Kinder willen ... 2. um der Eltern willen ... 3. um der Kirche und des Staates willen. Um der Kirche willen; die Kirche hat durch die Taufe ein Recht auf die Kindesseele und damit auch ein Anrecht auf die Art der Erziehung." Edermaninger, Joseph: Auf den Schulsonntag. Die Notwendigkeit der Religion für die Schule. PuK 82 (1932), 45
„Weil nun die Erziehung ohne Religion keine Erziehung ist, so müssen wir als Katholiken darauf bestehen, daß unsere Schulen Religionsschulen sind." Juen, Ferd.: Auf den Schulsonntag. Elternhaus und Schule. PuK 83 (1933), 41
„Von ihrem göttlichen Stifter hat die Kirche das Aufsichtsrecht über alle Schulen, wo katholische Kinder unterrichtet werden. Es ist ihre Pflicht, sich zu vergewissern, daß nichts gegen Glaube und Sitte gelehrt und das religiöse Leben in keiner Weise behindert wird." Stark, Eugen: Moderne Frauenfragen. VIII. Unsere Schule. PuK 83 (1933), 733

staatliche Schulmonopol als negatives Pendant gegenüber gestellt, so dass damit sogar der Anschein erweckt werden konnte, als werde die Selbstbestimmung der Gesellschaft gegen die Gefahr eines totalitären Staats verteidigt.[47] Letztlich handelt es sich aber nur um den kirchlichen Versuch, den Staat zum Werkzeug der eigenen religiös-weltanschaulichen Institution zu instrumentalisieren.[48] Auch das „natürliche Elternrecht", welches auf den ersten Moment die Vermutung eines demokratischen Elements nahe legt, zeigt sich bei näherer Betrachtung nur als ein scheindemokratischer Umweg zur Interessensicherung der Institution Kirche. Denn inhaltlich im voraus von der Kirche festgelegt und als solches mit allen subtilen Mitteln der religiösen Autoritätsinstanz den Eltern als „Gewissenspflicht" auferlegt, kann es in keiner Weise als demokratischer Anspruch einer potentiellen Selbstbestimmung gewertet werden.[49] Damit verfestigte sich die Unfähigkeit des Katholizismus zu einer flexiblen schulpolitischen Einstellung. Nachdem im Frühjahr 1928 ein erneuter Entwurf für ein Reichsschulgesetz scheiterte, der eine für den Katholizismus akzeptable Regelung beinhaltete, indem er die Bekenntnisschule der Regelschule als gleichberechtigt einstufte, hatten sich die Verhandlungen endgültig festgefahren. In der Endphase der Weimarer Republik glitt die katholische Schulpolitik vollends in eine Grundhaltung ab, die nur noch dem Rechtsparagraphen vertraute und zu einem demokratischen Konsens in keiner Weise mehr fähig

---

[47] „Wir Katholiken fordern die katholische Schule ... als treue Staatsbürger ... im Namen der Gerechtigkeit, im Namen der wahren Demokratie ... im Namen der wissenschaftlichen Pädagogik, im Namen der einheitlichen, konzentrischen Erziehung ... im Namen Gottes, dessen Geschöpf und Eigentum jede Menschenseele ist ..." Reuterer, R.: Auf den Schulsonntag. Unser Schulprogramm. PuK 79 (1929), 44ff.

[48] „ ..., müssen wir doch wissen, daß der Staat nicht allmächtig ist, das Recht des Staates auf die Schule kein unbeschränktes ist. ... Das Recht des Staates auf die Schule ist beschränkt durch die Rechte der Kirche. Gottgewollte Pflicht des Staates ist es, die Kirche in ihren Aufgaben zu unterstützen." Benignus, P.: Auf den Schulsonntag. Wer hat ein Recht auf die Schule? PuK 80 (1930), 56

[49] „Du weißt, christliche Mutter, um deine verantwortungsvollen Mutterpflichten. ... Verkenne also auch nicht die Gefahren des Schulbesuches für deine Kinder. Kannst du sie einer Klosterschule anvertrauen, zögere nicht! ... Hast du keine Wahl, bist du gezwungen, deine Kinder in eine weltliche Schule zu schicken, hilf zu Hause der Erziehung nach!" Stark, Eugen: Moderne Frauenfragen. VIII. Unsere Schule. PuK 83 (1933), 734
„Und die Kirche mahnt die Eltern heute vor der Schuleinschreibung wieder dringlich, ihre Kinder nicht auf die Gasse der religionslosen oder religiös gleichgültigen Schule zu schicken, sondern in das Heiligtum der Konfessionsschule." Gaudentius, P.: Die Bibel als Familienbuch. PuK 83 (1933), 741
„Darum macht es euch, liebe christliche Eltern, das kirchliche Gesetzbuch (can. 1374) zur strengen Pflicht, soweit und solang es möglich ist, eure Kinder in die Bekenntnisschule zu schicken." Beck, Pius: Auf den Schulsonntag. Zusammenarbeit von Familie, Staat und Kirche. PuK 87 (1937), 4

war. Diese aus Existenzangst gespeiste Position trug erheblich zu den trügerischen Hoffnungen und euphorischen Stimmungen bei, die der Abschluss des Reichkonkordats im Jahre 1933 in schulpolitischen Fragen auslöste. Denn die Schulbestimmungen in den Artikeln 21 bis 25 entsprachen den bekannten Forderungen der katholischen Kirche in maximaler Weise: der Religionsunterricht als ordentliches Lehrfach, der kirchliche Erlaubsnisvorbehalt für die Erteilung des Religionsunterrichts mit der sogenannten „Missio canonica", die Beibehaltung und Neueinrichtung der katholischen Bekenntnisschulen, die Interpretation des Elternrechts im Sinne katholischer Lehre, die konfessionelle Lehrerbildung, die Fernhaltung opponierender Lehrkräfte von den konfessionellen Pflichtschulen sowie die Erlaubnis zur Gründung von Privatschulen. All dies hatte der Katholizismus im Zusammenspiel mit dem Nazismus nun erreicht. Als die nazistischen Machthaber sich als unzuverlässige Vertragspartner erwiesen, führte dies Jahre später in Teilen des Landes zu ausgeprägten „Schulkämpfen", die allerdings die Durchsetzungskraft des Katholizismus in schulpolitischen Fragen noch einmal eindrucksvoll bestätigten.

Das weitverzweigte katholische Vereinswesen hat seine Ursprünge im 19. Jahrhundert vor allem als Antwort auf die Herausforderungen der modernen, sich industrialisierenden Gesellschaft sowie den durch Aufklärung, Revolution und Säkularisation bedingten Veränderungen.[50] Dabei stellte das Vereinswesen mit seinem bisher unbekannten Typus des religiösen Engagements von Laien durchaus eine Neugestaltung kirchlichen und gesellschaftlichen Lebens dar. In dieser Modernität dokumentierte sich eine erstaunliche Flexibilität in der Nutzung der zeitgemäßen gesellschaftlichen Möglichkeiten. Als historische Leistung der katholischen Vereine im 19. Jahrhundert kann in dieser Weise kirchlicherseits summiert werden, dass sie weitgehend ohne Initiative seitens der kirchlichen Hierarchie, gleichsam spontan entstanden und im Laufe weniger Jahrzehnte zu Massenorganisationen wurden, die den äußeren Bedingungen einer Industriegesellschaft durchaus entsprachen und damit die soziale Präsenz und Aktionsfähigkeit der katholischen Kirche für die Gesellschaft sicherten. Auf diese Weise bildeten die Vereine für die Kirche eine gesellschaftliche Basis, die für die Kirche in Auseinandersetzungen mit dem Staat zur Durchsetzung ihrer Ansprüche eine notwendige Grundlage bildete, die aber darüber hinaus als spezifisches Milieu zugleich vor feindlichen ideologischen Einflüssen abgeschottet werden konnte.[51] In dieser Weise waren die Vereine

---

[50] Vgl.: Hürten 1982b, 215ff.

[51] „Seid richtige Mitglieder, die sich glücklich schätzen, dem katholischen Arbeiterverein anzugehören! Der katholische Arbeiterverein bewahrt euch a) vor den Irrtümern der Zeit

als „das Kampf- und Lebensmittel der Kirche"[52] wichtige ideologische Transmissionsstellen zur Verbreitung der katholischen Doktrin.[53] Neben den Arbeitervereinen und den christlichen Gewerkschaften kam dabei dem 1890 gegründeten Volksverein für das katholische Deutschland eine besondere Bedeutung zu. Zum Ende des Kaiserreichs bildeten sich mit dem Katholischen Frauenbund sowie dem Zusammenschluss der Jünglingskongregationen neue Großverbände, welche die Mitglieder nicht in unspezifischer Allgemeinheit wie der Volksverein, sondern auf der Basis grundsätzlicher Differenzierungen, wie im Frauenbund beispielsweise durch die Geschlechterrolle, organisierten. Daneben bildeten sich politische Zusammenschlüsse, wie die „Organisation der Katholiken Deutschlands zur Verteidigung der christlichen Schule und Erziehung", die sich ebenso wie die Standesvereinigungen zu modernen Verbänden entwickelten und eigene Organisationsstrukturen mit Verbandszentralen, Zeitschriften und Abzeichen schufen. Dies führte zu einer Vielfalt des katholischen Vereinslebens, die kirchlicherseits gelegentlich als Konkurrenz und Zersplitterung der Kräfte sogar bedauert wurde. Doch zeigte sich in einem jahrelangen Prozess, dass nicht die allgemeinen Vereine auf Dauer die attraktive Alternative bildeten, sondern der differenzierte Verein, der die Lebenssituation des einzelnen Mitglieds zum Ausgangspunkt seiner Arbeit nahm. In den Predigten wird vor allem auf die bindende Pflicht der Christen hingewiesen, Mitglied in katholischen Vereinen zu werden.[54] Eine Mitgliedschaft in einem glaubensfeindlichen Verein wurde als „schwere Sünde" bezeichnet, die den Ausschluss des Einzelnen aus der Gemeinschaft der katholischen Kirche nach

---

[dem Sozialismus und dem Kommunismus], b) macht euch zu tüchtigen Helden der Zeit [durch Schutz und Förderung der Religiosität und Sittlichkeit im Anschlusse an die Kirche], c) führt euch zu einer Schar gleichgesinnter Menschen." Clarenz, P.: Vorträge für den katholischen Arbeiterverein. 1. Sei ein richtiges und tüchtiges Mitglied des katholischen Arbeitervereins. PuK 83 (1933), 68

[52] „Im Verein bekennen oder verleugnen wir Christus. Die Vereine sind das Kampf- und Lebensmittel der Kirche. Sie sind die Scheidung der Geister, hier und beim Weltgericht." Hörmann, N.: Beweggründe zum Beitritt in einen christlichen Verein. PuK 81 (1931), 86

[53] „Ein gutes Mittel zur religiösen Fortbildung sind auch die Vereine. Ihr wißt schon, daß es für jeden Stand auf katholischer Seite einen Verein gibt. ... In all diesen Vereinen wird durch die Vorträge in den Versammlungen und durch die Vereinsblätter Aufklärung in religiösen Dingen gegeben, man hat also in ihnen Gelegenheit zur Weiterbildung." Sebastian, J.: Christenlehrvorträge. Erhaltung des Glaubenslebens. PuK 82 (1932), 538

[54] „Es ist Pflicht eines jeden Christen, Mitglied eines christlichen Vereins zu sein! Präge dir die Beweggründe ein! Der gute Verein ist heutzutage notwendig. Der gute Verein führt dich, der schlechte Verein verführt dich!" Hörmann, N.: Beweggründe zum Beitritt in einen christlichen Verein. PuK 81 (1931), 86
„Ich habe euch schon wiederholt darauf hingewiesen, wie wichtig es ist, daß jeder Katholik den für ihn passenden Organisationen angehört." Sebastian, J.: Christenlehrvorträge. Kirchliche Organisation. PuK 82 (1932), 647

sich zieht.[55] Ferner wurden eigene Predigtreihen und Vorträge für das Vereinswesen gehalten, die im Jahr 1933 noch Ansätze von gesellschaftlichen Inhalten aufweisen,[56] zwei Jahre später jedoch schon einer reinen „Innerlichkeit" gewichen sind.[57]

Der Machtübernahme des Nazismus schloss sich in den Folgejahren ein erzwungener Rückzug der Vereine aus dem gesellschaftspolitischen Raum in den Bereich des Religiösen an. Mit dem Reichskonkordat, welches in Artikel 31 den katholischen Vereinen und Organisationen eine Art Bestandsschutz gewährte, schien die Möglichkeit gegeben, die Existenz des katholischen Vereinswesens unter Einschränkungen zu retten. Doch blieb die Vorschrift praktisch wirkungslos, weil es niemals zu der im Konkordat vereinbarten Aufstellung mit der Liste der Verbände kam, für die dieser Schutz gelten sollte. Damit waren die katholischen Vereine nach wie vor Angriffsziele für den totalitären Gleichschaltungswillen des nazistischen Regimes. Jegliche Aktivität außerhalb

---

[55] „Präge dir folgende drei Mahnungen ins Herz: ... Laß dich nie verleiten, in einen glaubenslosen oder glaubensfeindlichen Verein einzutreten! Laß dich niemals verleiten, in einen neutralen Verein einzutreten! Sei im Gegenteil Mitglied eines christlichen, eines katholischen Vereins! ... Präge dir die drei Sätze ein: Es ist eine schwere Sünde, in einen glaubensfeindlichen Verein einzutreten. Es ist eine schwere Sünde, mit dem Wort Neutralität Glaubenslosigkeit zu verdecken." Hörmann, N.: Beweggründe zum Beitritt in einen christlichen Verein. PuK 81 (1931), 82-86

[56] Clarenz, P.: Vorträge für den katholischen Arbeiterverein
1. Sei ein richtiges und tüchtiges Mitglied des katholischen Arbeitervereins. PuK 83 (1933), 68-73
2. Der religiöse Sinn und dessen Pflege im Verein. PuK 83 (1933), 163-168
3. Der öftere Sakramentenempfang. PuK 83 (1933), 243-247
4. Der christliche Arbeiter in seinem Gebetsleben. PuK 83 (1933), 346-351
5. Das Arbeitsleben des christlichen Mannes. PuK 83 (1933), 453-458
6. Das Gottvertrauen des christlichen Arbeiters. PuK 83 (1933), 545-550
7. Die Ordnungsliebe. PuK 83 (1933), 640-646
8. Die Zufriedenheit. PuK 83 (1933), 722-726
9. Die Dankbarkeit. PuK 83 (1933), 848-853
10. Ueber die Wahrheitsliebe. PuK 83 (1933), 947-952
11. Die Redlichkeit. PuK 83 (1933), 1031-1036

[57] Murböck, N.: Das Kirchenjahr. Material zu Vorträgen für Arbeiter- und Gesellenvereine.
1. Der Kalender. PuK 85 (1935), 75-78
2. Der Werktag. PuK 85 (1935), 171-176
3. Die Festtage. PuK 85 (1935), 253-257
4. Die Fasttage. PuK 85 (1935), 354-359
5. Die Sonntage. PuK 85 (1935), 461-465
6. Maria im Kirchenjahr. PuK 85 (1935), 541-546
7. Die Sonne des Kirchenjahres. PuK 85 (1935), 636-640
8. Bittage. PuK 85 (1935), 717-720
9. Weihetage. PuK 85 (1935), 828-831
10. Das Gotteshaus. PuK 85 (1935), 927-930
11. Christliche Vollendung. PuK 85 (1935), 1010-1013

der rein religiösen Sphäre wurde in den Folgejahren für politisch und damit verboten erklärt, eine Vielzahl von Vereinen in ihrer Aktivität eingeschränkt und später aufgelöst oder verboten. Der Mitgliederstand blieb trotz erheblichen Drucks in den ersten Jahren des Nazismus stabil, da der Kampf um die Verbände als Kampf um die Kirche verstanden wurde. Zum Erliegen kam die Tätigkeit der Vereine erst durch die Aktionen der Polizei. Dabei entsprach die Fixierung auf den Bereich des Religiösen im wesentlichen den Intentionen der kirchlichen Hierarchie, die dadurch in ihrer eigenen Führungsrolle essentiell gestärkt wurde. Denn die Kirchenspitze hatte durch die „Katholische Aktion" bereits zum Ende der 20er Jahre auf die ihrer Ansicht nach zu bedeutend gewordenen laikalen Elemente mit ihren pluralistischen Tendenzen einen Versuch der Integration aller katholischen Aktivitäten unter die klerikalhierarchischen Kontrolle initiiert. Die Ursprünge des Konzepts gehen auf Papst Pius X. (1835-1903-1914) zurück, konkrete Gestalt nahm es unter Pius XI. (1857-1922-1939) an. Es handelte sich dabei durchaus um ein Programm der Aktivierung von Laien, allerdings nur in religiöser Hinsicht. Jeder einzelne sollte sich durch frommes Gebet, das Beispiel religiöser Pflichterfüllung sowie durch caritative Tätigkeit in den Dienst der Katholischen Aktion stellen.[58] Vor allem aber war daran gedacht, die bestehenden Verbände als wesentlichen Teil in die Aktion zu integrieren. Die Leitung der Katholischen Aktion sollte stets in den Händen der Bischöfe liegen, die Laien sich dem Wirken der Kleriker angliedern.[59] Die Vereine sollten dabei in einen geordneten Zusammenhang gebracht und eine Spitzenorganisation gebildet werden, welche die

---

[58] „Der heilige Vater in Rom hat aufgerufen zur katholischen Aktion! Was will er damit? Er will alle katholischen Laien als geschlossene machtvolle Schlachtreihe im modernen Kampf gegen den Unglauben an die Bischöfe und Priester angliedern. Das ganze gläubige Volk, nicht bloß der oder jener Katholik soll sich der Kirche zur Verfügung stellen, muß die Aufgabe der Kirche zu seiner eigenen Aufgabe werden lassen. ... Das ist nicht eine Erniedrigung des Laienstandes, nicht eine beschämende Fesselung, eine schmachvolle Kettung an römische Machtwillkür. Das ist eine ehrenvolle Erhöhung für die Laien." Expeditus, P.: St. Florian, Patron in Feuer- und Wassersnot. Predigt für das Feuerwehrfest. PuK 79 (1929), 467
„Laßt uns diese Wahrheit heute betrachten und erwägen, 1. daß wir alle Träger der Katholischen Aktion sein müssen; 2. wie wir alle Träger der Katholischen Aktion sein können. ... Die Katholische Aktion ist ein von allen Katholiken auszuübendes Werk zur Errettung der Menschen aus der Sünde, zu deren ewigen Beglückung. Die Katholische Aktion ist ein Wirken im Geiste Christi." Cremers, W.: Auf den achtzehnten Sonntag nach Pfingsten. Die vier Träger und die Katholische Aktion. PuK 80 (1930), 833

[59] Die Bekämpfung des Unglaubens und der religiösen Gleichgültigkeit dürfen wir aber nicht den Priestern allein überlassen. Die Nichtpriester oder Laien müssen ihnen helfen. Deshalb ruft unser Heiliger Vater alle Gläubigen zur Katholischen Aktion oder zur Mitarbeit in der Seelsorge auf." Rensing, N.: Pius XI. als Papst. Kirchengeschichtliches Unterrichtsbild zum Heiligen Jahr 1933/34. PuK 83 (1933), 636

Gesamtheit der katholischen Vereine unter die Leitung der Bischöfe stellte.[60] Organisatorisch den kirchlichen Strukturen in Pfarrgemeinde und Diözese zugeordnet, sollte durch Aktions- oder Sachausschüsse für Soziales, Erziehung und Presse der christliche Einfluss in der Gesellschaft gestärkt werden. Mit dem Programm der Katholischen Aktion kam die Kirche dem Nazismus durch die Ausschaltung des politischen Katholizismus und der Diffusion des Vereinswesens faktisch entgegen.[61] Statt der Vereine und Verbände wurden die einzelnen Pfarreien nunmehr in die „Naturstände" gegliedert: Frauen und Männer sowie weibliche und männliche Jugend.[62] Ansprechpartner der Hierarchie wurden in der Folgezeit diese „Naturstände" sowie deren Mitglieder, die für die katholische Aktion im Sinne der Kirche aktiviert werden sollten.[63]

---

[60] „Die Katholische Aktion ist 1) Das Himmelreich = die Katholische Aktion gleicht einem Sauerteig, den ein Weib nahm ... Sie ist die in der Gesellschaft wirkende Kirche. 2) Sie ist die lebendige Anteilnahme der Laien am hierarchischen Apostolat in straffer Unterordnung unter die kirchliche Autorität: Papst, Bischöfe, Pfarrer, eine acies bene ordinata und damit höchste Tat, höchste Aktivität. 3) Sie ist in erster Linie Seele, nicht Organisation, Sentire cum Ecclesia, übernatürliches Denken und Wollen, rückhaltsloses, aber kluges Eintreten für Christus. 4) Sie kennt keine feststehende Organisationsform, sie ist aber die Zusammenfassung aller Organisationen und Vereine, die die Ausbreitung des Reiches Gottes bezwecken, soweit diese nicht rein religiöser oder rein wirtschaftlicher, kultureller oder politischer Art sind." Bundschuh, E.P.: Internationale Christkönigstagung zu Leutesdorf. Ein Rückblick. PuK 79 (1929), 592
„Unser trefflicher Mitarbeiter will in der katholischen Aktion keine neue Organisation zu den vielen Organisationen, welche wir in Deutschland schon besitzen. Vielmehr geht er aus vom Wesen der katholischen Aktion, die nichts anderes ist als Teilnahme der Laien am allgemeinen Priestertum durch das Laienapostolat." Nivardus, P.: Rezension zu: Die katholische Aktion. Grundsätzliches über deren Wesen, Zweck und praktische Durchführung. Von Msgr. Lic. Theol. W. Cremers, Fürstl. Hofkaplan. Regensburg o.J.

[61] „Dem Gottlosentum ist ein eherner Damm entgegengesetzt, die Hochburgen des Bolschewismus sind wenigstens in unserm Vaterlande erstürmt und gefallen; aber damit ist die Arbeit noch lange nicht geleistet. Nun gilt es noch, jeden einzelnen Lauen und Gleichgültigen für Christus zu erobern! Wir brauchen christusvolle und gottdurchglutete Menschen! Wir brauchen Männer, die treu zur Miliz Christi stehen: Es lebe die katholische Aktion!" Haugg, Donatus: Für den Heldensonntag. Unsere Toten reden! PuK 85 (1935), 314

[62] Beispiel der Ständeordnung zum Herz-Jesu-Monat: Für die Kinder, Für die heranwachsende Jugend, Für die Jünglinge, Für die Jungfrauen, Für die Männer, Für die Frauen. Graf, Johannes: Die Feier des Herz-Jesu-Monats. PuK 83 (1933), 610ff.

[63] „Ihr alle, liebe Christen, sollt Apostel der katholischen Aktion sein! Keine interesselosen, lauen, abgestandenen, untätigen Katholiken! Keine Katholiken, die einen Trennungsstrich machen zwischen Glauben und Leben, sondern Katholiken, die aus ihrem Glauben leben und für ihren Glauben wirken." Diener, Gangolf: Auf das Fest des Heiligen Franziskus von Assisi. Seine Treue zur Kirche. PuK 86 (1936), 845

Von einer „katholischen Presse" im Sinne einer konfessionellen Ausrichtung, die über einen periodischen Erscheinungsabschnitt hinausgeht, kann für das deutsche Sprachgebiet erst ab der Säkularisation die Rede sein.[64] Die durch die Mainzer Theologenschule herausgegebene Wochenzeitschrift „Der Katholik" bildete im Jahr 1821 den eigentlichen Anfangspunkt der katholischen Pressearbeit in Deutschland, die vor allem in der Entstehungszeit und über die späteren Jahrzehnte hinweg primär durch die Durchsetzung katholischer Auffassungen und Ansprüche gegenüber den nichtkatholischen Regierungen und den übrigen Presseorganen bestimmt wurde. Die Gründung des „Katholik" initiierte die Gründung eine Reihe ähnlicher Blätter, die allerdings in ihrer Verbreitung und ihrem Ansehen nicht mit dem Mainzer Organ konkurrieren konnten. Seit 1838 erschien jedoch mit den von Joseph Görres herausgegebenen „Historisch-politischen Blättern" eine vergleichbare Zeitschrift. Während sich diese Zeitschriften durch anspruchsvolle Aufsätze in erster Linie an die Bildungsschicht des deutschen Katholizismus richteten, bediente der überwiegende Teil der Kirchenpresse mit den Kirchen- und Sonntagsblättern ein die Vorstellungen breiter Volkskreise berücksichtigendes Erscheinungsbild. War die Zeit vor 1848 noch durch eine restriktive staatliche Zensurpraxis bestimmt, so ermöglichte die durch die Revolution errungene Aufhebung der Zensur dem katholischen Pressewesen eine beachtliche Ausweitung. Es kam zur Gründung einer Reihe katholischer Tageszeitungen, wobei das zu dieser Zeit entstehende katholische Vereinswesen die Entstehung und Verbreitung eines eigenen, konfessionellen Pressewesens förderte. Mit dem 1852 gegründeten „Katholisch-konservativen Preßverein" arbeitete eine eigenständige Organisation für die Förderung des katholischen Zeitschriftenwesens. Einen weiteren Entwicklungsschub mit einem bedeutenden Auflagen- und Titelzuwachs brachte der Kulturkampf. Die katholische Presselandschaft, die sich nunmehr als Sprachrohr und Medium der 1870 gegründeten Zentrumspartei verstand, wurde für lange Zeit durch diesen Zeitraum geprägt. Katholische Tageszeitungen wie die „Germania" in Berlin oder die „Deutsche Reichszeitung" in Bonn erlangten überregionale Bedeutung. Dabei handelte es sich vor allem bei den Tageszeitungen um formal von der kirchlichen Hierarchie unabhängige Publikationen katholischer Verlagshäuser und Publizisten, die aber durch eine stattliche Anzahl von Geistlichen in Redakteursstellen mit der Institution Kirche eng verknüpft waren. Der 1878 ins Leben gerufene „Augustinus-Verein zur Pflege der katholischen Presse" stellte schon eine Art Standesvereinigung dar; die „Preßvereine", die in vielen deutschen Städten entstanden, hatten zum Ziel, lokale katholische Zeitungen zu gründen, wo solche noch nicht existierten,

---

[64] Vgl.: Beck 1996, 17ff.; sowie Roegele 1982, 395ff.

oder die bestehenden zu unterstützen sowie katholische Journalisten und Redakteure zu fördern. In diesem Zeitraum entstanden eine Reihe von Unternehmen der katholischen Presse- und Verlagsarbeit wie 1870 die Bonifatius-Druckerei in Paderborn oder 1875 die Paulinus-Druckerei in Trier. Die Phase wirtschaftlicher Instabilität, die auf den Ersten Weltkrieg folgte, wirkte sich negativ auf die katholische Zeitschriftenlandschaft aus. Blätter der Gründerzeit wie „Der Katholik" oder die „Historisch-politischen Blätter" mussten eingestellt werden. Die besondere Bedeutung des Massenmediums Presse für die gesellschaftliche Meinungsbildung wurde durchaus in rechter Weise erkannt.[65] Die Predigten dieses Zeitraums sind voll von autoritärer Gewissensbeeinflussung und Werbeaktionen zur Unterstützung der katholischen Presse.[66] Doch nach wie vor erreichte die katholische Tagespresse nur eine Minderheit des katholischen Bevölkerungsteils, gegen die „gegnerische Presse" wurde in scharfer Weise polemisiert.[67] Während im kirchlichen Binnenraum über das

---

[65] „Die Presse beeinflußt das kulturelle Leben in Staat, Gemeinde, Gesellschaft, ihre Ziele und Bestrebungen in bezug auf Religion und Sitte, die Gesetzgebung, ihre Einstellung gegenüber Schule, Erziehung, Ehefragen. Der Geist, ob gut oder schlecht, der durch die führende Landespresse geht und durch sie in ein Volk und seine Führer hineinredet, der nämliche Geist spricht auch wieder heraus." Utz, S.: Für den Pressesonntag. Der Katholik und die Presse. PuK 79 (1929), 738
„Das Wort auf der Kanzel am Sonntag genügt heute nicht mehr. Wir müssen uns die Technik dienstbar machen, indem wir z.B. die Großmacht „Presse" zur Förderung unserer katholischen Lebensaufgaben benutzen. ... Die katholische Presse muß dazu mithelfen, das Reich Jesu Christi, des Königs, auszubreiten. ... Die katholische Presse muß so wortkundig, waffenkundig und heilkundig wie die drei heiligen Erzengel sein." Frank, Wilhelm: Auf den Pressesonntag. Die katholische Presse. PuK 81 (1931), 793

[66] „Nur das kann unserer guten, katholischen Sache nützen, das kann sie retten, wenn wir einig und einmütig und opferfreudig zusammenstehen in der Unterstützung und Stärkung unserer Presse." Utz, S.: Für den Pressesonntag. Der Katholik und die Presse. PuK 79 (1929), 740
„Darum! In jedes katholische Haus eine katholische Zeitung oder Zeitschrift, eine andere nur soweit es unbedingt nötig ist." Stenzel, M.: Die Zeitung. Gedanken zu einem Pressevortrag. PuK 82 (1932), 874
„Katholisches Volk! Schau die Zeichen der Zeit! Sieh die drohenden Gewitterwolken! Die Scheidung der Geister ist gekommen, die Reihe geschlossen, die Waffen geschärft! Und unsere Waffe in diesem geistigen Kampfe und unser Schlachtruf ist: Unterstützung der katholischen Presse!" Edermaninger, Joseph: Am Presse-Sonntag. Die schlechte und die gute Presse. PuK 82 (1932), 1030

[67] „Katholiken, die ... die gegnerische Presse kaufen, abonnieren, lesen und unterstützen, sind in Wahrheit nicht mehr katholisch. Sie trifft erst recht das Wort Christi: „Wer nicht für mich ist, der ist gegen mich." Solche Katholiken sind pflichtvergessen, charakterlos." Utz, S.: Für den Pressesonntag. Der Katholik und die Presse. PuK 79 (1929), 739f.
„Darum ins Feuer mit den schlechten Büchern und Schriften, möchte ich euch zurufen, christliche Zuhörer! Es ist besser, ihr zündet diese Bücher und Schriften an, als daß sie eure Seelen mit einem unreinen Feuer entzünden. Es ist besser diese Bücher und Schriften brennen, als daß einst euch das höllische Feuer durch eine endlose Ewigkeit

Erscheinungsbild katholischen Zeitungen intensiv diskutiert wurde, herrschte über die zentrale Aufgabe allgemeine Übereinstimmung: von strengkatholischer Gesinnung ausgehend, war das Ziel mit der Bildung und Unterweisung der katholischen Bevölkerung zur Deklaration und Durchsetzung der institutionellen Forderungen der Kirche gegenüber der Gesellschaft[68] und der weltanschaulichen Verdichtung des katholischen Milieus klar umrissen[69]. Durch die Selbstauflösung der Zentrumspartei im Juli 1933 ging die Symbiose zwischen Partei und katholischer Presse definitiv zu Ende.[70] Das Reichskonkordat schützte nur die „amtlichen Diözesanblätter"; die katholischen Tageszeitungen stellten bis 1938 ihr Erscheinen endgültig ein. Die kirchliche Hierarchie bemühte sich, die Bistumsblätter als Multiplikatoren der Seelsorge und apologetische Sprachrohre weiter auszubauen. Bis 1938 konnte die Auflagenhöhe der katholischen Zeitschriften sogar noch erheblich gesteigert werden. Durch Mangel an Rohstoffen und polizeiliche Maßnahmen kam das katholische Pressewesen mit zunehmender Dauer der Kriegsjahre langsam, aber sicher zum Erliegen.

---

brennt!" Edermaninger, Joseph: Am Presse-Sonntag. Die schlechte und die gute Presse. PuK 82 (1932), 1028

„Wer nun ein farbloses Blatt täglich liest, verlernt den Kampf für die katholischen Interessen, hat keine Begeisterung für das kirchliche Leben, für die religiöse Kindererziehung, für das katholische Vereinsleben." Gutberlet, Friedrich: Am Pressesonntag. Die Notwendigkeit der katholischen und die Schädlichkeit der farblosen Presse. PuK 83 (1933), 813

[68] „Katholiken müssen aber katholische Zeitungen halten und lesen. Wir Katholiken in Deutschland hätten viel größeren Einfluß im öffentlichen, sozialen und Wirtschaftsleben, in den Parlamenten, Kommunal-, Kreis- und Gemeindeverwaltungen, wenn alle Katholiken katholische Zeitungen lesen würden ..." A.a.O., 810

[69] „Sorge aber auch für guten Lesestoff! Tritt dem Borromäusverein oder dem Preßverein bei. Halte deine Drittordenszeitschriften, lies die Franziskusstimmen, den Antoniusboten, halte ein katholisches Kirchen- und Familienblatt, ein katholisches Tageblatt. Wie schön, wenn sich dazu noch das gemeinsame Lesen in der Familie oder im Lesezirkel ermöglichen ließe. Dann würde allmählich eine solch schöne, harmonische Luft wehen, in der sich jeder unwillkürlich erhoben und zu besseren Dingen angetrieben fühlte." Wolber, Aloysius: Drittordenspredigten. V. Apostolat der Presse des Dritten Ordens. PuK 83 (1933), 435

[70] Vgl. zu diesem Zeitabschnitt Schelonke 1995, 104ff.

5. Die „Feinde" der „Volksfamilie": Judentum, Sozialismus und Bolschewismus

Im Rahmen der Antisemitismusforschung wurde dem katholischen Milieu lange Zeit keine Aufmerksamkeit geschenkt. Judenfeindliche Agitation schien vorherrschend eine protestantische Angelegenheit zu sein. Selbst kritische Stimmen innerhalb des Katholizismus beschränkten sich darauf eher pflichtschuldig „ein Defizit an Nächstenliebe" gegenüber den Juden zu beklagen oder allenfalls einen „religiös begründeten Antijudaismus" zu bedauern. Doch wie in allen Fragen verfügte der Katholizismus auch in der Haltung gegenüber den Juden über ein sehr klares und festes Konzept. Blaschke benennt es mit der Formel des „doppelten Antisemitismus".[1] Danach wurde strikt zwischen einem schlechten Antisemitismus, der den Katholiken und nicht zuerst den Juden schadete, der „Judenhatz" und einem guten Antisemitismus, dem „Christenschutz" unterschieden. Zwar wurde der biologistisch begründete Rassismus von den Katholiken weitgehend abgelehnt, doch gab es zum allgemeinen Antisemitismus eine Vielzahl von Schnittstellen. Unter Antisemitismus wird in der aktuellen Forschung ein „Sammelbegriff für negative Stereotypen über Juden, für Ressentiments und Handlungen, die gegen einzelne Juden als Juden oder gegen das Judentum insgesamt sowie gegen Phänomene, weil sie jüdisch seien, gerichtet sind" verstanden.[2] Damit umfasst der Oberbegriff Antisemitismus ganz unterschiedlichen Phänomene. Er beinhaltet die Judenfeindlichkeit, den Judenhass, den religiösen Antijudaismus bis hin zum Antizionismus. Während sich der Antijudaismus auf wirtschaftliche, vor allem aber auf christliche Begründungen stützt, benennt Blaschke für den „modernen Antisemitismus" fünf inhaltliche wie formale Neuerungen:[3] die neuen Themen wie Nationalismus, Weltverschwörungstheorie, Überwältigungsängste und vor allem den Rassismus, den fortgeschrittenen Reflexionsgrad, mit dem die antisemitischen Argumente durch die Verwissenschaftlichung anthropologischer, naturwissenschaftlicher und gesellschaftlicher Begründungen unterstützt wurden, die Ausprägung, mit der die Forderungen durch eine Radikalisierung der Ziele und Inhalte, etwa die Forderung nach Ausweisung oder Vernichtung der Juden, verstärkt wurden, die Funktionen der umfassenden Instrumentalisierung als Integrationsmechanismus, Fokus der Unzufriedenheit, Mittel zur Mobilisierung einer Massenbasis sowie als Patentrezept für die Heilung von den

---

[1] Blaschke 1997, 70-106
[2] A.a.O., 23
[3] Vgl. im folgenden a.a.O., 24ff.

unübersehbaren Übeln der Moderne, und schließlich den Organisationsgrad durch die Gründung von Parteien, die sich mehr oder weniger ausdrücklich die „Lösung der Judenfrage" als Ziel gesetzt hatten. In apologetischer Hinsicht wird der Antijudaismus jedoch bis heute scharf vom Antisemitismus separiert; damit kann zugegeben werden, dass der Katholizismus zwar von antijudaistischen, dass heißt im Zusammenhang dann primär theologischen Traditionen – quasi selbstverständlich – nicht frei war, gegenüber dem Antisemitismus dagegen resistent bleib. Tatsächlich wurde der religiöse Antijudaismus gleichwohl in der beschriebenen Weise modernisiert und zum Antisemitismus hin geöffnet, auch und gerade durch Katholiken. Eine Differenz entsteht allenfalls in der Frage der Radikalität und der Ausprägung. So konnte man sich seinerzeit einerseits zum Antisemitismus bekennen, viele Tendenzen begrüßen und fördern, andererseits jedoch in einigen Fragen eine Nähe zum Antisemitismus verschleiern oder sich mehr oder weniger deutlich distanzieren.

Zudem begann der Katholizismus seit der Säkularisation und der Auseinandersetzung mit der Moderne, die Welt nach einem Dissoziationsparadigma zu ordnen, welches zwischen guten und bösen Kräften apodiktisch unterschied. Dieser Dualismus ließ sich auf alle Bereiche des menschlichen Lebens, auf Religion, Politik, Wirtschaft sowie Kultur, übertragen und bot zudem noch den Vorzug der Zeitlosigkeit. Das Judentum hatte seinen Platz fraglos auf der Seite des Bösen und Schlechten, während die Kirche auf der Seite des Guten und Wahren stand. Die Berechtigung für diese eindeutige Zuordnung in das Lager des Gegners wurde aus einer religiösen Prämisse abgeleitet: dem Motiv des Gottesmordes[4] und der daraus folgenden Kollektivschuld des jüdischen Volkes.[5] Da die Juden Christus getötet und sich bereits in der

---

[4] „Wer ist schuld? Schau hin auf Kalvaria! Am Kreuz verblutet der göttliche, der unschuldige Sohn. Darunter blutet das Herz der reinsten heiligsten Mutter. Wer ist schuld? Die Juden oder Pilatus? Judas oder die Schergen?" Kürzinger, J.: Gelegenheitspredigten. Auf den Heldensonntag. PuK 82 (1932), 1025

„... muß man doch unterscheiden zwischen dem Volk Israel vor dem Tode Christi und dem Volk Israel nach dem Tode Christi. Dieser Unterschied ist ein so großer, daß bei dem Tode Christi nicht nur, wie das Volk sagt, das Tischtuch, sondern sogar der Vorhang zum Heiligtum zwischen beiden zerriß. ... Mit dem Tode Christi schied das Volk Israel aus dem Offenbarungsdienst Gottes aus, leider nicht mit Ehren! Es hatte den Messias ... verworfen und ihn als Gotteslästerer ans Kreuz geschlagen. ... Und seitdem ist das Judenvolk ohne Tempel und ohne Thron, ohne religiösen und politischen Mittelpunkt, ein ewig und ruhelos wandernder Ahasver, ein „Geheimnis" selbst für den ehemaligen Volksgenossen: St. Paulus." Nicklas, A.: Das alte Testament auf der Anklagebank! 1. Vortrag. Untersuchung seines göttlichen und völkischen Ausweises. PuK 87 (1937), 642f.

[5] „Ein ganzer Wald von Kreuzen zog sich rings um die Stadtmauern von Jerusalem. Ein grausiger Anblick! Das war die göttliche Rache für die Kreuzigung des Sohnes Gottes. Endlich fiel die Stadt. ... Die Weissagung des Herrn über die unselige Stadt war in

Geschichte in vielfältiger Weise als Feinde der Christen gezeigt hatten,[6] gehörten sie auch in der Gegenwart zu den ersten Feinden der katholischen Kirche. Legendäre Gestalten wie Ahasver[7] wurden als Belege dafür angeführt, dass die Verbindung des jüdischen Volkes mit dem Satan von bedrückender

---

Erfüllung gegangen, buchstäblich, bis in die kleinsten Einzelheiten." Beck, Pius: Auf den neunten Sonntag nach Pfingsten. Die Tränen Jesu. PuK 80 (1930), 720
„Einmal hat ein verblendetes Volk geschrien: „Sein Blut komme über uns und unsere Kinder!" und es kam über sie mit Tod und Schrecken. Heute aber und immerdar laßt uns die Hände falten und beten: Sein Segen komme über uns und unsere Kinder! Amen." Juen, Ferdinand: Gelegenheitspredigten. Auf den Schulsonntag. Elternhaus und Schule. PuK 83 (1933), 43
„Gottverlassener Judentempel! Gottverlassenes Judenvolk! Das ist die Folge, die naturgemäße Folge auf alle hartnäckig abgewiesenen Einladungen der menschgewordenen Gottesliebe zum Glauben und zur Gegenliebe." Peer, Josef: Sonn- und Festtagspredigten. Auf den fünften Fastensonntag. Gottverlassenes Volk. PuK 83 (1933), 377
„Wenn selbst ein Heide [der römische Feldherr Titus als Eroberer Jerusalems] vom Schicksal Jerusalems, des Tempels und des Volkes erschüttert wurde und seine ganzen Erfolge einem Gottesgericht zuschrieb, dann müssen wir umsomehr erschüttert werden. ... Daher wollen wir uns immer enger an unsere hl. katholische Kirche anschließen, uns von ihr den Weg zum Himmel führen lassen und das Böse von uns fernhalten. Sonst könnten wir noch Schrecklicheres erleben als die verstockten Juden." Sebastian, Jakob: Christenlehrvorträge. Gottes Strafgericht über das Judenvolk. PuK 86 (1936), 909
„Das Gericht des Kreuzes über Jerusalem. Die Zerstörung Jerusalems war ja die Strafe für den Gottesmord, den das Volk vom heidnischen Richter Pilatus forderte, da es schrie: ‚Ans Kreuz mit ihm!'" Peer, Josef: Das Zeichen des Menschensohnes. PuK 86 (1936), 953

[6] „Wer waren die ersten Kirchenverfolger? Die Juden. Sie wollten die Lehre und Religion Christi nicht aufkommen lassen. ... Sie haben den Aposteln das Predigen verboten. ... Welchen Erfolg hatte die Verfolgung der Juden? Das Evangelium wurde den Heiden gebracht, und das Judentum ging als Religion zu Grunde. Im Jahre 71 nach Christi Geburt wurde die Hauptstadt des Judenreichs samt dem Tempel von den Römern zerstört und die Juden wurden in alle Welt zerstreut." Sebastian, Jakob: Christenlehr-Vorträge. Der Siegeszug der Kirche. PuK 81 (1931), 345

[7] „So gleicht unser Volk dem Ahasver, dem ewigen Juden. Keine Ruhe Werktags, keine Ruhe Sonntags; keine Ruhe auf Erden, keine Ruhe in der Ewigkeit! So will es Satan haben." Beck, Pius: Predigten über die fünf Glocken der Cäcilienkirche. Die Sonntagsglocke. PuK 80 (1930), 670
„Durch die Menschheit geht noch ein zweites Bedürfnis. Wir hören es aus dem Stöhnen und Seufzen der geplagten Menschenkinder heraus; es ist das Motiv, das Ahasver, den ewigen Juden, von Ort zu Ort wandern lässt." Tauber, Wenzel: Die Kreuzesworte Jesu und die Welt. VII. Fastenpredigt. Am Karfreitag. PuK 83 (1933), 423f.
„Mit dem Tode Christi schied das Volk Israel aus dem Offenbarungsdienst Gottes aus, leider nicht mit Ehren! Es hatte den Messias ... verworfen und ihn als Gotteslästerer ans Kreuz geschlagen. ... Und seitdem ist das Judenvolk ohne Tempel und ohne Thron, ohne religiösen und ohne politischen Mittelpunkt, ein ewig und ruhelos wandernder Ahasver, ein „Geheimnis" selbst für den ehemaligen Volksgenossen: St. Paulus." Nicklas, A.: Das alte Testament auf der Anklagebank! 1. Vortrag. Untersuchung seines göttlichen und völkischen Ausweises. PuK 87 (1937), 642f.

Aktualität sei.[8] Die Dispositionen, die man den Juden zuteilte, waren den christlichen in dualistischer Weise entgegengesetzt: Bescheidenheit gegen Gewinnsucht, Fleiß gegen Arbeitsscheu, Ehrlichkeit und Nächstenliebe gegen Hass und Verschlagenheit. Da diese Merkmale auch die Moderne und ihre gottlosen Mitstreiter charakterisierten, galten sowohl der Sozialismus und Bolschewismus als auch der Kapitalismus und Materialismus als jüdisch beeinflusst.[9]

Statt der „freisinnigen, kirchenfeindlichen Judenpresse"[10] mit ihren „jüdischen, sozialdemokratischen, liberalen, farblosen Zeitungen"[11] sowie den „schlechten Büchern, die von Juden, Sozialdemokraten und anderen Feinden der Tugend und Religion geschrieben werden",[12] sollte man den Einfluss der

---

[8] „Die Macht Luzifers war und ist im Heidentume, ja selbst im Judentume, größer als unter treuen Anhängern des göttlichen Erlösers." Stark, Eugen: Der Vereinsredner. Vorträge für christliche Frauenvereine. Historische Frauenfragen. IX. Die Unholden. PuK 84 (1934), 835

[9] „Es lebt fort auch das häßliche Bild der Juden in den Worten und Handlungen der Feinde Jesu. Wie die Juden, so sind auch sie voll des Hasses gegen Jesus selbst, gegen seine Kirche, gegen seine Getreuen. Aus den verwerflichsten Mitteln setzt sich ihre Kampfesrüstung zusammen, aus Schmähworten und -schriften, aus Lüge, Verleumdung, usw." Cremers, W.: Was tut uns not? Fastenpredigten: Menschen, die auf Gottes Wort hören. PuK 79 (1929), 296
„Alle Feinde der Wahrheit, welcher Schattierung sie immer angehören, Freimaurer, Juden, Kommunisten und Protestanten haben der katholischen Kirche in Mexiko den Tod geschworen, sie sind Bundesgenossen. ... Die gesamte jüdische Weltpresse ... hat sich zum Schweigen über die Grausamkeiten und Justizmorde der mexikanischen Tyrannen verschworen, ja, sie schreit noch Bravo dazu, wenn ein katholisches Volk wie eine Herde Schafe geschlachtet wird, ... " Reuterer, Rudolf: Sonn- und Festtagspredigten. Auf den sechsten Sonntag nach Ostern. Verfolgungen. PuK 80 (1930), 543
„Der Jude, der Freidenker, der Sozialist, ist vom Eroberungswillen beseelt und weiß, daß er ohne einen rastlosen Kampf durch die Presse nie siegen wird, ..." Gutberlet, Friedrich: Gelegenheitspredigten. Am Pressesonntag. Die Notwendigkeit der katholischen und die Schädlichkeit der farblosen Presse. PuK 83 (1933), 811

[10] „Die Judenpresse und freisinnige, kirchenfeindliche Zeitungen wollen unserem Volke weismachen, die Kirche führt den Schulkampf nur aus Herrschsucht, ..." Reuterer, R.: Auf den Schulsonntag. Unser Schulprogramm. PuK 79 (1929), 44

[11] „Auf zum Kampfe gegen die schlechten Bücher, Zeitschriften und Zeitungen! Niemand von uns lese in Zukunft, noch weniger kaufe, abonniere ein kirchenfeindliche, d.i. jüdische, sozialdemokratische, liberale, farblose Zeitungen. Und doch, teuerste Christen! In Wien z.B. sind 90% der Zeitungen kirchenfeindlich, und sie werden gelesen, gekauft ... nicht etwa bloß von den Juden, nein, das würde man verstehen, denn sie sind Geist von ihrem Geiste, sondern von Katholiken." Mathis, Joseph: Gelegenheitspredigten. Drei Predigten über den Himmel. Der Himmel, wie er ist. PuK 79 (1929), 189

[12] „Drei Tugendfeinde: ... Wenn Gott entweder selbst innerlich durch das Gewissen oder äußerlich durch seine Diener, die Priester, zu seinen Kinder spricht: Leset doch nicht all die schlechten Bücher und Zeitungen, die von Juden, Sozialdemokraten und anderen Feinden der Tugend und Religion geschrieben werden, denn sie untergraben allmählich

„Zeitungsjuden"[13] brechen, die „gute, katholische Presse" lesen und endlich merken, dass es „jüdischen Verlegern" nur darum gehe, dass „das Geld des guten deutschen Bürgers seinen Weg in die Judenbörse finde".[14]

Die christlichen Bauern wurden eindringlich gewarnt „Knechte der Juden durchs Schuldenmachen" zu werden.[15] Gegen die „jüdische Raffgier" und „Anhäufung des Kapitals in jüdischer Hand" wurde den Christen empfohlen, „jüdische Warenhäuser" zu meiden, „christliche Kapitalisten und Großindustrielle" sollten keine Geschäfte mit Juden mehr tätigen.[16]

Das Christentum als „Quelle des Segens und Baum des Lebens"[17] stand gegen das „verstockte, gottverlassene Judenvolk",[18] welches zwar im Laufe

---

den Glauben und die Sittlichkeit, und diese Kinder gehen hin und lesen nicht bloß diese Bücher und Zeitungen, sondern sie kaufen sie, sie abonnieren sie, wird Gott diese ungearteten Kinder zu sich in den Himmel nehmen? Nein, er wird sie samt den Schreibern und Herausgebern dieser Zeitungen auf ewig von seinem Antlitze verbannen." Mathis, Joseph: Gelegenheitspredigten. Drei Predigten über den Himmel. Der Himmel, seine Dauer, seine Grade. PuK 79 (1929), 285

[13] „Wer ist die Mehrheit in unserem Vaterlande? Die Zeitungsjuden von Wien und ihre Handvoll Freidenker oder das zu 90 Prozent katholische Volk Oesterreichs?" Reuterer, R.: Auf den Schulsonntag. Unser Schulprogramm. PuK 79 (1929), 46

[14] „Solange die Zeitung darum ein reines Geschäftsunternehmen ist, wird sie niemals ihre Aufgaben als wahre Kulturträgerin erfüllen. Sie wird klingende Redensarten bieten von Aufklärung, Fortschritt und Freiheit. Sie wird dem menschlichen Herzen schmeicheln. Jüdische Verleger bilden sich dann ein, den Weg zum deutschen Herzen gefunden zu haben, und der gute deutsche Bürger ist über solche Komplimente noch erbaut und merkt es nicht, wie sein Geld den Weg in die Judenbörse gefunden hat." Stenzel, M.: Die Zeitung. Gedanken zu einem Pressevortrag. PuK 82 (1932), 873

[15] „Werdet nicht Knechte der Juden durch Schuldenmachen! Schulden machen unfrei und abhängig und leicht charakterlos. Christliche Bauern, ... um das eine bitte ich euch: kriechet vor niemanden eines Geschäftes oder Vorteiles wegen. Nicht Händler, sondern Helden braucht unsere Zeit." Buob, N.: Auf das Fest des heiligen Sebastian. Sebastian als Glaubensheld. PuK 81 (1931), 125

[16] „Wenn man den Juden vorwirft, sie drückten Mittelstand und Gewerbe, sie würden mehr und mehr das ganze Kapital der Welt in ihre Hände zusammenraffen, warum gehen denn Christen in die jüdischen Warenhäuser, warum machen denn christliche Kapitalisten und Großindustrielle mit Vorliebe Geschäfte mit den Juden, jetzt sogar mit den jüdisch-bolschewistischen Sowjetgewaltigen?" Gaudentius, P.: Fastenpredigten. V. Nicht Massenmenschen, sondern christkatholisches Volk und Petrusseelen. PuK 82 (1932), 326

[17] „So ist also das Christentum, das mit seiner Lehr vom Erlösungsblut zwar vom modernen Juden als Religion der Schwäche verhöhnt wird, in Wirklichkeit eine Quelle des Segens, ein Baum des Lebens." Cremers, W.: Was tut uns not? Fastenpredigten: Siegesgemeinschaft mit Christus. PuK 79 (1929), 296

[18] „Wenn selbst ein Heide [der römische Feldherr Titus als Eroberer Jerusalems] vom Schicksal Jerusalems, des Tempels und des Volkes erschüttert wurde und seine ganzen Erfolge einem Gottesgericht zuschrieb, dann müssen wir umsomehr erschüttert werden. ... Daher wollen wir uns immer enger an unsere hl. katholische Kirche anschließen, uns

der Assimilation „die bürgerlichen, nicht jedoch die inneren, geistigen Freiheiten" gewonnen hatte, denn sie „waren nicht geistige Kinder Abrahams und Gottes, sondern des Teufels, der sie nicht in Christus den Erlöser erkennen ließ, der ihnen allein nur die wahre Freiheit geben konnte".[19] Letztlich verteidigte der Katholizismus damit die gesamte deutsche Kultur[20] und Moral[21] gegen die von den Juden beeinflusste und protegierte Moderne.[22]

Die Schlüssigkeit dieses Schemas war groß, ließ sich auf diese Weise doch jeder politische wie gesellschaftliche Konflikt interpretieren. Das Schema war weit genug, um bisweilen alle Christen zu einem Block zu vereinen,[23] aber nicht weit genug, um die Juden auf der Seite des Christentums zu erkennen. Bei einer solch eindeutigen Polarisierung war die Position des Judentums unabdingbar festgelegt: Sie standen auf der Seite der Gegner. Eine Lösung der „Judenfrage" sah man einerseits im Ausschluss des jüdischen Einflusses in der Gesellschaft, wobei zwischen einem partiellem Ausschluss aus wichtigen Multiplikationsfeldern – wie keine jüdische Presse – und einem totalen Ausschluss – wie kein jüdischer Einfluss auf die christliche Gesellschaft – differenziert wurde. Diese Ausdrucksformen des Antisemitismus wie auch die „harten und grausamen Verfolgungen im Laufe der Geschichte" galten als

---

von ihr den Weg zum Himmel führen lassen und das Böse von uns fernhalten. Sonst könnten wir noch Schreckliches erleben als die verstockten Juden." Sebastian, Jakob: Christenlehrvorträge. Gottes Strafgericht über das Judenvolk. PuK 86 (1936), 909

[19] Lehner, Friedrich: Zwanzigster Sonntag nach Pfingsten. Freiheit und Knechtschaft. PuK 84 (1934), 892

[20] „So gleicht unser Volk dem Ahasver, dem ewigen Juden. Keine Ruhe Werktags, keine Ruhe Sonntags; keine Ruhe auf Erden, keine Ruhe in der Ewigkeit! So will es Satan haben." Beck, Pius: Predigten über die fünf Glocken der Cäcilienkirche. Die Sonntagsglocke. PuK 80 (1930), 670

[21] „So ruft die ungläubige Judenpresse aller Schattierungen: ‚Nieder mit der Scham!'" Reuterer, Rudolf: Auf den vierzehnten Sonntag nach Pfingsten. Die Kleidung. PuK 79 (1929), 702
„Ein anderer deutscher Dichter, der Jude Heine, der keinen vorbildlichen Lebenswandel geführt hat, ..." Sebastian, Jakob: Vorträge für die Jungfrauenkongregationen. 1. Die Jungfräulichkeit. PuK 81 (1931), 68

[22] „So sind wir in der glücklichen Lage, klar unterscheiden zu können zwischen neuer Form und dem Bolschewismus auf allen Gebieten! – Sagen wir nicht, wie die Juden: „Das ist nicht möglich." Lassen wir das Heer von wenn und aber! Bei den Forderungen Gottes gibt es keinen Stilwandel. Hier ist kein Unterschied zwischen Großmutters Zeiten und unserem aufgeklärten Denken." Treml, Romuald: Fastenpredigten. II. Reihe. Ruinen. Die Klagelieder in den Fastenpredigten. V. Predigt: Die Einsicht. PuK 84 (1934), 390

[23] „Aber als vor etlicher Zeit der heilige Vater die ganze Christenheit aufrief, doch endlich einmal die christlichen Brüder und Schwestern, welche in Rußland von jüdisch-freidenkerischen Zwingherren und Mordbuben zu Tode schikaniert werden und endlich einmal die Gottlosenpropaganda in Europa gemeinsam abzuwehren, ..." Gaudentius, P.: Fastenpredigten. V. Herodianer von gestern und heute. PuK 82 (1932), 316

verständliche Haltung, die vor allem auf dem provokanten Verhalten des Judentums basierte.[24] Als wirkliches Allheilmittel für die „Judenfrage" wurde jedoch die Rekatholisierung als interner Aufruf an die Katholiken propagiert.[25] Die geistliche Erneuerung konnte dann ein erster Schritt für eine umfassende Rechristianisierung der Gesellschaft werden. Diese Perspektive – und nicht die Vernichtung der Juden[26] – schwebte den Katholiken als „Lösung der Judenfrage" vor. Der gesellschaftliche Ausschluss der Juden durch den Nazismus wurde vor diesem Hintergrund durchweg begrüßt, sich von den Juden als „verworfenem Volk"[27] und einer „dem deutschen Volk nicht artgemäßen Religion" distanziert.[28]

---

[24] „Es gab im Laufe der Geschichte christliche Länder, in denen harte und grausame Verfolgungen über die Reste dieses Volkes [der Juden] kamen, freilich oft durch eigene Schuld, aber auch oft aus dem Uebersieden menschlicher Leidenschaft und menschlichen Hasses." Fruntke, Willibald: Alttestamentliche Fastenpredigten. 1. Abraham und Christus. PuK 81 (1931), 217

[25] ‚'Nur durch Christus und in Christus wird die Judenfrage gelöst. Weder Ausstoßung und Aussperrung noch blosse Assimilierung und äußerliches Taufen kann den ungeheuren inneren Schwierigkeiten des Problems gerecht werden. Erst wenn beide, der Jude und der Christ sich von ganzer Seele dem Geiste Christi assimilieren, ist die wirkliche Assimilierung des jüdischen Volkes mit den arischen Rassen möglich und lebensfähig.' Zit. Förster. Polit. Ethik 385/5" Gaudentius, P.: Fastenpredigten. V. Nicht Massenmenschen, sondern christkatholisches Volk und Petrusseelen. PuK 82 (1932), 326
„Ich hebe nochmals den Kerngedanken hervor: auch die Judenfrage wird wie so viele andere moderne Probleme und Schwierigkeiten nur religiös und christlich gelöst oder sie wird immer der quälende Pfahl im Leben der Völker bleiben." A.a.O., 327

[26] „Ich weiß, ich berühre da eine gar wunde Stelle im Gegenwartskampf der Geister: die Judenfrage. Will gleich sagen: unchristlich und unwissenschaftlich ist es, Rasse gegen Rasse auszuspielen oder die Juden als eine geistig und sittlich minderwertige Rasse zu halten und sie deshalb der Vernichtung anzuempfehlen." A.a.O., 326

[27] „... darf man nicht vergessen, daß die kath. Kirche nicht eine jüdische Kirche ist. Für uns gilt die Darstellung im Bamberger Dom. Dort ist das Judentum dargestellt mit einer Binde um die Augen. Das Judentum war einmal auserwählt, aber es hat sich der Auserwählung unwürdig gezeigt. Als der Erlöser kam, hatte es seine Augen verbunden, es erkannte ihn nicht als Gott und Erlöser an. Seitdem ist das Judenvolk auch in unseren Augen das verworfene Volk. Unsere Kirche hält also vom Judentum sehr weiten Abstand. Es ist gut, wenn man das weiß." Sebastian, Jakob: Männerapostolatsvorträge. III. Die Kirche. PuK 86 (1936), 227

[28] „Alle Völker der Erde haben die christliche Religion angenommen. Nur ein Volk hat sich ihr verschlossen und verschließt sich ihr heute noch. Welches ist dieses Volk? Das jüdische. Wenn also die christliche Religion einem Volke wirklich nicht artgemäß ist, dann ist sie dem jüdischen Volke nicht artgemäß. Und wenn dies der Fall ist, dann fällt für jeden aufrichtig Suchenden der Grund weg, das Christentum als dem deutschen Volk nicht artgemäß abzulehnen." Sebastian, Jakob: Männerapostolatsvorträge. IV. Die christliche Religion. PuK 86 (1936), 334

„Würden Sozialismus und Kommunismus bloß gegen solche Ungleichheit und Ungerechtigkeit an Besitz und Erdengut, bei der auf der einen Seite großer Reichtum und Ueberfluß herrschen, auf der anderen aber bitterste Not, vielleicht sogar Hungers- und Wohnungsnot, wettern und kämpfen, dann könnten mit ihnen auch Christentum und katholische Kirche Hand in Hand gehen. Aber ihre Bewegung, mit der sie ein irdisches Paradies schaffen wollen, läuft letzten Endes auf öde Gleichmacherei, auf Beseitigung des Privateigentums und völlige Entrechtung des Einzelnen, ja selbst der Mehrheit des Volkes hinaus und da können und dürfen wir nicht mitmachen. Denn Christus war weder der erste Sozialist noch Kommunist – in dem Sinne, wie die Vertreter jener Bewegungen es meinen."[29] Dieses Zitat lässt als Einleitung zur katholischen Beurteilung des Sozialismus das Deutungsmuster exemplarisch in signifikanter Weise aufleuchten. Denn einerseits konnte man sich auf diese Weise vom Vorwurf absetzen, die katholische Kirche hätte in Deutschland keine richtige Einstellung zum Sozialismus gefunden, weil sie im Einklang mit den Herrschenden und aus Vorliebe für alles Bestehende jede Änderung der gesellschaftlichen Verhältnisse und des sozialen Fortschritts blockierte,[30] andererseits auf die Tatsache verweisen, dass die tiefgreifenden Spannungen und Gegensätze zur sozialistischen Idee nicht etwa darauf zurückzuführen seine, dass dieser „sozial" und die Kirche „unsozial" gewesen sei, dass sich der Sozialismus gegen den herrschenden Wirtschaftskapitalismus konsequent aufgelehnt habe, die Kirche hingegen den Ungerechtigkeiten und wachsenden Klassenunterschiede nicht entschieden genug begegnet sei.[31] Es ging bei

---

[29] Zeilner, Angelus: Männer-Apostolats-Ansprachen. Der katholische Mann und unsere Zeit. IV. Was man gegen den Glauben vorbringt und was der Glaube darauf sagt. PuK 83 (1933), 327

[30] „Die Kirche kann freilich nicht einem russischen Kommunismus, keiner absoluten Gleichheit im Besitze das Wort reden – das wäre eine Ungerechtigkeit und ein Unsinn." Erhard, P.: Sonn- und Festtagspredigten. Auf den Sonntag Septuagesiuma. Gleichheit. PuK 81 (1931), 179

[31] „Die Armut im Geiste betätigt der Reiche vor allem durch Wohltätigkeit. Das ist christlicher Kommunismus, und jedenfalls ganz anders als sein moderner Stiefbruder Bolschewismus geeignet die soziale Kluft zu überbrücken. ... so ist diese Bruderliebe [der Christen der Urgemeinde] eine ganze Welt entfernt von dem Haß, der den modernen Kommunismus vergiftet, und wenn seine Anhänger auch mit frommem Augenaufschlag auf jenen Kommunismus der Urkirche verweisen, von dem das Christentum unserer Tage so weit abgewichen sei. Nicht das Privateigentum überhaupt haben die Christen jener Tage aufgegeben, sie haben nur im Geiste des christlichen Hauptgebotes ihre notleidenden Mitbrüder an ihren Gütern teilnehmen lassen." Burger, Tiberius: Auf das Fest der heiligen Elisabeth. Selig die Armen im Geiste. PuK 81 (1931), 968
„Man hat es auch schon versucht, die Religion gegen die gerechten Forderungen der Arbeiter anzuführen und das Eintreten kirchlich hochstehender Personen als Sozialismus zu erklären. Mit Unrecht. ... Wie für die Rechte der Besitzlosen, so tritt die Religion

diesen Auseinandersetzungen keineswegs nur um einen Konflikt mit einer politischen Partei, es handelte sich vielmehr um einen weltanschaulichen Dissens,[32] denn es war das Menschen- und Gesellschaftsbild des Sozialismus, welches mit dem christlichen Menschen- und Gesellschaftsverständnis als vollkommen unvereinbar galt.[33] Die Bedeutung dieser Auseinandersetzung mit dem weltanschaulichen Gegner ging aber weit über die nationale Dimension hinaus. Denn dass Deutschland und darüber hinaus mit Europa das ganze Abendland von einem Prozess fortschreitender Säkularisierung betroffen, die gesamte christlich fundierte abendländische Kultur in ihrem Bestand akut bedroht sei,[34] galt ebenso als unumstößliche Tatsache, wie man das Zentrum

---

auch ein für die Rechte der Besitzenden. Das rechtmäßige Eigentum ist unantastbar und unverletzlich gegenüber jedem Sozialismus, Kommunismus, Bolschewismus." Silvester, P.: Religion ist Privatsache. PuK 82 (1932), 979

[32] „Wenn wir uns hier in der Kirche mit dem Sozialismus beschäftigen, so betrachten wir ihn nicht als eine politische Partei, sondern als eine Weltanschauung. Die Führer der Sozialdemokraten sind alle Ungläubige, und ihr Ziel ist das, alle ihre Anhänger zu Ungläubigen zu machen. ... Das ist der Kern der sozialdemokratischen Religion: Gott wird abgesetzt. An seine Stelle tritt der Mensch." Sebastian, Jakob: Christenlehrvorträge. Der moderne Unglaube. PuK 79 (1929), 505f

[33] „Demnach kann ein Mensch nicht zugleich Sozialdemokrat und Christ sein." Sebastian, Jakob. Christenlehrvorträge. Der moderne Unglaube. PuK 79 (1929), 505
„Zwischen Christentum und Sozialismus, theoretisch und praktisch genommen, gähnt eine unüberbrückbare Kluft, sodaß kein Christ, ohne Verrat an seinem Glauben zu üben, Sozialist, und kein Sozialist, der es mit seiner Ueberzeugung ernst nimmt, Christ sein kann." Reuterer, Rudolf: Auf den sechsten Sonntag nach Pfingsten. Um das tägliche Brot. PuK 80 (1930), 654
„'Ueberbrückung der Klassengegensätze!' So lautet das Feldgeschrei einer vom Christentum losgelösten Welt. Und ich antworte: Baut Christus als Pfeiler in die Menschheit! Baut Christus als Säule in alle Familien! Baut Christus in das Fundament der Herzensbildung! Dann schwinden die ungeordneten Gegensätze und trotzdem bleiben die Unterschiede, die notwendig sein müssen, – wie es Berg und Tal, Himmel und Erde, Licht und Schatten geben muß. Eine öde kommunistische Gleichmacherei ist widergöttlich; kann darum nicht ihr Ziel erreichen. Wer mit roher Gewalt, ohne Christus, das soziale Problem meistern will, merket und lauschet!, der ist aus dem Lager der Königsmörder von Golgatha." Kiermaier, Kaspar: Auf das Fest des heiligen Ulrich (4. Juli). St. Ulrich, unser Vorbild. PuK 86 (1936), 653

[34] „Die Absichten Gottes werden durchgeführt in Jahrzehnten. Auch die Absichten des Teufels werden durchgeführt in Jahrzehnten. Gehen wir von 1934 aus einige Jahrhunderte zurück. Zuerst kam die Loslösung von der Kirche. Dann erfolgte die Loslösung vom Christentum. Darauf folgte die Loslösung von jeder Religion im Bolschewismus. Geistesströmungen fließen im Bette der Jahrhunderte!" Treml, Romuald: Fastenpredigten. II. Reihe. Ruinen. Die Klagelieder in Fastenpredigten. VI. Predigt: Die Verzeihung. PuK 84 (1934), 393
„Jetzt hören wir laut und deutlich rufen: „Los von Gott!" in der Gottlosenbewegung, die von Rußland her in unsere deutschen Lande einzudringen sucht." Kröninger, J.: Fastenpredigten über die Sieben Schmerzen Mariens. Zweiter Schmerz: Die Flucht nach Aegypten. PuK 85 (1935), 330

dieser epochalen Herausforderung geographisch eindeutig lokalisieren konnte: in Moskau als dem Inbegriff und Hort des christentumsfeindlichen Bolschewismus. Dabei hatte diese bolschewistische Großmacht bereits den Versuch unternommen Satelliten zu installieren, etwa in Mexiko oder in Spanien. Das mit den Stichworten Russland, Mexiko und Spanien angedeutete Schreckensbild[35] eines sich weltweit ausbreitenden Bolschewismus nahm die Funktion eines Deutungsmusters an, durch welches die in Deutschland geführte weltanschaulich-politische Auseinandersetzung eine den Rahmen nationaler Bedeutung sprengende Dimension gewann.[36] Das in der Sowjetunion bereits etablierte, andernorts im Entstehen begriffene bolschewistische System erschien als eine sehr akut drohende Gefahr. Diese war umso ernster zu nehmen, weil sie es verstand, die Massen zu mobilisieren[37] und sich dabei unter Berufung auf an sich ernstzunehmende Rechte mit der Harmlosigkeit verschiedener Masken „wie Wölfe in Schafskleidern"[38] zu tarnen und dazu auch

---

[35] „Idealismus und Realismus waren nach Erhard die beiden Gaben, mit denen ausgerüstet die Christenheit der Märtyrerkirche [im 2. und 3. Jahrhundert] den Endsieg über das Heidentum errang. Angesichts der Religionskämpfe in Mexiko, Spanien und Rußland, am Vorabend der großen Auseinandersetzung des Christentums mit der anstürmenden Gottlosenbewegung, gewinnt das Buch des Altmeisters der Kirchengeschichte eine geradezu aktuelle Bedeutung." O.V.: Rezension zu „Die Kirche der Martyrer. Ihre Aufgaben und ihre Leistungen. Von Albert Ehrhard. Verlag Kösel-Pustet, München. PuK 86 (1936), 1010f.

[36] „Von Moskau aus wollen gottlose Machthaber das Christentum, den Gottesglauben vernichten. In Rußland haben dieselben die Gottlosigkeit mit allen Mitteln zu verbreiten gesucht. Selbst in das früher so tief katholische Spanien sind sie eingedrungen und haben eine unheilvolle Kirchenverfolgung veranlaßt. Auch in Deutschland haben diese Gotteshasser, besonders in Großstädten, Anhänger gefunden. Besonders ist die christliche Jugend in der Zeit dieser Gottlosenbewegung vielen Gefahren ausgesetzt. Gott wacht aber über diese Jugend in Deutschland. Welt- und Ordenspriester, glaubenseifrige Laien haben sich der so schwer bedrohten katholischen Jugend angenommen. Ueberall wurden katholische Jugendvereine und Jugendverbände ins Leben gerufen. ... In diesen katholischen Jugendvereinigungen wehen die Banner Christi und seiner heiligen Mutter. Unter diesen siegreichen Bannern kämpft die katholische Jugend männlichen und weiblichen Geschlechtes mutig gegen die von allen Seiten wider das Christentum heranstürmenden feindlichen Mächte. Ihr Schlachtruf ist gleich dem des christlichen Entsatzheeres vor dem belagerten Wien: ‚Jesus und Maria!'" Gutberlet, Friedrich: Am Jugendsonntage. Die christliche Jugend unter dem Banner des Christkönigs und dem Marienbanner. PuK 83 (1933), 602

[37] „Da schaue ich eine Organisation: Die sozialistischen Kinderfreunde. Sie ist weitblickend – sie zieht schon das Kleinkind in ihren Bann – erzieht das Kind für ihre Ideen, weil sie weiß: Das Kind wird einmal groß und wird damit eine Stütze der Idee." In Salutaris, P.: Drittordenspredigten. II. Der Dritte Orden und die Jugend. PuK 81 (1931)

[38] „Die Irrtümer der Zeit sind heute der Sozialismus und Kommunismus. Mit ihren Ideen versuchen und vergiften sie die Arbeitermassen und Millionen sind es, die ihrem Rufe blindlings folgen und meinen, ein Paradies bei ihnen zu finden. Aber die Sozialisten und Kommunisten sind Wölfe in Schafskleidern; sie schmeicheln den Menschen, bis sie ihre

das kulturelle Leben zu infiltrieren.[39] In der Auseinandersetzung wurde dabei jedoch kaum differenziert: Sozialismus, Kommunismus, Bolschewismus, Freidenkertum, Gottlosenbewegung – aus katholischer Sicht verschwammen diese Begriffe zu einem einheitlichen Feindbild, welches, basierend auf der Wahrnehmung eines umfassenden Ansturms gottwidriger Mächte, für eine kritische Betrachtungsweise keinen Raum ließ. Von der Intensität des zugrunde liegenden Bedrohungsempfinden zeugen die im folgenden als Beispiel herausgegriffenen Ausführungen: „Unser armes Vaterland befindet sich jetzt in ähnlicher Bedrängnis: es geht nicht mehr um die Rettung des katholischen Glaubens, sondern der christlichen Religion und christlichen Kultur, es geht um die Abwehr asiatischer Barbarei."[40] Die Darstellung der Auseinandersetzung zwischen Katholizismus und den sozialistischen Kräften folgte dem bekannten Dissoziationsparadigma mit seiner dualistischen Trennung zwischen guten und bösen Kräften. Der Grund für die Einordnung des sozialistischen Lagers auf die Seite der Gegner lag in der antireligiösen und antikirchlichen Haltung desselben,[41] wobei mit einer Reihe von Beispielen belegt wurde, dass

---

Opfer haben; dann rauben sie dem Menschen die Heilsgüter: Glaube und Sitte, und die sozialen Güter: Freiheit, Eigentum und Selbständigkeit." Clarenz, P.: Vorträge für den katholischen Arbeiterverein. I. Sei ein richtiges und tüchtiges Mitglied des katholischen Arbeitervereines! PuK 83 (1933), 69

[39] „Der Völker und der Massen Brothunger und Sexualhunger putscht er auf im Marxismus und Bolschewismus, in Hunderttausenden und Millionen von Zeitungen und Magazin, von Romanen und Theatern und Filmen und was weiß ich. ... Ja Satan steckt auf den deutschen Bühnen, die Hasenclevers und anderer Bühnenbolschewisten Stücke aufführen." Füglein, Gaudentius: Fastenpredigten. Gottes Freinde einst und heute. I. Der Hölle Kampf gegen Christus einst und heute. PuK 82 (1932), 204f.
„Und erst die gottlose Presse, die wie eine Wölfin in der Schafherde Christi wütet. In zwanzig Millionen Exemplaren flutet die in Moskau erscheinende Zeitung des Bundes der Gottlosen über ganz Europa hin. Das glaubensfeindliche Blatt „Der Freidenker" hat eine Auflage von 437 000. 85 Prozent aller Zeitungen sind in den Händen unserer Feinde. ... Darum ins Feuer mit den schlechten Bücher und Schriften, möchte ich euch zurufen, christliche Zuhörer! Es ist besser, ihr zündet diese Bücher und Schriften an, als daß sie eure Seelen mit unreinem Feuer entzünden. Es ist besser, diese Bücher und Schriften brennen, als daß einst euch das höllische Feuer durch eine endlose Ewigkeit brennt." Edermaninger, Joseph: Am Presse-Sonntag. Die schlechte und die gute Presse. PuK 82 (1932), 1027

[40] Beck, Pius: Auf den dritten Sonntag nach Pfingsten. Des Herzen Jesu Sorge für die Seelen. PuK 82 (1932), 578

[41] „Auch der Sozialismus als Weltanschauung ist Träger einer rein irdischen Messiaserwartung und kämpft gegen den Heiland, wie er lebt in den Evangelien und wie er lebt in seinem zweiten Leibe, der Kirche." Füglein, Gaudentius. Auf den 2. Adventssonntag. Falsche Messiaserwartungen einst und heute. PuK 79 (1929), 17
„Der Sozialismus als Weltanschauung ist Gottlosigkeit und Materialismus. Er glaubt an keinen Gott, an keine ausgleichende Gerechtigkeit im Jenseits, an keine unsterbliche

in dieser Bewegung letztlich der „Fürst dieser Welt",[42] der „Teufel"[43] und „Satan"[44], sein Werk zu vollenden suche oder in diesen Vorgängen „Vorboten des Weltgerichts"[45] zu erkennen seien. Dass dies letztlich aber nur zu „Armut, Not, Krankheit und Versklavung breiter Volksmassen"[46] führe, dies wurde mit apokalyptischen Beispielen aus „dem gottlosen Kommunistenstaat" Russland wortreich belegt.[47] Auch die Skizzierung der gesellschaftlichen Folgen der sozialistischen Idee folgt dem dualistischen Schema:

Seele." Reuterer, Rudolf: Auf den sechsten Sonntag nach Pfingsten. Um das tägliche Brot. PuK 80 (1930), 654

[42] „Und endlich liegt nicht die Vermutung nahe, daß sich im russischen Bolschewismus der „Fürst dieser Welt" wieder ein Reich aufzurichten sucht? Die Bolschewiken mit ihrer Blutherrschaft, mit ihrer Aechtung und Verfolgung jeder Religion und jeden Gottesglaubens gebärden sich offensichtlich als Söhne des Teufels und als Vorboten des Antichrist." Beck, Pius: Auf den dritten Fastensonntag. Vom bösen Feind. PuK 82 (1932), 197

[43] „Sein Widersacher [des Königs Christi], der Teufel, hat eine christusfeindliche Parole ausgegeben, welche lautet: „Wir wollen nicht, daß Christus über uns herrsche!" Und nur zuviele sind, welche dieser Parole des Teufels zustimmen. ... In neuester Zeit heißen diese Feinde [des Christentums]: Sozialismus, Kommunismus, Bolschewismus, Neuheidentum!" Brunner, Ludwig: Auf das Christ-Königsfest. PuK 81 (1931), 889

[44] „Bolschewismus ist Satanismus, ist Teufelsreligion! Er stellt alle Begriffe auf den Kopf, nennt das Böse gut und das Gute böse, Sklaverei ist ihm Freiheit und wahre Freiheit dünkt ihm Sklaverei!" Reuterer, Rudolf: Auf den sechsten Sonntag nach Ostern. Verfolgungen. PuK 80 (1930), 541

[45] „Der christliche Glauben findet aber in diesen Ereignissen [der drohenden Weltrevolution des Bolschewismus] eine Prüfung und Mahnung Gottes, er erblickt in ihnen die vom Herrn angekündigten Vorboten des Weltgerichtes." Reuterer, Rudolf: Auf den vierundzwanzigsten Sonntag nach Pfingsten. „Dies magna et amara valde". PuK 81 (1931), 975

[46] „Wo man die Durchführung des Sozialismus oder Kommunismus, der den Himmel auf die Erde zaubern soll, probiert hat wie z.B. in Rußland, dort ist Armut, Not, Krankheit und Versklavung der breiten Volksmassen nicht verschwunden, sondern tausendfach vervielfältigt worden." Reuterer, R.: Auf den sechsten Sonntag nach Pfingsten. Um das tägliche Brot. PuK 80 (1930), 652

[47] „Das heutige gottlose Rußland, das manche für das Paradies erklären, verübt dieselben Grausamkeiten. Hunderttausende von unschuldigen Menschen jeden Standes, nicht nur Priester, Bischöfe und Ordensleute, sondern auch Lehrer, Professoren, Aerzte, Bauern, Soldaten und Arbeiter werden dort erschossen oder grausam zu Tode gemartert." Silvester, P.: Religion ist Privatsache. PuK 82 (1932), 977
„Dieser Auffassung [der christlichen Weltanschauung] steht eine andere gegenüber, die Weltanschauung der Gottlosen. Im größten Maßstabe sucht heute Rußland diese gottlose Weltanschauung von der Arbeit in der Praxis durchzuführen. Sehen wir uns auch das an. ... Nun, die Menschheit weiß, wie es mit diesem Paradies der Arbeit aussieht. Hunderte und Tausende hat man in Eis und Schnee verbannt, Hunderte und Tausende heimlich ermordet. Millionen aber sind Hungers gestorben. So geht die Morgenröte des Paradieses ohne Gott über der Menschheit auf. Es steckt etwas Satanisches hinter diesen Versprechungen, die Blut und Tod bringen. Wie es im Paradiese war, wo die Schlange versprach: „Ihr werdet sein wie Gott", in Wirklichkeit aber Leid und Tod

Statt „Ruhe, Sicherheit und Ordnung russische Zustände des alles verneinenden und zerstörenden Bolschewismus",[48] statt „Ehrfurcht vor dem Leben in wenigen Jahren eineinhalb Millionen Tote"[49], statt des „Reichs der Schönheit und Würde, des Glücks und des Wohlstandes ein Reich des Elends und Hungers, der Furcht und der Rechtlosigkeit"[50], „statt Freiheit ... Knechtschaft, und statt der Hebung ... die Versenkung in das Nichts und in die Verzweiflung."[51] Ebenso verhielt es sich demnach mit der Institution Ehe und Familie.[52] „In

---

brachte, so ist es auch hier in dem Paradies der Arbeit auf Erden wieder: Es ist Lüge, bringt bitteres Leid und elende Not." O.V.: Auf den Sonntag Septuagesima. A. Die Arbeit und das Christentum. PuK 86 (1936), 190

[48] „Er [der Staat] muß sorgen für Ruhe, Sicherheit, Ordnung und Wohlstand. Das ist eine Riesenaufgabe, namentlich in der Gegenwart. Wenn je, dann gilt jetzt von unserem deutschen Staat: Ein Volk in Not! Der deutsche Staat ist in einer neuen Entwicklung begriffen. Und man kann nur hoffen und wünschen, daß er sich zum Guten durchringen möge, und wir so verschont bleiben vor dem alles verneinenden und zerstörenden Bolschewismus, vor russischen Zuständen." Benignus, P.: Zum Feste der vierzehn Nothelfer. Unser Gebet zu den vierzehn Nothelfern. PuK 84 (1934), 651

[49] „Oder geht mit mir nach Rußland: auch dort ist jede Ehrfurcht gemordet worden: Die Ehrfurcht vor dem Leben des Mitmenschen: in wenigen Jahren hat man eineinhalb Millionen Menschen hingerichtet. Das Leben ist dort keine Kopeke mehr wert." Abenthum, Karl: Die lebendige Kirche. Pfarrpredigt am Jugendsonntag. Ueber die Ehrfurcht. PuK 88 (1938), 555f.

[50] „Wo ist denn das Reich der Schönheit und Würde, das Reich des Glückes und des Wohlstandes? Es ist ein Reich geworden des Elends und des Hungers, ein Reich der Furcht und Rechtlosigkeit! ... Hüte dich, ehrfurchtslos zu werden! Denn Ehrfurchtslosigkeit ist Bolschewismus." A.a.O.

[51] Clarenz, P.: Vorträge für den katholischen Arbeiterverein. I. Sei ein richtiges und tüchtiges Mitglied des katholischen Arbeitervereines! PuK 83 (1933), 69

[52] „Eines unserer heiligsten und größten Güter ist sturmumbrandet: die christliche Ehe und Familie. Wer Augen hat zu sehen, der schaue hin nach Rußland, in dieses Paradies der Sowjets und Kommunisten. Dort wird die christliche Ehemoral hohnlachend mit Füßen getreten. ... Aber wir brauchen nicht so weit zu schauen. Auch bei uns in Deutschland wird bereits auf sozialistischen Tagungen die Familie abgelehnt. ... In Deutschland wird der Ehebruch straffrei. So weit sind wir durch die rote Mehrheit gekommen. Eine Schande auf die christliche Kultur." In. Baumer, Franz. Vortrag für einen Gesellen- oder Jungmännerverein. Im Kampf um die christliche Ehe. PuK 81 (1931), 165
„Wenn ihr auch wenig Zeitung leset, so wißt ihr doch, daß die gottesfeindlichen Machthaber in Rußland sich das Ziel gesetzt haben, die Familie aufzulösen. ... Weil sie wissen, daß die Familienerziehung die beste ist, weil sie wissen, daß in der Familie am besten und sichersten der christliche Geist gepflegt wird, weil sie wissen, daß das gottlose Leben und schließlich der Haß gegen die christliche Religion von selbst kommt, wenn Vater und Mutter und Kinder nicht mehr durch die Bande der Familie zusammengehalten werden. Auch die deutsche Sozialdemokratie sieht das Familieleben nur ungern." Sebastian, Jakob: Vorträge für Jungfrauenkongregationen. 6. In der Familie. PuK 81 (1931), 542

Bezug auf die Ehe ist die Welt – wie in so vielen anderen Punkten – in zwei Heerlager gespalten: auf der einen Seite, die christliche, unauflösliche Ehe, auf der anderen die bolschewistische Ehe, d.h. ein beinahe tierisches Zusammengehen und Auseinanderlaufen, wie es der Naturtrieb und die Leidenschaft mit sich bringen."[53] Gegen das „heilige Band der Ehe" standen „Kameradschaftsehe, Zeitehe, Wochenehe, Probierehe"[54] und damit „Irrsinn, Verzweifelung, vollständige Anarchie, mehr als bei den wilden Tierherden".[55] Die häufige Belegung der angeblichen Zustandsbeschreibungen im bolschewistischen

---

„Schauen wir hin auf Rußland, wo systematisch den Kindern die Religion aus dem Herzen gerissen wird. ... Und leider, christliche Zuhörer, ist man bei uns in Deutschland auch nicht mehr weit weg von einem solch gottlosen Schulsystem. ... Das sind furchtbarste Aussichten für die Zukunft unseres deutschen Volkes. Das bedeutet, daß wir nach einem Menschenalter mit einer Million deutscher Familienväter und Familienmütter zu rechnen haben, die von Kindesbeinen an gottlos erzogen wurden." Erdermaninger. Auf den Schulsonntag. Die Notwendigkeit der Religion für die Schule. PuK 82 (1932), 48f

„Unserer „aufgeklärten" Zeit war es jedoch vorbehalten, einen geschworenen Todfeind der Familie hervorzubringen, das ist der russische Kommunismus oder Bolschewismus. Denn „er sieht in ihr eine Hemmung für die Verwirklichung seiner (weltrevolutionären) Ideen". „Die Revolution ist machtlos, solange der Begriff Familie und die Familienbeziehungen bestehen" erklärte am 16. November 1924 eine Versammlung bolschewistischer Führer. Weil aber die Familie die Lebenswurzel für alle übrigen menschlichen Gemeinschaften ist – Gemeinde, Staat, Kirche und gesamte Menschheit – darum „trifft der Bolschewismus mit seinem Schlag gegen die Familie, Staat, Kirche und Einzelpersönlichkeit und zwar an ihrer Wurzel. Darum ist dieser Kampf gegen die Familie so heftig, darum auch unübersehbar in den Trümmern, die er aufhäuft. Hier ist wahrhaft teuflische List und Bosheit am Werke." Man aber kann auch sagen: Förmlicher Wahnwitz!" Zeilner, Angelus: Standesunterweisungen. Männer-Apostolatsansprachen. Der katholische Mann und unsere Zeit. X. Der katholische Mann in seinem Familienleben. PuK 83 (1933), 928f.

[53] Brunner, L.: Auf den zweiten Sonntag nach der Erscheinung des Herrn. Heiligkeit und Unauflöslichkeit der Ehe. PuK 83 (1933), 121

[54] „Sittliche Auffassungen lassen Sozialismus und Kommunismus nicht mehr gelten; sie rufen zur Unkeuschheit auf und reißen den heiligen Bande der Ehe ein; sie predigen die Kameradschaftsehe, die Zeitehe, die Wochenehe, die Probierehe; sie schaffen den Kindersegen ab und reden der Abtreibung das Wort. Millionen von Kindstötungen im Mutterleibe und Kinderelend in der schrecklichsten Form ist ihre Saat." Clarenz, P.: Vorträge für den katholischen Arbeiterverein. I. Sei ein richtiges und tüchtiges Mitglied des katholischen Arbeitervereines! PuK 83 (1933), 69

[55] „Wie hat doch die erklärte Gottfeindlichkeit in Rußland das christliche Lebensfundament zerstört durch die Vernichtung der Familie. Irrsinn, Verzweiflung, vollständige Anarchie, mehr als bei den wilden Tierherden, war die Folge. Alle Kinder sollten „Niemandskinder" sein; sollten Vater und Mutter nicht kennen und nennen; die Ehegemeinschaft sollte sich praktisch auflösen ..." Heinrich, R.: Auf das Fest der Heiligen Familie. Die christliche Familie – das kleine Gottesreich auf Erden. PuK 86 (1936), 105

Russland mit naturalistischem Vokabular aus dem Tierreich[56] sollte sich als äußerst anschlussfähig an die nazistische Terminologie erweisen. Weitere Gegenpole bildeten auf der sittlichen Ebene die dem Sozialismus zugeschriebene „Verbreitung der Schamlosigkeit"[57] sowie sein Einsatz für die Selbstbestimmung der Frauen mit der Möglichkeit eines Schwangerschaftsabbruchs.[58] Kontraste bildeten ferner die Forderung nach der weltlichen Schule[59] sowie der Abschaffung des Sonntags als Feiertag.[60]

---

[56] „Ja schon lauern vor Deutschlands Grenzen, nein, schon wühlen in Deutschlands Gauen die größten Lehrmeister des unchristlichen Terrors: die Bolschewisten. ... Was sagt uns die praktische Prüfung der Bolschewisten ...? Sie sagt uns, daß schließlich die Vertreter dieser ganz unchristlichen, ja wahrhaft teuflischen Gewaltmethoden erst alle Gegner, nicht bloß die politischen, sondern in ersten Linie die religiösen Anhänger des Gottesglaubens und des Christentums mit den grausamsten Methoden beseitigen, dann aber geraten sie selbst in Streit und Kampf und fressen sich gegenseitig auf – eben wie die Bestien. Ja! Soweit kommt der Mensch immer ohne Gott: er wird zur Bestie." Gaudentius, P.: Fastenpredigten. IV. Pilatus und seine Nachahmer. PuK 82 (1932), 311
„Die jetztigen Machthaber in Rußland wollen den Gottesglauben vernichten. Wächst ein Geschlecht heran ohne Gottesglaube, ohne Gottes- und Menschenliebe, dann steigt es auf die Stufe des Tieres herab. Die Weltanschauung der Gottlosen ist das Traurigste, was es gibt auf Erden. Gottlose Regierungen entfernen Gott aus der Gesetzgebung, aus den Parlamenten, aus der Eheschließung, dem Ehe- und Familienleben, aus der Presse, der Literatur, der Schule, aus der Armen und Wohlfahrtspflege." Gutberlet, Friedrich: Auf den Caritassonntag. Die christliche Liebe gegen die Notleidenden. PuK 83 (1933), 295f.
„Religion und Jenseitsglaube sei Feigheit vor den Wirklichkeiten des Lebens und mache unfähig für das Diesseits. Solch dreiste Behauptungen wagt nur ein satanischer Mensch auszusprechen. Machen wir nur einen ganz oberflächlichen Blick in die Geschichte. Warum konnte das kleine Europa die ganze Welt regieren? Weil ganz Europa christianisiert war. Es gab Länder, die hoch in Blüte standen, als sie christlich waren, z.B. ganz Nordafrika. Als sie aber zurücksanken in das Heidentum, verging auch ihre Blüte. Mit dem Christentum wächst auch die Kultur, mit dem Christentum fällt auch die Kultur. So lehrt die Geschichte. Die Grundgesetze des Christentums sind auch die Grundgesetze für das Wohlergehen, für das Glück der Menschheit. Wo das Heidentum herrscht, da kommt nur zu leicht im Menschen die Bestie zu Geltung." Keck, Burkhard: Standesunterweisungen. Drittordenspredigten. 1. Tertiarenglauben. PuK 86 (1936), 59

[57] „Kein Geringerer als der Heilige Vater Pius XI. hat betont, daß die Schamlosigkeit der modernen Kleidertracht „eine Auswirkung des Bolschewismus" sei. „Nieder mit der Scham!" So hört man die Schuljugend in den Straßen Moskaus heulen." Reuterer, Rudolf: Auf den vierzehnten Sonntag nach Pfingsten. Die Kleidung. PuK 79 (1929), 702

[58] „Und ist die Lage des Kindes nicht auch traurig genug in unserem sogenannten christlichen Europa bei jenen Eltern, die mehr oder weniger auf das Jesuskind vergessen oder ganz und gar von ihm abgefallen sind und zum Neuheidentum sich bekennen? ... Haben doch vor einigen Jahren die sozialistischen Parteien im Reichstag einen Antrag gestellt, wonach es erlaubt sein soll, die Kinder zu morden, noch ehe sie geboren sind." Benignus, P.: Sonntag nach Weihnachten. Warum ist der Heiland als Kind auf Erden erschienen? PuK 79 (1929), 37

[59] „In ein neues Stadium trat der Schulkampf nach dem Umsturz, als der glaubensfeindliche Sozialismus das Schwert der Staatsgewalt ergriff. ... Damit versuchte er [der

In dieses Indoktrinationsschema wurden neben den Jugendlichen[61] bereits die Kinder ganz bewusst mit einbezogen[62]. Als Vorbilder im Weltanschauungskampf wurden vor allem Märtyrer des Glaubens aus dem spanischen Bürgerkrieg vorgestellt[63] und nicht nur in diesem Zusammenhang „das

---

Sozialismus], den Lebensnerv des Religionsunterrichtes in der Schule zu durchschneiden und auf dem Verwaltungswege den Religionsunterricht zu erdrosseln." Reuterer, R.: Auf den Schulsonntag. Unser Schulprogramm. PuK 79 (1929), 45
„Der Sozialismus will die weltliche Schule einführen, in der keine Religionsunterricht gelehrt und der Name Gottes höchstens unter Spott und Hohn genannt wird." Sebastian, Jakob: Christenlehrvorträge. Der moderne Unglaube. PuK 79 (1929), 505
„'Nehmt der Kirche die Kinder weg, und ihr reißt ihr das Herz aus dem Leibe', so heißt die Losung der Feinde Gottes, heute vorzüglich des religionslosen Sozialismus. Mit rücksichtslos-teuflischem Eifer schürt er deshalb die Leidenschaften der arbeitenden Massen, um den Religionsunterricht aus dem Lehrplan der Schulen zu streichen und Kirche und Kinderseelen für immer zu trennen." Reuterer, Rudolf: Auf das Fest der heiligen Schutzengel. Kindergroschen. PuK 80 (1930), 751

[60] „Heute will man in Rußland die christliche Religion mit Stumpf und Stiel ausrotten. Man hat daher wie zur Zeit der französischen Revolution den Sonntag abgeschafft." Sebastian, Jakob: Christenlehrvorträge. Der Sonntag des Tag des Herrn. PuK 82 (1932), 249

[61] „Katholische Jungmänner, eine Revolution ist ausgebrochen auch in unserem Volk, eine Revolution des Fleisches gegen den christlichen Geist. Laßt euch nicht anstecken! Wehret euch! ... Zieht in den Kampf für das Christentum! Kirche und Vaterland schauen auf euch. Es ist ein heiliger Kampf!" Baumer, Franz: Vortrag für einen Gesellen- oder Jungmännerverein. Im Kampf um die christliche Ehe. PuK 81 (1931), 167
„Kämpfe für die Kirche Christi! ... Von den Anhängern anderer Richtungen können wir da vieles lernen. Oder wie suchen die Anhänger der Hitlerbewegung die Jugend für ihre politischen Zwecke zu gewinnen und zu begeistern! Ihre Werbetätigkeit ist bewundernswert. Die katholische Jugend muß für viel höhere Zwecke gewonnen werden. Sie soll kämpfen für Christus und sein Reich." Gutberlet, Friedrich: Am Jugendsonntage. Die christliche Jugend unter dem Banner des Christkönigs und dem Marienbanner. PuK 83 (1933), 602
Vgl. auch die Ausführungen von: Gutberlet, Friedrich: Am Jugendsonntage. Die christliche Jugend unter dem Banner des Christkönigs und dem Marienbanner. PuK 83 (1933), 602, in Anmerkung 36 in diesem Abschnitt der Arbeit

[62] „Liebe Kinder! Ihr habt sicher schon etwas von Rußland gehört! In Schule und Kirche und auch in euren Familien wird ja immer wieder darauf hingewiesen, wie groß das Verderben ist, das von dort ausgeht. Russische Sendlinge wandern auch durch unser katholisches Land, um den Glauben an Gott aus dem Herzen der Menschen zu reißen. In Rußland selbst ist es besonders schlimm. Die Menschen werden verfolgt, die noch an Gott glauben, zu ihm beten. Viele Priester und Gläubige mußten für den heiligen Glauben ihr Leben lassen. Um nun einen tüchtigen Stamm von Kämpfern gegen den Glauben heranzuziehen, haben die russischen Gewalthaber, ganz gottlose Männer bestimmt, daß die Kinder in der Schule schon im Haß gegen Gott und alle, die ihm dienen, erzogen werden." Baaken, Theodor: Zum Ende des Schuljahres. Das Glück katholischer Erziehung: „Ich bin Kind Gottes, Kind der katholischen Kirche." PuK 83 (1933), 446

[63] „Dem heldenmütigen Verteidiger der von Kommunisten umlagerten spanischen Festung Alkazar ward von den Bolschewiken angedroht: Wenn er die Feste nicht ausliefere, so werde sein von den Kommunisten gefangener Sohn erschossen. Zur Erhärtung dieser

Blutzeugnis für den katholischen Glauben"[64] „im heiligen Kampf für das Christentum"[65] gefordert.[66] Die „Weltgefahr des grimmigsten Feindes der christlichen Religion und Kultur, des Bolschewismus" sollte „wie einstens die Türkennot, alle christlichen Völker einigen und alles Trennende beiseite setzen", denn ansonsten sei „das christliche Abendland reif für den Untergang".[67]

Drohung führte man den gefangenen Sohn an das Telephon, wo er mit seinem Vater sprechen und ihn mürbe machen sollte. Der Sohn aber blieb fest und ward noch gefestigter durch seines Vaters Zuspruch: „Du bist der Sohn eines Soldaten und weißt, was du als solcher zu tun hast, befiehl deine Seele Gott!" Wenige Minuten später war der heldenhafte Soldatensohn von den Roten erschossen. Was hatte ihm die Kraft gegeben, sein junges Leben zu opfern? Zweierlei: der Gedanke, daß er der Sohn eines Soldaten und Helden war, und der Gedanke an Gott, dem er seine Seele empfohlen, in dessen Hand er vertrauensvoll sein ewiges Schicksal legen konnte." Haßl, Guido: Beispiele für Predigt und Katechese. Wahrer Heldengeist. PuK 87 (1937), 264

„Wir schauen voll Stolz und Bewunderung auf die Glaubenshelden in Spanien. Der junge Seeoffizier Javier Quiroga, ein Sproß aus alten gräflichen Geschlecht, war von den Roten zum Tode verurteilt worden. Er sollte erschossen werden. Der mitgefangene Ordenspriester, der ihm die Tröstungen der hl. Religion spenden konnte, richtete an ihn die Frage: „Woher nehmen Sie die Kraft, im Angesicht des Todes so unbekümmert und frohgemut auszusehen?" Seine Antwort lautete schlicht und einfach: „Aus meinem Glauben an Gott und an Spanien." Auch dieser Jungmann und Soldat verhauchte sein Leben mit den Worten: „Lang lebe Spanien; es lebe Christus, der König!" So starb er, dieser katholische Held." Wüst, Theodor: Soldatenpredigt: Frohkatholisch. PuK 88 (1938), 494

[64] „Und wie es unsere junge Generation auch noch wird tun müssen, das Blutzeugnis für ihren katholischen Glauben ablegen, wenn einmal Sozialismus und Bolschewismus als Gottesgeißel die Herrschaft über unser jetzt oft so glaubenslaues Volk erlangt hat." Oberndorfer, Andreas: Auf den 1. Sonntag nach der Erscheinung. Gehorsam. PuK 80 (1930), 120

[65] Vgl. die Ausführungen von: Baumer, Franz: Vortrag für einen Gesellen- oder Jungmännerverein. Im Kampf um die christliche Ehe. PuK 81 (1931), 167, in Anmerkung 61 in diesem Abschnitt der Arbeit.

[66] „Unser armes Vaterland befindet sich jetzt in ähnlicher Bedrängnis; es geht nicht mehr um die Rettung des katholischen Glaubens, sondern der christlichen Religion und christlichen Kultur, es geht um die Abwehr asiatischer Barbarei." Beck, Pius: Auf den dritten Sonntag nach Pfingsten. Des Herzen Jesu Sorge für die Seelen. PuK 82 (1932), 578

[67] „Aber seitdem der Blick auf das im Uebernatürlichen und Ewigen Gemeinsame uns verlorengegangen ist, hat das Irdische und Zeitliche eine ungebundene Bedeutung erlangt, haben die nationalen wie die sozialen Gegensätze sich verschärft und dient die Pflege des Klassen- wie des Nationalbewußtseins als Religionsersatz. Und so will denn auch die gemeinsame Abwehrfront gegen den grimmigsten Feind der christlichen Religion und Kultur, den Bolschewismus, nur sehr schwer gelingen. Und doch müßte diese Weltgefahr wahrhaftig imstande sein, wie einstens die Türkennot, alle christlichen Völker zu einigen und alles Trennende beiseite zu setzen. Dann ist eben das sog. christliche Abendland reif für den Untergang, wenn es nicht mehr dem natürlichsten Instinkt, dem Erhaltungstrieb, folgen und sich seines Lebens erwehren will." Beck, Pius: Das heilige Meßopfer. XIV. Austeilung der hl. Kommunion. PuK 86 (1936), 219

Dem Nazismus war in dieser Logik nach dessen Machteroberung ein ausgiebiger Dank für die Rettung vor diesen Feinden des Sozialismus und Bolschewismus auszusprechen.[68]

---

[68] „In diesen Broschüren wird die Geschichte der russischen Revolution von 1917 geschildert, dann die Herrschaft des Bolschewismus und seine Grausamkeiten gegen unschuldige Menschen, die sich dem bolschewistischen Terror nicht fügten, namentlich die Blutherrschaft der Tscheka. Wer diese Broschüren liest, weiß, was er vom Bolschewismus zu halten hat, und wird immer wieder froh sein, daß wir vor dem Bolschewismus gerettet worden sind." Nivardus, P.: Rezension zu: Sowjetrußland. Von Pfarrer Goldschmitt. Neun Broschüren (je 48 Seiten). Verlag Colportage Catholique, Saaralbe, Moselle. PuK 86 (1936), 838

6. Die „Kinder der Kirche": Treu Gott, dem Führer und dem Vaterland[1]

Viele Veröffentlichungen zur Haltung der Kirche gegenüber dem Nazismus im allgemeinen und der Zeit der nazistischen Diktatur im besonderen sind in den vergangenen Jahren und Jahrzehnten erschienen. Doch wenn es um die Frage des Gehorsams gegenüber dem Nazi-Regime als Staatsgewalt und darüber hinaus um das Problem des Verhältnisses der katholischen Kirche zum Militär und den Vorbereitungen zum Zweiten Weltkrieg geht, wird die Zahl der Veröffentlichungen klein.[2] Heinrich Missala kommt das Verdienst zu, als erster aus hermeneutischer Perspektive in mehreren Veröffentlichungen auf diesen bisher wenig beleuchteten Zusammenhang hingewiesen zu haben.[3] Ergänzt werden dessen Forschungen auch durch neuere Ergebnisse sozial- und alltagsgeschichtlicher Untersuchungen.[4] Wirft der durch die kirchliche Obrigkeit geforderte und von den Katholiken gegenüber dem nazistischen Staat fast ausnahmslos geleistete Gehorsam keine Fragen auf? Dass eine intensive Untersuchung dieser Fragestellung aussteht, kann nicht überraschen. Denn Analysen zu diesem Thema würden umgehend feststellen, dass die katholische Kirche trotz ihrer ideologischen Gegnerschaft zum Nazismus als Weltanschauung und trotz aller Beschränkungen und Pressionen der nazistischen Staatsgewalt treu ergeben war. Es müsste ebenso schnell festgestellt werden, dass die Bischöfe und mit ihr die gesamte kirchliche Obrigkeit die Gläubigen

---

[1] Vgl. im folgenden Missalla 1997, 1999 und 2004 sowie Weber 2005

[2] Erst in jüngster Zeit tritt die Rolle der Kirchen im Krieg verstärkt in den Mittelpunkt der Forschung. Die katholische Akademie in Bayern und die Kommission für Zeitgeschichte führten im April 2005 anlässlich des 60. Jahrestages des Kriegsendes eine Tagung mit dem Thema „Kirche im Krieg 1939-1945" durch, in deren Folge erste Veröffentlichungen erschienen. Vgl. vor allem Ruster 2005 mit seinen Ausführungen zur Deutung des Zweiten Weltkrieges durch deutsche Theologen mit dem Titel „Ein heiliges Sterben" und Kösters 2005 mit seiner Darstellung über die Kriegserfahrung im Zweiten Weltkrieg und ihre Bedeutung für die katholische Lebenswelt mit dem Titel „Kirche und Glaube an Front und Heimatfront" sowie Brechenmacher 2005, Hummel 2005, Kißner 2005 und Süß 2005

[3] Missalla 1978, 1997 sowie 1999; vgl. als Darstellung des Ersten Weltkrieges als Religionskrieg auch Krummeich 2000b
Aus psychoanalytischer Perspektive weist Drewermann auf diese Zusammenhänge hin: "Die wirkliche Lektion aus der Zeit des Faschismus weigerte man sich [die katholische Kirche] zu lernen: daß es absolut fatal ist, auf die Angst von Menschen mit Mitteln der Massenpsychologie zu antworten statt mit der Stärkung des Einzelnen und die Furcht vor dem Chaos der Freiheit zu beruhigen durch die Ordnung eines kollektiven Reglements." Drewermann 1989, 213f.

[4] Breuer 1992, Paul 1995 sowie Rauh-Kühne 1991, 1995 und 1997

immer wieder zum Gehorsam gegenüber dem nazistischen Staat verpflichtet, dem Militarismus den Boden bereitet und später während des Krieges immer wieder zur „Pflichterfüllung" und zum „Gehorsam" aufgerufen haben. Dagegen wird bei der Frage nach dem Verhalten der katholischen Kirche im Krieg immer wieder darauf verwiesen, dass die Kirche vom Nazismus bedrängt und verfolgt wurde, dass deshalb die Kirche und viele Christen auf unterschiedliche Weise ihre Ablehnung zum Ausdruck brachten und für diese Opposition Strafen, Inhaftierungen und selbst den Tod auf sich genommen hätten. Dabei übersieht diese Argumentation jedoch, dass die Schwierigkeit vor allem darin besteht, dass die ideologische Gegnerschaft der Kirche zum Nazismus sich allein auf die weltanschaulich bedingte Ablehnung der Partei und ihrer führenden Männer bezog, gleichzeitig von der kirchlichen Obrikgeit jedoch der unbedingte Gehorsam und die Staatstreue der Katholiken eingefordert wurde. Die zahlreichen Eingaben und Beschwerden der Bischöfe richteten sich zumeist gegen die zunehmenden Verstöße durch Organe des Staates oder der Partei gegen die Konkordatsvereinbarungen. Dabei beschränkten sich die Kirchenoberen bei ihren Protesten – mit Ausnahme der Predigten von Galens gegen die Euthanasie – jedoch ausschließlich auf die Wahrnehmung eigener institutioneller Interessen, das Schicksal anderer Gruppen, wie Gewerkschaftler, Sozialdemokraten, Sinti und Roma oder der Juden, kam nicht in den Blick. Die Kirche war fast ausschließlich auf die Interessen der eigenen Institution fixiert, für nichtkatholische Opfer des Nazismus fühlte man sich in keiner Weise verantwortlich. Die vielfältigen Formen der Resistenz, der Opposition und des Widerstands seitens der katholischen Kirche können nicht davon ablenken, dass man kirchlicherseits der nazistischen Staatsführung bis zum letzten Tag unbedingten Gehorsam leistete und deshalb auch dienstbereit in den Krieg zog, kämpfte, tötete und starb. Auf diese Weise waren sich viele Soldaten sicher, im Krieg ihre „Pflicht für das Vaterland" zu erfüllen, in diesem Glauben sind sie durch die kirchliche Obrigkeit erzogen und bestärkt worden. Und in manchen Ansprachen wurden die Soldaten durch die Kirche nicht nur auf Hitlers Krieg verpflichtet, sondern darüber hinaus noch zu besonderer „Tapferkeit" und besonderem „Einsatz" aufgefordert. Doch damit kämpften sie weder für die Kirche noch für das Vaterland, sondern für Hitler und seine nazistischen Herrschaftsziele. Dieses tragische Dilemma der Autoritätsfixierung der katholischen Kirche ist bis heute kaum thematisiert worden. Die Frage nach dem Verhältnis der Kirche und deren Mitglieder zum Staat bis hin zu den Fragen des Widerstandes gegen die Staatsgewalt, des zivilen Ungehorsams auch im demokratischen Rechtsstaat oder vor allem in der Kirche selbst, warten vor diesem historischen Kontext auf eine angemessene Bearbeitung. Wie weit geht die Gehorsamspflicht von Christen gegenüber ihren Vorgesetzten in Staat und Kirche? Wann wird das Recht und die Pflicht zum Ungehorsam auch in der Kirche akut? Was wird zur Vorbereitung auf einen möglichen „Ernstfall" in Verkündigung und Erziehung getan? Diese Fragen sind kirchlicherseits in umfassender Weise zu beantworten.

In Artikel 21 des Reichskonkordats von 1933 hatte sich die katholische Kirche verpflichtet, „die Erziehung zu vaterländischem, staatsbürgerlichem und sozialem Pflichtbewusstsein aus dem Geist des christlichen Glaubens- und Sittengesetzes mit besonderem Nachdruck zu pflegen". Diese Verpflichtung wäre allerdings kaum nötig gewesen. So stand die Tatsache, dass der Erste Weltkrieg aus dem Recht der Notwehr ein „gerechter Krieg" des deutschen Volkes war, für die Prediger außer Frage.[5] Einig in diesem Unglück der Niederlage,[6] zeigte man sich in der Bewertung der Ursache derselben jedoch flexibel; sie reichten von der klassischen „Dolchstoßlegende"[7] bis hin zur

---

[5] „Und als im Jahre 1914 unser Thronfolger von serbischen Söldlingen ermordet und der Bestand unseres Vaterlandes untergraben wurde und Serbien, Rußland, Frankreich und England die Mörder unter ihren Schutz nahmen, da zogen unsere Armeen im Bewußtsein, Sühne zu fordern für eine dem Vaterland angetane Unbill, in den Krieg. Dürfen wir sie deshalb schelten, und die Kriegsschuldlüge, die von unseren einstigen Feinden in der Welt ausgestreut wurde, auf unserem Volk sitzen lassen? Dürfen wir unsere Väter und Brüder, die auf den Kriegsschauplätzen ihrem Vaterland den Zoll des eigenen Blutes dargebracht haben, als Mörder bezeichnen, wie es gemeine Verräter nach dem Umsturz zu tun wagten? Nein, es gibt auch gerechte Kriege! Wie der Einzelne das Recht der Notwehr besitzt, wenn sein Leben oder Eigentum in ungerechter Weise bedroht wird, so hat auch jeder Staat das Recht, sein Wohl gegen innere und äußere Feinde, wenn es notwendig erscheint, mit bewaffneter Faust zu verteidigen." Reuterer, Rudolf: Auf den Weißen Sonntag. Friede. PuK 80 (1930), 380

[6] „Wie hält es unser deutsches Volk mit diesen Sätzchen „Gott zur Ehr", oder mit anderen Worten, wie steht unser deutsches Volk zu seinem Herrgott? Wie war es vor dem Krieg? Hieß es da nicht: „Wir Deutsche fürchten Gott und sonst nichts auf der Welt?" Und heute? Heute hört man diesen Satz nicht mehr. Ja in unserer neuen Reichsverfassung ist von Gott mit keinem Wort mehr die Rede. Es ist fast so, als ob Gott stillschweigend abgesetzt wäre, als ob man über ihn hinweg zur Tagesordnung übergegangen wäre. Wißt ihr noch, was früher auf unserem Dreimarkstück stand? Soweit ich mich erinnere, stand am Rand eingeprägt: „Gott mit uns". Und was steht heute darauf? „Einigkeit, Recht und Freiheit". Gewiß, das sind schön Worte, wenn sie nur wahr gemacht würden! Daß wir den Krieg verloren haben, ist ein Unglück, ein großes Unglück." Renland, Josef: „Gott zur Ehr, dem Nächsten zur Wehr". Predigt für ein Feuerwehrfest. PuK 82 (1932), 712

[7] „Wir haben gestritten, damit das Vaterland glücklich werde. Und wie schlecht dankt die Heimat oft den tapferen Helden diese Heldentat! Alles vergessen! ... Und was ist des Vaterlandes Dank? Ja von vielen sogar verhöhnt werden sie, weil sie treu ihre Pflicht getan haben, weil sie ausgehalten haben in Sturm und Not. Menschen mit solchen Reden sind nicht wert, daß der deutsche Boden sie trägt." Edermaninger, Joseph: Gelegenheitspredigten. Ansprach beim Kriegergedächtnis-Gottesdienste am Volkstrauertag. PuK 81 (1931), 981

„mangelnden Gottesfurcht".[8] Dem „Lügen- und Sklavenfrieden von Versailles" konnte nur die Parole „Krieg diesem sogenannten Frieden" entgegengestellt werden.[9] Das Gedächtnis und Vermächtnis der Gefallenen, „der Helden des Christentums, Helden der Pflicht, Helden des Vaterlandes"[10], „die durch ihren Heldentod unsägliches Leid von uns, ihrem Volk und Land, ferngehalten

---

[8] „Das ist die Lehre der Kirche, auch die Lehre aus dem Weltkrieg. Er hat den Uebermut der Völker gedemütigt, Throne gestürzt und Reiche zertrümmert, deren Zerfall man für absehbare Zeit unmöglich gehalten hätte. Es war sicher auch die gerechte Strafe Gottes dafür, daß man ohne Rücksicht auf seine heiligen Gebote regieren, sein Reich, das heißt die katholische Kirche bekämpfen und die Beziehungen zu fremden Völkern regeln wollte. „Wir fürchten Gott und sonst niemand auf der Welt," sagte stolz der Begründer des protestantischen Kaisertums, aber schließlich fürchtete man auch Gott nicht mehr und mußte so der Uebermacht der Feinde erliegen." Schwenzl, J.: Auf das Fest der heiligen drei Könige. Drei Gegenkönige. PuK 80 (1930), 110

[9] „Der Versailler Friede ist ein Lügenfriede, weil er aufgebaut ist auf der großen Weltlüge von der Alleinschuld Deutschlands am Kriege, ist ein Sklavenfriede, weil er uns für ein halbes Jahrhundert wenigstens als Arbeitsklaven mit schweißiger Stirn, mit schwieligen Händen, mit gekrümmten Rücken und knurrendem Magen schaffen und schuften und als Steuersklaven bis zum wirtschaftlichen Zusammenbruch Tribute zahlen läßt, ist ein Schandfriede, weil er an Rhein und Ruhr Mohammedaner und Wilde sandte zur Kontrolle; und darum lautet das Kommando: ‚Krieg diesem sogenannten Frieden!'" Beck, Pius: Gelegenheitspredigten. Auf den Heldensonntag im November. Gedächtnis der Gefallenen. PuK 83 (1933), 1005

Vgl. auch: „... die Feinde setzten ihren grausamen Fuß auf unseren Nacken und zwangen uns, uns öffentlich vor den Augen der ganzen Welt als die einzigen Schuldträger und Anstifter des Weltkrieges zu bekennen und uns selbst zu verleumnden. Wie aus einem furchtbaren Traum erwacht, griffen wir uns an die Stirn. Wir waren versucht, die Vorsehung Gottes anzuklagen: Wo ist in diesem Kriege die Vorsehung Gottes und seine Gerechtigkeit geblieben? Stand nicht das Recht auf unserer Seite? Waren nicht unser Volk, unsere Herrscher und Regierungen doch besser als die der Feinde?" Reuterer, Rudolf: Auf den dritten Sonntag im Advent. Propheten. PuK 83 (1933), 27

„Unsere gegenwärtige Not ist hauptsächlich die Folge des schrecklichen Weltkrieges. ... Auch nach dem Kriege ist kein wahrer Friede zwischen den einzelnen Ländern herbeigeführt worden. Deutschland ist zur Abrüstung gezwungen worden; die übrigen Länder hören aber mit Kriegsrüstungen trotz aller Abrüstungskonferenzen nicht auf. ... Gibt es denn da gar keinen Weg zur Befreiung unseres Volkes von so traurigen Zuständen?" Gutberlet, Friedrich: Auf den Caritassonntag. Die christliche Liebe gegen die Notleidenden. PuK 83 (1933), 296

[10] „Das erste Wort unserer toten Helden ist das von der Pflicht. Pflichterfüllung bis zum Aeußersten auf jedem Posten! ... Die Toten reden! Ihr zweites Wort ist das der Treue. Sie sind Gefallene der Treue. Sie kannten kein zurück, kein „Sich-Drücken". ... Unsere Totenfeier ist für uns eine stille Besinnung, Stunde neuer Entschlußkraft zu großer Bereitschaft: Helden des Christentums, Helden der Pflicht, Helden des Vaterlandes zu sein! Wir wollen nicht darüber streiten, wer noch nationaler und vaterländischer gesinnt ist, nicht Worte wiegen, sondern Taten sprechen! Wir wollen sein ein einig Volk von Brüdern! Amen." Haugg, Donatus: Für den Heldensonntag. Unsere Toten reden! PuK 85 (1935), 314f.

haben"[11] wurde jährlich gepflegt und in feierlicher Weise begangen. Ihrer, „die mit dem Grundsatz „Deutschland muss leben, auch wenn wir sterben müssen" 1914 singend tapfer an die Reichsgrenzen gezogen waren"[12], wollte man sich durch „glühende und opferbereite Vaterlandsliebe würdig zeigen"[13].
Aber auch über die Erinnerung an Gedenktagen hinaus taucht in den Predigten vielfach der Versuch auf, dem Kriegsgeschehen des Ersten Weltkriegs und dem eigenen soldatischen Dasein der Prediger im Krieg einen besonderen Sinn zukommen zu lassen, indem das Soldatsein mit dem Leiden Jesu[14]

---

[11] „Unsägliches Leid haben sie durch ihren Heldentod von uns, ihrem Volk und Land, ferngehalten. Darum gilt ihnen auch das Wort des Freiheitsdichters Körner: „Wer so für Gott und Vaterland gefallen, der baut sich auf ein ewig Monument im Herzen seiner Brüder, und dies Gebäude reißt kein Sturmwind nieder". – Wir kennen zwar nicht alle persönlich – die zwei Millionen deutsche Volksgenossen, die im Krieg ihr Leben für uns geopfert haben. Aber eines jeden wollen wir dankbar gedenken – und dieses Andenken darf nie und nimmer aus unserem Herzen schwinden. ... Darüber hinaus wollen wir ihnen aber auch danken durch unseren Dienst für Volk und Vaterland, für das sie ja ihr Höchstes, ihr Leben hingeopfert haben." Silvester, P.: Gelegenheitspredigten. Zum Heldensonntag. PuK 84 (1934), 318

[12] „Der Grundstein zur neuen Kirche sei geweiht dem Gedächtnis unserer gefallenen Soldaten. Im Westen des deutschen Vaterlandes, in Frankfurt am Mai, erhebt sich ein stolzer Bau: Die katholische Frauen-Friedenskirche, aus den Opfern deutscher Frauen und Mütter errichtet zu Ehren der Gefallenen des Weltkrieges. So soll auch hier auf gesegnetem Grundstein die neue Kirche erstehen zur Erinnerung an die große Zeit unserer Heimat, an Blut und Tränen schwer, an Opfer und Heldentod so überreich. ... Ihrem Geist aber und ihrer Vaterlandsliebe zum Gedächtnis soll diese neue Kirche zum stillen Mahnmal geweiht sein für uns, die lebende Generation, und für unsere Kinder. „Deutschland muß leben, auch wenn wir sterben müssen," das war der Grundsatz jener, die singend tapfer 1914 an unsere Reichsgrenzen zogen." Quint, Severin: Predigt bei der Grundsteinlegung der Gefallenen-Gedächtniskirche St. Bruno in Lötzen (Opr.) am 23. August 1936. PuK 86 (1936), 972f
Vgl. auch: „Und Gefahr! Welch ernsten und zugleich hehren Klang hat dieses Wort in den letzten Jahrzehnten seit den Augusttagen von 1914 bei uns erhalten! Wie hat damals die Gefahr die Opferfreudigkeit im Volke gehoben, gestärkt, die Einigkeit befestigt! Da hat unser Volk wieder verstanden ihres Dichters Wort: ... „Für seinen König muß das Volk sich opfern, das ist das Schicksal und Gesetz der Welt." Haßl, Guido: Auf den zweiundzwanzigsten Sonntag nach Pfingsten. Pflichten gegen die Obrigkeit. PuK 82 (1932), 914

[13] „Sehet, liebe Christen, das müssen wir von ihnen [den Gefallenen] lernen: Vaterlandsliebe. Damals hat ein Arbeiterdichter ein Gedicht veröffentlicht, in dem immer wieder der Vers vorkam: „Deutschland muß leben, und wenn wir sterben müssen". Dieser Arbeiter hat damit jedem Deutschen aus der Seele gesprochen. Aber, meine Christen, das muß auch heute noch gelten. ... Das soll darum unser Dank an die gefallenen Helden sein: Wir wollen durch glühende und opferbereite Vaterlandsliebe uns ihrer würdig zeigen." Sebastian, Jakob: Auf den Heldengedenktag. Was lehren uns die gefallenen Helden? PuK 86 (1936), 298

[14] „Da müssen wir uns denn doch fragen: Woraus schöpften sie denn den Mut zu diesen – ich möchte sagen – übermenschlichen Leistungen? Den Mut dazu holten sich unsere

und darüber hinaus sogar mit der priesterlichen Existenz Christi[15] verknüpft wurde. Die besonderen Folgen einer solchen Interpretation liegen in der Tatsache, dass durch die Fixierung auf die eigene Person und ihre subjektive Deutung des Erlebten die grausame Realität des Krieges heruntergespielt oder gar nicht mehr wahrgenommen wurde.[16] Zwar konnte der Glaube in dieser Weise eine für den einzelnen trostspendende und vielleicht sogar lebenserhaltende Funktion in den ausweglosen Situationen des Krieges übernehmen, doch wird in den Predigten eine Sinngebung des Glaubens und des Krieges erkennbar, die mit der objektiven Realität des Krieges nichts mehr zu tun hat. Die Realgeschichte diente in dieser Weise nur noch als Folie für das Metaphysische des Glaubens,[17] für den man bereit war, die Gefahr des

---

Helden aus dem Andenken an den leidenden Erlöser, aus Gebet und dem Empfang der heiligen Sakramente. Sie stärkten ihren Mut durch die Liebe zum Vaterland." Silvester, P.: Gelegenheitspredigten. Zum Heldensonntag. PuK 84 (1934), 318
„Christentum stählt und befähigt zu höchstem Heldentum. Nur unerfahrene Menschen, die nicht im Schützengraben und Trommelfeuer gestanden sind, können behaupten, Religion schwäche den Menschen. Nur der Ungläubige muß sich fürchten vor den Gefahren. Der gläubige Christ aber weiß, wofür er sein Leben hingibt." Keck, Burkhard: Drittordenspredigten. 2. Des Tertiaren Christusglaube. PuK 86 (1936), 147

[15] „Es möge von dieser Weihestunde, vom Opfer Jesu am Altare, eine neue Glut, eine neue Begeisterung, ein neues Leben ausgehen und uns zum heiligen Schwure entflammen, zum Rütli-Schwur der deutschen Männer, der treuen Christen: Wir stehen treu zu Gott und Christus! Wir stehen treu zu unseren toten Kameraden! Wir stehen treu zur Gemeinschaft, zur Heimat, zum Vaterland!" Haugg, Donatus: Vaterländische Weihestunde. Ansprache bei Kriegerfeiern und Heldengedenktagen. PuK 84 (1934), 321

[16] „Einem deutschen Soldaten waren 1914 die beiden Füße abgerissen, Unterleib und Arme verwundet. Als man ihn fragte, wie er solches aushalten könne, zog er unter der Decke den Rosenkranz hervor und antwortete: „Ohne diesen hätte ich es nicht ertragen können!" O Christen, werdet durch das Rosenkranzgebet geheimnisvolle Rosen voll Tugenden! Amen." Haselbeck, P.: Auf das heilige Rosenkranzfest. Maria, die geheimnisvolle Rose. PuK 79 (1929), 798
„Umrankt von Epheu steht am Heldengrab
Ein Feldkreuz. Sieh! umspielt vom Abendscheine
Schaut auf den Tapferen segnend es herab,
Von dem sie senkten die Gebeine,
Indes die Heldenseele in den Himmel eilt
Wo Gott die Siegerkrone ihr erteilt."
Haßl, Guido: Beispiele für Predigt und Katechese. PuK 87 (1937), 180
"Kriegertod war nicht immer ein schneller und schmerzloser Tod. O nein! Meist war er bitterster und einsamer Tod. Aber Heldentod und christlich-heldenhafter Tod, an dem ich mich hundertfach erbaut und ihn mir selbst einmal so gewünscht habe." Wüst, Theodor: Soldatenpredigten. Stark wie der Leu, gläubig und treu! PuK 88 (1938), 291-294

[17] „Vor Gott wird auch dieser Weltkrieg mit seinen Opfern, mit anderen Gewichten gewogen als auf den Waagen irdischer Gerechtigkeit. Vor Gott ist jeder Soldat und nicht bloß unser deutscher Bruder, sondern auch der Kamerad im feindlichen Graben gefallen

militärischen Einsatzes anzunehmen und schließlich sein Leben einzusetzen.[18] Je härter der Kriegsalltag geschildert wurde, desto größer wurde der Bezug auf den Glauben. Die Befangenheit in den eigenen Vorstellungen blockierte aber nicht nur das Verhältnis zur Wirklichkeit, sondern auch die Wahrnehmungsfähigkeit für das Schicksal jener Menschen und Völker, die Opfer deutscher Aggression und Besatzung geworden waren.[19] Der Tod der Soldaten wurde durchgängig als „Heldentod im Dienste unseres Volkes und Vaterlandes" beschrieben, die Grausamkeit des Todes ständig überspielt. Wer die Schlachtfelder des Ersten Weltkriegs erlebt hatte, der müsste zu solchen Aussagen unfähig sein – oder aber „sein Glaube" hatte ihn immunisiert gegenüber menschlichem Leid, Schicksal und Tod. Aber eben dieser „Glaube", sich im Gehorsam tapfer und todesmutig als Soldat im Krieg bewähren zu müssen, weil „Gott" diesen Einsatz der Person forderte, kann nur als schreckliche Selbsttäuschung bezeichnet werden.

Doch nach den Jahren der Weimarer Republik der „dunklen Nacht für unser Volk" mit den Etappen des Niedergangs „Versailles, Youngplan, Ruhreinfall, Inflation, Hader und Zwist" ging diese „Blutsaat der Gefallenen langsam auf und in den Herzen der Besten formte sich wieder der Begriff: Vaterland".[20]

---

gemäß seinen ewigen Absichten, die auch einen verlorenen Krieg zur Erlösung eines Volkes gebrauchen kann." Kürzinger, J.: Auf den Heldensonntag. PuK 82 (1932), 1026

[18] „Leute! Da vorne [im Schützengraben] hat uns das eine große Bewußtsein aufrecht erhalten: Es gibt einen gütigen Vatergott in Himmelshöhen. Er belohnt mich, wenn ich treu meine Pflicht erfülle. Er bestraft mich aber, wenn ich feige werde und ein Blindgänger bin. Der Gedanke an den überweltlichen Gott hat uns draußen hoch gehalten. Sich zu einem solchen überweltlichen Gott bekennen, dazu gehört Mut und Schneid." Burkhard, P.: Drittordenspredigten. IV. Der Dritte Orden und die Jugend. PuK 87 (1937), 419

[19] „In Frankreich gibt es zerschossene Dörfer. Wohl standen sie auf der Landkarte, doch wenn man mit dem Flugzeug darüber hinfuhr, sah man von menschlichen Behausungen nichts mehr. Ein Granatloch am anderen. Schützengräben zogen durch die ehemals schönen Straßen. Was nützte es dem Dorf, wenn es auf der Landkarte stand? Dorf war es keines mehr. Trauriger Trümmerhaufen. Es gibt auch eine religiöse Landkarte, und die findet ihr in den Taufbüchern euer Gemeinde ... Trümmerhaufen katholischen Lebens." Lauer, Julian: Christus in der heiligen Eucharistie ist das Herz der heiligen Kirche. PuK 84 (1934), 599f.
Ein französischer Offizier hält das Tagebuch eines deutschen Gefallenen zurück, berichtet diese Geschichte aber seiner Braut. „Es wird erzählt, die Braut habe damals dem Offizier das Buch aus der Hand gerissen und sei über die Grenze geflohen zu den deutschen Eltern, denn einen solchen Menschen mußte sie verachten." Weißmantel, N.: Häßlichkeit der Rache. PuK 87 (1937), 918

[20] „Dem furchtbaren Tage des Krieges ging voraus ein düsteres Morgenrot und folgte eine dunkle Nacht für unser Volk. Ich nenne die Stunden dieser fortschreitenden Nacht: Versailles, Youngplan, Ruhreinfall, Inflation, Hader und Zwist. Und in dieser Nacht versank vielfach die Erinnerung an all das, was unsere Soldaten getan und gelitten haben und aus den Gräbern klagte es angesichts des sich immer mehr ausbreitenden Verfalls:

So konnte man es gerade vom katholischen Standpunkt aus „als eine große Wohltat erachten, dass in politischen und wirtschaftlichen Fragen ein Führertum da ist, dem wir uns ohne Vorbehalt einordnen können"[21], denn „da wir jetzt im Dritten Reich den Führer haben, ist die Treue nicht minder groß."[22] Schon die Kinder hörten im Gottesdienst, dass „Gottesfurcht und Gehorsam die Grundmauern des Christencharakters sind",[23] „Knabenzucht harte Hände braucht"[24] und schließlich: „Der Gehorsam wird euch frei machen."[25]

„Also dafür sind wir gestorben!" ... Aber sie waren nicht umsonst gestorben; denn die Blutsaat, die sie gesät, ging doch langsam auf und in den Herzen der Besten formte sich wieder der Begriff: Vaterland. Und es wagte sich wieder hervor, erst schüchtern, dann tapfer das Lied und breitete seine Schwingen, bis es wieder dahinrauschte über alle Gaue: „Deutschland, Deutschland über alles". Und der Schwur an den Gräbern der Gefallenen hallte wider: Ihr sollt nicht umsonst gefallen sein. Unter dem Kommando des Führers schlossen sich enger die Reihe, und es steht wiederum vor uns ein geeinigtes Volk." Huber, N.: Auf den Heldengedenktag. PuK 87 (1937), 295

[21] „In unserer Zeit sollte die Unterwerfung unter eine kirchliche Lehrautorität überhaupt keine Schwierigkeit machen. Wir leben in der Zeit des Führertums. Wir erachten es als eine große Wohltat, daß in politischen und wirtschaftlichen Fragen ein Führertum da ist, dem wir uns ohne Vorbehalt einordnen können. Sollte es da in religiösen Dingen nicht auch ein Führertum geben?" Sebastian, Jakob: Männerapostolatsvorträge. X. Das Papsttum. PuK 86 (1936), 902

[22] „Der Geist des Vaterlandsliebe war ständig in seinen Reihen. Diese Vaterlandsliebe umfaßte zunächst die Liebe zur Obrigkeit. Lange hat der Wahlspruch gelautet: Mit Gott für König und Vaterland. Damals war der König die Obrigkeit, und jetzt, da wir im Dritten Reich den Führer haben, ist die Treue nicht minder groß. Kann auch gar nicht anders sein! Wir sind Christen, die das 4. Gebot Gottes zur Treue und zum Gehorsam gegen die Obrigkeit verpfichtet. Unter allen Umständen bleibt der Christ der Obrigkeit treu, unter welche Gottes Vorsehung ihn gestellt hat." Schuster, N.: Ansprache anläßlich des 100. Stiftungsfestes des Veteranen- und Kampfgenossenvereins Schwabach. PuK 85 (1935), 316

[23] „Gottesfurcht und Gehorsam sind die Grundmauern des Christencharakters, die jede gute Erziehung im Kinderherzen aufbauen muß." Reuterer, Rudolf: Auf den 1. Sonntag nach Dreikönig. Kindererziehung. PuK 79 (1929), 103
„Wie wir es gelernt haben in unserer Kinderschulzeit, sagen wir es auch heute wieder mit frommem Kindersinn: Gehorsam ist das Größte, und was er tut das Beste: Gehorsam war auch Gottes Sohn, der herrscht auf dem Himmelsthron." Obendorfer, Andreas: Auf den 1. Sonntag nach der Erscheinung. Gehorsam. PuK 80 (1930), 116

[24] „'Knabenzucht braucht harte Hände', sagt Fr. W. Weber. ... Gilt das schon für die Erziehung normaler Kinder, so gilt es hundertfach für die Leitung jener Armen, die bereits in der Schulzeit auf Abwege gerieten und an ihrem sittlichen Werte mehr oder minder großen Schaden erlitten." Dietrich, Theodor: Der Katechet. Die religiöse Erziehung moralisch minderwertiger Schüler. PuK 83 (1933), 535
Vgl. des weiteren: „Diesen Burschen [die von der Kommunionbank aufstehen und schon wieder bei der Kirchentüre draußen sind] hat offenbar im Kriege die Rute des Vaters und nach dem Kriege die Zucht des Kasernenhofes gefehlt." Grellner, Cajus: Fastenpredigten. 3. Lebensgemeinschaft mit Christus. PuK 79 (1929), 225

Zunächst wurde bei den Kindern der Gehorsam vor allem auf die Eltern[26] und die Lehrer[27] „als Gottes Stellvertreter" fokussiert, deren „strafende Hand" selbst nach „einer gehörigen Tracht Prügel"[28] immer noch voll Dankbarkeit „zu küssen"[29] sei, daneben wurden aber auch schon die Kinder in die

---

[25] „Gehorsam wird euch frei machen. ... Kinder, ich bitte euch: folgsam bleiben, willig sein, euch was sagen lassen!" Deubzer, N.: Kinderpredigt zum Beginn des Schuljahres. Fromm, frisch, frei! PuK 80 (1930), 420

[26] „Mit dem Gehorsam müßt ihr die Ehrfurcht verbinden. Darum gewöhnt euch immer mehr daran, in euren Eltern ... Gottes Stellvertreter zu sehen." Expeditus, P.: Böse und brave Buben. II. Isaak. PuK 80 (1930), 170
„Damit uns dieser Gehorsam gegen die Eltern recht leicht fällt, müssen wir der Sache auf den Grund sehen. Wir müssen wissen, aus welchen Gründen wir unseren Eltern folgen müssen. An erster Stelle steht hier der Grund: Die Eltern sind ihren Kindern gegenüber die Stellvertreter Gottes." Sebastian, Jakob: Christenlehrvorträge. Konflikte in der Familie. Gehorsamspflicht der Heranwachsenden. PuK 82 (1932), 65
„Warum hat der Jesusknabe so gut gefolgt? Weil seine Eltern die Stellvertreter seines himmlischen Vaters waren. Ebenso ist es bei euch. Eure Eltern sind für euch die Stellvertreter Gottes." Expeditus, P.: Kinderpredigten. VI. Vom Folgen. PuK 82 (1932), 544f
„Die Eltern sollen vor allem dahin trachten, in den Augen der Kinder so recht als Stellvertreter Gottes dazustehen. Diese göttliche Stellvertretung müßt zuerst ihr Eltern selbst tief in euch tragen." Erhard, P.: Auf den ersten Sonntag nach Dreikönig. Hochachtung als Erziehungsfaktor. PuK 82 (1932), 106

[27] „Der Gehorsam der Kinder gegen Katechet und Lehrer ist ein Maßstab ihrer wahren Gehorsamsgesinnung." Dietrich, Theodor: Die Pflege des Autoritäts-Gedankens in Katechese und Predigt. PuK 81 (1931), 548
„Achtet auf berufener Führer Wort! ... Und eure besten Führer und Berater, liebe christliche Jugend, sind eure Eltern, Lehrer und Seelsorger." Edermaninger, N.: Jugend-Sonntag. Ein Ehrentag der Jugend. PuK 82 (1932), 632

[28] „Daß die Kinder, solange sie die Werktagsschule besuchen, ihren Eltern Gehorsam leisten müssen, das bezweifelt niemand. In diesem Alter ist der Gehorsam auch bald erzwungen, wenn der Bub oder das Mädchen widerspenstig sind. Eine gehörige Tracht Prügel zeigt den Kindern, daß die Eltern noch da sind und noch nicht gewillt sind, ihre Kinder sich über den Kopf wachsen zu lassen." Sebastian, Jakob: Christenlehrvorträge. Konflikte in der Familie. Gehorsamspflicht der Heranwachsenden. PuK 82 (1932), 64
Vgl. ferner: „Aber auch mit Strafe muß eurem Wort oft nachgeholfen werden, christliche Mütter! Ihr dürft beim Kind, wenn es zur Einsicht gekommen, auf größere Dankbarkeit rechnen, wenn ihrs zur rechten Zeit gestraft, als wenn ihrs verwöhnt und verzogen habt mit schwacher Elternhand." Kröninger, N.: Predigt über die Erziehung. PuK 79 (1929), 670
„Das erste [Wort der Schrift „Wer seinen Sohn haßt, spart die Rute."] erinnert die Eltern an ihre Pflicht, gegen ein ungehorsames Kind mit Zuchtmitteln scharfer Art vorzugehen, wenn sonst kein Erfolg in der Erziehung erreicht werden kann. Das Pflichtbewußtsein unterjocht in diesem Falle die natürlichen, zärtlichen Regungen der Liebe zu Fleisch und Blut." Stark, Eugen: Standeslehren für Eltern und Erzieher. X. Das Letzte. PuK 85 (1935), 912

[29] „Wenn der gute Hirt das bockbeinige Schäflein nicht auf den rechten Weg zurückbringen kann, dann muß er es schlagen, so leid es ihm tut. Er darf es doch nicht abirren und zugrundegehen lassen. Eine solche gute Hirtin ist die Mutter, darum küßt ihre strafende

Kriegsführung gegen den „ewigen Feind" eingewiesen und verpflichtet[30] sowie Hindenburg zum Beispiel für die Kinder hochstilisiert.[31] Die jungen Christen, die sich durch regelmäßigen Kirchgang zur Kirche bekannten, hörten hymnische Wahlsprüche wie „Heiligem Kampf sind wir geweiht! Gott verbrennt in Zornesfeuern eine Welt!" ... Wir wollen es, wir halten es aus!"[32] So wurde beizeiten das weithin ungebrochene katholische Selbst- und Sendungsbewusstsein der Jugend gestärkt. Junger Soldat Christi, Soldat der Kirche, Soldat des Vaterlandes: im militaristischen Sprachgebrauch[33] verschwammen die

---

Hand! Sie meint es gut." Lehner, Friedrich: Auf den Muttertag. Der Mutter Hände. PuK 85 (1935), 503

[30] „Meine lieben Kinder! Wo steht der Feind, das ist eine der wichtigsten Fragen im Krieg. Wo steht der Feind, so mußt auch du dich fragen, denn Kriegführen ist deine Aufgabe: „Ein Kriegsdienst ist des Menschen Leben auf Erden". Zum Kriegsdienst im Heere Christi bist du ausgerüstet worden durch die Firmung." Hecht, Hermann: Wo steht der Feind? Kinderlehre auf den 3. Fastensonntag. PuK 79 (1929), 329

[31] „Der allmächtige Gott hat dem deutschen Volk einen Hindenburg geschenkt, damit gerade ihr Jungen für eure Zukunft lernt. Denkt bloß daran, daß dieser einzige Mann in den letzten zwanzig Jahren, von 1914 bis 1934 dem deutschen Volk mehr geschenkt hat als es Millionen anderer Menschen fertiggebracht haben. Wie fein wäre es, wenn jedes von euch Kindern etwas Verwandtes mit den Eigenschaften Hindenburgs hätte. Solange unser Vaterland große Menschen hat, geht es nie verloren. ... Wir wollen also von Hindenburg Gottsfurcht und Pflichttreue lernen." Hendlmaier, Josef: Kinderpredigten. Kinder als Mitarbeiter Gottes. X. Stufen zur Lebenserte. PuK 84 (1934), 941
„Bestimmtheit kannte Hindenburg auch bei der Ausführung aller Arbeit. Ueber allem rastlosen Schaffen stand das Wort „Volk"! Seht, der Feldherr suchte ganz aufrichtig bloß des Wohl seines Volkes, das Glück Deutschlands." A.a.O., 942

[32] „Was ist unser Hauptfehler? Wir wollen jeden Abend nachdenken, nur einen Augenblick. „Heiligem Kampf sind wir geweiht! Gott verbrennt in Zornesfeuern eine Welt ...!" Ja, verbrennt die Welt unserer Schläfrigkeit und Schwachheit. Wir wollen es, wir halten es aus!" Hendlmeier, J.: Vorträge für Jugendvereine. I. „Reif werden und rein bleiben!" – Wege der Selbsterziehung. PuK 84 (1934), 85

[33] Hierfür gibt es zahllose Beispiele. Dabei kann unterschieden werden zwischen einem militärischen Sprachgebrauch an sich, vgl dazu: Hendlmeier, J.: Vorträge für Jugendvereine. I. „Reif werden und rein bleiben!" – Wege der Selbsterziehung. PuK 84 (1934), 84f. sowie Humpert, Paul: Des Mannes Pflichtgefühl. PuK 88 (1938), 662:
Bildern des Militärs, die auf Religion und Kirche übertragen werden, vgl.: das Leben der Christen als „ewiger Kriegsdienst", in: Hecht, Hermann: Wo steht der Feind? Kinderlehre auf den 3. Fastensonntag. PuK 79 (1929), 329; die Kirche als „wohlgeordnetes Schlachtheer", in: Reuterer, Rudolf: Auf den vierten Sonntag nach Pfingsten. Menschenfischer. PuK 79 (1929), 535; die Kirche als „heilige Kampfschar eine Armee zwischen furchtbaren Feinden ... die große und kleine Schlachten liefern und kämpfen bei Tag und bei Nacht", in: Hörmann, H.: Vorträge für Jungfrauenkongregationen. 7. Legio fulminatrix. Eine heilige Schar. Eine blitzende Kampfschar. PuK 79 (1929); der junge Mann als „Soldat des Königs und Soldat Christi", in : Expeditus, P.: Gelegenheitspredigten. Kommunionlehre an Christi Königsfest für einen Jugend- oder Jungmännerverein. PuK 79 (1929), 819f.; der Rosenkranz als „guter Kamerad in der Sturmzeit des Weltkrieges", in: Graf, Johann: Auf das Rosenkranzbruderschaftsfest. Bedeutung der Bruderschaft. PuK 83

Begrifflichkeiten in diffuser Weise[34] und zeigten doch immer in klarer

---

(1933), 890; die religiöse Landkarte als Schlachtfeld des Ersten Weltkriegs, in: Lauer, Julian: Christus in der heiligen Eucharistie ist das Herz der heiligen Kirche. PuK 84 (1934), 599f.; die Christen als gute „Kriegsleute Christi", in: Hönle, N.: Auf den Neujahrstag. Des Pfarrers Neujahrswünsche. PuK 79 PuK 85 (1935), 96; der Weltkrieg als „Krieg des Unrechts gegen das Recht, der Krieg des Lasters gegen die Reinheit, der Krieg der Sünde gegen die Tugend, der Krieg des Teufels gegen Gott", in: Brauner, N.: Für eine Bruder-Konrad-Feier. Bruder Konrad und die Jugend. PuK 85 (1935), 222; Exerzitien als „Kampftage", Christus als „Führer", in: Dür, Franz: Vorträge für die Jugend. IX. Christus unsere Lebensform. PuK 85 (1935), 833; der Fahneneid als Zeichen der Treue gegenüber dem König als Bild für die Firmung, in: Mauritius, N.: Auf das Christkönigsfest. Christus – Rex. PuK 85 (1935), 884f.; heiligmachende Gnade als Bild für die Waffe des Soldaten, in: Dür, Franz: Vorträge für die Christusjugend. I. Seinsgemeinschaft. PuK 85 (1936), 82; der heilige Namen Jesu als undurchdringlicher Waffenschild, in: Dominikus, N.: Auf das Fest der heiligen Namens „Jesu". Vom Namen Jesu. PuK 86 (1936), 94; der hl. Sebastian als guter Soldat Christi, in: Mauritius, P.: Auf das Fest des heiligen Sebastian. St. Sebastian – miles Christi! PuK 86 (1936), 121; Militärische Degradierung als Beispiel für den Verlust der Gnade, in: Burkhard, P.: Drittordenspredigten. 3. Der Tertiar und die Sünde. PuK 86 (1936), 221; Petrus und Paulus als treue Waffenbrüder, in: Gaudentius, P.: Auf das Fest der Apostelfürsten Petrus und Paulus. Die innige Waffenbrüderschaft der beiden Apostel. PuK 86 (1936), 591;
sowie dem Militär als gutem Beispiel, vgl.: die gute Schule des Militärs, in: Sebastian, Jakob: Gelegenheitspredigten. Am Gedächtnistag für die im Weltkrieg Gefallenen. Wie können wir der im Weltkrieg Gefallenen gedenken? PuK 81 (1931), 301; die Gefallenen als Vorbilder für die treue opferwillige Nachahmung ihrer Vaterlandsliebe und ihres Treuegehorsams, in: Haßl, Guido: Auf den zweiundzwanzigsten Sonntag nach Pfingsten. Pflichten gegen die Obrigkeit. PuK 82 (1932), 914; die Entbehrungen der Soldaten im Krieg als Vorbild für Kinder, in: Bothe, Konrad: Kinderpredigten. Des Schulkindes Tagewerk gezeigt am sel. Bruder Konrad von Altötting. PuK 83 (1933), 846; Graf Moltke als Vorbild, in: Hendlmeier, J.: Vorträge für Jugendvereine. I. „Reif werden und rein bleiben!" – Wege der Selbsterziehung. PuK 84 (1934), 83; Walter Flex als Vorbild, in: Hendlmeier, J.: Vorträge für Jugendvereine. I. „Reif werden und rein bleiben!" – Wege der Selbsterziehung. PuK 84 (1934), 85; Hindenburg als Vorbild, in: Hendlmaier, Josef: Kinderpredigten. Kinder als Mitarbeiter Gottes. X. Stufen zur Lebensernte. PuK 84 (1934), 941; der Heldentod als Vorbild, in: Dür, Franz: Vorträge für die Jugend. X. Apostel Christi. PuK 85 (1935), 933; Albert Leo Schlageter als Vorbild, in: Haugg, Donatus: Vaterländische Weihestunde. Ansprache bei Kriegerfeiern und Heldengedenktagen. PuK 84 (1934), 320

[34] „Meine lieben jungen Freunde! Wenn in früheren Jahren Königstag war, dann war auch Königsparade. Da hat die Garde des Königs ihre schönsten Uniformen angezogen und in strammer Haltung und mit festem Schritt, mit leuchtendem Auge und geschwellter Brust sind sie am König vorbeigezogen, und jeder Blick sagte dem König und jeder Schritt bekräftigte es: König, wir sind deine Soldaten, deine Getreuen, die für dich leben, die für dich sterben. Meine lieben jungen Freunde! Heute ist Königstag, nicht von einem irdischen König, sondern von dem ewigen Könige Jesus Christus, dem Herrn Himmels und der Erde ... Und ihr, die junge Garde dieses großen Königs, habt heute Königsparade. Und mit der schönsten Uniform seid ihr bekleidet, mit dem Königskleid der heiligmachenden Gnade, und jeder Pulsschlag eures Herzens und jeder Gedanke eurer Seele und jeder Blick eurer Augen soll es Christus unserm König heute sagen, ja es ihm schwören: ‚Christus, König, für dich leben wir, Christus, König, für dich sterben wir'."

Skizzierung die Front der Feinde in diesem ständigen Feldzug auf: den die Einheit der Kirche zerstörenden Protestantismus[35] sowie den Volk und Vaterland bedrohenden pflichtlosen Sozialismus und Kommunismus.[36] Wurde den Heranwachsenden in der Schule die deutsche Geschichte als vom Germanentum und der nordischen Rasse geprägt vermittelt, so lernten sie im katholischem Milieu die deutsche Geschichte als Sieg des Christentums im Abendland kennen, Wirklichkeit geworden im Heiligen Römischen Reich Deutscher Nation; das Mittelalter und die deutschen Kirchen und Dome des Reiches galten als überzeugende und anschauliche Beweise für die schöpferische Kraft katholischen Glaubens.[37] Daneben gab es viele Übereinstimmungen zwischen dem, was im Alltag und im kirchlichen Milieu vermittelt wurde. Da wurde Ernst

---

Expeditus, P.: Gelegenheitspredigten. Kommunionlehre an Christi Königsfest für einen Jugend- oder Jungmännerverein. PuK 79 (1929), 819f.

„Es war ein feierlicher Augenblick, wie wir im Kriege vereidigt wurden, bevor wir auszogen hinaus ins Feld. Viele, die da den Fahneneid abgelegt haben, haben ihr Leben hingegeben aus Treue für den König. Sie wollten lieber sterben als untreu werden. Nicht weniger feierlich war es, als wir am Tage der hl. Firmung vereidigt worden sind zur Treue gegen Christus, den König. Diesen Schwur der Treue wollen wir heute wieder erneuern: Wir wollen rufen: es lebe Christus unser bester, ewiger König." Mauritius, N.: Auf das Christkönigstfest. Christus – Rex. PuK 85 (1935), 884f.

[35] „Durch das heutige Evangelium ist die hl. katholische Kirche als eine Autoritätskirche erwiesen. Der Papst als rechtmäßiger Nachfolger des hl. Petrus trägt die Schlüssel des Himmelreiches; er ist der oberste Hirt der ganzen Herde Christi; die Bischöfe sind Oberhirten, von ihm eingesetzt über einen Teil der Herde, über die einzelnen Sprengel der Kirche, von ihm getragen als dem Zentrum der Einheit. Wir Katholiken sind darum zum Gehorsam verpflichtet gegen unsere gottgegebenen Führer. Unsere ganze Theologie besteht in der Folgsamkeit gegen unseren Hl. Vater und gegen unsere Bischöfe. Wenn wir uns über die Entscheidungen unserer Bischöfe hinwegsetzen, über unsere Bischöfe absprechen als wären sie unwissend und als seien sie einseitig unterrichtet, dann wollen wir doch gleich lieber protestantisch werden; da können wir glauben und sagen und tun, was uns beliebt ..." Beck, Pius: Auf das Fest der Apostelfürsten Petrus und Paulus. PuK 83 (1933), 597

[36] „Wie wehe muß es darum gerade uns Kriegsteilnehmern tun, die wir bis zum letzten Tage an der Front gestanden sind, die wir gerade deshalb am Geschütz ausgehalten haben, weil unser Glaube uns die Kraft dazu gab, wo so viele unter dem Einfluß des Sozialismus und Kommunismus ihre Pflicht nicht mehr taten. Man möge uns doch endlich glauben, daß wir ebenso wie der hl. Fidelis von Sigmaringen bereit waren und es jetzt noch sind, alles zu tun für unser Volk, für unsere Heimat!" Mauritius, P.: Auf das Fest des hl. Fidelis von Sigmaringen. Drei Ehrentitel des hl. Fidelis. PuK 87 (1937), 382

[37] „Der Deutsche und namentlich der deutsche Soldat hat es immer blutig ernst genommen mit seiner Religion. Beredte Zeugen sind der alte Sachsensang Heliand, die ragenden Gottesdome in deutschen Landen, die frommen Seher und gottbegnadeten Künstler des Mittelalters. Letztes Geheimnis der Kraft unserer toten Brüder war ihr lebendiger und treuer Gottesglaube, ihr Verwurzeltsein im Ewigen." Wüst, Theodor.: Soldatenpredigten. Stark wie der Leu, gläuig und treu! PuK 88 (1938), 291-294

Moritz Arndt zitiert[38] oder einem Weihelied gleich gedichtet: „Wir brauchen Männer heut in trüben Tagen, die hoch des Glaubens heilig Banner tragen, ... für unser Volk und unser Vaterland!"[39] Die Vorstellungen, Ereignisse und ihre Deutungen führten zu einer klaren Frontbildung: auf der einen Seite die heilige katholische Kirche, die seit ihren Anfängen bis zur Gegenwart kämpfte und litt für Gottes Reich, manifestiert im christlichen Abendland, auf der anderen Seite ihre Feinde, die nur ein klares Ziel hatten: den Kampf gegen Gott, die Vernichtung der Kirche Christi und die Zerstörung des abendländischen Reiches. Das Bild des Erzengels Michael im Kampf gegen Luzifer[40] und des heiligen Georg im Kampf mit dem Drachen erinnerten Tag und Nacht daran, dass die Jugendlichen in einer Zeit lebten, die Soldatentum und Kämpfergeist, Ritterlichkeit und Heldenmut forderte.[41] Sie hörten von den Kämpfen in Spanien, wo „General Franco in heiligem Kampf ein neues, blühendes katholisches Spanien erstehen ließ"[42] und die Glaubenshelden mit dem Ruf ‚'Lang lebe Spanien; es lebe Christus, der König!' ... frohkatholisch starben"[43].

---

[38] „Religiös und fromm sein ist keine Schande. Der deutsche Freiheitsdichter Ernst Moritz Arndt singt es der deutschen Jugend in Herz: Wer ist ein Mann der beten kann! Deutsche Freiheit, Deutscher Gott, Deutscher Glaube ohne Spott! Deutsches Herz und deutscher Stahl sind vier Helden allzumal!" Hendlmeier, J.: Vorträge für Jugendvereine. I. „Reif werden und rein bleiben!" – Wege der Selbsterziehung. PuK 84 (1934), 84

[39] „Wir brauchen Männer heut in trüben Tagen,
Die hoch des Glaubens heilig Banner tragen
Trotz Hohn und Spott in fester, kühner Hand.
Wir brauchen Männer ohne Furcht und Zagen
Die glaubenstreu die Schlachten Gottes schlagen
Für unser Volk und unser Vaterland." Brauner, N.: Für eine Bruder-Konrad-Feier. Bruder Konrad und die Jugend. PuK 85 (1935), 222

[40] „Vielleicht wollte man dem jungen Rittertum neben St. Michael, dem Erzengel, noch eine andere markante Heldengestalt als Beispiel vor Augen führen." Wüst, Theodor.: Soldatenpredigten. St. Georg, der wackere Soldat. PuK 88 (1938), 377

[41] Wüst, Theodor.: Soldatenpredigten. St. Georg, der wackere Soldat. PuK 88 (1938), 377-380

[42] „Der Weihe des Soldaten geht die Schwertsegnung voraus. Gott, der Allmächtige, wird um seinen besonderen Segen angerufen. Der Träger will es ja zu einer gerechten Sache gebrauchen; also z.B. zur Verteidigung von Vaterland und Kirche. Wer denkt da nicht an unsere Glaubensbrüder in Spanien, wo die Waffen wirklich geweiht wurden zu einem heiligen Kampfe, wo General Franco ein neues, blühendes katholisches Spanien erstehen lassen will." Wüst, Theodor: Soldatenpredigt. Edelmut zu Waffendienst und Kampfgefahr. PuK 88 (1938), 663

[43] „Wir schauen voll stolz und Bewunderung auf die Glaubenshelden in Spanien. ... dieser Jungmann war von den Roten zum Tode verurteilt worden und verhauchte sein Leben mit den Worten: ‚Lang lebe Spanien; es lebe Christus, der König!' So starb er, dieser frohkatholische Held." Wüst, Theodor: Soldatenpredigt. Frohkatholisch. PuK 88 (1938), 494

Vorbilder wie der „gefallene Jugendführer Walter Flex, der als Offizier seiner Jugend vorlebte, was er ihr gelehrt hatte"[44] und „der stramme Soldat und tapfere Katholik Albert Leo Schlageter"[45] konnten als in jeder Hinsicht konsensfähig gelten. Die katholische Jugend wurde so geprägt von den im katholischen Milieu beheimateten Vorstellungen und Grundhaltungen, die zwar in einigen Teilen den kirchlich-weltanschaulichen Erziehungszielen entgegenstanden, sie aber in ebenso vielen, vor allem aber in den für das Funktionieren des politisch-gesellschaftlichen Systems entscheidenden Elementen unterstützten und diese sogar noch religiös überhöhten: Gehorsam und Treue gegenüber jeder Obrigkeit, unbedingte Pflichterfüllung sowie Einsatz- und Opferbereitschaft.[46] Gerade weil sie unter Beweis stellen wollten, dass Katholiken besonders zuverlässig, mutig und tapfer seien, wurden sie später Hilfskräfte eines Systems, von dem sie sich zwar innerlich distanzierten, das sie aber gleichzeitig durch ihren Einsatz stabilisierten und dessen ungeheure Verbrechen erst durch ihre Mitarbeit möglich wurden.

Gehorsam gegenüber den Vorgesetzten in Kirche und Staat gehört seit langem zu den besonders gepflegten christlichen „Tugenden" und spielt im

---

[44] Flex, Walter. * 06.07.1887 in Eisenach. Flex fand als Kriegsfreiwilliger mit seinen nationalen Gedichten breiten Widerhall. In seinen Schriften übersteigerte er den Krieg in einem unpolitischen Idealismus zur Gleichsetzung von Volk und Ethos bis hin zum Opfertod. Im „Wanderer zwischen den Welten" (1916), gewidmet seinem gefallenen Freund Ernst Wurche, prägte er einen militaristischen Typus. + 16.10.1917 an der Westfront des Ersten Weltkrieges. Vgl.: NDB, Bd. 5, 243f.
„'Rein bleiben und reif werden !!!' – war der Wahlspruch des gefallenen Jugendführers Walter Flex, der als Offizier seiner Jugend vorlebte, was er ihr gelehrt hatte. Rein bleiben und reif werden, – durch den Empfang der hl. Sakramente – muß unser Entschluß sein." Hendlmeier, J.: Vorträge für Jugendvereine. I. „Reif werden und rein bleiben!" – Wege der Selbsterziehung. PuK 84 (1934), 85

[45] Schlageter, Albert Leo. * 12.08.1894 in Schönau im Schwarzwald. Schlageter nahm als Kriegsfreiwilliger am Ersten Weltkrieg teil, kämpfte danach in Freikoprs im Baltikum, im Ruhrgebiet und in Oberschlesien. Während des Ruhrkampfes beteiligte er sich als Mitglied des Freikorps Hauenstein an Sabotageakten gegen die französische Besatzung. Nach einem Eisenbahnattentat verraten, wurde er von einem französischen Kriegsgericht zum Tod verurteilt und hingerichtet. Die nazistische Propganda stilisierte ihn zum Märtyrer. + 26.05.1923 in der Golzheimer Heide bei Düsseldorf. Vgl.: DBE, Bd. 8, 654
„Echte Männlichkeit, strammer Soldatengeist und tieffrommes Wesen sind keine Gegensätze. Ich brauche Euch nur einen Namen nennen, der in unser aller Herzen glüht: Albert Leo Schlageter – der stramme Soldat, der tapfere Katholik." Haugg, Donatus: Vaterländische Weihestunde. Ansprache bei Kriegerfeiern und Heldengedenktagen. PuK 84 (1934), 320

[46] „So steht auch der katholische Mann wie ein Steuermann auf seinem Lebensschiff. Den Blick zu den ewigen Sternen gewandt, die Hand in Pflicht und Treue um das Ruder gekrampft. Mag gegen ihn anbrausen, was da will, sein Zielwort lautet: Der Pflicht getreu bis in den Tod. Amen." Humpert, Paul: Des Mannes Pflichtgefühl. PuK 88 (1938), 662

christlichen Erziehungsprogramm ein wichtige Rolle. Dieser Gehorsam bezog sich in erster Linie auf die Kirche an sich[47] und die Vertreter der kirchlichen Hierarchie,[48] den Papst,[49] die Bischöfe[50] und die Priester.[51] Als

---

[47] „Wie Jesus zum Tempel auf Sion in den Händen des Hohepriesters, so geloben wir zum Petersdom auf dem Vatikan unseren Gehorsam gegen die Kirche: in Erfüllung der Freitagspflicht, der Sonntagspflicht und Osterpflicht!" Obendorfer, Andreas: Auf den 1. Sonntag nach der Erscheinung. Gehorsam. PuK 80 (1930), 120
„Wer fest begründet ist in seinem heiligen Glauben, dem wird auch der Gehorsam gegen die Kirche und ihre Vorschriften etwas Selbstverständliches sein. Ist uns in dieser Beziehung nicht der heilige Franziskus ein glänzendes Vorbild? ... Auch heute noch bildet der unbedingte Gehorsam gegen die Kirche das Kennzeichen eines wahren Franziskuskindes." Salutaris, P.: Drittordenspredigten. V. Treu bewährt im Glauben und gehorsam gegen die Kirche. PuK 81 (1931), 433
„Der Heiland verlangt auch unbedingten Glauben an seine Lehre. ... Es gibt nur eine Wahrheit und dies ist seine Lehre. Darum muß ein jeder diese Wahrheit glauben und darf der Lehre Jesu keine Widerrede entgegenstellen. Jesus duldet keinen Widerspruch an seiner Lehre, denn diese ist wahr und unveränderlich vom ersten Buchstaben bis zum letzten." Severin, P.: Auf den zwanzigsten Sonntag nach Pfingsten. Jesus verlangt unbedingten Glauben. PuK 84 (1934), 857

[48] „Im Petersdom auf dem vatikanischen Hügel zu Rom unter den Augen des hohenpriesterlichen Stellvertreters Christi liegt verankert unser Gehorsam gegen die Kirchengebote." Obendorfer, Andreas: Auf den 1. Sonntag nach der Erscheinung. Gehorsam. PuK 80 (1930), 116

[49] „Der Papst ist eben uns Katholiken der unfehlbare Lehrer der Wahrheit. Wir schulden ihm den stärksten Gehorsam und wissen, daß wir nie im Irrtum sind und sein können, wenn wir ihm folgen. Er ist die Säule und Grundfeste der Wahrheit. Bringen wir ihm jederzeit ein recht gehorsames Herz entgegen!" Clarentius, P.: Auf das Fest der Apostelfürsten Petrus und Paulus. Bedeutung des Papsttums. PuK 79 (1929), 545
„Unser Heiliger Vater! Was bedeutet der Vater in der Familie? Der Vater ist das Haupt der Familie. Er hat anzuordnen, zu befehlen. Nicht anders ist's in der großen Familie der katholischen Kirche." Murböck, J.: Zum Krönungsfest des Papstes. Unser Heiliger Vater. PuK 80 (1930), 215
„Wir wollen darum heute von neuem dem Stellvertreter Christi auf dem Stuhle Petri die Treue geloben. Wir wollen aber auch uns von dem Papste leiten und führen lassen. Wenn wir mit ganzer Seele gehorsame Kinder unseres hl. Vaters in Rom sind, dann wird es uns sicher vergönnt sein, einmal die ganze Ewigkeit hindurch den zu schauen, welcher den Papst zum obersten Lehrer und Gesetzgeber gemacht und dem Papsttum Unvergänglichkeit verliehen hat. Amen." Sebastian, Jakob: Auf den Papstsonntag. Was ist uns der Papst? PuK 86 (1936), 212

[50] „Die Zeit ist unsicher und unruhig. Ein jeder möchte sich zum Führer aufwerfen und enttäuscht doch mit seiner Ohnmacht. Darum entsteigt aus der Volksseele der flehende Ruf: Herr, gib uns einen Führer. ... Doch der Himmel schweigt, gleich als wollte er sagen, ihr habt schon längst erhalten, wonach ihr verlangt, einer ist euer Lehrer, Christus, ... Christus kommt nicht in unseren Tagen zurück, wie er gelebt im Heiligen Land, er hat zur Vermittlung seiner Wahrheit den Felsen Petri gegründet, und diesen Felsen tragen wie Säulen im Bau die Bischöfe. ... So waren die Bischöfe immer Führer. ... So wird die Gebundenheit des Katholiken an das Lehramt der Kirche nicht eiserner Zwang, sondern eine Wohltat, ja eine einzige Rettung. ... Darum das Treuegelöbnis des

Autoritätskirche[52] sollte sich diese Gemeinschaft in schneidiger militärischer Disziplin als „geschlossene Phalanx",[53] als „wohlgeordnetes Schlachtheer"[54]

---

[51] katholischen Volkes an seine Bischöfe." Bußigel, Ernst: Eine vergessene Predigtstoffquelle. Katholikentagsberichte. PuK 80 (1930), 813
„Nach seinem Amte schätzet den Priester vor allem und über alles. Schauet ihn mit den Augen des Glaubens an. Bringet dem Priester, wer es auch sei und wie er auch sei, immer Ehrfurcht entgegen seines Amtes, seiner Weihe wegen und flößet auch eueren Kindern diese Ehrfurcht ein." Beck, Pius: Auf das Fest des hl. Johannes des Täufers. Johannes groß im Amt und im Charakter. PuK 82 (1932), 598
„Die eine [Ehrung des Priesters] zeigt sich im Gehorsam. Wie es in einer Gemeinde in religiöser Beziehung bestellt ist, erkennt man sofort und sicher aus der Art, wie deren Mitglieder ihrem geistlichen Vater gehorchen. Dieser Gehorsam wirkt sich selbst wieder fördernd auf das Gemeindeleben aus. – Das haben kluge Regenten von jeher erkannt und darum den Gehorsam gegen den Priester auch durch Staatsgesetze eingeschärft und gefordert." Haßl, Guido: Auf den dreizehnten Sonntag nach Pfingsten. Des Priesters Stellung in der Gemeinde. PuK 82 (1932), 761
„... fordert der Apostel von den Gläubigen das Vertrauen auf seine Priester und den Gehorsam gegen sie. ... Ja, das katholische Volk muß dem Priester als zweite Gegengabe unumschränktes Vertrauen und friedlichen Gehorsam entgegenbringen." Füglein, Gaudentius: Priester und Volk. PuK 84 (1934), 846
„Katholisches deutsches Volks, deine Priester sind Teil von dir, Blut von deinem Blut, Söhne deiner Erde. Sie werden dir nicht die Treue brechen. Laß auch du dich nicht beirren in der Treue zu deinen Priestern!" Nißl, Karl: Ich bin katholisch. Katholisches Priestertum. PuK 88 (1938), 728

[52] „Durch das heutige Evangelium ist die hl. katholische Kirche als eine Autoritätskirche erwiesen. Der Papst als rechtmäßiger Nachfolger des hl. Petrus trägt die Schlüssel des Himmelreiches; er ist der oberste Hirt der ganzen Herde Christi; die Bischöfe sind Oberhirten, von ihm eingesetzt über einen Teil der Herde, über die einzelnen Sprengel der Kirche, von ihm getragen als dem Zentrum der Einheit. Wir Katholiken sind darum zum Gehorsam verpflichtet gegen unsere gottgegebenen Führer. Unsere ganze Theologie besteht in der Folgsamkeit gegen unseren Hl. Vater und gegen unsere Bischöfe. Wenn wir uns über die Entscheidungen unserer Bischöfe hinwegsetzen, über unsere Bischöfe absprechen als wären sie unwissend und als seien sie einseitig unterrichtet, dann wollen wir doch gleich lieber protestantisch werden; da können wir glauben und sagen und tun, was uns beliebt ..." Beck, Pius: Auf das Fest der Apostelfürsten Petrus und Paulus. PuK 83 (1933), 597
„In unserer hl. Kirche gibt es ein demokratisches und ein aristokratisches Element: Der demokratische Zug der Kirche besteht darin, daß in ihr alle Anspruch auf alle Stellen und Würden haben. Ferner darin, daß auch jene, welche die Autorität ausüben, den Gesetzen genau so unterworfen sind wie alle anderen. ... Aber sonst hat die Kirche keine demokratische Verfassung. Das ganze Wesen der Kirche beruht nicht auf Gleichberechtigung, sondern auf dem Gegensatz von Lehrautorität und Lernenden, von Regierenden und Regierten, von heiligendem Priestertum und Laien. An der Spitze der Kirche steht der Papst. So ist es der Wille des göttlichen Stifters." Sebastian, Jakob: Männerapostolatsvorträge. X. Das Papsttum. PuK 86 (1936), 900

[53] „Und wenn wir die Amtsträger der Kirche betrachten, angefangen vom jetzigen Hl. Vater, unserem großen Pius, diesem gewaltigen, weitschauenden Geist mit seinen herrlichen Ideen vom Regnum Christi und von der katholischen Aktion, weiter zu den heutigen Bischöfen, vorab unseren deutschen Bischöfen, diesen wahren, unentwegten Führern des

der Welt und ihren Feinden präsentieren. Dem einzelnen oblag es, sich in „strammer Unterordnung"[55] „blindlings"[56] in diese Reihen zu begeben, denn „es ist rein unmöglich, dass die Kirche etwas Falsches lehrt".[57] Ist die Forderung eines unbedingten Gehorsams zur Sicherung des Fortbestandes der autoritär-hierarchischen Institution der katholischen Kirche aus einer Binnensicht durchaus notwendig und verständlich, so ergab sich aus diesem Anspruch heraus eine natürliche Nähe zu autoritären Systemen auf staatlicher Ebene. Im Verhältnis des einzelnen Christen zum Staat wurde der geforderte Gehorsam in ganz traditioneller Weise aus der Anweisung des Apostels Paulus in seinem Brief an die Römer abgeleitet.[58]

---

katholischen Volkes, bis herab zum jüngsten Kaplan, wir müssen sagen, es sind mit ganz verschwindenden Ausnahmen Männer, auf die wir stolz sein können, um die uns die anderen beneiden. Wie eine geschlossene Phalanx steht die katholische Kirche auch heute und gerade heute ihren Feinden gegenüber ..." Dür, Franz: Vorträge für die Jugend. VII. Christus unser Sieg. PuK 85 (1935), 644

[54] „Ein wohlgeordnetes Schlachtheer mit Feldherren und Soldaten ist die Kirche. Zucht und Gehorsam muß im Schifflein Petri herrschen, nur dann winkt ein reicher Fischfang. Demütige Einordnung in den Organismus der Kirche schafft Großes, während tollkühnes Handeln auf eigene Faust Verwirrung und Schaden stiftet." Reuterer, Rudolf: Auf den vierten Sonntag nach Pfingsten. Menschenfischer. PuK 79 (1929), 535

[55] „Auf den Schultern des Papstes und der Bischöfe ruht die Hauptlast der Verantwortung und Sorge um das Heil der unsterblichen Seelen. Darum können die Laien, die bei ihrer apostolischen Wirksamkeit eine Pflicht der Nächstenliebe erfüllen, nur dann Gutes im Reiche Gottes schaffen, wenn sie in strammer Unterordnung unter die Kirchenleitung vorgehen." A.a.O., 534

[56] „Der Ablaß lehrt uns: Liebe deine Kirche und gehorche ihr! Diese Kirche ist deine Mutter. Von Christus her hat sie die Vollmacht zu binden und zu lösen. Wir müssen der Kirche gehorchen und uns ihr blindlings unterwerfen. Von dieser Seite her sind auch die Ablaßbedingungen zu verstehen. Wir sollen geübt werden im Gehorsam gegen die hl. katholische Kirche." Burkhard, P.: Drittordenspredigten. VIII. Unsere Ablässe. PuK 86 (1936), 698

[57] „Ja sogar den Heiligen Geist hat er ihnen zu diesem Zwecke geschickt: „Der Tröster, der Heilige Geist, den der Vater in meinem Namen senden wird, wird euch alles lehren und auch an alles erinnern, was immer ich euch gesagt habe." Es ist also rein unmöglich, daß die Kirche etwas Falsches lehrt." Sebastian, Jakob: Christenlehrvorträge. Stiftung der Kirche. Zweck der Kirche. PuK 80 (1930), 512

[58] „Jeder leiste den Trägern der staatlichen Gewalt den schuldigen Gehorsam. Denn es gibt keine staatliche Gewalt, die nicht von Gott stammt; jede ist von Gott eingesetzt. Wer sich daher der staatlichen Gewalt widersetzt, stellt sich gegen die Ordnung Gottes, und wer sich ihm entgegenstellt, wird dem Gericht verfallen." Röm 13, 1-2
'Gebt dem Kaiser, was dem Kaiser gebührt', bleibt immer, für alle Zeit das Programm des Gehorsams gegen weltliche Gewalt und Behörden. So waren auch gegenüber den heidnischen Kaisern gerade die Christen trotz aller Verfolgungen die treuesten Untertanen und haben bis heute gute Katholiken noch nie Revolution gegen die rechtmäßige Obrigkeit gemacht." Erhard, P.: Auf den Sonntag Septuagesima. Gleichheit. PuK 81 (1931), 178

„Der teuflische Geist der Auflehnung gegen alle göttliche und menschliche Autorität"[59] – dieser mit Angst und Schrecken verbundene Topos der christlichen Predigt und Erziehung sollte schon bei Kindern[60] und Jugendlichen[61] jede Regung der Autonomie[62] und des Ungehorsams verbannen. Die Katholiken hatten zur Genüge in den Predigten gehört, dass „Befehle der Obrigkeit

---

„Und doch gerade diese Zwitterstellung zwischen dem Geiste des Christentums und dem Geiste seines Vaters war die beste Erziehungsmethode Gottes für Martins spätere Berufung. Da lernte er einerseits strammen Gehorsam, militärische Selbstzucht, andererseits Klugheit in betreff seiner Seelenneigung zu den göttlichen Dinge: er lernte Gott zu geben, was Gottes ist, und dem Kaiser, was des Kaisers ist." Peer, Josph: Auf das Fest des heiligen Martinus. St. Martin, Soldat und Bischof. PuK 85 (1935), 965

[59] „Halten doch wir Katholiken uns von jenem teuflischen Geiste der Auflehnung gegen alle göttliche und menschliche Autorität fern! „Mißbrauchen wir die Freiheit nicht zum Deckmantel der Bosheit." Geben wir der Welt das Beispiel des Gehorsams, ohne den es keinen Frieden, keine Freiheit gibt! Amen." Erhard, P.: Auf den dritten Sonntag nach Ostern. Die moderne Freiheit. PuK 80 (1930), 457

[60] „Euer [gerichtet an die Kinder] schönstes Vorbild [des Gehorsams] ist auch da wieder der Jesusknabe. ... Und wie gut hat er gefolgt! Wenn die Arbeit auch schwer oder lästig war, er kannte kein Wort der Widerrede. Wenn der heilige Joseph etwas befahl, hat Jesus auch sofort es getan. ... Er hat auch seinen Eltern nie widersprochen. ... er machte alles so, wie es befohlen wurde, ohne über die Befehle seiner Eltern zu murren und zu kritisieren." Expeditus, P.: Kinderpredigten. VI. Vom Folgen. PuK 82 (1932), 544f.
„Was den Gehorsam angeht, ahmt Jesus nach, von dem es heißt: „Er kam nach Nazareth und war ihnen untertan." ... Darum, liebe Kinder, gehorchet schnell und freudig und pünktlich! Seid gute Kinder!" Drott, Mauritius: Die Kinderpredigt bei Triduen, Einkehrtagen, religiösen Wochen, Kindermissionen. PuK 87 (1937), 172

[61] „In kindlich reiner Absicht tat Theresia alles, auch das Geringste, aus ehrfurchtsvollem Gehorsam gegen Gott, von dem alle Autorität herrührt. Das ist die erste Vollkommenheit ... Christliche Jungfrauen! ... Ihr müßt, auch wenn ihr das Härteste, das Unangenehmste zu erfüllen hättet, immer sagen: Gott will es so, er fordert das von mir. ... Wenn ihr dies beherziget, wenn ihr überzeugt sei, daß ihr, indem ihr euren Eltern und Herrschaften gehorcht, Gott selbst gehorchet, so wird euer Gehorsam sein, wie ihn der hl. Antonius von Padua schildert: „Der wahre Gehorsam" sagt er, „ist demütig, schnell, fröhlich und ausdauernd." Edermaninger, Joseph: Heilige Jungfrauen. Jungfrauenvorträge. X. Die Tugend des Gehorsams nach dem Vorbilde der heiligen Theresia. PuK 84 (1934), 931
„Ein echtes Marienkind aber unterdrückt ein solches Gefühl [das Gefühl der Selbständigkeit]; es fährt fort, Gott zu gehorchen und der hl. Kirche, seinen Eltern und Vorgesetzten, und wird einsehen lernen, daß im Gehorsam gerade seine Stärke, sein größter Segen liegt." A.a.O., 932
„Wir müssen die Jugend führen. Die Jugend braucht Führer, Vorbilder, autoritative Persönlichkeiten im Elternhaus, in der Schule, in der Berufsausbildung. Sie braucht Erzieher, die ihr lebendiges Christentums vorleben. ... Das Entscheidende in der ganzen Jugendfrage ist das: Wir brauchen eine Erziehung auf religiöser Grundlage. ... Die Religion muß vielmehr die sittliche Trägerin der Vaterlandsliebe, der Treue, der Pflichterfüllung sein." Hahn, Jakob: Auf den Jugendsonntag. PuK 87 (1937), 569

[62] „Demütige Einordnung in den Organismus der Kirche schafft Großes, während tollkühnes Handeln auf eigene Faust Verwirrung und Schaden stiftet." Reuterer, Rudolf: Auf den vierten Sonntag nach Pfingsten. Menschenfischer. PuK 79 (1929), 535

Befehle Gottes sind"[63] oder „Katholiken keine Revolution machen",[64] denn jede Autorität sei „Gottes Stellvertreterin"[65]. Die Verpflichtung zum Gehorsam kannte nur eine einzige Grenze, die zwar äußerst selten aber dennoch benannt wurde: den Verstoß einer Anordnung gegen die Gebote Gottes.[66] Angesichts dieses Verständnisses von Volk und Vaterland, Nation und Staat, haben die Prediger die Wiederaufrüstung und Militarisierung der Gesellschaft begrüßt und mitgetragen.[67] Ferner wurden die Christen wiederholt und häufig zu Gehorsam, Pflichterfüllung, Tapferkeit und Opferbereitschaft gegenüber der Staatsführung bis hin zum Einsatz des eigenen Lebens aufgerufen. Eine eigene Reihe von Soldatenpredigten vertiefte im Jahr 1938 diese Gedanken.[68] Dort ist im Vorgriff auf den nächsten Krieg vom deutschen Volk

---

[63] „Und wir katholische Christen respektieren den Staat und seine gerechten Gesetze um des Gewissens willen! Denn es gibt keine obrigkeitliche Gewalt außer von Gott." Obendorfer, Andreas: Auf den 1. Sonntag nach der Erscheinung. Gehorsam. PuK 80 (1930), 119f

[64] „Und so hat es die Kirche Gottes gehalten bis herauf in unsere Tage, wo der apostolische Delegat für Mexiko, Bischof Diaz von Tabasco erklärt, daß die Kirche von Mexiko im gegenwärtigen Kampf bereit sei, bis zum Gipfel des Kalvarienberges zu gehen, daß sie aber niemals einen bewaffneten Aufstand gegen den Staat gutheißen werde. Nein, die Attentäter, die Geheimverschwörer, die Hochverräter, die Bombenwerfer, die Revolutionäre werden nie und nimmer unter den treuen Anhängern und Kindern der katholischen Kirche zu finden sein. Diesen katholischen Standpunkt hat auch St. Sebastian vor Kaiser Diokletian lichtvoll dargelegt und die Kirche machtvoll in Schutz genommen." Beck, Pius: Auf das Fest des heiligen Sebastian. St. Sebastian defenso ecclesiae et martyr Christi. PuK 83 (1933), 124

[65] „Väter: Rettet eure Autorität in euren Familien! Christliche Männer! Bei diesem Ruf lege ich den Finger auf eine der schlimmsten Wunden im Familienleben unserer Zeit! Die Kinder können nicht mehr gehorchen, weil die Väter nicht mehr befehlen können. ... Drum, liebe Männer, die ihr Väter und Vorgesetzte seid, laßt den Strahlenganz eurer Autorität nicht an eurer Stirne erlöschen! Liebt eure Kinder und Untergebenen! Aber so, daß eure heilige Würde, die Autorität, die euch Gott gegeben, nicht geschädigt wird!" Wangler, Elzear: Standesunterweisungen. Vorträge für das Männerapostolat. Der Mann und seine Erzieherpflichten. I. Die drei großen Vaterpflichten. PuK 82 (1932), 50f.

[66] „Denn nur in einem Fall wollen und können wir nicht dem Staate gehorchen, auch nicht Vater und Mutter gehorchen, wenn sie etwas befehlen, was vor Gott Sünde ist ..." Obendorfer, Andreas: Auf den 1. Sonntag nach der Erscheinung. Gehorsam. PuK 80 (1930), 119f.

[67] „Gott sei Dank, Frontgeist und Heldentod feiern heute Auferstehung. Wenn einer heute ein Recht hat zu befehlen, dann derjenige, der sein Leben im blutigen Ringen fürs Vaterland hingegeben, und wenn einer heute die Pflicht hat zu gehorchen, zu lernen, dann jene Jugend, die durch die lebendige Phalanx kämpfender Soldaten geschützt war in der Heimat. ... Der Krieg hat unendlich viele Werte zerschlagen, es ist wahr; der Krieg hat aber auch ein herrliches Opfer- und Heldentum gezeigt." Haugg, Donatus: Für den Heldensonntag. Unsere Toten reden! PuK 85 (1935), 313

[68] Wüst, Theodor: Soldatenpredigten
Zu besonderen Gelegenheiten, PuK 88 (1938), 32-35

die Rede, welches „wieder ein aufstrebendes, weltgeltendes Volk werden wolle, und ihr Soldaten seid dafür die Garanten".[69] Das Soldatsein wurde religiös überhöht: „Der Soldatenstand steht letztlich im Dienste Gottes und seines Reiches. Der echte Soldat hat seinen Beruf und seine Würde von Gott durch Teilnahme an Gottes Herrschertum."[70] In der Folge wurde die aktive Teilnahme am Krieg zur Gewissenspflicht gemacht.

Wer dann in Russland „die Inkarnation des Gottlosen" erkannt hatte, konnte seinen späteren Dienst in der Wehrmacht Hitlers im „Unternehmen Barbarossa" mit seinem subjektiv guten Gewissen als „Kreuzzug" gegen den Bolschewismus rechtfertigen, setzte er doch auf diese Weise sein Leben für den großen Kampf um die Grundlage der europäischen Kultur ein.[71] Viele Katholiken waren in ihren Vorstellungen vom Reich so geprägt, dass sie glaubten, dass dem deutschen Volk als dem größten Volk der europäischen Mitte eine besondere Verantwortung für die Ordnung des Abendlandes zukäme. Im letzten Jahrgang der Zeitschrift bezog die Schriftleitung hier anlässlich der Annexion Österreichs eindeutig Position. Auf den ersten Seiten der Zeitschrift wurden als Faksimile die „Feierliche Erklärung"[72] sowie das „Vorwort zur

---

Bräutigam und Braut, PuK 88 (1938), 118-121
Haltet Maß!, PuK 88 (1938), 198-201
Stark wie der Leu, gläuig und treu! PuK 88 (1938), 291-294
Über die hl. Osterbeicht. Ein göttliches Geschenk. PuK 88 (1938), 314-317
St. Georg, der wackere Soldat. PuK 88 (1938), 377-380
Frohkatholisch. PuK 88 (1938), 492-495
Edelmut zu Waffendienst und Kampfgefahr. PuK 88 (1938), 662-665
Soldat und Christ. PuK 88 (1938), 750-752

[69] „Wir wollen wieder ein aufstrebendes, weltgeltendes Volk werden, und ihr Soldaten seid dafür die Garanten. ... Reihet euch in diese vaterländische Front auch ein als Soldaten und junge Männer, ..." Wüst, Theodor: Soldatenpredigt. Haltet Maß! PuK 88 (1938), 200f.

[70] Wüst, Theodor: Soldatenpredigten. Soldat und Christ. PuK 88 (1938), 665

[71] „Laß Dir wieder vom greisen Feldmarschall von Mackensen etwas sagen. Vor einiger Zeit sprach er zu jungen Deutschen über den Kreuzzug, den unser Volk gegen den Unglauben und Bolschewismus führen muß um die Grundlage unsere europäischen Kultur. Er sagte wörtlich: „In diesem Kampf werdet ihr, meine deutschen Jungen, als Soldaten euren Mann stehen müssen. Das könnt ihr aber nicht, wenn ihr nicht im christlichen Glauben gegründet seid. Ein rechter deutscher Soldat muß auch ein christlicher Mann sein." Wüst, Theodor: Soldatenpredigt. Zu besonderen Gelegenheiten, PuK 88 (1938), 34

[72] „Aus innigster Überzeugung und mit freiem Willen erklären wir unterzeichneten Bischöfe der österreichischen Kirchenprovinz anlässlich der großen geschichtlichen Geschehnisse in Deutsch-Österreich:
Wir erkennen freudig an, dass die nationalsozialistische Bewegung auf dem Gebiet des völkischen und wirtschaftlichen Aufbaues sowie der Sozial-Politik für das Deutsche Reich und Volk und namentlich für die ärmsten Schichten des Volkes Hervorragendes

feierlichen Erklärung der österreichischen Bischöfe in Sachen der Volksabstimmung"[73] vom März 1938 abgedruckt; als Einleitung das Begleitschreiben des Vorsitzenden der österreichischen Bischofskonferenz vorangestellt,[74] welches Kardinal Theodor Innitzer mit der Grußformel „Heil Hitler" unterzeichnete.[75] Der anschließende Artikel widmete sich der Person Kettelers als katholischem Vorkämpfer des nunmehr „wiedererstandenen Großdeutschlands."[76]

Dieser Vorgang sowie die Predigten lassen deutlich erkennen, wie die katholische Reichsideologie ungewollt nicht nur Zubringerdienste für das „Dritte Reich" leistete, sondern auch noch später vielen den Blick für die

---

geleistet hat und leistet. Wir sind auch der Überzeugung, dass durch das Wirken der nationalsozialistischen Bewegung die Gefahr des alles zerstörenden gottlosen Bolschewismus abgewehrt wurde.
Die Bischöfe begleiten dieses Wirken für die Zukunft mit ihren besten Segenswünschen und werden die Gläubigen in diesem Sinne ermahnen.
Am Tage der Volksabstimmung ist es für uns Bischöfe selbstverständliche nationale Pflicht, uns als Deutsche zum Deutschen Reich zu bekennen, und wir erwarten auch von allen gläubigen Christen, dass sie wissen, was sie ihrem Volke schuldig sind." Faksimile in: PuK 88 (1938), II vor 513

[73] „Nach eingehenden Beratungen haben wir Bischöfe von Oesterreich angesichts der großen geschichtlichen Stunden, die Oesterreichs Volk erlebt, und im Bewusstsein, dass in unseren Tagen die tausendjährige Sehnsucht unseres Volkes nach Einigung in einem grossen Reich der Deutschen ihre Erfüllung findet, uns entschlossen, nachfolgenden Aufruf an alle unsere Gläubigen zu richten. Wir können dies umso unbesorgter tun, als uns der Beauftragte des Führers für die Volksabstimmung in Oesterreich, Gauleiter Bürkel, die aufrichtige Linie seiner Politik bekanntgab, die unter dem Motto stehen soll: „Gebet Gott was Gottes ist, und dem Kaiser, was des Kaisers ist." Faksimile in: PuK 88 (1938), II vor 513

[74] „Sehr geehrter Herr Gauleiter,
Beigeschlossene Erklärung der Bischöfe sende ich hiermit. Sie ersehen daraus, dass wir Bischöfe freiwillig und ohne Zwang unsere nationale Pflicht erfüllt haben. Ich weiß, dass dieser Erklärung eine gute Zusmmenarbeit folgen wird.
Mit dem Ausdruck ausgezeichneter Hochachtung und Heil Hitler
Th. Kard. Innitzer
Eb"
Faksimile in: PuK 88 (1938), I vor 513

[75] Vgl. zur Entstehungs- und Wirkungsgeschichte der „Feierlichen Erklärung" sowie zur Biographie Innitzers Dust 2005

[76] „Wir bekennen uns freudig zu dem wiedererstandenen Großdeutschland. Kettelers Wort gilt heute ebenso wie einst: „In der Liebe zum deutschen Vaterlande, zu seiner Einheit und Größe dürfen wir uns von niemandem übertreffen lassen!" Das Ja der Katholiken in Deutschland und Österreich am 10. April entspringt somit nicht aus taktischen Erwägungen, sondern aus kerndeutscher und kernchristlicher Verantwortung um unser gemeinsames großdeutsches Vaterland." A.Z.: Bischof Ketteler und Großdeutschland. PuK 88 (1938), 513

Pervertierung der Reichsidee durch den Nazismus verstellte.[77] In dieser Weise wurden viele Katholiken zu „willigen Vollstreckern" von Hitlers Eroberungswillen und stabilisierten das System bis zum letzten Tag des Regimes. Das kirchenamtlich verordnete Verständnis von Autorität und zu leistendem Gehorsam gegenüber jedweder kirchlichen und staatlichen Obrigkeit hat vielen Katholiken eine realistische Sichtweise verstellt und sie daran gehindert, aus einem selbstbestimmten Urteil heraus Verantwortung für das eigene Leben und die Gesellschaft zu übernehmen.

---

[77] „Was hat Christus nicht alles gewagt im Kampf für seine Reich-Gottes-Idee! Christus kannte kein „es geht nicht", „das kann ich nicht." Wir stehen ehrfurchtsvoll am Grabe derer, die im Weltkrieg ihr Leben einsetzten. Christus ging ruhig dem Tode entgegen, um seiner Idee den Weg in die Welt zu bahnen." Dürr, Franz: Vorträge für die Jugend. III. Christus der geborene Führer der Jugend. PuK 85 (1935), 260

IV. Erwachsenenbildnerischer Hintergrund: Ideologiekritische Analyse der Zeitschrift „Volkstum und Volksbildung"

1. Entstehung und Entwicklung der Zeitschrift von 1912 bis 1941

Die Zeitschrift erschien unter den Titeln „Volkskunst", „Volkstum und Volksbildung" sowie „Geweihte Gemeinschaft" in den Jahren 1912 bis 1941. Die Auflagenhöhe konnte aus Sperlings Zeitschriften- und Zeitungs-Adreßbuch für die Jahre 1925 bis 1939, ausgewertet wurden die Bestände der Universitätsbibliotheken in Bielefeld, Bochum, Detmold und Paderborn, nachgewiesen werden.[1] Die Auflagenhöhe der Zeitschrift betrug im Jahr 1925 4.000 Exemplare,[2] im Jahr 1927 sank sie auf 3.500 Exemplare,[3] für das Jahr 1931 wird eine Auflagenhöhe von 2.500 Exemplaren angegeben,[4] für 1933 werden noch 2.400 Exemplare genannt.[5] Eine tabellarische Übersicht findet sich im Anhang. Damit hatte die Zeitschrift ungefähr die Auflagenhöhe der „Führerkorrespondenz" des Volksvereins. Schelonke stellt in seiner Untersuchung der katholischen „Intelligenzblätter" die „Gelben Hefte" mit der geringen Auflagenhöhe von 1.500 Exemplaren dar und weist in diesem Zusammenhang darauf hin, dass von einer kleinen Auflage nicht unbedingt auf eine geringe Bedeutung geschlossen werden kann.[6]

Die Zeitschrift „Volkskunst" und ihre Nachfolgepublikationen richteten sich an die Multiplikatoren der katholischen Erwachsenenbildung. Der ZBA umfasste mit seinen angeschlossenen Verbänden im Zeitraum von 1929 bis 1933 ungefähr fünf Millionen Mitglieder. Die Wirkungsgeschichte der Zeitschrift muss letztlich offen bleiben, doch zeigt der Vergleich mit der Auflagenhöhe der entsprechenden Publikation des Volksvereins zusammen mit der möglichen Multiplikatorwirkung eine Bedeutung auf, die nicht unterschätzt werden kann.

---

[1] Auf eine schriftliche Anfrage beim Verlag Bachem in Köln wurde mitgeteilt, daß das Verlagsarchiv mit den entsprechenden Unterlagen bei den Bombenangriffen auf die Stadt Köln vollständig verbrannte. Persönlicher Brief vom 08.12.1998 im Besitz des Verfassers.
[2] Sperling 51 (1925), 111
[3] Sperling 53 (1927), 158
[4] Sperling 55 (1929), 167
[5] Sperling 58 (1933), 292
[6] Schelonke 1995, 294f.

Die folgenden Abschnitte dieses Kapitels versuchen, die Entstehung und inhaltliche Entwicklung der Zeitschrift in ihrem Erscheinungszeitraum darzustellen.

a) Die Anfänge: Die „Volkskunst" von 1912 bis 1914

Im Oktober 1912 erschien die „Volkskunst" mit dem Untertitel „Monatsschrift für Theater und verwandte Bestrebungen in den katholischen Vereinen" zum ersten Mal. Für lange Zeit war die Zeitschrift aufs engste mit dem Namen eines Mannes verknüpft: Emil Ritter. Mehr als zwanzig Jahre, bis zum Sommer 1933, war er als Schriftleiter für den Inhalt des Blattes verantwortlich. Herausgegeben wurden die ersten Jahrgänge bis 1918 im „Verlag Westdeutsche Arbeiter-Zeitung G.m.b.H. M.Gladbach". Als Vorläuferin war über fünf Jahrgänge eine Zeitschrift „Volksbühne" publiziert worden, in der sich Hermann Dimmler und Expeditus Schmidt um die Weiterentwicklung der Laienspielbühne im katholischen Milieu bemühten.[7]

Im ersten Artikel „Unser Programm" entwickelten Schriftleiter und Verleger die Ziele und Wege der neuen Zeitschrift. Ausgangspunkt war die „... Reformbedürftigkeit des katholischen Vereinstheaters ...".[8] In der Vergangenheit hätten sich zwar viele Kräfte, vor allem literarische Kreise, um dieses Anliegen bemüht, aber wenig Erfolg verbuchen können, da sie nach Ansicht der Verfasser vor allem kommerziell ausgerichtet waren. Als positives Beispiel wurde auf die Münchener Zeitschrift „Volksbühne" hingewiesen, in deren Tradition sich die neue Zeitschrift „Volkskunst" stellte. In ihrem eigenen Bemühen ging die Schriftleitung davon aus, „ ... daß der Mangel an guten Theaterstücken weniger groß ist als die Unfähigkeit zur richtigen Auswahl."[9] Aus diesem Mangel wurden zwei Aufgaben abgeleitet: Zum einen wollte man das vorhandene Material sichten, vorstellen und somit für die Zielgruppe der Vereine nutzbar machen, zum anderen sollte durch die Behandlung der Bühnenpraxis, des Spiels, der Regie und Ausstattung mögliche Fehlerquellen bei der Inszenierung und Einübung der Stücke ausgeschaltet werden. Dabei wurde in besonderer Weise auf die Bedeutung des Vereinstheaters hingewiesen, welches man als wertvolles Bildungsmittel ansah, das nicht aus dem Zusammenhang mit den übrigen Bildungsangelegenheiten des Vereins getrennt werden sollte. Es komme vor allem darauf an, den Charakter und die seelischen Kräfte zu bilden und zu vertiefen.[10]

An diesem Punkt wollte die Schriftleitung mit der Herausgabe ihrer Zeitschrift tätig werden und entwickelte daraus folgendes Programm:

---

[7] Vgl.: Ritter, Emil: Eine Rechenschaft. VuV 1/17 (1929), 1
[8] Ritter, Emil/ Müller, Otto: Unser Programm. Vk 1 (1913), 1
[9] A.a.O., 1
[10] A.a.O., 2

„Der Aufbau unseres Programms ergibt sich aus den bezeichneten Zielen von selbst:
1. Führung in der Auswahl guter Theaterstücke durch einen fortlaufenden Musterkatalog (mit sehr genauen Angaben über Inhalt, Wert, Aufführungsmöglichkeit, technische Erfordernisse usw.) und durch kritische Überwachung der Produktion.
2. Anleitung für die Einstudierung und die Aufführung, also Spiel- und Regietechnik, Bühnenbau, Kostümausstattung und Verwandtes.
3. Praktische Hilfe für festliche und künstlerische Vereinsveranstaltungen, allgemeine Anregungen, Beratung im einzelnen Falle.
4. Führung durch die ernste und humoristische Musikliteratur für die Vereine durch die Deklamationsliteratur usw.
5. Stoffsammlung zur unmittelbaren Verwendung: literarische Vortragsentwürfe, Programme und Deklamationsmaterial."[11]

Über den Titel der Zeitschrift „Volkskunst" machte sich der Schriftleiter im zweiten Artikel „Volk und Kunst" Gedanken und gab damit Hinweise zur Namensfindung. Ritter wollte den Terminus „Volkskunst" doppeldeutig verstanden wissen, als „ ... eine dem Volk zugewandte, in das Volk eindringende Kunst als auch die Kunstbetätigung des Volkes, eine aus dem Volk herauswachsende Kunst."[12] Aus diesen Überlegungen heraus wurde ein zweifaches Ziel formuliert: „... zwischen dem Volke und der Kunst überhaupt Beziehungen herzustellen und die künstlerischen Kräfte im Volk zu wecken."[13] Der Untertitel benannte die Zielgruppe, an die sich die Zeitschrift wandte: die katholischen Vereine.

Wie der Untertitel „Monatsschrift" besagt, sollten zwölf Hefte pro Jahrgang erscheinen. Dies wurde nur im ersten Jahrgang realisiert. In den folgenden Jahren ging man zu Doppel-, teilweise sogar zu Dreifachnummern über.[14]

Eine zusätzliche Anmerkung ist zur Jahrgangszählung nötig. Weil die Zeitschrift im Oktober 1912 zum ersten Mal erschien, stimmen die Jahrgänge mit jeweils zwölf Heften nicht mit dem Kalenderjahr überein. So umfasste der erste Jahrgang der mit der Jahreszahl 1913 angegeben wird, den Zeitraum von

---

[11] A.a.O., 2

[12] Ritter, Emil: Volk und Kunst. Vk 1 (1913), 3

[13] A.a.O., 3

[14] So beispielsweise im 2. Jahrgang (1914) Heft 7./8. für den April/Mai und Heft 9./10. für den Juni/Juli;
im 3. Jahrgang (1915) Heft 2./3. für den November/Dezember, Heft 4./5. für den Januar/Februar, Heft 7./8. für den April/Mai, Heft 9./10. für den Juni/Juli sowie Heft 11./12. für den August/September;
im 8. Jahrgang (1920) Heft 7./8 . für den April/Mai und Heft 9./12. für den Juni September;
der 10. Jahrgang (1922) bestand sogar aus nur fünf Heften Heft 1./2. für den Oktober/November, Heft 3./4. für den Dezember/Januar, Heft 5./7. für den Februar/April, Heft 8./10. für den Mai/Juli, Heft 11./12. für den August/September.

Oktober 1912 bis September 1913 während zum Beispiel der siebte Jahrgang, benannt mit der Jahreszahl 1919, den Zeitraum von Juli 1918 bis Juni 1919. Erst mit dem 13. Jahrgang 1925 wurde diese Zählung aufgegeben. Von da an ist der Jahrgang mit dem Kalenderjahr identisch. Wenn die oben benannte Abweichung in der Zählung für das inhaltliche Verständnis wichtig ist, werde ich im folgenden noch eigens darauf hinweisen.

In den ersten sechs Jahrgängen bis 1918 waren die einzelnen Hefte nach folgendem Schema aufgebaut: [15]

>Allgemeine Aufsätze
>Aus der Praxis
>>Stoffsammlung
>>Theaterkatalog
>>Musikalienkatalog
>>Büchertisch
>>Auskünfte

Von besonderem Interesse für die Fragestellung dieser Arbeit sind dabei die Artikel im Abschnitt „Allgemeine Aufsätze". Hier behandelte man eher inhaltliche Themen, während in den Unterabschnitten des Bereichs „Aus der Praxis" in erster Linie praktische Fragen des Vereinstheaters besprochen wurden. Es wäre sicherlich aufschlussreich, mit einer ideologiekritischen Fragestellung auszuwerten, nach welchen Leitideen die Stücke ausgewählt und nach welchem Maßstab gewertet wurde, doch würde dies den Rahmen und die Fragestellung dieser Arbeit überfordern. Hinweisen möchte ich trotzdem auf die Programmmuster der ersten Jahrgänge, die Vorschläge für „Vereinsabende" mit entsprechendem Material anbieten. Einige Beispiele belegen deutlich nationales und militaristisches Gedankengut.[16] Eine Auflistung der Themen der „Programme" schließt sich an die Besprechung der „Allgemeinen Aufsätze" an.

Aus den Überschriften des Abschnittes „Allgemeine Aufsätze" der Jahrgänge 1 (1913) und 2 (1914) wird sichtbar, dass zunächst in dieser Rubrik nur wenige gesellschaftlich relevante Inhalte besprochen wurden.

---

[15] Eigene Zusammenstellung des Verfassers

[16] Vgl.: O.V.: Rekrutenabschied. Vk 2 (1914), 442ff. Hier wurden drei Typen des Abschiedsabends aufgezeigt: „der einfache Unterhaltungsabend, die weihevolle vaterländische Feier und das reine Stimmungsprogramm".
Dazu wurde folgende Gruppierung der Darbietung empfohlen:
„1. Lieb Heimatland, ade!   4. Die Siegespalme
2. Weihnachten im Felde   5. Frohe Wiederkehr"
3. Der gute Kamerad
Folgende Gedichte bot die Stoffsammlung an: Volksmund: Rekruten; Fallersleben, Hoffmann von: Husarenart; Stieler, Karl: Trutz und Trost; Zinkgref: Vermahnung an die Landsknechte; O.V.: Auf einem Grabstein; O.V.: Mütterleins Feldpostpaket, a.a.O. 446ff.

"Allgemeine Aufsätze" 1. Jahrgang (1913)[17]
    Unser Programm
    Volk und Kunst
    Der Ursprung des mittelalterlichen Volksschauspiels
    Religiöse Stoffe auf der Vereinsbühne
    Die mittelalterlichen Osterspiel
    Wie unser Jugendheim entstand
    Rückblick und Ausblick

"Allgemeine Aufsätze" 2. Jahrgang (1914)[18]
    Über den Aufbau des Märtyrerdramas
    Die mittelalterlichen Passionsspiele
    Die Pflege des Gemütslebens im Verein
    Die mittelalterlichen Fastnachtsspiele
    Des Vereinsdramatikers Freud und Leid
    Über das Verhältnis zwischen Volk und Kunst
    Grundsätze der Volksbildung
    Zum Problem der ästhetischen Volksbildung
    Das Volk und die klassische Dichtung

Es folgt eine Übersicht über die Themen des Bereiches "Programme" der ersten beiden Jahrgänge.

"Programme" 1. Jahrgang (1913)[19]

Mein Vaterland	Konstantinsfeier
Schillerabend	Konstantinische Jubelfeier
Huldigung der Künste vor Christus	Die Heimat
Kinder-Weihnachtsfest	Die Arbeit
Märchenabend	Uhland-Abend
Friedrich Wilhelm Weber	Berufswahl
Über den Tod	Das deutsche Volkslied
An der Wende großer Zeit (1813)	Körner-Abend
Lieb' Vaterland magst ruhig sein	Vaterländischer Gedenkabend
Unter der Fahne	Vaterländisches Volksfest
Theodor Körner	Patriotischer Festakt
1813/1814	Festakt zur Konstantinsfeier
Jahrhundertfeier	

---

[17] Vk 1 (1913), III
[18] Vk 2 (1914), III
[19] Vk 1 (1913), IIIf.

„Programme" 2. Jahrgang (1914)[20]
Frauenleben
Religiöser Lichtbilderabend
Krippenfeier
Christbaumfeier
Friedrich Hebbel
Vaterländische Gedächtnisfeier
Balladenabend
Vaterländischer Abend
Rekrutenabschiedsfeier
Das Märchen
Mutter und Kind
Die Mutter
Die Arbeit
Deutscher Volksliederabend
Vaterländischer Festabend
Caritas
Frühlingslust und -leben
Der deutsche Wald
Die Mutter
Die Heimat
Der Winter
Zwei Weihnachtsfeiern

Im ersten Jahrgang prägten die Jahrhundertjubelfeiern zu den Befreiungskriegen 1813 und zur konstantinischen Wende 313, die für die Kirche den Übergang von der Verfolgung zur Staatskirche des römischen Kaiserreiches bedeutete, die Inhalte der Programmvorschläge. Insgesamt zeigen diese Zusammenstellungen, wie sich religiöses, nationales, militaristisches und volkstümliches Gedankengut miteinander vermischten.

Fazit:
In den ersten beiden Jahrgängen stellte sich die Zeitschrift als ein „katholisches Kind ihrer Zeit" dar. Eine antiaufklärerische Haltung zeigte sich in der Ablehnung einer „rationalistischen Bildung" des Verstandes, dagegen wurde vor allem die Pflege des Gemütes und der Gesinnung betont. Dabei wandte sich die Zeitschrift allein an das katholische Milieu als Zielgruppe ihrer Arbeit. Kritische Themen, die gesellschaftliche Relevanz aufweisen, kamen in den ersten beiden Jahrgängen nicht vor. Durch eine besondere Betonung des Vaterlandes und des Militärs sowie Rückgriffe auf die preußische Geschichte versuchte man die staatstreue Haltung des Katholizismus zu dokumentieren und zu stärken.

---

[20] Vk 2 (1914), III

b) Der Kriegseinsatz: Die „Volkskunst" von 1915 bis 1919

Mit dem ersten Heft des 3. Jahrgangs (1915), das im Oktober 1914 erschien,[1] begannen die „Kriegsjahrgänge" der Zeitschrift.[2] Wohl bedingt durch die redaktionellen Vorlaufzeiten hatte man sich nach Beginn des Ersten Weltkriegs am 01. August 1914 im 11. Heft (August) und 12. Heft (September) des 2. Jahrgangs (1914) diesem Thema noch nicht widmen können. In den drei Artikeln „Krieg und Kunst",[3] „Die Kriegshefte der ‚Volkskunst'"[4] und „Von der deutschen Kunst"[5], die unter der Rubrik „Allgemeine Aufsätze" in diesem Jahrgang erschienen, stellte sich die Zeitschrift in die Aufbruchsstimmung der ersten Kriegsmonate. Der Schriftleiter, Emil Ritter, bezeichnete die Ausgabe dieses Heftes als „ausgesprochene ‚Kriegsnummer'".[6]

Als Themenvorgabe wurde festgehalten „Krieg und wieder Krieg soll das Schlagwort der Vereinsabende sein ...".[7] Auch hier wollte man nicht bei einer „bloßen Verstandesbelehrung"[8] stehen bleiben, sondern durch vaterländische Dichtung und vaterländisches Lied „vor allem die Gemüter von Grund auf bewegen."[9] Dazu versprach die Schriftleitung entsprechendes Material in Fülle zur Verfügung zu stellen.[10]

---

[1] Vgl. den Hinweis auf die Zählung der Jahrgänge, die von den Kalenderjahren abweicht.

[2] Eine Übersicht über die thematische Ausrichtung der „Aufsätze" und „Programme" des 2. Jahrgangs (1915) kann diesen Eindruck verdeutlichen:
„Aufsätze"
Krieg und Kunst
Die Kriegshefte der Volkskunst
Von der deutschen Kunst
„Programme"
Vier Weihnachtsprogramme   Zu Glück und Leid vereint – Mit Material
Gott mit uns – Mit Material   Kleist als vaterländischer Dichter
Stark wie der Tod ist die Liebe   Vaterländische Feier
Kaiserfeier
Vgl.: Vk 3 (1915), III

[3] Ritter, Emil: Krieg und Kunst. Vk 3 (1915), 1ff.

[4] Ritter, Emil: Die Kriegshefte der „Volkskunst". Vk 3 (1915), 45ff.

[5] Ritter; Emil: Von der deutschen Kunst. Vk 3 (1915), 105ff.

[6] Ritter, Emil: Volksabende im Krieg. Vk 3 (1915), 6

[7] A.a.O., 5

[8] A.a.O., 5

[9] A.a.O., 5

[10] „Die ‚Volkskunst' will helfen, den Schatz zu erschließen. Solange der Krieg dauert, wird sie nach neuen Früchten der vaterländischen Entflammung suchen, um sie den Vereinsleitern zu reichen." A.a.O., 5

Im 2./3. Heft (November/Dezember) 1914 hielt die Kriegsbegeisterung an. So rechnete die Schriftleitung im Artikel „Die Kriegshefte der ‚Volkskunst'"[11] weiterhin mit einem baldigen deutschen Sieg.[12]

Im 4. Jahrgang (1916)[13] setzten sich die Tendenzen des ersten Kriegsjahrganges fort.[14] Man besprach die Bedeutung der Malerei und der Dichtung in der Kriegszeit und wandte sich in diesem Jahrgang verstärkt dem Lied als Volks- und Kriegslied zu. Mit Bildern aus der Nibelungensage versuchte man die Zeit zu deuten.[15] Nach wie vor war man von der Gerechtigkeit des deutschen Kriegseintrittes überzeugt. Man berauschte sich an der Begeisterung der ersten Kriegstage[16] und war vom deutschen Sieg überzeugt.[17] Die Kunst wurde im Artikel „Krieg und Literatur"[18] die Funktion zugewiesen, den Durchhaltewillen zu stärken.[19]

---

[11] Ritter, Emil: Die Kriegshefte der „Volkskunst". Vk 3 (1915), 45

[12] „Wir hegen die zuversichtliche Hoffnung, daß in einigen Monaten Kriegsdichtung und Kriegsmusik nicht mehr „aktuell" sind, wenn auch sicher der Sturm der vaterländischen Begeisterung noch lange nachwehen wird." A.a.O., 45

[13] Dieser 4. Jahrgang (1916) umfasst den Zeitraum von Oktober 1915 bis August 1916.

[14] Vgl. die Titel der „Aufsätze" und „Programme" der Zeitschrift im 4. Jahrgang (1916)
„Aufsätze"
Die Darstellung des Krieges in der Malerei
Krieg und Literatur
Das deutsche Lied
Vom Stande unserer Vereinsbühne
„Programme"
Märchenabend
Kaisergeburtstagsfeier
Gedächtnisabend
Unseres Volkes Kraft
Die historischen Volkslieder der Deutschen
Das deutsche Gemüt im deutschen Kriegslied
Kinderfest
Programm für eine Kindervorführung
Verklärtes Leid
Das deutsche Volkslied
Vgl.: Vk 4 (1916), III

[15] „An einer Zeitenwende stehen wir ... inmitten des großen Ringens, vielleicht auf seinem Gipfel, noch ist der Friede der Brunhild gleich, die hinter der Waberlohe schlummert und wartet auf die Erlösung durch den siegreichen Überwinder des Feuerwalles. Noch ist der Siegfried nicht durch den Flammenwall gedrungen." Raederscheidt, Georg: Krieg und Literatur. Vk 4 (1916), 105

[16] Mayerhausen, Karl: Das deutsche Gemüt im deutschen Kriegslied. Vk 4 (1916), 174f.

[17] Raederscheidt, Georg: Krieg und Literatur. Vk 4 (1916), 105

[18] A.a.O., 105ff.

[19] „Wir sollten solche Werke lesen, empfehlen und versenden, die dadurch unsre Kraft des Durchhaltens, unser Hochgefühl vaterländischen Stolzes auf unser Volk, ... verstärken. So kann man sagen, daß alle Literatur zeitgemäß ist, welche die einheitliche Stimmung zu ernster Tat und Opferbereitschaft fördert und läutert." A.a.O., 110

Der 5. Jahrgang (1917)[20] fiel in diesen Tendenzen merklich ab.[21] Es scheint, als wäre der Krieg zur Alltäglichkeit geworden, über die man nun wieder zum normalen Tagesablauf zurückkehrte. Die Programme boten zwar immer noch Vorschläge und entsprechendes Material mit kriegsbezogenem Inhalt wie „Deutschland Siegeskraft"[22] oder erstmals eine „Gedächtnisfeier für gefallene Krieger"[23] an; weiterhin wurde versucht den Kriegswillen der Bevölkerung mit Volksabenden wie „Durchhalten"[24] zu erhalten, doch lässt die Zusammenstellung der „Aufsätze" den Eindruck einer Anpassung durchaus zu. Nur noch ein Artikel „Der Krieg und die deutsche Kunst"[25] behandelte ein kriegsbezogenes Thema. Die Ansicht eines aufgezwungenen Verteidigungskrieges wurde beibehalten und dabei vor allem die positive Wirkung des Krieges auf die deutsche Kunst konstatiert.[26] Doch die Siegeszuversicht wurde verhaltener, Durchhalteparolen kamen stärker auf, allgemeine Themen bestimmten die Hefte.

Der 6. Jahrgang (1918) verstärkte diese Richtungen. Kriegsbedingt erschien der Jahrgang nur für den Zeitraum Oktober 1917 bis April 1918. Er schloss aus kriegsbedingtem Mangel mit dem 4. Heft im April.[27] Man rechnete

---

[20] Der 5. Jahrgang (1917) umfasst den Zeitraum von Oktober 1916 bis zum Juli 1917.

[21] Dies wird auch durch die thematische Ausrichtung der „Aufsätze" und „Programme" des 5. Jahrgangs (1917) deutlich.
„Aufsätze"
Der neue Verband zur Förderung deutscher Theaterkultur
Mysterienspiel als Kunstform
Die Mutterliebe in der lyrischen dt. Dichtung
Die Entwicklung des Naturgefühls in der Lyrik
„Programme"
Familienabend
Mutter und Kind
Vgl.: Vk 5 (1917), III
Der Krieg und die deutsche Kunst
Über die Ballade
Volkskunsternte
Das Kind und sein Spiel

Gedächtnisfeier für gefallene Krieger
Deutschland Siegeskraft

[22] O.V.: Deutschlands Siegeskraft. Vk 5 (1917), 216ff.

[23] O.V.: Gedächtnisfeier für gefallene Krieger. Vk 5 (1917), 259

[24] O.V.: Durchhalten. Ein Vaterländischer Abend. Vk 5 (1917), 151

[25] Sieber, Eugen: Der Krieg und die deutsche Kunst. Vk 5 (1917), 134ff.

[26] „Der Weltkrieg, dieser dem deutschen Volke aufgezwungene Kampf auf Leben und Tod, hat in vieler Hinsicht Wandel geschaffen. Vor allem hat er die ekelhafte Fremdländerei, soweit möglich, weggefegt. ... Wie ein frischer Windhauch geht es über die deutschen Lande: deutsche Art und deutsches Wesen, deutsches Gemüt und deutsche Treue sind wieder zu ihrem Recht gekommen." A.a.O., 140

[27] „Leider sind wir genötigt, schon mit diesem Hefte den 6. Jahrgang abzuschließen. Die Kriegsschwierigkeiten (Papiermangel, Ausfall an Arbeitskraft, Erhöhung der Kosten) sind schier unüberwindlich geworden, so daß unsere Freunde diesmal mit einem recht

mit einem baldigen Ende des Krieges.[28] Für den Sommer 1918 wurde die Herausgabe des neuen Jahrgangs versprochen. Auch im ersten Heft des Jahrgangs, im Oktober 1917, dachte man über „Volkskunst-Arbeit nach dem Kriege"[29] nach. Die Siegeszuversicht war verflogen; durch Hinweise auf die deutsche Geschichte wurde betont, dass auch in wirtschaftlich schweren Jahren, mit denen man offensichtlich rechnete, ein Kunstschaffen möglich wäre.[30] Dabei wurde in Anlehnung an Richard Wagner ein Volksbegriff herausgestellt, der später in den Jahren der Weimarer Republik die gesamte Erwachsenenbildungsarbeit bestimmen sollte, die „Volksbildung als Volk-bildung".[31] Weiterhin wurde militaristisches und nationales Material für Bildungsabende angeboten; daneben prägten, wie ein Blick auf die Titel der „Aufsätze" und „Programme" deutlich macht, allgemeine Themen die Arbeit.[32]

Der 7. Jahrgang (1919) setzte im äußeren Erscheinungsbild der Zeitschrift und in den behandelten Themen eine deutliche Zäsur. Von daher würde es sich anbieten, mit diesem Jahrgang ein neues Kapitel zu eröffnen. Da dieser Jahrgang jedoch den Zeitraum von Juli 1918 bis Juni 1919, und damit die letzten Kriegsmonate des Ersten Weltkriegs umfasst, erschien eine Zuordnung zu diesem Abschnitt sinnvoller.

---

schmalen Jahrgang vorlieb nehmen müssen." Ritter, Emil: An unsere Freunde. Vk 6 (1918), 129

[28] „Damit bahnt sich zugleich der Übergang zur Friedensarbeit an, die ja schon im Endabschnitt des Krieges vorbereitet werden muß." A.a.O., 129

[29] Ritter, Emil: Volkskunst-Arbeit nach dem Kriege. Vk 6 (1918), 1ff.

[30] „Müssen dagegen in den kommenden Jahren die Deutschen um die äußeren Lebensbedingungen, um die Grundlagen ihres politischen und sozialen Bestehens schwer ringen, dann können sie die künstlerische Erbschaft eines Bach, Beethoven und Wagner, eines Goethe, Schiller und Kleist zur inneren Bereicherung auswerten; dann werden sie am ehesten reif für die deutsche Kunst. Den „Satten" bleibt das Beste unserer Schätze verborgen ..." A.a.O., 3

[31] A.a.O., 1

[32] Vgl. auch im Gegensatz zu den vorherigen Jahrgängen die Titel der „Aufsätze" und „Programme" des 6. Jahrgangs (1918)

„Aufsätze"
Volkskunstarbeit nach dem Kriege	An unsere Freunde
Vereinstheater und Gesetz	Joseph Freiherr von Eichendorff
Deutsche Märchen auf der Bühne	Das deutsche Gemüt im Volkslied
Gottesdienst und Kunst	
Ein liturgisches Mysterienspiel in Maria Laach	

„Programme"
Totenfeier	Märchen- und Legendenabend
Märchenabend	Weihnachtsfeier

Vgl.: Vk 6 (1918), III

Der Untertitel der Zeitschrift änderte sich von „Monatsschrift für Theater und verwandte Bestrebungen in den katholischen Vereinen" in „Monatsschrift für volkstümliche Kunstpflege und Kunsterziehung", doch wurde diese Bezeichnung nicht konsequent durchgehalten.[33] Eine inhaltliche Begründung für diesen Wechsel des Untertitels wurde nicht gegeben, aber die Vermutung, dass der selbstgewählte Auftrag der Zeitschrift jetzt über den Bereich des Theaters hinausging und auf die gesamte Kunstpflege und Kunsterziehung ausgedehnt werden sollte, ist naheliegend. Im Artikel „Die neue ‚Volkskunst'"[34] wurde allerdings darauf hingewiesen: „Die Neugestaltung bezieht sich nur auf die Art und Weise, in der die bewährten Ziele anzustreben sind."[35]

Das neue Schema für den Aufbau der einzelnen Hefte wurde bis zum 12. Jahrgang 1924 durchgehalten:

> Aufbau der einzelnen Hefte in den Jahrgängen 7 (1919) bis 12 (1924)[36]
> Hauptteil mit allgemeinen Aufsätzen und Berichten
> Volkskunstratgeber mit den Unterabteilungen
> Programme
> Volksbühne
> Volksmusik
> Bücher und Bilder
> Volkskunstblätter als Stoff- und Materialsammlung

Der neue Jahrgang zeichnete sich auch durch einen erheblich erweiterten Umfang aus. Während es der 6. Jahrgang (1918) nur noch auf einen Umfang von knapp 180 Seiten brachte, wurden im 7. Jahrgang (1919) 450 Seiten herausgegeben.[37]

---

[33] So trägt das Titelblatt des Jahrgangs noch den alten Untertitel.
[34] O.V.: Die neue „Volkskunst". Vk 7 (1919), 17
[35] A.a.O., 17
[36] Eigene Zusammenstellung des Verfassers
[37] Der Vollständigkeit halber folgt an dieser Stelle eine Übersicht über die Themen des Allgemeinen Teiles und der Programme des 7. Jahrgangs (1919)
„Allgemeiner Teil"
Zur Pflege des Heimatgefühls
Wie ich die Heimat wiederfand
Reichsbund für Heimatkunst
Volkstümliche Theaterpflege
Musikalische Volkserziehung
Kommunale Musikschulen
Der Barmer Volkschor
Von der deutschen Nationalhymne
Künstlerische Volkskonzerte
Zur Erziehung des Stilgefühls
Der Dürerbund
Die Hausbildnerei des Kunstwart
Zeitgenössische Kunstblätter
Literarische Erziehung
Praktische Theaterkultur
Literatur- und Kunstpflege im Verein
Die Instrumente der Hausmusik
Ein Volksschauspielhaus in Baden
Gedanken über Volksbildung
Über Kriegergräber
Grundsätze der Wohnungsausstattung
Kunstsinn im Hausgarten
Die gute Ware
Der neue Bühnenvolksbund

Inhaltlich versuchte die Zeitschrift weiterhin den Kriegswillen der Bevölkerung durch Programmvorschläge für Festabende in der Kriegszeit[38] oder Gedichte wie „Durchhalten"[39] zu stärken. Das Oktoberheft 1918[40] und selbst das Dezemberheft des Jahrgangs boten noch Weihnachtsstücke für die Kriegszeit an mit den Titeln: „Wenn die Friedensglocken läuten", „Weihnachten im Feindesland", „Die Heimkehr des Vermißten am Heiligabend", „Weihnachten im Schützengraben" und „Weihnachten in Kriegszeiten".[41] Auf den Waffenstillstand vom 11.11.1918 hatte man bei der Herausgabe des Dezemberheftes nicht mehr reagieren können.

Die Doppelnummer des 7./8. Heftes, die im Januar/Februar 1919 erschien, trägt auf dem Einband die Kennzeichnung „Autorise par la censure militaire belge". Folglich ist mit Sicherheit davon auszugehen, dass in dieser Nummer das Kriegsende hätte verarbeitet werden können, doch finden sich im gesamten Heft keine Hinweise auf den Waffenstillstand, die Revolution, den Zusammenbruch der Monarchie oder andere derartige Themen. Man wandte sich nach innen, machte sich Gedanken über „Literatur- und Kunstpflege im Verein",[42] „Die Instrumente der Hausmusik"[43] oder „Ein Volksschauspielhaus in Baden".[44] Die Programme boten einen Vorschlag „Das Volk in Lied und Tanz"[45], die Vortragsstoffe einen „Prolog zum Priesterjubiläum",[46] eine „Aufmunterung"[47] und einen „Vorspruch zu einem Märchenabend"[48]. Es macht den

---

Was ist Musikverständnis?	Mein Passionsspiel
Unser deutsches Weihnachtslied	Zur Ästhetik des Chorals
Die Mannheimer Kunstbewegung	Literarische Erziehung
Die Kriegsgedenkblätter des Kunstwart	
„Programme"	
Festabend eines Arbeitervereins	Die Variation
Arbeiterinnen-Unterhaltungsabend	Lehrgang über Jugendunterhaltungs-
Kinderweihnacht	abende
Weihnachtsfeier	Das Volk in Lied und Tanz
Vgl.: Vk 7 (1919), IIIf.	

[38] O.V.: Festabend eines Arbeitervereins in der Kriegszeit. Vk 7 (1919), 63
[39] Seys-Inquart, R.: Durchhalten. Vk 7 (1919), 64
[40] Vgl. die Gedichte für eine „Feldweihnacht". Vk 7 (1919), 189f.: Weinand, Maria: Weihenacht im Felde; Barthel, Max: Feld-Weihnacht; Salm, Carl: Deutsche Weihnachten.
[41] Mayershausen, Karl: Weihnachtsstücke. Vk 7 (1919), 262f.
[42] Ritter, Emil: Literatur- und Kunstpflege im Verein. Vk 7 (1919), 289ff.
[43] Sieber, Eugen: Die Instrumente der Hausmusik. Vk 7 (1919), 293ff.
[44] Stahl, Ernst Leopold: Ein Volksschauspielhaus in Baden. Vk 7 (1919), 301ff.
[45] O.V.: Das Volk in Lied und Tanz. Vk 7 (1919), 315
[46] Faßbinder: Prolog zum Priesterjubiläum. Vk 7 (1919), 313
[47] Körber: Aufmunterung. Vk 7 (1919), 315
[48] Nüdling: Vorspruch zu einem Märchenabend. Vk 7 (1919), 315

Eindruck, als wenn das Zeitgeschehen wie abgeschnitten wäre, jetzt überhaupt keinen Einfluss mehr hätte.

Fazit:
In den ersten beiden Kriegsjahrgängen, 3 (1915) und 4 (1916), stellte sich die Zeitschrift in die Kriegsbegeisterung ihrer Zeit. Militaristische und nationale Themen und Vorschläge kennzeichneten diese Jahrgänge. In den Jahrgängen 5 (1917) und 6 (1918) traten diese Tendenzen zurück, entsprechendes Material wurde allerdings auch weiterhin in reduziertem Umfang angeboten. Die Zeitschrift wandte sich in diesen Jahren wieder allgemeinen Themen zu. Der Jahrgang 7. (1919) brachte mit dem Waffenstillstand vom November 1918 eine deutliche Zäsur. Während noch für den Dezember 1918 Vorschläge für Feldweihnachtsspiele geliefert wurden, scheint es, als wenn mit dem Kriegsende die politische Entwicklung abgeschnitten würde, keine Relevanz mehr hätte.

Die Zeitschrift hat mit dieser Ausrichtung zum Versuch beigetragen, zunächst die Kriegsbegeisterung und den Kriegswillen der Bevölkerung zu stärken und schließlich den Durchhaltewillen bis zum letzten Kriegstag, ja sogar darüber hinaus, zu erhalten. Mit der politischen und gesellschaftlichen Entwicklung ab November 1918, dem Zusammenbruch des Kaiserreiches, der Novemberrevolution und den Anfängen der Weimarer Republik konnte man dagegen gar nichts anfangen. Diese Prozesse finden in der Zeitschrift keinen Widerklang, sie wurden von der Schriftleitung überhaupt nicht zur Kenntnis genommen.

Betont wurde dagegen in fast allen Jahrgängen die Aufbruchsstimmung des August 1914 und das Kriegserlebnis mit dem Gedanken der „Volksgemeinschaft".

Das Paradigma der „Volksbildung als Volk-Bildung" zeichnet sich deutlich ab. Volk wurde definiert über die Schicksalsgemeinschaft des Krieges, als Bündelung einer seelischen Energie, als Spiegelung einer Seele verstanden.

Den Bildungsbegriff setzte man deutlich von einer rationalen Verstandesbildung, von Bescheidwissen und Interessiertsein, ab und füllte ihn mit irrational-emotionalen Inhalten, wie Erfasstsein, Entschiedenheit und Geschauthaben; eine problematische Tendenz, die sich in den späteren Jahren weiter verstärken sollte.

c) Die Kulturkrise: Die „Volkskunst" von 1920 bis 1928

Mit dem Titelblatt des 8. Jahrgangs (1920) wurde der im vorherigen Jahr eingeführte Untertitel „Monatsschrift für volkstümliche Kunstpflege und Kunsterziehung" endgültig übernommen. In einer Rückschau wertete Ritter als Schriftleiter neun Jahre später dies als eine konsequenten Fortsetzung der bereits im Krieg begonnenen Wende zu einem verstärkten Einsatz für die Volkstumsarbeit.[1] Auch der Wechsel im Verlagshaus – vom Verlag Westdeutsche Arbeiterzeitung zum Verlag des Volksvereins – sollte die Richtung verstärken.[2]

Die Stoffverteilung in den einzelnen Heften wurde bis zum Jahreswechsel 1924/25 beibehalten. Eine Übersicht über die allgemeinen Aufsätze des Hauptteils in den Jahrgängen 8 (1920) bis 12 (1924) macht jedoch deutlich, dass Erwachsenenbildungsfragen eher am Rande behandelt wurden.[3]

---

[1] „So öffnete sich doch die Zeitschrift jetzt den volksbildnerischen und kunstpolitischen Bestrebungen, die mitten im Krieg begonnen hatten, der Heimat- und Volkstumspflege, dem Theaterkulturverband und nachher dem Bühnenvolksbund, der Mannheimer Kunsterziehungsbewegung ..." Ritter, Emil: Eine Rechenschaft. VuV 1/17 (1929), 3

[2] Der Volksverein wurde in seiner inhaltlichen Ausrichtung in diesem Zeitraum „immer bewußter und entschiedener von der Massenorganisation für soziale und apologetische Aufklärung zum Verein für volkstümliche Bildungspflege." A.a.O., 3

[3] Themenübersicht der Artikel des „Allgemeinen Teils" in den Jahrgängen 8 (1920) bis 12 (1924):
Artikel im „Allgemeinen Teil" Jahrgang 8 (1920)
Der Rhein   Die Gießener Waldbühne
Deutsche Kunst in den Rheinlanden   Biblische Spiele
Der Rhein und die Rheinlande   Soldatenkunst im Feld
in der deutschen Dichtung   Rhein-Mainischer Verband für
Deutscher Bund Heimatschutz   Volksbildung
Wiederbelebung deutscher Volksfeste   Beethovens Coriolan-Ouvertüre
Kunst und Volksbildung   Volkskunst auf dem Lande
Ferienkursus des Bühnenvolksbundes   Vom Dorfmuseum
Komik und Humor   Jugendbühnen als Vorstufen der
Die fröhliche deutsche Musik   Volksbühnen
Vgl.: Vk 8 (1920), III

Artikel im „Allgemeinen Teil" Jahrgang 9 (1921)
Volk und Theater   Die schwäbische Dichtung der Gegenwart
Krippenkunst   Die schwäbische Volksbühne
Gutes Kinderspielzeug   Das Kindertheater
Das Schwabenland
Vgl.: Vk 9 (1921), III

Artikel im „Allgemeinen Teil" Jahrgang 10 (1922)
Deutsche Heimatspiele   Religion, Kunst und Volksbildung
Das Volksschauspiel in Oetigheim   Nationalfestspiele für die Volksjugend

Gesellschaftspolitisch relevante Themen wurden nicht behandelt; ein Zeitbezug lässt sich nur indirekt erschließen. Nach wie vor lag der Schwerpunkt der Zeitschrift in der Beratung und Materialbelieferung der Vereine für deren praktische Arbeit. Die Schriftleitung schien nach dem verlorenen Ersten Weltkrieg nicht mehr viel mit dem Zeitgeschehen anfangen zu können. Nur Vorschläge für „Kriegergedächtnis- und Heldenfeiern" wurden reichhaltig angeboten.[4]

In der inhaltlichen Ausrichtung der Zeitschrift orientierte sich Ritter an den kulturkritischen Ausführungen Langbehns (1851-1907)[5] im 1890 erstmals erschienenen Buch „'Rembrandt als Erzieher'. Von einem Deutschen".[6]

Der Höhepunkt der Inflation im Jahre 1923 und die Besetzung des Rheinlandes und des Ruhrgebietes durch belgische und französische Truppen von 1923 bis 1926 brachten die Zeitschrift in erhebliche Schwierigkeiten.[7] Obwohl der Untertitel „Monatsschrift" beibehalten wurde, erschienen immer mehr Doppel- oder Dreifachnummern bis die Zeitschrift in den Jahrgängen 11 (1923) und 12 (1924) schließlich nur noch als Quartalsschrift mit vier Heften

---

Leo Weismantels Rhönspiel
Volksabende
Neue Wege der Volksmusik
Vgl.: Vk 10 (1922), III

Woran liegt´s? Bemerkungen zum Vereinstheater
Der Weihnachtsfeiern Sinn und Unsinn

Artikel im „Allgemeinen Teil" Jahrgang 11 (1923)
Zum zweiten Jahrzehnt
Volkstum, Religion und Kunst
Erziehung durch Dichtung
Musik im Haus
Vgl.: Vk 11 (1923), III

Alte und neue Laienspielbühne
Ein Hilferuf an Deutschlands Dichter
Vom ethischen Wert und Unwert des Vereinstheaters

Artikel im „Allgemeinen Teil" Jahrgang 12 (1924)
Von unseren Märchen, Sagen und Legenden
Kunsterleben auf der Wanderung
Vgl.: Vk 12 (1924), III

Zur Musikpflege in den katholischen Vereinen
Zum kommenden Jahrgang

[4] Vgl.: O.V.: Feier zur Begrüßung der Kriegsgefangenen. Vk 8 (1920), 261ff.; O.V.: Gedächtnisfeier. Vk 9 (1921), 17f.; O.V.: Heldenfeier. Vk 9 (1921), 83ff.; Kahle, Maria: Für vaterländische Feiern. Vk 10 (1922), 84; dies.: Am Grabe unserer Toten. Vk 10 (1922), 85ff. und O.V. Enthüllung eines Gedenkbildes für die Gefallenen, a.a.O.
[5] Vgl. „Langbehn" in NDB, Bd. 13, 544ff., sowie W. Keim 1995, 37ff.
[6] „Die heilige Dreiheit „Volkstum, Religion und Kunst" leuchtet uns aus dem farbenübersättigten Gedanken-Mosaik entgegen ... In diesem Dreiklang ist auch das Programm der „Volkskunst" beschlossen, und das Buch des Rembrandtdeutschen ist gleichsam der Katechismus, in dem die Prinzipien unserer Arbeit auf endgültige Formeln gebracht sind." Ritter, Emil: Zum zweiten Jahrzehnt. Vk 11 (1923), 5
[7] Vgl.: Ritter, Emil: Zum kommenden Jahrgang. Vk 12 (1924), 77; ders.: Eine Rechenschaft. VuV 1/17 (1929), 1ff. sowie ZBA und Schriftleitung: Dank an Emil Ritter. VuV 5/21 (1933), 113f.

pro Jahrgang herausgegeben werden konnte. Zugleich verringerte sich damit auch der Umfang der Zeitschrift in den Jahrgängen 8 (1920) bis 12 (1924) um mehr als 60 Prozent.[8]

Im Jahrgang 12 (1924) wurden mit eigener Seitenzählung die „Mitteilungen des Zentralbildungsausschusses der katholischen Verbände Deutschlands (Z.B.A.)" aufgenommen.[9] Damit kündigte sich eine Erweiterung in der Zielsetzung der Zeitschrift an.

Bereits zum Ende des Jahrgangs 12 (1924) wurde „zum letztenmal ein Notersatz für die „Volkskunst" vergangener besserer Zeiten" versprochen. Man wollte wieder an den Umfang der ersten Jahrgänge anknüpfen und stellte für das Jahr 1925 eine monatliche Herausgabe in vollem Umfang der Vorkriegszeit in Aussicht.[10] Zudem wurde eine Erweiterung in der Zielsetzung durch die Behandlung von Themen der Erwachsenenbildung und eine engere Anbindung an den ZBA angekündigt.[11]

In den einzelnen Heften ergab dies eine neue Stoffverteilung; eingefügt wurden die Rubriken „Aus der Volksbildungsarbeit" und „Mitteilungen des ZBA", in denen allgemeine und spezifische Artikel zur Erwachsenenbildung veröffentlicht wurden. Damit, sowie durch eine inhaltlich geänderte Ausrichtung der allgemeinen Aufsätze, öffnete sich die Zeitschrift für die grundsätzliche Thematik der Erwachsenenbildung. Auch der neue Untertitel, der jetzt „Monatsschrift für volkstümliche Bildungspflege" lautete, bestärkte dieses Anliegen.

---

[8] Gesamtumfang und Heftausgaben der Zeitschrift in den Jahrgängen 8 (1920) bis 12 (1924)
08 (1920) 330   8 Heftausgaben
09 (1921) 260   6 Heftausgaben
10 (1922) 230   5 Heftausgaben
11 (1923) 120   4 Heftausgaben
12 (1924) 95   4 Heftausgaben
Eigene Zusammenstellung des Verfassers

[9] Im Jahrgang 12 (1924) wurden drei Nummern dieser Mitteilungen im Gesamtumfang von 12 Seiten herausgegeben.

[10] Ritter, Emil: Zum kommenden Jahrgang. Vk 13 (1925), 77

[11] „In Gemeinschaft mit einer Reihe von neuen Mitarbeitern wird die Schriftleitung vor allem bestrebt sein, die Vereinsarbeit im engeren Sinne zu allen Bildungs- und Erziehungskräften des katholischen Volkslebens in Beziehung zu setzen. Die Zeitschrift soll den umfassenden Aufgaben dienen, die sich der Zentralbildungsausschuß der katholischen Gesamtverbände Deutschlands gestellt hat." A.a.O.

Aufbau der einzelnen Hefte im Jahrgang 13 (1925)[12]
Hauptteil mit allgemeinen Aufsätzen und Berichten
Aus der Volksbildungsarbeit
Mitteilungen des ZBA
Volkskunstratgeber mit den Unterabteilungen
    Volksbühne
    Volksmusik
    Bücher und Bilder
Volkskunstblätter als Stoff- und Materialsammlung

In der Rückschau beurteilte Ritter 1929 diesen Zeitabschnitt als einen thematischen Wechsel mit welchem die Zeitschrift sich – veranlasst durch die Zusammenarbeit mit dem ZBA – stärker den inhaltlichen Fragen der Bildungsarbeit zuwandte.[13] Dieser Start gelang im ersten Jahr in guter Weise, indem die Zeitschrift in den ersten beiden Heften unter der Überschrift „Was fehlt unserer Volksbildungsarbeit?" fünf Autoren mit unterschiedlichen Ansätzen zu dieser Thematik zu Wort kommen ließ und damit eine echtes Gesprächsforum der katholischen Erwachsenenbildung ermöglichte.[14]

Bereits im nächsten Jahrgang 14 (1926) wurde die Rubrik „Aus der Volksbildungsarbeit" schon wieder aufgegeben. Im Jahrgang 15 (1927) wurden auch keine Mitteilungen des ZBA in der Zeitschrift veröffentlicht. Diese fanden sich erst wieder im Jahrgang 16 (1928). Dafür wurde als neue Rubrik „Volksbühnenspiel" mit Artikeln über die katholische Laienspielbühne eingefügt und somit die ursprüngliche Gründungszielsetzung der „Volkskunst" wieder aufgenommen. Offenbar hatten die allgemeinen Fragen der Erwachsenenbildung nicht das gewünschte Interesse gefunden. Es lassen sich aber für diesen Zeitraum auch persönliche Differenzen zwischen Ritter und Marschall

---

[12] Eigene Zusammenstellung des Verfassers

[13] „Durch die Konzentration der Bildungsarbeit im „Zentralbildungsausschuß der katholischen Verbände" wurde 1925 wiederum eine Ausweitung des Aufgabenkreises und damit eine Titeländerung veranlaßt. Ein Organ schien wünschenswert, in dem die Voraussetzungen der katholischen Bildungspflege, also die „grundsätzlichen Fragen" und die Bildungseinrichtungen, die über den Bereich der Vereine hinausgreifen, wie die Volkshochschule behandelt werden konnten." Ritter, Emil: Eine Rechenschaft. VuV 1/17 (1929), 3

[14] Vgl. die Artikel mit dem Titel „Was fehlt unserer Volksbildungsarbeit?" von: Grosche, Robert. Vk 13 (1925), 4ff.; Reuter, Rudolf, a.a.O., 7ff.; Strauß, Friedrich, a.a.O., 9ff.; Antz, Joseph, a.a.O., 49ff.; Caspers, Hubert, a.a.O., 51ff.

nachweisen,[15] die sich hier vermutlich in der inhaltlichen Ausrichtung der Zeitschrift niederschlugen.[16]

Die Übersicht über die Titel der Artikel des allgemeinen Teils[17] lässt erkennen, dass vor allem 1925 die versprochene Konzentration auf die allgemeinen

---

[15] Vgl. die Angaben im Abschnitt „Organisatorischer Kontext" dieser Arbeit. Ritter hatte im Dezember 1926 schriftlich das Amt des ehrenamtlichen Geschäftsführers, das er gemeinsam mit Marschall innehatte, niedergelegt.

[16] Ritter schrieb dazu am Ende des Jahrgangs 14 (1926): „Mit der Umwandlung des Titels [dieser Zeitschrift] haben wir den Arbeitsbereich erweitert ... Infolgedessen stand die Vereinsbühne nicht mehr so sichtbar im Vordergrund. Seit einigen Jahren kommt aber dem Laienspiel eine erhöhte Bedeutung zu ... Die Lesergemeinde der „Volkskunst" hat wohl Anspruch darauf, daß unsere Zeitschrift die notwendige Hilfe in der Pflege des Laienspiels bietet, ... Wir werden in der „Volkskunst" durch die Beschränkung anderer Gebiete den Raum schaffen ... In Zukunft werden wir auf die neue Abteilung „Volksbühnenspiel" und auf die „Volkskunstblätter", also auf die Darbietung von Stoffen für Volks- und Vereinsabende, das meiste Gewicht legen." Ritter, Emil: Volksbühnenspiel. Vk 14 (1926), 497

[17] Themenübersicht der Artikel des „Allgemeinen Teils" in den Jahrgängen 13 (1925) bis 16 (1928):

Artikel im „Allgemeinen Teil" Jahrgang 13 (1925)
Wo stehen wir?
Was fehlt unserer Volksbildungsarbeit?
Der Ludwigsburger Volkskunstkurs
Kunst und Kino
Sinn und Zwecke in der Bildung
Über das Lebende Volkslied
Volksbildung und ihre Organisation
Die Volkshochschule a. christl. Grundlage
An die Spielscharen im Heimgarten
Jugendspielschar
Instrumentalmusik in den Vereinen
Volksbildungsarbeit auf dem Dorfe
Vom Expressionismus
Vgl.: Vk 13 (1925), IIIf

Zur Entwicklung des Bühnenvolksbundes
Unsere Feste
Dichtung und soziale Schichten
Schönheit und Wirklichkeit
Bayerische Heimatspiele
Mission und Kunst
Mittelpunkte kath. Volksbildungsarbeit
Die Münchener Krippensammlung
Von Weihnacht und Krippenspiel
Zeitschriften und Volksbildung
Fest und Gemeinschaft
Von volkhafter Erzählung

Artikel im „Allgemeinen Teil" Jahrgang 14 (1926)
Der Volkskalender als Bildungsmittel
Pius XI. und die kirchliche Kunst
Der Film und die Volksbildung
Deutsche Volkskunst in Holland
Öffentliche Bücherei und Volksbildung
Die Volksbildung und der Rundfunk
Von Mappen und Bilderbüchern
Deutsche Heimatspiele
Rotenburger Volksbildungswoche
Deutsche Gesellschaft für christliche Kunst

Die Musik zum Franziskusspiele
Der Spielleiter und die Seinen
Personenverzeichnis
Die Sammlung „Deutsche Volkheit"
Von der Enkelin Gottes
Vom Heimgarten
Aus dem Schrifttum
Zum Erler Franziskusspiel
Der ethische Wert der Volkskunst
D.-bldgs.-as. d. kath. Verbände Wttbgs.

Themen der Erwachsenenbildung stattfand, diese aber in den Folgejahren schon wieder nachließ. Dafür setzte sich die Zeitschrift stärker mit dem Bühnenvolksbund, einer 1919 gegründeten „Vereinigung zur Theaterpflege im christlichen-deutschen Volksgeiste"[18] auseinander.[19]

Heimatpflege und Volksb.a.d. Dorfe
Vom bäuerlichen Volkstum
Zur Volksb.-arbeit auf dem Lande
Dichter und Volk
Erl und die Volkskunst
Tirolische Bauernkultur
Erl und die Erler
Tiroler Volkst. und Volksschauspiele
Die Ges. des Erler Passionsspiels
Mein Franziskusspiel
Hippolytus Böhlen, der Dichter
Edgar Tinel, der Komponist
Tinels Oratorium „Franziskus"

Vom bayerischen Volksbildungswesen
Die Literaturges.in der Volksbildung
Das Kino als Lehrer
Vom mittelalterlichen Weihnachtsspiel
Religiöse Bildungspflege
Kirchenchor auf dem Lande
Religion und Kultur
Jugendlichen und Kunsterziehung
Die Religion in der Volkshochschule
Sozialistische und andere Volksbildung
Die 4. Ostdeutsche Hochschulwoche
Volksbühnenspiel

Vgl.: Vk 14 (1926), IIIf

Artikel im „Allgemeinen Teil" Jahrgang 15 (1927)
Volksbühne und Vereinsbühne
Vom edlen volkstümlichen Tanz
Laienspiel und Bühne
Puppenspiel
Pocci und das Puppenspiel
Der Spielplan der Vereinsbühne I
Sebastian Wieser
Der Spielplan der Vereinsbühne II
Beethoven
Meine Bildermappen

Der Spielplan der Vereinsbühne III
Warum spielen wir historische Stoffe
Eine katholische Heimvolkshochschule
Die erzieherische Bdtg. des Laienspiels
Museum und Volksbildung
Madonnentage in Waldsee
Museum und Volksbildung II
Religiöse Volkskunst
Das Harmonium im Dienste der Volksk.
Unsere neue Krippe

Vgl.: Vk 15 (1927), III

Artikel im „Allgemeinen Teil" Jahrgang 16 (1928)
Bühnenv.-b. und katholische Vereine
Gesellschaftstanz und Volkstanz
Literaturpflege im Verein
Volkskunstpflege und Kirchenjahr
Bühnenvolksbund und kath. Vereine
Das Harmonium und die Vereinsmusik
Franz Schubert, der deutsche Spielmann
Über die moderne Kunst
Der opfernde König

Das Museum der Nachbilder
Klemens Neumann †
Ein vorbildlicher kath. Verbandtag
Die Königin der Instrumente
Theater u. Bühne i. Wandel der Zeiten
Wille und Werk des Bühnenv.-b.es
Sancta Cäcilia und die Musik
Staatstheater und Volkskunst

Vgl.: Vk 16 (1928), III

---

[18] Vgl.: Ritter, Emil: Der neue Bühnenvolksbund. Vk 7 (1919), 401ff.
[19] Vgl.: ders.: Bühnenvolksbund und katholische Vereine. Vk 16 (1928), 1ff.; ders.: Bühnenvolksbund und katholische Vereine, a.a.O., 69ff. sowie Drenker, Alexander: Wille und Werk des Bühnenvolksbundes, a.a.O., 296ff.

Aufbau der einzelnen Hefte in den Jahrgängen 15 (1927) und 16 (1928)[20]
Hauptteil mit allgemeinen Aufsätzen und Berichten
Volksbühnenspiel
Mitteilungen des ZBA (nur im Jahrgang 16 (1928))
Volkskunstblätter
Volkskunstratgeber mit den Unterabteilungen
  Volksbühne
  Volksmusik
  Bücher und Bilder

Die Heftanzahl der Zeitschrift konnte sich in diesen Jahren konsolidieren, der Umfang sank nach zwei starken Jahrgängen 1925/1926 mit fast sechshundert Seiten schließlich wieder deutlich ab.[21]

Ein aktueller Zeitbezug fand sich kaum. Nur im Jahrgang 16 (1928) wurde ein Programm für eine „Deutsche Verfassungsfeier. Für Festveranstaltungen am 11. August" angeboten.[22] Doch ging es hier keineswegs um die Stärkung des demokratischen Staatsgedankens. Die Revolution von 1918 wurde abqualifiziert.[23] Helfen könne hier nur die „Nibelungentreue", die aber kaum der Republik sondern allein dem deutschen Volk zukommen könnte.[24] Eine Untergangsvision, die nur siebzehn Jahre später, zum Ende des Zweiten Weltkriegs Wirklichkeit wurde und Millionen von Menschen den Tod brachte.

Fazit:
Die Nachkriegsjahre brachten zunächst eine Konsolidierung der Zeitschrift, die aber durch die wirtschaftlichen und politischen Rahmenbedingungen in den Jahren 1923 und 1924 zu einem inneren und äußeren Niedergang führten. Die Zeitschrift öffnete sich in diesem Zeitraum allmählich für die

---

[20] Eigene Zusammenstellung des Verfassers

[21] Gesamtumfang und Heftausgaben der Zeitschrift in den Jahrgängen 13 (1925) bis 16 (1928)
13 (1925) 540   11 Heftausgaben
14 (1926) 530   11 Heftausgaben
15 (1927) 390   12 Heftausgaben
16 (1928) 360   ohne Angaben (jedoch mindestens 10 Heftausgaben)
Eigene Zusammenstellung des Verfassers

[22] O.V.: Deutsche Verfassungsfeier. Für Festveranstaltungen am 11. August. Vk 16 (1928), 200ff.

[23] Durch die Revolution lag „der Giftnebel der Treulosigkeit noch auf dem deutschen Volk und er muß ausgetrieben werden, ehe wir wieder frei atmen können." Ritter, Emil: Über die Nibelungentreue. Vk 16 (1928), 215f.

[24] „Untreu dem eignen Volke heißt: sich selber untreu. Nibelungentreue unserem Volk! ... Auf Tod und Leben sind wir ihm verbunden .... Wir tragen mit ihm, wir kämpfen mit ihm, – wir schlagen uns durch mit ihm, aus dem brennenden stürzenden Saal, oder wir gehen gemeinsam unter." A.a.O., 216

grundsätzlichen Fragen der katholischen Erwachsenenbildung. Durch die Verbindung mit dem ZBA und die Behandlung grundsätzlicher Themen konnte im Jahrgang 1925 der gewünschte „Meinungsaustausch in Gang gebracht"[25] und ein Forum für unterschiedliche Interessen und Ansätze in der katholischen Erwachsenenbildung angeboten werden. Bestimmte Schwerpunkte der Nachfolgezeitschrift „Volkstum und Volksbildung", wie die organische Sichtweise von Gemeinschaft und Erwachsenenbildung sowie das Paradigma der „Volksbildung als Volk-bildung" prägten sich weiter aus und wurden forciert dargestellt. Mit dem Jahrgang 1926 wurde die Auseinandersetzung mit Fragen der Erwachsenenbildungsarbeit wieder zurückgestellt, das katholische Laienspiel rückte erneut in das Blickfeld der Zeitschrift. Über den gesamten Zeitraum blieb der jeweils aktuelle Zeitbezug marginal; allein der zwiespältigen Aufarbeitung der Erfahrungen des Ersten Weltkrieges schenkte man Aufmerksamkeit.

So entsteht für diese Jahre der Eindruck einer katholischen Sonderwelt, die in ihrer Vereinsarbeit die gesellschaftlichen und politischen Fragen der Zeit – wenn überhaupt so nur am Rande – zur Kenntnis nahm.

---

[25] Ritter, Emil: Wo stehen wir? Vk 13 (1925), 1-3

d) Christlich-deutsche Volksgemeinschaft: „Volkstum und Volksbildung" von 1929 bis 1933

Mit dem 17. Jahrgang änderten die Herausgeber das Erscheinungsbild und Konzept der Zeitschrift erneut. Sie trug jetzt den Titel „Volkstum und Volksbildung" mit den Untertiteln „Neue Folge der Volkskunst" und „Katholische Zeitschrift für die gesamte Erwachsenenbildung". Eine doppelte Jahrgangszählung mit dem 1. Jahrgang von „Volkstum und Volksbildung" und dem 17. Jahrgang der „Volkskunst" machte diese Zäsur deutlich. Die Zeitschrift erschien nun alle zwei Monate mit insgesamt sechs Heften pro Jahrgang. Herausgeber waren nun neben Emil Ritter auch Robert Grosche und Bernhard Marschall. Damit wurde bereits durch die Namen offenkundig, wie eng die Zeitschrift mit dem ZBA verbunden war, der sie als sein Mitteilungsorgan betrachtete. Eine Erläuterung ist der zweite Untertitel „Katholische Zeitschrift für die gesamte Erwachsenenbildung" wert. Wenn die Zeitschrift sich an die „gesamte Erwachsenenbildung" richtete, so waren damit in erster Linie die katholischen Vereine, das „Vereinsvolk", gemeint, darüber hinaus aber auch alle „nicht-organisierten Katholiken" und die allgemeine „freie Volksbildungspflege".[1] Denn wie der Schriftleiter Emil Ritter auf den ersten Seiten der Zeitschrift ausführte, lag die Aufgabe „in der ‚Bildung zum Volke'", in der es nicht „allein um katholische Volksbildung, sondern um deutsche Volksbildung" ging.[2]

In dieser Einleitung wies Ritter denn auch darauf hin, dass die Umwandlung und Umbenennung der Zeitschrift „aus innerer Notwendigkeit" heraus geschah.[3] So sollte der Titel der Schrift gleichzeitig auch „Kennwort für ihr Programm" sein.[4] „Mit Vorbedacht" wurde im Titel das „Volkstum" der „Volksbildung" vorangestellt. Als „christlich-deutsches Volkstum" sei es der „Mutterboden" als „die Summe der seelischen Überlieferungen, Erfahrungen und Erlebnisse, die der Gestaltung zum lebendigen Volke fähig sind."[5] Es ist aufschlussreich, dass gerade in der Endphase der Weimarer Republik die Umbenennung und programmatische Ausrichtung der Zeitschrift in diese Richtung der Betonung des „Volkstums" und der „Volk-bildung" erfolgte. In den folgenden Kapiteln wird dies noch ausführlich ausgewertet werden.

---

[1] Ritter, Emil: Eine Rechenschaft. VuV 1/17 (1929), 5
[2] A.a.O., 5
[3] „Die Sachlage fordert gebieterisch, daß unsere Zeitschrift den vor Jahren bereits skizzierten Charakter klar ausprägt, auch schon im Namen." A.a.O., 4
[4] A.a.O., 1
[5] A.a.O., 5

Die Herausgeber verstanden die Zeitschrift jetzt als „zentrales Organ für Erwachsenenbildung",[6] in dem „grundsätzlichen Fragen und Voraussetzungen der katholischen Bildungspflege" besprochen werden konnten.[7] Zudem wollte man Überblicke anbieten, die zur kritischen Auswahl der Vorschläge und Stoffe für die Vereinsarbeit hilfreich sein sollten. Des weiteren wollte die Zeitschrift auch künftig selbst Material für die Vereinsarbeit anbieten.[8]

Wie in den vorhergehenden Jahren wurde die Zeitschrift im Volksvereinsverlag in Mönchen-Gladbach gedruckt. Mit dem 2./18. Jahrgang (1930) wechselte man den Verlag. Die Zeitschrift erschien nun beim Verlag J.P. Bachem in Köln. Hinweise auf diesen Druckereiwechsel gab es in der Zeitschrift nicht; wahrscheinlich lässt sich dies durch den finanziellen Zusammenbruch des Volksvereinsverlages erklären.

Im ersten Jahr richteten sich die einzelnen Hefte in ihrem Aufbau nach dem u.a. Schema:

> Aufbau der einzelnen Hefte im Jahrgang 1/17 (1929)
> Allgemeine Aufsätze
> Aus dem Schrifttum
> Aus der Arbeit
> Werkblätter
> Der Ratgeber

In den „Allgemeinen Aufsätzen" wurden programmatische Artikel zur Erwachsenenbildung angeboten,[9] in der Rubrik „Aus dem Schrifttum" fanden

---

[6] A.a.O., 4
[7] A.a.O., 3
[8] A.a.O., 4
[9] Inhaltsverzeichnis der „Allgemeinen Aufsätze" im 1/17. Jahrgang (1929)
Eine Rechenschaft
Das lit. Erbe der Katholiken aus dem 19. Jahrhundert
Carl Sonnenschein, der Mittler. Ein Gedenkwort
Volkstumspflege in der modernen Volksbildung
Die Vereinsbücherei in der kath. Bildungspflege
Buch und Volk. Ansprache zum Tage des Buches
Die neue Jugend und das Volkstum
Abend- und Heimvolkshochschulen
Museum und Volksbildung
Film und Rundfunk als Zeitaufgaben
Anton Heinen, Werdegang und Lebenswerk
Die Katholiken zu Film und Rundfunk. Nachwort zum Münchener Kongress
Gedanken zur studentischen Geselligkeit
Deutsche Geschichte in der Volksbildung
Vgl.: VuV 1/17 (1929), III

sich Rezensionen und Artikel zu den Gebieten Literatur, Musik und Theater, unter der Rubrik „Aus der Arbeit" wurde von der laufenden Arbeit des ZBA sowie der angeschlossenen Vereine und Gemeinschaften berichtet, die „Werkblätter" boten Material für die Erwachsenenbildung und in der Rubrik „Der Ratgeber" wurde vor allem auf Neuerscheinungen für die Bereiche Literatur und Theater hingewiesen.

Schon ein Jahr später wurde der Aufbau der Zeitschrift erneut geändert. Die Rubrik „Werkblätter" wurde in „Volkskunstblätter" umbenannt. Die Rubrik „Aus dem Schrifttum" wurde beibehalten und beinhaltete jetzt die Hinweise auf literarische Neuerscheinungen. Die Rubrik „Aus der Arbeit" wurde formal wie inhaltlich weitergeführt. Neu aufgenommen wurden die Rubriken „Volkskunstratgeber", in der sich jetzt die Hinweise zu den Gebieten Musik und Theater finden, und „Volksbildungswesen", in der über die Erwachsenenbildungsarbeit berichtet wurde. Beibehalten wurde auch die Rubrik der „Allgemeinen Aufsätze", die am Beginn jedes Heftes standen.[10]

Aufbau der einzelnen Hefte in den Jahrgänge 2/18 (1930) - 3/19 (1931)
    Allgemeine Aufsätze
    Volkskunstblätter
    Volkskunstratgeber
    Volksbildungswesen
    Aus der Arbeit
    Aus dem Schrifttum

Das Jahr 1932 brachte wieder eine Zäsur im Erscheinungsbild der Zeitschrift. Im zweiten Untertitel entfiel das Wort „gesamt", er lautete nun

---

[10] Der Überblick über die Jahrgänge 2/18 (1930) und 3/19 (1931) läßt deutlich werden, daß diese Form der programmatischen Arbeit abnahm. Dafür wurde ausführlicher aus dem Erwachsenenbildungswesen berichtet:

Inhaltsverzeichnis der „Allgemeinen Aufsätze" im 2/18 Jahrgang (1930)
Die Erziehung zum frohen Lachen
Die Heiligen der Kirche in der Volksbildung
Ein Jahrzehnt Märchenerzählerin
Volksbildung und Weltanschauung
Das Bildungsideal bei Herder und Stifter
Der Rundfunk als Hilfe in den Vereinen
Einiges über Kalender
Vgl.: VuV 2/18 (1930), III

Inhaltsverzeichnis der „Allgemeinen Aufsätze" im 3/19 Jahrgang (1931)
Die Wissenschaft in der Volksbildung   Staat und Volksbildung
Katholische Rundfunkarbeit in Amerika   Volksbildung und Tagespresse
Festspielgemeinde auf religiöser Grundlage   Flämisches u. dt. Volkstum
Vgl.: VuV 3/19 (1931), III

"Katholische Zeitschrift für die Erwachsenenbildung". Es findet sich kein Hinweis auf die neue Bezeichnung. Eine Spekulation darüber, warum man diesen „Gesamtanspruch" im Titel aufgab, fällt schwer. Die organisatorischen Tendenzen im ZBA weisen für diese Zeit eher in eine andere Richtung.[11] Herausgegeben wurde die Zeitschrift jetzt vom ZBA, der sich damit „zum Träger der Zeitschrift"[12] machte. Damit wurde auch eine neue Stoffverteilung angekündigt. Die Materialsammlungen, die in den vorhergehenden Jahrgängen als „Volkskunstblätter" mit enthalten waren, wurden jetzt als lose Beihefte angeboten, die aber weiterhin Bestandteil des Abonnements waren. So verringerte sich der eigentliche Umfang von ca. 380 Seiten in den Jahren 1929 bis 1931 auf ca. 190 Seiten in den Jahren 1932 und 1933. Als Schema für die einzelnen Hefte in den Jahren 1932 und 1933 ergab sich folgender Aufbau:

> Aufbau der einzelnen Hefte in den Jahrgängen 4/20 - 5/21 (1932-1933)
> Allgemeine Aufsätze
> Rundschau
> Werkblätter

Während in der Rubrik „Allgemeine Aufsätze" weiterhin inhaltliche Themen besprochen und hier die Rubrik „Volksbildungswesen" integriert wurde,[13] bot

---

[11] Gerade zu diesem Zeitpunkt hatte der ZBA seine innere Krise überwunden und die Eingliederungstendenzen in den Volksverein abwehren können. Nach wie vor beanspruchte der Vorsitzende, Bernhard Marschall, die Gesamtvertretung der katholischen Erwachsenenbildung für den ZBA. Vgl. auch die Ausführungen im Abschnitt „Organisatorischer Kontext" dieser Arbeit.

[12] VuV 4/20 (1932), 1

[13] Inhaltsverzeichnis der allgemeinen Aufsätze im 4/20 Jahrgang (1932), III:
Zum 20. Jahrgang
Bildungszerfall durch Arbeitslosigkeit
Arbeitslose in der Heimvolkshochschule
Rundfunk und Erwerbslosigkeit
Die Einheit der deutschen Volksbildung
Erwachsenenbildung durch Schulfunk
Volkskunst und Edelkitsch
Bildungsgehalt im neuen Buch
Religiöses Volkstum bei Goethe
Die Schallplatte in der Musikpflege
N. volkst. Singbücher für Kirche und Haus
Rundfunk und ländliche Volksbildung
Kath.Rundfunkbewegung in Belgien
Zum Bildungswert des Rundfunks
Werden und Wirken einer Spielschar
Jugendbewegung und Musikkultur
Filmzensur und künstlerischer Film
Kirchenmusik und Volksbildung
Regiewünsche für das Volksspiel
Der Lagerleiter als Volksbildner
Erwachsenenpäd. i.d. Wohlfahrtspflege
Zur Volkskunde des Proletariats
Gedanken zum Rundfunk
Vgl.dazu: VuV 4/20 (1932), III

Inhaltsverzeichnis der allgemeinen Aufsätze im 4/21 Jahrgang (1933)
Dichtung als Volksgeschichte
Der Schmalfilm als Bildungsmittel
Zur Praxis des Schmalfilms
Umbruch der Volksbildung
Durch Gottes Gnade – deutsches Volk
Tanz als volksbildnerisches Element
Neuordnung des dt. Tanzwesens
Grundsätze der Freilichtspielgestaltung

die Rubrik „Rundschau" eine Übersicht über die Arbeit des ZBA und der angeschlossenen Arbeitsgemeinschaften. Unter der Rubrik „Werkblätter" wurden vor allem Literaturhinweise aber auch sonstige praktische Hinweise für die Erwachsenenbildung gegeben.

Die Schriftleitung lag weiterhin bis zum Juli 1933 in den Händen von Emil Ritter, dann wechselte sie mit dem 4. Heft des Jahrgangs 5./21. (1933) zu Erich Reisch.[14] Dieser war nur für den kurzen Zeitraum von sechs Monaten

Langbehn als Volkserzieher	Ein großes Geheimnis ist das Buch
Deutsche Bühne	Deutschheit als Aufgabe
Dank an Emil Ritter	Ausklang
Katholische Volksbildungsarbeit im neuen Deutschland	

Vgl.: VuV 5/21 (1933), I

[14] Reisch, Erich. * 01.10.1898 in Kattowitz in Oberschlesien. Studierte nach Kriegsdienst im Ersten Weltkrieg und französischer Kriegsgefangenschaft Philosophie, Theologie und Geschichte an den Universitäten in Breslau und Bonn. Als Mitarbeiter von Dr. Ernst Laslowski war er an der Heimsvolkshochschule Heimgarten und später als Leiter der Heimvolkshochschule Hoheneck tätig; von 1930 bis 1933 zudem Geschäftsführer der Vereinigung der katholischen Volkshochschulheime. Für den kurzen Zeitraum von sechs Monaten im zweiten Halbjahr 1933 als Schriftleiter für die Zeitschrift „Volkstum und Volksbildung" verantwortlich. Mit seiner Promotion wechselte er als Referent in die Zentrale des Deutschen Caritasverbandes nach Freiburg. Von 1937 bis 1966 war er hier – unterbrochen vom Kriegsdienst im Zweiten Weltkrieg – in verschiedenen Referaten in leitender Stellung beschäftigt; zudem engagierte er sich auf höchster Ebene im katholischen und gesellschaftlichen Bereich, so im Zentralkomitee der Deutschen Katholiken oder im Fernsehrat des ZDF. Für seinen beruflichen und ehrenamtlichen Einsatz wurde Reisch mehrfach geehrt und ausgezeichnet. + 23.12.1985 in Freiburg in Breisgau. Vgl.: Junge 1983, 265f und Schmidle 1986, 105; eine ausführliche tabellarische Biographie findet sich im Anhang dieser Arbeit.

Die Gedankenwelt Reischs, die in seine Artikeln deutlich wird, lässt sich ähnlich der Emil Ritters als katholisch-konservativ und nationalistisch bezeichnen. Da Reisch vor allem durch die Heimvolkshochschulbewegung geprägt wurde, war er entschiedener Vertreter der „Volksbildung als Volk-bildung"-Konzeption. Ein irrationalistischer Idealismus zieht sich durch eine Vielzahl seiner Schriften. Mitte der dreißiger Jahr propagierte Reisch auch rassistische Gedanken. Vgl.: Bärtle/ Reisch 1934, 13ff., sowie die Terminologie von „Volksaufartung" und „Schwund wertvollen Erbgutes" in Reisch 1937a, 6ff. und 1937b, 14ff.

Durch den Wechsel Reischs aus dem Gebiet der Erwachsenenbildung zur Sozialarbeit, der schon in der Zeit des Nazismus erfolgte, verlagerte sich mit seinem Tätigkeitsfeld auch das Sichtfeld der Rezeption. Die Berichte zu seinem 85. Geburtstag und der Nachruf erwähnen zwar seine Verwurzelung in der Erwachsenenbildung der Weimarer Republik, würdigen aber nur seine Tätigkeit für den Caritasverband. Sie beschreiben Reisch als „geistvollen und liebenswerten Partner ... mit menschlicher Überzeugungskraft" (Junge 1983, 266) und bezeichnen ihn als „hoch begabten und vielseitig gebildeten Mann ... und ungewöhnlich menschenfreundlichen und hilfsbereiten Mitarbeiter" (Schmidle 1986, 105). In ähnlicher Weise urteilt auch Prof. Dr. Bruno Tetzner: „Er [Erich Reisch] war ein sehr feinsinniger und hochgebildeter Mann, tief verwurzelt in seinem katholischen Glauben und dennoch allen Fragen der nachwachsenden Generation gegenüber sehr offen. Er vertrat in unseren Gesprächskreisen das katholische Laienspiel ..." (Persönlicher Brief

von Juli bis Dezember 1933 Schriftleiter der Zeitschrift „Volkstum und Volksbildung", doch kommt den Ausgaben in diesem Abschnitt eine besondere Bedeutung zu. Während sich bis zum Juni 1933 nur wenige direkte Äußerungen zum Nazismus in der Zeitschrift finden, versuchte Reisch in den sechs Monaten seines Wirkens, die katholische Erwachsenenbildung in den neuen Staat zu integrieren. Dazu stimmte Reisch einen großen katholischen Lobgesang auf die neue Zeit und den neuen Staat an, in welchem er auf die vielfältigen und langjährigen Gemeinsamkeiten zwischen Katholizismus und Nazismus verwies und voll Enthusiasmus eine „neue Art des Arbeitens für das Volk und im Volk"[15] für die katholische Erwachsenenbildung in Aussicht stellte. Diese Ausführungen lassen in erschreckender Weise deutlich werden, wie die katholische Erwachsenenbildung den Brückenschlag zum nazistischen Staat suchte. Inhaltlich wird darauf im Abschnitt dieser Arbeit „Betend in die neue Zeit: Die „Hommage" an den neuen Staat" gesondert eingegangen. Eine Selbstreflexion der Arbeit Reischs in der Erwachsenenbildung aus dem Jahr 1980 lässt einerseits die ideologischen Kontinuitäten deutlich werden und zeigt andererseits eine bemerkenswerte Oberflächlichkeit im rückblickenden Urteil.[16] Es ist erstaunlich, dass die Tätigkeit Reischs, mit der er versuchte, die

---

vom 25.11.1998, im Besitz des Verfassers).
Die Zeitschrift Erwachsenenbildung widmete Reisch zum Nachruf eine kurze Notiz: „Dr. Erich Reisch, führer Caritasdirektor, verstarb am 27. Dezember 1985 im Alter von 87 Jahren. Reisch betätigte sich bildnerisch und publizistisch im musisch kulturellen Bereich der Jugend- und Erwachsenenbildung. Er war in den zwanziger Jahren Mitglied des Hohenrodter Bundes." O.V. In: EB 32 (1986) 50

[15] Reisch, Erich: Katholische Volksbildungsarbeit im neuen Deutschland. VuV 5/21 (1933), 116

[16] Aufschlussreich ist die Reflexion Reischs zur Erwachsenenbildung, die sich in einem 1980 herausgegebenen Sammelband findet (Henrich/Kaiser 1980, 37ff.). Schon die Einleitung Reischs läßt die Kontinuität in der Gedankenwelt deutlich werden, wenn „der Ausdruck Erwachsenenbildung [weniger als] Begriff ... in seinem rationalen und definitorischen Charakter und als pädagogische Kategorie [sondern vielmehr] aus der Lebenserfahrung [und dem] Schwingen der Ober- und Untertöne des Herzens ... in seinem existentiellen Wert [als] Inbegriff ... erfaßt [wird]." (Reisch 1980, 37). Reisch konstatiert für die Erwachsenenbildung in der Weimarer Republik, die er durch seinen biographischen Hintergrund vor allem in den Heimvolkshochschulen verortet, zu Recht: „Alle Einzelheiten der Konzeption waren im Grunde von dem Weltverhältnis der bäuerlich-handwerklich bestimmten Zeit, das das All als Kosmos wertete, als dem Generalnenner getragen." (A.a.O., 46f.). Doch kann er daraus offensichtlich keine kritischen Rückschlüsse ableiten. Die Konzeption der „Volksbildung als Volk-bildung" wird in „Volks-bildung als Volksbewegung" umbenannt und damit auch inhaltlich entschärft und verniedlicht (A.a.O., 38f.). Allein die „hektische Betriebsamkeit" und die „Wissenschaftsgläubigkeit" werden als „Fehlentwicklungen" der Erwachsenenbildung aufgeführt, deren „mahnendes Gewissen" der Hohenrodter Bund gewesen sei (A.a.O., 45f). Darüber hinaus finden sich keine kritischen Worte zur Arbeit der katholischen Erwachsenenbildung oder gar zur eigenen Tätigkeit. „Ziel jeder wahren Erwachsenenbildung" ist für Reisch 1980 der „Selbstand der

katholische Erwachsenenbildung in den nazistischen Staat zu integrieren, bisher in keiner Weise kritisch analysiert wurde.

Doch der Traum von der gemeinsamen Basis mit dem neuen Staat hielt nicht lange an. Mit dem sechsten und letzten Heft des Jahrgangs 1933 wurde bereits das Ende der Zeitschrift angekündigt.[17] Im Rückblick lobte man sich noch selbst und stellte die wegbereitende und wegweisende Hilfe der Zeitschrift für die Bildungsarbeit in den katholischen Vereinen fest.[18] Die Schriftleitung freute sich, „durch unsere Zeitschrift viele Anregungen und Arbeitshilfen im Sinne echter Volkskunst- und Volkstumspflege gegeben zu haben. Unsere Arbeit stand immer im Dienste der Volkserneuerung vom Religiösen und vom Kulturellen her."[19] Doch klingen die Worte im Gegensatz zum Pathos des Ausdrucks in den vorherigen Heften eher dünn und verhalten.

Hingewiesen wurde auch darauf, dass die Arbeit eine „organische Fortsetzung" in einer Nachfolgezeitschrift unter dem Titel „Geweihte Gemeinschaft" finden sollte.[20] In einem Artikel „Geweihte Gemeinschaft als Anruf der Stunde"[21] machten die neuen Schriftleiter deutlich, dass vornehmlich die „Arbeits- und Feiergestaltung für die Kirche und das Volk" den neuen Inhalt der Zeitschrift bilden würde.[22] Damit schien die über Jahrzehnte beschworene Wirklichkeit des deutschen Volkes aus germanisch-christlicher Wurzel wieder in den Hintergrund zu rücken; die Sorge um die Kirche trat in den Mittelpunkt.[23] Der Rückzug der katholischen Erwachsenenbildung aus der Gesellschaft in den Binnenraum der Kirche hatte signifikant begonnen.

Person" (A.a.O., 48); diesen gilt es durch die Tätigkeit zu fördern und damit schließt der Artikel mit einem Bekenntnis zum demokratischen Staat: „Das Schicksal der demokratischen Gesellschaft wird davon abhängen! Alles nur Menschenmögliche ist also zu tun und für uns – was mehr ist – alles, was einem Christenmenschen möglich ist." (A.a.O., 49).

[17] Reisch, Erich/ Marschall, Bernhard: Ausklang. VuV 5/21 (1933), 161
[18] A.a.O., 161
[19] A.a.O., 161
[20] A.a.O., 161
[21] Gentges, Ignatius/ Reisch, Erich: Geweihte Gemeinschaft als Anruf der Stunde. VuV 5/21 (1933), 162f
[22] A.a.O., 162
[23] „Möge dieses Heft wie die neue Arbeit in gleicher Weise dem Ziele dienen, das uns dabei vorschwebt, unter den Gegebenheiten unserer Zeit zu stärken das ‚Sentire cum ecclesia!'" A.a.O., 163

Auf ein Fazit möchte ich am Ende dieses Abschnitts bewusst verzichten, da die Auswertung der Zeitschrift „Volkstum und Volksbildung" im nächsten Abschnitt den eigentlichen Hauptteil dieses Kapitels bildet.

e) Das Sakristeichristentum: Die „Geweihte Gemeinschaft" von 1934 bis 1941

Wie die Schriftleitung bereits in der letzten Ausgabe des Jahrgangs 1933 angekündigt hatte, änderte sich mit dem 22. Jahrgang 1934 die Intention der Zeitschrift radikal. Sie erschien nun mit einer neuen Jahrgangszählung unter dem Titel „Geweihte Gemeinschaft" mit dem Untertitel „Zweimonatshefte für kirchliche Feiergestaltung, Brauchtum und Spiel. Neue Folge von Volkstum und Volksbildung" im Verlag der Regensbergschen Buchhandlung, Münster in Westfalen. Herausgegeben wurde die Zeitschrift von der „Beratungsstelle für pfarrgemeindliche Arbeit". „Verantwortlicher Schriftleiter" war Dr. Ignatius Gentges aus Berlin-Tegel.[1] Zu den Mitgliedern der Schriftleitung zählten der ehemalige Vorsitzende des ZBA, Msgr. Bernhard Marschall, der ehemalige Schriftleiter der Zeitschrift, Erich Reisch, sowie Kurt Buerschaper und Pater Marianus Vetter aus dem Dominikanerorden.[2]

Im zweiten Artikel des ersten Heftes der Zeitschrift, der auf eine deutsche Übersetzung der lateinischen Ostersequenz folgte, stellte der Schriftleiter unter der Überschrift „Geweihte Gemeinschaft: Sinn und Aufgabe dieser volksliturgischen Zeitschrift" das neue – nunmehr religiös ausgerichtete – Programm vor.[3] Die Schriftleitung nahm damit die Grundintention der liturgischen

---

[1] Gentges, Ignaz. * 10.06.1900 in Krefeld. Nach Studium und Promotion in Bonn als Theater- und Literaturhistoriker tätig. Als solcher Schriftleiter und Herausgeber verschiedener Zeitschriften für das Theaterwesen. Gentges fand weder aus der Theologie noch aus der Philosophie oder Geschichte, sondern aus dem Bereich des Theaters und Laienspiels den Zugang zur katholischen Erwachsenenbildung. Über seinen weiteren Lebensweg konnten keine weiteren Angaben ausfindig gemacht werden. Eine Rezeption seines Wirkens auf dem Gebiet der Erwachsenenbildung läßt sich ebenso nicht nachweisen. Vgl.: Kosch 1933, Bd. 1, 974; eine tabellarische Biographie findet sich im Anhang dieser Arbeit.

[2] Zu den beiden letzteren können keine weiterführenden biographischen Angaben gemacht werden.

[3] „Das Volk als Ganzes ist hungrig nach den Gütern des Heils, nach dem rechten Mitleben mit der Kirche, als lebendiges Volk Gottes, als Glieder des mystischen Leibes Christi. Hier bricht katholische Aktion unmittelbar auf! Dienen wir ihr, wir Laien, helfen wir, wie die Geistlichen, die mitbeten und mitloben, mitgestalten in Geist und Form der Liturgie, machen wir die reichen Schätze der hl. Kirche wieder sichtbar und fruchtbar, fruchtbringend in Messe und Tageszeitengebet, in rechter Umrahmung der Feier der Sakramente, leiten wir die Ströme weiter, daß sie auch den Alltag und den Feiertag unserer irdischen Lebenskreise reicher machen in Segnungen und Weihungen, zum Lobe Gottes. Das und nichts anderes möchte auch diese Zeitschrift, indem sie als „Geweihte Gemeinschaft" eine „Neue Folge von Volkstum und Volksbildung" aufbaut: dieses Sentire cum ecclesia bei sich selbst und in anderen immer lebendiger machen." Gentges, Ignatius: Geweihte Gemeinschaft. Sinn und Aufgabe dieser volksliturgischen Zeitschrift. GwG 1 (1934), 2

Bewegung auf und versuchte durch eine Aktivierung der Katholiken im Gottesdienst, und hier besonders in der Eucharistie, die Beziehung des Einzelnen zur Gemeinde und damit zur Kirche zu fördern.[4] Bis dahin konnte die Messfeier, bedingt durch die lateinische Sprache und zumeist unverständliche Riten, von den meisten Katholiken kaum nachvollzogen oder aktiv mitgefeiert werden. Angesprochen wurden die Mit-feiernden allein durch die in deutscher Sprache gehaltenen Predigten sowie allenfalls durch die Verlesung von bischöflichen und pfarramtlichen Mitteilungen. Eine eigene aktive Teilnahme war nur durch die auswendig gelernten lateinischen Antworten sowie durch das Mitsingen der deutschen Kirchenlieder gegeben. An diesem Punkt setzte die liturgische Bewegung an. Sie versuchte durch die Integration der deutschen Sprache in die Liturgie und durch die deutsche Erklärung der Riten, die aktive Teilnahme an der Messfeier und den übrigen Gottesdienstformen zu intensivieren. Dadurch sollte das Gefühl der Zusammengehörigkeit und Gemeinschaft der zur gottesdienstlichen Feier versammelten Gemeinde gestärkt und letztlich eine deutlichere Identifikation mit der Pfarrgemeinde und der Kirche gefördert werden.[5]

So sollten durch die Artikel im ersten Heft vor allem die verschiedenen Stände angesprochen und ihr Verständnis für die Mitarbeit an den kirchlichen Feiern gestärkt werden. Der Beitrag „Pfingsten. Feier mit den Kindern zur Erneuerung der Firmgnade" wandte sich an die Kinder und versuchte das Geschehen des Sakramentes der Firmung zu erklären.[6] In einem fortlaufenden „Kalendarium Deutscher Heiliger" sollten Eltern und Paten auf die besondere Bedeutung der christlich-deutschen Namensgebung hingewiesen werden;[7] der Artikel „Ostern in der Familie" zeigte, wie sich die kirchlichen Feiern auch in

---

[4] Grosche charakterisierte dies in der Rückschau: „Nun ging es nicht mehr darum, eine äußere Organisation aufzubauen, damit der Katholizismus als gesellschaftliche und politische Macht sein Gewicht in die Wagschale werfe, sondern man wollte die äußere Sammlung nur um der inneren Sammlung willen und war davon überzeugt, daß eben das Sein den Primat vor dem Handeln habe und haben müsse." Grosche 1955, 29; vgl. zur Geschichte und Bedeutung der liturgischen Bewegung auch Baumgartner 1986, 121ff.

[5] „Und es ist wirklich ein Aufbrechen ... wenn nun wieder das Volk in seiner Gesamtheit ... wahrhaft mitspricht, mitsingt, mitopfert. Dazu mitzuwirken ... ist also das erste Ziel dieser Hefte ..." Gentges, Ignatius: Geweihte Gemeinschaft. Sinn und Aufgabe dieser volksliturgischen Zeitschrift. GwG 1 (1934), 2

[6] K.G.: Pfingsten. Feier mit den Kindern zur Erneuerung der Firmgnade. GwG 1 (1934), 27

[7] GwG 1 (1934), Kalendarium Deutscher Heiliger in Heft 1 bis 6 jeweils die dritte und vierte Umschlagseite. Zum Sinn dieser Artikel führt der Schriftleiter aus: „und zeigen uns, wie sie [die Heiligen], aus gleichem Blut und Stamm wie wir, sich selbst und dies Volk aus der Gnade Gottes heiligten hin zum Leben in Gott", Gentges, Ignatius: Geweihte Gemeinschaft. Sinn und Aufgabe dieser volksliturgischen Zeitschrift. GwG 1 (1934), 3

den häuslichen Feiern der Familie fortsetzen konnten.[8] Die „Weihe der Schuljugend"[9] stellte dar, wie die Eltern ihre Kinder „... in die Bildegemeinschaft der Schule leiten und aus dieser in die Volksgemeinschaft, deren Keimzelle und Treuhänder sie selber ist."[10] Der 1. Mai wurde im Artikel „Maria, Mutter des Volkes. Ein Gespräch mit Jugendlichen zum Tag der Arbeit" als besonderer staatlicher Feiertag begrüßt und als Festtag der Mutter Gottes mit einem spezifisch katholischen Akzent bedacht.[11] Der Artikel „Fronleichnam. Altarbau und Vorweihe"[12] griff noch einmal deutlich den Gedanken der Volksgemeinschaft geeint unter dem „ewigen Führer" auf.[13]

In den folgenden Heften orientierte sich der gesamte erste Jahrgang dann auch weitgehend am Kirchen- und Feierjahr der katholischen Kirche, wie die Titelübersicht der einzelnen Hefte deutlich macht.[14]

In Hinsicht auf die Fragestellung dieser Arbeit finden sich keine relevanten Artikel und Hinweise mehr; inhaltlich widmete sich die Zeitschrift nun vollständig den Fragen der liturgischen Bildung.

Insgesamt wird an der inhaltlichen Ausrichtung der Zeitschrift der Rückzug der katholischen Kirche aus der öffentlichen Gesellschaft offenkundig. Mit der Auflösung und dem schrittweisen staatlichen Verbot der Vereine durch den Nazismus war die bewährte kirchliche Organisationsstruktur zusammengebrochen. Damit verlagerte sich das kirchliche Engagement der Katholiken in die örtliche Pfarrgemeinde, der als erstem Ort des Glaubens eine neue, wichtige Bedeutung zufiel. Mit der Verdrängung aus der Öffentlichkeit wurde der

---

[8] O.V.: Ostern in der Familie. Häusliche Feier nach der Ostermesse. GwG 1 (1934), 11ff.

[9] O.V.: Weihe der Schuljugend. Feier zur Schulentlassung und zur Schulaufnahme. GwG 1 (1934), 15ff.

[10] Gentges, Ignatius: Geweihte Gemeinschaft. Sinn und Aufgabe dieser volksliturgischen Zeitschrift. GwG 1 (1934), 4

[11] Bauer, Josef: Maria, Mutter des Volkes. Ein Gespräch mit Jugendlichen zum Tag der Arbeit. GwG 1 (1934), 23ff.

[12] Ders.: Fronleichnam. Altarbau und Vorweihe. GwG 1 (1934), 30ff.

[13] „So fügen sich die Stände ordohaft zum heiligen Wetteifer, wenn sie zu Fronleichnam die Altäre nach ihrer Art bauen und sie vorweihen lassen für den Besuch ihres ewigen Führers, auf daß er bei ihnen sich niederlasse und sie und ihrer Hände Werk segne." Gentges, Ignatius: Geweihte Gemeinschaft. Sinn und Aufgabe dieser volksliturgischen Zeitschrift. GwG 1 (1934), 4

[14] Titelübersicht zum 1. (22.) Jahrgang 1934
Heft 1: Neues Leben (Von Ostern bis Fronleichnam)
Heft 2: Wachsende Gnade (Juni/Juli)
Heft 3: In hoc signo vinces (Zum Hl. Jahr)
Heft 4: Fülle der Zeit (August/September)
Heft 5: „Mein Werk dem König" (Oktober/November)
Heft 6: Froher Weg und heilige Einkehr (Advent und Weihnachten)

Glaube jetzt primär im Gottesdienst und im Kirchenraum gelebt. Man spricht deshalb für dieser Zeit auch vom sogenannten „Sakristeichristentum". Dieser Rückzug der katholischen Kirche aus dem öffentlichen gesellschaftlichen Leben führte auch zu einer Änderung im Aufgabenbereich der katholischen Erwachsenenbildung. Sie suchte jetzt ihre Aufgabe in der volksliturgischen Bildung, in der Sphäre des Glaubens.

Im Jahrgang 1935 änderte sich der Untertitel der Zeitschrift: „Geweihte Gemeinschaft: Zeitschrift für kirchliche Feiergestaltung und katholisches Brauchtum in Pfarrgemeinde, Gruppe und Familie". Der Hinweis auf die ehemalige Bezeichnung „Volkstum und Volksbildung" ist nicht mehr zu finden, vielleicht ein Zeichen dafür, dass man sich deutlicher als im Jahre 1934 vom Vereinskatholizismus distanzieren wollte. Die doppelte Jahrgangszählung „2. (23.) Jahrgang" mit einer neuen und einer alten Zählung behielt man weiter bei. Die Zeitschrift wurde nun im „St. Georg-Verlag Frankfurt am Main" verlegt und erschien mit fünf Heftausgaben pro Jahrgang.

In der Themenübersicht der Hefte der Jahrgänge 1935 und 1936 wird deutlich, dass sich keine gesellschaftsbezogenen Hinweise und Inhalte mehr finden lassen.[15] Ein fünftes Heft wurde im Jahrgang 1935 nicht mehr herausgegeben. In Heft 4 fand sich für den Totenmonat November noch ein Vorschlag für die Ehrung der gefallenen Soldaten des Ersten Weltkrieges „Das große Totengedenken der Frontsoldaten"[16] sowie „Gedanken zur kirchlichen Heldengedenkfeier",[17] Beispiele für die religiöse Überhöhung des Soldatentodes, der die nachfolgenden Generationen in die Pflicht nimmt.

Für den Jahrgang 1937 waren offensichtlich ebenfalls fünf Hefte vorgesehen, wie eine Themenübersicht zeigt; letztendlich erschienen aber nur vier

---

[15] Titelübersicht zum 2. (23.) Jahrgang 1935
Heft 1: Wachstum zum Vollalter Christi [Alltag und Heiligung der Welt]
Heft 2: Christus vincit, Christus regnat, Christus imperat [Christus und seine Kirche in der Zeit]
Heft 3: Es ist Zeit zum Danken (Ernte, Opfer und Kirchweih)
Heft 4: Totengedenken

Titelübersicht zum 3. (24.) Jahrgang 1936
Heft 1: Ein frohes Herz (Gestalten um die Fastnacht)
Heft 2: Hohe Zeiten (Hochzeiten und ähnliche festliche Gelegenheiten)
Heft 3: Ehre, wem Ehre gebührt (Jubiläen)
Heft 4: Ein Haus voll Glorie schauet (Kirchweihe)
Heft 5: Krankheit und neues Leben (Feiern in Krankenhäusern, Horten, usw.)

[16] O.V.: Das große Totengedenken der Frontsoldaten. GwG 2 (1935), 146ff.
[17] O.V.: Gedanken zur kirchlichen Heldengedenkfeier. GwG 2 (1935), 158f.

Hefte, wobei das letzte als Doppelnummer betitelt wurde und sich allein mit den Feiern zum Kirchweihtag befasste.[18]

Mit dem fünften Jahrgang 1938 änderte sich nochmals das äußere und innere Erscheinungsbild der Zeitung. Die Zahl der herausgegeben Hefte pro Jahrgang reduzierte sich auf vier. Zusätzlich nahmen Fragen der christlichen Kunst einen breiten Raum ein.

Einleitend zu diesem Jahrgang wurde die neue Aufgabenstellung in der Festgestaltung des Kirchenjahres noch einmal skizziert.[19] Dabei wurde immer noch der Bezug zu einer christlich-deutschen Volksseele, beruhend in einem germanischen Urgrund gesucht.[20] Gesellschaftlich hatte man sich endgültig verabschiedet.

Für diesen und die folgenden Jahrgänge lassen sich auch keine Themenschwerpunkte mehr angeben. Ohne erkennbaren Zusammenhang beschäftigen sich die Artikel nur noch mit volksliturgischen Fragen zum Kirchenjahr, der architektonischen Innen- und Außengestaltung von Kirchenräumen bis hin zur Vorstellung von zeitgemäßen Devotionalien. Selbst ein so markantes Ereignis wie der Beginn des Zweiten Weltkrieges am 01.09.1939 fand in der Zeitschrift keinen Niederschlag. Mit zwei Heften im 8. (29.) Jahrgang 1941 stellte die Zeitschrift ohne jeden weiteren Kommentar ihre Arbeit ein.

Fazit:

Nach der enthusiastischen Begrüßung der „Neuen Zeit" und dem Versuch des Arrangements mit dem Nazismus im zweiten Halbjahr 1933 wandelten sich mit dem Jahre 1934 das Gesicht und die Inhalte der Zeitschrift vollständig. Der Versuch der Zusammenarbeit der institutionalisierten katholischen

---

[18] Titelübersicht zum 4. (25.) Jahrgang 1937
Heft 1: Adventsgang und Weihnachtsgabe
Heft 2: Kinderstube
Heft 3: Einkehrtage
Heft 4: Kirchweihtag
Heft 5: Gastfreundschaft

[19] „Unsere Zeitschrift erscheint in diesem Jahr in neuer äußerer und erweiterter Gestalt. Sie hat sich, was den Inhalt angeht, die Aufgabe gestellt, in vier stattlichen Vierteljahresheften, den Zeiten des Kirchenjahres folgend, das Brauchtum in Haus und Gemeinde in geschlossenen, um die großen Höhepunkte der Feste gruppierten Übersichten zu zeigen." Verlag und Schriftleitung: Zum Geleit. GwG 5 (1938), 2

[20] „Nur, wer den tiefen, oft schwer verschütteten Sinn des alten christlich-deutschen Brauchtums sich wirklich erschlossen hat und auf den vielfach rätselhaften, immer aber keimkräftigen, von uralten christlich-germanischen Gestaltungsideen durchsetzten Urgrund der wichtigsten Bräuche zu schauen vermag, wird ... an der Aufgabe unserer Zeitschrift mitwirken können." A.a.O., 2

Erwachsenenbildung mit den neuen Machthabern musste als gescheitert gelten; der politische Katholizismus war durch das Reichskonkordat und die politischen Entwicklungen des Jahres 1933 ausgeschaltet. Das katholische Milieu geriet immer mehr unter Druck und bekam die Repressionen des totalitären Nazismus zu spüren. Der „Kirchenkampf" als Auseinandersetzung um die kirchlichen Vereine, die „gesellschaftlichen Außenwerke" der Kirche, hatte mit aller Kraft begonnen. Insgesamt reagierte die Kirche darauf mit einem Rückzug aus der Gesellschaft und einer Konzentration auf das „eigentlich kirchliche", auf die Pfarrgemeinde und die Seelsorge. Diese Tendenzen werden durch die Entwicklung und Ausrichtung der Zeitschrift deutlich dokumentiert. Mit der Terminologie Böckenfördes lässt sich festhalten: Die Kirche hatte das „Wächteramt" aufgegeben und sich auf das „Hirtenamt" konzentriert.[21] Damit geriet sie allerdings in Gefahr, einen wesentlichen Teil ihres Auftrages, das selbstlose Wirken in der Welt als gesellschaftskritische Institution, zu vergessen. Jetzt stand nur noch die Sorge um den Erhalt der kirchlichen Institution im Mittelpunkt der Überlegungen und des Handelns.

---

[21] Böckenförde 1988, 105ff.

2. Ideologiekritische Analyse der Zeitschrift „Volkstum und Volksbildung" in der Endphase der Weimarer Republik

Dieser Abschnitt entfaltet in fünf Unterabschnitten die Analyse der Zeitschrift „Volkstum und Volksbildung" in den Jahrgängen 1/17 (1929) bis 5/21 (1933) vor dem gesellschaftlichen und kirchenpolitischen Hintergrund ihrer Zeit. Nach einer Darstellung der Diagnose der Zeit folgen die Beschreibung des Gesellschaftsentwurfes, des Selbstverständnisses und der Formen und Methoden der katholischen Erwachsenenbildung in der Endphase der Weimarer Republik. Der abschließende Abschnitt stellt dar, wie die katholische Erwachsenenbildung im Sommer 1933 versuchte, sich mit dem nazistischen Staat zu arrangieren.

a) Die Notzeit der Tage: Diagnose der Zeit als Katastrophe

Pädagogische Überlegungen und erwachsenenbildnerisches Handeln sind immer gesteuert von einer Diagnose der Zeit. Wie wird das, was man erlebt, was man sieht und glaubt zu sehen, eingeordnet? Welche Maßstäbe werden für das eigene Urteil herangezogen? Werden diese Maßstäbe benannt? Sind Sie bewusst oder steuern sie eher unbewusst den Dreischritt des „Sehens – Urteilens – Handelns"?

Welche Diagnose der Zeit wurde in der Zeitschrift getroffen? Es ist auffallend, dass das Urteil in den Jahren von 1920 bis zum Sommer 1933 ausgesprochen pessimistisch ausfiel. Ein positives Wort lässt sich nur selten finden; eindeutig überwogen die negativen Aussagen. 1920 stellte man eine „innere Verarmung" fest und setzte gegen die funktionale Ausrichtung der Moderne die inneren, seelischen Empfindungen.[1] Zwei Jahre später forderte Seidenfaden „den Mut, das rationalistische Bildungssystem zu zerbrechen".[2] 1923 prognostizierte Schriftleiter Ritter „das notvollste der Prüfungsjahre des deutschen Volkes".[3] Gegen „alle geistige, seelische und wirtschaftliche

---

[1] „Daß der Seele einmal das „faustische" Problem aufsteigen mußte, das heißt nichts anderes als: man empfand mitten in der Generation des Eisens und des Stahls einen „sentimentalen" Sehnsuchtsgedanken und wurde sich so mancher brutalen Geschmacklosigkeit bewußt." In: Becker, Michael: Bund Deutscher Heimatschutz. Seine Arbeit im Dienste der Kunsterziehung. Vk 8 (1920), 46

[2] Seidenfaden, Theodor: Volksabende. Vk 10 (1922), 50; in gleicher Weise spricht der Autor vom „Ungeist rationell-kausaler Prozesse", in: Seidenfaden, Theodor: Vom bäuerlichen Volkstum. Vk 14 (1926), 160

[3] Ritter, Emil: Zum zweiten Jahrzehnt. Vk 11 (1923), 1

Zerrissenheit", die in einer „Volklosigkeit"[4] gipfelte, suchte man die „alles umfassende Synthese", die man in der „Gemeinschaft menschlicher Art, die alle Gegensätze zu einer höheren Einheit zusammenfaßt" zu finden glaubte.[5] Man „lebte in der ‚Kulturkrisis'"[6] und hoffte darauf, dass „die Sintflut darin wir stehen, ersaufen wird, was uns erstickte: Stadt, Maschine, Zivilisation, und neues Leben wird wachsen aus der Stille."[7] Im Anschluss an die Gedankenwelt Anton Heinens wurde die Welt unterteilt durch den Gegensatz des „Sinn- und Zweckbegriffs", wonach „das Wesen des „Sinnes" irrational, das des „Zweckes" aber rational sei" und der „Sinn der Sphäre der Kultur, der Zweck aber ... der Zivilisation" zuzuordnen sei. Der „Sinn" müsse von daher „in Familie, Schule, Jugendführung und Volksbildung" erschlossen werden.[8]

Sogar im ansonsten hochgeschätzten „Bauernstand" führte man die Unterscheidung zwischen dem „Bauern" als „Menschen, in dem der Berufsgedanke lebendig ist" und dem „Landwirt" als „Mann der rationellen Landwirtschaft" ein und sah die Gefahr, „daß der Bauer durch den Landwirt aufgefressen wird".[9]

Über die internationale Presseschau „Pressa" im Jahre 1929 in Köln urteilte Robert Grosche: „Die Pressa hat das typische Gesicht unserer chaotischen Gegenwart."[10] Diese Beurteilung zog sich durch den gesamten Jahrgang 1929: Man lebte in einer „Notzeit hastgequälter Tage, Nächte, Monde und Jahre, die uns wie Verhängnis peitscht",[11] „in einer Zeit der Negation aller Werte",[12] und sah „im Rationalismus, in der fortschreitenden Bewußtheit aller Lebensvorgänge, in der berechnenden Reflexion ... den großen Zerstörer der

---

[4] Getzeny, Heinrich: Die Sammlung „Deutsche Volkheit" und ihre Bedeutung für die Volksbildungsarbeit. Vk 14 (1926), 258
[5] Schmitz: Brühler Volksbildungswoche, in: Mitteilungen des ZBA, 11. Vk 12 (1924)
[6] Ritter, Emil: Wo stehen wir? Vk 13 (1925), 3; in gleicher Weise auch in: Marschall, Bernhard: Mitteilungen des Zentralbildungsausschusses. Vk 13 (1925), 403
[7] Seidenfaden, Theodor: Von unseren Märchen, Sagen und Legenden. Vk 12 (1924), 6
[8] Seidenfaden, Theodor: Sinn und Zwecke in der Bildung. Vk 13 (1925), 145; in ähnlicher Weise auch in: Seidenfaden, Theodor: Vom bäuerlichen Volkstum. Vk 14 (1926), 160: „Diese Begebnisse beleuchten grell die beiden Welten, zwischen denen die Seele des ländlichen Kulturkreises, wie die des ganzen Abendlandes, taumelt: die Welt des Sinnes, die sie verlor, die des Sinnbildes, aus der sie vertrieben ist, und die Welt der Zwecke, der Sinnlosigkeit, der sie verfiel."
[9] Antz, Joseph: Volksbildungsarbeit auf dem Dorfe. Vk 13 (1925), 291
[10] Grosche, Robert: Pressa und Volksbildung. VuV 1/17 (1929), 24
[11] Seidenfaden, Theodor: Vom guten Buche. Fest-Ansprache zur Eröffnung einer Jugendbuchwoche. VuV 1/17 (1929), 46
[12] Lenartz, Werner: Die Vereinsbücherei im Rahmen katholischer Bildungspflege. VuV 1/17 (1929), 76

alten Volkskultur."[13] Für den einzelnen bedeutete dies, dass er „hineingestellt ist in die kalte, nüchterne, wertlose Welt des modernen Intellektualismus. Er verzweifelt an Gottes Liebe ... verfällt dem geistigen Habitus des Großstadtmenschen und treibt zum krassen Intellektualismus."[14] Die gesellschaftliche Ordnung wurde als eine „Zeit der mechanisierten Organisation" beschrieben.[15]

Auch zum Ende des Jahres 1931 fiel die Beurteilung ähnlich aus: „Der starke Eindruck der Tagung [der Arbeitsgemeinschaft rheinischer Volksbildungsvereinigungen vom 23.-26.09.1931] war die einheitlich klare Erkenntnis der Gegenwartskatastrophe ...".[16] Schriftleiter Ritter stellte auf dieser Tagung in einem Referat „Weltanschauliche Grundlegung und einheitliche Zielsetzung der deutschen Volksbildungsarbeit" die individualistische Zerstörung der Erwachsenenbildung fest, vertraute aber darauf, dass als Gegenbewegung aus dem Relativismus eine „neue Sehnsucht nach dem Irrationalen" erwachsen würde.[17]

Diese kurze Auswahl der Zitate lässt bereits einige weitgehende Rückschlüsse zu. Abgelehnt wurde der Rationalismus, dem allein eine zerstörende Funktion zugeschrieben wird, auf Ablehnung traf ebenfalls der Gedanke der Pluralität. Dagegen wurden feste Normen und verbindliche Werte betont. Mit der „mechanisierten Organisation" wandte man sich gegen einen demokratischen Staatsgedanken und präferierte dagegen ein organisches Volksverständnis. Gegen die Individualisierung des Großstadtmenschen und die Industriegesellschaft setzte man das Bild einer praemodernen bäuerlichen Welt mit einer ständischen Ordnung. Dem Individualismus, der die Erwachsenenbildung in ihrer Geschlossenheit destruierte, und als Folge den Relativismus nach sich zog, stellte man die Bedeutung des Irrationalen gegenüber.

Die gesamte Palette des kulturkritischen Denkens, die für weite Teile der Bildungs- und Erziehungswesens der Weimarer Republik kennzeichnend ist, wird in diesen Bewertungen deutlich und zeigt die Haltung, die dieser Diagnose zugrunde lag. Folgerichtig findet sich bereits im Jahre 1923 eine eingehende Würdigung des Werkes „Rembrandt als Erzieher" von Julius Langbehn.[18]

---

[13] Getzeny, Heinrich: Volkstumspflege in der modernen Volksbildung. VuV 1/17 (1929), 71
[14] Braun, Albert: Erwachsenenbildung und Industriepädagogik. VuV 1/17 (1929), 88
[15] Grosche, Robert: Karl Sonnenschein, der Mittler. Ein Gedenkwort. VuV 1/17 (1929), 70
[16] O.V.: Arbeitsgemeinschaft Rheinischer Volksbildungsvereinigungen. VuV 3/19 (1931), 371
[17] A.a.O., 371
[18] Vgl.: Ritter, Emil: Zum zweiten Jahrzehnt. Vk 11 (1923), 3ff.; sowie o.V.: Volkstum, Religion, Kunst. Vk 11 (1923), 5f.

Ritter war sich sicher, dass dieses Werk „den Anstoß zu einer Kulturwende" auslösen könnte.[19] W. Keim führt die Entstehung solcher Denkstrukturen auf die Diskrepanz zwischen fortschrittlicher ökonomischer und rückschrittlicher gesellschaftlicher Entwicklung bedingt durch die Industrialisierung zurück.[20]

Umfassend lässt sich diese Geisteshaltung als eine Reaktion gegen die auf den Ideen der Aufklärung, der Französischen Revolution und des Liberalismus gründende bürgerliche Welt mit ihren ökonomischen, politischen und gesellschaftlichen Formen charakterisieren.[21] Diese neue Geisteshaltung fand ihren Ausdruck in der „Lebensphilosophie," die durch die Betonung des „Fließenden, Nicht-Berechenbaren und Irrationalen in allen Lebenserscheinungen"[22] gegen den philosophischen Rationalismus gesetzt wurde. Politisch und ökonomisch äußerte sich diese Haltung in einem zunehmenden Widerstand gegen die gesellschaftlichen und wirtschaftlichen Formen des Liberalismus, das heißt hier konkret gegen den demokratischen Parlamentarismus und die moderne Industriegesellschaft. Sontheimer hält diese Art des „Irrationalismus" für einen „durchgehenden Grundzug des antidemokratischen Denkens der Rechten".[23]

In den folgenden Kapiteln dieser Arbeit kann in den einzelnen Facetten aufgezeigt werden, wie dieses kulturkritische Gedankengut die katholische Erwachsenenbildung wesentlich prägte und durch diese gepflegt und verbreitet wurde.

Es ist bezeichnend, dass sich im Sommer 1933 diese Diagnose der Zeit grundlegend änderte. Jetzt finden sich viele positive Beurteilungen, in denen die „Neue Zeit" begrüßt wurde. Da dies deutlich aus dem bisherigen Rahmen herausfällt und den früheren Aussagen widerspricht, wird darüber in einem eigenen Abschnitt „Betend in die neue Zeit: Die „Hommage" an den neuen Staat" gesondert berichtet.

---

[19] A.a.O., 3
[20] W. Keim 1995, 34f.
[21] W. Keim zitiert folgende Bewertungen dieser antiaufklärerischen und antirationalistischen Denktraditionen: „'Zerstörung der Vernunft' durch die Philosophie des deutschen „Irrationalismus" (Lukacs 1955)", „'Kulturpessimismus als politische Gefahr' (Stern 1963; 1986), „'Antidemokratisches Denken' (Sontheimer 1962; 1978)", 34f, und schließt sich dem Urteil an, dass dieses Gedankengut maßgeblichen Anteil am Untergang der Weimarer Republik trug. W. Keim 1995, 180ff.
[22] Sontheimer 1983, 36
[23] A.a.O., 36

b) Organische Gemeinschaft: Entwurf einer katholisch-deutschen Gesellschaft

aa) Religiöser Totalanspruch

Zentrale Punkte im Verhältnis zur Weimarer Republik waren für die katholische Kirche die Stellung der Kirche zum Staat, die Sicherung des katholischen Bildungs- und Erziehungswesens und die christliche Normierung von Ehe und Familie. Die Normen und Prinzipien, nach denen die katholische Kirche nicht nur soziale Institutionen wie Familie und Schule, sondern die gesamten gesellschaftlichen Prozesse beurteilte, wurden als Ableitungen des Naturrechts verstanden.[1]

So war neben den kulturkritischen Einflüssen ein Prinzip des katholischen Glaubens, das Naturrecht, ein wichtiges Deutungsmuster für das gesellschaftliche und politische Leben. In diesen Bereichen entschied der gläubige Katholik nicht als Staatsbürger, sondern in erster Linie als Mitglied der Kirche. Dies bedeutete, dass Fragen und Problemkreisen, die mit dem Naturrecht in Zusammenhang standen, höchste Priorität zukam. Damit bildeten für das katholische Milieu die Bereiche Religion, Kirche, Familie, Schule und Bildung den eigentlichen Kernbestand des Gemeinwohls. Die Ausgestaltung dieser Bereiche kam nach dem katholischen Subsidiaritätsprinzip[2] zuerst der Familie als Hauskirche und dann schließlich der Kirche selbst zu.[3] Der Staat hatte sich, wenn er sich diesen Gebieten zuwandte, an die Vorgaben der Kirche zu halten. Allen anderen Bereichen und Fragen, wie zum Beispiel der Frage nach der Staatsform, kam dagegen nur eine untergeordnete Bedeutung zu.

Dieses Deutungsmuster lässt sich in der Zeitschrift bereits früh nachweisen. 1922 charakterisierte Ritter die Schrift „Laienbildung" von Wilhelm Flitner

---

[1] Vgl dazu den Abschnitt „Das Deutungsmuster Naturrecht: Der Anspruch der Kirche auf ihre Multiplikatoren" dieser Arbeit; sowie Böckenförde 1993, 60ff., und Kraiker 1972, 29ff.

[2] Dieses Prinzip der katholischen Soziallehre besagt, daß alle Aufgaben im Ausgleich zwischen Personalität und Gemeinwohl personennah zu lösen sind. Erst wenn die einzelne Person der Aufgabe nicht gerecht werden kann, hat die nächsthöhere Instanz aus der Solidarität heraus die Pflicht, die Person in der Erfüllung dieser Aufgaben subsidiär zu unterstützen. Vgl dazu „Soziallehre", in: LThK^2, Bd. 9, 917ff., sowie Kraiker 1972, 67ff.

[3] Damit wird der Erziehungs- und Bildungsauftrag des Staates als sekundärer oder tertiärer nach Familie und Weltanschauungsgruppe betrachtet: „Dem Staat soll gegeben werden, was des Staates ist, aber ein Schul- und Bildungsmonopol gehört nicht zu den Aufgaben des Staates" K.H.: Zentral-Bildungsausschuß. VuV 3/19 (1931), 364

als „unzulänglich, weil er die Kunst von der Religion loslöst."[4] Diesen Gegensatz wollte Ritter aufgehoben wissen, denn „die Beseelung des werktätigen Lebens erfordert die Religion"[5] und er hielt dagegen, dass nur die Verbindung zwischen Religion und Kunst die „deutsche Volkskultur" zu einer „Hochblüte" gebracht hätte und allein aus dieser Synthese wieder eine „Volksbildung im tiefsten Sinne des Wortes werden" könne.[6] Dieser Aufgabe sollte sich auch die Zeitschrift stellen.[7]

1925 bemängelte Strauß, dass es in der katholischen Erwachsenenbildung „an der Klarheit des letzten Zieles" fehlen würde.[8] Strauß empfahl als Gegenmaßnahme einen „kurzen Katechismus der Volksbildung, in dem die Begriffe und Grundsätze ein für allemal festgelegt sind"[9] und forderte an zweiter Stelle Katechetenschulen[10] um dann schließlich auf ein bewährtes „Volksbildungsmittel von ganz außerordentlicher Kraft ... unseren Gottesdienst" zu verweisen.[11] Ein Bildungsverständnis, das sich zwar für die Klärung der Begrifflichkeiten einsetzte, aber die Grenzen zwischen Bildung und Seelsorge wieder aufhob.[12]

Deutlicher wurde die Bedeutung der Naturrechtslehre 1929 in einem Artikel über „Volksbildung und Weltanschauung",[13] in dem man die kompromisslose Haltung des Papstes in der Schulfrage begrüßte.[14] Betrachtete man sich

---

[4] Ritter, Emil: Religion, Kunst und Volksbildung. Vk 10 (1922), 101

[5] A.a.O., 101

[6] A.a.O., 101

[7] Die Zeitschrift soll „Licht darüber verbreiten, ... wie sich eine reinere Vermählung von Religion und Kultur, von übernatürlichen und natürlichen Lebenswerten gestalten muß."Ritter, Emil: Wo stehen wir? Vk 13 (1925), 3

[8] Strauß, Friedrich: Was fehlt unserer Volksbildungsarbeit. Vk 13 (1925), 9ff.

[9] A.a.O., 10

[10] „Katechetenschulen ... in denen Ziele und Methoden unserer Volksbildungsarbeit stets wieder zurückgeführt werden auf die Wurzeln des katholischen Wesens überhaupt, ..." A.a.O., 11

[11] A.a.O., 12

[12] In ähnlicher Weise äußerte sich auch Caspers, der Vereinsarbeit als Erwachsenenbildung darstellte und einleitend feststellte: „Warum leiden so viele Geistliche geradezu am Vereinsleben? Weil die meiste Vereinsarbeit keine eigentliche Seelsorge mehr ist." Caspers, Hubert: Was fehlt unserer Volksbildungsarbeit. Vk 13 (1925), 51

[13] Bachmann, Heinrich: Volksbildung und Weltanschauung. VuV 1/17 (1929), 326ff.

[14] „Es gibt eben Verpflichtungen, die gewaltiger sind als jeder politische Vorteil, die Verpflichtung zur Wahrhaftigkeit und Unumstößlichkeit einer Idee. Fühlt sich die Kirche verantwortlich für das Seelenheil ihrer Gläubigen, ja der Menschheit überhaupt – und das ist doch ihr Sinn auf Erden! – so muß sie alle sittlich einwandfreien Mittel in der Hand behalten, in die Hand bekommen, die dieser ihrer Berufung notwendig und dienlich sind.

selbst als Teil einer alleinseligmachenden Institution, außerhalb derer es kein Heil gab, so wurde zwangsläufig alles auf diese Institution und ihren Erhalt hingeordnet.[15] Die Erwachsenenbildung musste sich daher zuerst den Bereichen widmen, die für den Glauben die höchste Priorität besaßen.[16] Durch dieses spezifisch katholische Deutungsmuster war die Frage nach der weltanschaulichen Gebundenheit und der Wertorientierung ein ganz zentrales Problem der Erwachsenenbildung in der Zeit der Weimarer Republik. In der Zeit der „extensiven Volksbildung" hatte man ein zweifelhaftes „Neutralitätsprinzip" zur obersten Norm erhoben.[17] „Neutralität" in diesem Sinne bedeutete eine strikte Trennung von Weltanschauung und Bildungsgut; damit steht der Inhalt dieses Begriffes unserem heutigen Sprachverständnis konträr gegenüber.

Unter dem Einfluss der Neuen Richtung wurde die Weltanschauung zu einem konstitutiven Element der Erwachsenenbildung.[18] Als solches zentrierte die Weltanschauung das Bildungsgeschehen und setzte es in Bezug zu bestimmten Standpunkten. Neutralität bedeutete dann für die Erwachsenenbildung einen interinstitutionellen Austausch, so zum Beispiel im Hohenrodter Bund, und in manchen Fällen auch eine intrainstitutionelle Pluralität. Hier wurde besonders die Volkshochschule der Stadt Essen als ein Beispiel für ein paritätisches Miteinander der unterschiedlichen Weltanschauungsgruppen genannt,[19] manchmal sogar zum „Essener System" hochstilisiert.[20] Doch gleichzeitig wurde in diesem System wiederum das Fehlen der geistigen Einheit und

---

Ob sie es erreicht, ist eine Frage zweiten Ranges, um der Wahrhaftigkeit willen muß sie es zunächst wollen. ... Wir betrachten uns nicht als Anhänger einer Weltanschauung, sondern als Glieder der alleinseligmachenden Kirche, außer der kein Heil ist." A.a.O., 326f.

[15] „... es kann für uns nicht geben eine vom religiösen Grund abgelöste „weltliche" Bildungssphäre, weil die Schöpfungsordnung, zu der die Bildung gehört, nicht selbständig neben der Erlösungsordnung steht." O.V.: Die Mitarbeit der Katholiken in der neutralen Volksbildung; in VuV 2/18 (1930), 361

[16] „Jedenfalls muß es immer wieder gesagt werden, daß die Geschichte der Kirche und alles, was sich in der Religion in den Kulturformen ausprägt, der erste Gegenstand spezifisch katholischer Volksbildung sein muß." O.V.: Wandel des Franziskusbildes. VuV 2/18 (1930), 63

[17] Vgl dazu auch: Grosche, Robert: Volksbildung und Weltanschauung; in VuV 2/18 (1930), 193

[18] Vgl. zur Geschichte der Neuen Richtung Henningsen 1960

[19] Grosche, Robert: Volkshochschularbeit der Katholiken. VuV 2/18 (1930), 311ff.

[20] A.a.O., 312; vgl dazu auch Niggemann 1967, 207ff. und Uphoff 1995, 44f

Geschlossenheit bemängelt.[21] Aus diesem Kreis wurde die sozialistische Erwachsenenbildung weitgehend ausgeschlossen, da sie dem zentralen Ziel der „Volksbildung als Volk-bildung" ablehnend gegenüber stand. Es gab zwar verbale Angebote zur Zusammenarbeit, doch setzten diese immer wieder die Volkwerdung als Ziel der Erwachsenenbildung voraus.

Für Teile der katholischen Erwachsenenbildung ergaben sich durch die Zusammen- und Mitarbeit mit anderen weltanschaulichen Gruppen besondere Probleme. Vor allem befürchtete man durch diese Kontakte eine Nivellierung der katholischen Grundpositionen und damit für den Einzelnen eine Erschütterung in den Fundamenten seines geistigen religiösen Lebens.[22]

Die Frage der weltanschaulichen Bindung wurde in vielfältiger Weise in der Zeitschrift thematisiert. 1929 stellte man als Grundsatz fest, „... daß die wertvollste Bildungsarbeit im weltanschaulich geschlossenen Kreise geleistet werden könne, ...".[23] Darüber hinaus wurde es zwar für die Pflicht der katholischen Erwachsenenbildung gehalten, auch in der „sogenannten neutralen Volkshochschule"[24] mitzuarbeiten, aber dabei die „doppelte Vorsicht der Katholiken"[25] angemahnt. Auch in einem Artikel über „Katholische Bildungsstätten" wurde aus Bischofsworten am Beispiel der universitären Bildung deutlich, dass die Katholiken weiter, aber eher notgedrungen, in den öffentlichen Bildungseinrichtungen mitarbeiten sollten, ein rein katholische Bildungseinrichtung jedoch immer noch als beste Lösung angesehen wurde.[26]

1930 versuchte Robert Grosche den Begriff der „Neutralität" als ein paritätisches Miteinander der Weltanschauungsgruppen von neuem zu fassen.[27] Unter „Neutralität" in diesem Sinne verstand er „das paritätische Einsetzen aller wirklichen Kräfte auf einem nach keiner Seite hin verpflichteten, allen

---

[21] So müsste „die Essener Volkshochschule sich einen Überbau schaffen, der die eigentliche Arbeitsgemeinschaft, so wie wir sie heute in der Volksbildung verstehen, verwirklicht." Grosche, Robert: Volkshochschularbeit der Katholiken. VuV 2/18 (1930), 313

[22] "Gerade die grundsätzliche Nichtbestimmtheit gibt dem .... [einzelnen] unerfüllbare Leistungen auf, führt zur Verwirrung und Haltlosigkeit, verhindert also die weltanschauliche Durchformung", Ruster, H: Volkstumspflege im Borromäusverein. VuV 1/17 (1929), 334

[23] Marschall, Bernhard: Der Zentralbildungsausschuß im Jahre 1928. VuV 1/17 (1929), 26

[24] A.a.O., 26

[25] A.a.O., 27

[26] Letztlich blieb „... die gläubige Überzeugung, daß eine katholische Universität allein imstande ist, die letzten und tiefsten Kräfte des katholischen Glaubens für die Welt der Wissenschaft und Bildung fruchtbar zu machen." Grosche, Robert: Katholische Bildungsstätten. VuV 1/17 (1929), 84f.

[27] Grosche, Robert: Volksbildung und Weltanschauung. VuV 2/18 (1930), 193ff.

gleichmäßig offenen Boden".[28] Damit seien alle Fragen der weltanschaulichen Ausrichtung gelöst.[29] Erstaunlich ist, dass Grosche in diesem Zusammenhang das katholische Deutungsmuster scheinbar verließ.[30] Dagegen hätte eine Weltanschauung, die die beiden Werte „Volk" und „Bildung" anerkennt und bejaht „auf Grund ihrer Haltung eine Beziehung zur Volksbildung."[31] Auf den ersten Blick scheint es damit, dass das Deutungsmuster des Glaubens dem des „Volkes", der „Bildung" oder der „Volk-Bildung" wich und diese eine höhere Priorität bekamen. Doch präzisierte Grosche dies etwas später und holte damit das katholische Deutungsmuster als „Formprinzip" wieder ein.[32]

Ein weiterer Artikel „Die Mitarbeit der Katholiken in der neutralen Volksbildung",[33] der einen Aufsatz von Grosche „Weltanschauung und Volksbildung" aus den Leipziger „Heften für Büchereiwesen"[34] wiedergab, machte diese Gedankengänge noch einmal deutlich. Zunächst wurde erneute festgestellt, dass katholische Bildungsarbeit am wirkungsvollsten im einheitlichen und geschlossenen Kreis geschieht. Von daher musste die erste Forderung der Katholiken eine „auf ihrer „Weltanschauung" ruhende, von ihrem Glauben getragene und durchwirkte Bildung"[35] sein. Doch ein doppeltes Faktum lenkte den Blick der Katholiken auf die neutrale Erwachsenenbildungsarbeit: Zum einen die Erkenntnis, dass durch die Bildungsbemühungen der katholischen Vereine doch nicht das ganze „Kirchenvolk" erfasst wurde und sich die vom „Vereinsvolk" abständigen Teile im öffentlichen Bildungswesen wiederfanden sowie zum anderen das Postulat, „daß der Katholik als Glied seines Volkes, als welches ihn

---

[28] A.a.O., 197

[29] „Dann ist wie in der Theorie so auch in der Praxis das alte, ausschließende „Entweder-oder" in der Frage „Weltanschauung und Volksbildung" aufgehoben." A.a.O., 197

[30] „Eine Weltanschauung, die etwa nur die Kirche sähe und nur sie als Wirklichkeit nähme ... müßte den Begriff und die Tatsache „Volksbildung" ablehnen." A.a.O., 195

[31] A.a.O., 196

[32] „Diese Beziehung wird nicht nur eine theoretische, sondern auch eine praktische sein, je mehr diese Gruppe die in ihr lebenden Menschen von innen heraus zu ergreifen und ihr ganzes Leben aus dem Kern heraus zu gestalten sich bemüht, und sie wird dabei davon überzeugt sein, daß eben aus dem ihr eigenen Formprinzip heraus gerade auch für die Volksbildung die wertvollsten Kräfte freigemacht und aktualisiert werden." A.a.O., 196
Es ist jedenfalls unverständlich, wenn Upphoff auch aus diesem Artikel ableitet, daß Grosche sich ganz entschieden gegen eine Indienstnahme der Bildung durch die Seelsorge wehrt und für einen Eigenwert der Bildung einsetzen würde; Upphoff 1991, 92f.

[33] O.V.: Die Mitarbeit der Katholiken in der neutralen Volksbildung. VuV 2/18 (1930), 361ff.

[34] Angegeben wurde: Jg 1930/ Heft 8/9, a.a.O., 361

[35] O.V.:, Die Mitarbeit der Katholiken in der neutralen Volksbildung. VuV 2/18 (1930), 362

Gott hat geboren werden lassen, die Verantwortung für dieses ganze Volk mit zu tragen hat."[36]

Deshalb wurden nun zwei Voraussetzungen formuliert, die für die Mitarbeit der Katholiken in der neutralen Erwachsenenbildung als Bedingungen erfüllt sein müssten. Als erstes musste die neutrale Erwachsenenbildung „theoretisch auf eine ideologische Begründung ihrer Neutralität verzichten" und sich als eine „paritätische" verstehen. Dabei konnte sie die „formale Gebundenheit dieser Weltanschauung" ausschließen, musste aber ihren „materialen Gehalt" und damit die von dieser Weltanschauung „bejahten Werte der natürlichen Ordnung"[37] anerkennen. Der Unterschied von „Formal"- und „Material"-objekt der Bildung sowie die Bedeutung des „Naturrechts" und der christlichen „Seinsordnung" der Welt kommen in diesen Gedankengängen zur Geltung. Um diesen Anspruch zu erfüllen, müsste sich eine allgemeine Bildungsarbeit ganz in den katholischen Wertekontext einordnen, eine Forderung, die für jede Form der weltanschaulich gebundenen Erwachsenenbildung unerfüllbar ist. Als zweites wurde eine Toleranz gefordert, die „die in den einzelnen vorhandenen weltanschaulichen Bindungen in Ehrfurcht achtet"[38] und die Unterschiede und Gegensätze nicht verwischte. Klang diese Forderung durchaus modern und dem Bildungsverständnis einer pluralistischen Institution angemessen, so wurde aber darüber hinaus verlangt, dass auf ein „Problematisieren" verzichtet werden sollte, da niemand das Recht habe „durch eine von sich aus an diese Gläubigen herangetragene Problematik deren Unbefangenheit zu zerstören."[39] Abschließend wurde erneut auf die „Gefährdung" hingewiesen, der der gläubige Katholik durch die Mitarbeit in der neutralen Erwachsenenbildung ausgesetzt sei, und besonders der Seelsorge ans Herz gelegt, „den katholischen Christen für dieses Leben in der „Zerstreuung" zu erziehen" und ihn so zu befähigen „der ihm begegnenden Welt standzuhalten und sich und seinen Glauben in ihr zeugend und bezeugend zu bewähren."[40]

Im Jahrgang 1932 wurde durch die Rezension eines Artikels „Sinn und Grenzen weltanschaulich gebundener Volksbildungsarbeit"[41] des katholischen Pädagogen Schröteler und in Ergänzung einer kurzen Skizze des Jahrgangs

---

[36] A.a.O., 363

[37] A.a.O., 363

[38] A.a.O., 362

[39] A.a.O., 364

[40] A.a.O., 364

[41] Als Quelle wurde die Zeitschrift Die Erziehung, 7. Jg. Heft 5, genannt, in: o.V., Volksbildung und Weltanschauung. VuV 4/20 (1932), 146

1931[42] die von Grosche eingebrachte Unterscheidung eines Formal- und Materialbereiches der Bildung vertieft.[43] Auch im Formalbereich gab es „zweifellos Werte, Wertstufen und Wertordnungen, die weltanschauungsfrei sind."[44] Doch wurde letztlich wieder das Trennende, spezifisch Katholische betont.[45] Man setzte sich zwar für eine Mitarbeit der Katholiken in der neutralen Erwachsenenbildung ein, blieb jedoch beim katholischen Deutungsmuster.[46]

Die Bedeutung dieses Problemkreises für die praktische Arbeit lässt sich in der Frage der Mitarbeit des ZBA in der „Deutschen Schule für Volksforschung und Erwachsenenbildung", die 1927 vom Hohenrodter Bund gegründet wurde, sich aber im September 1930 institutionell von diesem trennte,[47] darlegen. Der Vorsitzende des ZBA, Marschall, sah die Möglichkeit, durch eine Mitwirkung den katholischen Einfluss auf die „Deutsche Schule für Volksforschung und Erwachsenenbildung" zu erweitern. Auf der Herbsttagung des ZBA 1930 wurde dieses Problem unter grundsätzlichen Fragestellungen diskutiert.[48] Während man eine Mitarbeit der Katholiken im politischen Raum des weltanschaulich neutralen Gemeinwesens für möglich und sinnvoll hielt, wurde diese für den weltanschaulich neutralen Bildungsbereich eindeutig abgelehnt. Vertretern, die eine Mitarbeit dagegen befürworteten, wurde „mindere Glaubenstreue"[49] vorgeworfen. Letztlich gelangte man doch noch zu einer Synthese der widersprüchlichen Ansichten, indem die Möglichkeit des Engagements in

---

[42] H.K., Zentral-Bildungsausschuß. VuV 3/19 (1931), 363f.

[43] O.V.: Volksbildung und Weltanschauung. VuV 4/20 (1932), 146

[44] A.a.O., 148

[45] „Wir stoßen dann auf die trennende Kluft, wenn wir die Frage nach dem Wesen des Menschen stellen, die die Grundlage aller Bildung ist ... und daher ist Bildung in dieser Hinsicht weltanschaulich, metaphysisch gebunden. Bildung als Ganzheit kann es ohne Weltanschauung nicht geben." A.a.o., 148f.

[46] „Aber auf der anderen Seite gehört katholische Überzeugung zum ganzen Sein des Menschen, auch das übernatürliche Sein. Weltanschauung ist für uns nicht nur eine Vorbedingung der Bildungsarbeit, sie ist auch das Ziel, die Krone derselben." A.a.O., 149

[47] Vgl dazu Grothmann 1997, 354f. und Laack 1984, 318ff.

[48] „Ist es für die deutschen Katholiken das Beste, alle Kraft auf ihre eigenen Angelegenheiten zu verwenden und die anderen sich zu überlassen?
Wollen wir aus Gründen der Klugheit uns mit ihnen bis zu einem gewissen Grade einlassen, da wir nun einmal in einem gemischten Staat leben, in dem wir Minderheit sind, so zwar, daß wir dabei zielbewußt nur das Unsere zu fördern suchen?
Endlich, sollen wir uns mit den anderen begegnen, wann immer sich die Gelegenheit dazu bietet, aus der Überzeugung heraus, daß wir nicht nur unseren Glaubensgenossen gegenüber eine Verpflichtung haben, sondern auch unseren anderen Volksgenossen, ... die gleich uns durch Christi Blut erkaufte Kinder sind?" Faßbinder, Klara M, Herbsttagung des ZBA. VuV 2/18 (1930), 365f.

[49] A.a.O., 366

beiden Bereichen – wenn auch nur unter Einschränkungen – für möglich gehalten wurde.[50] Die Beteiligung des ZBA an der „Deutschen Schule für Volksforschung und Erwachsenenbildung" kam schließlich doch nicht zustande. Marschall ging davon aus, dass diese Bemühungen von maßgeblichen katholischen Vereins- und Kirchenvertretern hintertrieben wurden.[51]

Zusammenfassend lässt sich zur Frage der weltanschaulichen Bindung festhalten, dass aus dem katholischen Deutungsmuster heraus, der institutionell eigenständigen Erwachsenenbildung die höchste Bedeutung zugesprochen wurde. Da aber konstatiert werden musste, dass durch diese kirchliche Erwachsenenbildung nicht alle Katholiken erreichen werden konnten, engagierte man sich zudem in der neutralen Erwachsenenbildungsarbeit. Dies geschah unter ständiger Kritik der integralistischen Kreise, die in diesem Engagement einen Verrat der katholischen Werte sahen. Dem begegnete man mit dem Argument der Gesamtverantwortung für das eigene Volk und versuchte durch Hinweise darauf, dass der einzelne durch Gottes Ratschluss in dieses Volk hineingeboren wurde, das Volk in die Nähe der Schöpfungsordnung zu rücken und damit in der Wertigkeit zu steigern. An die „neutrale Volksbildung" stellte man Bedingungen, die diese kaum erfüllen konnte. Allein das Postulat nach einem paritätischen Miteinander kann daraus als zukunftsweisend festgehalten werden.

---

[50] „Es müsse beide Arten von Katholiken geben, solche, die nur innerhalb des eigenen Kreises ihr Bestes entfalten könnten, und solche, die gewissermaßen die Außenposten halten und in fremdes Gebiet vorstoßen müßten. Beides sei wohl eine Sache der persönlichen Veranlagung, der Berufung und des Schicksals. Jedenfalls müßten diese letzteren besonders sorgfältig ausgewählt werden ..." A.a.O., 366

[51] Vgl dazu Grothmann 1997, 355

bb) „Volk" und „Volkstum"

Als sich die „Neue Richtung" nach dem ersten Weltkrieg der intensiven Bildungsarbeit zuwandte, griff sie weiterhin für ihre Arbeit auf den alten Begriff „Volksbildung" zurück. Dessen inhaltliche Bedeutung als „extensive Bildung" des Volkes lehnte sie jedoch strikt ab. So stand die Bildungsarbeit in der Diskrepanz, den bisherigen Inhalt des Begriffes zu negieren, zugleich aber den Begriff für ihre inhaltlich neue Füllung der „Volksbildung als Volk-bildung" weiter zu verwenden. In der katholischen Erwachsenenbildung wurde dieser Terminus der „Volksbildung" ebenfalls genutzt. Um darzustellen zu können, welche Inhalte von „Volksbildung" die Zeitschrift verbreitete, ist es zunächst notwendig, die Begriffsinhalte des Wortes „Volk" und dann das damit zusammenhängende Verständnis von „Volkstum" zu untersuchen.

Die Verwendung dieses Begriffes „Volk" ist in der Zeitschrift in verschiedensten Zusammenhängen und Wortverbindungen zu finden: so zweimal im aktuellen Titel „Volkstum" und „Volksbildung" oder im alten Titel „Volkskunst" und weiterhin als „Volk-Bildung",[1] „Volkwerdung",[2] „Volkhaft",[3] „Volkheit",[4] „Volksboden",[5] „Volksgut",[6] „Volkskultur",[7] „Volksmythos",[8] „Volksglauben",[9] „Volksdom",[10] „Volksseele",[11] „Volksethos",[12] „Volksgenosse",[13] „Volksganzes"[14], „Volksordnung"[15] und „Volksgemeinschaft".[16] Ein einheitliches

---

[1] A.M.: Eine dritte Epoche der Volksbildung? VuV 3/19 (1931), 117
[2] Grosche, Robert: Karl Sonnenschein, der Mittler. Ein Gedenkwort. VuV 1/17 (1929), 67
[3] O.V.: Der Sohn des Volkes. VuV 3/19 (1931), 239
[4] Seidenfaden, Theodor: Vom guten Buche. Eine Festansprache zur Eröffnung einer Jugendbuchwoche. VuV 1/17 (1929), 46
[5] Ritter, Emil: Die Einheit der deutschen Volksbildung. VuV 3/19 (1931), 36
[6] O.V.: Arbeitsgemeinschaft Rheinischer Volksbildungsvereinigungen. VuV 3/19 (1931), 371
[7] Getzney, Heinrich: Volkstumspflege in der modernen Volksbildung. VuV 1/17 (1929), 71
[8] Weigl, Franz: Volkseinigende deutsche Kulturgüter. Aus der Arbeit einer Volkshochschule. VuV 2/18 (1930), 218
[9] Getzney, Heinrich: Volkstumspflege in der modernen Volksbildung. VuV 1/17 (1929), 74
[10] Seidenfaden, Theodor: Vom guten Buche. Eine Festansprache zur Eröffnung einer Jugendbuchwoche. VuV 1/17 (1929), 46
[11] Berten, Walter: Ehrung eines Volksbildners. VuV 3/19 (1931), 289
[12] Weigl, Franz: Volkseinigende deutsche Kulturgüter. Aus der Arbeit einer Volkshochschule. VuV 2/18 (1930), 216
[13] Seidenfaden, Theodor: Vom guten Buche. Eine Festansprache zur Eröffnung einer Jugendbuchwoche. VuV 1/17 (1929), 46
[14] Grosche, Robert: Karl Sonnenschein, der Mittler. Ein Gedenkwort. VuV 1/17 (1929), 67

Verständnis lässt sich jedoch nicht finden. [17] Dabei setzt eine erwachsenenbildnerische Praxis, die auf diesem Begriff aufbaut, zuerst eine Klärung desselben voraus. Aber trotz ständiger Arbeit den Begriff „Volk" näher zu definieren, ist es offenbar nicht gelungen, zu eindeutigen Aussagen zu kommen. Doch lassen sich grobe Linien zeichnen, die es ermöglichen, sich einer Definition zu nähern.

Geprägt wurde der Volksbegriff in der Zeitschrift durch das „Erlebnis" des Ersten Weltkrieges. Bereits im Jahrgang 1918 verstand man Volk, in Orientierung an den Ausführungen Richard Wagners, als „seelische Gemeinschaft" und „Inbegriff aller derjenigen, welche eine gemeinsame Not empfinden".[18] Im Januar/Februar-Heft 1919 führte Gerth Schreiner diese Gedankengänge weiter aus. Unter Volk verstand man nun das „allgemeine Zusammenfassen der seelischen Energien der Einzelpersönlichkeiten, als Widerspiegelung der Volksseele."[19]

Dieses Volksverständnis lässt sich in der „Volkskunst" durch die gesamten Jahrgänge verfolgen.[20] In der Zeitschrift „Volkstum und Volksbildung" hielt man weiter an diesem Verständnis fest.[21] Den tiefsten Anstoß zu dieser neuen Gemeinschaft des deutschen Volkes sah man in den Erfahrungen des Ersten

---

[15] Ritter, Emil: Die Einheit der deutschen Volksbildung. VuV 3/19 (1931), 37

[16] O.V.: Der Sohn des Volkes. VuV 3/19 (1931), 239

[17] Im Jahre 1930 hielt Arlt dazu fest: „Was ist übrigens „Volk"? Volkskundliche Wochen und Tagungen der Gegenwart scheitern im letzten an diesem Begriff." Arlt, A.: Die Volkskunde und das lebendige Volk. VuV 2/18 (1930), 104

[18] „'Das Volk ist der Inbegriff aller derjenigen, welche eine gemeinsame Not empfinden,' bestimmte Richard Richard Wagner, als er für sein künstlerisches Lebenswerk die empfangene Gemeinschaft suchte. Die ungeheure „Not" des Krieges gegen eine Welt hat uns den Begriff „deutsches Volk" klargemacht. ... Wir müssen und wollen das Volk, wie es Wagner sah, und wie es im Krieg offenbar wurde, für alle Zeit lebendig halten." Ritter, Emil: Volkskunst-Arbeit nach dem Kriege. Vk 6 (1918), 1

[19] Schreiner, Gerth: Gedanken über Volksbildung. Vk 7 (1919), 302

[20] Vgl.: Seidenfaden, Theodor: Erziehung durch Dichtung. Vk 11 (1923), 35ff.; ders.: Von unsern Märchen, Sagen und Legenden. Vk 12 (1924), 1ff.; Ritter, Emil: Volksbildung und ihre Organisation. Vk 13 (1925), 193ff.; Antz, Joseph: Volksbildungsarbeit auf dem Dorfe, a.a.O., 289ff.; Getzney, Heinrich: Die Sammlung „Deutsche Volkheit" und ihre Bedeutung für die Volksbildungsarbeit. Vk 14 (1926), 257ff.; Ritter, Emil: Über die Nibelungentreue. Vk 15 (1927), 215f.

[21] Volk bedeutete: „eine seelisch-geistige Gemeinschaft, begründet, gefestigt und bestimmt durch Blut und Boden, Sprache und Brauch, Bildung, Kultur und geschichtliches Schicksal". Henn, Aloys: Staat und Volksbildung. VuV 3/19 (1931), 193
„Volk kann sich nur dort bilden, wo von Mensch zu Mensch ein seelischer Zusammenhang besteht." Tobias, Josef: Festspielgemeinde auf religiöser Grundlage. VuV 3/19 (1931), 68

Weltkrieges.[22] Schon 1923/1924 wurde in Artikeln von Seidenfaden der ganze Irrationalismus dieses Verständnisses sichtbar.[23] Auch in der Zeitschrift „Volkstum und Volksbildung" berief man sich später auf dieses „Phänomen der Volksseele", die man nicht verstehen, sondern nur „ergreifen", „erspüren", „erahnen" könne. Ein „durchdringender Intellektualismus" konnte dies nicht erfassen.[24] Volk wurde von daher auch nicht bestimmt durch die staatlichen Grenzen, denen gerade nach dem verlorenen Krieg eine deutliche Willkür nachgesagt wurde;[25] das Volk sei vielmehr definiert über eine einheitliche Sprache.[26] Daraus ergab sich eine besondere Betonung der deutschen Märchen, der Götter- und Heldensagen, der Dichtung und des Volksliedes.[27] Über die Sprache schlug man den Bogen zum gemeinsamen Erleben.[28]

Im Anschluss an die soziologischen Überlegungen Ferdinand Tönnies sah man „Volk" und „Staat" in „einem gewissen Dualismus".[29] Während unter „Staat" etwas Mechanisches, ein gesellschaftliches Konstrukt verstanden wurde, kam dem „Volk" als dem „organischen" ein deutlich höherer Wert zu.

---

[22] „Es konnte ein Volk werden, draußen in der Gemeinsamkeit des Schützengrabens, daheim in der Gemeinsamkeit der Not." Grosche, Robert: Karl Sonnenschein, der Mittler. Ein Gedenkwort, VuV 1/17 (1929), 65

[23] „Volk ist niemals Gegenwart, sondern Vergangenheit und – in aller Demut von Gottes Gnaden erbeten – Hoffnung auf die Zukunft." Seidenfaden, Theodor: Erziehung durch Dichtung. Vk 11 (1923), 37; Seidenfaden zitiert an dieser Stelle Severin Rüttgers, a.a.O. „Diese Zeit der dunklen Not, da alle Bande, selbst die gewachsenen des Blutes reißen, hellt ein wundersames Licht, wenn in stiller Stunde die Musik des Wortes „Volk" aufflutet. Das ist ein Rausch von Klang, von Jubel und Freude ... und ich stehe, glücklich wie ein Kind im Wunder des Waldes, in der Fülle von Heiligtümern, die mir als Symbole schöpferischer Urkraft meines Volkes Schicksal und Sendung offenbaren." Seidenfaden, Theodor: Von unsern Märchen, Sagen und Legenden. Vk 12 (1924), 1

[24] „Das Volk dagegen „ist eben glücklicher als die problemwälzenden „Geistigen": es lebt uns eine Ganzheit vor, die wir oft nicht mehr verstehen ... wir erschauen nur ein Stück seiner Seele." Arlt, A.: Die Volkskunde und das lebendige Volk. VuV 2/18 (1930), 108

[25] „Der „Versailler Gewaltfriede" hämmerte die Lehre in das Bewußtsein der deutschen Öffentlichkeit, daß etwas anderes als die Staatsgrenze ein Volk gestaltet und erhält: nämlich Volkstum und Kultureinheit ... Volksgrenze und Staatsgrenze sind nicht ein und dasselbe." Drenker, Alex: Flämisches und deutsches Volkstum. VuV 3/19 (1931), 321

[26] „Unser Volk lebt ... nicht im Tingeltang ... es lebt in den Wundern seiner Sprache, die die Tore öffnet zu der Volkheit hohen Dom." sowie „Heiligtum ist unsere Sprache ..., die die „Vielen" erst zu einem Volk verbindet." Seidenfaden, Theodor: Vom guten Buche. Fest-Ansprache zur Eröffnung einer Jugendbuchwoche. VuV 1/17 (1929), 46f.

[27] Vgl.: Seidenfaden, Theodor: Erziehung durch Dichtung. Vk 11 (1923), 37; ders.: Von unsern Märchen, Sagen und Legenden. Vk 12 (1924), 1

[28] „In der gemeinsamen Sprache liegt die Möglichkeit gemeinsamen Denkens und Fühlens begründet und nur auf dieser Grundlage ist das gewaltige Einheitserlebnis von 1914 zu verstehen." Weigl, Franz: Volkseinigende deutsche Kulturgüter. VuV 2/18 (1930), 216

[29] Rüssel, Herbert: Die neue Jugend und das Volkstum. VuV 1/17 (1929), 138

Bereits 1922 zitierte man dazu als „Leitgedanken" einen Protagonisten der Kulturkritik, Paul de Largades.[30] In dieser Sichtweise entstand das Volk aus den kleinsten Lebenskreisen, der Familie und der Nachbarschaft, vergrößerte sich über die Dorf- und Stadtgemeinschaft hin zu dieser Schicksalsgemeinschaft des Volkes, um dann ein abgehobenes Eigenleben zu entwickeln.[31] Schon 1925 hatte Ritter darauf hingewiesen, das dieses organische Volksverständnis notwendig die „Einheit" und „Ganzheit" als konstitutive Prämisse voraussetzt.[32] So konnte man später gegen jede Form des Individualismus die Bedeutung und den Vorrang der Gemeinschaft betonen.[33] Man sprach sogar von einem „Bekenntnis" zu „der Losung: Alles für das Volk."[34]

Dabei wurden Bilder über den organischen Aufbau der Kirche, des „Corpus Christi mysticum", unreflektiert in den gesellschaftlichen Bereich übertragen, ohne zu berücksichtigen, dass es sich hierbei um theologische Bilder handelt, die zunächst ohne gesellschaftliche Relevanz sind. Zudem verstand sich die Weimarer Republik als demokratischer Staat, während die katholische Kirche von einem autoritär-hierarchischen Verständnis geprägt ist.[35]

Diese Ablehnung des Individualismus, die Betonung der Volksgemeinschaft und der hohe Stellenwert einer autoritären Führung führte schließlich soweit, dass man im Juli 1933 von einer „gemeinsamen Affinität zur neuen Zeit" aufgrund der „inneren Struktur bei Katholizismus und Nationalsozialismus" sprechen konnte.[36]

---

[30] Vgl. zur Biographie Largades (1827-1891) „Lagarde" in NDB, Bd. 13, 409ff., sowie W. Keim 1995, 37
"Möge Deutschland nie glauben, daß man in eine neue Periode des Lebens treten könne, ohne ein neues Ideal. Möge es bedenken, daß wirkliches Leben nicht von oben her wächst, sondern von unten auf, daß es erworben, nicht gegeben wird." O.V.: Leitgedanken. Vk 10 (1922), 52

[31] „Volk ist also ein Organismus, der sich aus der Menschheit ausgliedert; die innere Gleichstimmung seiner Menschen ..." Buerschaper, Kurt: Das Kinderfest als Volkstumspflege, der Autor zitiert an dieser Stelle Jakob Grimm, Kleinere Schriften, Bd 7, 557. VuV 5/21 (1933), 86

[32] „Noch nicht so geläufig ist uns die Anschauung, daß Volk auch ein geistiger Organismus ist. ... Soll der geistige Organismus lebendig bleiben, dann ist nicht Bildungsausgleich unter den einzelnen ..., wohl aber innere Einheit des Ganzen Bedingung." Ritter, Emil: Volksbildung und ihre Organisation. Vk 13 (1925), 193f.

[33] „Darum verlangt das Volk, das auf Kultur Anspruch erhebt: Gemeinschaftsgeist. Es fordert mit Recht die Ausschaltung des „Ichs" und die Einordnung der Persönlichkeit in die Gemeinschaft." Buerschaper, Kurt: Das Kinderfest als Volkstumspflege. VuV 5/21 (1933), 86

[34] O.V.: Der Sohn des Volkes. VuV 3/19 (1931), 241

[35] Vgl dazu: Reisch, Erich: Katholische Volksbildungsarbeit im neuen Deutschland. VuV 5/21 (1933), 115

[36] A.a.O.

Man war sich darin einig, dass „Volk" sich nicht rational fassen ließ, im Gegenteil, der „Rationalismus" war „der große Zerstörer der alten Volkskultur".[37] Trotzdem gab es „reale Gemeinsamkeiten aller Deutschen", die „in einer tieferen Schicht des Volksbodens gesucht werden" mussten. Dennoch gestaltete sich dies schwierig, weil sie zwar „real, aber nicht rational faßbar sind".[38] So benannte Emil Ritter als Metaphern für solche Gemeinsamkeiten[39] den „'Faust' als Verkörperung des Deutschen", als Sinnbild für „das Volk der Unruhe, das der Welt zu schaffen machte", das „die Leidenschaft zur Sache in Uferlose" trieb, „das schwer an sich selbst trägt", das „mit seiner verbissen Gründlichkeit Unheil anrichtete". Des weiteren wurden genannt „der eigenartige Arbeitssinn der Deutschen", die Bedeutung der „Gemeinschaft", die „einen besonders hohen und heiligen Klang" hat und schließlich die „Naturseligkeit".[40]

Neben Richard Wagners Vorstellungen prägten die kulturkritischen Arbeiten von Julius Langbehn das Verständnis des „Volks"-Begriffes. Schon 1923 hatte Ritter den „Rembrandtdeutschen" als „Führer" durch die „Zeit der Not" tituliert, „durch das, was er dachte und schrieb, und durch das, was er war".[41] 1931 pries man Langbehns Werke als „Waffen des Lichtes" für den „Kampf der Volksbildung" im „geistigen Chaos der Gegenwart"[42] und feierte zwei Jahre später Julius Langbehn, den Verfasser des Buches „Rembrandt als Erzieher"[43] zu seinem 25. Todestag als „Volkserzieher"[44] sowie „Vorkämpfer einer

---

[37] Getzeny, Heinrich: Volkstumspflege in der modernen Volksbildung. VuV 1/17 (1929), 71

[38] O.V.: Arbeitsgemeinschaft Rheinischer Volksbildungsvereinigungen. VuV 3/19 (1931), 371; in dieser Argumentation auch in: Ritter, Emil: Die Einheit der deutschen Volksbildung. VuV 4/20 (1932), 37

[39] Vgl.: Ritter, Emil: Die Einheit der deutschen Volksbildung. VuV 4/20 (1932), 35ff.

[40] A.a.O., 35f.

[41] Ritter, Emil: Zum zweiten Jahrzehnt. Vk 11 (1923), 5

[42] R.: Rezension von „Julius Langbehn: Der Geist des Ganzen. Zum Buche geformt von Benedikt Momme Rissen. 246 Seiten mit 12 Bildern. Verlag Herder, Freiburg i. B. Leinen RM 5,50" VuV 3/19 (1931), 64

[43] W. Keim charakterisiert dieses Werk Langbehns: „Typisch ... ist die totale Verwerfung und Verdammung der damaligen Industriegesellschaft zugunsten einer angeblich „heilen" vormodernen, vorindustriellen, d.h. bäuerlichen Welt mit festgefügter ständischer Ordnung, einer aristokratischen Bildungselite und einer charismatischen politischen Führung, mit unhinterfragten und unhinterfragbaren Normen und Werten und einer einheitlichen, quasi natürlichen Religion. Damit verband sich totale Ablehnung von allem, was angeblich diese Ordnung zerstört bzw. zu deren „Zersetzung" geführt haben sollte wie Aufklärung, Liberalismus, Sozialismus und Parlamentarismus, zugleich aber auch die Suche nach Sündenböcken, zu denen vor allem Juden und Liberale gemacht wurde." W. Keim 1995, 37

[44] Lange-Kleffner: Frank: Langbehn als Volkserzieher. VuV 5/21 (1933), 47ff.; vgl dazu auch die würdigenden Worte des Schriftleiters: „Bei dieser Gelegenheit seien die Volksbildner an zwei ältere Werke erinnert, die dem Herder-Verlag zu verdanken sind, an das

katholischen Erneuerungsbewegung".[45] Inhaltlich schloss sich der Autor Lange-Kleffner den „volkspolitischen Anschauungen und Bildungsbestrebungen des Rembrandtdeutschen"[46] an, die er ausführlich darstellte und zitierte, so auch Langbehns Betonung des „Rassegedankens".[47]

Aus dieser großen Bedeutung des „Volkes" ergab sich zwangsläufig der hohe Stellenwert, den die Pflege des Volkstums in der Erwachsenenbildung einnehmen musste. Aber auch hier setzte sich die diffuse Begriffsvielfalt fort.

Im Anschluss an den Volksbegriff definierte Antz 1925 als Volkstum alle Äußerungen des „Volksgeistes und Volksgemütes".[48] Ein Jahr später nannte man als Grundkräfte für die „Entstehung und Entfaltung" des Volkstums die „schöpferische Anlage" sowie das „geschichtliche Schicksal".[49]

Mit dem Erscheinen der neuen Folge der „Volkskunst" unter dem Titel „Volkstum und Volksbildung" machten die Herausgeber schon durch die Namensgebung auf die Bedeutung des Volkstums aufmerksam. Das Volkstum wurde nun zum „Mutterboden der deutschen ‚Volkbildung'".[50] Wie in der Begriffsbestimmung des „Volkes" wurde auch hier auf die innere, seelische

---

Denkmal, das Momme Rissen einem Urdeutschen in der Biographie „Der Rembrandtdeutsche" setzen konnte, und an den Nachlaßband „Der Geist des Ganzen", den ebenfalls der Weggenosse Langbehns bearbeitet hat. Es ist ein erfreuliches Zeichen, daß die Biographie schon im 28. bis 33., der Nachlaßband im 16. bis 22. Tausend erscheinen konnte." Ritter, Emil: Umbruch der Volksbildung. VuV 5/21 (1933), 41ff.

[45] A.a.O., 47
[46] A.a.O.
[47] „Es ist Zeit, daß man die Ergebnisse anthropologischer Forschungen auf das Gebiet der Geschichte überträgt, Haarfarbe und Schädelmessungen oder der sie zuweilen ersetzende kritische Blick müssen zum historischen Quellenmaterial gerechnet werden. Denn Blut ist mächtiger als politische Zugehörigkeit und mächtiger selbst als Sprache, aus Blutsverwandtschaft resultiert aber unwiderleglich und unausweichlich Geistesverwandtschaft." A.a.O., 48
[48] "... ließ das christlich-deutsche Volkstum erblühen, jene einzigartige Prägung aller Äußerungen des Volksgeistes und Volksgemütes in Dichtung, Sitte, Brauch, die gerade auf dem Lande, in der Welt des Bauerntums in besonders kraftvoller Eigenart zutrage trat." Antz, Joseph: Volksbildungsarbeit auf dem Lande. Vk 13 (1925), 290
[49] „Einmal ist es die eigne schöpferische Anlage, die ein Volk mitbringt und die sich auswirkt in Mythos, Glaube, Dichtung und Brauch. Zum andern ist es das geschichtliche Schicksal, das ein Volk erlebt, das von außen her seine ursprüngliche Veranlagung mitbestimmt und mitgestaltet und den vorhandenen Entwicklungsmöglichkeiten die Richtung gibt." Getzney, Heinrich: Die Sammlung „Deutsche Volkheit" und ihre Bedeutung für die Volksbildungsarbeit. Vk 13 (1925), 260
[50] In der Einleitung zum neuen Jahrgang 1./17. (1929) schrieb Schriftleiter Ritter zum Begriff des Volkstum: „Es ist der Mutterboden, den wir katholischen Deutschen mit allen denen gemeinsam haben, die eine deutsche „Volkbildung" letztlich umfassen muß." Ritter, Emil: Eine Rechenschaft. VuV 1/17 (1929), 5

Grundlage des Volkstums hingewiesen.[51] Offen setzte man sich von einem reinen historisierenden Rückfall in alte Formen des Volkstums ab,[52] stellte aber gleichzeitig die „christlich-deutsche" Bedeutung des Volkstums und damit die „Verknüpfung unserer geistigen Existenz und auch der Volksbildung mit dem abendländischen Kulturkreis",[53] wie dessen organischen Aufbau fest.[54] Trotz gegenteiliger Behauptungen in der o.a. Einleitung verfiel man in den Artikeln immer wieder in den Lobpreis der ständischen Ordnung der vorindustriellen Gesellschaft und betonte das Dorf, die Dorffamilie mit der organisch-bäuerlichen Struktur „als letzte Restbestände einer ehedem einheitlichen deutschen Volkskultur."[55] Die Industrialisierung mit ihrer Folge der Verstädterung wurde äußerst negativ bewertet.[56] So lag die „wichtigste volksbildnerische Aufgabe ... in der Pflege des Heimatgedankens und des Volkstums."[57] Zur Förderung dieser „volkseinigenden deutschen Kulturgüter"[58] beschäftigte man

---

[51] Volkstum sei nicht das „Museum ehrwürdiger Erbstücke ..., sondern die Summe der seelischen Überlieferungen, Erfahrungen und Erlebnisse, die der Gestaltung zum lebendigen Volke fähig sind." A.a.O.

[52] „Was erst im Industrievolk der Gegenwart zum Leben erwacht, kann ebenso wertvolles Volksgut sein wie das unvergängliche Erbe der Vergangenheit." A.a.O.

[53] A.a.O., 5f.

[54] Volkstum war „das natürlich Gewachsene, das organisch Gewordene, das aus Familie und Nachbarschaft, Dorf- und Stammesgemeinschaft, Landschaft und Heimat, Geschichte und Überlieferung immerfort neu Gezeugte." Getzeny, Heinrich: Volkstumspflege in der modernen Volksbildung. VuV 1/17 (1929), 71

[55] Weismantel, Leo: Buch und Volk. Eine Ansprache zum Tag des Buches; in VuV 1/17 (1929), 131; in ähnlicher Weise wird dies deutlich in: Rüssel, Herbert: Zum 70. Geburtstage Heinrich Sohnreys, a.a.O., 206ff.; Bärtle, J.: Anton Heinen, sein Werdegang und sein Lebenswerk; a.a.O., 257ff.; Huppert, Phillip: Deutsches Volkstum. VuV 1/17 (1929), 289ff.; o.V.: Entfaltung der Gemeinschaft. VuV 4/20 (1932), 104ff.

[56] „Die Masse der verdiensthungrigen und sensationslüsternen Großstadtatome ist an die Stelle der alten organischen Gemeinschaft getreten." Getzney, Heinrich: Volkstumspflege in der modernen Volksbildung. VuV 1/17 (1929), 72

[57] Ritter, Emil: Volksbildung und Tagespresse. VuV 3/19 (1931), 262
Deshalb war es eine wichtige Aufgabe der Erwachsenenbildung, dass „der moderne Mensch ... der alten Volksordnung vor dem Einbruch des Industriellen gegenwärtig [wird, daß er] eine lebendige Anschauung der Volksheimat hat." Braun, Albert: Erwachsenenbildung und Industriepädagogik. VuV 1/17 (1929), 91
„Ohne gesundes, eigenwüchsiges Volkstum ist eine wirkliche Kultur nicht möglich, ohne Volkstum ist eine echte Volksbildung undenkbar." Getzney, Heinrich: Volkstumspflege in der modernen Volksbildung. VuV 1/17 (1929), 73

[58] Weigel, Franz: Volkseinigende deutsche Kulturgüter. Aus der Arbeit einer Volkshochschule. VuV 2/18 (1930), 216ff.; aufgezählt und ausführlich dargestellt werden hier: die Sprache, das deutsche Märchen, die deutschen Götter- und Heldensagen, das Volkslied und die deutsche Dichtung.

sich in besonderer Weise mit der deutschen Geschichte,[59] dem Volkslied,[60] der deutschen Dichtung in Sage, Märchen und Legende,[61] dem Volkstanz[62] sowie der Laienspielbühne.[63] Deutlich wird dies auch durch die thematische Ausrichtung der „Werkblätter" der Zeitschrift.[64]

Mit in diesen Zusammenhang gehört auch der Einsatz für das „Grenz- und Auslandsdeutschtum". Durch den Versailler Vertrag, unterzeichnet am 28.06.1919, hatte das Deutsche Reich mit den Abtretungen von Nordschleswig an Dänemark, Eupen und Malmedy an Belgien, Elsaß-Lothringen an Frankreich, des Memelgebietes an Litauen sowie Posen, Westpreußen und Teilen von Oberschlesien, Hinterpommern und Ostpreußen an Polen bedeutende Teile seines Staatsgebietes verloren. Diese Gebiete, die 13% des Staatsgebietes ausmachten, waren im Westen wie im Osten mehrheitlich katholisch. Der Anteil der katholischen Bevölkerungsanteil sank um 18,9% im

---

[59] Vgl.: Getzney, Heinrich: Deutsche Geschichte in der Volksbildung. VuV 1/17 (1929), 321ff.

[60] Vgl.: Grosche, Robert: Die Musik im Zeitalter der Technik. VuV 1/17 (1929), 211f.; Greven, Robert: Volkstümliche Musikgeschichte. VuV 2/18 (1930), 234; „Die Musik als klingende Volksseele", in: Berten, Walter: Ehrung eines Volksbildners. VuV 3/19 (1931), 289f.

[61] Vgl.: Marschall, Bernhard: Tag des Buches. VuV 1/17 (1929), 34f.; Seidenfaden, Theodor: Vom guten Buche. Fest-Ansprache zur Eröffnung einer Jugendbuchwoche. VuV 1/17 (1929), 46f.; Zimmermann, Josef: Der Borromäusverein im Jahre 1928/29, a.a.O., 299f.; Ruster, H.: Volkstumspflege im Borromäusverein, a.a.O., 333ff.; Elstner-Oertel, Josefa: Ein Jahrzehnt Märchenerzählerin; in VuV 2/18 (1930), 129ff.; Gschwend, Justine: Anregungen für Volksabende, a.a.O., 152. Als Themen für die Abende werden genannt: Die Sage, Das Märchen, Legenden, Das Volkslied, Die deutsche Seele, Vaterland, Volk und Das Jahr.

[62] Hier betonte man die charakter- und gemeinschaftsbildende Funktion, in: o.V.: Unsere Volkstanzgruppe. VuV 1/17 (1929), 64; vgl. auch: o.V.: Laienspiel und Volkstanz, a.a.O., 61ff.

[63] O.V.: Laienspiel und Volkstanz. VuV 1/17 (1929), 61ff.; Meuer, Adolf: Westfälische Landesheimatspiele, a.a.O., 230f.

[64] Im Jahrgang 1929 trugen diese die Titel:
Ein Papsthymnus. Dichtung für Sprechchöre
Vom guten Buch. Festansprache zur Eröffnung einer Jugendbuchwoche
Den Gefallenen von Langemarck
Das Land unserer Sehnsucht. Eine Auslese deutscher Dichtung
Das Land unserer Sehnsucht. Zweite Auslese
Gestalten Deutscher Dichtung: Parzival
Der heilige Strom: Eine Feierstunde, rheinischem Jungvolk gewidmet
Tu es Petrus. Sprechchor
Spiele für die Weihnachtszeit.
In: VuV 1/17 (1929), VIII
Vgl. auch die Titel der Artikel der „Volkskunstblätter" und des „Volkskunstratgebers". VuV 3/19 (1931), IVf.

Verhältnis zu der für das Deutsche Reich ermittelten Zahl im Jahr 1910.[65] Der Gesamtanteil der Katholiken an der Reichsbevölkerung verringerte sich damit von etwa 38% auf etwa 34%. Man sprach in diesem Zusammenhang von „einer ungeheuren Vermehrung völkischer Not infolge der Gebietsabtretungen"[66] und vom „deutschen Volksraum außerhalb des deutschen Reiches und der deutschen Staaten Österreich, Schweiz und Luxemburg."[67] Das statistische Jahrbuch der katholischen Kirche berichtete ab 1927 in einem eigenen Kapitel laufend über „Die kirchlich-religiöse Lage des katholischen Auslandsdeutschtums".[68]

Zur Pflege dieses Auslandsdeutschtum, dessen katholischer Anteil mit „fast zwei Drittel"[69] angegeben wurde, gab es den 1919 gegründeten „Reichsverband für die katholischen Auslandsdeutschen".[70] Daneben gründete man eigene Heimvolkshochschulen, die als Grenz- oder Grenzlandschulen vornehmlich die Aufgabe hatten, Auslandsdeutsche zu sammeln und in „Volkstumsfragen" zu schulen; so der von Ernst Laslowski[71] 1923 gegründete „Heimgarten" in Neiße-Neuland, Oberschlesien,[72] der als jährlichen Höhepunkt die „Ostdeutschen Hochschulwochen" ausrichtete, oder das im Jahre 1928 entstandene „Grenzlandvolkshochschulheim Marienbuchen e.V." in Schneidemühl, Kreis Flatow in Posen-Westpreußen,[73] unter der Leitung von Josef

---

[65] Nach „Fläche und Bevölkerung der Abtretungs- und Abstimmungsgebiete nach dem Stande vom 1. Dezember 1910", in: Morsey 1975, 165

[66] Gösser, Max: Volksbildung im Auslandsdeutschtum. VuV 2/18 (1930), 96

[67] A.a.O., 97

[68] KHB 15 (1927/1928), 232ff.

[69] J.M.W.: Rezension des „Jahrbuches des Reichsverbandes für die katholischen Auslandsdeutschen 1929/30. 328 Seiten mit 3 Bildtafeln. 8,40 RM". VuV 3/19 (1931), 319f.

[70] Vgl.: Gösser, Max: Volksbildung im Auslandsdeutschtum. VuV 2/18 (1930), 99; auch in der Volkskunst wurde über den Reichsverband berichtet; in: O.V.: Katholisches Auslandsdeutschtum. Vk 13 (1925), 64

[71] Vgl. zur Biographie von Ernst Laslowski (1889-1961) Schmitt-Glatz 1961

[72] Vgl. den Abschnitt „Das Heimgartenwerk", in: Pöggeler 1965, 44ff.; im Artikel von Bärtle, Josef: Eine katholische Volkshochschule im Osten. VuV 2/18 (1930), 44, wird dagegen Prof. Dr. Klemens Neumann als Gründer des Heimgartens genannt.

[73] Vgl. den Abschnitt „Grenzland-Volkshochschulheim Marienbuchen", in: Pöggeler 1965, 49f sowie Bärtle, Josef: Eine katholische Volkshochschule im Osten. VuV 2/18 (1930), 44ff.
Pöggeler gibt mit Hinweis auf eine schriftliche Mitteilung einer ehemaligen Mitarbeiterin, Frau Dr. Josepha Fischer-Erling, als Gründungsjahr 1927 und als Leiter Pfarrer Bärtle an. Dagegen gibt der o.a. Artikel der Zeitschrift den 04.01.1928 als Gründungsdatum an und nennt als Autor Josef Bärtle. Aus dem Artikel geht hervor, daß es sich dabei um einen Kleriker handelt, der offensichtlich Leiter der Einrichtung war. Ein Beispiel für die schwierige Quellenlage in diesem Gebiet, die Pöggeler im Kapitel „Das Quellenmaterial" selbst ausführlich thematisiert. Pöggeler 1965, 31ff.

Bärtle. Über die Arbeit und Entwicklung der beiden Heime berichtete die Zeitschrift wie schon ihre Vorgängerin regelmäßig.[74]

Ein umfassendes Bild zeichnete 1930 der lange Artikel von Max Gösser „Volksbildung im Auslandsdeutschtum".[75] Als Gefahrenpunkte für das Auslandsdeutschtum sah man die Urbanisierung, die die ländlich geprägten Grundelemente auflösen würde.[76] Dagegen betonte Gösser, dass ein „Volk" sich „in seinem eigenen und unwiederholbaren Wert nur erhalten kann durch die Entfaltung der völkischen Besonderheit."[77] Dazu sei ein Einsatz in folgenden Arbeitsgebieten nötig: in der Erziehung zum Volkstumsgedanken durch Familienforschung, Geschichte der Siedlungen und Erforschung und Pflege der alten Sitten und Gebräuche, die Verbreitung von deutschen Volksbüchereien, dem Volkstheater, dem Laien- und Mysterienspiel sowie der Pflege der Volkstrachten. In der Praxis sollte man auf Wanderlehrer, fahrende Gruppen, Landwochen, Heim- und Abendvolkshochschulen setzen und die neuen Arbeitsmittel des Films, der Schallplatte und vor allem das Radio nutzen.[78] All dies mit dem Ziel, „jene Deutschen nicht zu vergessen, die an erster Stelle Stiefkinder der Mutter Germania sind und nach den Brosamen lechzen, die von unserem reichgedeckten Tisch fallen."[79]

Eine Ansprache auf der VI. Reichstagung des KJMV verdeutlichte die Beziehung der Jugend zum Auslandsdeutschtum. „Deutsches Volk" wurde hier über den territorialen Raum des Staates und über den schon bekannten, diffusen Begriff des „gemeinsamen Schicksals" definiert.[80] Ausführlich wurde

---

[74] Vgl.: O.V.: Vom Heimgarten in Neiße. Vk 13 (1925), 108; Marschall, Bernhard: Sommertagung. Vk 13 (1925), 405; Neumann, Klemens: Mittelpunkte katholischer Volksbildungsarbeit, a.a.O., 432ff.; Ritter, Emil: Eine katholische Heimvolkshochschule. Vk 15 (1927), 225f.; Ritter, Emil: An die Spielscharen im Heimgarten, a.a.O., 241; o.V.: Vom Heimgartenwerk. Vk 14 (1926), 264; Ritter, Emil: Eine katholische Heimvolkshochschule. Vk 15 (1927), 225f.; Baum, Kurt: Sechste Ostdeutsche Hochschulwoche. VuV 1/17 (1929), 338ff.; Reisch, Erich: Die katholischen Volkshochschulheime. VuV 2/18 (1930), 113ff.

[75] Gösser, Max: Volksbildung im Auslandsdeutschtum. VuV 2/18 (1930), 96-104

[76] „... die Stadtsiedlungen der Deutschen ... mit ihrer ungeheuren Assimilierungs- und Nivellierungskraft", die „sehr raffinierten Methoden des sowjetischen Antichristen ... um die Grundelemente des deutschen Volkstums in Familie, Heim, erebter Wirtschaft, Eigentum Gesindewirtschaft, Religion, christlichem Ethos zu vernichten" und das „nationalisierende fremde Schulwesen." A.a.O., 97

[77] A.a.O., 97

[78] A.a.O., 99ff.

[79] A.a.O., 104

[80] Es „steht das deutsche Volk vor uns allen ... als etwas ganz Lebendiges, als eine immer neu gestellte Aufgabe, als ein immer neu gestellter Weg, als ein immer neuer Aufbruch ... Der gemeinsame Raum und das gemeinsame Schicksal führen uns zusammen. Wir leiden alle mitsammen an der gleichen Not. Erst in den letzten Jahrzehnten sind wir uns

die sechste Ostdeutsche Hochschulwoche im Heimgarten behandelt und die Referate „Charisma des Ostens", „Der ferne Osten und das Schicksal Europas", „Die Deutschen als Träger politischer Ideen im Südosten" sowie die „Volkspolitische Lage Schlesiens" in ihren Inhalten wiedergegeben.[81] Als „besondere Gefahrenstelle Schlesiens" sah man dessen geographische Lage „als Keil zwischen dem slawischen Volksboden der Polen und Tschechen", wobei der Referent „als Sudetendeutscher ... bei allen politischen Erwägungen vom volkspolitischen Standpunkt ausging, ... daß Volksgrenzen nur von einem seßhaften Bauerntum gehalten werden können."[82] Eine Aussage, an die in fataler Weise die „Volkstumspolitik" des Nazismus in der Siedlungs- und Grenzpolitik in den im Zweiten Weltkrieg okkupierten Gebieten anknüpfen konnte.[83]

In einem Bericht über die bereits erwähnte Grenzland-Volkshochschule Marienbuchen wurde die Konzeption der Schule dargestellt.[84] Inhalte der Arbeit waren „die Pflege der Religion, des Staatsbürgergedankens und des Heimatgedankens".[85] Der Staatsbürgergedanke wurde dabei allein durch „die Gesetze des Gemeinschaftslebens"[86] gefüllt. Im Sinne des organischen Denkens baut sich diese Gemeinschaft „aus dem Geiste der Treue, der Hingabe und Opferfreudigkeit auf".[87] Für besonders wichtig wurde es gehalten, dass der einzelne sich als „Glied dieser Gemeinschaft" verstand, der „Opfer und Pflichten" auf sich nehmen musste und darin seine „gewaltige Bereicherung und Erhöhung" erleben konnte.[88] Der Heimatgedanke wurde mit dem Ziel behandelt, „die Heimat zu lieben und Opfer für die Heimat zu bringen".[89] Durch die Auseinandersetzung mit der Geschichte der Ostgebiete sollten diese Gebiete als urdeutsch erkannt werden. Die Weichsel wurde zur alten Grenze des

---

ja bewußt geworden der Millionen Deutscher, die nicht im gleichen Staatenraum leben und mit uns stehen, die aber deutsch sind, deutsch fühlen und deutsch denken. Wir grüßen sie alle als deutsche katholische Jungmannschaft. Mitsammen wollen wir zu einer Deutschheit, wie die alten Deutschen sagten, wachsen und alle die Nöte des Grenzdeutschtums und des Binnendeutschtums gemeinsam tragen." O.V.: Der Ruf der Jugend zum Volkstum. VuV 4/20 (1932), 29

[81] Baum, Kurt: Sechste Ostdeutsche Hochschulwoche. VuV 1/17 (1929), 338ff.
[82] A.a.O., 340
[83] Vgl. das Kapitel ,'Erziehung' als Element rassistischer „Volkstumspolitik" am Beispiel des okkupierten Polen", in: W. Keim 1997, 186ff., mit weiterführenden Literaturangaben zum „Generalplan Ost"
[84] Bärtle, Josef: Eine katholische Volkshochschule im Osten. VuV 2/18 (1930), 44ff.
[85] A.a.O., 46
[86] A.a.O., 47
[87] A.a.O.
[88] A.a.O.
[89] A.a.O., 48

deutschen Siedlungsraumes deklariert.[90] Zu diesem Zweck unternahm man auch Studienfahrten, um ein anschauliches Bild dieser „deutschen" Gebiete zu bekommen. Auch in den folgenden Jahren dachte man wieder über „Siedlungsmöglichkeiten für deutsche Bauern im Osten" nach.[91]

Weitere Artikel berichteten über die Erwachsenenbildung in Ungarn,[92] den Zusammenhang von flämischem und deutschem Volkstum,[93] die besondere wirtschaftliche Notlage der Auslandsdeutschen,[94] das katholische Buch im Dienste des Auslandsdeutschtums,[95] einen „Grenzlandabend" auf der Generalversammlung des KDF mit einem Vortrag zum Thema „Die religiösen Grundlagen unserer Treue zum Volk und Volkstum",[96] man besprach die Theaterstücke „Der Todesweg", „Grenzmark" und „Der Held an der Grenze"[97] und informierte über die Arbeit und Veröffentlichungen des „Reichsverbandes für das katholische Auslandsdeutschtum".[98]

---

[90] „Wie horchen die jungen Leute auf, wenn man ihnen erzählt, daß zur Zeit des Kaisers Augustus die Weichsel als Ostgrenze des Germanenlandes gegolten hat, daß erst nach der Völkerwanderung slawische Stämme kampflos in das von Germanen verlassene Land zwischen Elbe und Weichsel eingedrungen sind, wie horchen sie auf, wenn man ihnen davon erzählt, daß die Deutschen im 13. und 14. Jahrhundert das große kolonisierende Volk des Ostens gewesen sind." A.a.O., 48

[91] Bärtle, Josef: Volksbildnertagung. VuV 3/19 (1931), 56

[92] König, Anton: Deutsche Volksbildungsarbeit in Ungarn. VuV 3/19 (1931), 177ff.

[93] Drenker, Alex: Flämisches und deutsches Volkstum. VuV 3/19 (1931), 321ff.; o.V.: Rezension von „Dr. Lilli Sertorius: Literarisches Schaffen und Volkstum in Flandern. (1890 bis 1930). Verlag: Das deutsche Volk, GmbH., Berlin-Karlshorst. 116 Seiten. 3,60 RM." VuV 5/21 (1933), 74f.

[94] Kreuzberg, P.J.: Rundfunk und ländliche Volksbildung. VuV 4/20 (1932), 86ff.

[95] O.V.: Das katholische Buch im Dienste des Auslandsdeutschtums. VuV 5/21 (1933), 149

[96] Hopmann, A.: Frauenarbeit und Volksbildung. VuV 3/19 (1931), 369f.

[97] Mayerhausen, Karl: Eine Auslese neuer Zeitspiele. VuV 3/19 (1931), 280ff. Das Stück „Der Todesweg" handelt als Drama „aus Rußlands notvoller Gegenwart" vom „unerbittlichen Kampf Sowjetrußlands gegen Glaube, Heimat, Erbrecht und Eigentum" in einem deutsch-russischen Bauerndorf; im Stück „Grenzmark" verhindert „deutsche Treue" die Entfremdung eines Herzogs von seinem Volk; im Stück „Der Held an der Grenze", einem „Jungtiroler Zeitspiel", widersetzt sich ein „echter Tiroler Bauernsohn voll heißer Heimatliebe" unter Einsatz seines Lebens der „zwangsweisen Aushebung zum italienischen Heer".

[98] J.M.W.: Rezension „Jahrbuch des Reichsverbandes für die katholischen Auslandsdeutschen 1929/30. 328 Seiten, mit 3 Bildtafeln. 8,40 RM" VuV 3/19 (1931), 319f.; o.V.: Rezension „Dr. Richard Csaki: Deutscher Wegweiser. Grenz- und auslanddeutsches Reisehandbuch. Bernhard & Graefe, Berlin-Charlottenburg. 552 Seiten" VuV 5/21 (1933), 34f. Voll Anerkennung beginnt die Besprechung: „Eine glänzende Idee ist verwirklicht worden: ein Baedeker durch das Deutschtum in ganz Europa. Die Art der Durchführung ist höchsten Lobes würdig."

Als Fazit lässt sich zu den Begriffen „Volk" und „Volkstum" festhalten, dass „Volk" als „seelisch-emotionale Gemeinschaft" die große Linie ist, die sich durch das Durcheinander und die Vielfalt des Begriffes hindurchzieht. Aufgrund der einheitlichen Ablehnung eines rationalen Verständnisses konnte dieser Terminus kein soziologischer Ordnungsbegriff sein, erst recht kein gesellschaftlicher oder staatstheoretischer Begriff.[99]

Ein Konglomerat von diffusen Inhalten und ein Pathos neu-romantischer Ideen bestimmen die Vorstellungen. Ein solcher Volksbegriff entzieht sich einem analysierenden Verständnis. Er ist schwer fassbar und ebenso wie seine näheren Bestimmungen unlogisch aufgebaut. Letztlich ist diese Widersprüchlichkeit nicht ganz durchschaubar. „Volk" wird als eine Art von Ziel- und Leitbild für menschliches Zusammenleben betrachtet, in das moralisch-ethische Normen einfließen.

Wie anfällig solche unklaren Vorstellungen sind, zeigt die Entwicklung des Begriffes. Die Besinnung auf die „realen Gemeinsamkeiten" führte schließlich zu den verhängnisvollen Allgemeinheiten von Sprache und Boden und letztlich von Blut und Rasse. „Volk-sein" und „Volk-heit" werden damit zu menschlichen Eigenschaften und vermischt mit rassistischem Gedankengut schließlich Kriterien für ein gültiges Menschsein überhaupt.

Der ebenso fragwürdige Begriff des „Volkstums" wurde in der Zeitschrift damit zum höchsten Prädikat und Sammelbegriff aller „echten" Kulturgüter. Im Sommer 1933 wusste man sich dann im langjährigen Einsatz für das deutsche „Volkstum" durch die Machtübernahme des Nazismus, durch „die deutsche Revolution", am Ziel.[100]

Sontheimer resümiert zu diesem Begriff: „Die Idee des Volkes ist der zentrale politische Begriff der antidemokratischen Geistesrichtung."[101] Er zählt ihn zu den wesentlichen „Topoi", die sich durch die gesamte antidemokratische Literatur ziehen. Dabei kommt diesen Begrifflichkeiten eine große Bedeutung

---

[99] Vgl. zur Wertung der Begrifflichkeiten „Volk" und „Volkstum" auch Niggemann 1967, 266ff. sowie Benning 1970, 133ff. und 176ff.

[100] „Endlich" mussten „'das heilige deutsche Theater jüdischer Nation', Operettenkultur, Literaturklüngel, Schlagerrevue, ... Geistesakrobatik und seelische Degeneration volkhaftem Spiel, volkhafter Dichtung und lebenbejahendem Willen zur neuen Volksbildung als einer Sinnrichtung der Volkwerdung" weichen. ZBA und Schriftleitung: Dank an Emil Ritter. VuV 5/21 (1933), 114

[101] Sontheimer 1983, 250; zum Einfluß der völkischen Denkmuster vgl. auch das Kapitel „Die Grundlagen völkischen Denkens", in: Mosse 1991, 21ff.

zu, „sie sind verbale Symbole politischer Mythen, sind Leitideen, die zur Vision werden und die politische Tat beflügeln."[102]

In den Begriffen „Volk" und „Volkstum", wie sie in der Zeitschrift verwandt und inhaltlich gefüllt wurden, finden sich alle Elemente, die für das völkisch-antidemokratische Denken der Weimarer Republik wesentlich sind: die Garantie der nationalen Einheit, das Gesetz des Organischen und schließlich die Mächte der Tradition und Geschichte. Denn das wahre Objekt der Geschichte sind in diesem Gedankengang nicht Menschen, Staaten oder Zeitalter sondern die Völker; im „Volk" vollzieht sich alles geschichtliche Leben. Selbst die nationalstaatliche Ordnung, die im Versailler Vertrag die Volksgrenzen zerschnitten hat, bleibt vor einem solchen Volksbegriff reaktionär und rückständig. Hier liegt auch die Wurzel für die ständige Betonung des „Grenz- und Auslandsdeutschtums". In der völkischen Ideologie lag ein Revisionismus und zugleich ein Imperialismus, die deutschen Volksgrenzen sollten (wieder) zu den eigentlichen Staatsgrenzen werden.

Es wirft ein bezeichnendes Licht auf die katholische Erwachsenenbildung, dass sie sich voll in diese antidemokratischen Gedankengänge hineinstellte.

---

[102] Sontheimer 1983, 244

cc) Nationaler Katholizimus

Hat bereits die Untersuchung der Begrifflichkeiten „Volk" und „Volkstum" deutlich gemacht, dass im Terminus des „Corpus christi mysticum" theologische Begrifflichkeiten und religiöse Vorstellungen unreflektiert in den gesellschaftlichen Bereich übertragen wurden, so findet sich in der Zeitschrift ein weiteres Charakteristikum in der Betonung des Nationalen und einer damit einhergehenden sprachlich-religiösen Überhöhung des Volkes, des Nationalen und des Deutschtums.

Nach zehn Jahren „Volkskunst" wollte Ritter 1923 in Anlehnung an die Terminologie der Dreifaltigkeit aus der „heiligen Dreiheit ‚Volkstum, Religion und Kunst'", die ihm aus dem „farbenübersättigten Gedankenmosaik" des Rembrandtdeutschen „entgegenleuchtete", das Programm des Blattes gestalten.[1]

Seidenfaden sah im Volk „eine Fülle von Heiligtümern, die mir als Symbole schöpferischer Urkraft meines Volkes Schicksal und Sendung offenbaren"[2] und verstand unter diesen „Heiligtümern" „die naive Fülle und Echtheit der Märchen, Sagen und Legenden".[3]

In einem Gedicht „Den Gefallenen von Langemarck"[4] wurde für Seidenfaden das Kriegsgräberfeld zum „Altar", übernahm das Volk priesterliche Funktionen, verknüpfte man den Gedanken der Auferstehung mit der „Wiedergeburt" des Volkes, um sich schließlich an diesem Altar die Hände zu reichen und den Schwur zu leisten: „So schwören wir und reichen uns die Hände: Ein Blut, ein Volk, ein Gott im neuen Reich! ... Ein neues Volk – im Opfergeist der Jungen! Wohlan: Dies sei der Dank an Langemarck!"[5]

Die Sprache als ein verbindendes Element des Volkes wurde zum „Heiligtum", zum „goldenen Schlüssel", der die „Tore öffnet zu der Volkheit hohen Dom."[6] und damit wurde auch das Volk selbst heilig, wenn der einzelne nur richtig ergriffen war von der Sendung dieses Volkes.[7]

---

[1] Ritter, Emil: Zum zweiten Jahrzehnt. Vk 11 (1923), 3
[2] Seidenfaden, Theodor: Von unsern Märchen, Sagen und Legenden. Vk 12 (1924), 1
[3] A.a.O., 2
[4] Seidenfaden, Theodor: Den Gefallenen von Langemarck (21. Okt. 1914). VuV 1/17 (1929), 51ff.
[5] A.a.O., 53
[6] Seidenfaden, Theodor: Vom guten Buche. Festansprache zur Eröffnung einer Jugendbuchwoche. VuV 1/17 (1929), 47
[7] „Heilig ist Dein Volk, wenn Du wahrhaft Deutscher bist, wenn in Dir Dein Volk die Sendung lebt, die uns allen eingeboren ist." A.a.O., 50

Der Rhein war in dieser Terminologie ein „heiliger Strom", an dem das Volk „ein neues Reich gestalten" wollte. Als „heiliger Fluß" wurde er gebeten, dieses Reich „deutsch und frei" zu erhalten.[8]

Schließlich kam es sogar zu einer mystisch-sakramentalen Verschmelzung des Einzelnen mit dem Volk. In der Zeit nach der Niederlage im Ersten Weltkrieg wurde diese Verbindung als Aufgabe der katholischen Intelligenz gesehen.[9] Zur Sommersonnenwende 1931 bot man einen „Feuerspruch an junge Menschen" an, in dem das Feuer mit dem Attribut „heilig" belegt wurde. [10] Letztlich bemühte man biblische Bilder, um deutlich zu machen, dass Gott selbst aus dieser Flamme sprach.[11] Die Heiligkeit dieser Flamme hatte für den Einzelnen und die Gemeinschaft eine reinigende Funktion, die zur „Seligkeit" führen konnte, wenn man selbst bereit war, sich gleich einer „lodernden Flamme im Dienste der Gemeinschaft selig zu verzehren.[12] Der Text endete mit apokalyptischen Bildern.[13]

Ausgehend von einer Verehrung der Helden und Heiligen des Volkes, suchte man auch für die aktuelle Zeit „große Menschen: denn in ihnen wird deutsches Wesen, deutsche Seele und deutsche Sehnsucht lebendig, wirklich, volkhaft."[14] Das deutsche Volk war das „auserwählte Volk", Gott selbst hatte mit ihm einen religiösen Bund geschlossen, hatte einen „glühenden Funken" in dieses Volk gelegt, der nun brannte, als „das heilige Feuer deutschen

---

[8] Seidenfaden, Theodor: Der heilige Strom. Eine Feierstunde, rheinischem Jungvolk gewidmet. VuV 1/17 (1929), 306ff.
In ähnlicher Weise wurde dies auch schon 1919 ausgedrückt: „Wer sich aber auf die Anatomie der Gefühle verstände, der würde vermutlich finden, daß in dem Namen des Rheins etwas Heiliges, etwas Heimatliches liegt ...", Simrock, Klaus: Der Rhein. Vk 8 (1920), 1

[9] „Dies ist die Stunde, in der wir für Deutschland bluten, in der wir aber auch mit sterbenden Lippen geloben, Deutschland geistig zu ehelichen und unsere Kultur, unsere Eigenart, unsere Gedanken in seine große Seele hineinzutragen ...". Zitiert wurde hier ohne nähere Angabe Karl Sonnenschein, in: Grosche, Robert: Karl Sonnenschein, der Mittler. Ein Gedenkwort. VuV 1/17 (1929), 67f.

[10] „Feuer, wir nennen dich heilig. Flamme, du bist uns Fahne und Symbol!" Das Feuer wurde „das Bild der heiligen Flamme, die wir in uns selbst tragen!" Arndt, Willy: Die heilige Flamme. Ein Feuerspruch an junge Menschen. VuV 2/18 (1930), 150f.

[11] „Aus der Flamme aber in unserer Brust spricht das Göttliche unseres Wesens. Gottes Stimme droht und benedeit aus dem brennenden Dornbusch der Seele." A.a.O., 150

[12] A.a.O.

[13] „Unsere gläubige Schar marschiert in den aufsteigenden Tag! Mit uns zieht die neue Zeit! Und die Flamme, die heilige Flamme ist unsere Fahne!" A.a.O., 151

[14] Zitiert wurde hier aus der Rede „Katholische Jungmannschaft im Deutschen Volk und Reich" des Reichsführers der Sturmschar, Franz Steber, auf der 6. Reichstagung des KJVM in Trier, in: o.V.: Ruf der Jugend zum Volkstum. VuV 4/20 (1932), 28f.

Volkseins" und schließlich zur „wundersamen, beglückenden Erkenntnis" wurde, „eigentlich keine Erkenntnis zu nennen, sondern ein Erschauen und Erfühlen, dass wir sind von Gottes Gnade deutsches Volk!"[15]
Am Schluss wurde sogar die „Machtergreifung" und die „neue Zeit" des Nazismus als „heilige" Zeit hochstilisiert, in welche die katholische Erwachsenenbildung wie zu einem Gebet mit „gefalteten Händen" hineinging.[16]

Es kann sich hier kaum um Zufälligkeiten oder sprachliche Entgleisungen handeln. Dass man auf die Verwendung religiöser Begriffe achtete, wird in einer Rezension eines Artikels über den Rundfunk[17] deutlich, wo einer der Herausgeber, Robert Grosche, die Übertragung religiöser Begrifflichkeiten in profane Zusammenhänge strikt ablehnte.[18] Im Bereich des Nationalen hatte man dagegen keine Bedenken, „heilige" Worte und Begriffe zu verwenden. Heute klingt dies merkwürdig befremdend; eine Deutung lässt sich allein durch eine einseitige Betonung des Nationalen und die Orientierung an Vorstellungen des „sacrum imperium" des Mittelalters mit seiner Verbindung von Kirche und Reich, Glaube und Welt und dem Leitbild des „Heiligen römischen Reiches deutscher Nation" finden.[19]

---

[15] Zitiert wurde hier aus der Ansprache von Dr. Nattermann, in: o.V.: Durch Gottes Gnade – deutsches Volk! Leuchtende Worte vom 1. Deutschen Gesellentag in München. VuV 5/21 (1933), 117

[16] „Siehe, wir sind bereit,
Tragen den Gürtel um unsere Lenden,
Schreiten mit gefalteten Händen
Mitten hinein in die heilige Zeit.
Lasset uns aufbrechen!"
Reisch, Erich: Katholische Volksbildungsarbeit im neuen Deutschland. VuV 5/21 (1933), 117

[17] In seinem Aufsatz „Ethische Werte durch Rundfunk und Schallplatte", veröffentlicht in der Zeitschrift „Neues Reich", Nr. 52 vom 18.09.1929, hatte der Autor Paul A. Schmitz von Schallplatte und Rundfunk als „Segen des Himmels" und der Bedeutung der Familie, die auf dem „Altar der Arbeit, der Zerstreuung, der Vereine" geopfert wird geschrieben.

[18] „Diese Apologie ist nicht nur lächerlich, sondern sie wird durch den Mißbrauch geheiligter Worte und Begriffe geradezu blasphemisch. So etwas darf sich in einer angesehenen katholischen Zeitschrift austoben ..." Grosche, Robert: Eine mißglückte Apologie des Rundfunks. VuV 1/17 (1929), 329f.

[19] So urteilt Götz von Ohlenhusen: "Religion wurde zur Weltanschauung, in der Realität und religiöse Phantasien sich zu totalitären Zukunftsvisionen eines christlichen Großdeutschen Reiches verbanden." Götz von Ohlenhusen 1987, 134; in ähnlicher Weise auch im Kapitel „Typische jungkatholische Weltbilder", in: Pahlke 1995, 322ff. Vgl. zum theologischen Hintergrund der Reichsidee die ausführliche Darstellung in Breuning 1969, 291ff. sowie zum Verhältnis von Religion und Nationalismus Altgeld 1992, 9ff. Entwicklungen über den Begriff der „Nation" in konfessionellen Lexika stellt Steinmetz

In dieser Vision des Reiches war das Volk als Nation endlich wieder vereint. Als nationale Größe musste das deutsche Volk eine Einheit bilden, von einem einheitlichen Willen getragen, von einem verbindlichen historischen Bewusstsein bestimmt werden. Die damit einhergehende Überhöhung des Volkes im Nationalen ließ das Leitbild und die Hoffnung deutlich werden, dass das zerrissene und gespaltene Volk nun schließlich wieder auf dem Wege sei, Nation zu werden.

Der Begriff des Nationalen diente in der Weimarer Republik als ablehnende Sammelbezeichnung des Parteienstaates. Er beinhaltete zugleich die Überwindung des die Nation spaltenden Parlamentarismus und seinen Ersatz durch eine einheitliche Führung in einem einheitlichen Staat. Gesucht wurde nicht die Einheit im Sinne der demokratischen Verfassung. National zu sein bedeutete in der Weimarer Republik eine prinzipielle Frontstellung gegen alles, was diese Republik ausmachte. Dadurch hatte der nationale Gedanke einen verhängnisvollen Einfluss auf das politische Leben der Republik.

2001 dar. Eine umfassende Übersicht zum nationalen Denken im Katholizismus der Weimarer Republik bietet Richter 2000.

dd) Die Vision des Reiches

In besonderer Weise pflegten bereits seit der Anfangszeit der Weimarer Republik Teile des katholischen Milieus und der katholischen Erwachsenenbildung eine Vision des Reiches, die sich am Bild des „Heiligen römischen Reiches deutscher Nation" orientierte.

Es waren drei unterschiedliche Generationen, die im katholischen Milieu ihren jeweils spezifischen Anteil an der Entwicklung und Verbreitung dieser Reichsideologie hatten. Zuerst eine ältere Schicht, die ihre Prägung schon vor 1914 ausgebildet hatte und sich am Wilhelminischen Kaiserreich orientierte, dann eine mittlere Schicht, der vor 1900 Geborenen, bei der in jungen Jahren das Kriegserlebnis des Ersten Weltkrieges an der Front oder in der Heimat sowie die Niederlage und der Zusammenbruch von 1918 tiefe Eindrücke hinterließen und schließlich die jüngere Generation, deren religiöses und politisches Bewusstsein sich in den Jahren der Weimarer Republik bildete, und die zum großen Teil durch die katholische Jugendbewegung geprägt wurde.[1] Vor allem für den Bereich der katholischen Jugendbewegung ist diese Reichsideologie in den vergangenen Jahren näher untersucht und dargestellt worden.[2] Auch für die beiden älteren Generationen liegen einige weiterführende Studien vor.[3]

Zusammenfassend gibt Breuning, bei allen Schwierigkeiten, das Verständnis des Reichs-Begriffes summarisch darstellen zu können, den Versuch einer Definition, indem er die Reichsideologie als „aus der historischen Rückblende gewonnene Gegenwartsinterpretation" und zugleich als „gedanklichen Zukunftsentwurf" charakterisierte.[4] Da der Nazismus durch seine Terminologie

---

[1] Breuning 1969, 81ff.

[2] Für den Bereich der katholischen Jugendbewegung wird die Problematik dieser Idee in folgenden Werken behandelt: Beilmann 1989, 187ff.; Götz von Ohlenhusen 1987, 132f.; Pahlke 1995, 323ff.

[3] Vgl dazu die Kapitel „3.1.5 Der Reichsgedanke" [der „Schöneren Zukunft"], 216ff., sowie „3.3.8 Der Reichsgedanke des „Hochlands", 285ff., „3.4.1.5 Die Reichsideologie der „Gelben Hefte", 305ff., in: Schelonke 1995; das Kapitel „Die Vision des Reiches", in: Sontheimer 1983, 222ff.; das Kapitel: „Die Illusion von einer neues Staats- und Gesellschaftsordnung", in: Küppers 1975, 83ff.; das Kapitel „Die Reichsidee", in: Clemens 1983, 104ff.

[4] „Reichsideologie wird verstanden als aus der historischen Rückblende gewonnene Gegenwartsinterpretation. Sie steht für die Überzeugung, daß die geschichtliche Gegebenheit des mittelalterlichen Reiches über den Untergang dieses Reiches hinweg die schlechthin gültige oder zumindest auch im 20. Jahrhundert noch mögliche politische Existenzform der Deutschen sei. ... Reichsideologie ist zugleich aber auch gedanklicher Zukunftsentwurf, Ausdruck dessen, was man erstrebt und zur Wirklichkeit machen möchte." Breuning 1969, 17

des „Dritten Reiches" versuchte, sich in die Tradition der deutschen Reiche zu stellen und mit der Vision des „Tausendjährigen Reiches" als Vollender dieser Reichsidee propagierte, liegt hier eine Affinität der Gedankenstränge und Ideen nahe.

Der langjährige Schriftleiter Emil Ritter gehörte zu den bedeutenden katholischen Vertretern der Reichsidee;[5] so bietet es sich an, die Zeitschrift auch im Hinblick auf diesen Themenkomplex intensiver zu untersuchen.

Insgesamt wurde die Thematik des Reiches eher verhalten behandelt. Spuren dieser Reichsideologie lassen sich in der Zeitschrift zunächst im Material der Werkblätter, die als Vorlage für Bildungsabende gedacht waren, finden. Der Jahrgang 1929 bot umfangreiches Material für einen Italienabend,[6] „das Land unserer Sehnsucht", zu dem es die „Nachkommen der ruhelosen Germanen" trieb. Wichtig war dabei, die Reiseeindrücke „durch das Aufzeigen der historischen Beziehung ... über das Zufällige und rein Subjekte zu erheben"[7] Die Zusammenstellung der Titel verdeutlichte das Bild der abendländischen Einheit von Kirche und Kaiserreich.[8]

Auch im folgenden wurde der Reichsgedanke indirekt aus den behandelten Themen deutlich. Über mehr als zwanzig Seiten breitete man die Parzival-Legende als „mystische Verkörperung der ewigen Sehnsucht deutschen Wesens"[9] aus[10] und widmete sich zum 700. Todestag Walther von der

---

[5] Vgl dazu die Ausführungen im nachfolgenden Kapitel in dieser Arbeit.
[6] VuV 1/17 (1929), 107ff. und 182ff.
[7] Ritter, Emil: Das Land unserer Sehnsucht. Eine Auslese. VuV 1/17 (1929), 107
[8] Aufbruch der Langobarden
Karl der Große in Verona
Papst und Kaiser in Venedig
Reichswacht in der Lombardei
Friedrich Babarossa in Mailand
König Enzio in Bologna
A.a.O., 108ff.

Die Kuppel von St. Peter
Konradin
Der Tod des letzten Hohenstaufen
Die Deutschen in Italien
Heimkehr aus Süden
VuV 1/17 (1929), 165ff.
[9] Ritter, Emil: Gestalten deutscher Dichtung: Parzival. VuV 2/18 (1930), 233
[10] A.a.O., 233ff.

Vogelweide als „bedeutendstem deutschen Minnesänger".[11] Man stellte Joseph von Eichendorff mit seinen Werken als „letzten Ritter der Romantik"[12] dar[13] und behandelte Elisabeth von Thüringen zum 700. Todestag trotz ihrer ungarischen Abstammung als „deutsche Nationalheilige".[14] Ein Theaterstück „Der Reichssucher" wurde rezensiert.[15] Schließlich lobte man das Buch „Das Reich" von Theodor Seidenfaden als „Sinndeutung deutschen Schicksals".[16]

Blieb die Auseinandersetzung mit der Reichsidee in der Zeitschrift eher verhalten, so hinderte dies nicht daran, sich im Sommer 1933 durch Zitate „an der Schwelle einer neuen Zeit mit zu den Erweckern dieser Reichsidee" zu zählen.[17]

Die Problematik dieser Reichs-Idee liegt vor allem darin, dass sie in ihrer Interpretation politischer und soziologischer Tatsachen Teilaspekte in unzulässiger Weise idealisiert, systematisiert und zu universeller Geltung erhebt. Eine spezifisch katholische Variante ist die Überhöhung dieser Idee durch eine Vermischung mit dem theologischen Bereich. Historisch gewordene und deshalb variable religiöse Kategorien und Ordnungsbegriffe werden unbesehen mit Aussagen der Offenbarung in Verbindung gebracht. Gerade in dieser sehr problematischen Vermischung objektiver theologischer Elemente mit

---

[11] Ettl, Johannes: Walther von der Vogelweide 1230-1930. Ein Dichterabend. VuV 2/18 (1930), 133ff.
Walther von der Vogelweide wurde charakterisiert als Mann, dem „vor allem das Ansehen oder auch die Not des deutschen Reiches, seines Vaterlandes und die Ehre des Kaisers am Herzen lag." Ettl, Johannes: Walther von der Vogelweide. Vortragsentwurf. VuV 2/18 (1930), 144

[12] O.V.: Joseph Freiherr von Eichendorff. VuV 2/18 (1930), 201

[13] A.a.O., 198ff

[14] „... als Fleisch von unserm Fleische, Blut von unserm Blute, als Gloria Teutoniae, Ruhm Deutschlands und Freude Germaniens ... als deutsche Nationalheilige", deren Schicksal als „entthronte Fürstin des Thüringer Landes ... dem augenblicklichen Schicksal [des deutschen Volkes] so ähnlich ist." Zentgraf, Richard: Elisabeth, Der Ruhm Deutschlands. Zweite Auslese für Elisabethfeiern. Vorbemerkung. VuV 3/19 (1931), 105ff.; 136ff.; 163ff.

[15] Ein Theaterstück, in welchem ein „junger Mensch ... begeistert von seinen Idealen und Hoffnungen ... von allen mißverstanden und abgelehnt" mit der Erkenntnis stirbt „Das Reich ist, wo wir opfern!" O.V.: Rezension von „Der Reichssucher. Ein Spiel in einem Aufzug von Ludwig Hugin" VuV 3/19 (1931), 358

[16] Vgl.: Ritter, Emil: Umbruch der Volksbildung. VuV 5/21 (1933), 46

[17] Man verwies darauf, dass die deutschen Katholiken am besten wissen, „daß Kulturkampf und parlamentarisches, koalitionsmäßiges Denken nur kurze Episoden unserer tausendjährigen Geschichte sind, daß aber der Gedanke um die Aufgabe des Reiches eine tausendjährige Gestaltungskraft in uns gewonnen hat." O.V.: Durch Gottes Gnade – deutsches Volk! Leuchtende Worte vom 1. Deutschen Gesellentag in München; zitiert wird hier aus der Ansprache von Papens; in VuV 5/21 (1933), 119

anfechtbaren historischen Deutungen und fragwürdigen politischen Zielen lag die Überzeugungskraft, aber auch die ideologisch-theologische Zwielichtigkeit und Gefährlichkeit dieser Idee.

Zwar weiß Sontheimer die katholische Deutung der Reichsidee „relativ frei von imperialistischen Expansionsgelüsten"[18] und spricht in diesem Denken von einem „sehr starken föderalistischen Element",[19] doch bleibt diese Reichsvision der exakte Gegenentwurf „zu dem aus der Französischen Revolution herrührenden nationalen Staatsgedanken".[20]

Allein der Verweis darauf, dass es sich bei den katholischen Vorstellungen vom Reich um ein religiös geprägtes föderatives Gebilde handelte, hat, wie die Zitate von Papens in der Zeitschrift deutlich machen,[21] diese Vision nicht vor Übertragungen, Missverständnissen und Fehlinterpretationen bewahrt. In diesem „Dritten Reich" konnte die Hoffnung auf eine Symbiose des Deutschen mit dem Christlichen wieder Wirklichkeit werden.

Damit bot die Vision des Reiches in vielfältiger Hinsicht Anschlussmöglichkeiten an die nazistische Ideologie.[22]

---

[18] Sontheimer 1983, 225
[19] A.a.O., 225
[20] A.a.O., 225
[21] Vgl. die Ausführungen in Anmerkung 17 in diesem Abschnitt der Arbeit.
[22] Vgl zu dieser Einschätzung auch das Fazit in Breuning 1969, 320f.

ee) Menschliche Obrigkeit als Abglanz der göttlichen Autorität

Der erste Artikel der Weimarer Verfassung vom 11.08.1919 besagte: „Die Staatsgewalt geht vom Volke aus."[1] Für die deutschen Katholiken war dies nach den Jahrhunderten der Monarchie nur schwer umzusetzen. Die katholische Antithese hieß: „Alle Gewalt geht direkt von Gott aus!" und damit auch die von ihm gesetzte Autorität, die diese Gewalt wahrnimmt. Jede weltlich-menschliche Autorität ist auf diese Weise ein Abbild der göttlichen Ordnung.[2] Unter den katholischen Bischöfen war ein exponierter Vertreter dieser Thesen der Erzbischof von München und Freising, Michael Kardinal von Faulhaber.[3] Der Vorsitzende der Freisinger Bischofskonferenz, zeitlebens geprägt vom Bayern der Vorkriegszeit, fand kaum zu einer „sachgerechten Einschätzung der kirchlichen Aufgaben und Möglichkeiten in der Republik".[4] Im Fastenhirtenbrief 1920 sprach er vom königlichen-autoritären Aufbau der Kirche und diffamierte das demokratische Denken.[5] Handeln die Ausführungen zunächst von der Kirche, so übertrug Faulhaber diese Gedanken beim Deutschen

---

[1] „'Schon die Fassung des ersten Artikels der neuen Verfassung wird zum Stein des Anstoßes ...'. Es müßte betont werden, „daß der Wortlaut der katholischen, ja überhaupt der christlichen Lehre diametral entgegengesetzt ist, denn in Wahrheit hat die Staatsgewalt ihren Ursprung nicht im Volk, sondern in Gott. Der Artikel 1 ist somit Irreführung und unwahr, er raubt Gott die Ehre, die ihm als einzigem wirklichen Machthaber gebührt – solches Tun aber nennt man mit Recht sakrilegisch. ... Das Prinzip der Volkssouveränität ist in Weimar der Verfassung im ersten Artikel eingefügt, der Staat ruht nicht mehr auf christlicher Grundlage." Hildebrandt 1974, 69

[2] Rosenberg, A.J.: Zeitlage und kirchliches Leben im Jahre 1919/20, in: KHB 9 (1919/1920), 109f.

[3] Vgl. zur Biographie Faulhabers (1869-1952) die Ausführungen in: LThK³, Bd. 3, 1197; ausführlicher in Morsey 1973, 101ff, sowie Volk 1975, XXXIff.

[4] Hürten 1992a, 352f. Abb 2; in ähnlicher Weise urteilt auch Volk: „Wie wenig der Stachel des Selbsterlebten den Kardinal zum kritisch-konstruktiven Überdenken vorgefundener Schemata bewegen konnte, wurde in der Zäsur von 1945 deutlich. Als der verfassungspolitische Neubeginn zu konzipieren war, hatte Faulhaber nichts anderes zu empfehlen als eine christliche Ständeordnung wie Ketteler und Quadragesimo anno. Nach den drastischen Lehrstücken unkontrollierten Machtgebrauchs, wie sie die Schreckensherrschaft Stalins in der Ferne und die Hitlers in der Nähe vorexerziert hatten, was das ein Fazit von bedenklicher Dürftigkeit." Volk 1975, LXXX.

[5] „Die Kirche hat ohne militärische Machtmittel als Hierarchie von Gottes Gnaden die Umwälzungen von 1900 Jahren überstanden und wird ihren monarchischen Grundcharakter bis zum Ende der Zeiten bewahren. Die päpstliche Tiara wird alle Königskronen und Kaiserkronen der Weltgeschichte überdauern. ... Kinder des 20. Jahrhunderts, ihr habt vom Taumelwein des demokratischen Gedankens getrunken, aber ihr kennt weder die Schrift noch die Kraft Gottes. Der Primat ist eine Einrichtung Gottes und darum über zeitgeschichtliche Wandlungen hinausgehoben." Zitiert nach Denzler 1984c, 13

Katholikentag in München im August 1922 in den gesellschaftlich-politischen Bereich.[6]

Ebenso war das Verhalten der Päpste für diesen Zeitraum von einer Ablehnung der Volkssouveränität und der modernen Freiheiten gekennzeichnet.[7] Deutlich wurde dies sogar im liturgisch-religiösen Bereich, in dem Papst Pius XI. mit der Enzyklika „Quas primas" im Jahre 1925 das Christkönigsfest einführte.[8] Es liegt in der Linie der Ablehnung der demokratischen Gedanken, wenn ausgerechnet in dieser Zeit der Aspekt des Königtums Christi in einer solchen Weise betont wurde. Dies führte vor allem zu einer ablehnenden Haltung des Klerus gegenüber der Weimarer Republik.[9]

Im politischen Raum zeigen Analysen der Wahlergebnisse, dass das katholische Milieu in dieser Zeit mit knapp 60 Prozent der abgegebenen Stimmen die katholische Partei, das Zentrum, wählte.[10] Doch führte die Erosion des katholischen Milieus und die aktive Mitarbeit der Partei in der Weimarer Republik zu einer Abwendung der Wähler.[11] Die alten Leitbilder und Deutungsmuster wirkten weiter. Aus jahrzehntelanger Erfahrung meinte man zu wissen, wo der Feind stand: Warum musste die Zentrumspartei als Hüterin sämtlicher christlicher Prinzipien manches wenig befriedigende Gesetz mittragen? Warum musste man dem Vertrag von Versailles zustimmen? Warum war im neuen Staat der Vertreter einer anderen politischen Gesinnung nicht nur

---

[6] „Wehe dem Staat, der seine Rechtsordnung und Gesetzgebung nicht auf den Boden der Gebote Gottes stellt, der eine Verfassung schafft ohne den Namen Gottes, der die Rechte der Eltern in seinem Schulgesetz nicht kennt, der die Theaterseuche und die Kinoseuche nicht fernhält von seinem Volk, der eine Gesetzgebung schafft, welche die Ehescheidung erlaubt, welche die uneheliche Mutterschaft in Schutz nimmt: Wo die Gesetze eines Staates mit den Geboten Gottes in Widerspruch sind, da gilt der Satz: Gottesrecht bricht Staatsrecht!
Die Revolution war Meineid und Hochverrat und bleibt in der Geschichte erblich belastet und gezeichnet mit dem Kainsmal.
Auch wenn der Umsturz ein paar Erfolge brachte ... ein sittlicher Charakter wertet nicht nach den Erfolgen, eine Untat darf der Erfolge wegen nicht heilig gesprochen werden."
Zitiert nach Denzler 1984c, 13f., und Hürten 1986, 189

[7] Vgl dazu Gnägi 1970, 148ff.

[8] „Als typisches Ideenfest wollte es [das Christkönigsfest] die Anerkennung der Königsherrschaft Christi als wirksamstes Heilmittel gegen die zerstörenden Kräfte der Zeit durch einen besonderen Festtag verbreiten." Adam 1980, 98

[9] „Je höher die hierarchische Ebene, um so reservierter das Engagement des Klerus – und das regierte im katholischen Volksvertretung kräftig mit – für den demokratischen Einsatz in der kleinen und großen Politik." Hastenteufel 1989, 195

[10] Vgl. die detaillierten Ausführungen im Abschnitt „Historischer Kontext" dieser Arbeit.

[11] Vgl dazu Morsey 1975 und Falter 1986

Gegner, sondern auch Mitstreiter in prinzipiellen Fragen? Immer, wenn es in der Regierung kriselte, wenn die Partei ihre Grundsatzforderungen nicht voll durchsetzen konnte, wenn am Ende einer Regierungsperiode mehr das „Soll" als das „Haben" deutlich wurde, gewannen die Gegner der neuen Staatsform an Kraft.

Hinter all dem steckte der tiefergehende Konflikt, der mit den unterschiedlichen Einstellungen zur Weimarer Republik zusammenhing. Auf einen schlichten Nenner gebracht: auf der einen Seite standen die Vertreter der Republik, auf der anderen die offenen oder verkappten Monarchisten und dazwischen bewegte sich eine ideologische Bewegung, die den „nationalen Ständestaat" verwirklichen wollte.

In der Zeitschrift findet sich diese ablehnende Tendenz des parlamentarischen Systems in Ansätzen. 1923 rezensierte Schriftleiter Ritter die kulturkritischen Ausführungen Langbehns im Buch „Rembrandt als Erzieher. Von einem Deutschen" als „Entfettungskur"[12] und wünschte sich Führer für das deutsche Volk im Dunkel der Zeit.[13] Im Rahmen der ländlichen Bildungsarbeit, die einen Schwerpunkt katholischer Erwachsenenbildung ausmachte, dachte man nicht darüber nach, wie man demokratisches Bewusstsein in der Landbevölkerung wecken konnte. Die Aufgabe ländlicher Einrichtungen der Erwachsenenbildung sah man zuerst darin, „vor allem in den Aktiven der Jugend ein Führergeschlecht" zur Vertiefung der deutschen Volksgemeinschaft zu bilden.[14] In einem Programm für eine deutsche Verfassungsfeier am 11. August könnte man mit Recht positive Gedanken zur Demokratie, zur Volkssouveränität oder zur Republik erwarten. Stattdessen erklärte Ritter in einer Ansprache „Über die Nibelungentreue",[15] die als Vorlage für die Feier gedacht war, daß für „Deutsche Treue ... [als] Mannentreue" in der Republik kein Platz mehr sei, allenfalls dem deutschen Volk könne man jetzt noch die „Treukraft"[16] schenken. 1929

---

[12] Eine „'Entfettungskur' ... an der seelischen Läuterung und Erneuerung im Lichte des Dreigestirns Volkstum, Religion und Kunst ... Der Rembrandtdeutsche kann uns dabei Führer sein ...". Ritter, Emil: Zum zweiten Jahrzehnt. Vk 11 (1923), 4

[13] „Möge die Vorsehung dem deutschen Volke solche Führer aus dem Dunkel ins Helle erwecken!" A.a.O., 4

[14] „Ein Führergeschlecht, das, zutiefst durchdrungen von der Liebe zur Scholle, zum Volkstum, gepackt von der intuitiven Erfassung des Volksganzen, seinen Dorfgenossen Blick und Seele weitet und sie dahin führt, nicht nur Bauern, sondern schaffende Glieder der neuen deutschen Volksgemeinschaft zu sein." Seidenfaden, Theodor: Vom bäuerlichen Volkstum. Vk 14 (1926), 162

[15] Ritter, Emil: Über die Nibelungentreue. Vk 15 (1927), 215f

[16] A.a.O., 216

sprach Seidenfaden in einem Artikel zum Tag des Buches seine Ablehnung des parlamentarischen Systems offen aus.[17] 1931 stellte man zwar die demokratischen Thesen von Ludwig Neundörfer zur Abendvolkshochschule vor,[18] lehnte diese jedoch in einem Kommentar mit Hinweis auf den organischen Volksgedanken wieder ab.[19] Zu Beginn des Jahres 1933 schloss man sich den politischen Vorstellungen Langbehns in der Forderung des „neuen deutschen Menschen" mit einer „konservativen seelischen Disposition an. Dies würde zu einer „Bindung des Volksgeistes" führen und schließlich eine „Abwendung vom geistigen Demokratismus und ein Hinwenden zum geistigen Aristokratismus bedeuten" und den „Weg von der heutigen Majoritäts- zur künftigen Minoritätsherrschaft" beinhalten.[20]

Finden sich einmal andere Aussagen zur Demokratie, so klingen diese merkwürdig verhalten[21] oder werden sofort wieder mit dem organischen Volksgedanken verquickt.[22]

Ein wirklich positives Wort zur Weimarer Republik, zum Gedanken der Volkssouveränität oder zur parlamentarischen Demokratie sucht man in der Zeitschrift als einem führenden Organ der katholischen Erwachsenenbildung vergebens. Statt dessen beherrscht die breite Palette antidemokratischer Begriffe und Einstellungen die Ausführungen. Mit dieser Haltung konnte die

---

[17] Im Kampf „gegen Schund und Schmutz ... [ließen] bestimmte Notzustände sich nur in einer Einheitsfront des Volkes beheben ... Kulturelle Schicksalsfragen lassen sich dann nie und nimmermehr durch eine parlamentarische Abstimmung ... lösen." Weismantel, Leo: Buch und Volk. Eine Ansprache zum Tag des Buches. VuV 1/17 (1929), 131

[18] „Ein hochgestecktes Ziel: Die Menschen zu bilden, die fähig sind, der äußeren Form des Staates, die auf der Verantwortung aller Bürger aufgebaut ist, die Substanz zu geben." Reisch, Erich: Probleme der Erwachsenenbildung. VuV 3/19 (1931), 302

[19] „Auch bei dieser Entscheidung letztlich Entscheidung aus Verantwortungsbewußtsein für das Volksganze! Wenn nein gesagt werden muß, dann ein klares und eindeutiges ..." A.a.O.

[20] Lange-Kleffner, Frank: Langbehn als Volkserzieher. VuV 5/21 (1933), 50

[21] Als staatstreue Bildung wurde für den Katholischen Beamtenverein allein das Ziel festgehalten „im heutigen unruhigen Sozial- und Wirtschaftsstaat ... inmitten der Unruhe der Zeit ein Organ des Friedens zu sein." O.V.: Die Bildungsaufgabe des katholischen Beamtenvereins. VuV 3/19 (1931), 315
„Die Erziehung zum Denken wird ja gerade heute gefordert durch die mit der Demokratisierung gegebene Verantwortung des einzelnen für das Schicksal des Volkes." Grosche, Robert: Zur Rehabilitierung des Denkens. VuV 3/19 (1931), 243

[22] „So ist der Kolpingssohn seinem Lebensgefühl nach demokratisch eingestellt. Aber nicht in dem Sinne, daß er das ganze Volk nur in Einzelwesen, in Atome auflöst, sondern indem er für den organischen Aufbau des Volkes und seiner Lebensordnung von der Leistung ausgeht, wünscht er ... einen berufsgenossenschaftlichen Aufbau und so eine naturgemäße Gliederung des Volkes." O.V.: Der Sohn des Volkes. VuV 3/19 (1931), 241

katholische Erwachsenenbildung die Weimarer Republik in einer Zeit der zunehmenden politischen Radikalisierung in keiner Weise schützen. Es war daher kaum verwunderlich, wenn die katholischen Bischöfe im Hirtenbrief vom 6. Juni 1933 unter ausdrücklicher Berufung auf die autoritäre Struktur der „neuen Zeit" den katholischen Bevölkerungsteil in den nazistischen Staat einordneten.[23]

---

[23] „Neben der gesteigerten Liebe zum Vaterland und Volk kennzeichnet sich unsere Zeit durch eine überraschend starke Betonung der Autorität und durch die unnachgiebige Forderung der organischen Gliederung der einzelnen und der Körperschaften in das Ganze des Staates. ... Nur wenn der einzelne sich als Glied eines Organismus betrachtet und das Allgemeinwohl über das Einzelwohl stellt, wird sein Leben wieder ein demütiges Gehorchen und freudiges Dienen, wie es der christliche Glaube verlangt. Gerade in unserer heiligen katholischen Kirche kommen Wert und Sinn der Autorität ganz besonders zur Geltung ... Es fällt deswegen uns Katholiken auch keineswegs schwer, die neue, starke Betonung der Autorität im deutschen Staatswesen zu würdigen und uns mit jener Bereitschaft zu unterwerfen, die sich nicht nur als natürliche Tugend, sondern wiederum als eine übernatürliche kennzeichnet, weil wir in jeder menschlichen Obrigkeit einen Abglanz der göttlichen Herrschaft und eine Teilnahme an der ewigen Autorität Gottes erblicken (Röm 13,1 ff.)."
Gemeinsamer Hirtenbrief der Oberhirten der Diözesen Deutschlands vom 6. Juni 1933. KABl 76 (1933), 66

ff) Fronterlebnis und nationaler Wehrgedanke

Die Übersicht über die „Kriegsjahrgänge" der Zeitschrift im Ersten Weltkrieg hatte eine deutlich systemstabilisierende Rolle erkennen lassen. Zu keinem Zeitpunkt war der Krieg in irgendeiner Weise in Frage gestellt worden; bis zuletzt hatte man versucht, den Durchhaltewillen der Bevölkerung zu erhalten. In diesem Abschnitt möchte ich auf die Frage eingehen, wie sich die Erfahrungen des Krieges in der Zeitschrift widerspiegeln.

Das Kriegserlebnis hatte viele Menschen in ihrer Lebenseinstellung offenkundig geprägt. Die Reflexion dieser Erfahrungen drückte sich unverkennbar in der Literatur aus. Mit dem Jahr 1928 setzte eine Art „Hochkonjunktur der Kriegsliteratur" ein. Sontheimer unterscheidet dabei zwei grundlegende Deutungsarten des Krieges; während die eine den Krieg „als Geißel der Menschheit" ablehnte, fasst ihn die anderen als selbstverständliches, freudig hinzunehmendes Schicksal auf.[1] Erich Maria Remarques Buch „Im Westen nichts Neues" stand gegen Ernst Jüngers Werk „In Stahlgewittern"; der Krieg als Ort der Gräuel und des Schreckens gegen eine Sicht des Krieges als sportlicher Wettkampf und Bewährungsprobe des Heldentums.

Der Katholizismus gab zu diesem Problemkreis in seiner Haltung kein einheitliches Bild ab. Mit dem „Friedensbund deutscher Katholiken" (FDK) existierte seit 1919 ein eigener katholischer Verein, der versuchte pazifistisches Gedankengut im Katholizismus zu etablieren.[2] Der FDK stand ohne jeden Kompromiss auf dem Boden der demokratischen Verfassung der Republik. Mit seinen Richtlinien, die auf der ersten Reichstagung zu Ostern 1924 in Hildesheim verabschiedet wurden, setzte er sich in Zusammenarbeit mit katholischen Friedensbewegungen anderer Länder, für einen völkerrechtlich orientierten Pazifismus ein. Er unterstützte den Eintritt Deutschlands in den Völkerbund, forderte die Erziehung der Jugend im Geiste der Völkerversöhnung und

---

[1] Der Krieg „als Geißel der Menschheit, als sinnloser Einsatz von Menschenleben für eine Sache, die nicht die eigene ist, der man aber aus Pflicht dienen muß, immer wieder gepeinigt von dem Wunsch nach schneller Beendigung des heillosen Krieges mit all seinen Unannehmlichkeiten und Gefahren für Leib, Seele und Familie.
Oder aber als ein selbstverständlich, wenn nicht freudig hingenommenes Schicksal, das trotz seiner Widrigkeiten und Fährnisse das Leben angesichts des Todes im Tiefsten ergreift und verwandelt und die soldatische Existenz im „Höllenrachen" des Krieges als Basis einer neuen Menschwerdung begreift." Sontheimer 1983, 95; Riesenberger unterscheidet in diesem Zusammenhang ein pazifistisches und nationalistisches Kriegserlebnis, in: Riesenberger 1985, 124ff.

[2] Vgl dazu die Ausführungen von Riesenberger 1976, 1981, 1985 sowie das Kapitel „Der Friedensbund deutscher Katholiken", in: Grothmann 1997, 393ff.

lehnte die allgemeine Wehrpflicht ab. Auf politischem Gebiet arbeitete der FDK mit dem linken Flügel der Zentrumspartei zusammen, hatte aber aufgrund der fehlenden Unterstützung der deutschen Bischöfe und der ambivalenten Haltung vieler Katholiken zur demokratischen Republik nur wenig Mitglieder[3] und geringen Rückhalt im katholischen Milieu.[4] Der FDK war auch kein Mitglied des ZBA und stand im Spektrum der katholischen Vereine immer am Rande.[5]

Die Gruppe, die versuchte, das Kriegserlebnis positiv zu deuten, war im Katholizismus der Weimarer Republik bedeutend größer. In einer seltsam anmutenden Weise wurde hier das Kriegserlebnis in die Politik und Gesellschaft projiziert. Bereits im Verständnis des „Volkes" als „seelisch-emotionale Gemeinschaft", welche „eine gemeinsame Not empfinden", hatte das Kriegserlebnis der „Front" und der „Heimat" den Ausgangspunkt der Begriffsbildung gebildet.[6] Nun sollten die Kriegserfahrungen der Soldaten die neue Basis für das Volk bilden, eine neue Ordnung der sozialen Gemeinschaft entstehen lassen und als Grundlage für einen nationalen Staat dienen.

Diese Deutungsrichtung fand in der Zeitschrift ihren Ausdruck. In den ersten Jahrgängen nach dem Ersten Weltkrieg artikulierte sich dies vor allem in Gedenkfeiern für die „Gefallenen Helden",[7] und in „Dankesfeiern für die Krieger und Kriegsversehrten"[8]. Sogar in den Vorlagen für das Totengedächtnis

---

[3] Der FDK wurde im „Kirchlichen Handbuch" erstmals im Jahr 1925 erwähnt, für das Jahr 1928 wurden in 46 Ortsgruppen und Arbeitsgemeinschaften ca 6.700 Mitglieder, in weiteren angeschlossenen Vereinen 12.658 und im Kreuzbund 25.000, insgesamt also 45.000 Mitglieder angegeben. Zahlen nach: Grothmann 1997, 385

[4] So verhielten sich die meisten Bischöfe distanziert zum FDK, einige auch ablehnend. Bischof Caspar Klein von Paderborn war zwar der erste Bischof der an einer Reichstagung des FDK 1930 teilnahm; 1924 hatte er den Geistlichen seiner Diözese jedoch die Mitgliedschaft im FDK verboten. Riesenberger 1983, 8f.

[5] Vgl dazu auch die Bemerkungen im KHB 14 (1924/25), 289, und bei Grothmann 1997, 385

[6] Vgl dazu die Ausführungen im Abschnitt „'Volk' und ‚Volkstum'" dieser Arbeit

[7] Vgl.: O.V.: Dem Andenken der Gefallenen. Vk 8 (1920), 262; O.V.: Gedächtnisfeier. Vk 9 (1921), 17; Bloem, Walter: Unsere Toten, a.a.O., 83; Falke, Gustav: Tag der Toten, a.a.O., 83f.; Lersch, Heinrich: Die toten Soldaten, a.a.O., 84; Reith, Wigbert: Allerseelen 1914, a.a.O., 85f.; O.V.: Für uns; a.a.O., 86; Walden, A.v.: Schlachtengräber, a.a.O., 86; O.V.: Dem Andenken der Gefallenen a.a.O., 87; O.V.: Das große Leid, a.a.O., 87f.; Kahle, Maria: Gedächtnisspruch. Vk 10 (1922), 90; Fritz, Rudolf J.: Enthüllung eines Gedenkbildes für die Gefallenen; a.a.O., 161f.

[8] Vgl.Vk 8 (1920), 261; Eulenberg, H.: Dank den Kriegern, a.a.O., 261f.; Kröber, Paul: Zur Heimkehr, a.a.O., 262; O.V.: Zum neuen Licht. Sonette an das Vaterland, a.a.O., 262; Nüdling, Ludwig: Heimkehrfeier, a.a.O., 263f.; Kahle, Maria: Für Kriegsblinde. Vk 10 (1922), 88ff.

wird dabei der Gedanke vertreten, dass durch das „Lebensopfer" der Soldaten die deutsche Nation zu einer „neuen Größe" erhoben wird.[9]

In einem Vorschlag für eine Ansprache zur Deutschen Verfassungsfeier am 11. August „Über die Nibelungentreue" vertrat Schriftleiter Ritter 1927 die „Dolchstoßlegende".[10] Nach einer weitschweifigen Einleitung über die „Deutsche Tugend der Treue", die er in der Nibelungensage verkörpert sah, erinnerte Ritter an die große Begeisterung zum Ausbruch des Krieges im August 1914.[11] Vor allem in der „Treulosigkeit" sah Ritter den Grund für die Niederlage des Ersten Weltkrieges.[12] Ritter schloss seine Ausführungen mit der Aussage,

---

[9] So ließ man eine Mutter am Grab ihres „gefallenen" Sohnes sprechen:
„War alles nur ein Traum?
O Herr, ich will dich bitten
Beim Blute des Knaben mein,
Laß unser Herzen Hoffen
Kein Traum gewesen sein!
Schenk uns das Maß der Leiden voll,
Nur laß uns stolz und frei!
Und wenn mein Deutschland sterben soll,
Schlag auch dies Herz entzwei!"
Kahle, Maria: Am Grabe unserer Toten. Vk 10 (1922), 86

In ähnlicher Weise formulierte auch Seidenfaden in einem Prologvorschlag zur Enthüllung einer Gedenktafel:
„Der Geist allein birgt unvergänglich Land.
Er gießt den Balsam mild in eure Wunden.
Wir fühlen wieder tief das heilige Band,
Das uns für ewig hält an euch gebunden!
Drum: Tote Brüder, nehmt aus unserer Hand
Den Schwur und dieses Zeichen ernster Stunden:
Zerbrechen wollen wir den eitlen Tand,
Denn Deutschland muß durch deutschen Geist gesunden!"
Seidenfaden, Theodor: Den toten Brüdern. Bei der Enthüllung einer Gedenktafel. Vk 10 (1922), 162

[10] Ritter, Emil: Über die Nibelungentreue. Vk 15 (1927), 215f.

[11] „Unzählige Male haben wir draußen auf den endlosen, pappelumsäumten Landstraßen Flanderns und auf den weißen Staubschlangen in der Champagne gesungen: „O Deutschland, hoch in Ehren, du heil'ges Land der Treu!" ... Freilich, solange man draußen im Schützengraben lebte, war einem nur das „Land der Treu" nahe und das andere Deutschland gottlob so fern, das dunkle Deutschland, das sich langsam ausdehnte wie ein höllisches Ungestüm, das sich von der Heimat her über die Etappe wälzte und schließlich mit seinen Fängen nach der Front griff." A.a.O., 216

[12] „Und als 1918 das Schreckliche eintrat, da wollten die Worte vom „Land der Treu" nicht mehr über die Lippen. Was war das Schreckliche? ... Das Schreckliche war der Giftnebel der Treulosigkeit, der in das Innerste des deutschen Volkes eingedrungen war. Untreue der Mannen gegen den Führer, der Führenden und Verantwortlichen gegen das Volk. Untreue der Heimatgarnison gegen das Feldheer, der Etappe gegen die verzweifelt ringende Front." A.a.O., 216

dass Treue als deutsche Tugend in der Zeit der Republik nur einem gelten könne: „unserem deutschen Volke".[13]

Bereits im Zusammenhang mit dem „Nationalen Katholizismus" wurde auf die sprachliche Überhöhung in einer Textvorlage für eine Gedenkfeier „Den Gefallenen von Langemarck (21. Okt. 1914)" im Jahrgang 1/17 (1929) der Zeitschrift hingewiesen,[14] in welcher der Heldentod der Soldaten als Opfergeist die Grundlage für ein neues Volk bilden sollte. Dazu findet sich eine grundlegend falsche militärische Einschätzung der Kämpfe um das Dorf Langemarck, die den Mythos des „Heiligen Tages von Langemarck" unterstützte.[15] Das Dorf Langemarck bei Ypern in Flandern, wurde im Herbst 1914 von Freiwilligenregimentern, die fast ausschließlich aus akademischen Nachwuchs bestanden, gestürmt und bereits in der Folgezeit in der Weimarer Republik zum Sinnbild totaler Einsatzbereitschaft der Jugend für den Krieg propagandistisch aufgewertet.[16] Der Nazismus konnte an diese Tradition sprachlich und ideologisch in direkter Linie anknüpfen.[17]

Im folgenden wandte man sich in scharfen Ausführungen gegen das Werk von Erich Maria Remarque „Im Westen nichts Neues".[18] Ebenso lehnte man

---

[13] A.a.O., 216

[14] Seidenfaden, Theodor: „Den Gefallenen von Langemarck (21. Okt. 1914)" VuV 1/17 (1929), 51ff.; vgl. auch den Abschnitt „Nationaler Katholizismus" in dieser Arbeit.

[15] „Die Kriegsfreiwilligen-Regimenter des Grünen Korps (IV. Arme) schlossen im Herbst 1914 in Flandern die Lücke der Westfront und bewahrten die rheinische Heimat vor den Schrecken des Krieges." Seidenfaden, Theodor: „Den Gefallenen von Langemarck (21. Okt. 1914)" VuV 1/17 (1929), 53

[16] Vgl. zur militärischen Bedeutung der Kämpfe: Borgert, Heinz-Ludger: Grundzüge der Landkriegsführung von Schlieffen bis Guderian, in: Deutsche Militärgeschichte, Bd 6 Abschnitt IX, 500ff.
Später wurde der 10. November, an dem der Sturmangriff der akademischen Freiwilligenregimenter stattgefunden hatte, als „Tag von Langemarck" feierlich begangen.

[17] Vgl.: "Deutschlands Jugend bewahrt das Vermächtnis der Front im großen Kriege ... Langemarck ist zum Symbol dieses Vermächtnisses geworden. ... Langemarck hat seinen einzigartigen historischen Klang, weil dort die junge Mannschaft kämpfte und starb, die freiwillig aus Lehrstatt, Schule und Elternhaus zu den Fahnen geeilt, unbekümmert um Herkunft und Beruf zu einer einzigen großen Kameradschaft verschmolzen war und sich mit flammender Todesverachtung für Volk und Reich einsetzte. In den Kämpfen um diesen kleinen flandrischen Ort bewährten sich heldische Gesinnung, Opfermut und Siegeswille der Jugend. So bedeutet Langemarck Glauben an Deutschland, Glauben an ein starken und freies Volk, das von jedem einzelnen rücksichtlosen Einsatz und größte Opfer verlangen kann. Diesen Glauben hat die junge Generation auch nach dem Kriege in Jahren der Schmach und Erniedrigung bewahrt, darum kam sie, als der Führer rief, und kämpfte furchtlos und treu für unser neues stolzes Reich." Göring, Hermann: Vorwort zum Buch: Langemarck 1938, in: Kaufmann 1938, I

[18] „Sie [Verlagsdirektor Dr. Keckeis (Freiburg) und Pater Fr. Muckermann S.J. (Münster)] geißelten die zunehmende Geschmacksverflachung durch eine auf die Instinkte der

die Verfilmung dieses Werkes ab.[19] Demgegenüber empfahl man als „Anregungen für Volksabende" Vorträge aus den Werken von Walter Flex „Wanderer zwischen den Welten" und „Wir sanken hin für Deutschlands Glanz".[20] Zudem wurde das „Fronterlebnis" als positive Kraft in der Bewältigung der Arbeitslosenkrise gepriesen.[21]

Mit diesem Gedankengut bereitete die katholische Erwachsenenbildung den Boden für die Wiedereinführung der Wehrpflicht, die Aufrüstung und den späteren Krieg. Soldatentum, die Rolle des Militärs, der Krieg wurden in keiner Weise kritisch reflektiert. Das Soldatsein wie der spätere Krieg wurden so selbstverständlich hingenommen wie der „Helden-Tod": als Opfer, als Fügung und als Schicksal Gottes. Mit Berufung auf das fünfte Gebot „Du sollst nicht morden!" haben die deutschen Bischöfe zwar die Euthanasie-Verbrechen des Nazismus verurteilt,[22] der Zweite Weltkrieg aber wurde, wie die Ansprache des katholischen Feldbischofs zum Kriegsbeginn zeigt, zur gerechten Sache des deutschen Volkes erhoben.[23]

Massenseele berechnete „Massenliteratur", dazu gehört z.B. auch das Buch Remarques, des geschickten Ausbeuters der Nie-Wieder-Krieg-Stimmung. Diese Vermassung greift schon weit hinein in die Kreise der Gebildeten. Und es fehlt der Mut zur Ablehnung!" Ruster, H.: Volkstumspflege im Borromäusverein. VuV 1/17 (1929), 336

[19] Kloidt, Franz: Filmzensur und künstlerischer Film. VuV 4/20 (1932), 136

[20] Gschwend, Justine: Anregungen für Volksabende. VuV 2/18 (1930), 158

[21] Vgl dazu: Reisch, Erich: Arbeitslose in der Heimvolkshochschule. VuV 4/20 (1932), 12 und 15

[22] Gemeinsamer Hirtenbrief der deutschen Bischöfe vom 26. Juni 1941: „Es gibt aber auch heilige Gewissensverpflichtungen, von denen niemand befreien kann, die wir erfüllen müssen, koste es uns selbst das Leben: Nie, unter keinen Umständen darf der Mensch, außerhalb des Krieges und der gerechten Notwehr, einen Unschuldigen töten." In: Beilmann 1989, 213

[23] „Kameraden!
In ernster Stunde, da unser deutsches Volk die Feuerprobe der Bewährung zu bestehen hat und zum Kampfe um seine natürlichen und gottgewollten Lebensrechte angetreten ist, wende ich mich als Katholischer Feldbischof der Wehrmacht an euch Soldaten, die ihr in diesem Kampf in der vordersten Front steht und die große und ehrenvolle Aufgabe habt, die Sicherheit und das Leben der deutschen Nation mit dem Schwert zu schützen und zu verteidigen. ...
Dieses Schreiben ... kommt aus der Heimat. Es ist eine andere Heimat, die heute hinter euch steht, als jene von 1918 ... Diese Heimat betet für euch. Sie trägt euch Soldaten an der Front in den Herzen und ist zu jedem Opfer bereit.
Wenn so Heimat und Front eine unzerstörbare Einheit bilden, wird Deutschlands Kampf um seine Lebensrechte gesegnet werden vom Allmächtigen, der euch allen, ihr tapferen Soldaten, Behüter und Schützer sein möge in den kommenden Tagen und Wochen!" Heimatgruß des Katholischen Feldbischofs der Wehrmacht zum Kriegsbeginn (2. September 1939). Missalla 1997, 29ff.

gg) Katholischer Antisemitismus

Über die These, dass der Antisemitismus in Deutschland vor allem in den protestantischen und nicht-katholischen Bereichen der Gesellschaft beheimatet war, herrschte lange Jahre in der Katholizismusforschung ein breiter Konsens. Die Haltung der katholischen Kirche wurde als „zwar nicht prinzipiell judenfreundlich, aber auch nicht prinzipiell judenfeindlich, sondern ... als prinzipiell nicht-judenfeindlich [beschrieben]."[1] Der Grund für dieses positive Urteil, dass bis heute die Geschichtsschreibung bestimmt, liegt vor allem in der Konzentration der Forschung auf dem parteipolitischen Sektor. Die politische Partei der Katholiken, das Zentrum, hielt sich in Fragen des Antisemitismus weitgehend zurück.[2] Erst die Milieudiskussion mit ihren Untersuchungen über die Entstehung und Formung der gesellschaftlichen Gruppe des Katholizismus in der Auseinandersetzung mit der Moderne haben zu tiefergehenden Forschungen geführt. Umfassende Studien zum Verhältnis Katholizismus und Antisemitismus hat Olaf Blaschke in seiner Dissertation[3] und einem einführenden Artikel vorgelegt.[4] Trotz ausgezeichneter Quellenlage bilanziert er ein ausgesprochenes Defizit in der Forschung.[5] Die Milieuforschung geht von einem Dreieck „Judentum, Moderne und Antisemitismus"[6] aus und legt ihr Augenmerk auf die Zeit des Kaiserreiches als der Epoche, in der der moderne Katholizismus als besondere Sozialform des Christentums und der moderne Antisemitismus zeitgleich ihre Prägung erhielten.

Gegen ein „Ensemble von sieben Thesen, die sich in der Literatur behaupten",[7] stellt Blaschke seine „Aversions-These" und nennt drei Hauptmotive, die

---

[1] Vgl.: Repgen 1989, 125; sowie die einführenden Erläuterungen im Abschnitt „Die Feinde der Volksfamilie: Liberalismus – Judentum – Sozialismus – Bolschewismus" dieser Arbeit.

[2] Vgl. zum Problemkreis Zentrum und Antisemitismus Mazura 1994

[3] Blaschke 1997

[4] Blaschke 1991; vgl. auch Altgeld 1992, 35ff. sowie Brakelmann/ Rosowski 1989

[5] „Die herkömmliche Kirchen- und Katholizismusforschung hat dieses Problem dezent mit dem Mantel des Schweigens umhüllt, die Antisemitismusforschung hat es unterschätzt und die Sozialgeschichte es übersehen." Blaschke 1997, 13

[6] Balschke 1991, 237

[7] Blaschke 1997, 17ff. Er führt im einzelnen auf:
die Resistenzthese, die besagt, daß der Katholizismus ein Bollwerk gegen den Nazismus und Antisemitismus gewesen sei,
die Ambivalenzthese, die von einem letztlich irgendwie ausgeglichenen Verhältnis der Katholiken zu den Juden ausgeht,
die Bagatellisierungsthese, die von einem katholischen Antisemitismus als Weltbild spricht, der in seinem Verhältnis zum gesellschaftlichen Antisemitismus fast freundliche

in komplexer Verschränkung die Einstellung der Katholiken zum Judentum abbilden: die Überzeugung der Gefährdung des katholischen Christentums durch das „subversive Judentum", die Vorstellung der verschwörerischen Planung einer jüdischen Weltherrschaft sowie die „Diagnose" der Zersetzung des christlichen Abendlandes durch einen „destruktiven ‚Verjudungsprozeß'".[8]

Den Mittelpunkt aller kirchlichen Aktivitäten bildet dabei wieder das Bemühen um die konfessionelle Identitätswahrung, die Sorge um den Erhalt der katholischen Kirche, die Systemstabilisierung der Institution und die Homogenität des konfessionellen Milieus. Vorwiegend wurden praemoderne Motive, wie der „Christusmord", die Ritualmordlüge oder die Hostienfrevelbeschuldigung, benutzt. Rassistische Neuerungen des modernen Antisemitismus rezipierte das katholische Milieu dagegen nur selten. Aber man setzte die Judenfeindschaft gezielt ein, um verschiedene abgelehnte Erscheinungen der Moderne als „jüdisch" und damit als „negativ" zu bezeichnen. So handelte der Katholizismus auch modern, indem er den Antisemitismus als umfassendes Krisenerklärungsmuster nutzte und damit das Bild einer generellen „Judenfrage" verbreitete. Dazu wurde auch das moderne Massenmedium der Publizistik genutzt.

Blaschke resümiert: „Die Katholiken teilten stabile und auch moderne antisemitische Einstellungen ... [Sie waren] antisemitisch, gerade weil sie gute Katholiken sein wollten."[9] Diese Einschätzung wird durch die aktuelle – wenngleich umstrittene – Darstellung Goldhagens umfassend bestätigt.[10]

In der Zeitschrift lässt sich der Antisemitismus durch Zitate nachweisen, die sich gut in das oben ausgeführte Schema einordnen lassen.

Zum einen wurde das Etikett „jüdisch" als ein negativ besetzter Topos verwandt, indem der „jüdisch-liberalen Kulturkritik ein gerütteltes Maß von Schuld"

Züge aufwies,
die Dramatisierungsthese, die den Antisemitismus als kulturell-kognitives Modell der Deutschen insgesamt betrachtet und damit das speziell katholische Weltbild außer acht läßt,
die Realkonfliktthese, die den Antisemitismus als eine reine Abwehrhaltung der Katholiken sieht,
die Milieuthese, die eine Heterogenität des katholischen Milieus konstatiert und damit bezweifelt, daß vom Antisemitismus als einem katholischen Stereotyp gesprochen werden kann
und schließlich die Modernitätsthese, die von einer formalen Modernisierungskompetenz des Katholizismus und einer damit einhergehenden Adaption des Antisemitismus ausgeht.

[8] Blaschke 1991, 242
[9] Blaschke 1997, 282
[10] Goldhagen 2002, 133ff.

an der Zersetzung der deutschen Volkskultur nachgesagt wurde, weil es durch diese Kritik „all die Zeit ... in Deutschland möglich gewesen [ist], alles Volkliche, Heldische und moralisch Gesunde ... zu verhöhnen und zu besudeln."[11] Zum anderen stellte man im Rahmen der „Seelenkunde" und „Volkscharakterforschung" fest, dass es eine „jüdische Art, gerichtet auf jüdische Ziele mit einem unverwechselbar jüdischem Zeichen" gäbe. Diese könne man an der „Durchsichtigkeit jüdischer Argumentation" erkennen. Daraus ergäben sich grundlegende menschliche „Unterschiede in den Umständen, im Temperament und im Charakter von Eigenschaften."[12]

In den Raum des modernen Antisemitismus führt die schon erwähnte Rezension von Langbehn, dessen rassistische Gedanken mit der Betonung des Blutes als Träger des Geistes und der Forderung nach einer Übertragung der „Ergebnisse anthropologischer Forschungen auf das Gebiet der Geschichte" in der Zeitschrift wörtlich zitiert wurden,[13] sowie die Übernahme der rassistischen Terminologie von „der Macht des fremden Blutes und Geistes" und dem Gegensatz von „Wirts-" und „Gastvolk"[14] in weiteren Artikeln der Zeitschrift.

In diesem Rahmen hat die Zeitschrift zur Bildung und Festigung der antisemitischen Disposition der Katholiken beigetragen. Als 1936 im Oldenburger Münsterland die Kreuze verschwinden sollten, haben die Katholiken geschlossen protestiert. Sie boykottierten den Unterricht, ließen die Hitler-Bilder verschwinden und gingen aus der Auseinandersetzung schließlich als Sieger hervor. Als die Juden aus der Nachbarschaft deportiert wurden, haben sie keinen Protest erhoben.

Letztlich war der Holocaust nicht allein durch Rassenwahn und Hass möglich, sondern durch die Apathie und antisemitische Einstellung der Deutschen

---

[11] Drenker, Alex: Deutsche Bühne. VuV 5/21 (1933), 55; eine ähnliche Etikettierung findet sich auch im Artikel zum Schriftleiterwechsel: ZBA und Schriftleitung: Dank an Emil Ritter. VuV 5/21 (1933), 114:
„In dem Augenblick, da Emil Ritter die Zeitschrift abgibt, ist durch die deutsche Revolution das Kampfziel gesichert. Volkstum liegt im Sinne Novalis, nicht mehr hinter uns, sondern vor uns. „Das heilige deutsche Theater jüdischer Nation", Operettenkultur, Literaturklüngel, Schlager-Revue weichen volkhaftem Spiel, volkhafter Dichtung, volkhaftem Lied, Geistesakrobatik und seelische Degeneration dem lebenbejahenden Willen zur neuen Volksbildung als einer Sinnrichtung der neuen Volkwerdung."

[12] E.R.E.: Deutschheit als Aufgabe. VuV 5/21 (1933), 135

[13] Vgl. den Abschnitt „'Volk' und ‚Volkstum'" in dieser Arbeit.

[14] "Dennoch entspricht diesem Gefühl eine objektive Wirklichkeit, die des heute noch existierenden Judenvolkes, das den Kampf ... ununterbrochen zu führen hat, gegen die ungetreuen Kinder, die sich, teils aus Neigung, teils um des Vorteils willen, an die modernen Wirtsvölker anzugleichen suchen." in R.G.: Volkstum im Roman. VuV 3/19 (1931), 255

aller Konfessionen, auch der Katholiken. Vor diesem Hintergrund bekommen die Zitate ein besonderes Gewicht.

hh) Katholische Feindbilder: Sozialismus und Bolschewismus

Die durch die Industrialisierung ausgelöste „soziale Frage" bildete den Beginn der Auseinandersetzung der katholischen Kirche mit den Ideen des Sozialismus.[1] Bis 1848 überwog dabei ein „leidenschaftsloser und unbetroffener"[2] Umgang. Gab es anfänglich durchaus Berührungspunkte und Übereinstimmungen, etwa in der Kapitalismuskritik, der Neuordnung der Arbeitsorganisation und der Notwendigkeit der Gründung von Arbeitervereinigungen, so führte eine tiefergehende Beschäftigung mit den Ideen und politischen Forderungen Lasalles und ihrer gesellschaftlichen Formierung zu einer Distanzierung der Katholiken. Seit 1869 schlug diese Einstellung zunehmend in eine unversöhnliche Abwehrhaltung um. Angesichts der Rezeption von Karl Marx in der Sozialdemokratie und der Verbreitung des Marxismus durch Bebel und Engels verschärfte sich die Sozialismuskritik der Katholiken deutlich. Die Erkenntnis der Verflechtung zwischen den ökonomischen und weltanschaulichen Elementen des Sozialismus führte zu einer totalen Konfrontation ohne jede Chance auf eine Annäherung. Die Politisierung dieser Weltanschauungen, die katholische Kirche band sich an das Zentrum während der Sozialismus zum tragenden Motiv der Sozialdemokratischen Partei wurde, verfestigte die Gegensätze zusätzlich.

Mit dem Volksverein für das katholische Deutschland wurde am 24.10.1890 ein eigener Bildungsverein geschaffen, der sich als Massenorganisation bewusst gegen den Sozialismus wandte.[3] Ab 1906 rückte der

---

[1] Vgl. zur Entwicklung der Auseinandersetzung des Katholizismus mit dem Sozialismus die grundlegende Studie von Friedberger 1978. Sie ist allerdings „aus katholischer Sicht" geschrieben und weist von daher eine deutliche Voreingenommenheit aus. Es ist fraglich, ob sich wirklich so eindeutig bilanzieren läßt: „Im Ganzen zeigt sich, daß die kritische Auseinandersetzung mit dem Sozialismus im deutschen Katholizismus sachrichtig geführt wurde." A.a.O., 374. Die Frühgeschichte der Auseinandersetzung der deutschen Sozialdemokratie mit der „religiösen" Frage ist für den Zeitraum von 1863 bis 1890 ausführlich dokumentiert bei Prüfer 2002.

[2] Friedberger 1978, 295

[3] Der 1. Paragraph der Statuten nennt als Vereinszweck: „Zweck des Vereins ist die Bekämpfung der Irrthümer und der Umsturz-Bestrebungen auf socialem Gebiete, sowie die Vertheidigung der christlichen Ordnung in der Gesellschaft." Statuten des Volksvereines für das katholische Deutschland von 1890, in: Heitzer 1979, Anhang I, 1
Vgl. auch den Wortlaut des Aufrufes mit dem sich der neue Verein im November 1890 in der Öffentlichkeit vorstellte: „An das katholische deutsche Volk! Schwere Irrthümer und bedenkliche Umsturzpläne treten überall in die Erscheinung; die bestehende Staats- und Gesellschaftsordnung ist in ihrer Grundlage bedroht. Die Socialdemokratie ist es vor allem, welche diese Irrlehren nicht nur verbreiten, sondern auch praktisch in´s Leben einführen will. Wohl fühlt sie, daß im katholischen Volke Deutschlands der stärkste Widersacher gegen derartige Bestrebungen vorhanden ist; deshalb hat sie auf dem

Volksverein mit einer neuen Satzung[4] von der reinen Apologetik gegen den Sozialismus ab und wandte sich stärker der Entwicklung der katholischen Soziallehre zu.

Ein zusätzliches Hindernis für eine angemessene Auseinandersetzung mit der sozialen Frage und der Kritik des Sozialismus war für die Katholiken über einen langen Zeitraum die mangelhafte Sachkenntnis. Ihre maßgeblichen Vertreter waren Theologen, zwar vielfach mit einem umfassenden Grundsatzwissen, aber geprägt durch die scholastische Ausbildung. Es gab keine katholischen Fachleute mit gesellschaftswissenschaftlichen Kenntnissen, die in der Lage gewesen wären, „Das Kapital" und die marxistische Philosophie differenziert zu analysieren. Selbst Emanuel Ketteler, der „Großmeister der katholischen Sozialbewegung", war „sozial-ökonomisch ein hervorragender Dilettant."[5] Dies änderte sich erst relativ spät unter dem Einfluss von Franz Hitze, der zum Begründer einer neuen Disziplin der praktischen Theologie wurde und schließlich 1893 bis 1920 die erste Professur für „Christliche Gesellschaftslehre" an der Theologischen Fakultät der Universität in Münster innehatte.

Das eigentliche Hindernis aber war die katholische Kirche selbst. Als Institution definierte sie sich aus absoluten und statischen Grundlagen. Einer „dialektischen Sicht" der Geschichte und der gesellschaftlichen Entwicklung konnte sie deshalb nicht folgen. Dagegen stellte sie ihre konservative, die eigenen Grundlagen sichernde Position.

So blieb das Verhältnis der katholischen Kirche zur sozialistischen Bewegung auf einer unreflektierten Distanz. Zudem sammelte man in diesem Etikett Sozialismus, zu dem später noch der Bolschewismus hinzugezählt wurde, im Zuge der Ablehnung der Moderne alles, was der Kirche feindlich erschien, was ihre öffentliche Stellung und ihren gesellschaftlichen Einfluss in Frage stellte, wovor sie glaubte in irgendeiner Weise Angst haben zu müssen: Marxismus, Materialismus, Kollektivismus, Liberalismus, Rationalismus, Kommunismus

---

Parteitage zu Halle dem Katholizismus förmlich den Krieg erklärt.", in: Heitzer 1979, Anhang I, 3

[4] Der Vereinszweck wurde neu definiert. Die Frontstellung gegen den Sozialismus wurde zwar nicht aufgegeben, aber sie rangierte nun auf einem nachgeordneten Platz: „Zweck des Vereins ist die Förderung der christlichen Ordnung in der Gesellschaft sowie die Belehrung des deutschen Volkes über die aus der neuzeitlichen Entwicklung erwachsenen sozialen Aufgaben und die Schulung zur praktischen Mitarbeit an der geistigen und wirtschaftlichen Hebung aller Berufsstände.
Der Verein will zugleich die Angriffe auf die religiösen Grundlagen der Gesellschaft zurückweisen und die Irrtümer und Umsturzbestrebungen auf sozialem Gebiete bekämpfen." Satzung des Volksvereins für das katholische Deutschland (von 1906), in: Heitzer 1979, Anhang I, 2

[5] Friedberger 1978, 307

und auch wieder das Judentum als angeblich führende Kraft dieser Bewegungen.[6] Die kirchliche Leitung sah allein gegen den Glauben und die Kirche gerichtetes, den Atheismus, das Gottlose, und damit gab es nur eine ablehnende Antwort.

Für den politischen Katholizismus war in der Weimarer Republik zwar prinzipiell eine Zusammenarbeit mit der Sozialdemokratie möglich, insgesamt blieb das katholische Milieu aber deutlich auf Distanz.[7] Dissenzpunkte mit der Sozialdemokratie lagen vor allem in Fragen der Stellung der Kirche im Staat, der Ordnung der Gesellschaft, der Frage des Eigentums, der Emanzipation, der Ehe und Familie, der Sexualität sowie der Schule und Bildung. Ein Kontakt oder eine Zusammenarbeit mit kommunistischen Gruppen blieb dagegen außerhalb jeder Vorstellungskraft. Wie das Schicksal und die Ausgrenzung des Kaplans Josef Rossaint zeigen, änderte sich diese Haltung auch unter dem Eindruck der nazistischen Diktatur kaum.[8]

In der Zeitschrift begegneten dem Leser die Begriffe Sozialismus und Bolschewismus auf zwei verschiedenen Ebenen. Auf der einen Seite wurde damit die politische Gruppe der Sozialdemokratie und der Nationalstaat Sowjetunion bezeichnet, auf der anderen Seite standen diese Worte stellvertretend für alles Gottlose, alles Böse und wurden damit zu einer moralisch-weltanschaulichen Größe. Der Einfluss des Sozialismus auf die Interpretation der deutschen Geschichte wurde als große Gefahr gedeutet.[9] In einem Artikel über Arbeiterbildung stellte man heraus, dass der „marxistische Sozialismus" in der Rolle der Gesellschaftskritik „eine zeitlich notwendige Aufgabe erfüllt" habe, als

---

[6] Vgl. auch Heitzer 1993, 355ff.

[7] „So wenig es einen katholischen Liberalismus gab, konnte es eine „katholische Sozialdemokratie", eine milieuübergreifende Verbindung geben." Pohl 1996, 233
Vgl. als umfassendste Darstellung des Verhältnisses von Katholizismus und Sozialdemokratie in der Weimarer Republik: Ummenhöfer 2003

[8] Kaplan Dr. Josef Rossaint war ein sozial eingestellter Seelsorger des katholischen Jugendbundes „Sturmschar". Als solcher organisierte er am 01.11.1933 ein Treffen zwischen den westdeutschen Diözesan- und Gauführern der Sturmschar und der kommunistischen Funktionärin Bertha Karg. Im Februar 1936 wurde er verhaftet und am 23.04.1937 zu elf Jahren Haft verurteilt. Von seinen Vorgesetzten erhielt er im Laufe der Haft und nach dem Kriege keinerlei Unterstützung. Vgl.: Krehwinkel 1989, 112ff.; Denzler 1982, 15ff. sowie ders. 2003

[9] „Die auf die große Persönlichkeit gerichtete Geschichtsauffassung ... steht im schärfsten Gegensatz zu der materialistischen oder sagen wir ökonomischen Geschichtsauffassung des modernen Sozialismus. Hier sehe ich die jüngste und vielleicht ernsteste Gefahr für die Einheit des geschichtlichen Bewußtseins unseres Volkes." Getzney, Heinrich: Deutsche Geschichte in der Volksbildung. VuV 1/17 (1929), 325

„Dauerzustand" jedoch „verhängnisvoll" sei;[10] dies insbesondere auf dem Feld der Erwachsenenbildung.[11] Das zusammenfassende Urteil blieb auf der eingangs beschriebenen simplifizierenden kirchlichen Deutungsebene.[12]

Dem Sozialismus, der die Volkseinheit aus den Bildungszielen ausschließe, da ihm die „unbedingte Geschlossenheit der Klasse" wichtiger sei als die „Volksverbundenheit", solle der Erhalt und die Stärkung der „echten geistigen Bindungen an die Volksgemeinschaft" entgegengesetzt werden.[13] Dem Kommunismus wollte man mit einer „Besinnung auf der Möglichkeiten der Entwicklung" entgegenarbeiten.[14]

Die Situation in der Sowjetunion wurde im Jahr 1932 scharf diskreditiert.[15] Zu Beginn des Jahres 1933 besprach Emil Ritter die für damalige Zeit sehr fortschrittlichen Einrichtungen der Erwachsenenbildung in der Stadt Leipzig[16] und fand allein disqualifizierende Worte.[17]

Im Zusammenhang mit der Rundfunk- und Filmarbeit wurden die Begriffe vor allem als Sammeltermini benutzt. Da war die Rede vom „sowjetischen Antichrist"[18], von „sozialistischen und kommunistischen Gewaltpolitikern", die versuchten, den Rundfunk durch den Einfluss der politischen Parteien zum „Volkszerstörer" zu machen[19], von einer „russischen Propaganda durch

---

[10] R.G.: Grundfragen der Arbeiterbildung. VuV 2/18 (1930), 53

[11] Hier sei „die marxistische Theorie ... eine tatsächliche Hemmung. [Von daher müsse] der Materialismus ... als der Grundfeind der Bildung, die „Geistesgemeinschaft" ist, und somit vom Materialismus negiert wird, offen bekämpft werden." A.a.O., 52

[12] „Fassen wir die ganze marxistische Arbeiterdoktrin (und der Marxismus ist nichts weiter als die wesentliche Zusammenfassung und klassische Formulierung aller ihm zeitlich vorausgegangenen dogmatisch sozialistischen Lehren), so ist das Ganze ein Anschlag auf die geistige Natur des Menschen um seines gesellschaftlichen Heiles willen – aus Empörung gegen Gott ..." A.a.O.

[13] O.V.: Um die deutsche Volksbildung. VuV 3/19 (1931), 298

[14] Marschall, Bernhard: Arbeitsgemeinschaft Rheinischer Volksbildungsvereinigungen. VuV 3/19 (1931), 370

[15] „Der Sieg der Dialektik über den Glauben, der Institution über das Leben, der Nationalökonomie über die Religion, des Ameisenhaufens über die Kirche, Satans über Christus ..." O.V.: Volkstum bei Dostojewski. VuV 4/20 (1932), 152

[16] Vgl.: Knoll 2007; W. Keim 1995, 142f, sowie Tietgens 1969, 69ff.

[17] „Das ist ... die Schulung des Arbeiters für den Klassenkampf. Das ist Arbeiterbildung in marxistischer Schau, und mit Volksbildung hat es überhaupt nichts mehr zu tun. Bildungseinrichtungen mit solcher Zielsetzung durch öffentliche Mittel zu unterhalten kann wohl nicht gerechtfertigt werden." Ritter, Emil: Umbruch der Volksbildung. VuV 5/21 (1933), 43

[18] Grösser, Max: Volksbildung im Auslandsdeutschtum. VuV 2/18 (1930), 98

[19] Marschall, Bernhard: Katholische Rundfunkarbeit. VuV 2/18 (1930), 174

bolschewistische Auffassungen"[20] sowie einer „russischen Gottlosenpropaganda"[21]. Es wurde eine neue Diaserie über „Sowjetgreuel in Rußland"[22] angepriesen und ein Theaterstück „Der Todesweg" vorgestellt, das „mit satten Farben und starken dramatischen Akzenten" in einem deutsch-russischen Bauerndorf den „unerbittlichen Kampf Sowjetrußlands gegen Glaube und Heimat, Erbrecht und Eigentum" darstellen könne.[23]

Eine milieuübergreifende Zusammenarbeit aller staatstragenden Gruppierungen wäre nötig gewesen, um eine erfolgversprechende Möglichkeit zu schaffen, den Radikalisierungstendenzen in der Endphase der Weimarer Republik wirksam begegnen zu können. Dem katholischen Milieu war eine solche Zusammenarbeit nicht möglich. Dies verhinderte die weltanschauliche Gebundenheit des Katholizismus, die sich primär am eigenen Selbsterhalt und Besitzstand orientierte, und nicht zuletzt das eigene antidemokratische Gedankengut und Potential im Katholizismus selbst.[24]

Zum Schluss lag es für die katholische Erwachsenenbildung einfach näher, im Sommer 1933 in der „Verschmelzung" von „christlichem Glauben und deutschem Wesen ... die Kraftquelle für eine neue gesellschaftliche Ordnung und volkhafte Kultur" freudig zu begrüßen.[25]

Als dann im zweiten Weltkrieg am 22. Juni 1941 auch die Sowjetunion durch die Wehrmacht überfallen wurde, erhielt die Auseinandersetzung für die Katholiken noch eine andere Dimension. Deutschland wurde „zum Retter und Vorkämpfer Europas"[26] gegen „ein Regime, das den Menschen niemals aus seiner Primitivität in das Stadium innerer Freiheit zu erheben vermag und in

---

[20] Marschall, Bernhard: Bericht des ZBA. VuV 2/18 (1930), 316; ebenso ist die Rede von der „einseitigen Propaganda der Russenfilme", in: B.M.: Filmarbeitsgemeinschaft. VuV 3/19 (1931), 185

[21] Brauers, J.: Zur Praxis des Schmalfilms. VuV 5/21 (1933), 21

[22] M.: Bildungsarbeit im bayerischen Preßverein. VuV 4/20 (1932), 26

[23] Mayershausen, Karl: Eine Auslese neuer Zeitspiele. VuV 3/19 (1931), 281f

[24] „Haupthindernis für eine gemeinsame Front [von Katholizismus und Sozialdemokratie] gegen das Aufkommen des Nazismus war weniger die SPD ... sondern der Katholizismus: Für ihn schien die Sozialdemokratie in wesentlichen Punkten nicht weniger bedrohlich zu sein als der Nationalsozialismus." Ummenhöfer 2003, 272

[25] Laarmann, Maria: Unsere Wallfahrt nach Stromberg im Heiligen Jahr. VuV 5/21 (1933), 180

[26] Hirtenwort des katholischen Feldbischofs an die katholischen Wehrmachtangehörigen zu dem großen Entscheidungskampf im Osten (29.07.1941), in: Missala 1997, 57
Vgl dazu auch den Wortlaut des Fastenhirtenbriefs 1942 von Erzbischof Lorenz Jäger, Paderborn, im Kapitel „Die Positionen im Weltanschauungskampf" dieser Arbeit.

fanatischer Verneinung der göttlichen Weltordnung nicht nur die äußere, sondern auch die innere Alternative, ohne die der Mensch in den Bereich des Tierhaften herabsinkt, grausam unterdrückte und zerstörte." Es ging nun „im Osten gleich den deutschen Ordensrittern" um einen „europäischen Kreuzzug" gegen den „bolschewistischen Moloch" um einen Kampf der „ganzen europäischen Kulturwelt gegen die bolschewistische Barbarei".[27]

---

[27] Hirtenwort des katholischen Feldbischofs an die katholischen Wehrmachtangehörigen zu dem großen Entscheidungskampf im Osten (29.07.1941), in: Missala 1997, 57f.

c) Das Volk zu schaffen: Selbstverständnis katholischer Erwachsenenbildung

aa) „Volksbildung als Volk-bildung"

Haben die ersten Abschnitte dieses Kapitels aufgezeigt, wie die Zeitschrift als Organ der katholischen Erwachsenenbildung den Terminus Volk inhaltlich füllte und was in dieser Begriffbedeutung mitschwang, so wird in diesem Abschnitt das Bildungsverständnis der Zeitschrift mit der Konzeption der „Volksbildung als Volk-bildung" dargestellt.

In der Zeit der Weimarer Republik waren sich alle Richtungen der Erwachsenenbildung, mit Ausnahme der sozialistischen, einig in dem Ziel „ein Volk" zu bilden, zu schaffen.[1] Henningsen hält die Konzeption der „Volksbildung als Volk-bildung" für ein besonderes Charakteristikum des Hohenrodter Bundes und weist den Begriff in der Vorgeschichte des Bundes für das Jahr 1916 nach.[2] Eine endgültige Übereinstimmung wurde auf der Reichsschulkonferenz 1920 gefunden.[3]

In der katholischen Erwachsenenbildung klingt, wie Benning nachgewiesen hat,[4] diese Konzeption bereits 1908 bei Carl Sonnenschein an. In diesem Jahr gründete Sonnenschein das „Sekretariat Sozialer Studentenarbeit", um den „Dienst der Studenten am Volk zur Volkseinigung"[5] zu unterstützen. In den Statuten des Zusammenschlusses wurde als Ziel genannt, „an der Einigung des Volkes"[6] mitzuarbeiten. Die Mitarbeit am Volk könne allerdings bei denen auf Missverständnisse stoßen, „denen das Wort „Volksganzes" ein unbekannter Begriff ist."[7] Dagegen sei es die Aufgabe der Bildungsarbeit „Volkswerdung organisch aufzubauen".[8] Sonnenschein sah die Lösung der Volkskrise aber

---

[1] Vgl. auch Fischer 1988, 29ff. sowie Ulbricht 1993, 179ff.

[2] Henningsen 1958, 107f.

[3] „Heute sind wir eigentlich kein Volk, sondern sind zerrissen in Gruppen, Parteien, Konfessionen, die sich zum Teil überhaupt nicht mehr verstehen, die durch Vorurteile aller Art voneinander getrennt sind. ... Ein Volksbewußtsein, ein Zusammengehörigkeitsgefühl, ein Bewußtsein für die Schicksalsgemeinschaft, in der wir alle miteinander stehen, muß erst erzeugt werden. [Deshalb besteht] „das letzte Ziel aller Volksbildungsarbeit ... darin, das Volk erst zu schaffen". Reichsschulkonferenz 1920, 979

[4] Benning 1970, 178ff.

[5] Thrasolt 1930, 108

[6] A.a.O., 114

[7] Sonnenschein 1909, 6

[8] „Zelle um Zelle! Unweigerliche Vorbereitung volklicher „Gemeinschaft" ist die Achtung von Gruppe zu Gruppe" A.a.O., 7

nicht allein in der „Volk-bildung", sondern in einer umfassenden, im weitesten Wortsinne „sozialen Volksbildungsbewegung".[9]

Nach dem Ersten Weltkrieg wurde der Begriff in der katholischen Erwachsenenbildung von Emil Ritter in seiner Schrift „Die Volksbildung im deutschen Aufbau"[10] aufgenommen und inhaltlich ausgeführt. Dies wird im nächsten Kapitel der Arbeit noch ausführlich vorgestellt. Auch der spätere Direktor des ZBA, Bernhard Marschall, hat sich diese Konzeption schon zu Beginn der Weimarer Republik zu eigen gemacht.[11]

In der Zeitschrift lässt sich dieser Bildungsbegriff bereits für das Jahr 1918 in Anklängen nachweisen, wenn man die Volksgemeinschaft als Ziel der Kriegsdichtung und Erwachsenenbildung herausstellte.[12] Die „Volkskunst" entwickelte dieses Verständnis in den folgenden Jahrgängen weiter. Seidenfaden führte dies am Beispiel der „Erziehung durch Dichtung" aus.[13] Ein Jahr später machte derselbe Autor es am Beispiel der Märchen, Sagen und Legenden noch deutlicher.[14] Im Rahmen der Arbeit des ZBA machte man sich 1924 Gedanken darüber, wie man durch die Erwachsenenbildung zum „schöpferischen Menschen" und über diesen als „den Baustoff ... zu einem neuen lebensvollen kulturkräftigen Volksganzen komme, wo gegenseitiges Verstehen, Liebe, Treue, Ehre, Wahrhaftigkeit und Ehrfurcht das Zepter führen."[15] Ritter führte wiederum ein Jahr später die Entstehung des Paradigmas der „Volksbildung als Volk-bildung" auf die persönlichen Erlebnisse und Erfahrungen des Ersten Weltkrieges zurück und verknüpfte diese mit der „organischen

---

[9] Vgl.: Benning 1970, 179f.

[10] Ritter 1919

[11] „Volksbildung hat nur einen Sinn, wenn sie uns zum Volke bildet, uns zum Gemeinschaftsgeist erzieht." Marschall 1921, 9. Auf die Konzeption der „Volksbildung als Volkbildung" des Volksvereins wurde bereits im Abschnitt „Organisatorischer Kontext" hingewiesen. Vgl. auch Heinen 1921 und 1922b sowie Pieper 1926a und 1926b.

[12] Zerkausen, Heinrich: Einig Volk. Ein Beitrag zur Psychologie der Kriegslyrik. Vk 7 (1919), 269f.
„Zu bildendes Volk ... im Sinne von Zusammenfassen der seelischen Energien der Einzelpersönlichkeiten, Widerspiegelung der Volksseele" wurde als Ziel der Erwachsenenbildung benannt. Schreiner, Gerth: Gedanken über Volksbildung. Vk 7 (1919), 302ff.

[13] „Auf dem Wege zum Werden deutscher Volksgemeinschaft ist die Erziehung des deutschen Volkes durch seine Dichtung wesentliches Ziel." Seidenfaden, Theodor: Erziehung durch Dichtung. Vk 11 (1923), 35

[14] „... auf daß sie [die deutsche Dichtung in Märchen, Sagen und Legenden] wieder ihren Segen strömen in die Volkwerdung (und etwas anderes heißt Volksbildung nicht) hinein!" Ders.: Von unsern Märchen, Sagen und Legenden. Vk 12 (1924), 8

[15] Schmitz: Brühler Volksbildungswoche, in: Mitteilungen des ZBA, 11. Vk 12 (1924)

Bildungsauffassung".[16] In den folgenden Jahrgängen wurde diese Konzeption immer wieder ausführlich dargestellt.[17]

Auch in den Jahrgängen 1929 bis 1933 wurde der „Volksbildung als Volkbildung" ein breiter Raum gewidmet. Der Volksbildner hatte die Aufgabe „von neuem Volk zu bilden, neue Volksbildung zu schaffen."[18] Man betonte die Bedeutung der Abendvolkshochschule als eine Arbeitsgemeinschaft, in der die „Klassengegensätze" aufgehoben und der „wahre staatsbürgerliche Gemeinschaftsgeist"[19] gepflegt wurde. Dies ganz „im Sinne des Grundsatzes: Durch Volksbildung zur Volkwerdung".[20]

Die sozialistischen Vorstellungen Marquardts, das Volkshochschulwesen in das bestehende Schulwesen zu integrieren, so dass ein weiterführendes Bildungssystem zur Volks- und Berufsschule entstehen könnte,[21] lehnte man ab, da somit der „Dienst an der inneren Einigung des Volkes" verloren gehen würde.[22] Gegen sozialistische Vorstellungen wandte man sich auch wegen der „begreiflichen Sorge ob der drohenden Aufspaltung der Volksbildung, die doch „Volk-Bildung" sein sollte"[23]

---

[16] „Unter dem frischen Eindruck der Kriegserlebnisse stellte sich mir die Volksbildung als Weg zur Volkwerdung dar. ... Der Grundgedanke ... war ‚ein Volk durch Volksbildung.'" Ritter, Emil: Wo stehen wir? Vk 13 (1925), 3

[17] Vgl.: Ritter, Emil: Volksbildung und ihre Organisation, a.a.O., 193ff.; Kremer, Gerhard: Die Volkshochschule auf christlicher Grundlage, a.a.O., 199ff.; Marschall, Bernhard: Mitteilung des Zentralbildungsausschusses, a.a.O., 400ff.; Arndt, Willi: Heimatpflege und Volksbildung auf dem Dorfe. Vk 15 (1927), 145ff.; Seidenfaden, Theodor: Vom bäuerlichen Volkstum, a.a.O., 160ff.

[18] Getzney, Heinrich: Volkstumspflege in der modernen Volksbildung. VuV 1/17 (1929), 71

[19] Bärtle, J.: Abendvolkshochschule und Heimvolkshochschule. VuV 1/17 (1929), 193

[20] A.a.O., 193
In der Frage der weltanschaulichen Neutralität der freien Erwachsenenbildung dachte man darüber nach, dass „eine Weltanschauung nur dann hemmend für die Volksbildung sein könnte, wenn sie die Wirklichkeit Volk oder die Wirklichkeit Bildung nicht sähe oder bejahte" und sah darum die „wirkliche Aufgabe der Volksbildung in der Formung des Volkes aus den tatsächlich im Volk liegenden organischen Bildungen" Grosche, Robert: Volksbildung und Weltanschauung. VuV 2/18 (1930), 195

[21] M.A.: Eine dritte Epoche der Volksbildung? VuV 3/19 (1931), 115

[22] „Die Interpretation von Volksbildung als Volk-Bildung, einer der wertvollsten Impulse der gestaltenden Volksbildung darf nicht wieder ganz verlorengehen. Diesem Dienst an der inneren Einigung unseres Volkes wird die Marquardtsche Volkshochschule nicht gerecht." A.a.O., 117

[23] Für den Sozialismus sei es „... folgerichtig, die Volkseinheit aus den Bildungszielen auszuschließen, [ihm] die unbedingte Geschlossenheit der Klasse ... wesentlicher ist als die Volksverbundenheit." Dagegen sei es wichtig zu betonen: „Um so dringlicher muß das christlich-konservative Denken die Aufgabe empfinden, alle echten geistigen Bindung an die Volksgemeinschaft zu erhalten und zu stärken." Ritter, Emil: Um die deutsche Volksbildung. VuV 3/19 (1931), 298

In einem Beitrag über Adolph Kolping[24] wurde „der Grundsatz, daß Volksbildung „Bildung zum Volke" sein müsse ... vorbildlich angewendet"[25] und deshalb gleich der entsprechende Abschnitt „Sohn des Volkes" wegen seiner „klärenden und wegweisenden Bedeutung für die katholische Volks- und Jugendbildung"[26] wörtlich abgedruckt, da hier dies „Bildungsziel im Bereich des völkischen und staatlichen Lebenskreises höchst anschaulich"[27] dargestellt wurde. In ähnlicher Weise beschrieb auch der „Katholische Beamtenverein" sein Bildungsziel.[28]

1932 machte Emil Ritter sich wieder neu Gedanken darüber, wie im Zusammenhang mit den stärker werdenden Weltanschauungsgruppen die Einheit in der Erwachsenenbildung gewahrt bleiben könne.[29] Die Arbeit auf einer weltanschaulichen Grundlage beeinträchtige danach die „'Volksbildung als Volk-Bildung' nicht, wenn die Zielsetzung nicht auf das Sonderleben der Gruppe, sondern auf das Volk geht."[30] Die einheitliche Zielsetzung sah man durch drei Fakten gesichert, durch „Natur und Schicksal", „im Bewußtsein und in der Wertung der Gemeinschaft" und „in der tätigen Hingabe an die Gemeinschaft".[31]

Im Zusammenhang mit der Arbeitslosigkeit sah Reinermann im selben Jahr noch ein anderes verbindendes Element: den Willen nach „Autorität, Zucht und Bindung".[32]

Doch wurde auch einer kritischen Stimme zur Konzeption der „Volkbildung" Raum gegeben. Diese Stellungnahme schien von den Ursprüngen des umfassenden katholischen Erwachsenenbildungsbegriffes auszugehen,

---

[24] O.V.: Der Sohn des Volkes. VuV 3/19 (1931), 239ff.
[25] A.a.O., 239
[26] A.a.O., 239
[27] A.a.O., 240
[28] Die Bildung zum „vollkommenen Christenmenschen, ... tüchtigen Berufsmenschen und ... deutschen Menschen, .. mit dem vierfachen Ziel der großdeutschen, volksdeutschen, kulturdeutschen und staatstreuen Bildung [zu einer] geistigen, seelischen und kulturellen Einheit aller Deutschen". O.V.: Die Bildungsaufgabe des katholischen Beamtenvereins. VuV 3/19 (1931), 315
[29] Ritter, Emil: Die Einheit der deutschen Volksbildung. VuV 4/20 (1932), 33f.
[30] A.a.O., 35
[31] A.a.O., 35
[32] „Die katholische Volksbildung ist geradezu aufgerufen, diesen Willen ... zu umfangen und zu einer innerlichen Wiedergeburt und Neuverwurzelung zu machen, aus der allein ein neues Einheitsband für die Volksgemeinschaft zu gewinnen ist." Reinermann, Wilhelm: Bildungszerfall durch Arbeitslosigkeit. Eine Lebensfrage der Volksbildung. VuV 4/20 (1932), 10

nach dem Bildung befähigen soll, „letzten Endes Lebenskunst" zu sein, „die Kraft, das Leben mit seinen Schwierigkeiten zu meistern."[33] Von daher lehnte Rang eine Bildung, die auf ein zu bildendes Volk zielt, als zu weitgehende Utopie ab.[34] Doch blieb diese Kritik selbst unklar und verhalten. Letztlich traf sie sich auch wieder mit den ursprünglichen Intentionen der „Volk-bildungs"-Konzeption, wenn zum Abschluss des Artikels vom „Gehorsam gegen die durch die göttliche „Fügung" ... gesetzte Zeitaufgabe" die Rede war und schließlich Bildung auf die „latenten Kräfte des Geistes und des Blutes" zurückgeführt wurde.[35]

Eine kritische Betrachtung der Konzeption der „Volksbildung als Volkbildung" muss zuerst auf der formalen Ebene ansetzen. Die vorangehenden Kapitel haben bereits gezeigt, dass der Volk-Begriff nicht klar definiert ist und keine einheitliche Verwendung findet. Doch fällt die formale Kritik neben der inhaltlichen nicht so stark ins Gewicht.

Der gesellschaftlichen Wirklichkeit wurde die „Volk-bildungs"-Konzeption kaum gerecht. Sie überschätzte die Möglichkeiten der Erwachsenenbildung, gesellschaftliche Entwicklungen mitzugestalten und war damit eine idealistische Überschätzung dessen, was durch Bildung erreicht werden kann. Der abstrakte Zielbegriff des einigen Volkes ist allein vor dem Hintergrund der Diagnose der Zeit „als geistige Krise", geprägt durch den „Rationalismus", den „Individualismus" und die „partikularen Gruppeninteressen", als Sorge um die „verlorene Einheit" mit von allen akzeptierten und damit einheitsstiftenden Werten erklärbar. Ein philosophisch-abstrahierendes Vorgehen kommt sicher nicht ohne Idealisierungen aus, doch beinhaltet es die Gefahr, Teile der Realität auszublenden. So verzichtete man auf die eigentlich notwendige, kritisch zu leistende Analyse der Wirklichkeit im gesellschaftlichen und politischen Raum. Katholische Erwachsenenbildung musste auf dieser Basis eines

---

[33] Bärtle, Josef: Eine katholische Volkshochschule im Osten. VuV 2/18 (1930), 45

[34] „Nicht einmal die kleinste Zelle der Menschengemeinschaft, die Ehe, kann von uns in irgendeinem Sinne „gestaltet" oder „gebildet" werden, sie kann nur gelebt und mehr oder minder tief, aufrichtig und ernst erfüllt werden. ... Mit rein akademischen Konstruktionen ... unterhöhlen wir gerade, worin jede echte Volksbildung beginnen muß: die nüchterne und wachsamste innere Besinnung, die ihre Schranken kennt und im Leben auf den wirklichen Durchbruch zu warten gelernt hat ..." Diese Beschränkung auf eine eher individuelle Bildung bedeutete dann: „Von daher kann Volk weder Objekt noch Ziel irgendwelcher geistigen Bildungsarbeit sein, und der unklaren These, daß Volksbildung Volk-Bildung sei, stellen wir die Behauptung entgegen, daß dies nur in einem echten und gänzlich unveranstalteten Sinne sein kann ... als gemeinsames Werk unpersönlicher Art ..." G.: Grenzen der Volksbildung. VuV 2/18 (1930), 60

[35] A.a.O., 62

idealistischen Irrationalismus zwangsläufig zu einer Utopie werden. Ein demokratisches Bemühen wäre eher angebracht gewesen als die dargestellten völkischen Erweckungshoffnungen mit ihrer Mystifizierung des Volkes und der allzu engen Verknüpfung von Deutschtum, völkischem Gedankengut und Bildung.

Man verkannte die geistigen und soziologischen Bedingungen der modernen industriellen Gesellschaft und pflegte mit den Begriffen von Volk und Volkstum Lebenskategorien einer bäuerlichen Welt mit organisch-agrarstrukturierten Lebensformen, die für diese moderne industrielle Gesellschaft inadäquat sind. Während die Weimarer Verfassung Volk auf einer strukturellen Ebene als Träger der Souveränität, als Gemeinschaft der Wählenden und damit die demokratische Verfügungsgewalt Ausübenden verstand, zielte der Volk-Begriff der katholischen Erwachsenenbildung mit seinem Verständnis des Volkes als eine Art „emotional-seelischer Gemeinschaft" eher auf eine personale Ebene. Geprägt von der Übertragung des organischen „Corpus Christi mysticum"-Gedankens in den gesellschaftlichen Raum, sollte die Idee der Zusammengehörigkeit als ein einiges deutsches Volk die weltanschaulichen Gegensätze und die täglichen Auseinandersetzungen transzendieren.

Niggemann hält diese Konzeption der „Volk-Bildung" „in ihrer neuromantischen Fassung und in ihrer Rückorientierung am Mittelalter" für „eine Eigentümlichkeit katholischer Volksbildung".[36] Hinzu kommt, dass diese Denktraditionen eines einigen Volkes einem anthropologischen wie gesellschaftlichen Harmoniebedürfnis entsprechen, das wohl ein weiteres typisch katholisches Charakteristikum ist.[37]

Die wohlmeinende Absicht der katholischen Erwachsenenbildung lässt sich kaum bestreiten. Doch die Wirkung war letztlich verheerend, denn in diesem Traum vom einigen Volk konnte man kein Verhältnis zum demokratischen Staat entwickeln. Die Pflege der Volksideologie hat im Gegenteil dazu beigetragen, „daß weiten Schichten der katholischen Bevölkerung ... klare Kriterien

---

[36] Niggemann 1967, 270

[37] Hürten zeigt auf, daß sich die Kontinuitätslinien der Volk-bildungs-Konzeption durch die Katholische Aktion und die Liturgische Bewegung bis weit in die dreißiger Jahre hinein verfolgen lassen: „Gerade die Absicht, dem Zeitgeist auf der Spur zu bleiben, die Anliegen der neuen Zeit nicht zu verfehlen, also wenigstens in einem undifferenzierten Sinne modern zu sein, führte zur „antiliberalen Konjunktur" der dreißiger Jahre und zu manchen retrograden Vorstellungen, die wie die Katholische Aktion oder die Liturgische Bewegung mit ihrem Ziel die Gemeinschaft vom Altare aus, soziale Einheit noch verwirklichen wollten, wo die gesellschaftliche Differenzierung irreversibel geworden war." Hürten 1992a, 553

in der Entscheidung vor dem Nationalsozialismus fehlten."[38] Damit wird erklärbar, „daß weiteste Kreise im deutschen Katholizismus im „Reich" des Nationalsozialismus ihren Traum erfüllt sahen."[39]

Überwog in der Vergangenheit die klare Kritik an dieser Konzeption der katholischen Erwachsenenbildung durch Niggemann,[40] Benning[41] und Uphoff[42], so versucht der Kreis der Dissertationen, die seit den achtziger Jahren über Anton Heinen erschienen sind, sich davon wieder zu distanzieren. Allein die religiöse Prägung der Begrifflichkeiten, die „aus dem Geheimnis einer Berufung geworden" sind und mit den Symbolen der Religion zur „höchsten Vollendung" geführt werden, würde diese deutlich vom Nazismus abgrenzen.[43] Doch hat der Blick in die Auswahl der Zitate aus der Zeitschrift deutlich gemacht, dass auch ein religiöser „Volks-" und „Volkstums"-Begriff keinen Schutz vor nationalistischen und letztlich sogar rassistischem Gedankengut und Einengungen bietet.[44]

---

[38] Niggemann 1967, 299

[39] A.a.O., 270

[40] A.a.O., 270ff. und 299ff.

[41] „Erweist sich dieser Ansatz ... als eine der schwersten Fehldeutungen des Erwachsenenbildungsbegriffes überhaupt. ... er gehört zu den betrüblichen Randerscheinungen der modernen Bildungsgeschichte des Katholizismus" Benning 1970, 192f

[42] „Die Konzeption ... muß daher als eine der schwersten Fehldeutungen in der Geschichte der Erwachsenenbildung angesehen werden. ... so muß man traurigerweise auch bekennen, daß sie für die katholische Bildungsgeschichte zu einem der betrüblichsten Kapitel zählt." Uphoff 1995, 48f.

[43] „Die Distanz zu dem „groteske(n) Unfug, der mit den Begriffen Volk, Volkstum, Nation in der jüngst vergangenen Epoche der deutschen Geschichte getrieben wurde", indem man „Volk und Volkstum auf rassische Elemente reduzierte und außerdem in politische Kategorien umdeutet", wird in dieser Definition Anton Heinens besonders deutlich. Volkstum fordert vielmehr in seiner Mitte das Heiligtum und den Kult." Kuhne 1983, 118f.; vgl. auch Müller-Lönnendung 1983, 42ff. und 85ff., sowie Patt 1984, der sich sogar dazu versteigt in diesem Zusammenhang von „Peinlichkeiten" in der Forschung zu sprechen und im Zusammenhang mit der Bildungsarbeit des Volksvereins konstatiert: „Keinesfalls aber kann, wie es heute leider geschieht, die Ausrichtung des Volksvereins, speziell die Bildungsarbeit Anton Heinens im Gefolge von August Pieper, als Vorbereitung für den Nationalsozialismus gedeutet werden, es sei denn, alle Maßstäbe von 1984 gelten rückwärts und werden für alle Äußerungen der entscheidenden Personen des Volksvereins verbaliter angewandt." Patt 1984, 212

[44] Diesem Urteil schließt sich sogar Hürten an und stellt damit die Aussagen von Kuhne und Patt offenkundig in Frage: „Hätte man in den zwanziger Jahren weniger, als dies damals modisch war, von Volk und Volkstum geredet, ... dann wäre man wohl feinfühliger gewesen für die Gefahren, die im Blut- und Bodenkult des Nationalsozialismus und seinen rassistischen Tendenzen lagen." Hürten 1992a, 553

Die Konzeption der „Volksbildung als Volk-bildung" muss letztlich als eine irreale Auffassung von Volk wie von Bildung angesehen werden.[45] Mit diesem Grundgedanken hat die katholische Erwachsenenbildung der Weimarer Republik den Boden für den Nazismus mit seinem völkisch-rassistischem Gedankengut bereitet.

---

[45] Vgl. als aktuelles differenziertes Beispiel zum Zusammenhang von Nation und Erziehung Pöggler 1995

bb) Weltanschaulicher Idealismus statt aufgeklärter Mündigkeit

Neben dem Bildungsverständnis der „Volksbildung als Volk-Bildung" lässt sich ein zweite Konzeption der katholischen Erwachsenenbildung in der Zeit der Weimarer Republik aufzeigen. Unter dem Aspekt der „Vergeistigung des Menschen" wurde versucht, Erwachsenenbildung vom „katholischen Idealismus" her zu begründen.[1]

Das Ziel aller katholischen Bildung ist in diesem Sinne die „Gottebenbildlichkeit der Seele".[2] In dieser Form der Erwachsenenbildung wurde der Mensch allein „theozentrisch", in seiner Abhängigkeit von Gott gesehen. Die Bildung knüpfte am „Imago-Dei-Begriff" an und diente dabei dem Zweck, den Mensch zu vergeistigen, seine individuellen Anlagen und Kräfte zu fördern und zu einer harmonischen Einheit zu formen. Bildungsideal wurde Gott selbst. Die Dinge dieser Welt waren damit zunächst irdische Güter und wurden in dieser Konzeption nur wichtig, wenn sie irgendwie auf Gott bezogen werden konnten. Die Inhalte der Bildung waren bestimmt von den zeitlosen Werten des Schönen, des Guten und des Wahren, getragen vom geschlossenen System der scholastischen Philosophie.

1922 erschien dazu als erste Nummer in der Reihe „Schriften des ZBA" das Buch „Bildungspflicht und Katholizismus".[3] Niggemann hält es zwar für „kaum bekannt", charakterisiert es aber „als einziges Werk", daß „katholische Erwachsenenbildung aus idealistischer Sicht systematisch darlegt".[4] In diesem idealistischen Verständnis richtet sich die Bildung auf die „Vervollkommnung der Seele" und die dadurch veranlasste Wandlung vom „natürlichen Menschenkind" zum „Gotteskind."[5] „Das vollkommene Abbild des Vaters" als „Erfüllung des höchsten Bildungsprogramms des Christentums" wurde zum christlichen Bildungsideal.[6] Bildungsarbeit war damit ein göttlicher Auftrag, die

---

[1] Vgl. die Kapitel „Der idealistische Ansatz katholischer Erwachsenenbildung", in: Niggemann 1967, 302ff, und „Erwachsenenbildung unter dem Prinzip der Gottesbildlichkeit", in: Benning 1970, 74ff.

[2] Der Vorsitzende des ZBA, Bernhard Marschall, schrieb dazu im Vorwort seines Buches „Volksbildungsarbeit": „die Volksbildung soll uns vergeistigen und dem Materialismus in jeder Form entfremden, so daß wir geeignete Gefäße für die gnadenvolle Gotteskraft werden." Marschall 1921, 9

[3] Walter 1922

[4] Niggemann 1967, 312

[5] „Damit wurde „Heiligkeit höchste Bildung, reinster Seelenadel, der Triumph aller Geisteskultur ... und vollendete Reife der Persönlichkeit." Walter 1922, 67f.

[6] Walter 1922, 70

Religion als die „eigentliche Substanz des geistlich-sittlichen Volkslebens"[7] wurde zum Hauptfaktor der Bildung.

In der „Volkskunst" lässt sich der „idealistische Bildungsbegriff" deutlich verfolgen. In den Reflexionen zur Erwachsenenbildungsarbeit im Jahrgang 13 (1925) erklärte Reuter „Christus selbst" zum „klaren Bildungsideal katholischer Volksbildner".[8] Ziel der Erwachsenenbildung sei damit die „Heranbildung der christlichen Persönlichkeit und dadurch mittelbar die Formung der von christlichen Ideen getragen Volksgemeinschaft."[9] In ähnlicher Weise sah Strauß die Aufgabe der Erwachsenenbildung darin, „den ganzen Menschen wiederherzustellen, ... nicht nur den irdischen, sondern auch den himmlischen, den Menschen der Gnade."[10] In einer solchen Sichtweise stand Bildung damit in erster Linie im Dienst des Glaubens, der Religion und der Kirche.[11] Diese Tendenz, den Glauben zum ersten Inhalt der Erwachsenenbildung zu deklarieren, zog sich auch in die Zeitschrift „Volkstum und Volksbildung" hinein.[12]

Darüber hinaus wurde der Glaube aber nicht nur als Inhalt sondern auch als Ziel der Bildungsarbeit gesehen. In einem Artikel über die Bedeutung der Weltanschauung für die Erwachsenenbildung wurde als „Gegenstand" der „Weltanschauung" das „Verhältnis der Dinge und Menschen in Gott" und

---

[7] A.a.O., 222

[8] Reuter, Rudolf: Was fehlt unserer Volksbildungsarbeit? Vk 13 (1925), 7

[9] A.a.O., 8

[10] Strauß, Friedrich: Was fehlt unserer Volksbildungsarbeit? A.a.O., 11

[11] „Die Bildung besteht aber nach christlicher Auffassung darin, daß ‚das rohe Menschenkind in ein Gotteskind umgewandelt wird.'" Kremer, Gerhard: Die Volkshochschule auf christlicher Grundlage, a.a.O., 201
Im Bericht von Sommertagung des ZBA im Juli 1925 in Köln wurde der Präses der katholischen Arbeitervereine zitiert: „Für uns ist Bildung Lebensgestaltung im Sinne des göttlichen Vorsehungsplanes. Darum muß in erster Linie die innerliche seelische Verbindung des Menschen mit Gott in aller Klarheit und in lebendiger Kraft hergestellt werden; die religiöse Verinnerlichung ist eine Grundforderung christlicher Bildung." Marschall, Bernhard: Mitteilungen des Zentralbildungsausschusses, a.a.O., 404

[12] „Jedenfalls muß es immer wieder gesagt werden, daß die Geschichte der Kirche und alles, was sich in der Religion in den Kulturformen ausprägt, der erste Gegenstand spezifisch katholischer Volksbildung sein muß." G.: Wandel des Franziskusbildes. VuV 2/18 (1930), 63
„Es kann für uns nicht geben eine vom religiösen Grund abgelöste „weltliche" Bildungssphäre" O.V.: Die Mitarbeit der Katholiken in der neutralen Volksbildung. VuV 2/18 (1930), 361

„außerdem noch ihre Stellung zueinander" verstanden. Diese Form der Weltanschauung war das absolute Ziel der Bildungsarbeit. [13]

Auch die wenigen Zitate lassen die Selbstbezogenheit der katholischen Erwachsenenbildung offenkundig werden. Deutlich hätte sich diese den Anforderungen der Zeit stellen müssen. Doch ein Bildungsideal, das allein den Glauben in den Mittelpunkt stellt, kann diese Herausforderung gar nicht wahrnehmen. Es schwebt in einer spiritualistischen Dimension über den Menschen und ihrer Zeit. Nach einem konkreten Inhalt, der vom Menschen in dieser Zeit hätte verwirklicht werden können, hält man vergebens Ausschau. Die historisch-reale Wirklichkeit wird einfach ausgeblendet, die historisch bedingten gesellschaftlichen Verhältnisse weist dieses Ideal als „zeitliche Güter" weit von sich.

Niggemann bilanziert ein anthropologisches Defizit[14] und spricht vom wohl „inhaltsärmsten Beitrag"[15] der katholischen Erwachsenenbildung. Denn im Endeffekt kann Religion auf Grund ihres Wesens weder Richtlinien für Bildung abgeben, noch in ihrem letzten Ziel ein Ideal für Bildung sein. Wenn ein solches Postulat in dieser Zeit trotzdem erhoben wurde, dann konnte es in erster Linie eben doch nur darum gehen, den Glauben zu tradieren, die Einflussphäre der Religion zu sichern und die Institution Kirche zu erhalten.

---

[13] „Weltanschauung ist für uns nicht nur eine Vorbedingung der Bildungsarbeit, sie ist auch das Ziel, die Krone derselben. Und dieses Ziel ist für uns absolut ..." O.V.: Volksbildung und Weltanschauung. VuV 4/20 (1932), 147

[14] „Der „Vergeistigung" des Menschen als Bildungsziel ... lag eine verkürzte Sicht des Menschen zugrunde, die sich wiederum aus theologisch einseitigen Schlüssen ergab." Niggemann 1967, 324

[15] A.a.O., 354

cc) Die Arbeitslosigkeit: Erwachsenenbildung als pragmatische Lebenshilfe

Angesichts der tiefgreifenden gesellschaftlichen Umwälzungen im 19. Jahrhundert und der damit verbunden Zunahme menschlicher Not versuchten sozial eingestellte Kreise der katholischen Kirche, die vom Leben gestellten Aufgaben aus christlichem Geist heraus zu lösen. Hier liegt der Beginn der katholischen Erwachsenenbildung als Lebenshilfe.[1] Benning unterscheidet dabei zwei Richtungen, eine pragmatische als „konkrete funktionelle Hilfe" und eine christlich-existentielle als „Einheit von Umwelt- und Selbstverständnis unter einem verpflichtenden Leitbild".[2] In der Folgezeit wurde eine rein pragmatische Auffassung jedoch abgelehnt, da im katholischen Verständnis die religiösen und weltanschaulichen Fragen aus dem Bereich der Bildung nicht ausgeklammert werden können.

In der Schrift „Grundbegriffe der Volksbildung"[3] legte Alois Wurm eine systematische Abhandlung dieses Bildungskonzeptes vor. Bereits in der „Volkskunst" des Jahrgangs 1914 rezensierte Dr. L. Nieder dieses Buch Wurms. Inhaltlich schloss er sich den Ausführungen an.[4] Im folgenden wurde der Inhalt des Buches skizziert: Ausgangspunkt der Überlegungen war der Mangel eines einheitlichen Zieles in der Erwachsenenbildung.[5] Deutlich setzte man sich von der extensiven Erwachsenenbildungsarbeit ab.[6] In zehn Punkten entwickelte Nieder im Anschluss an Wurm „die zunächst vordringlichen Gebiete einer zeitgemäßen Volksbildung".[7] Der Terminus der Lebenshilfe wurde in den

---

[1] Vgl. zu diesem Konzept der katholischen Erwachsenenbildung als Lebenshilfe die Kapitel „Erwachsenenbildung als Lebenshilfe", in: Niggemann 1967, 325ff., „Erwachsenenbildung als Lebenshilfe", in: Benning 1970, 142ff., sowie die Ausführungen „Kirchliche Bildung als Lebenshilfe", in: Emeis 1980, 129ff.

[2] Benning 1970, 143

[3] Wurm 1913

[4] „Ein außergewöhnlich anregendes Buch ..., das uns einen tüchtigen Schritt vorwärts bringt zur gründlichen Klärung des vielbeackerten Gebietes der Volksbildung." Nieder, L.: „Grundsätze der Volksbildung". Vk 2 (1914), 214

[5] Dazu hielt man resümierend fest: „Es ist somit schwerlich zu bestreiten, daß das Christentum die vollkommenste Lösung des für das Erziehungsideal grundlegenden Problems eines Ausgleichs zwischen Individualismus und Sozialismus bietet." A.a.O.

[6] „...[mit] scharfen Seitenhieben auf eine verworrene und verwirrende Bildungsarbeit, welche ‚den Leuten den Kopf füllt mit allerlei Wissenskram, wovon sie nur eingebildet werden, in Wirklichkeit aber nichts damit anzufangen wissen.'" A.a.O., 214f

[7] Vgl. im folgenden: A.a.O., 215ff.
Gebiete einer zeitgemäßen Volksbildung
1. Der physisch gesunde Mensch verbunden mit einem Aufklärungskampf gegen die physischen und psychischen Massenerkrankungen

Ausführungen Wurms zwar nicht ausdrücklich erwähnt, aber in der Sache wurde dieser Begriff entwickelt und dargelegt. Wurm ging ohne jede Voreingenommenheit von der konkreten Situation des Menschen aus und machte die reale Wirklichkeit des zu Bildenden zum Ausgangspunkt der Erwachsenenbildung. Ausgehend von der Frage, was der Mensch benötige, um in seiner Zeit bestehen zu können, entwickelte Wurm aus Teilzielen sein Bild des autonomen Menschen.[8]

Ziel dieser Bildungskonzeption war es, anknüpfend an der Lebens- und Erfahrungswelt des Einzelnen diesem zu helfen, sein Leben bestehen zu können und in der Welt seinen Standpunkt zu finden. Methodisch setzte Wurm auf die zahlenmäßig kleine, in sich homogene Gruppe. Inhaltlich war auch dieses Bildungsziel natürlich an die katholischen Prinzipien und ihr verpflichtendes Wertesystem gebunden, aber sie richtete sich auf den einzelnen Menschen in seiner konkreten Situation und die Aufgaben, die ihm diese Verhältnisse stellten. Durch ihre Weltverbundenheit unterschied sich diese Position von den bisher aufgezeigten Leitzielen der „Volksbildung als Volk-bildung" und vom „katholischen Idealismus".

In der Zeitschrift findet sich diese Konzeption in Fragmenten. Als alle Vereine und Verbände im ZBA einigendes Bildungsverständnis resümierte Raederscheidt auf der Frühjahrstagung des ZBA im April 1931: „Bildung ist also entweder gerichtet auf Meisterung des Lebens überhaupt oder auf Erfüllung

---

2. Die berufliche Aus- und Weiterbildung
3. Die innere Widerstandskraft gegen Lebensnot und Enttäuschung
4. Die Aktivität, Beweglichkeit und Elastizität des Geistes
5. Die Befreiung von der Massensuggestion mit der Förderung eines selbständigen Denkens und Handelns
6. Klarheit und Ordnung in das Chaos der Welt zu bringen, in die der Mensch geworfen ist. Ausführlich wurde hier auf die Bedeutung der Gemütsbildung als Gegengewicht zu einer einseitigen Verstandesbildung hingewiesen
7. Die Erziehung zum praktischen Ordnungssinn
8. Staatsbürgerliche Erziehung. Dieser Punkt wurde in vier Zeilen abgehandelt, betont wurde allein das „... bereitwillige, verständnisvolle Sicheinfügen des einzelnen in den Gesamtorganismus des Staates."
9. Stärkung des Familiensinns
10. Pflege des Geistes der Gemeinschaft

[8] „Des gesunden, kraftvollen, aktiven, widerstandsfähigen, selbständigen, in sich fest ruhenden und innerlich reichen Menschen, der auch notwendig zu den anderen ein wahrhaftiges und richtiges Verhältnis findet, der in der unvermeidlichen Auseinandersetzung mit der ihn umgebenden Welt seinen rechten Standpunkt zu gewinnen weiß." Wurm 1913, 34

des Berufes... oder geht auf die große Gemeinschaft hin ...".[9] Schon ein Jahr vorher wurde in einem Artikel über die Heimvolkshochschule Marienbuchen dieses Bildungsverständnis dargestellt.[10]

Konkret herausgefordert wurde dieses Bildungsverständnis vom Problem der sich rapide verschärfenden Arbeitslosigkeit in der Endphase der Weimarer Republik.[11] Bereits im Winter 1928/29 war die Arbeitslosigkeit von 1,2 Millionen im November auf 2,9 Millionen im Februar gestiegen, im Winter 1930/31 waren im Februar 4,9 Millionen Arbeitslose gemeldet, im Februar 1932 waren 6 Millionen Erwerbstätige ohne Arbeit.[12]

Zu Beginn des Jahrgangs 1932 wandte sich die Zeitschrift erstmals dem Thema der Arbeitslosigkeit zu. Der einleitende Artikel des ersten Heftes bezeichnete diesen Problemkreis als eine „Lebensfrage der Volksbildung".[13] Im weiteren ist der Blickwinkel interessant, unter dem die Frage behandelt wurde. Zunächst versuchte man, die Zahl der Betroffenen zu ermitteln. Dazu wurden die „augenblicklich 5,6 Millionen Erwerbslosen" mit den Familienangehörigen multipliziert und auf die Zahl von „nicht weniger als 14 Millionen von der Arbeitslosigkeit betroffene"[14] hochgerechnet. Aber dann bedauerte man in erster Linie nur „den Abfall der Massen von den konservativen Lebensgütern des Glaubens und der Sitte, der Familie und des Volkstums", durch die die „große soziale Not" zu einem „nationalen Kulturverhängnis wurde".[15]

Im folgenden wandte man sich dem individuellen Schicksal des einzelnen Arbeitslosen zu; eine „Stufenleiter der seelischen Verelendung" würde ihn über die Phasen der „Verwahrlosung", der „Radikalisierung" und „der Verzweiflung" hin zur „Abstumpfung" führen.[16] Jeder dieser einzelnen Phasen müsse die Bildungsarbeit mit einer anderen „Behandlung" begegnen: der „Verwahrlosung" mit dem „Erhalt einer äußeren Lebensordnung", der „Radikalisierung" mit

---

[9] Die Ausführungen Raederscheidts werden zusammengefaßt dargestellt in: B.M.: Zentralbildungsausschuß. VuV 3/19 (1931), 184

[10] „Zur wahren Bildung gehört ja, daß der Mensch das Leben auf dem Posten meistert, auf den er vom Schicksal gestellt wurde. ... Bildung ist letzten Endes Lebenskunst, die Kraft, das Leben mit seinen Schwierigkeiten zu meistern." Bärtle, Josef: Eine katholische Volkshochschule im Osten. VuV 2/18 (1930), 45

[11] Vgl. auch Tuguntke 1988, 79ff.

[12] Zahlen nach Falter 1986, 38

[13] Reinermann, Wilhelm: Bildungszerfall durch Arbeitslosigkeit. Eine Lebensfrage der Volksbildung. VuV 4/20 (1932), 2ff.

[14] A.a.O., 2

[15] A.a.O.

[16] A.a.O., 4

„klarer Vernunft und treuer Pflichterfüllung ... lebenskundlicher Führung, guten Unterhaltungsveranstaltungen ..., Schaffung von Gemeinschaft, Erhaltung des Familienzusammenhangs", dem „Verzweifelnden" durch „leibliche und wirtschaftliche" Hilfe, „gegen die Abstumpfung ist kein Kraut gewachsen".[17]

Ein Denken in gesellschaftlich-sozialen Zusammenhängen war der katholischen Erwachsenenbildung offensichtlich fremd. Schon die Vorstellung von Anfragen zur Veränderung des wirtschaftlichen Systems wurde abqualifiziert, dagegen „neue" Haltungen des „sozialistischen Volksteils" gewürdigt.[18] Über jede Form der Hilfe wurde wieder der Primat des Glaubens gestellt.[19] Man konstatierte die große Gefahr, „daß es zu Ersatzreligionen kommt" und hielt als Bildungsauftrag der katholischen Erwachsenenbildung angesichts der Arbeitslosigkeit „die Ausprägung und Steigerung des Eigenwesentlich-Katholischen" sowie „die Kräftesteigerung und Selbstgestaltung des katholischen Volksteils" fest.[20]

In einem Artikel über den freiwilligen Arbeitsdienst[21] findet sich ein Themenplan, der zu einer „größeren Systematik bei der Durchführung der Bildungs- und Betreuungsmaßnahmen in den Arbeitslagern" führen soll.[22] In den Ausführungen zu den einzelnen Themengebieten gab es mit dem Thema „Die Rechte und Pflichten des Staatsbürgers"[23] nur einen Hinweis, den man der Sorge um die Förderung und den Erhalt einer demokratischen Gesinnung zuordnen könnte. Hingegen findet sich die schon bekannte Gesinnung der antidemokratischen Kräfte in den Themen „Die Zerstörung und Wiederherstellung des deutschen Volkstums" und „Die Frage der Ostsiedlung" sowie in der

---

[17] A.a.O., 7

[18] „Auch der sozialistische Volksteil wendet sich allmählich der seelischen Bewältigung der Arbeitslosennot zu und gewinnt sogar Verständnis für Dinge, wie freiwilligen Arbeitsdienst, landwirtschaftliche Umschulung, Primitivsiedlung usw., während er bislang gegenüber der Arbeitslosigkeit nur ökonomische Systemänderung kannte. Ähnlich, wie andere nur politische Systemänderungen gegenüber einer wirtschaftlich-sozialen Totalkrisis kennen." A.a.O., 3

[19] „Die Bildungshilfe am Arbeitslosen ist eine gesinnungsgebundene, oder sie ist keine." A.a.O., 7

[20] A.a.O., 10

[21] Bärtle, J.: Der Lagerleiter als Volksbildner. VuV 4/20 (1932), 161ff.

[22] Als Stoffgebiete wurden genannt:
„ 1. Fragen der Weltanschauung und Lebensgestaltung ...
2. Heimat, Volk, Staat ...
3. Volkswirtschaft und soziale Frage ...
4. Sport, Körperpflege und Geselligkeit ...
5. Ergänzendes ..."
A.a.O.

[23] A.a.O., 162

Betonung der „Gemeinschaft", des „Volksliedes" und „Volkstanzes".[24] Und schließlich wurde auch hier über alles wieder der katholische Glaube gestellt.[25]

Eine heute fast makaber wirkende Hilfe, die speziell in der Situation der arbeitslosen Jugendlichen angebracht sei, bot der spätere Schriftleiter Erich Reisch an, indem er auf das Opfer früherer Jugendgenerationen im Ersten Weltkrieg verwies.[26]

Auch die übrigen Artikel, in denen das Thema der Arbeitslosigkeit behandelt wurde, wiederholen das aufgezeigte individuelle Deutungsschema und gehen in ihren Lösungsansätzen über die genannten Vorschläge nicht hinaus.[27]

So positiv der Ansatz der katholischen Erwachsenenbildung als Lebenshilfe gewesen sein mag, die Konkretisierung am Beispiel der Arbeitslosigkeit zeigt, wie wenig davon in die Praxis umgesetzt wurde.[28]

Die Not der Arbeitslosen wurde zwar als soziale Frage erkannt, der gesellschaftliche und wirtschaftliche Kontext des Problems jedoch kaum reflektiert. Letztlich wurde das Thema Arbeitslosigkeit individualisiert, und auf dieser Ebene spielte sich allein die Hilfestellung der katholischen Erwachsenenbildung ab. Eine Theorie, die vom Anspruch her versuchte, die konkrete

---

[24] A.a.O., 162f.

[25] „Eine überragende Bedeutung kommt im Arbeitslager der Lebenskunde zu. In den vom katholischen Ethos getragenen Arbeitslagern kann, ... das Tiefste und Letzte, was unsere Religion an schöpferischen Kräften zu bieten hat, in den Dienst der Erwerbslosenhilfe gestellt werden." A.a.O., 162

[26] „Hier hilft der Appell an das Heldische, dem diese jungen Menschen zugänglich sind: Denkt an die Jugend vor euch, die Jugend des Krieges. Jahre werdet ihr opfern müssen. Nicht Geringeres habt ihr zu leisten als sie. Die starken Naturen unter ihnen haben auch treu durchgefunden. Ihr werdet es auch können. ... Ihr seid doch Wegbereiter der Zukunft; ihr müßt die Aufgaben leisten, die euch aufgegeben sind, die Geschlechter können nicht wählen." Reisch, Erich: Arbeitslose in der Heimvolkshochschule. VuV 4/20 (1932), 15f

[27] Vgl.: Holzamer, Karl: Rundfunk und Erwerbslosigkeit. VuV 4/20 (1932), 17ff.; O.V.: Notgemeinschaft katholischer Künstler, a.a.O., 60f.; O.V.: Bildungsfähigkeit der Erwerbslosen, a.a.O., 63f.; O.V.: Kultur der Zeitgestaltung, a.a.O., 65ff.; M.: Frühjahrstagung des ZBA, a.a.O., 96ff.; O.V.: Ländliche Volkshochschulheime, a.a.O., 103f.; RDK: Jahrestagung der RDK, a.a.O., 138ff.; O.V.: Erwachsenenpädagogik in der Wohfahrtspflege, a.a.O., 164ff.; O.V.: Rezension von „Dr. Viktor Engelhardt, ‚Gesetze, Verordnungen und Verfügungen über die pädagogische Betreuung Erwerbsloser'", a.a.O., 190; Mayershausen, Karl: Neue Laienspiele. VuV 5/21 (1933), 68ff. Hier ist die Besprechung des Theaterstückes „Das werklose Heer. Arbeitslosenschicksale" erwähnenswert; O.V.: Rezension von „Ein Arbeitsloser denkt. Bedrückung, Erfahrung, Erkenntnis. Verlag Herder, Freiburg im Br. 92 Seiten, 90 Rpf.", a.a.O., 80

[28] Zu einem ähnlichen Urteil kommt auch Niggemann 1967, 350: „Trotz vieler Hinweise auf die „Grundsätze" [der Volksbildung von Alois Wurm] bleiben sie als Richtlinien für die praktische Arbeit der katholischen Erwachsenenbildung fast ohne Wirkung."

Situation des Menschen zu erfassen, die gesellschaftlich-ökonomischen Bedingungen und Hintergründe jedoch weitgehend ausblendete, war einfach nicht in der Lage, über den individuellen Horizont hinauszugehen und weiterführendes zu leisten.

Zudem war auch dieser Ansatz, wie die Zitate belegen, in der Praxis wieder vom deduktiven Deutungsmuster des katholischen Glaubens geprägt, das als „Apriori" den kirchlichen Einfluss und die konfessionelle Besitzstandswahrung über alles stellte.

d) Die Überwindung des Individualismus: Formen und Methoden katholischer Erwachsenenbildung

Während in den vorhergehenden Abschnitten das Gesellschaftsbild und das Selbstverständnis der katholischen Erwachsenenbildung dargestellt wurden, steht in diesem Abschnitt die Frage nach den Formen und Methoden im Mittelpunkt, mit denen die katholische Erwachsenenbildung versuchte, ihre gesellschaftlichen Vorstellungen im katholischen Milieu zu verbreiten. Damit kann aufgezeigt werden, dass die katholische Erwachsenenbildung die Moderne zwar inhaltlich weitgehend ablehnte, in den Formen und Methoden aber durchaus die modernen Möglichkeiten und Entwicklungen als Chance begriff und zur Verbreitung ihrer Weltanschauung nutzte.

aa) Vereine und Gemeinschaften

Die heutige Forschung sieht die Vereine und Gemeinschaften des katholischen Milieus, die sich seit Mitte des 19. Jahrhunderts bildeten, in einer modifizierten Sichtweise. Wurde bisher das Hauptaugenmerk auf die antiliberale Funktion des Vereins als konfessionelle Abgrenzung gegen die bürgerliche Gesellschaft gelegt, so wird jetzt eher die „moderne" Funktion des Vereins in den Vordergrund gestellt.[1] Charakteristische Merkmale eines Vereins sind die freiwillige Mitgliedschaft, die Gleichheit der Mitglieder, die finanzielle Eigenständigkeit und ein Vereinszweck, der die Mitglieder in ihren sozialen Rollen und den damit verbundenen Interessen erfasst. In diesen Elementen waren die katholischen Vereine, geprägt von Selbstbestimmung und Individualismus, durchaus eine moderne Form der Vergesellschaftung und hatten dadurch auch Anteil an der bürgerlichen Gesellschaft.

Doch übersieht diese Deutung zwei Gemeinsamkeiten aller katholischen Vereine, die diesen modernen Charakter einschränkten. Zum einen waren alle katholische Vereine immer auch gleichzeitig religiöse Vereine, da der katholische Glaube alle Lebensbereiche durchdrang und selbst die primär an sozialen Zwecken orientierten Vereine ihre Mitglieder zu einer überdurchschnittlichen religiösen Praxis verpflichteten,[2] zum anderen war der Leiter des Vereins in den allermeisten Fällen durch die „Präsidesverfassung" ein Geistlicher.[3] Entsprechend der kirchlichen scharfen Trennung zwischen Laien und Klerus war

---

[1] Mooser 1996, 63f.
[2] Vgl. zur Funktion der Frömmigkeit im katholischen Milieu: Busch 1996, 136ff.
[3] Vgl. zum Einfluß der Kleriker auf das katholische Milieu: Blaschke 1996, 93ff.

dieser geistliche Präses der „geborene", nie der gewählte Leiter des Vereins. Wenn in manchen Vereinen als Vorsitzender ein Laie tätig war, wurde diesem der Präses als „geborenes" Vorstandsmitglied mit Vetorecht zur Seite gestellt. In dieser Weise unterstanden alle Vereine der Kontrolle der kirchlichen Hierarchie.

Im katholischen Milieu lassen sich vier Vereinstypen unterscheiden;[4] nach jedem Typus werden einige Vereine exemplarisch angeführt, ohne den Anspruch auf Vollständigkeit zu erheben.

1. Die religiösen Vereine, die bewusst darauf abzielten, das religiöse Leben der Mitglieder im Alltag durch Gebet und häufigen Empfang der Sakramente zu fördern: Missionsvereine, Jungfrauen- und Jungmännerkongregationen, Jungmännervereine, Männerapostolat, Dritte Orden.

2. Die caritativ-sozialen Vereine, die als Reaktion auf den Pauperismus der Industrialisierung eine kirchlich gebundene Wohltätigkeitspflege praktizierten: Vinzenz- und Elisabethvereine, Umfeld der sozial-caritativen Ordensgemeinschaften.

3. Die Standes- und Berufsverbände, die ein berufsspezifisches Standesbewusstsein und Ethos, darüber hinaus aber auch die Interessenvertretung und Qualifizierung ihrer Mitglieder als Ziel verfolgten: Bauernvereine, Gesellenvereine, Arbeitervereine, Christliche Gewerkschaften, Arbeiterinnenvereine, Vereine für andere erwerbstätige Frauen, Lehrervereine, Lehrerinnenvereine, Kaufmännische Vereine, Studentenkorporationen.

4. Die Bildungs- und Kulturvereine, die der Apologetik des katholischen Glaubens und der Schulung in der katholischen Weltanschauung dienten: Borromäusverein, Volksverein für das katholische Deutschland, Katholischer Frauenbund, Görresgesellschaft, Augustinusverein, Abstinenzvereine.

Während im Kaiserreich 1910 von den 24 Millionen Katholiken 11 Millionen in Vereinen organisiert waren,[5] waren es bei 20 Millionen Katholiken in der Weimarer Republik im Jahre 1925 knapp 9 Millionen,[6] was für beide Jahreszahlen einen Organisationsgrad von 45% ergibt, wobei sicher mit einer nicht geringen Anzahl von Doppelmitgliedschaften gerechnet werden muss.

Die Vereine entwickelten auf der örtlichen Ebene eine Vielzahl von Aktivitäten, die sich nicht allein auf den religiösen Bereich beschränkten. Müller nennt Beispiele für einen Arbeiterverein und eine Jünglingskongregation, die einen Einblick in die Vielfalt der Tätigkeiten erlauben: „Der katholische Arbeiterverein Köln-Mitte hielt neben den monatlichen Vereinsversammlungen

---

[4] A.a.O., 65ff.
[5] Zahlen nach Mooser 1996, 74
[6] Zahlen nach Müller 1996, 302ff.

soziale Unterrichtskurse ab, veranstaltete alle vier Wochen einen Unterhaltungsabend mit belehrendem Vortrag, Theateraufführungen und Geselligkeit, feierte jährlich sein Stiftungsfest, organisierte Familienausflüge und Nikolausbescherungen für die Kinder der Mitglieder, hatte eine Vereinsbibliothek, ... besaß mehrere Spar- und Versicherungskassen (Sparkasse, Sterbekasse, Krankengeldzuschußkasse und Familienkrankenkasse) und sorgte dafür, daß seine Mitglieder vierteljährlich kollektiv zur Kommunion gehen."[7] Für die Marianische Jünglings-Kongregation, bei deren Namensgebung man zunächst ein sehr religiös geprägtes Programm erwarten würde, wird genannt: „Neben der kollektiven Teilnahme an Prozessionen verpflichtete sie ihre Mitglieder zu regelmäßigen Besuchen der Messen und zur gemeinsamen Kommunion, wobei in der Kirche Kontrollmarken ausgehändigt wurden, die in die Mitgliedsbücher geklebt werden mußten. Die Fortbildung bestand in der Unterweisung in Buchführung, Wechselrecht und Stenographie. Einen festen Platz im Vereinsprogramm nahmen die sommerlichen Ausflüge ein, daneben wurde in der warmen Jahreszeit Fußball gespielt und im Winter geturnt. Unterhaltungsabende und Theaterspiel waren weitere Aktivitäten, wobei der vereinsinterne Chor, der Zitherclub, der Orchesterclub oder das Trommlerchorps besonders hervortraten. Eine katholische Vereinsbibliothek konnte mitbenutzt werden, ebenso stand jedem Mitglied die Einrichtung eines eigenen Kontos in der Vereinssparkasse frei."[8]

Über die genannten vielfältigen Aktivitäten hinaus muss noch die Vereinszeitschrift genannt werden, die von sogenannten Vertrauensleuten in ihrem Bezirk an die Mitglieder verteilt wurde und häufig im Jahresbeitrag enthalten war.

Auf diese Weise stärkte der Vereinskatholizismus auf der örtlichen Ebene das katholische Milieu, das er durch die Vielzahl der spezifischen Vereine geschlechts-, alters-, sozial- und funktionsgerecht segmentierte.

Wie im Abschnitt „Organisatorischer Kontext" bereits dargestellt, wollte der ZBA in diesem Umfeld der Vereine kein neuer Verein sein; er definierte sich als „Arbeitsgemeinschaft der Vereine" und war sich darüber bewusst, dass seine Aufgabe „vornehmlich eine Zusammenführung des Bestehenden bedeutet, und dass er nur Neues werden lässt in engster Verbindung mit dem Alten."[9]

---

[7] A.a.O., 39
[8] A.a.O., 39
[9] O.V.: Bericht des ZBA. VuV 2/18 (1930), 314

Im ZBA waren vor allem die Standes- und Berufs- sowie die Bildungs- und Kulturvereine vertreten. Der Zweck des ZBA lag in einer Förderung der Bildungsarbeit der angeschlossenen Verbände und einer Außenvertretung gegenüber den Behörden und der allgemeinen Erwachsenenbildung.[10] Eine Übersicht über die dem ZBA angeschlossenen Vereine und Verbände findet sich im Anhang dieser Arbeit.

Die Zeitschrift verstand sich in diesen Jahren „als zentrales Organ für Erwachsenenbildung" und wollte „einen Überblick geben und bei der kritischen Auswahl behilflich sein."[11] Als Zielgruppe wandte sie sich an die Multiplikatoren der Vereine, die Präsides und die Vorsitzenden. Von dort aus wollte sie ihr Ideengut in die Vereine hinein verbreiten und die Arbeit dieser Gemeinschaften inhaltlich prägen.

---

[10] Vgl. Satzung des ZBA. VuV 4/20 (1932), 24ff.
[11] Ritter, Emil: Eine Rechenschaft. VuV 1/17 (1929), 4

bb) Arbeitsgemeinschaft

Die extensive Erwachsenenbildungsarbeit hatte durch Vorträge und große Kongresse versucht, einer Vielzahl von Teilnehmern die Inhalte der Bildungsarbeit zu vermitteln. Nun schien zur Verwirklichung des Gedankens der „Volksbildung als Volk-bildung" ein neues methodisches Element der intensiven Bildungsarbeit besonders geeignet zu sein, die Arbeitsgemeinschaft.[1] Wunsch zeigt in seiner Untersuchung als Wurzeln der Idee der Arbeitsgemeinschaft die dänische Volkshochschule, die Jugendbewegung, die Reformpädagogik, die „Neue Richtung" in der Erwachsenenbildung sowie die gesellschaftlich-politischen Bedingungen auf, ohne dies an einem konkreten Datum zu fixieren.[2] Henningsen sieht die Kritik von Erdberg´s an den großen Tagungen und Kongressen aus dem Jahre 1917 als Gedanken und Entwicklung einer neuen Form der Aussprache als entscheidend für die Entstehung der Methodik der Arbeitsgemeinschaft an.[3] Besonders zu nennen ist hier auch die Zeitschrift mit dem Titel „Arbeitsgemeinschaft", die nach ihrer Gründung im Jahr 1919 zum Diskussionsforum der „Neuen Richtung" wurde.[4] Eine Art Leitstern für die Entwicklung dieser Idee wurde der „Hohenrodter Bund", ein exklusiver Kreis von Erwachsenenbildnern verschiedener Weltanschauungsrichtungen, die sich im Sommer 1923 auf Initiative von Robert von Erdberg und Theodor Bäuerle[5] zum ersten Mal in Hohenrodt im Schwarzwald getroffen hatten. Aus Angst vor einem organisatorisch-äußer-lichen Apparat wurde mit Absicht eine lose Form des Zusammenschlusses ohne Satzung und Mitgliedschaft gewählt. In der Folgezeit kam der „Hohenrodter Bund" jährlich zu einer Tagungswoche zusammen. Das Selbstverständnis dieses Bundes als „Arbeitsgemeinschaft für Erwachsenenbildung" ist nicht nur auf die offene Form des Bundes und dessen Zusammenkünfte bezogen, sondern weist auch auf die zugrunde liegenden Inhalte und die Methode der Arbeitsgemeinschaft als Ort des Austausches und der Aussprache sowie als Raum der Entwicklung von Gemeinsamkeiten hin.

---

[1] Vgl.: Tietgens 1995a, 64ff.

[2] Vgl.: Wunsch 1986, 27ff. „Hier eine Jahreszahl, das Resümee einer bestimmten Volksbildungstagung, das Auftreten der Person X oder das Ereignis Y als den Beginn anzuführen ... wird der Frage nach den Ursprüngen und Grundlagen sicher nicht gerecht werden können."

[3] Vgl.: Henningsen 1958, 21ff.

[4] Wunsch 1986, 56

[5] Vgl. zur Biographie Bäuerles (1882-1956) das Stichwort „Bäuerle", in: Ihme, Bd. 1, 1988; sowie W. Keim 1995, 136f.

In dieser Weise sollte die Arbeitsgemeinschaft die Begegnung und Auseinandersetzung verschieden Denkender ermöglichen und galt als die ideale methodische Verwirklichung der intensiven Erwachsenenbildungsarbeit und als der pädagogische Weg zu einem einigen Volk. Durch die intensive Auseinandersetzung mit anderen konnte zudem der Individualismus abgebaut und der soziale Gedanke als Verantwortung für das Ganze gestärkt werden.

Bei etwas schärferem Blick sah die Wirklichkeit jedoch anders aus. Das Schlagwort Arbeitsgemeinschaft entwickelte sich zu einem Modebegriff, der methodisch vollkommen beliebig gefüllt wurde. Der Name wurde für fast alles übernommen, was nicht Einzelvortrag war, ohne dass weitere Konsequenzen gezogen wurden. Vieles, was als Arbeitsgemeinschaft gepriesen wurde, blieb traditioneller Unterricht, wenn auch in etwas gelockerter Form. Ein Beispiel aus der katholischen Heimvolkshochschule Elkeringhausen kann dies verdeutlichen.[6] Neue methodische Ansätze wurden mit alten Formen vermischt; über allem stand wieder der Primat des Glaubens als unbedingte Wahrheit.[7] Trotz neuer Begrifflichkeiten fiel es durchweg schwer, Lern- und Lehrgewohnheiten, die selbstverständlich geworden waren, zu ändern.[8] Für das katholische Milieu ist zudem noch das festgeschriebene „ontologische Gefälle" zwischen Klerus und Laien zu berücksichtigen, das, sobald ein religiöser Hintergrund berührt wurde, keine Arbeitsgemeinschaft mehr zuließ, da hier immer der Fachmann dem Unwissenden begegnet.

---

[6] „So sehr in Elkeringhausen der Arbeitsgemeinschaft Raum gegeben wird und ihre Methode fest und schöpferisch zugleich angewandt wird, es wird stets darauf geachtet, daß sie nicht zu früh einsetzt. Diese konsequent durchgeführte Vorsicht verhütet alles Gerede. Setzt sie aber ein, dann sollen und können die Teilnehmer mit all ihren Wünschen, Fragen und Zweifeln und Ablehnungen den Gegenstand der einzelnen Arbeitsgemeinschaften bestimmen. Die von Rektor Lutz selbst meisterhaft geführte Methode der Arbeitsgemeinschaft wurde auch bei allen Mitarbeitern in Anlehnung an ihn zum Herzstück der Arbeit und so durchgeführt, daß sie nichts mehr von den „Aussprachekreisen" an sich hatte, nichts mehr von den unbefriedigenden „Diskussionen"." Hartmann o.J.a, 8ff.

[7] Denn bei der Arbeitsgemeinschaft „handelt es sich nicht um Erlernen einer geistigwissenschaftlichen Methode an sich, sondern um eine gemeinsame Erschließung von Wahrheiten, die Leben werden sollen." Lutz 1927, 10f.

[8] Seitter weist darauf hin, dass der begriffliche Wechsel von der Volks- zur Erwachsenenbildung mit dem methodischen Fortschritt zur Arbeitsgemeinschaft hin zusammenfiel. Wahrscheinlich fiel die Umsetzung der Idee der Arbeitsgemeinschaft in der katholischen Erwachsenenbildung auch deshalb so verhalten aus, weil man auch weiterhin am „Ideal der Volksbildung" festhielt. Seitter 2002, 135

In der Zeitschrift wurde der Gedanke der Arbeitsgemeinschaft im Selbstverständnis des ZBA vertreten[9] und diese als Arbeitsmethode des ZBA deklariert.[10] Auch die thematischen Untergruppen, die der ZBA bildete, trugen den Namen „Arbeitsgemeinschaft". Inhaltlich wurde dies aber rein pragmatisch gefüllt.[11] Aus diesem Grund unterhielt der ZBA keine eigene Zentrale mit großer Verwaltung. Im Rückblick auf die zehnjährige Arbeit konnte man feststellen, dass der ZBA die ihm angeschlossenen Verbände „zu fruchtbarer Gemeinschaftsarbeit zusammengeführt" und „oft Gegensätzliches ausgeglichen" oder „der ZBA sich als Arbeitsgemeinschaft der katholischen Verbände als lebendige Zelle" erwiesen hatte.[12]

Für Antz lag die Wurzel der Arbeitsgemeinschaft in der Ablehnung der extensiven Methode und einer Aktivierung der Lernenden.[13] Daraus ergab sich durch die Auflösung des Frontalunterrichtes und des Lehrer-Schüler-Gefälles als neue Form die Arbeitsgemeinschaft.[14] Über diese Anmerkungen Antzs hinaus wurde aus der Zeitschrift nicht deutlich wie der Titel Arbeitsgemeinschaft inhaltlich oder methodisch verstanden und praktiziert wurde. Auch für die Arbeit in den angeschlossenen Vereinen und Gemeinschaften wurde dieser Begriff nicht weiter erklärt, vorgestellt oder beschrieben.

Bleibt vom Ansatz her zur Theorie und Praxis der Arbeitsgemeinschaft schon fraglich, ob allein durch methodische Formen und pädagogische

---

[9] Die am 19.09.1923 beschlossene Geschäftsordnung des ZBA definierte im ersten Paragraphen: „Die katholischen Gesamtverbände Deutschlands, zu deren Aufgaben die Volks- und Jugendbildung gehört, schließen sich zu einer Interessen- und Arbeitsgemeinschaft zusammen." Geschäftsordnung des ZBA, in Mitteilungen des ZBA, 7. Vk 12 (1924)

[10] Die Arbeitsgemeinschaft ist „entsprechend dieser Zusammensetzung und diesem Aufgabenkreis die Arbeitsmethode des ZBA ist." Marschall, Bernhard: Zehn Jahre Zentralbildungsausschuß. VuV 1/17 (1929), 220f.

[11] Da der ZBA auf diese Weise „die vorhandenen Kräfte zusammenführen und zur gegebenen Zeit zweckdienlich einsetzen" wolle, um „mit möglichst geringen Mitteln das Höchstmögliche zu erreichen." A.a.O., 221

[12] A.a.O., 222

[13] „Vor allem muß der Grundsatz durchgeführt werden, daß wirksame Bildungsarbeit nur bei kraftvollem Mitschaffen der zu Bildenden geleistet werden kann. Ein rein passives Verhalten, ein Anhören von Vorträgen ist wertlos." Antz, Joseph: Volksbildungsarbeit auf dem Dorfe. Vk 13 (1925), 295

[14] „Beim ländlichen Unterrichts- und Vortragswesen wird man in weitgehendem Maß die wertvollen Anregungen der neueren Didaktik verwenden. ... Die freie Arbeitsgemeinschaft, das Rundgespräch, die nachdenkliche Plauderei, ein völlig ungezwungenes Zusammenarbeiten von Lehrer und Schüler, wobei der Schüler ebensosehr die Aufgaben empfindet und stellt wie der Lehrer, muß die herrschende Form des Unterrichts in der ländlichen Fortbildungsschule und in freien Unterrichtskursen sein." A.a.O., 296

Prägungen gesellschaftliche Strukturen verändert werden können, so ist festzustellen, dass in der katholischen Erwachsenenbildung der Begriff Arbeitsgemeinschaft zwar als Schlagwort und Überschrift verwandt, der diesem Begriff zugrunde liegende Anspruch jedoch in keiner Weise eingelöst wurde. Die Auseinandersetzung mit anderen weltanschaulichen Gruppen geschah allein auf einer apologetischen Basis; Verständigung gab es allenfalls im Bereich des Nationalen. In weltanschaulicher Befangenheit blieb die katholische Erwachsenenbildung der homogenen Gruppe treu. Der Realität einer pluralistischen Gesellschaft konnte sie sich damit nicht nähern.

cc) Abend- und Heimvolkshochschule

Wie bereits im Abschnitt „Religiöser Totalanspruch" dargestellt, war den Katholiken eine Mitarbeit in der „freien" Erwachsenenbildung nur unter sehr starken Vorbehalten möglich. Die Forderung nach weltanschaulicher, religiöser Bindung im Bildungsprozess führte dazu, dass die katholische Erwachsenenbildung während der gesamten Zeit der Weimarer Republik nie ernsthaft versucht hat, in der Abendvolkshochschule mitzuarbeiten,[1] wenn man von der Sonderrolle Anton Heinens und der Essener Volkshochschule absieht. Anton Heinen war durch seine Teilnahme an der Reichschulkonferenz und seine Mitarbeit im Hohenrodter Bund der Volkshochschulidee verbunden, in der Essener Volkshochschule war es zu einem paritätischen Miteinander verschiedener Weltanschauungen unter einem institutionellen Dach gekommen.[2]

Die katholische Erwachsenenbildung setzte dagegen auf die konfessionell homogene Gruppe. 1925 schrieb Kremer in der „Volkskunst" einen Artikel über die derzeitige Lage der Volkshochschule im freien Erwachsenenbildung.[3] Danach leide die Volkshochschule an einem dreifachen Mangel, da sie weder über eine einheitliche Grundlage noch ein einheitliches Ziel verfüge und zudem vom Intellektualismus beherrscht sei.[4] Im folgenden schloss sich Kremer der idealistischen Zielsetzung der katholischen Erwachsenenbildung an und wies der Volkshochschule vor allem eine Aufgabe zu, „die Erziehung zur Gemeinschaft".[5] Daraus ergaben sich als Ziele, die Befähigung des Einzelnen als „lebendiges Glied im Gemeinschaftsleben des Volkes" sowie der „organische, lebendige Zusammenhang" aller „volkserzieherischen Kräfte".[6] Folgerichtig führte dieser Gedankengang durch das Primat des Religiösen Kremer dann auch zur Ablehnung der Volkshochschule in ihrer derzeitigen Gestalt.[7] Die Verwirklichung der eigentlichen Idee der Volkshochschule war für Kremer aber nur „auf dem Boden der christlichen Weltanschauung" möglich; doch sah er

---

[1] Vgl. das Kapitel „Die Stellung der katholischen Volksbildung zur Volkshochschulfrage", in: Niggemann 1967, 175ff. sowie zur allgemeinen Geschichte der Volkshochschule, Tietgens 1995a, 61ff.

[2] Vgl. die Ausführungen im Abschnitt „Religiöser Totalanspruch" dieser Arbeit

[3] Kremer, Gerhard: Die Volkshochschule auf christlichen Grundlage. Vk 13 (1925), 199ff.

[4] A.a.O., 200

[5] A.a.O., 201

[6] A.a.O.

[7] „So sehr man also vom Standpunkt der christlichen Ethik aus die Volkshochschule, wie sie heute ist, ablehnen muß als ungeeignet und unfähig, das Volkslebens zu versittlichen, ebensosehr kann und muß man die ihr zugrundeliegende Idee bejahen." A.a.O., 202

eine Möglichkeit, die Idee der Volkshochschule im katholischen Milieu durch „eine bewußte und vertiefte und zielbewußt ausgebaute Bildungs- und Erziehungsarbeit in den katholischen Vereinen" zu verwirklichen.[8] So wurden vereinzelt eigene katholische Abendvolkshochschulen gegründet, das bekannteste Beispiel ist die durch Sonnenschein initiierte katholische Volkshochschule in Berlin.[9]

Die vielen katholischen Vereine, in denen sich im Lauf der Zeit eine eigene Bildungsarbeit entwickelt hatte, erreichten fast die Hälfte des Milieus. Damit wurde von vielen katholischen Erwachsenenbildnern die Notwendigkeit einer Mitarbeit in der Abendvolkshochschule gar nicht gesehen. Zudem waren die meisten dieser Leitungskräfte in den katholischen Vereinen in die eigene Arbeit eingebunden und fielen von daher für weitere Aktivitäten aus.

Erst als man konstatierte, dass das „Vereinsvolk" nicht mit dem „Kirchenvolk" identisch sei und sich von daher Katholiken auch in der freien Erwachsenenbildung fänden, dachte man intensiver über eine Mitarbeit nach,[10] ohne jedoch eine positive Einstellung entwickeln zu können. So prognostizierte Schriftleiter Emil Ritter am Beginn des Jahres 1933 das baldige Ende der Volkshochschule.[11] Das Ideal katholischer Erwachsenenbildung war in der Zeit der Weimarer Republik die Heimvolkshochschule.[12] Unter Berufung auf das dänische Vorbild der christlich-nordischen Volkshochschule von Grundtvig[13] war im Deutschen Reich eine Anzahl von Heimvolkshochschulen entstanden. Während die dänische Heimvolkshochschule in freier Trägerschaft arbeitete,

---

[8] A.a.O.

[9] Vgl.: Thrasolt 1930, 311ff; hier findet sich eine Darstellung der o.a. Volkshochschule

[10] Vgl.: Faßbinder, Klara M.: Herbsttagung des ZBA. VuV 2/18 (1930), 365ff.

[11] „Dagegen dürften die Pflanzungen der Nachkriegszeit, vor allem die Volkshochschule, der Entwicklung zum Opfer fallen. Man muß sich aber klar darüber sein, daß der wirtschaftlichen und politischen Krise eine geistige vorausgegangen ist. Seit Jahren ist die Volkshochschule keine begeistert ergriffene Aufgabe der Volksbildungsbewegung mehr, sondern eine stark umstrittene und höchst fragwürdige Angelegenheit. Das hohe Ziel, das ihr der Kreis um Rudolf von Erdberg auf der Reichsschulkonferenz von 1920 gesteckt hat, ist immer mehr in die Ferne gerückt, und schließlich wurde es auch theoretisch ernsthaft in Frage gestellt." Ritter, Emil: Umbruch der Volksbildung. VuV 5/21 (1933), 41

[12] Vgl. die Kapitel „Die Heimvolkshochschule – Ideal katholischer Volksbildung", in: Niggemann 1967, 221ff.; „Katholische Bildungsstätten", in: Pöggeler 1965, 29ff. und den Aufsatz von Kuhne 1992

[13] Vgl. zu Grundtvig und seiner Bedeutung für die Erwachsenenbildung Röhrig 1986, 19ff. und Röhrig 1991, 13ff.

wurden die deutschen Heimvolkshochschulen weitgehend in konfessioneller, deutsch-nationaler oder sozialistischer Trägerschaft gegründet.[14]

Klemens Neumann, der Gründer der Heimvolkshochschule Heimgarten, zeigte 1925 in der „Volkskunst" die Wurzeln der Heimvolkshochschule im katholischen Milieu auf.[15] Neben der Orientierung am dänischen Vorbild flossen in die Tradition der katholischen Heimvolkshochschulen außerdem die mehrwöchigen Kurse des Volksvereins, die von der Bedeutung der Familie geprägten Gedanken Kolpings und Ideen der katholischen Jugendbewegung mit ein. Die allen Gründungen gemeinsame Grundidee war die Erziehung zur Gemeinschaft, die sich am sichersten in der weltanschaulich geschlossenen Gruppe erreichen ließ. Die religiöse Gesinnung bildete dabei die geistige Basis. Diese Kurse liefen meist über den Zeitraum mehrerer Wochen oder Monate in einer Gemeinschaft der Lehrenden und der Kursteilnehmer. Zur Pflege des Gemeinschaftsgedankens setzte man auf das Volkslied, die deutsche Dichtung in Sage und Märchen, das Wandern und den Sport. Methodisch stand die Arbeitsgemeinschaft mit der Vorherrschaft der mündlichen Rede in Vortrag und Gespräch im Mittelpunkt. Weitere gemeinsame Kennzeichen waren die Betonung der Allgemeinbildung gegenüber der Fachwissensvermittlung, die freiwillige Teilnahme und der Verzicht auf Prüfungen, Berechtigungsscheine und Zertifikate.

Über die Heimvolkshochschule „Heimgarten in Neisse" hatte bereits die „Volkskunst" regelmäßig berichtet.[16] Der ZBA stellte sich als Dachverband der katholischen Bildungsverbände durch einen Beschluss auf der Sommertagung am 15.07.1925 in Köln positiv zur Arbeit der Heimvolkshochschulen und forderte seine angeschlossenen Verbände zur Unterstützung der bestehenden Heime auf.[17] Nachdem in der Zeitschrift „Volkstum und Volksbildung" 1929 über einen Heimvolkshochschulkurs für Mädchen im Heimgarten berichtet

---

[14] Vgl. zur Geschichte und Entwicklung der Heimvolkshochschule Vogel/Scheile 1983 sowie Scheile 1986, 131ff.

[15] Neumann, Klemens: Mittelpunkte katholischer Volksbildungsarbeit. Vk 13 (1925), 432ff.

[16] O.V.: Vom Heimgarten in Neiße, a.a.O., 108; Marschall, Bernhard: Mitteilung des Zentralbildungsausschuß, a.a.O., 405; Neumann, Klemens: Mittelpunkte katholischer Volksbildungsarbeit, a.a.O., 432ff.; Ritter, Emil: Eine katholische Heimvolkshochschule. Vk 15 (1927), 225f.; O.V.: Nachruf Klemens Neumann. Vk 16 (1928), 228f.

[17] „Der ZBA erkennt die Notwendigkeit der Volksbildungsheime wie Heimgarten und Seehof als Mittelpunkte katholischer Bildungspflege an. Die Verbände fordern ihre Unterverbände und Vereine auf, ihre Kurse und Lehrgänge in diesen Heimen abzuhalten. Die verschiedenen Vereinstypen sollen nach Möglichkeit besonders befähigte Mitglieder zu den längeren Heimveranstaltungen entsenden." Marschall, Bernhard: Mitteilungen des Zentralbildungsausschusses. Vk 13 (1925), 405

wurde,[18] stellte Josef Bärtle Anfang 1930 die Konzeption der Grenzlandvolkshochschule Marienbuchen vor.[19] Die Arbeit war gekennzeichnet durch die „Pflege der Religion, des Staatsbürgergedankens und des Heimatgedankens." Ein ähnlicher Fächerkanon wurde für Unterrichtskurse der Jungmänner genannt.[20] Gemäß der rollenspezifischen Geschlechtserziehung sollten die Kurse für junge Frauen um die wesensgemäße Fächer ergänzt werden.[21]

An anderer Stelle wurde bereits darauf hingewiesen, dass in diesem Konzept der Staatsbürgergedanke allein durch den Gedanken der Gemeinschaft, in die sich der einzelne als „Glied" mit „Opfer und Pflichten"[22] einfügen müsse, inhaltlich gefüllt wurde.[23]

1930 berichtete Anton Heinen in der Zeitschrift über seine Erfahrungen von einem dreimonatigen Heimvolkshochschulkurs im Franz-Hitze-Haus in Paderborn, in dem im Rahmen der ländlichen Erwachsenenbildung „Jungbauern" die Zielgruppe bildeten.[24] Auch Heinen betonte die große Bedeutung der Einordnung des Einzelnen in die Gemeinschaft.[25] Da der Liberalismus auch im Bauerntum „die alten Volksgliederungen und Bindungen zerstört" hatte, wollte Heinen „neue Gliederungen in den Berufsständen" und „neue Bindungen in den Genossenschaften" entstehen lassen.[26] Hier setzte er auf den Gedanken des Führertums.[27]

---

[18] Reisch, Erich: Mädchenbildung im Heimgarten. VuV 1/17 (1929), 213ff.

[19] Bärtle, Josef: Eine katholische Volkshochschule im Osten. VuV 2/18 (1930), 44ff.

[20] „Religion, Lebenskunde, Heimatgeschichte, Staatsbürgerkunde, Volkswirtschaft, deutsche Geschichte, deutsche Sprache, Aufsatz, Gesundheitslehre, Kunstbetrachtung, Buchführung, Kurzschrift, Turnen und Gesang." A.a.O., 46

[21] Fächer „in denen alle in der Mädchennatur liegenden heimbildenden und familiengestaltenden Fähigkeiten geweckt werden sollen, ...: Ernährungslehre, praktische und kunstgewerbliche Handarbeiten, Erziehungslehre und Säuglingspflege." A.a.O.

[22] A.a.O., 47

[23] Vgl. die Ausführungen im Abschnitt „'Volk' und ‚Volkstum'" dieser Arbeit.

[24] Heinen, Anton: Ein bäuerlicher Volkshochschulkursus im Franz-Hitze-Haus zu Paderborn. VuV 2/18 (1930), 109ff.

[25] „Deshalb ist für jeden Volkshochschulkurs die ärgste Schwierigkeit, die unter allen Umständen überwunden werden muß, das Gefühl der Fremdheit und Verantwortungslosigkeit dem Ganzen gegenüber. Erst wenn sich die Volkshochschüler wiederfinden in der gemeinsamen Verantwortung für dieses Ganze ... dann schließt sich der Kreis im ganzen." A.a.O., 109

[26] A.a.O., 111

[27] Für den Erwachsenenbildner müsse die entscheidende Frage lauten: „Wie wecke ich in diesen jungen Männern den Geist der berufständigen Ehre, und wie überwinde ich in ihm den liberalistischen Individualismus? Wie lernen sie ans Bauerntum glauben, und wie lernen sie einsehen, daß die Schwachen sich im Starken, im Führer wiederfinden wollen ..." A.a.O.

Im selben Jahrgang stellte Erich Reisch die sechs bestehenden katholischen Heimvolkshochschulen mit ihrer Kurstätigkeit vor: das 1923 gegründete Franz-Hitze-Haus in Paderborn, die 1929 entstandene Landvolkshochschule Haste bei Osnabrück, die 1923 eröffnete Grenzlandvolkshochschule Heimgarten in Neisse, die 1925 geschaffene Arbeitervolkshochschule des Hauses Hoheneck in Essen-Heidhausen, die 1927 konstituierte Grenzlandvolkshochschule Marienbuchen und die 1919 ins Leben gerufene katholische soziale Heimschule Seehof in Kochel in Oberbayern.[28] Während sich die Schulen in Essen und Kochel überwiegend der Arbeiterbildung widmeten, hatten die übrigen Heime vor allem die ländliche Bevölkerung als Zielgruppe. Daneben setzten sich die Schulen in Neiße und Marienbuchen als Grenzlandschulen in besonderer Weise für die Pflege der Auslandsdeutschtums ein. Immer wieder wurde bei Berichten über diese Schulen mit Stolz auf den hohen Anteil von auslandsdeutschen Teilnehmern hingewiesen.[29]

Auf einer vom ZBA initiierten Tagung am 16./17. Juni 1930 in der HVHS Marienbuchen, die von Direktor Bernhard Marschall geleitet wurde, schlossen sich diese sechs katholischen Heimvolkshochschulen zu einer Arbeitsgemeinschaft der katholischen Volkshochschulheime zusammen.[30] Der Zusammenschluss gab sich ein umfassendes Arbeitsprogramm[31] und gehörte im folgenden der Volkshochschul-Arbeitsgemeinschaft im ZBA an.

1931 berichtete Reisch über die Gründung von zusätzlichen katholischen Heimvolkshochschulen: dem Hedwig-Dransfeld-Haus des KDF in Bendorf bei Koblenz, das sich vor allem der Frauenbildung widmete, und zwei weiteren Heimen, die sich für die ländliche Erwachsenenbildung einsetzten, die

---

[28] Reisch, Erich: Die katholischen Vokshochschulheime. VuV 2/18 (1930), 113ff.

[29] Vgl.: „Und dann das Wichtigste: Ein Drittel des Kurses besteht aus Auslandsdeutschen ..." Reisch, Erich: Mädchenbildung im Heimgarten. VuV 1/17 (1929), 215; ähnliche Feststellungen finden sich in: Bärtle, Josef: Eine katholische Volkshochschule im Osten. VuV 3/19 (1931), 44ff. und Reisch, Erich: Die katholischen Volkshochschulheime. VuV 2/18 (1930), 113ff.

[30] Vgl dazu: Reisch, Erich: Vereinigung der katholischen Volkshochschulheime. VuV 2/18 (1930), 241ff.

[31] „Grundlegung, Methoden und Lehrgut katholischer Heimvolkshochschularbeit herauszuarbeiten, die Schulung eines geeigneten Nachwuchses zu garantieren, den in der Arbeit stehenden Kräften in gegenseitigem Austausch neue Antriebe zu vermitteln und dafür zu sorgen, daß zu der gesamtdeutschen Bewegung die Katholiken [ihren] Beitrag leisten ... den materiellen Unterbau der Arbeit zu sichern und ... versuchen, neue Möglichkeiten und Wege dazu zu weisen. Namentlich soll sie fördernd eingreifen, wo lebensstarke Ansätze für ein neues Heim sich zeigen. In der katholischen Öffentlichkeit soll sie das Interesse wachhalten. Die durch sie vermittelte ständige Gesamtüberschau gibt in erhöhtem Maß die Möglichkeit zu notwendig werdenden Informationen." A.a.O., 242

Niederschlesische Junglandschule in Kroischwitz und das bäuerliche Volksbildungsheim Marientann.[32] Ende des Jahres 1931 wurde in der Zeitschrift über die „Werktagung der Vereinigung der katholischen Heimvolkshochschulen" informiert, die vom 05. bis 07. Oktober 1931 im Franz-Hitze-Haus in Paderborn stattfand.[33] Man stellte fest, dass nicht nur im katholischen Milieu die Bedeutung der ländlichen und bäuerlichen Heimvolkshochschulen stark zugenommen hatte, und bildete aus diesem Grund eine neue „Arbeitsgemeinschaft katholisch bäuerlicher Volkshochschulen".[34]

Mit der kurzen Notiz, dass die Heimvolkshochschule Haus Hoheneck Ende Mai 1933 ihre Arbeit eingestellt hatte, sich nun im Besitz der Stadt Essen befand und „als Heim für einen vorbildlichen nationalsozialistischen weiblichen Arbeitsdienst ... [und] daneben als eine Schulungsstätte für Führerinnen der NS-Frauenschaft"[35] diente, wurde die Berichterstattung über die katholischen Heimvolkshochschulen in der Zeitschrift eingestellt.

Niggemann belegt, dass es schon in der Weimarer Republik kritische Stimmen zur Praxis der Heimvolkshochschulen gab.[36] Benannt wurden die „Erziehung zu Einseitigkeit und Fanatismus",[37] die Gefahr der geschlossenen Gemeinschaft mit dem Ausschluss alles Fremden und die Neigung zu

---

[32] Reisch, Erich: Von den katholischen Heimvolkshochschulen. VuV 3/19 (1931), 53

[33] Reisch, Erich: Werktagung der Vereinigung der katholischen Heimvolkshochschulen. VuV 3/19 (1931), 367ff.
Die Referatsthemen auf der Tagung der Arbeitsgemeinschaft katholischer HVHS lauteten:
„Geschichte und jetziger Stand der katholischen Heimvolkshochschulen"
„Wesen und Aufgaben neuzeitlicher katholischer Erwachsenenbildungsarbeit"
„Die Krise der Familie und „Familienethik" in der katholischen Heimvolkshochschule"
„Volksbildungsarbeit in der Wirtschaftskrise".
Auf der anschließenden Tagung der neugegründeten Arbeitsgemeinschaft katholisch bäuerlicher Volkshochschulen trugen die Referate die Titel:
„Welche Bildungsaufgaben erwachsen uns aus der wirtschaftlichen und kulturellen Krise des Landvolkes"
„Die ländlichen Volkshochschulen".

[34] A.a.O., 367; Faber nennt als Begründung für die Bildungsbemühungen im ländlichen Raum, daß 1925 im Deutschen Reich 35,6% der Bevölkerung in Landgemeinden mit bis zu 2.000 Einwohnern lebten.

[35] O.V.: Von den katholischen Heimvolkshochschulen. VuV 5/21 (1933), 148

[36] Niggemann 1967, 263f.

[37] A.a.O., 263

„weltfremden und illusionären Lösungen"[38] aufgrund der durch das Heimleben bedingten ideologisierten Lebens- und Denkweise.

Auch die in den Heimvolkshochschulen tätigen Erwachsenenbildner fragten sich, ob ihre Arbeit in der praktischen Realität Bestand haben würde.[39] Jede Heimvolkshochschule, die eine geschlossene Weltanschauung als Grundlage hatte, stand in der Gefahr, sich von der gesellschaftlichen Lebenswirklichkeit zu entfernen, sich selbst absolut zu setzen. Wo eine Weltanschauung ihre Ideologie als allein seligmachend versteht, kann in der Bildungsarbeit diese Sichtweise jedoch auch schnell zu Störungen in der persönlichen Entfaltung der Menschen führen. In einer pluralistischen Gesellschaft müssen die Offenheit zum Dialog und die Fähigkeit zum Austausch mit anderen und zur Auseinandersetzung mit gegensätzlichen Gruppen die Prüfsteine für die Arbeit bilden. Eduard Weitsch verstand seine Arbeit in der Heimvolkshochschule Dreißigacker schon 1925 in diesem Sinn.[40]

Dieser Sichtweise konnten die katholischen Heimvolkshochschulen nicht gerecht werden. Die katholische Weltanschauung und die Ränder des katholischen Milieus bildeten zugleich die Grenzen in der Arbeit dieser Einrichtungen.

Die Vorliebe der katholischen Erwachsenenbildung in den Heimvolkshochschulen für die ländliche Bevölkerung kann zudem noch einmal ein Indikator für die These sein, dass die kulturkritische Haltung viele Katholiken kein inneres Verhältnis zur modernen Industriegesellschaft finden ließ. Statt dessen setzte man auf organisches Denken, die alte Idee der agrarstrukturierten Ständegesellschaft, damit einhergehend auf eine Verherrlichung des Dorfes

---

[38] A.a.O., 264

[39] „Die Teilnehmerinnen scheiden meist mit dem Gefühl, entscheidende Monate erlebt zu haben. Die Lehrerschaft freilich ist skeptischer. Wird die einzelne da draußen den Bedrohungen, die der heutige Lebensprozeß für Menschentum und Gemeinschaftsverbundenheit in sich birgt, widerstehen?" Reisch, Erich: Mädchenbildung im Heimgarten. VuV 1/17 (1929), 216; noch pathetischer drückte dies Anton Heinen aus: „So entläßt man auch nach dreimonatelanger Arbeit die Volkshochschüler jedesmal mit dem bangen Gefühl: Werden sie die Keime des Wachstums, die in ihnen zum Leben erwacht sind, hüten und weiter pflegen, oder werden sie sich über kurz oder lang im Chaos der Verantwortungslosigkeit wiederfinden?" Heinen, Anton: Ein bäuerlicher Volkshochschulkurs im Franz-Hitze-Haus zu Paderborn. VuV 2/18 (1930), 113

[40] „Anderen das Licht der eigenen Erleuchtung als das Einzige zu zeigen, als das Heil unter Verheimlichung andere Wege und in der Vorgenommenheit, die Wahrheit zu besitzen und geben zu können, erscheint uns eng.
Es ist das Ziel, daß jeder sein Wesen erkenne in der Auseinandersetzung mit den Wirklichkeiten ... Deshalb ist es unser methodisches Hauptmittel, daß wir geistig jedem „seine Knüppel zwischen die Beine werfen", denn die „Unsicherheit" ist nicht „Ziel", sondern der „Weg zu einer neuen Sicherheit"." Weitsch 1925, 211ff.

und des Bauerntums und entwickelte daraus Vorstellungen einer aristokratischen Führungselite.

dd) Massenmedien: Film – Rundfunk – Schallplatte

Den neuen Massenmedien des Films, des Rundfunks und der Schallplatte begegnete die katholische Erwachsenenbildung zunächst einmal mit Kritik, nutzte aber nach einer abwartenden Phase die Möglichkeiten, die diese Medien boten. Emil Ritter konstatierte dies 1931 am Beispiel des Kinos;[1] für den Rundfunk stellte er eine schnellere Entwicklung fest, diagnostizierte aber auch hier den Dreischritt: „Kritik, positive Bewertung und volksbildnerische Forderungen."[2] Im folgenden soll aufgezeigt werden, welche Haltung die katholische Erwachsenenbildung zu den neuen Medien Film, Rundfunk und Schallplatte einnahm, welche Rolle der ZBA dabei übernahm und wie sich dies in der Zeitschrift äußerte.

Die Geschichte des Films begann in Deutschland im Jahr 1895, als die Brüder Max und Emil Skladanowsky in Berlin ein Programm kurzer Filme vorführten. Ab 1905 entwickelte sich schnell ein blühende Filmindustrie. 1917 gründete Ludendorff den deutschen Filmgroßkonzern „Ufa". Bis zur Erfindung des Tonfilmverfahrens und dessen praktischer Durchsetzung, erste brauchbare Tonfilme entstanden ab 1926, wurden die Filme stumm vorgeführt, allerdings meist von Orgel-, Klavier- oder Orchestermusik begleitet. Mit den dreißiger Jahren kam der Farbfilm zuerst in den Vereinigten Staaten und später auch in Europa auf.

Die katholische Erwachsenenbildung stellte sich dem Medium des Filmes relativ schnell. Bereits 1910 richtete Dr. Lorenz Pieper[3] die „Lichtbildnerei G.m.b.H." an der Zentralstelle des Volksvereins ein und gründete 1912 die katholische Kino-Reformzeitschrift „Bild und Film".[4] In der Folgezeit gründeten sich eine Reihe von katholischen Filmgesellschaften, die aber bisweilen sehr kurzlebig waren, miteinander fusionierten oder in Neugründungen aufgingen.[5]

---

[1] „Beim Kino hat sich diese Entwicklung nacheinander vollzogen: erst Kampf gegen das Kino, dann Untersuchung der Bildungsmöglichkeiten und schließlich Bemühung, dem Film Bildungsaufgaben zu stellen." Ritter, Emil: Volksbildung und Tagespresse. VuV 3/19 (1931), 257

[2] A.a.O., 257

[3] Vgl. zur Biographie von Dr. Lorenz Pieper, der bereits 1922 Mitglied der "NSDAP" wurde, die weiterführenden Angaben im Abschnitt: ,'Der Staatsgedanke der deutschen Nation': August Pieper (1866-1942)".

[4] A.a.O., 46

[5] Gegründet wurden 1917 die „Leo-Film-AG" als Nachfolgerin einer Legenden-Film-Vereinigung, 1919 die „Neulandgesellschaft", in den zwanziger Jahren die Katholische Filmstelle des Jugend- und Jungmännerverbandes „Stella Maris", 1929 die „Bild- und

Trotzdem überwog bis 1925 in der Zeitschrift die Ablehnung. Mit beißender Kritik wurde die Verfilmung der Nibelungensage kommentiert.[6] Auf der Wintertagung des ZBA im Januar 1926 fiel die Stellungnahme bereits differenzierter aus. Während Luitpold Nusser in einem Referat über den Film als Kunstwerk von höchster Bildungswirksamkeit sprach,[7] brachte Ritter in seinem Koreferat die Unterscheidung zwischen dem abzulehnenden „kapitalistischen Unterhaltungsfilm" und dem „volkserzieherisch" wertvollen „Kulturfilm" ein.[8] Auf dieser Tagung wurde die Filmarbeitsgemeinschaft des ZBA gegründet, in der Überlegungen entwickelt wurden, den Film als Bildungsmittel in die katholische Arbeit zu integrieren.[9] Auf internationaler Ebene arbeitete die Film-AG des ZBA im 1928 gegründeten „Office catholique international du cinematographe" (Internationales Katholisches Filmbüro, IKF) mit Sitz in Paris mit.[10] Der internationale Filmkongress in München führte schließlich zu einer positiven Beurteilung

---

Filmzentrale GmbH.". Vgl.: Marschall, Bernhard: Katholische Filmarbeit. VuV 2/18 (1930), 56ff.; Niggemann 1967, 166, und Grothmann 1997, 343ff.

[6] „Und das wagt man gegenüber Sagen und Dichtungen, die zu den kostbarsten Besitztümern unserer geistigen Tradition gehören! Und das läßt man sich gefallen, auch wo es die innigsten, leisesten, keuschesten Regungen dichterischer Menschenschau betastet. Man lasse sich nicht einreden, das Kino sei Kunst oder könne Kunst werden. Es ist eine Schande, wie jetzt weiteste Kreise unserer Gebildeten sich von diesem Anspruch suggerieren lassen. ... Das Kino ist Sünde wider den Geist der Kunst. ... Seine Hände sind taktlos, und seine Stimme ist schreiend ... Ein Volk, das solche Unternehmungen bejaht, offenbart künstlerische Unsauberkeit und vor allem Mangel an Ehrfurcht." Steckner, Hans: Kunst und Kino. Aus Anlaß des Nibelungenfilmes. Vk 13 (1925), 99f.

[7] O.V.: Film und Volksbildung. Ein Referat von Luitpold Nusser. Vk 14 (1926), 110ff.

[8] O.V.: Film und Volksbildung. Ein Koreferat von Emil Ritter. Vk 14 (1926), 117ff.

[9] Vgl. die Darstellung: Marschall, Bernhard: Film-Arbeitsgemeinschaft der deutschen Katholiken. VuV 1/17 (1929), 105f.

[10] Marschall, Bernhard: Internationales Katholisches Filmbüro. VuV 1/17 (1929),103ff.
Als Ziele des Internationalen Katholischen Filmbüros wurden genannt:
„1. Es bearbeitet vom katholischen Standpunkt aus die geistigen, sittlichen und sozialen Fragen, welche die Entwicklung des Filmwesens mit sich bringt, und ergreift jede Maßregel, die geeignet ist, eine gesunde Lösung zu fördern.
2. Es will den Katholiken zum Bewußtsein bringen, welche Vorteile sie mit Recht vom Film erwarten dürfen; anderseits will es sie auf die Gefahren hinweisen, die der Film in sich birgt.
3. Es will eine möglichst vollständige Zusammenfassung aller gewerblichen, juristischen und sittlichen Fragen geben, die für die Betätigung der Katholiken auf dem Gebiete des Filmwesens von Bedeutung sind.
4. Es will eine Verbindung unter den Katholiken der verschiedenen Länder herstellen, ... dergestalt, daß die katholischen Hersteller sich verständigen ... unterstützen und aus ihren Erfahrungen gegenseitig Nutzen ziehen [können],
5. Es will den Herstellern, Händlern und Verleihern die berechtigten Forderungen der Katholiken darlegen ...", a.a.O., 104f.

des Films, wenn auch aus unterschiedlichen Gesichtspunkten.[11] Im selben Jahr schlossen sich die Besitzer und Betreiber der ungefähr 500 katholischen Kinos als lose Interessengemeinschaft unter Regie des ZBA zum „Verband der katholischen Pfarr- und Vereinskinos" zusammen, der sich später „Deutscher Lichtspielverband" nannte.[12] 1931 konnte Richard Muckermann in seinem Bericht über die Julitagung der Filmarbeitsgemeinschaft der Deutschen Katholiken im ZBA „mit Recht ... schreiben: ‚Das katholische Deutschland nimmt den Film ernst.'"[13] Technische Neuerungen, wie der Tonfilm 1930[14] oder der Schmalfilm 1933,[15] wurden nun sofort positiv bewertet und über eine Integration in die Arbeit nachgedacht. Dem Jahrgang 5/21 (1933) wurden zudem die „Mitteilungen des Lichtspielverbandes im Zentralbildungsausschuß" als Beilage zugefügt.

Eine ähnliche Entwicklung nahm die Beurteilung des Rundfunks durch die katholische Erwachsenenbildung. Die Geburtsstunde des deutschen Rundfunks lag im Ersten Weltkrieg. Die Versuche, die Bredow und Meißner im Jahre 1917 an der Westfront ausführten und bei denen Musik übertragen wurde, können in technischer Hinsicht als Ausgangspunkt des deutschen Hörfunks betrachtet werden. Im Deutschen Reich wurde zum ersten Mal am 22. Dezember 1920 ein Instrumentalkonzert übertragen. Nach der Aufhebung des

---

[11] Dirks, Walter: Die Katholiken zu Film und Rundfunk. Ein Nachwort zu den Münchener Kongressen. VuV 1/17 (1929), 267ff.
Walter Dirks unterschied in seinem ausführlichen Bericht drei Gruppierungen im Katholizismus:
„Die Kreise, die hinter dem Münchener Kongreß stehen, haben den Film im ganzen vollgewichtig gefunden und bejahen seine starken positiven Tendenzen. ... In verschiedenen Schattierungen bis zum begeisterten Optimismus ist diese Haltung in München vertreten worden. Von ihr aus ergibt sich ohne weiteres die heilige Verpflichtung, mitanzupacken, dem Film die Kräfte des Katholizismus anzubieten, zu helfen, uns in den Film, den Film in unseren Kreis hineinzubringen.
Andere dagegen finden unsere Zeit mediokär, laut, selbstgefällig ... so daß sie ihr gegenüber eine Mauer zu errichten sich verpflichtet glauben, ..."
Die dritte Gruppe schließlich, der sich Dirks auch selbst zurechnete, „Fühlt sich dieser heidnischen als profaner Welt verpflichtet. ... Sie will mit den „Heiden" zusammen Straßen bauen, Schlachten schlagen, Recht sprechen, wie es die Christen im Römischen Reich taten, d.h. heute: mit den Nichtchristen zusammen den Luftverkehr organisieren, die Wirtschaft in Ordnung bringen, Siedlungen bauen – Filme produzieren."
A.a.O., 275f.

[12] Marschall, Bernhard: Katholische Filmarbeit. VuV 2/18 (1930), 56ff.

[13] Marschall, Bernhard: Filmarbeit. VuV 3/19 (1931), 313

[14] Koenemann: Die Bedeutung des Tonfilms. VuV 2/18 (1930), 120ff.

[15] Fröhlings, J.: Der Schmalfilm als Bildungsmittel. VuV 5/21 (1933), 7; Brauers, J.: Zur Praxis des Schmalfilms, a.a.O., 17ff., M.: Schmalfilmarbeit, a.a.O., 28f.

bisher bestehenden Hörfunkempfangsverbotes für Privatpersonen sendete ab Oktober 1923 in Berlin der erste deutsche Rundfunksender, etwas später wurde die „Deutsche Welle" gegründet, die ab 1926 den „Deutschlandfunk" betrieb. Die seit 1924 zahlreich entstehenden Rundfunkstationen wurden 1925 in der „Reichs-Rundfunk-Gesellschaft" als Dachorganisation des deutschen Rundfunks zusammengefasst. Durch die 1932 durchgeführte Rundfunkreform gingen die Regionalgesellschaften völlig in den staatlichen Besitz des Reiches und der Länder über.[16]

Im ZBA wurde der Rundfunk im Kontext der Erwachsenenbildung zunächst abgelehnt. Der Hörfunk „kann nicht zu den wesentlichen Mitteln der Volksbildung rechnen".[17] Andererseits wollten die katholischen Kräfte auf diesem Gebiet mitarbeiten, um ihren Einfluss auf die Programmgestaltung auszuüben. So wurde im Mai 1926 im Rahmen des ZBA eine Rundfunkarbeitsgemeinschaft gegründet, die sich wenig später „Rundfunkarbeitsgemeinschaft der Deutschen Katholiken" (RDK) nannte. Vorsitzender der RDK war der Direktor des ZBA, Bernhard Marschall. Auf der Novembertagung des RDK im Jahr 1927 wurden zehn Arbeitsgemeinschaften für die einzelnen Sendegebiete gegründet.[18] Diesen Arbeitsgemeinschaften gehörten an: „die katholischen Mitglieder der politischen Überwachungsausschüsse und der Kulturbeiräte bei den einzelnen Sendern, die Vertreter der bischöflichen Behörden für die katholischen Morgenfeiern und die Mitarbeiter aus Wissenschaft, Kunst und Volksbildung, die sich aus unseren Kreisen der Rundfunkarbeit besonders zur Verfügung gestellt haben."[19] Der ZBA bildete damit relativ schnell ein organisatorisches Netz, um die Möglichkeiten des Hörfunks für die katholische Erwachsenenbildung nutzen zu können. 1929 konnte der ZBA feststellen, dass seitens der „leitenden Organe des Deutschen Rundfunks sowie der maßgeblichen Persönlichkeiten der Sendegesellschaften" die Rundfunkarbeitsgemeinschaft des ZBA „als die maßgebende Vertretung der deutschen Katholiken in der Rundfunkarbeit" anerkannt sei.[20] Zugleich wurde vom ZBA das Bemühen der Sendeanstalten gewürdigt, „wirkliche Volksbildungsarbeit zu leisten und Kultursender zu werden."[21]

---

[16] Vgl.: Bauer 1966

[17] O.V.: Der ZBA zum Rundfunk. Vk 14 (1926), 324

[18] Die organisatorische Übersicht der RDK nannte als Sendegebiete: Berlin, Breslau, Frankfurt, Hamburg, Köln, Königsberg, Leipzig, München, Stuttgart und Danzig mit den Namen und Anschriften der jeweiligen Sendebeauftragen, in: Bernhard Marschall: RDK Rundfunkarbeitsgemeinschaft der Deutschen Katholiken. VuV 2/18 (1930), 174

[19] Marschall, Bernhard: Rundfunkarbeit der Katholiken. VuV 1/17 (1929), 31

[20] A.a.O., 32

[21] A.a.O., 32

Auf der internationalen katholischen Woche im Juni in Köln wurde auf Initiative des ZBA das „Bureau catholique internationale de radiophonie" (Internationale Katholische Rundfunkbüro, IKR) mit Sitz in Köln gegründet. Leiter der Vereinigung wurde der Direktor des ZBA, Bernhard Marschall.[22]

Die wichtigen inhaltlichen Fragen für die Relevanz des Rundfunks in der Erwachsenenbildung lauteten: „Wer hört den Rundfunk? Wie hört man ihn? Was hört man?"[23] Da das Rundfunkgesetz eine paritätische Mitbestimmung beinhaltete, versuchte die RDK, die Möglichkeiten der Programmgestaltung zu nutzen. Hier lagen die Schwerpunkte auf der Darstellung der katholischen Kulturarbeit im Hörfunk und der Gestaltung der Morgenfeiern. Wie die katholische Kulturarbeit in die Programme eingebracht wurde, wird aus der Zeitschrift nicht deutlich. Die besondere Bedeutung der katholischen Morgenfeiern wurde dagegen ausführlich betont und deren Gestaltung dargelegt. Die Morgenfeier sollte „nicht Gottesdienst" oder „Gottesdienst-Ersatz" sein, sondern eine „religiöse Erbauungs- und Weihestunde ... gestaltet aus katholischer Glaubens- und Tatfreude". Dabei wollte man „keine Auseinandersetzung geben mit nichtkatholischen Überzeugungen, sondern sagen, was uns Katholiken wesentlich für Zeit und Ewigkeit ist."[24]

Als Themen wurden für das Jahr 1927 „Der Glaube", das Jahr 1928 „Das Apostolische Glaubensbekenntnis" und das Jahr 1929 „Das Vater unser" und „Ave Maria" genannt.[25] Im Hinblick auf die Hörer dachte man über die Integration des Rundfunks in die Vereinsarbeit und die Bildung von Hörergemeinden nach. Die Pluralität des Rundfunks wurde dabei als Gefahr gesehen.[26] Eine eigene Gründung von Hörergemeinschaften wurde fast durchgängig abgelehnt und nur in bestimmten Bereichen der ländlichen Bildungsarbeit als positiv

---

[22] Marschall, Bernhard: Internationales Katholisches Rundfunkbüro. VuV 1/17 (1929), 98ff. Hier wurden als Aufgaben genannt:
1. Sammlung und Austausch von Berichten aus den einzelnen Mitgliedsländern.
2. Bildung einer zentralen Beratungs- und Auskunftsstelle für die katholische Rundfunkarbeit in religiösen, kulturellen und technischen Fragen.
3. Organisation eines dreijährlich stattfindenden internationalen katholischen Rundfunkkongresses

[23] Marschall, Bernhard: RDK Rundfunkarbeitsgemeinschaft der Deutschen Katholiken. VuV 2/18 (1930), 172

[24] Marschall, Bernhard: Katholische Morgenfeier im Rundfunk. VuV 1/17 (1929), 32

[25] A.a.O., 32f.

[26] „... daß in der Buntheit der Darbietungen, in der oft ungeeigneten Zeit der Sendung sowie in der nicht immer einwandfreien Form – für weltanschaulich begründete Volksbildung auch in der Neutralität des Rundfunks – für die bildungsmäßige Auswertung mannigfache Hemmungen liegen." Kreuzberg, P.J.: Rundfunk und ländliche Volksbildung. VuV 4/20 (1932), 86

angesehen. Dagegen vertrat man den Standpunkt, dass sich der Rundfunk mit seiner Arbeit in die bestehenden Vereine integrieren solle,[27] da hier die weltanschaulich homogene Gruppe auf jeden Fall erhalten blieb.[28]

Die im Juli 1932 erlassenen „Leitsätze für die Neuregelung des Rundfunks", die im wesentlichen eine vollständige Verstaatlichung des Rundfunks mit sich brachten und den bestehenden Einfluss der Weltanschauungsgruppen in den Programmbeiräten sicherten, wurden positiv bewertet.[29] Zu Beginn des Jahres 1933 beurteilte man die Übernahme der Rundfunkleitung durch das Reichsministerium für „Propaganda und Volksaufklärung" noch kritisch und wies auf die Gefahren der Politisierung, der Verbeamtung sowie des Abgleitens in die Propagandatätigkeit des Rundfunks hin.[30] Auf der Junitagung der RDK im selben Jahr fiel im Referat des Direktors Bernard Marschall „Unsere Rundfunkarbeit im Neuen Deutschland" die Stellungnahme durchweg positiv aus. Man begrüßte den Einsatz der „ursprünglichen Kräfte des Volkes in Heimat und Vaterland" und erklärte sich bereit, alle Kräfte „für den Umbau des Deutschen Rundfunks, der jetzt für die Staatsführung das wichtigste Erziehungsmittel zur Schaffung der neuen Volksordnung ist" einzubringen. Schließlich folge man damit, „dem Ruf des Reichskanzlers Adolf Hitler zur Sammlung des ganzen Volkes für die große nationale Aufgabe."[31]

Auch die dritte technische Neuerung entstand um die Jahrhundertwende. Vorläufer der Schallplatte war die stanniolbespannte Walze auf dem Phonographen Edisons von 1877. Diese wurde zehn Jahre später durch die mit Wachs überzogene Zinkplatte des Erfinders des Grammophons, Berliner, abgelöst. Kurz vor der Jahrhundertwende wurde das Grammophon durch die Deutsche-Grammophon-Gesellschaft in Berlin hergestellt, während in Hamburg die Schallplattenproduktion begann. Die Erfindung der elektronischen Verstärkerröhre brachte ab 1920 den Übergang zur elektronischen Aufnahme und Wiedergabe, die fast Originaltreue in allen Klangbereichen ermöglichte. Auch in dieser Frage der Schallplatte als Mittel der Erwachsenenbildung lässt sich in der Zeitschrift der schon bekannte Dreischritt in der Entwicklung der

---

[27] Neundörfer, L.: Der Rundfunk als Hilfe in den Vereinen. VuV 2/18 (1930), 321ff.
[28] Es „soll der Rundfunk zielbewußt in die gesamte Arbeit der schon bestehenden losen oder festen Gruppen als Bestandteil der gesamten Bildungsarbeit unter kluger Führung eingebaut werden. Hörgemeinden im Sinne echter Volksbildung können nur Gruppen sein, die schon in Gemeinschaftsverantwortung aus religiösen und allgemein geistigen Gründen gewachsen sind." RDK: Jahrestagung des RDK. VuV 4/20 (1932), 139
[29] M.: Zur Rundfunkreform. VuV 4/20 (1932), 181ff.
[30] M.: Zentralbildungsausschuß. VuV 5/21 (1933), 59ff.
[31] M.: Die Rundfunkarbeit der Katholiken. VuV 5/21 (1933), 141ff.

Beurteilung finden: „Die erste ist Ablehnung. ... Die zweite ist Kritik. ... Die dritte ist Aufbau."[32]

Da die Entwicklung der Schallplatte als Bildungsmittel ähnlich wie in der Film- und Rundfunkarbeit verlief, diese Frage in der Darstellung der Zeitschrift und der Arbeit des ZBA aber nicht die Bedeutung der Film- und Hörfunkarbeit erreichte, möchte ich hier nur noch kurz summarisch zusammenfassen. Auf Initiative des ZBA wurde 1929 eine eigene katholische Vertriebs- und Beratungsstelle für Schallplatten gegründet, die „Spielmann-Musik GmbH., Beratungsstelle zur Einführung der Schallplatte in die katholische Bildungspflege".[33] Ihre Aufgabe lag in der Sichtung und Bewertung des vorhandenen Bestandes und der Gestaltung von neuen Plattenserien aus dem katholischen Kulturkreis. In weiteren Artikeln wurde überlegt, wie die Schallplatte sinnvoll in die katholische Bildungsarbeit eingebracht werden konnte.[34] 1932 empfahl Berten die Schallplatte im Sinne der Volkstumsarbeit besonders für die Gemeinschaftsfeiern einzusetzen.[35] Die Schallplatte sollte in dieser Weise als Mittel für die Bildungsziele der katholischen Erwachsenenbildung eingesetzt werden. Berten schloss seinen Artikel mit der Hoffnung, dass „das mechanische Mittel zum guten Helfer des Künstlers und zum tatsächlichen Dienst am Menschen werden kann."[36]

Der schon mehrfach erwähnte Dreischritt von absoluter Ablehnung, differenzierter Sichtweise sowie Integration und Mitarbeit bestimmte das Verhalten der katholischen Erwachsenenbildungsarbeit zu den neuen Massenmedien von Film, Rundfunk und Schallplatte. Je weiter die Zeit fortschritt, desto schneller lässt sich die zeitliche Abfolge feststellen. Dabei fungierte der ZBA als Schaltstelle der katholischen Bildungsarbeit in den Bereichen der neuen Massenmedien und hatte damit dem Volksverein erkennbar den ersten Rang

---

[32] Berten, Walter: Die Schallplatte in der Musikpflege. VuV 4/20 (1932), 73
[33] Marschall, Bernhard: Schallplatte und Volksbildung. VuV 1/17 (1929), 36f.
[34] R.G.: Grammophon als Bildungsmittel. VuV 1/17 (1929), 85ff.; Greven, Robert: Die Schallplatte in der katholischen Bildungspflege. VuV 2/18 (1930), 231ff.
[35] „Der Sinn einer Gemeinschaftsfeier, die von einem gemeinsamen Schicksalserlebnis getragen wird, liegt nicht zuletzt darin, diese Gemeinschaft im gleichen Schicksal, im gleichen Lebenssinn allen bewußt und lebendig zu machen. Lebenszusammenhänge, Schicksalsgemeinsamkeiten, zwanglos-zwingend spürbar werden zu lassen, die etwa mit den Begriffen: Liebe, Heimat, Vaterland, Arbeit, Fest und Feier, Jenseits, Tageskreis, Jahreskreis, Lebenskreis angedeutet sein mögen ..." Berten, Walter: Die Schallplatte in der Musikpflege. VuV 4/20 (1932), 79
[36] A.a.O., 79

in der Gesamtvertretung des Katholizismus streitig gemacht.[37] Die Antwort des ZBA auf die Herausforderung durch die neuen Medien bestand durchweg in der Gründung eigener Arbeitskreise und Institutionen, die sich mit den neuen Medien und ihren Möglichkeiten auseinander setzten und bei Film und Schallplatte bis in die Produktions- und Fertigungsbereiche hineinreichten. Das Gebiet des Rundfunks nahm hierbei eine Sonderrolle ein, da sich die katholische Erwachsenenbildung in diesem Sektor in den staatlichen Bereich integrierte. Inhaltlich wollte man durch diese neuen Medien die katholische Weltanschauung stützen und verbreiten, das katholische Milieu gefährdende Einflüsse durch Zensur nach Möglichkeit ausschalten und die Hörer oder Zuschauer in weltanschaulich homogenen Gruppen der „verwirrenden" Pluralität dieser Medien entziehen. Deutlich wird in diesen Haltungen die systemstabilisierende Wirkung, die man sich durch diese neuen Medien erhoffte. Trotz allem bleibt bemerkenswert, dass die katholische Erwachsenenbildung in der Abwehr der Ideen der Moderne durchaus bereit und fähig war, die technischen Mittel des modernen Industriezeitalters für die eigene Arbeit zu nutzen und zu gestalten.

---

[37] Besonders auf dem Gebiet des Rundfunks wird die Arbeit des ZBA auch heute noch als vorbildlich bewertet: "Auf keinem anderen Gebiet des modernen Kulturschaffens haben sich die Katholiken mit so großer Intensität eingesetzt wie für den Rundfunk, Bernhard Marschall galt weit über die Grenzen Deutschlands hinaus als der Pionier des Rundfunks hinsichtlich einer sinnvollen und anspruchsvollen Programmgestaltung. In dieser Tatsache liegt seine große Bedeutung." Niggemann 1967, 172

e) Betend in die neue Zeit: Die „Hommage" an den neuen Staat

Die Ernennung Hitlers zum Reichskanzler am 30.01.1933 und die Wahlen vom 05.03.1933 hatten für die katholischen Bischöfe eine neue politische Situation geschaffen. Bisher hatte man die nazistische Bewegung deutlich abgelehnt, den Katholiken die Mitarbeit in der Partei und ihren Untergliederungen verboten und katholische Abweichler mit dem Ausschluss von den Sakramenten bestraft; nun bildete diese Partei die stärkste Kraft in der neuen Regierung des Staates. Der „Tag von Potsdam" als Verbindung der Tradition des Kaiserreichs mit der „neuen Bewegung" am 21.03.1933 hatte manche Ängste beseitigt und in seiner Regierungserklärung in der Berliner Kroll-Oper am 23.03.1933 machte Hitler den Kirchen weitgehende Versprechungen.[1]

Die Ablehnung der katholischen Bischöfe brach wie ein Kartenhaus in sich zusammen. Vieles schien nun gesichert und erreichbar, worum man sich in der Weimarer Republik vergeblich bemüht hatte: der Katholizismus als Träger des wahren Volkstums, der Einfluss der Kirchen im öffentlichen Leben, der Erhalt der Konfessionsschulen, ein Reichskonkordat. Am 28.03.1933 nahmen die katholischen Bischöfe unter Berufung auf die Zusagen Hitlers die „Verbote und Warnungen" zurück.[2] Das „Ermächtigungsgesetz" mit der Einschränkung der demokratischen Grundrechte am 23.03.1933, der erste reichsweite

---

[1] „Indem die Regierung entschlossen ist, die politische und moralische Entgiftung unseres öffentlichen Lebens durchzuführen, schafft und sichert sie die Voraussetzung für eine wirkliche tiefe innere Religiosität ...
Die nationale Regierung sieht in den beiden christlichen Konfessionen wichtigste Faktoren der Erhaltung unseres Volkstums. Sie wird die zwischen ihnen und den Ländern abgeschlossenen Verträge respektieren, ihre Rechte sollen nicht angetastet werden ...
Die nationale Regierung wird in Schule und Erziehung den christlichen Konfessionen den ihnen zukommenden Einfluß einräumen und sicherstellen. Ihre Sorge gilt dem aufrichten Zusammenleben zwischen Kirche und Staat ...
Ebenso legt die Reichsregierung, die im Christentum die unerschütterlichen Fundamente des sittlichen und moralischen Lebens unseres Volkes sieht, den größten Wert darauf, die freundschaftlichen Beziehungen zum Heiligen Stuhl weiter zu pflegen und auszugestalten." Zitiert nach Denzler 1984c, 23

[2] Kundgebung der Fuldaer Bischofskonferenz vom 28.03.1933
„Es ist nunmehr anzuerkennen, daß von den höchsten Vertreter der Reichsregierung, der zugleich autoritärer Führer jener Bewegung ist, öffentlich und feierlich Erklärungen gegeben sind, durch die der Unverletzlichkeit der katholischen Glaubenslehre und den unveränderlichen Aufgaben und Rechten der Kirche Rechnung getragen, sowie die vollinhaltliche Geltung der von den einzelnen deutschen Ländern mit der Kirche abgeschlossenen Staatsverträge durch die Reichsregierung ausdrücklich zugesichert sind. ... glaubt daher der Episkopat das Vertrauen hegen zu können, daß die vorbezeichneten Verbote und Warnungen nicht mehr als notwendig betrachtet zu werden brauchen."
KABl 56 (1933), 29

Boykott der jüdischen Geschäfte am 01.04.1933, das „Gesetz zur Wiederherstellung des Berufsbeamtentums" mit den ersten rassistischen Bestimmungen auf juristischer Ebene vom 07.04.1933, all dies ging vorüber, ohne dass die katholischen Bischöfe und das katholische Milieu sich dazu in irgendeiner Weise in der Öffentlichkeit äußerten. Statt dessen bekräftigten die Bischöfe in ihrem Hirtenwort vom 06.06.1933 ihre positive Einstellung zum neuen Staat und ihren Willen zur Mitarbeit. Die Parole vom Christentum als Grundlage des Volkstums fand naturgemäß Zustimmung.[3] Dies gab aber auch Gelegenheit, an die Rechte der Kirche zu erinnern. Die Freiheit im Gottesdienst und in der Sakramentenspendung, Konfessionelle Schule und Lehrerbildung, Jugendgemeinschaften einschließlich der Sportvereine, Standes- und Berufsvereine, caritative Institute und ein katholisches Presse- und Verlagswesen wurden als unerlässlich bezeichnet. Sollten diese Forderungen erfüllt werden, dann stehe einer positiven Zusammenarbeit nichts im Wege.[4] Als dann am 20. Juli 1933 das Reichskonkordat unterzeichnet wurde,[5] schien das Verhältnis zwischen Katholiken und neuem Staat endgültig zur Zufriedenheit geordnet zu sein.

In der Zeitschrift war die Auseinandersetzung mit der nazistischen Bewegung lange Zeit kein Thema. Das Wort „Nationalsozialismus" wurde Ende des Jahrgangs 1931 überhaupt zum ersten Mal erwähnt. Auch die vier Nachweise, die sich im Jahrgang 1932 finden, sind eher marginal. Man wollte gegen den Nazismus arbeiten „mit der Desillusionierung der Vergangenheit, der Klärung von Rassen- und Wirtschaftsfragen".[6] Im Zusammenhang mit der Arbeitslosigkeit wurde registriert, dass es „zu Ersatzreligionen kommt, die ein Surrogat einer wirklichen Neuverwurzelung darstellen: Mythos der Klasse oder Rasse".[7]

---

[3] „Zu unserer großen Freude haben die führenden Männer des neuen Staates ausdrücklich erklärt, daß sie sich selbst und ihr Werk auf den Boden des Christentums stellen. Es ist das ein öffentliches, feierliches Bekenntnis, das den herzlichen Dank aller Katholiken verdient. Nicht mehr soll also der Unglaube und die von ihm entfesselte Unsittlichkeit das Mark des deutschen Volkes vergiften, nicht mehr der mörderische Bolschewismus mit seinem satanischen Gotteshaß die deutsche Volksseele bedrohen und verwüsten. In Erinnerung an die großen Jahrhunderte deutscher Geschichte sollen die neue deutsche Würde und Größe aus christlicher Wurzel erblühen." Gemeinsamer Hirtenbrief der Oberhirten der Diözesen Deutschlands vom 06. Juni 1933. A.a.O., 67

[4] „Fest verwurzelt im deutschen Boden, aber nicht minder fest im Felsengrund Petri und unserer Kirche reichen wir deutschen Bischöfe und Katholiken auch unseren anderen Brüdern die Hand, um mitzuhelfen am Wiederaufbau des Volkes." A.a.O., 70

[5] Vgl.: KABl 56 (1933), 109-122

[6] Marschall, Bernhard: Arbeitsgemeinschaft Rheinischer Volksbildungsvereinigungen. VuV 3/19 (1931), 370

[7] Reinermann, Wilhelm: Bildungszerfall durch Arbeitslosigkeit. Eine Lebensfrage der Volksbildung. VuV 4/20 (1932), 10

Zudem stellte man fest, dass vor allem jugendliche Arbeitslose „die Agitatoren und nimmermüden Obleute in den kommunistischen und nationalsozialistischen Verbänden" seien.[8] Man informierte über die „außerkatholische Filmarbeit bei den Protestanten, den Sozialisten, Kommunisten und Nationalsozialisten"[9] und erwähnte in einer Rezension des Buches „Entfaltung von Gemeinschaft" von Rudolf Lochner, dass der Nazismus auf Ideengut „des deutsch-österreichischen Nationalismus Schönererscher Richtung, d.h. ursprünglich liberaler Herkunft" zurückgriff.[10]

Im Frühjahr gab es dann erste Hinweise einer Annäherung. Aus der Arbeit des Zentralbildungsausschusses berichtete Direktor Bernhard Marschall, dass die Wintertagung des ZBA „wegen der politischen Verhältnisse" ausfallen musste. Im Zusammenhang mit der Rundfunkarbeit konstatierte er in einem biologistisch-rassistischem Sprachgebrauch: „Wir bemühen uns zu helfen, das Gesunde, das in der Nationalen Bewegung liegt, erstarken zu lassen, und das Ungesunde auszumerzen."[11]

Mit dem vierten Heft des Jahrgangs änderte sich die Haltung der Zeitschrift grundlegend. Es liegt nahe, dies mit dem Wechsel der Schriftleitung von Emil Ritter zu Erich Reisch oder der positiven Einschätzung des nazistischen Staates durch die katholische Kirche in Verbindung zu bringen. Der Tenor der Zeitschrift wurde fast jubelnd und emphatisch.

ZBA und Schriftleitung verabschiedeten den langjährigen Schriftleiter Emil Ritter, der als Chefredakteur zur Zeitung „Germania" wechselte, mit Dank für seinen langjährigen Einsatz für „Volk" und „Volkstum" mit der Gratulation, dass nunmehr „durch die deutsche Revolution das Kampfziel" erreicht sei. In dieser Gewissheit könne Ritter zufrieden seinen Abschied als Schriftleiter der Zeitschrift nehmen.[12] Der neue Schriftleiter Erich Reisch führte sich mit einem Artikel über „Katholische Volksbildungsarbeit im neuen Deutschland" ein.[13] Für

---

[8] O.V.: Bildungsfähigkeit der Erwerbslosen. VuV 4/20 (1932), 65
[9] M.: Filmaktion der deutschen Katholiken. VuV 4/20 (1932), 102
[10] O.V.: Entfaltung der Gemeinschaft. VuV 4/20 (1932), 108
[11] M.: Zentralbildungsausschuß. VuV 5/21 (1933), 60
[12] „In dem Augenblick, da Emil Ritter die Zeitschrift abgibt, ist durch die deutsche Revolution das Kampfziel gesichert. Volkstum liegt im Sinne Novalis, nicht mehr hinter uns, sondern vor uns. ... So ist das erreichte Ziel, dem er mit äußerer Gelassenheit, aber innerer Ergriffenheit und lauterem Wollen zugestrebt hat, sein verdienter und befriedigender Lohn beim Scheiden." ZBA und Schriftleitung: Dank an Emil Ritter. VuV 5/21 (1933), 114
[13] Reisch, Erich: Katholische Volksbildungarbeit im neuen Deutschland. VuV 5/21 (1933), 114ff.

ihn waren im Nationalsozialismus und in der katholische Erwachsenenbildung gleiche „korrespondierende Tiefenkräfte wirksam ... das Gefühl für die organische Wesenheit der Gemeinschaft."[14] Von hier aus stießen sie auch gegen „den gleichen Gegner, die rationalistische Aufklärung, vor",[15] das „Entscheidende für die gewonnene Zusammenarbeit" zwischen Katholizismus und Nazismus sei jedoch „Die gemeinsame Affinität zur neuen Zeit auf Grund ihrer inneren Struktur"[16] Das Ende des politischen Katholizismus wurde in keiner Weise bedauert, man freute sich nun, „die ganze Wirklichkeit Deutschen Volkes zu erleben".[17] Mit den bereits zitierten pathetischen Worten endete der Artikel, schritt die katholische Erwachsenenbildung wie zu einem Gottesdienst „mit gefalteten Händen ... hinein in die heilige Zeit."[18]

In den folgenden Artikeln wurde dann fast jedes Thema auf eine seltsam anmutende Weise in einen positiven Bezug zur neuen Zeit und zum neuen Staat gesetzt.[19] Selbst zur Neuordnung des deutschen Tanzwesens mit der Einführung einer Zwangsorganisation für alle Tanzlehrer fand man lobende Worte.[20] Man stimmte der Neugestaltung der „national-religiösen Volksfestspielkultur",[21] dem „Umbau des Deutschen Rundfunks",[22] dem „Ende des Dilettanten-Theaters alten Stils",[23] der Errichtung von „Kameradschaftshäusern der Studenten",[24] dem neuen Zusammenschluss der Volkstums- und

---

[14] A.a.O., 115
[15] A.a.O.
[16] A.a.O.
[17] A.a.O., 116
[18] A.a.O., 117
[19] Vom deutschen Gesellentag in München zitierte man aus den dort gehaltenen Reden: „So wollen wir uns denn frei machen von jeder Bindung an liberal-demokratische Parteiform, ... um mit voller, ungehemmter Kraft, getreu den Lehren der Kirche, treu unserem deutschen Wesen ... unsere ganze Kraft in den Dienst des Neubaues unseres Deutschen Reiches zu stellen." O.V.: Durch Gottes Gnade – deutsches Volk! Leuchtende Worte vom 1. Deutschen Gesellentag in München, zitiert wird hier von Papen. VuV 5/21 (1933), 119
„Wir wollen wieder werden: ein Volk der Stände, ein Staat der Stämme, ein Reich aller Deutschen." A.a.O., zitiert wird hier Dr. Reinermann, 119
[20] „Damit wird eine Kulturaufgabe auf breitester Grundlage in Angriff genommen, für die die deutschen Katholiken, insbesondere aber die katholische Jugendbewegung in Wort und Praxis eingetreten sind. Heil! Auch der deutsche Tanz gehört zur „deutschen Renaissance"." O.V.: Neuordnung des deutschen Tanzwesens. VuV 5/21 (1933), 125
[21] Kämpfer, Kurt: Grundsätze der Freilichtspielgestaltung. VuV 5/21 (1933), 126ff.
[22] M.: Die Rundfunkarbeit der Katholiken. VuV 5/21 (1933), 141ff.
[23] O.V.: Der Reichsbund der deutschen Freilicht- und Volksschauspiele. Ein wichtiger Faktor der nationalen Volksbildung. VuV 5/21 (1933), 145ff.
[24] O.V.: Notizen aus der Volksbildungsarbeit. VuV 5/21 (1933), 149

Heimatverbände im „Reichsbund Volkstum und Heimat"[25] sowie der „staatlichen Neuordnung auf dem Gebiet der Kunstpolitik"[26] zu. Es wurde über „Deutschheit als Aufgabe"[27] nachgedacht und schließlich begrüßte man die „klare Einordnung der freien Volksbildung in den Gesamtaufbau der Bildung im nationalsozialistischen Staat".[28]

Fast am Ende des Jahrgangs 1933 wurde mit Stolz auf das Jahr zurückgeblickt und bilanziert, dass in „noch nie erlebter Einmütigkeit die Reihe um unseren Volkskanzler in starker Millionenfront" geschlossen sei und die neue gefundene Volksgemeinschaft „in ein neues Reich marschiert", dass „durch zähen Kampf eine jahrelange Notzeit" nunmehr überwunden sei.[29]

Es liegt nahe, die Trendwende der Zeitschrift mit der veränderten Haltung der katholischen Bischöfe in Zusammenhang zu bringen. Dabei bleibt festzustellen, dass dieser neuen Lageeinschätzung aber nur eine „Auslöserfunktion" zugesprochen werden kann. Schwerer wiegt die antidemokratische Gesinnung, die Grundeinstellung der katholischen Erwachsenenbildung, die sich bis weit in die Weimarer Republik hinein nachweisen lässt. Hier lagen die Schnittmengen zwischen nazistischem Gedankengut und katholischer Erwachsenenbildung, die dazu führten, die „nationale Erhebung" und den „neuen deutschen Volksstaat" freudig zu begrüßen.

Der katholischen Erwachsenenbildung muss der schwerwiegende Vorwurf gemacht werden, gemeinsam mit den antidemokratischen Kräften den Untergang der Weimarer Republik gefördert zu haben. Die Inhalte ihrer Arbeit führten außerdem dazu, dass viele Katholiken in diesem „Dritten Reich" ihren Traum einer erneuerten christlich-deutschen Gesellschaftsordnung verwirklicht sahen.

---

[25] A.a.O., 148
[26] A.a.O., 149
[27] E.R.E.: Deutschheit als Aufgabe. VuV 5/21 (1933), 131ff
[28] O.V.: Die Hauptstelle für Volkshochschulen. VuV 5/21 (1933), 147
[29] Firsching: Nationale Feiern in Schmalfilmreportage. VuV 5/21 (1933), 153

V. Repräsentant katholischer Erwachsenenbildung: Emil Ritter

1. Vorbemerkungen

Der Publizist und Erwachsenenbildner Emil Ritter hat in seinem 86jährigen Leben ein umfangreiches, kaum vollständig zu erfassendes literarisch-schriftstellerisches Werk hinterlassen. Von besonderem Interesse an diesem Lebenslauf ist, dass sich Ritters Wirken durch vier politische Systeme – das Kaiserreich, die Weimarer Republik, die Nazi-Diktatur und die Bundesrepublik Deutschland – hindurch verfolgen lässt. Jeweils in den Anfangszeiten der neuen Systeme wurde Ritter schriftstellerisch-programmatisch tätig. Zu Beginn der Weimarer Republik entwarf er in der Schrift „Die Volksbildung im deutschen Aufbau" die katholische Konzeption der „Volksbildung als Volk-bildung". Ab März 1933 versuchte er durch die Gründung des Bundes „Kreuz und Adler" sowie als Hauptschriftleiter der Berliner Zentrumszeitung „Germania" eine Verbindung zwischen Katholizismus und Nazismus zu finden. Nachdem dies durch die ablehnende Haltung des Nazismus scheiterte, zog Ritter sich in den katholischen Binnenbereich zurück. In den Anfangsjahren der Bundesrepublik Deutschland prägte Ritter durch sein Werk „Die katholisch-soziale Bewegung Deutschlands im 19. Jahrhundert und der Volksverein" die Geschichtsschreibung über den Volksverein für den Zeitraum von fünfundzwanzig Jahren.[1]

Da Ritter von 1919 bis 1922 an der Zentralstelle des Volksvereins tätig war, erarbeitete Schoelen im Rahmen der Forschungen über den Volksverein eine Biographie[2] und Bibliographie[3] Ritters. Dabei enthält die Biographie in einer tabellarischen Aufstellung nur die kahlen Lebensdaten und -stationen Ritters, im Schrifttum wurden die Monographien sowie die Artikel in Zeitschriften – dies jedoch nicht vollständig – erfasst, auf die Zeitungsartikel nur allgemein verwiesen. Über diese anfanghaften Arbeiten hinaus, die im wesentlichen eine summarisch-deskriptive Funktion erfüllen, finden sich zum Lebenswerk Ritters gleichwohl nur gelegentliche Querverweise in Werken zur katholischen Zeitgeschichte, Darstellungen zur Geschichte der katholischen Erwachsenenbildung oder Lebenswerken katholischer Erwachsenenbildner. Allein

---

[1] Vgl. als Einleitung den Artikel „Emil Ritter" von Pöggeler 1986c, in: Wolgast 1986b, 325f. Pöggeler würdigt Ritter als den „bislang gründlichsten Chronisten der Sozialgeschichte der katholischen Erwachsenenbildung." Auf die problematischen Inhalte der Bildungsarbeit Ritters und seine Nähe zur nazistischen Ideologie findet sich kein Hinweis im Artikel.

[2] Schoelen 1982, 458f. Eine ausführliche tabellarische Biographie von Ritter findet sich im Anhang dieser Arbeit.

[3] A.a.O., 460ff, sowie der Nachlass Ritters bei der KfZG; vgl. auch Schoelen 1993

zwei Artikel Dauzenroths in der Zeitschrift „Erwachsenenbildung", der eine zum 85. Geburtstag Ritters 1966,[4] der andere als Nachruf 1969[5] erschienen, die sich jedoch – wahrscheinlich aufgrund des geringen Abstands des Veröffentlichungszeitraums – weder vom Inhalt noch vom Umfang essentiell unterscheiden, geben einen ausführlicheren Einblick in die Biographie Ritters, ohne jedoch auf die Inhalte seiner Bildungsarbeit einzugehen. Diese spärliche Rezeption ist erstaunlich, zumal Ritter doch aufgrund seines Lebenswerks zu den führenden katholischen Erwachsenenbildnern und Publizisten der Weimarer Republik zählte. Die Überraschung steigert sich mit Blick auf die Materialfülle des umfangreichen literarischen Werkes Ritters sowie die Tatsache, dass sein Nachlass, der im Umfang von 4,5 Archivmetern bei der Kommission für Zeitgeschichte in Bonn lagert, der Forschung seit Jahrzehnten offen steht. Es scheinen vor allem zwei Tatsachen zu sein, die die Forschung bisher davon abhielten, sich mit Ritters Leben und Werk intensiver auseinander zu setzen. Hier ist zunächst das umfangreiche publizistische Werk zu nennen, das sich wohl kaum mit dem Anspruch auf Vollständigkeit allein von der Quantität her erfassen lässt. Dies wird erschwert durch die Fakten, dass Ritter in seiner Funktion als Herausgeber und Schriftleiter der diversen Zeitschriften und Zeitungen seine Artikel nur teilweise persönlich zeichnete und darüber hinaus eine stattliche Anzahl von Artikeln nachweislich unter Pseudonymen veröffentlichte. Es ist Breuning zu verdanken, noch zu Lebzeiten Ritters eines dieser Pseudonyme identifiziert zu haben.[6] Darüber hinaus lässt sich dieses umfangreiche schriftstellerische Werk Ritters inhaltlich nur schwer systematisieren. Der bei der Kommission für Zeitgeschichte in Bonn lagernde Nachlass Ritters entpuppt sich bei genauerer Betrachtung schnell als fragmentarisch. Der Nachlass ist in drei große Teile gegliedert. Der erste Teil enthält Materialien und Artikel aus Zeitschriften und Zeitungen des Zeitraums vor 1945, der

---

[4] EB (12) 1966, 238-241

[5] EB (15) 1969, 107-110

[6] Mit Brief vom 03.03.1966 fragte Klaus Breuning bei Emil Ritter an: „Inzwischen habe ich auch die drei Jahrgänge der von Ihnen herausgegebenen Zeitschrift „Der Deutsche Weg" gründlich durcharbeiten können, was für meine Fragestellung wiederum sehr aufschlussreich war. Dabei ist mir sehr oft das Signum „Viator" begegnet, hinter dem ich nach Stil und Inhalt Sie selbst vermute. Ist diese Annahme richtig – oder wer verbirgt sich sonst hinter diesem Pseudonym? Ich wäre Ihnen für eine Antwort sehr dankbar."
Brief von Klaus Breuning an Emil Ritter. KfZG A9/165
Breuning bedankte sich im Brief vom 19.06.1966 für Ritters „freundliche Zeilen" vom 09.03.1966. Brief von Klaus Breuning an Emil Ritter. KfZG A9/166. Dieser Antwortbrief Ritters ist im Nachlass zwar nicht enthalten, doch weist Breuning in seiner Arbeit das Pseudonym „Viator" Ritter zu. Von daher ist sicher davon auszugehen, dass Ritter die Anfrage Breunings positiv bestätigt hat. Breuning 1969, 400

zweite Teil gleiches Material des Zeitraums von 1945 bis 1966, der dritte Teil ein „Geheimdossier" sowie „Vertrauliches" nebst Büchermanuskripten und Manuskriptsplittern. Besonderen Wert haben die von Ritter selbst als „Geheimdossier" bezeichneten Teile des Nachlasses, die dieser als solche ausdrücklich vorbereitete und dazu eine Zusammenstellung nach Themengebieten in einzelnen Mappen mit Material als Beweis für seine Einschätzungen und Verhaltensweisen vornahm. Dieser Teil des Nachlasses sollte erst nach dem Ableben Ritters an die Katholische Akademie in Bayern übergeben werden.[7] In der Form der Rückschau und Zusammenstellung orientierte sich Ritter ganz offensichtlich an der Arbeitsweise August Piepers.[8] Schwerpunktmäßig sind im Nachlass Unterlagen zur Weimarer Zeit, orientiert an Lebensstationen und am Lebenswerk Ritters, enthalten. Die Zusammenstellung und Kommentierung bricht mit dem Jahr 1932 ab. Der Zeitraum von 1932 bis 1945 wird nur summarisch in der „bekenntnishaften Niederschrift"[9] – einer Art reflektierenden Einleitung mit dem Titel „Mein Ziel und meine Wege"[10] nach Ritters Angaben im Jahr 1946[11] verfasst – dargestellt. Während der zweite Teil des Nachlasses allenfalls zeitgeschichtlichen Wert besitzt und für die Fragestellung dieser Arbeit weitgehend unberücksichtigt bleiben kann, ermöglicht die Durchsicht und Analyse des ersten Teils Rückschlüsse auf die Stimmigkeit der Angaben Ritters im dritten Teil. So lassen sich bestimmte Aspekte und Inhalte seines Lebens und Werks erschließen.

Das folgende Kapitel dieser Arbeit erhebt nicht den Anspruch, eine vollständige Biographie Emil Ritters zu erstellen. Es geht in dieser Untersuchung schwerpunktmäßig vielmehr darum, die Gedankenwelt Ritters in einer ideologiekritischen Analyse zu explizieren und darüber hinaus die ideologischen Kontinuitäten über die unterschiedlichen politischen Systeme hinweg darzustellen. Mit dieser Vorgehensweise entgeht die Arbeit der Gefahr, der persönlichen Sichtweise Ritters zu erliegen, die durch die subjektive Auswahl und

---

[7] KfZG C1/006

[8] Vgl. die Schilderungen im Manuskript „Die Männer von M.Gladbach". KfZG C1/233 "Durch die vom Arzt verordnete strenge Diät und durch die kriegsbedingten Einschränkungen verminderten sich erschreckend rasch die Körperkräfte des Greises [August Pieper]. Trotz diesen Beschwernissen zog es ihn immer wieder zum Schreibtisch. Als er nicht mehr im „Leo" sprechen konnte, pflegte er umso eifriger das Selbstgespräch in handschriftlichen Aufzeichnungen. Die Hunderte, ja, Tausende von Quartblättern ordnete er säuberlich nach Gedankenkreisen in Mappen."

[9] KfZG C1/006

[10] KfZG C1/008-028

[11] KfZG C1/006ff. Blatt C1/008 enthält den von Ritter handschriftlich vermerkten Zusatz „Niederschrift 1946"

Kommentierung des Materials im Nachlass gegeben ist. Als Kontext wird dazu einleitend der Lebensweg Ritters mit allen Einschränkungen auf Vollständigkeit hin präsentiert. Die Benennung der Kapitel erfolgt nach den programmatischen Schriften Ritters, die in den jeweiligen Zeitraum fallen.

1. Biographie Emil Ritters

a) Kaiserreich: „Krieg und Kunst" (1914)

Emil Ritter wurde am 7. Dezember 1881 in Frankfurt am Main geboren. Die Berichte über die prägenden Sozialisationserfahrungen seiner Kindheit und Jugend sind dürftig. Über seine Mutter ist nichts bekannt, der Vater wanderte 1888 nach Brasilien aus, „mich der Großmutter zurücklassend",[1] wie Ritter selbst anmerkt. Bei seiner Großmutter in Fulda wuchs er in „bescheidenen Verhältnissen"[2] auf, durch das katholische Milieu „mehr kirchlich als vaterländisch"[3] geprägt. Ritter beschäftigte sich schon im ersten Schuljahr mit Gedanken darüber, warum in der eigenen Stube kein Kaiserbild hing wie bei den protestantischen Nachbarn; stattdessen schaute er zu Hause auf ein Bild vom Papst Pius IX., welches die Gefangenschaft im Vatikan symbolisieren sollte. Ritter beurteilte den unter geistlicher Schulaufsicht stehenden Bildungsstoff der Volksschule und die Wirksamkeit des katholischen Milieus in der Nachfolge der Auseinandersetzungen des Kulturkampfes noch als zu konfessionell geprägt, um „deutschbewußtes Gedankengut"[4] zu entwickeln. Bereits in dieser Zeit war es Ritters Berufswunsch, Publizist und katholischer Schriftsteller zu werden; so konnte er schon mit fünfzehn Jahren eine erste Erzählung über einen Bischof, der während der Kulturkampfzeit im Ausland leben musste, in einem katholischen Lokalblatt veröffentlichen.

Nach der Volksschulzeit absolvierte Ritter eine kaufmännische Ausbildung in einer Textilgroßhandlung in Fulda, betrieb nebenher autodidaktische literarische Studien, bei denen er vom Fuldaer Domkaplan Ludwig Nüdling[5] unterstützt wurde, und widmete sich weiter der publizistischen Tätigkeit. Schon in seiner Jugendzeit entwickelte Ritter – geprägt durch die Briefe seines Vaters[6] sowie die Auseinandersetzung mit der Inferioritätsproblematik des deutschen Katholizismus und entsprechende Studien, die „um das Verhältnis der „katholischen Minderheit" zum nationalen Kulturleben kreisen"[7] – ein extremes Nationalbewusstsein.

---

[1] Mappe 2: Katholisch und deutsch. KfZG C1/032
[2] A.a.O.
[3] A.a.O.
[4] A.a.O.
[5] Mappe 1: Mein Ziel und meine Wege. KfZG C1/008 sowie Mappe 2: Katholisch und deutsch. KfZG C1/032
[6] Mappe 2: Katholisch und deutsch. KfZG C1/032
[7] Mappe 1: Mein Ziel und meine Wege. KfZG C1/008

Im Mai 1905 trat Ritter seine erste Stelle als Redakteur beim „Wuppertaler Volksblatt" an, einer Zeitschrift, welche wie viele andere Zentrumsblätter in den Zeiten des Kulturkampfes entstanden war. Die meisten Mitglieder der Redaktion waren noch durch die Auseinandersetzungen dieser Zeit geprägt. Ritter erlebte in dieser Tätigkeit in einer „stickigen Luft, die im beengten Raum der konfessionellen Minderheit herrschte"[8] die Aktivitäten des Kaplans Dr. Carl Sonnenschein,[9] der 1905 an die Arbeiter-Pfarrei von Herz-Jesu in Elberfeld versetzt wurde, als Befreiung. Durch Sonnenschein, der sich ohne amtlichen Auftrag – befähigt durch sein siebenjähriges Studium in Rom – nicht nur der seelsorglichen, sondern auch der gewerkschaftlichen Betreuung der italienischen Gastarbeiter im Bergischen Land widmete, kam Ritter in Kontakt mit der sozialen Frage und der christlich-sozialen Bewegung. Gemeinsam mit Sonnenschein erkämpfte er 1906 gegen bürgerliche Zentrumskreise den ersten Stadtverordnetensitz der Zentrumspartei für einen Arbeiter. Im Windhorstbund in Elberfeld konnte Ritter, beeinflusst durch Sonnenschein als Vorsitzendem, einen ausgesprochenen „Drang zur nationalpolitischen Erziehung"[10] entwickeln. Als Koproduktion entstand in dieser Zeit Sonnenscheins erste Schrift „Aus dem letzten Jahrzehnt des italienischen Katholizismus", welche zunächst als Sonntagsbeilage beim Wuppertaler Volksblatt gedruckt und später als erste Nummer der Schriftenreihe des Windthorstbundes veröffentlicht wurde. Auf Anregung von Sonnenschein gründete Ritter für die kaufmännische und gewerbliche Jugend die Bildungszeitschrift „Jugendland" als Halbmonatsschrift, in welcher Ideen der katholischen Jugendbewegung vorausgenommen wurden. Die Zeitschrift kam über einen Jahrgang jedoch nicht hinaus, da eine ausreichende finanzielle Basis fehlte und die Zeitschrift zudem nach Einschätzung Ritters an den klerikal geführten Organisationen scheiterte. Da Sonnenschein sich zu sehr der gewerkschaftlichen Arbeit zuwandte, wurde er vom

---

[8] Mappe 2: Konfessionelle oder deutsche Politik. KfZG C1/033

[9] Sonnenschein, Carl. * 15.07.1876 in Düsseldorf. Nach theologischem Studium in Rom initiierte Sonnenschein nach pastoraler Tätigkeit in Aachen, Köln-Nippes und Elberfeld die sozialstudentische Bewegung zur Überwindung der Klassengegensätze und Bildung der Volksgemeinschaft. 1906-18 Mitarbeiter an der Zentralstelle des Volksvereins für das katholische Deutschland und Leiter des Sekretariats Sozialer Studentenarbeit (SSS) in Mönchen-Gladbach. 1918-25 Leiter des SSS in Berlin. Ausbau einer modernen Großstadtseelsorge mit Gründung zahlreicher katholischer Organisationen: Kreis der Freunde der SSS, Allgemeines Arbeitsamt (AAA), Kreis katholischer Künstler (KKK), Katholische Volkshochschule Berlin, Akademische Lesehalle, Geschichtsverein Katholische Mark, Märkischer Wandersportverein. Vgl.: LThk3, Bd. 9, 725f.; sowie ausführlicher Löhr 1980, Schoelen 1982, 490-527 und Wolgast 1986, 375f.

[10] Mappe 2: Konfessionelle oder deutsche Politik. KfZG C1/033

seelsorglichen Dienst beurlaubt und an die Zentralstelle des Volksvereins für das katholische Deutschland in Mönchen-Gladbach „abgeschoben".[11] Ritter selbst blieb aus dieser ersten Zeit der engen Zusammenarbeit mit Sonnenschein als geistiges Erbe „der Sinn für die Eigenständigkeit und die nationalsoziale Ausrichtung der Politik".[12]

Im Sommer 1907 war Ritter nach dem Zusammenbruch seiner Zeitschrift „Jugendland" für kurze Zeit auf Vermittlung Sonnenscheins als Chefredakteur und Verlagsleiter an einem mittelrheinischen Zentrumsblatt in Bingen tätig, wechselte jedoch aufgrund der ihm fragwürdig gewordenen engen Verbindung zwischen Kirche und Politik sowie eines Konkurses des Blattes wieder zurück in die Redaktion des Wuppertaler Volksblatts nach Elberfeld. In dieser Zeit gab Ritter die kleine Schrift „Unsere nächsten Aufgaben. Zur Diskussion über katholische Presse und Verwandtes" heraus, in der als wichtigste Aufgabe der katholischen Zeitungen die deutsche Kulturpflege und Bildungsarbeit herausgestellt wurde. 1909 übernahm Ritter die Schriftleitung der neugegründeten Wochenzeitung „Das Zentrum", die von den Windthorstbünden herausgegeben wurde. Die Zeitschrift erreichte eine Auflagenhöhe von 6.000 Exemplaren. Ritter gewann namhafte Vertreter des politischen Katholizismus wie Brauns,[13] Joos[14] und Stegerwald[15] für eine Mitarbeit in der Zeitschrift, die sich inhaltlich

---

[11] A.a.O.

[12] A.a.O.

[13] Brauns, Heinrich. * 03.01.1868 in Köln. Nach seelsorglicher Tätigkeit von 1900 bis 1920 Mitarbeiter beziehungsweise Direktor des Volksvereins für das katholische Deutschland. 1919-1933 Mitglied der deutschen Nationalversammlung und des Reichstags. 1920-1928 Reichsarbeitsminister, als solcher maßgeblich beteiligt an der Sozialgesetzgebung der Weimarer Republik. + 19.10.1939 in Lindenberg im Allgäu. Vgl.: LThK³, Bd. 2, 661; sowie ausführlicher Mockenhaupt 1973b und 1977

[14] Joos, Joseph. * 13.11.1878 in Wintzenheim bei Colmar. Chefredakteur der Westdeutschen Arbeiterzeitung, Vorsitzender des „Westdeutschen Verbands der Katholischen Arbeiterbewegung". Ab 1928 stellvertretender Vorsitzender der Zentrumspartei. Joos trat für einen Weimarer „Volksstaat" und eine religiös-politische Geschlossenheit des deutschen Katholizismus ein. 1941-1945 Häftling im KZ Dachau. + 13.03.1965 in St. Gallen. Vgl.: LThK³, Bd. 5, 990; sowie ausführlicher Wachtling 1973 und 1974

[15] Stegerwald, Adam. * 14.12.1874 in Greußenheim bei Würzburg. Kam nach der Ausbildung zum Schreiner während seiner Wanderjahre in Kontakt mit dem Kolpingverein und den Vorläufern der Christlichen Gewerkschaften. Seit 1899 als Verbandsfunktionär im Gesamtverband der Christlichen Gewerkschaften tätig, seit 1902 als Generalsekretär. Setzte sich im Gewerkschaftsstreit für die Mitarbeit der Katholiken in der interkonfessionellen Christlichen Gewerkschaftsbewegung ein. Gründete im November 1918 den „Deutschen Demokratischen Gewerkschaftsbund", einen Zusammenschluss aller nichtsozialistischen Gewerkschaften. 1919 Mitglied der Weimarer Nationalversammlung. 1920-23 Mitglied des Reichstags für das Zentrum. 1919-1921 Wohlfahrtsminister in Preußen. 1921 preußischer Ministerpräsident. 1929 Fraktionsvorsitzender des Zentrums im Reichstag und Reichsverkehrsminister. 1930 Reichsarbeitsminister. 1933 Positive

schnell einer „reichsfreudigen Politik" verschrieb.[16] Auseinandersetzungen um die Ausrichtung der Zeitschrift sowie Kontroversen zwischen den Mitarbeitern Martin Spahn[17] und Matthias Erzberger[18] lösten Überlegungen aus, die Wochenschrift mit dem Verbandsorgan der Windthorstbünde zu verschmelzen, was Ritter indessen bewog, die Schriftleitung nur ein Jahr später, im Jahre 1910, wieder niederzulegen. Derartige Kontroversen und Auseinandersetzungen um die parteipolitische Ausrichtung der Zentrumspartei bestärkten Ritter in seiner Ansicht der Notwendigkeit einer nationalpolitischen Priorität, ließen jedoch gleichzeitig wieder Zweifel daran aufkommen, ob „in der jungen katholischen Generation das konfessionspolitische oder klerikale Denken durch das nationalpolitische überwunden werden könne."[19]

Durch eine erneute Vermittlung Sonnenscheins kam Ritter 1911 nach Mönchengladbach, wo er als Referent für Volksbildungsfragen an der Verbandszentrale der katholischen Arbeiter- und Knappenvereine Westdeutschlands tätig wurde. 1912 übernahm Ritter die Schriftleitung der Monatsschrift „Volkskunst", die aus der vom Verlag der Westdeutschen Arbeiter Zeitung (WAZ) angekauften Münchener „Volksbühne" hervorging. Ritter entwickelte diese Zeitschrift, die auch von den Jugend- und Gesellenvereinen unterstützt

---

Zustimmung zum „Ermächtigungsgesetz". Setzte sich bis weit in der 40er Jahre für eine Mitarbeit der Katholiken im Nazi-Staat durch Eingaben und Denkschriften ein. In Zusammenhang mit dem 20.07.1944 inhaftiert. Nach dem Ende des Nazi-Regimes Regierungspräsident Unterfrankens in Würzburg und Mitbegründer der CSU. + 03.12.1945 in Würzburg. Vgl.: Morsey 1973a

[16] Mappe 1: Mein Ziel und meine Wege. KfZG C1/009 sowie Mappe 2: Konfessionelle oder deutsche Politik. KfZG C1/035f

[17] Spahn, Martin. * 07.03.1875 in Marienburg in Westpreußen. Ab 1901 Professor für Geschichte in Bonn, von 1901 bis 1918 in Straßburg. 1920-1940 Professor für Geschichte, Zeitungskunde und öffentliche Meinung in Köln, Mitbegründer der wissenschaftlichen Disziplin der Zeitungskunde in Deutschland. 1910-1912 Mitglied des Reichstags für das Zentrum, von 1924-1933 Mitglied des Reichstags für die DNVP. Nach Eintritt in die „NSDAP" von 1933-1945 Mitglied im nazistischen Reichstag. + 12.05.1945 in Seewalchen in Oberösterreich. Vgl.: LThK³, Bd. 9, 802; sowie ausführlicher Morsey 1980 sowie Clemens 1983

[18] Erzberger, Matthias. * 20.09.1876 in Buttenhausen in Württemberg. Seit 1903 Mitglied des Reichstags für das Zentrum. 1917 Vorkämpfer für einen Verständigungsfrieden. Seit Oktober 1918 Staatssekretär bei Reichskanzler Max von Baden. Unterzeichnete zur Beendigung des Ersten Weltkriegs am 11.11.1918 in Compiègne den Waffenstillstand und leitete dessen Umsetzung. Durch diese Tätigkeit wurde Erzberger Opfer politischer Verleumdungen der nationalistischen Rechten. 1919 Reichsminister ohne Geschäftsbereich, von Juni 1919 bis März 1920 Reichsfinanzminister und verantwortlich für die Reichsfinanzreform. Am 26.08.1921 bei Griesbach im Schwarzwald ermordet. Vgl.: LThK³, Bd. 2, 849; sowie ausführlicher Morsey 1973f

[19] Mappe 2: Konfessionelle oder deutsche Politik. KfZG C1/037f

wurde, zu einem Fachorgan für die gesamte Bildungsarbeit in den katholischen Vereinen.

Beeindruckt zeigte sich Ritter vom „großen Erlebnis des Kriegsausbruchs 1914, welches den Mitarbeiterstab des Volksvereins und der WAZ zu einer deutschbewußten und siegesgewissen Arbeitsgemeinschaft zusammenschmiedete."[20] Im Ersten Weltkrieg leistete Ritter von 1915 bis 1917 Kriegsdienst als Unteroffizier an der Westfront. Selbst von der Front aus war Ritter publizistisch tätig und meldete sich mit einem Artikel „Ich erhebe Widerspruch" in der WAZ vom 10. Juni 1917 in der Debatte um den „Hindenburg-Frieden" zu Wort.[21] Scharf griff Ritter in diesem Artikel die Diskussion um einen Friedensabschluss und deren Akteure an. Die „Dolchstoß-Legende" wurde vorgezeichnet, wenn Ritter „mit den unbekannten Kameraden Widerspruch gegen das überflüssige Geschwätz erhebt, daß wir nachgerade als Gefahr in unserem Rücken empfinden."[22] Ritter lobte die Pressezensur[23] und diffamierte die Akteure mit dem Vorschlag, diese an die Front zu schicken.[24] Ritter war sich sicher, dass die Front durch die Tapferkeit der Soldaten in jedem Fall gehalten werden konnte.[25] Den Verrätern im Innern, die aus „geheimen innenpolitischen Gründen" eine Vermischung von Innen- und Außenpolitik betrieben, denen wünschte Ritter eine standrechtliche Exekution.[26]

Es bleibt offen, warum Ritter erst im Jahr 1915 den Kriegsdienst antrat, ebenso finden sich keine Hinweise zur Tatsache, dass er sich bereits im letzten Kriegsjahr 1918 wieder der Erwachsenenbildung an seiner alten Wirkungsstätte der katholischen Arbeiter- und Knappenvereine Westdeutschlands in Mönchengladbach zuwenden konnte.

---

[20] A.a.O. KfZG C1/038
[21] WAZ vom 10. Juni 1917. KfZG C1/065
[22] A.a.O.
[23] „Glückliche Zeit, da die Kriegszielerörterung verboten war!" A.a.O.
[24] „Hätte man doch lieber aus den „zielbewußten" Wortkämpfern freiwillige Sturmbataillone gebildet, denen schwierige Spezialaufgaben an der Front übertragen worden wären! Die „Kölnische Volkszeitung" – nichts für ungut! – hätte sicher einige schneidige Bataillonskommandeure dazu geliefert." A.a.O.
[25] Der Artikel gipfelte in der Gewißheit, „daß die in den Granattrichtern und Erdhöhlen, aushalten, unbedingt und todesmutig, bis ihr Kaiser sie zurückruft, und den Feind siegesgewiß angreifen, wann und wo es der oberste Kriegsherr befiehlt. ... Denn sie vertrauen ihm ohne Rückhalt." A.a.O.
[26] „Derartigen Verquickungspolitikern möge geschehen, was dem Verräter vor dem Feinde geschieht. Zur Exekution halte ich meine Kompagnie empfohlen, sicher wird aber jede andere Frontkompagnie ebenso gern bereit sein." A.a.O.

b) Weimarer Republik: „Die Volksbildung im deutschen Aufbau" (1919)

Durch das „erschütternde Erlebnis" des Zusammenbruchs des Kaiserreichs sah sich Ritter „innerlich genötigt", sich wieder der Politik zuzuwenden. Er glaubte seinen Beitrag leisten zu müssen, um an die Politik der Paulskirche mit ihrer „grossdeutschen Tradition" anzuknüpfen und einen „sozialen Volksstaat mit Einschluss des katholischen Stammes der Österreicher" schaffen zu können.[1] Hierzu wurden in der Gladbacher Zentrale intensive programmatische Gespräche geführt, die jedoch durch das Anschlussverbot der Friedensverträge obsolet wurden. Gleichwohl engagierte sich Ritter weiter politisch im Wahlkampf zur Nationalversammlung für die Zentrumspartei, da diese in ihrem Programm die christliche Kulturpolitik als wesentliches politisches Ziel herausstellte.

1919 trat Ritter als Schriftleiter und Dezernent in die Zentralstelle des Volksvereins ein. Neben seiner publizistischen Tätigkeit arbeitete er als Mitarbeiter in der Abteilung für Organisation und Werbung sowie Kursus- und Konferenzarbeit mit. Im gleichen Jahr gab er die Schrift „Die Volksbildung im deutschen Aufbau" heraus. Mit dieser Schrift eröffnete Ritter eine neue Sicht der Bedingungen katholischer Erwachsenenbildung. Hatte Ritter bis dahin einen eigenständigen katholischen Zweig der allgemeinen Erwachsenenbildung, neben dem protestantischen, sozialistischen, liberalen und bürgerlichen favorisiert, so entwickelte er nun das Paradigma der „Volksbildung als Volk-bildung". Ausgangspunkt der Bildungsarbeit ist danach „das geprägte Volkstum, die lebendige Volkskultur", von welcher aus die „wurzelhafte Volksbildung" als „Nährboden in das Volk „hineinbilden" müsse."[2] Die katholische Bildungsarbeit wäre dabei in der äußerst glücklichen Lage, auf diesem durch die christlichen Jahrhunderte geformten und geprägten Volkstum aufbauen zu können. Mit der Aufklärung sei zwar auch die christliche Substanz des Deutschtums untergraben und in Frage gestellt, aber gerade aus diesem Grund müsse eine christlich-deutsche Kulturpolitik die Erwachsenenbildung in ihren Bemühungen unterstützen. In seiner pathetischen Art zitierte Ritter eine Tagebuchnotiz von Neujahr 1920 als Nachweis dafür, dass sich mit diesem Zeitpunkt seine erwachsenenbildnerische Arbeit und sein politisches Streben vereinigten: „Mein Lebensberuf ist, an der Belebung und Entwicklung des deutschen Volkstums,

---

[1] Mappe 1: Mein Ziel und meine Wege. KfZG C1/010
[2] A.a.O.

des christlichen Volksgeistes zu arbeiten, aus religiös-ethischen Beweggründen heraus, im Geiste, unter dem Schutz des Apostels der Deutschen. Alle mir gestellten Einzelaufgaben will ich auf das eine Ziel ausrichten."[3]

Im Frühjahr 1920 beteiligte sich Ritter an den Arbeiten für eine deutsche Kulturpropaganda in den besetzten Gebieten des Rheinlandes. Auf seinen Vorschlag hin kam die „Rheinische Kulturkonferenz" zustande, als Zweckgemeinschaft der katholischen und evangelischen Erwachsenenbildung, der sozialistischen Bildungsausschüsse und der liberalen Vereine; es wurden Tagungen in Königswinter, Bacharach, Carden an der Mosel sowie Münster am Stein abgehalten. Finanziell unterstützt wurde die Aktion durch Fonds, die Ministerien Preußens und des Reichs verwalteten, wie zum Beispiel das „Volksopfer", welches eigens für den passiven Widerstand an Rhein und Ruhr ins Leben gerufen wurde.[4]

Im November 1920 nahm Ritter an einer vertraulichen Besprechung im Reichsgeneralsekretariat der Zentrumspartei in Berlin teil, in welcher über neue Richtlinien der Parteiarbeit beraten wurde. An der Besprechung, die durch Karl Trimborn[5] persönlich geleitet wurde, nahmen hochrangige Vertreter des politischen Katholizismus wie Felix Porsch,[6] Peter Spahn,[7] Franz Hitze,[8]

---

[3] Mappe 1: Mein Ziel und meine Wege. KfZG C1/011

[4] Mappe 5: Jugend und Nation. KfZG C1/143

[5] Vgl. zur Biographie Trimborns die Hinweise im Abschnitt „Pädagogischer Kontext" dieser Arbeit.

[6] Porsch, Felix. * 30.04.1853 in Ratibor in Schlesien. Nach Abschluss juristischer Studien Promotion zum Dr. jur. und Tätigkeit im Justizdienst. 1881-1903 Ratsherr der Stadt Breslau. 1881-1893 Mitglied des Deutschen Reichstags für das Zentrum, 1884-1930 Zentrumsabgeordneter im preußischen Abgeordnetenhaus. 1919-1930 Vorsitzender der preußischen Zentrumspartei. 1890-1928 Mitglied im Gesamtvorstand des Volksvereins für das katholische Deutschland. + 08.12.1930 in Berlin. Vgl.: Schoelen 1982, 440; sowie ausführlicher Neubach 1973

[7] Spahn, Peter. * 22.05.1846 in Winkel im Rheinland. Nach juristischer Ausbildung in Würzburg, Tübingen und Berlin Amtsrichter in Westpreußen. 1882-1897 Mitglied des preussischen Abgeordnetenhauses; 1884-1917 sowie 1919-1924 Mitglied des Deutschen Reichstags für das Zentrum. 1888 Umsiedlung nach Bonn. Vorsitzender der Reichskommission für das BGB. 1898 Reichsgerichtsrat in Leipzig. 1912 für ein Wochenende Präsident des Reichstags; trat von diesem Amt zurück, weil er die Wahl Philipp Scheidemanns zum ersten Vizepräsidenten des Reichstags nicht akzeptieren wollte. Spahn gehörte dem konservativen Flügel des Zentrums an, Matthias Erzberger war sein schärfster innerparteilicher Konkurrent. + 31.08.1925 in Bad Wildungen. Vgl.: Neubau 1973

[8] Vgl. zur Biographie Hitzes die Hinweise im Abschnitt „Historischer Kontext" dieser Arbeit.

Karl Herold,[9] Heinrich Brauns[10] und Adam Stegerwald[11] teil. Im ganzen umfasste die Konferenz ungefähr dreißig Personen, die abschließend eine Programmkommission unter der Führung Ritters einsetzte und dieser Kommission den Auftrag erteilte, einen ersten Entwurf für ein neues Parteiprogramm zu erarbeiten. Ritter entwickelte in dieser Konzeption die Vision „einer christlich-deutschen, sozial-fortschrittlichen Volkspartei ohne konfessionelle Begrenzung".[12] Während im grundlegenden Teil „das Bekenntnis zur religiös-sittlichen Grundlegung des Volks- und Staatslebens gemäss den ‚christlichen Grundsätzen'" vorangestellt wurde, fügte der nachfolgende praktische Teil die Ansprüche einer christlich-konservativen Kulturpolitik mit einer Wirtschafts- und Sozialreform zusammen. Die Programmkommission überbearbeitete den Entwurf Ritters in vielen Sitzungen, abschließend wurde dieser im Reichsausschuss der Partei beraten. Ritter zeigte sich über den politischen Betrieb mit seiner oft mühsamen Suche nach einem Konsens enttäuscht: „Am bedenklichsten stimmte mich aber, daß sogar in der Kulturpolitik die Klarheit der Motive und Ziele, sowie die Einheitlichkeit des Wollens zu wünschen übrig ließ. ... über die Betonung der „christlichen Grundsätze" oder Einschränkungen auf „sittliche Grundsätze des Christentums" wurde stundenlang gestritten."[13] Allein dem ausgleichenden Eingreifen Trimborns sowie einiger weiblicher Abgeordneter sei es zu verdanken, dass der ursprüngliche Charakter in der endgültigen Fassung im wesentlichen bewahrt werden konnte. Auf dem Reichsparteitag der Zentrumspartei im Januar 1922 wurde das Programm einstimmig verabschiedet.[14] Ein kurzer Absatz im Programm widmete sich der Erwachsenenbildung; allerdings wurde damit nur allgemein „eine tatkräftige Unterstützung" für die freie Erwachsenenbildung sowie die Förderung der „freien Entfaltung der Volkskräfte und der Volksbildungsarbeit der religiösen Vereinigungen" eingefordert.[15] Auch Morsey sieht in der Rückschau das Parteiprogramm stark

---

[9] Herold, Karl. * 20.07.1848 auf Haus Loevelinkloe bei Münster. Sohn eines Großgrundbesitzers. Studium in Halle, anschließend Tätigkeit in der Landwirtschaft. Seit 1881 Vorstandsmitglied des Westfälischen Bauernvereins. Seit 1889 Mitglied des preußischen Abgeordnetenhauses, der Weimarer Nationalversammlung sowie des Reichstags für das Zentrum. Ehrenvorsitzender des Zentrums. + 13.01.1931 bei Münster. Vgl.: Kosch 1963, 513

[10] Vgl. zur Biographie Brauns die Hinweise im vorhergehenden Abschnitt dieser Arbeit.

[11] Vgl. zur Biographie Stegerwalds die Hinweise im vorhergehenden Abschnitt dieser Arbeit.

[12] Mappe 1: Mein Ziel und meine Wege. KfZG C1/011

[13] A.a.O. KfZG C1/012

[14] Das Programm findet sich mit dem Titel „Richtlinien der Deutschen Zentrumspartei" unter KfZG C1/087-092

[15] „Richtlinien der Deutschen Zentrumspartei". KfZG C1/087

durch Ritters Gedankengut beeinflusst.[16] Ritter bedauerte, dass in der folgenden Zeit aufgrund des Todes von Trimborn und Hitze die Protagonisten für die weitere Umsetzung des Programms in den parteipolitischen Alltagsbetrieb fehlten. Trimborn hatte dazu möglicherweise eine besondere Abteilung im Generalsekretariat der Zentrumspartei unter der Führung Ritters vorgesehen, was jenem aber von Brauns ausgeredet wurde. Sowohl Reichskanzler Wilhelm Marx[17] wie der Vorsitzende Trimborn dankten Ritter für seinen „zweifellos großen Verdienst durch die überaus eingehende und sorgfältige Bearbeitung der Richtlinien, deren weitere Beratung er durch sachkundige Referate in wertvoller Weise förderte."[18] Trotzdem hatte Ritter den Eindruck, „nur für die Schublade gearbeitet zu haben".[19]

Auch in der Volksvereinszentrale in Mönchengladbach machte Ritter ähnliche Gegensätze in den Diskussionen über das christliche Prinzip aus. August

---

[16] „Das neue Programm ging – nach Ritter, der sich für das Zustandekommen der Richtlinien ein „großes Verdienst" erworben hatte – von der Tatsache aus, daß in der Zentrumspartei die Weltanschauung parteibildend geworden sei und daß sich aus der religiösen Überzeugung der Parteianhänger bestimmte Konsequenzen für das politische Leben ergeben müßten; ... Die Zentrumspartei als „Gesinnungsgemeinschaft" auf positiv christlicher Grundlage empfand sich ebenso selbstverständlich als eine politische wie nationale Partei, die alle Schichten und Stände des Volkes umfassen wollte und als Verfassungspartei für eine betonte Mitarbeit im „Volksstaat" eintrat.
Bemerkenswert an der Interpretation des eigenen Standorts war weniger die klare Absage an das „liberal-kapitalistische" und an das sozialistische Wirtschaftssystem als vielmehr die wiederholt zum Ausdruck gebrachte Sehnsucht nach „wahrer und starker" Volksgemeinschaft und deren organischem Aufbau. Die „gestaltlose Masse sollte überwunden werden, um durch eine berufsständische Gliederung zur „wahren Solidarität" im wirtschaftlichen und sozialen Leben zu gelangen und damit zu einem Wohlfahrtsstaat, der das Wohl aller Stände zu fördern habe. Ziel der kulturpolitischen Bestrebungen sollte es sein, die „geistige und sittliche Volksgemeinschaft" im Sinne einer christlich-deutschen Volkskultur zu erneuern und zu festigen." Morsey 1966, 434f.

[17] Marx, Wilhelm. * 15.01.1863 in Köln. Nach juristischer Ausbildung und Tätigkeit, zuletzt als Senatspräsident am Berliner Kammergericht, seit 1921 für politische Tätigkeiten beurlaubt. Seit 1899 im Volksverein für das katholische Deutschland, später dessen Vorsitzender. 1899 Gründer der Katholischen Schulorganisation. Von 1910 bis 1932 Mitglied des Reichstags, seit 1921 Mitglied des preußischen Abgeordnetenhauses. 1921-23 Vorsitzender der Reichstagsfraktion des Zentrums, von 1922-28 Vorsitzender der Zentrumspartei. Reichskanzler von vier Regierungen im Zeitraum von 1923-25 sowie 1926-28. Zudem Reichspräsidentschaftskandidat 1925 sowie preußischer Ministerpräsident.
+ 05.08.1946 in Bonn. Vgl.: LThK³, Bd. 6, 1452f.; sowie ausführlicher Stehkämper 1973b

[18] Reichskanzler Wilhelm Marx, Niederschrift über den Zentrums-Parteitag im Januar 1922. KfZG C1/074
Vgl dazu auch Dankschreiben von Trimborn an Ritter vom 24.05.1921. KfZG C1/075

[19] Mappe 3: Die Grossdeutsche Idee. Ein christlich nationales Zentrumsprogramm. KfZG C1/073

Pieper legte zwar im Jahr 1919 das Amt des Generaldirektors nieder, prägte aber weiterhin gemeinsam mit Anton Heinen die Arbeit des Volksvereins. Ritter sah in Pieper ein „verehrungswürdiges Vorbild im hingebenden Dienst an der Volksgemeinschaft",[20] doch gingen die Auffassungen in der praktischen Arbeit auseinander. Während Pieper – nach Ansicht Ritters – die Volksvereinsarbeit allein und nur aus historischen und zweckmäßigen Gründen auf die katholische Bevölkerungsgruppe ausrichtete, fühlte Ritter sich dem katholischen Bevölkerungsteil und dem nationalen Gedanken stärker verbunden. Der Idealcharakter der katholischen Lebenswerte sollte dazu dienen, die gesamte deutsche Volkskultur nach diesem Vorbild zu gestalten. Deshalb setzte sich Ritter in besonderer Weise für die Erwachsenenbildung in allen katholischen Vereinen, Gemeinschaften und Organisationen unter Führung des Volksvereins ein. Für den Volksverein beteiligte sich Ritter aktiv in der Gründungsphase des Zentralen Bildungsausschusses der katholischen Verbände Deutschlands (ZBA) und wurde sogar für kurze Zeit Vorsitzender dieses Zusammenschlusses katholischer Organisationen. Von 1923 bis 1926 war Ritter gemeinsam mit Bernhard Marschall ehrenamtlicher Geschäftsführer des ZBA. Von diesem Posten trat Ritter aufgrund inhaltlicher Differenzen zu Marschall am 6. Dezember 1926 zurück.[21] Pieper und Heinen schoben im Volksverein dagegen diesen „'katholischen Betrieb' geringschätzig beiseite".[22] Ritter sah sich in seiner Ansicht nur von Ludwig Nieder,[23] dem Leiter der Organisationszentrale des Volksvereins, unterstützt und fühlte sich nach dessen Tod im Februar 1922 im Volksverein auf verlorenem Posten. Er ließ sich daher vom Vorstand im Herbst 1922 den Aufbau des Landessekretariats des Volksvereins für die

---

[20] Mappe 1: Mein Ziel und meine Wege. KfZG C 1/012f.
[21] BArch R8115/205, Blatt 173.
Vgl. auch den Brief von Bernhard Marschall an Hohn vom 12.05.1927. BArch R8115/205, Blatt 185: „... dass Sie mir auf Grund einer früheren Besprechung die Befreiung nachfühlen können, jetzt nicht mehr an einen zweiten Geschäftsführer gebunden zu sein."
sowie den Brief von Bernhard Marschall an Emil Ritter vom 12.05.1927. BArch R8115/205, Blatt 189: „Jedenfalls lasse ich mir aus den nunmehr zu Tage getretenen Differenzen keinen zweiten Geschäftsführer mehr zur Seite geben."
[22] Mappe 1: Mein Ziel und meine Wege. KfZG C1/013
[23] Nieder, Ludwig. * 01.05.1880 in Mittelbexbach in der Saarpfalz. Nach seelsorglicher Tätigkeit Studium der Volkswirtschaft an der Universität in München und Promotion zum Dr. rer. pol. Seit 1908 Mitarbeiter in der Abteilung für Organisation und Werbung, Kursus- und Konferenzarbeit an der Zentralstelle des Volksvereins für das katholische Deutschland in Mönchen-Gladbach. 1919-21 als Gast Mitglied im engeren Vorstand des Vereins. 1920-22 Direktor der Abteilung für Organisation und Werbung, Kursus- und Konferenzarbeit. + 07.02.1922 in Deidesheim in der Saarpfalz. Vgl.: Schoelen 1982, 376

Diözesen Mainz, Speyer, Limburg und Fulda mit Sitz in Frankfurt am Main übertragen. Diese Aufgabe nahm Ritter bis zum April 1923 wahr.[24] Dem Verlag des Volksvereins blieb Ritter dagegen durch die Herausgabe der Zeitschrift „Volkskunst" auch weiterhin bis zum Frühjahr 1930 verbunden.[25]

Für einen kurzen Zeitraum erwog Ritter in diesem Lebensabschnitt in den Benediktinerorden einzutreten, doch bevor er diese Überlegungen in konkrete Schritte umsetzen konnte, erreichte ihn das Angebot des Generalpräses Carl Mosterts,[26] mit dem Ritter durch die Zusammenarbeit für die Zeitschrift „Volkskunst" bekannt war, das Bildungsdezernat am Jugendhaus Düsseldorf zu übernehmen. Nachdem man die gegenseitigen Auffassungen von katholischer Volks- und Jugendbildung ausgetauscht und offensichtlich Übereinstimmung festgestellt hatte, trat Ritter die neue Aufgabe im April 1923 an.[27] Ein Arbeitsprogramm, im Frühjahr 1923 entworfen, gibt detaillierte Auskünfte über Ritters Absichten.[28] Bildungsinhalte der Arbeit ergaben sich für Ritter aus „katholischem Glauben und deutschen Volkstum";[29] neben der religiösen, ästhetischen und sozialen Erziehung sollte vor allem der nationalen ein entsprechendes Gewicht gegeben werden. Dieses Programm sollte zunächst auf allen Tagungen und Konferenzen, darüber hinaus jedoch insbesondere durch die Zeitschriften verbreitet werden. Neben der Schriftleitung der „Volkskunst", die Ritter auch weiterhin beibehielt, übernahm er deshalb die Redaktion der Zeitschriften des Jugendhauses „Die Wacht", „Jugendführung" sowie „Der Jugendverein". Es war ihm ein wichtiges Anliegen über grundlegende Artikel hinaus in großem Umfang praktisches Material über die Werte des Volkstums

---

[24] „Das im vergangenen Herbst errichtete Frankfurter Landessekretariat erfährt einen Wechsel, da Emil Ritter zum Verband der katholischen Jugendorganisationen übertritt. Nachfolger zum 1. Mai wird Studienrat Kremer, derzeit zur Promotion in Freiburg." Berichte aus den Landessekretariaten des Volksvereins. BArch R8115I/78, Blatt 18

[25] Vgl. die Archivalien im Volksvereinsarchiv, die den Zeitraum vom Oktober 1924 bis Januar 1930 umfassen. BArch R8115II/8

[26] Mosterts, Carl. * 28.10.1874 in Goch. 1913 Generalpräses des Katholischen Jungmännerverbandes in Düsseldorf, 1919 Initiator und Vorsitzender des Reichsausschusses der deutschen Jugendverbände. 1920 Vorsitzender der Deutschen Jugendkraft. Sein Lebenswerk war der Aufbau der Organisation der katholischen männlichen Jugend, die Gründung des Hauses Altenberg als Schulungsstätte sowie des Jugendhauses Düsseldorf als Geschäftsstelle. + 25.08.1926 in Lausanne. Vgl.: LThK^3, Bd. 7, 490; sowie ausführlicher Kösters 1997

[27] Vgl. auch: Fehrenbach, Albert: Sie schufen den Jungmännerverband. Kurze Lebensläufe. Manuskript vom 29.3.1961. AJD A0810 u. A3000/46

[28] Mein Arbeitsprogramm. Frühjahr 1923 entworfen. KfZG C1/156-159

[29] A.a.O. KfZG C1/156

und der Kulturüberlieferung für die Vereine mittels der Zeitschriften zu veröffentlichen. Neben seiner journalistischen Aufgabe war Ritter leitend in der Kursarbeit in Altenberg[30] und im gesamten Reichsgebiet tätig; hier versuchte er die Helfer der Bildungsarbeit in den Vereinen zu Arbeitsgemeinschaften zusammenzuführen, in regelmäßigen Abständen Konferenzen mit diesen abzuhalten sowie vor allem Anfänger durch einwöchige Kurse für die Arbeit zu schulen. Als Schwerpunkt seiner Arbeit bezeichnete Ritter „die Erziehung der katholischen Jungmänner zum christlich-deutschen Volkstum und zum sozialen Volksstaat".[31] Doch mit diesem Programm fand Ritter im Jugendhaus und in den katholischen Jugendvereinen nicht überall ungeteilten Zuspruch. Auf dem Verbandstag in Fulda 1924 legte Ritter einen Entwurf für ein „Fuldaer Bekenntnis" vor, in dem der nationale Gedanke an die oberste Stelle gesetzt wurde. Zu Ritters Entsetzen wurde er durch einen Gegenentwurf überrascht, der die Papsttreue der katholischen Jugend mit Sätzen wie „katholisch bis ins Mark" an die Spitze der Überlegungen setzte. Während Ritter mit Artikelserien wie „Deutsche Männer" den nationalen Gedanken weiter favorisierte und die Ideenwelt des Volkstums, des Volksgeistes sowie des organischen Volksstaates verbreitete, lösten Veröffentlichungen Ritter zum Martyrium des Albert Leo Schlageters sowie zu Fragen des katholischen Pazifismus zu dessen Bestürzung intensive Debatten aus, in welche schließlich auch die Leitungsebene des Jugendhauses einbezogen wurde. Ritter sah sich mit seinen „deutschbewußten Bildungszielen" von jugendbewegten Kritikern in seiner „christkatholischen Haltung" in Frage gestellt.[32] Dabei empfand er sich durch Generalpräses Mosterts nur halbherzig unterstützt, da dieser konkrete Kritik vermied, Ritter nebenher aber als „verkappten Nationalisten" bezeichnete.[33] Ritter wurde in seinen Ansichten zwar von seinen Freunden Heinrich Lutz[34] und Robert

---

[30] Die Klostergebäude des im 12. Jahrhundert gegründeten Zisterzienserklosters Altenberg wurden 1922 als Jugenderholungsheim durch Mosterts eingerichtet und unter Leitung von Wolker 1927 zur Leiterschule des katholischen Jungmännerverbandes weiter entwickelt. Vgl. das Stichwort „Altenberg", in: LThK³, Bd. 1, 446

[31] Mappe 1: Mein Ziel und meine Wege. KfZG C1/013f

[32] Mappe 5: Jugend und Nation. KfZG C1/150

[33] A.a.O.

[34] Lutz, Heinrich. * 24.03.1887 in Wuppertal-Elberfeld. Nach Studium der Rechtswissenschaften und katholischer Theologie seelsorgliche Tätigkeit in Düsseldorf. 1916 erster hauptamtlicher Studentenseelsorger an der Universität Bonn. 1929 Gründung der „Religionshochschule" der „Akademischen Bonifatiuseinigung" in Elkeringhausen bei Winterberg. Rektor der „Religionshochschule" mit Kurs- und Vortragstätigkeit im gesamten deutschen Sprachraum. 1939 Schließung der Bildungsstätte durch die „GeStaPo". 1949 Kirchliches Ausbildungsseminar für Seelsorgehelferinnen zum Einsatz in der Diaspora. † 02.06.1958 in Elkeringhausen. Vgl. zur Biographie sowie zur Geschichte der „Religionshochschule" Dust 2000, Pöggeler 1965, Hartmann o.J.a und o.J.b sowie Pöggeler o.J.

Grosche[35] bestärkt, doch fühlte er sich mit seiner „nationalpolitischen Bildungsarbeit" im Jugendhaus mehr und mehr auf verlorenem Posten. Bei der Entscheidung Ritters, das Jugendhaus Ende 1927 zu verlassen, spielten der plötzliche Tod Mosterts und der neue Generalpräses Ludwig Wolker,[36] der seine eigenen Mitarbeiter im Haus favorisierte, sowie Ritters fortgeschrittenes Alter für eine Tätigkeit im Jugendbereich eine nicht unerhebliche Rolle.

Die Arbeit im Jugendhaus hatte Ritter zunächst auf die Idee gebracht und schließlich in der Absicht bestärkt, eine eigene Zeitung herauszugeben, mit der es ihm möglich war, „aus den Zeitmeinungen die sichere katholische Linie herauszuheben und die kirchentreuen Katholiken darauf zu einigen, damit sie sich stark machten, das christlich-deutsche Kulturerbe über die Wirrungen und Wandlungen der Zeit hinüberzuretten".[37] Ritter nannte dieses Projekt einer Wochenschrift „Die Brücke im katholischen Deutschland", um das Einigende im deutschen Katholizismus zu betonen. In einem Werbeblatt schilderte Ritter in einer Gegenüberstellung die Fragenkomplexe, die im Katholizismus nach seiner Einschätzung Anlass zu divergierenden Positionen gaben: Zukunftssicherung Deutschlands durch Sammlung christlich-konservativer Kräfte oder durch Zusammenschluss aller Anhänger der parlamentarisch-republikanischen Staatsform, Wille zur nationalen Einigung und Entfaltung oder übervölkische Gemeinschaftsziele, nationale Kulturgemeinschaft oder selbständiges Kulturideal, Bewahrung der derzeitigen Wirtschaftsordnung oder Neugestaltung von Grund auf, positives Verhältnis zum Sozialismus oder stärkere Betonung des Trennenden, Bildung und Besitz als Hauptschuld für sozialen Zwiespalt oder überspannter Wille der Arbeiterschaft zum sozialen Aufstieg, Bewahrung des katholischen Vereinswesens oder Förderung der katholischen Aktion, Jugendbewegung als verheißungsvolle Erscheinung oder als Entfremdung von katholischen Aufgaben.[38] Als erster Gegenstand sollte bezeichnenderweise das „Verhältnis der deutschen Katholiken zum Sozialismus zur Erörterung" gestellt werden. Nicht nur „im parteitaktischen Verhalten", sondern darüber hinaus in der „grundsätzlichen Beurteilung" sollte eine klare, einheitliche Linie des

---

[35] Vgl. zur Biographie Grosches den Abschnitt „'Die Theologie des Reiches': Robert Grosche (1888-1967)" dieser Arbeit.
[36] Wolker, Ludwig. * 08.04.1887 in München. Nach theologischer Ausbildung und seelsorglicher Tätigkeit seit 1926 Generalpräses des Katholischen Jungmännerverbandes und Leiter der Deutschen Jugendkraft. 1945 von den deutschen Bischöfen mit dem Wiederaufbau der katholischen Jugendarbeit beauftragt. + 17.07.1955 in Cervia bei Ravenna. Vgl.: LThK³, Bd. 10, 1283
[37] Mappe 1: Mein Ziel und meine Wege. KfZG C1/014
[38] Werbeblatt für die Zeitung „Die Brücke" vom Juli 1927. KfZG C2/132

Katholizismus erreicht und sichergestellt werden.[39] Da es Ritter in der Programmkommission der Zentrumspartei nach seiner Einschätzung schon einmal gelungen war, „die Meinungsgegensätze zu überwinden und gegen liberale und sozialistische Einflüsse ein im christlichen Glauben verwurzeltes, wesentlich konservativ-demokratisches Bekenntnis herauszuarbeiten", wollte er dies nun über seine publizistische Tätigkeit erreichen.[40] Ritter beabsichtigte die Zeitung frei von allen Parteien und sonstigen Organisationen im eigenen Verlag mit Sitz in Fulda zu publizieren[41] und begann Autoren und Abonnenten zu sammeln. Eine Abonnentenliste beinhaltet die Namen von 762 Beziehern aus dem gesamten Reichsgebiet, hauptsächlich handelt es sich dabei um katholische Kleriker.[42] Eine Anweisung für Werber der Brücke nennt die Kleriker neben sonstigen Akademikern, Lehrern, führenden Persönlichkeiten der Vereine und Gewerkschaften sowie politisch interessierten Jungmännern als ersten Adressatenkreis.[43] Eine Liste der Personen, die ihre Bereitschaft zur Mitarbeit bekundet hatten, führte mehr als 130 Namen an; darunter so prominente Vertreter des Rechtskatholizismus wie Martin Spahn, Franz von Papen oder Othmar Spann,[44] darüber hinaus aber auch eine Reihe katholischer Erwachsenenbildner wie Robert Grosche,[45] Heinrich Getzney,[46] Heinrich Lutz,[47] Leo Weismantel,[48] Wilfried Hohn[49] und Johannes Nattermann.[50] Die neue Zeitung

---

[39] A.a.O. KfZG C2/133

[40] Mappe 12: Der Deutsche Weg I. KfZG C2/178

[41] Werbeblatt für die Zeitung „Die Brücke" vom Juli 1927. KfZG C2/133

[42] Abonnentenliste: Bezieher der Brücke. KfZG C2/134-152

[43] Anweisung für die Werber der Brücke. KfZG C2/175

[44] Spann, Othmar. * 01.10.1878 in Wien. 1909 Professor für politische Ökonomie und Gesellschaftslehre in Brünn, 1919 in Wien. Begründer einer romantisierenden, ganzheitlichen Gesellschaftslehre. Scharfer Gegner der liberalen Demokratie. Besonderen Einfluss auf die von Dollfuß 1934 eingeführte autoritäre österreichische Verfassung sowie auf den frühen Nazismus. + 08.07.1950 in Neustift im Burgenland. Vgl.: Kosch 1963, 1116

[45] Vgl. zur Biographie Grosches den Abschnitt „'Die Theologie des Reiches': Robert Grosche (1888-1967)" dieser Arbeit.

[46] Vgl. zur Biographie Getzneys den Abschnitt „Schwerpunkte der Forschung" in der Einleitung dieser Arbeit.

[47] Vgl. zur Biographie Lutzs die Angaben unter Anmerkung 33 in diesem Abschnitt der Arbeit.

[48] Weismantel, Leo. * 10.06.1888 in Obersinn in der Rhön. Redakteur, christlicher Pädagoge und Kulturpolitiker. In seinen Romanen, die sich oft christlicher Stoffe bedienen, wirft Weismantel die Frage nach einer christlichen Ordnung und nach vorbildhaften Lebensbedingungen auf. + 16.09.1964 in Rodalben bei Pirmasens. Vgl.: LThK³, Bd. 10, 1045

wurde zudem in der Presse beworben.[51] Doch über eine erste Probenummer kam die Publikation nicht hinaus. Ritter wandte sich Ende Januar 1928 an die Mitarbeiter und teilte mit, dass durch „äußere Hemmnisse und gewisse Anzeichen innerer Schwierigkeiten" die Herausgabe als eigenständige Schrift nicht zustandgekommen sei.[52] In der Rückschau führte Ritter aus, dass schon die eingereichten Beiträge zum ersten Thema „Sozialismus" ihn aufgrund ihrer differenten Aussagen von der Aussichtslosigkeit seines Versuchs überzeugten; stattdessen sollte nun „ein Blatt zum Ziele führen, das eine eigene Linie herausarbeitete und darauf die Katholiken sammelte."[53] In einem anderen Zusammenhang erwähnte er nur, dass er „seinen Plan in einer anderen Form zu verwirklichen suchte."[54] Es finden sich zwar keine konkreten Hinweise, doch spricht das weitere Schicksal und die Finanzierungsstruktur der von Ritter herausgegebenen Zeitung und Zeitschriften dafür, dass das Projekt auch aus ökonomischen Gründen nicht zustande kam.

Aufgrund seiner alten Beziehungen nahm Ritter wieder Kontakt zum Volksverein auf. Zunächst war geplant, die Zeitung „Die Brücke" als Wochenbeilage zum „Westdeutschen Volksblatt" zu publizieren.[55] Als Fortentwicklung dieser im Verlag der Westdeutschen Arbeiterzeitung erscheinenden Schrift wurde seit Mai 1928 die Tageszeitung „Der Deutsche Weg" herausgegeben.[56] Da die Zeitung unter der Leitung des Chefredakteurs Hüggens sich in den

---

[49] Vgl. zur Biographie Hohns die Angaben im Abschnitt „Organisatorischer Kontext" dieser Arbeit.

[50] Nattermann, Johannes. * 13.02.1889 in Elberfeld. Nach theologischer Ausbildung und Tätigkeit in der Seelsorge von 1920-34 Generalsekretär des katholischen Gesellenvereins. 1926 Promotion zum Dr. phil. mit einer Arbeit über „Adolph Kolping als Sozialpädagoge und seine Bedeutung für die Gegenwart". Nach Budde schied Nattermann am 06.07.1934 aus persönlichen Gründen aus seinem Amt als Reichspräses aus (Budde 1967, 210); dagegen weist Raem nach, dass Nattermann durch den Kölner Erzbischof wegen „Vergehen auf moralischem Gebiet" beurlaubt wurde. Ein offizielles kirchliches Untersuchungsverfahren ging jedoch zugunsten Nattermanns aus. Vermutlich wurde Nattermann wegen seiner regimefreundlichen Verbandspolitik entlassen (Raem 1982, 141ff.). Anschließend Tätigkeit als Buchautor und Redner. + 06.11.1961 in Wuppertal-Elberfeld. Vgl.: Kosch 1933, Bd. 2, 3187f.; Budde 1967, 210; Raem 1982; sowie Kleine 1996, 224

[51] Ankündigungen für die neue Zeitung finden sich in den Windthorstblättern vom Februar 1928, im Kölner Lokal-Anzeiger vom 2. Dezember 1927, der Fuldaer Zeitung vom 17. Dezember 1927 sowie der Zeitungswissenschaft vom 15. Dezember 1927. KfZG C2/170

[52] Brief von Emil Ritter an die Mitarbeiter vom 30.01.1928. KfZG C2/171

[53] Mappe 1: Mein Ziel und meine Wege. KfZG C1/014

[54] Mappe 12: Der Deutsche Weg I. KfZG C2/179

[55] A.a.O. KfZG C 2/180

[56] Werbenummer der Zeitung „Der Deutsche Weg" vom 20.01.1928. KfZG C2/190. Vgl. auch: Mappe 11: Der Deutsche Weg I. KfZG C 2/179

folgenden Monaten als Tageszeitung nicht durchsetzen konnte, war man in Mönchengladbach gerne bereit, diese in ein Wochenzeitung unter der Schriftleitung Ritters umzuwandeln.[57] Ritter wurde zudem ein Hilfsredakteur als Mitarbeiter zugebilligt, der schon im Jugendhaus Düsseldorf als Sekretär mit ihm zusammengearbeitet hatte.[58] Ab Oktober 1928 erschien die nunmehr von Ritter und Joos gemeinsam herausgegebene Wochenzeitung unter dem Namen „Der Deutsche Weg". Die Zeitung erreichte in den ersten Jahren rund 2.500 Abonnenten.[59] Da Joos auf dem Zentrumsparteitag 1928 zum stellvertretenden Vorsitzenden gewählt wurde, wirkte sein Name werbewirksam im katholischen Milieu. Ritter bemängelte jedoch, dass Joos in der Folgezeit kein Interesse oder keine Zeit an einer inhaltlichen Mitarbeit in und an der Zeitung mehr hatte und noch nicht einmal Informationen aus der Zentrumspartei oder dem Parlament lieferte.[60] Inhaltliche Vorgaben für die Zeitung seien weniger von Joos als vielmehr von dessen Frau ausgegangen.[61] In der Presselandschaft wurde die Zeitung der Zentrumspartei zugeordnet,[62] darüber hinaus als Versuch betrachtet, „dem sehr heruntergekommenen Volksverein in M.-Gladbach wieder auf die Beine zu helfen."[63] In der Konzeption der Zeitung ging es Ritter angeblich nicht darum „'katholische Politik' zu machen",[64] sondern gängige katholische Grundsätze zu vertreten, die für alle katholischen Deutschen im politischen wie sozialen Leben allgemeine Gültigkeit hatten. Im August

---

[57] Mappe 11: Der Deutsche Weg I. KfZG C 2/180
[58] A.a.O. KfZG C 2/181
[59] A.a.O.
[60] A.a.O.
[61] A.a.O. KfZG C2/182.
Vgl. auch: Brief von Barbara Joos an Emil Ritter vom 12.12.1931. Barbara Joos stellte in diesem Brief zwar einleitend fest, „daß sie den „deutschen Weg" zumeist mit großem Genuß lese", schränkte dann aber ein „Man braucht ja durchaus nicht immer mit allem einverstanden zu sein." Aufgrund der Ausrichtung der Zeitung in den vergangenen Ausgaben sah sie allerdings die Gefahr, „daß Josef durch manchen Artikel in ein zwiespältiges Licht kommt. Und dies ist m. E. für einen führenden Politiker und seine Wirksamkeit nur äußerst mißlich." Vor allem aufgrund der unterschiedlichen Sichtweise des Nazismus schlug sie Ritter vor, zukünftig als alleiniger Herausgeber für die Zeitung verantwortlich zu zeichnen. KfZG C 2/294
[62] „Die in M.-Gladbach erscheinende Zentrumszeitung „Der deutsche Weg" ...". In: Rhein-Mainische-Zeitung vom 28.10.1928. KfZG C2/242
[63] „'Der Deutsche Weg' – Joseph Joos und Emil Ritter bemühen sich nach ihrer Art, dem sehr heruntergekommenen Volksverein in M.-Gladbach wieder auf die Beine zu helfen. Eines hat sich, wenn auch stark rationalisiert bis heute erhalten, das ist die so ziemlich unter Ausschluß der Öffentlichkeit erscheinende Wochenschrift „Der deutsche Weg", dessen Tendenz mehr ins „Teutsche" geht." In: Das neue Volk vom 20.07.1929. KfZG C2/248
[64] Mappe 1: Mein Ziel und meine Wege. KfZG C1/015

1929 fertigte August Pieper eine fünfseitige Denkschrift zum „Deutschen Weg" an.[65] Pieper hielt ein Wochenblatt für die deutschen Katholiken für notwendig.[66] In der Zeitung sollten als Leitgedanken der „deutsche Staatsgedanke und die deutsche Staatspolitik" vertreten werden;[67] und dies ohne eine „einseitige Pflege des katholischen Gedankens".[68] Wenn Ritter in der Rückschau noch betont, dass die in den Linkskoalitionen sowohl im Reich wie in Preußen zu kurz gekommene christlich-konservative Kulturpolitik damit in den Vordergrund treten und liberale wie sozialistische Tendenzen in der Schul-, Ehe- und Sittlichkeitsgesetzgebung abgewehrt werden sollten, war damit eine klare politische Ausrichtung gegeben.[69] Ritter verstand sich mit seinem Engagement und seinen Publikationen als ein Sprachrohr, dass auch und gerade die „rechtsstehenden" Katholiken, die Abgeordneten der Deutschnationalen Volkspartei wurden ausdrücklich genannt, zu Wort kommen lassen wollte. Die „katholische Aktion" sollte dafür eine willkommene Basis und Ausgangsposition bieten. Mit der Absicht die katholische Aktion nicht an Parteien zu binden, sah Ritter hier die große Gelegenheit, die rechtsstehenden Katholiken, die sich nach dem Ersten Weltkrieg und in der Folge der Weimarer Republik vom Zentrum getrennt hatten, aufgrund der kulturpolitischen Übereinstimmung wieder einzubinden. Für die Zeitung wurde sowohl durch die Werbeleitung der Westdeutschen Arbeitervereine als auch durch Ritter und Joos selbst intensiv geworben.[70] Innerhalb der katholischen Arbeitervereine Westdeutschlands

---

[65] Werkarbeit für den „Deutschen Weg" von Dr. August Pieper vom 02.08.1929. KfZG C2/193-197
Vieles von dem, was Pieper Ritter als unterstützende Maßnahmen für die Zeitung vorschlug, setzte dieser später bei der Gründung des „Bundes katholischer Deutscher ‚Kreuz und Adler'" organisatorisch um:
das „Protektorat einiger namhafter aktiver politischer Köpfe oder staatspolitischer Denker", A.a.O., KfZG C2/194,
die Bildung eines Kreises „tüchtiger junger Mitarbeiter", A.a.O., KfZG C2/194,
die Bildung von „Ortsgruppen der Freunde des DW [Deutschen Weges] ... zur Aussprache und Auswirkung", A.a.O., KfZG C2/195.

[66] A.a.O., KfZG C2/193

[67] „Der Leitgedanke des DW [Deutschen Weges] muß sein: Geltendmachung des deutschen Staatsgedankens und der deutschen Staatspolitik in aller politischen Betätigung der Deutschen." A.a.O., KfZG C2/196

[68] „Ich muß daher im „Deutschen Wege" die ausschließlich einseitige Pflege des katholischen Gedankens ... als unangebracht ablehnen." A.a.O.

[69] Mappe 1: Mein Ziel und meine Wege. KfZG C1/015

[70] Werbeflugschrift von Joseph Joos und Emil Ritter vom 01.09.1929. KfZG C2/198; Werbeflugschrift von Joseph Joos an die Präsides der katholischen Arbeitervereine Westdeutschlands vom 20.11.1929. KfZG C2/199; Werbeflugschrift von Verbandssekretär Letterhaus an alle Arbeitersekretariate des Westdeutschen Verbandes vom 23.11.1929. KfZG C2/201

empfahl man, die Zeitung für die örtlichen Arbeitervereine zu abonnieren und dies aus der Vereinskasse zu finanzieren.[71]

Inhaltlich fand die Zeitung reichsweit Beachtung. Ritters grundlegende Kritik an Remarques Antikriegsbuch „Im Westen nichts Neues" wurde in Teilen der katholischen Presselandschaft wohlwollend aufgegriffen.[72] Mit der Reichstagswahl 1930 und dem exorbitanten Zuwachs der nazistischen Mandate nahm Ritter in der Zeitung auch zur Nazi-Partei Stellung. Ritter schrieb zwei Analysen zu Hitlers Werk „Mein Kampf", in denen er den Verfasser „als literarischen Epigonen des naturalistischen, marxistischen Liberalismus des 19. Jahrhunderts" bezeichnete.[73] Von diesen Artikeln wurden Sonderdrucke veröffentlicht, unter anderem auch als Wahlflugblätter der Zentrumspartei. In den Jahren nach 1945 diente dieser Vorfall des öfteren als Beweis für die frühzeitige kritische Auseinandersetzung Ritters mit der Ideologie des Nazismus.[74] Bei genauer Betrachtung beschränkte sich jedoch die Kritik Ritters am Nazismus hingegen auf einige wenige Punkte im Parteiprogramm, in der nazistischen Literatur und im Auftreten der nazistischen Protagonisten. Gleichzeitig wurde jedoch trotz aller Einwände immer wieder die nationale Gesinnung des Nazismus gelobt, Möglichkeiten der parteipolitischen Kooperation und Koalition erwogen sowie die in diesem Zeitraum ablehnende Haltung der katholischen Kirche gegenüber der Nazi-Partei scharf kritisiert.[75] In besonderer Weise und Ausführlichkeit wurden der italienische Faschismus und dessen Führer Benito Mussolini positiv gewürdigt und als Vorbild für die deutschen Verhältnisse dargestellt.

---

[71] Werbeflugschrift von Verbandssekretär Letterhaus an die Vizepräsides der katholischen Arbeitervereine Westdeutschlands vom 23.11.1929. KfZG C2/200

[72] Vgl.: Mappe 12: Der Deutsche Weg II. KfZG C2/237f.,
sowie die positive Würdigung der Rezension Ritters, in: Der Ring vom 02.11.1929. KfZG C2/258.
Zudem der Brief des Schriftleiters der Zeitschrift Der Leuchtturm des Bundes Neudeutschland an Emil Ritter vom 19.04.1929. KfZG C2/250: „Eben las ich ihre Stellungnahme zu Remarque im Deutschen Weg und ich möchte Ihnen restlos zustimmen. Es ist ja m.E. ein Skandal, wie kritiklos dieses Buch in der „katholischen" Presse behandelt worden ist. ... Das Buch gehört nicht in die Finger von Jugendlichen ... Es ist brutal und zerstört durch die Ehrfurchtslosigkeit, mit der es „Tatsachen" berichtet; gerade diese Ehrfurchtslosigkeit macht es mir sehr wahrscheinlich, dass Remarque oder Kramer eben doch nicht an der Front war. So was kann einer nur literarisch gestalten, das wirkliche Erleben stellt keiner so hin."

[73] Mappe 11: Der Deutsche Weg I. KfZG C2/183. Vgl. die Artikel „Das Selbstbild Adolf Hitlers" sowie „Hitlers Pogramm und Weltanschauung. Nach der Selbstbiographie ‚Mein Kampf'" im DW vom September 1930.

[74] Dauzenroth 1966 und 1969

[75] Mappe 11: Der Deutsche Weg I. KfZG C 2/183

Neben politischen Fragen wurden in der Zeitung auch wirtschaftliche Fragen der sozialen Ordnung der Gesellschaft behandelt. Artikel zum Solidarismus und zur Enzyklika „Quadragesimo Anno" führten im Frühjahr 1931 zu einem Schriftwechsel mit den Jesuitenpatres Gustav Gundlach[76] und Oswald von Nell-Breuning,[77] als führenden Vertretern der christlichen Gesellschaftslehre in Deutschland.[78] Im Oktober 1931 wandte sich Ritter an Pater Friedrich Muckermann[79] mit der Anfrage ob dieser bereit sei, die Schriftleitung der Zeitung zu übernehmen. Ritter wollte sich in diesem Zeitraum mit größerem Einsatz der Schriftleitung der Zeitschrift „Volkstum und Volksbildung" zuwenden. Der Westdeutsche Arbeiterverband war allerdings nicht bereit, die Zeitung ohne Ritter weiterzuführen; von daher suchte Ritter nach einer personellen Alternative, die ihm geeignet erschien, die Wochenschrift in seiner Intention „als ein Kampfmittel gegen die bolschewistische Zersetzung" weiterzuführen. Ritter

---

[76] Brief von Gustav Gundlach an Emil Ritter vom 14.05.1931. KfZG C 2/276, sowie Brief von Emil Ritter an Gustav Gundlach vom 20.05.1931. KfZG C 2/274f., zum Begriff des Solidarismus.
Gundlach, Gustav. * 03.04.1892 in Geisenheim. Mitglied des Jesuitenordens. 1929-38 Professor für Sozialphilosophie und -ethik an der Ordenshochschule St. Georgen in Frankfurt, seit 1934 Professor an der Päpstlichen Universität Gregoriana. Das Subsidiaritätsprinzip in der Enzyklika „Quadragesimo Anno" geht in Inhalt und Formulierung auf Gundlach zurück. Ratgeber von Pius XI. sowie Pius XII, beeinflusste als solcher wesentlich die Sozialverkündigung der Kirche bis 1958. Nach seiner Emeritierung übernahm Gundlach die Leitung der Katholischen Sozialwissenschaftlichen Zentralstelle in Mönchengladbach. + 23.06.1963 in Mönchengladbach. Vgl.: LThK³, Bd. 4, 1102; sowie ausführlicher Rauscher 1974

[77] Brief von Oswald von Nell-Breuning an Emil Ritter vom 19.06.1931. KfZG C2/278, sowie Brief von Emil Ritter an Oswald von Nell-Breuning vom 23.06.1931. KfZG C2/279, zur Interpretation der Enzyklika „Quadragesimo Anno".
Nell-Breuning, Oswald von. * 08.03.1890 in Trier. Mitglied des Jesuitenordens. Seit 1928 Professor für Moraltheologie und Sozialwissenschaften an der Ordenshochschule St. Georgen in Frankfurt. Zentrales Thema seines Lebenswerks war die wirtschaftsethische Grundlegung einer katholischen Gesellschaftspolitik und Wirtschaftsreform. Von Pius XI. wurde er mit dem Entwurf der Enzyklika „Quadragesimo Anno" beauftragt. In katholischen Kreisen war er wegen „linker" Tendenzen lange umstritten. + 21.08.1991 in Frankfurt am Main. Vgl.: LThK³, Bd. 7, 732; sowie ausführlicher Rauscher 1994

[78] Mappe 12: Der Deutsche Weg II. KfZG C2/237

[79] Muckermann, Friedrich. * 17.08.1883 in Bückeburg. Mitglied des Jesuitenordens. Nach theologischer Ausbildung Feldgeistlicher im Ersten Weltkrieg. Seit 1920 Mitarbeiter sowie seit 1925 Herausgeber der Zeitschrift Der Gral, die er zum Sprachrohr des modernen katholischen Literaturverständnisses machte. Muckermann hatte eine ambivalente Einstellung zum Antisemitismus. Er emigrierte 1934 in die Niederlande, 1936 nach Rom, 1937 nach Wien, 1938 nach Frankreich und schließlich 1943 in die Schweiz. Aus dem Exil bekämpfte er den Nazismus mit der von ihm redigierten Zeitschrift Der Deutsche Weg. + 02.04.1946 in Montreux. Vgl.: LThK³, Bd. 7, 514; sowie ausführlicher Kroos 1975 und Gruber 1993

erklärte sich aber bereit, auch weiterhin regelmäßig Artikel zur Zeitung beizusteuern.[80] Muckermann signalisierte Ritter sein prinzipielles Interesse an diesem Plan und sagte zu, die Angelegenheit mit Joos zu besprechen; doch offensichtlich wurde oder konnte das Vorhaben nicht umgesetzt werden.[81]

Neben seinem Engagement für die Zeitung „Der Deutsche Weg" gab Ritter in den Jahren 1929 bis 1933 gemeinsam mit Bernhard Marschall und Robert Grosche als Nachfolgepublikation der „Volkskunst" die Zeitschrift „Volkstum und Volksbildung" als Organ des ZBA heraus. Als Schriftleiter nahm Ritter auch gelegentlich als Gast an den Direktoriumssitzungen des ZBA teil.[82]

Im März 1932 erhielt Ritter das Angebot, die Hauptschriftleitung der in Berlin erscheinenden „Germania", einer führenden Zentrumszeitung – herausgegeben von der „Germania Aktiengesellschaft" – zu übernehmen[83] und sie im Sinne der Richtung des „Deutschen Weges" zu gestalten.[84] Als Hauptaktionär

---

[80] Brief von Emil Ritter an Pater Friedrich Muckermann vom 07.10.1932. KfZG C2/291
[81] Brief von Pater Friedrich Muckermann an Emil Ritter vom 12.10.1932. KfZG C2/293
[82] Protokoll des Direktoriums des ZBA vom 15.12.1932. BArch R8115/207, Blatt 54-60
[83] Während zur Rhein-Mainischen Volkszeitung schon in den achtziger Jahren eine Monographie herausgegeben, vgl. Lowitsch 1980, katholische „Intelligenzblätter" einer ideologiekrischen Analyse unterzogen, vgl. Schelonke 1995, sowie die lokale Bistumspresse erforscht wurde, vgl. Beck 1996, sind zur Geschichte der Germania nur wenig substantielle Angaben zu finden. Eine knappe Darstellung gibt Roegele: „Die am Neujahrstag 1871 gegründete „Gemania" stand den Fraktionen des Zentrums im Reichstag und im Preußischen Landtag nahe." Nach einer Schilderung der besonderen Bedeutung der Zeitung im Kulturkampf – mit der Anmerkung „Keine Berliner Zeitung (auch keine sozialistische) wurde so oft beschlagnahmt wie die „Germania" – führt Roegel weiter aus: „Auch die „Germania" war kein Parteiblatt, in dem Sinne, dass sie der Partei gehört hätte oder deren Organen zur Verfügung gestanden hätte. Lange bemühten sich Anhänger verschiedener Richtungen des Zentrums um die Anteilsmehrheit. 1920 gewann Matthias Erzberger ... maßgeblichen Einfluß. Danach errangen Franz von Papen und einige konservative katholische Adelige die Mehrheit." Roegele 1982, 420f. Die ausführlichste substantielle Darstellung findet sich in Gottwalds Beitrag „Franz von Papen und die Germania". Der Schwerpunkt des Beitrags liegt jedoch weniger in einer Geschichte der Zeitung als vielmehr in der Dokumentation der dubiosen Umstände, die im Mai 1924 zur Aktienmehrheit von Papens in der „Germania AG" führten. Gottwald 1972
Von Papen wies in seinen ersten autobiographischen Erinnerungen nur äußerst knapp darauf hin, dass er die Aktienmehrheit erwarb, um seinen „Ideen möglichst weite Verbreitung zu sichern", Papen 1952, 136. In seinem zweiten Werk führte von Papen dagegen aus, dass er durch die Berufung Ritters zum „Chefredakteur" beabsichtigte „den Zentrumskurs nach rechts abzulenken" und dazu bemüht war, seine „Linie in der „Germania" pointierter vertreten zu lassen als zuvor." Dazu erschien ihm Ritter offensichtlich als geeignete Person. Papen 1968, 187
[84] Vgl.: Mappe 1: Mein Ziel und meine Wege. KfZG C1/017

bestimmte von Papen neben dem Zentrumsabgeordneten Klöckner[85] die Richtung der Zeitung. Der Kontakt zu von Papen war auf Vermittlung von Joos zustande gekommen.[86] Nach mehreren Gesprächen mit den Hauptaktionären wurde man sich einig, dass Ritter bis zum Juli seine Verpflichtungen in Köln auflösen, aber schon formell im Mai die Schriftleitung der „Germania" übernehmen und der Redaktion seine Richtlinien geben sollte.[87] Mit dem Leitartikel „Selbstbesinnung" in der Germania vom 8. Mai 1932 stellte sich Ritter den Lesern vor. Doch gerade in diesen Zeitraum fiel der überraschende Rücktritt Brünings und die Berufung von Papens zum Reichskanzler.[88] Ritter fand sich zwischen den Positionen der Zentrumspartei, die von Papen als Reichskanzler ablehnte, der Person und den Ansichten Brünings, dessen präsidiale Kanzlerschaft mit autoritärer Prägung durch Ritter unterstützt worden war, und dem neuen Reichskanzler von Papen als Herausgeber wieder.[89] Wenige Tage nach

---

[85] Klöckner, Florian. * 04.10.1868 in Koblenz. Nach Banklehre und kaufmännischer Beschäftigung Aufsichtsratsmitglied in der Montanindustrie. Seit 1920 stellvertretender Vorsitzender der Zentrumspartei und Reichstagsabgeordneter. Beteiligte sich 1921 an der Gründung der Zeitschrift Das Zentrum, gehörte zu den Hauptaktionären der Germania. Nach dem Rücktritt von Papens als Aufsichtsratsvorsitzender der Germania-AG aufgrund dessen Ernennung zum Reichskanzler dessen Nachfolger. Legte 1933 sein Reichstagsmandat nieder, kurz bevor sich die Zentrumspartei auflöste. Übernahm nach 1940 den Vorsitz in den Aufsichtsräten der Klöckner-Werke AG und der Klöckner-Humboldt-Deutz AG. + 10.05.1947 in Dortmund. Vgl.: DBE, Bd. 5, 601

[86] Brief von Emil Ritter an Joseph Joos vom 14.03.1955. KfZG C4/042

[87] „Herrn Emil Ritter, zur Zeit Schriftleiter der katholischen Wochenzeitung „Der Deutsche Weg" und der Zeitschrift „Volkstum und Volksbildung", haben wir als Chefredakteur der „Germania" berufen, die vom heutigen Tage ab seiner Leitung untersteht. Nach Berlin wird Herr Ritter erst im Laufe des Sommers übersiedeln, sobald er seine Tätigkeit in Köln abgewickelt hat. Die Verlagsleitung der Germania-Aktiengesellschaft" G (62) 1932 vom 08.05.1932

[88] „Zu meiner grenzenlosen Überraschung wurde Papen eine Woche später Reichskanzler." In: Brief von Emil Ritter an Joseph Joos vom 14.03.1955. KfZG C4/042

[89] Ritter schrieb dazu in einer Replik 1935: „Es ist auch unwahr, dass ich von der „Germania" zurücktreten „musste", als zwischen Herrn von Papen und der Zentrumsführung der Konflikt ausgebrochen war. Ich bin vielmehr freiwillig zurückgetreten, weil ich es nicht mit meinem Gewissen vereinbaren konnte, die damalige Zentrumspolitik zu verfechten. Ohne Zentrum und ohne Herrn von Papen bin ich den Weg meiner Überzeugung gegangen." Ritter, Emil: Verleumdung statt Kritik. Beilage zum NPP Nr. 163 vom 26.01.1935. KfZG A6/018-019
Einige Jahre später wiederholt Ritter diese Sicht in seiner Rückschau: „Unverzüglich reiste ich nach Berlin, wo ich zwei entscheidende Tatsachen vorfand: 1) den Beschluss der Zentrumsfraktion, in unbedingte Opposition zum neuen Kabinett zu treten; 2) die Erklärung Papens, dass die „Germania" als Zentralorgan der Partei selbstverständlich deren Politik zu unterstützen habe. Ich hätte also an meinem Posten bleiben können, worum mich Papen eindringlich bat. Zu einem Schein-Manöver konnte ich mich aber nicht verstehen, und um eine Regierung wirklich zu bekämpfen, die ein ausgesprochen christlich-konservatives Arbeitsprogramm verkündigt hatte, deren Chef ein kirchentreuer

der Berufung trat Ritter vom Amt als Chefredakteur wieder zurück, obwohl von Papen Ritter dringend bat, zu bleiben.[90] Gänzlich anders dagegen stellt sich die Angelegenheit in den Erinnerungen Karl Bachems dar. Von Papen trat am 03. Juni 1932 aus dem Aufsichtsrat der „Germania" zurück, die Zeitung schwenkte damit sofort in die Zentrumsfront gegen die Regierung von Papen ein.[91] Ritter wurde daraufhin durch den Einfluss von Klöckner, dem Nachfolger von Papens als Vorsitzender des Aufsichtsrats der „Germania", als Hauptschriftleiter abberufen, weil der zur „Papen-Richtung" zählende Ritter auf eine geschlossene Abwehrfront in der Zentrumspartei und der zugehörigen Zentrumspresse traf.[92] Für diesen Zeitraum von knapp einem Monat lassen sich nur wenige Artikel Ritters in der Germania nachweisen. Doch führte nach Einschätzung Ritters sein Leitartikel „Rückwärts oder vorwärts", der vom Zentrum forderte, sich nicht in einer rückwärtigen Verteidigung für Brüning aufzureiben, sondern sich vorwärts gewandt durch kluge Taktik gegenüber dem Reichspräsidenten von Hindenburg und dem Mann seines Vertrauens von Papen zu positionieren, dazu, dass Ritter mit zu den Verrätern an der Zentrumspartei gerechnet wurde.[93] Dem Ansehen Ritters und seiner Zeitung „Der Deutsche Weg" waren diese Vorgänge offenbar sehr abträglich. Die Zahl der Abonnenten nahm rapide ab und damit schmolz die wirtschaftliche Grundlage für die Zeitung zusehends dahin. Mitte Mai teilte Geschäftsführer Otto Müller[94] Ritter

---

Katholik und deren Innenminister ein bibeltreuer Protestant war, hätte ich meine ganze politische Vergangenheit leugnen müssen." Mappe 1: Mein Ziel und meine Wege. KfZG C1/11

[90] „Zu keiner Zeit habe ich daran gedacht, der Presse-Paladin des Herrn von Papen zu werden, da ich ihm die Fähigkeit einer eigenen politischen Konzeption und der geradlinigen Durchführung niemals zugetraut habe." Brief von Emil Ritter an Joseph Joos vom 14.03.1955. KfZG C4/042

[91] Morsey 1960, 309

[92] A.a.O., 305f.

[93] Mappe 11: Der Deutsche Weg I. KfZG C2/185

[94] Müller, Otto. * 09.12.1870 in Eckenhagen. Nach theologischer Ausbildung und seelsorglicher Tätigkeit 1899-1917 Mitarbeiter des Volksvereins für das katholische Deutschland. 1902-04 Studium der Staatswissenschaften in Freiburg. 1904-1917 Dezernent für Arbeiterfragen und soziales Vereinswesen. Seit 1928 Beisitzer des engeren Vorstands des Volksvereins. 1931-34 Aufsichtsrat der Rheinischen Druckerei. 1899 gemeinsam mit August Pieper Gründung der WAZ. Seit 1906 Geschäftsführer des Verlags WAZ GmbH. 1899-1906 Generalsekretär der katholischen Arbeitervereine der Erzdiözese Köln. 1903-18 Generalsekretär der katholischen Arbeiter- und Knappenvereine Westdeutschlands. 1906-18 Diözesanpräses, seit 1918 Verbandspräses der katholischen Arbeiter- und Knappenvereine Westdeutschlands, 1927-36 Vorsitzender des Reichsverbandes der katholischen Arbeiter- und Arbeiterinnenvereine Deutschlands. Seit September 1944 in GeStaPo-Haft. + 12.10.1944 in Berlin. Vgl.: Schoelen 1982, 357ff; sowie ausführlicher Aretz 1979

mit, dass „die Westdeutsche Arbeiterzeitung GmbH die Wochenzeitung „Der Deutsche Weg" über den 1. Juli 1932 hinaus nicht mehr herausgibt. Sie hat nichts gegen die Weiterführung des Titels einzuwenden, wenn Sie als Verleger auf eigenes Risiko das Blatt noch länger erscheinen lassen wollen."[95] Ritter gelang es, den Verlag Bachem, Köln, für eine weitere Herausgabe von drei Monaten zu gewinnen.[96] Eine inhaltlich andere Ausrichtung der Zeitung ist in diesem Zeitraum nicht zu erkennen. Die „taktische Haltung" der Zentrumsfraktion im Reichstag wurde durch Ritter jedoch zunehmend kritisiert.[97] In diesem Zeitraum versuchte er angestrengt ein anderes Verlagshaus als finanziellen Träger der Zeitung zu finden. Dazu korrespondierte Ritter unter anderem mit Pfarrer Clemens August Graf von Galen, der wohlwollende Worte für die Zeitung fand und versprach sich beim Verlag Aschendorff[98] für Ritters Anliegen einzusetzen.[99] Auch mit der Familie Schöningh beziehungsweise dem

---

[95] Brief von Prälat Müller an Emil Ritter vom 17.05.1932. KfZG C2/208

[96] Brief des Verlagshauses J.P. Bachem an Emil Ritter vom 28.05.1931. KfZG C2/209. Der Verlag ist bereit, „den Deutschen Weg zunächst bis zum 30. September 1932 mit Ihnen auf der Basis zu machen, wie sie bisher mit Herrn Prälaten Müller vereinbart war."
Vgl. zur traditionsreichen Geschichte der Buchdruckerei, Verlagsbuchhandlung und des Zeitungsverlags J.P. Bachem Hölscher 1918

[97] Brief von Emil Ritter an Dr. Franz Schürholz vom 11.08.1932. KfZG C2/217
"Der Deutsche Weg ist eine katholische Wochenzeitung, das heißt aber nicht, daß nun alle Fragen des politischen Lebens unter dem konfessionellen Gesichtspunkt betrachtet und entschieden werden könnten. Die politische Haltung des Deutschen Weges ist eine konservative ..."

[98] Die Geschichte des Verlagshauses Aschendorff geht bis in das Jahr 1720 zurück. Die Zeitung „Münsterischer Anzeiger" trug zum stetigen Wachstum des Unternehmens im 19. Jahrhundert bei. Zu Beginn des 20. Jahrhunderts entwickelte sich der Verlag – neben der weiterhin betriebenen Zeitungssparte – zu einem der führenden Schulbuchverlage im Deutschen Reich. Das in Besitz der Familie Hüffer befindliche Unternehmen zeichnete sich durch eine ausgesprochen christliche Orientierung aus. 1946 Gründung der Zeitung „Westfälische Nachrichten". Der Verlag befindet sich noch heute im Familienbesitz.

[99] Brief von Emil Ritter an Pfarrer Clemens August Graf von Galen vom 27.07.1932. KfZG C2/211-213. Ritter kündigte in diesem Brief eine Besprechung der Schrift „Die Pest des Laizismus" von Galens an und bat um Hinweise, ob ein Verlag in Münster, ggf. der Münstersche Anzeiger, die Zeitung Der Deutsche Weg übernehmen könnte.
Von Galen antwortete zwei Tage später: „Ich würde es sehr bedauern, wenn der „Deutsche Weg" eingehen würde. Seitdem ich ihn vor Jahren auf Empfehlung von Herrn Joos bestellte, hat mir seine Haltung fast immer gefallen und war mir sein Inhalt stets interessant." Von Galen dachte daran den Verlag Aschendorff, bzw. die Inhaberfamilie Hüffer, für die Herausgabe des „Deutschen Weges" zu gewinnen, schränkte aber ein, dass diese kaum bereit wären ein Verlustunternehmen einzugehen. „Anderseits werden auch sie [die Familie Hüffer] nicht übersehen, daß eine Wochenzeitung gedachter Art gerade in den mehr konservativ gerichteten Kreisen der Münsterischen Bürger und Münsterländer Gutsbesitzer auch bei einem großen Teil des Klerus freudige Aufnahme finden könnte". Brief von Pfarrer Clemens August Graf von Galen an Emil Ritter. KfZG C2/214

„Westfälischen Volksblatt", Paderborn, fanden Überlegungen zur Zusammenarbeit statt.[100] Doch offensichtlich brachten diese Bemühungen kein tragfähiges Ergebnis. Als Mitte August der Verlag Bachem mitteilte, dass die Zeitung aufgrund der rückläufigen Abonnentenzahl über den 30. September 1932 hinaus nicht mehr zu halten sei, war ihr Schicksal besiegelt.[101] Vom 1. Oktober 1932 an konnte die Zeitung nicht mehr bezogen werden. Ritter verabschiedete sich von seinen Lesern und kündigte an, seine Arbeit auf andere, jedoch nicht näher bezeichnete Weise, fortzusetzen.[102] Das Ende der Zeitung wurde von rechtskonservativen katholischen Kreisen beklagt, selbst Reichskanzler von Papen teilte Ritter sein ausdrückliches Bedauern mit.[103]

---

[100] Brief von Dr. Hans Schöningh an Emil Ritter vom 05.08.1932. KfZG C2/215. Schöningh fragte bei Ritter an, ob dieser ihm eine Vertretung für den erkrankten Chefredakteur des Westfälischen Volksblatts empfehlen könne: „Sie werden verstehen, dass ich mich gerade an Sie wende und Sie bitte, mir zu raten, von welcher Stelle diese in Frage kommenden Artikel [gute Originalleitartikel, etwa dreimal in der Woche] zu beziehen sind. Die Leser des west. Volksblattes sind zum grösseren Teil in der ländlichen Bevölkerung zu suchen und es ist deshalb notwendig in der Richtung der Zentrumspolitik hierauf Rücksicht zu nehmen."
Der 1847 in Paderborn durch den Buchhändler Ferdinand Schöningh gegründete Verlag hat bis heute seinen Sitz in Paderborn.

[101] Brief des Verlages J.P. Bachem an Emil Ritter vom 10.08.1932. KfZG C2/216
"Von uns aus ist „Der Deutsche Weg" über den 30. September gemäss unserer letzten Abrechnung nicht mehr zu halten. Wir haben jetzt einen Bestand von zahlenden Abonnenten in Höhe von 1500 und leider gehen noch fast täglich für Ende September Abmeldungen ein, denen Neubestellungen nur im verschwindenden Masse gegenüberstehen ... So sehr wir es an und für sich auch bedauern, müssen wir auf einen Weiterdruck des „Deutschen Wegs" verzichten."

[102] Flugblatt von Schriftleitung und Verlag „Der Deutsche Weg". KfZG C2/224
"Wenn die Postanstalten keine Bestellungen mehr auf die katholische Wochenzeitung „Der Deutsche Weg" entgegennehmen, so heißt das nicht, daß wir unsere Arbeit für den christlich-konservativen Gedanken aufgegeben hätten. Wir beabsichtigen vielmehr, ihr eine neue, festere Basis zu geben, indem wir nicht Zufallsleser, deren Namen uns unbekannt bleiben, sondern Gesinnungsfreunde sammeln. Daher bitten wir alle, die sich unseren Bestrebungen geistig verbunden fühlen, in den nächsten 14 Tagen ihre persönliche Anschrift an den Herausgeber Emil Ritter ... mitzuteilen. Diesem Freundeskreis werden wir demnächst weitere Nachricht über die Wege, auf denen wir künftig unser Ziel zu erreichen suchen, zukommen lassen."

[103] Brief des Reichskanzlers von Papen an Emil Ritter vom 16.09.1932. KfZG C2/218
„Mit Bedauern habe ich Ihre Nachricht von der vorläufigen Einstellung des Erscheinens des Deutschen Weges erhalten. Ich möchte bei dieser Gelegenheit zum Ausdruck bringen, daß ich dieser Wochenzeitung stets das größte Interesse entgegengebracht habe. Ich bin der Auffassung, daß für die konservative Geistesrichtung unserer katholischen Freunde der Wegfall dieser durch Sie so hervorragend geleiteten Zeitung einen großen Verlust bedeuten wird."

Neben seinem publizistischem Engagement war Ritter im katholischen Milieu auch auf den Katholikentagen an exponierter Stelle aktiv. Bei den Treffen in Magdeburg 1928, Freiburg 1929 und Münster 1930 hatte Joos der „Staatsbürgerlichen Arbeitsgemeinschaft" vorgestanden. Im Nachgang zum Freiburger Katholikentag kam es auf Einladung von Joos am 6. Januar 1930 im Kettelerhaus in Köln zu einer Tagung mit dem Thema „Ist eine kulturpolitische Einheitsfront der deutschen Katholiken möglich und wie ist diese wirksam zu gestalten?"[104] bei welcher Ritter als Referent vortrug. Die anschließende Diskussion kreiste um die Frage, ob eine katholische Einheitspartei vorzuziehen sei oder katholische Politiker auch in anderen, christlich ausgerichteten Parteien mitarbeiten könnten. Ritter entwarf im Nachgang zur Diskussion einen Tag später eine persönliche Stellungnahme, in welcher er seiner Hoffnung Ausdruck verlieh, „dass die weitere Fühlungnahme zwischen den rechtsstehenden Katholiken und denen, die zum Zentrum und zur Bayrischen Volkspartei gehören, nicht mit dem dürftigen Ergebnis einer gelegentlichen Zweckgemeinschaft abschließt, sondern auf die Schaffung der christlich-konservativen Gesinnungsgemeinschaft abzielt."[105] Diese „organisch-demokratische Auffassung" erschiene ihm vor allem dann erstrebenswert, wenn man „dem katholischen Volksteil als ganzem eine Mission im Kampf um die christlich-deutsche Kultur zuerkennt, eine Mission, die dem einzelnen Katholiken um der katholischen und nationalen Sache willen Bindungen auferlegt."[106] Zwar sandte Ritter diese Stellungnahme auf Anraten von Joos nicht ab,[107] doch führte er in persönlichem Schriftverkehr mit Alois Fürst zu Löwenstein[108] und Dr. Herbert Doms[109] diese Gedanken weiter aus und ließ eine Bemerkung Löwensteins, dass von

---

[104] Einladung von Joseph Joos vom 28. Dezember 1929. KfZG C2/040
[105] Persönliche Stellungnahme Ritters vom 07. Januar 1930. KfZG C2/043-046
[106] A.a.O.
[107] Auf der Stellungnahme findet sich der handschriftliche Vermerk Ritters „nicht abgesandt!". Vgl. auch: Mappe 9: Katholisch-konservative Besinnung. KfZG C2/033
[108] Brief von Emil Ritter an Alois Fürst zu Löwenstein vom 11. Januar 1930. KfZG C2/047-048, sowie Brief von Alois Fürst zu Löwenstein an Emil Ritter vom 20. Januar 1930, KfZG C2/051
Löwenstein, Alois Fürst von. * 15.09.1871 in Kleinheubach in Unterfranken. Mitglied des Reichstags. Förderer der Mission und der Missionswissenschaften. Seit 1920 Präsident des Zentralkomitees der Deutschen Katholikentage. + 25.01.1952 in Bronnbach bei Wertheim. Vgl.: „Löwenstein-Wertheim-Rosenberg". In: LThK³, Bd. 6, 1073
[109] Brief von Emil Ritter an Dr. Doms vom 22. Januar 1930, KfZG C2/049-050
Doms, Herbert. * 14.04.1880 in Ratibor in Oberschlesien. Nach Studium der Biologie in Breslau und Promotion in Zoologie Kriegsteilnehmer im Ersten Weltkrieg. Theologische Ausbildung und Promotion sowie Habilitation in Fundamentaltheologie an der Universität Breslau. 1948-56 Professor für Moraltheologie in Münster. + 22.09.1970 in Münster. Vgl.: LThK³, Bd. 3, 330

den weiteren Diskussionen linksgerichtete Katholiken als „Menschen, denen objektiv der sensus catholicus abgesprochen werden muss"[110] selbstverständlich auszuschließen seien, unwidersprochen. Zwar wurden derartige Treffen nicht wiederholt, doch wurde Ritter anlässlich der Staatsbürgerlichen Arbeitsgemeinschaft auf dem Katholikentag in Münster 1930 eingeladen, ein einleitendes Referat über die Stellung der Katholiken zu Volk und Staat zu halten. Für den Katholikentag 1931 in Nürnberg wurde Ritter auf Vorschlag von Joos vom Generalsekretariat des Zentralkomitees der Katholiken Deutschlands gebeten, die Leitung der „Staatsbürgerlichen Arbeitsgruppe" zu übernehmen[111] und dazu Katholiken aus allen politischen Lagern als Teilnehmer zu gewinnen sowie selbst einen Bericht über die Gruppe vor der Vollversammlung zu erstatten.[112] Als Hauptthema der Arbeitsgruppe wurde im Rückblick Ritters „Die Abwehr der bolschewistischen Gefahr" behandelt. Nach einem „Festblatt" zum Katholikentag vom 30. August 1931 war „die Erhaltung des gesunden Volkstums als national politische Aufgabe" primärer Gegenstand der Diskussion. Ritter selbst berichtete dazu vor dem Vertretertag über die Gesprächsinhalte und das Resümee der Arbeitsgemeinschaft. Gegen den statistisch nachweisbaren „biologischen Niedergang des deutschen Volkes" sollten in Entsprechung mit den „elementarsten Forderungen des Volksgedankens" vier Erfordernisse an die Gesetzgebung und öffentliche Verwaltung erhoben werden.[113] Diese lassen die „antibolschewistische Stoßrichtung" deutlich erkennen.

Auch für den Katholikentag 1932 in Essen war Ritter als Leiter der „Staatsbürgerlichen Gemeinschaft" vorgesehen. Bereits im April 1932 fragte das Generalsekretariat des Zentralkomitees Ritter nach seiner Bereitschaft für diese

---

[110] Brief von Alois Fürst zu Löwenstein an Emil Ritter vom 20. Januar 1930. KfZG C2/051

[111] Brief von Dr. Legge, Generalsekretariat des Zentralkomitees der Katholiken Deutschlands, an Emil Ritter vom 27. Februar 1931. KfZG C2/057

[112] Brief von Dr. Legge, Generalsekretariat des Zentralkomitees der Katholiken Deutschlands, an Emil Ritter vom 14. Juli 1931. KfZG C2/058

[113] Festblatt zum 70. Katholikentag in Nürnberg vom 30. August 1931. KfZG C2/059
Als Forderungen wurde festgehalten: „1. Die Zerstörungspolitik des Bolschewismus ist mit unbedingter Entschiedenheit zu bekämpfen. ... 2. Gegen die Freidenker und Gottlosenbewegung ist die in der Reichsverfassung verbriefte Vorzugsstellung der christlichen Religion mit allen gesetzlichen Mitteln zu verteidigen, ... 3. Der Kampf gegen die öffentliche Unsittlichkeit verlangt von allen im öffentlichen Leben stehenden Glaubensgenossen verantwortungsbewußtes Eintreten für die tatkräftige Anwendung der geltenden Gesetze. ... 4. Der Jugendschutz ... beansprucht eine besondere Aufmerksamkeit für die körperliche und seelische Gesundheit des Nachwuchses, die Wurzel der Volkskraft. ... Sein Glaube und die Liebe zum deutschen Volk legen dem Katholiken die schwere Gewissenspflicht auf, sich persönlich und im Familienleben grundsatztreu und opferwillig in den Dienst dieser hohen Aufgaben zu stellen und ihnen in Staat und Gesellschaft Achtung und Förderung zu sichern."

Funktion an. Als Thema der Gruppe war „Der Großstädter als Staatsbürger" vorgesehen.[114] Ritter antwortete erst im Juli des Jahres und stellte durch die Nennung von Unterpunkten des Programms die inhaltliche Ausrichtung des Themas vor.[115] Bei der Vergabe der Referate sowie der personellen Besetzung der Gruppe legte Ritter wieder großen Wert darauf, neben den „Zentrumsrednern" auch „die gemäßigten Deutschnationalen ins Treffen zu führen", angeblich um einen inhaltlichen Akzent „gegen den Hitler-Ansturm" zu setzen.[116] Lediglich ein weiterer Gesprächspunkt mit dem bezeichnenden Thema „Die Verwurzelung der Großstadtmenschen in einer neuen sozialen Ordnung, im Volksbewußtsein, im Gemeinde- und Staatsleben" wurde noch zusätzlich in die Agenda der Gruppe aufgenommen.[117] Aufgrund des im Mai 1932 erfolgten Rücktritt Brünings als Reichskanzler und der nachfolgenden Ernennung von Papens zu dessen Nachfolger, der jedoch von Mehrheit der Zentrumspartei scharf abgelehnt wurde, kam es während des Katholikentags vom 31. August bis 3. September 1932 innerhalb der von Ritter geleiteten Arbeitsgemeinschaft zu scharfen Kontroversen zwischen Zentrumsanhängern und rechtskonservativen Katholiken. Als Protagonisten traten der langjährige Zentrumspolitiker Karl Bachem[118] und für die rechtskonservativen Kräfte Glasebock[119] und von

---

[114] Brief von Dr. Legge, Generalsekretariat des Zentralkomitees der Katholiken Deutschlands, an Emil Ritter vom 14. April 1932. KfZG C2/071

[115] Brief von Emil Ritter an Dr. Legge, Generalsekretariat des Zentralkomitees der Katholiken Deutschlands, vom 4. Juli 1932. KfZG C2/072
Ritter nennt in diesem Brief als Gesprächspunkte der Gruppe:
"1. Der Einfluss der Großstadt auf die Ausdrucks- und Wirkformen des politischen Lebens
2. Entstehung und Bedeutung radikaler Massenstimmungen
3. „Volksaufklärung" gegen politische Demagogie (Presse); Demonstration und Symbol im politischen Kampf
4. Parteien, Berufsverbände, Vereine und Bünde als Ordnungselemente
5. Die religiöse Grundlegung der politischen Ordnung."

[116] So Ritter im Rückblick seines Geheimdossiers. KfZG C2/069. Aus den zeitgenössischen Dokumenten – so vor allem dem umfangreichen „Bericht der Gruppe 9: Der Großstädter als Staatsbürger". KfZG C2/073-100 – lässt sich diese Intention dagegen nicht entnehmen.

[117] Programm des Vertretertages in Essen vom 31. August bis 3. September im Rahmen der 71. Generalversammlung der deutschen Katholiken. KfZG C2/102

[118] Bachem, Karl. * 22.09.1858 in Köln. Sohn von Josef Bachem. Studium der Rechtswissenschaften. Seit 1889 Mitglied des preußischen Abgeordnetenhauses sowie des Reichstags für das Zentrum. Beteiligte sich an den Verhandlungen mit dem Vatikan zum Abschluss des Kulturkampfes. + 11.12.1945 in Burgsteinfurt. Vgl.: Kosch 1963, 51

[119] Glasebock, Wilhelm. * 14.07.1900 in Krefeld. Studium und Promotion der Rechtswissenschaften. Ständiger Mitarbeiter am Berliner Lokalanzeiger, am Tag in Berlin, an der Kölnischen Zeitung, der Rheinisch-Westfälischen Zeitung, der Kreuz-Zeitung und anderer

Lüninck[120] auf. In der Debatte wurde als weiterer Diskussionspunkt die angeblich erfolgte Ein- und Wiederausladung des Reichskanzlers von Papen zum Katholikentag genannt.[121] Die Auseinandersetzungen und Diskussionen in dieser Gruppe fanden sogar ein Echo in der überregionalen Presse. Während politisch gemäßigte Zeitungen über „Gegensätze auf den Katholikentag",[122] „Politik auf dem Katholikentag"[123] oder „Gärungen im Zentrum"[124] berichteten, titelte die linksorientierte Presse mit „Faschistischen Geheimverhandlungen auf dem Katholikentag"[125] oder „Weihrauch und Wirklichkeit: Hinter den Kulissen des Katholikentags";[126] demgegenüber drückte die nazistische Presse ihr Bedauern aus, „daß die Veranstalter dieses Katholikentages noch gar kein Bedürfnis hatten, die nationalsozialistischen Katholiken Deutschlands in ihre Tagung einbegriffen zu sehen."[127] Darüber hinaus führte der Vorfall zu einer klärenden Korrespondenz mit der Katholischen Schulorganisation[128] und einer abschließenden Replik Ritters, der die Tatsache hervorhebt, dass von katholischer Seite ausschließlich Kritik an der Teilnahme deutschnationaler Katholiken geübt wurde, während an sich „ausdrücklich als „linksstehende pazifistische Katholiken" bezeichnenden Teilnehmern" niemand Anstoß nehmen würde.[129] Ritter wurde von der gesamten Diskussion völlig überrascht und konnte

---

Blätter. 1929-32 Stadtverordneter in Krefeld. Nach Ende des Zweiten Weltkriegs am Deutschen Dienst sowie als Journalist in Duisburg tätig. Vgl.: Kosch 1963, 395

[120] Lüninck, Hermann Freiherr von. * 03.05.1893 in Ostwig in Westfalen. Studium der Rechtswissenschaften. 1925 Vorsitzender der Rheinischen Landwirtschaftskammer. 1929 Vorsitzender der Vereinigung des Rheinischen Bauernvereins und des Rheinisches Landbundes. 1931 Vorsitzender des Rheinisch Landwirtschaftlichen Genossenschaftsverbandes. 1933-35 Oberpräsident der Rheinprovinz. Vgl.: Kosch 1963, 794

[121] Vgl dazu: Mappe 10: Im Hexenkessel der Parteipolitik. KfZG C2/067-70

[122] Berliner Tageblatt vom 03.09.1932. KfZG C2/109

[123] General-Anzeiger, Dortmund, vom 06.09.1932. KfZG C2/113

[124] A.a.O. KfZG C2/114

[125] Ruhr-Echo, Organ der KPD, vom 03.09.1932. KfZG C2/110

[126] Rote Fahne, Berlin, vom 06.09.1932. KfZG C2/116

[127] National-Zeitung, Essen, vom 06.09.1932. KfZG C2/115

[128] Brief des Generalsekretärs der Katholischen Schulorganisation, Prälat Böhler, an Emil Ritter vom 10.09.1932 KfZG C2/117 sowie Antwortbrief von Emil Ritter an den Generalsekretär der Katholischen Schulorganisation, Prälat Böhler, vom 13.09.1932. KfZG C2/120. Im Schriftverkehr geht es um angebliche Angriffe des Freiherrn von Lüninck auf Reichskanzler a.D. Wilhelm Marx im Rahmen der Staatsbürgerlichen Arbeitsgemeinschaft auf dem Katholikentag, die Ritter als „zum Teil entstellt, zum Teil notorisch falsch" zurückwies.

[129] Ritter, Emil: Zur Klarstellung. Kölnische Volkszeitung vom 22.09.1932. KfZG C2/124

der Auseinandersetzung nichts Positives abgewinnen.[130] In seiner persönlichen Rückschau gab Ritter diesem Kapitel die Überschrift „Im Hexenkessel der Parteipolitik", ein Titel, der angesichts einer vor dem Hintergrund des tagespolitischen Zeitgeschehens inhaltlich durchaus verständlichen Auseinandersetzung eher zu kritischen Rückschlüssen auf die Konfliktfähigkeit Ritters Anlass gibt.

Im Herbst 1932 hielt sich Ritter zu einer Kur in Baden-Baden auf. Dort fasste er in langen Gesprächen mit Abt Ildefons Herwegen[131] von der Benediktinerabtei Maria Laach, der sich ebenfalls in Baden-Baden aufhielt, den Entschluss zunächst sein Buch „Der Weg des politischen Katholizismus" fertigzustellen und sich für weitere Aufgaben in der Sammlung der kulturellkonservativen Katholiken freizuhalten.[132] Als Alternative hätte der Eintritt in einer Probezeit in der Benediktinerabtei Beuron zur Wahl gestanden.[133]

---

[130] Brief von Emil Ritter an Dr. Legge, Generalsekretariat des Zentralkomitees der Katholiken Deutschlands, vom 23.09.1932. KfZG C2/125

[131] Herwegen, Ildefons. * 27.11.1874 in Junkersdorf. Taufname Peter. Mitglied des Benediktinerordens. Nach philosophisch-theologischer und rechtshistorischer Ausbildung seit 1913 Abt der Benediktinerabtei Maria Laach. Bedeutender Förderer der liturgischen Bewegung. Setzte sich zu Beginn der Nazi-Diktatur für einen Brückenschlag zwischen Katholizismus und Nazismus ein. + 02.09.1946 in Maria Laach. Vgl.: LThK³, Bd. 5, 48; sowie ausführlicher Rink 1974 und Albert 2004

[132] Mappe 1: Mein Ziel und meine Wege. KfZG C1/019

[133] A.a.O. KfZG C1/017

c) Nazismus: „Unser Ja zum neuen Deutschland!" (1933)

Trotz seiner Bekanntschaft zu von Papen wurde Ritter nach eigener Darstellung von den Ereignissen des 30. Januar 1933 überrascht. Zwar führte er im Januar 1933 noch ein persönliches Gespräch mit von Papen, der sich in Köln aufhielt, doch erhielt er von diesem angeblich keine Informationen zum tagespolitischen Geschehen.[1] Ende März 1933 zeichnete sich im Episkopat sowie im katholischen Bevölkerungsteil ein deutlicher Stimmungsumschwung zugunsten des Nazismus ab. Den propagandistischen Auftakt bildete der Tag von Potsdam am 21. März 1933 mit seiner national-konservativen Kulisse. Hitler als ehemaliger Frontsoldat verneigte sich am Grabe Friedrichs des Großen vor Reichspräsident Hindenburg in der Uniform des kaiserlichen Generalfeldmarschalls. Noch entscheidender wirkte sich die Regierungserklärung Hitlers vom 23. März 1933 sowie die am gleichen Tag mit den Stimmen der Zentrumspartei erfolgte Annahme des „Ermächtigungsgesetzes" im Reichstag aus. Den Höhepunkt dieses Umschwungs bildete jedoch die am 28. März 1933 verbreitete Kundgebung der Fuldaer Bischofskonferenz, in der die deutschen Bischöfe unter ausdrücklicher Berufung auf Hitlers Regierungserklärung vom 23. März 1933 ihre früheren „allgemeinen Verbote und Warnungen" gegenüber dem Nazismus zurücknahmen.

Innerhalb der Fülle katholischer Stimmen,[2] die nach der Wende im März 1933 das „Dritte Reich" des Nazismus begrüßten und in diesem Reich als Nachfolger des „Heiligen Römischen Reiches Deutscher Nation" eine Restauration traditionell katholischer Staatsvorstellungen verwirklicht sahen, nimmt der von Ritter initiierte „Bund katholischer Deutscher ‚Kreuz und Adler'" eine exponierte Stellung ein. In der Literatur gilt er als „der einzige Versuch dieser Jahre, diese Reichsideologie [des deutschen Katholizismus] institutionell und politisch wirksam werden zu lassen."[3] In einem persönlichen Gespräch mit Breuning bezeichnete Ritter 1965 die Gründung des Bundes im wesentlichen als seine Idee, die ihn schon seit dem Freiburger Katholikentag im Jahr 1929

---

[1] Mappe 1: Mein Ziel und meine Wege. KfZG C1/020
[2] Vgl.: Böckenförde 1961
[3] Breuning 1969, 225. Vgl. zur Geschichte des Bundes „Kreuz und Adler" das entsprechende Kapitel in Breuning 1969, 225ff., sowie Gottwald „Bund katholischer Deutscher. Kreuz und Adler" (BkD), in: LzPG, Bd. 1, 348ff.
Der Artikel „Nationalsozialismus", den Ritter 1932 für die fünfte Ausgabe des Staatslexikons schrieb, ließ bereits eine Offenheit für den Nazismus deutlich werden. In: Ritter 1932, 1750ff.
Vgl. auch die Anmerkungen bei Patt 1984, 213

beschäftigt habe. Von Papen sei dabei nur die Rolle einer „reinen Galionsfigur" zugefallen; ein wesentlicher Anteil für die Gründung des Bundes wäre Frau von Papen zugekommen.[4] Gänzlich anders stellte Ritter die Gründungsgeschichte zehn Jahre vorher in einem Brief an Joos dar. Danach ging die Initiative zur Gründung des Bundes „Kreuz und Adler" „auf einen Kreis von jungen Katholiken, hauptsächlich Zentrumsredakteuren zurück, die sich zur Zeit des „Deutschen Weges" in Köln mit mir zusammengefunden hatten." Von diesen wurde Ritter „dringend gebeten, doch wieder aktiv zu werden und meine Beziehungen zum Vizekanzler von Papen wieder aufzufrischen. In ihren Sinne habe ich im März 1933 den Bund gegründet, ..."[5] In der Rückschau äußerte sich Ritter wenig positiv zur Integrität der Person von Papens[6] und scheute sich nach eigenen Angaben noch zur Jahreswende 1932/33, in dessen finanzielle Abhängigkeit zu geraten.[7] Durchaus anders dagegen lautete die zeitgenössische Beurteilung, die ein uneingeschränktes Lob der Politik von Papens beinhaltete.[8] So setzte sich Ritter ab März 1933 durch die Gründung des Bundes „Kreuz und Adler" am 03. April 1933 – unter der Schirmherrschaft von Papens – für eine Verständigung zwischen Katholizismus und Nazismus ein. Von Papen stellte für die Gründung des Bundes ein Startkapital von 30.000 RM zur

---

[4] Persönliches Gespräch Breunings mit Ritter vom 4.10.1965. Breuning 1969, 230

[5] Brief von Emil Ritter an Joseph Joos vom 14.03.1955. KfZG C4/042

[6] „Über die Motive, aus denen er [von Papen] sich bereitgefunden, zwischen dem Reichspräsidenten und Hitler zu vermitteln, konnte ich mir nur meine eigenen Gedanken machen; ich schätze sie nicht höher und geringer ein, als ich sie bei vielen anderen Politikern gefunden hatte." Mappe 1: Mein Ziel und meine Wege. KfZG C1/020

[7] „Freundliche Worte hatte auch von Papen für mich. Ich scheute mich unumwunden um eine Subvention [für den Weiterbestand der Zeitung „Der Deutsche Weg"] zu bitten, weil ich fürchtete mich damit in Abhängigkeit von Papens zu begeben, den ich als Politiker für zu labil hielt." Mappe 11: Der Deutsche Weg I. KfZG C 2/185

[8] „Vizekanzler von Papen ist damals allen Deutschen vorangegangen, die in der nationalsozialistischen Volks- und Staatserneuerung die Gewähr der deutschen Zukunft wie den Vollzug der Zeitenwende sehen und damit mit unbedingter Entschlossenheit zum Führer stehen, obgleich ihre Namen nicht in den Listen der Parteiorganisationen verzeichnet sind." Ritter, Emil: Der 30. Januar. G 30.01.1934
„Die äußeren und inneren Feinde des neuen Deutschlands haben richtig gefühlt: das Reichskonkordat stellt den größten außenpolitischen Erfolg dar, den die Regierung Hitler errungen hat. An diesem Erfolg hat neben dem Reichskanzler selbst sein Stellvertreter den erheblichsten Anteil. ... Millionen werden ihm jetzt im stillen Abbitte leisten müssen, weil sie sich in den verworrenen Sommertagen 1932 durch die skrupellose parteipolitische Hetze ein Urteil über den Nachfolger Brünings haben einreden lassen, das nun als fehl und nichtig bloßgestellt ist. Den Namen Franz von Papen werden die deutschen Katholiken in Ehren zu halten haben, weil er mit dem großen kirchenpolitischen Friedenswerk, mit dem ersten deutschen Reichskonkordat für alle Zeiten verbunden ist." Ritter, Emil: Ein kirchenpolitisches Friedenswerk. G 11.07.1933

Verfügung;[9] für diesen Zweck hatte Ritter offensichtlich keine Bedenken, sich in eine mögliche ökonomische Verpflichtung zu von Papen zu begeben. Die Satzung des Bundes nannte als Zweck der Vereinigung „die überparteiliche Zusammenfassung der katholischen Deutschen", um „die in der römisch-katholischen Kirche und durch die große politische Tradition des deutschen Reiches gegebenen politischen Formkräfte auch für die gegenwärtige nationale Erneuerung im Sinne der dem deutschen Volke von Gott gegebenen historischen Sendung und Aufgabe fruchtbar zu machen." Dazu sollten inhaltlich in besonderer Weise herausgestellt werden: „die Reichsidee, das Autoritätsprinzip und der Gedanke der ständischen Gliederung".[10] Dem Schirmherr kam als autoritärem Führer des Bundes eine zentralistische Stellung zu. Er konnte ohne demokratische Legitimation seinen Nachfolger bestimmen sowie den Geschäftsführenden Vorsitzenden des Bundes und die aus vier bis sechs Personen bestehende Bundesleitung berufen sowie jederzeit abberufen. Die Machtfülle setzte sich im Amt des geschäftsführenden Vorsitzenden fort. Dieser konnte im Einvernehmen mit der Bundesleitung den aus zwanzig bis dreißig führenden Persönlichkeiten bestehenden Bundesausschuss berufen, ohne Angabe von Gründen über Aufnahme und Ausschluss von Mitgliedern entscheiden sowie die Gründung und den Aufbau von Landesverbänden und örtlichen Arbeitskreisen beschließen.[11] Mitglied des Bundes konnten aktive römisch-katholische Katholiken werden, die „rückhaltlos die Mitarbeit am nationalen und sozialen Neubau des Reiches" gemäß dem Zweck des Bundes verfolgten und sich „in dem zwischenstaatlichen Reich (1918-1933) nicht im marxistischen oder liberalistischen Sinne führend betätigt" hatten.[12] Der Bund wollte durch Schrifttum und Schulung der Mitglieder dieselben befähigen, sich in ihrem persönlichen Umfeld und politischen Wirkungsfeld für die Realisierung der Ziele der Vereinigung einzusetzen.[13] Ferner war eine enge Zusammenarbeit „mit den politisch gleichgesinnten Kräften des evangelischen, deutschen Volksteiles bei unbedingtem Festhalten an den katholischen Grundsätzen vorgesehen."[14] Der jährlich geplante Bundestag sollte gleichzeitig mit dem deutschen Katholikentag stattfinden.[15] Im Nachlass Ritters findet sich über die

---

[9] Persönliches Gespräch Breunings mit Ritter vom 04.10.1965. Breuning 1969, 230
[10] Artikel I. aus „Satzungen des Bundes Katholischer Deutscher ‚Kreuz und Adler'". KfZG A9/004f
[11] Artikel V. A.a.O.
[12] Artikel II. A.a.O.
[13] Artikel III. A.a.O.
[14] Artikel IV. A.a.O.
[15] Artikel VI. A.a.O.

Satzung hinaus noch ein Vorschlag, verfasst von Hermann von Detten,[16] für die „Grundlagen der Vereinigung ‚Kreuz und Adler'", der in einigen Punkten über die Satzung hinausgeht. So sollte „Katholiken weiblichen Geschlechts" sowie „seelsorgerisch-beamteten Geistlichen" die Mitgliedschaft verwehrt bleiben; hinzu kam die „vorbehaltlose Ablehnung" des Parteiwesens sowie einer Führung nach demokratisch-parlamentarischen Grundsätzen.[17] Während einige Vorschläge formaler Art in der endgültigen Satzung des Bundes nicht berücksichtigt wurden, weist der Entwurf große inhaltliche Übereinstimmung mit der später verabschiedeten Satzung auf. Als Geschäftsführer des Bundes bewies Ritter sein publizistisches und organisatorisches Talent. Der Gründungsaufruf des Bundes fand größtenteils positiven Anklang in der gesamten deutschen Presselandschaft;[18] kritische Stimmen gab es wenig. Während die

---

[16] Detten, Hermann von. * 1889. Nach militärischer Ausbildung bis 1914 Adjutant des Fürsten Friedrich von Hohenzollern-Sigmaringen. 1918 Abschied von der Armee als Major, Verwalter des Jagdschlosses der Sigmaringer Hohenzollern in Krauchenwies in Württemberg. 1930 Gutsbesitzer in Möllenhagen in Mecklenburg und Pressereferent im Deutschen Offiziersbund. Kam durch den Einfluss seines jüngeren Bruders, Rittmeister a.D. Georg von Detten, in Kontakt mit der Nazi-Partei. Ministerialdirigent im Reichsministerium für kirchliche Angelegenheiten. Zog sich nach dem Mord an seinem Bruder anlässlich der „Röhm-Revolte" vom Nazismus zurück, nahm 1935 seinen Abschied aus dem Ministerium und zog auf sein Mecklenburger Gut. + 1955. Vgl.: Breuning 1969, 227f.

[17] Vorschlag: Hermann von Detten. Grundlagen der Vereinigung „Kreuz und Adler". KfZG A9/008ff

[18] Ostpreußische Zeitung, Königsberg, vom 17.03.1933. KfZG A9/015; Fränkischer Kurier, Nürnberg, vom 18.03.1933. KfZG A9/016; Stuttgarter Neues Tagblatt, Stuttgart, vom 18.03.1933. KfZG A9/017; Der Reichsbote, Berlin, vom 19.03.1933. KfZG A9/018; Hamburgischer Correspondent, Hamburg, vom 18.03.1933. KfZG A9/019; Düsseldorfer Stadt-Anzeiger, Düsseldorf, vom 18.03.1933. KfZG A9/020; Bremer Nationalsozialistische Zeitung, Bremen, vom 18.03.1933. KfZG A9/021; Rheinisch-Westfälische Zeitung, Essen, vom 18.03.1933. KfZG A9/023; München-Augsburger Abendzeitung, München, vom 19.03.1933. KfZG A9/024; Tilsiter Zeitung, Tilsit, vom 19.03.1933. KfZG A9/025; Thüringer Allgemeine Zeitung, Erfurt, vom 21.03.1933. KfZG A9/026; Gelsenkirchener Zeitung, Gelsenkirchen; Süddeutsche Zeitung, Stuttgart; Stettiner Abendpost, Stettin; Westfälische Neueste Nachrichten, Bielefeld; Forster Tageblatt, Forst; Königsberger Hartungsche Zeitung, Königsberg; Stuttgarter Neues Tagblatt, Stuttgart; Ostpreußische Zeitung, Königsberg; Kattowitzer Zeitung, Kattowitz; Elbinger Zeitung, Elbing; Der Tag, Berlin; Deutsche Tageszeitung, Berlin; Berliner Lokal-Anzeiger, Berlin; Münsterscher Anzeiger, Münster; Berliner Morgenpost, Berlin; Hamburgischer Correspondent, Hamburg; Frankfurter Oder-Zeitung, Frankfurt; Kölner Tageblatt, Köln; Preußische Zeitung, Königsberg; Hamburger Fremdenblatt, Hamburg; Mannheimer Tageblatt, Mannheim; Magdeburgische Zeitung, Magdeburg; Dortmunder Zeitung, Dortmund; Berliner Börsenzeitung, Berlin; Berliner Lokal-Anzeiger, Berlin; Lüdenscheider General-Anzeiger, Lüdenscheid; Kölnische Zeitung, Köln; Solinger Tageblatt, Solingen; Schlesische Zeitung, Breslau; Thüringer Allgemeine Zeitung, Erfurt; Dresdener Nachrichten, Dresden; Chemnitzer Allgemeine Zeitung, Chemnitz; Der Jungdeutsche, Berlin; Augsburger

„Freiburger Tagespost" in einem ersten Artikel die Aufgabe des Bundes durch die Zentrumspartei bereits in den vergangenen siebzig Jahren essentiell erfüllt sah, vielmehr andere Motive für die Gründung vermutete[19] und in einem zweiten Artikel daher von einer „überflüssigen Gründung" sprach,[20] lehnte die „Rheinische Volkszeitung" den Bund als einen weiteren katholischen Verein ab.[21] Die schweizerische Auslandspresse sah dagegen unter Berufung auf den „Völkischen Beobachter" hinter der Initiative die Gründung einer neuen katholischen Partei mit nazistischen Programm,[22] während das „Stuttgarter Neue Tageblatt" gerade dies in Abrede stellte und unter Rekurs auf Äußerungen von Papens auf den eigentlichen Zweck der Gründung, der „Mitwirkung beim Aufbau des neuen Reiches", hinwies,[23] indessen die „Kreuz-Zeitung"

Postzeitung, Augsburg; Danziger Landes-Zeitung; Der Deutsche, Berlin; Frankfurter Zeitung, Frankfurt; Der Donaubote, Ingolstadt; Tilsiter Zeitung, Tilsit; Bayerische Rundschau, Kulmbach; Germania, Berlin; Schwäbischer Merkur, Stuttgart; Rostocker Zeitung, Rostock; Hannoverscher Kurier, Hannover; Braunschweigische Landeszeitung, Braunschweig; Liegnitzer Tageblatt, Liegnitz; Rheinisch-Westfälische Zeitung, Essen; Kreuz-Zeitung, Berlin; Kölnische Volkszeitung, Köln; Augsburger Postzeitung, Augsbug; Grazer Tagespost, Graz; Schlesische Zeitung, Breslau; Darmstädter Tagblatt; Darmstadt; Kieler Neueste Nachrichten, Kiel; Badischer Beobachter, Karlsruhe. KfZG A9/031-109

[19] „In einem Teile der Presse der Reichshauptstadt wird von der Gründung eines großdeutschen Bundes konservativer Katholiken berichtet, der nach der Satzung unter anderem sich die Aufgabe stellen will, „das Nationalbewußtsein der katholischen Deutschen zu stärken". Ueber die Gründung und über die Kreise, die hinter dem neuen Bund stehen sollen, erfahren wir dagegen nichts, und man kann nur annehmen, daß es sich wohl um dieselben Kreise handeln dürfte, die wir bei den letzten Wahlen kennengelernt haben. Wenn das die Aufgabe des Bundes satzungsgemäß sein soll, unter anderem das Nationalbewußtsein der katholischen Deutschen zu stärken, dann muß man dagegen entschieden Verwahrung aussprechen. Seit 70 Jahren war es und ist es auch heute noch gerade die Aufgabe der deutschen Zentrumspartei, ohne Rücksicht auf Lohn und Dank oder Anerkennung, aber unter schwersten sachlichen und persönlichen Opfern stets die katholischen Deutschen in den Staat hineinzuführen, sie diesem und dem Volke dienstbar machen, also in großem Maße nationalbewußt und deutsch zu handeln. Wenn also dieser Bund sich eine solche Aufgabe gesetzt haben sollte, wäre er überflüssig. Doch scheinen hier andere Hintergründe eine Rolle zu spielen, über die man erst sprechen kann, wenn man näheres über den Bund erfährt." Freiburger Tagespost, Freiburg vom 18.03.1933. KfZG A9/022

[20] Freiburger Tagespost, Freiburg vom 05.04.1933. KfZG A9/087

[21] Rheinische Volkszeitung / Wiesbadener Volksblatt vom 4.4.1933. KfZG A9/028

[22] „Wie der „Völkische Beobachter" berichtet, wird dem Vizekanzler von Papen die Absicht zugeschrieben, in Deutschland eine neue katholische Partei zu gründen, die ein nationalsozialistisches Programm haben solle." Der Bund, Bern, vom 11.04.1933. KfZG A9/099

[23] „Nicht uninteressant sind in dem Zusammenhang die Aeußerungen, die Papen vor seiner Abreise nach Rom zu einem Mitarbeiter des Blattes über die Neuorganisation des politischen Katholizismus machte. Bekanntlich hat Papen das Protektorat über den Bund „Kreuz und Adler", der vor kurzem ins Leben gerufen wurde, übernommen. Papen wies

eher den Gedanken der Multiplikatorenschulung betonte.[24] Ritter konnte in der Folgezeit zahlreiche prominente Katholiken zur Mitgliedschaft im Bund gewinnen, organisierte im April 1933 auf Anregung Grosches[25] eine Führertagung im Benediktinerkloster Maria Laach, an der u.a. Robert Grosche, Johannes Pinsk[26], Albert Mirgeler[27] sowie der Staatsrechtler Carl Schmitt[28] teilnahmen.[29]

---

auf das entschiedenste die Vermutung zurück, daß damit etwa die Gründung einer neuen Partei angebahnt werden solle. „Uns kommt es", so setzte er auseinander, „nicht darauf an, die deutsche Politik innerlich auf eine Konfessionen abzustellen, sondern gemeinsam mit den nationalen und konservativen Protestanten beim Aufbau des neuen Reiches mitzuwirken, diesem neuen Gemeinwesen die geistigen und sittlichen Kräfte des Katholizismus zuzuführen." Stuttgarter Neues Tagblatt, Stuttgart, vom 11.04.1933. KfZG A9/100

[24] Aus einem Gespräch mit Papen berichtete die dem Stahlhelm nahestehende Zeitung: „Eine Hauptaufgabe des Bundes wird in der Schulung des politischen Führernachwuchses liegen. Es kann sich dabei nicht um eine theologische Bildung handeln, sondern um eine politische Erziehung im Sinne des neuen nationalen Reichs.". Kreuz-Zeitung, Berlin, vom 11.4.1933. KfZG A9/101

[25] „Grosche hatte Abt Herwegen von Maria Laach bereits im Februar 1933 seine Absicht mitgeteilt, „einen kleinen Kreis von Katholiken zu einer Aussprache über die Frage „Die Katholiken und das Reich" zusammenzubringen." Albert 2004, 46

[26] Pinsk, Johannes. * 04.02.1891 in Stettin. Nach theologischer Ausbildung und seelsorglicher Tätigkeit seit 1928 Studenten- und Akademikerseelsorger in Berlin. Einer der einflussreichsten Vertreter der liturgischen Bewegung in Deutschland; Herausgeber der Liturgischen Zeitschrift von 1928-33 sowie Liturgisches Leben von 1934-39. Seit 1954 Honorarprofessor an der Freien Universität Berlin. + 21.05.1957 in Berlin. Vgl.: LThK³, Bd. 8, 307

[27] Mirgeler, Albert. * 1901 in Aachen. Promovierte bei Prof. Dr. Hans Freyer in Leipzig zum Thema „Kettelers Begriff des deutschen Katholiken" und kam damit zum Thema des „Reiches". 1929 Promotion. Bis 1933 Leiter des Archivs für Volksbildung im Reichsministerium des Inneren. 1946 Lehrbeauftragter, 1955 Dozent für Politische Soziologie an der Rhein-Westfälischen Technischen Hochschule Aachen. 1960 Professor für Europäische Geschichte an der RWTH. 1969 emeritiert. + 1979. Vgl.: Breuning 1963, 70; Albert 2004, 46 sowie http:www.histinst.rwth-achen.de/default.asp?documentID=39 Zugriff am 06.02.2006

[28] Schmitt, Carl. * 13.07.1888 in Plettenberg in Westfalen. Nach juristischen Studien seit 1921 Professor für öffentliches Recht in Greifswald, 1922 in Bonn, 1928 in Berlin und 1933 in Köln. Stark verwurzelt im katholischen Traditionalismus des 19. Jahrhunderts mit einer ablehnenden Grundhaltung zum politischen und weltanschaulichen Liberalismus. Einer der führenden Staatsrechtler der Weimarer Republik. Stützte 1930-32 die auf die Autorität des Reichspräsidenten gegründeten Präsidialregierungen. Setzte sich von 1933-36 begeistert für die theoretische Legitimation und publizistische Begleitung des nazistischen Staates ein. 1945-47 inhaftiert. Auch seit 1947 breite Wirksamkeit durch Korrespondenz und persönliche Kontakte. + 10.04.1985 in Plettenberg. Vgl.: LThK³, Bd. 9, 183f.; sowie ausführlicher – jedoch vom Tenor beschönigend – Quaritsch 1999 sowie Dahlheimer 1998 und Koenen 1995. Koenen sieht Schmitt in starker Weise durch die katholische Reichstheologie beeinflusst. A.a.O., 269ff.
Vgl. als weiteres biographisches Beispiel eines Juristen, der ebenfalls geprägt durch das katholische Milieu Westfalens, sich bereits zu Beginn der dreißiger Jahre für die

Im Mai 1933 unternahm Ritter eine Organisationsreise, die ihn von Wien über Berlin, München und Baden in die Pfalz führte. Für Österreich wurde die Gründung des Bundes „Kreuz und Adler, Bund katholischer Deutscher Oesterreichs" beschlossen:[30] In Berlin sollte sich eine Ortsgruppe unter der Führung von Dettens oder Dr. Klinkenbergs bilden, sobald Sicherungen gegen den Zustrom vom „linken Zentrum" in den Bund getroffen seien. Während die Lage in München schwierig war, beurteilte Ritter die Situation in Baden aufgrund der Aktivitäten von Kuno Brombacher[31] und dessen guten Verbindungen zu Erzbischof Gröber als günstig. Auch in Freiburg sollte auf Initiative von Dr. Julius

---

Etablierung des Nazismus im Südsauerland einsetzte und später von 1933 bis 1945 als Landrat im Kreis Olpe sowie von 1954 bis 1965 als Stadtdirektor in Neheim-Hüsten tätig war, die Darstellung über Dr. Herbert Evers (1902-1968): Thieme 2001

[29] Ein Notizzettel im Nachlass Ritters trägt die Aufschrift: "Maria Laach 1933 26.-28.4.33 17 Herren u.a. Grosche, Pinsk, Mirgeler". KfZG A9/111
Ferner: Rechnung der Benediktiner-Abtei Maria Laach vom 28.04.1933 an Herrn Direktor Emil Ritter, Köln, für „Wohnung u. Verpflegung von 17 Herren gelegentlich der Tagung vom 26.-28. April 1933 = 136 Mark". KfZG A9/112
Der Hinweis auf die Teilnahme Schmitts an der Tagung findet sich bei Koenen 1995, 287ff., sowie Albert 2004, 47

[30] Hier wollte Eugen Kogon für den Bund aktiv werden. Kogon unterzeichnete den Gründungsaufruf, konnte sich später aber nicht mehr daran erinnern, Mitglied des Bundes gewesen zu sein. Vgl.: Kleinmann 1999, 227, Breuning 1969, 234, sowie Brief Emil Ritters an Klaus Breuning vom 19.01.1966. KfZG A9/164. Ritter berichtete in diesem Brief ausführlich und detailreich über seine Bekanntschaft und persönlichen Kontakte zu Kogon verbunden mit dem persönlichen Urteil: „Ich muß mich über das schlechte Gedächtnis dieser weit jüngeren Zeitgenossen nur wundern, da ich mich im 85. Lebensjahre unserer Beziehungen noch recht gut erinnere. Besonders bei Dr. Kogon scheint mit die Vergesslichkeit nicht nur zeit- und altersbedingt zu sein." A.a.O.
Kogon, Eugen. * 02.02.1903 in München. Promovierte nach dem Studium der Nationalökonomie und Soziologie in München, Florenz und Wien 1927 mit einer Arbeit über den Kooperativstaat des Faschismus. 1939-45 „Konzentrationslager" Buchenwald. 1946 gemeinsam mit Walter Dirks Gründung der Frankfurter Hefte, einer links-katholisch geprägten Zeitschrift für Kultur und Politik. Diese war bis in die 50er Jahre eine der einflussreichsten gesellschafts- und kulturpolitischen Zeitschriften der Nachkriegszeit. Kogon wurde mit seinem Werk „Der SS-Staat", welches seit 1946 35 Auflagen erlebte, zu einem Klassiker der Vergangenheitsaufarbeitung. 1951 Berufung zum Professor auf den neu eingerichteten Lehrstuhl für Politikwissenschaft an der Technischen Hochschule Darmstadt. 1968 Emeritierung. + 24.07.1987 in Königstein im Taunus. Vgl.: Kleinmann 1999, 223ff.; sowie ausführlicher Prümm 1984

[31] Brombacher, Kuno. Stadtbibliothekar in Baden-Baden. Beauftragter der Arbeitsgemeinschaft Katholischer Deutscher für den Gau Baden. Mitglied der „NSDAP". Landtagsabgeordneter der „NSDAP", und als solcher schon vor dem Nürnberger Katholikentag 1931 öffentlich tätig. Trat nach Veröffentlichung des „Sendschreibens katholischer Deutscher an ihre Volks- und Glaubensgenossen" zur altkatholischen Kirche über. Vgl.: Breuning 1969, 231, sowie Lautenschläger 1987, 311

Dorneich[32] vom Verlag Herder[33] bald eine Ortsgruppe gegründet werden. Ferner konnte Ritter aus der Pfalz über erste Erfolge in Kaiserslautern sowie in Neustadt berichten.[34] Im Mai 1933 erschien in einem Umfang von sechzehn Seiten die erste Ausgabe der Führerbriefe „Kreuz und Adler"; Ritter zeichnete als Herausgeber. Im Leitartikel der ersten Ausgabe beschäftigte sich der Autor Kuno Brombacher unter dem Thema „Der Glaube an Deutschland" mit der „unvergeßlichen Schicksalswende der politischen Märztage".[35] Von den Führerbriefen „Kreuz und Adler" erschienen insgesamt drei Ausgaben, darüber hinaus gab es Ansätze für einen eigenen Pressedienst von dem sich zwei Ausgaben nachweisen lassen.[36] Das Sammelwerk „Katholisch-konservatives Erbgut. Eine Auslese für die Gegenwart",[37] welches jedoch erst 1934 erschien, konzipierte Ritter im Ursprung als Handbuch des Bundes.[38] Zum 1. Juli 1933 gab Ritter die Geschäftsführung des Bundes „Kreuz und Adler" wieder auf, um an leitender Stelle erneut publizistisch tätig sein zu können.[39] Sein Nachfolger als geschäftsführender Vorsitzender wurde Dr. Roderich Graf Thun.[40] Durch den Abschluss des Reichskonkordates am 20. Juli 1933 war mit dem darin manifestierten Tausch der Sicherung der Rechte der katholischen Kirche im Deutschen Reich gegen die Aufgabe jedweder institutioneller Form des politischen Katholizismus die politische Entwicklung weiter fortgeschritten. In der

---

[32] Dorneich, Dr. Julius. * 1897. Bruder von Theophil Herder-Dorneich. 1940-1969 in der Geschäftsleitung des Verlagshauses Herder in Freiburg im Breisgau tätig. + 1979. Vgl.: Verlag Herder 2001

[33] Der 1801 gegründete Verlag Herder zählt zu den ältesten Verlagen in Deutschland. In den dreißiger Jahren war er unbestritten der größte katholische Verlag in Deutschland mit eigenen Buchhandlungen und Zweigniederlassungen in der ganzen Welt. Vgl. die Festschrift zum 200-jährigen Bestehen des Verlags. A.a.O.

[34] Bericht über die Organisationsreise des geschäftsführenden Vorsitzenden vom 7. – 20. Mai 33. KfZG A9/129ff.

[35] Brombacher, Kuno: Der Glaube an Deutschland. In: Führerbriefe „Kreuz und Adler". Nr. 1 Ausgabe Mai 1933. KfZG A9/123ff.

[36] Probenummer „Presse-Dienst Kreuz und Adler". KfZG A9/118ff., sowie „Juni-Ausgabe" des „Presse-Dienst Kreuz und Adler". KfZG A9/133ff. Ritter zeichnete bei beiden Ausgaben als Schriftleiter.

[37] Ritter 1934a

[38] Brief von Emil Ritter an Joseph Joos vom 14.03.1955. KfZG C4/042

[39] Ritter erhob dies in der Rückschau zehn Jahre später zu einem Akt des Widerstandes: "Katholische Kreise in Berlin, denen es offenbar um Zugang zur NSDAP zu tun war, haben den Bund gleichzuschalten unternommen. Das hat mich bewogen, die Geschäftsführung niederzulegen, woraufhin der Name „Kreuz und Adler" fallen gelassen wurde, zugunsten der älteren „Arbeitsgemeinschaft katholischer Deutscher"." Brief von Emil Ritter an Joseph Joos vom 14.03.1955. KfZG C4/042

[40] Thun, Roderich Graf. * 1908 in Jettingen. Promovierter Jurist und Spielzeughersteller. http:www.home.foni.net/~adelsforschung1/dbar87.htm. Zugriff am 13.02.2006

letzten Nummer der Führerbriefe nahm der neue geschäftsführende Vorsitzende auf diese geänderte Situation Bezug und gab den Mitgliedern mit einem Zitat des Vizekanzlers von Papen den Auftrag: „Wir haben nun die Pflicht als Katholiken zu ehrlicher und rückhaltloser Mitarbeit am nationalsozialistischen Staate."[41] Der Bund „Kreuz und Adler" ging damit geräuschlos in eine Zubringerorganisation des Nazismus über. Folgerichtig wurde im Oktober 1933 die Auflösung des Bundes beschlossen, da die Leitung „durch die Ereignisse des Sommers wie Konkordatsabschluss, Auflösung der Parteien u.s.w. ... die grundlegenden Programmpunkte, die bei unserer Gründung noch offen standen, verwirklicht sah." Anstelle des Bundes wurde für den „vollen, ungehemmten Einsatz" nunmehr die „Arbeitsgemeinschaft Katholischer Deutscher" (AKD) als eine Untergliederung der „NSDAP" gegründet.[42] Die Mitglieder des Bundes „Kreuz und Adler" wurden in die „Arbeitsgemeinschaft Katholischer Deutscher" übergeleitet. Ein für den Bund „Kreuz und Adler" bereits gezahlter Mitgliedsbeitrag wurde für die „Arbeitsgemeinschaft Katholischer Deutscher" angerechnet.[43] Vizekanzler von Papen war nunmehr als „Reichsleiter" für die Arbeit der „Arbeitsgemeinschaft Katholischer Deutscher" verantwortlich, Graf von Thun wurde zum Reichsgeschäftsführer bestellt. Der „Erlaß der Reichsparteileitung der NSDAP zur Schaffung der ‚Arbeitsgemeinschaft Katholischer Deutscher'" war von Rudolf Heß als „Stellvertreter des Führers" unterzeichnet.[44] Erzbischof Conrad Gröber von Freiburg[45] „begrüßte nach sachlicher Prüfung der Statuten der AKD deren Gründung aufrichtig" und wünschte der Vereinigung „weiteste Verbreitung".[46] Die Satzung der „Arbeitsgemeinschaft" nannte als Ziele des

---

[41] Führerbriefe Nr. 3 (Juli/August 1933), 33f.

[42] Mitteilung über die Auflösung von „Kreuz und Adler. Bund Katholischer Deutscher" vom Oktober 1933. KfZG A9/139

[43] A.a.O.

[44] Mitteilungsblatt der Arbeitsgemeinschaft Katholischer Deutscher. Nr 1 / 1933 vom 22. November 1933, 2. KfZG A9/143

[45] Gröber, Konrad. * 01.04.1872 in Meßkirch. Nach theologischer Ausbildung und Promotion zum Dr. theol. zunächst Tätigkeit in der Seelsorge. 1931 Bischof von Meißen, 1932 Erzbischof von Freiburg. Theologisch retrovertiert setzte sich Gröber 1933-34 für einen Brückenschlag zwischen Katholizismus und Nazismus ein. „Nach Hitlers Regierungserklärung vom 23. März 1933 ... ist Gröber in einer Serie von überaus positiven Stellungnahmen zum Dritten Reich hervorgetreten, die sich – vor allem im Herbst 1933 – bis zur Überschwenglichkeit gesteigert haben, wie etwa auf der Katholikenversammlung in Karlsruhe am 9. Oktober 1933, also gerade in jenen Tagen, da es darauf ankam, die endgültige Bewährungsprobe des gerade unterzeichneten Reichskonkordats zu bestehen." (Ott 1984, 70) + 14.02.1948 in Freiburg. Vgl.: LThK^3, Bd. 4, 1060; sowie ausführlicher Ott 1984

[46] Mitteilungsblatt der Arbeitsgemeinschaft Katholischer Deutscher. Nr 1 / 1933 vom 22. November 1933, 2. KfZG A9/143

Zusammenschlusses die Stärkung des deutschen Nationalbewusstseins in der katholischen Bevölkerungsgruppe, die Vertiefung und Vermehrung einer „ehrlichen rückhaltlosen Mitarbeit am Nationalsozialismus" sowie eine Vermehrung der „Reihen aktiver Kämpfer".[47] Während der Bund „Kreuz und Adler" angelehnt an seinen Namen Reichsadler und Kreuz als Signet führte, firmierte die „Arbeitsgemeinschaft Katholischer Deutscher" unter dem Hakenkreuz als Zeichen des Nazismus. Der Nachlass Ritters enthält außer offiziellen Schriftsachen keine Hinweise auf eine mögliche Mitarbeit in der „Arbeitsgemeinschaft Katholischer Deutscher". Bei Breuning findet sich jedoch eine Einladung der „Leitung des Presseausschusses" der „Arbeitsgemeinschaft Katholischer Deutscher" vom 26. Oktober 1933 zu einer Pressekonferenz der Leiter katholischer Tageszeitungen am 1. November 1933 im „Haus der deutschen Presse", die neben dem „Reichsgeschäftsführer der A.K.D." auch vom „Herausgeber des ‚Neuen Politischen Pressedienstes'" und damit von Emil Ritter unterzeichnet ist. Als Tagesordnung wurden neben einer Ansprache des Vizekanzlers von Papen, Referate von Oberregierungsrat von Bose, Referent in der Vizekanzlei, Hauptschriftleiter Emil Ritter, Herausgeber des „Neuen Politischen Pressedienstes", sowie Dr. Graf Thun, Reichsgeschäftsführer der „Arbeitsgemeinschaft katholischer Deutscher" angekündigt. Die folgende Aussprache sollte „aktuelle Fragen der Volksabstimmung und Wahlen am 12. November, der Presse im neuen Staat und der A.K.D." behandeln.[48] Ritter hat sich damit augenscheinlich in die Tätigkeit der „Arbeitsgemeinschaft Katholischer Deutscher" an exponierter Stelle eingebracht und seinen Nachlass möglicherweise um entsprechende Belegstücke bereinigt.

---

[47] „In der Arbeitsgemeinschaft werden Männer zusammengefasst, die ihre Kräfte und Kenntnisse in aktiver Arbeit für folgende Aufgaben einsetzen wollen:
In dem katholischen Volksteil das deutsche Nationalbewußtsein zu stärken – eine ehrliche rückhaltlose Mitarbeit am Nationalsozialismus zu vertiefen und zu vermehren, – die Reihen aktiver Kämpfer zu vergrößern;
Im besonderen für ein klares Verhältnis zwischen Kirche, Staat und NSDAP, bis in die letzten Instanzen zu sorgen, Mißverständnisse von vornherein aus dem Wege zu räumen und alle Störungsversuche im Keime zu verhindern.
Auf diese Weise soll trotz aller konfessioneller Grenzen die völkische Einheit vertieft und ausgebaut werden und sollen die katholischen Werte restlos dem Neubau des Reiches fruchtbar gemacht werden.
Die Arbeitsgemeinschaft Katholischer Deutscher ist für die oben genannten Aufgaben innerhalb der Reichsgrenzen die von der Reichsparteileitung der NSDAP. einzige und als maßgeblich anerkannte Stelle."
Merkblatt mit Auszug aus den Satzungen der Arbeitsgemeinschaft Katholischer Deutscher. KfZG A9/161

[48] Breuning 1969, Dokument 11, 341

Vom 1. Juli 1933 an war Ritter auf Anregung Martin Spahns[49] erneut als Schriftleiter der „Germania" in Berlin tätig.[50] Morsey spricht in diesem Zusammenhang von einem „ruckartigen Einschwenken der „Germania" auf die NS-Linie unter dem neuen Chefredakteur Emil Ritter am 2. Juli [mit dem Leitartikel] (Unser Ja zum neuen Deutschland)".[51] Ritter bestimmten drei wichtige Axiome bei der Übernahme dieser Tätigkeit: Die deutschen Bischöfe hatten nach den Wahlen im März 1933 ihre früheren Warnungen gegenüber dem Nazismus zurückgezogen, durch die Zustimmung der Zentrumsfraktion zum „Ermächtigungsgesetz" hatte der politische Katholizismus eine Mitverantwortung für die Politik Hitlers übernommen und zudem stand die Reichsregierung in Verhandlungen mit dem Vatikan über ein von beiden Seiten begrüßtes Konkordat.[52] Daraus ergab sich für Ritter die „Notwendigkeit eines ernsthaften Versuchs, die katholische Volkskraft in der Gestaltung des „Dritten Reichs" gebührend zur Geltung zu bringen".[53] Aus seiner Sicht war es dazu erforderlich, der neuen Staatsführung loyal gegenüberzutreten und sich durch aufrichtige Anerkennung der positiven Aspekte des neuen Staates das Recht zu erwerben, das zurückzuweisen, was durch die katholische Weltanschauung nicht mitgetragen werden konnte. In der Rückschau auf diese Bemühungen gestand Ritter zwar taktische Fehler ein, wies aber ausdrücklich darauf hin, dass er kein „Jota der katholischen Glaubens- und Sittenlehre preisgegeben" habe und durch „autoritativ-kirchliche Stellen" die Bestätigung erfuhr, „dass in dogmatischer Hinsicht nichts verfehlt war".[54] In diesem Zusammenhang stellte Ritter seine Ausführungen gegen die „weltanschaulichen Übergriffe" von nazistischer Seite besonders heraus und nannte als Belege die Themen Gemeinschaftsschule, Feuerbestattung und Jugendarbeit. Hier hat auch ohne eine genaue Nennung die Legende ihren Ursprung, dass die Artikel Ritters über die

---

[49] Brief von Emil Ritter an Joseph Joos vom 14.03.1955. KfZG C4/042

[50] „Mit dem heutigen Tag übernimmt Herr Emil Ritter wieder die Chefredaktion der „Germania". Gleichzeitig tritt Herr Dr. Heinrich Klinkenberg als Chef vom Dienst in unsere Redaktion ein. Verlag Germania A.G." Germania (63) 1933 vom 02.07.1933
Die Leitung des Aufsichtsrats der „Germania" übernahm mit diesem Zeitpunkt Rudolf Freiherr von Twickel aus Havixbeck bei Münster. Morsey 1960, 400
Twickel, Rudolf Freiherr von. * 20.01.1893. Strenggläubiger Katholik und konservativer Gutsbesitzer im Münsterland. Als Offizier Kriegsteilnehmer im Ersten und Zweiten Weltkrieg. + 30.11.1974. http:www.home.foni.net/~adelsforschung/lex50.htm. Zugriff am 13.02.2006

[51] Morsey 1960, 400

[52] Mappe 1: Mein Ziel und meine Wege. KfZG C1/021 sowie Brief von Emil Ritter an Joseph Joos vom 14.03.1955. KfZG C4/043

[53] Mappe 1: Mein Ziel und meine Wege. KfZG C1/021

[54] A.a.O.

"'Philosophie' eines nationalsozialistischen Privatdozenten letztlich den Erfolg hatten, dass dieser nicht auf einen Lehrstuhl in München berufen wurde".[55] Als Schriftleiter der Germania hatte Ritter für andere katholische Tagesblätter im Reichsgebiet eine Vorbild- und Leitfunktion. Mit dem Ziel der Verbreitung der inhaltlichen Ausrichtung der „Germania", lud Ritter katholische Journalisten und Redakteure zu Treffen in Berlin ein und gründete als Herausgeber auf Anregung und mit Finanzhilfe einiger katholischer Provinzverlage den „Neuen politischen Pressedienst" (NPP).[56] Im März 1934 hatte Ritter in seiner Funktion als Schriftleiter der „Germania" eine halbstündige Unterredung mit Kardinalstaatssekretär Pacelli im Vatikan, der sich über den päpstlichen Nuntius in Berlin, Cesare Orsenigo,[57] zufrieden über das Gespräch äußerte.[58]

Im Frühjahr 1934 konnte Ritter das ehemals als Handbuch des Bundes „Kreuz und Adler" geplante Werk „Katholisch-Konservatives Erbgut" im Herder-Verlag veröffentlichen.[59] Den Autorenvertrag hatten Ritter und der Verlag Herder bereits im Mai 1933 während Ritters Organisationsreise als geschäftsführender Vorsitzender des Bundes „Kreuz und Adler" geschlossen. Im Vertrag nannten Verlag und Autor als Ziel: „Das Buch soll eine Auswahl des Wertvollsten und Charakteristischsten aus den Werken führender katholischer deutscher Staatsmänner, Sozialphilosophen und Politiker von Schlegel bis Ketteler bieten; jeder Beitrag wird besorgt von einem zuständigen Fachmann und eingeleitet durch eine kurze Biographie."[60] In diesem Sammelwerk, zu dem der Abt des Benediktiner-Klosters Maria Laach, Ildefons Herwegen, die Einleitung verfasste, hatten zwölf deutsche und österreichische Publizisten die christlichen Staats- und Sozialideen in Auszügen aus den Werken von

---

[55] A.a.O.
[56] A.a.O. KfZG C1/022
[57] Orsenigo, Cesare. * 13. Dezember 1873 in Villa San Carlo in Italien. Nach theologischer Ausbildung seelsorgliche Tätigkeit in Mainland. 1912 Mitglied des Domkapitels von Mailand. 1922 Titularerzbischof und Apostolischer Nuntius in den Niederlanden, anschließend in Ungarn. April 1930 Apostolischer Nuntius in Deutschland. Erlebte als einziger internationaler Diplomat in Berlin von Anfang bis Ende den Aufstieg und den Fall des Nazi-Regimes in Deutschland mit. Legte am 8. Februar 1945 sein Amt als Nuntius in Deutschland nieder und verließ Berlin auf Grund der anrückenden sowjetischen Truppen in Richtung Eichstätt. + 01.04.1946 in Eichstätt. Http:www.lexi.donx.de./ ?action= details&show=Cesare%20Orsenigo. Zugriff am 06.02.2006. Vgl. auch Besier 2004, 126ff.
[58] Brief von Emil Ritter an Joseph Joos vom 14.03.1955. KfZG C4/043
[59] Der „Vertrag zwischen Emil Ritter und der Verlagsbuchhandlung Herder & Co zu Freiburg" datiert vom 19. Mai 1933. KfZG A11/192-193
[60] Artikel 1. A.a.O.

Friedrich Schlegel,[61] Adam Müller,[62] Franz Baader,[63] Joseph Görres,[64] Franz Joseph Ritter von Buß,[65] Adolph Kolping,[66] Joseph Maria von Radowitz,[67] Joseph Edmund Jörg,[68] Friedrich Pilgram,[69] Wilhelm Emmanuel von Ketteler,[70]

---

[61] Schlegel, Friedrich von. * 10.03.1772 in Hannover. Literaturhistoriker und -kritiker, Philosoph. Seine Jenaer Veröffentlichungen sind grundlegend für die romantische Literaturtheorie. Trat 1808 zusammen mit seiner Frau zum katholischen Glauben über. Große Verdienste um die katholische Kirchenpolitik während des Wiener Kongresses. + 12.01.1829 in Dresden. Vgl.: LThK^3, Bd. 9, 155f.
Die Textauswahl traf Dr. F.A. Westphalen, Wien

[62] Müller, Adam Heinrich Ritter von Nittersdorf. * 30.06.1779 in Berlin. 1805 Übertritt zum katholischen Glauben. Im preußischen und österreichischen Staatsdienst tätig. Müllers Werk wendet sich im Sinn der Solidarität und Subsidiarität gegen etatistischen Absolutismus, individualistischen Liberalismus und den Liberalkapitalismus nach Smith. Stellt für den deutschen Sprachraum die erste große Sozialkritik dar und entwickelte eine organische Gesellschaftslehre. + 17.01.1829 in Wien. Vgl.: LThK^3, Bd. 7, 516f.
Die Textauswahl traf Universitätsprofessor Dr. Jakob Baxa, Maria Enzersdorf bei Wien

[63] Baader, Franz von. * 27.03.1765 in München. Religionsphilosoph. Versuchte die Spannung von äußerer und innere Dimension der Kirche zu überwinden. Ökumenisches Gedankengut. Vorläufer des Sozialkatholizismus. + 23.05.1841 in München. Vgl.: LThK^3, Bd. 1, 1
Die Textauswahl traf Professor Dr. Theodor Brauer, Bad Honnef

[64] Görres, Johann Joseph. * 25.01.1776 in Koblenz. Publizist und bedeutendste Symbolfigur des politischen Katholizismus. Nationale publizistische Agitation gegen Napoleon in den „Freiheitskriegen". Seine Streitschrift „Athanasius" in den Kölner Wirren wird zur Geburtsurkunde des politischen Katholizismus. + 29.01.1848 in Münster. Vgl.: LThK^3, Bd. 4, 841f.; sowie ausführlicher Morsey 1979
Die Textauswahl traf Dr. Auguste Schorn, Köln-Mühlheim

[65] Buß, Franz Joseph Ritter von. * 23.03.1803 in Zell. Jurist, Publizist und Politiker. Professor für Staats- und Kirchenrecht. 1848/49 Mitglied der deutschen Nationalversammlung. Anfänglich freigeistig und liberal wandte sich Buß später ausschließlich der christlichen Sozialreform zu. + 31.01.1878 in Freiburg im Breisgau. Vgl.: LThK^3, Bd. 2, 820
Die Textauswahl traf Hauptschriftleiter Julius Dorneich, Freiburg i. Brsg.

[66] Die Textauswahl traf Hauptschriftleiter Dr. Wilhelm Reinermann, Wiesbaden

[67] Radowitz, Joseph Maria von. * 06.02.1797 in Blankenburg im Harz. Seit seinem 13. Lebensjahr katholisch. 1813-23 im kurhessischen Militärdienst und am Kasseler Hof, seit 1824 in preußischen Diensten. Hier eines der aktivsten und bedeutendsten Mitglieder der Kronprinzenpartei und Anwalt eines „christlich-germanischen Staates". 1836 Militärbevollmächtigter Preußens beim Bundestag. Setzte sich vor der Märzrevolution für eine großdeutsche Bundesverfassung, nach dem Scheitern der Reichsverfassung jedoch für die kleindeutsche Erfurter Union und für den Frieden zwischen den Konfessionen ein. + 25.12.1853 in Berlin. Vgl.: LThK^2, Bd. 8, 966
Die Textauswahl traf Rechtsanwalt Heinz Felten, Köln

[68] Jörg, Joseph Edmund. * 23.12.1819 in Immenstadt im Allgäu. Publizist und Politiker. Studium der Theologie, Philosophie sowie Geschichte und Promotion zum Dr. phil. 1852-1891 Herausgeber und Autor der Historisch-polischen Blätter. + 18.11.1901 in Landshut. Vgl.: LThK^3, Bd. 5, 995
Die Textauswahl traf Dr. Maria Poll, Essen-Ruhr

Karl Emil Freiherr von Vogelsang[71] und Franz Hitze[72] zusammengestellt. Das Buch erschien in einer Auflage von 6.000 Exemplaren.[73] Ritter stellte das Werk in seinen Grundgedanken in einem Artikel „Antiliberaler Katholizismus: Als Brücke zur nationalsozialistischen Weltanschauung" den Lesern in der „Germania" selbst vor.[74] Mit dem Liberalismus und Individualismus als „Feinde, mit denen es kein Paktieren geben kann" wurden die „zersetzenden liberalen Staatsformen, Konstitutionalismus und Parlamentarismus" verworfen und eine positive Begründung für die autoritäre Staatsführung geliefert. Führer und Volk sollten in „gegenseitiger Treuepflicht und gemeinsamer Verantwortung vor Gott und der Geschichte" in Vertrauen miteinander verbunden sein. Das Volk als „gottgeschaffene, blut- und schicksalsbestimmte Gemeinschaft" sollte in organischer, natürlicher Gliederung in Ständen die Basis bilden. Weitere Rezensionen sind im „Badischen Beobachter",[75] der „Kölnischen Volkszeitung"[76] und der „Augsburger Postzeitung"[77] zu finden. Auch die „Vossische

---

[69] Pilgram, Friedrich. * 19.01.1819 in Imbach bei Solingen. Philosoph, Theologe und Schriftsteller. An utopischen Vorstellungen von der Führungsrolle Preußens orientierte politische Tätigkeit. 1870 Gründer der Zentrumszeitung Germania. + 21.11.1890 in Monheim am Rhein. Vgl.: LThK³, Bd. 8, 302f.
Die Textauswahl traf Studentenseelsorger Dr. Werner Becker, Marburg-Lahn

[70] Die Textauswahl traf Dr. Heinrich Klinkenberg, Berlin

[71] Vogelsang, Karl Emil Ludolf Freiherr von. * 03.09.1818 in Liegnitz. Sozialpolitiker und Publizist. Konvertierte 1850 zum katholischen Glauben. Entfaltete nach seiner Umsiedlung nach Österreich ein reiche publizistische Tätigkeit als Mitherausgeber der Politischen Wochenschrift sowie Gründer der Monatsschrift für christliche Sozialreform. Sein Gedankengut ist geprägt von einer „organischen Gesellschaft" im Sinne einer Erneuerung des ständischen Gedankens. Vogelsang hat vor allem die christlich-soziale Bewegung in Österreich stark beeinflusst. + 08.11.1890 in Wien. Vgl.: LThK³, Bd. 10, 838
Die Textauswahl traf Dr. Eugen Kogon, Wien

[72] Die Textauswahl trag Dr. Franz Müller, Köln Ehrenfeld

[73] Artikel 5 im „Vertrag zwischen Emil Ritter und der Verlagsbuchhandlung Herder & Co zu Freiburg". KfZG A11/192-193

[74] G 11.02.1934. KfZG A11/199

[75] Badischer Beobachter, Karlsruhe, vom 17.02.1934. KfZG A11/201

[76] Kölnische Volkszeitung, Köln, vom 18.3.1934. KfZG A11/207

[77] Augsburger Postzeitung, Augsburg, vom 07.03.1934. KfZG A11/205

Zeitung" beurteilte das Werk positiv.[78] Sogar im „Osservatore Romano" wurde die Schrift lobend besprochen.[79]

Im Oktober des Jahres 1934 veröffentlichte Ritter sein Werk „Der Weg des politischen Katholizismus in Deutschland"[80] im Bergstadt-Verlag, Breslau, als Darstellung und Abrechnung mit dem politischen Katholizismus. In dieser Dokumentation der Geschichte des politischen Katholizismus beschrieb Ritter dessen „notwendigen Untergang" und resümierte: „Die Zentrumspartei ist tot, und es ist zu wünschen, daß mit ihr auch der politische Katholizismus als Geisteshaltung begraben werde. Je eher sich die Katholiken von seinen letzten Spuren frei machen, um so aussichtsreicher ist die neue Lage für den nationalpolitischen Einsatz der katholischen Deutschen und für die religiöse Wirksamkeit der Kirche in Deutschland. ... Die katholischen Söhne des deutschen Volkes bedürfen ebensowenig der mit dem liberalen Zeitalter untergehenden Betätigungsformen, um an der nationalen Zukunft, am Reiche der Deutschen mitzugestalten."[81] Über den „Neuen Politischen Pressedienst" ließ Ritter eine Selbstanzeige für sein Buch veröffentlichen und wies darauf hin, mit dieser Veröffentlichung „einen bescheidenen Beitrag zu leisten," um „dem nationalpolitischen Einsatz der Katholiken zur zielstrebigen Geschlossenheit" zu verhelfen.[82] Das Buch wurde in der ehemals zentrumsnahen Presse wohlwollend besprochen,[83] zugleich jedoch angemerkt, dass der Autor Ritter in seiner

---

[78] „Es ist interessant und für manche, die sich eine einseitige Einstellung vom „politischen Katholizismus" zu eigen gemacht haben, sicher überraschend zu sehen, wieviel von den heute allenthalben aufkommenden antiliberalen, autoritären, korporativen Gedanken sich bei diesen katholischen Denkern finden." Vossische Zeitung, vom 18.3.1934. KfZG A11/206

[79] „Der Autor hat aus den Schriften katholischer Philosophen des letzten Jahrhunderts die sozialpolitischen Gedanken und Empfehlungen gesammelt, aus denen hervorgeht, dass viele moderne Ideen der Anwendung des traditionellen Erbguts der katholischen Doktrin bedeuten. Der Antiliberalismus von heute betreibt Reformen, die die katholische Tradition immer gefordert hat. Die korporative Idee war immer ein Teil dieser Tradition; sie wollte die bestehenden sozialen Institutionen erhalten und verbessern, die der Katholizismus verteidigt und gewollt hat, sogar dann als die Mode des Liberalismus und der Marxismus sie verachteten und zerstörten." Osservatore Romano vom 3.5.1934. KfZG A11/211

[80] Verlagsvertrag zwischen Emil Ritter und dem Bergstadtverlag Breslau vom 24. August 1934. KfZG A11/228. Im Vertrag ist keine Auflagenhöhe für das Werk vereinbart.

[81] Ritter 1934b, 301

[82] Ritter, Emil: Der katholische Deutsche in der Nation. Eine Selbstanzeige von Emil Ritter. In: NPP vom 10.10.1934. KfZG A11/229

[83] Germania vom 12.10.1934 sowie Kölnische Volkszeitung vom 11.11.1934. KfZG A11/233: „Das Ansehen des Verfassers steht auch fest in den Kreisen, innerhalb derer er drei Jahrzehnte gewirkt und eine Arbeit geleistet hat, die sich sehen lassen kann.

Kritik an der Zentrumspartei als parteipolitischer Manifestation des politischen Katholizismus weit über das selbst gesetzte Ziel hinausging und als Beleg hierfür „Führer-Zitate" angeführt.[84] Anerkennende Kritik kam auch aus der übrigen Presselandschaft.[85] Zu Werbezwecken stellte Ritter einige Pressestimmen zu einem Flugblatt zusammen.[86] Kritische Stimmen kamen erneut

---

[84] Ritter ist über den Verdacht erhaben, sein Urteil durch Erwägungen beeinflusst zu haben, die auf Konjunkturrücksichten zurückgehen."

„Es muß aber erlaubt sein zu bemerken, daß zu dem einen oder anderen seiner Urteile die geschichtlichen Tatsachen nicht berechtigen und daß außerdem der zeitliche Abstand vom 5. Juli 1933 und von dem, was ihm unmittelbar voraufgegangen ist, zu gering ist, als daß er der absolut ruhigen und abgeklärten Urteilsprüfung günstig sein könnte. ... Nicht verständlich aber sind die folgenden Sätze: „Tragisch ist, daß heute in allem Ernste die Frage aufgeworfen werden kann, ob die Zentrumspartei im ganzen gesehen ein Segen oder ein Unheil für die Kirche und das katholische Kulturleben gewesen ist. Die schlichte Volksmeinung, daß das Zentrum der Sieger im Kulturkampf gewesen sei, also die katholischen Kirche vor ihren Feinden gerettet habe, kann vor der geschichtlichen Wirklichkeit nicht bestehen." Diese Sätze sind außerordentlich befremdend, und ihre Härte wird auch nicht durch Wendungen ausgeglichen, in denen die nun einmal vor der Geschichte feststehenden Verdienste des Zentrums und bestimmter Persönlichkeiten von Ritter anerkannt werden. Vielleicht ist Ritter ganz entgangen, daß Adolf Hitler in seiner Rede auf dem Ehrenbreitenstein gesagt hat: „Es konnte einmal eine Zeit geben, da auch kirchlich eingestellte Parteien notwendig waren. In jener Zeit war der Liberalismus antikirchlich, der Marxismus antireligiös." So ist es, und hier liegt die von so bedeutsamer Seite gekommene Feststellung, daß es nun einmal besondere Verhältnisse waren, aus denen die Zentrumspartei entsprungen war." Kölnische Volkszeitung vom 11.11.1934. KfZG A11/233

[85] Bayrischer Kurier, München, vom 31.10.1934. KfZG A11/232; Blick in die Zeit, Berlin, vom 17.11.1934. KfZG A11/234; Express Informationen, Innsbruck, vom 24.11.1934. KfZG A11/235; Mindener Zeitung vom 22.12.1934. KfZG A11/238; Stuttgarter Neues Tageblatt vom 05.01.1935. KfZG A11/240; Deutsche Zukunft vom 06.01.1935. KfZG A11/243; Braune Wirtschaftspost, Düsseldorf, vom 02.03.1935. KfZG A11/250; Akademia, Nr. 12, vom April 1935. KfZG A11/251; Deutsche Wochenschau, Berlin, vom 11.07.1935. KfZG A11/252; Badische Presse vom 03./04.08.1935. KfZG A11/253

Beispielhaft seien hier das Stuttgarter Neue Tageblatt vom 05.01.1935: „Er [Ritter] spart dabei nicht mit kritischen Bemerkungen und zeigt, daß erst der nationalsozialistische Staat in der Lage ist, die umfassende Volksgemeinschaft zu bilden, die alle Scheidewände, auch die des politischen Katholizismus, niederlegt." KfZG A11/240, sowie die Braune Wirtschaftspost vom 02.03.1935 zitiert: „Aber kaum ein Buch ist so sachlich, so inhaltsreich und dazu so fesselnd geschrieben, wie das von Emil Ritter. Es wird für die staats-, partei- und kulturpolitische Geschichte dieser Zeit noch in fernen Jahren eines der maßgeblichen Werke bleiben. Denn um die politische Geschichte dieser Zeit unter besonderer Berücksichtigung des politischen Katholizismus richtig darstellen zu können, muß man sie selbst erlebt haben, muß man selbst von so lauterer nationaler, aber auch christlicher Gesinnung sein wie der Verfasser und schließlich auch seine schriftstellerischen Qualitäten und Geschichtskenntnisse haben." KfZG A11/250.

[86] Hier finden sich Ausschnitte aus den Rezensionen der Braunen Wirtschaftspost, Düsseldorf; Deutschen Zukunft, Berlin; Korrespondenz- und Offertenblatt für die katholische

aus der deutschsprachigen Auslandspresse in Wien[87] und Zürich.[88] In der Zeitschrift „Deutsches Volkstum" erschienen auf die negativen Beurteilungen Repliken von Heinz Staab in der Dezemberausgabe 1934[89] sowie eine von Ritter selbst verfasste scharfe Kritik in der Märzausgabe 1935.[90]

Obwohl noch im Sommer 1934 Verhandlungen über den Artikel 30 des Reichskonkordats bezüglich einer Konkretisierung der unter Schutz stehenden katholischen Vereine geführt wurden, sah Ritter in diesem Zeitraum nach eigenen Angaben die Möglichkeiten für eine positive Verständigung zwischen Nazismus und Katholizismus immer mehr schwinden. Zudem fühlte er sich in seiner Position als Schriftleiter der „Germania" zu wenig von der Vizekanzlei und von Papen unterstützt beziehungsweise unterrichtet.[91] Mit dem Ausscheiden von Papens aus dem Reichskabinett zum 30. Juni 1934 schwand auch die politische Rückendeckung, die von Papen als Hauptaktionär der „Germania" gegenüber den nazistischen Stellen geboten hatte.[92] Da die „Germania Aktiengesellschaft" sich 1934 zudem noch in großen wirtschaftlichen Schwierigkeiten befand,[93] kündigte Ritter im August 1934 seinen bis zum Juli 1935

Geistlichkeit, Regensburg; Deutsches Volkstum, Hamburg sowie der Kölnischen Volkszeitung, Köln-Essen. KfZG A11/255

[87] „Auch sie [die Geisteshaltung des politischen Katholizismus] müsse überwunden werden, sollen sich die Deutschen katholischen Glaubens ohne Vorbehalt zur Nation und soll der nationalsozialistische Staat ein vertrauensvolles Verhältnis zur katholischen Kirche gewinnen. Daraus erhellt wohl zur Genüge die Tendenz des vorliegenden Werkes. Wir glauben nicht, daß ein irgendwie nennenswerter Teil der politisch interessierten deutschen Katholiken, die bisher die Gefolgschaft der katholischen Parteien gebildet haben, sich zur Auffassung des Verfassers bekennen wird. Auch nicht nach der Lektüre dieses Buches. Und noch zweifelhafter erscheint uns, ob, wenn sie es täten, dies für den deutschen Katholizismus von Nutzen wäre." Wiener Zeitung vom 24.12.1934. KfZG A11/239

[88] Neue Züricher Nachrichten vom 02.01.1935. Hier wurde Ritter gegenüber der Vorwurf eines „charakterlosen Stellenjägers" erhoben. Der Hinweis findet sich in der Replik Ritters in: Ritter, Emil: Politischer Katholizismus. In: Deutsches Volkstum vom März 1935, 241f. KfZG A11/237

[89] Staab, Heinz: Verschweigen oder die Lehre ziehen? Zur Frage des politischen Katholizismus. In: Deutsches Volkstum vom Dezember 1934, 1005f. KfZG A11/236

[90] Ritter, Emil: Politischer Katholizismus. In: Deutsches Volkstum vom März 1935, 241f. KfZG A11/237

[91] „Er [von Papen] und sein Stab haben sich jedoch gar nicht um die Redaktion gekümmert, nicht einmal Informationen konnten wir von dort bekommen." Brief von Emil Ritter an Joseph Joos vom 14.03.1955. KfZG C4/043

[92] A.a.O.

[93] Eine sechsseitige „Kritische Betrachtung zum Aufwand und Ertrag der Germania AG 1933" kam am 30. Januar 1934 zu der Prognose, dass ohne Berücksichtigung der Abschreibungen „man selbst bei günstiger Entwicklung der Wirtschaftslage in 1934

laufenden Vertrag zum Ende des Jahres und bot gegen eine Abfindungssumme einige Wochen später seinen Rücktritt zum 1. Dezember 1934 an.[94] In der Öffentlichkeit machte Ritter unmissverständlich klar, dass sein Abschied keinesfalls auf einer Frontstellung gegenüber dem Nazismus beruhte; die Ausführungen lassen vielmehr erkennen, dass die Verantwortlichen in der „Germania" nicht mehr bereit waren, den regimefreundlichen Kurs Ritters mitzutragen.[95] Nach Ritters eigenen Angaben wurde die Verlagsleitung am 12. November 1934 telephonisch vom Propaganda-Ministerium unterrichtet, dass er mit einem Schreibverbot belegt worden sei. In einem nächsten Telephonat des Propaganda-Ministeriums wurde der Verlag am 15. November 1934 angewiesen, Ritter nicht mehr als Hauptschriftleiter zeichnen zu lassen. Ritter gibt an gegen diese Vorgänge Beschwerde eingelegt zu haben, Belege dafür liegen aber nicht vor. Auch in der „Germania" finden sich keine Hinweise auf diese Vorgänge.[96] Der letzte von Ritter in der „Germania" gezeichnete Artikel erschien am 13.11.1934.[97] Erst am 01.12.1934 wurde die Mitteilung veröffentlicht, dass Ritter „mit dem heutigen Tag auf eigenen Wunsch und auf Grund freundschaftlicher Vereinbarung aus der Hauptschriftleitung der „Germania"

---

vorsichtigerweise den wahrscheinlichen Jahresfehlbetrag auf rund 200.000,-- RM [bei einer Jahresbilanzsumme von ca. 1.440.000 RM] einzuschätzen haben wird." und empfahl sofortige Verhandlungen mit den Schriftleitern, kaufmännischen und technischen Angestellten und der Betriebsvertretung zur Kostensenkung der Gehälter und Löhne sowie umgehende Berichterstattung an Herrn Vizekanzler von Papen. Andernfalls müssten – da die Barkasse bis dahin aufgebraucht sei – wohl spätestens Ende Februar die Zahlungen eingestellt werden.
Kritische Betrachtung zum Aufwand und Ertrag der Germania AG 1933 vom 30. Januar 1934. KfZG C4/031-036

[94] Mappe 1: Mein Ziel und meine Wege. KfZG C1/022 sowie Brief von Emil Ritter an Joseph Joos vom 14.03.1955. KfZG C4/043

[95] „Wenn ich „Anpassungsfähigkeit" gezeigt hätte und auf meinen persönlichen „Nutzen" bedacht gewesen wäre, könnte ich heute noch Chefredakteur der „Germania" sein. Freilich waren es nicht nationalsozialistische Tendenzen, denen ich mich hätte anpassen müssen, sondern ganz andere. Mein Rücktritt ist aus freiem Entschluß erfolgt, weil ich ohne Zugeständnisse auch weiterhin meiner publizistischen Aufgabe dienen will: ‚die katholischen Deutschen zu einem politischen Einsatz anzuregen, der nicht am Willen zur Selbstbehauptung als konfessionelle Minderheit, sondern am völkischen und staatlichen Bewußtsein ausgerichtet ist'." Ritter, Emil: Verleumdung statt Kritik. Beilage zum NPP vom 26.01.1935. KfZG A6/019

[96] Ritter vermutete dahinter "Intrigen im Prop. Min. [Propaganda-Minsterium], an denen ehemalige Zentrums-Funktionäre beteiligt waren." Brief von Emil Ritter an Joseph Joos vom 14.03.1955. KfZG C4/043

[97] G 13.11.1934

ausgeschieden ist."[98] Von daher berechtigt die Darstellung Ritters zu begründeten Zweifeln.[99]

Eine Auswertung der Leitartikel der „Germania" im Monat Dezember 1935 zeigt keinen radikalen Wechsel in der Ausrichtung der Zeitung auf;[100] aus Nuancen lässt sich jedoch die Vermutung ableiten, dass die Zeitung mit dem Abschied Ritters als Hauptschriftleiter in ihrer Ausrichtung eine etwas distanziertere Haltung zum nazistischen Staat einnahm. So zierte beim nächsten politischen Großereignis, der Abstimmung an der Saar am 13.01.1935, das Titelblatt nicht wie zu Ritters Zeiten ein formatfüllendes „Führerportrait" noch sonstiges Propagandamaterial sondern eine kleine schwarz-weiße Skizze der

---

[98] „Auf eigenen Wunsch und auf Grund freundschaftlicher Vereinbarung ist Herr Emil Ritter mit dem heutigen Tage aus der Hauptschriftleitung der „Germania" ausgeschieden, um sich anderen Aufgaben zu widmen. Der Verlag verliert in ihm einen wertvollen Mitarbeiter, die Kollegen einen hilfsbereiten Freund und Berater. An seiner Stelle übernimmt vom heutigen Tage ab Herr Dr. Walter Hagemann die Hauptschriftleitung. Herr Dr. Hagemann ist als langjähriger Außenpolitiker der „Germania" den Lesern kein Unbekannter." G 01.12.1934

[99] Altmeyer zeigt in seiner Dokumentation über die katholische Presse in der Zeit der Nazi-Diktatur anhand eines Beispiels auf, dass die Löschung aus der Berufsliste der Schriftleiter beim Reichsverband der Deutschen Presse schriftlich und per Einschreiben erfolgte. Altmeyer 1962, 159

[100] Leitartikel der Germania im Dezember 1934
OV: Die Frage an das Schicksal. [Zur Außenpolitik Lavals] G 02.12.1934
OV: Wieder einmal Genf. [Zum Völkerbund] G 05.12.1934
OV: Reichskulturstände. [Zur Reichskulturkammer] G 06.12.1934
OV: Ungarischer Katholizismus und Patriotismus. G 07.12.1934
OV: Galapagos. G 09.12.1934
OV: Was geht in Moskau vor? G 10.12.1934
OV: Katholische Separatisten. [Im Saargebiet] G 11.12.1934
OV: Auf halbem Wege. [Zur Völkerbundspolitik] G 12.12.1934
OV: Mit anderen Vorzeichen. [Zur Bedeutung des nationalen und christlichen Staats] G 13.12.1934
OV: Die Eingliederung der Saarwirtschaft. G 14.12.1934
OV: Gemeinsamkeiten. [Zur Wirtschaftspolitik] G 15.12.1934
Hagemann, Walter: Ein Gedenktag. [Erster Erscheinungstag der Germania 1870] G 16.12.1934
OV: Europas letzte Kolonie. [Zur Kolonialpolitik in Afrika] G 18.12.1934
OV: Land ohne Recht. [Zur Lage in Litauen] G 19.12.1934
OV: Brauchtum so und so. [Weihnachtsbrauchtum] G 20.12.1934
OV: Friede der Frontkämpfer. [Zur Innenpolitik in Frankreich] G 21.12.1934
OV: Freiheit der Meere. [Zur Umsetzung des Londoner Flottenabkommens] G 22.12.1934
OV: Weihnachtsgruß an Deutsch-Oesterreich. G 23.12.1934
OV: Um Polens Verfassungsreform. [Zur Änderung des Wahlrechts in Polen] G 28.12.1934
OV: Ein Zeitungsjubiläum. [150jährige Jubiläum„The Times"] G 29.12.1934
OV: Die Welt auf der Wage. [Gedanken zum Jahreswechsel] G 30.12.1934

katholischen Hauptkirche von Saarbrücken, St. Michael.[101] Auch die Überschrift „Tag der Entscheidung" fällt im Gegensatz zu Ritters Formulierungen eher verhalten aus. Die besondere Bedeutung der „Germania" innerhalb der katholischen Presselandschaft hielt jedoch noch einige Jahre an und wird auch daran deutlich, dass Hauptschriftleiter Hagemann am 01. April 1935 eine Unterredung mit Goebbels über die Bedeutung der katholischen Presse im nazistischen Staat führte.[102]

Die Abstimmung im Saar-Gebiet am 13. Januar 1935 ließ Ritter „mit einem Hoffnungsschimmer"[103] wieder aktiv werden. Auch in der Rückschau empfand Ritter es als positiv, dass „Bischöfe und Klerus der Diözesen Trier und Speyer den Lockungen widerstanden hatten, sich durch religionspolitische Besorgnisse von der nationalen Linie abdrängen zu lassen."[104] Ritter versuchte diese Tendenz zu stärken und eine katholische Wochenzeitung in der Nachfolge des Blattes „Der Katholik an der Saar" ins Leben zu rufen. Zudem verfasste er eine Broschüre, um die „günstigen Aussichten für die Stellung der Kirche im ‚Dritten Reiche'" zu nutzen. Beiden Bemühungen war jedoch kein Erfolg beschieden, da sie von nazistischer Seite abgelehnt wurden.

Doch Ritters Zuversicht in die Möglichkeit einer Verständigung mit der nazistischen Bewegung war noch immer ungebrochen. Im Sommer 1935 beteiligte sich Ritter an einem Autorenkreis, der 1936 eine Schrift mit dem Titel „Sendschreiben katholischer Deutscher an ihre Volks- und Glaubensgenossen" veröffentlichte.[105] Neben Ritter und Brombacher arbeiteten im Autorenkreis der Geistliche Studienrat Richard Kleine[106] sowie Johannes Nattermann mit.[107] Neben dem Beitrag „Zwischen Kirche und Staat" hat Ritter vermutlich

---

[101] G 13.01.1935
[102] Auszüge der „Unterredung, die der Chefredakteur der Germania, Dr. Walter Hagemann, am 1. April 1935 mit Goebbels führt." In: Altmeyer 1962, 53f.
[103] Brief von Emil Ritter an Joseph Joos vom 14.03.1955. KfZG C4/043
[104] Mappe 1: Mein Ziel und meine Wege. KfZG C1/023
[105] Ritter/ Brombacher 1936
[106] Kleine, Richard. Geistlicher Studienrat in Duderstadt im Eichsfeld. Mitglied der Bundesleitung des „Bundes katholischer Deutscher ‚Kreuz und Adler'". Teilnahme an der Führertagung des Bundes vom 26. bis 28.04.1933 in Maria Laach. Vgl.: Breuning 1963, 326f., sowie Lautenschläger 1987, 310
[107] Den Vertrag mit dem Verlag Aschendorff schloss Prof. Dr. Lortz am 1. Februar 1936 „zugleich für die Herren Mitarbeiter des im § 1 genannten Werkes.".
Original des Vertrages mit Universitätsprofessor Dr. Lortz in Münster und dem Verlag Aschendorff im Nachlass Ritter. KfZG A16/111

auch das Vorwort verfasst.[108] Der Münsteraner Theologieprofessor Joseph Lortz[109] übernahm eine vermittelnde Rolle. Nach Ritters eigenen Angaben wurde die Schrift vor ihrer Veröffentlichung durch Professor Lortz dem Münsteraner Bischof von Galen vorgelegt, der trotz einiger Bedenken im einzelnen die Veröffentlichung befürwortete.[110] In Nuancen differenzierter wird die Vorgeschichte der Veröffentlichung bei Lautenschläger dargestellt.[111] Danach ging die Initiative für das Werk von Kleine aus und umfasste zunächst nur Beiträge von Brombacher, Kleine und Ritter, die aus der gemeinsamen Zeit in der Leitung des „Bundes katholischer Deutscher ‚Kreuz und Adler'" miteinander bekannt waren und sich selbst als die „drei Musketiere" im Brückenschlag zwischen Kirche und Nazi-Staat verstanden.[112] Kleine sandte einen Vorabdruck an Professor Lortz mit der Bitte, gemeinsam mit weiteren Persönlichkeiten

---

[108] „Der Arbeitskreis war nicht fest umrissen, an der Schrift waren außer Lortz noch zwei Theologen und zwei Laien beteiligt. Den Autor des ersten Beitrags möchte ich jetzt nicht namhaft machen, weil er noch lebt und mit seinem Bischof (geistlicher Studienrat) der politischen Haltung wegen Differenzen hatte. Den kirchenpolitischen Beitrag habe ich geschrieben, den vierten rein religiösen der 1961 verstorbene Dr. Johannes Nattermann, ehedem Generalsekretär der Kolpingsfamilie. Der Autor des dritten Beitrags, Kuno Brombacher, war Stadtbibliothekar in Baden-Baden."
Brief Emil Ritters an Klaus Breuning vom 22.12.1962. KfZG A9/162
Damit stellt sich die Autorenschaft wie folgt dar:
Vorwort: Das Einzige, worauf es ankommt, 9-14: Emil Ritter
Deutsche Zeitenwende, 15-32: Richard Kleine
Zwischen Kirche und Staat, 33-52: Emil Ritter
Vom katholischen Deutschland zum deutschen Volk 53-87: Kuno Brombacher
Heilige Kirche in der Zeit, 88-110: Johannes Nattermann

[109] Lortz, Joseph. * 13.12.1887 in Grevenmacher in Luxemburg. Studierte als Germaniker an der Päpstlichen Universität Gregoriana in Rom sowie in Fribourg und Bonn. Nach Promotion und Habilitation zunächst in der katholischen Studentenseelsorge tätig. Seit 1929 Professor für katholische Theologie in Braunsberg, seit 1933 Professor in Münster für Missionsgeschichte und bald darauf für Kirchengeschichte des Mittelalters und der Neuzeit. Setzte sich in der Anfangszeit der Nazi-Diktatur höchst engagiert für einen Brückenschlag zwischen Katholizismus und Nazismus ein. Nach 1945 musste er seinen Lehrstuhl zunächst für einen von den Nazis zwangspensionierten Professor räumen, seit 1950 erneut als Professor für Religionsgeschichte an der Universität Mainz tätig. Mit seinem Werk „Die Reformation in Deutschland", welches 1939 erstmals erschien, trug er entscheidend zu einer Neubewertung der Reformation und der Person Luthers im Katholizismus bei. + 21.02.1975 in Luxemburg. Vgl.: LThK³, Bd. 6, 1058; sowie ausführlicher Lautenschläger 1987. Die Zugehörigkeit von Lortz als Mitglied zur „NSDAP" in den Jahren von 1933 bis 1937 beziehungsweise 1944 wird im LThK nicht erwähnt.

[110] Mappe 1: Mein Ziel und meine Wege. KfZG C1/024 sowie Brief von Emil Ritter an Joseph Joos vom 14.03.1955. KfZG C4/043

[111] Vgl. das Kapitel „Ein Sendschreiben katholischer Deutscher an ihre Volks- und Glaubensgenossen". In: Lautenschläger 1987, 310-320

[112] Brief Emil Ritter an Joseph Lortz vom 31.08.1935. Zitiert nach a.a.O., 312

seine Zustimmungserklärung unter die Veröffentlichung zu setzen.[113] Der Vorschlag, dass Werk bei einem katholischen Verlag zu veröffentlichen und die kirchliche Druckerlaubnis durch einen Bischof einzuholen, stammte von Lortz und wurde durch Ritter zunächst skeptisch beurteilt.[114] Erst im Oktober 1935 verstärkte Nattermann mit seinem Beitrag den Autorenkreis. Lortz überarbeitete in der Zwischenzeit die Beiträge auf ein mögliche kirchliche Druckerlaubnis hin. Währenddessen wurde sogar mit einem Vorwort von Galens für die Veröffentlichung gerechnet.[115] Doch die Verhandlungen um die kirchliche Druckerlaubnis zogen sich immer weiter hin. Zwischenzeitlich erwog Brombacher sich aus Verärgerung aus dem Autorenkreis zurückzuziehen: „Er und Ritter hätten aufgrund der monatelangen Spannung zwischen „eiskalter Kühle kirchlicherseits" und „lebensnotwendiger Glut der Hingabe an den Führer" beide einen Nervenzusammenbruch erlitten."[116] Im Dezember 1935 jedoch konnte Lortz in Verhandlungen mit von Galen den Durchbruch erzielen. Die Veröffentlichung sollte nun nicht mit offizieller kirchlicher Druckerlaubnis, dafür aber mit bischöflicher Zustimmung erfolgen. Kleine und Ritter sprachen Lortz dafür ihren großen Dank aus;[117] Ritter regte an, dass Lortz als Herausgeber der Schrift mit auftreten solle.[118] Damit wiederum war von Galen nicht einverstanden, nach dessen Verständnis ein ordinierter Theologe Veröffentlichungen nur

---

[113] Brief von Richard Kleine an Joseph Lortz vom 02.08.1935. A.a.O.

[114] „Ich kann mir gar nicht vorstellen, daß Sr. Excellenz unsere Schrift lesen kann, ohne von den allerschwersten, unüberwindlichen Bedenken befallen zu werden ... Ich würde das nicht einmal beim Freiburger Erzbischof gewagt haben, obwohl ich glaube, daß er sachlich so ziemlich einverstanden wäre. Diese Herren sind aber durch das Gefühl der Verantwortung – nicht vor Gott und nicht vor dem Volke, sondern vor anderen Mächten – um die frische Entschlusskraft gebracht worden." Brief von Emil Ritter an Joseph Lortz vom 31.08.1935. A.a.O., 315

[115] Briefe von Richard Kleine an Joseph Lortz vom 29.10./17.11.1935. A.a.O., 317

[116] Brief von Kuno Brombacher an Richard Kleine / Abschrift an Joseph Lortz vom 30.10.1935. A.a.O., 319

[117] „Das ist eine große Weihnachtsfreude, die Du mir mit Deinem soeben eingetroffenen Brief gemacht hast. Also, es war doch möglich, dem Verhängnis in die Speichen zu fallen! Allerdings nur durch Deinen vorbildlichsten Einsatz! ... Ich habe von diesem heutigen Erlebnis ab eine aufrichtige Ehrfurcht und eine innige Liebe zu diesem Bischof, der nun seinerseits, ob der besonderen Verantwortung seines Amtes, die Konsequenzen zog und unser Ringen segnete. Ich weiss seine Gradheit und Mannesmut, seine tiefinnerliche Liebe zu Kirche und Vaterland hoch zu verehren und bin überglücklich ..." Brief von Richard Kleine an Joseph Lortz vom 16.12.1935. A.a.O., 319f.
"Ich beglückwünsche Sie und uns alle von Herzen dazu, zugleich danke ich Ihnen vielmals für die aufopfernde Mühe, die Sie sich um die Sache gegeben haben." Brief von Emil Ritter an Joseph Lortz vom 17.12.1935. A.a.O.

[118] A.a.O.

mit kirchlicher Druckerlaubnis herausgeben könne.[119] Gegen Ritter als alleinigen Herausgeber sperrte sich jedoch der Aschendorff-Verlag, aufgrund der Kollaboration Ritters mit von Papen im Jahr 1932.[120] Schließlich wurde auf erneute Vermittelung von Lortz gemeinsam mit von Galen und Dr. Hüffer vom Aschendorff-Verlag ein letzter Kompromiss erzielt. Ritter zeichnete gemeinsam Kuno Brombacher als Herausgeber im Auftrag eines Arbeitskreises katholischer Theologen und Laien.[121] Das Buch erschien in einer ersten Auflage mit 2.000 Exemplaren sowie einer zweiten Auflage mit 1.000 Exemplaren.[122] Lortz besprach die Schrift im Sommersemester 1936 mit den Studierenden seines Kollegs[123] und warb für die Schrift in einem eigens verfassten Flugblatt mit kräftigen Worten: „Das ist ein Weckruf, auf den wir lange warteten, und der es verdient, daß man ihn mit allem Nachdruck in die Öffentlichkeit hebt. Ein Mahnruf, der aufhorchen läßt. ... Gesprochen in voller katholischer Treue, aber aus ebenso selbstverständlicher, voller, brennender Liebe zum Neuen Reich. Aus der tiefen Überzeugung heraus, daß katholischer Glaube und nationalsozialistische, tatkräftige Bejahung des Dritten Reiches zu Innerst zusammengehören und zusammenfinden müssen."[124] Der Autorenkreis erhielt von der ersten Auflage 100, von der zweiten Auflage 25 Freiexemplare, die nebst weiteren Exemplaren zur Rezension versandt wurden. Eine von Ritter geführte Liste weist bis zum 6. Juli 1936 mehr als 150 Adressen aus,[125] darunter auch einige Blätter der nazistischen Bewegung wie die „Nationalzeitung" oder den „Völkischen Beobachter".[126] Allerdings wurde die Schrift nur von einer geringen

---

[119] Briefe von Richard Kleine an Joseph Lortz vom 22.12./24.12.1935 sowie 12.01.1936. A.a.O.

[120] A.a.O.

[121] „Wenn die Theologen nur als Mitarbeiter erwähnt sind, kann man ihnen ja nicht das Fehlen des Imprimatur vorwerfen und die „Ketzereien" mag man dann den Laien auf die Rechnung schreiben." Brief von Emil Ritter an Joseph Lortz vom 14.01.1936. A.a.O., 321

[122] § 5 des Vertrages mit Universitätsprofessor Dr. Lortz in Münster und Verlag Aschendorf vom 01.02.1936. KfZG A16/111
Vgl. auch: Brief von Emil Ritter an Klaus Breuning vom 22.12.1965. KfZG A9/162

[123] Lautenschläger 1987, 336

[124] Flugblatt „An den Deutschen Katholizismus!" von Professor Jos. Lortz, Münster. KfZG A16/150

[125] Liste mit dem Titel „Bis 6.7.36 versandte Besprechungsstücke von ‚Sendschreiben'". KfZG A16/134-139

[126] Als weitere Zeitung der nazistischen Bewegung finden sich Angriff, NS Niederschlesische Tageszeitung, NS Rheinfront, Das Hakenkreuzbanner sowie NS Kurier. KfZG A16/134-139

Anzahl von Publikationen besprochen.[127] Positiv überschrieb die „NS-Rheinfront" aus Neustadt an der Haardt „An den offiziellen Katholizismus: Katholische Deutsche reden ihm ins Gewissen und weisen den Weg zu Volk und Staat" und billigte den Autoren zu „als gläubige Katholiken von dem Bewusstsein durchdrungen zu sein, dass der Nationalsozialismus eine große Zeitwende heraufgeführt hat".[128] Zustimmend urteilten ebenso die „Vereinigte Kreisstädtische Zeitung" aus Viersen[129] sowie die WAZ[130]; das „Kolpingblatt" schloss sich dem Urteil an.[131] Dezente Kritik wurde im „Klerusblatt" laut, indem zum Ausdruck gebracht wurde, dass „nicht ein einzigesmal klar und eindeutig das Lebensrecht der Kirche und die Freiheit ihrer Sendung gegenüber den Angriffen ihrer Feinde, insbesondere der Deutschen Glaubensbewegung, verteidigt wurde."[132] Völlig ablehnend werteten die in Wien erscheinenden

---

[127] Folgende Zeitungen sind in der Liste handschriftlich mit einem „b" – vermutlich für „besprochen" bezeichnet: Klerusblatt; Rottenburger Monatsschrift; Seele; Kath. Kirchenblatt für den nördlichen Teil der Diözese Münster; St. Konradsblatt, Karlsruhe; Kath. Kirchenzeitung, Frankfurt a.M.; Kath. Wochenblatt, Wanne-Eickel; Sonntagszeitung, Rosenheim; Münsterische Zeitung; Tremonia; Albbote, Waldshut; Bremer Zeitung; Religion und Leben sowie Berichte zur Kultur- und Zeitgeschichte. KfZG A16/134-139

[128] NS-Rheinfront, Neustadt a.d. Haard, vom 27.02.1936. KfZG A16/112

[129] „Der grundsätzliche Standpunkt des Buches ist die Überzeugung, daß Hitlers Sendung im deutschen Volk indirekt auch eine religiöse ist, und daß sich die Kirchengemeinschaft in Deutschland diesem Aufruf nicht entziehen kann. ... Die Verfasser des Sendschreibens haben recht: Die Kirche ist kein Verein und kein parteimäßiges Gebilde. Wer das Gottesvolk neben das natürliche stellt, macht aus der Kirche eine Sekte. Wer das Volk nur zum Objekt der Kirche macht, der macht aus der Kirche eine klerikale Angelegenheit. ... Das Buch verdient weiteste Verbreitung. Es verdient vor allem Beherzigung. Es ist ein Trost für die vielen, vielen, die von der kirchenpolitischen Haltung unbefriedigt sind, sich von der Kirchenhierarchie wegen ihres Glaubens an den Führer und seine Idee zurückgesetzt, ja mit Verachtung bestraft werden. Sie werden darin bestärkt, sich unentwegt und mutig für das Gelingen des Werkes Hitlers einzusetzen. ... Wir wünschen dem Buch, das erst der Anfang einer neuen Haltung sein kann, weiteste Verbreitung." Vereinigte Kreisstädtische Zeitung Viersen vom 19.05.1936. KfZG A16/129

[130] „Für diesen katholischen Kreis [der Autoren] ist der Ausgangspunkt aller Betrachtung, Wertung und Forderung: das neue Deutschland bedeutet ein neues Zeitalter. Und der deutsche Aufbruch ist ihnen auch ein Aufruf an Christentum und Kirche, der nach der positiven Seite einen Wandel christlicher und kirchlicher Geschichte heraufzuführen vermöge, der nicht weniger segensvoll wäre, als es diese Zeitenwende für Volk und Reich sein will." Peter Weber. Sendschreiben katholischer Deutscher. WAZ vom 22.07.1936. KfZG A16/140

[131] „Indem wir das Büchlein anzeigen und durch Aufzählung der darin enthaltenen Aufsätze auf seinen Inhalt hinweisen, wollen wir der volklichen und christlichen Gewissenspflicht genügen, die uns obliegt: immerdar bemüht sein, daß Gottes Volk im deutschen Volke lebendig und fruchtbar sei." Rezension im Kolpingblatt vom 15.04.1936. KfZG A16/123

[132] Fr. X. Gerstner. Bücher und Zeitschriftenschau: Sendschreiben katholischer Deutscher an ihre Volks- und Glaubensgenossen. Klerusblatt. KfZG A16/133

„Berichte zur Kultur- und Zeitgeschichte": „Emil Ritter ist als einer der Mitarbeiter von Papens, als einer der Totengräber des Zentrums bekannt. Unter den Mitgliedern seines „Arbeitskreises", die sich keiner Erniedrigung schämen, sind bewährte Brückenbauer, wie Professor Lortz. Sie geben an der Entfremdung zwischen Deutschtum und Katholizismus ihrer eigenen Kirche und Weltanschauung die Schuld."[133] Vom allgemeinen Echo auf die Schrift war Ritter tief enttäuscht, wenngleich ihm auch Größen der katholischen Erwachsenenbildung wie August Pieper[134] und Robert Grosche[135] ihre persönliche Zustimmung versicherten. Ritter sah sich im Oktober veranlasst, in einem Artikel der „Kölnischen Volkszeitung" noch einmal die Absicht des Autorenkreises darzulegen: „Der Sinn des „Sendschreibens" war und bleibt unverändert: Verbindung einer aufrichtigen Bejahung der deutschen Wiedergeburt durch das Werk des Führers Adolf Hitler mit der unverbrüchlichen Treue zur einen, heiligen,

---

[133] Rezension „Der Kniefall". In: Berichte zur Kultur- und Zeitgeschichte. Wien vom 19.04.1936. KfZG A16/127

[134] Pieper bedankte sich für die Zusendung des Sendschreibens und resümierte: "Es ist eine große schriftstellerische Leistung. Das ... Ziel ist auch das unsrige." Brief August Piepers an Emil Ritter vom 31.03.1936. KfZG A16/113
Einige Tage später antwortete Ritter und führte im Brief aus: „Das unser Ziel auch das Ihrige ist, habe ich vorausgesetzt, sonst hätte ich Ihnen die Schrift nicht zu Ihrem Siebzig-Jahr-Feste gewidmet." Brief Emil Ritters an August Pieper vom 18.04.1936. KfZG A16/124
"Auf die Zusendung des „Sendschreibens" von Katholiken antwortete ich E. Ritter: Solch sachlicher Aufruf musste einmal veröffentlicht werden, (Dessen G Begeisterung für die Person des „Führers" ist Privatsache). Aber diese Beweisführung vom kirchlichen Gemeinschaftsbewusstsein her versagt beim Klerus, der nur auf das Dogmatische starrt, nur kirchenpolitisch, nicht staatspolitisch denkt. Zweckmässig handelt für das Ziel des „Sendschreibens": Erstens, wer Bewegungsfreiheit für die Förderung des Ausbaues des neuen Staates durch Katholiken verlangt; zweitens, wer diese Aufgabe als Beruf der Laien in der Weltarbeit in Anspruch nimmt, drittens, wer in Fragen des christlichen Lebens den Primat der Religion vor der Kirche vertritt." August Pieper vom 23.11.1936. Zitiert nach Ritter. KfZG C3/165

[135] Postkarte von Robert Grosche an Emil Ritter vom 11.05.1936. KfZG A16/128
„Lieber Herr Ritter, heute erfahre ich im Deutzer Schwimmbad, wo ich mit Nattermann Montags mich körperlich zu ertüchtigen versuche, endlich ihre Anschrift, und so kann ich mich für die Zusendung des Sendschreibens herzlich bedanken. Ich hätte gerne ausführlich dazu Stellung genommen, aber ich bin so belastet mit aller möglichen Arbeit, daß ich nicht dazu kam. Was ich an theologischen Bedenken habe, geht nicht gegen ihren Beitrag, sondern vor allem gegen die Geschichtstheologie von Kleine, bei der ich nicht mitkam. Im übrigen kann ich Ihnen mitteilen, daß der Prior der Dominikaner in Walberberg (P. Corbinian Roth (!)) sehr zustimmend ist und meint, es wäre gut, wenn bald eine Aussprache stattfände, an der auch Marianus Vetter, der Prior in Köln ist, gern teilnähme. ... Herzliche Grüße Ihr Robert Grosche"

katholischen und apostolischen Kirche, deren Einheit im Primat der Bischofs von Rom als des Nachfolgers Petri verkörpert ist."[136]

Im Rahmen seines Entnazifizierungsverfahrens distanzierte sich Lortz Jahre später völlig von der Veröffentlichung und stellte seine Mitarbeit allenfalls als Korrektiv auf die „verstiegenen" Ausführungen der Autoren dar.[137]

Bis 1937 trat Ritter weiter als Herausgeber des „Neuen Politischen Pressedienstes für katholische Tageszeitungen N.P.P." (NPP) auf, der im Selbstverlag in Berlin erschien. Bis zum 1. Dezember 1934 zeichnete Dr. Walter Hagemann[138] als verantwortlicher Schriftleiter des NPP.[139] Hagemann wechselte mit diesem Zeitpunkt als Hauptschriftleiter und Nachfolger Ritters zur „Germania", die Schriftleitung des NPP übernahm Hermann Josef Lingen.[140] Ritter unterzeichnete einleitende Bemerkungen im NPP in diesem Zeitraum mit der Grußformel „Heil Hitler" und erinnerte die Bezieher des NPP an die

---

[136] Ritter, Emil: Zur Klarstellung betr Sendschreiben katholischer Deutscher. In: Kölnische Volkszeitung vom 28.10.1936. KfZG A16/145

[137] „Im Jahre 1935 oder 1936 wurden mir 4 Aufsätze verschiedener Verfasser zugesandt mit der Anfrage, ob ich die Veröffentlichung in einem katholischen Verlag vermitteln könne. Der Inhalt belehrte mich, daß die Verf. eine Annäherung der beiden, allmählich feindlich gewordenen Fronten „Kirche und Staat" anstrebten. Er gab mir aber auch Veranlassung zu antworten, daß der Text, so wie er vorliege, meines Erachtens für Katholiken ganz untragbar sei; teilweise war er direkt verstiegen. Ich sei bereit, die Vermittlung zur Veröffentlichung über die kirchliche Behörde zu versuchen, wenn die Verf. einverstanden seien mit der Beigabe einer gehörigen Dosis Kritik. Diese Kritik habe ich dann eingefügt, allerdings natürlich nur so weit die Verf. es sich gefallen ließen. Manches, sogar vieles, konnte ich nicht durchsetzen. Das Resultat dieser meiner Mitarbeit wurde dann ausführlich von kirchlicher Seite zur Kenntnis genommen. Es bestanden trotz der eingefügten Kritik scharfe Bedenken gegen den Inhalt. Und das konnte gar nicht anders sein (wie ich selbst es bei der Präsentierung auch als meine eigene Auffassung schon erklärt, bzw. vorausgesagt hatte). Aber, um einen letzten Versuch zu machen, die Fronten vielleicht doch noch zum Besten des Ganzen zusammenzubringen, wurde der Veröffentlichung kein Hindernis in den Weg gelegt." Nordrhein-Westfälisches Hauptstaatsarchiv Düsseldorf NW 1039 – L 2345. Zitiert nach Lautenschläger 1987, 313f.

[138] Hagemann, Walter. * 16.01.1900 in Euskirchen. Studium in München, Münster, Leipzig und Berlin. Tätigkeit als Reiseschriftsteller in Europa, Asien, Amerika und Afrika. 1928 Auslandsredakteur, 1934-38 Chefredakteur der Germania. Nach Ende des Zweiten Weltkriegs Redakteur der Neuen Zeitung in München. 1946 Professor für Publizistik in Münster. Mitherausgeber der Zeitschrift für Publizistik. Ausschluss aus der CDU wegen seiner Kritik am Amerikanismus und übertriebenen Antibolschewismus. Aufgrund einer Rede vor dem Nationalrat der DDR wegen „politischer und sittlicher Verfehlungen" seines Lehrstuhls enthoben. Übersiedlung in die DDR. Professor für Wirtschaftsgeschichte des Imperialismus an der Humboldt-Universität. + 16.05.1964 in Potsdam. Vgl.: Kosch 1963, 452 sowie DBE, Bd. 4, 318

[139] Neuer Politischer Pressedienst NPP. KfZG A6/001ff.

[140] Brief von Emil Ritter an die Abonnenten des NPP vom 28.11.1934. KfZG C4/018 Auch dieser Brief ist mit der Grußformel „Heil Hitler!" unterzeichnet.

Gründungsabsichten mit dem „Anschluß an die Arbeitsgemeinschaft katholischer Deutscher und an die von mir eingehaltene politische Linie der Germania."[141] Im Frühjahr 1936 zog Ritter von Berlin zu den Schulschwestern in Hanau. Dort arbeitete er zu Franz Xaver Kraus, einem Priestergelehrten des 19. Jahrhunderts,[142] dem er sich „im kirchenpolitischen Wollen und – im Misserfolg verwandt fühlte."[143] Als Ritter sein stattliches Manuskript ein Jahr später dem Münchener Verlagshaus Bruckmann zur Veröffentlichung anbot, erhielt er angeblich die Auskunft, dass die Veröffentlichung „der Partei unerwünscht" sei.[144] In den Folgejahren von 1937 bis 1940 arbeitete Ritter weiterhin am Neuen Politischen Pressedienst mit, der nun unter der Bezeichnung „Kontinent-Korrespondenz Berlin: Neuer Politischer Pressedienst" firmierte und von Bernhard Retz herausgegeben und hergestellt wurde,[145] schrieb einige Artikel in katholischen Zeitschriften und verfasste eine Biographie über Joseph Maria von Radowitz.

Im März 1940 bekam Ritter das Angebot zur Mitarbeit in der Redaktion der „Katholischen Kirchenzeitung", die im Frankfurter Carolusverlag erschien.[146] Die „Katholische Kirchenzeitung" mit der Reichsausgabe „Der neue Wille" wurde mit einer Soldatenbeilage versehen und den katholischen Kriegspfarrern zur Verteilung in hoher Auflage zur Verfügung gestellt.[147] Ritter sah die

---

[141] NPP vom 19.02.1935. KfZG A6/031

[142] Kraus, Franz-Xaver. * 18.08.1840 in Trier. Kirchen- und Kunsthistoriker, Kirchenpolitiker, Essayist. Nach Studien Promotionen zum Dr. phil und Dr. theol. 1872 Professor für Kunstgeschichte in Straßburg, 1878 Professor für Kirchengeschichte in Freiburg. Mehrmals vergeblich Bischofskandidat. Kraus gilt als einer der bedeutendsten katholischen Gelehrten seiner Zeit. Besondere Verdienste erwarb er sich um die Einführung der christlichen Archäologie und christlichen Kunstgeschichte in Deutschland sowie als Dante-Forscher. + 28.12.1901 in San Remo. Vgl.: LThK³, Bd. 6, 431f.; sowie ausführlicher Hürten 1982a

[143] Mappe 1: Mein Ziel und meine Wege. KfZG C1/024

[144] Brief von Emil Ritter an Joseph Joos vom 14.03.1955. KfZG C4/043

[145] Kontinent-Korrespondenz Berlin: Neuer Politischer Pressdienst. KfZG A7/001ff.

[146] Vgl. die Kapitel „'St. Georgsblatt' und ‚Katholische Kirchenzeitung'", Beck 1996, 34ff, sowie „Der Sonderfall der Frankfurter ‚Katholische Kirchenzeitung'", a.a.O., 386ff. Die „Katholische Kirchenzeitung" erschien ab Weihnachten 1926 zunächst monatlich mit einer Auflagenhöhe von 60.000 Exemplaren im Jahr 1927; seit Ende 1934 erschien die Zeitschrift als Wochenschrift mit einer Auflagenhöhe von 15.000 Exemplaren im Jahr 1935, a.a.O., 36f. Die Zeitung, die sich ab 1937 „eindeutig auf nationalsozialistischer Linie" befand und versuchte ideologisch zwischen katholischem Glauben und nazistischer Weltanschauung zu vermitteln, a.a.O., 14., wurde gegenüber vergleichbaren Publikationen von staatlichen Stellen augenfällig privilegiert. A.a.O., 410ff.

[147] „Der neue Wille" als Reichsausgabe der „Katholischen Kirchenzeitung" erschien seit dem 05.02.1939. Der „Katholische Feldbischof der Wehrmacht", Rarkowski, ließ die

„Aufgabe seines Kampfes mit der Feder" darin, „die Widerstandskraft des ganzen Volkes religiös und moralisch zu stärken". Vom Sieg Hitlers war Ritter im Rückblick weder überzeugt noch hielt er ihn für wünschenswert. Front und Heimat sollten jedoch standhalten, „bis die Vorsehung das schreckliche Dilemma löste und uns von der „Führung" befreite, bis der Weg zu einem Kompromissfrieden ohne Zerschmetterung Deutschlands frei war."[148]

Ein sechzehnseitiges maschinenschriftliches Skript im Nachlass mit dem Titel „Die Lage der Kirche und das Christentum im nationalsozialistischen Deutschland", welches die handschriftliche Vermerke Ritters „Nicht gedruckt", „1941" sowie „Vermutlich 1941 niedergeschrieben vor dem Angriff auf Russland" beinhaltet, weist für diesen Zeitraum jedoch in eine völlig andere Richtung.[149] Im Kapitel „Weltgeschichtliche Schau" will Ritter den Blick zunächst von der hypnotischen Fixierung auf die kirchen- und religionspolitischen Vorgänge im eigenen Land lösen und auf die großen Zusammenhänge lenken. Kapitalistische Wirtschaft und individualistische Gesellschaft seien vom Grund auf erschüttert, das liberal-demokratische Zeitalter mit seiner steigenden Macht des Freimaurertums und der Emanzipation der Juden fast am Ende. Italien und Spanien könnten als Musterbeispiele einer kirchlichen Neubelebung gelten, Frankreich wende sich endlich von den Ideen von 1789 ab. Ritter resümiert: „Ohne die Macht des ns. [nazistischen] Deutschland wäre das alles nicht Wirklichkeit geworden, und wenn uns die angelsächsischen Demokratien besiegen, werden wir um Jahrzehnte in der angedeuteten Entwicklung zurückgeworfen. Das neue Werden in Italien, Spanien, Frankreich usw. wird tödlich getroffen, die überalterten Ideen des liberal-kapitalistischen Zeitalters behaupten sich wieder für unabsehbare Zeit. Im gegenwärtigen Kriege sind die neuen Ordnungsprinzipien gefährdet, wenn das ns. Deutschland nicht Sieger bleibt. Haben sich diese Prinzipien in Europa durchgesetzt, dann werden sie auch die deutsche Zukunft bestimmen."[150] Ritter wünscht sich abschließend zwar, dass sich der Nazismus „aus dem Irrgarten der augenblicklichen Religions- und Kirchenpolitik" lösen kann, übertrug diese Aufgabe jedoch nicht der nazistischen Bewegung sondern den christlichen Deutschen, die den Auftrag

---

„Soldatenbeilage" kostenlos an die Truppe verteilen. Rarkowski bewertete das Blatt als eine der „besten katholischen Sonntagszeitungen". A.a.O., 411

[148] Mappe 1: Mein Ziel und meine Wege. KfZG C1/026

[149] Maschinenschriftliches Skript „Die Lage der Kirche und das Christentum im nationalsozialistischen Deutschland". KfZG A11/164-179

[150] A.a.O. KfZG A11/178f.

hätten, „die christliche Substanz des Volkes als überlegen und zukunftsmächtig zu erweisen".[151]

Zum 01. Juni 1941 musste die „Katholische Kirchenzeitung" aufgrund von Papiermangel eingestellt werden.[152] In den Folgejahren bis zum Kriegsende arbeitete Ritter am „Pressedienst Georg Scholz & Co." mit.

---

[151] A.a.O. KfZG A11/179

[152] Die Einstellung der Zeitschrift wurde in Teilen des Reichspropagandaministeriums ausdrücklich bedauert. Beck 1996, 415

d) Bundesrepublik Deutschland: „Die katholisch-soziale Bewegung Deutschlands und der Volksverein" (1954)

In den Nachkriegsjahren war Ritter als freier Schriftsteller in Fulda tätig. 1948 veröffentlichte er beim Verlagshaus Bachem in einem Umfang von 360 Seiten das Buch „Radowitz: Ein katholischer Staatsmann in Preußen".[1] Im Rahmen einer „Verfassungs- und konfessionsgeschichtlichen Studie" unternahm Ritter damit den Versuch eine Biographie des Joseph Maria von Radowitz[2] vorzulegen, welche zum „Fragenkreis von Konfession und Politik ... einen unvergleichlich lehrreichen Beitrag" leisten sollte. Nach Ritters eigenen Angaben konnte er für das Werk jedoch nicht den gewünschten Absatz erzielen.[3] Durch die Hilfe des Verlagshauses Bachem widmete sich Ritter anschließend über mehrere Jahre Studien über den Volksverein für das katholische Deutschland.[4] Als Ergebnis erschien 1954 mit einem Umfang von über 500 Seiten im Verlag J.P. Bachem in Köln das bekannteste Werk Ritters unter dem Titel „Die katholisch-soziale Bewegung und der Volksverein".[5] Er setzte damit dem Volksverein für das katholische Deutschland in einer Gesamtschau ein literarisches Denkmal und bestimmte mit diesem Werk, welches sich bis zum Jahr 1928 vor allem auf die Chronik August Piepers und in den folgenden Jahren auf den Nachlass des letzten Volksvereinsvorsitzenden Wilhelm Marx stützt, bis in die 70er Jahre hinein die Geschichtsschreibung über den Volksverein. Das Buch wurde sogar ins Italienische übersetzt und erschien 1967 in Rom.[6] Als ergänzende Darstellung sollte eine Sammlung biographischer Schilderungen mit Charakterbildern der Protagonisten, die den Volksverein maßgeblich mitprägten, folgen. Ein entsprechendes maschinenschriftliches Skript mit dem Titel „Die Männer von M.Gladbach" im Umfang von 544 Blättern findet sich in Ritters Nachlass; das Skript enthält neben dem Vorwort und einem Gesamtüberblick acht biographische Skizzen.[7] Warum es nicht zur Veröffentlichung gelangte, ist nicht belegt.

---

[1] Ritter 1948
[2] Vgl. zur Biographie Radowitzs die Anmerkungen im vorhergehenden Abschnitt dieser Arbeit.
[3] Brief von Emil Ritter an Joseph Joos vom 14.03.1955. KfZG C4/043
[4] A.a.O.
[5] Ritter 1954
[6] Der Titel der italienischen Übersetzung lautet: "Il movimento cattolico-sociale in Germania nel 19. secolo e il Volksverein"
[7] „Die Männer von M.Gladbach
Lebensbilder von Emil Ritter
Inhaltsverzeichnis

Am 21. Mai 1964 schloss Ritter mit Dr. Karl Forster von der Katholischen Akademie in Bayern einen Vertrag, mit dem Inhalt seinen Nachlass der Katholischen Akademie zu übergeben. Ein bestimmter Teil, den Ritter selbst „Geheimdossier" nannte, sollte der Akademie erst nach seinem Ableben ausgehändigt werden.[8] Ritter selbst wollte in der Zwischenzeit das Material zusammenstellen und kommentieren.[9] Dies ist ihm offensichtlich nicht mehr vollständig gelungen. Während die ersten zehn thematischen Mappen noch maschinenschriftliche Skripte enthalten,[10] beinhalten die letzten fünf Mappen nur noch handschriftliche Zusammenstellungen in Ritters schwer lesbarer Handschrift. Die letzte Mappe endet mit der Demission Brünings im Jahr 1932. Da sich nach der erklärten Absicht Ritters „Material und Aufzeichnungen auf die Zeitgeschichte seit 1932, also auf das Verhältnis der Katholiken zum Nationalsozialismus" beziehen sollte, ist Ritter über die Einleitung seines eigentlichen Werkes nicht hinausgekommen.

---

1) Vorwort   Blatt   1 und 2
2) Franz Brandts   1 bis 30
3) Franz Hitze   1 bis 87
4) August Pieper   1 bis 109
5) Wilhelm Hohn   1 bis 77
6) Heinrich Brauns   1 bis 37
7) Carl Sonnenschein   1 bis 74
8) Ludwig Nieder   1 bis 50
9) Anton Heinen   1 bis 58
10) Gesamtüberblick   1 bis 20
Insgesamt 544 Blätter". KfZG C5/003

[8] Mappe 1: Mein Ziel und meine Wege. KfZG C1/006
[9] A.a.O.
[10] Das gesamte „Geheimdossier" enthält insgesamt 15 Mappen mit den Themen:
Mappe 1: Mein Ziel und meine Wege
Mappe 2: Katholisch und deutsch. Konfessionelle oder deutsche Politik?
Mappe 3: Die Grossdeutsche Idee. Ein christlich nationales Zentrumsprogramm
Mappe 4: Rechts und links. Der Weg in die Sackgasse
Mappe 5: Jugend und Nation
Mappe 6: Sozialistische Unterwanderung
Mappe 7: Demokratie in der Krise
Mappe 8: Mussolini, der autoritäre Demokrat
Mappe 9: Katholisch-konservative Besinnung
Mappe 10: Im Hexenkessel der Parteipolitik
Mappe 11: Die Brücke
Mappe 12: Der Deutsche Weg I. Aufstieg und Niedergang
Mappe 13: Der Deutsche Weg II. Für und Wider
Mappe 14: Brüning, der Präsidialkanzler
Mappe 15: Brüning nach dem Sturz
KfZG C1/001ff. sowie C2/001ff.

Von besonderem Interesse im Nachlass Ritters ist ein Schriftverkehr, der sich zwischen Klaus Breuning und Emil Ritter an der Jahreswende 1965/66 entfaltete.[11] Zur Erstellung seiner Dissertation über „Die Reichsideologie im deutschen Katholizismus zwischen Demokratie und Diktatur (1929-1934)" führte Breuning mit Ritter am 04.10.1965 ein Gespräch in Fulda,[12] woraus sich anschließend ein weiterführender Schriftverkehr entwickelte, der aber leider nicht vollständig im Nachlass erhalten ist. Diese Korrespondenz lässt deutlich werden, dass sich Ritter einerseits auch im hohen Alter noch an viele Einzelheiten der entsprechenden Epoche erinnerte,[13] andererseits aber manch interessantes Detail – ob bewusst oder unbewusst – nicht in die Zusammenstellung des Nachlasses mit einfließen ließ.[14] Leider ist auch Klaus Breuning, der als Zeitzeuge über das Gespräch mit Ritter hätte berichten können, mittlerweile verstorben. Ein Nachlass Breunings ist nicht vorhanden.[15]

Noch bis ins hohe Alter war Ritter schriftstellerisch tätig. So erschien 1966 im Warte-Verlag in Frankfurt a.M. sein letztes Werk mit dem Titel „Radowitz, Windthorst, Stegerwald. Drei Vorläufer der CDU" in einem Umfang von 291 Seiten.[16] Das Buch ist in drei große Teile gegliedert, die sich jeweils den

---

[11] Brief von Emil Ritter an Klaus Breuning vom 22.12.1965. KfZG A9/162. Ritter nimmt dabei Bezug auf einen Brief Breunings vom 05.11.2965, der im Nachlass jedoch nicht vorhanden ist.
Brief von Klaus Breuning an Emil Ritter vom 12.01.1966. KfZG A9/163
Brief von Emil Ritter an Klaus Breuning vom 19.01.1966. KfZG A9/164
Brief von Klaus Breuning an Emil Ritter vom 03.03.1966. KfZG A9/165
Brief von Klaus Breuning an Emil Ritter vom 19.06.1966. KfZG A9/166. Breuning nimmt darin Bezug auf einen Brief Ritters vom 09.03.1966. Dieser Brief ist im Nachlass nicht enthalten. Zudem enthält der Brief Breunings vom 19.06.1966 einen handschriftlichen Vermerk Ritters „7.7. abgesandt" ohne dass sich weitere Hinweise auf inhaltliche Aussagen der Briefe finden.

[12] Breuning 1969, 230 sowie 351

[13] „Ich muß mich über das schlechte Gedächtnis dieser weit jüngeren Zeitgenossen [Dr. Kogon und Dr. Mirgeler] nur wundern, da ich mich im 85. Lebensjahre unserer Beziehungen noch recht gut erinnere. Besonders bei Dr. Kogon scheint mir die Vergeßlichkeit nicht nur zeit- und altersbedingt zu sein. ... Aber nun Schluß mit diesen Emanationen meines guten, vielleicht allzu guten Gedächtnisses!" Brief von Emil Ritter an Klaus Breuning vom 19.01.1966. KfZG A9/164

[14] So ist bspw. auf die Tatsache, dass von Papen die Gründung des „Bundes katholischer Deutscher ‚Kreuz und Adler'" mit 30.000 Reichsmark subventionierte, kein Hinweis im Nachlass Ritters zu finden.

[15] Breuning, Klaus. * 19.01.1927. Als geistlicher Studienrat im Bistum Osnabrück tätig. + 25.02.2002. Es ist kein Nachlass Breunings vorhanden. Auskunft von Frau Rehnen, Bistumsarchiv Osnabrück, vom 04.07.2005.

[16] Ritter 1966
Vgl. zu den Biographien von Radowitz, Windthorst und Stegerwald die Angaben in den vorhergehenden Abschnitten dieser Arbeit.

Protagonisten der Darstellung widmen. Ein kurzes Vorwort von zwei Seiten führt in die Thematik ein, ein Schlusswort von zwölf Seiten zieht ein Fazit. Die jeweiligen Kapitel beginnen mit einer Biographie, der Schilderung der religiös-kirchlichen und konfessionellen Haltung sowie den Darstellungen der Bemühungen um eine politische Einigung der Konfessionen.[17] Das Kapitel über Radowitz umfasst mit etwas mehr als 150 Seiten mehr als die Hälfte des Buches. Ritter griff dazu in weiten Teilen auf seine Radowitz-Biographie aus dem Jahr 1948 zurück.[18] Im Abschnitt über Stegerwald fanden dessen versuchte Brückenschläge zum Nazismus keine Erwähnung, die Inhaftierung nach dem 20. Juli 1944 wurde dagegen ausgiebig dargestellt.[19] Als Ziel seiner Veröffentlichung wollte Ritter das vorbildhafte Ringen dieser drei Politiker für die „überkonfessionelle Volksgemeinschaft" schildern.[20] Zu deren Lebzeiten sei diese aufgrund der konfessionellen Befangenheiten noch nicht erreichbar gewesen; erst die Nazi-Diktatur hätte den politischen Zusammenschluss der Konfessionen in einer christlichen Partei ermöglicht: „Die Stunde war reif, nachdem sich katholische und evangelische Deutsche auf dem „Scheiterhaufen", in den „legalen Verfolgungen" durch das Hitler-Regime begegnet waren."[21]

Ritter setzte sich mit dieser Veröffentlichung bis kurz vor seinem Tod für seine Vision der „christlich-deutschen Volksgemeinschaft" ein. Er verstarb am 25. November 1968 im Alter von 87 Jahren in Fulda.

---

[17] A.a.O., 8

[18] A.a.O., 292

[19] Den gesamten Zeitraum von Januar 1933 bis Juli 1944 handelte Ritter in drei Sätzen ab: "Nach dem Jahre 1933, das die gesamte Gewerkschaftsbewegung vernichtete, verblieb Stegerwald noch einige Jahre in Berlin, von der Gestapo argwöhnisch überwacht. Er zog sich dann, seiner Ministerpension verlustig geworden, in die fränkische Heimat zurück. Infolgedessen hatte er nur lockere Beziehungen zu den Freunden, die in der Reichshauptstadt den geheimen Widerstand gegen das Hitler-Regime organisierten." Ritter 1966, 236f.

[20] A.a.O., 278
In ähnlicher Weise urteilte Ritter auch einige Seiten vorher: "So erlebte er [Stegerwald] noch die Reife der Saat, die das Hitler-Regime wider Willen gestreut hatte; die Gründung der CDU und der bayerischen CSU, als politische Gemeinschaften der demokratischen Katholiken und Protestanten." A.a.O., 237

[21] A.a.O., 290

2. Gedankenwelt

Im folgenden Kapitel soll die Gedankenwelt Emil Ritters in einer ideologiekritischen Analyse expliziert werden. Dazu werden zunächst als biographischer Hintergrund die mentalen Prägungen vorgestellt, die das Gesamtwerk Ritters durchgängig durchziehen. Hierzu wird ergänzend eine entwicklungspsychologische Sichtweise zur Hilfe genommen. In einem zweiten Schritt wird Ritters Wahrnehmung der Zeit und hier insbesondere der Weimarer Republik als erstem parlamentarischen Rechtsstaat in Deutschland dargestellt und abschließend seine Vision der Volksgemeinschaft, die Ritter weitgehend im Nazismus erfüllt sah, dargelegt.

a) Biographischer Hintergrund

Emil Ritter wuchs elternlos auf. Seine Mutter verstarb früh, sein ausgewanderter Vater war ihm nur durch dessen Briefe bekannt. Die Erziehungs- und Sozialisationsarbeit oblag der Großmutter. Wenn Ritter über diese Zeit auch nur beiläufig berichtet, so ist sie doch für die persönliche Prägung Ritters nicht zu unterschätzen. Ein Blick in den aktuellen Forschungsstand der Entwicklungspsychologie erweist sich als hilfreich.[1] Für die Entwicklung einer stabilen und reifen personalen Identität spielen frühkindliche Erfahrungen ein überaus wichtige Rolle. Hier liegen möglicherweise Gründe und Ansatzpunkte für die mentalen Prägungen Ritters. Durch den abwesenden Vater und die früh verstorbene Mutter fehlten Ritter in seiner Kindheit die entscheidenden Identifikationspersonen. Allein die Großmutter war präsent. In einer solchen Zweierbeziehung werden die Söhne automatisch das männliche Pendant, Ritter in diesem Fall das Gegenstück zu seiner Großmutter, als einer Art sozialer Ergänzung. Für männliche Kinder verhindert eine solche Konstellation zum einen ein aktives Bemühen eine Ähnlichkeit des weiblichen Gegenparts zu entwickeln, zum anderen führt auch die Tatsache, dass der Vater abwesend ist und zugleich als idealisiertes Vorbild erscheint, zu einer Negation weiblicher Werte. Das männliche Kind setzt sich somit auf doppelte Weise als anders, verschieden

---

[1] Vgl. im folgenden dazu Rauh 1998 sowie Oerter 1998a und 1998b; für den Bereich der katholischen Kirche auch Drewermann 1989. Hier insbesondere das Kapitel „Der psychogenetische Hintergrund oder: Die primäre Rollenzuweisung in der Familie", 269ff. Drewermanns Analyse, die sich in erster Linie auf die hauptamtlichen Mitarbeiter und Mitarbeiterinnen der katholischen Kirche bezieht, kann auch auf Ritter übertragen werden, da dieser des öfteren erwog in den Benediktinerorden einzutreten.

zum weiblichen Pendant. Die Betonung des Andersseins, die Ablehnung der weiblichen Werte und dieses Gegensätzlich-Sein bewirkt letztlich, dass der heranwachsende Junge und Mann zu wenig weibliche Werte verwirklichen kann und eine unselbständige Person wird, welche immer wieder auf klare Hierarchien und Handlungsanweisungen angewiesen ist. Die Übertragung dieser These auf Ritter liegt mit Blick auf dessen Biographie auf der Hand. Ritter wuchs allein bei seiner Großmutter auf, an seine Mutter hatte er offensichtlich keine Erinnerungen, der ausgewanderte Vater war ihm nur durch Briefe bekannt. Diese müssen jedoch derart prägend gewesen sein, dass Ritter als Erwachsener die Entwicklung seines „ausgeprägten Nationalgefühls" seinem Vater zuschrieb. Für die Bestätigung dieser entwicklungspsychologischen These spricht zudem, dass Ritter offenbar nie in engeren Kontakt oder in Beziehungen zu Frauen kam. Allenfalls bei anderen Bekannten machte Ritter die Feststellung, dass Frauen den dominierenden Part im Leben spielten und in den wirklich wichtigen Dingen die Führung übernahmen. Sowohl bei Joos als auch bei von Papen trifft Ritter derartige Feststellungen. Ferner spricht für diese These, dass Ritter zeitlebens auf autoritäre und hierarchische Systeme vertraute. Zunächst im kirchlichen Bereich, indem Ritter peinlich darauf bedacht war, „kein Jota der katholischen Glaubens- und Sittenlehre" verletzt zu haben.[2] Persönlich erwog Ritter des öfteren in den Benediktinerorden einzutreten, ein Orden mit einem streng geregelten Tagesablauf und einem jahrtausende alten Reglement für alle Lebensfälle. Des weiteren versicherte sich Ritter immer wieder der Zustimmung hierarchischer Funktionsträger der katholischen Kirche um seine Positionen abzustützen. Dies Verhalten zeigte Ritter aber auch im politischen Bereich, indem er zum Parlamentarismus und zur Demokratie nie einen wirklichen Zugang entwickelte, vielmehr auch in diesen Systemen auf „autoritäre Demokraten" setzte und letztlich in seinem Einflussbereich alles mögliche unternahm, um diese Systeme auszuhöhlen und durch autoritär-hierarchische Formen zu ersetzen. Darüber hinaus lässt sich dieses Muster auch im persönlichen Leben Ritters finden, der sich immer dann mit erstaunlicher Schnelligkeit zurückzog, wenn „unklare Verhältnisse" drohten, mit der für ihn drohenden Gefahr in die Rolle eines Vermittlers zwischen gegensätzliche Meinungen oder Gruppen zu geraten. Zudem scheint es Ritter immer wieder aufs Neue Schwierigkeiten bereitet zu haben, wenn mögliche Protektionisten mit hohem Rang ihm ihre Gunst nicht mehr in ausreichendem Maße gewährten oder sich von ihren Positionen und damit von Ritter zurückzogen.

Mit dem Hang zu autoritären und hierarchischen Systemen war bei Ritter eine ausgeprägte Affinität zum Militär gegeben. Basierend auf seinen

---

[2] Mappe 1: Mein Ziel und meine Wege. KfZG C1/021

Erfahrungen als Unteroffizier im Ersten Weltkrieg konnte Ritter selbst dem katholischen Pazifismus nichts Gutes abgewinnen. Das kaiserlicher Heer, die Reichswehr und die Wehrmacht blieben für ihn zeitlebens Ideale, in die er seine persönlichen Vorstellungen projizierte und die er als Vorbilder für die Ordnung des Gemeinwesens propagierte.

Darüber hinaus ist für die mentale Prägung Ritters – wie für viele andere katholische Erwachsenenbildner seiner Zeit – ein ausgeprägter Irrationalismus zu konstatieren.[3] So wurde immer wieder der gesellschaftlich geltende Bildungsbegriff als „rationalistisch" und „intellektualistisch" abqualifiziert, dagegen Gemüt, Instinkt, Intuition und Wille gesetzt. In völliger Abwendung von dem Versuch die großen gesellschaftlichen Herausforderungen und die damit verbundenen persönlichen Herausforderungen rational zu lösen stand der Verweis auf die individuellen und kollektiven emotionalen Tiefen.[4] Doch war dies in einer psychologischen Sichtweise für Ritter vermutlich nichts anderes als die Suche nach einer eigenen Identität, der Wunsch des Individuums, sich seiner selbst zu vergewissern und sich seinen Fähigkeiten entsprechend verwirklichen zu können. Und wenn die Suche nach der personalen Identität über das Individuum hinaus letztlich immer wieder zu den „völkischen Wurzeln" führte, war dies mit dem Wunsch verbunden, einen individuellen Platz in einem großen Gesamtsystem zu finden und somit auf ein Ideal verweisen zu können, was über den einzelnen hinauswies und eine kollektive, als eine doppelte und höhere Form der Identität ermöglichte: zum einen die personale Identität des Einzelnen, zum anderen die kollektive Identität einer größeren Einheit, die außerhalb der „Gesellschaft" in der „völkischen Schicksalsgemeinschaft" lag und damit eine mächtigere Gestalt in einer allgemeinen Identität ermöglichte.[5]

---

[3] „Man könnte sagen, dass mit dem ersten Märchen, das an sein Ohr klingt, die politische Erziehung des jungen Menschen einsetzt." Ritter, Emil: Wege der politischen Bildung. DW 11.10.1928. KfZG A1/009
Ritter bezeichnete in diesem Artikel die Frage der Staatsform, ob Monarchie oder Republik als „Schicksal und Schickung des göttlichen Willens". Ritter, Emil: Monarchie und Republik als Schicksal. Zur Metaphysik der Politik. DW 07.02.1929. KfZG A1/035

[4] Vgl. das Kapitel „Die Politisierung des Irrationalismus", in: Sontheimer 1983, 54ff. Sontheimer summiert hier: „Aus der Verwerfung der Vernunft wurde im Endeffekt das gedankenlose und tatendurstige Schwelgen in einem Irrationalismus, der sich keinerlei Kontrollen unterwarf und im Namen der neuen Werte auch das Barbarischste und Inhumanste zu rechtfertigen bereit war. Das Denken wurde zum „Schauen", das Schauen zum Glauben, der Glauben zur Tat – und die Vernunft blieb auf der Strecke." A.a.O., 62

[5] Vgl. das Kapitel „Von der Romantik zum völkischen Denken", in: Mosse 1991, S. 21ff.

Mit den Folgen des autoritären Charakters sowohl auf einer individuellen als auch auf einer kollektiven Ebene hat sich der Theologe und Psychologe Eugen Drewermann intensiv auseinandergesetzt.[6] Auch der Psychoanalytiker Wilfried Wieck hält in seinen Büchern thematische Felder als gesellschaftliche und politische Folgen einer patriachalen Kultur fest, die sich allesamt nahtlos als mentale Prägungen im Lebenswerk Ritters wiederfinden. Es sind dies die Themenfelder Gewalt an sich, der Gewalt als Mittel der Erziehung und Konfliktlösung,[7] des Gehorsams, als ein letztlich internalisiertes Gesetz- und Regelwerk, welches das eigene Denken und die eigene Verantwortlichkeit auflösen und einen unangemessen Respekt vor jenen mit sich bringen, die Befehle geben, Gesetze erlassen und Macht gebrauchen,[8] des Krieges, mit seinen Begleiterscheinungen des Nationalismus und der Zerstörung,[9] und letztlich einem ausgeprägten Verdrängungsverhalten, welches ermöglicht, die Realität in seiner subjektiven Sichtweise immer wieder neu zu konstruieren, da einer Arbeit am Verdrängten und Unbewussten in keiner Weise Raum gegeben wird.[10] Es lohnt sich, diese Themenfelder Gehorsam, Gewalt, Krieg und Verdrängung im Auge zu behalten, denn sie können sich auf den folgenden Seiten als Leitlinien durch das Werk Ritters erweisen.

---

[6] Vgl.: Marz 1991 und Drewermann 1982

[7] „In Zeiten, da noch die Kirche das Evangelium auslegte und nicht die Humanitätsprediger, wäre es keinem Katholiken in den Sinn gekommen, so flach gegen die Todesstrafe zu argumentieren, die der reuige Mörder eigentlich gottergeben annehmen müßte." Ritter, Emil: Beseitigung der Todesstrafe. DW 09.07.1931. KfZG A3/037

[8] „Daß den jungen Menschen gesunde Lebensgrundsätze und ein wetterfester Charakter von Elternhaus und Schule mit auf den Weg gegeben werden, ist anscheinend nicht mehr erforderlich. Das Verständnis der jugendlichen Psyche ist alles, das objektive Erziehungsideal aber nichts mehr." Ritter, Emil: Wegezeichen: Am Rande des Abgrunds. DW 04.10.1928. KfZG A1/006
"Ohne Autorität, ohne Disziplin und Befehl verfällt der Deutsche der moralischen Anarchie, Selbstzerfleischung, Denunziation, Separatismus usw. werden zu einer Seuche."
Ritter, Emil: Was den Deutschen am meisten fehlt. O.J. KfZG B3/090

[9] Ritter, Emil: Ich erhebe Widerspruch. WAZ vom 10.06.1917

[10] Wiek 1992, 163ff.

b) Antidemokratische Kritik

Im folgenden Abschnitt wird Ritters Analyse der Zeit und hier ausdrücklich der Weimarer Republik als erstem parlamentarischen Rechtsstaat in Deutschland dargestellt. Dazu wird neben einer Darstellung der entsprechenden Inhalte der programmatischen Schrift Ritters „Die Volksbildung im deutschen Aufbau"[1] vom Beginn der Weimarer Republik aus dem Jahr 1919 auf dessen Artikel aus der Zeitung „Der Deutsche Weg" und damit auf den Zeitraum von 1928 bis 1932 zurückgegriffen, als der Zeitspanne, in der die Weimarer Republik in eine tiefe Krise geriet, die schließlich zu ihrem Nieder- und Untergang führte.

aa) Die Dämonisierung des Liberalismus

Vor aller Kritik an den verschiedenen Aspekten der Weimarer Republik entwickelte Ritter gegen Ende der 20er Jahre ein absolute Dämonisierung des Liberalismus als der staatstragenden Grundlage des Weimarer Verfassungsstaates. Der Liberalismus stellte die Projektionsfläche dar, auf die alle negativen Vorkommnisse und Entwicklungen als Ursache und Inbild übertragen wurden. In dieser kulminierenden Herabsetzung ging es in keiner Weise um historische Zusammenhänge, um ein differenziertes Bild der geistesgeschichtlichen Wurzeln des Liberalismus im neuzeitlichen Individualismus, in der Aufklärung, im Neuhumanismus sowie im Idealismus. Ebenso wenig finden sich Differenzierungen zwischen dem politischen und dem wirtschaftlichen Liberalismus oder eine kritische Darstellung und Würdigung der liberalen Grundwerte wie Beachtung der Grundrechte, das Prinzip der Rechtsstaatlichkeit, die repräsentative Demokratie, das Ideal der Chancengleichheit sowie freiheitlich-demokratische Gesellschaftsvorstellungen. Der Liberalismus bildete für Ritter vielmehr einen ideologischen Feind und diesen galt es sowohl in seinen vielfältigen Schattierungen als auch in seinen gesellschaftlichen Ergebnissen zu entlarven. Zwar wurde die dominierende Stellung des Individuums mit seiner Auffassung von der Freiheit des Einzelnen als grundlegender Norm noch zutreffend als Kern des Liberalismus geschildert, doch resultierte für Ritter daraus keine individuelle Freiheit, sondern vielmehr „die unantastbare Willkür des

---

[1] Ritter 1919
Die 93 Seiten umfassende Schrift „Die Volksbildung im deutschen Aufbau" erschien 1919 im Volksvereins-Verlag in Mönchen-Gladbach. In die großen politischen und wirtschaftlichen Aufgaben der Nachkriegszeit des Ersten Weltkriegs stellte Ritter die Forderung nach dem geistigen Aufbau des deutschen Volks und Volkstums als wichtigsten Teil der zu leistenden Erneuerungsarbeit.

Individuums".² Auf gesellschaftlicher Ebene bildete sich in Ritters Vorstellung „die Gesamtheit der Individuen, zum Begriff der „Menschheit" idealistisch verklärt", die in keiner Weise in der Lage seien, „die Bindungen des einzelnen an die natürlichen und geschichtlichen Gemeinschaften" zu sehen und zu fördern.³ Dabei ging es in der christlichen Kulturpolitik nicht darum für „individuelle Rechte, sondern um objektive Werte zu kämpfen".⁴ Als „Verwandte" des bürgerlichen oder toleranten Liberalismus betrachtete Ritter den „taktisch klugen Sozialismus" sowie den „gewalttätigen „Bolschewismus".⁵ Gegen diese Phalanx der Feinde, in die sich noch der „Wirtschaftsliberalismus" gesellte,

---

[2] „Das fundamentale Dogma der „liberalen Schule", daß der Mensch das Maß aller Dinge sei, daß es keine geistige Bindung an überindividuelle Lebenszusammenhänge, geschweige denn an einen übermenschlichen Willen gebe, begründet die unantastbare Willkür des Individuums. Mit fanatischer Hingabe verehrt und verteidigt der bürgerliche Liberalismus diesen Fetisch, und der proletarische, Sozialismus genannt, folgt ihm getreulich nach." Ritter, Emil: Liberale Fetische und christliche Kulturpolitik. Zugleich ein Beitrag zur christlich-deutschen Volkspolitik. DW 14.3.1929. KfZG A1/044

[3] „In der Stellung zur Kriegsdienstverweigerung offenbart sich, daß der Pazifismus auf dem liberalen Individualismus beruht. Der liberale Individualismus kennt nur die Individuen und ihre Gesamtheit, zum Begriff der „Menschheit" idealistisch verklärt. Die Bindungen des einzelnen an die natürlichen und geschichtlichen Gemeinschaften sieht er nicht ..." Ritter, Emil: Nochmals die katholische Friedensbewegung. Eine Erwiderung von Emil Ritter. DW 18.10.1928. KfZG A1/011

[4] „Nicht im Sumpfboden der „Humanität", sondern nur auf dem Felsengrund des göttlichen Gesetzes ist der Widerstand möglich. Die christliche Kulturpolitik hat nicht um individuelle Rechte, sondern um objektive Werte zu kämpfen." Ritter, Emil: Die liberalen Versuchungen des Zentrums. Eine kulturpolitische Pfingstbetrachtung. DW 16.5.1929. KfZG A1/058

[5] „Es war nicht Zufall und Willkür, daß in Freiburg [auf dem Katholikentag] Liberalismus und Sozialismus so oft miteinander verworfen wurden." Ritter, Emil: Die Festigung der christlichen Kulturfront. Kulturpolitische Bilanz des Freiburger Katholikentages. DW 12.9.1929. KfZG A1/088
„Das [die individuelle Autonomie des Menschen] ist in kurzen Zügen das Verwandtschaftsverhältnis zwischen dem gewalttätigen Bolschewismus, dem taktisch klugen Sozialismus und dem toleranten Liberalismus. ... Indem sich die Geistesverwandten des Kulturbolschewismus auf die Lockerung und Umwertung der sittlichen Ordnung im Volke beschränken, anstatt Religion und Kirche offen und direkt anzugreifen, wie die Russen, stellen sie in gewissem Sinne die größere Gefahr dar. Sie schaffen keine Märtyrer, deren Blut den Boden düngen würde, auf dem neue Saat des Glaubens wachsen könnte, sondern sie decken den gesunden Mutterboden des Volkstums, in dem die christliche Lebensauffassung seit langem eingewurzelt ist, mit dem Flugsand ihrer Glücksverheißungen und ihrer falschen Heilshoffnung zu, so daß die Wurzeln langsam absterben." Ritter, Emil: Die kulturbolschewistische Frontverlängerung. DW 24.04.1930. KfZG A2/034

galt es die „wirtschaftlich-soziale Front der Christlich-Konservativen" in einem Feldzug in Bewegung zu setzen.[6]

---

[6] „Die Aufgabe ist, die Neuordnung des wirtschaftlichen und sozialen Lebens, unabhängig vom Sozialismus, in den Feldzugsplan aufzunehmen. ... Jetzt ist es Zeit, daß die wirtschaftlich-soziale Front der Christlich-Konservativen gegen den Wirtschaftsliberalismus wie gegen den sozial unfruchtbaren und kulturell verderblichen Sozialismus in Bewegung gesetzt wird." Ritter, Emil: Die kulturelle und die wirtschaftliche Kampffront. DW 08.05.1930. KfZG A2/038

bb) Der Kampf gegen die Demokratie

In der Anfangsphase der Weimarer Republik lassen sich keine direkten Aussagen Ritters zu den anstehenden wichtigen Fragen des demokratischen Aufbaus und der freiheitlichen Staatsordnung der Weimarer Republik, die sich mit der Unterzeichung der Verfassung am 11. August 1919 eine rechtsstaatlich-demokratische Ordnung gab, nachweisen. Wie im nächsten Abschnitt noch ausführlich aufgezeigt wird, legte Ritter den Schwerpunkt seiner Überlegungen auf „den geistigen Aufbau des deutschen Volkes als wichtigsten Teil der Erneuerungsarbeit".[1] Den Auseinandersetzungen und Fragen nach einer neuen Staatsform konnte Ritter „nur eine untergeordnete Bedeutung zumessen".[2] Diese Ansichten Ritters finden sich auch in der Endphase der Weimarer Republik, lassen jedoch in ihren begleitenden Äußerungen ein beträchtliches antidemokratisches Potential erkennen. Ritter hielt daran fest, dass mit dem Untergang des Deutschen Reiches das dynastische Ideal als „Kaisergedanke" sowie einigende Idee untergegangen und für eine Identitätsbildung nicht mehr zu gebrauchen sei. Das nunmehr geltende Ideal sah Ritter im „deutschen Volk" selbst verwirklicht und griff dazu ausdrücklich auf die Weimarer Verfassung zurück.[3] Er leitete daraus jedoch in seinen Ausführungen keinesfalls den nunmehr anstehenden Gedanken der Volkssouveränität und die daraus resultierende Folgerung nach einer klaren Unterstützung der demokratisch-rechtsstaatlichen Verfassung ab, sondern charakterisierte die Weimarer Republik mit einem gängigen Topos des rechten Spektrums der Weimarer Zeit[4] als „Formaldemokratie".[5] In den erklärenden Ausführungen dieses Topos wurde nach

---

[1] Ritter 1919, 5

[2] A.a.O.

[3] „Der Kaisergedanke war nicht mehr lebendig im Volk, den neuen Staatskörper konnte nur die Ideologie beseelen, die in der ersten Zeile des Verfassungstextes also ausgedrückt ist: ‚Das deutsche Volk, einig in seinen Stämmen'." Ritter, Emil: Rechenschaft über Weimar. Zuvor eine Erwiderung auf die Anklageschrift Professor Buchners. DW 04.07.1929. KfZG A1/069

[4] Vgl.: Sontheimer 1983, 165ff.

[5] „... sind wir auch, mitsamt Republik, Parlamentarismus und Volksentscheid, kein demokratisches Volk und unser Staatswesen ist nur „formaldemokratisch"." Ritter, Emil: Das Wesen der politischen Bildung. DW 04.10.1928. KfZG A1/008
In einer Rezension zu Glum, Friedrich: Das geheime Deutschland. Die Aristokratie der demokratischen Gesinnung. Berlin 1930. führte Ritter aus: „Er [der Autor] stellt sich [mit seinen Forderungen nach einer „neuen Aristokratie"] entschieden auf den Boden der Demokratie, ‚allerdings einer Demokratie nicht im formalen Sinne, sondern einer Demokratie der Gesinnung, die Raum läßt für ein verantwortungsbewußtes Führertum'." Ritter, Emil: Um die nationale Demokratie. DW 09.10.1930. KfZG A2/053

den Vorstellungen Ritters, die sich zwischen Volk und Staat ergebende Polarität durch den Begriff der Nation überwunden.[6] Während das „mechanische Staatswesen" der Weimarer Republik keinen nationalen Geist aufwies, damit sein Handeln nicht in Übereinstimmung mit den wahren Erfordernissen der Nation nach „Einheit, Größe und Ehre" bringen konnte, sondern rein „formal" gemäß der Verfassung agierte und somit in einen kolossalen „parlamentarischen Leerlauf" verfiel, sollten „der Trieb zum Vaterlande, das Volksbewusstsein und der Wille zur nationalen Einheit" das Fundament für ein organisches Gemeinwesen legen. Die Frage nach der Staatsform an sich hielt Ritter nach wie vor für zweitrangig. Er brachte an dieser Stelle jedoch ausgerechnet zum „Tag der Weimarer Verfassung", neben konstitutioneller Monarchie und parlamentarischer Republik schon 1929 die Idee der „legalen Diktatur" ein, konkretisierte diesen Gedanken aber nicht weiter.[7] Selbst demokratischen Mehrheitsentscheidungen konnte Ritter nichts Positives mehr abgewinnen;[8] er sah die Zukunft des Gemeinwesens dagegen in der Hand einer starken, verantwortungsbewussten Führung.[9]

Mit seiner Verurteilung des demokratischen Gedankens, lehnte Ritter zugleich den Parlamentarismus als Hauptpfeiler der liberalen Demokratie ab. Über eine Beschreibung der vermeintlichen Missstände hinaus, ging Ritter zu einer totalen Verwerfung des Parlamentarismus über,[10] die auch und vor allem

---

[6] „Die Ideologie des Volksstaates, der ein Staat im Vollsinne sein soll, mit Hoheit und Herrschaft, ist die Einheit, Größe und Ehre der Nation. Wo diese Ideologie das Verhältnis eines Volkes zu seinem Staate bestimmt, ist die Polarität zwischen Volk und Staat wiederhergestellt, der Staat geht nicht im Volke unter. ... Für die staatliche Zukunft des deutschen Volkes ist nicht die „Staatsform", ob monarchisch oder republikanisch, entscheidend, sondern allein die Stärke der neuen Ideologie. ... Nicht auf den Wechsel der Form und auf die Verteidigung der bestehenden Form sollten wir unsere Sehnsucht und unsere politische Aktivität konzentrieren, sondern auf die Erweckung der seelischen Lebenskräfte für einen deutschen Volksstaat." Ritter, Emil: Königtum und Volksstaat. Die alte und die neue Ideologie des Staates. DW 18.07.1929. KfZG A1/072

[7] „Wie der Staat der Deutschen auch beschaffen sei, parlamentarische Republik oder konstitutionelle Monarchie oder legale Diktatur – er wird in keiner Form Volksstaat sein, solange nicht „der Trieb zum Vaterlande", das Volksbewußtsein und der Wille zur nationalen Einheit die bewegende Kraft unserer persönlichen und der öffentlichen Teilnahme an den politischen Dingen ist." Ritter, Emil: Von der Republik zum Volksstaat. Eine Verfassungsrede vor republikanischen und anderen Deutschen. DW 8.8.1929. KfZG A1/078

[8] „... Auch in der Demokratie bleibt Schillers Wort wahr: „Mehrheit ist Unsinn, Verstand ist immer nur bei wenigen gewesen." Im starken demokratischen Staatswesen steht die Führung hoch und sicher." Ritter, Emil: Das Wesen der politischen Bildung. DW 04.10.1928. KfZG A1/008

[9] Vergleiche dazu das Zitat in Anmerkung 5 in diesem Abschnitt der Arbeit.

[10] „Die Ehre und die Freiheit eines Volkes kann nur der Staat wahren und verteidigen. ... Der Parlamentarismus, der sich im republikanischen Deutschland entwickelt hat, ist

die politischen Parteien als entscheidende Träger der politischen Lebens in der parlamentarischen Demokratie mit einbezog. Ritter stimmte auch damit in die gängige Kritik der politischen Rechten mit ein, die in den Parteien „den Totengräber von Staat und Nation" sahen.[11] Die Parteien seien nicht in der Lage und willens echte Verantwortung zu übernehmen.[12] Personale Verantwortung spielte Ritter gegen Mehrheitsentscheidungen aus, die doch höchstens lächerliche Kompromisse ohne jeden wirklichen Fortschritt beinhalten würden. Die Lösung der Situation sah er in einer starken Regierung mit außergewöhnlichen Vollmachten,[13] die unabhängig von den Parteien und über die Parteien hinweg sich nicht ständig wechselnden Mehrheiten sondern der richtigen Politik verpflichtet sah.[14] Die Legitimation für eine solche Regierung, die dann in der Lage sei, den parlamentarischen Leerlauf zu beenden, sah Ritter in dem besonderen Vertrauens- und Treueverhältnis zwischen Regierung und Volk.[15] Die Entwicklung des Frühjahrs 1933 mit dem „Ermächtigungsgesetz" wurde in solchen Überlegungen bereits vorweggenommen.

---

sogar eine Verfälschung der Demokratie, ..." Ritter, Emil: Erziehung zur Staatsgesinnung. DW 13.11.1930. KfZG A2/062

[11] Sontheimer 1983, 161

[12] „Die Parteien haben nicht den Mut, die offene und ehrliche Verantwortung für die wirtschafts- und staatspolitischen Notwendigkeiten der Gegenwart zu übernehmen." Ritter, Emil: Der Kampf muß aufgenommen werden. DW 19.06.1930. KfZG A2/048

[13] „Die moralische Rechtfertigung einer Diktatur, oder sagen wir besser: einer Regierung mit außergewöhnlichen Vollmachten, liegt einzig in ihrer absoluten Unabhängigkeit von den Parteien. Nur indem sie sich über die Parteien hinweg an das Volk wendet, kann sie überhaupt Fuß fassen." Ritter, Emil: Deutsch-französische Gespräche. DW 6.11.1930. KfZG A2/063

[14] „Nicht die Mehrheit im Reichstag um jeden Preis, sondern die als richtig erkannte Politik um jeden Preis, auch um den Preis der Reichstagsauflösung, die ohnehin unvermeidlich wird, wenn sich das Kabinett auf die taktischen Schleichwege der Parteien abdrängen läßt." Ritter, Emil: Der Kampf muß aufgenommen werden. DW 19.06.1930. KfZG A2/048

[15] „Die Stillegung des parlamentarischen Leerlaufs war der erste Schritt, der zweite muß die Eroberung und Erhaltung des allgemeinen Vertrauens sein." Ritter, Emil: Die Rätsel des Kanzlers. DW 12.11.1931. KfZG A3/059

cc) Die Widersacher christlich-deutscher Kultur

Bereits 1919 hatte Ritter in seiner programmatischen Schrift „Die Volksbildung im deutschen Aufbau" zwei gesellschaftliche Gruppen ausgemacht, denen er eine subversive Wirkung auf die Volksgemeinschaft sowie einen destruktiven Einfluss auf den Staat als Gemeinwesen zuschrieb: den Sozialismus beziehungsweise Bolschewismus[1] und das Judentum. Dem Sozialismus als Lebens- und Weltanschauung warf Ritter vor, nicht die Volksgemeinschaft, sondern die proletarische Klassenbildung als Ziel zu verfolgen. Dabei lehnte er die Bildungsauffassung der Sozialdemokratie als einseitig auf den Intellekt gerichtet ab. Diese Form der Bildungsarbeit würde keine Erziehung und Seelengestaltung betreiben, vielmehr im Sinne der Aufklärung allein den Erwerb greifbarer Kenntnisse forcieren.[2] Dauerhaft verhindere diese Form der „dünkelhaften Verständlerei", dass sich ein fruchtbares Verhältnis der Sozialdemokratie zu den höchsten Kulturwerten entwickeln könne. So gelte dieser „verständlerischen Plattheit" die Religion nur noch als überwundener Klassenstandpunkt, vom sittlichen Idealismus bliebe nur noch eine „Klassenmoral".[3] Allein „verneinende Geister wie Heinrich Heine" würden in der sozialdemokratischen Kulturauffassung einen Platz finden, die Werke Schillers nur in einer ideologisch verengten Sichtweise rezepiert. Keinen Platz fänden demgegenüber die großen Geister wie Goethe und Wagner sowie die alten Schätze der deutschen Kunst. Dagegen würde durch die sozialistische Bewegung mit der „modernen und modernsten Kunst viel Unreifes und Unausgegorenes" forciert verbreitet.[4]

Hatte Ritter in diesem Zeitraum nur die Begriffe „Sozialismus" und „Sozialdemokratie" als Synonyme verwandt, so nahm er in seine Äußerungen zum Ende der Weimarer Republik mit dem Begriff „Bolschewismus" einen weiteren Terminus in die Negationsfront auf, der im kulturpolitischen Raum um das Schlagwort des „Kulturbolschewismus" ergänzt wurde. Die Begriffe Sozialismus, Sozialdemokratie und Bolschewismus verwandte er als beliebig austauschbare Synonyme, wobei er diese Ideologien insgesamt als Ausfluss des

---

[1] Vgl.: Ritter 1919, 73ff.
[2] „Über den Bildungsbestrebungen der Bewegung im ganzen steht aber der Geist des nüchternen Verstandesmenschen Bebel. Seine naive Gläubigkeit an die Allmacht der „modernen Wissenschaft" – als welche immer die Naturwissenschaft gedacht ist – ging auf die Partei über. Infolgedessen ist das sozialdemokratische Bildungsgut zum großen Teil nichts als Aufklärichst, der hinter dem fernrollenden Wagen Häckelscher „Weltweisheit" aufgesammelt wird." A.a.O., 74
[3] A.a.O.
[4] A.a.O., 75

Liberalismus betrachtete.[5] Allein in den Aktionsformen unterschied Ritter zwischen einem „absoluten", „grundsätzlichen" und „taktischen" Sozialismus,[6] an anderer Stelle wurden der „gewalttätige Bolschewismus, der taktische kluge Sozialismus und der tolerante Liberalismus" genannt; doch zeigen die Äußerungen deutlich, dass es sich nach Ritters Einschätzung nur um differenzierte Handlungsformen einer ideologischen Bewegung handelte, Sozialismus und Liberalismus aufgrund ihrer taktischen Vorgehensweise vielmehr als die „größere Gefahr" anzusehen seien.[7] Die Unvereinbarkeit zwischen Sozialismus und Christentum lag für Ritter in der Natur der Sache.[8] Nach wie vor war sein erster Kritikpunkt an der sozialistischen Bewegung das fehlende Gemeinschaftsbewusstsein im Sinne einer unbedingten Volksverbundenheit.[9] Der

---

[5] „Das fundamentale Dogma der „liberalen Schule", daß der Mensch das Maß aller Dinge sei, daß es keine geistige Bindung an überindividuelle Lebenszusammenhänge, geschweige denn an einen übermenschlichen Willen gebe, begründet die unantastbare Willkür des Individuums. Mit fanatischer Hingabe verehrt und verteidigt der bürgerliche Liberalismus diesen Fetisch, und der proletarische, Sozialismus genannt, folgt ihm getreulich nach." Ritter, Emil: Liberale Fetische und christliche Kulturpolitik. Zugleich ein Beitrag zur christlich-deutschen Volkspolitik. DW 14.03.1929. KfZG A1/044
„Es war nicht Zufall und Willkür, daß in Freiburg [auf dem Katholikentag] Liberalismus und Sozialismus so oft miteinander verworfen wurden." Ritter, Emil: Die Festigung der christlichen Kulturfront. Kulturpolitische Bilanz des Freiburger Katholikentages. DW 12.9.1929. KfZG A1/088

[6] Ritter, Emil: Sozialismus und Arbeiterschaft: Sozialistische Kritik an marxistischen Denkgewohnheiten. DW 16.04.1928. KfZG A1/003
Ritter, Emil: Sozialismus als Lehre und als Bewegung. Zur Diskussion über Brauer: Der moderne deutsche Sozialismus. DW 10.10.1929. KfZG A1/097

[7] „Das [die individuelle Autonomie des Menschen] ist in kurzen Zügen das Verwandtschaftsverhältnis zwischen dem gewalttätigen Bolschewismus, dem taktische klugen Sozialismus und dem toleranten Liberalismus. ... Indem sich die Geistesverwandten des Kulturbolschewismus auf die Lockerung und Umwertung der sittlichen Ordnung im Volke beschränken, anstatt Religion und Kirche offen und direkt anzugreifen, wie die Russen, stellen sie in gewissem Sinne die größere Gefahr dar. Sie schaffen keine Märtyrer, deren Blut den Boden düngen würde, auf dem neue Saat des Glaubens wachsen könnte, sondern sie decken den gesunden Mutterboden des Volkstums, in dem die christliche Lebensauffassung seit langem eingewurzelt ist, mit dem Flugsand ihrer Glücksverheißungen und ihrer falschen Heilshoffnung zu, so daß die Wurzeln langsam absterben." Ritter, Emil: Die kulturbolschewistische Frontverlängerung. DW 24.04.1930. KfZG A2/034

[8] In einer Rezension zu Piechowski, Paul: Proletarischer Glaube. Berlin 1928[4], führte Ritter aus: „Piechowski muß die Unvereinbarkeit von Sozialismus und Christentum zugeben." Ritter, Emil: Die religiöse Not des Proletariats. DW 22.05.1930. KfZG A2/041

[9] „Für den Sozialismus mag es folgerichtig sein, die Volkseinheit aus den Bildungszielen auszuschalten, die unbedingte Geschlossenheit der Klasse ist ihm wesentlicher als die Volksverbundenheit. Um so dringlicher muß das christlich-konservative Denken die Aufgabe empfinden, alle echten geistigen Bindungen an die Volksgemeinschaft zu erhalten

Sozialismus würde dagegen sogar gemeinschaftszerstörend wirken und gegen das Volk als „Lebewesen und Schicksalsträger" auf die Geschlossenheit der Arbeiterklasse als „mechanisch durch gleichartige Interessen zusammengehaltene Individuen" setzen. An dieser Nahtstelle zwischen Klasse und Volk verortete Ritter den Gegensatz und ideologischen Kampf zwischen „mechanischer, materialistischer und organischer, letzthin gläubiger Weltauffassung".[10] Die unbedingte Notwendigkeit des Kampfes zwischen Bolschewismus und Christentum sah Ritter aufgrund der akuten Bedrohung der „abendländischen Kultur" sowohl auf außenpolitischem wie innenpolitischem Feld gegeben. Sollte sich die außenpolitische Aktion gegen Russland als Hort des Bolschewismus richten,[11] so stellte auf innenpolitischem Feld der Kulturbolschewismus das Feindbild dar.[12] Hier sah Ritter die sozialistische Bewegung durch die „Zersetzung der sittlichen Ordnung der Gesellschaft" aktiv. Im einzelnen wurden als „Meilensteine des sittlichen Verfalls" gemischte Badeanstalten, die Feuerbestattung, die Trennung von Kirche und Staat, der Schwangerschaftsabbruch sowie die Ehegesetzgebungsreform genannt.[13] Gegen derartige

---

und zu stärken." Ritter, Emil: Um die deutsche Volksbildung. DW 27.08.1931. KfZG A3/049

[10] „Das tiefste Wesen des liberal-kapitalistischen Sündenfalls vermag jedoch der marxistische Sozialismus niemals zu erkennen, weil er selber nur eine Umkehrung des gemeinschaftszerstörenden Prinzips ist. Ebenso unfaßbar ist ihm das Volk als Lebewesen und Schicksalsträger. Für ihn gibt es nur die Masse der durch gleichartige Interessen mechanisch zusammengehaltenen oder durch entgegengesetzte Interessen klassenmäßig geschiedenen Individuen. Im Kampf der Ideen, Klasse und Volk, wird der Gegensatz zwischen mechanischer, materialistischer und organischer, letzthin gläubiger Weltauffassung ausgetragen." Viator: Klasse oder Volk. DW 15.01.1931. KfZG A3/002

[11] Rezension zu Edwin Erich Dwinger: Zwischen Weiß und Rot. Jena o.J.
"Die abendländische Kultur wäre heute nicht durch den Bolschewismus bedroht, hätte damals irgendeine Großmacht etwas anderes im Auge gehabt als den eigenen Profit." Ritter, Emil: Die Schande des Jahrhunderts. Was ein Deutscher in Rußland erlebte. DW 04.12.1930. KfZG A2/069

[12] „Der Kampf gegen den religiösen und sittlichen Bolschewismus ist keine außenpolitische Angelegenheit, das hat Kardinal Faulhaber in einer bedeutsamen Predigt im rechten Augenblick ausgesprochen. Das Wesensmerkmal des geistigen Bolschewismus ist die Zersetzung der auf der christlichen Überlieferung ruhenden sittlichen Ordnung, und diese frißt sich auch in das deutsche Volk immer tiefer ein. ... Der Kulturbolschewismus tritt bei uns gewöhnlich nicht mit der nackten Fratze und mit brutaler Gewalt auf, sondern im Lammfell und mit der unschuldsvollen Miene der Humanität." Viator: Wegezeichen: Kulturbolschewismus und Humanität. DW 20.02.1929. KfZG A1/038

[13] „Der sozialdemokratische Fraktionsredner zum Etat des Innenministeriums, der Abgeordnete Sollmann, hat im Reichstag vom „Mißbrauch des Schlagwortes Kulturbolschewismus" gesprochen. Für viele sei Kulturbolschewismus schon jedes Familienbad, die Feuerbestattung, die Trennung von Staat und Kirche, die Beseitigung des „barbarischen" § 218, die Reform der Ehegesetzgebung. Der Abgeordnete Joos hat als Sprecher des Zentrums die unzweideutige Antwort gegeben, daß die Ziele in dieser

gesellschaftlichen Verfallserscheinungen wollte Ritter die „wirtschaftlich-soziale Front der Christlich-Konservativen" aktivieren und in Bewegung setzen.[14]

Neben dem Sozialismus beziehungsweise Bolschewismus hatte Ritter bereits 1919 im Judentum eine weitere gesellschaftliche Gruppe ausgemacht, deren negative und destruktive Agitation für ihn außer Frage stand. Ritter behandelte diese „schwierige Frage für die Zukunftsentwicklung der christlichen-deutschen Kultur" im gleichnamigen Abschnitt „Christlich-deutsche Kultur" des Kapitels „Ein Volk durch Volksbildung".[15] Dabei gingen seine Äußerungen über den in der katholischen Kirche stark verbreiteten religiös begründeten Antijudaismus weit hinaus.[16] Ritter sah die Juden generell als Angehörige eines „fremden Volkstums", die als solche den „christlichen Grundgehalt der deutschen Kultur verneinen müßten".[17] Darüber hinaus hätte das Judentum „in der deutschen Kultur bisher keine großen schöpferischen Leistungen aufzuweisen", allein in einer kritischen, anregenden bzw. vermittelnden Funktion komme dem Judentum eine gewisse gesellschaftliche Kulturbedeutung zu, die Ablehnung als „Führer, als Verkünder der Kulturideale" sei jedoch evident. Dabei lehnte Ritter zu diesem Zeitpunkt „antisemitische Ausnahmegesetze" noch

---

Zusammenstellung allerdings Kulturbolschewismus anzeigten. Die Verteidigung der Sozialdemokratie gegen den Vorwurf, den Kulturbolschewismus zu fördern, ist also zu einer Selbstanklage geworden." Viator: Wegezeichen: Ist das Kulturbolschewismus. DW 26.06.1930. KfZG A2/050

[14] „Die Aufgabe ist, die Neuordnung des wirtschaftlichen und sozialen Lebens, unabhängig vom Sozialismus, in den Feldzugsplan aufzunehmen. ... Jetzt ist es Zeit, daß die wirtschaftlich-soziale Front der Christlich-Konservativen gegen den Wirtschaftsliberalismus wie gegen den sozial unfruchtbaren und kulturell verderblichen Sozialismus in Bewegung gesetzt wird." Ritter, Emil: Die kulturelle und die wirtschaftliche Kampffront. DW 08.05.1930. KfZG A2/038

[15] Ritter 1919, 27ff.

[16] „Die jüdische Rasse und der deutsche Volkscharakter stehen sich weit schroffer gegenüber als jene und die romanischen Völker. Tatsächlich haben die Juden in der deutschen Kultur bisher keine großen schöpferischen Leistungen aufzuweisen gehabt. In der Kritik, in der Anregung, in der Vermittlung sind sie stark, und darin können sie uns auch künftig wertvolle Dienste leisten. Als Führer, als Verkünder der Kulturideale sind sie abzulehnen. Die Gefahr, die in ihren gegenwärtigen Ansprüchen liegt, muß endlich klar erkannt und abgewehrt werden. Allerdings nicht durch politischen und wirtschaftlichen Kampf gegen das Judentum, nicht durch antisemitische Ausnahmegesetze. Auch feierliche Proteste und Bekenntnisse zum „rassereinen" Deutschtum nützen nichts, sie verbittern nur und machen überheblich. Einzig durch positive Gegenwirkung kann der Kultureinfluß der Juden, soweit er schädlich ist, ausgeglichen werden. Das deutsche Volk muß Wesen und Eigenart seiner überlieferten Kultur, muß die Grundbedingungen der künftigen Kulturentwicklung erkennen, dann wird es die undeutschen Strömungen instinktiv abweisen. Volksbildung ist das beste, ja einzige Mittel, den Charakter der christlich-deutschen Kultur rein und unversehrt zu erhalten." A.a.O., 32

[17] A.a.O.

ebenso ab, wie einen politischen und wirtschaftlichen Kampf gegen das Judentum. Er sah die Lösung der Frage vielmehr in einer positiven Gegenwirkung durch fundierte Kenntnisse des Wesens sowie der Eigenart der überlieferten deutschen Kultur und den Grundbedingungen der künftigen Kulturentwicklung. Dies würde automatisch dazu führen, „die undeutschen Strömungen instinktiv abzuweisen".[18]

In einem Bericht über den 16. Zionistenkongress 1929 in Zürich führte Ritter diese Gedanken über die Juden in Deutschland als Angehörige eines „fremden Volkstums" weiter und attestierte der jüdischen Gemeinschaft über die Formen des religiösen Bekenntnisses hinaus einen engen „völkischen Zusammenhalt".[19]

Ein Jahr später radikalisierte Ritter seine Position in einer Rezension in der Zeitschrift „Schönere Zukunft". Er stellte „einen rücksichtslosen Kampf der hervorragenden jüdischen Köpfe gegen deutsche Wesensart und die christlich-deutsche Überlieferung" fest. Ritter sah dies jedoch weniger in einer „unbedingten Hingabe an den aufklärerischen Zeitgeist" als vielmehr in der „andersartigen seelischen Struktur" des Judentums und seiner Protagonisten begründet. Sogar im Falle einer Konversion durch Änderung des Religionsbekenntnisses bleibe diese „Artfremdheit" erhalten. Auch im folgenden näherte sich Ritter mit der Übernahme von Termini wie „Wirtsvolk" oder „Gastvolk" einem rassistischen Sprachgebrauch an.[20]

---

[18] A.a.O.

[19] „Der zionistischen Tradition entsprechend hat man sich in Zürich demonstrativ zum jüdischen Volkstum bekannt. Nicht um jüdische Religion ging es, sondern einzig und allein um die jüdische Nation und ihr Heimatland. In der Jewish Agency macht sich das gesamte Judentum die nationalpolitischen Ziele des Zionismus zu eigen, ohne Rücksicht auf die Strenge oder liberale Richtung in der Synagoge. In feierlichster Form ist hier öffentlich bekundet worden, was jeder aus der täglichen Erfahrung wissen kann: daß der liberale Jude im ungläubigen trotz allem den Volksgenossen sieht." Ritter, Emil: Der Zionismus und die Judenfrage. Zur Würdigung des 16. Zionistenkongresses in Zürich. DW 21.08.1929. KfZG A1/082

[20] „Es ist gewiß nicht bloß die unbedingte Hingabe an den aufklärerischen Zeitgeist, daß hervorragende jüdische Köpfe einen rücksichtslosen Kampf gegen die deutsche Wesensart und die christlich-deutsche Überlieferung führen, sondern liegt tiefer, in der andersartigen seelischen Struktur begründet. Die Artfremdheit bleibt in den meisten Fällen, wenn die politische Stellung, sogar wenn das Religionsbekenntnis geändert wird. ...
Wenn sich Wirtsvolk und Gastvolk der Wesensunterschiede bewußt sind, dann wird es zu unangemessenen Ansprüchen auf der einen und zur Selbstpreisgabe auf der anderen Seite nicht kommen. Auf dieser Erkenntnisgrundlage müssen Juden und Nichtjuden in gegenseitiger Achtung miteinander leben, eine Achtung, die bei den gläubigen Christen durch aktive Nächstenliebe vertieft wird." Ritter, Emil: Die christliche Lösung der Judenfrage. (Rez.:) H. Belloc: Die Juden. München: Kösel 1927, 232 S, in: Schönere Zukunft 5 (1929/1930), 1013-1014

Dass der Antisemitismus Ritters manifest vorhanden war, zeigte sich auch in anderen inhaltlichen Zusammenhängen. So polemisierte Ritter in einem Artikel über die Haltung der sozialistischen und linksliberalen Presse gegenüber Mussolini und dem italienischem Faschismus in krasser Weise gegen den Einfluss jüdischer Schriftsteller auf die deutsche Literaturlandschaft und nannte Ludwig, Tucholsky und Lessing als negative Beispiele.[21]

---

[21] „Er [der Journalist Theodor Wolff] bemüht sich, Mussolini als Kronzeugen gegen den Antisemitismus zu gewinnen. Zwar kann er keine Äußerung zu diesem Punkte zitieren, Mussolini hat nur „sehr entschieden seine Zustimmung zu erkennen gegeben", als der Besucher den Faschismus pries, weil er keinen Antisemitismus kennt. Wahrscheinlich hat der Duce mit dem Kopf genickt. Er dürfte wissen, dass jüdische Literaten in Deutschland eine Rolle spielen, die er in Italien keinen Augenblick dulden würde. Für einen Emil Ludwig, einen Kurt Tucholsky, einen Theodor Lessing hätten die Faschisten schon das nötige Quantum Rizinusöl besorgt." Ritter, Emil: Mussolini und die deutschen Demokraten. DW 02.05.1930. KfZG C2/012

c) Vision der Volksgemeinschaft

aa) Die deutsche Volksgemeinschaft im „Mutterboden des Volkes" durch „Volksbildung"

Zum Ende des Ersten Weltkriegs entwickelte Ritter in drei Artikeln sein Verständnis der „Volksbildung als Volk-Bildung". Das Volk als „seelische Schicksalsgemeinschaft" – vereint durch die „gemeinsame Not im Erlebnis des Krieges gegen die ganze Welt" – sollte gleichzeitig Adressat und Ziel der Bildungsarbeit sein.[1] Als inhaltliche Ausformung führte Ritter aus, dass sich die Bildungsarbeit nicht auf die Bildung für das Volk, sondern auf die Bildung eines Volkes auszurichten habe. Anstelle der Bildungsgleichheit solle die Bildungseinheit treten. Zwar sei eine berufliche Sonderbildung, aber auf keinen Fall eine ständische Sonderbildung mit einem solchen Bildungsverständnis vereinbar.[2] Ein Jahr später legte Ritter diese Gedanken in seiner programmatischen Schrift „Die Volksbildung im deutschen Aufbau" ausführlicher dar. Die Forderung nach dem geistigen Aufbau des deutschen Volks als wichtigsten Teil der zu leistenden Erneuerungsarbeit stellte Ritter in die großen politischen und wirtschaftlichen Aufgaben der Nachkriegszeit. Zentrale Bedeutung käme dabei dem Bestand und Aufbau des deutschen Volks als einem „in sich lebenskräftigem Volk"[3] zu. Wirtschaftliche Erfolge, die Fragen nach einer neuen Staatsform, selbst mögliche politische Missgriffe hätten dagegen nur eine untergeordnete Bedeutung. „Die wichtigste Zukunftsfrage scheint mir daher zu sein: dass wir uns als Volk bewahren – oder daß wir ein Volk werden."[4] Dem Verständnis von Volk und Volkstum wandte sich Ritter in diesem Buch auf seinen ersten dreißig Seiten zu. Der Auftrag dieses geistigen Aufbau des Volkes komme der Erwachsenenbildung zu, die damit zur Grundlage des deutschen Aufbaus wurde. Diese Idee der Erwachsenenbildung wurde im zweiten Teil der Schrift auf zwanzig Seiten dargestellt. Im dritten Teil der Schrift wurden auf vierzig Seiten praktische Fragen der Bildungsarbeit erläutert.[5]

---

[1] Ritter, Emil: Volkskunst-Arbeit nach dem Kriege. Vk 6 (1918), 1
Vgl. auch: Ritter, Emil: Wir müssen ein Volk werden, in: Hl. Feuer August 1918, 426-433. KfZG A5/071

[2] Ritter, Emil: Drei Sätze über die deutsche Volksbildung, in: Hl. Feuer Mai 1919, 315-322. KfZG A5/076

[3] Ritter 1919, 5

[4] A.a.O.

[5] Ritter verwies dazu auf die Schriften von Alois Wurm und August Pieper. A.a.O., 6

Im folgenden werden aufgrund der besonderen Bedeutung der Begrifflichkeiten von „Volk", „Volkstum" und „Volksbildung" die ersten beiden Teile der Schrift in ihren Inhalten kurz skizziert.

Durch die staatliche Zersplitterung der deutschen Nation war nach Ansicht Ritters die Idee des Volkes vor der Gründung des deutschen Kaiserreichs 1871 auf die dauernde Einigung der deutschen Stämme zu einer einheitlichen Nation gerichtet. Doch setzte dies voraus, dass die deutsche Abstammungs- und Sprachgemeinschaft erst wieder zum Bewusstsein ihrer selbst gelangen musste. Als Vorbild und Beispiel konnte hierbei die nationale Einigung der übrigen Völker Europas dienen. Doch an all diesen Beispielen wurde deutlich, dass ein Volk kein Zweckverband sein konnte, der sich aus bloßen Opportunitätsgründen zusammenschloss; das Eigentliche und Wesentliche war vielmehr die große Idee, die der Einigung erst die höhere Weihe und Wertigkeit gab. Als Beispiele für diese große Idee nannte Ritter bei den slawischen Völkern die religiös verklärte Rasseidee, bei den Franzosen die nationale Ehre der „grande nation" und bei den Engländern die Vorstellung des weltführenden und weltordnenden Reichs. Im deutschen Volk sah Ritter die „Kaiseridee" lebendig, die im mittelalterlichen Reich der Deutschen ihr Leben aus der Treue als „Mannentreue" im Verhältnis zwischen Lehnsherrn und Gefolgsmann zog. Mit der nationalen und politischen Einigung 1871 sah Ritter die Kaiseridee durch die Reichsidee abgelöst. Doch die Reichsidee erwies sich kaum geboren, als wenig lebensfähig, denn das deutsche Volk konnte zu keiner inneren Lebensgemeinschaft finden. Es wurde zerrissen durch den konfessionellen Gegensatz von Protestantismus und Katholizismus sowie durch den gesellschaftlichen Gegensatz von Ober- und Unterschicht. Der unglückliche Ausgang des Ersten Weltkrieges ließ den alten Gegensatz der deutschen Stämme wieder neu aufbrechen und machte die Reichsidee vollends obsolet. An die Stelle der Kaiseridee und des Reichsgedankens sah Ritter nun eine neue Idee als einigendes Band von der „Mannentreue zur Brudertreue, zur Treue gegen die Volksgesamtheit und jeden Volksgenossen" treten, eine Idee, „so heilig wie den Vätern die Kaiseridee": die Volksidee.[6] Diese sollte sich für das neu konstituierende Gemeinwesen als der große Leitgedanke der dauernden Einigung aller deutschen Stämme erweisen. Was aber verstand Ritter unter diesem Begriff des Volkes? Zunächst setzte er dies von der Gesamtheit aller Staatsbürger, von den niederen Volksschichten, von der Vereinigung der Menschen mit gleicher Abstammung, Muttersprache oder Kulturgemeinschaft ab. Das Volk als Schicksalsgemeinschaft bildete nach Ritter den Umfang des Begriffes, während in Anlehnung und Rückgriff auf Richard Wagner als Inhalt des

---

[6] A.a.O., 9

Begriffs das Volk als Gemeinschaft derjenigen zu verstehen ist, die eine gemeinsame Not empfinden. Von daher stellte die Aufbruchsstimmung zu Beginn des Ersten Weltkrieges als der „Geist vom August 1914" zwar ein „Idealbild zukünftiger Möglichkeiten" dar, welches „die heilige Sehnsucht in uns weckte" nach diesem „blühenden Traumbild der völkischen Gemeinschaft",[7] doch fehlte diesem Ereignis als echtes Zeugnis der Volkswirklichkeit und Prüfstein das Erlebnis der gemeinsamen Not. Dies sah Ritter erst durch die „deutsche Tragödie" des November 1918 gegeben und hier zeigte sich nach seiner Einschätzung nirgends der Ruf „Wir sind ein Volk und gehören zusammen!", vielmehr sei sowohl jeder einzelne als auch jeder deutsche Stamm allein auf politische und wirtschaftliche Vorteile aus gewesen. So sei beispielsweise niemand bereit, „um der österreichischen Brüder willen ein Opfer zu bringen", „Trient und Triest eilen zu Italien, Lemberg verlangt nach Polen, Agram geht zu Serbien" und „das deutsche Straßburg werfe sich mit einem Jubelschrei Frankreich in die Arme".[8] In einer mystischen Überhöhung sah Ritter die Notwendigkeit, dass die „deutschen Stämme mit den Blutsgenossen und Bruderstämmen zu einer Volksgemeinschaft verschmelzen", dies aber nicht aufgrund einer wirtschaftlichen oder politischen Notwendigkeit sondern vielmehr aufgrund „göttlicher Bestimmung durch die geschichtliche Erfahrung", ähnlich wie Mann und Frau sich in der Ehe zu einer höheren Einheit verbinden würden. Diese Form der „Gefühlsgemeinschaft als Liebesgemeinschaft" bilde die Voraussetzung für die innere Gemeinschaft, die in der Volksgemeinschaft das gemeinsame Ziel ausmachen würde.[9]

Im folgenden stellte Ritter seine Gedanken zur Erwachsenenbildung als Grundlage der Volksgemeinschaft sowie zum Volksstaat und zur Volkskultur als Bedingungen des Fortbestandes der Volksgemeinschaft dar. Da Volksstaat und Volkskultur die Erwachsenenbildung voraussetzen, kam dieser eine vorbereitende Funktion zu. Diese sah Ritter vor allem in der Vorbereitung aller Schichten auf eine Berücksichtigung bei der „Führerauslese", einer Bildung im allumfassenden Sinn sowie einer Ausrichtung der Bildungsbemühungen auf eine einheitliche deutsche Volkskultur. Die Aussagen Ritters zum Volksstaat blieben unbestimmt.[10] Wichtig war ihm, dass der Volksstaat als „Arbeitsgemeinschaft die Sache aller ist", doch war dies nicht mit demokratischen Gedanken verbunden. Volksstaat sollte in keinem Fall eine Beteiligung der Volksmassen an der Regierung bedeuten. Den Unterschied zwischen

---

[7] A.a.O., 14
[8] A.a.O., 13f.
[9] A.a.O., 11
[10] A.a.O., 16ff.

Volksstaat und Obrigkeitsstaat sah Ritter allein in der Auslese der Führerpersönlichkeiten. Während im Obrigkeitsstaat die Auswahl von oben erfolgen würde, könne im Volksstaat diese sowohl durch Wahl als auch von oben erfolgen, müsse aber in jedem Fall durch das Vertrauen des Volkes gedeckt sein. Der wesentliche Maßstab sei das Vertrauen des Volkes in die Führer und die Führung. Ritter machte aber keine Aussagen dazu, wie dies – außer in einer demokratischen Wahl – legitimiert werden solle. Im Bereich der deutschen Volkskultur sah Ritter nur allgemeinen Niedergang.[11] Während Goethes Frühwerk für die Geburtszeit nationaler Kultur stand, Schillers Dramen für das neue politische Wollen, Kleists Dichtung für den völkischen Freiheitsdrang, Beethovens Tonwerke für die Geschehnisse der napoleonischen Zeit und Wagners Musikdramen für die deutsche Sehnsucht nach geeinter Größe, würde das Sehnen der Menschheit nach Frieden und Völkerversöhnung zwar für die Heftigkeit des Friedensverlangens sprechen, aber keineswegs für die Kraft des schöpferischen Erlebnisses. Hier müsse durch Erwachsenenbildung ein neuer Boden für eine wirkliche deutsche Volkskultur bereitet werden. Wichtig sei es dabei, auf die wahren sittlichen Werte abzustellen, die als überzeitliche Lebenswerte über das Leben hinausgingen. Ein solcher sittlicher Idealismus sei sowohl im Christentum als auch in der Vorherrschaft der Seele in der deutschen Kulturüberlieferung zu finden. Dem Seelischen, Übersinnlichen und Überzeitlichen müsse als höchster Lebenswert wieder allgemeine Anerkennung zukommen. Hier sah Ritter auch die spezifische Aufgabe des deutschen Volks „im Menschheitsganzen, welche sich aus der besonderen Veranlagung und Entwicklung ergeben"[12] hätte. In der engen Verbindung von deutscher Kultur und Christentum, im Deutschtum als Mischung aus Germanen- und Christentum, hätte sich die deutsche Philosophie mit Nietzsche als Protagonisten, die deutsche Kunst mit Goethes Faust, Wagners Parsifal und Beethovens „titanischem Seelenkampf" entwickelt. Diese christlich-deutsche Kultur müsse gegen die stofflich-sinnliche Lebensauffassung mit ihrer entseelten und entgeistigsten Kultur wieder in den Seelen und durch die Seelen der Deutschen wachsen. Über alle konfessionelle Spaltung hinaus habe als letztes Ziel zu gelten, „alle Volksgenossen zu bewussten Gliedern der christlich-deutschen Kulturgemeinschaft zu machen".[13]

Dieser Auftrag obliege der Erwachsenenbildung, die sich für diese Aufgabe von ihren alten Bestimmungen, einem rein auf die Volksmasse zugeschnittenen Bildungsbetrieb beziehungsweise einer Bildung als praktischer

---

[11] A.a.O., 19ff.
[12] A.a.O., 28
[13] A.a.O., 30

Lebensbewältigung lösen müsse, denn beide genannten Versuche würden auf der falschen Voraussetzung, der Trennung des Volkes in verschiedene Gruppen nach geistigen Bedürfnissen, beruhen. Eine Bildungsarbeit, die auf dem skizzierten umfassenden Begriff des Volks basiere, müsse dagegen auf die Bildung eines ganzen Volkes ausgerichtet sein. Die Gewähr für die damit nötige innere Gemeinsamkeit der Bildungsarbeit sah Ritter durch die Einheit der Erwachsenenbildung in einer dreifachen Ausformung gegeben: einer Einheit im übereinstimmenden Bildungszweck, die sich auf den Menschen als unmittelbaren und die Volksgemeinschaft als mittelbaren Zweck richte, wobei der unmittelbare Zweck durch die Gestaltung der Persönlichkeit als Bildung aller Anlagen des Menschen erfüllt werde, einer Einheit im gemeinsamen Bildungsgut mit der Muttersprache als erstem und frühestem Werkzeug der Bildung und darauf aufbauend der gesamten Kultur des Volkes sowie einer Einheit in einem einheitlichen Bildungsideal, welches aus dem Volksgeiste selbst, aus dem tiefsten Wesen und Sehnen des Volkes als völkischem Bildungsideal stammen müsse. Damit könne die Erwachsenenbildung der Deutschen nicht anders als deutsch sein.

Diese Grundgedanken führte Ritter in seinem publizistischen und politischen Wirken fort. So war sein Bemühen in der Leitung der Programmkommission der Zentrumspartei zu Beginn der zwanziger Jahre in besonderer Weise darauf gerichtet, den Gedanken „der deutschen Volksgemeinschaft" an exponierter Stelle zu verankern und bei aller Präferenz des katholischen Gedankenguts, den nationalen Gedanken, den „Trieb zum Vaterlande" an die erste Stelle zu rücken.[14]

Zum Ende der Weimarer Republik setzte sich Ritter verstärkt für die Verbreitung seiner Sichtweisen von Volk, Volkstum und Volksbildung ein. Das Wesentliche eines Volkes ist dabei für Ritter nach wie vor neben der geistigseelische Dimension vor allem die „durch die Jahrtausende lebende Einheit,

---

[14] „Von Anfang an leitete den Entwurf der Satz ein, daß die Zentrumspartei „bewußt zur deutschen Volksgemeinschaft steht". Damit war der ganze Bau auf der Grundlage des nationalen Bewußtseins errichtet. ... Welches ist denn nun aber die wahre und ursprüngliche Grundlage der Zentrumspolitik, die christliche Weltanschauung oder das nationale Bewußtsein. ... Trotzdem ist die Nation, der „Trieb zum Vaterlande" Ausgangspunkt für das politische Handeln und nicht die christliche Lehre. Die Nation ist gleichsam der Boden, auf dem eine Partei, auch eine christliche Partei steht, geht und wirkt." Ritter, Emil: Die nationale Grundlage des neuen Zentrumsprogramms, in: Das Zentrum. Nr. 18 vom 18. 15.09.1922. KfZG A5/162
Dieses Urteil teilt auch Morsey 1966, 434f. Vgl. den Abschnitt „Biographie Emil Ritters: Weimarer Republik – „Die Volksbildung im deutschen Aufbau" (1919)

Abstammungs-, Geistes- und Schicksalsgemeinschaft".[15] Von der „unverdorbenen Kraft und dem guten Geist des deutschen Volkes" erwartete Ritter mit Blick auf die „Hunderttausende von Helden" und den „heroischen Alltag der vier Kriegsjahre" die Regeneration und die „Wiedergeburt des deutschen Volkes selbst".[16] Das Volk bildete sowohl den „Mutterboden"[17] als auch den Gegenpool zum Staat.[18] Ritters Vision des Volksstaates wurde weiterhin als einzig mögliche Staatsform bezeichnet,[19] ohne dass genauere Angaben zum

---

[15] „Volk ist eine durch die Jahrtausende lebende Einheit, Abstammungs-, Geistes- und Schicksalsgemeinschaft. Volk ist nicht nur das jetzt und hier zusammengeballte Dasein und Bedürfen von einigen oder vielen Millionen, sondern ist zugleich Geschichte und Wachstumskraft der Zukunft." Ritter, Emil: Von der Republik zum Volksstaat. Eine Verfassungsrede vor republikanischen und anderen Deutschen. DW 08.08.1929. KfZG A1/078

[16] „Unsere Rüstung sei der Glaube an die unverdorbene Kraft und den guten Geist des deutschen Volkes. ... Und ein Volk, das noch vor wenigen Jahren Hunderttausende von Helden hervorgebracht, das den heroischen Alltag der vier Kriegsjahre durchlebt hat, ein Volk, das durch die Katastrophen der Nachkriegszeit doch nur an der Oberfläche aus seiner Wesensform gebracht wurde, ist der Regeneration fähig. Alfred Weber schrieb einmal aus dem Schützengraben: „Das tiefste und ergreifendste Erlebnis dieser Zeit ist für mich das deutsche Volk." Wer das gleiche Erlebnis hatte, kann an Deutschland nicht irre werden. ... Zu unserer Rüstung gehört daher zweitens der Wille zur deutschen Charaktergerechtigkeit, zur Reinheit und Selbstdisziplin im Ringen um die deutsche Zukunft. ... Vollenden soll unsere Rüstung ein festes und starkmütiges Gottvertrauen. ... Solange die Sehnsucht nach der Wiedergeburt im deutschen Volke nicht erloschen ist, und seien auch nur die Besten von ihr erfüllt, solange ist ein Tor für die Gnade offen." Ritter, Emil: Unsere Rüstung für das dunkle Jahr 1930. DW 02.01.1930. KfZG A2/001

[17] „Das Volk ist nach diesem Begriff ein überindividuelles und überzeitliches Lebewesen, ist die Gesamtheit und Verbundenheit der geschichtlichen, der gegenwärtigen und der kommenden Generationen. ... Der Würde des Staates steht die Heiligkeit des Volkes gegenüber. Das Volk ist der mütterliche Boden, aus dem alle Kulturschöpfungen, auch das Kunstwerk des Staates wachsen." Ritter, Emil: Der deutsche Volksstaat. DW 05.11.1931. KfZG A3/058

[18] In einer Rezension zu Kaibach, Rud.: Das Gemeinwohl und seine ethische Bedeutung. Düsseldorf 1928, führt Ritter aus: „Der Begriff „Volk" spielt bis jetzt in der katholischen Gesellschafts- und Staatslehre kaum noch eine Rolle. Das führt manchmal zur Überschätzung des Staates, häufiger aber noch zu geheimer Angst vor der „Staatsomnipotenz", vor einer Macht, deren Bereich so schwer abzugrenzen ist. Wird das Volk als überindividuelle Gemeinschaft eigener Tradition, geistig-seelischen Inhalts und ursprünglicher Bestimmung vom Staate deutlich abgehoben, dann braucht der Solidarismus nicht mehr die Eigenständigkeit des Individuums zu übertreiben, um dem Leviathan Staat Schranken zu setzen." Ritter, Emil: Gemeinschaft und Gemeinwohl. DW 14.05.1931. KfZG A3/024

[19] Im Rahmen einer Rezension zu Wirsing, August: Das Reich als Republik 1919-1928. Stuttgart/Berlin 1929, vertrat Ritter die Überzeugung, dass die Idee des Volksstaates die für die Gegenwart allein mögliche Idee des Staates ist. Ritter, Emil: Die erbliche Belastung der deutschen Republik. Im Anschluß an August Wirsing: Das Reich als Republik. DW 01.08.1929. KfZG A1/076

Aufbau des Staates gemacht wurden.[20] Die Staatsform wurde als beliebig angesehen, auf eine irrationale „Erweckung der seelischen Lebenskräfte für einen deutschen Volksstaat" sollte die politische Aktivität gerichtet sein.[21] Ritter vertraute hier auf den organischen Gemeinschaftsgedanken; in einer Verbindung aus christlichem Schöpfungsglauben, der den Menschen von seinem Wesen her an eine Gemeinschaft binde,[22] und organischem Gemeinschaftsaufbau[23] könne das neue Gemeinwesen entstehen. Als „Ideologie des Volksstaates" benannte Ritter „die Einheit, Größe und Ehre der Nation";[24] darin sah Ritter die Möglichkeit, die Polarität zwischen Volk und Staat in einer guten Weise wieder herzustellen. Verständlich werden solche Sätze nur, wenn eine „nationale Moral" in ein Spannungsverhältnis zu einer individuellen Moral gesetzt wird und die Priorität in einer klaren Weise auf die Nation als Gemeinschaft gelegt wird.[25] Darüber hinaus wurde lediglich das Volk als Träger des

---

[20] „Das Lebensgesetz kann dem Volksstaat nur ein Volk geben ... Wie der Staat der Deutschen auch beschaffen sei, parlamentarische Republik oder konstitutionelle Monarchie oder legale Diktatur – er wird in keiner Form Volksstaat sein, solange nicht „der Trieb zum Vaterlande", das Volksbewußtsein und der Wille zur nationalen Einheit die bewegende Kraft unserer persönlichen und der öffentlichen Teilnahme an den politischen Dingen ist." Ritter, Emil: Von der Republik zum Volksstaat. Eine Verfassungsrede vor republikanischen und anderen Deutschen. DW 08.08.1929. KfZG A1/078

[21] „Für die staatliche Zukunft des deutschen Volkes ist nicht die „Staatsform", ob monarchisch oder republikanisch, entscheidend, sondern allein die Stärke der neuen Ideologie. ... Nicht auf den Wechsel der Form und auf die Verteidigung der bestehenden Form sollten wir unsere Sehnsucht und unsere politische Aktivität konzentrieren, sondern auf die Erweckung der seelischen Lebenskräfte für einen deutschen Volksstaat." Ritter, Emil: Königtum und Volksstaat. Die alte und die neue Ideologie des Staates. DW 18.07.1929. KfZG A1/072

[22] „Der christliche Schöpfungsglaube macht die Bindung an die Gemeinschaft zu einem Wesensbestandteil des Menschen. ... Wer die Sünde und Unvollkommenheit nicht sehen will, idealisiert die Ordnungen versucht die „freie Persönlichkeit" zu ihrem Herrn zu machen, und damit löst er sie auf, wie es das Intellektuelle Bürgertum als Wegbereiter des Bolschewismus ahnungslos tut." Ritter, Emil: Die Sendung der Kirche an die Welt. DW 05.06.1930. KfZG A2/045

[23] In einer Rezension zu Stapel, Wilhelm: Die Fiktionen der Weimarer Verfassung. Hamburg 1928, stellte Ritter die formale und funktionale Demokratie gegen den organischen Gemeinschaftsgedanken. Ritter, Emil: Schein und Wesen der Demokratie. Zur Kritik der Weimarer Verfassung. DW 25.7.1929. KfZG A1/074

[24] „Die Ideologie des Volksstaates, der ein Staat im Vollsinne sein soll, mit Hoheit und Herrschaft, ist die Einheit, Größe und Ehre der Nation. Wo diese Ideologie das Verhältnis eines Volkes zu seinem Staate bestimmt, ist die Polarität zwischen Volk und Staat wiederhergestellt, der Staat geht nicht im Volke unter." Ritter, Emil: Königtum und Volksstaat. Die alte und die neue Ideologie des Staates. DW 18.07.1929. KfZG A1/072

[25] „Die nationale Moral, nach deren Gesetzen die Entscheidung für den persönlichen Nutzen, gegen das Wohl der Volksgesamtheit unsittlich und unehrenhaft ist, liegt unverkennbar im deutschen Volk im argen. ... Es [das nationale Gewissen] versagt

Volksstaates benannt und auf deutsche Geistesgrößen in der Geschichte als Vordenker des Volksstaates verwiesen.[26] Allein zur Funktion des Staates als Gemeinsinn und Gemeinschaft fördernde und fordernde Institution lässt sich ein Hinweis finden.[27] Mit dem Begriff des Volkes und des Volksstaates blieb der Begriff des Volkstums weiterhin eng verbunden. Auch hier überwogen Beschreibungen der Funktionen, die dem Volkstum zugemessen wurden, während das Verständnis des Begriffs an sich wenig erläutert wurde. „Sprache und Sitte, das geistige Erbe und künstlerische Schaffen" machten demnach das Volkstum aus.[28] Natürlich wurde auch das Christentum als „Wurzelgrund" des Volkstums genannt, den es unbedingt zu erhalten galt.[29] In diesem Zusammenhang wurde des öfteren der „biologische Niedergang" des deutschen Volkes beklagt, der in Folge automatisch einen geistigen Niedergang nach sich ziehen würde.[30] Eine wichtige nationale Aufgabe sah Ritter deshalb darin, diesen biologischen Niedergang zu stoppen und umzukehren. Dies schien ihm

---

gegenwärtig beim deutschen Volk so erschreckend, weil es die klare und feste Richtung verloren hat." Ritter, Emil: Volk ohne Ehre. DW 23.07.1931. KfZG A3/040

[26] „Träger eines deutschen Volksstaates kann nur das Volk als Traditionsmacht sein, wie es die geistigen Führer der Einheitsbewegung im 19. Jahrhundert gemeint haben, die Görres, Fichte, Arndt, Humboldt, Lagarde und wie es dem neudeutschen Geiste, den Lagarde nach der Bismarckschen Reichsgründung so leidenschaftlich bekämpft hat, erst wieder nach dem Zusammenbruch von 1918 faßbar geworden ist." Ritter, Emil: Der deutsche Volksstaat. DW 05.11.1931. KfZG A3/058

[27] „In jedem Deutschen steckt der Individualist und Partikularist, und diese ziellos sich tummelnden Füllen müssen ins Geschirr kommen. Gemeinsinn und Gemeinschaftsarbeit sind die Zügel. Jeder Verein müßte ein kleiner Staat sein, ein Übungsfeld der staatsbürgerlichen Fähigkeiten. Politische Bildung nicht als Fach und Wissenschaft sondern als Geist und Lebensstil." Ritter, Emil: Wege der politischen Bildung. DW 11.10.1928. KfZG A1/009

[28] „Aus der Wesenserklärung ergibt sich von selbst, dass der Anfang der politischen Bildung die liebevolle Hingabe an das eigene Volkstum ist. Aus Sprache und Sitte, aus dem geistigen Erbe und dem künstlerischen Schaffen begreifen wir unser Volk als Bluts- und Seelengemeinschaft." Ritter, Emil: Wege der politischen Bildung. DW 11.10.1928. KfZG A1/009

[29] „Sie [die christliche Kulturpolitik] kann nur das eine Ziel haben: unserem Volkstum die Wurzelgründe des Christentums erhalten, nicht um der christlichen Individuen willen, die es noch in recht großer Zahl in Deutschland gibt, sondern um des deutschen Volkes willen, das nicht „vom Brot allein" leben kann." Ritter, Emil: Die liberalen Versuchungen des Zentrums. Eine kulturpolitische Pfingstbetrachtung. DW 16.05.1929. KfZG A1/058

[30] Als Vorsitzender der staatsbürgerlichen Gruppe beim Nürnberger Katholikentag fasste Ritter mit seiner Arbeitsgruppe die Entschließung „Erhaltung des gesunden Volkstums als nationalpolitische Aufgabe". Darin wurde gegen den biologischen Niedergang des deutschen Volks die Aufgaben gesetzt, „die Lebensgesetze zur Anerkennung und die Naturordnung, auf der die Erhaltung und Aufwärtsentwicklung eines jeden Volkes sich berufen, zur Geltung bringen". Ritter, Emil: Aufruf zur katholischen Tat. DW 10.09.1931. KfZG A3/052

am besten durch eine „zielbewusste Bauernpolitik" möglich,[31] da Ritter im Bauernstand das unverfälschte Volkstum in einer reinen Form bewahrt sah. Eine konsequente Bevölkerungspolitik wurde als umso wichtiger angesehen, da Volkstum und Grenzlandpolitik in einem engen Zusammenhang betrachtet wurden und allein ein „starkes und gesundes Volkstum" die Aufgabe erfüllen könne „im Westen und erst recht im Osten die Volksgrenzen zu sichern".[32] Der Bildung übertrug Ritter die Aufgabe, dieses Gedankengut zu verbreiten und damit „Volk-Bildung" als wichtigstes Ziel zu betreiben.[33] Aufgrund der hier genannten irrationalen Begrifflichkeiten und Begriffsbedeutungen sollte sich die Bildungsarbeit in einem ersten Schritt an den „Instinkt" des einzelnen richten, in einem zweiten Schritt stände dann nur noch die Aufgabe an, das „in das helle Bewußtsein zu rücken, was sich als Instinkt in dem äußern wird, der sein Volk gefunden hat."[34]

Die Tatsache der konfessionellen Spaltung der Bevölkerung des Deutschen Reichs wurde von den katholischen Erwachsenenbildnern unterschiedlich kommentiert und eingeordnet. Während der überwiegende Teil geprägt durch die Erfahrungen des Kulturkampfes aufgrund des Totalitätsanspruchs des Katholizismus diesen zum ersten und wichtigsten Deutungsprinzip erhob und damit das „Katholische" vor das „Nationale" stellte, kamen die Vertreter

---

[31] „Die beste Bevölkerungspolitik ist im Augenblick zielbewusste Bauernpolitik." Ritter, Emil: Bevölkerungspolitik, Bauernpolitik und Grenzlandpolitik. Zeitprobleme im Zusammenhang. DW 25.04.1929. KfZG A1/053

[32] „Bevölkerungspolitik und Bauernpolitik sind zugleich die Grundlagen der Grenzlandpolitik und damit der Selbstbehauptung der deutschen Nation. Staatsgrenzen kann man durch Festungen und Kanonen behaupten, – sofern man sie hat. Volksgrenzen können nur durch ein starkes und gesundes Volkstum geschützt werden. Das ist im Westen und erst recht im Osten die Gefahr unserer Grenzlandpolitik, daß das deutsche Volkstum biologisch und damit auch geistig abstirbt." A.a.O.

[33] „... hemmt die Entwicklung eine begreifliche Sorge, ob der drohenden Aufspaltung der Volksbildung, die doch „Volk-Bildung" sein sollte, in Sonderbildungen, die sich gegenseitig ausschließen. Diese Sorge müssen alle Volksbildner, zumal die katholischen, bitter ernst nehmen. Für den Sozialismus mag es folgerichtig sein, die Volkseinheit aus den Bildungszielen auszuschalten, die unbedingte Geschlossenheit der Klasse ist ihm wesentlicher als die Volksverbundenheit. Um so dringlicher muß das christlich-konservative Denken die Aufgabe empfinden, alle echten geistigen Bindungen an die Volksgemeinschaft zu erhalten und zu stärken." Ritter, Emil: Um die deutsche Volksbildung. DW 27.08.1931. KfZG A3/049

[34] „Nur im nationalen Bewußtsein hat der Staatswille eines ganzen Volkes ein tragfähiges Fundament. Politische Bildung muß also von der Urtatsache der Nation ausgehen und über das Erlebnis der Blut- und Schicksalsgemeinschaft des Volkes zum Staatswillen gelangen. Schließlich braucht nur in das helle Bewusstsein gerückt werden, was sich als Instinkt in dem äußeren wird, der sein Volk gefunden hat." Ritter, Emil: Das Wesen der politischen Bildung. DW 04.10.1928. KfZG A1/008

des Volksgemeinschaftsgedankens hier zu einem differenzierterem Urteil, denn wenn sich in der Erwachsenenbildungsarbeit alles auf die „Volk-bildung" zu konzentrieren hatte, konnte sich die konfessionelle Spaltung nur hinderlich auswirken. Es war im katholischen Milieu jedoch äußerst problematisch, das „Nationale" in einer allzu großen Deutlichkeit vor das „Katholische" zu stellen, da man sich damit nur allzu leicht dem Vorwurf der Preisgabe katholischer Positionen und Grundsätze aussetzte. Die während der gesamten Weimarer Republik ungelöste Schulfrage ist dafür ein prägnantes Beispiel. Ritter gehörte zu jenen Vertretern im Katholizismus, die eindeutig das „Nationale" präferierten. 1919 skizzierte er die konfessionelle Spaltung als eine „Schwierigkeit für die christlich-deutsche Kultur", charakterisierte aber den Zustand der Spaltung „für uns Lebende und für eine absehbare Zukunft als göttliche Bestimmung".[35] Eine Position, mit der Ritter sich relativ unangreifbar machte, indem er die Frage in die Sphäre des Transzendenten verschob, die aber insofern an Beachtung verdient als man im katholischem Milieu ansonsten eher dazu neigte, dem Protestantismus die ganze historische Schuld an der Kirchenspaltung zuzuweisen. Darüber hinaus war Ritter darum bemüht, die konfessionellen Differenzen nach Möglichkeit zu überbrücken. Er machte dies am Beispiel der Kultur als Frucht des Volkstums fest. Da als Selbstverständlichkeit vorausgesetzt werden könne, dass es nur „ein deutsches Volkstum, aber kein protestantisches und kein katholisches Volkstum gäbe",[36] müsse dies auch für den Bereich der Kultur gelten. Weder die Bibel Martin Luthers, die Kirchenlieder Paul Gerhardts, die religiöse Musik eines Johann Sebastian Bach noch die Marienbilder Dürers, die Messen Beethovens und Mozarts oder die Dichtungen der Droste-Hülshoff könne eine Konfession für sich beanspruchen. Ritter summierte: „Diese wie jene sind einfach deutsch!"[37] und wies darauf hin, dass es von dieser Position her möglich sei, die Differenzen im Bekenntnis wie die dogmatischen Grenzen zu achten, sich darüber hinaus jedoch bis in die jeweilige Kirche und das Gebet hinein als deutsch zu verstehen und zu schätzen. Positionen, die Ritter auch im Verlauf der Weimarer Republik weitgehend beibehielt.[38] An dieser Stelle muss jedoch noch einmal darauf hingewiesen werden,

---

[35] Ritter 1919, 30

[36] A.a.O., 31

[37] A.a.O., 31

[38] „Die unselige konfessionelle Spaltung betrachten wir als das gemeinsame Schicksal der Deutschen, das nicht anders als durch Geschlossenheit ertragen und bewältigt werden kann." Ritter, Emil: Zentrum und Separatismus. DW 12.08.1932. KfZG A3/096
„Die konfessionelle Spaltung ist das große Unglück Deutschlands, und erst recht ist es ein Unglück, daß bis in unsere Tage konfessionelle Vorurteile die politischen Handlungen zu beeinflussen vermögen. Daß dies leider Gottes in manchen Fällen nachweisbar

dass Ritter gerade in diesem Kontext die Juden aus seiner Vision der Volksgemeinschaft weitgehend ausgeschlossen wissen wollte.[39]

---

geschehen ist, darf uns jedoch nicht verleiten, ohne zwingenden Grund konfessionelle Motive zu wittern. Durch solche Verdächtigung wird nämlich das nationale Unglück vergrößert und auf Gebiete ausgedehnt, auf denen sich Katholiken und Protestanten nicht zu scheiden brauchen." Ritter, Emil: Das Unglück Deutschlands. DW 02.09.1932. KfZG A3/099

[39] Ritter 1919, 31f.

bb) Die Remilitarisierung für „den deutschen Kampf um Boden und Volkstum im Osten"

Während Ritter sich 1919 nur verhalten zur Bedeutung des Militärs äußerte und es allgemein als großen Nachteil bedauerte, dass „die militärische Dienstzeit, die eigentlich eine vorzügliche Bildungsgelegenheit hätte sein können", nun auf absehbare Zeit wegfallen würde,[1] werden die Ausführungen dazu zum Ende der Weimarer Republik zunehmend deutlicher. Ritter knüpfte wieder an am persönlichen und kollektiven Kriegserlebnis, welches in der Gemeinschaft des Schützengrabens das deutsche Volk als „tiefstes und ergreifendstes Erlebnis" hervorgebracht hatte.[2] Von dieser Einschätzung ausgehend, konnte er dem pazifistisch ausgerichtetem, schriftstellerischem Werk Remarques nichts abgewinnen, setzte sich vielmehr gegen eine Verwendung des Buches im Schulunterricht und in Schulbüchereien ein,[3] da er in diesem Werk das Andenken der Kriegsteilnehmer wie der zwei Millionen Gefallenen in tiefster Weise verletzt sah.[4] In die Kritik des Pazifismus bezog Ritter katholische Gruppen, wie den Friedensbund deutscher Katholiken, welcher ein Recht auf Kriegsdienstverweigerung propagierte mit ein.[5] Ritter sah hier einen Pazifismus als übersteigerte und verabsolutierte Form der Friedensbewegung am Werk,

---

[1] A.a.O., 53

[2] „Alfred Weber schrieb einmal aus dem Schützengraben: „Das tiefste und ergreifendste Erlebnis dieser Zeit ist für mich das deutsche Volk." Wer das gleiche Erlebnis hatte, kann an Deutschland nicht irre werden." Ritter, Emil: Unsere Rüstung für das dunkle Jahr 1930. DW 02.01.1930. KfZG A2/001

[3] „Im Unterrichtsausschuß des preußischen Landtages haben die Zentrumsvertreter mit den Deutschnationalen, Volkspartei usw. gefordert, daß der Roman „Im Westen nichts Neues" aus den Schulbüchereien entfernt werde. ... Dagegen ist kaum ein sachlicher Einwand zu erheben ..." Viator: Wegezeichen: Belehrung über das Christentum. DW 16.07.1931. KfZG A3/038

[4] „Der Kampfruf jenes Geheimbundes von Meuterern und Deserteuren, der in den letzten Kriegsmonaten entstand, wird auch jetzt noch als sittlich berechtigte Auflehnung des Individuums gegen die Opferforderung des problematischen „Vaterlandes" empfunden. ... Den Anspruch, daß das Buch Remarques „von allen Toten geschrieben" sei, müssen wir mit Nachdruck zurückweisen. Bestände er zu Recht, dann wäre das Andenken an die zwei Millionen Gefallenen peinigend und beschämend." Ritter, Emil: Das Testament des unbekannten Soldaten. Zur Bewertung der Kriegserlebnisbücher. DW 18.04.1929. KfZG A1/052

[5] „Ein „Recht der Kriegsdienstverweigerung" verkünden heißt der Demoralisation unbewusst Vorschub leisten. ... Wer im Widerspruch zu den Staatsgesetzen seinem Gewissen folgen zu müssen glaubt, der muß die Gegenwehr des Staates auf sich nehmen." Ritter, Emil: Katholische Einheit im Friedenswerk: Zur Tagung des Friedensbundes deutscher Katholiken. DW 28.09.1928. KfZG A1/005

welchen er unter die Radikalismen der Zeit einordnete.[6] In der immer wieder aktuellen Diskussion um die Kriegsschuldfrage des Ersten Weltkrieges bezog Ritter eine klare Position. Das Deutsche Reich hatte diesen Krieg weder gewollt noch angezettelt.[7] Den Versailler Vertrag konnte Ritter in dieser Sichtweise nur als ein „Diktat der Macht" beurteilen,[8] empfahl jedoch in ähnlichen ausweglosen Situationen durchaus den Mut aufzubringen, die Unterschrift unter einen solchen unerfüllbaren Vertrag zu verweigern und dafür einen neuen Krieg einzukalkulieren.[9] Zudem stellte Ritter in zwei Punkten einen wichtigen Revisionsbedarf des Vertragswerkes fest: zum einen müsse das Anschlussverbot fallen, zum anderen müsse die Grenzfestsetzung im Osten neu geregelt werden.[10] Hier machte Ritter in der „jungen Nation Polen" das „zweite Serbien an der Flanke des Deutschen Reichs" aus und wies damit bereits den Weg in den Anlass des Zweiten Weltkrieges.[11]

---

[6] „Wie fast alle berechtigten und notwendigen Bewegungen hat auch die Friedensbewegung ihre Überspannung und Verabsolutierung; das ist der „Pazifismus". ... Tatsächlich ist der Pazifismus das Sammelbecken für sämtliche Radikalismen auf dem Gebiete der Friedenssicherung, und seine Wortführer sind durchweg bewußt einseitig." Ritter, Emil: Nochmals die katholische Friedensbewegung. Eine Erwiderung von Emil Ritter. DW 18.10.1928. KfZG A1/011

[7] „Deutschland hat den europäischen Krieg nicht angezettelt, es wollte keinen Krieg, ... es wurde Opfer des Bündnisses mit Österreich und seiner eigenen Torheit." Ritter, Emil: Die Kriegsschuldfrage auf der Tagesordnung. Amerika als Vorkämpfer der Wahrheit. DW 20.11.1930. KfZG A2/06

[8] Ritter, Emil: Der Friedensvertrag als Friedenshindernis. Zum zehnten Jahrestag der Unterzeichnung des Versailler Vertrages. DW 27.06.1929. KfZG A1/067

[9] „Im schrecklichen Jahre 1919 wichen wir der Kriegsfurie aus. Einmal aber müssen wir wieder den Willen haben, nach Treu und Glauben zu handeln, müssen wir den Mut aufbringen, unsere Unterschrift zu verweigern, wenn wir einen Vertrag für unerfüllbar halten, – und wenn wir uns nach allem Für und Wider zum Ja entschlossen haben, dann darf es kein Ja der ausweichenden Schwäche sein, sondern ein Ja des festen Willens, mit zusammengebissenen Zähnen den Vertrag zu erfüllen, nicht weil es der Vorteil, sondern weil es die verpfändete Ehre fordert." Ritter, Emil: Deutschland und die Internationale Vertragstreue. DW 16.01.1930. KfZG A2/006

[10] Ritter, Emil: Der Friedensvertrag als Friedenshindernis. Zum zehnten Jahrestag der Unterzeichnung des Versailler Vertrages. DW 27.06.1929. KfZG A1/067

[11] „Das Deutsche Reich hat sozusagen ein zweites Serbien an seiner Flanke. Dem deutschen Kampf um Boden und Volkstum im Osten setzt die junge Nation [Polen] ihre Angriffslust entgegen, weil sie sich durch Frankreich gedeckt weiß, wie ehedem Serbien durch das zaristische Rußland. Das ist der bittere Kern des Ostproblems, der für Deutschland nicht durch den Honig schöner Reden von gegenseitigem Verstehen und europäischer Solidarität genießbar gemacht werden kann." Viator: Polnische Wirtschaft. DW 04.12.1930. KfZG A2/068

cc) „Das heilige Zeichen auf der Stirn des Berufenen": Die Grundlegung des Führerkultes

Die Aufteilung eines Volkes in Führer und Geführte bildete eine Grundgewissheit aller Gruppen mit antidemokratischem Gedankengut in der Weimarer Republik.[1] Schon 1919 machte Ritter als ein wesentliches Charakteristikum seines Volksstaats die Führung aus und schrieb diese Aufgabe und Funktion der Regierung zu. Er verband dies am Beginn der Weimarer Republik keineswegs mit einem demokratischen Gedanken sondern sah den wesentlichen Unterschied zwischen dem Volksstaat und dem Obrigkeitsstaat allein in der „Auslese der Führerpersönlichkeiten" und dies in zweifacher Hinsicht. Zum einen wollte er den Bereich der Auslese politischer Führer nun auf Drängen der „jugendlich starken und ungebändigten Schichten" auch auf das Proletariat ausgedehnt wissen, zum anderen hielt er hinsichtlich des Verfahrens der Führerauslese, die im Obrigkeitsstaat durch den Monarchen und seine Ratgeber von oben vorgenommen worden war, nun neben der Berufung, die im Volksstaat ebenfalls noch durch den Monarchen erfolgen könne, auch eine „Volkswahl" für möglich. Interessanterweise sah Ritter darin jedoch keinen wesentlichen Unterschied, denn den Maßstab für die Auslese würde in beiden Fällen das Vertrauen von unten, durch das Volk bilden.[2] Im direkten Rückgriff auf die Ausführungen von Eduard Weitsch[3] wies Ritter die Aufgabe der Führerbildung den Volkshochschulen zu. Ihre Aufgabe sei es, zur Verwirklichung ihres vollen Bildungsziels die Besten und Fähigsten aus der Masse herauszufinden und „sie zu Führern des Volkes im geistigen, nicht im äußerlichen Sinne zu machen."[4] Damit machte Ritter deutlich, dass ein Führer des Volkes niemals aufgrund seiner Position und der damit verbunden Macht sein Amt über seine Gefolgschaft ausüben könne. Als ein wirklicher Führer könne nur der fungieren, der durch die zu fordernde Befähigung und Bildung eine entsprechend ausgewiesene Persönlichkeit darstelle, denn das wesentliche Kennzeichen dieser personalen Führung bilde letztlich das Vertrauen der Geführten. Dies korrespondierte mit dem organizistischen Gedankengut und den agrarstrukturierten Gesellschaftsbildern, die von der kleinsten Gemeinschaft der Familie, über das Dorf als Lebensgemeinschaft hin zur Volksgemeinschaft führten.

---

[1] Vgl.: Sontheimer 1983, 214ff.
[2] Ritter 1919, 17
[3] Ritter berief sich auf die Ausführung in der Schrift von Eduard Weitsch: Was soll eine deutsche Volkshochschule sein und leisten? Jena 1918. A.a.O., 64
[4] A.a.O., 65

Das Verhältnis von Führer und Gefolgschaft blieb für Ritter auch während der Weimarer Republik bestimmend. Ohne wirkliche Führerschaft konnte ein Volk nur versagen. Ritter sah darin im Rückblick eine wesentliche Ursache für den verlorenen Ersten Weltkrieg.[5] Ein Führer war jemand, der voranging, der die Richtung wies, der Verantwortung übernahm, der um der Gefolgschaft des Volkes willen zum Opfer seiner selbst bereit war. Ein Führer konnte durch die Suche nach einem politischen Konsens und nach politischen Mehrheiten nur an seinem wahren Wesen gehindert werden. Ein Führer müsse „handeln, aber nicht bloß verhandeln."[6] Männer wie Hindenburg kamen diesem Bild Ritters in der Weimarer Republik noch am nächsten. Die parlamentarische Demokratie würde dagegen den Aufstieg führungsbegabter Persönlichkeiten geradezu verhindern. Der Grund dafür läge im System selbst, welches klare Entscheidungen unterbinde. Dazu konnte sich Ritter gegen Ende der Weimarer Republik bereits auf Hitler berufen.[7] Im folgenden radikalisierte Ritter seine Auffassungen noch. Wünschte er sich zunächst beiläufig noch pauschal im Rahmen der Weimarer Verfassung eine starke Regierung, die von den politischen Mehrheiten unabhängig agieren und ihren eigenen Weg verfolgen könne,[8] so wurde wenig später für Ritter der italienische Faschismus mehr und mehr zum Vorbild. Hier sah er in der Person Mussolinis seine Vorstellungen verwirklicht. Nach seiner Einschätzung würde diese in Italien „gar nicht mehr als „Diktator", sondern wirklich als „Duce", als Führer empfunden", was allein auf die personale Bindung und das damit gegebene Vertrauensverhältnis zwischen Führer und Gefolgschaft, als dem „Duce" und seinem Volk zurückzuführen sei.[9] Vor

---

[5] In einer Rezension zu Beumelburg, Walter: Sperrfeuer um Deutschland. Oldenburg. O.J. urteilte Ritter: „Neben dem moralischen trieb das geistige Versagen der tragischen Entwicklung zu. Das Volk als kämpfender Held versagt geistig, wenn ihm die Führung fehlt." Ritter, Emil: Der Weltkrieg als Tragödie des deutschen Volkes. Walter Beumelburg: Sperrfeuer um Deutschland. DW 03.04.1930. KfZG A2/026

[6] „Eine verantwortungsvolle Staatsführung kann man nur noch von Politikern erhoffen, die das sittlich begründete Verantwortungsbewußtsein mit Hindenburg teilen und zum Opfer ihrer selbst bereit sind, indem sie ihre Pflicht gegen Volk und Reich tun. ... Aber handeln müssen sie, nicht bloß verhandeln." Ritter, Emil: Der Weg, den uns Hindenburg weist. DW 20.3.1930. KfZG A2/022

[7] „Recht ernst möchten wir aber die Klage Hitlers nehmen, daß die Demokratie uns die Führerlosigkeit gebracht habe." Ritter, Emil: Die deutsche Führerlosigkeit. DW 25.02.1932. KfZG A3/075

[8] Ritter, Emil: Die Totengräber der parlamentarischen Demokratie. DW 27.02.1930. KfZG A2/016

[9] Ritter zeigte im Artikel eine signifikante Offenheit gegenüber der Diktatur als Staatsform und fragte rhetorisch: „Wie also kommt es, daß die faschistische Diktatur so unvergleichlich erfolgreicher ist als andere Versuche dieser Art? Das liegt einmal in der Persönlichkeit Mussolinis begründet, die in Italien gar nicht mehr als „Diktator", sondern wirklich als „Duce", als Führer empfunden wird. ... Entscheidend ist das Vertrauensverhältnis

dem politischen Gestaltungswillen Mussolinis, den dieser aufgrund der personalen Bindung zwischen Führer und Gefolgschaft auf das italienische Volk übertragen könne, wurde die Beseitigung demokratischer Grundrechte in Italien durch Ritter als unwesentlich beiseite geschoben. Das Beispiel Mussolinis zeige deutlich, was in Deutschland fehlen würde. Ritter summierte: „Männer brauchen wir, nicht Systeme."[10] Ein solcher Führer war für Deutschland jedoch nur vom Himmel, als ein metaphysisches Ereignis zu erwarten. Gott allein, als der „Lenker der Völkerschicksale",[11] werde einen solchen mit großen Gnadengaben versehenen Führer zur Verwirklichung des göttlichen Auftrags und der historischen Sendung des deutschen Volkes für das führerlose Volk erwecken, deutlich erkennbar gezeichnet „mit dem heiligen Zeichen auf der Stirn des Berufenen".[12] Der Führergedanke bekam auf diese Weise eine messianische Prägung, denn auch diesem Führer könne es wie dem wahren Heiland ergehen. Einerseits erhofft und inbrünstig erwartet, würde andererseits die große Gefahr bestehen, dass das Volk aufgrund der „Ehrfurchtslosigkeit" gar nicht mehr in der Lage sei, diesen messianischen Führer zu erkennen.[13] Nötig sei deshalb eine Rückbesinnung auf die „Autorität, das Vertrauen zur berufenen Führung", damit die „bewusste Gefolgschaft als religiöse Wirklichkeit" wieder erlebbar wäre und die „gesunde Kraft, zu glauben und zu folgen" im deutschen Volk wieder lebendig würde.[14]

---

zwischen Führer und Volk." Ritter, Emil: Das Geheimnis des faschistischen Erfolgs. Zur Beurteilung der Diktaturpläne in Deutschland. DW 28.3.1929. KfZG A1/047

[10] Das Wesentliche am Faschismus ist doch nicht die Beseitigung des Parlaments, der Pressefreiheit und der sonstigen liberalen Errungenschaften, sondern sein politischer Gestaltungswille, der in Mussolini lebte und sich auf seine Gefolgschaft übertrug. ... Man kann nicht genug wiederholen: Männer brauchen wir, nicht Systeme." Viator: Wegezeichen: Faschismus und Fatalismus. DW 28.02.1929. KfZG A1/041

[11] „Der Sinn der Geschichte ist im 20. Jahrhundert kein anderer geworden, ... Der Lenker der Völkerschicksale ist der gleiche wie im 13. Jahrhundert, und die Kraft, die das Heil wirkt, ist ungeschwächt." Ritter, Emil: Heilige für unsere Zeit. DW 30.10.1930. KfZG A2/060

[12] „Führertum ist eine geheimnisvolle Berufung, die nicht wirksam werden kann, wenn blinde und irregeleitete Volksmassen das heilige Zeichen auf der Stirn des Berufenen nicht mehr sehen wollen oder können." Ritter, Emil: Die deutsche Führerlosigkeit. DW 25.02.1932. KfZG A3/075

[13] „Der mit Führergaben ausgestattete Mann wird zur tragischen Gestalt in einem Volke, das keine Ehrfurcht mehr kennt." Ritter, Emil: Die deutsche Führerlosigkeit. DW 25.02.1932. KfZG A3/075

[14] „Zur Verwirklichung des Führerwillens gehört auch die gesunde Kraft, zu glauben und zu folgen. Sie ist im deutschen Volke erschreckend geschwunden, sie ist auch in der Zentrumspartei geschwächt, obwohl deren Anhänger die Autorität, das Vertrauen zur berufenen Führung, die bewußte Gefolgschaft als religiöse Wirklichkeit dauernd erleben." Ritter, Emil: Was Brüning zum Verhängnis werden kann. DW 15.5.1930. KfZG A2/039

Die Verbreitung dieses Mythos vom Führer als messianischem Retter schuf auch im Katholizismus das geistige Klima, welches den Aufstieg Hitlers ermöglichte, indem das bestehende demokratisch-parlamentarische System abgewertet wurde, während sich die geistigen Kräfte darauf einrichteten, einen neuen wahrhaft deutschen Staat zu schaffen, dessen Volksgemeinschaft in der Gestalt eines vom Vertrauen des Volkes getragenen Führers verwirklicht wurde.

d) Erfüllung im Nazismus

aa) „Mussolini: Der autoritäre Demokrat": Der italienische Faschismus als Vorbild

Der Ausgang der Auseinandersetzung um die parlamentarische Demokratie, die sich in Westeuropa nach dem Ersten Weltkrieg zunächst flächendeckend durchsetzen konnte, war in Italien mit der Ablösung der demokratischen Staatsform durch die Diktatur im Jahr 1922 am schnellsten entschieden. Die Bezeichnung der Kräfte, die in Italien die liberale Demokratie ablösten, wurde zu einer Art Markenzeichen und Kampfbegriff: die Faschisten.[1] Für konservative Kräfte in Europa konnte Italien damit zum Leitbild werden, in Deutschland war diese Funktion jedoch durch den Dissens über den Abtritt Südtirols an Italien zunächst eingeschränkt. Dazu trat die Schwierigkeit, dass die faschistische Bewegung in den ersten Jahren noch nicht einmal über Ansätze einer politischen Theorie verfügte. Auch als die Faschisten die Regierungsmacht übernommen hatten, wurden sie mehr durch die inneren und äußeren Ereignisse bestimmt, als dass sie diese in irgendeiner Weise inhaltlich gestalten konnte. Dabei lassen sich nur zwei Verfahrensweisen – die der ständigen Androhung von Gewalt in der Außenpolitik und die der Zementierung der wirtschaftlichen und sozialen Ungleichheit im Innern des Landes – als Handlungsmaximen ausmachen. Auch die persönlichen Vorstellungen Mussolinis beschränkten sich auf diffuse Ziele im außenpolitischen Terrain und keinerlei Absichten im innenpolitischen Gebiet, außer der Gewissheit, dass seine Person in allem eine bedeutende Rolle spielen sollte. Der Beitrag von Exponenten „faschistischen Denkens" in ihren Beiträgen zur sozialen und politischen Theorie blieb marginal. Die philosophischen Äußerungen waren aus diverseren Strömungen des 19. Jahrhunderts abgeleitet, vor allem von Hegel und seinen Nachfolgern, von irrigen Anleihen der Darwinschen Lehre auf politischem Gebiet und Ausleihen bei der christlichen Gesellschaftslehre in wirtschaftlichen und sozialen Fragen. Während der ersten Regierung Mussolinis neben Faschisten und Nationalisten noch Liberale und Vertreter der Volkspartei angehörten, wandelte sich Italien in den Jahren 1925 und 1926 immer mehr zu einer uneingeschränkten Diktatur. Rechtsstaatliche Grundfreiheiten und parlamentarische Grundsätze verschwanden ebenso wie die Pressefreiheit. Mit Einführung einer Einheitsliste wurde 1928 die repräsentative Regierungsform endgültig beseitigt. Die Einigung mit der katholischen Kirche in den

---

[1] Vgl. zur Innen- und Außenpolitik in Italien im folgenden Parker 1980, 135ff.

Lateranverträgen beendete 1929 die seit dem Ende des Kirchenstaats 1870 offene Frage der territorialen Souveränität des Papsttums. Die Verhältnisse zwischen Kirche und Staat wurden durch große Zugeständnisse an die Kirche auf dem Gebiet des Religionsunterrichts geregelt. Die Bereitschaft des Papsttums und der italienischen Kirche sich mit den Faschisten zu arrangieren, bedeutete für das faschistische Regime einen großen Prestigegewinn und ließ Italien und den Faschismus für konservative katholische Kräfte endgültig zum uneingeschränkten Vorbild werden.

Ritter wandte gegen Ende der zwanziger Jahre seine Aufmerksamkeit dem italienischen Faschismus zu und wies in zahlreichen Artikeln auf dessen Vorbild- und Leitfunktion für eine mögliche Neuordnung Deutschlands hin. Eine erste Schnittmenge sah er dabei im Ordnungswillen des Faschismus mit seinem signifikanten Antiliberalismus, den er in der italienischen Innenpolitik am Werk sah.[2] Neben dem Antiliberalismus galt seine Aufmerksamkeit der Umsetzung des Führerprinzips im charismatischen Vorbild Mussolinis, welches sich positiv auf das italienische Volk auswirken würde.[3] Wenig später richtete Ritter sein Augenmerk auf die Beziehung zwischen Mussolini und dem italienischen Volk, als dem Wechselspiel zwischen Führer und Gefolgschaft. Hier sah Ritter seine Vorstellungen eines charismatischen Führers der auf das Vertrauen des Volkes gestützt, dieses durch sein positives Vorbild zu seiner wahren Bestimmung führt, in beispielhafter Weise verwirklicht.[4] Ritter veröffentliche seine ersten Artikel über die positiven Aspekte des Faschismus unter seinem Pseudonym „Viator", erst nach Abschluss der Lateranverträge im Jahr 1929

---

[2] „Der Ministerrat hat nunmehr die Präfekten ermächtigt, Maßnahmen gegen den „Urbanismus" zu treffen. Sie können, wie es der Präfekt von Rovigo bereits versuchsweise getan hat, verordnen, daß jeder Umzug in die Stadt der obrigkeitlichen Genehmigung bedarf. Wieder ein kühnes Experiment, das dem Faschismus viele Gegner schaffen wird – denn wer läßt sich gern zu seinem Glücke zwingen –, das aber Beachtung verdient, weil es dem liberalen Laisser faire laisser aller den Willen zur Ordnung entgegensetzt." Viator: Wegezeichen: Götterdämmerung in Italien. DW 06.12.1928. KfZG A1/024

[3] „So wurde den Italienern recht anschaulich gezeigt [durch die Schenkung von 140 Millionen Lire an Staatsanleihen aufgrund des positiven Beispiels Mussolini], daß der Faschismus auch etwas leistet, daß er nicht bloß zu repräsentieren versteht. Wenn wir Deutschen uns ein wenig von diesem politischen Stilgefühl zulegen könnten, wäre die Frage des Nationalfeiertags eher zu lösen, als durch den Parteistreit um ein Gesetz. Erst recht wäre freilich zu wünschen, daß wir ein wenig von der großherzigen Gesinnung gegenüber dem Staate annähmen." Viator: Wegezeichen: Faschistische Methoden. DW 08.11.1928. KfZG A1/018

[4] „Das Wesentliche am Faschismus ist doch nicht die Beseitigung des Parlaments, der Pressefreiheit und der sonstigen liberalen Errungenschaften, sondern sein politischer Gestaltungswille, der in Mussolini lebte und sich auf seine Gefolgschaft übertrug. ... Man kann nicht genug wiederholen: Männer brauchen wir, nicht Systeme." Viator: Wegezeichen: Faschismus und Fatalismus. DW 28.02.1929. KfZG A1/041

unterzeichnete er Artikel zu diesem Thema erstmals mit seinem Namen. Eine weitere inhaltliche Annäherung Ritters an den italienischen Faschismus wurde durch den Freundschaftsvertrag zwischen Österreich und Italien ausgelöst, der am 06.02.1930 unterzeichnet wurde. Nun sah er die Zeit für die große Chance einer „Neuausrichtung auf der Achse Berlin – Rom" als gekommen an.[5] In einem ausführlichen Artikel stellte Ritter im Mai 1930 dar, dass selbst die „linksliberale und sozialistische Presse" sich von den Leistungen des Faschismus beeindruckt zeige und ihre Leser in dieser Weise informiere.[6] Für Ritter fand speziell das Führerprinzip des Faschismus und dessen Verankerung im italienischen Volk derart an Beachtung und Bewunderung,[7] dass er Parallelen zwischen Mussolini und Brüning zog, die über äußere Ähnlichkeiten hinausgingen und vor allem die inhaltliche Ausrichtung der Politik auf Volk und Nation betrafen.[8] Die besondere Leistung des Faschismus sah Ritter in der Überwindung des Rationalismus der Aufklärung und des politischen Liberalismus; statt „Freiheit, Gleichheit und Brüderlichkeit" solle der neue Dreiklang „Autorität, Hierarchie und Disziplin" lauten, statt „Menschenrechten" würden nun endlich die „Pflichten" uneingeschränkt zur Geltung gebracht.[9] Ritter machte hier in den Absichten und der Vorgehensweise des Faschismus die Übereinstimmungen zum Katholizismus aus.[10] Dabei wurden Kritikpunkte an

---

[5] Ritter, Emil: Die Brücke zwischen Berlin und Rom. DW 13.02.1930. KfZG A2/013

[6] Ritter, Emil: Mussolini und die deutschen Demokraten. DW 02.05.1930. KfZG C2/012

[7] „Wie also kommt es, daß die faschistische Diktatur so unvergleichlich erfolgreicher ist als andere Versuche dieser Art? Das liegt einmal in der Persönlichkeit Mussolinis begründet, die in Italien gar nicht mehr als „Diktator", sondern wirklich als „Duce", als Führer empfunden wird. ... Entscheidend ist das Vertrauensverhältnis zwischen Führer und Volk." Ritter, Emil: Das Geheimnis des faschistischen Erfolgs. Zur Beurteilung der Diktaturpläne in Deutschland. DW 28.3.1929. KfZG A1/047

[8] „Es gibt zwischen Brüning und Mussolini nicht bloß äußere Ähnlichkeiten, sondern auch innere. Sie sind beide Politiker von Neigung und Beruf, die Triebkraft für beide ist die selbstlose, zu jedem Opfer entschlossene Liebe zu ihrem Volke, das Ziel beider ist das Wohl ihrer Nation, das für sie mit deren Kraft, Gesundheit, Einheit, Freiheit und Ehre gleichbedeutend ist." Ritter, Emil: Der Duce und der Kanzler. DW 20.08.1931. KfZG A3/048

[9] „Die faschistische Gedankenwelt ist eine bewußte Verneinung der Ideologie, die das 19. Jahrhundert beherrscht hat ... Den Ideen von 1789 „Freiheit, Gleichheit, Brüderlichkeit" stellt Mussolini Autorität, Hierarchie (gliederte Ordnung) und Disziplin, der Botschaft von den Menschenrechten die von den Pflichten entgegen. ... Die weltgeschichtliche Probe, der er jetzt unterworfen ist, erstreckt sich auch darauf, ob er die moralischen Kräfte, die er in seinem Volke wachgerufen hat, in ihrer Tiefe begreift und ob er die Bedingungen ihrer Wirksamkeit erkennt." Ritter, Emil: Mussolinis weltgeschichtliche Probe. DW 16.07.1931. KfZG A3/038

[10] In einer Rezension zu Stark, Johannes: Nationalsozialismus und katholische Kirche. München o.J., stellte Ritter die ideologischen Schnittmengen zwischen Faschismus und Katholizismus dar: „Er [der italienische Faschismus] hat die moralischen Kräfte im

der Wirtschafts- und Sozialordnung des Faschismus durchaus eingeräumt, jedoch einerseits mit dem Prozess des „Übergangszustands" entschuldigt[11] und andererseits auf die für Ritter naheliegende Möglichkeit der „Verchristlichung" des italienischen Korporativstaats verwiesen.[12] Dazu sei es nötig und wie es das Beispiel des Faschismus zeige auch möglich, dass der Staat die Wirtschaft in den Dienst der Nation zwänge, um den Interessenausgleich zwischen Arbeit und Kapital im Sinne der Arbeiter lösen und diese für den neuen Staat gewinnen zu können.[13]

Vergleiche zwischen dem Faschismus und dem aufkommenden Nazismus lehnte Ritter bis zum Sommer 1932 ab;[14] für ihn stand der Faschismus bis zu diesem Zeitpunkt so hoch im Ansehen, dass er dem Nazismus diesen Gefallen nicht erweisen wollte. Dabei zeigen die Unterschiede zwischen Faschismus und Nazismus, die Ritter darin sah, dass der Faschismus seine „seelische Energie nicht in der Wahlagitation verbraucht" und in Italien bessere

---

italienischen Volke wachgerufen, er hat an das bessere Ich in jedem Italiener appelliert, er hat die Unverdorbenheit und Gesundheit des einfachen Volkes, die Anspruchslosigkeit und Tüchtigkeit des Bauern und des Arbeiters zur Grundlage des nationales Staates gemacht. Da mußte er auf seinem Weg die Kirche treffen, die im katholischen Italien auf den gleichen Grundlagen ruht und um ihres Heilswerkes willen die Tugenden pflegen muß, die der Faschismus für die Ertüchtigung der Nation braucht." Ritter, Emil: Nationalsozialismus als Weltanschauung. DW 07.05.1931. KfZG A3/023

[11] „Was vom Standpunkt der christlichen Soziallehre am faschistischen Korporationswesen abzulehnen ist, ergibt sich aus dem Übergangszustand, in dem dieser kühne Versuch unternommen wurde." Ritter, Emil: Staat und berufsständische Ordnung. DW 02.07.1931. KfZG A3/036

[12] „Die Katholiken haben im Laufe des 19. Jahrhunderts gelernt, die Republik als Staatsform von ihrer staatsphilosophischen Herkunft loszulösen, sie haben es unternommen, das Kind der widerchristlichen Revolution zu taufen. Warum soll der italienische Korporativstaat nicht „verchristlicht" werden können?" Ritter, Emil: Fragenzeichen zum Faschismus. DW 18.06.1931. KfZG A3/032

[13] In einer Rezension zu Glum, Friedrich: Das geheime Deutschland. Die Aristokratie der demokratischen Gesinnung. Berlin 1930, führte Ritter aus: „Das faschistische Italien lehrt, daß der Aufruf an den Arbeiter erst dann wirkt, wenn der Staat die Wirtschaft in den Dienst der Nation zwingt, und dazu wird eine von Interessenparteien beherrschte Staatsführung niemals die moralische Autorität haben." Ritter, Emil: Um die nationale Demokratie. DW 09.10.1930. KfZG A2/053

[14] In einer Rezension zu Stark, Johannes: Nationalsozialismus und katholische Kirche. München o.J., wies Ritter vehement darauf hin, dass ein Vergleich zwischen dem Nazismus und dem italienischen Faschismus in keiner Weise statthaft sei und lobte den Faschismus für seine kirchenfreundliche Haltung. Ritter, Emil: Nationalsozialismus als Weltanschauung. DW 07.05.1931. KfZG A3/023

Bedingungen vorgefunden habe, eine subjektive Befangenheit und ein irrational geleitetes Urteilsvermögen.[15]

Auch in den sechziger Jahren bezeichnete Ritter in der Zusammenstellung seines Nachlasses Mussolini immer noch als einen „autoritären Demokraten" und widmete diesem und dem Faschismus eine eigene Mappe.[16] Es ging ihm darum einerseits zu belegen, „dass in vielen konservativen Katholiken trügerische Hoffnungen bezüglich des Hitler-Regimes durch das faschistische Italien erweckt worden sind"[17] und andererseits das aus seiner Sicht verzerrte Urteil über den Faschismus und Mussolini zu berichtigen. Im nachfolgenden Kapitel dieser Arbeit wird auf diese Reflexionen Ritter noch ausführlicher eingegangen.

---

[15] „Die sozialistischen und linksliberalen Gegner der Hitler-Bewegung können immer noch nicht davon lassen, sie mit dem italienischen Faschismus gleichzusetzen, obwohl längst am Tage liegt, daß sie ihr damit nur einen Gefallen tun." Ritter machte im folgenden zwei wesentliche Unterschiede zwischen italienischem Faschismus und Nazismus aus. Der Faschismus habe „seine seelische Energie nicht in der Wahlagitation verbraucht, er war nicht genötigt, die Demagogie der liberalsozialistischen Parteien zu übertrumpfen", und zudem hätte der Faschismus in Italien weit günstigere Vorbedingungen vorgefunden als der Nazismus in Deutschland. Ritter, Emil: Faschismus und Nationalsozialismus. DW 19.08.1932. KfZG A3/097

[16] Mappe 8: Mussolini, der autoritäre Demokrat. KfZG C2/003 – C2/031

[17] A.a.O. KfZG C2/003

bb) Der Hitlerputsch als „Jugendsünde": Die Annäherung an den Nazismus

Während die deutschen Bischöfe zu Beginn der dreißiger Jahre die Mitgliedschaft von Katholiken in der „NSDAP" sowie nazistischen Verbänden noch kategorisch untersagten und Abweichler vom Empfang der Sakramente ausschlossen, nahm Ritter früh zu diesem Komplex Stellung und setzte sich für eine Annäherung zwischen politischem Katholizismus und der Nazi-Partei ein. Im Oktober 1930 attestierte er Hitler aufgrund seines nunmehr staatsmännischen Verhaltens einen politischen Lernprozess und bezeichnete in diesem Zusammenhang den Hitlerputsch von 1923 als „Jugendsünde" und „Dummheit", verband dies aber noch mit der skeptischen Frage nach der Stabilität und Kontinuität der neuen politischen Haltung Hitlers.[1] Bereits im November 1930 setzte sich Ritter für eine Koalition zwischen Zentrum und „NSDAP" ein mit der Begründung, dass einerseits beim Nazismus doch nicht ausgeschlossen werden könne, was bei Liberalen und Sozialisten nötig und möglich war, und andererseits eine dauerhafte Verweigerung des Zentrums gegenüber den rechten Parteien keine politischen Optionen mehr möglich machen, sondern das Schicksal des Zentrums dauerhaft mit der Sozialdemokratie verbinden würde.[2]

Die Äußerungen der Jahre 1931 und 1932 lassen keine zeitlichen Kausalitäten mehr erkennen; von daher werden sie im folgenden nach inhaltlichen Gesichtspunkten zusammengefasst. Ritter setzte sich auch weiterhin für eine Koalition beziehungsweise Zusammenarbeit zwischen den katholischen Parteien, der „NSDAP" und anderen rechtsstehenden Parteien sowohl auf Reichsebene als auch in Preußen ein.[3] In einem solchen „Kabinett der

---

[1] Nach der Charakterisierung des Hitlerputsches von 1923 als „Jugendsünde" stellte Ritter die Frage: „Wenn er [Hitler] demnächst wieder einmal schwach wird? Wer schützt ihn und das deutsche Volk dann vor ähnlichen Dummheiten?" Viator: Hitler lernt um. DW 02.10.1930

[2] „Die politische Notwendigkeit kann Zentrum und Bayerische Volkspartei unter Umständen an die Seite der Nationalsozialisten zwingen. Es muß zu unheilvoller Verwirrung der Kräfte und schließlich zu einer Lähmung der parteipolitischen Aktionskraft führen, wenn bei den Nationalsozialisten „grundsätzlich" ausgeschlossen sein soll, was bei den Liberalen und Sozialisten praktisch möglich und notwendig war. Vom Standpunkt der Zentrumspartei aus müßte es doch als sehr unklug erscheinen, die Nationalsozialisten für alle Zeit aus parlamentarischen Kombinationen auszuschließen, damit würde sich das Zentrum auf Gedeih und Verderb an die Sozialdemokratie ausliefern." Viator: Katholiken und Nationalsozialismus. DW 27.11.1930

[3] „Der vierte Weg, die sicherste Lösung des innenpolitischen Konfliktes, wäre also: NSDAP, Zentrum, Deutschnationale Volkspartei und die kleinen Gruppen, die sich ihnen anschließen wollen, bilden eine Mehrheit im Preußischen Landtag und wählen die

‚nationalen Konzentration'" sollte die Zentrumspartei den Ausgleich bilden und zur Mäßigung des Nazismus beitragen.[4] Ritter propagierte damit bereits zu diesem Zeitpunkt Ideen, die später durch von Papen im Frühjahr 1933 politisch umgesetzt wurden und bekanntermaßen zum Ende der Weimarer Republik führten. Die Annäherung an den Nazismus hatte zu diesem Zeitpunkt jedoch noch gewissen Grenzen. So warb Ritter, dies allerdings wieder unter seinem Pseudonym „Viator", bei der Wahl zum Reichspräsidenten im März 1932 noch „selbstverständlich" für den Kandidaten des bürgerlichen Lagers, den greisen General Hindenburg.[5] Zudem musste Ritter auch einige bedenkliche Aspekte am Nazismus feststellen. Er kritisierte den Nazismus, weil dieser sich mit parlamentarischen Mitteln gegen die Regierung Brüning einsetzen würde und stellte diese Handlungsweise, vor dem Hintergrund der Tatsache, dass der Nazismus den Parlamentarismus doch im Kern ablehne, als „moralisch bedenklich" und „intellektuell beschränkt" in Frage.[6] Ferner empfahl Ritter dem Nazismus mit Hinweis auf den italienischen Faschismus sich vom „Mythus des 20. Jahrhunderts",[7] der Rassenideologie und dem Vererbungskomplex zu trennen.[8] Ritter begrüßte ausdrücklich, dass die deutschen Bischöfe

---

Regierung. ... Die gleiche Mehrheit unterstützt im Reichstag das Kabinett der „nationalen Konzentration", das in gewissem Umfange erneuert werden kann, ohne doch Koalitionsregierung zu werden." Ritter, Emil: Zentrum und Hitlerpartei. DW 09.09.1932. KfZG A3/100

[4] „... berechtigt die Katholiken zu allerlei Befürchtungen für den Fall einer ausschließlichen NSDAP-Herrschaft. Wohlgemerkt: einer Alleinherrschaft der Nationalsozialisten, die trotz Riesenpropaganda und trotz des politischen Wunderglaubens großer Wählermassen in weitem Felde steht. Die nationalsozialistischen Bäume werden nicht in den Himmel wachsen, im Notfall müßte die Zentrumspartei ein wenig Vorsehung spielen." Ritter, Emil: Nationalsozialismus und Zentrum. DW 11.06.1931. KfZG A3/030

[5] „Für unsere Leser bedarf es keiner Begründung, daß die Stimmabgabe für Hitler am 13. März nicht in Frage kommt, nachdem Hindenburg das Opfer einer Wahlkandidatur auf sich genommen hat." Viator: Die wirtschaftliche Einkreisung. DW 10.03.1932

[6] Im Frühjahr 1931 übte Ritter scharfe Kritik am Nazismus, weil sich die „NSDAP" mit parlamentarischen Mitteln gegen die Regierung Brüning einsetzen würde. „Die Regierung Brüning stellte einen Bruch mit der Parteiwirtschaft der vergangenen Jahre dar, in ihr dokumentierte sich der Mut zur Führung und zur Verantwortung. ... Es ist doch nicht nur moralisch bedenklich, sondern auch intellektuell beschränkt, den Gegner mit seinen eigenen Waffen schlagen zu wollen, wenn man diese Waffen für stumpf und rostig hält." Ritter, Emil: Politische Theatereffekte. DW 19.02.1931. KfZG A3/011

[7] Vgl. zur Bedeutung des Werkes von Rosenberg in der weltanschaulichen Auseinandersetzung zwischen Nazismus und Kirche Baumgärtner 1977

[8] In einer Rezension zu Stark, Johannes: Nationalsozialismus und katholische Kirche. München o.J., führte Ritter aus: „Zu Dreivierteln ist diese „wissenschaftliche" Arbeit des Nobelpreisträgers eine Schmähschrift gegen Zentrum und Bayerische Volkspartei, eine Wiederholung der Haßgesänge, die tagtäglich aus den Spalten der nationalsozialistischen Blätter ertönen." Im weiteren stellte Ritter fest, dass ein Vergleich zwischen

durch ihre Haltung „zur grundsätzlichen Klärung und sachlichen Auseinandersetzung" im Nazismus ihren Beitrag leisten würden, der helfen könne, „dass Hitler noch allerlei Ballast abwirft"; etwas, worüber man sich nach Ritters Einschätzung nur freuen könne.[9] Die Äußerungen lassen exemplarisch deutlich werden, wo für ihn selbst aufgrund seines Wertungsmaßstabes zu diesem Zeitpunkt die Grenzen in der Verständigung mit dem Nazismus lagen: es galt die institutionellen Rechte der Kirche sowie kirchenpolitische Interessen zu sichern. Wenn es dem Nazismus gelänge, sich aus seiner antikirchlichen Stellung gegenüber der katholischen Kirche zu lösen und einige katholische Positionen zu berücksichtigen, dann stünde einer positiven Zusammenarbeit im neuen „Dritten Reich" nichts im Wege. Sollte es der „nationalen Bewegung ... in theologischem Ernst um das Deutsche Reich gehen, so wird man in uns zutiefst aufgerufene und verpflichtete Mitträger einer deutschen Politik finden."[10]

Ein besonderer Stellenwert kann in einer Beurteilung Ritters in seiner Haltung gegenüber dem Nazismus dem Artikel „Nationalsozialismus" beigemessen werden, den er 1932 für den Nachtrag der fünften Ausgabe des Staatslexikons[11] verfasste,[12] welches von Hermann Sacher im Auftrag der

---

Nazismus und italienischem Faschismus nicht statthaft sei und leitete aus dem Vorbild des italienischen Faschismus zwei Forderungen an den Nazismus ab. Zum einen solle neben dem Werk „Der Mythus des 20. Jahrhunderts" auch die Rassenideologie und der Vererbungskomplex in das Parteimuseum verwiesen werden, zum anderen komme es wesentlich darauf an, dem Marxismus eine vorbildliche politische Moral entgegenzuhalten. Ritter, Emil: Nationalsozialismus als Weltanschauung. DW 07.05.1931. KfZG A3/023

[9] „Wenn Kardinal Bertram auch keinen „Druck" auf die Führung der NSDAP. beabsichtigt hat, so kann doch grundsätzliche Klärung und sachliche Auseinandersetzung dazu beitragen, daß Hitler noch allerlei Ballast abwirft. Soll man sich darüber weniger freuen, als über den realpolitischen Sinn, den die Sozialdemokratie seit August 1914 des öfteren bewiesen hat? Wenn Parteien, die Massenzulauf haben, zur Vernunft kommen, kann es dem deutschen Volke nur von Nutzen sein." Ritter, Emil: Hirtenworte im Parteilärm. DW 05.02.1931. KfZG A3/007

[10] Im Rückgriff auf einen Artikel von Mirgeler führte Ritter aus: „Die ideale christlich-deutsche Staatsgestaltung war das „Reich" im mittelalterlichen Sinne. Aus der christlichen Theologie stammt der Begriff des „Dritten Reiches", der natürlich heute nicht in ihrem Sinne gebraucht wird. Wirkt dennoch geheimer Instinkt darin, daß die deutsche Politik christlich fundiert sein muß? Das ist die katholische Frage an die nationale Bewegung. ‚Geht es ihr um einen Nationalstaat massendemagogischer oder völkischer Prägung, so bedeutet das für uns eine Notwendigkeit und Not neuer Kompromisse. Geht es in theologischem Ernst um das Deutsche Reich, so wird man in uns zutiefst aufgerufene und verpflichtete Mitträger einer deutschen Politik finden'." Ritter, Emil: Fragen an den Nationalsozialismus. DW 05.05.1932

[11] Im dritten Band des Staatslexikons, der 1929 herausgegeben wurde, hatte das Stichwort „Nationalsozialismus" nur eine kurze – mit den Wertungen von „Größenwahn,

Görresgesellschaft im Verlag Herder in Freiburg publiziert wurde. Allein Patt[13] und Hürten[14] widmeten bisher diesem Artikel ihre Aufmerksamkeit. Der Artikel wurde zur Jahresmitte 1932 von Ritter verfasst. Er verarbeitete als letztes Datum das Ergebnis der Reichstagswahl vom 31. Juli 1932; somit gibt der Artikel Ritters Einstellung vom Sommer 1932 wieder. Ritter gliederte den Artikel in sechs Abschnitte,[15] wobei er die nazistische Terminologie ohne jede Änderung übernahm. Bereits der erste Satz des Artikels zeigt deutlich Ritters Sympathie für den Nazismus,[16] wenn er einleitend feststellte: „Die erste Periode des NS. [Nazismus] schließt mit dem verunglückten Putsch Nov. 1923."[17] Dass es sich bei der Qualifizierung des Hitlerputsches als „verunglückt" um keinen sprachlichen Missgriff sondern vielmehr um eine bewusste Wortwahl handelte, wird aus den folgenden Ausführungen deutlich.

Nachdem Ritter im ersten Abschnitt zunächst die Geschichte des Nazismus sowie dessen Wahlerfolge mit Zahlenmaterial belegte und Hitler als „ausgezeichneten Agitator und Organisator" charakterisierte, wandte er sich anschließend den Themenkomplexen Legalität der Partei und Bereitschaft zur Koalitionsbildung zu. Er griff dazu auf Hitlers Zeugenaussagen im

---

Hemmungslosigkeit und Radikalismus" jedoch durchaus zutreffende – Bewertung erfahren. Der politischen Zukunft des ehemaligen „Dekorationsmalers" Hitler maß man keine große Bedeutung bei. Drei Jahre später hielt man diese Bewertung offensichtlich für unzureichend und ließ Ritter einen Beitrag für den 1932 erschienen Nachtragsband verfassen. Vgl.: Hürten 1992a, 166

[12] Ritter 1932, 1750-1762

[13] Patt 1984, 213

[14] Hürten 1992a, 166f. Dieser bezeichnet zwar „den Tenor des Beitrags als unverändert kritisch", räumt jedoch die partiell positive Bewertung des Nazismus durch Ritters gleichwohl ein.

[15] Ritter 1932, 1750-1762
1. Die zweite Entwicklungsstufe der Bewegung
2. Organisation und Presse
3. Ideenwelt und Triebkräfte
4. Faschismus und NS.
5. Katholizismus und NS.
6. Der NS. als politisches Problem

[16] Ritter selbst stellt seine positive Beurteilung des Nazismus im Staatslexikon Anfang 1935 wie folgt dar: „Die Leitung des Staatslexikons hat sich gerade deswegen an mich gewandt, weil bekannt war, dass meine Stellungnahme zur Hitler-Bewegung erheblich von der in den Kreisen des politischen Katholizismus abwich. Vor allem hatte ich mich öffentlich gegen den parteipolitischen Mißbrauch der bischöflichen Mahnung gewandt. Mein Artikel „Nationalsozialismus" war in den Kämpfen des Jahres 1932 ein Wagnis, mehr noch für das Staatslexikon als für mich persönlich, der ich bereits in offenem Gegensatz zur Zentrumspolitik stand." Ritter, Emil: Verleumdung statt Kritik, in: Beilage zum NPP Nr. 163 vom 26.01.1935. KfZG A6/019

[17] A.a.O., 1750

„Reichswehrprozess" gegen den Versuch nazistischer Zellenbildung in der Reichswehr vom September 1930 zurück. Anhand der Glaubwürdigkeit der Person Hitlers sowie der weitgehenden Untätigkeit der Justiz und Polizeiorgane wollte er so die Legalität des Nazismus nachweisen. Zudem stellte er anhand der Beispiele der Länderparlamente in Thüringen und Braunschweig sowie der mehrfachen Sondierungsgespräche zwischen Zentrum und „NSDAP" die Bereitschaft des Nazismus zur Koalitionsbildung fest. Ritter machte jedoch in diesen Fragen auch „innere Gegensätze" im Nazismus aus und benannte eine sozialistische Richtung mit Gregor Strasser und eine radikale Richtung mit Joseph Goebbels.[18] Den Aufbau der Parteiorganisation des Nazismus charakterisierte er zutreffend mit „bewußt antidemokratisch" und stellte des weiteren auf die „uneingeschränkte und unwiderrufliche Entscheidungsgewalt des Führers Hitler" ab.[19] Die folgende Erläuterung des Parteiaufbaus, der Spezialorganisationen, der „SA" und „SS" sowie der parteiamtlichen Presse und Publikation blieb deskriptiv. Die Finanzierung des Nazismus erfolgte nach seiner Einschätzung „hauptsächlich durch Mitgliedsbeiträge", wobei er die Unterstützung aus Unternehmerkreisen als „nicht so erheblich wie zeitweise geglaubt" bewertete.[20]

Die Ideenwelt des Nazismus erfasste Ritter im dritten Abschnitt in einer erstaunlich präzisen Weise. Während er dem Parteiprogramm des Nazismus von 1920 allenfalls historischen Wert zusprach, konnte er aufgrund der vielfältigen Widersprüche in der Ideenwelt des Nazismus kein „eindeutiges Bild vom Denken u. Wollen der Bewegung" feststellen.[21] Die Ideologie Hitlers, niedergelegt in dessen programmatischer Schrift „Mein Kampf", sah Ritter zwischen Nationalismus und Sozialismus geprägt durch das österreichische Alldeutschentum nach Schönerer, einen Nationalbegriff völkischer Prägung, einen mehr rassisch als kulturell geprägten Volkstumsbegriff nach Gobineau und Chamberlain, einen Antisemitismus des alten Österreichs nach Lueger, einem nationalen Imperialismus sowie einem an Nietzsche orientierten Führergedanken. Die radikale Ablehnung der freiheitlichen Gedanken der Aufklärung und des „liberalen Demokratismus" fanden ebenso Erwähnung wie die Ziele einer ständischen Ordnung mit den „Ideen von Bildung, Eingliederung u. Gefolgschaft im Dritten Reich".[22] Ritter attestierte dem Terminus „Drittes Reich" und der Ideologie des Nazismus „manch guten Gedanken" und führte dessen

---

[18] A.a.O., 1754
[19] A.a.O.
[20] A.a.O., 1755
[21] A.a.O., 1756
[22] A.a.O.

Wahlerfolge auf die Gemeinsamkeiten in der „geistigen und seelischen Disposition weiter Volksschichten" zurück. Die Sympathisanten des Nazismus sah Ritter im folgenden in einer soziologischen Analyse in Angehörigen der „neuen Mittelschicht", der Bauernschaft, dem ehemals liberalen Großbürgertum sowie der gesellschaftlichen Oberschicht. Wenn er darüber hinaus noch feststellte, dass nur „die Industriearbeiterschaft selbst sich spröde zeige", schwingt in einer solchen Formulierung ein persönliches Bedauern mit.[23] Die „Triebkräfte" des Nazismus sah Ritter demgegenüber wieder zutreffend in Ablehnung, Verneinung und Protest, was aber im Gesamt auch nicht frei von Widersprüchen bliebe. Aufschlussreich ist die Charakterisierung der „Elite der Bewegung" und insbesondere der „jüngeren, begeisterungsfähigen Gefolgschaft". Hier fand Ritter zahlreiche Gemeinsamkeiten und summierte emphatisch: „Da ist starke Sehnsucht nach einem neuen deutschen Lebensideal, nach Zielsetzung u. Aufgabe in einem sinnlos gewordenen Dasein, nach Führung u. Bindung in einer individualistisch zersetzten Kultur; da ist aufrichtiger Wille zur Kameradschaft u. Gemeinschaft, opferfreudige Bejahung der nationalen Schicksalsgemeinschaft, Glaube u. Hingabe an überindividuelle Lebenswerte."[24]

Im vierten Abschnitt, dem Vergleich zwischen italienischem Faschismus und Nazismus, wiederholte er die bereits vorab vorgestellten Thesen. Während er Übereinstimmungen im nationalen Imperialismus, Nationalismus, Antiliberalismus, Antimarxismus, im Führergedanken, Ordnungswillen, dem „Vitalen" und Irrationalen feststellte, bemerkte er gravierende Unterschiede im fehlenden Rassismus, in der Bewahrung des „gegensätzlichen Charakters" des Faschismus, da dieser nur kurz gezwungen war, von der parlamentarischen Demokratie Gebrauch zu machen, sowie in der kulturpolitischen Ausrichtung des Faschismus aufgrund der Verständigung mit der katholischen Kirche in Italien.[25] Zudem schien Mussolini den Vorstellungen Ritters von einer charismatischen Führerpersönlichkeit weitaus näher zu kommen als Hitler. Während er Mussolini einen „bereits im Kriege erworbenen nationalen Nimbus, eine geistige Überlegenheit und sichere Zügelführung" zusprach, traf er bei der Person Hitlers noch Einschränkungen wegen dessen schwachen schriftstellerischen und rednerischen Leistungen sowie der noch ungenügend „beglaubigten staatsmännischen Qualitäten".[26]

Im fünften Abschnitt zum Verhältnis von Katholizismus und Nazismus zeigte Ritter zwar detailliert die skeptische Haltung der deutschen Bischöfe auf,

---

[23] A.a.O., 1757
[24] A.a.O., 1758
[25] A.a.O., 1759f.
[26] A.a.O., 1759

stellte aber zurecht fest, dass deren ablehnende Haltung insofern eingeschränkt sei, weil jene den Nazismus nur ablehnten, solange dieser an den kritisierten Positionen festhalten würde. Gleichzeitig verbanden sie mit dieser Bewertung auch mehrfach positive Äußerungen zum „edlen und berechtigen Nationalismus" sowie zum „sittlichen Wert der Vaterslandsliebe" und „der Berechtigung einer nationalen Bewegung gegen die äußere Bedrückung u. den inneren Verfall des deutschen Volkes".

Abschließend versuchte Ritter im sechsten Kapitel Wege aufzuzeigen, um die „aufbrechenden Kräfte positiv auszuwerten", da festgestellt werden müsse, das „die Bewegung in ihrer Gesamtheit auf die Volksgemeinschaft, einen starken nationalen Staat, das wirtschaftliche u. kulturelle Gemeinwohl gerichtet" sei.[27] Einen möglichen Zerfall der nazistischen Bewegung konnte Ritter nicht als „politischen Gewinn" einordnen, vielmehr müsse es darum gehen den Nazismus in Koalitionen in die politische Verantwortung zu nehmen. Dies aber nicht mit dem Ziel, diesen bloßzustellen sondern allein mit dem „ehrlichen Willen, die ungebärdige Kraft der Bewegung in den Dienst von Volk u. Staat einzuspannen."[28] Die Lösung dieser diffizilen Frage sah Ritter bei einer „von den Parteien unabhängigen Staatsführung" am ehesten verwirklicht.[29]

Die Ausführungen machen deutlich, in welcher ideologischen Nähe zum Nazismus sich Ritter ein halbes Jahr vor dem Ende der Weimarer Republik bereits befand.

---

[27] A.a.O., 1761
[28] A.a.O., 1762
[29] A.a.O.

cc) „Im Volk geboren – Zum Führer erkorn – Alle sagen: Ja": Das Nazi-Reich als beglückendes Finale

Hatte Ritter sich durch die Gründung und Tätigkeit als Geschäftsführer des Bundes „Kreuz und Adler" bereits im Frühjahr 1933 für eine Verständigung zwischen Katholizismus und Nazismus eingesetzt, so gab ihm die Position als Hauptschriftleiter der Germania, die er zum 01. Juli 1933 übernahm, die Möglichkeit seine ideologischen Intentionen an exponierter Stelle in der Reichshauptstadt Berlin fortzusetzen. Ritter ließ sich nach eigenen Angaben von den in der Biographie bereits dargestellten drei Grundvoraussetzungen leiten, dass die deutschen Bischöfe im März 1933 ihre Vorbehalte gegenüber dem Nazismus revidiert hatten, der politische Katholizismus durch die Zustimmung zum „Ermächtigungsgesetz" eine Mitverantwortung für die Politik Hitlers übernommen hatte und zudem aussichtsreiche Verhandlungen zwischen dem Vatikan und der neuen Reichsregierung über den Abschluss eines Konkordates geführt wurden. In dieser Hochstimmung stellte sich Ritter in der Ausgabe der „Germania" vom 02. Juli 1933 mit einem programmatischen Artikel unter der Überschrift „Unser Ja zum neuen Deutschland" den Lesern der Zeitschrift als neuer Hauptschriftleiter vor.[1] In einer tabellarischen Übersicht lassen sich die Charakterisierungen Ritters für das nazistische Deutschland und die Weimarer Republik, die dieser im angegebenen Artikel traf, in übersichtlicher Weise gegenüberstellen.

	Weimarer Republik	Nazismus
Gesellschaftliche Leitidee	Liberalismus	Ewige Schöpfungsordnung
Gesellschaftliche Auswirkung	Individualistische Absonderung und Auflösung	Völkische Wesensart
Individueller Bezug	Autonomer Mensch	Blut- und Schicksalsgemeinschaft der Deutschen
Gesellschaftlicher Aufbau	Klassenmäßig geschichtete Gesellschaft	Gegliederte Volksordnung
Staatliches Aufbauprinzip	Liberaldemokratische Fiktion der Selbstregierung des Volkes	Führerverantwortung mit Anspruch auf rückhaltlose Gefolgschaft
Staatliche Willensbildung	Im Parteiwesen verkörperter „Staatswille"	Straffe Zusammenfassung und Vereinheitlichung der staatstragenden Kräfte
Wirtschaftsordnung	Kapitalistischer Kampf	Die der Nation dienstbare Volkswirtschaft

---

[1] Ritter, Emil: Unser Ja zum neuen Deutschland. G 02.07.1934. KfZG C4/051

Die Zusammenstellung lässt zunächst die ideologischen Gemeinsamkeiten in der Gedankenwelt Ritter zum Nazismus deutlich werden. Sie zeigt darüber hinaus aber auch die große Kontinuität in der Ideenwelt Ritters, die sich aus der Weimarer Republik bis in den Nazismus durchhält und von daher erklärt, warum Ritter sich in so emphatischer Weise für den Nazismus einsetzte. Denn hier sah er – mit einigen kleinen Einschränkungen – seine katholischen Vorstellungen im Aufbau von Staat und Gesellschaft verwirklicht. „Das katholische Volk zur freudigen Hingabe an die Nation und ihren Staat aufzurufen und in der Volksgemeinschaft das Bewusstsein der im Katholizismus lebendigen Werte wachzuhalten.", darin sah Ritter nun seine persönliche Sendung wie die Aufgabe der katholischen Zeitung „Germania", als einen „Dienst am neuen Deutschland aus christkatholischer Gläubigkeit".[2] Ein interessantes Dokument findet sich in diesem Zusammenhang im Nachlass Ritters. Zu dieser ersten Ausgabe der „Germania" mit Ritter als Hauptschriftleiter äußerte der damalige Pfarrer von St. Lamberti in Münster, Clemens August Graf von Galen, der später als Bischof von Münster eine der führenden Gestalten des katholischen Widerstandes wurde, ein detaillierte Kritik. Diese bezog sich jedoch nicht auf den Leitartikel Ritters, daran konnte von Galen keinen Anstoß nehmen. Sein Missfallen äußerte er vielmehr über einen kleinen, völlig nebensächlichen Artikel auf der zweiten Seite, in welchem er eine Kritik an der Handlungsweise der Fuldaer Bischofskonferenz ausmachte. Von Galen war sich sicher, dass so etwas „nicht in eine katholische Zeitung gehört" und derartige Äußerungen dazu führen könnten, das Ansehen der Bischöfe zu untergraben.[3]

Im folgenden werden die gesellschaftspolitischen Aussagen Ritters anhand von dessen Leitartikeln aus der „Germania" skizziert.

Des öfteren stellte Ritter die ideologische Kontinuität seiner persönlichen Vorstellungen sowie der katholischen Ideenwelt zum Nazismus in besonderer Weise heraus. Ritter war bemüht, sich von opportunistischen Bewegungen abzusetzen, die im Frühjahr 1933 Konjunktur hatten. So traten in den ersten zwölf Wochen nach dem 30. Januar 1933 über 1,6 Millionen Deutsche als Mitglieder in die „NSDAP" ein, was im Mai 1933 sogar eine Aufnahmesperre

---

[2] A.a.O.

[3] „Solch öffentliche Kritik eines doch für die Entscheidung nicht zuständigen Gliedes der Kirche ist schlechtes Beispiel und geeignet, die leider durch derartige ungute Aeußerungen an sich unzuständiger, aber sonst angesehener Katholiken schon vielfach beeinträchtigte Hingabe an die Leitung durch das kirchliche Hirtenamt, das doch göttlicher Einsetzung ist und die letzte Gewähr für die „acies ordinata" der Katholiken, zu untergraben." Brief von Pfarrer von Galen an Emil Ritter vom 14.07.1933. KfZG C4/004

durch die Parteiführung auslöste.[4] Ritter konnte dagegen auf sein persönliches Engagement mit seiner katholischen Wochenzeitung „Der Deutsche Weg"[5] sowie auf die antiliberale Tradition des Katholizismus verweisen, die den katholischen Bevölkerungsteil zur „freudigen Mitarbeit an der Neugestaltung des deutschen Volks- und Staatslebens aus „Blut und Boden", nämlich aus den in der Schöpfung klingenden Bedingungen und Kräften" prädestinierte[6]. In dieser Weise war der Katholizismus für Ritter schon seit Jahrzehnten ein „Wegbereiter" des nazistischen Deutschlands; dafür standen die Werke der großen katholischen Staats- und Sozialphilosophen des 19. Jahrhunderts,[7] dafür standen auch volkstümliche katholische Standesvereine wie der Gesellenverein mit seinem Gründer Adolph Kolping.[8] Dieses Gedankengut galt es wieder bewusst zu machen; aus diesem Anlass publizierte Ritter als Herausgeber die Zusammenstellung „Katholisch-konservatives Erbgut".[9] Ritter sah die deutschen Katholiken in dieser Tradition an der „Spitze der Front", die gegen den Liberalismus mobil machte. Im Antiliberalismus lag die erste große Schnittmenge zwischen Katholizismus und Nazismus. Ritter definierte als den „geschichtlichen Sinn der nationalsozialistischen Bewegung" die Ablehnung des Rationalismus und Individualismus als Ausflüsse der Aufklärung und der Ideen

---

[4] Aleff 1970, 67

[5] „Die katholische Wochenzeitung ‚Der Deutsche Weg', die sich den Kampf gegen den christlich aufgeputzten Pazifismus zur besonderen Aufgabe gemacht hat, wurde verhöhnt und verketzert – oder totgeschwiegen. Der Nationalsozialismus mußte zur Macht kommen, um endlich jenen Pazifismus und Kosmopolitismus hinwegzufegen, der nach Görres ‚zwar die Objektivität der Geschichtsschreiber fördert, aber auch den Hochverrat'." Ritter, Emil: Deutsche gegen Deutschland. G 03.12.1933. KfZG A4/019

[6] „Im Gegenteil „katholisch", das heißt im Sinne der katholischen Tradition in Deutschland, ist vielmehr die grundsätzliche Abkehr von den politischen und sozialen Anschauungen des liberalen Zeitalters und die freudige Mitarbeit an der Neugestaltung des deutschen Volks- und Staatslebens aus „Blut und Boden", nämlich aus den in der Schöpfung klingenden Bedingungen und Kräften." Emil Ritter: Festtage im Schatten. Zum Wiener Katholikentag. G 10.09.1933

[7] „Die positive Beziehung zwischen dem Katholizismus und dem nationalsozialistischen Deutschland wäre auf der Buchmesse am einleuchtendsten zu veranschaulichen gewesen, wenn die Werke der großen Staats- und Sozialphilosophen des 19. Jahrhunderts zur Schau gestellt worden bzw. wenn sie noch ausstellbar wären." Ritter, Emil: Katholiken als Wegbereiter. G 10.12.1933. KfZG A4/018

[8] „Wie die katholischen Staats- und Sozialphilosophen vor und nach ihm, war Kolping antiliberal. Er hat als Handwerksgeselle an der harten Wirklichkeit erfahren können, daß die „Freiheit", die der Liberalismus brachte, die Volksgemeinschaft, die Familie, den Berufsstand, kurzum jede natürliche, gottgewollte Ordnung zerstört." Ritter, Emil: Adolf Kolping in unserer Zeit. G 08.12.1933. KfZG A4/020

[9] Vgl. die eigene Besprechung des Buches durch Ritter in der Germania nach dessen Veröffentlichung im Frühjahr 1934. Ritter, Emil: Antiliberaler Katholizismus. Als Brücke zur nationalsozialistischen Weltanschauung. G 11.02.1934

der französischen Revolution von 1789.[10] Während der nazistische Staat auf der Grundlage des „Ermächtigungsgesetzes" vom 24. März 1933 in schneller Folge eine Vielzahl von Gesetzen erließ, die die demokratisch-rechtsstaatlichen Grundrechte einschränkten beziehungsweise aufhoben, sah Ritter durch diese Maßnahmen „das christlich-deutsche Rechtsbewusstsein" wiederhergestellt[11] und den Liberalismus auch aus seinen „getarnten Stellungen" vertrieben.[12] Der Aufhebung demokratischer Grundrechte, wie die einst durch den Liberalismus erkämpften individuellen und gesellschaftlichen Rechte der Meinungs- und Pressefreiheit, konnte Ritter keine negativen Sichtweisen abgewinnen; für ihn stand vielmehr fest, dass so etwas „im Staate, der auf der Führerautorität aufbaut, keinen Sinn mehr" hat.[13] Von daher kam der Presse in der Sichtweise Ritter nun eine völlig neue Aufgabe zu. Insbesondere die katholische Presse sah er in eine dreifache Pflicht genommen und wollte in Anlehnung an das „Programm der Arbeitsgemeinschaft katholischer Deutscher" (AKD) das Nationalbewusstsein im katholischen Bevölkerungsteil stärken, die „ehrliche, rückhaltlose Mitarbeit am Nationalsozialismus vertiefen" sowie „die Reihen aktiver Kämpfer vergrößern".[14] Das zur Jahreswende 1934 in Kraft getretene Schriftleitergesetz, welches ganz in nazistischer Terminologie „Schädlingen an Staat und Volk" die Eignung zum Schriftleiter absprach, wurde in der

---

[10] „Die deutschen Katholiken gehören an die Spitze der Front, die gegen das liberale Zeitalter aufmarschiert. Wie man auch immer die nationalsozialistische Bewegung volkspsychologisch und zeitgeschichtlich zergliedern mag, – ihr geschichtlicher Sinn ist der Aufstand gegen den Rationalismus und Individualismus, gegen den Geist der Aufklärung und die Ideen von 1789. Diese Erkenntnis des Wesentlichen hat die Stellungnahme des Katholiken zu bestimmen, und nicht die zufälligen Begleiterscheinungen des Umbruchs." Ritter, Emil: Katholiken vor die Front. G 05.11.1933. KfZG A4/009

[11] „Erst der Nationalsozialismus hat die Voraussetzung der öffentlich Rechtspflege, den weltanschaulichen Ausgangspunkt, klar erkannt und begonnen, diese unentbehrliche Grundlage zu schaffen. ... Das christlich-deutsche Rechtsbewußtsein hat auf die Garantie des liberalen „Rechtsstaates" und sein Paragraphenwerk niemals vertraut." Ritter, Emil: Revolution im Strafrecht. G 02.09.1934

[12] „Aus den neuen Maßnahmen und aus ihrer Begründung wird erkennbar, daß der Nationalsozialismus den Liberalismus auch aus denjenigen Stellungen zu werfen entschlossen ist, die durch täuschende Kulissen verkleidet sind. Er bringt im Strafrecht nicht nur den sozialen, sondern auch den sittlichen Gedanken zu neuer Geltung." Emil Ritter: Rückkehr zur Strafe. G 06.08.1933
Vgl. auch: Ritter, Emil: Getarnter Liberalismus. G 22.10.1933. KfZG C4/053

[13] „Die Zeit der ungebundenen Meinungsäußerung in der Zeitung, der ungehemmten Kritik, der Verpflichtung auf irgendwelche Sonder- und Privatinteressen ist also vorüber. Die deutsche Presse ist in den Dienst genommen – das ist die entscheidende Wandlung. Wie man auch immer über die Nützlichkeit oder Schädlichkeit der Pressefreiheit im Liberalismus denken mag, sie hat im Staate, der auf der Führerautorität aufbaut, keinen Sinn mehr." Ritter, Emil: Der neue Beruf der Zeitung. G 17.12.1933. KfZG A4/022

[14] A.a.O.

„Germania" rein deskriptiv rezipiert.[15] Gegenüber der Auslandspresse wurde das „Ansehen des nationalsozialistischen Deutschlands in der Welt" mehrfach verteidigt, die politische Bindung der Schriftleiter und Journalisten an den nazistischen Staat mit der früheren Bindung katholischer Journalisten an die Zentrumspartei verglichen.[16] Die Aufgabe „durch die Presse die nationalsozialistische Welt-, Staats- und Kulturauffassung im Volk zu vertiefen" empfand Ritter als weitschauende Maßnahme, von der er sich eine positive Wirkung erhoffte.[17]

Neben dem Liberalismus blieben weiterhin Demokratie und Parlamentarismus im Mittelpunkt der Kritik Ritters. Auch hier sah Ritter Kontinuitätslinien im antidemokratischen Gedankengut des Katholizismus.[18] Mit Blick auf den Nazismus stellte Ritter treffend fest, dass der legal-demokratische Weg der Gewinnung der politischen Macht durch Hitler, allein aus Opportunitätsgründen erfolgt und keinesfalls als Ausdruck demokratischer Gesinnung zu werten sei. Hitler habe vielmehr nie einen Zweifel daran gelassen, dass er Demokratie und Parlamentarismus entschieden ablehne und die Zerstörung dieser als „Formaldemokratie" abqualifizierten Formen der Mitbestimmung und politischen Vertretung als Ziel verfolge.[19] Die Zerschlagung der politischen Parteien und das Verbot der Neugründung wurden von Ritter daher ebenso wohlwollend betrachtet[20] wie die Vernichtung des Parlamentarismus.[21] Während Ritter

---

[15] O.V.: Wer ist Schriftleiter? Schriftleitergesetz am 1. Januar 1934 in Kraft. G 24.12.1933
Vgl. zur Bedeutung des Gesetzes für die katholische Presse das Kapitel „Die katholischen Zeitschriften und das Schriftleitergesetz", in: Altmeyer 1962, 74-98. Altmeyer führt dort aus: „Die katholischen Zeitschriftenvertreter lehnten ohne Ausnahme die Unterwerfung unter das Schriftleitergesetz ab." A.a.O., 74

[16] Ritter, Emil: Verdächtiges Mitleid. G 04.03.1934
Vgl. auch: Ritter, Emil: Verantwortung vor dem Ausland. G 25.03.1934

[17] Ritter, Emil: Klärung der Pressefrage. G 10.05.1934

[18] „Er [August Pieper] hat früher als die meisten der Formaldemokratie den echten deutschen Volksstaat entgegengestellt, der um das Nationalbewußtsein der deutschen Katholiken lebenslang gerungen hatte, ließ auch in dem Verwirrung der Nachkriegszeit ab, von der Hingabe an Nation und Staat, von dem gesunden Ehrgefühl eines Volkes, von Männlichkeit und Wehrhaftigkeit zu sprechen." Ritter, Emil: Katholiken als Wegbereiter. G 10.12.1933. KfZG A4/018

[19] „Die Tatsache, das sich Adolf Hitler nach den Spielregeln der formalen Demokratie zur Macht aufgeschwungen hat, darf nicht so ausgelegt werden, als ob das Mehrheitsprinzip seine innere Rechtfertigung wäre. Hitler hat aus Zweckmäßigkeitsgründen den legalen Weg gemäß der Weimarer Verfassung gewählt. Er hat aber niemals einen Zweifel daran gelassen, daß er diese ganze Formaldemokratie grundsätzlich verwarf und entschlossen war, den deutschen Volksstaat aus einer tieferen Gesetzlichkeit als dem westlichen Nationalismus aufzurichten." Ritter, Emil: Demokratische Restbestände. G 18.03.1934. KfZG A4/057

[20] A.a.O.

Wahlen und Abstimmungen im Nazismus noch im August 1934 als „frei und geheim" charakterisierte,[22] war er sich andererseits der signifikanten Unterschiede zum demokratischen System durchaus bewusst. Dabei verwies er als Erklärung auf die neue Aufgabe der Abstimmung im nazistischen Deutschland.[23] Es gehe hier nicht mehr um die Feststellung von Mehrheiten, Abstimmungen übernahmen vielmehr die Funktion jeden Einzelnen zu einer bewussten Entscheidung herauszufordern und sich als Ergebnis in „Bekundung der Gefolgschaftstreue" zur Führung Adolf Hitlers zu bekennen.[24]

Politische Gegner machte Ritter anfangs noch im linken Spektrum aus und sah auch hier den Katholizismus in einer stringenten Kontinuität und großen

---

[21] „Die sieben großen Tatsachen, die wir rückschauend festhalten möchten, sind ebenso viele Stufen zum Aufstieg des deutschen Volkes und Reiches, an den wir zuversichtlich glauben und an dem wir unter der Führung Adolf Hitlers rastlos arbeiten wollen." Als diese sieben Tatsachen nannte Ritter im folgenden: Einigung der Nation, Erlösung vom Parlamentarismus, Überwindung der Vielstaaterei, Vernichtung des Marxismus, Wendung des Arbeitslosenschicksals, Grundlegung der ständischen Ordnung sowie Außenpolitischer Durchbruch. Ritter, Emil: Sieben Stufen des Aufstiegs. G 31.12.1933. KfZG A3/028
„Die auf außerordentlich gewundenen Wegen erreichte neue Verfassung Oesterreichs ist trotz allem insofern eine erfreuliche Tatsache, als sie auch für unser deutsches Bruderland die endgültige Loslösung von der parlamentarischen Demokratie bedeutet. Sie bestätigt zugleich die geschichtliche Berechtigung und Notwendigkeit der nationalsozialistischen Revolution, indem sie mit liberalen „Errungenschaften" aufräumt, deren radikale Verneinung der Hitler-Bewegung den stärksten Auftrieb verschafft hat." Ritter, Emil: Ein katholischer Idealstaat? G 06.05.1934

[22] „Das deutsche Volk steht hinter Adolf Hitler als dem alleinigen Inhaber der Staatsgewalt, als dem Führer des Reichs im ausgeprägtesten Sinn des Wortes, – das ist die durch das glänzende Ergebnis der Abstimmung vom 19. August unwiderleglich und unleugbar gewordene geschichtliche Tatsache. ... Man darf kühn behaupten, daß es in der ganzen Welt keinen zweiten leitenden Staatsmann und kein wählbares Staatsoberhaupt gibt, denen ein auch nur annähernd so hoher Hundertsatz ihres Volkes ein persönliches Vertrauensvotum erteilen würde. ... Dieser einzigartige, überwältigende Abstimmungssieg ist in wirklich freier und geheimer Wahl errungen worden." Ritter, Emil: Nach dem Siege. G 21.08.1934. KfZG A4/107

[23] „'Demokratie' und ‚Wahl' sind nur Worte ... Wichtiger als die Feststellung der Mehrheit ist aber auch hier, daß von jedem Deutschen eine bewußte Entscheidung verlangt wird; – nicht nur zur den nationalen Zielen der Regierung, sondern auch zur Führung Adolf Hitlers soll er sich bekennen." Ritter, Emil: Der grüne und der weiße Zettel. G 29.10.1933

[24] „Wenn er [Hitler] gleichwohl am 12. November zur Stimmabgabe aufrief und diese Volksabstimmung alljährlich wiederholen lassen will, so hat das mit den parlamentarischen Wahlen von gestern nichts zu tun. Nur als eine feierliche Bekundung der Gefolgschaftstreue kann das aufgefaßt werden." Ritter, Emil: Demokratische Restbestände. G 18.03.1934. KfZG A4/057

inhaltlichen Nähe zum Nazismus.[25] Die Kontrahenten wurden durch Ritter mit wüsten ideologischen Konglomeraten belegt, die letztlich jedoch wieder auf den Liberalismus als Geisteshaltung zurückgeführt wurden.[26] Später konnte er auch hier die „Vernichtung" der Gegner[27] nebst der Befreiung der „geführten und verführten Arbeiter"[28] als Erfolg des Nazismus feiern. Mit welchen Mitteln diese „Erfolge" erreicht wurden, auch darüber machte Ritter sich keine Illusionen. Die „rücksichtslose Vernichtung" weltanschaulicher Gegner sah Ritter nicht nur als Recht des Nazismus an, er definierte es darüber hinaus sogar als politische Pflicht.[29]

Dass Ritter die weltanschaulichen Gegner neben dem linken Spektrum weiterhin im Judentum sah, überrascht keineswegs. Zwar wurden antisemitische Themen von Ritter selbst nur selten erörtert, allerdings sind auch die wenigen Artikel durch einen klaren Antisemitismus gekennzeichnet. So konnte Ritter beispielsweise an dem Vorwurf des „Radikalen Antisemitismus" gegenüber dem nazistischen Deutschland allenfalls die Übertreibung, das Extrem „Radikal" anstößig finden. Der Antisemitismus an sich fand dagegen seine volle Zustimmung, darin sah er sich mit dem Nazismus in Rückgriff auf den christlich-sozialen Politiker Lueger in voller Übereinstimmung.[30] Ausführungen über

---

[25] „Für den Katholizismus hat der Feind immer links gestanden." Ritter, Emil: Katholiken vor die Front. G 04.11.1933

[26] „Der international organisierte, von der Freimaurerei und der Plutokratie organisierte, von Moskau insgeheim kommandierte, aus bürgerlichem und proletarischem Liberalismus rekrutierte „Antifaschismus"..." Ritter, Emil: Menschenrechte und Abbruch. G 11.03.1934

[27] „Die sieben großen Tatsachen, die wir rückschauend festhalten möchten, sind ebenso viele Stufen zum Aufstieg des deutschen Volkes und Reiches, an den wir zuversichtlich glauben und an dem wir unter der Führung Adolf Hitlers rastlos arbeiten wollen." Als diese sieben Tatsachen nannte Ritter im folgenden: Einigung der Nation, Erlösung vom Parlamentarismus, Überwindung der Vielstaaterei, Vernichtung des Marxismus, Wendung des Arbeitslosenschicksals, Grundlegung der ständischen Ordnung sowie Außenpolitischer Durchbruch. Ritter, Emil: Sieben Stufen des Aufstiegs. G 31.12.1933. KfZG A3/028

[28] „... und es hat sich gezeigt, daß der Nationalsozialismus von einem gesunden Instinkte geleitet war, als er die geführten und verführten Arbeiter von jenen [den nunmehr emigrierten Funktionären der SPD] befreite." Ritter, Emil: Entlarvung des Staatserhaltenden. G 13.02.1934

[29] „Der Nationalsozialismus hat nicht nur das Recht, sondern die nationale und historische Pflicht, diese Macht unnachsichtlich zu behaupten, wenn es nötig sein sollte, auch mit rücksichtsloser Vernichtung aller „Destrukteure", die nichts anderes als ihr Mißvergnügen und ihre negative Kritik aufzuweisen haben." A.a.O.

[30] „'Radikaler' Antisemitismus, – auch hier ist eine Uebertreibung, aber kein Prinzip gegeißelt. Bekanntlich war die Christlich-soziale Partei ursprünglich eine antisemitische Bewegung, und Hitler zollt deswegen ihrem Gründer Lueger unverhohlene Bewunderung." Ritter, Emil: Um des Friedens willen. G 29.12.1933

„Die rassische Mischehe" im von Ritter herausgegebenen Pressedienst lassen noch im Oktober 1935 diese Gedankengänge deutlich werden. Gegen „die Bedrohung der Substanz des deutschen Volkstums" durch Mischehen empfahl Ritter auf ein wirksames Instrumentarium des Mittelalters zurückzugreifen: Um einer „'Bekehrung' aus materiellem Interesse" vorzubeugen, sollten Juden, die sich taufen ließen, ihr gesamtes Vermögen verlieren.[31] An dieser Stelle überschritt Ritter die Grenze vom religiöse begründeten Antijudaismus zum rassisch begründeten Antisemitismus. Der Rassegedanke erschien ihm nun als „lebensfähige Idee, mit einem sehr gesunden, fruchtbaren Kern".[32]

Das Ziel der Bemühungen des Katholizismus wie des Nazismus bildete für Ritter das Volk in seiner Einheit.[33] Während die Reste des politischen Katholizismus immer noch in der Versuchung ständen, eine Differenz zwischen der Bluts- und Volksgemeinschaft auf der einen und der Glaubensgemeinschaft auf der anderen Seite zu konstatieren und damit ein prinzipielle Unvereinbarkeit von katholischer Weltanschauung und Nazismus zu begründen, sah Ritter diesen künstlich konstruierten Gegensatz aufgehoben. Die natürliche Verbundenheit und Gemeinschaft stelle jeden Deutschen in die Bluts- und Volksgemeinschaft des deutschen Volkes. Diese natürliche Verbundenheit werde durch die Glaubensgemeinschaft aber nicht in Frage gestellt, sondern vielmehr durch die übernatürliche Religionsgemeinschaft der katholischen Kirche bestätigt und geheiligt;[34] der Begriff des Volkes transzendierte durch die

---

Vgl. zum Inhalt und Rekurs auf Lueger auch: Ritter, Emil: Zuviel Optimismus? G 23.01.1934

[31] Ritter, Emil: Die rassische Mischehe, in: NPP 11.10.1935. KfZG A6/113

[32] „'Rassenwahn', – das ist gewiß ein Irrtum, wie jeder Wahn. Zu einem ‚Wahn' wird sich der Nationalsozialismus nie bekennen, sondern nur zu einer lebensfähigen Idee, und daß der Rassengedanke einen sehr gesunden, fruchtbaren Kern enthält, das können katholische Forscher, wie der Wiener Ethnologe Wilhelm Schmidt bestätigen." Ritter, Emil: Um des Friedens willen. G 29.12.1933

[33] „Ein Volk ist das Ziel der nationalsozialistischen Revolution. Mit eindringlicher Klarheit hat Adolf Hitler wiederholt, was er in zahllosen Reden als das Kernstück seiner politischen Weltanschauung umschrieben: Auf den ewigen völkischen Lebensgesetzen ist der Staat aufzubauen; die Wesensaufgabe des Staates ist die Erhaltung und Gesundung der Substanz des Volkes. Um das deutsche Volk und nicht anderes geht es Hitler und dem Nationalsozialismus. ... Ein Reich baut der Nationalsozialismus auf der Grundlage der völkischen Einheit auf. Die Verschiedenheiten und Eigenarten der deutschen Stämme sind gottgeschenkte Werte, die unversehrt in das neue Reich mitgenommen werden sollen. ... Das eine Reich wird auf den Fundamenten des einen Volkes stehen – oder es wird nicht sein." Ritter, Emil: Ein Volk, ein Reich. G 31.01.1934. KfZG A4/040

[34] „Dagegen müssen wir den Satz „Die römische Kirche hat an Stelle der Blutsgemeinschaft die Glaubensgemeinschaft gesetzt" als eine Verkennung und Mißdeutung ansehen, die jeden katholischen Nationalsozialisten peinlich berührt. Steht er doch ebenso

Bestätigung der Kirche damit in einer höchst fragwürdigen Weise zu einer metaphysischen Größe. Vor diesem Hintergrund wusste Ritter den katholischen Bevölkerungsteil in einer besonderen Pflicht staatliche Loyalität zu demonstrieren.[35] Abstimmungen und Wahlen wurden in dieser Sicht zu „historischen Proben", in denen jeder Katholik herausgefordert war, seine „nationale Reife und Hingabe" durch die Zustimmung zur Person und Politik Hitlers unter Beweis zu stellen.[36] Kritischen Stimmen des Katholizismus, die vor allem und zunächst um die institutionellen Rechte der katholischen Kirche besorgt waren, trat Ritter mit der Sorge um die Nation und ihre völkische Geschlossenheit entgegen.[37] Zudem verwies er darauf, dass weder der Vatikan noch die deutschen Bischöfe dem Nazismus die Anerkennung als staatliche Obrigkeit verweigerten und sich loyal zur neuen Staatsführung stellten.[38] Der nationalpolitischvölkische Primat wurde durch Ritter schließlich noch durch Bibelzitate legitimiert und damit in weihevolle Höhen gehoben, die sich jeder Kritik entzogen.[39] Mit Formeln eines deutschen Rütlischwurs „Wir sind ein Volk, und einig woll´n wir handeln",[40] Leitsätzen wie „Das eine Reich wird auf den Fundamenten des einen Volkes stehen – oder es wird nicht sein!"[41] oder Aussagen wie „des heutigen nicht mehr „heiligen römischen",sondern „heiligen deutschen" Reiches"[42]

---

fest in der Glaubensgemeinschaft der Kirche, wie er sich freudig als Glied der deutschen Bluts- und Volksgemeinschaft fühlt." Ritter, Emil: Zwischen zwei Mißdeutungen. G 13.01.1934

[35] „Wir Katholiken haben neben den für jeden Deutschen maßgebenden Gründen noch einige besondere, der Regierung Hitler zu einem glänzenden Siege zu verhelfen – Gründe außenpolitischer, staatspolitischer und kulturpolitischer Art. ... Seien wir uns bewußt, daß die Augen der Welt, und gerade der uns Deutschen mißgünstigen Welt, erwartungsvoll auf die Wahlergebnisse der katholischen Gebiete gerichtet sind." Ritter, Emil: Katholiken vor die Front. G 05.11.1933. KfZG A4/009
Vgl. auch: Ritter, Emil: Festtage im Schatten. Zum Wiener Katholikentag. G 10.09.1933 sowie Ritter, Emil: Zwischen zwei Mißdeutungen. G 13.01.1934

[36] Ritter, Emil: Katholiken vor die Front. G 05.11.1933. KfZG A4/009

[37] Ritter, Emil: Was ist politischer Katholizismus? G 14.10.1934. KfZG A4/128

[38] „Weder Rom noch die Bischöfe verweigern dem nationalsozialistischen Staate Anerkennungen und loyale Zusammenarbeit. Ihre Sorgen und Bedenken sind durch Strömungen auf religiösem Gebiete hervorgerufen, die nicht vom Staate ausgehen, sondern in den Bereich persönlicher Anschauungen und Bestrebungen gehören." Ritter, Emil: Kirchenpolitische Scharfmacherei. G 13.11.1934

[39] „Ob auf die Dauer die nationalpolitische Einstellung nicht auch für Religion und Kirche segensbringender ist als die kirchen- und konfessionspolitische? Auch hier dürfte sich bewahrheiten: „Wer sein Leben gewinnen will, wird es verlieren, – wer es verliert, wird es gewinnen." Ritter, Emil: Was ist politischer Katholizismus? G 14.10.1934. KfZG A4/128

[40] Ritter, Emil: Wir sind ein Volk! G 01.08.1934. KfZG A4/101

[41] Ritter, Emil: Ein Volk, ein Reich. G 31.01.1934. KfZG A4/040

[42] Ritter, Emil: Nochmals Widukind. G 26.06.1934

nahmen Ritters Ausführungen des öfteren pathetische Züge eines religiösen Bekenntnisses an. Religiöse Terminologie wurde mit Begriffen wie „Sünde wider die Nation" auch auf katholische Kritik aus dem Ausland übertragen.[43] Bei allen Bemühungen um die völkische Einheit bildete die konfessionelle Spaltung eine nur schwer unüberbrückbare Trennung.[44] Durch den „neuen Aufbruch" erkannte Ritter allerdings Chancen und Anzeichen eines neuen Miteinander.[45] Denn wenn katholische und evangelische Christen sich gemeinsam durch „Hingabe und vorbehaltlose Mitarbeit" in den neuen Staat einbrachten, konnte die neu gewonnene völkische Einheit auch entscheidende Impulse für die Einheit im Glauben und die Einheit der einen Kirche vermitteln.[46] Zusammen mit Reichsbischof Müller und den „Deutschen Christen" wusste Ritter sich hier auf einem guten Weg.[47] Es wäre in diesem Zusammenhang lohnend, in weiterführenden Arbeiten der Frage nachzugehen, inwieweit die ökumenische Bewegung in Deutschland aus völkischen Motiven initiiert wurde und wie sich in der ökumenischen Bewegung nationale und religiöse Motive zueinander verhielten.

Völkische Lebensgrundsätze bildeten nun die Grundlage der Nation wie des Staatswesens,[48] die ihre Wesensaufgabe in der Gesundung und Erhaltung des Volkstums fanden. Denn die Einheit des Volkes war mit dem schmählichen Ende des Ersten Weltkrieges und der Revolution im November 1918 verlorengegangen, die Weimarer Republik hatte aus Ritters Sicht diesen Verfall fortgeführt. Mit der Machtübernahme des Nazismus sah er nun die Möglichkeit an die Erfahrungen und Erlebnisse der Einheit des Volkes im

---

[43] „Schäffler [ein Schweizer katholischer Autor] mag katholisch sein, aber er ist nicht deutsch. Da ihm die wurzelhafte Bindung an das gemeinsame Schicksal des Volkes fehlt, kann er sich in seine Ordnung und Lebenswerte nicht hineindenken. ... Es gibt auch eine ‚Sünde wider die Nation'." Ritter, Emil: Ein katholischer Versucher. G 10.06.1934

[44] „Gewiß ist die Einheit im Glauben eine außerordentlich tragfähige und dauerhafte Grundlage für die kulturelle und staatliche Geschlossenheit eines Volkstums. Aus nationalen und noch mehr aus religiösen Gründen ersehnen wir Katholiken auch die „eine" Kirche für unser Volk." Ritter, Emil: Nation und Konfession. G 07.10.1934. KfZG A4/126

[45] „Im Anbruch des Dritten Reiches ist die Aussicht auf eine wirkliche Versöhnung der Konfessionen und auf die nationale Gleichberechtigung der Katholiken günstiger als je zuvor." Ritter, Emil: Katholiken vor die Front. G 04.11.1933

[46] Ritter, Emil: Nation und Konfession. G 07.10.1934. KfZG A4/126

[47] „Den Optimismus bezüglich des unerschütterlichen christlichen Kerns in unserem Volke teilen wir mit Reichsbischof Müller und Dr. Kinder. Wir sind auch mit ihnen der Ansicht, daß freudige Hingabe an den nationalsozialistischen Staat und seinen Führer die christliche Substanz nicht beeinträchtigen." Ritter, Emil: Ein christliches Volk. G 02.03.1934

[48] Ritter, Emil: Volkstum und Nation. G 16.09.1934. KfZG A4/119

August 1914 anzuknüpfen.[49] Grundlage des staatlichen Aufbaus bildeten damit auch nicht mehr die Länder in einer föderalistischen Verfassung, sondern nunmehr die deutschen Stämme mit ihren spezifischen Wesenszügen.[50] Der alten Zweiteilung des pluralistischen Staates in Individuum und Staat stellte Ritter einen neuen Dreiklang in der Gliederung von Staat, Bewegung und Volk gegenüber.[51] Dass dieses Volk als Schicksalsgemeinschaft über die Grenzen des Deutschen Reiches hinausging und sowohl das Auslandsdeutschtum[52] als auch die Deutschen in Österreich[53] umfasste, machte Ritter signifikant deutlich.

Organizistisches Gedankengut floss in diese Ausführungen durch ständige Rekurse auf das „gesunde, naturverwurzelte Leben des Volkes",[54] den „in der Schöpfung klingenden Bedingungen und Kräften"[55] und eine idealtypische

---

[49] „Das traurige Kapitel der deutschen Geschichte, das um 1917 herum beginnt, ist mit dem 30. Januar 1933 abgeschlossen worden. An diesem Tage brach die schmerzlich-frohe Erinnerung an den 1. August 1914 als neue Gegenwart auf. Nach den bitteren Erfahrungen von anderthalb Jahrzehnten wagten wir anfangs nur sehnend und hoffend: Wir sind ein Volk! Wie Genesende nach schwerem Leiden waren wir noch nicht gesund und frisch, wie an jenem einzigen 1. August. Dann wurde es uns aber gewiß, daß die zwei Lager nicht mehr da sind, daß wir nur den festen Willen zu haben brauchen, um uns in dem Rütlischwur zu finden: „Wir sind ein Volk, und einig woll'n wir handeln!" Ritter, Emil: Wir sind ein Volk! G 01.08.1934. KfZG A4/101

[50] „Die Staaten gehören der Vergangenheit an, wie ihre Dynastien. Die Stämme aber bleiben, denn sie sind unvergängliche Wesenszüge im Angesicht des deutschen Volkes." Ritter, Emil: Staaten und Stämme. G 04.02.1934

[51] „So bildete sich der „pluralistische" Staat aus, der nur ein Gleichgewichtssystem von gesellschaftlichen Mächten, als ein Unstaat ist. Die Einheit des Staates ist erst im Jahre 1933 wiederhergestellt worden, und zwar durch die Dreigliederung in Staat, Bewegung und Volk." Ritter, Emil: Der nationalsozialistische Staatsaufbau. In. G 07.01.1934. KfZG A4/031

[52] „In neuerer Zeit hat endlich die Förderung des Auslandsdeutschtums einen Widerhall in breiteren Volksschichten gefunden, vor allem durch das Wirken des Volksbundes für das Auslandsdeutschtum." Ritter, Emil: Deutsche Kulturwerbung. G 01.11.1934. KfZG A4/138

[53] Das Datum des zwanzigsten Jahrestages des Attentates auf den österreichischen Thronfolger „vergegenwärtigt uns die Schicksalsgemeinschaft der Deutschen und das ist eine Realität, die kein Politiker deutschen Blutes ungestraft verleugnen kann." Ritter, Emil: Ruf des Schicksals. G 28.06.1934

[54] „Objektive Maßstäbe für einen christlichen Volks- und Staatsaufbau können einzig und allein in der gottgeschaffenen Naturordnung gefunden werden, so lehren es die großen Theologen und die Enzykliken der Päpste. Danach ist Adolf Hitler mit seinem leidenschaftlichen Ringen um das gesunde, naturverwurzelte Leben des Volkes auf dem besten Wege." Ritter, Emil: Ein katholischer Idealstaat? G 06.05.1934

[55] Ritter, Emil: Festtage im Schatten. Zum Wiener Katholikentag. G 10.09.1933
Vgl. auch: „das fruchtbare Prinzip der Volkerneuerung von innen, aus den Lebensgesetzen der ewigen Natur." Ritter, Emil: Deutschland marschiert. G 12.09.1934

Überhöhung des Bauernstandes mit ein.[56] Das nazistische Thema von „Blut und Boden"[57] fand eine katholische Bestätigung. Das Bauerntum wurde sowohl in geistiger Hinsicht mit „bäuerlicher Zucht und Weisheit" als auch in naturbedingtem Zusammenhang mit erbbiologischer Terminologie zur „Verjüngung der Nation aus Bauernkraft" als erbauendes Vorbild empfohlen.[58] In dieser Sicht Ritters diente auch das „Landjahr" auf einer „volkspädagogischen Grundlage" der Überwindung der Differenzen von Stadt- und Landbevölkerung mit dem Ziel der „königlichen Aufgabe in der Schaffung der Volksgemeinschaft".[59]

Metaphysische Größe kam in den Ausführungen Ritters aber nicht ausschließlich dem Volk, sondern vor allem seinem politischen Führer Adolf Hitler zu. In seiner Person fand Ritter, der sich vor der Machteroberung im Urteil durchaus noch verhalten zur Person Hitlers geäußert hatte, nun all seine Vorstellung des Führers und des Wechselspiels zwischen Führer und Gefolgschaft idealtypisch verkörpert. Auch hier bietet sich eine tabellarische Darstellung zur Verdeutlichung der Charakterisierung des nazistischen Führers im Gegensatz zum demokratischen Volksvertreter an:[60]

---

[56] Ritter, Emil: Neues deutsches Bauerntum. G 21.01.1934

[57] „Im Gegenteil „katholisch", das heißt im Sinne der katholischen Tradition in Deutschland, ist vielmehr die grundsätzliche Abkehr von den politischen und sozialen Anschauungen des liberalen Zeitalters und die freudige Mitarbeit an der Neugestaltung des deutschen Volks- und Staatslebens aus „Blut und Boden", nämlich aus den in der Schöpfung klingenden Bedingungen und Kräften." Ritter, Emil: Festtage im Schatten. Zum Wiener Katholikentag. G 10.09.1933

[58] „Der wieder im Boden verwurzelte, durch die nationalsozialistische Gesetzgebung gesicherte deutsche Bauer wird ein betender, ein gottvertrauender Mensch sein. ... Wenn am Erntefest das ganze deutsche Volk, auch das in den Städten, achtungsvoll und dankbar, auf den Nährstand schaut, dann darf es den betenden Bauern nicht übersehen. An bäuerlicher Zucht und Weisheit soll sich geistig die Nation erbauen, wie sie sich leiblich aus Bauernkraft verjüngt." Ritter, Emil: Der betende Bauer. G 30.09.1934. KfZG A4/122

[59] Ritter, Emil: Landerziehung. G 21.09.1934. KfZG A4/121

[60] „Hitler stand als Sprecher der Nation da. Nicht als „Volksvertreter" oder „Volksbeauftragter", der sich auf ein formal-demokratisch konstituiertes oder auf ein mit Gewalt gepreßtes Mandat stützt. Ein Führer im echten Sinne des Wortes hat gesprochen, der begnadet und berufen ist, seine Stimme dem Fühlen und Sehnen der Nation zu leihen. ... Um den Popanz der Gewaltherrschaft gegen das Volk zu zerstören, ruft Hitler zur Volksabstimmung auf. ... Hitler braucht den Volksentscheid und die Wahl aber nicht, um sich den Weg zeigen zu lassen, – er geht ihn als Führer nicht in einem zahlenmäßig erklügelten, sondern in einem geschichtlichen Auftrag. ... Für den, der an die ewige Lenkung der Völkerschicksale und an die Werkzeughaftigkeit aller menschlichen Bemühungen glaubt, ist es der ergreifende Ausdruck des echten Verantwortungsbewußtseins, das den Führer eines Volkes an den Willen der Vorsehung und nicht an die auf- und niedergehenden

Demokratischer Volksvertreter	Führer
Formal-demokratisch konstituiertes Mandat	Begnadet und berufen
Zahlenmäßig-erklügelter Auftrag	Geschichtliche Sendung
Auf- und niedergehende Stimmung der Wählermassen	Willen der Vorsehung
Benötigt die Wahl um sich den Weg zeigen zu lassen	Kennt und geht den Weg aus intuitiver Kenntnis
Pseudopolitische Betriebsamkeit	Politischer Verantwortungs- und Gestaltungswille
Wahl als Bestätigung und Ausdruck des Volkswillens	Wahl als persönlicher Vertrauenserweis und feierliche Bekundung der Gefolgschaftstreue
Autorität durch die Wahl als Zustimmung des Volkes	Autorität durch die ethische Kraft der Treue zwischen Führer und Volk
	Im Auftrag des ewigen Lenkers der Völkerschicksale, deren Werkzeug jeder wahre Führer ist

Führerqualitäten gestand Ritter nicht allein Hitler zu, sondern wie bereits dargestellt auch Mussolini. Ferner sah er im polnischen Marschall Pilsudski Führerbewusstsein verkörpert,[61] während er dies dem österreichischen Bundeskanzler Dollfuß in jeglicher Hinsicht absprach.[62] Wenn Ritter in seinen

---

Stimmungen der Wählermassen bindet. Der Einsatz, der in dem jetzigen Kampfe um die nationale Ehre gewagt wird, ist hoch – so hoch, daß ihn keine Abstimmungsmehrheit rechtfertigen könnte, wenn er nicht vom Führer als intuitiv erfaßte Lebensnotwendigkeit gefordert worden wäre, durch die Macht, deren Werkzeug jeder wahre Führer ist." Ritter, Emil: Ein Führer spricht. G 26.10.1933
„Kein Führer leitet seine Autorität von der Zustimmung der Geführten ab, er ist nicht mit einem Vorsitzenden zu verwechseln. Das kommt im Verfahren der Berufung von oben, das der Nationalsozialismus überall anwendet, deutlich genug zum Ausdruck. Auch der Führer, von dem sich jede Führergewalt herschreibt, gründet sein Recht und seinen Auftrag nicht auf den „Volkswillen", der in Wahlprozessen festgestellt wird." Ritter, Emil: Demokratische Restbestände. G 18.03.1934. KfZG A4/057
„Für die Volksgesamtheit ist schließlich die ethische Kraft der Treue als Grundlage des nationalsozialistischen Staates unentbehrlich, die gegenseitig ist, vom Volk zum Führer und vom Führer zum Volk. ... Im Führergedanken wird die aufbauende Kraft der Treue aufs neue lebendig." Ritter, Emil: Aufbauende Kräfte. G 15.07.1934. KfZG A4/094
Vgl. ferner: Ritter, Emil: Innerhalb 24 Stunden. G. 24.06.1934; Ritter, Emil: Unsere Antwort. G 12.08.1934. KfZG A4/105; Ritter, Emil: Nach dem Siege. G 21.08.1934. KfZG A4/107
[61] Ritter, Emil: Auf Befehl Pilsudskis. G 12.10.1934
[62] Ritter, Emil: Führer ohne Volk. G 14.02.1934

Ausführungen zur Person Hitlers neben den oben dargestellten Charakterisierungen diesen darüber hinaus mit weiteren religiösen Begrifflichkeiten wie den „Glauben an die Werkzeughaftigkeit aller menschlichen Bemühungen"[63] oder „Hitler vollstreckt den allen Deutschen heiligen Willen unseres ‚ewigen Schutzherrn'"[64] belegte, wird deutlich, welche Dimensionen der Führerkult in den Darstellungen Ritters annahm. Das übersteigerte Vertrauen in die Person Hitlers ging sogar soweit, dass Ritter diesen in Zusammenhang mit dem Abschluss des Reichskonkordates als Bürgen mit einer „heiligen Verpflichtung und Verantwortung auf der Seele" sah, der niemals imstande wäre das ihm dargebotene Vertrauen zu enttäuschen und sicher dauernden Frieden zwischen Kirche und Reich schaffen würde.[65] Die Person des Führers stand zudem für die „Sicherheit und Entschlossenheit" niemals in die traurigen Zustände der Weimarer Zeit zurückzufallen.[66]

Im Zeitraum der Tätigkeit Ritters als Schriftleiter der „Germania" waren Artikel am zahlreichsten, die sich mit den Themen Militarismus und Revisionismus beschäftigten. Als großen Verdienst des Nazismus betrachtete Ritter die Beseitigung des Pazifismus und sah hier Kontinuitätslinien zu seiner persönlichen Arbeit in der Zeitschrift „Der Deutsche Weg".[67] Aber auch im Militär sah Ritter einen neuen, positiven Geist am Werk. Während in der Weimarer Republik der deutsche Soldat der Verfassung die Treue schwor, verstand sich nun die Wehrmacht als „Waffenträger des deutschen Volkes". Für Ritter ein fortschrittlicher Ansatz, da nunmehr das durch das Formprinzip des „Nationalsozialismus" staatlich geeinte Volk im Mittelpunkt stand.[68] Diesen neuen Geist fand Ritter auch in der Gestaltung der „Heldengedenktage" wieder, die den zwei Millionen Gefallenen des Ersten Weltkrieges als „Opfer für die nationale Ehre und Größe des Vaterlandes" wieder den ihnen gebührenden Stellenwert einräumen würde.[69] Ritter zog dabei eine Verbindung zwischen dem Opfer der

---

[63] Ritter, Emil: Ein Führer spricht. G 26.10.1933
[64] Ritter, Emil: Nur ein Gedanke: Deutschland. G 18.08.1934. KfZG A4/106
[65] Ritter, Emil: Katholiken vor die Front. G 05.11.1933. KfZG A4/009
[66] Ritter, Emil: Novembergedanken. G 11.11.1934
[67] „Die katholische Wochenzeitung ‚Der Deutsche Weg', die sich den Kampf gegen den christlich aufgeputzten Pazifismus zur besonderen Aufgabe gemacht hat, wurde verhöhnt und verketzert – oder totgeschwiegen. Der Nationalsozialismus mußte zur Macht kommen, um endlich jenen Pazifismus und Kosmopolitismus hinwegzufegen, der nach Görres ‚zwar die Objektivität der Geschichtsschreiber fördert, aber auch den Hochverrat'." Ritter, Emil: Deutsche gegen Deutschland. G 03.12.1933. KfZG A4/019
[68] Ritter, Emil: Der Soldat des Volkes. G 06.06.1934
[69] Ritter, Emil: Volkstrauertag – Heldengedenktag. G 25.02.1934

Gefallenen für das Volk und der Bereitschaft der nazistischen Formationen zum Einsatz für den Führer Hitler sowie das deutsche Volk und unterlegte dies noch durch ein Kolping-Zitat. In beiden Fällen sei die Opferbereitschaft ein sprechendes Beispiel für wahres Heldentum.[70] Die Niederlage im Ersten Weltkrieg führte Ritter in Anlehnung an die Dolchstoß-Legende auf den mangelnden Rückhalt in der Heimat zurück, die der unbesiegten Front in den Rücken gefallen sei.[71] Damit stand der Monat November als „Schicksalsmonat" in den Rückblicken Ritters immer wieder für „Schmach und Erniedrigung".[72] Die Erfahrung die er aus diesem Gedenken zog, fasste er im Ausspruch „Niemals gewillt zu kapitulieren!" zusammen.[73] Die Erinnerung an für Deutschland siegreiche Schlachten wie Tannenberg[74] sowie versäumte Siegeschancen wie die Rücknahme der Front entlang der Marne-Linie[75] wurden als Jahrestage ausgiebig gepflegt.[76] Dem Andenken von Langemarck maß Ritter eine besondere, sakrale Bedeutung zu.[77] Ebenso wurde des öfteren an den im Vertrag von Versailles manifestierten Hass der Welt gegen Deutschland[78] und die mit dem Vertrag verbundene „Knechtschaft dieses Friedensdiktats"[79] erinnert, solche Rückblicke jedoch zugleich mit Betrachtungen des deutschen Widerstandes

---

[70] „Heldentum soll ihr Leben sein, sagte Rudolf Heß, in fast wörtlicher Übereinstimmung mit den Sätzen aus Kolpings Schriften, die wir zum Heldengedenktag an dieser Stelle angeführt haben: ‚Wehe dem Volk, das keine Heldenverehrung mehr kennt!'" Ritter, Emil: Dem Volk verschworen. G 27.02.1934. KfZG A4/051

[71] „Die Front hat den Verteidigungsgraben nicht im Stich gelassen ... sie ist herausgeholt worden, vom Hinterland her, das ‚lieber ein Ende mit Schrecken, als den Schrecken ohne Ende' wollte. Das schreckliche Ende kam, aber nicht das Ende des Schreckens." Ritter, Emil: Stellungskrieg einst und jetzt. G 04.11.1934. KfZG C4/074

[72] Ritter, Emil: Wir sind ein Volk! G 01.08.1934. KfZG A4/101
Vgl. auch: Ritter, Emil: Der neue November. G 14.11.1933

[73] Ritter, Emil: Novembergedanken. G 11.11.1934

[74] Ritter, Emil: Das Wunder von Tannenberg. G 28.08.1934. Von Ritter fälschlicherweise auf den 22.08.1934 datiert. KfZG A4/110
Vgl. auch: Ritter, Emil: Weh dem Besiegten! G 30.08.1934. KfZG A4/113

[75] Ritter, Emil: Tragödie und Wunder. G 09.09.1934. KfZG 4/117

[76] Vgl. auch: Ritter, Emil: Belgien in deutscher Hand. Die Befriedung eines eroberten Landes vor zwanzig Jahren. G 14.10.1934. KfZG A4/129

[77] „Nur die heroische, die sich selbst opfernde Liebe segnet Gott, nicht die wohlabgemessene, „vernünftig" begrenzte. Darum soll uns Deutschen Langemarck heilig sein, vor der Geschichte unseres Volkes und vor dem Angesichte des Ewigen." Ritter, Emil: Langemarck. G 21.10.1934. Von Ritter fälschlicherweise auf den 23.10.1934 datiert. KfZG A4/134

[78] Ritter, Emil: Wir Barbaren und die anderen. G 29.07.1934

[79] Ritter, Emil: Der Hebel der Revolution. G 27.05.1934
Vgl. auch: Ritter, Emil: Innerhalb 24 Stunden. G 24.06.1934

gegen die Bestimmungen des Vertrages[80] oder mit Revisionismusforderungen verbunden. Hier lassen sich im einzelnen die Forderungen nach Rückgabe der ehemals deutschen Kolonien[81] sowie der Wiederangliederung des Saarlandes[82] nachweisen. Doch im Nazismus sah Ritter den Monat November in seiner Bedeutung gewandelt. Dazu zog er eine historische Linie über den November des Jahres 1918 mit der Niederlage des Ersten Weltkriegs zum November des Jahres 1923 mit dem gescheiterten Putsch Hitlers über die „Wiedergeburt" des Volkes im November 1933. Der Monat November verwandelte sich in dieser Sichtweise Ritters von einem „Monat der Schmach" in einen neuen „Monat der Ehre".[83] Ritter blieb dem Militär auch in den folgenden Jahren eng verbunden. Sein Bericht „Nationales Dankopfer" über die Zerschlagung Polens durch die Wehrmacht im Herbst 1939 ist eine Lobeshymne im „Stolz auf die herrliche Wehrmacht des nationalsozialistischen Reiches" und kündigt die Ausweitung des Krieges als „nationalen Existenzkampf" bereits an.[84]

---

[80] Ritter, Emil: Scapa Flow. G 21.06.1934. Ritter erinnerte in diesem Artikel an „Drei ruhmvolle Lichtstrahlen im Dunkel der Tage zwischen 16. und 23.06.1919", die er in den Worten Hindenburgs „Ich ziehe als Soldat den ruhmvollen Untergang dem schmählichen Frieden vor", der Tat der Berliner Studenten, die abzuliefernden Beutefahnen von 1870/71 aus dem Zeughaus zu holen und vor dem Denkmal Friedrich des Großen zu verbrennen sowie in dem „alles überstrahlenden, kühnen Werke" des Admiral von Reuter mit der Selbstversenkung der Deutschen Flotte in Scapa Flow fand.

[81] Ritter, Emil: Das koloniale Jubiläumsjahr. G 27.03.1934
Vgl. auch: Ritter, Emil: Revolution und Tradition. G 22.07.1934. Ritter schilderte in diesem Artikel das „Lebenswerk des Kolonialsoldaten Franz Ritter von Epp, Reichsstatthalter in München".

[82] Ritter, Emil: Sieg an der Saar! G 26.08.1934. KfZG A4/112

[83] Ritter, Emil: Dreimal 9. November. G 09.11.1933
Vgl. auch: „Die NSDAP. ist in die Nation eingegangen, sie ist mit Deutschland eins geworden, wie der Faschismus mit Italien. Das hat der Schicksalsmonat, der November, zum nationalen Erlebnis gemacht. Von da ab datiert ein neuer Abschnitt in der deutschen Entwicklung." Ritter, Emil: Der neue November. G 14.11.1933

[84] „Nationales Dankopfer
Wir durften im Hochgefühl eines deutschen Sieges schwelgen, der in seiner Art einzig dasteht, in der Schnelligkeit und Vollständigkeit des Erfolges. Wir durften uns sättigen am Stolze auf die herrliche Wehrmacht des nationalsozialistischen Reiches, die alle Erwartungen, mit den wir ihrer ersten kriegerischen Bewährungsprobe entgegensahen, wie übertroffen hat.
Der deutsche Soldat hat das Seinige getan, damit Menschen unseres Blutes nicht hilflos dem Haß der Unterdrücker ausgeliefert blieben, damit alter deutscher Kulturboden nicht für immer der Fremdherrschaft überantwortet werden mußte. Wir wissen, er wird auch weiter seine Pflicht tun, wenn sich der Krieg mit Polen zu einem nationalen Existenzkampf ausweiten sollte." Ritter, Emil: Nationales Dankopfer, in: NPP vom 06.11.1939. KfZG A7/311

Neben einer Darstellung der Äußerungen Ritters in thematischen Zusammenhängen bietet sich für den Zeitraum seiner Tätigkeit als Hauptschriftleiter der „Germania" eine Auswertung nach einigen historischen Ereignissen an, die in diesen Zeitraum fielen.

Zu Beginn des Monats Juli 1933 hatte sich als letzte der bürgerlichen Parteien die Zentrumspartei aufgelöst und den Weg zum Einheitsstaat frei gemacht. Ritter, der dem politischen Katholizismus schon immer mit einer gewissen Distanz gegenübergestanden hatte, fand die Auflösung der demokratischen Parteien nicht besorgniserregend. Vielmehr könne der Katholizismus nun seine Kräfte, die bisher durch parteipolitische Aktivitäten gebunden waren, in den Dienst der nationalpolitischen Erneuerung stellen. Ritter bemühte als Vergleich das naturhafte Bild „Vom Werden und Vergehen" und sah aus dem Untergang des politischen Katholizismus „wertvolle Kräfte dem werdenden Reich zugute kommen".[85]

Der Abschluss und die Ratifizierung des Reichskonkordates zwischen dem Vatikan und dem Deutschen Reich am 20. Juli 1933 wurde in der „Germania" besonders gewürdigt, zumal die Verhandlungen und die Unterzeichnung von deutscher Seite durch Vizekanzler Franz von Papen und damit dem Hauptaktionär der „Germania AG" geleitet wurden. Anstelle der aufgegebenen Mitsprache im politischen Prozess setzte die Kirche nun auf vertragliche Vereinbarungen, um die Institution Kirche und der Möglichkeiten des Zugriffs auf ihre Mitglieder und Multiplikatoren zu sichern. Ritter erschien wie vielen anderen Katholiken eine verbindliche Vereinbarung über die zwischen Staat und Kirche offenen Fragen in jedem Fall gewinnbringender, als die ständige parlamentarische Auseinandersetzung der Weimarer Zeit. Zudem hatte sich gerade in der Schulfrage noch keine deutsche Regierung zu so weitgehenden Zugeständnissen bereit erklärt wie das nazistische Deutschland. Hitler war bereit, der Kirche an institutionellen Anrechten und Sicherheiten zu geben, was sie zur Erfüllung ihrer Aufgabe benötigte; dafür war die Kirche bereit, auf jede Form der politischen Vertretung zu verzichten. Zugleich gab das erfolgreich abgeschlossene Konkordat für das nazistische Regime eine gute außenpolitische Visitenkarte ab, verlieh es ihm doch vor den Augen der ganzen Welt den Schein der Legalität.[86] Ritter stellte in seiner Würdigung des Reichskonkordats in der „Germania" vor allem auf den persönlichen Anteil Hitlers und von

---

[85] Ritter, Emil: Stirb und werde! G 04.07.1933

[86] „Die äußeren und inneren Feinde des neuen Deutschlands haben richtig gefühlt: das Reichskonkordat stellt den größten außenpolitischen Erfolg dar, den die Regierung Hitler errungen hat." Ritter, Emil: Ein kirchenpolitisches Friedenswerk. G 11.07.1933

Papens am Abschluss des Vertrages ab.[87] Für ihn war dies ein gutes Beispiel der weitsichtigen Führerverantwortung Hitlers, der dem katholischen Bevölkerungsteil im Vertragswerk die Hand des Vertrauens bot. Ritter sah darin das Führer-Gefolgschafts-Prinzip am Werk, dessen Grundlage das Vertrauen und die Treue bilde. Die Katholiken sollten nun, als loyale Staatsbürger und treue Gefolgsleute, diese Hand des Vertrauens annehmen und „Vertrauen mit Vertrauen vergelten".[88]

Im Juni 1934 hatte das nazistische Regime die Maske der Legalität erneut fallen gelassen. In einer organisierten Aktion ließ Hitler in der Nacht des 30. Juni die in Bad Wiessee versammelte SA-Führung mit Ernst Röhm[89] an der Spitze verhaften und ermorden. Im Anschluss daran richtete sich die Aktion in allen Teilen des Reiches gegen konservative und christliche Gegner des Regimes; zu diesen gehörten in Berlin der Leiter der Katholischen Aktion, Ministerialdirektor Klausener,[90] der Reichsführer der Deutschen Jugendkraft, Adalbert Probst,[91] und andere Personen, die dem Regime aus irgendeinem Grund hinderlich waren, wie die Generäle von Schleicher[92] und von Bredow[93] oder

---

[87] „So kann heute gesagt werden, daß die Führerverantwortung, wie sie im neuen Deutschland gilt, daß der Weitblick und die Hochherzigkeit Adolf Hitlers die glücklichen Voraussetzungen für das Gelingen des Reichskonkordats waren. ... An diesem Erfolg hat neben dem Reichskanzler selbst sein Stellvertreter den erheblichsten Anteil." A.a.O.

[88] „Seine Morgengabe an die deutschen Katholiken war aber – das Reichskonkordat. Adolf Hitler hat das Mißtrauen, das gegenüber der nationalsozialistischen Kulturpolitik im katholischen Volke bestand und das von den Parteipolitikern geflissentlich genährt wurde, durch einen großherzigen Entschluß als unbegründet erwiesen. Wozu Bismarck sich nicht bereitfinden wollte: den katholischen Deutschen und dem geistlichen Oberhaupt eines Drittels der Reichsuntertanen zu vertrauen, um dadurch seiner Politik Vertrauen zu geben, das hat Hitler getan. Nun ist es an uns Katholiken, Vertrauen mit Vertrauen zu vergelten." Ritter, Emil: Katholiken vor die Front. G 05.11.1933. KfZG A4/009

[89] Röhm, Ernst. * 28.01.1887 in München. Nach militärischer Ausbildung Teilnahme als Berufsoffizier am Ersten Weltkrieg. 1919 Generalstabsoffizier im Freikorps Epp. Mitglied der „NSDAP" und Teilnahme am Putschversuch in München. 1924 mit der Reorganisation der „SA" beauftragt. Aufgrund von Differenzen mit Hitler 1928-30 militärischer Berater in Bolivien. Von Hitler 1931 zurückberufen und zum Stabschef der „SA" ernannt. Seit Dezember 1933 Reichsminister ohne Geschäftsbereich. Seine Absicht die „SA" mit der Reichswehr zu einem Volksheer umzubauen, brachte Röhm in zunehmenden Gegensatz zur Reichswehr und zu Hitler. + 01.07.1934 in München. Vgl.: DBE, Bd. 8, 350f.

[90] Vgl. die biographischen Angaben im Abschnitt „Historischer Kontext" dieser Arbeit.

[91] Vgl. die biographischen Angaben a.a.O.

[92] Schleicher, Kurt von. * 07.04.1882 in Brandenburg/Havel. Nach militärischer Ausbildung seit 1914 in der Obersten Heeresleitung. 1918/19 persönlicher Referent Groeners. Enger Mitarbeiter der Reiswehrminister Noske und Geßler. 1926 Leiter der Wehrmachtsabteilung im Reichswehrministerium. Betrieb die Ernennung und Entlassung der Reichskanzler Brüning und von Papen durch Hindenburg. Schied mit seiner Ernennung zum Reichswehrminister im Kabinett von Papen aus der Reichswehr aus. Löste am

501

der frühere Reichsorganisationsleiter der „NSDAP" Gregor Strasser.[94] Nach heutigen Schätzungen betrug die Zahl der Opfer zwischen 150 und 200 Personen, die auf Befehl Hitlers ermordet wurden. Juristisch legitimiert wurden die Aktionen, indem die Reichsregierung die vollzogenen Maßnahmen als Staatsnotwehr für rechtmäßig erklärte. Hitler selbst erhob sich in einer Rechtfertigungsrede vor dem Reichstag am 13. Juli 1933 aus seiner Verantwortung für das Schicksal der deutschen Nation zum obersten Gerichtsherrn des deutschen Volkes. Mit Carl Schmitt,[95] einem Weggefährten Ritters aus der Zeit des „Bundes katholischer Deutscher ‚Kreuz und Adler'", scheute sich einer der angesehensten deutschen Juristen und Staatsrechtler nicht, in einem Aufsatz unter dem Thema „Der Führer schützt das Recht" das endgültige Ende des Rechtsstaats in Deutschland quasi wissenschaftlich zu legitimieren, indem er das Richtertum des Führers auf das Lebensrecht des Volkes zurückführte.[96] Ritter unterstützte in seinen Artikeln diese Sichtweisen, bewertete die gesamte Aktion als „reinigendes Gewitter"[97] und sah in den Morden den Aufbau einer

---

02.12.1932 von Papen als Reichskanzler ab, blieb weiterhin Reichswehrminister. + 30.06.1934 in Naubabelsberg bei Potsdam. Vgl.: DBE, Bd. 8, 664

[93] Bredow, Ferdinand von. * 16.05.1884 in Neuruppin. Aus uradliger märkischer Familie schlug er eine militärische Laufbahn ein. Kriegsteilnehmer im Ersten Weltkrieg. 1925 in der Abwehrabteilung der Reichswehr. 1934 Stellvertreter des Reichswehrministers von Schleicher und Chef des Ministeramts. Anfang 1933 zum Generalmajor befördert, nach der Machtübernahme der Nazis entlassen. + 01.07.1934 in Berlin. Vgl.: DBE, Bd. 2, 95

[94] Strasser, Gregor. * 31.05.1892 in Geisenfeld in Oberbayern. Teilnahme am Ersten Weltkrieg und Pharmaziestudium. 1920 Apotheker in Landshut. Mitglied des Freikorps Epp, seit 1921 Mitglied der „NSDAP". 1923 Beteiligung am Putschversuch in München. 1928 Reichsorganisationsleiter der Partei. 1924-32 Mitglied des Reichstags. Setzte sich 1932 für eine Beteiligung an der Regierung von Schleicher ein; weil er sich nicht durchsetzen konnte, legte er alle Ämter nieder. + 30.06.1934 in Berlin. Vgl.: DBE, 9, 568

[95] Vgl. die biographischen Angaben im Abschnitt „Biographie Emil Ritters: Nazismus" dieser Arbeit.

[96] "Der Führer schützt das Recht vor schlimmsten Mißbrauch, wenn er im Augenblick der Gefahr kraft seines Führertums als oberster Gerichtsherr unmittelbar Recht schafft. ... Der wahre Führer ist immer auch Richter. Aus dem Führertum fließt das Richtertum. ... In Wahrheit war die Tat des Führers echte Gerichtsbarkeit. Sie untersteht nicht der Justiz, sondern war selbst höchste Justiz. ... Das Richtertum des Führers entspringt derselben Rechtsquelle, der alles Recht jedes Volkes entspringt. In der höchsten Not bewährt sich als höchste Recht und erscheint als der höchste Grad richterlich rächender Verwirklichung des Rechts. Alles Recht stammt aus dem Lebensrecht des Volkes." Schmitt, Carl. Der Führer schützt das Recht, in: Deutsche Juristen-Zeitung 39 (1934), 946-950. Zitiert nach Dahlheimer 1998, 458

[97] „Ueber Deutschland ist ein reinigendes Gewitter dahingegangen, dessen erster Blitz in der Morgenfrühe des 30. Juni niederfuhr. Noch ist der Himmel nicht sonnenklar, langsam nur zieht das Gewölk ab. Stellenweise ist das Dunkel noch undurchdringlich und beklemmt die Gemüter. ... In Adolf Hitler trat den verwegenen und verräterischen Spielern mit dem Volke [Röhm und von Schleicher] der Führer entgegen, dessen ganzes

neuen Ordnung auf „dem ewigen Fundamente des Rechts und der Gerechtigkeit" am Werk. Zudem verband er dies erneut mit Ausführungen zum Führerprinzip und Gedanken zur „ethischen Kraft der Treue als Grundlage des nationalsozialistischen Staates".[98] Selbst die ermordeten Führer katholischer Organisationen, Klausener und Probst, bedachte Ritter mit keiner Zeile.

In Österreich hatte bereits im Frühjahr 1932 der amtierende Bundeskanzler Engelbert Dollfuß,[99] Mitglied der Christlichsozialen Partei, den Nationalrat ausgeschaltet und ausschließlich durch Notstandsverordnungen regiert. Die Nazipartei in Österreich wurde verboten, setzte aber ihre Tätigkeit illegal fort. Einen Arbeiteraufstand im Februar 1934 ließ Dollfuß niederschlagen und verbot in Folge auch die Sozialdemokratische Partei. Die Verfassung vom Mai 1934 legalisierte die Abwendung von demokratischen Grundsätzen. Gestützt auf die einzige politische Partei, die „Vaterländische Front", unternahm Dollfuß den Versuch, einen Ständestaat, geprägt durch autoritären Katholizismus und Faschismus, zu etablieren. Bei einem fehlgeschlagenen nazistischen Putschversuch wurde Dollfuß am 25.07.1934 in Wien ermordet. Das nazistische Deutschland distanzierte sich verbal von den Vorgängen in Österreich. Ritter nahm in zwei Artikeln Bezug auf den Bürgerkrieg im Februar 1934 und stellte anhand der Vorgänge fest, dass Dollfuß als Führer offensichtlich das Vertrauen seines Volkes fehle; damit meinte er aber nicht die verbotene

---

Wesen von der Liebe zum echten, gesunden Volke, von der Ehrfurcht vor dem ewigen deutschen Volke getragen ist. Wie selbstlos und rückhaltlos er dem deutschen Volke gehört, das hat sich niemals überzeugender und ergreifender gezeigt, als in der schmerzlichen Probe, auf die er durch das Verbrechen des nächsten Kampfgenossen gestellt worden ist." Ritter, Emil: Nach dem Gewitter. G 08.07.1934. KfZG A4/090

[98] „Die neue Ordnung soll auf dem ewigen Fundamente des Rechts und der Gerechtigkeit aufgebaut sein. Am 30. Juni hat das Strafgericht vor allem entartete Führer der nationalsozialistischen Bewegung, auch alte Kämpfer, ereilt. Ohne Ansehen der Person ist gerichtet worden, und so soll es auch in Zukunft sein. ... „In dieser Stunde", so sagte der Führer, und eine stürmische Ovation der Zuhörer war die Antwort, „war ich verantwortlich für das Schicksal der deutschen Nation, und damit war des deutschen Volkes oberster Gerichtshof in diesen 24 Stunden ich selbst." ... Für die Volksgesamtheit ist schließlich die ethische Kraft der Treue als Grundlage des nationalsozialistischen Staates unentbehrlich, die gegenseitig ist, vom Volk zum Führer und vom Führer zum Volk. ... Im Führergedanken wird die aufbauende Kraft der Treue aufs neue lebendig." Ritter, Emil: Aufbauende Kräfte. G 15.07.1934. KfZG A4/094

[99] Dollfuß, Engelbert. * 04.10.1892 in Texing in Nieder-Österreich. Studierte zunächst für kurze Zeit Theologie in Wien, später Jura und Nationalökonomie in Berlin. Mitglied der Christlichen Volkspartei. 1922 Sekretär und 1927 Direktor der niederösterreichischen Landwirtschaftskammer. 1931 Bundesminister, 1932 Bundeskanzler. Forcierte die autoritäre Regierungsform mit einer ständestaatliche Verfassung. Bei einem nazistischen Putschversuch niedergeschossen und verblutet. + 25.07.1934 in Wien. Vgl.: LThK³, Bd. 3, 305

Sozialdemokratie sondern vielmehr die „eingesperrten österreichischen Nationalsozialisten als die lebendigen Volkskräfte".[100] In der Bewertung des Mordes an Dollfuß folgte Ritter der offiziellen Linie des nazistischen Regimes, welche jede deutsche Beteiligung an den Vorgängen zurückwies. Den Schuldigen für den Putsch fand Ritter auch nicht in den nazistischen Aufständischen sondern in der Innen- und Außenpolitik der Regierung des ermordeten Bundeskanzlers.[101] Zudem wies Ritter darauf hin, dass der Anschluss Österreichs als „endgültige Vereinigung der ‚deutschen Frage'" eine notwendige Voraussetzung für einen dauerhaften Frieden in Europa sei.[102] Die Verfassung vom Mai 1934 würdigte Ritter aufgrund der nunmehr erfolgten Beseitigung der parlamentarischen Demokratie in Österreich positiv. Unter dem Aspekt der „völkischen Lebens- und Schicksalsgemeinschaft" sah Ritter jedoch Revisionsbedarf und brachte auch damit wieder den Wunsch eines Anschlusses Österreichs an das Deutsche Reich mit ein.[103]

An die „Schicksalsgemeinschaft aller Deutschen" erinnerte Ritter auch in anderen thematischen Zusammenhängen.[104]

Der Führerkult Ritters kulminierte in seinen Darstellungen zum Tod des Reichspräsidenten von Hindenburg und in der nachfolgenden Zusammenlegung der Ämter des Reichskanzlers und Reichspräsidenten. Am 01.08.1934 hatte die Reichregierung die Vereinigung der beiden Ämter beschlossen. Die Befugnisse des Reichspräsidenten sollten mit dessen Tod auf Reichskanzler Adolf Hitler übergehen. Hindenburg starb einen Tag später. Seine Beisetzung in Tannenberg wurde durch das nazistische Regime als propagandistisches Ereignis feierlich ausgestaltet. Ritter begleitete diesen Vorgang mit einer

---

[100] Ritter, Emil: Führer ohne Volk. G 14.02.1934
[101] „Mit den Vorgängen am 25. Juli hat also das Deutsche Reich gar nichts zu tun, sie fallen unter die ausschließliche Verantwortung österreichischer Staatsbürger, die sich gegen ihre eigene Regierung zu erheben versuchten. Soweit die Verantwortung eine Schuld einschließt, darf sie aber nicht den Aufständischen aufgebürdet werden, abgesehen von dem Anschlag auf das Leben des Bundeskanzlers. Schuld an der neuen „harten Prüfung" Österreichs trägt die Innen- und Außenpolitik des Regimes Dollfuß, die Diktatur ohne das Volk und gegen das Volk." Ritter, Emil: Wer trägt die Schuld? G 27.07.1934. KfZG A4/099
[102] Ritter, Emil: Oesterreichische Unabhängigkeit. G 18.02.1934
[103] „Die auf außerordentlich gewundenen Wegen erreichte neue Verfassung Oesterreichs ist trotz allem insofern eine erfreuliche Tatsache, als sie auch für unser deutsches Bruderland die endgültige Loslösung von der parlamentarischen Demokratie bedeutet. ... Die staatliche Entwicklung in Oesterreich dagegen bedarf ernster Nachprüfung unter dem Gesichtspunkte der völkischen Lebens- und Schicksalsgemeinschaft." Ritter, Emil: Ein katholischer Idealstaat? G 06.05.1934
[104] Ritter, Emil: Ruf des Schicksals. G 28.06.1934
Vgl. auch: Ritter, Emil: Oesterreichisches Ketzergericht. G 13.07.1934

Artikelserie. Hindenburg personifizierte für Ritter den „Mythos des Deutschtums" mit seinen Tugenden der Wahrhaftigkeit, Geradheit, Schlichtheit und seinem eisernen Pflichtbewusstsein.[105] Den „Hindenburg-Geist" wusste Ritter nun in einer Auferstehung in dessen Nachfolger Hitler verkörpert,[106] der mit dem Segen des „'ewigen Schutzherrn' des deutschen Volkes" dessen Werk weiterführe und vollende.[107] Unterdessen wurden die Ämter des Präsidenten und des Kanzlers zusammengeführt. Der Reichskanzler wurde zum Staatschef und zugleich zum Oberbefehlshaber der Reichwehr. Sofort ließ Hitler die Soldaten den Eid auf den neuen Oberbefehlshaber leisten; allerdings wurde dieser nicht mehr auf die Reichsverfassung oder das Deutsche Reich, sondern auf Hitler persönlich abgelegt. Durch ein nachträgliches Plebiszit wurde die Nation in „freier Abstimmung" zur Bestätigung des bereits vollzogenen Vorgangs aufgefordert. Auch hier stellte sich Ritter dienstbereit dem Regime zur Verfügung. Mit pathetischen Worten und pseudoreligiösen Formulierungen warb Ritter um die Zustimmung der katholischen Bevölkerung zum „Gesetz über das Staatsoberhaupt des Deutschen Reiches".[108] Am Tag der

---

[105] „Im Mythos verkörpert sich das innerste Wesen eines Volkes. Hindenburg wuchs zum Mythos empor, insofern als seine menschliche Erscheinung, die Seele des Deutschtums widerstrahlte, insofern als er der wahre und echte, der ewig gültige Deutsche war und bleiben wird." Ritter, Emil: Hindenburg ist tot. G 03.08.1934

[106] „Manche Auferstehungen feierte der Hindenburg-Geist, aber nur eine sieghafte: die in dem Meldegänger aus dem Hindenburg-Heer, der mit einem mutigen Häuflein auszog, um zwischen dem Tode der außenpolitischen Knebelung und dem Teufel der innenpolitischen Auflösung hindurchzureiten in ein neues Deutschland. Dem einfachen Frontsoldaten, der durch die Fügung des Schicksals an die Spitze des Deutschen Reichs gestellt wurde, ist vor allem das kostbare Vermächtnis des Hindenburg-Geistes anvertraut." Ritter, Emil: Hindenburg-Geist. G 05.08.1934

[107] „Wie tief Adolf Hitler von der Verpflichtung und Verantwortung des Verwalters anvertrauter Güter der Nation durchdrungen ist, geht aufs neue aus seiner Gedächtnisrede hervor. Er stellte sich unter den „ewigen Schutzherrn" des deutschen Volkes, unter Hindenburg, dessen unsterbliches Beispiel ihm wegweisend sein wird, wenn es das väterliche Wort nicht mehr sein kann. Im Sinne des gottesfürchtigen „Schutzherrn" war es, wenn der Führer und Reichskanzler seine Gedanken zum Allmächtigen erhob, der uns „die richtigen Wege finden lassen möge", um Deutschland eine friedliche Aufwärtsentwicklung zu schaffen." Ritter, Emil: Hindenburg lebt weiter! G 07.08.1934

[108] „Das „Ja" zu dem schon bestehenden Recht ist nichts anderes, als ein feierlicher Vertrauensbeweis des deutschen Volkes zu seinem Führer. ... Die Antwort des unbedingten Vertrauens, die am Sonntag eine überwältigende Mehrheit des deutschen Volkes dem Führer geben wird, ist zugleich eine Antwort an die ganze Welt. ... Der „Hitlerismus", – das ist die Einigung der deutschen Nation über die partikularistischen, konfessionellen und Klassenschranken, über alles, was von Jahrhundert zu Jahrhundert das Deutschtum zerrissen und geschwächt hat, hinweg. Zu dieser nationalen Einheit stehen wir, – das soll unser „Ja" am 19. August vor aller Welt, auch vor der katholischen Welt, nachdrücklich bekunden." Ritter, Emil: Unsere Antwort. G 12.08.1934
„'In diesem festen Glauben an die Zukunft des Vaterlandes kann ich beruhigt meine

Abstimmung, dem 19.08.1934, zierte eine ganzseitige Kollage mit Adolf Hitler in Führerpose das Titelbild der „Germania" unterlegt mit den propagandistischen Sprüchen „Im Volk geboren – Zum Führer erkorn – Alle sagen: Ja!".[109] Die Abstimmung ergab nach offiziellen Angaben eine Zustimmung von 89,9%.

Im „Sendschreiben katholischer Deutscher an ihre Volks- und Glaubensgenossen", welches Ritter gemeinsam mit Kuno Brombacher herausgab, setzte dieser noch im Jahr 1936 seine Verständigungsbemühungen mit dem Nazismus fort. Wie bereits dargestellt, verfasste Ritter in der Schrift das zweite Kapitel „Zwischen Kirche und Staat"[110] sowie als Herausgeber vermutlich auch das Vorwort mit dem Titel „Das Einzige, worauf es ankommt".[111] Ritter war auch nach vier Jahren Erfahrungen mit dem Nazismus immer noch davon überzeugt, dass eine Verständigung des Katholizismus mit dem nazistischen Regime möglich sein müsse. Die Autoren wollten in der historischen Stunde zur Entscheidung aufrufen, um den „gegenwärtigen Schwebezustand des katholischen Deutschtums" zu beenden; sie sahen sich dabei in Übereinstimmungen mit vielen Katholiken, denen sie durch ihre Ausführungen eine Stimme verleihen wollten. Der „selbstlose Dienst an der Volksgemeinschaft" sollte den Katholiken die Möglichkeit eröffnen einmal voller Stolz und Freude das „Richtfest des Dritten Reiches" mitzufeiern.[112] Wieder wurde der nationalpolitische Einsatz mit theologischem Gedankengut überhöht. Über das „'corpus christi catholicorum', die politisch gesicherte Konfession", wollten die Autoren

---

Augen schließen.' Das ist das letzte „Ja" Hindenburgs zu Deutschland, ein „Ja" zur nationalen Erhebung, die er bestätigt hat, – ein „Ja" zu Adolf Hitler und seiner Bewegung, ein „Ja" zu der Frage, die am 19. August an das deutsche Volk gestellt wird. Kein Grund kann schwerwiegend genug sein – es sei denn geheime Feindschaft gegen Deutschland und seine Zukunft – dem Manne das „Ja" zu verweigern, den Hindenburg zum Vollstrecker seines Testamentes erkoren hat." Ritter, Emil: Das Ja Hindenburgs. G 17.08.1934. KfZG A4/108

[109] „Noch nie ist dem Führer eine so einfache und klare Wesensdeutung geglückt: Nationalsozialismus ist die Ueberbrückung der Kluft feindlicher Weltanschauungen und Volksgruppen, – Nationalsozialismus ist die Einheit der Nation. Und im Führer ist die nationalsozialistische Weltanschauung lebendig, – im Führer verkörpert sich die deutsche Einheit. Die Einigkeit, die Hindenburg nicht müde wurde, in die Herzen einzugraben! Hitler vollstreckt den allen Deutschen heiligen Willen unseres „ewigen Schutzherrn". – Hitler vollstreckt sein Testament. Wie ein Schwur klang es in die Welt und zum Himmel: „- ... so wahr mir Gott helfe, nur ein Gedanke: Deutschland!" Mit unserem „Ja" am morgigen Tag stimmen wir in diesen Schwur ein. – auch unser einziger Gedanke: Deutschland." Ritter, Emil: Nur ein Gedanke: Deutschland. G 19.08.1934

[110] Ritter 1936, 33-52
[111] A.a.O., 8-14
[112] A.a.O., 12

durch das „innige Hineinwachsen in die Bluts- und Schicksalsgemeinschaft unseres Volkes" die „Heilskraft des ‚corpus christi mysticum'" stellen.[113] Damit könne der deutsche Katholizismus unter Lösung von den historisch gewachsenen Formen des politischen Katholizismus nun mit ganzer Kraft „seine Sendung im Aufbruch der Nation" erfüllen.[114]

Im von Ritter verfassten Kapitel „Zwischen Kirche und Staat" stellte dieser das Reichskonkordat in eine historische Linie mit den Lateranverträgen und setzte es von den Erfahrungen des Kulturkampfes ab. Den italienischen Faschismus und die Zusammenarbeit zwischen Kirche und Staat in Italien empfahl Ritter als Vorbild. Den deutschen Katholizismus empfand er dagegen so sehr durch die Erfahrung des Kulturkampfes geprägt, dass es diesem nun mehr schwer falle, das durch den „Ölzweig des Reichskonkordates" erwiesene Vertrauen des nazistischen Regimes und seines Führers Adolf Hitler zu erwidern. „Heißsporne auf beiden Seiten" hätten in der Folge die Stimmung noch weiter angeheizt. Ritter befürchtete deshalb die Gefahr eines neuen Kulturkampfes, der unweigerlich eine Spaltung des Katholizismus in „Kirchenkatholiken" und „Staatskatholiken" nach sich ziehen würde; den letztgenannten Platz bei Volk und Staat würde nach Ansicht Ritters die Mehrzahl der Katholiken einnehmen. Denn nur für den Fall, dass sich der „nationalsozialistische Staat vergäße und in das innerste Heiligtum des Glaubens eindränge", wären die Katholiken bereit, sich auf die Seite der Kirche zu stellen. In allen anderen Fällen, Ritter stellte in diesem Zusammenhang eine ganze Reihe inhaltlich interessanter rhetorischer Fragen, die die Grenzlinien in der Auseinandersetzung zwischen Kirche und nazistischem Regime skizzierten,[115] wäre der Platz der Katholiken dort, wo diese „katholisch und national" sein könnten. Dies müsse den Katholizismus nunmehr endgültig bewegen, sich in den neuen Staat vorbehaltlos einzubringen.

Diese Ansichten lassen sich bei Ritter bis in das Jahr 1941 nachweisen. Auf das Skript „Die Lage der Kirche und das Christentum im

---

[113] A.a.O., 12

[114] A.a.O., 11

[115] „Wenn aber der Streit nicht um den Altar, sondern um den halb kirchlichen, halb bürgerlichen Vorraum des Gotteshauses geht? Wenn um Prinzipien und Rechtsansprüche gekämpft würde, die nicht unwiderleglich als lebensnotwendig für die Kirche ausgewiesen sind? Wenn die Zugriffe des Staates, wie überhaupt die ganze kirchenpolitische Spannung als Folge der Vernachlässigung nationaler Wert auf katholischer Seite gedeutet werden könnten? Wenn die Notwendigkeit erkannt wird, das eigene katholische Gewissen im Lichte des geschichtlichen Umbruchs zu erforschen? Wenn vielleicht sogar härteste Prüfungen des deutschen Katholizismus als heilsame, ja als im höheren Sinne notwendige Auflockerung zu einer innerkirchlichen Erneuerung begriffen werden?" A.a.O., 50f.

nationalsozialistischen Deutschland"[116] wurde bereits im biographischen Teil dieser Arbeit verwiesen. Ritter machte darin den Standort des Nazismus in der Auseinandersetzung mit der katholischen Kirche im „Irrgarten der augenblicklichen Religions- und Kirchenpolitik" aus. Er hoffte jedoch, dass der Nazismus imstande sei, sich aus dieser Position zu lösen, um weiter „an der Führung in Europa zu bleiben". Die Konfrontation empfand Ritter jedoch weniger als Herausforderung für den Nazismus sondern vielmehr als Prüfung für die nationalpolitische Haltung der Katholiken. Würden diese „die Zeit und ihre Aufgabe begreifen", könnte sich die christliche Substanz des Volkes als „überlegen und zukunftsmächtig" erweisen und somit zur „Krönung der nationalpolitischen Umwälzung" beitragen.[117] Bis dahin gelte es zu warten und auszuhalten. Ritter schloss diese Überlegungen mit einer religiösen Überhöhung: „Wenn wir Katholiken gross und kühn genug zu denken vermögen, dürfen wir noch im 20. Jahrhundert herrliche Früchte aus dem Samen erwarten, der jetzt in der kirchlichen Trübsal gestreut wird. Nur aus dem Leiden kommt die Erlösung, – das sollte uns Christen doch geläufig sein."[118]

Ritter hat als Hauptschriftleiter der „Germania" sowie in seinen sonstigen Veröffentlichungen als katholischer Erwachsenenbildner und Publizist eine frappierende Nähe zur Nazi-Diktatur eingenommen. Die Position überrascht jedoch nur auf den ersten Blick. Der Gang dieser Untersuchung hat die großen ideologischen Schnittmengen und Kontinuitäten der Gedankenwelt Ritters zum Nazismus hinreichend aufgezeigt. Mit seiner Tätigkeit hat Ritter zur Machteroberungen und Systemstabilisierung des Nazismus auf verhängnisvolle Weise einen aktiven Beitrag geleistet.

---

[116] Maschinenschriftliches Skript „Die Lage der Kirche und das Christentum im nationalsozialistischen Deutschland". KfZG A11/164-179
[117] A.a.O. KfZG A11/179
[118] A.a.O.

3. „Ohne ein Jota katholischer Lehre preiszugeben": Persönliche Reflexion

Ritters persönliche Reflexion setzte nach seinen eigenen Angaben bereits ein Jahr nach der Befreiung Deutschlands vom Nazismus im Jahr 1946 ein. Zu diesem Zeitpunkt verfasste Ritter eine „bekenntnishafte Niederschrift" mit dem Titel „Mein Ziel und meine Wege", die sich heute in dem als „Geheimdossier" bezeichneten Teil seines Nachlasses findet. Auf einundzwanzig Seiten gibt Ritter in zehn Abschnitten einen Rückblick auf seinen Lebens- und Berufsweg beginnend mit dem Jahr 1905. Einleitend stellte Ritter fest, dass er diesen Rückblick für sich selbst und alle, auf deren Urteil er Wert lege, niederschreibe und resümierte trotz des Eingeständnisses „so mancher Irrtümer und Fehlgriffe", dass ihn nichts anderes bewegt hätte, als das Ziel „der Kirche Christi und meinem Volk zu dienen".[1] Auch in der Einleitung zu seinem Nachlass, die Ritter nach dem Jahr 1964 verfasste, wurde diese Absicht angeführt. Ritter wollte damit zugleich klarstellen, dass er „kein Einzelgänger unter den Katholiken war, die sich in der Hitler-Zeit zu verantwortlichem Handeln herausgefordert fühlten".[2] Vor dem Hintergrund der Artikel Ritters in der „Germania" in den Jahren 1933 und 1934 sind solche Wertungen allerdings nur schwer nachvollziehbar. Die Zusammenstellung schließt mit einer Darstellung der politischen Ziele Ritters aus der Sicht des Jahres 1946. Hier ist eine synoptische Zusammenstellung hilfreich,[3] um die Kontinuitäten der Gedankenwelt Ritters über die politischen Systeme hinweg deutlich zu machen.

Weimarer Republik	Nazismus	Nachkriegszeit
		Zur Ergänzung dieser genetischen Darstellung will ich mein politisches Zielstreben noch einmal in prinzipieller Ausdrucksweise kennzeichnen. Ich glaube:[4]

---

[1] Mappe 1: Mein Ziel und meine Wege. KfZG C1/008
[2] Mappe 1: Einleitung. KfZG C1/006
[3] Vgl. zur Anwendung des Synopse im pädagogischen Kontext Siemsen 1995, 151ff.
[4] Mappe 1: Mein Ziel und meine Wege. KfZG C1/027

Weimarer Republik	Nazismus	Nachkriegszeit
Die Zukunft der sittlichen Volksgemeinschaft kann nur der Sieg über die sinnlich-stoffliche Lebensauffassung sichern. Der Kampf, der zwischen Materialismus und Idealismus auszutragen ist, wird nicht auf dem politischen Fechtboden und nicht durch Volksmehrheiten entschieden. Das Seelische, Übersinnliche, Überzeitliche muß wieder als höchster Lebenswert zur allgemeinen Anerkennung kommen.[5]	Objektive Maßstäbe für einen christlichen Volks- und Staatsaufbau können einzig und allein in der gottgeschaffenen Naturordnung gefunden werden, so lehren es die großen Theologen und die Enzykliken der Päpste. Danach ist Adolf Hitler mit seinem leidenschaftlichen Ringen um das gesunde, naturverwurzelte Leben des Volkes auf dem besten Wege.[6]	1. daß die planvolle Ordnung des völkischen und staatlichen Lebens gemäß dem ihm innewohnenden Gesetzen eine gottgewollte, also religiös-sittliche Aufgabe ist[7]
„Nicht vom Brot allein lebt der Mensch." An das unvergängliche Wort müssen wir uns jetzt erinnern, da all unsere Gedanken und Kräfte vom Aufbau Deutschlands beansprucht werden. Über den gewaltigen politischen und wirtschaftlichen Aufgaben ... könnte leicht die weniger aufdringliche Notwendigkeit des geistigen Aufbaues übersehen werden. Mir scheint dies aber der geistige Aufbau ... der wichtigste Teil der Erneuerungsarbeit zu sein.[8]	Indem die katholischen Deutschen der Volksgemeinschaft selbstlos – auch dort, wo man sie nicht will – dienen, legen sie zugleich Zeugnis für Christus und seine Kirche ab.[9]	2. daß die katholischen Deutschen verpflichtet sind, diese Aufgabe für ihr Volk und Vaterland mit heiligem Ernst zu ergreifen und durchzuführen[10]

---

[5] Ritter 1919, 26f.
[6] Ritter, Emil: Ein katholischer Idealstaat? G 06.05.1934
[7] Mappe 1: Mein Ziel und meine Wege. KfZG C1/027
[8] Ritter 1919, 5
[9] Ritter 1936, 12
[10] Mappe 1: Mein Ziel und meine Wege. KfZG C1/027

Weimarer Republik	Nazismus	Nachkriegszeit
Das tausendjährige Werden ist gekennzeichnet durch die enge Verbindung der deutschen Kultur mit dem Christentum. ... Winfried-Bonifatius, der erste Erwecker höheren geistigen Lebens in den Urwäldern Germaniens, der Gründer der ersten deutschen Kulturstätten, kam als christlicher Glaubensbote. Durch ihn wurde das Christentum als Edelreis der knorrigen Eiche des Germanentums aufgepfropft. Der veredelte Stamm, der dann weiter wuchs, war das Deutschtum.[11]	„Volk" ist nicht die Summierung der Staatsbürger, vielmehr muß es als gottgeschaffene, blut- und schicksalsbestimmte Gemeinschaft erfaßt werden. Volk, das sind die Generationen der Vergangenheit und der Zukunft, das ist eine überzeitliche und überindividuelle Wesenheit. Volk muß organisch gegliedert sein, und die natürliche Gliederung stellt sich in den Korporationen (Ständen) dar.[12]	3. daß Deutschland am besten aus der Wurzel gedeihen kann, die Bonifatius eingesenkt hat, aus dem vollen, dem katholischen Christentum, dem Mutterboden der deutschen Volks- und Kulturentwicklung[13]
Es gibt ein deutsches Volkstum, aber kein protestantisches und kein katholisches Volkstum. ... Die Unterschiede der Bekenntnisse, die dogmatischen Grenzen brauchen nicht verwischt zu werden und doch kann man sich gegenseitig bis in Kirche und Gebet hinein als deutsch verstehen und schätzen.[14]	Gewiß ist die Einheit im Glauben eine außerordentlich tragfähige und dauerhafte Grundlage für die kulturelle und staatliche Geschlossenheit eines Volkstums. Aus nationalen und noch mehr aus religiösen Gründen ersehnen wir Katholiken auch die „eine" Kirche für unser Volk.[15]	4. daß die Einheit in der Kirche Christi das höchste nationale Gut wäre und daß schon darum die Katholiken alles an die Annäherung der Konfessionen setzen müssten[16]

---

[11] Ritter 1919, 28f.
[12] Ritter, Emil: Antiliberaler Katholizismus. Als Brücke zur nationalsozialistischen Weltanschauung. G 11.11.1934. KfZG A11/199
[13] Mappe 1: Mein Ziel und meine Wege. KfZG C1/027
[14] Ritter 1919, 31
[15] Ritter, Emil: Nation und Konfession. G 07.10.1934. KfZG A4/126
[16] Mappe 1: Mein Ziel und meine Wege. KfZG C1/027

Weimarer Republik	Nazismus	Nachkriegszeit
Das letzte Ziel – das freilich niemals ganz zu erreichen ist und auch in der Vergangenheit nie erreicht war – muß sein: alle Volksgenossen zu bewussten Gliedern der christlich-deutschen Kulturgemeinschaft zu machen.[17]	Wir sagen ja zur nationalsozialistischen Revolution, weil sie ... Rückbesinnung auf die ewige Schöpfungsordnung, auf die Blut- und Schicksalsgemeinschaft der Deutschen, auf unsere völkische Wesensart bedeutet.[18]	5. daß die Erhaltung und das Wachstum des christlich-deutschen Volkstums das vornehmste politische Ziel der Katholiken, ihr Leitstern für den Staatsaufbau und die Sozialreform sein müsste[19]
Die Zukunft Deutschlands ist letzthin nicht von den neuen Staatsformen, die wir finden, und nicht von neuen wirtschaftlichen Erfolgen abhängig. Selbst wenn wir in der politischen Neugestaltung schwere Missgriffe machen sollten – sie sind nicht unverbesserlich. Und wenn wir noch lange Zeit verarmt und wirtschaftlich unselbständig blieben, – auch das wäre ein überwindbarer Zustand. Wenn – das ist freilich die entscheidende Bedingung – wenn wir als Volk bestehen bleiben. ... Die wichtigste Frage scheint mit daher zu sein, daß wir uns als Volk bewahren – oder daß wir ein Volk werden.[20]	... nicht beharren oder rückwärts schreiten, sondern zu Grundelementen des Gemeinschaftslebens durchstoßen ... Nicht Wiederherstellung geschichtlich bedingter Formen ..., sondern die Wiederbesinnung auf die wesentlichen, naturhaften, gottgegebenen Grundlagen jeder echten Volks- und Staatsordnung[21]	Das verstehe ich unter „christlich-konservativer" Politik: das christliche Volks- und Kulturgut erhalten, nicht aber Staatsformen von nur relativem Werte oder Wirtschaftssysteme und Besitzverhältnisse bestimmter Zeitepochen konservieren oder restaurieren."[22]

---

[17] Ritter 1930, 30
[18] Ritter, Emil: Unser Ja zum neuen Deutschland. G 02.07.1933. KfZG C4/051
[19] Mappe 1: Mein Ziel und meine Wege. KfZG C1/027
[20] Ritter 1919, 5
[21] Ritter, Emil: Antiliberaler Katholizismus. Als Brücke zur nationalsozialistischen Weltanschauung. G 11.11.1934. KfZG A11/199
[22] Mappe 1: Mein Ziel und meine Wege. KfZG C1/027

Die Synopse zeigt, dass Ritter bis in die Formulierungen hinein sein Gedankengut weiter tradierte. Autoritäre, antidemokratische und organizistisch-völkische Fiktionen dominierten – mit religiösen Inhalten durchsetzt und überhöht – auch nach der Befreiung vom Nazismus Ritters Weltsicht.

Diese Inhalte lassen sich auch durch die weitere Auswahl und Diktion der Unterlagen für den Nachlass Ritters und damit für den Zeitraum der sechziger Jahre nachweisen. So fügte Ritter den thematischen Mappen eine Zusammenstellung mit dem Titel „Mussolini, der autoritäre Demokrat" bei.[23] Ritter bemühte sich in der Einleitung die Unterschiede zwischen Hitler und Mussolini herauszustellen und stellte diesen bereits im ersten Satz als Opfer dar, welches „widerstandslos in den Strudel der Wahnsinnspolitik Hitlers geriet und notgedrungen in der Endkatastrophe mit ihm unterging".[24] Die Lateranverträge beurteilte Ritter als „historische Tat Mussolinis, weniger einer kirchenpolitische als eine national-italienische Großtat".[25] Im Vergleich seiner Italienreisen vor 1915 und nach 1923 fiel Ritter besonders die „Erneuerung Italiens" auf. An Morde und Terrorakte konnte er sich nicht erinnern, dafür aber an Festakte mit politischer und kirchenamtlicher Präsenz. Dem Verbot der Gewerkschaften konnte Ritter immer noch nichts negatives abgewinnen, kurzum dem Faschismus musste Ritter „vernünftige und menschenwürdige Absichten" bescheinigen, die maßvolle Haltung des Faschismus gegenüber den Juden betonte Ritter besonders. Abschließend bedauerte er zutiefst, dass Mussolini ganz unter den Einfluss Hitlers geraten sei und fabulierte: „Wie anders sähe es heute in Deutschland und Italien, in Europa und der ganzen Welt aus, wenn das Verhältnis zwischen Hitler und Mussolini umgekehrt gewesen wäre, wenn der Duce dauernd den Einfluß in der „Achse Rom-Berlin" behalten hätte, wie er ihn 1938 in die Wagschale werfen konnte".[26] Wohl um seiner Begeisterung für den Faschismus Ausdruck zu verleihen, schloss Ritter seine Ausführungen mit Zeilen der „Giovinezza", der Hymne der faschistischen Bewegung Italiens ab, deren „mitreißender Klang ihm heute noch im Ohr lag".[27] Ausführungen, die über den politischen Standort des Verfassers keine Zweifel offen lassen.

---

[23] Mappe 8: Mussolini, der autoritäre Demokrat. KfZG C2/003-006
[24] A.a.O. KfZG C2/003
[25] A.a.O. KfZG C2/004
[26] A.a.O. KfZG C2/006
[27] A.a.O.
Ab dem Jahr des Marsches auf Rom, war die Giovinezza im Anschluss an die eigentliche Nationalhymne Italiens zu singen. An den Brauch, die Parteihymne direkt nach der Nationalhymne zu singen, knüpfte später der Nazismus mit dem „Horst-Wessel-Lied" an.

In die inhaltliche Auseinandersetzung wurde Ritter nur im privaten Raum gezwungen. Im Nachlass findet sich dazu ein Brief an seinen früheren Weggefährten und Mitherausgeber der Zeitung „Der Deutsche Weg", Joseph Joos, vom März 1955.[28] Joos hatte Ritter in einem Gespräch vorgeworfen, auf „der anderen Seite ... beim Nationalsozialismus" gestanden zu haben; dieser antwortete mit einem vierseitigen Schreiben, da er in einer solchen Aussage seine „Absichten von damals und ... tatsächliche Position" gründlich verkannt fand. Ritter stellte in seiner Antwort seine berufliche Biographie im Zeitraum des Nazismus mit Schwerpunkt auf seiner Tätigkeit als Hauptschriftleiter der „Germania" dar. Sich an den historischen Daten entlangarbeitend kommentierte Ritter einige Stationen in einer beschönigenden Weise. So erscheint Vizekanzler von Papen als Mann ohne eigene politische Konzeption und geradlinigen Durchführungswillen, der Bund „Kreuz und Adler" wurde nur auf Drängen eines Kreises junger katholischer Journalisten durch Ritter gegründet und durch katholische Opportunisten unterwandert, die Schriftleitung der „Germania" stand in großem Kontrast zum Propaganda-Ministerium und letztlich wusste sich Ritter sogar durch die „GeStaPo" beschattet. Während für die letzte Behauptung jeder Nachweis durch Ritter fehlt, lassen sich die vorangehenden schon allein mit Blick auf die Inhalte seines Lebenswerks schnell als reine Schutzbehauptungen aufdecken. Als Leitziel seines publizistischen Wirkens nannte er die Absicht, „die kirchlich-religiöse Überzeugung der Katholiken und die christlich-konservativen Prinzipien zu repräsentieren und notfalls zu verteidigen", eine Aussage, die sich mit Blick auf den Inhalt der Artikel Ritters im fraglichen Zeitraum in keiner Weise bestätigen lässt. Zudem wies er zu seiner Verteidigung darauf hin, dass angesehene Theologen wie die Professoren Schmaus und Lortz Artikel für die „Germania" lieferten und viele prominente Katholiken seinen Kurs unterstützten. Im einzelnen nannte Ritter Erzbischof Gröber von Freiburg, Abt Ildefons Herwegen von Maria Laach, Ministerialdirektor Klausener als Leiter der Katholischen Aktion, Verlagsdirektor Paul Siebertz aus München sowie ohne Namensnennung eine Reihe ehemaliger Zentrumsminister. Letztlich habe ihm sogar Kardinalstaatssekretär Pacelli anlässlich einer Audienz im Vatikan im März 1934 über den Apostolischen Nuntius in Berlin seine Zustimmung versichert, einer der Artikel Ritters aus der „Germania" solle sogar bis zum Papst gelangt sein. An anderer Stelle wurde zudem Bischof von Galen als Zeuge genannt. Bei so viel kirchenamtlicher Unterstützung erlaubte sich Ritter im Brief sogar den Hauch einer Selbstkritik, fing diese

---

[28] Vgl. im folgenden: Brief von Emil Ritter an Joseph Joos vom 14.03.1955. KfZG C4/042

aber im nächsten Halbsatz schon wieder ein.[29] Immer wieder betonte Ritter „ohne jeden Verstoß gegen katholische Lehre und Disziplin" geblieben zu sein. Mit einem formelhaften Absatz, in welchem Ritter „kein anderes Motiv als seinen katholischen Glauben und die Liebe zum deutschen Volk" als Beweggründe seines Handelns geltende machte, beendete er sein Verteidigungsschreiben.[30]

Der ausführliche Schriftverkehr, den Ritter in den Jahren 1965/66 mit Breuning über den Bund „Kreuz und Adler" führte, enthält zwar einige organisatorische und personelle Details zum Aufbau und Werdegang des Bundes, geht aber über eine deskriptive Ebene nicht hinaus; zudem ist er nur bruchstückhaft in den Nachlass übernommen worden.[31]

Auch anhand der wenigen Dokumente lässt sich der Nachweis führen, dass eine kritische Selbstreflexion Ritters offensichtlich nicht stattgefunden hat. Gebunden an sein autoritäres, antidemokratisches, organizistisch-völkisches und nicht zuletzt katholisches Gedankengut – bestätigt durch kirchenamtliche und kirchliche Autoritäten – sah Ritter keinen Anlass die Inhalte seine Arbeit, seine Haltungen und sein Wirken der vergangenen Jahrzehnte einer kritischen Betrachtung zu stellen oder einer selbstkritischen Analyse zu unterziehen

---

[29] „... wenn ich als fehlbarer Mensch in meinen Artikel manchmal daneben gehauen habe, so habe ich doch nie eine Zeile geschrieben, die im Widerspruch zu meiner Gewissensüberzeugung gestanden hat." A.a.O.

[30] „In allen Missdeutungen und Verdächtigungen meines Wollens und Handelns seit 1932 hat mich nur das Bewusstsein aufrecht gehalten, daß ich kein anderes Motiv hatte als meinen katholischen Glauben und die Liebe zum deutschen Volke. Die Wahrheit und mein Gewissen waren das Richtmaß dabei." A.a.O.

[31] Brief von Emil Ritter an Klaus Breuning vom 22.12.1965. KfZG A9/162
Brief von Klaus Breuning an Emil Ritter vom 12.01.1966. KfZG A9/163
Brief von Emil Ritter an Klaus Breuning vom 19.01.1966. KfZG A9/164
Brief von Klaus Breuning an Emil Ritter vom 03.03.1966. KfZG A9/165
Brief von Klaus Breuning an Emil Ritter vom 19.06.1966. KfZG A9/163

4. „Der gute und edelste aller Menschen": Rezeption

Eine Rezeption der Lebens- und Wirkungsgeschichte Ritters hat bisher nur in einem äußerst geringen Ausmaß stattgefunden. Schoelen stellte in seinem bibliographisch-historischen Handbuch des Volksvereines das Schrifttum von 35 Persönlichkeiten des Volksvereins, unter anderem auch von Emil Ritter, zusammen.[1] Der Primär- und Sekundärbibliographie ist dabei die Biographie in einem tabellarischen Lebenslauf vorangestellt. Als Schrifttum über Ritter konnte Schoelen acht Fundstellen nachweisen.

Davon betrifft die erste Ritters Werk über die Geschichte des Volksvereins aus dem Jahr 1954.[2] Ritter selbst hat seine eigene Person jedoch in dieser Darstellung völlig zurückgenommen. Im Personenregister ist sein Name nicht verzeichnet,[3] sogar in den Ausführungen über die Neugestaltung des Parteiprogramms des Zentrums zu Beginn der zwanziger Jahre erwähnt er seinen eigenen Anteil in keiner Weise.[4] Allenfalls in der Bewertung im Fazit des Werkes gab Ritter im Gesamt ein Urteil über die handelnden Akteure ab, in welchem der Leser mit etwas Phantasie auch den Ansatz einer kritischen Betrachtungsweise der eigenen Person entdecken kann.[5]

Im Zusammenhang mit der Parteiengeschichte des Zentrums findet Ritter in zwei Werken des Historikers Morsey Erwähnung.[6] Hier wurde einerseits auf seine Mitarbeit in der Programmkommission der Partei in den Anfängen der Weimarer Republik verwiesen[7] sowie andererseits einige Stationen seiner Tätigkeit, die im Zusammenhang mit dem Ende der Zentrumspartei stehen, erwähnt und kommentiert. Morsey zählt Ritter zu den Anhängern der Richtung von Papens[8] und mit dem Sommer 1933 zu den Opportunisten, „die ihre Betrachtungen über das „Ende der katholischen Parteien" dazu benutzten, um in einer Wolke von nebulösen Formulierungen das dem katholischen Ideengut

---

[1] Schoelen 1982, 485-472
[2] Ritter 1954
[3] A.a.O., 513-516
[4] A.a.O., 384ff.
[5] „Was um der geschichtlichen Wahrheit willen festgestellt werden muß, soll kein Anlaß zu Vorwürfen gegen einzelne Persönlichkeiten im Vorstand und an der Zentrale [des Volksvereins] sein. Sie haben alle ihr Bestes hergegeben, waren von den lautersten Absichten beseelt, haben nie sich selber gesucht. Die Fehlerquellen waren einesteils die Überspannung an sich berechtigter und wohlerwogener Richtlinien, andernteils die Kehrseite menschlicher Vorzüge, die in manchen Fällen übersteigert wurden." A.a.O., 490f
[6] Morsey 1960 und 1966
[7] Morsey 1966, 435f.
[8] Morsey 1960, 305f.

angeblich so engverbundene Führerprinzip und den Totalitätsanspruch der NS-Revolution zu feiern."[9] Zudem ist dort eine Aufzeichnung Karl Bachems vom 07. Juli 1933 abgedruckt, die die Zeitung „Germania" unter ihrem neuen Schriftleiter Emil Ritter als „nationalsozialistisches Blatt sans phrase" zutreffend charakterisiert.[10] Ein ähnliches Urteil traf nachfolgend Waldemar Gurian.[11]

Altmeyer griff in seiner Dokumentation über die katholische Presse zur Zeit der Nazi-Diktatur diese Einschätzungen wieder auf und bewertete Ritters Wirken als Schriftleiter der „Germania" mit scharfen Worten.[12] In seiner Darstellung der Geschichte des katholischen Deutschlands im 20. Jahrhundert stellte

---

[9] A.a.O., 404

[10] „Die Germania ist unter der neuen Führung: von Papen – Frhr. von Twickel im Aufsichtsrat, Emil Ritter und Dr. Klinkenberg in der Redaktion –, ein reines nationalsozialistisches Blatt sans phrase geworden und wirft dem Zentrum, welches sie 60 Jahre lang wirkungsvoll und opfermütig unterstützt hat, fortwährend Steine ins Grab nach, ohne jede Rücksicht auf die früheren Verdienste der alten Germania." 7.7.1933: Aufzeichnung von Karl Bachem (Köln). Stadtarchiv Köln, Nachlaß Bachem 84, eigenhändig. Überschrift: „Ende des Zentrums, 7. Juli 1933", in: a.a.O., 444

[11] Gurian urteilte in seinem Buch „Der Kampf um die Kirche im Dritten Reich", Luzern 1936, 96f.: „Damals schrieben auch Männer, die heute von ihrem im Rausche der Begeisterung, über das „Heilige Jahr der Kirche und des deutschen Volkes" abgefassten Publikationen nur noch ungerne sprechen, Artikel und Broschüren, um die bis 1933 nicht gesehene Verbundenheit zwischen Katholizismus und Nazismus zu erweisen. Diese Kreise, gemischt aus unbefriedigten Intellektuellen, höheren Beamten und auf die Suggestion einer pseudochristlichen Terminologie hereinfallenden Theologen, sammelten sich zumeist in der von Papen geführten Arbeitsgemeinschaft katholischer Deutscher ... Ihren Kurs vertrat die „Germania" unter Emil Ritter." Zitiert nach Albert 2004, 108
Gurian, Waldemar. * 13.02.1902 in Sankt Petersburg. Gurian konvertierte vom jüdischen zum katholischen Glauben. Studium der Philosophie und Geschichte an den Universitäten Köln, Breslau, München und Berlin. 1923 Promotion bei Max Scheler in Köln. Mitglied der katholischen Jugendbewegung Quickborn, von daher durch Romano Guardini beeinflusst. Nach kurzer Tätigkeit als Redakteur der Kölnischen Volkszeitung seit 1924 als freier Publizist in Bad Godesberg. Galt als einer der führenden Interpreten des politischen Katholizismus seiner Zeit. 1934 Emigration in die Schweiz. Gründung der Deutschen Briefe. 1937 Ruf an die katholische Universität Notre Dame in Indiana, dort seit 1943 Professor der politischen Wissenschaften. Seit 1939 Herausgeber der Zeitschrift Review of Politics. + 26.05.1954 in South Haven in Michigan. Vgl.: DBE, Bd. 4, 262f.; sowie ausführlicher Hürten 1972

[12] „Während die Nationalsozialisten auf ihre Weise gegen die katholische Presse vorgingen, unternahm Franz von Papen mit seiner „Arbeitsgemeinschaft Katholischer Deutscher" den Versuch Katholiken zu einer „rückhaltlosen" Mitarbeit am Nationalsozialismus zu gewinnen. In vielen Fällen gelang es diesen „Elite-Katholiken", die gleichzeitig Nationalsozialisten waren, die Redaktionsstuben einiger angesehener katholischer Tageszeitungen zu besetzen und diese Zeitungen auf nationalsozialistischen Kurs zu bringen. Dem AKD-Mitglied Dauser gelang die Zersprengung des Bayerischen Preßvereins. Emil Ritter nistete sich bei der Germania ein. Doch schon Ende 1934 ging die AKD ein, ..." Altmeyer 1962, 29

auch Spael einige Jahre später Ritter mit seiner Tätigkeit als Hauptschriftleiter der „Germania" in den Zusammenhang der Annäherung des Katholizismus an den Nazismus seit März 1933 und ordnete diesen völlig zu Recht mit seinen eigenen Worten als Brückenbauer zum Nazismus ein.[13] Selbst von Papen benannte in seinem zweiten autobiographischen Werk die Berufung Ritters zum Hauptschriftleiter der „Germania" im Mai 1932 im Zusammenhang seiner Bemühungen „den Zentrumskurs nach rechts abzulenken".[14] Gottwald beurteilte in seiner Darstellung der „Germania" Ritter als „klerikalfaschistischen Journalisten".[15]

Die Tätigkeit Ritters als geschäftsführender Vorsitzender des „Bundes katholischer Deutscher ‚Kreuz und Adler'" stellte Ende der sechziger Jahre Breuning[16] und später Gottwald[17] dar. Breuning wertete den Bund „Kreuz und Adler" mit seinen Inhalten und gesellschaftlichen Absichten „als politische Kristallisation einer langen ideologischen Entwicklung in bestimmten Kreisen des deutschen Katholizismus" und wies damit zurecht auf die ideologischen Kontinuitäten in der Gedankenwelt Ritters hin.[18] Gottwald nannte Ritter nur als den geschäftsführenden Vorsitzenden und wertete dessen „Wochenschrift „Der Deutsche Weg" als politischen Vorläufer" des Bundes.[19] Auch die aktuelle

---

[13] Spael stellt in diesem Abschnitt seines Werkes Ritter mit seinen unterschiedlichen Stationen bei verschiedenen katholischen Zeitungen und Zeitschriften vor und charakterisiert diesen als einen „in vielen Sätteln erprobten Journalisten". Neben dessen Tätigkeit im „Bund katholischer Deutscher ‚Kreuz und Adler'" sowie der Arbeitsgemeinschaft katholischer Deutscher (AKD) wird ausführlich Ritters Tätigkeit als Hauptschriftleiter der „Germania" dargestellt: „Ein Wort noch zur Haltung der Germania. Ihr Chefredakteur war seit Juli 1933 Emil Ritter. ... Bei der „Zeitwende" im März 1933 war Ritter mit ganzem Herzen dabei, jetzt, so glaubte er, sei die Stunde des Katholizismus gekommen! ... Ritter war davon überzeugt, „dass sich die innersten Triebkräfte des gegenwärtigen Umschwungs sehr nahe mit der besten katholischen Tradition berühren." Nach Spael zog Ritter sich aus der Schriftleitung der „Germania" zurück, nachdem er die Unmöglichkeit der selbst gestellten Aufgabe – „eine „Synthese" mit den Nazis" zu erreichen – erkannt hatte. Spael 1964, 330f.

[14] Papen 1968, 187

[15] Gottwald 1972, 570
„Emil Ritter gehörte als Schriftleiter der klerikalfaschistischen Wochenzeitung „Der deutsche Weg" und der Zeitschrift „Volkstum und Volksbildung" zu den eifrigsten Verfechtern eines Bündnisses zwischen dem politischen Katholizismus und dem Faschismus". A.a.O.

[16] Kapitel III.4 „Kreuz und Adler", in: Breuning 1969, 225-237

[17] Gottwald: Bund katholischer Deutscher

[18] Breuning 1969, 235

[19] Gottwald: Bund katholischer Deutscher, 348
Die Kurzcharakterisierung des Bundes durch Gottwald ist – in der zeitgenössischen sozialistischen Terminologie gehalten – inhaltlich zutreffend: „Der BkD [Bund katholischer Deutscher] wurde von extrem reaktionären Kreisen des deutschen Katholizismus mit

Darstellung Alberts über die Abtei Maria Laach nennt Ritter als Teilnehmer und „Vorsitzender" der Führertagung des Bundes im April 1933.[20]

Intensiver behandelte Dauzenroth[21] Leben und Werk Ritters in zwei Artikeln in der Zeitschrift „Erwachsenenbildung". Der erste Artikel im Umfang von drei Seiten erschien zu Ritters 85. Geburtstag im Jahr 1966,[22] der zweite im Jahr 1969 mit einem Umfang von vier Seiten als Gedenkblatt nach dem Tode Ritters am 25.11.1968.[23] Dem ersten Artikel hatte Dauzenroth noch eine Auswahl der Bibliographie Ritters angefügt. Die Artikel, die sich in der inhaltlichen Aussage nur in Nuancen unterscheiden, sind in Teilen bis in die Wortwahl hinein identisch, so dass sie im folgenden summarisch dargestellt werden können. Dauzenroth schildert in chronologischer Darstellung Leben und Werk Emil Ritters. Er bewertete Ritter bei seinem Eintritt in die Zentralstelle des Volksverein im Jahre 1919 „als glänzend ausgewiesenen Volksbildner", vor allem durch dessen Herausgabe des „Volksbildungsorgans ‚Volkskunst'", die er als Monatsschrift mit hohem Niveau und großem Ansehen in den katholischen Verbänden sowie vorbehaltloser Anerkennung durch die Fachpresse charakterisierte.[24] Aufschlussreich ist die Darstellung für die Tätigkeit Ritters in der Endphase der Weimarer Republik und während des Nazi-Regimes. Als Ziel des Wochenblattes „Der Deutsche Weg" wird nun die „Aktivierung einer christlich-konservativen Kulturpolitik durch Verständigung unter den Katholiken verschiedener Parteien" genannt. An keiner Stelle wird darauf hingewiesen, dass Ritter in ganz besonderer Weise um das rechte Spektrum des Katholizismus, welches zur DNVP tendierte, bemüht war.[25] Dagegen wird Ritter schon fast zum Widerstandskämpfer, wenn Dauzenroth darauf verweist, dass Ritters

---

    dem Ziel geschaffen, zur ideologischen und politischen Eingliederung des katholischen Volksteils in das System der faschistischen Diktatur beizutragen und auf eine aktive Beteiligung der deutschen Katholiken beim Ausbau der faschistischen Herrschaft hinzuwirken. Der BkD bekämpfte das „liberalistische" Zentrum und trat für eine ideologische Synthese zwischen Katholizismus und Faschismus ein." A.a.O.

[20] Albert 2004, 46ff.
[21] Dauzenroth, Erich. * 1931. Dr. Dauzenroth war Professor für Erziehungswissenschaft und als solcher von 1987-1989 Vizepräsident an der Justus Liebig Universität Gießen und Mitbegründer sowie zwölf Jahre Vorsitzender, später Ehrenvorsitzender der Deutschen Korczak Gesellschaft. + 23.07.2004. Nachruf auf Prof. Dr. Erich Dauzenroth, in: http:www.geb.uni-giessen.de/geb/volltexte/2004/1934/pdf/SdF-2004-1_2d.pdfw. Zugriff am 06.02.2006
Dauzenroth hatte Ritter im Wintersemester 1962/63 zu einem Vortrag „Von der Volksbildung zur Erwachsenenbildung" an das Pädagogische Institut Darmstadt eingeladen.
[22] Dauzenroth 1966
[23] Ders. 1969
[24] Ders. 1966, 238f. sowie ders. 1969, 108
[25] Ders. 1966, 239 sowie ders. 1969, 108f.

„kritische Aufsätze über Hitlers Buch „Mein Kampf", die das Zentrum als Wahlflugblätter herausgab, „Nazi-Rache heraufbeschworen" hatten. Angaben auf konkrete Inhalte dieses diffusen Begriffs fehlen jedoch. Seine angebliche Widerstandstätigkeit setzte Ritter in dieser Sichtweise auch als Hauptschriftleiter der „Germania" fort, indem er wie keine andere überregionale Zeitung „den antichristlichen Vorstößen der Hitler-Partei und der NS-Presse entschieden entgegentrat" und auch Auseinandersetzungen mit dem „Völkischen Beobachter" nicht scheute. Natürlich werden in diesem Kontext auch das nicht nachgewiesene Schreibverbot des Propagandaministeriums sowie die Verhinderung der Besetzung eines Lehrstuhls an der Münchener Universität durch einen NS-Privatdozenten als Verdienste Ritters genannt.[26] Sein Ausscheiden als Hauptschriftleiter im November 1934 begründete Dauzenroth 1966 mit der Feststellung Ritters, dass diese gegen das nazistische Regime gerichtete Ausrichtung nicht zu halten gewesen sei.[27] Drei Jahre später wurde Dauzenroth ein wenig kritischer und zitierte Ritter zu seiner Schriftleitertätigkeit mit dessen eigenen Worten „gewiss nicht ohne taktische Fehler, aber bestimmt, ohne ein Jota der katholischen Glaubens- und Sittenlehre preiszugeben."[28] Außerdem erwähnte er Ritters Kritik am politischen Katholizismus. Die Demission als Hauptschriftleiter wurde nun in einen inhaltlichen Zusammenhang mit dem Ausscheiden von Papens aus dem Kabinett Hitlers am 30. Juni 1934 gestellt.[29] In der Auswahlbibliographie sind die fragwürdigen Veröffentlichungen Ritters wie sein wohlwollender Artikel über den Nazismus im Staatslexikon im Jahr 1932 ebenso wenig erwähnt wie die Bücher „Katholisch-konservatives Erbgut" von 1934 oder das „Sendschreiben katholischer Deutscher an ihre Volks- und Glaubensgenossen" von 1936.[30] Desgleichen wurde die Tätigkeit als geschäftsführender Vorsitzender des „Bundes katholischer Deutscher ‚Kreuz und Adler'" im Frühjahr 1933 völlig verschwiegen. Im Gesamturteil bezeichnete Dauzenroth Ritter als „ungewöhnlich wachen und engagierten Menschen",[31] der ein staatliches literarisches Werk für die Nachwelt hinterlassen habe und schloss den Artikel mit den Worten des Münsteraner Philosophen Peter Wust,[32] der Ritter den „guten und edelsten aller Menschen" genannt hatte.[33]

---

[26] Ders. 1966, 240 sowie ders. 1969, 109
[27] Ders. 1966, 240
[28] Ders. 1969, 109
[29] A.a.O.
[30] Ders. 1966, 241
[31] A.a.O., 240
[32] Wust, Peter. * 28.08.1884 in Rissenthal im Saarland. 1907 Abitur, Studium der Philosophie, Germanistik und Anglistik in Berlin und Straßburg. 1910 philologisches Staatsexamen. 1910 bis 1930 im höheren Schuldienst in Berlin, Neuß, Trier und Köln tätig. 1914

Bis in die Wortwahl hinein übernahm Dauzenroth dieses Urteil drei Jahre später. In einem Halbsatz wurde zwar zugestanden, dass „manche seiner [Ritters] politischen Einschätzungen umstritten sind", aber auch diese Veröffentlichung mit der Charakterisierung Ritters als des „guten und edelsten aller Menschen" beendet, um dann noch dem Lebenswerk Ritters „mit allem Kampf und Leiden für die Wahrheit" durch einen christlichen Sinnspruch die religiöse Weihe zu verleihen.[34]

Diese beschönigenden Darstellungen Dauzenroths sind nur schwer verständlich, hatten doch Morsey und Spael bereits einige Jahre vorher ein weitaus treffenderes Urteil abgegeben. Innerhalb der katholischen Erwachsenenbildung wurde das Urteil Dauzenroths jedoch weiter tradiert. So findet sich in der Auswahl von Quellentexten katholischer Erwachsenenbildung, die Benning 1971 editierte, eine Kurzbiographie Ritters, die dessen Engagement im Nazismus völlig verschweigt, für das Jahr 1934 jedoch das „Schreibverbot durch das Reichspropagandaministerium" erwähnt.[35]

Über diese bei Schoelen verzeichneten Fundstellen hinaus, fand Ritter in den neunziger Jahren auch Erwähnung in den historisch ausgerichteten Arbeiten zur Geschichte und Bedeutung des Volksvereins. Während Müller[36] und Klein[37] Ritter in ihren Arbeiten nur als Historiographen des Volksvereins sowie seine Tätigkeit als Mitarbeiter in der Zentralstelle des Volksvereins 1919-1922

Promotion bei Oswald Külpe in Bonn. 1930 bis zu seinem Tod ordentlicher Professor für Philosophie an der Universität Münster. Philosophisch beeinflußt von Augustinus und Bonaventura, aber auch von Max Scheler und Karl Jaspers. Seit 1975 wird von der Katholischen Akademie Trier der Peter Wust Preis vergeben, seit 1982 besteht eine „Peter-Wust-Gesellschaft" mit Sitz in Merzig. + 03.04.1940 in Münster. Vgl.: Fries 1970 sowie http:www.bautz.de/bkkl/w/wust.shtml. Zugriff am 06.02.2006

Wust gehörte neben dem Architekten Dominikus Böhm, dem Künstler Peter Hecker und dem Theologen Robert Grosche einer Runde an, die sich mit Ritter zum geistigen Austausch Mittwoch Nachmittags im Kaffee Kaiser in Köln traf. Dauzenroth 1966, 240

Breuning nennt Wust als Teilnehmer an der dritten soziologischen Sondertagung des Katholischen Akademikerverbandes vom 21. bis 23. Juli 1933 in Maria Laach. Breuning 1969, 207

[33] Dauzenroth 1966, 240

[34] „Nach allem Kampf und Leiden für die Wahrheit wird Gott der gläubigen Seele gnädig sein." Ders., 110

[35] Der Lebenslauf Ritters wird durch Benning ab 1932 wie folgt wiedergegeben: „1932 Hauptschriftleiter der Berliner „Germania". 1934 Schreibverbot durch das Reichspropagandaministerium; seitdem zurückgezogen lebend in Hanau, u.a. als Mitarbeiter der Frankfurter Kirchenzeitung. Seit 1945 schriftstellerische Tätigkeit in Fulda. Zahlreiche andragogische Veröffentlichungen." Benning 1971, 296

[36] Müller 1996, 14

[37] Klein 1996, 23ff.; Klein weist hier auch auf einige zeitgenössische Rezensionen der Veröffentlichungen Ritters hin.

erwähnen, wies Grothmann darüber hinaus noch auf das Engagement Ritters im ZBA[38] sowie als Vorsitzender der „Staatsbürgerlichen Arbeitsgemeinschaft" der Katholikentage zu Beginn der dreißiger Jahre hin. Hier stellt Grothmann zurecht fest, dass Ritter besonders um das rechte Spektrum des deutschen Katholizismus bemüht war und sich dafür engagierte, „eine „geistige Kulturfront gegen Sozialismus und Liberalismus" zu errichten, um dem „völligen Zerfall der Nation" entgegenzusteuern."[39]

Hürten wies in seiner Darstellung des deutschen Katholizismus in der Weimarer Republik und der Nazi-Diktatur[40] auf die Autorenschaft Ritters zum Stichwort „Nationalsozialismus" im Nachtragsband des Staatslexikons[41] sowie auf dessen Mitgliedschaft im „Bund katholischer Deutscher ‚Kreuz und Adler'" hin,[42] wertete beide Tätigkeiten jedoch äußerst zurückhaltend.[43]

In biographischen Darstellungen über Joseph Joos[44] sowie Joseph Lortz[45] wird Ritter in seiner Mitarbeit in der Programmkommission des Zentrums[46] sowie seiner publizistischen Tätigkeit[47] genannt. Biographien über Walter Dirks und Eugen Kogon[48] sowie über Carl Schmitt[49] benennen Ritter in seiner Tätigkeit als Geschäftsführender Vorsitzender des „Bundes katholischer Deutscher ‚Kreuz und Adler'". Gruber erwähnte den journalistischen Kontakt zwischen

---

[38] Grothmann 1997, 340ff.

[39] A.a.O., 408

[40] Hürten 1992a

[41] A.a.O., 166

[42] A.a.O., 201

[43] Vgl. zur Wertung des Artikels im Staatslexikon die Anmerkungen im Abschnitt „Erfüllung im Nazismus" dieser Arbeit. Im „Bund katholischer Deutscher ‚Kreuz und Adler'" bezeichnete Hürten Ritter etwas unzutreffend nur als Vorstandsmitglied. Zur politischen Wirksamkeit des Bundes urteilt Hürten: „Der Bund wurde jedoch keine Massenbewegung. ... Die Mitgliederzahl blieb gering, von einem realen Einfluß auf den Ablauf der Dinge findet sich keine Spur. Gleichwohl war „Kreuz und Adler" ein Anzeichen für die Krise, in die der deutsche Katholizismus geraten war." Hürten 1992a, 201

[44] Wachtling 1974

[45] Lautenschläger 1987

[46] Wachtling 1974, 84

[47] A.a.O., 29 sowie Lautenschläger 1987, 310ff. Hier wird die Zusammenarbeit zwischen Ritter und Lortz in der Herausgabe des „Sendschreibens katholischer Deutscher an ihre Volks- und Glaubensgenossen" dargestellt.

[48] Prümm 1984
Ritter wird hier neben seiner Tätigkeit für den „Bund katholischer Deutscher ‚Kreuz und Adler'" als Gegenspieler der Rhein-Mainischen-Volkszeitung „auf dem rechen Flügel des Katholizismus" genannt. A.a.O, 191, 294

[49] Koenen 1995, 286ff. sowie 573ff.

Ritter und Muckermanns in dessen Lebensbild.[50] Pöpping wies in ihrer Untersuchung über christliche Akademiker und deren „Utopie der Antimoderne" auf das antiliberale Selbstverständnis Ritters anhand eines Artikels aus der „Germania" hin.[51] Eine ausführliche Wertung seiner Tätigkeit findet sich dort jedoch nicht.

Im Rahmen einer Quellensammlung zur Geschichte des Theaterspiels in den katholischen Gesellen- und Arbeitervereinen im Kaiserreich wurde Ritters Aufsatz „Unser Programm" aus der Volkskunst des Jahres 1912 aufgenommen.[52]

Im 2005 erschienenen biographisch-bibliographischen Handbuch der deutschsprachigen Presse ist Ritter mit seiner Biographie als Publizist und Schriftsteller aufgeführt. Unverständlicherweise liest sich seine Vita dort in der Tendenz wie die eines Opfers des Nazismus, wenn es heißt: „1933/34 Redakteur der „Germania" in Berlin. 1934 mit Schreibverbot belegt, zog er sich nach Hanau zurück. Seit 1945 lebte er in Fulda."[53]

Des weiteren konnten keine Fundstellen nachgewiesen werden. Die Zusammenstellung zeigt, dass Ritters Leben und Werk bisher nur in Ansätzen einer kritischen Betrachtung unterzogen wurde. Allein für den Bereich der Geschichtswissenschaft kann ein zutreffendes Urteil in den Darstellungen und Bewertungen konstatiert werden. Im Bereich der katholischen Erwachsenenbildung hat Ritter bisher kaum Beachtung gefunden, in den wenigen nachgewiesenen Veröffentlichungen wird verdrängt, verdeckt und beschönigt.

---

[50] Gruber 1993, 22
[51] Pöpping 2002, 178
[52] Clemens 2000, 112-115
[53] Jahn 2005, Bd. 2, 875

5. Katholische Erwachsenenbildner seiner Zeit: ein Vergleich

a) Vorbemerkungen

Im folgenden werden als Vergleich zum Leben und Werk Ritters drei Erwachsenenbildner seiner Zeit vorgestellt, die in unterschiedlichen biographischen und beruflichen Zusammenhängen den Lebensweg Ritters kreuzten und in diversen, teilweise auch gleichen Kontexten der katholischen Erwachsenenbildung tätig waren.[1] Es sind dies August Pieper (1862-1941), Anton Heinen (1866-1934) und Robert Grosche (1888-1967).

August Pieper war zeitgleich mit Ritter sowohl an der Verbandszentrale der katholischen Arbeiter- und Knappenvereine Westdeutschlands als auch in der Zentralstelle des Volksvereins tätig und blieb auch nach Ritters Ausscheiden aus diesen Ämtern im Gedankenaustausch bis weit in die dreißiger Jahre hinein mit Ritter verbunden.[2] Ritter betrachtete Pieper als ein persönliches, wenngleich auch unerreichbares Vorbild in der katholischen Erwachsenenbildung und christlichen Sozialreform.[3]

Etwas geringer fallen die Schnittmengen im Lebenslauf zu Anton Heinen aus. Heinen und Ritter waren zeitgleich in der Zentralstelle des Volksvereins tätig. Ritter hat dem Bildungswerk Heinens ein großes Interesse entgegengebracht. So findet sich der letzte Brief Heinens an Pieper vom 21. Dezember 1933 im Nachlass Ritters.[4] Meinungsunterschiede zwischen Heinen und Ritter gab es vor allem in Bezug auf den Zentralbildungsausschuss der katholischen

---

[1] Als Einleitung der Überschriften in den nachfolgenden Abschnitten werden zentrale, vom Titel aussagefähige Veröffentlichungen der jeweiligen Erwachsenenbildner verwendet.

[2] Vgl. die Denkschrift Piepers zur Wochenzeitung „Der Deutsche Weg" vom 02.08.1929, KfZG C2/193-197, sowie den Schriftverkehr zum „Sendschreiben katholischer Deutscher an ihre Volks- und Glaubensgenossen", welches Ritter Pieper zum 70. Geburtstag widmete. Brief von August Pieper an Emil Ritter vom 31.03.1936, KfZG A16/113, sowie Brief von Emil Ritter an August Pieper vom 18.04.1936, KfZG A16/124

[3] „Es liegt mir auch fern, mich mit dem hochverdienten Geistesführer zu vergleichen, dessen Erscheinung mit durch günstige Umstände besonders lebendig geworden ist: Dr. theol. & phil. August Pieper, ehedem Geberaldirektor [Generaldirektor] der Zentralstelle des Volksvereins in M.Gladbach, päpstlicher Hausprälat, Reichs- und Landtagsabgeordneter von 1906 bis 1918. Ich habe sein Lebensbild in dem Manuskript „Die Männer von M.Gladbach" zu zeichnen versucht. (Dem Geheimdossier beigefügt) und schließe meine Erläuterungen mit Auszügen aus dem Nachlasse des 1942 verstorbenen großen Sozialpädagogen ab, die ich in der Biographie nicht veröffentlichen konnte, weil sie nur dem wissenschaftlichen Studium in der Verborgenheit eines Archivs zugänglich sein sollten." Mappe 1: Einleitung. KfZG C1/007

[4] Brief von Anton Heinen an August Pieper vom 21. Dezember 1933. KfZG C3/035

Verbände, den Heinen zeitlebens mied. Ritter bedachte Heinen nach dessen Tod im Winter 1934 mit einem Nachruf in der „Germania".[5]

Grosche und Ritter waren durch das katholische Milieu Kölns miteinander bekannt. Für vier Jahre wirkten sie in der Endphase der Weimarer Republik gemeinsam als Schriftleiter der Zeitschrift „Volkstum und Volksbildung". Zudem setzte sich Grosche intensiv mit Ritter für die Ziele des „Bundes katholischer Deutscher ‚Kreuz und Adler'" ein. Über die Mitte der dreißiger Jahre hinaus standen Grosche und Ritter in einem persönlichen Gedankenaustausch.[6]

Alle drei genannten Personen – Pieper, Heinen und Grosche – waren somit zur Zeit der Weimarer Republik in der katholischen Erwachsenenbildung aktiv, Pieper und Heinen hauptberuflich, Grosche in einem nebenberuflichen Engagement. Allen ist gemeinsam, dass sie im katholischen Milieu noch heute ein hohes Ansehen genießen, in der Forschung eine Rezeption erfahren haben, die sich auf die einzelnen Personen bezogen zwar unterschiedlich gestaltet, in allen Fällen aber weit über die Rezeption Ritters hinausgeht. Ritter selbst hat Pieper und Heinen in seiner Geschichte über den Volksverein ein literarisches Denkmal gesetzt.[7]

In den folgenden Abschnitten wird nach einer kurzen biographischen Einleitung die Rezeption mit den Forschungsschwerpunkten und -ergebnissen vorgestellt. Darüber hinaus wird die Haltung der jeweiligen Person zum Paradigma der „Volksbildung als Volk-bildung" und damit zur demokratischen Staatsform der Weimarer Republik dargestellt und in besonderer Weise die Einstellung zur Nazi-Diktatur hinterfragt. Durch diese Vorgehensweise kann zum einen die Rezeptionsgeschichte der katholischen Erwachsenenbildung einer kritischen Analyse unterzogen, zum anderen das Lebenswerk Ritters mit

---

[5] „Am 3. Januar ist Rektor Heinen im Alter von 64 Jahren gestorben. ... „Erleben lassen" war das eine Lieblingswort Heinens, womit seine pädagogische Methode bezeichnet ist, das andere war „Gemeinschaft". Um Familie, Beruf, Volkstum und Kirche, also um Gemeinschaften kreiste seine Gedankenwelt, und die gottgegebene Anlage zur Gemeinschaft war für ihn die Wurzel aller Bildung. Mitten im individualistischen Kultur- und Bildungsdenken der vergangenen Zeit hat er diese seine Menschenschau verkündet, von vielen nur halb oder gar nicht verstanden, von allen aber bewundernd angehört." O.V.: Berlin, 5. Januar. G 05.01.1934. KfZG A4/030

[6] Postkarte von Robert Grosche an Emil Ritter vom 11.05.1936. KfZG A16/128

[7] Ritter 1954. Das als zweiter Band gedachte Werk „Die Männer von Mönchengladbach" nannte Pieper und Heinen ausdrücklich als Protagonisten des Volksvereins und widmete diesen jeweils ein eigenes Kapitel. Der Abschnitt über Pieper ist mit 109 Seiten der umfangreichste des ganzen Buches, der Beitrag über Heinen bewegt sich mit 58 Seiten im Mittelfeld. Manuskript „Die Männer von Mönchengladbach". KfZG C5/001ff.

seinem antidemokratischen Impetus und seinem Brückenschlag zur Nazi-Diktatur in einen biographischen Kontext seiner Zeit gestellt werden.

b) „Der Staatsgedanke der deutschen Nation": August Pieper (1866-1942)

August Pieper, mit vollständigem Vornamen Carl Friedrich August, wurde am 14. März 1866 in Eversberg bei Meschede im Sauerland geboren.[1] Die Eltern betrieben in dem kleinen Städtchen eine Landwirtschaft. August war der älteste von neun Kindern, von denen Lorenz Joseph, der ebenfalls Geistlicher wurde, später wie sein Bruder an der Zentralstelle des Volksvereins tätig war, sich jedoch schon 1922 als eines der ersten Mitglieder aus ganz Südwestfalen der „NSDAP" anschloss und als Träger der goldenen Ehrenmedaille der „NSDAP", der höchsten zivilen Auszeichnung des Nazi-Regimes, eine fragwürdige Berühmtheit erlangte.[2] Im Kreis der alteingesessenen bäuerlichen Familie verbrachte Pieper seine ersten Lebensjahre. Um eine höhere Schule besuchen zu können, zog er mit neun Jahren zu seinem Onkel August Lorenz Pieper, der in Geseke als Vikar und Lehrer an der Bürgerschule tätig war. 1869 wechselte Pieper zum Gymnasium in Warburg, wo er 1883 das Abitur ablegte. Pieper entschloss sich Theologie zu studieren und verbrachte zunächst ein halbes Jahr im Jesuitenkolleg in Feldkirch, bevor er als Mitglied des Collegium Germanicums das Studium der Theologie an der päpstlichen Universität Gregoriana in Rom begann. Pieper widmete sich während des Studiums intensiv der scholastischen Philosophie des Thomas von Aquin. Nach Abschluss der Studien – Dahmen merkt an, dass Pieper Doktor der Theologie und Philosophie wurde, ohne jemals eine Dissertation geschrieben zu haben[3] – und der Ordination im Oktober 1889, kehrte er im Sommer 1890 nach Deutschland zurück. Pieper wurde der Propsteigemeinde in Bochum als Kooperator zugewiesen. Die Auswirkungen der industriellen Revolution und der Modernisierung waren in diesem städtischen Ballungsraum allgegenwärtig präsent. Pieper beurteilte die Lage der großstädtischen Bevölkerung aus seinen Erfahrungen des ländlichen Raumes. Über die seelsorgliche Arbeit und die Mitarbeit im katholischen Bergmannsverein setzte sich Pieper mit der Sozialenzyklika „Rerum novarum" und der Antwort der katholischen Kirche auf die soziale Frage

---

[1] Vgl. zur Biographie Piepers: Pöggeler 1986b, in: Wolgast 1986, 305f.; Heitzer 1980, 114ff.; Schoelen 1982, 392ff.; Dahmen 2000, 19ff.; LThK³, Bd. 8, 287; eine ausführliche tabellarische Biographie findet sich im Anhang dieser Arbeit.

[2] Vgl. zur Biographie Lorenz Piepers (1875-1951) die Ausführungen bei Schoelen 1982, 436ff., sowie Tröster 1993, 45ff. Lorenz Pieper war so von Hitler begeistert, dass er 1923 sogar für einige Monate eigenmächtig seine Stellung in Hüsten aufgab und als Agitator der „NSDAP" in München, Bayern und Württemberg für den Nazismus wirkte.

[3] Dahmen 2000, 22. Schoelen bezeichnet die Promotionen als „Titeldoktorate", in: Schoelen 1982, 392

auseinander. In diesen Zeitraum fallen mit Zeitungsartikeln seine ersten Veröffentlichungen, in welchen er versuchte, die Inhalte des päpstlichen Schreibens zu vermitteln.[4] Im Frühjahr 1892 wurde Pieper durch den Präses des katholischen Bergmannsvereins, den späteren Erzbischof von Paderborn Caspar Klein,[5] Franz Hitze als Geschäftsführer für den neu gegründeten Volksverein empfohlen. Pieper wurde im Alter von 26 Jahren am 15. April 1892 in das Amt eines Generalsekretärs eingeführt; er hatte sich bereit erklärt, für ein Probejahr die praktisch-soziale Arbeit näher kennenzulernen. Die Zentrale des Volksvereins begann ihre Tätigkeit mit bescheidenen Mitteln und kleiner personeller Ausstattung. 1903 wurde Pieper Generaldirektor des Volksvereins. Unter seiner Leitung entwickelte sich der Volksverein mit über 800.000 Mitgliedern zur größten sozialen Organisation der katholischen Kirche in Deutschland. War Pieper bis 1899 der einzige akademisch gebildete Mitarbeiter der Zentralstelle, so waren dort im Jahr 1912 16 leitende Angestellte mit 55 Büroangestellten beschäftigt, außerdem noch 88 Mitarbeiter im Verlag und der Druckerei angestellt. Pieper selbst war rastlos als Publizist und Dozent tätig. Schoelen nennt in seiner Bibliographie zehn Bücher und über 500 Aufsätze, die aus der Feder Piepers stammen.[6] Pieper setzte sich in besonderer Weise für eine sozialpolitische Schulung des katholischen Klerus ein, darüber hinaus stand die Arbeiterschaft im Mittelpunkt seines Interesses. Im Gewerkschaftsstreit unterstützte Pieper durch den Volksverein die christlichen Gewerkschaften in ideeller und materieller Weise. Zusätzliche Verantwortung übernahm Pieper als Präses der katholischen Arbeitervereine im Erzbistum Köln und später im gesamten Bereich Westdeutschlands sowie durch politische Mandate, die ihn von 1906 bis 1918 für die Zentrumspartei in das preußisches Abgeordnetenhaus sowie von 1907 bis 1918 als Mitglied in den Reichstag führten. Als Abgeordneter trat Pieper nicht besonders in Erscheinung, setzte sich jedoch vor allem für die Umsetzung der christlichen Soziallehre sowie eine Reform des preußischen Drei-Klassen-Wahlrechts ein. In der Endphase des Kaiserreichs geriet der Volksverein und mit ihm die Person Piepers immer stärker in die Kritik kirchlich-konservativer Kreise; diese bemängelten, dass über dem gesellschaftspolitischem Engagement des Volksvereins die genuin kirchlichen Anliegen zu sehr in den Hintergrund treten würden. Als einige westdeutsche Bischöfe sich

---

[4] Pieper 1891

[5] Klein, Caspar. * 28.08.1865 in Elben im Sauerland. Nach theologischem Studium in Münster und Paderborn seelsorgliche Tätigkeit im Ruhrgebiet. 1905-11 Präses des Diözesanverbandes der katholischen Arbeitervereine. 1912 Generalvikar. 1920 Bischof und 1930 Erzbischof von Paderborn. + 26.01.1941 in Paderborn. Vgl.: DBE, Bd. 5., 577; sowie ausführlicher Stücken 1999, 9ff.

[6] Schoelen 1982, 394-425 sowie 1993, 301-303

diese Kritik zu eigen machten, trat Pieper als Konsequenz im Jahr 1919 von seinem Amt als Generaldirektor des Volksvereins zurück. Pieper blieb dem Volksverein jedoch auch weiterhin verbunden und arbeitete formal als Schriftführer und Vorstandsmitglied, inhaltlich als Schriftsteller und Mitarbeiter in den Bildungskursen weiter für die Ziele des Vereins. Mit diesem Zeitpunkt ist ein inhaltlicher Kurswechsel in der Arbeit Piepers verbunden. Während er bis zum Ende des Kaiserreichs durch seinen Einsatz für eine neue soziale Ordnung die Gesellschaft im Sinne der christlichen Soziallehre gestalten wollte, setzte er nun zusammen mit seinem Weggefährten Anton Heinen auf eine „Gesinnungsreform", die durch entsprechend geschulte Multiplikatoren eine Änderung der gesellschaftlichen Verhältnisse bewirken sollte. „Weckung und Entfaltung von Gemeinsinn und Gemeinschaftsgeist"[7] sollte nun die Bildungsarbeit prägen. In ihrem „Streben zur Volksgemeinschaft"[8] setzte Pieper dabei besonders auf die katholische Jugend, die er dem Volksverein als neue Zielgruppe erschließen wollte. Die 1922 erfolgte Umbenennung der Zeitschrift „Präsides-Korrespondenz" in „Führer-Korrespondenz" und die damit verbundene inhaltliche Neuausrichtung war für Pieper ein wesentlicher Bestandteil dieses Programms. Durch die Schulung und Erweckung von Führern sollte das Volk in die Lage versetzt werden, die wahre Volksgemeinschaft zu bilden. Pieper gehörte wie sein Freund Anton Heinen dem „Hohenrodter Bund" an.[9] Aus Protest über die Integration des Volksvereins in der „Katholische Aktion" erklärte Pieper 1928 seinen Austritt aus dem Vorstand des Vereins. In den folgenden Jahren verfasste er ein über 1.200 Seiten umfassendes Manuskript zur Geschichte des Volksvereins,[10] welches später als wesentliche Vorlage für das Buch Emil Ritters diente.[11] Da Pieper sich noch zu Beginn der dreißiger Jahre in negativer Weise zum Nazismus geäußert hatte,[12] wurde er durch die Auflösung des Volksvereins durch das Nazi-Regime am 1. Juli 1933 auch persönlich getroffen. Seine private Korrespondenz und Bibliothek wurden ebenso eingezogen wie sein Ruhegehalt. Doch nach 1934 näherte sich Pieper dem Nazismus in erstaunlicher Weise an. Zu seinem 70. Geburtstag im März 1936 hielt er

---

[7] Heitzer 1980, 127
[8] A.a.O.
[9] Diese Information findet sich nur bei Pöggeler, in: Wolgast 1986, 205
[10] Vgl. auch Klein 1996, 24
[11] Ritter 1954, 12
[12] Heitzer wies für das Jahr 1931 allein auf zehn Beiträge hin, in denen Pieper vor dem „Rechtsradikalismus" warnte und zitiert einen Beitrag: „Faschismus ist politische Knechtschaft ... Faschismus ist Unterdrückung der bürgerlichen Meinungsfreiheit ... Es ist die Staatsform der Analphabeten, der geistige Unmündigen." Pieper zitiert nach Heitzer 1980, 131

eine öffentliche Lobrede auf das Nazi-Regime und erklärte seinen Gästen: „Jungen Freunden, die fragten: Was sollen wir tun? Habe ich immer gesagt. Helfen Sie am Platze Ihres erwählten Berufes, daß recht viel Gutes vom Dritten Reich zustandegebracht wird. Das ist Ihre höchste Bürgerpflicht!"[13] Pieper suchte nun die Kontinuität seiner eigenen Gedankenwelt zum Nazismus und betonte: „Lebensnotwendig ist aber eine starke Regierung, welche sich zur Volksgemeinschaft und Nation bekennt. Wer dieser als stark erwiesenen nationalsozialistischen Regierung, vor welcher alle übrigen Parteien ins Mauseloch flüchteten, in die Suppe spuckt oder Knüppel zwischen die Beine wirft, der handelt als Verräter am notleidenden Volke, und er beweist damit, daß ihm jeder staatspolitische Kunstsinn fehlt. Überdies handelt er gewissenlos. Ein solcher hat meine jahrzehntelangen Belehrungen in meinen Schriften über Volksgemeinschaft und Nation nicht verstanden."[14] Im März 1939 zog Pieper nach Paderborn und arbeitete dort durch religiöse Beiträge am Bistumsblatt „Leo" mit. Pieper starb in Paderborn am 25. September 1942 und wurde in aller Stille in seiner Heimatstadt Eversberg beigesetzt.

Obwohl Pieper ein ansehnliches bibliographisches Werk und einen umfangreichen Nachlass hinterließ, ist er in der historischen, theologischen und pädagogischen Forschung bisher nur gering beachtet worden.[15] Auch aus der öffentlichen Erinnerung ist er – verglichen beispielsweise mit der ausgeprägten Gedenkkultur um Anton Heinen – weitgehend verschwunden. Pöggeler hatte bereits darauf verwiesen[16] und auch Dahmen stellt dies einleitend in seiner Arbeit, welches das Leben und Werk Piepers mit Schwerpunkt im Kaiserreich aus historischer Perspektive beleuchtet, fest.[17] Dahmen arbeitete seit Beginn

---

[13] August Pieper zitiert nach Ritter, Die Männer von Mönchengladbach. KfZG C5/231. In ähnlicher Weise auch bei Heitzer 1980, 132

[14] A.a.O.. In ähnlicher Weise auch bei Heitzer 1980, 132

[15] Zwar nennt Schoelen eine Reihe von Texten über Pieper, doch weist Dahmen darauf hin, dass, die wenigsten davon umfangreicher als fünf Seiten sind. Vgl.: Dahmen 2000, 11, ferner Schoelen 1982, 433ff., sowie Schoelen 1992, 301ff. An dieser Stelle seien genannt: Rode 1950, Brüls 1957 und Heitzer 1980. Als ein aktuelles Beispiel, welches die Affinitäten Piepers zum Nazismus jedoch weitgehend unberücksichtigt lässt, und mit diffusen Deutungen umschreibt vgl. Kersting 2006.

[16] Vgl.: Wolgast 1986, 305

[17] So zeigt Dahmen auf, dass nach Pieper in der Großstadt Mönchengladbach nur eine kleine Straße benannt ist, in Eversberg lediglich eine Gedenktafel an seinem Geburtshaus an ihn erinnert, nur ein kirchliches Bildungshaus im Bistum Aachen seinen Namen trägt und weder zu Piepers 100. Geburtstag 1966, noch zu seinem 125. Geburtstag 1991 oder seinem 50. Todestag 1992, außer durch Dahmen selbst, an Pieper erinnert wurde. Dahmen 2000, 10f.

der neunziger Jahre zur Person August Piepers; nach einigen Zeitungsartikeln[18] promovierte er im Jahr 2000 zum Leben und Werk Piepers. Die detailgetreue historische Arbeit bleibt jedoch deskriptiv, eine kritische Durchdringung des Stoffes sucht man vergebens.[19] Dabei hatte in Ansätzen schon Pöggeler, expliziter jedoch Heitzer im Jahr 1980, auf die problematischen Inhalte und die Ausrichtung der Bildungsarbeit in der Endphase des Lebenswerks Piepers hingewiesen. Pöggeler fasste dies unter dem Schlagwort „Gesinnungsreform" statt „Zuständereform" und der intensiven Bildungsarbeit in kleinen Gemeinschaften, mit dem Ziel die katholische Bevölkerungsgruppe in die Volksgemeinschaft zu integrieren, zusammen.[20] Heitzer ordnete dies weniger als Bruch mit der Vorkriegsarbeit des Volksvereins sondern vielmehr als eine „konsequente Fortführung der seit 1909 einsetzenden Neuorientierung im Bildungsdenken" ein, welches sich im Begriff „Gemeinschaft" manifestierte und durch einen „radikalen Gesinnungswandel" erreicht werden sollte.[21] Piepers Ausführungen basierten in den folgenden Jahren der Weimarer Republik immer mehr auf einer „religiös-mystischen Gemeinschafts und Lebensphilosophie".[22] Die Umsetzung dieser Art von „Gesinnungsreform" erhoffte sich Pieper von einem neuen Führergeschlecht. Während Pieper vor dem Ersten Weltkrieg Führung als eine zu erlernende und vermittelbare Kunst verstanden hatte, wurde Führung nun zu einer „Gnade". Der Führer konnte, weil er aus dem Volk stammte, das Volk verstehen; das Schicksal des Volkes wurde dadurch sein eigenes. Durch die im Führer personifizierte Idee der Gemeinschaft sollte

---

[18] Dahmen 1991, 1992a und 1992b

[19] „Diese Untersuchung beabsichtigt, Piepers sozialpolitischen Werdegang zurückzuverfolgen, zu rekonstruieren, welche geistigen Einflüsse Pieper in seiner Jugend bestimmten, wie er zum Volksverein kam und mit anfangs bescheidenen Mitteln die Zentralstelle „managte" und welche Ideen er für die Bildungs- und Schulungseinrichtungen des Volksvereins entwickelte. Zu klären ist auch, wie er parallel dazu in verschiedenen führenden Ämtern sich um die noch zu schaffende Organisation der katholischen Arbeitervereine in Westdeutschland bemühte, wie er sich um die Jugendarbeit, um spezielle Probleme der Arbeiter ... und um spezielle Berufsgruppen ... kümmerte und auch den Mittelstand ... nicht vergaß. Piepers Arbeit für interkonfessionelle Zusammenschlüsse ... soll ebenfalls gewürdigt werden, desgleichen seine Position in über das Soziale hinausgehenden politischen Fragen wie dem Verhältnis zu den Parteien, in der Frage der preußischen Wahlrechtsreform, der Steuern und der Schutzzölle und der Frauenfrage. Piepers kompromißloser Kampf für das gleiche Wahlrecht in Preußen und im Zusammenhang mit seinem Rücktritt als Generaldirektor des Volksvereins und als Präses des Westdeutschen Verbandes der katholischen Arbeitervereine dürfen ebenfalls nicht fehlen." Dahmen 2000, 17f.

[20] Pöggeler 1986b, 305

[21] Heitzer 1980, 127

[22] A.a.O., 128

und konnte das Volk befähigt werden, zur Volksgemeinschaft zu finden.[23] Dem wahren Führer, der als „Lebensführer" dem Volk die echten Lebenswerte vermittelte, stellte Pieper als Negativschablone den „Geschäftsführer" gegenüber, der allenfalls der „augenblicklichen Notdurft" des Volkes diene. Führerschaft bekam auch bei Pieper in einer religiösen Überhöhung messianische Züge.[24] An dieser Stelle muss der – bereits angedeutete – ideologische Übergang Piepers zum wohlwollenden Urteil gegenüber dem Nazismus verortet werden. Die jahrzehntelange Ausrichtung der Arbeit Piepers auf eine Erneuerung von Nation und Volksgemeinschaft im Sinne einer gegliederten Ordnung, die autoritäre Hierarchie im Führerkult, bewirkten schließlich eine völlige politische Blindheit Piepers gegenüber dem Nazismus, spätestens zu dem Zeitpunkt als dieser sich die politische Macht in Deutschland endgültig gesichert hatte. Der religiöse Bezugspunkt im Gemeinschaftsdenken bot davor für Pieper offensichtlich keinen Schutz.

Gestützt wird diese Einschätzung durch Exzerpte Ritters aus Piepers Manuskripten, die sich im Nachlass Ritters befinden[25] und von diesem mit dem Ziel angefertigt wurden, einen Nachweis zu erbringen, dass seine persönliche positive Haltung zum Nazismus innerhalb der katholischen Erwachsenenbildung kein Einzelfall war.[26] Die Ausführungen Piepers, die zwischen Oktober 1935 und Juni 1939 datieren, betonen die Kontinuität[27] und Affinitäten seiner persönlichen Gedankenwelt zum Nazismus und beziehen in diese

---

[23] „Erst dann wird aus Führer und Volk die Volksgemeinschaft ... erst dann wird die individualistische ... Masse entmasst, wieder zum gewachsenen, gegliederten Volke" Pieper zitiert nach Heitzer 1980, 128

[24] „Der Führer muß seine Urkraft im Untergrund der Seele, im Irrationalen suchen. Das heißt, den Heiligen Geist anrufen, für die Gottesnähe empfänglich sein, weil er Gottes Ruf folgt." A.a.O.

[25] KfZG C3/161-185. Die Exzerpte werden auch von Dahmen erwähnt, Dahmen 2000, 58, ohne daraus jedoch inhaltliche Konsequenzen abzuleiten.

[26] „Übrigens weist das Geheimdossier aus, dass ich kein Einzelgänger unter den Katholiken war, die sich in der Hitler-Zeit zu verantwortlichem Handeln herausgefordert fühlten." Mappe 1: Einleitung. KfZG C1/006. Vgl. des weiteren die Anmerkungen in der Einleitung dieses Abschnitts der Arbeit.

[27] „Der Werkjugend sagte ich schon vor 1933: Vertretet eure und meine Ideen von Volksgemeinschaft u. Nation mit dem Spargebau h [vermutlich: Sprachgebrauch] der ant.soz. [Ritter bzw. Pieper kürzte „nationalsozialistisch" immer wieder mit „nat.soz." ab, von daher handelt es sich hier aus dem Zusammenhang heraus um einen „Tippfehler"] Partei, da beide dem lebendigen Volkstum und deren Entwicklungsrichtlinien entnommen sind." August Pieper Mappe Nationalsozialismus vom 23.11.1936. Zitiert nach Ritter. KfZG C3/165

Gemeinsamkeit Anton Heinen ausdrücklich mit ein.[28] Die ideologischen Schnittmengen zum Nazismus sah Pieper in den „völkisch begründeten gemeinschaftsbildenden Lebenskräften von Rasse, Blut und Boden als Mythos oder sinnbildlichen Verkörperung der vitalen, vom Leben, von der Natur, vom übermenschlichen Schicksal vorgegebenen, der menschlichen Denkwillkür entzogenen gemeinschaftsbildenden Lebenskräfte".[29] Auch die Bildung der nazistischen Volksgemeinschaft durch „äußeren Zwang" als „Zwangs-Zuchtmittel" wurde durch Pieper ausdrücklich befürwortet.[30] Pieper billigte in der Umsetzung des Weges zum Ziel der Volksgemeinschaft dem Nazismus sogar ein treffenderes Urteil als der eigenen Person zu.[31] Nach den Exzerpten setzte sich Pieper noch im Sommer 1939 für eine Erziehung der Jugend im Sinne der nazistischen Ideologie[32] sowie eine Kooperation des katholischen

---

[28] August Pieper über Nationalsozialismus und Vergemeinschaftung vom Oktober 1936. Zitiert nach Ritter. KfZG C3/161; August Pieper Mappe Nationalsozialismus vom 04.06.1937. Zitiert nach Ritter. KfZG C3/162

[29] A.a.O.

[30] August Pieper über Nationalsozialismus und Vergemeinschaftung vom Oktober 1936. Zitiert nach Ritter. KfZG C3/161; August Pieper Mappe Nationalsozialismus vom 04.06.1937. Zitiert nach Ritter. KfZG C3/162
"Wie hier vor einer begrenzten Öffentlichkeit, so machte August Pieper in vertraulichen Gesprächen und Briefen keinen Hehl daraus, daß er das nationalsozialistische Regime für eine vorübergehend notwendige Zwangserziehung der Deutschen, zumal der Katholiken, halte: nur so konnte nach seiner Ansicht mit den drei Erbfehlern Klassenegoismus, Partikularismus und Konfessionalismus aufgeräumt werden." Ritter: Die Männer von Mönchengladbach. KfZG C5/231

[31] „Vor allem ist es das Verdienst des Nat-Soz., dass er den Irrtum radikal überwand, Volksgemeinschaft und Nation seien vorerst ein Erzeugnis verstandesmässiger, mechanischer Begriffs-Systeme und -Konstruktionen, zu regeln nach äußeren Zweckmässigkeiten. Er überwand aber auch den Irrtum der Bündischen Bewegung, des Jungdeutschen Ordens, von AH [Anton Heinen] und AP [August Pieper] im Vv. [Volksverein] die Erweckung der Gemeinschafts-Idee und des Gemeinschafts-Ethos führe schon zur Erneuerung der Volksgemeinschaft, weil Idee und Ethos als geistige Mächte der Vergemeinschaftung alle Aufbaukräfte, namentlich den naturtriebhaften Lebenswillen der vergesellschafteten Menschen in ihren Bann ziehen und zur Tat der Volkserneuerung hinreissen würden. Der Nat.Soz. sah weiter und tiefer als er, angesichts der Intellektualisierung des deutschen Geisteslebens, den Primat der naturtriebhaften oder vitalen gemeinschaftsbildenden Kräfte zur Geltung brachte, nämlich von Rasse, Blut und Boden, geschichtlichem Schicksal. Diese vitalen Kräfte sind gebunden an die Leib-Geist-Natur des Menschen und können eher in allen Volksgenossen wirksam angesprochen und erfasst werden als die gemeinschaftsbildenden rein geistigen Lebenskräfte." August Pieper über Nationalsozialismus und Vergemeinschaftung vom Oktober 1936. Zitiert nach Ritter. KfZG C3/161

[32] „Frische und Begeisterungsfähigkeit zur Mitarbeit im 3. Reich hat am ehesten die Jugend. Daher müssen wir Älteren dem Nat.Soz. freie Hand lassen in der Bildung und Erziehung der Jugend zur Volksgemeinschaft und Nation. In die Seelen dieser Jugendlichen dürfen wir keine Zweifel und Anti-Empfindungen gegen das Neue hineintragen. Als

Bevölkerungsteils mit der Nazi-Diktatur ein.[33] Die „neue Ordnung der Volksgemeinschaft und Nation" bildete noch immer das Ziel aller Bemühungen.[34] Die antikirchliche Haltung des Nazismus wurde auf Fehler der Kirche und ihrer Vertreter zurückgeführt.[35] Auch rassistische Ausführungen finden sich in diesem Zusammenhang. So wurde Chamberlain mit seinem ideologischen Werk zum „Jünger des Franz von Assisi".[36] In der Auswahl und Zusammenstellung dieser Zitate ist zwar die eingangs erwähnte interessengeleitete Absicht Ritters zu berücksichtigen, doch zeigen die Inhalte in signifikanter Weise die ideologischen Schnittmengen zum Nazismus auf.

Dabei ist festzustellen, dass eine kritische Auseinandersetzung mit dieser Problematik innerhalb der katholischen Erwachsenenbildung bis heute weitgehend ausgeblieben ist.

Kinder Gottes sollen wir ihnen aber die Bruderliebe der Religion Christi einpflanzen als die beste Gabe, welche die Religion Christi dem 3. Reiche schenken kann, nämlich als gnadenhafte Bestätigung und Bekräftigung des Volksgemeinschaftsgeistes." August Pieper Mappe Nationalsozialismus vom 07.06.1939. Zitiert nach Ritter. KfZG C3/185

[33] „Umso grösser ist heute die Verantwortung der Laien als Familienväter zur Bejahung der vorstehenden Einsichten (über die Berechtigung des autor. tot. Staates zur zeitweiligen Zwangserziehung). Von unten sollen sie sich empfängnisbereit zu erweisen suchen für die Bestrebungen des 3. Reichs." August Pieper Mappe Nationalsozialismus vom 06.06.1939. Zitiert nach Ritter. KfZG C3/185

[34] „Mit der Erfüllung all dieser Forderungen glaube ich selbst zu handeln nach dem leuchtenden Vorbilde Hindenburgs, der „bei seinem Volke blieb" auf allen Wegen der Suche nach einer befriedigenden neuen Ordnung der Volksgemeinschaft und Nation". August Pieper Mappe Nationalsozialismus vom 07.06.1939. Zitiert nach Ritter. KfZG C3/185

[35] „Die Laien sollen auch erkennen und bekennen, dass antikirchl. Haltung der ns. Partei nicht von Mitarbeit entbindet und zu erklären ist aus Missgriffen und Unterlassungen der Vertreter der Kirchen." August Pieper Mappe Nationalsozialismus vom 06.06.1939. Zitiert nach Ritter. KfZG C3/185

[36] „Zu seiner ‚Bibel' erhob der Nat.Soz. Chamberlain, die Grundlagen des 19. Jahrhunderts. Die Katholiken sollten sich dessen aus Natur und deutschem Geistesgut gewonnene Einsichten zu eigen machen. ... Chamberlain beruft sich auf Dun Scotus als den Vertreter des Primates des Willens vor dem Erkennen. Er erweist sich darin als Jünger des Franz von Assisi. Der Wille ist angewiesen auf die angeborenen Anlagen. Deren ganzes Gefüge nennt der Nat.Soz. Rasse, Blut und Boden(ständigkeit). Alles das erinnert an das Wort Christi: Ein guter Mensch bringt Gutes hervor aus dem guten Schatze seines Herzens (Luk 6,35) und an Goethe: ‚Die Vernunft gibt die Form, das Herz gibt den Gehalt'." A.a.O.

c) „Ein Führergeschlecht für die Massen": Anton Heinen (1869-1934)

Anton Heinen wurde am 12. November 1869 in einem winzigen Dorf im Rheinland – Buchholz bei Bedburg an der Erft – geboren.[1] Das kleine Dorf, mit rund zweihundert Einwohnern, bildete für ihn den Mittelpunkt der Welt; diese Erfahrung des ländlichen Raumes und der dörflichen Bevölkerung prägte die Weltsicht Heinens dauerhaft. Nach dem bitteren Ende seines institutionellen Lebenswerks in der ländlichen Erwachsenenbildung – bedingt durch den finanziellen Konkurs des Volksvereins im Frühjahr 1932 musste das Franz-Hitze-Haus in Paderborn geschlossen werden – wurde Heinen auf eigenen Wunsch Pfarrer des kleinen Dorfes Rickelrath bei Mönchen-Gladbach und kehrte damit ganz bewusst an die Anfänge seines Lebens zurück. Als Sohn eines Volksschullehrers, der vierzig Jahre lang die einklassige Dorfschule leitete, blieb Heinen neben dem ländlichen Raum auch pädagogischen Fragen zeitlebens verbunden. Seinen Vater erlebte Heinen als Multiplikator und Autoritätsperson in der dörflichen Sozialstruktur. Nach dem Besuch der einklassigen Volksschule des Vaters wechselte Heinen für zwei Jahre an die Lateinschule in Bergheim und besuchte anschließend das Gymnasium der Rheinischen Ritterakademie in Bedburg. An dieser Schule wurden die Söhne westfälischer Adeliger und Großgrundbesitzer erzogen, einige Bürgerliche jedoch geduldet. Beeinflusst durch die schulische Sozialisation entwickelte Heinen ein ausgeprägtes Ehrgefühl, eine hohe Auffassung von Pflicht und Treue und ein markantes Standesbewusstsein. Nach der Hochschulreife 1889 entschloss sich Heinen Theologie zu studieren um in der Tätigkeit als Seelsorger auch seine pädagogischen Ambitionen verwirklichen zu können. An der Rheinischen Friedrich-Wilhelms-Universität in Bonn studierte er bis 1892 Philosophie und Theologie; hier wurde Heinen besonders durch den Kirchengeschichtler Heinrich Schrörs geprägt, der durch sein didaktisches Geschick das historische Interesse Heinens weckte. Nach dem Vorbereitungsdienst wurde Heinen 1893 ordiniert und bekam eine Stelle als zweiter Kaplan in einer Großstadtpfarrei in Mühlheim an der Ruhr zugewiesen. Erstmals aus dem homogenen katholischen Milieu des Rheinlandes in die „Diaspora"-Situation des großstädtischen Industriegebiets geworfen, erlebte Heinen ein starkes Gefühl der Verunsicherung. Die Zusammenarbeit mit protestantischen Kollegen im Schuldienst verstärkte diese persönliche Verwirrung. Die Inferiorität und das Unterlegenheitsgefühl der

---

[1] Vgl. zur Biographie Heinens: Schoelen 1982, 239; Kuhne 1983, 15ff.; Pöggeler 1986a, in: Wolgast 1986b, 149f.; Schmidt 1999, 47ff.; LThK³, Bd. 4, 1370; eine ausführliche tabellarische Biographie findet sich im Anhang dieser Arbeit.

katholischen Bevölkerungsgruppe, der persönliche Eindruck in politischen, gesellschaftlichen, wirtschaftlichen und kulturellen Zusammenhängen benachteiligt zu sein, die eigene Minderwertigkeitserfahrung auf den Gebieten der Allgemeinbildung und die Unsicherheit in der Zusammenarbeit mit protestantischen Christen erlebte Heinen als große Herausforderung. Neben dem Religionsunterricht in der Volksschule und im Gymnasium widmete sich Heinen der Krankenhausseelsorge und der Arbeit im katholischen kaufmännischen Verein sowie im Gesellenverein. Während er sich dort zunächst mit praktischer Bildungsarbeit durch populärwissenschaftliche Vorträge beschäftigte, wandte er sich ab dem Winter 1896/97 verstärkt der Bildung und Formung einer religiösen Gesinnung als der tragenden und sinnstiftenden Grundlage des Lebens zu. Hier liegt wohl die Ablehnung gegen jede Überbetonung des „Rationalen" und „Utilitaristischen" begründet, die sich durch das ganze Lebenswerk Heinens hindurch verfolgen lässt. Gegen den „Bildungsmaterialismus" und das „Mechanische" setzte Heinen den Trend zum organischen, irrationalen und metaphysischen Gedankengut. Gesundheitsbedingt ließ Heinen sich 1898 in den Schuldienst an die Höhere Töchterschule der Rekollektinnen[2] in Eupen versetzen. Bald übernahm er das Rektorat der Schule und legte zudem das pädagogische Staatsexamen ab. Heinen engagierte sich neben dem Schuldienst in der katholischen Vereinsarbeit, setzte sich politisch für die Reorganisation der lokalen Zentrumspartei ein und versuchte sich in der Gründung einer „Präparandie" zur Vorbereitung begabter Schülerinnen auf den Lehrerinnenberuf. Nach Veröffentlichungen von kleineren Zeitungsartikeln gab Heinen 1908 eine Sammlung von acht Vorträgen als sein Erstlingswerk „Moderne Ideen im Lichte des Vaterunsers" heraus.[3] Durch diese Veröffentlichung wurde Franz Hitze auf Heinen aufmerksam und berief ihn am 01. April 1909 als „zweiten Apologet" an die Zentralstelle des Volksvereins für das katholische Deutschland in Mönchen-Gladbach. Nach kurzer Zeit übernahm Heinen das neu geschaffene Dezernat für Volksbildung und Volkserziehung; Heinen wurde hier schnell zum „Hausschriftsteller" des Volksvereins und entfaltete eine breite Tätigkeit als Schriftsteller und Konferenzredner. Neben seinen programmatischen Schriften[4] waren seine gesprächsartig gehaltenen Erbauungs- und Belehrungsbüchlein weit verbreitet;[5] diese wurden in mehrfachen

---

[2] Schwestern, die sich innerhalb ihres Ordens dem Reformzweig der Rekollekten angeschlossen haben: Klarissen, unbeschuhte Augustinerinnen, Zisterzienserinnen. Vgl. das Stichwort „Rekollektinnen", in: LThK³, Bd. 8, 1026

[3] Heinen 1908

[4] Vgl.: Heinen 1919b, Heinen 1921, Heinen 1922b, Heinen 1923c und 1923d

[5] Vgl.: Heinen 1915, Heinen 1919a, Heinen 1923a, Heinen 1924/1926

Ausgaben immer wieder neu aufgelegt.[6] Die Bibliographie Heinen ist derart umfassend, dass es vermutlich unmöglich ist, diese mit einem Anspruch auf Vollständigkeit zusammenzustellen.[7] Die Begegnung mit Vertretern der „intensiven Bildungsarbeit" führte Heinen über seine Teilnahme an der Reichsschulkonferenz im Jahr 1920 als bekanntestes katholisches Mitglied in den Hohenrodter Bund. In der Folge entwickelte Heinen eine differenzierte, stark individualisierende pädagogische Methode, die er 1923 im ehemaligen Kurhaus am Inselbad in Paderborn, dem Franz-Hitze-Haus, in der Praxis erprobte und weiter ausformte. Zielgruppe der ersten katholischen bäuerlichen Volkshochschule war neben der Landbevölkerung auch die Lehrerschaft. An die Stelle der gesellschaftlich-sozialpolitischen Bildungsarbeit, die im Kaiserreich die Arbeit des Volksvereins prägte und eine gleichberechtigte Stellung des katholischen Bevölkerungsteils als Ziel verfolgte, setzte Heinen nun eine spiritualisierende Gemeinschaftsideologie und -erziehung im Sinne einer ethisch motivierten Gesinnungserneuerung des Volkes. Eine innere Wandlung des Einzelnen wurde das Ziel; ausgehend von der konkreten Lebenswirklichkeit sollte der Einzelne durch geistige Arbeit und Besinnung in die Lebenszusammenhänge sich als Teil des Ganzen verantwortlich für die Erneuerung der Volksgemeinschaft fühlen.[8] In Ehrung seiner Verdienste für die katholische Erwachsenenbildung wurde Heinen im Juni 1925 der Ehrendoktortitel der Katholisch-Theologischen Fakultät der Universität Bonn verliehen. Aufgrund der finanziellen Krise des Volksvereins, die mit der Rezession im Jahr 1928 einsetzte, musste das Franz-Hitze-Haus 1932 geschlossen werden. Heinen übernahm auf eigenen Wunsch das Pfarramt der Dorfgemeinde Rickelrath, blieb neben seiner seelsorglichen Amt aber auch weiterhin literarisch für den Volksverein tätig. Am 3. Januar 1934 verstarb Heinen. Vor der großen Trauergemeinde hielt August Pieper die Grabrede.

Auf das umfangreiche bibliographische Werk Heinens wurde bereits verwiesen, einige seiner Veröffentlichung wurden auch neu aufgelegt.[9] Darüber

---

[6] So lassen sich bspw. für das „Schwalbenbüchlein. Wie eine Mutter ihr Heim belebt" drei Auflagen 1919, 1920 und 1926 für das Werk „Mütterlichkeit als Beruf und Lebensinhalt der Frau. Ein Wort für Erzieher und Erzieherinnen" fünf Auflagen 1915, 1916, 1917, 1920, 1922 und 1923 nachweisen.

[7] Vgl.: Kuhne 1979 und 1983, 18, sowie Schoelen 1982, 240-266, und 1993, 290-292

[8] „Die Umkehr vom Menschen des äußeren Machens und Könnens zum Menschen, der mit seinen großen und kleinen Lebensgemeinschaften sich erstmals vertraut macht und der seelischen Kräfte mächtig wird, um sie aus sich und aus anderen wieder erwachsen zu lassen." Heinen 1924, zitiert nach Schmidt 1999, 68

[9] So 1984 die Schrift: „Sinn und Zwecke in der Erziehung und Bildung. Ein nachdenkliches Wort an Erzieher und Bildner"

hinaus setzte schon zu Lebzeiten Heinens eine Rezeption seines Lebens und Wirkens ein,[10] die nach dem Ende der Nazidiktatur schnell einen erstaunlichen Umfang annahm.[11] Nach einem kritischen Artikel Pöggelers im Jahr 1963, der die skeptische Frage aufwarf, „ob Heinen selbst „seinen" Volksverein in seiner Vereinsstruktur und seinem sozialen Sinn begriffen oder lediglich als Plattform persönlicher Entfaltung genutzt habe"[12] und Heinen als ein „'Phänomen' katholischer Erwachsenenbildung" titulierte,[13] eine Bezeichnung, die Patt über zwanzig Jahre später wieder aufgriff,[14] trat eine Rezeptionspause ein. Als Rektor der 1949 gegründeten Landvolkshochschule des Erzbistums Paderborn, die sich unter dem Namen „Landvolkshochschule Anton Heinen" in dessen Tradition sieht, eröffnete Kuhne im Jahr 1981 eine Dissertationsflut.[15] In dessen Folge promovierten drei Mitarbeiterinnen und Mitarbeiter der Landvolkshochschule zu unterschiedlichen Aspekten im Bildungsverständnis Anton Heinens: Jürgens zum Frauenbild 1982,[16] Müller-Lönnendung zum Verständnis von Volk und Staat 1983[17] und schließlich Schmidt als Nachfolger Kuhnes zur Bedeutung personaler Beziehung im Bildungsprozeß Anton Heinens 1995.[18] Wulftert ergänzte diese Arbeiten, die alle durch Professor Eggers in Bonn betreut wurden, noch durch eine Untersuchung zur Arbeiterbildung im Verständnis Anton Heinens.[19] Es wäre von daher zu erwarten, dass der Forschungsbedarf zum Leben und Werk Anton Heinens hinlänglich gedeckt ist. Doch bringt gerade der Blick auf die jüngsten Arbeiten noch erstaunliche Lücken zutage;

---

[10] Vgl.: Herz 1925, Jäger 1926, Debus 1927, Bäuerle 1929

[11] Vgl. Fettweis mit einem Beitrag zur Würdigung der Bedeutung Anton Heinens 1954; Ritter in seiner Geschichte des Volksvereins für das katholische Deutschland 1954; Dahm zum pädagogischen Werk Anton Heinens 1957; Patt zum sozialpädagogischen Aspekt des Werkes Anton Heinens 1957; Dahm zur Sinndeutung der Erwachsenenbildung bei Anton Heinen 1959; Bozek zur Bedeutung Anton Heinens für die deutsche Volkshochschulbewegung 1963

[12] Pöggeler 1963, 133

[13] A.a.O.

[14] Patt 1984

[15] Kuhne 1981: Anthropologische und soziologische Grundlagen der Pädagogik Anton Heinens

[16] Jürgens 1982: Das Frauenbild im Werk Anton Heinens. Ein Beitrag zur Stellung der Frau in der christlichen Erwachsenenbildung

[17] Müller-Lönnendung 1983: Staat und Volk im Verständnis Anton Heinens. Ein Beitrag zum Staats- und Rechtsgedanken in der christlichen Erwachsenenbildung

[18] Schmidt 1995: Die Bedeutung personaler Beziehung im Bildungsprozeß. Anton Heinens Beitrag zur Landpädagogik als Lebenshilfe

[19] Wulfert 1992: Arbeiterbildung im Verständnis Anton Heinens. Ein Beitrag zur christlichen Erwachsenenbildung

so weist niemand Archivalien aus dem Nachlass Anton Heinens im Stadtarchiv in Mönchengladbach aus.[20] Das selbstbiographische Fragment Heinens im Nachlass Piepers wird in den neueren Arbeiten nur im Rückgriff auf ältere Arbeiten nicht jedoch im Original zitiert.[21] Umfangreiche handschriftliche Unterlagen zu Vorträgen Anton Heinens befinden sich zudem bei den Archivalien des Volksvereins im Bundesarchiv in Berlin.[22] Der letzte Brief Anton Heinens an August Pieper findet sich im Original im Nachlass Ritters;[23] all diese Unterlagen sind bisher noch nicht ausgewertet worden. Dies ist umso erstaunlicher, als bereits Kuhne im Rückgriff auf Pöggeler festgestellt hatte,[24] dass sich das Werk Heinens einerseits einer formalen Systematisierung entzieht und andererseits in besonderer Weise der Ursprung des gesprochenen Wortes in der Vortragsarbeit Heinens zu beachten sei.[25] Ob die Berücksichtigung dieser Materialen neue Ergebnisse zutage fördern würde, ist allerdings offen. Für die kritische Fragestellung dieser Arbeit wäre Hilfreiches besonders von der

---

[20] Allein Wulfert scheint den Nachlass gesichtet zu haben. Sie bedankt sich im Vorwort ihrer Arbeit bei den Mitarbeitern des Stadtarchivs Mönchengladbach, weist aber keine Archivalien in der Arbeit aus. Wulfert 1992, Vorwort

[21] Vgl. den Hinweis Ritters auf diese Quelle in Ritter, Emil: Die Männer von Mönchengladbach. KfZG C5/002

[22] Vortragstätigkeit des Publizisten Anton Heinens
BArch, R 8115 I/200: u.a. Vorträge zur deutschen Geschichte 09/1927, 11/1932-12/1933
BArch, R 8115 I/201: Vortragsmanuskript (Sittliche Erziehung der Jugend auf dem Dorf).
– A. Heinen. Wie erhalten wir den Eigenwert des Bauerntums. M.Gladbach 1921 01/1933-02/1933
BArch, R 8115 I/202: Vorträge über Lebenskunde
BArch, R 8115 I/203: Politische, wirtschafts- und sozialgeschichtliche Manuskripte um 1930

[23] Letzter Brief von Anton Heinen an August Pieper vom 21.12.1933. KfZG C3/035
Heinen beginnt diesen Brief mit einer resignativen Rückschau auf sein Lebenswerk: „Lieber Herr Doktor! Meinen Sie, daß auch nur 1 % der Menschen, die durch unsere Kurse gegangen sind, uns verstanden haben? Und wenn sie uns verstanden hätten, wären sie dann nicht zu feige oder ich will lieber sagen in ihrem Gewissen zu sehr terrorisiert gewesen, den Weg zu gehen, den wir ihnen wiesen? Die einzigen, die wach geworden sind, das sind Bauern gewesen. Aber auf den Kleinbauern lag der Terror und die Milch- und Rüben-Bauern dachten kapitalistisch = mechanisch." A.a.O.
Einen interessanten Einblick in die Geisteswelt Heinens gibt der Hinweis auf die Literatur, mit der er sich in dieser Zeit beschäftigte: „Ich habe mich in letzter Zeit lesend herumgeschlagen mit Möller van den Bruck „Das dritte Reich", „Der preußische Stil", „Das ewige Reich". Dann mit Schnabel, „Geschichte des deutschen Volkes im 19. Jahrhundert". Das Buch ist der Mühe wert, durchgearbeitet zu werden, obgleich es bei Herder erschienen ist. Dazu kommt noch Paul Ernst „Der Zusammenbruch des Sozialismus" und „Erdachte Gespräche". Der Mann ist Künstler und manchmal verworren, regt aber sehr zum eigenen Nachdenken an." A.a.O.

[24] Pöggeler 1963, 130

[25] Kuhne 1983, 13f.

Untersuchung Müller-Lönnendungs zum Verständnis von Staat und Volk zu erwarten gewesen, doch bleiben die Ergebnisse aufgrund der inhaltlichen Ausrichtung marginal.[26] Aufschlussreich sind dagegen die Gedankengänge zu Heinen in der Arbeit Rusters,[27] wenngleich dieser etwas unzutreffend Heinen die Position eines „Leiters der Volksbildung" im Volksverein zuordnet[28]. Ruster systematisiert das Leben und Werk Heinens unter den Stichworten „Gesinnungsreform" und „Führertum". Er sieht Heinen vor allem durch seine Mutterbindung sowie die Affinität zum ländlichen Lebensraum geprägt. Die „innige Verehrung der Mütterlichkeit und der Familie" bilde den Zugang zu den Deutungsmustern Familie, Heimat und Volk die den Interpretationen Heinens zugrunde lag.[29]

Auch bei Heinen findet sich das Verständnis des Volkes als „Schicksalsgemeinschaft" im „überwältigenden irrationalen Erlebnis der Schicksalsverbundenheit einer ganzen Bürgerschaft".[30] Ausgehend von der vorbildhaften Gemeinschaft der Familie[31] mündeten für Heinen die Bildungsbemühungen in einem organischen Gemeinschaftsverständnis, der Weg führte über die Nachbarschafts-, Dorf-, Heimat- und Stammesgemeinschaft schließlich in die umfassende Volksgemeinschaft.[32] Damit rückte die Volksgemeinschaft in den Mittelpunkt seiner Bildungsbemühungen. Heinen stellte den Übeln des modernen Industriezeitalters, als dessen Auswirkungen er den ohne organische Bindungen atomisierten Menschen, als entwurzelten Individualisten, ohne Standesbewusstsein, Ehre und Tradition erlebte, die gute alte Zeit des Bauern- und

---

[26] Müller-Lönnendung bilanziert: „So erweist er [Anton Heinen] sich als Andragoge von eminent aktueller Relevanz. Mit dem Blick auf das deutsche Volk, das einerseits so begeisterungsoffen, andererseits so leicht verführbar sei, das nach dem Worte Goethes „so ehrenwert und echt ist im Einzelnen und so miserabel im Ganzen", erwartet Anton Heinen von der Erwachsenenbildung, in der sich „Geistige" einer Region „zum befruchtenden Austausch" und zum Erlebnis einer aller trennenden Schranken überwindenden Gemeinschaft zusammenfinden sollten, – aller Resignation von Zeitanalytikern zum Trotz, weil aus „der tiefen und geheimnisvollen Kraft der Religion" schöpfend – effektive Hilfe zur ethischen Neubegründung des Volkes und zur Stabilisierung eines rechtlich geordneten Staatswesens." Müller-Lönnendung 1983, 181

[27] Ruster 1999, 328ff.

[28] A.a.O., 330

[29] A.a.O., 331

[30] Heinen 1921, 214

[31] „Wenn nun die Familie Urbild aller Menschengemeinschaft ist, so gerade deshalb, weil sie als Lebensgemeinschaft den Gegensatz zu aller mechanischen, gesellschaftlichen Organisation am klarsten und reinsten zum Ausdruck bringt." Heinen 1923d, 9

[32] Vgl. das Kapitel „Familie als Urtypus von Volk und Staat", in: Müller-Lönnendung 1983, 174ff.

Handwerkertums entgegen. Enge familiäre Gemeinschaft, die Bindung an Gut und Boden, das gemeinsam Erwirtschaftete, die echte Familienkultur und die wahre Familienehre standen für das Modell Familie, welches als organische Gemeinschaft ein zeitloses Vorbild für die Gesinnungsgemeinschaft des Volkes darstellte.

Durch den Appell an den Einzelnen, durch eine intensive Bildungsarbeit im Gespräch der Arbeitsgemeinschaft, durch diese Art der „Gesinnungspädagogik" wollte Heinen die Familie neu beleben und die ewigen Werte der Familie als Wurzel und Keimzelle der Volksgemeinschaft zur Geltung bringen.[33] Die Aufgabe der Durchdringung der entwurzelten Masse mit diesem Familiensinn kam nach Heinens Vorstellung einem neuen „Führergeschlecht" zu. Das „Führerproblem" war für Heinen ein Problem der Persönlichkeit; diese verlangt für ihn neben einer Tüchtigkeit im Beruf vor allem ein „alles umgreifendes Ethos". Ein Führer muss „bis in die Tiefen der Seele ergriffen sein ... von einer Ehre und einer Scham, von einem heiligen Willen ...".[34] Die Berufstugenden der „Führer" seien Wahrhaftigkeit und Treue;[35] Führersein verstehe sich daher als Dienst an der Masse, die so wertvoll ist, weil auch und gerade die Masse berufen ist, Gottes Volk zu werden.[36] In einem ständigen theologischen Rekurs setzte Heinen in dieser Weise seine Vorstellungen von Volk, Volkstum und Erwachsenenbildung immer in Beziehung zu einer religiösen Dimension; sowohl der einzelne Mensch wie die Gemeinschaften von Volk und Volkstum sind für Heinen ohne die religiöse Dimension nicht vorstellbar. Diese Rückbindung bewahrte Heinen vermutlich davor sich in eine allzu große Nähe zum Nazismus zu begeben. Da Heinens Lebensende mit dem Aufstieg des Nazi-Regimes zusammenfällt, sind direkte Belege dazu allerdings nur spärlich vorhanden. Selbst Kuhne räumt hingegen ein, dass Heinen „wohl für einen Moment seines Lebens die Hoffnung hatte, daß durch die Bewegung des Nationalsozialismus Rettung aus dem gesellschaftlichen Chaos erwachsen könnte" – ohne diese Behauptung jedoch zu belegen.[37]

Es ist in den ersten Teilen der Arbeit bereits hinlänglich deutlich geworden, dass eine ständige Betonung völkischer und damit antidemokratischer

---

[33] „Wie langsam, wie zaghaft tastet sich der Geist von der Familie her in das andere Gemeinschaftsleben! ... Der Wille zur Tat erwacht erst an der konkret geschauten Wirklichkeit." Heinen 1923d, 19

[34] Heinen 1922a, 168

[35] A.a.O., 177

[36] Heinen 1923d, 20

[37] Kuhne 1983, 23

Begrifflichkeiten den Abstand zum nazistischen Gedankengut immer geringer werden ließ. Letztlich hat auch eine religiös-theologische Dimension davor keinen dauerhaften Schutz geboten.

d) „Die Theologie des Reiches": Robert Grosche (1888-1967)

Geboren wurde Grosche am 7. Juni 1888 in Düren im Rheinland.[1] Nach Abschluss der Schulausbildung im Jahre 1908 und dem Studium der Theologie an den Universitäten in Bonn und Münster war Grosche seit 1912 im pastoralen Dienst des Erzbistums Köln tätig. In den Jahren 1912 bis 1917 hatte er Kaplansstellen in Hürth und Efferen inne, bevor ihm im Juni 1917 eine Stelle als Kaplan in der Gemeinde St. Peter in Köln übertragen wurde. Pfarrer der Gemeinde war Dr. Josef Stoffels, der als nebenamtlicher Studentenseelsorger an der Universität in Bonn in den Jahren 1911 bis 1916 beträchtlichen Anteil am Aufbau einer regulären Studierendenseelsorge hatte. Auf seine Empfehlung wurde Grosche erster hauptamtlicher Studentenseelsorger und Universitätsprediger der im Jahre 1919 wiedererrichteten Universität in Köln. In dieser Zeit setzte sich Grosche durch einen Beitrag in der Zeitschrift „Hochland" für eine positive Sicht der Räterepublik und eine Koalition zwischen Zentrum und USPD ein, mischte dies jedoch mit konservativ-berufsständischem Gedankengut.[2] Grosche verfasste seit den zwanziger Jahren Artikel für die „Volkskunst". 1924 promovierte er mit einer kunstgeschichtlichen Dissertation zum barocken Kölner Altarbau bei Professor Brinckmann an der Philosophischen Fakultät der Universität Köln.[3] In diesem Zeitraum war Grosche zudem Mitglied im Hohenrodter Bund.[4] Im April 1930 wurde Grosche zum Pfarrer der Gemeinde St. Matthäus in Brühl-Vochem ernannt. Über ein Jahrzehnt wirkte er dort als Pastor und verband diese Arbeit mit einer regen schriftstellerischen und wissenschaftlichen Tätigkeit. So lehrte Grosche in den Jahren 1932 bis 1933 als Dozent für christliche Kunst an der Staatlichen Kunstakademie in Düsseldorf. Neben seinen zahlreichen Veröffentlichungen war Grosche in den Jahren 1929 bis 1932 als Herausgeber für die Inhalte der Zeitschrift „Volkstum und Volksbildung" mit verantwortlich; seit 1932 war er zudem als Mitarbeiter in der Schriftleitung der Zeitschrift tätig. In der Verhältnisbestimmung von Bildung und Seelsorge im katholischen Milieu setzte er sich schon früh gegen eine Mediatisierung der Bildung durch die Seelsorge ein. Er machte sich vor allem

---

[1] Vgl. zur Biographie: Kosch 1933, Bd. 1, 1156; Grosche 1969, 7ff.; Benning 1971, 294; Fell 1985, 159ff.; Wolgast 1986, 131f.; Goritzka 1999, 16ff.; LThK³, Bd. 4, 1063; eine ausführliche tabellarische Biographie findet sich im Anhang dieser Arbeit.

[2] Grosche 1919

[3] Da die Arbeit zahlreiche Abbildungen von im Zweiten Weltkrieg zerstörten Altären in Köln enthält, wurde sie im Jahr 1978 mit einer ausführlichen Einleitung neu aufgelegt und veröffentlicht. Grosche 1924 und 1978²

[4] Groitzka 1999, 238f.

Gedanken über den Zusammenhang von Erwachsenenbildung und Weltanschauung und schrieb zur Frage, wie die Katholiken in der freien Erwachsenenbildung mitarbeiten könnten. Sein Einsatz für ein christlich-deutsches Volkstum könnte ein Beweggrund für sein ökumenisches Engagement gewesen sein. Im Jahr 1932 gründete er die Zeitschrift „Catholica" als Vierteljahresschrift für Kontroverstheologie, um dem Dialog zwischen den Konfessionen neue Impulse zu verleihen. Die Zeitschrift erlangte in Fachkreisen schnell ein hohes Ansehen. Bis zur Einstellung der Zeitschrift im Jahr 1938 sowie von 1952 bis zu seinem Tod im Jahr 1967 war Grosche Herausgeber der Publikation. Darüber hinaus veröffentlichte er eine Vielzahl von philosophisch-theologischen Artikeln und Schriften, die aber wenig gesellschaftlich-politische Relevanz aufweisen. Im Frühjahr 1933 setzte sich Grosche gemeinsam mit Ritter im „Bund katholischer Deutscher ‚Kreuz und Adler'" für eine Zusammenarbeit mit dem Nazi-Regime ein.[5] Von 1941 bis Juni 1945 hatte Grosche das Amt des Pfarrers der Kölner Pfarrei St. Mariä Himmelfahrt inne, im November 1943 wurde er zum Kölner Stadtdechanten ernannt. Als solcher übernahm er im Juli 1945 die Pfarrstelle in St. Gereon in Köln und arbeitete am Aufbau der katholischen Erwachsenenbildung in Köln mit. 1953 wurde ihm der Ehrendoktortitel der Theologischen Universität Bonn verliehen, von 1954 bis 1967 war er dort als Honorarprofessor für katholische Theologie tätig. Grosche starb am 21. Mai 1967 in Köln. Grosche hat vor allem im Kölner Katholizismus und in der ökumenischen Bewegung auch heute noch ein hohes Ansehen. So wurden einige seiner Schriften posthum veröffentlicht,[6] einige wieder neu aufgelegt.[7]

Grosche hat neben seinem Nachlass[8] ein umfangreiches literarisches Werk an Büchern, Zeitschriftenbeiträgen, Zeitungsartikeln und Manuskripten hinterlassen. Es kommt dem Verdienst Goritzkas zu, in seiner theologischen Dissertation erstmals einen umfassenden Gesamtüberblick über das Leben

---

[5] Vgl. den Notizzettel im Nachlass von Emil Ritter mit der Aufschrift „Maria Laach 1933 26.-28.4.33 17 Herren u.a. Grosche, Pinsk, Mirgeler", KfZG A9/111; die Rechnung der Benediktiner-Abtei Maria Laach vom 28.04.1933 an Herrn Direktor Emil Ritter, Köln, für „Wohnung und Verpflegung von 17 Herren gelegentlich der Tagung vom 26.-28. April 1933" über 136 Mark, KfZG A9/112, sowie den Hinweis bei Breuning 1969, 231
Eine ausführliche Darstellung der Tätigkeit Grosches für den Bund, besonders seine Organisation der Führertagung in Maria Laach im April 1933 findet sich in Albert 2004, 46ff.

[6] Vgl.: Grosche 1969 und 1992^2, Grosche 1970, Grosche 1975

[7] Neben Grosches Dissertation auch die Aufsatzsammlung „Pilgernde Kirche" im Jahr 1969. Grosche 1938 und 1969^2

[8] Der Nachlass Grosches lagert im Archiv des Erzbistums Köln

und Werk Grosches zusammengestellt zu haben.[9] Allerdings verfolgt die im Jahre 1999 veröffentlichte Forschungsarbeit die Intention in erster Linie einen Beitrag zum Zusammenhang von Theologie und pastoraler Praxis des Seelsorgers Robert Grosche zu leisten.[10] Sie ist von daher für eine ideologiekritische Fragestellung an das Werk Grosches von begrenztem Aussagewert. Goritzka behandelt jedoch in eigenen Kapiteln sowohl die Mitarbeit Grosches in der katholischen Bildungsarbeit als auch dessen Bemühungen um die „Reichstheologie" in den Jahren 1932 bis 1934. Mit diesen Kapiteln sowie in Hinblick auf die vollständige Erfassung des Werks und der Rezeption Grosches kann die Arbeit eine wichtige Hilfestellung leisten. Die Nachrufe auf Grosche setzten sich vor allem mit dessen Lebenswerk als Theologe und Wegbereiter der ökumenischen Bewegung auseinander.[11] Auch in den Studien und Monographien zu ausgewählten Aspekten der beruflichen Biographie wurden vor allem die Themenkreise Theologie und Pastoral in Augenschein genommen.[12] Allein Breuning hat bisher in einer ausführlichen Weise die „Reichstheologie" Grosches analysiert,[13] einige Autoren sind in Randbemerkungen seinem Urteil von der Tendenz, aber nicht bis in alle Einzelheiten hinein, gefolgt;[14] Fell[15] und Ruster[16] haben sich mit Grosches Bedeutung für die katholische Erwachsenenbildung beschäftigt. Ihren Hinweisen sowie den beiden genannten Kapiteln in der Arbeit von Goritzka gilt es für die Fragestellung der Arbeit nachzugehen.

---

[9] So wies Goritzka ungefähr einhundert Beiträge in etwa vierzig Periodica nach, daneben ungefähr zweihundert Zeitungsartikel sowie etwa zweihundertfünfzig Sonntagsbetrachtungen in der Rhein-Mainischen Volkszeitung. Goritzka 1999, 22ff.

[10] „Die vorliegende Untersuchung versteht sich als Beitrag zum Verständnis des Zusammenhangs von Theologie und Praxis der Seelsorge Robert Grosches. Dementsprechend verfolgt sie das Ziel, eine Rekonstruktion seiner Seelsorge im zeitgeschichtlichen Kontext und im Blick auf seine theologischen Prinzipien zu bieten." A.a.O., 12

[11] Walter Rest 1966, Brandenburg 1967, Volk 1967, Hofmann 1968, Lemmens 1968, Nyssen 1968, Fries 1988

[12] Warnach 1968, Hasenkamp 1968, Schröder 1969, Fries 1971, Brandenburg 1971, Mirgeler 1974, Lowitsch 1980, Schütte 1985³, Schatz 1986

[13] Breuning 1969, 238ff. sowie 270ff.

[14] Hürten 1972 und 1992a, Nichtweiß 1992, Reifenberg 1992. So bezeichnete Hürten Grosche als „einen der prominentesten Vertreter der Reichstheologie". Hürten 1992a, 217

[15] Fell 1985 und 1986

[16] Ruster 1997, 95ff. sowie 106ff.

Grosche beteiligte sich mit einer Reihe von Veröffentlichungen am Diskurs um das Selbstverständnis der Erwachsenenbildung in der Weimarer Zeit.[17] Durch seinen Artikel „Volksbildung und Weltanschauung" aus dem Jahr 1930, in dem er sich pointiert gegen eine Vereinnahmung der Bildung durch die Seelsorge einsetzte, wurde er posthum in den achtziger Jahren durch Fell zum „Pionier und Begründer moderner katholischer Erwachsenenbildungstheorie" erhoben.[18] Die problematische Ausrichtung der „Volksbildung als Volkbildung", die von Grosche in vollem Umfang geteilt und unterstützt wurde, geriet damit jedoch völlig aus dem Blick.[19] Dagegen räumt auch Goritzka ein, dass die nationalistische Überhöhung dieser Aufgabe der „Volk-bildung" Grosche in den Jahren 1933 und 1934 zu einer Zustimmung für die Idee des „Dritten Reiches" führte.[20]

Zur sogenannten „Reichstheologie" lieferte Grosche in den dreißiger Jahren eine ganze Reihe von Beiträgen[21] und beteiligte sich aktiv am von Ritter gegründeten „Bund katholischer Deutscher ‚Kreuz und Adler'". Die politischen Gemeinsamkeiten der „Reichstheologen" lagen in der unbedingten Verurteilung des Liberalismus, des weltanschaulichen Pluralismus sowie unter dem Kampfbegriff der „Formaldemokratie" der selbstverständlichen Ablehnung des demokratischen Gedankens.[22] Goritzka bemüht sich im folgenden die theologische Begründung des Reichsgedankens durch Grosche und die besondere Bedeutung der Christianisierung für die Entstehung des deutschen Volkes herauszustellen,[23] um sein abschließendes Urteil über die „Reichstheologie" Grosches vorzubereiten. Er will Grosches Engagement für das Reich „primär als eine theologische und erst sekundär als eine politische Option verstanden wissen und schließt sich von daher mit einer Ergänzung dem Urteil Breunings an, dass Grosche als ein „Brückenbauer der Theologie zum Dritten Reich" aber auf keinen Fall mit Schatz als ein „Brückenbauer der Ideologie des

---

[17] Grosche 1923, Grosche 1925, Grosche 1930a, Grosche 1930b, Grosche 1930c, Grosche 1930d

[18] Fell 1985, 159

[19] Fell erwähnt die problematische Ausrichtung und das Engagement Grosches für einen Brückenschlag zum Nazismus in keiner Weise. Vgl.: a.a.O. und Fell 1986

[20] Goritzka 1999, 242

[21] Goritzka weist insgesamt vierzehn Manuskripte und Artikel nach, a.a.O., 266ff., von denen an dieser Stelle die öffentlich zugänglich genannt sind: Grosche 1933a, Grosche 1933b, Grosche 1933c, Grosche 1933d, Grosche 1933e, Grosche 1934.

[22] Vgl.: a.a.O., 187

[23] „Erst das Christentum habe die Germanen zu Deutschen gemacht. „Das Volk der Deutschen ist als solches erst eine Folge des Christentums." A.a.O., 191

Nationalsozialismus" bezeichnet werden kann.[24] Doch kommt auch Goritzka nicht umhin festzustellen, dass aus diesen Gedanken Grosche als Ableitung den Schluss zog, dass den katholischen Deutschen im Frühjahr 1933 die Mitarbeit am neuen Staat als „Sendung" in der Gegenwart und historische Aufgabe zukäme. Sie könnten sich „ohne falsche Angst vor totalitärer staatlicher Macht zum neuen Staat bekennen". Als Vorzüge des „Dritten Reiches" nannte Grosche des weiteren die Wurzeln des Staates im bündischen Charakter der deutschen Stämme, den berufsständischen Aufbau sowie den „Führergedanken als ein echt deutsches Prinzip".[25] Dass ein solcher Aufruf Grosches an die katholischen Deutschen zur Mitarbeit am „Dritten Reich" eine politische Vereinnahmung ausdrücken könnte, wird durch Goritzka heftig bestritten.[26] Dagegen muss festgestellt werden, dass die „Reichstheologie" und allen voran Grosche selbst, durch die Übertragung theologischer Prinzipien in eine politischstaatliche Dimension dem Nazismus in direkter Weise zuarbeiteten. Die Überbetonung des hierarchischen Autoritätsprinzips und einer allumfassenden Ordnung lösten sich von einem theologisch fundierten Kirchenbegriff und förderten die Ansicht, dass dieses Prinzip auch außerhalb und neben der Kirche als staatliches Gegenstück verwirklicht werden könne und müsse. Die Auflösung theologischer Sinngehalte in den Raum des Politischen und die Aufgabe aller christlichen Inhalte zugunsten eines totalitären Staates führten direkt in die Katastrophe des Nazismus. Auch Ruster spricht in diesem Zusammenhang von „einem der dunkelsten und schuldbeladensten Kapitel des deutschen Katholizismus."[27]

Als entscheidender Wendepunkt dieser Honneurs der „Reichstheologie" an den Nazismus wird allgemein der 30. Juni 1934 angesehen. Nach dem politischen Abschied von Papens und der Ermordung Edgar Jungs und Erich Klauseners hätten die „Reichstheologen" ihre Bemühungen um eine Verständigung mit dem Nazismus beendet.[28] Aus dem Nachlass Ritter geht jedoch hervor, dass Grosche diesem noch im Jahr 1936 sein Wohlwollen über die Inhalte des „Sendschreiben katholischer Deutscher an ihre Volks- und Glaubensgenossen" mitteilte.[29] Von daher muss offen bleiben, wann und in welcher Weise bei

---

[24] A.a.O., 197
[25] Grosche 1933e
[26] Goritzka 1999, 197
[27] Ruster 1997, 106
[28] Vgl. die Hinweise bei Breuning 1969, 278, sowie Goritzka 1999, 187f.
[29] „Lieber Herr Ritter, heute erfahre ich endlich ihre Anschrift ... und so kann ich mich für die Zusendung des Sendschreibens herzlich bedanken. Ich hätte so gerne dazu Stellung genommen, aber ich bin so belastet mit aller möglichen Arbeit, daß ich nicht dazu kam. Was ich an theologischen Bedenken habe, geht nicht gegen ihren Beitrag, sondern vor

Grosche eine Distanz zum Nazismus einsetzte. Nach dem Ende des Nazismus beinhalteten die Äußerungen Grosches zur Jahreswende 1945 ein Art Schuldgeständnis,[30] doch schon fünf Jahre später wurde bei einer Rede auf dem Katholikentag in Passau der gesellschaftliche Auftrag des Katholizismus durch Grosche wieder spiritualisiert.[31]

In der Erkenntnis des Eigenwertes der Bildung gegenüber der Seelsorge war Grosche seiner Zeit sicherlich voraus. Die gesellschaftspolitischen Aussagen Grosches weisen zahlreiche und weitgehende Übereinstimmungen zu den Inhalten im Lebenswerk Ritters aus. Das Paradigma der „Volksbildung als Volk-Bildung" und der Versuch des Entwurfs der „Reichstheologie" eröffnete zahlreiche ideologische Schnittmengen zum Nazismus und ebnete den Weg für das Engagement Grosches um eine Mitarbeit der katholischen Deutschen im Nazi-Regime und einen adäquaten Platz des katholischen Bevölkerungsteils in der nazistischen Volksgemeinschaft. Es ist vor diesem Hintergrund völlig unverständlich, wie Fell noch im Jahr 1985 Grosche „als das „Gewissen" der katholischen Erwachsenenbildung in der Weimarer Zeit" bezeichnen konnte[32] und ihm ein großes „Ausmaß an Sachlichkeit und politischen Weitblick" zusprach.[33]

---

allem gegen die Geschichtstheologie von Kleine, bei der ich nicht mitkam. Im übrigen kann ich Ihnen mitteilen, daß der Prior der Dominikaner in Walberberg (P. Corbinian Roth(!)) sehr zustimmend ist und meint, es wäre gut, wenn bald eine Aussprache stattfände, an der auch Marianus Vetter, der Prior in Köln ist, gern teilnähme. ... Herzliche Grüße Ihr Robert Grosche." Postkarte von Robert Grosche an Emil Ritter vom 11.05.1936. KfZG A16/128

[30] „'Unsere Sünden zeugen gegen uns'; sie sind da, sie lassen sich nicht leugnen. „Zahlreich sind unsere Verfehlungen" in Gedanken, Worten und Werken. Gewiß, die Zeit war schwer; die Versuchung war groß. Wir haben oft den leichteren Weg gewählt und uns nicht gekümmert um Gottes Gebot ...; wir sind doch vielleicht mitgelaufen ...; wir haben geschwiegen wo wir reden mußten." Aus einer Predigtskizze zur Silvesterpredigt 1945 in St. Gereon, in: Grosche 1969, 174

[31] „Wenn wir also „das andere", die neue soziale Ordnung, den Frieden innerhalb des Volkes und unter den Völkern gewinnen wollen, dann müssen wir zuerst das Reich Gottes suchen und dabei uns davor hüten, irgendeine irdische Wirklichkeit mit dem Reiche Gottes verwechseln zu wollen." Grosche 1958, 247

[32] „Nicht umsonst wird Grosche in der Weimarer Zeit als das „Gewissen" der katholischen Erwachsenenbildung bezeichnet, behält er doch stets die Gefahr der Indienstnahme weltanschaulicher Bildungsarbeit von Kirchen und Parteien im Auge." Fell 1985, 160

[33] „Grosche analysiert die katholische Erwachsenenbildung kritisch wie kein Zweiter zur Zeit der Weimarer Republik. Er unterscheidet sich in einem Ausmaß an Sachlichkeit und in seinem politischen Weitblick auch in ganz erheblichem Maße von Anton Heinen, der ebenfalls als Vertreter der katholischen Volksbildung dem Hohenrodter Bund angehörte." A.a.O., 161

VI. Fazit

Ziel dieser Untersuchung war es, für den Bereich der katholischen Erwachsenenbildung darzustellen und kritisch zu hinterfragen, mit „welchem weltanschaulichen Gepäck die Katholiken – Laien wie Theologen"[1] sich in der Endphase der Weimarer Republik bewegten und in die Nazi-Dikatur integrierten. Darüber hinaus sollte erforscht werden, wohin die Sehnsucht nach Volksgemeinschaft, nationaler Größe, Vision des Reiches, Vaterlandstreue und obrigkeitsstaatlicher Fixierung die Katholiken führte sowie ob und bis zu welchem Zeitpunkt sich ein gesellschaftspolitischer Konsens zwischen Vertretern der katholischen Erwachsenenbildung und dem Nazismus nachweisen lässt.

Dazu wurde in einem ersten Schritt zunächst als theologische Kulisse die Zeitschrift „Der Prediger und Katechet" einer ideologiekritischen Analyse mittels einer gesellschaftspolitischen Fragestellung unterzogen. Ein zweiter Schritt analysierte die erst in Ansätzen erforschte erwachsenenbildnerische Tätigkeit des ZBA, die sich in der Zeitschrift „Volkstum und Volksbildung" dokumentiert. Um Kontinuitäten wie Diskontinuitäten feststellen zu können, bezog die Analyse außerdem die Vorgängerzeitschrift „Volkskunst" und die Nachfolgeschrift „Geweihte Gemeinschaft" mit in die Untersuchung ein. Ein dritter Schritt widmete sich dem erstmals erforschten Leben und Werk des katholischen Erwachsenenbildners und Publizisten Emil Ritters. Neben der einleitenden Erarbeitung der Biographie galt die Aufmerksamkeit vor allem der Gedankenwelt Ritters, dessen Wirken sich mit seiner ersten gesellschaftspolitischen Veröffentlichung im Jahr 1917[2] bis zu seiner letzten Publikation im Jahr 1966[3] – kurz vor seinem Tod – über vier politische Systeme hinweg verfolgen lässt; dieser Abschnitt umfasst zudem sowohl Ritters persönliche Reflexion nach dem Ende der Nazi-Diktatur als auch die Rezeption seines Lebens und Werkes. Um Gemeinsamkeiten und Unterschiede im Forschungsstand wie in den Bildungsinhalten feststellen zu können, wurden abschließend drei zeitgenössische katholische Erwachsenenbildner im Vergleich dargestellt.

Der Arbeit lag die Hypothese zugrunde, dass erstens die katholische Erwachsenenbildung als Teilsegment des katholischen Milieus in der Weimarer Republik auf einen Staat traf, der eine Modernisierung und Demokratisierung der gesellschaftlichen Verhältnisse als Verwirklichung von sozialer, politischer

---

[1] Hummel 2004a, 80
[2] Ich erhebe Widerspruch. WAZ vom 10. Juni 1917
[3] Radowitz, Windthorst, Stegerwald. Drei Vorläufer der CDU. Frankfurt a. M. 1966

und rechtlicher Gleichheit in Gang setzte. Von daher wurde die Weimarer Republik einleitend als eine spezifische Ausformung der Moderne bezeichnet. Eine zweite Annahme ging davon aus, dass sich die katholische Erwachsenenbildung in der Auseinandersetzung mit der Weimarer Demokratie durch einen eigenen völkisch-nationalen Gesellschaftsentwurf christlicher Prägung abgrenzte, sich in dieser Ablehnung der Moderne aber durchaus moderner Mittel und Methoden bediente. Eine dritte Vermutung nahm an, dass die autoritären, obrigkeitsstaatlichen und antidemokratischen Grundmuster des katholischen Gesellschaftsbildes schließlich die Basis für einen gesellschaftlich-politischen Konsens mit dem Nazismus nach dessen Machteroberung bieten konnten, der bei allen weltanschaulich-kirchenpolitischen Differenzen bis zum Ende der Nazi-Diktatur anhielt.

Die Darstellung zeigte, dass in den überprüften Predigten der Jahres 1929 bis 1933 praemoderne Denkmuster und politische antiquierte Leitbilder als Positionen im Weltanschauungskampf gegen die Moderne dominierten.

Auch die katholische Erwachsenenbildung griff in der Zeitschrift „Volkskunst" seit dem Ende des Ersten Weltkrieges in der Diagnose der Zeit in Anlehnung an Lagarde und Langbehn auf kulturkritische und kulturpessimistische Bewertungs- und Deutungsmuster zurück. Dies wurde beschleunigt durch die mit dem Zusammenbruch der internationalen Finanzmärkte am 14. Oktober 1929 einsetzende Wirtschaftskatastrophe. Das nun folgende soziale und politische Chaos erschien als die Offenbarung der endgültigen Niederlage der Modernisierung des gesellschaftlichen Lebens, die mit der Ausrufung der Republik am 9. November 1918 begonnen hatte. Die Krise wurde damit zur einer Manifestation der zerstörerischen Wirkungen des Rationalismus und Liberalismus.

Sowohl die Kleriker als Milieumanager wie die Exponenten katholischer Erwachsenenbildung griffen in dieser Phase auf Konzepte zurück, die sie bereits in den Anfangsjahren der Republik entwickelt hatte. Getragen von einer intuitiven Schau der gesellschaftlichen Verhältnisse sollte die Krise durch eine scheinbar überpolitische Realitätsbewältigung in Besinnung auf die bewährten tradierten Kulturwerte, das nationale Deutschtum und einen diffusen Volksgemeinschaftsgedanken überwunden werden.

Dabei entwickelte man den Entwurf einer völkisch-nationalen Gesellschaft christlicher Prägung, die, dominiert durch das rückwärts gerichtete Deutungs- und Erkenntnismuster des scholastischen Naturrechts, unter kirchlichem Primat stand. Als Vorbild der organischen Volksgemeinschaft diente die einigende Aufbruchsstimmung des August 1914 zu Beginn des Ersten Weltkrieges.

Dieser Ausbruch patriotischer Begeisterung hatte die großen Möglichkeiten der Volksgemeinschaft aufgezeigt, die sich in den folgenden Kriegsjahren in der Not- und Schicksalsgemeinschaft des Schützengrabens bewährte. In einer Übertragung auf den politischen Bereich sah man hier nun die Perspektive für eine gesellschaftliche Synthese auf höherer Ebene. Mit der Idee der Volksgemeinschaft im gesellschaftlichen Bereich korrespondierte im wirtschaftlichen Bereich der Standesgedanke, der durch eine korporative Wirtschaftsorganisation den Widerspruch von Arbeit und Kapitel aufheben sollte. Durch die Transformation theologischer Begrifflichkeiten vom hierarchisch-autoritären Aufbau der Kirche entwarf man für die Leitung des Staates das Ideal einer aristokratischen Führungselite mit messianischem Anspruch. Orientierung schien auch das mittelalterliche Ideal des Heiligen Römischen Reiches deutscher Nation mit seiner Verbindung von Glaube und Welt zu bieten. Als Feindbilder benutzte man die Stereotypen des Antisemitismus und des Antisozialimus/-bolschewismus, wobei man den Juden eine kulturzerstörende und den Sozialisten eine volksgemeinschaftszerstörende Funktion zuschrieb.

Auf diesen Gesellschaftsentwurf waren die Bildungsbemühungen der katholischen Erwachsenenbildung im Selbstverständnis der „Volksbildung als Volk-bildung" auf der sozialen Ebene ausgerichtet. Auf der individuellen Ebene lassen sich ein idealistisch-katholisches Bildungsideal und angesichts der Herausforderung durch die Arbeitslosigkeit eine pragmatisch sozial-caritativ ausgerichtete Nothilfe nachweisen.

Auch die Formen und Methoden katholischer Erwachsenenbildung orientierten sich an den oben aufgezeigten Zielvorstellungen. Zur Förderung des homogenen Milieus setzte man auf die bewährte Form der katholischen Vereine, die bereits im Kaiserreich entstanden waren, und die neuen Formen der Arbeitsgemeinschaft und der Heimvolkshochschule, die in besonderer Weise dem Ideal der Vergemeinschaftung entsprachen. In ebenso konsequenter Weise nutzte man die modernen Massenmedien des Films, des Rundfunks und der Schallplatte.

Die Inhalte der Predigten als Theologische Kulisse wie die Ausrichtung der katholischen Erwachsenenbildung erweisen sich für diesen Zeitraum als weitgehend deckungsgleich; signifikante Unterschied sind nicht erkennbar. Die aufgezeigten autoritären und antidemokratischen Tendenzen und Grundmuster, die Intention, zur Volksgemeinschaft erziehen zu wollen, sowie die Identität der Feindbilder führten die katholische Erwachsenenbildung folgerichtig dazu, sich zur Machteroberung voll Begeisterung in den nazistischen Staat und die neue deutsche Volksgemeinschaft einzuordnen. Als dieses Arrangement an den kirchenpolitischen Zielen des Nazismus scheiterte, reagierte die katholische Erwachsenenbildung mit einem Rückzug in den Binnenraum der Kirche. Ihr direkt nachweisbares Wirken in Form der institutionellen Vereinigung des ZBA mit den entsprechenden Publikationen endete im Jahr 1934.

Die Inhalte der Predigten als Theologische Kulisse lassen sich bis zum Jahr 1938 verfolgen und weisen die ideologischen Kontinuitäten bis in diesen Zeitraum nach. Während sich im kirchenpolitischen Feld eine dezent gehaltene Kritik zeigte, dominierte im gesellschaftspolitischen Raum ein breiter Konsens zwischen Katholizismus und Nazismus in der neuen deutschen Volksgemeinschaft. Über die Innenpolitik hinaus bestand auch in der Außenpolitik eine weitreichende Übereinstimmung mit den Zielen des Nazi-Regimes. So wurde die Annexion Österreichs im März 1938 begeistert begrüßt; ebenso die Wiederaufrüstung und Militarisierung der Gesellschaft durch die Prediger einmütig unterstützt.

Das Leben und Werk Emil Ritters zeigt auf, wie ein katholischer Erwachsenenbildner und Publizist sich – bestimmt durch seinen biographischen Hintergrund mit katholischer, völkischer und nationaler Prägung – zunächst verhalten in den ersten demokratischen Rechtsstaat in Deutschland einbrachte, jedoch schon nach kurzer Zeit eine vielfältige antidemokratische Aktivität sowohl in der katholischen Erwachsenenbildung als auch im gesamten katholischen Milieu entfaltete und damit an exponierter Stelle zum Nieder- und Untergang der Weimarer Republik beitrug. Begeistert versuchte Ritter im Zeitraum der Machteroberung des Nazismus durch die Gründung des „Bundes katholischer Deutscher ‚Kreuz und Adler'" sowie seine publizistische Tätigkeit als Schriftleiter der traditionsreichen Zeitung „Germania" den katholischen Bevölkerungsteil in die Nazi-Diktatur zu integrieren. Ein Vergleich mit zeitgenössischen Erwachsenenbildnern lässt erkennen, dass Ritter mit diesen Bemühungen nicht allein stand. Spätestens mit der Etablierung des Nazismus und seiner Führer als staatlicher Obrigkeit sowie der Anerkennung der neuen Regierung durch das Hirtenwort der deutschen Bischöfe vom März 1933 richteten sich die Hoffnungen katholischer Erwachsenenbildner auf eine positive Zusammenarbeit mit den neuen Machthabern. Während der politische Katholizismus fast über Nacht verschwand, mussten die katholischen Erwachsenenbildner keine großen Anpassungsleistungen vollbringen. In ihrem autoritären, nationalen, antidemokratischen, militaristischen und völkischen Gedankengut fanden sie vielfache ideologische Schnittmengen zum Nazismus vor und konnten ihr Engagement darauf stützen. Während sich Erwachsenenbildner wie Grosche mit den Ereignissen der „Röhm-Revolte" in den kirchlichen Binnenraum zurückzogen, hielten andere wie Pieper privatim am Konsens mit dem

Nazismus fest. Wieder andere wie Ritter setzten ihr öffentliches Engagement für ein Arrangement zwischen Katholizismus und Nazimus weiter fort. Für Pieper lässt sich die positive Einschätzung des Nazismus bis ins Jahr 1939[4] nachweisen, bei Ritter ist das letzte Zeugnis im Jahr 1941[5] zu finden. Das Dokument lässt auch noch einmal den vollständigen Konsens mit den außenpolitischen Zielen des Nazi-Regimes in diesem Zeitraum deutlich werden. Erst der fortschreitende Krieg und die anhaltende Verweigerung des Nazismus setzten den Bemühungen Ritters in den vierziger Jahre ein Ende.

Auch nach dem Ende der Nazi-Dikatur blieb eine kritische Reflexion der Tätigkeit Ritters ebenso aus wie eine Auseinandersetzung mit dem verbrecherischen Charakter des Regimes. Fixiert auf sein nationales, antidemokratisches, autoritäres, völkisches, militaristisches und nicht zuletzt katholisches Gedankengut, bestätigt durch kirchenamtliche und kirchliche Autoritäten fand Ritter keinen Anlass, die Inhalte seine Arbeit einer selbstkritischen Analyse zu unterziehen. Auch in der Rezeption Ritters ist dieser kritische Blick unterblieben. Während seine Tätigkeit durch die historischen Wissenschaften zwar nur randständig – dafür inhaltlich jedoch zutreffend – erwähnt wird, hat sein Leben und Werk in der katholischen Erwachsenenbildung bisher nur eine positive Würdigung erfahren. Diese Tendenz ist auch bei anderen zeitgenössischen katholischen Erwachsenenbildnern zu finden.

Die Biographie Ritters macht damit signifikant deutlich, dass in der katholischen Erwachsenenbildung während der Weimarer Zeit und der Nazi-Diktatur an die Stelle demokratischen Engagements, persönlicher Autonomie und sozialer Gleichheit die Dominanz der autoritativen Instanz der Kirche mit dem eigenen Gesellschaftsentwurf des katholischen Milieus trat. In diesem Entwurf sollte sich der Einzelne in eine organisch-natürlich gefasste soziale Rangfolge einordnen und im Einsatz für die imaginäre Volksgemeinschaft verwirklichen. Der gesellschafts- wie außenpolitische Konsens mit dem Nazismus konnte bis zum Jahr 1941 nachgewiesen werden und gibt – verbunden mit der obrigkeitsstaatlichen Fixierung – eine Antwort auf die einleitend gestellte Frage, was die Attraktivität der Nazi-Diktatur für die katholische Erwachsenenbildung ausmachte.

Zugleich zeigte die Arbeit weitere Forschungsfelder auf. Ein weites Tätigkeitsfeld bietet die biographische Forschung. Eine umfassende Biographie

---

[4] Exzerpte Ritters aus Piepers Manuskripten, die sich im Nachlass Ritters befinden KfZG C3/161-185. Die Exzerpte werden auch von Dahmen erwähnt, Dahmen 2000, 58

[5] Maschinenschriftliches Skript „Die Lage der Kirche und das Christentum im nationalsozialistischen Deutschland". KfZG A11/164-179

Ritters bleibt ebenso ein Desiderat wie die August Piepers, Bernhard Marschalls, Erich Reischs oder Heinrich Lutzs. Vorhandene biographische Arbeiten zu Exponenten katholischer Erwachsenenbildung wären um kritische Darstellungen zu ergänzen. Forschungsbedarf liegt auch in kritischen Auseinandersetzungen mit den gesellschaftlichen Auswirkungen des Naturrechtsbegriffes und den antidemokratischen Tendenzen des organischen Gedankengutes. Ein unerschlossener Bereich ist ferner die Untersuchung der Wirkungsgeschichte katholischer Erwachsenenbildung mit Methoden der Sozialwissenschaften. Das Lebenswerk einzelner katholischer Erwachsenenbildner wirft zudem die Frage auf, inwiefern sowohl die ökumenische als auch die liturgische Bewegung im deutschen Katholizismus auf völkisch-nationale Motive zurückzuführen ist; dies wäre sowohl unter sozial- wie auch unter theologiegeschichtlicher Fragestellung ein interessantes Forschungsfeld.

Als abschließende These dieser Arbeit lässt sich formulieren:
Im Gedankengut des katholischen Milieus als auch der katholischen Erwachsenenbildung dominierten autoritäre, nationale, völkische und antidemokratische Grundmuster. In Formen und Methoden durchaus modern, lehnte die katholische Erwachsenenbildung die Weimarer Republik als einen Staat der Moderne ab. Der krisenhaften politischen und sozialen Entwicklung, die mit dem Jahre 1929 einsetzte, kam eine Katalysatorfunktion zu. Die beträchtlichen ideologischen Affinitäten zum Nazismus hatten die Konsequenz, dass die katholische Erwachsenenbildung im Frühjahr und Sommer 1933 enthusiastisch versuchte, sich in die Volksgemeinschaft des neuen Staates einzugliedern. In der Person Emil Ritters hat dabei ein katholischer Erwachsenenbildner und Publizist auch weit über diesen Zeitraum hinaus einen verhängnisvollen Beitrag zur Machteroberung und Systemstabilisierung der Nazi-Diktatur geleistet. Während die kirchenpolitischen Ziele des Nazismus in den Folgejahren zu manchen Differenzen führten, hielt der gesellschafts- wie außenpolitische Konsens mit dem Nazismus bis zum Ende des Systems an.

Die weitreichenden ideologischen Affinitäten machten – verbunden mit der obrigkeitsstaatlichen Fixierung – die Attraktivität der Nazi-Diktatur für katholische Erwachsenenbildner und weite Teile des katholischen Milieus aus; deshalb wurde der Diktatur Gefolgschaft bis zum Ende geleistet.

Für die katholische Erwachsenenbildung ist sowohl eine Selbstreflexion als auch eine Rezeption unter einer kritischen Fragestellung bis heute weitgehend ausgeblieben.

Anhang

Biographien

Biographie: Emil Ritter

1881	am 07.12. in Frankfurt am Main geboren
bis 1905	Kaufmannslehre in einer Textilgroßhandlung in Fulda Privatstudien und erste literarische Veröffentlichungen
1905-1911	Redakteur beim „Wuppertaler Volksblatt"
1906-1907	Herausgeber der Zeitschrift „Jugendland"
1909-1910	Schriftleiter der Wochenzeitung „Das Zentrum"
1911-1919	Referent für Volksbildungsfragen an der Verbandszentrale der katholischen Arbeiter- und Knappenvereine Westdeutschlands in Mönchengladbach
1912-1928	Schriftleiter/Herausgeber der Zeitschrift „Volkskunst"
1915-1917	Kriegseinsatz an der Westfront
1919-1922	Schriftleiter an der Zentralstelle des Volksvereins Mitarbeiter in der Abteilung für Organisation und Werbung, Kursus- und Konferenzarbeit
1919	Verfasser der Schrift „Die Volksbildung im deutschen Aufbau", Volksvereinsverlag, M.-Gladbach, 2 Auflagen
1922-1923	Landesvertreter des Volksvereins in Hessen
1923-1927	Direktor des Bildungswesens am Jugendhaus in Düsseldorf Vorstandsmitglied im Zentralbildungsausschuß der katholischen Verbände und im Reichsvorstand des Bühnenvolksbundes
1923-1927	Schriftleiter der Zeitschriften „Jugendführung" und „Der Jugendverein" gemeinsam mit Carl Mosterts Schriftleiter der Zeitschrift „Die Wacht".
1927	Herausgeber der Wochenzeitung „Die Brücke im katholischen Deutschland"
1928-1932	Herausgeber der Tages-/Wochenzeitung „Der deutsche Weg" bis Ende 1931 gemeinsam mit Joseph Joos
1929-1933	Schriftleiter/Herausgeber der Zeitschrift „Volkstum und Volksbildung" mit Robert Grosche und Bernhard Marschall
1932	Hauptschriftleiter der Tageszeitung „Germania" (Mai 1932)

1933	Geschäftsführender Vorsitzender des „Bundes katholischer Deutscher ‚Kreuz und Adler'"
	Herausgeber der Führerbriefe „Kreuz und Adler"
1933-1934	Hauptschriftleiter der Tageszeitung „Germania" (Juli 1933 bis November 1934)
1934	Herausgeber des Buches „Katholisch-konservatives Erbgut: Eine Auslese für die Gegenwart"; Herder, Freiburg im Breisgau
	Verfasser des Buches „Der Weg des politischen Katholizismus in Deutschland"; Bergstadt-Verlag, Breslau
1936	Herausgeber des Buches „Sendschreiben katholischer Deutscher an ihre Volks- und Glaubensgenossen" mit Kurt Brombacher; Aschendorf Münster; 2 Auflagen
1935-1945	Freier Schriftsteller in Hanau am Main
	Herausgeber von Pressediensten:
	1934-1937 „Neuer politischer Pressedienst"
	1937-1940 „Kontinent-Korrespondenz Berlin"
1940-1941	Redakteur bei der „Katholischen Kirchenzeitung" in Frankfurt am Main
1945-1968	Freier Schriftsteller in Fulda
1954	Verfasser des Buches „Die katholisch-soziale Bewegung Deutschlands im 19. Jahrhundert und der Volksverein"; Bachem, Köln
1968	am 25.11. in Fulda gestorben

Biographie: Dr. Ignaz Gentges

1900	am 10. Juni in Krefeld geboren
	Studium in Bonn
	Doktor der Philosophie
	Theater- und Literaturhistoriker
1922-1926	Mitherausgeber des „Deutschen Theaters"
1924-1925	Herausgeber der „Blätter für Jugendspielscharen und Puppenspiele"
1925-1933	Herausgeber der „Blätter für Laien- und Jugendspieler"
1924-1925	Schriftleiter der „Blätter für Laienspiel"
1933-1941	Schriftleiter der Zeitschrift „Geweihte Gemeinschaft" mit Kurt Buerschaper, Bernhard Marschall, Erich Reisch und Marianus Vetter

Biographie: Dr. Robert Grosche

1888	am 07. Juni in Düren geboren
	Studium der Theologie und Philosphie in Bonn
	Doktor der Philosophie
1912	Ordination
1920-1930	Universitätsprediger in Köln
	Kulturschriftsteller und Übersetzer
	Veröffentlichung diverser philosophischer und theologischer Schriften
	Mitglied im Hohenrodter Bund
1924	Phil. Promotion
1929-1933	Herausgeber der Zeitschrift „Volkstum und Volksbildung" mit Bernhard Marschall und Emil Ritter
	seit 1932 Mitarbeiter in der Schriftleitung
1930	Pfarrer in Brühl-Vochem bei Köln
1932	Gründer und Herausgeber der theologischen, ökumenisch ausgerichteten Zeitschrift „Catholica" (1932-1938 und 1952-1967)
1932-1933	Dozent für christliche Kunst an der Staatlichen Kunstakademie in Düsseldorf
1942	Pfarrer in Köln, Mariä Himmelfahrt
1943	Stadtdechant von Köln
1953	Theologischer Ehrendoktortitel der Universität Bonn
1954-1967	Honorarprofessor für kath. Theologie an der Universität Köln
1967	am 21. Mai in Köln verstorben

Biographie: Dr. Anton Heinen

1869	12. November in Buchholz bei Bedburg/Erft geboren
	Besuch der einklassigen Volksschule des Vaters in Buchholz
1881-1883	Lateinschule in Bergheim
1883-1889	Rheinische Ritterakademie in Bedburg
	Abitur
1889-1882	Studium der Theologie und Philosophie an der Universität in Bonn
1892-1893	Priesterseminar in Köln
1893	Ordination
1893-1898	Zweiter Kaplan in Mühlheim an der Ruhr
	Pfarrseelsorge
	Krankenseelsorge
	Religionsunterricht
	Katholische Vereinsarbeit
1898-1909	Rektor an der Höheren Töchterschule der Rekollektinnen in Eupen
	Pädagogisches Staatsexamen
	Beginn der schriftstellerischen Tätigkeit
1909-1914	Zweiter Apologet an der Zentralstelle des Volksvereins für das katholische Deutschland in Mönchen-Gladbach
1914-1928	Dezernent der Abteilung „Volksbildung und Volkserziehung" an der Zentralstelle des Volksvereins für das katholische Deutschland in Mönchen-Gladbach
	Schriftstellerische Tätigkeit
	Vortragstätigkeit
	Teilnahme an der Reichsschulkonferenz
	Mitglied im Hohenrodter Bund
1915-1918	Schriftleiter der Zeitschrift „Heimatgrüße an unsere Krieger"
1925	Ehrendoktorwürde der Katholisch-Theologischen Fakultät der Universität Bonn
1923-1932	Leitung des Franz-Hitze-Hauses in Paderborn mit August Pieper, Johannes Hatzfeld und Egidius Schneider
1928-1932	Dezernent der Abteilung „Erwachsenenbildung" an der Zentralstelle des Volksvereins für das katholische Deutschland in Mönchen-Gladbach
1932-1934	Pfarrer in Rickelrath bei Mönchen-Gladbach
1934	am 3. Januar in Rickelrath gestorben

Biographie: Bernhard Marschall

1888	am 25.12. in Essen-Steele geboren
	Studium der Theologie, Philosphie und Kunstgeschichte an den Universitäten in Köln und Bonn
1913	Ordination in Köln
1913-1918	Kaplan in Elberfeld und Köln
1918-1930	Religionslehrer an einer Knabenmittelschule in Köln
1918-1924	Diözesanpräses des Borromäusvereins im Erzbistum Köln
	Mitbegründer der Akademischen Bonifatiuseinigung an der Universität Bonn
	Mitbegründer des Bildungsausschusses der Katholiken der Stadt Köln
1919	Mitbegründer des Zentralbildungsausschusses, ZBA
1921	Herausgeber von „Volksbildungsarbeit", bei Gonski in Köln
1922	Ehrenamtlicher Geschäftsführer des Zentralbildungsausschusses, ZBA, zusammen mit Emil Ritter
1926	Vorsitzender der Rundfunkarbeitsgemeinschaft deutscher Katholiken, RDK.
1927	Ehrenamtlicher geschäftsführender Vorsitzender des ZBA mit dem Titel Direktor
1928	Herausgeber von „Die Katholischen Morgenfeiern", im Rufuverlag Köln
1929	Vorsitzender des Internationalen Katholischen Rundfunkbüros, IKR
	Vorstandsmitglied des Volksvereins
1929-1933	Herausgeber der Zeitschrift „Volkstum und Volksbildung" mit Emil Ritter und Robert Grosche
	seit 1932 Mitarbeiter in der Schriftleitung
1930	Hauptamtlicher geschäftsführender Vorsitzender des ZBA mit dem Titel Direktor
	Ernennung zum Päpstlichen Geheimkämmerer
1933	am 30.11. Ernennung zum Pfarrer in Gruiten
1934	zum 01.01. Eingliederung des ZBA in die „Bischöfliche Hauptarbeitsstelle für die Katholische Aktion" mit Sitz in Düsseldorf

1938	Schließung des Büros in Düsseldorf durch die GeStaPo
	Ernennung zum Ehrenvorsitzenden des IKR
1945	Bischöflicher Rundfunkreferent und Beauftragter der katholischen Kirche für den Nordwestdeutschen Rundfunk
	Leiter der kirchlichen Hauptstelle für die Rundfunkarbeit in den deutschen Diözesen
1948	Ernennung zum Päpstlichen Hausprälaten
1953	Großes Bundesverdienstkreuz der Bundesrepublik Deutschland
	Ehrenbürger von Gruiten
1963	am 22. Juni in Köln gestorben

Biographie: DDr. August Pieper

1866	14. März 1866 in Eversberg bei Meschede geboren
1875-1879	Bürgerschule in Geseke
1879-1833	Gymnasium in Warburg
	Abitur
1884-1889	Studium der Theologie und Philosophie in Rom
	Promotion zum Dr. phil und Dr. theol
	Ordination
1890-1892	Kooperator in der Propsteigemeinde in Bochum
1892-1902	Generalsekretär des Volksvereins
1892-1928	Mitglied im Gesamtvorstand des Volksvereins
1892-1900	Schriftleiter der „Sozialpolitischen Korrespondenz"
1893-1928	Schriftleiter der Vereinszeitschrift „Der Volksverein"
1895-1918	Leiter der Sozialen Auskunftsstelle an der Zentralstelle des Volksvereins
1899	Gründung der „Westdeutschen Arbeiterzeitung"
1899-1906	Präses der katholischen Arbeitervereine im Erzbistum Köln
1901-1932	Herausgeber der Zeitschrift „Präsides-Korrespondenz", ab 1922 unter dem Titel „Führer-Korrespondenz"
1903-1919	Generaldirektor des Volksvereines
1903-1918	Präses der katholischen Arbeiter- und Knappenvereine Westdeutschlands
1905-1922	Geschäftsführer der „Volksvereinsverlags-GmbH"
1906	Gründung des „Verlags Westdeutsche Arbeiterzeitung GmbH"
1906-1918	Abgeordneter für das Zentrum im Preußischen Abgeordnetenhaus
1907-1918	Abgeordneter für das Zentrum im Deutschen Reichstag
1909	Gründung des „Verlags der Lichtbilderei GmbH"
1920-1928	Schriftführer im Engeren Vorstand des Volksvereins
1929-1933	Dezernent der Abteilung „Gesellschaftslehre und staatsbürgerliche Bildungsarbeit" an der Zentralstelle des Volksvereins
1929-1932	Niederschrift des Manuskripts „Geschichte des Volksvereins für das katholische Deutschland"
1933-1942	Seelsorgliche und publizistische Tätigkeit in Mönchen-Gladbach und Paderborn
1942	am 25. September in Paderborn gestorben

Biographie: Dr. Erich Reisch

1898	am 01. Oktober in Kattowitz/ Oberschlesien geboren
1914-1918	Kriegsdienst und französische Kriegsgefangenschaft
	Studium der Philosophie, Theologie und Geschichte in Breslau und Bonn
1924	Mitarbeiter von Dr. Ernst Laslowski in der Heimvolkshochschule Heimgarten/Neisse
	Referent in der Hoheneck-Zentrale in Berlin
	Zugehörigkeit zum Hohenrodter Bund
1930-1933	Geschäftsführer der Vereinigung der katholischen Volkshochschulheime
1930-1933	Leiter der Heimvolkshochschule Haus Hoheneck in Essen-Heidhausen
1933	Schriftleiter der Zeitschrift „Volkstum und Volksbildung"
	Promotion über „Martin Deutingers dialektische Geschichtstheologie"
1937	Referent in der Zentrale des Caritasverbandes
	Leiter der Presseabteilung für Aufgaben der Pfarrcaritas, der Mitgliederwerbung und der Dorfcaritas
1939-1945	Kriegsdienst und Kriegsgefangenschaft
1945	Aufbau des Caritas-Suchdienstes
1947	Leiter des Referates „Pfarr- und Dorfcaritas" in der Zentrale des Caritasverbandes
1950-1968	Schriftleiter der „Caritas-Korrespondenz"
	Leiter des Referates „Allgemeine zentrale Konferenz- und Schulungsarbeit"
Mitarbeit	im Zentralkomitee der Deutschen Katholiken
	im Bundesjugendkuratorium für musische Jugendarbeit
	im Generalrat der Internationalen Vereinigung der Familienverbände
	Vorstandsmitglied des Katholischen Zentralinstitutes für Ehe und Familienberatung
	im Fernsehrat des Zweiten Deutschen Fernsehns
	in der Katholischen Landvolkbewegung
Ehrungen	Ritter des Silvesterordens
	Badisch-württembergische Verdienstmedaille
	Bundesverdienstkreuz I. Klasse
1966	Ruhestand
1985	am 23.12. in Freiburg im Breisgau gestorben

Mitgliederverbände des ZBA 1924/25

1. Verband der Vereine katholischer Akademiker zur Pflege der katholischen Weltanschauung, Köln
2. Verband katholischer Arbeiter- und Knappenvereine Westdeutschlands, Mönchen-Gladbach
3. Augustinusverein zur Pflege der katholischen Presse, Düsseldorf
4. Verband der katholischen Beamtenvereine Deutschlands, Köln
5. Borrmomäusverein, Bonn
6. Katholischer Deutscher Frauenbund, Köln
7. Verband katholischer Vereine erwerbstätiger Frauen und Mädchen, Berlin
8. Verband katholischer Gesellenvereine, Köln
9. Zentralverband der katholischen Jungfrauen-Vereinigungen Deutschlands, Bochum
10. Verband der katholischen Jugend- und Jungmännervereine Deutschlands, Düsseldorf
11. Verband katholischer kaufmännischer Vereinigungen Deutschlands, Essen
12. Katholischer Lehrerverband des Deutschen Reiches, Bochum
13. Verein katholischer deutscher Lehrerinnen, Berlin-Steglitz
14. Verband katholischer deutscher Philologinnen, Münster
15. Katholische Schulorganisation Deutschlands, Düsseldorf
16. Verein katholischer Sozialbeamtinnen Deutschlands, Köln
17. Volksverein für das katholische Deutschland, Mönchen-Gladbach
18. Bonner Vortragsverband, Bonn
19. Neu-Deutschland, Verband katholischer Schüler höherer Lehranstalten, Köln
20. Verband katholischer Frauen- und Müttervereine, Köln
21. Verband katholischer kaufmännischer Gehilfinnen und Beamtinnen, Köln
22. Verband katholischer Hausangestellten und Dienstmädchenvereine in Deutschland, München
23. Bühnen-Volksbund, Frankfurt am Main
24. Lioba, Verband katholischer Schülerinnenvereine an höheren Lehranstalten, Köln
25. Quickborn, Burg Rothenfels am Main
26. Verband katholischer weiblicher kaufmännischer Angestellten und Beamtinnen Deutschlands, Berlin-Central
27. Gesellschaft für Fest- und Mysterienspiele, Köln-Lindenthal

Dem ZBA angeschlossene Verbände, Vereine und Gemeinschaften im Jahre 1924. Nach: Mitteilungen des ZBA, 7f, in: Vk 12 (1924)
In der Aufstellung im Jahrgang 1925 fehlte der Katholische Akademikerverband. Dafür wurde neu in die Liste aufgenommen:

28. Wolframbund, Dortmund

Nach: O.V. Zentralbildungsausschuß der katholischen Verbände, in: Vk 13 (1925)

Mitgliederstand der Verbände im ZBA

Verband/Verein	Ort	Gründ. jahr	Mitglieder 1925
Kath. Akademikerverband	Köln	1913	20.000
Kath. Arbeiter- und Knappenverband	MGladbach	1904	185.000
Augustinus-Presseverein	Düsseldorf	1878	900
Kath. Beamtenverband	Köln	1913	20.000
Borromäusverein	Bonn	1845	320.000
Kath. Deutscher Frauenbund	Köln	1903	250.000
Kath. Verein erwerbstätiger Frauen	Berlin	1905	25.000
Kath. Gesellenverein	Köln	1849	73.000
Kath. Jungfrauenverein	Bochum	1915	710.000
Kath. Jungmännerverein	Düsseldorf	1896	364.000
Verband kath kfm Vereinigungen	Essen	1877	40.000
Kath. Lehrerverband	Bochum	1889	23.000
Kath. Lehrerinnenverein	Berlin	1885	19.000
Kath. Philologinnenverband	Münster	1909	700
Kath. Schulorganisation	Düsseldorf	1911	60.000
60.000 Förderer und 3.000.000 Eltern			3.000.000
Kath. Sozialbeamtinnenverein	Köln	1916	1.000
Volksverein für das katholische Deutschland	MGladbach	1890	537.000
Bonner Vortragsverband	Bonn	1901	90
Neu-Deutschland, Kath. Schüler höh. Schulen	Köln	1919	25.000
Kath. Frauen- und Mütterverein	Köln	1918	220.000
Kath. kfm. Gehilfinnen u. Beamtinnenverein	Köln	1897	8.000
Kath. Hausangestellten u Dienstmädchenverein	München	1907	12.000
Bühnen-Volksbund	Berlin	1919	400.000
Lioba, Kath. Schülerinnen an höheren Schulen	Trier	1924	500
Quickborn	Rothenfels	1909	6.500
Kath.. kfm. Gehilfinnen u. Beamtinnenverband	Berlin	1917	11.000
Gesellschaft für Fest- u. Mysterienspiel	Köln	1921	3 Gruppen
Wolframbund	Dortmund	1921	o.A.
Gesamtzahl			6.311.690

Mitgliederstand der dem ZBA angeschlossenen Verbände, Vereine und Gemeinschaften 1925. Die Zahlenangaben finden sich in: O.V. Zentralbildungsausschuß der katholischen Verbände, in: Vk 13 (1925), 311f

Die Angabe für den Katholischen Akademikerverband für dem KHB 13 (1925/1926), 259, entnommen.

Auflagenhöhe der Zeitschriften und Zeitungen

Jahr	„Prediger und Katechet"	„Volkskunst" u. Nachfolger	Abo.-kosten	„Führerkorrespondenz"
1925	o. A.	4.000	6,-- RM	2.000
1926	o. A.	4.000	6,-- RM	2.000
1927	o. A.	3.500	6,-- RM	3.500
1929	o. A.	3.500	6,-- RM	3.500
1931	o. A.	2.500	6,-- RM	3.500
1933	o. A.	2.400	6,-- RM	o.A.
1935	3.900	2.000	4,50 RM	eingestellt
1937	3.900	2.000	4,50 RM	eingestellt
1939	7.800	2.000	4,50 RM	eingestellt

Jahr	„Germania"	„Rhein-Mainische Volkszeitung"	„Völkischer Beobachter" München/ Berlin	„Völkischer Beobachter" Deutsches Reich
1926	o. A.	o. A.	35.000/ o. A.	o. A.
1927	o. A.	o. A.	20.000/ o. A.	o. A.
1929	o. A.	30.000	o. A.	o. A.
1931	o. A.	30.000	150.000/ o. A.	o. A.
1933	o. A.	28.200	50.000/ 110.000	o. A.
1935	über 10.000[1]	13.760	47.000/ 195.000	265.000
1937	o. A.	eingestellt	63.000/ 190.000	265.000
1939	22.000[2]	eingestellt	120.475/ 310.000	440.000

Eigene Zusammenstellung des Autors nach: Sperlings Zeitschriften- und Zeitungs-Adreßbuch 51 (1925) - 61 (1939)

---

[1] Aus einer Aufstellung im Nachlass Ritters „Germania AG: Kritische Betrachtung zum Aufwand und Ertrag" vom 30. Januar 1934 lässt sich aus den Einnahmen für das Abonnement eine Zahl von ca. 10.000 Abonnenten ermitteln. KfZG C4/031-036
Dies Auflagenhöhe ca. 10.000 Exemplaren deckt sich annähernd mit den Angaben von Gottwald, der ausführt, dass die Auflage der „Germania" zu keiner Zeit der Weimarer Republik die Zahl von 10.000 Exemplaren überschritt. Allerdings gibt Gottwald für diese Angabe keine Fundstelle an. Gottwald 1972, 547

[2] Hier findet sich die Anmerkung: Seit 1938 fusioniert mit „Märkische Volkszeitung" und die Angabe der Auflagenhöhe mit 22.000 Exemplaren.

Verzeichnis der Abkürzungen

AAA	Allgemeines Arbeitsamt
A a O	Am angegebenen Ort
AAS	Acta apostolicae sedis
ADAV	Allgemeiner Deutscher Arbeiterverein
AG	Aktiengesellschaft
AJD	Archiv Jugendhaus Düsseldorf
AKD	Arbeitsgemeinschaft Katholischer Deutscher
AKKZG	Arbeitskreis für kirchliche Zeitgeschichte
AOMI	Archiv der Missionare Oblaten der Makellosen Jungfrau Maria
BAO	Bistumsarchiv Osnabrück
BArch	Bundesarchiv
Bd	Band
Bd e	Bände
BGB	Bürgerliches Gesetzbuch
BRSD	Bund der religiösen Sozialisten Deutschlands
Bspw	Beispielsweise
BVerfG	Bundesverfassungsgericht
BVP	Bayerische Volkspartei
Cath	Catholica
CDU	Christlich Demokratische Union
Christl	Christlich
DAF	Deutsche Arbeitsfront
DBE	Deutsche bibliographische Enzyklopädie
Ders	Derselbe
DGfE	Deutsche Gesellschaft für Erziehungswissenschaften
DJB	Düsseldorfer Jahrbuch
Dies	Dieselbe
Diss	Dissertation
DNVP	Deutschnationale Volkspartei
DW	Der Deutsche Weg
EB	Erwachsenenbildung

EV	Eingetragener Verein
F	Folgende
FDK	Friedensbund Deutscher Katholiken
FmDK	Filmarbeitsgemeinschaft Deutscher Katholiken
FF	Folgenden
G	Germania
GeStaPo	Geheime Staatspolizei
GwG	Geweihte Gemeinschaft
HAEK	Historisches Archiv des Erzbistums Köln
HBEB	Handbuch der Erwachsenenbildung
HJB	Historisches Jahrbuch
HL	Hochland
HVHS	Heimvolkshochschule
Hrsg	Herausgeber
IKF	Internationales Katholisches Filmbüro
IKR	Internationales Katholisches Rundfunkbüro
Jg	Jahrgang
KAB	Katholische Arbeiterbewegung
KABl	Kirchliches Amtsblatt
Kath	Katholisch
KDF	Katholischer Deutscher Frauenbund
KfZG	Kommission für Zeitgeschichte
KJMV	Katholischer Jungmännerverband
KHB	Kirchliches Handbuch
KKK	Kreis katholischer Künstler
Kor	Korintherbrief
LThK	Lexikon für Theologie und Kirche
LzPg	Lexikon zur Parteiengeschichte
NDB	Neue Deutsche Bibliographie
Nr	Nummer
NSDAP	Nationalsozialistische Deutsche Arbeiterpartei
NPP	Neuer politischer Pressedienst
NS	Nationalsozialistisch(e)
NSLB	Nationalsozialistischer Lehrerbund

NSV	Nationalsozialistische Volkswohlfahrt
O A	Oben angegeben
O V	Ohne Verfasser
O J	Ohne Jahresangabe
Phil	Philosophisch
RDK	Rundfunkarbeitsgemeinschaft der Deutschen Katholiken
RM	Reichsmark
RMV	Rhein-Mainische Volkszeitung
Röm	Römerbrief
RWTH	Rheinisch-Westfälische Technische Hochschule Aachen
SA	Sturmabteilung (der NSDAP)
SJ	Societas Jesu (Jesuitenorden)
Sp	Spalte
SPD	Sozialdemokratische Partei Deutschlands
SS	Schutzstaffel (der NDSAP)
SSS	Sekretariat Sozialer Studentenarbeit
Theol	Theologische
ThGl	Theologie und Glaube
U A	Und andere
USPD	Unabhängige Sozialdemokratische Partei Deutschlands
Vgl	Vergleiche
Vk	Volkskunst
VuV	Volkstum und Volksbildung
WAZ	Westdeutsche Arbeiter Zeitung
WRVfG	Weimarer Reichsverfassung
ZBA	Zentralbildungsausschuss der katholischen Verbände Deutschlands
ZDF	Zweites Deutsches Fernsehn

Literaturverzeichnis

Archivalien

Archiv der Kommission für Zeitgeschichte, Bonn (KfZG)
    Nachlass Emil Ritter
Bundesarchiv, Abteilung Berlin (BArch)
    Volksverein für das katholische Deutschland
Archiv Jugendhaus Düsseldorf (AJD)
Archiv der Missionare Oblaten der Makellosen Jungfrau Maria (AOMI)
Bistumsarchiv Osnabrück (BAO)
Historisches Archiv des Erzbistums Köln (HAEK)

Zeitschriften und Zeitungen

Der Deutsche Weg. Katholische Wochenzeitung. Ritter, Emil/ Joos, Joseph (Hrsg.). Köln 1-4 (1928-1932)

Erwachsenenbildung. Vierteljahresschrift. Beckel, A./ Flintrop, F./ Hannsler, B./ Pöggeler, Franz (Hrsg.): im Auftrag des Instituts für Erwachsenenbildung und in Verbindung mit dem Kulturreferat im Zentralkomitee der deutschen Katholiken sowie der Bundesarbeitsgemeinschaft für katholische Erwachsenenbildung. Osnabrück/ Düsseldorf 1 (1955)ff

Führer-Korrespondenz. Neue Folge der Präsides-Korrespondenz. Zeitschrift für das soziale Vereinswesen. Pieper, August (Hrsg.). Mönchen-Gladbach 35-45 (1922-1932)

Germania. Zeitung für das deutsche Volk. Germania AG (Hrsg.). Berlin 62-64 (1932-1934)

Geweihte Gemeinschaft. Zweimonatshefte für kirchliche Feiergestaltung, Brauchtum und Spiel. Neue Folge von Volkstum und Volksbildung. Beratungsstelle für pfarrgemeindliche Arbeit (Hrsg.). Münster/Frankfurt a. M. 1/22-9/30 (1934-1941)

Hochland. Monatsschrift für alle Gebiete des Wissens, der Kultur und der Kunst. Begr. von Carl Muth. München/ Kempten 1-38 (1903/04-1940/41)

Kirchliches Amtsblatt für die (Erz-)diözese Paderborn. (Erz-)bischöfliches Generalvikariat (Hrsg.). Paderborn 73 (1930) - 77 (1934)

Der Prediger und Katechet. Eine praktische katholische Monatsschrift für Prediger und Katecheten. Bayerische Ordensprovinz der Kapuziner (Hrsg.). Regensburg 79-88 (1929-1938)

Volkskunst: Monatsschrift für Theater und verwandte Bestrebungen in den katholischen Vereinen. Ritter, Emil (Hrsg.). Mönchengladbach 1-16 (1912/13-1928)

Der Volksverein. Zeitschrift des Volksvereins für das katholische Deutschland. Mönchen-Gladbach 1-42 (1891-1932)

Volkstum und Volksbildung. Neue Folge der Volkskunst. Katholische Zeitschrift für die gesamte Erwachsenenbildung. Ritter, Emil/ Grosche, Robert/ Marschall, Bernhard (Hrsg.). Mönchengladbach/ Köln 1/17-5/21 (1929-1933)

Veröffentlichungen Emil Ritters

Ich erhebe Widerspruch. WAZ vom 10. Juni 1917

Drei Sätze über die deutsche Volksbildung. In: Hl. Feuer Mai 1919, 315-322

Wir müssen ein Volk werden. In: Hl. Feuer August 1918, 426-433

Die Volksbildung im deutschen Aufbau. Mönchengladbach 1919 und 1921[2]

Ziele und Wege der Volksbildung. In: Marschall, Bernhard (Hrsg.): Volksbildungsarbeit. Ergebnisse der Rheinischen Bildungswoche 4. – 8. Okt. 1920 zu Köln. Köln 1921, 25-32

Die nationale Grundlage des neuen Zentrumsprogramms. In: Das Zentrum. Nr. 18. vom 15.09.1922.

Die christliche Lösung der Judenfrage. (Rez.:) H. Belloc: Die Juden. München: Kösel 1927, 232 S. In: Schönere Zukunft 5 (1929/1930), 1013-1014

Nationalsozialismus. In: Staatslexikon, Bd. 5, 19325, 1750-1762

Zur Klarstellung. In: Kölnische Volkszeitung vom 22.09.1932

Der Weg des politischen Katholizismus in Deutschland. Breslau 1934 (Ritter 1934b)

Der katholische Deutsche in der Nation. Eine Selbstanzeige von Emil Ritter. In: NPP vom 10.10.1934

Verleumdung statt Kritik. Beilage zum NPP vom 26.01.1935.

Politischer Katholizismus. In: Deutsches Volkstum vom März 1935, 241f.

Die rassische Mischehe. In: NPP vom 11.10.1935.

Nationales Dankopfer. In: NPP vom 06.11.1939.

Zur Klarstellung betr Sendschreiben katholischer Deutscher. In: Kölnische Volkszeitung vom 28.10.1936

Radowitz. Ein katholischer Staatsmann in Preußen. Verfassungs- und konfessionsgeschichtliche Studie. Köln 1948

Die katholisch-soziale Bewegung Deutschlands im 19. Jahrhundert und der Volksverein. Köln 1954

Umstrittene Begriffe. Ein Beitrag zur Klärung. In: Der christliche Sonntag 7 (1955), 144

Mönchengladbach und die Erwachsenenbildung. In: Pöggeler, Franz/ Langenfeld, Ludwig/ Welzel, Gotthard (Hrsg.): Im Dienste der Erwachsenenbildung. Festschrift für Rudolf Reuter. Osnabrück 1961, 90-105

Radowitz, Windthorst, Stegerwald. Drei Vorläufer der CDU. Frankfurt a. M. 1966

Il movimento cattolico-sociale in Germania nel XIX secolo e il Volksverein. Collana di storia del movimento cattolico, Nr. 20. Rom 1967

Hrsg.: Kreuz und Adler. Führerbriefe. Berlin, Nr. 1-3, 1933

Hrsg.: Katholisch-konservatives Erbgut. Eine Auslese für die Gegenwart. Freiburg i. Brsg. 1934 (Ritter 1934a)

Mit Brombacher, Kurt (Hrsg.): Sendschreiben katholischer Deutscher an ihre Volks- und Glaubensgenossen. Münster 1936 und 1936[2]

Veröffentlichungen Emil Ritters in den Zeitschriften „Volkskunst" sowie „Volkstum und Volksbildung"

Volkskunst 1 (1912/13)

Unser Programm, 1-3
Volk und Kunst, 3-6
Die Dramatiker der Vereinsbühne. 1. Paul Humpert, 93-99
Religiöse Stoffe auf der Vereinsbühne, 185-190
Ein vaterländisches Festjahr, 225-227
Klassiker auf der Vereinbühne, 345-353
Die Dramatiker der Vereinsbühne. 3. Heinrich Houben, 389-395
Rückblick und Ausblick, 433-435

Volkskunst 2 (1913/14)

Die Dramatiker der Vereinsbühne. 4. Paul Körber, 45-50
Die Pflege des Gemütslebens im Verein. Leitsätze, 89-92
Über das Verhältnis zwischen Volk und Kunst, 181-185
Das Volk und die klassische Dichtung. Ein Gespräch, 385-391

Volkskunst 3 (1914/15)

Krieg und Kunst, 1-4
Volksabende im Krieg, 5-6
Die Kriegshefte der „Volkskunst", 45
Von der deutschen Kunst, 105-109
Das Familienleben in der Dichtung, 165-172
Heinrich von Kleist, 209-222
Die Nibelungen, 269-286
Der deutsche Parzival, 329
Parzival, von Wolfram von Eschenbach, 337-356

Volkskunst 6 (1917/18)

Volkskunst-Arbeit nach dem Kriege, 1-4
Gottesdienst und Kunst. Beuroner Erinnerung, 81-85
An unsere Freunde, 129-130

Volkskunst 7 (1918/19)

Der Dürerbund, 105-109
Die Mannheimer Kunstbewegung, 193-197
Vereinsabende und Vereinsfest, 247-253
Literatur- und Kunstpflege im Verein, 289-293
Der neue Bühnenvolksbund, 401-405

Volkskunst 8 (1919/20)

Kunst und Volksbildung, 85-87

Volkskunst 9 (1920/21)

Volk und Theater. Anmerkungen von Emil Ritter, 1-6

Volkskunst 10 (1922/23)

Religion, Kunst und Volksbildung, 97-102

Volkskunst 11 (1923)

Zum zweiten Jahrzehnt, 3-5
Alte und neue Laienbühne. Randbemerkungen von Emil Ritter, 67-71
Vom ethischen Wert und Unwert des Vereinstheaters, 97-99

Volkskunst 12 (1924)

Zum kommenden Jahrgang, 77

Volkskunst 13 (1925)

Wo stehen wir?, 1-3
Volksbildung und ihre Organisation, 193-198
An die Spielscharen im Heimgarten, 241-242
Unsere Feste. Anmerkungen von Emil Ritter, 337-339
Schönheit und Wirklichkeit. Florentiner Eindrücke von Emil Ritter, 385-387

Volkskunst 14 (1926)

Der Volkskalender als Bildungsmittel, 1-7
Der Film und die Volksbildung, 49-56
Erl und die Volkskunst, 195-196
Religion und Kultur. Bemerkungen zu neuen Büchern, 451-456
Volksbühnenspiel, 497

Volkskunst 15 (1927)

Volksbühne und Vereinsbühne, 1-6
Laienspiel und Bühne, 33-36
Der Spielplan der Vereinsbühne. I. Die Wegweiser, 97-100,
Der Spielplan der Vereinsbühne. II. Das Wahlverfahren, 129-130,
Der Spielplan der Vereinsbühne. III. Die Maßstäbe, 199-202
Über die Nibelungentreue, 215-216
Eine katholische Heimvolkshochschule, 225-226
Madonnentage am Waldsee, 321-325

Volkskunst 16 (1928)

Bühnenvolksbund und katholische Vereine, 1-6
Volkskunstpflege und Kirchenjahr, 65-69
Bühnenvolksbund und katholische Vereine, 69-75

Volkstum und Volksbildung 1/17 (1929)

Eine Rechenschaft, 1-6
Das Land unserer Sehnsucht. Eine Auslese, 107-125
Gestalten deutscher Dichtung: Parzival, 233-253

Volkstum und Volksbildung 3/19 (1931)
Volksbildung und Tagespresse, 257-263
Um die deutsche Volksbildung, 295-299

Volkstum und Volksbildung 4/20 (1932)
Zum 20. Jahrgang, 1
Die Einheit der deutschen Volksbildung, 33-37

Volkstum und Volksbildung 5/21 (1933)
Umbruch der Volksbildung, 41-47

Veröffentlichungen Emil Ritters in der Zeitung „Der Deutsche Weg"

Der Deutsche Weg. Katholische Tageszeitung (1928)

Die Einheit der deutschen Katholiken. 16.03.1928
Das sogenannte Weltgewissen. 21.03.1928
Sozialismus und Arbeiterschaft: Sozialistische Kritik an marxistischen Denkgewohnheiten. 16.04.1928
Katholische Einheit im Friedenswerk: Zur Tagung des Friedensbundes deutscher Katholiken. 28.9.1928

Der Deutsche Weg. Katholische Wochenzeitung. 1 (1928/1929)

Das Wesen der politischen Bildung. 04.10.1928
Viator: Wegezeichen: Am Rande des Abgrundes. 04.10.1928
Wege der politischen Bildung. 11.10.1928
Nochmals die katholische Friedensbewegung. Eine Erwiderung von Emil Ritter. 18.10.1928
Die Erneuerung des Reichs. 25.10.1928
Viator: Wegezeichen: Faschistische Methoden. 08.11.1928
Kulturpolitischer Föderalismus. Grundsätzliches zur Reichsreform. 22.11.1928
Viator: Falscher Alarm von Rechts und Links: Katholische Verbrüderung mit dem Sozialismus? 29.11.1928
Die Zentrumspartei und ihre Presse. Ein offenes Wort zu inneren Klärung im Zentrum. 06.12.1928
Viator: Wegezeichen: Götterdämmerung in Italien. 06.12.1928
Die Wahrheit über den Zentrumsparteitag. Eine Führerwahl gegen die Arbeiterschaft? 13.12.1928
Katholische Aktion und Integralismus. Notwendige Klarstellungen. 24.01.1929
Monarchie und Republik als Schicksal. Zur Metaphysik der Politik. 07.2.1929
Politik als Kunst des Unmöglichen. Oder Hermann Müller und Benito Mussolini. 14.02.1929
Ein neues Zeitalter in der preußischen Kulturpolitik? 20.2.1929
Viator: Wegezeichen: Kulturbolschewismus und Humanität. 20.02.1929
Carl Sonnenschein zum Gedächtnis. 28.02.1929
Viator: Wegezeichen: Faschismus und Fatalismus. 28.02.1929
Die Kulturpolitik der katholischen Sozialisten. 07.03.1929
Liberale Fetische und christliche Kulturpolitik. Zugleich ein Beitrag zur christlich-deutschen Volkspolitik. 14.03.1929
Das Geheimnis des faschistischen Erfolgs. Zur Beurteilung der Diktaturpläne in Deutschland. 28.03.1929
Das Testament des unbekannte Soldaten. Zur Bewertung der Kriegserlebnisbücher. 18.04.1929
Bevölkerungspolitik. Bauernpolitik und Grenzlandpolitik. Zeitprobleme im Zusammenhang. 25.04.1929
Der Kampf um den Rundfunk. Zur Frage der Politisierung. 02.05.1929
Die liberalen Versuchungen des Zentrums. Eine kulturpolitische Pfingstbetrachtung. 16.05.1929

Religion und Weltanschauung im Rundfunk. Ein Beitrag zur christlichen Kulturpolitik. 13.06.1929
Stimmungen und Irrungen im deutschen Katholizismus. Peter Wust. Martin Spahn. Heinrich Mertens und Emil Ritter. 20.06.1929
Der Friedensvertrag als Friedenshinderns. Zum zehnten Jahrestag der Unterzeichnung des Versailler Vertrages. 27.06.1929
Rechenschaft über Weimar. Zuvor eine Erwiderung auf die Anklageschrift Professor Buchners. 04.07.1929
Königtum und Volksstaat. Die alte und die neue Ideologie des Staates. 18.07.1929
Schein und Wesen der Demokratie. Zur Kritik der Weimarer Verfassung. 25.07.1929
Rezension Dr. Wilhelm Stapel. Die Fiktionen der Weimarer Verfassung. Hamburg 1928. 25.07.1929
Die erbliche Belastung der deutschen Republik. Im Anschluß an August Wirsing: Das Reich als Republik. 01.08.1929
Von der Republik zum Volksstaat. Eine Verfassungsrede vor republikanischen und anderen Deutschen. 08.08.1929
Der Zionismus und die Judenfrage. Zur Würdigung des 16. Zionistenkongresses in Zürich. 21.08.1929
Was uns deutschen Katholiken fehlt. Ein Brief aus Anlaß des Freiburger Katholikentages. 29.08.1929
Die Festigung der christlichen Kulturfront. Kulturpolitische Bilanz des Freiburger Katholikentages. 12.09.1929

Der Deutsche Weg. Katholische Wochenzeitung. 2 (1929/1930)

Ist der Sozialismus eine Weltanschauung? Die Antwort Professor Theodor Brauers. 03.10.1929
Sozialismus als Lehr und als Bewegung. Zur Diskussion über Brauer: Der moderne deutsche Sozialismus. 10.10.1929
Die Verheißung des Friedens. 24.12.1929
Unsere Rüstung für das dunkle Jahr 1930. 02.01.1930
Die katholischen Sozialisten auf dem Nebengleise. 09.01.1930
Deutschland und die Internationale Vertragstreue. 16.01.1930
Fort mit den Nebenregierungen. 23.01.1930
Der offene und der geheime Vormarsch der Freidenker. 30.01.1930
Die grundsätzliche Seite der Emelka-Angelegenheit. 06.02.1930
Die Brücke zwischen Berlin und Rom. 13.02.1930
Die Totengräber der parlamentarischen Demokratie. 27.02.1930
Eine wirtschafts- und sozialpolitische Fastenbetrachtung. 06.03.1930
Alte und neue Experiment in der Jugenderziehung. 13.03.1930
Der Weg. den uns Hindenburg weist. 20.03.1930
Der gute Durchschnitt älterer. gesetzter Männer. Wie ein deutscher Parteiführer die Politik sieht. 27.03.1930
Der Weltkrieg als Tragödie des deutschen Volkes. Walter Beumelburg: Sperrfeuer um Deutschland. 03.04.1930
Das Chaos auf der deutschen Rechten. 03.04.1930
Die kulturbolschewistische Frontverlängerung. 24.04.1930
Die kulturelle und die wirtschaftliche Kampffront. 08.05.1930
Was Brüning zum Verhängnis werden kann. 15.05.1930
Die religiöse Not des Proletariats. 22.05.1930
Die Sendung der Kirche an die Welt. 05.06.1930

Der Kampf muß aufgenommen werden. 19.06.1930
Viator: Wegezeichen: Ist das Kulturbolschewismus. 26.06.1930
Das Selbstbild Adolf Hitlers. 04.09.1930
Hitlers Programm und Weltanschauung. Nach der Selbstbiographie „Mein Kampf". 11.09.1930

Der Deutsche Weg. Katholische Wochenzeitung. 3 (1930/1931)

Viator: Hitler lernt um. 02.10.1930
Viator: Mehrheit oder Regierung. 02.10.1930
Um die nationale Demokratie. 09.10.1930
Viator: Katholisch-soziale Einheitsfront. 09.10.1930
Viator: Drum prüfe. wer sich bindet. 16.10.1930
Viator: Neue Fronten. 23.10.1930
Heilige für unsere Zeit. 30.10.1930
Viator: Deutsch-französische Gespräche. 06.11.1930
Erziehung zur Staatsgesinnung. 13.11.1930
Die Kriegsschuldfrage auf der Tagesordnung. Amerika als Vorkämpfer der Wahrheit. 20.11.1930
Viator: Katholiken und Nationalsozialismus. 27.11.1930
Die Schande des Jahrhunderts. Was ein Deutscher in Rußland erlebte. 04.12.1930
Viator: Polnische Wirtschaft. 04.12.1930
Viator: Nationalsozialistische Taten. 11.12.1930
Viator: Nicht vom Brot allein. 08.01.1931
Viator: Klasse oder Volk. 15.01.1931
Viator: Fort von Genf. 22.01.1931
Italien als Bundesgenosse. 22.01.1931
Dem Liberalismus ins Herz. 29.01.1931
Hirtenworte im Parteilärm. 05.0.1931
Das Problem Carl Sonnenschein. Zum zweiten Jahrestag seines Todes. 19.02.1931
Politische Theatereffekte. 19.02.1931
Volksentscheid statt Revolution. 26.02.1931
Eine neue Zentrumskrise? 19.03.1931
Deutsche Osterhoffnung. 02.04.1931
Spanisches in Deutschland. 06.04.1931
Ein nicht ganz offener Brief. 16.04.1931
Die Marseillaise in Spanien. 23.04.1931
Kirche und Partei. 30.04.1931
Nationalsozialismus als Weltanschauung. 07.05.1931
Gemeinschaft und Gemeinwohl. 14.05.1931
Nationalsozialismus und Zentrum. 11.06.1931
Fragenzeichen zum Faschismus. 18.06.1931
Der deutsche Staatsmann. 25.06.1931
Staat und berufsständische Ordnung. 02.07.1931
Beseitigung der Todestrafe. 09.07.1931
Mussolinis weltgeschichtliche Probe. 16.07.1931
Viator: Wegezeichen: Belehrung über das Christentum. 16.07.1931
Rezension Otto von Moser: Die obersten Gewalten im Weltkrieg. Stuttgart o.J. 23.07.1931
Volk ohne Ehre. 23.07.1931

Der Duce und der Kanzler. 20.08.1931
Um die deutsche Volksbildung. 27.08.1931
Aufruf zur katholischen Tat. 10.09.1931
Das wirkliche Frankreich. 23.9.1931

Der Deutsche Weg. Katholische Wochenzeitung. 4 (1931/1932)

Der deutsche Volksstaat. 05.11.1931
Die Rätsel des Kanzlers. 12.11.1931
Viator: Die Novemberlegende. 19.11.1931
Viator: Moralische und andere Schulden. 26.11.1931
Viator: Die nationalsozialistischen Ras. 03.12.1931
Viator: Die sozialdemokratischen Strategen. 10.12.1931
Viator: Brünings hohes Spiel. 17.12.1931
Viator: Das Geschenk des Friedens. 24.12.1931
Viator: Die innenpolitische Entscheidung. 07.01.1932
Viator: Die Aktivität extremer Parteien. 14.01.1932
Viator: Die außenpolitische Entscheidung. 21.01.1932
Viator: Das Recht auf Reparationen. 28.01.1932
Viator: Wer gegen Hindenburg 04.02.1932
Viator: Nicht zerreißen. aber begraben. 11.02.1932
Viator: Für oder gegen das System? 18.02.1932
Viator: Die deutsche Führerlosigkeit. 25.02.1932
Viator: Der Geist. der stets verneint. 03.03.1932
Viator: Die wirtschaftliche Einkreisung. 10.03.1932
Viator: Briand und Hindenburg. 17.03.1932
Viator: Vom alten Sauerteig. 24.03.1932
Viator: Das Geheimnis der Persönlichkeit. 07.04.1932
Viator: Hitler und das Schicksal. 14.04.1932
Viator: Wofür kämpfen wir eigentlich? 21.04.1932
Viator: Parteien und Ideen. 28.04.1932
Fragen an den Nationalsozialismus. 05.05.1932
Viator: Zentrum ist Trumpf. 05.05.1932
Viator: Die Zukunft des Bürgertums. 20.05.1932
Viator: Das faschistische Beispiel. 27.05.1932
Viator: Eine Wendung wohin? 03.06.1932
Viator: Brünings Testament. 03.06.1932
Viator: Rückwärts oder vorwärts? 08.07.1932
Viator: Die Wahrheit über Lausanne. 15.07.1932
Viator: Nationale Selbstvergiftung. 22.07.1932
Viator: Rechtsfragen und Zukunftsfragen. 29.07.1932
Zentrum und Separatismus 12.08.1932
Faschismus und Nationalsozialismus. 19.08.1932
Das Reichsschulgesetz als Prüfstein. 26.08.1932
Das Unglück Deutschlands. 02.09.1932
Zentrum und Hitlerpartei 09.09.1932
Kampf um die Verfassung. 23./30.09.1932

Veröffentlichungen Emil Ritters in der Zeitung „Germania"

Germania 62 (1932) Mai
Selbstbesinnung. 08.05.1932
Mißdeutung und Einverständnis. 22.05.1932

Germania 63 (1933) Juli
Unser Ja zum neuen Deutschland. 02.07.1933
Stirb und werde! 04.07.1933
Ein kirchenpolitisches Friedenswerk. 11.07.1933
Die erste Bresche. 20.07.1933
Der Akademikerverband in Maria Laach. 29.07.1933

Germania 63 (1933) August
An der Bahre eines Apostels. Zum Tode des Bischofs von Berlin. 06.08.1933

Germania 63 (1933) September
Festtage im Schatten. Zum Wiener Katholikentag. 10.09.1933

Germania 63 (1933) Oktober
Getarnter Liberalismus. 22.10.1933
Ein Führer spricht. 26.10.1933
Der grüne und der weiße Zettel. 29.10.1933

Germania 63 (1933) November
Neues Apostolat. Gedanken zum Allerheiligenfeste. 01.11.1933
Katholiken vor die Front. 05.11.1933
Dreimal 9. November. 09.11.1933
Der neue November. 14.11.1933
Kampf um den Glauben. 19.11.1933
Europa muß jung werden. 26.11.1933

Germania 63 (1933) Dezember
Deutsche gegen Deutschland. 03.12.1933
Adolf Kolping in unserer Zeit. 08.12.1933
Katholiken als Wegbereiter. 10.12.1933
Nuntius Orsenigo. 12.12.1933
Der neue Beruf der Zeitung. 17.12.1933
Dr. Nikolaus Bars. Bischof von Berlin. 22.12.1933
Politische Weihnachtszeiten. 24.12.1933
Um des Friedens willen. 29.12.1933
Sieben Stufen des Aufstiegs. 31.12.1933

Germania 64 (1934) Januar

Der nationalsozialistische Staatsaufbau. 07.01.1934
Zwei Mißdeutungen. 13.01.1934
Ein Reich wird geboren. 14.01.1934
Neues deutsches Bauerntum. 21.01.1934
Zuviel Optimismus? 23.01.1934
Geheimnisse der Dritten Republik. 28.01.1934
Der 30. Januar. 30.01.1934
Ein Volk, ein Reich. 31.01.1934

Germania 64 (1934) Februar

Staaten und Stämme. 04.02.1934
Jahrestag der Papstkrönung. 11.02.1934
Entlarvung des Staatserhaltenden. 13.02.1934
Führer ohne Volk. 14.02.1934
Oesterreichische Unabhängigkeit. 18.02.1934
Volkstrauertag – Heldengedenktag. 25.02.1934
Dem Volk verschworen. 27.02.1934

Germania 64 (1934) März

Ein christliches Volk. 02.03.1934
Verdächtiges Mitleid. 04.03.1934
Menschenrechte und Abbruch. 11.03.1934
Demokratische Restbestände. 18.03.1934
Im Geiste von Potsdam. Die Eröffnung der Arbeitsschlacht 1934. 22.03.1934
Verantwortung vor dem Ausland. 25.03.1934
Das koloniale Jubiläumsjahr. 27.03.1934

Germania 64 (1934) Mai

Ein katholischer Idealstaat? 06.05.1934
Klärung der Pressefrage. 10.05.1934
Tagebuch des Kampfes. 13.05.1934
Das französische Rätsel. 18.05.1934
Der Hebel der Revolution. 27.05.1934

Germania 64 (1934) Juni

Am Apostelgrab. 03.06.1934
Der Soldat des Volkes. 06.06.1934
Ein katholischer Versucher. 10.06.1934
Preußens Beruf. 20.06.1934
Scapa Flow. 21.06.1934
Innerhalb 24 Stunden. 24.06.1934
Nochmals Widukind. 26.06.1934
Ruf des Schicksals. 28.06.1934

Germania 64 (1934) Juli

Gentile und der Faschismus. 04.07.1934
Nach dem Gewitter. 08.07.1934
Oesterreichisches Ketzergericht. 13.07.1934
Aufbauende Kräfte. 15.07.1934
Revolution und Tradition. 22.07.1934
Wer trägt die Schuld? 27.07.1934
Wir Barbaren und die anderen. 29.07.1934

Germania 64 (1934) August

Wir sind ein Volk! 01.08.1934
Hindenburg ist tot. 03.08.1934
Hindenburg-Geist. 05.08.1934
Hindenburg lebt weiter! 07.08.1934
Unsere Antwort. 12.08.1934
Das Ja Hindenburg. 17.08.1934
Nur ein Gedanke: Deutschland. 19.08.1934
Nach dem Siege. 21.08.1934
Sieg an der Saar! 26.08.1934
Das Wunder von Tannenberg. 28.08.1934
Weh dem Besiegten! 30.08.1934

Germania 64 (1934) September

Revolution im Strafrecht. 02.09.1934
Ein Friedenspapst. 04.09.1934
Tragödie und Wunder. 09.09.1934
Deutschland marschiert. 12.09.1934
Volkstum und Nation. 16.09.1934
Die Kulissenschlacht. 19.09.1934
Landerziehung. 21.09.1934
Katholische Deutsche. 23.09.1934
Der betende Bauer. 30.09.1934

Germania 64 (1934) Oktober

Das sogenannte Russland. 04.10.1934
Nation und Konfession. 07.10.1934
Auf Befehl Pilsudskis. 12.10.1934
Was ist politischer Katholizismus. 14.10.1934
Belgien in deutscher Hand. Die Befriedung eines eroberten Landes vor zwanzig Jahren. 14.10.1934
Langemarck. 21.10.1934

Germania 64 (1934) November

Deutsche Kulturwerbung. 01.11.1934
Stellungskrieg einst und jetzt. 04.11.1934
Novembergedanken. 11.11.1934
Kirchenpolitische Scharfmacherei. 13.11.1934
Der neue November. 14.11.1934

Andere

Adam, Adolf/ Berger, Rupert: Pastoralliturgisches Handlexikon. Freiburg im Breisgau/ u.a. 1980

Albert, Marcel: Die Benediktinerabtei Maria Laach und der Nationalsozialismus. Veröffentlichungen KfZG, Reihe B: Forschungen, Bd. 95. Paderborn 2004

Albrecht, Dieter: Der Heilige Stuhl und das Dritte Reich. In: Gotto, Klaus/ Repgen, Konrad (Hrsg.): Die Katholiken und das Dritte Reich. Mainz 1983², 36-50

Albrecht, Dieter: Die Mitarbeiter der Historisch-politischen Blätter für das katholische Deutschland 1838-1923. Ein Verzeichnis. Veröffentlichungen KfZG, Reihe B: Forschungen, Bd. 52. Mainz 1990

Aleff, Eberhard. Mobilmachung. In: Ders. (Hrsg.): Das Dritte Reich. Hannover 1982¹⁷, 61-176 (Aleff 1970a)

Aleff, Eberhard (Hrsg.): Das Dritte Reich. Hannover 1982¹⁷ (Aleff 1970b)

Allgemeine Deutsche Biographie. Historische Kommission der königlichen Akademie der Wissenschaften. 55 Bd.e. Berlin 1875-1910¹ sowie 1967-1971²

Altgeld, Wolfgang: Katholizismus, Protestantismus, Judentum. Über religiös begründete Gegensätze und nationalreligiöse Ideen in der Geschichte des deutschen Nationalismus, Veröffentlichungen KfZG, Reihe B: Forschungen, Bd. 59. Mainz 1992

Altgeld, Wolfgang: Katholizismus und Antisemitismus. Kommentar. In: Hummel, Karl-Joseph (Hrsg.): Zeitgeschichtliche Katholizismusforschung. Tatsachen, Deutungen, Fragen. Eine Zwischenbilanz. Veröffentlichungen KfZG, Reihe B: Forschungen, Bd. 100. Paderborn 2004, 49-56

Altmeyer, Karl Aloys: Katholische Presse unter NS-Diktatur. Die katholischen Zeitungen und Zeitschriften Deutschlands in den Jahren 1933-1945. Dokumentation. Berlin 1962

Aly, Götz: Hitlers Volksstaat. Raub, Rassenkrieg und nationaler Sozialismus. Frankfurt a. M. 2005

Apel, Karl-Otto/ Bormann, Claus von/ Bubner, Rüdiger/ Gadamer, Hans-Georg/ Giegel, Hans-Joachim/ Habermas, Jürgen: Hermeneutik und Ideologiekritik. Frankfurt am Main 1975

Arbeitsgemeinschaft Katholischer Deutscher (Hrsg.): Mitteilungsblatt. Berlin, Nr.1-8, 1933/34

Arbeitskreis für kirchliche Zeitgeschichte (AKKZG). Katholiken zwischen Tradition und Moderne. Das katholische Milieu als Forschungsaufgabe. In: Westfälische Forschungen 43 (1993), 588-654

Arentin, Karl Otmar von: Kirche und Staat in der Aufklärung. In: Denzler, Georg (Hrsg.): Kirche und Staat auf Distanz. Historische und aktuelle Perspektiven. München 1977, 74-86

Arentin, Karl Otmar von: Altes und Neues zur Vorgeschichte des Reichskonkordats. In: Ders./ Besier, Gerhard: Klaus Scholder. Die Kirchen zwischen Republik und Gewaltherrschaft. Gesammelte Aufsätze. Frankfurt a. M. 1991, 171-203 (Arentin 1991)

Arentin, Karl Otmar von/ Besier, Gerhard: Klaus Scholder. Die Kirchen zwischen Republik und Gewaltherrschaft. Gesammelte Aufsätze. Frankfurt a. M. 1991

Aretz, Jürgen: Otto Müller (1870-1944). In: Aretz, Jürgen / u.a. (Hrsg.): Zeitgeschichte in Lebensbildern. Aus dem deutschen Katholizismus des 19. und 20. Jahrhunderts, Bd. 3. Mainz 1979, 191-203

Aretz, Jürgen: Einheitsgewerkschaft und christlich-soziale Tradition. In: Langner, Albrecht (Hrsg.): Katholizismus, Wirtschaftsordnung und Sozialpolitik 1945-1963. Beiträge zur Katholizismusforschung: Reihe B, Abhandlungen. Paderborn/ u.a. 1980, 205-228

Aretz, Jürgen: Katholische Arbeiterbewegung und christliche Gewerkschaften – Zur Geschichte der christlich-sozialen Bewegung. In: Rauscher, Anton (Hrsg.): Der soziale und politische Katholizismus. Entwicklungslinien in Deutschland 1803 - 1963. Bd. 2. München/ Wien 1982, 159-214 (Aretz 1982a)

Aretz, Jürgen: Katholische Arbeiterbewegung und Nationalsozialismus. Der Verband katholischer Arbeiter- und Knappenvereine Westdeutschlands 1923-1945, Veröffentlichungen KfZG, Reihe B: Forschungen, Bd. 25. Mainz 1982² (Aretz 1982b)

Aretz, Jürgen: Die Katholische Arbeiterbewegung (KAB) im Dritten Reich. In: Gotto, Klaus/ Repgen, Konrad (Hrsg.): Die Katholiken und das Dritte Reich. Mainz 1983², 86-100

Bachem, Julius: Wir müssen aus dem Turm heraus. In: Historisch-politische Blätter für das katholische Deutschland. München. 1 (1906), 376-386

Bachem, Karl: Vorgeschichte, Geschichte und Politik der deutschen Zentrumspartei, 9 Bd.e. Köln 1927-1932

Baig, Yong-Gi: Bund der religiösen Sozialisten Deutschlands in der Weimarer Republik. Bochum 1996

Bärtle, Joseph/ Reisch, Erich: Katholische Aktion und Deutsches Volkstum. In der Reihe: Katholische Aktion, Heft 4. Stuttgart 1934

Baruzzi, Arno: Zum Begriff und Problem der „Säkularisierung". In: Rauscher, Anton (Hrsg.): Säkularisierung und Säkularisation vor 1800. Beiträge zur Katholizismusforschung: Reihe B, Abhandlungen. Paderborn 1976, 121-134

Bauer, Günther: Kirchliche Rundfunkarbeit 1924-1939. Frankfurt a. M. 1966

Bäuerle, Theodor: Anton Heinen als Volksbildner. In: Das volksbildnerische Wirken Anton Heinens – aus Anlaß seines 60. Geburtstages (12.11.1929). Mönchen-Gladbach 1929

Baumeister, Martin: Parität und katholische Inferiorität. Untersuchungen zur Stellung des Katholizismus im Deutschen Kaiserreich. Paderborn 1987

Bäumer, Remigius (Hrsg.): August Franzen. Kleine Kirchengeschichte. Neubearbeitung mit Übersichtstafeln. Freiburg im Breisgau/ u.a. 1995⁴

Baumgartner, Alois: Sehnsucht nach Gemeinschaft. Ideen und Strömungen im Sozialkatholizismus der Weimarer Republik, Paderborn 1977

Baumgartner, Alois: Die Auswirkungen der liturgischen Bewegung auf Kirche und Katholizismus. In: Rauscher, Anton (Hrsg.): Religiöse-kulturelle Bewegungen im deutschen Katholizismus seit 1800. Paderborn 1986, 121-136

Baumgärtner, Raimund: Weltanschauungskampf im Dritten Reich. Die Auseinandersetzung der Kirchen mit Alfred Rosenberg. Veröffentlichungen KfZG, Reihe B: Forschungen, Bd. 22. Mainz 1977

Beck, Gottfried: Die Bistumspresse in Hessen und der Nationalsozialismus 1930-1941. Veröffentlichungen KfZG, Reihe B: Forschungen, Bd. 72. Paderborn 1996

Behrens, Roger: Kritische Theorie. Hamburg 2002

Behrens, Roger: Postmoderne. Hamburg 2004

Beilmann, Christel: Eine katholische Jugend in Gottes und dem Dritten Reich: Briefe, Berichte, Gedrucktes 1930-1945, Kommentare 1988/89. Mit einem Nachwort von Arno Klönne. Wuppertal 1989

Beinert, Wolfgang: Kirchenbilder in der Kirchengeschichte. In: Ders. (Hrsg.): Kirchenbilder, Kirchenvisionen. Variationen über eine Wirklichkeit. Regensburg 1995

Bendel, Rainer (Hrsg.): Die katholische Schuld? Katholizismus im Dritten Reich zwischen Arrangement und Widerstand. Münster 2004^2

Benkart, Paul: Die Akademische Bonifatiuseinigung 1867-1967. Paderborn 1965

Benning, Alfons: Der Bildungsbegriff der deutschen katholischen Erwachsenenbildung. Schriften zur Pädagogik und Katechtik, Bd. 18. Kampmann, Theodor/ Padberg, Rudolf (Hrsg.). Paderborn 1970

Benning, Alfons: Quellentexte Katholischer Erwachsenenbildung. Eine Auswahl, Schriften zur Pädagogik und Katechetik, Bd. 19. Paderborn 1971

Benning, Alfons (Hrsg.): Erwachsenenbildung. Bilanz und Zukunftsperspektiven. Festgabe für Franz Pöggeler zur Vollendung des 60. Lebensjahres. Paderborn/ u.a. 1986

Berger, Peter L.: Der Zwang zur Häresie. Religion in der pluralistischen Gesellschaft. Frankfurt a. M. 1980

Bergmann, Bernhard (Hrsg.): Anton Heinen. Gedanken und Aussagen aus seinen Schriften. Paderborn 1950

Berning, Vincent: Geistig-kulturelle Neubesinnung im deutschen Katholizismus vor und nach dem Ersten Weltkrieg. In: Rauscher, Anton (Hrsg.): Religiös-kulturelle Bewegungen im deutschen Katholizismus seit 1800. Beiträge zur Katholizismusforschung: Reihe B, Abhandlungen. Paderborn/ u.a. 1986, 47-98

Besier, Gerhard: Der Heilige Stuhl und Hitler-Deutschland. Die Faszination des Totalitären. München 2004

Beutler, Kurt: Deutsche Soldatenerziehung von Weimar bis Bonn. Erinnerung an Erich Wenigers Militärpädagogik. In: päd. extra & demokratische erziehung 2 (1989), H. 7/8, 47-53

Beutler, Kurt: Bemerkungen zur Anwendung der hermeneutischen Methode in der Auseinandersetzung zwischen Adalbert Rang und Ulrich Hermann. In: Keim, Wolfgang/ u.a. (Hrsg.): Erziehungswissenschaft und Nationalsozialismus – Eine kritische Positionsbestimmung. Marburg 1990, 137-142

Beutler, Kurt: Geisteswissenschaftliche Pädagogik zwischen Politisierung und Militarisierung – Erich Weniger. Studien zur Bildungsreform, Bd. 24. Frankfurt am Main/ u.a. 1995

Beuter, Kurt: Der Begriff der Militärpädagogik bei Erich Weniger. In: Gatzemann, Thomas/ Göing, Anja-Silvia (Hrsg.): Geisteswissenschaftliche Pädagogik, Krieg und Nationalsozialismus. Kritische Fragen nach der Verbindung von Pädagogik, Politik und Militär. Frankfurt am Main/ u.a. 2004, 109-124

Bihlmeyer, Karl/ Tüchle, Hermann: Kirchengeschichte. Bd. 3: Die Neuzeit und die neueste Zeit. Paderborn 1961

Blanke, Hermann-Josef (Hrsg.): Deutsche Verfassungen. Dokumente zu Vergangenheit und Gegenwart. Paderborn 2003

Blaschke, Olaf: Wider die „Herrschaft des modern-jüdischen Geistes": Der Katholizismus zwischen Antijudaismus und modernem Antisemitismus. In: Loth, Wilfried (Hrsg.): Deutscher Katholizismus im Umbruch zur Moderne. Stuttgart/ u.a. 1991. 236-265

Blaschke, Olaf: Die Kolonialisierung der Laienwelt. Priester als Milieumanager und die Kanäle klerikaler Kuratel. In: Ders./ Kuhlemann, Frank-Michael (Hrsg.): Religion im Kaiserreich: Milieus - Mentalitäten – Krisen. Religiöse Kulturen der Moderne, Bd. 2. Gütersloh 1996, 93-135 (Blaschke 1996)

Blaschke, Olaf: Katholizismus und Antisemitismus im Deutschen Kaiserreich. Kritische Studien zur Geschichtswissenschaft, Bd. 122. Göttingen 1997

Blaschke, Olaf/ Kuhlemann, Frank-Michael (Hrsg.): Religion im Kaiserreich: Milieus - Mentalitäten – Krisen. Religiöse Kulturen der Moderne, Bd. 2. Gütersloh 1996

Blum, Bertram: Regionalgeschichte der Erwachsenenbildung in katholischer Trägerschaft. Am Beispiel der Diözese Eichstätt. Würzburg 1995

Blumberg-Ebel, Anna: Sondergerichtsbarkeit und "Politischer Katholizismus" im Dritten Reich. Veröffentlichungen KfZG, Reihe B: Forschungen, Bd. 55. Mainz 1990

Boberach, Heinz: Berichte des SD und der Gestapo über Kirchen und Kirchenvolk in Deutschland 1934-1944. Veröffentlichungen KfZG, Reihe A: Quellen, Bd. 12. Mainz 1971

Böckenförde, Ernst-Wolfgang: Der deutsche Katholizismus im Jahr 1933. In: HL 53 (1961), 215-239

Böckenförde, Ernst-Wolfgang: Das Ethos der modernen Demokratie und die Kirche (1957). In: Ders.: Kirchlicher Auftrag und politische Entscheidung. Freiburg im Breisgau 1973, 9-29

Böckenförde, Ernst-Wolfgang: Staat, Gesellschaft, Freiheit. Studien zur Staatstheorie und zum Verfassungsrecht. Frankfurt a. M. 1976

Böckenförde, Ernst-Wolfgang: Der deutsche Katholizismus im Jahre 1933. Kirche und demokratisches Ethos. Reihe: Schriften zu Staat - Gesellschaft - Kirche, Bd. 1. Freiburg i. Brsg./ u.a. 1988

Böckenförde, Ernst-Wolfgang: Kirchlicher Auftrag und politisches Handeln. Reihe: Schriften zu Staat - Gesellschaft - Kirche, Bd. 2. Freiburg i. Brsg./ u.a. 1989

Böckenförde, Ernst-Wolfgang: Religionsfreiheit Reihe: Schriften zu Staat - Gesellschaft - Kirche, Bd. 3. Freiburg i. Brsg./ u.a. 1990

Boehm, Laetitia: Katholizismus, Bildungs- und Hochschulwesen nach der Säkularisation. In: Rauscher, Anton (Hrsg.): Katholizismus, Bildung und Wissenschaft im 19. und 20. Jahrhundert. Beiträge zur Katholizismusforschung: Reihe B, Abhandlungen. Paderborn/ u.a. 1987, 9-60

Börger, Bernd/ Schroer, Hans (Hrsg.): Sturmschar unter dem NS-Regime. Altenberg 1989

Borgert, Heinz-Ludger: Grundzüge der Landkriegsführung von Schlieffen bis Guderian. In: Deutsche Militärgeschichte, Bd. 6 Abschnitt IX, 472-586

Bozek, Karl: Anton Heinen und die deutsche Volkshochschulbewegung. Materialen zur Erwachsenenbildung. Veröffentlichungen des Deutschen Volkshochschul-Verbandes durch die Pädagogische Arbeitsstelle des DVV. Bd. 1. Stuttgart 1963

Bracher, Karl-Dietrich/ u.a. (Hrsg.): Die Weimarer Republik 1918-1933. Politik, Wirtschaft, Gesellschaft. Bonn 1987

Bracht, Hans-Günther: Das höhere Schulwesen im Spannungsfeld von Demokratie und Nationalsozialismus. Ein Beitrag zur Kontinuitätsdebatte am Beispiel der preußischen Aufbauschule. Studien zur Bildungsreform, Bd. 31. Frankfurt a. M./ u.a. 1998

Brakelmann, Günter/ Rosowski, Martin (Hrsg.): Antisemitismus. Von religiöser Judenfeindschaft zur Rassenideologie. Göttingen 1989

Brandenburg, Albert: Robert Grosche. Zum Tode eines Wegbereiters der Ökumene in Deutschland. In: Katholische Nachrichtenagentur KNA. Das Portrait Nr. 21 vom 23. Mai 1967

Brandenburg, Albert: Das ökumenische Vermächtnis Robert Grosches. In: Cath 25 (1971), 1-12

Brandt, Hans Jürgen (Hrsg.): ... und auch Soldaten fragten. Zu Aufgabe und Problematik der Militärseelsorge in drei Generationen. Quellen und Studien zur Geschichte der Militärseelsorge. Bd. 9. Paderborn 1992

Brechenmacher, Thomas: Pius XII. und der Zweite Weltkrieg. Plädoyer für eine erweiterte Perspektive. In: Hummel, Karl-Joseph (Hrsg.): Zeitgeschichtliche Katholizismusforschung. Tatsachen, Deutungen, Fragen. Eine Zwischenbilanz. Veröffentlichungen KfZG, Reihe B: Forschungen, Bd. 100. Paderborn 2004, 83-100

Brechenmacher, Thomas: Der Heilige Stuhl und die europäischen Mächte im Vorfeld und während des Zweiten Weltkriegs. In: Zur Debatte. Themen der Katholischen Akademie in Bayern. Heft 3, 35 (2005), 8-10

Brechtken, Magnus: Kirche und Katholiken im „Dritten Reich" und Pius XII. im Zweiten Weltkrieg – ein kritischer Kommentar. In: Hummel, Karl-Joseph (Hrsg.): Zeitgeschichtliche Katholizismusforschung. Tatsachen, Deutungen, Fragen. Eine Zwischenbilanz. Veröffentlichungen KfZG, Reihe B: Forschungen, Bd. 100. Paderborn 2004, 101-112

Breuer, Thomas: Verordneter Wandel? Der Widerstreit zwischen nationalsozialistischem Herrschaftsanspruch und traditionaler Lebenswelt im Erzbistum Bamberg. Veröffentlichungen KfZG, Reihe B: Forschungen, Bd. 60. Mainz 1992

Breuning, Klaus: Die Vision des Reiches. Deutscher Katholizismus zwischen Demokratie und Diktatur (1929-1934). München 1969

Briefs, Götz A.: Zur Analyse des Säkularismus. In: Rauscher, Anton (Hrsg.): Entwicklungslinien des deutschen Katholizismus. Beiträge zur Katholizismusforschung: Reihe B, Abhandlungen. Paderborn 1973, 55-70

Bröckling, Ulrich: Katholische Intellektuelle in der Weimarer Republik. Zeitkritik und Gesellschaftstheorie bei Walter Dirks, Romano Guardini, Carl Schmitt, Ernst Michel und Heinrich Mertens. München 1993

Brosseder, Hubert: Das Priesterbild in der Predigt. Eine Untersuchung zur kirchlichen Praxisgeschichte am Beispiel der Zeitschrift „Der Prediger und Katechet" von 1850 bis zur Gegenwart. München/ Dillingen 1978

Broszat, Martin: Bayern in der NS-Zeit. 6 Bd.e. München/ Wien 1977-1983

Broszat, Martin: Grenzen der Wertneutralität in der Zeitgeschichtsforschung. Der Historiker und der Nationalsozialismus. Erstveröffentlichung 1981. In: Ders.: Nach Hitler. Der schwierige Umgang mit unserer Geschichte. München 1988, 162-184 (Broszat 1981)

Broszat, Martin: Eine Insel in der Geschichte? Der Historiker in der Spannung zwischen Verstehen und Bewerten der Hitler-Zeit. Erstveröffentlichung 1983. In: Ders.: Nach Hitler. Der schwierige Umgang mit unserer Geschichte. München 1988, 208-215 (Broszat 1983)

Broszat, Martin: Nach Hitler. Der schwierige Umgang mit unserer Geschichte. München 1988

Broszat, Martin: Was heißt Historisierung des Nationalsozialismus? In: HZ Bd 247 (1988), 1-14 (Broszat 1988)

Brüggeboes, Wilhelm/ Mensing, Roman (Hrsg.): Kirchengeschichte. Ein Lehrbuch für den katholischen Religionsunterricht. Düsseldorf 1972

Brüls, Karl-Heinz: Prälat Dr. August Pieper. Zum Gedenken an eine große Persönlichkeit im sozialen Katholizismus. Herausgegeben von der Diözesanleitung der Sozialen Seminare im Bistum Aachen. Aachen o.J. [vermutlich 1957]

Brüls, Karl-Heinz: Geschichte des Volksvereins, Teil I: 1890-1914. Münster 1960

Bubner, Rüdiger: Was ist kritische Theorie? Erstveröffentlichung Philosophische Rundschau 16 (1969), 213-249. In: Apel, Karl-Otto/ Bormann, Claus von/ Bubner, Rüdiger/ Gadamer, Hans-Georg/ Giegel, Hans-Joachim/ Habermas, Jürgen: Hermeneutik und Ideologiekritik. Frankfurt am Main 1975, 160-209

Buchheim, Karl: Ultramontanismus und Demokratie. Der Weg der deutschen Katholiken im 19. Jahrhundert. München 1963

Budde, Heinz: Handbuch der christlich-sozialen Bewegung. Recklinghausen 1967

Busch, Norbert: Frömmigkeit als Faktor des katholischen Milieus. Der Kult zum Herzen-Jesu. In: Blaschke, Olaf/ Kuhlemann, Frank-Michael (Hrsg.): Religion im Kaiserreich: Milieus – Mentalitäten – Krisen, Religiöse Kulturen der Moderne, Bd. 2. Gütersloh 1996, 136-165

Casper, Bernhard: Gesichtspunkte für eine historische Darstellung der deutschen katholischen Theologie im 19. Jahrhundert. In: Rauscher, Anton (Hrsg.): Entwicklungslinien des deutschen Katholizismus. Beiträge zur Katholizismusforschung: Reihe B, Abhandlungen. Paderborn 1973, 85-96

Ceković, Katarina: Der Beitrag Rudolf Reuters zur Theorie und Praxis der Erwachsenenbildung. Studien zur Pädagogik, Andragogik und Gerontagagik, Bd. 17. Frankfurt a. M./ u.a. 1994

Ciupke, Paul: Historische Entwicklungslinien. Politische Erwachsenenbildung von der Aufklärung bis zum Ende des Nationalsozialismus. In: Cremer, Will (Hrsg.): Politische Erwachsenenbildung. Ein Handbuch zu Grundlagen und Praxisfeldern. Bonn 1999, 61-85

Clemens, Gabriele: Martin Spahn und der Rechtskatholizismus in der Weimarer Republik. Veröffentlichungen KfZG, Reihe B: Forschungen, Bd. 37. Mainz 1983

Clemens, Gabriele: Erziehung zu anständiger Unterhaltung. Das Theaterspiel in den katholischen Gesellen- und Arbeitervereinen im deutschen Kaiserreich. Veröffentlichungen KfZG, Reihe A: Quellen, Bd. 46. Mainz 2000

Czeloth, Heinrich/ Reisch, Erich (Hrsg.): Wachsende Volkskraft durch wachsenden Glauben. Berlin 1937

Dahlheimer, Manfred: Carl Schmitt und der deutsche Katholizismus 1888-1936. Veröffentlichungen KfZG, Reihe B: Forschungen, Bd. 83. Paderborn 1998

Dahm, Clemens: Das pädagogische Werk des Volksbildners Anton Heinen. Diss. Mülheim/Ruhr 1957

Dahm, Clemens: Sinn und Bedeutung der Erwachsenenbildung bei Anton Heinen. In: EB 5 (1959), 38ff.

Dahmen, Thomas: Zu Lebzeiten umstritten, nach seinem Tod vergessen. Zum Gedenken August Piepers an seinem 125. Geburtstag. In: Kirchenzeitung für das Bistum Aachen vom 07.04.1991, 18-19

Dahmen, Thomas: „Der Flugsand unserer Zeit überdeckte ihn". Vor 50 Jahren starb August Pieper. In: Theologisches. Beilage der „Offerten-Zeitung für die katholische Geistlichkeit und engagierte Gläubige" 22 (1992), 377-380 (Dahmen 1992a)

Dahmen, Thomas: Das Epochenjahr 1890/91. Rückbesinnung auf erste Orientierungen der Katholischen Soziallehre im Deutschen Reich durch August Piepers Reflexionen über die Enzyklika „Rerum novarum" und das Erfurter Programm der SPD. In: Theologisches. Beilage der „Offerten-Zeitung für die katholische Geistlichkeit und engagierte Gläubige" 22 (1992), 483-493 (Dahmen 1992b)

Dahmen, Thomas: August Pieper. Ein katholischer Sozialpolitiker im Kaiserreich. Subsidia academica: Reihe A, Neuere und Neueste Geschichte, Bd. 2. Lauf a. d. Pegnitz 2000

Damberg, Wilhelm: Der Kampf um die Schulen in Westfalen 1933-1945. Veröffentlichungen KfZG, Reihe B: Forschungen, Bd. 43. Mainz 1986

Dauzenroth, Erich: Emil Ritter – Weg und Werk. In: EB 12 (1966), 238-241

Dauzenroth, Erich: Gedenkblatt für Emil Ritter. In: EB 15 (1969), 107-110

Debus, Karl: Der Volkserzieher Anton Heinen. In: Hochland 25 (1927/1928), 665ff.

Deichmann, Ute: Biologen unter Hitler. Porträt einer Wissenschaft im NS-Staat. Frankfurt am Mai 1995

Denzler, Georg: Kirchenstaat – Lateranverträge – Konkordatsrevision – Heiliger Stuhl. In: Ders. (Hrsg.): Kirche und Staat auf Distanz. Historische und aktuelle Perspektiven. München 1977, 147-163 (Denzler 1977)

Denzler, Georg: Im Keller liegt eine Leiche. Katholische Kirche im Dritten Reich. Kritik an der schönfärberischen Legende vom allgemeinen Widerstand. In: Publik-Forum. Zeitschrift kritischer Christen, Heft 15 (1982), 15-17

Denzler, Georg/ Fabricius, Volker: Die Kirchen im Dritten Reich. Christen und Nazis Hand in Hand?, Bd. 1: Darstellung. Frankfurt a. M. 1984 (Denzler 1984a)

Denzler, Georg/ Fabricius, Volker: Die Kirchen im Dritten Reich. Christen und Nazis Hand in Hand?, Bd. 2: Dokumente. Frankfurt a. M. 1984 (Denzler 1984b)

Denzler, Georg: Widerstand oder Anpassung? Katholische Kirche und Drittes Reich. München 1984 (Denzler 1984c)

Denzler, Georg: Widerstand ist nicht das richtige Wort. Katholische Priester, Bischöfe und Theologen im Dritten Reich. Zürich 2003

Denzler, Georg (Hrsg.): Kirche und Staat auf Distanz. Historische und aktuelle Perspektiven. München 1977

Deschner, Karlheinz: Ein Jahrhundert Heilsgeschichte. Die Politik der Päpste im Zeitalter der Weltkriege, Bd. 2. Von Pius XII. 1939 bis zu Johannes Paul I. 1978. Köln 1983

Deschner, Karlheinz: Mit Gott und dem Führer. Die Politik der Päpste zur Zeit des Nationalsozialismus. Köln 1988

Deschner, Karlheinz: Kirche und Faschismus. Rastatt 1990

Deutsche bibliographische Enzyklopädie: DBE. Killy, Walter/ Vierhaus, Rudolf (Hrsg.). 13 Bd.e. München 1995-2003

Dierker, Wolfgang: Himmlers Glaubenskrieger. Der Sicherheitsdienst der SS und seine Religionspolitik 1933 – 1941. Veröffentlichungen KfZG, Reihe B: Forschungen, Bd. 92. Paderborn 2002

Dräger, Horst: Die Gesellschaft für Verbreitung von Volksbildung. Eine historisch-problemgeschichtliche Darstellung von 1871 bis 1914. Stuttgart 1975

Dräger, Horst: Volksbildung in Deutschland im 19. Jahrhundert. 2 Bd.e. Braunschweig/ Bad Heilbrunn 1975/ 1984

Drewermann, Eugen: Der Krieg und das Christentum. Von der Ohnmacht und Notwendigkeit des Religiösen. Regensburg 1982

Drewermann, Eugen: Kleriker. Psychogramm eines Ideals. Olten/ Freiburg i. Brsg. 1989

Dudek, Peter: Ein Leben im Schatten. Johannes und Herman Nohl – zwei deutsche Karrieren im Kontrast. Bad Heilbrunn/ Obb. 2004

Dust, Martin: „Durch Gottes Gnade – Deutsches Volk". Katholische Erwachsenenbildung in der Endphase der Weimarer Republik. Unveröffentlichte Diplomarbeit. Paderborn 1998

Dust, Martin: Zwischen Anpassung und Resistenz. Katholische Erwachsenenbildung im Übergang zum Nazismus – am Beispiel der „Religionshochschule" der „Akademischen Bonifatiuseinigung" in Elkeringhausen. In: Ders./ u.a. (Hrsg.): Pädagogik wider das Vergessen. Festschrift für Wolfgang Keim. Kiel 2000, 79-97 (Dust 2000)

Dust, Martin: „Er war halt sehr naiv!" – Kardinal Innitzer und die Okkupation Österreichs im Frühjahr 1938. In: Keim, Wolfgang (Hrsg.).: Jüdisches Wien: Spurensuche als Lernprozess. Dokumentation einer Studienfahrt nach Wien vom 18. bis 27. Mai 2002. Paderborn 2005, S. 191-205

Dust, Martin/ u.a. (Hrsg.): Pädagogik wider das Vergessen. Festschrift für Wolfgang Keim. Kiel 2000

Ender, Wolfram: Konservative und rechtsliberale Deuter des Nationalsozialismus 1930-1945. Eine historisch-politische Kritik. Frankfurt a. M./ u.a. 1984

Engert, Rudolf: Erwachsenenbildung. In: LThK³, Bd. 3. Freiburg 1995

Entscheidungen des Bundesverfassungsgerichts. Mitglieder des BVerfGs (Hrsg.). Bd. 10. Tübingen 1960

Erdberg, Robert von: Soziale Arbeit im neuen Deutschland. Berlin 1921

Erdberg, Robert von: 50 Jahre freies Volksbildungswesen. Berlin 1924

Erdberg, Robert von/ Bäuerle Theodor: Volksbildung. Ihr Gedanke und ihr Verhältnis zum Staat. Berlin 1918

Erdmann, Karl Dietrich/ Schulze, Hagen (Hrsg.): Weimar. Selbstpreisgabe einer Demokratie. Eine Bilanz heute. Kölner Kolloquium der Fritz Thyssen Stiftung Juni 1979. Düsseldorf 1980

Ettle, Elmar: Die Entnazifizierung in Eichstätt. Probleme der politischen Säuberung nach 1945. Frankfurt a. M. 1985

Faber, Werner: Dorf und Erwachsenenbildung. Beiträge zur Landandragogik. In: Benning, Alfons (Hrsg.): Erwachsenenbildung. Bilanz und Zukunftsperspektiven. Festgabe für Franz Pöggeler zur Vollendung des 60. Lebensjahres, Paderborn/ u.a. 1986, 139-162

Falter, Jürgen: Hitlers Wähler, München 1991

Fandel, Thomas: Konfession und Nationalsozialismus. Evangelische und katholische Pfarrer in der Pfalz 1930-1939. Veröffentlichungen der Kommission für Zeitgeschichte: Reihe B. Forschungen. Bd. 76. Paderborn 1997

Fell, Margret: Mündigkeit durch Bildung. Zur Geschichte katholischer Erwachsenenbildung in der Bundesrepublik Deutschland zwischen 1945 und 1975. München 1983

Fell, Margret: Erinnerung an Robert Grosche. Pionier und Begründer moderner katholischer Erwachsenenbildungstheorie. In: EB 31 (1985), 159-161

Fell, Margret: Robert Grosche. In: Wolgast, Günther/ Knoll, Joachim H. (Hrsg.): Biographisches Handbuch der Erwachsenenbildung. Erwachsenenbildner des 19. und 20. Jahrhunderts. Stuttgart/ Bonn 1986, 131-132

Fettweiss, Klaus: Zwischen Herr und Herrlichkeit. Zur Mentalitätsfrage im Dritten Reich an Beispielen aus der Rheinprovinz. Aachen 1989

Fettweiss, Melanie: Anton Heinen. Ein Beitrag zu seiner Würdigung. Mönchen-Gladbach 1954

Fischer, Georg: Erwachsenenbildung im Faschismus. Eine historisch-kritische Untersuchung über die Stellung und Funktion der Erwachsenenbildung zwischen 1930 und 1945. Bensheim 1981

Fischer, Georg: Grenzen und Wirkung der personalen Interpretation von Volk und Volksbildung. In: Schepp, Heinz-Hermann/ u.a.: Zum Demokratieverständnis der „Neuen Richtung". Frankfurt a. M. 1988, 29-38

Franz-Willing, Georg: Kirche und Staat im 19. Jahrhundert. In: Denzler, Georg (Hrsg.): Kirche und Staat auf Distanz. Historische und aktuelle Perspektiven. München 1977, 87-101

Franzen, August/ Bäumer, Remigius: Papstgeschichte. Das Petrusamt in seiner Idee und seiner geschichtlichen Verwirklichung in der Kirche. Freiburg im Breisgau 1978^2

Franzen, August: Kleine Kirchengeschichte. Freiburg im Breisgau, Basel, Wien 1981^{10}

Frei, Norbert: Vergangenheitspolitik. Die Anfänge der Bundesrepublik Deutschland und die NS-Vergangenheit. München 1996

Frenken, Ansgar: Zwischen vorsichtiger Annäherung und partieller Resistenz. Die Görres-Gesellschaft im Dritten Reich. In: Lehmann, Hartmut/ Oexle, Gerhard (Hrsg.): Nationalsozialismus in den Kulturwissenschaften. Band 1: Fächer – Milieus – Karrieren. Veröffentlichungen des Max-Planck-Instituts für Geschichte, Bd. 200. Göttingen 2004, 371-415

Fricke, Dieter/ Gottwald, Herbert: Katholische Arbeitervereine (KA) 1881-1945. In: LzPg, Bd. 3, 194-223 (Fricke: Katholische Arbeitervereine)

Fricke, Dieter/ Fritsch, Werner/ Gottwald, Herbert/ Schmidt, Siegfried/ Weißbecker, Manfred (Hrsg.): Lexikon zur Parteiengeschichte. Die bürgerlichen und kleinbürgerlichen Parteien und Verbände in Deutschland (1789-1945), 4 Bd.e. Leipzig/ Köln 1983-1985

Friedberger, Walter: Die Geschichte der Sozialismuskritik im katholischen Deutschland zwischen 1830 und 1914. Regensburger Studien zur Theologie, Bd. 14. Frankfurt a. M./ u.a. 1978

Fries, Heinrich: Der vergessene "Philosoph von Münster". Vor 30 Jahren starb Peter Wust. In: Publik , Nr. 14, vom 03.04.1970

Fries, Heinrich: Robert Grosche. „Pilgernde Kirche" in heutiger Sicht. In: Cath 25 (1971), 13-21

Fries, Heinrich: Robert Grosche zum hundersten Geburtstag. In: Cath 42 (1988), 157-169

Gabriel, Karl/ Kaufmann, Franz-Xaver (Hrsg.): Zur Soziologie des Katholizismus. Darmstadt 1980

Gadamar, Hans-Georg: Wahrheit und Methode. Grundzüger einer philosophischen Hermeneutik. Tübingen 1965^2

Gadamer, Hans-Georg: Hermeneutik. In: Ritter, Joachim (Hrsg.): Historisches Wörterbuch der Philosophie, Bd. 3. Basel/ Stuttgart 1974, 1061-1073

Gadamer, Hans-Georg: Hermeneutik als praktische Philosophie. In: Ders.: Vernunft im Zeitalter der Wissenschaften. Fankfurt a. M. 1976

Gadamer, Hans-Georg/ Boehm, Gottfried (Hrsg.): Seminar: Philosophische Hermeneutik. Frankfurt a. M. 1976

Gadamer, Hans-Georg/ Boehm, Gottfried (Hrsg.): Seminar: Die Hermeneutik und die Wissenschaften. Frankfurt a. M. 1978

Galen, Clemens August von: Akten, Briefe und Predigten 1933-1946 / Bischof Clemens August Graf von Galen. Bearbeitet von Peter Löffler. Veröffentlichungen KfZG, Reihe A: Quellen, Bd. 42. Paderborn 1988

Gamm, Hans-Jochen: Der braune Kult. Hamburg 1962

Gamm, Hans-Jochen: Über die Schwierigkeiten, von einer deutschen Pädagogik zu sprechen. In: Keim, Wolfgang/ u.a. (Hrsg.): Erziehungswissenschaft und Nationalsozialismus – Eine kritische Positionsbestimmung. Marburg 1990, 5-13

Gamm, Hans-Jochen (Hrsg.): Führung und Verführung. Pädagogik des Nationalsozialismus. München 1964 und 1984^2

Gatz, Erwin: Caritas und soziale Dienste. In: Rauscher, Anton (Hrsg.): Der soziale und politische Katholizismus. Entwicklungslinien in Deutschland 1803 - 1963. Bd. 2. München / Wien 1982, 312-351

Gatzemann, Thomas/ Göing, Anja-Silvia (Hrsg.): Geisteswissenschaftliche Pädagogik, Krieg und Nationalsozialismus. Kritische Fragen nach der Verbindung von Pädagogik, Politik und Militär. Frankfurt am Main/ u.a. 2004

Greive, Hermann: Theologie und Ideologie. Katholizismus und Judentum in Deutschland und Österreich 1918-1935. Heidelberg 1969

Grieder, Alfons: „Ideologie" – Unbegriffenes an einem abgegriffenen Begriff. In: Salamun, Kurt (Hrsg.): Ideologien und Ideologiekritik: ideologietheoretische Reflexionen. Darmstadt 1992, 17-30

Gitschner, Jólan: Die geistige Haltung der Monatsschrift Hochland in den politischen und sozialen Fragen ihrer Zeit 1903-33. Phil. Diss. München 1952

Glässgen, Heinz: Katholische Kirche und Rundfunk in der Bundesrepublik Deutschland 1945-1962. Rundfunkforschung, Bd. 8. Berlin 1983

Gnaegi, Albert: Katholische Kirche und Demokratie. Ein dogmengeschichtlicher Überblick über das grundsätzliche Verhältnis der katholischen Kirche zur demokratischen Staatsform. Zürich/ u.a. 1970

Göbel, Ferdinand: Anton Heinen. Sein Leben und sein Werk. Amorbach 1935

Göing, Anja-Silvia: „Grosse Worte": Instrumentalisierung von kulturellen Werten bei Eduard Spranger. In: Gatzemann, Thomas/ Dies. (Hrsg.): Geisteswissenschaftliche Pädagogik, Krieg und Nationalsozialismus. Kritische Fragen nach der Verbindung von Pädagogik, Politik und Militär. Frankfurt am Main/ u.a. 2004, 89-108

Goldhagen, Daniel: Die katholische Kirche und der Holocaust. Eine Untersuchung über Schuld und Sühne. Berlin 2002

Gotto, Klaus: Die Wochenzeitung Junge Front/ Michael. Eine Studie zum katholischen Selbstverständnis und zum Verhalten der jungen Kirche gegenüber dem Nationalsozialismus. Veröffentlichungen KfZG, Reihe B: Forschungen, Bd. 8. Mainz 1970

Gotto, Klaus: Die deutschen Katholiken und die Wahlen in der Adenauer-Ära. In: Langner, Albrecht (Hrsg.): Katholizismus im politischen System der Bundesrepublik Deutschland 1949-1963. Beiträge zur Katholizismusforschung: Reihe B, Abhandlungen. Paderborn 1978, 7-32

Gotto, Klaus/ Hockerts, Hans Günter/ Repgen, Konrad: Nationalsozialistische Herausforderung und kirchliche Antwort. Eine Bilanz. In: Ders./ Repgen, Konrad (Hrsg.): Die Katholiken und das Dritte Reich. Mainz 1983^2, 122-139 (Gotto 1983)

Gotto, Klaus/ Repgen, Konrad (Hrsg.): Die Katholiken und das Dritte Reich. Mainz 1983^2

Gottwald, Herbert: Franz von Papen und die „Germania". Ein Beitrag zur Geschichte des politischen Katholizismus und der Zentrumspresse in der Weimarer Republik. In: Jahrbuch für Geschichte 6 (1972), 539-604

Gottwald, Herbert: Bund katholischer Deutscher „Kreuz und Adler" (BkD) 1933. In: LzPg, Bd. 1, 348-350 (Gottwald: Bund katholischer Deutscher)

Gottwald, Herbert: Katholische Schulorganisation (KSO) 1911-1936. In: LzPg, Bd. 3, 252-257 (Gottwald: Katholische Schulorganisation)

Gottwald, Herbert: Volksverein für das katholische Deutschland 1890-1933. In: LzPg, Bd. 4, 436-466 (Gottwald: Volksverein für das katholische Deutschland)

Götz von Olenhusen, Irmtraut: Jugendreich, Gottesreich, Deutsches Reich. Junge Generation, Religion und Politik 1928-1933. Archiv der deutschen Jugendbewegung, Bd. 2. Köln 1987

Goritzka, Richard: Der Seelsorger Robert Grosche (1888-1967). Dialogische Pastoral zwischen Erstem Weltkrieg und Zweitem Vatikanischem Konzil. Studien zur Theologe und Praxis der Seelsorge, Bd. 39. Frankfurt a. M. 1999

Gran, Michael: Das Verhältnis der Pädagogik Hermann Nohls zum Nationalsozialismus. Eine Rekonstruktion ihrer politischen Gehalte. Hamburg 2005

Grondin, Jean: Einführung in die philosophische Hermeneutik. Darmstadt 2001[2]

Groothoff, Hans-Hermann: Wilhlem Flitner. In: Wolgast, Günther/ Knoll, Joachim H. (Hrsg.): Biographisches Handbuch der Erwachsenenbildung. Erwachsenenbildner des 19. und 20. Jahrhunderts. Stuttgart/ Bonn 1986, 103-104

Grosche, Robert: Die neue Demokratie. In: HL 17 (1919/20), 1-8

Grosche, Robert: Katholizismus und Bildung. In: G 22.04.1923

Grosche, Robert: Der Kölner Altarbau im 17. und 18. Jahrhundert. Köln 1924 und 1978[2]

Grosche, Robert: Was fehlt unserer Volksbildungsarbeit? In: Vk 13 (1925), 4-7

Grosche, Robert: Grenzen der Volksbildung. In: VuV 2/18 (1930), 61-64 (Grosche 1930a)

Grosche, Robert: Die Heiligen der Kirche in der Volksbildung. In: VuV 2/18 (1930), 65-69 (Grosche 1930b)

Grosche, Robert: Die Mitarbeit der Katholiken in der neutralen Volksbildung. In: VuV 2/18 (1930), 361-367 (Grosche 1930c)

Grosche, Robert: Volksbildung und Weltanschauung. In: VuV 2/18 (1930), 193-197 (Grosche 1930d)

Grosche, Robert: Theologie und Politik: In: DW vom 24.06.1933 (Grosche 1933a)

Grosche, Robert: Die Theologie des Reiches. In: RMV vom 06.07.1933 (Grosche 1933b)

Grosche, Robert: Der deutsche Katholik und der „deutsche Christ". In: Cath 2 (1933), 160-172 (Grosche 1933c)

Grosche, Robert: Der Kampf um den Reichsgedanken im politisch-geistigen Leben der Gegenwart. In: Deutsches Volk 1 (1933), 91-94 (Grosche 1933d)

Grosche, Robert: Die Grundlagen einer christlichen Politik der deutschen Katholiken. In: Die Schildgenossen 13 (1933), 46-52 (Grosche 1933e)

Grosche, Robert: Reich, Staat und Kirche. In: Wothe, F.J. (Hrsg.): Die Kirche im deutschen Aufbruch. Bergisch-Gladbach 1934

Grosche, Robert: Pilgernde Kirche. Freiburg 1938 und mit einer Einführung von Heinrich Fries 1969[2]

Grosche, Robert: Der Weg aus dem Ghetto, Köln 1955

Grosche, Robert: Et intra et extra. Theologische Aufsätze, Düsseldorf 1958

Grosche, Robert: Kölner Tagebuch 1944-1946. Aus dem Nachlass herausgegeben von Steinhoff, Maria unter Mitarbeit von Pesch, Christian/ Luthe, Hubert/ Honnefelder, Ludger, Mit einer Einführung von Schorn, Auguste. Köln 1969 und 1992[2]

Grosche, Robert: Briefe an Frau v. J. Herausgegeben und eingeleitet von Steinhoff, Maria unter Mitarbeiter von Schorn, Auguste/ Luthe, Hubert/ Pesch, Christian/ Honnefelder, Ludger. Werl 1970

Grosche, Robert: Kommentar zum Römerbrief. Im Auftrag der Nachlassverwalter herausgeben von Hungs, F.J. Werl 1975

Grosinski, Klaus: Katholikentag 1848 – 1932. In: LzPg, Bd. 3, 182-193 (Grosinki: Katholikentag)

Grosinski, Klaus: Katholische Gesellenvereine (Kgv) 1846-1945. In: LzPg, Bd. 3, 228-240 (Grosinki: Katholische Gesellenvereine)

Groß, Arnulf/ Hainz, Josef/ Klehr, Franz-Josef/ Michel, Christoph (Hrsg.): Weltverantwortung des Christen. Zum Gedenken an Ernst Michel (1889-1964), Dokumentationen. Frankfurt am Main/ u.a. 1996

Groß, Arnulf: Bio-bibliographische Daten zu Ernst Michel. In: Ders./ u.a. (Hrsg.): Weltverantwortung des Christen. Zum Gedenken an Ernst Michel (1889-1964), Dokumentationen. Frankfurt am Main/ u.a. 1996, 259-264

Grothmann, Detlef: Verein der Vereine? Der Volksverein für das katholische Deutschland im Spektrum des politischen und sozialen Katholizismus der Weimarer Republik. Verein für Geschichte an der Universität-Gesamthochschule Paderborn, Paderborner Historische Forschungen, Bd. 19. Köln 1997

Grothmann, Detlef: Der Volksverein für das katholische Deutschland und die nationalsozialistische Herausforderung in der Weimarer Zeit. HJB 121 (2001), 286-303

Gruber, Hubert: Friedrich Muckermann S.J. (1883-1946). Ein Katholischer Publizist in der Auseinandersetzung mit dem Zeitgeist. Veröffentlichungen KfZG, Reihe B: Forschungen, Bd. 61. Mainz 1993

Gruber, Hubert (Hrsg.): Heinz Hürten. Katholiken, Kirche und Staat als Problem der Historie. Ausgewählte Aufsätze 1963-1992. Paderborn/ u.a. 1994

Gründer, Horst: Rechtskatholizismus im Kaiserreich und in der Weimarer Republik unter besonderer Berücksichtigung des Rheinlandes und Westfalens. In: Westfälische Zeitschrift, Bd. 134 (1984), 107-155

Gundlach, Gustav: Stand und Klasse. In: Stimmen der Zeit, Bd. 117 (1929), 284-293

Gundlach, Gustav: Berufsständische Ordnung. In: Görres-Gesellschaft (Hrsg.): Staatslexikon, Recht, Wirtschaft, Gesellschaft. Bd. 1. Freiburg 1957[6]

Gundlach, Gustav: Die Ordnung der menschlichen Gesellschaft. 2 Bde. Köln 1964

Hammerstein: Die Deutsche Forschungsgemeinschaft in der Weimarer Republik und im Dritten Reich. Wissenschaftspolitik in Republik und Diktatur 1920-1945. München 1999

Hannot, Walter: Die Judenfrage in der katholischen Tagespresse Deutschlands und Österreichs 1923-1933. Veröffentlichungen KfZG, Reihe B: Forschungen, Bd. 51. Mainz 1990

Hartmann, Clara: Die religiöse Bildungsarbeit in Elkeringhausen St. Bonifatius. Paderborn o.J. (Hartmann o.J.a)

Hartmann, Clara: Die Studentenseelsorge zwischen den beiden Weltkriegen. o.O. und o.J. (Hartmann o.J.b)

Hartmann, Uwe: Erich Wenigers Militärpädagogik. In: Gatzemann, Thomas/ Göing, Anja-Silvia (Hrsg.): Geisteswissenschaftliche Pädagogik, Krieg und Nationalsozialismus. Kritische Fragen nach der Verbindung von Pädagogik, Politik und Militär. Frankfurt am Main/ u.a. 2004, 125-140

Hasenkamp, Gottfried: Erinnerungen an Robert Grosche. Wie es zur Gründung der Catholica und zu deren Weiterführung nach dem Kriege kam. In: Cath 37 (1968), 163-171

Hastenteufel, Paul: Katholische Jugend in ihrer Zeit, Bd. 2: 1919-1932. Bamberg 1989

Haupt, Heinz-Gerhardt/ Langewiesche, Dieter (Hrsg.): Nation und Religion in der deutschen Geschichte. Frankfurt a. M./ New York 2001

Hegel, Eduard: Vom Staatskirchentum zur Kirchenfreiheit. Die deutsche Kirche 1803 – 1933. In: Kötting, Bernhard (Hrsg.).: Kleine deutsche Kirchengeschichte. Freiburg im Breisgau/ u.a. 1980, 80-109

Hehl, Ulrich von: Das Kirchenvolk im Dritten Reich. In: Gotto, Klaus/ Repgen, Konrad (Hrsg.): Die Katholiken und das Dritte Reich. Mainz 1983^2, 65-85

Hehl, Ulrich von: Staatsverständnis und Strategie des politischen Katholizismus in der Weimarer Republik. In: Bracher, Karl Dietrich/ u.a (Hrsg.): Die Weimarer Republik 1918-1933. Politik, Wirtschaft, Gesellschaft. Bonn 1987, 238-253

Hehl, Ulrich von/ Repgen, Konrad: Der deutsche Katholizismus in der zeitgeschichtlichen Forschung. Mainz 1988

Hehl, Ulrich von: Zeitgeschichtliche Katholizismusforschung. Versuch einer Standortbestimmung. In: Hummel, Karl-Joseph (Hrsg.): Zeitgeschichtliche Katholizismusforschung. Tatsachen, Deutungen, Fragen. Eine Zwischenbilanz. Veröffentlichungen KfZG, Reihe B: Forschungen, Bd. 100. Paderborn 2004, 15-28

Heidegger, Martin: Sein und Zeit. Halle 1927

Heidegger, Martin: Die Frage nach dem Ding. Gesamtausgabe, Bd. 41. Fankfurt a. M. 1984

Heidegger, Martin: Die Grundbegriffe der Metaphysik. Welt – Endlichkeit – Einsamkeit. Frankfurt a. M. 2004

Heidegger, Martin: Wegmarken. Frankfurt a. M. 2004

Heinen, Anton: Modernes Leben im Lichte des Vaterunsers. Kempten/ München 1908

Heinen, Anton: Mütterlichkeit als Beruf und Lebensinhalt der Frau. Ein Wort für Erzieher und Erzieherinnen. Mönchen-Gladbach 1915

Heinen, Anton: Feierabende. Plaudereien mit jungen Staatsbürger. Teil I: Der Lebenskreis der Familie. Mönchen-Gladbach 1919 (Heinen 1919a)

Heinen, Anton: Mammonismus und seine Überwindung. Eine sozial-ethische Studie. Mönchen-Gladbach 1919 (Heinen 1919b)

Heinen, Anton: Volkstum als lebendige Auswirkung des organischen Prinzips im Gemeinschaftsleben. In: Soziale Arbeit im neuen Deutschland. Festschrift zum 70. Geburtstag von Franz Hitze. Mönchen-Gladbach 1921, 195-214

Heinen, Anton: Feierabende. Plaudereien mit jungen Staatsbürger. Teil II: Bürgerliche Gemeinschaft und Volkstum. Mönchen-Gladbach 1922 (Heinen 1922a)

Heinen, Anton: Wie gelangen wir zur Volksgemeinschaft? Mönchen-Gladbach 1922 (Heinen 1922b)

Heinen, Anton: Lebensführung. Eine Anleitung für die Selbsterziehung der weiblichen Jugend. Mönchen-Gladbach 1923 (Heinen 1923a)

Heinen, Anton: Sinn und Zwecke in der Erziehung und Bildung. Ein nachdenkliches Wort an Erzieher und Bildner. Mönchen-Gladbach 1923, Neuauflage Bonn 1984^2 (Heinen 1923b)

Heinen, Anton: Wie bekämpfen wir die schwarmgeistigen Strömungen der Gegenwart? Mönchen-Gladbach 1923 (Heinen 1923c)

Heinen, Anton: Wie gewinnen wir ein Führergeschlecht für die Massen? Mönchen-Gladbach 1923 (Heinen 1923d)

Heinen, Anton: Arbeit und Religion. Stoff für Vorträge. In: FK 37 (1924), 123-140

Heinen, Anton: Jungbauer erwache! Mönchen-Gladbach 1924 und 1926[2]

Heinen, Anton: Das Schwalbenbüchlein. Wie eine Mutter ihr Heim belebt. Mönchen-Gladbach 1926[3]

Heinen, Anton: Gemeinsinn, Gemeingeist. In: Staatslexikon, Bd. 2, 1927[5], 522-523

Heinze, Carsten: Die Pädagogik an der Universität Leipzig in der Zeit des Nationalsozialismus 1933-1945. Bad Heilbrunn 2001

Heitzer, Horstwalter: Der Volksverein für das katholische Deutschland im Kaiserreich 1890-1918. Veröffentlichungen KfZG, Reihe B: Forschungen, Bd. 26. Mainz 1979

Heitzer, Horstwalter: August Pieper (1866-1942). In: Morsey, Rudolf: Zeitgeschichte in Lebensbildern aus dem deutschen Katholizismus des 20. Jahrhundert. Bd. 4. Mainz 1980, 114-132

Heitzer, Horstwalter: Die soziale und staatsbürgerliche Bildungs- und Schulungsarbeit des Volksvereins für das katholische Deutschland 1890-1933. In: Rauscher, Anton (Hrsg.): Katholizismus, Bildung und Wissenschaft im 19. und 20. Jahrhundert. Paderborn 1987, 119-156

Heitzer, Horstwalter: Deutscher Katholizismus und "Bolschewismusgefahr" bis 1933. In: HJB 113 (1993), 355-387

Henneböhl, Susanne: Die Geschichte der Volkshochschule Düsseldorf. Diplomarbeit. Düsseldorf 1991

Henneböhl, Susanne: 75 Jahre Volkshochschule Düsseldorf 1919 bis 1994. Eine geschichtliche Dokumentation. Düsseldorf 1994

Henning, Uwe/ Leschinsky, Achim: „Widerstand im Detail". Eduard Sprangers Rücktrittsaktion im Frühsommer 1933 im Spiegel bürgerlicher Presseberichte. In: Zeitschrift für Pädagogik 36 (1990), 551-572

Henning, Uwe/ Leschinsky, Achim: Enttäuschung und Widerspruch. Die konservative Position Eduard Sprangers im Nationalsozialismus. Analysen – Texte – Dokumente. Weinheim 1991

Henningsen, Jügen: Der Hohenrodter Bund. Zur Erwachsenenbildung in der Weimarer Zeit. Heidelberg 1958

Henningsen, Jürgen: Die Neue Richtung in der Weimarer Zeit. Stuttgart 1960

Henrich, Franz/ Kaiser, Hermann (Hrsg.): Erwachsenenbildung. Fünfundzwanzig Jahre Erwachsenenbildung im Spiegel einer Zeitschrift. Düsseldorf 1980

Herrfahrdt, Heinrich: Die Einigung der Berufsstände als Grundlage des neuen Staates. Bonn 1919

Herrman, Ulrich: „Die Herausgeber müssen sich äußern". Die „Staatsumwälzung" im Frühjahr 1933 und die Stellungnahmen von Eduard Spranger, Wilhelm Flitner und Hans Freyer in der Zeitschrift „Die Erziehung". Mit einer Dokumentation. In: Zeitschrift für Pädagogik, 22. Beiheft (1988), 281-326

Herrmann, Ulrich: Geschichtsdeutung als Disziplinpolitik? Anmerkungen zur Kontroverse über das Verhältnis von Pädagogik und Nationalsozialismus. In: Die Deutsche Schule 81 (1989), 366-373

Herrmann, Ulrich: Polemik und Hermeneutik. Zur Auseinandersetzung mit A. Rang über Pädagogik und „Un-Pädagogik" und zur Kritik „kritischer" Historiographie. In: Zedler, Peter/ König, Eckard. (Hrsg.): Rekonstruktionen pädagogischer Wissenschaftsgeschichte. Fallstudien, Ansätze, Perspektiven. Weinheim 1989, 295-315

Herz, Hans: Katholische Fraktion (KF) 1852-1867. In: LzPg, Bd. 3, 224-227 (Herz: Katholische Fraktion)

Herz, Hans: Katholischer Verein Deutschlands (KVD) 1848-1858. In: LzPg, Bd. 3, 243-251 (Herz: Katholischer Verein Deutschlands)

Herz, Hermann: Anton Heinen. In: Literarischer Handweiser 62 (1925/26), 733ff.

Heuser, August: Ernst Michel, die Akademie der Arbeit und die katholische Erwachsenenbildung in Frankfurt am Main. In: Groß, Arnulf/ Hainz, Josef/ Klehr, Franz-Josef/ Michel, Christoph (Hrsg.): Weltverantwortung des Christen. Zum Gedenken an Ernst Michel (1889-1964), Dokumentationen. Frankfurt am Main/ u.a. 1996, 80-93

Hildebrandt, Horst: Die deutschen Verfassungen des 19. und 20. Jahrhunderts. Paderborn 1974[8]

Himmelstein, Klaus: Kreuz statt Führerbild. Zur Volksschulentwicklung in Nordrhein-Westfalen 1945-1950. Studien zur Bildungsreform, Bd. 13. Frankfurt am Main/ u.a. 1986

Himmelstein, Klaus: „Wäre ich jung, wäre ich Nationalsozialist ..." – Anmerkungen zu Eduard Sprangers Verhältnis zum deutschen Faschismus. In: Keim, Wolfgang/ u.a. (Hrsg.): Erziehungswissenschaft und Nationalsozialismus – Eine kritische Positionsbestimmung. Marburg 1990, 39-59

Himmelstein, Klaus: Zur Konstruktion des Geschlechterverhältnisses in der pädagogischen Theorie Eduard Sprangers. In: Jahrbuch für Pädagogik 1994, 225-246

Himmelstein, Klaus: Eduard Sprangers Bildungsideal der „Deutschheit" – Ein Beitrag zur Kontingenzbewältigung in der modernen Gesellschaft? In: Jahrbuch für Pädagogik 1996, 179-196

Himmelstein, Klaus: Die Konstruktion des Deutschen gegen das Jüdische im Diskurs Eduard Sprangers. In: Meyer-Willner, Gerhard (Hrsg.): Eduard Spranger. Aspekte seines Werkes in heutiger Sicht. Bad Heilbrunn 2001, 53-72

Himmelstein, Klaus (Hrsg.): Ortserkundung. Stätten der Nazi-Verfolgung in Paderborn. Paderborn 1994[2]

Himmelstein, Klaus/ Keim, Wolfgang (Hrsg.): Die Schärfung des Blicks. Pädagogik nach dem Holocaust. Frankfurt/ u.a. 1996

Historische Kommission bei der Bayerischen Akademie der Wissenschaften (Hrsg.): Neue Deutsche Biographie. 22 Bd.e (bis Schin). Berlin 1953-2004

Hochgeschwender, Michael: Katholizismus und Antisemitismus. In: Hummel, Karl-Joseph (Hrsg.): Zeitgeschichtliche Katholizismusforschung. Tatsachen, Deutungen, Fragen. Eine Zwischenbilanz. Veröffentlichungen KfZG, Reihe B: Forschungen, Bd. 100. Paderborn 2004

Hockerts, Hans-Günther: Brennpunkte, Perspektiven, Desiderata zeitgeschichtlicher Katholizismusforschung. In: Hummel, Karl-Joseph (Hrsg.): Zeitgeschichtliche Katholizismusforschung. Tatsachen, Deutungen, Fragen. Eine Zwischenbilanz. Veröffentlichungen KfZG, Reihe B: Forschungen, Bd. 100. Paderborn 2004, 233-246

Höfer, Josef/ Rahner, Karl (Hrsg.): Lexikon für Theologie und Kirche, 12 Bd.e. Freiburg 1957-1968[2]

Höffner, Josef: Wilhelm Emmanuel von Ketteler und die katholische Sozialbewegung im 19. Jahrhundert. Wiesbaden 1962

Hoffmann, Dieter: Gemeinschaft in der deutschen Erwachsenenbildung. Historische Analyse und Perspektiven für die Praxis. Frankfurt am Main/ u.a. 1995

Hofmann, Hans: Robert Grosche 1888-1967. In: Una Sancta 23 (1968), 198-198

Höhn, Hans-Joachim (Hrsg.): Krise der Immanenz. Religion an den Grenzen der Moderne. Frankfurt a. M. 1996

Höltershinken, Ernst-Dieter: 60 Jahre katholische Erwachsenenbildung in Dortmund. Dokumente – Reflexionen – Perspektiven. Dortmund 1988

Horn, Hermann: Herman Nohl. In: Wolgast, Günther/ Knoll, Joachim H. (Hrsg.): Biographisches Handbuch der Erwachsenenbildung. Erwachsenenbildner des 19. und 20. Jahrhunderts. Stuttgart/ Bonn 1986, 289-290

Horn, Klaus-Peter: Pädagogische Zeitschriften im Nationalsozialismus. Selbstbehauptung, Anpassung, Funktionalisierung. Weinheim 1996

Horn, Klaus-Peter: Erziehungswissenschaft in Deutschland. Zur Entwicklung der sozialen und fachlichen Struktur der Disziplin von der Erstinstitutionalisierung bis zur Expansion. Bad Heilbrunn 2003

Horn, Klaus-Peter/ Kemnitz, Heidemarie (Hrsg.): Pädagogik Unter den Linden. Stuttgart 2002

Hüllen, Jürgen: Pädagogische Theorie – Pädagogische Hermeneutik. Abhandlungen zur Philosophie, Psychologie und Pädagogik, Bd. 176. Bonn 1982

Hummel, Karl-Joseph: Kirche und Katholiken im Dritten Reich. In: Ders. (Hrsg.): Zeitgeschichtliche Katholizismusforschung. Tatsachen, Deutungen, Fragen. Eine Zwischenbilanz. Veröffentlichungen KfZG, Reihe B: Forschungen, Bd. 100. Paderborn 2004, 59-82 (Hummel 2004a)

Hummel, Karl-Joseph (Hrsg.): Zeitgeschichtliche Katholizismusforschung. Tatsachen, Deutungen, Fragen. Eine Zwischenbilanz. Veröffentlichungen KfZG, Reihe B: Forschungen, Bd. 100. Paderborn 2004 (Hummel 2004b)

Hummel, Karl-Joseph: Widerstand? Anpassung? Versagen? Zum Umgang der deutschen Katholiken mit dem „Dritten Reich" seit 1945. In: Zur Debatte. Themen der Katholischen Akademie in Bayern. Heft 3, 35 (2005), 20-22

Hürten, Heinz: Waldemar Gurian. Ein Zeuge der Krise unserer Welt in der ersten Hälfte des 20. Jahrhunderts. Mainz 1972

Hürten, Heinz: Franz Xaver Kraus (1840-1901). In: Aretz, Jürgen / u.a. (Hrsg.): Zeitgeschichte in Lebensbildern. Aus dem deutschen Katholizismus des 19. und 20. Jahrhunderts, Bd. 5. Mainz 1982, 55-70 (Hürten 1982a)

Hürten, Heinz: Katholische Verbände. In: Rauscher, Anton (Hrsg.): Der soziale und politische Katholizismus. Entwicklungslinien in Deutschland 1803 - 1963. Bd. 2. München / Wien 1982, 215-277 (Hürten 1982b)

Hürten, Heinz: Kurze Geschichte des deutschen Katholizismus 1800 – 1960. Mainz 1986

Hürten, Heinz: Deutsche Katholiken 1918-1945. Paderborn/ u.a. 1992 (Hürten 1992a)

Hürten, Heinz: Patriotismus und Friedenswille. Die Kirche in den beiden Weltkriegen des 20. Jahrhunderts. In: Brandt, Hans Jürgen (Hrsg.): ... und auch Soldaten fragten. Zu Aufgabe und Problematik der Militärseelsorge in drei Generationen. Quellen und Studien zur Geschichte der Militärseelsorge, Bd. 9. Paderborn 1992, 17-38 (Hürten 1992b)

Hürten, Heinz: Clemens August Graf von Galen, Bischof von Münster. Zu den Grundlagen seiner politischen Positionsbestimmung. In: Gruber, Hubert (Hrsg.): Heinz Hürten. Katholiken, Kirche und Staat als Problem der Historie. Ausgewählte Aufsätze 1963-1992. Paderborn/ u.a. 1994, 214-223
Erstveröffentlichung in: Staat, Kultur, Politik. Beiträge zur Geschichte Bayerns und des Katholizismus. Festschrift zum 65. Geburtstag von Dieter Albrecht. Kallmünz 1992, 389-396 (Hürten 1992c)

Hürten, Heinz: Die katholische Kirche zwischen Nationalsozialismus und Widerstand. In: Gruber, Hubert (Hrsg.): Heinz Hürten. Katholiken, Kirche und Staat als Problem der Historie. Ausgewählte Aufsätze 1963-1992. Paderborn/ u.a. 1994, 141-158
Erstveröffentlichung in: Beiträge zum Widerstand. Heft 36. Berlin 1989, 3-25 (Hürten 1989)

Hürten, Heinz: Der Nationalsozialismus und Wir. In: Gruber, Hubert (Hrsg.): Heinz Hürten. Katholiken, Kirche und Staat als Problem der Historie. Ausgewählte Aufsätze 1963-1992. Paderborn/ u.a. 1994, 135-140
Erstveröffentlichung in: Internationale katholische Zeitschrift „Communio" 12 (1983), 500-503 (Hürten 1994)

Hürten, Heinz: Deutscher Katholizismus im 19. Jahrhundert. Positionsbestimmung und Selbstbehauptung. In: Gruber, Hubert (Hrsg.): Heinz Hürten. Katholiken, Kirche und Staat als Problem der Historie. Ausgewählte Aufsätze 1963-1992. Paderborn/ u.a. 1994, 33-50
Erstveröffentlichung in: Rottenburger Jahrbuch für Kirchengeschichte Bd. 10 (1991), 11-21 (Hürten 1991)

Hürten, Heinz: „Endlösung" für den Katholizismus? Das nationalsozialistische Regime und seine Zukunftspläne gegenüber der Kirche. In: Gruber, Hubert (Hrsg.): Heinz Hürten. Katholiken, Kirche und Staat als Problem der Historie. Ausgewählte Aufsätze 1963-1992. Paderborn/ u.a. 1994, 174-189
Erstveröffentlichung in: Stimmen der Zeit 203 (1985), 534-546 (Hürten 1985a)

Hürten, Heinz: Selbstbehauptung und Widerstand der katholischen Kirche. In: Gruber, Hubert (Hrsg.): Heinz Hürten. Katholiken, Kirche und Staat als Problem der Historie. Ausgewählte Aufsätze 1963-1992. Paderborn/ u.a. 1994, 159-17
Erstveröffentlichung in: Schmädecke, J./ Steinbach, P (Hrsg.): Der Widerstand gegen den Nationalsozialismus. München 1985, 256-265 (Hürten 1985b)

Hürten, Heinz: Vatikan und Weimarer Republik. In: Gruber, Hubert (Hrsg.): Heinz Hürten. Katholiken, Kirche und Staat als Problem der Historie. Ausgewählte Aufsätze 1963-1992. Paderborn/ u.a. 1994, 94-106
Erstveröffentlichung in: Internationale katholische Zeitschrift „Communio" 14 (1985), 256-265 (Hürten 1985c)

Hölscher, Georg: Hundert Jahre J.P. Bachem. Buchdruckerei, Verlagsbuchhandlung, Zeitungsverlag. Köln 1918

Höpfl, Bernhard: Katholische Laien im nationalsozialistischen Bayern. Verweigerung und Widerstand zwischen 1933 und 1945. Veröffentlichungen KfZG, Reihe B: Forschungen, Bd. 78. Paderborn 1997

Hollerbach, Alexander: Katholische Kirche und Katholizismus vor dem Problem der Verfassungsstaatlichkeit. In: Rauscher, Anton (Hrsg.): Der soziale und politische Katholizismus. Entwicklungslinien in Deutschland 1803 - 1963. Bd. 1. München/ Wien 1981, 46-71

Hüsegen, Manfred: Die Bistumsblätter in Niedersachsen während der nationalsozialistischen Zeit. Ein Beitrag zur Geschichte der katholischen Publizistik im Dritten Reich. Hildesheim 1975

Huth, Annette: Der „Klostersturm". Beschlagnahme und Enteignung katholischer Einrichtungen 1940-1942. In: Zur Debatte. Themen der Katholischen Akademie in Bayern. Heft 3, 35 (2005), 14-15

Ikechukwu, Ani: Die befreiende Versöhnung. Die christliche Heilsbotschaft der Sündenvergebung in ihren heilsgeschichtlich-politischen Zusammenhängen bei Ernst Michel. Innsbruck 1994

Jaeger, M.: Anton Heinen als Volkserzieher. In: Volksbildungsarchiv 7 (1926), 161ff.

Jahn, Bruno (Bearbeiter).: Die deutschsprachige Presse. Ein biographisch-bibliographisches Handbuch. 2 Bd.e. München 2005

Jedin, Hubert: Kirche und Katholizismus im Deutschland des 19. Jahrhunderts. In: Rauscher, Anton (Hrsg.): Entwicklungslinien des deutschen Katholizismus. Beiträge zur Katholizismusforschung: Reihe B, Abhandlungen. Paderborn 1973, 71-84

Jedin, Hubert (Hrsg.): Handbuch der Kirchengeschichte in VII Bänden. Freiburg im Breisgau/ u.a. 1985

Junge, Hubertus: Dr. Erich Reisch 85 Jahre. In: Caritas. Zeitschrift für Caritaswissenschaft und Caritasarbeit 84 (1983), 265-266

Junk, Nikolaus: Dr. Friedrich Muckermann. Im Kampf zwischen zwei Epochen. Lebenserinnerungen. Veröffentlichungen KfZG, Reihe A: Quellen, Bd. 15. Mainz 1973

Junker, Detlev: Die Deutsche Zentrumspartei und Hitler 1932/33. Ein Beitrag zur Problematik des politischen Katholizismus in Deutschland. Stuttgarter Beiträge zur Geschichte und Politik, Bd. 4. Stuttgart 1969

Jürgens, Maria: Das Frauenbild im Werk Anton Heinens. Ein Beitrag zur Stellung der Frau in der christlichen Erwachsenenbildung. Phil. Diss. 1982. Bonn 1983

Kade, Jochen/ Nittel, Dieter/ Seitter, Wolfgang: Einführung in die Erwachsenenbildung, Weiterbildung. Grundriß der Pädagogik, Bd. 11. Stuttgart/ u.a. 1999

Kamphausen, Hans Joachim: Die ehemalige Volksvereins-Bibliothek in Mönchengladbach. Untersuchung zu Geschichte und Bestand. Reihe: Arbeiten aus dem Bibliothekar-Lehrinstitut des Landes Nordrhein-Westfalen, Bd. 49. Köln/ Greven 1979

Kasper, Walter/ u.a. (Hrsg.): Lexikon für Theologie und Kirche, 11 Bd.e. Freiburg im Breisgau/ u.a. 1993 - 2001³

Katholische Bibelanstalt Stuttgart GmbH (Hrsg.): Die Bibel: Altes und Neues Testament. Einheitsübersetzung. Freiburg im Breisgau/ u.a. 1980

Katholische Landvolkshochschule „Anton Heinen": Hardehausen im neuen Haus. In: Erwachsenenbildung 12 (1966), 171-175

Katz, Heiner: Katholizismus zwischen Kirchenstruktur und gesellschaftlichem Wandel. In: Gabriel, Karl/ Kaufmann, Franz-Xaver (Hrsg.): Zur Soziologie des Katholizismus. Darmstadt 1980, 112-144

Kaufhold, Karl Heinrich: Wirtschaft und Gesellschaft in Deutschland seit der Industrialisierung (1800-1963). In: Rauscher, Anton (Hrsg.): Der soziale und politische Katholizismus. Entwicklungslinien in Deutschland 1803 - 1963. Bd. 2. München/ Wien 1982, 9-51

Kaufmann, Doris: Katholisches Milieu in Münster 1928-1933. Politische Aktionsformen und geschlechtsspezifische Verhaltensräume. Düsseldorf 1984

Kaufmann, Doris (Hrsg.): Geschichte der Kaiser-Wilhelm-Gesellschaft im Nationalsozialismus. Bestandsaufnahme und Perspektiven der Forschung. 2 Bd.e. Berlin 2000

Kaufmann, Günther/ Arbeitsausschuß Langemarck beim Jugendführer des Deutschen Reiches (Hrsg.): Langemarck. Das Opfer der Jugend an allen Fronten. Stuttgart 1938

Kiefer, Rolf: Karl Bachem 1858 – 1945. Politiker und Historiker des Zentrums. Veröffentlichungen KfZG, Reihe B: Forschungen, Bd. 49. Mainz 1989

Keim, Helmut/ Urbach, Dietrich (Hrsg.): Bibliographie zur Volksbildung 1933 bis 1945. Braunschweig 1970

Keim, Helmut/ Urbach, Dietrich (Hrsg.): Volksbildung in Deutschland 1933-1945. Einführung und Dokumente. Braunschweig 1976

Keim, Wolfgang: Verfolgte Pädagogen und verdrängte Reformpädagogik. Ein Literaturbericht. In: Zeitschrift für Pädagogik 32 (1986), 345-360

Keim, Wolfgang: Die Erforschung des nationalsozialistischen Erziehungswesens in den achtziger Jahren. Ein kritischer Literaturbericht. Unveröffentlichtes Manuskript. Paderborn 1987

Keim, Wolfgang: Bundesdeutsche Erziehungswissenschaft und Nationalsozialismus – eine kritische Bestandaufnahme. In: Ders. (Hrsg.): Pädagogen und Pädagogik im Nationalsozialismus – Ein unerledigtes Problem der Erziehungswissenschaft. Studien zur Bildungsreform, Bd. 16. Frankfurt am Main 1988, 15-34 (Keim 1988a)

Keim, Wolfgang: Das nationalsozialistische Erziehungswesen im Spiegel neuerer Untersuchungen. Ein Literaturbericht. In: Zeitschrift für Pädagogik 34 (1988), 109-130 (Keim 1988b)

Keim, Wolfgang: Erziehung im Nationalsozialismus. Ein Forschungsbericht. Beiheft zur „Erwachsenenbildung in Österreich". Wien 1990 (Keim 1990a)

Keim, Wolfgang: „Moralismus vs. „menschliches Maß". Eine Erwiderung auf den Versuch einer Satire von Klaus Prange in der Zeitschrift für Pädagogik 5/1990. In: Zeitschrift für Pädagogik 36 (1990), 937-942 (Keim 1990b)

Keim, Wolfgang: Pädagogik und Nationalsozialismus. Zwischenbilanz einer Auseinandersetzung innerhalb der bundesdeutschen Erziehungswissenschaft. In: Ders./ u.a. (Hrsg.): Erziehungswissenschaft und Nationalsozialismus – Eine kritische Positionsbestimmung. Marburg 1990, 14-27 (Keim 1990c)

Keim, Wolfgang: Erziehung unter der Nazi-Diktatur, Bd. 1: Antidemokratische Potentiale, Machtantritt und Machtdurchsetzung. Darmstadt 1995

Keim, Wolfgang: Erziehung unter der Nazi-Diktatur, Bd. 2: Kriegsvorbereitung, Krieg und Holocaust. Darmstadt 1997

Keim, Wolfgang: Die Wehrmachtsausstellung in erziehungswissenschaftlicher Perspektive. In: Ders.: Jahrbuch für Pädagogik 2003, 125-145

Keim, Wolfgang: Bildung versus Ertüchtigung. Gab es einen Paradigmenwechsel im Erziehungsdenken unter der Nazi-Diktatur? In: Lehmann, Hartmut/ Oexle, Gerhard (Hrsg.): Nationalsozialismus in den Kulturwissenschaften. Band 2: Leitbegriffe – Deutungsmuster – Paradigmenkämpfer – Erfahrungen und Transformationen im Exil. Veröffentlichungen des Max-Planck-Instituts für Geschichte, Bd. 211. Göttingen 2004, 223-258

Keim, Wolfgang (Hrsg.): Pädagogen und Pädagogik im Nationalsozialismus – Ein unerledigtes Problem der Erziehungswissenschaft. Frankfurt am Main 1988, 1990² und 1991³

Keim, Wolfgang/ u.a. (Hrsg.): Erziehungswissenschaft und Nationalsozialismus – Eine kritische Positionsbestimmung. Marburg 1990

Keim, Wolfgang/ Gamm, Hans-Jochen (Red.): Jahrbuch für Pädagogik 2003. Erinnern – Bildung – Identität. Frankfurt am Main 2003

Keim, Wolfgang (Hrsg.).: Jüdisches Wien: Spurensuche als Lernprozess. Dokumentation einer Studienfahrt nach Wien vom 18. bis 27. Mai 2002. Paderborn 2005

Kersting, Hermann: Prälat Dr. Dr. August Pieper. Der berühmteste Sohn unserer Bergstadt Eversberg. In: Sauerland 39 (2006), 74-75

Ketteler, Wilhelm Emmanuel von: Schriften, Bd. 2. Mumbauer, J. (Hrsg.). München 1924²

Kißner, Michael: Widerstand und Glaube. Anmerkungen zur „Frömmigkeit" des deutschen Widerstands im Krieg. In: Zur Debatte. Themen der Katholischen Akademie in Bayern. Heft 3, 35 (2005), 16-17

Klafki, Wolfgang: Erziehungswissenschaft als kritisch-konstruktive Theorie. Hermeneutik – Empirie – Ideologiekritik. In: Ders.: Aspekte kritisch-konstruktiver Erziehungswissenschaft. Gesammelte Beiträge zur Theorie-Praxis-Diskussion. Weinheim/ Basel 1976, 13-49. Erstveröffentlichung in: Zeitschrift für Pädagogik 1971, 351-385 (Klafki 1971a)

Klafki, Wolfgang: Hermeneutische Verfahren in der Erziehungswissenschaft (1971). In: Rittelmeyer, Christian/ Parmentier, Michael: Einführung in die pädagogische Hermeneutik. Darmstadt 2001, 125-148. Erstveröffentlichung in: Klafki/ u.a.: Funk-Kolleg Erziehungswissenschaft, Bd. 3. Frankfurt a. M. 1975⁹, 126-153 (Klafki 1971b)

Klafki, Wolfgang: Ideologiekritik und Erziehungswissenschaft – eine Problemskizze. In: Ders.: Aspekte kritisch-konstruktiver Erziehungswissenschaft. Gesammelte Beiträge zur Theorie-Praxis-Diskussion. Weinheim/ Basel 1976, 50-55. Erstveröffentlichung in: Roth, Leo: Handlexeikon zur Erziehungswissenschaft. München 1976 (Klafiki 1976)

Klafki, Wolfgang: Bericht über das Podium: Pädagogik und Nationalsozialismus. In: Zeitschrift für Pädagogik, 25. Beiheft (1990), 35-55

Klafki, Wolfgang: Geisteswissenschaftliche Pädagogik und Nationalsozialismus. Herman Nohl und seine „Göttinger Schule" 1932-1937. Weinheim 2002

Klausa, Ekkehard: Ein Löwe für den Himmel. [Zur Seligsprechung Clemens August Graf von Galens in Rom] In: Die Zeit, Nr. 40. vom 29.09.2005, 96

Klee, Ernst: Was sie taten – was sie wurden. Ärzte, Juristen und andere Beteiligte am Kranken- oder Judenmord. Frankfurt am Main 1998

Klee, Ernst: Deutsche Medizin im Dritten Reich. Karrieren vor und nach 1945. Frankfurt am Main 2001

Klein, Gotthard: Der Volksverein für das katholische Deutschland 1890-1933. Geschichte, Bedeutung, Untergang. Veröffentlichungen KfZG, Reihe B: Forschungen, Bd. 75. Paderborn 1996

Kleinmann, Hans-Otto. Eugen Kogon (1903-1987). In: Aretz, Jürgen/ u.a. (Hrsg.): Zeitgeschichte in Lebensbildern. Aus dem deutschen Katholizismus des 19. und 20. Jahrhunderts, Bd. 9. Mainz 1999, 223-242

Klinkenberg, Norbert: Sozialer Katholizismus in Mönchengladbach. Ein Beitrag zum Thema Katholische Kirche und soziale Frage im 19. Jahrhundert. Mönchengladbach 1981

Klöcker, Michael/ Magen, Ferdinand: Zur Erforschung der Kirchen- und Religionsgeschichte. Begriffliche Grundüberlegungen. Köln 1981

Knoll, August Maria: Der soziale Gedanke im modernen Katholizismus. Von der Romantik bis Rerum novarum. Wien/ Leipzig 1932

Knoll, Joachim H.: Interesse an Geschichte, Interesse an Geschichtsschreibung. Zur Historiographie der Erwachsenenbildung im Spiegel wissenschaftlicher Zeitschriften: In: Theorie und Praxis der Erwachsenenbildung 12 (1966), 80-95

Knoll, Jörg/ Lehnert, Marion/ Otto, Volker (Hrsg.): Gestalt und Ziel. Beiträge zur Geschichte der Leipziger Erwachsenenbildung. Leipzig 2007

Kohl, Ulrike: Die Präsidenten der Kaiser-Wilhelm-Gesellschaft im Nationalsozialismus. Max Planck, Carl Bosch und Alber Vögler zwischen Wissenschaft und Macht. Stuttgart 2002

Koneffke: Auschwitz und die Pädagogik. Zur Auseinandersetzung der Pädagogen über die gegenwärtige Vergangenheit ihrer Disziplin, 1990 In: Keim, Wolfgang/ u.a. (Hrsg.): Erziehungswissenschaft und Nationalsozialismus – Eine kritische Positionsbestimmung. Marburg 1990, 28-38

Koenen, Andreas. Der Fall Carl Schmitt. Sein Aufstieg zum „Kronjuristen des Dritten Reichs". Darmstadt 1995

Kolping, Adolf: Ausgewählte pädagogische Schriften, besorgt von Göbels, Hubert. Paderborn 1964

Kosch, Wilhelm: Das katholische Deutschland. Biographisch-bibliographisches Lexikon. 3 Bd.e. Augsburg 1933-1938

Kosch, Wilhlem: Biographisches Staatshandbuch. Lexikon der Politik, Presse und Publizistik. 2 Bd.e. Berlin/ München 1963

Kösters, Christoph: Katholische Verbände und moderne Gesellschaft. Organisationsgeschichte und Vereinskultur im Bistum Münster 1918-1945. Veröffentlichungen KfZG, Reihe B: Forschungen, Bd. 68. Paderborn 1995

Kösters, Christoph: Carl Mosterts (1874-1926). In: Aretz, Jürgen/ u.a. (Hrsg.): Zeitgeschichte in Lebensbildern. Aus dem deutschen Katholizismus des 19. und 20. Jahrhunderts, Bd. 8. Mainz 1998, 9-25

Kösters, Christoph: Katholische Kirche im nationalsozialistischen Deutschland – Aktuelle Forschungsergebnisse, Kontroversen und Fragen. In: Bendel, Rainer (Hrsg.): Die katholische Schuld? Katholizismus im Dritten Reich zwischen Arrangement und Widerstand. Münster 2004², 25-46

Kösters, Christoph: Kirche und Glaube an Front und Heimatfront. Kriegserfahrung und ihre Bedeutung für die katholische Lebenswelt. In: Zur Debatte. Themen der Katholischen Akademie in Bayern. Heft 3, 35 (2005), 12-13

Kötting, Bernhard (Hrsg.): Kleine deutsche Kirchengeschichte. Freiburg im Breisgau/ u.a. 1980

Kraiker, Gerhard: Politischer Katholizismus in der BRD. Eine ideologiekritische Analyse. Stuttgart/ u.a. 1972

Krehwinkel, Franz-Josef: Sturmschar unter dem NS-Regime. In: Börger, Bernd/ Schroer, Hans (Hrsg.): Sie hielten stand. Sturmschar im Katholischen Jungmännerverband Deutschlands. Altenberg 1989, 95-121

Kroos, Franz: Friedrich Muckermann (1883-1946). Morsey, Rudolf (Hrsg.): Zeitgeschichte in Lebensbildern. Aus dem deutschen Katholizismus des 19. und 20. Jahrhunderts, Bd. 2. Mainz 1975, 48-63

Krose, H.A.: Kirchliches Handbuch für das katholische Deutschland. Nebst Mitteilungen der amtlichen Zentralstelle für kirchliche Statistik. Freiburg im Breisgau 9 (1919/1920) - 18 (1933/1934)

Krumeich, Gerd: „Gott mit uns?" Der Erste Weltkrieg als Religionskrieg. In: Ders./ Lehmann, Hartmut (Hrsg.): „Gott mit uns". Nation, Religion und Gewalt im 19. und frühen 20. Jahrhundert. Göttingen 2000, 273-283 (Krumeich 2000a)

Krumeich, Gerd/ Lehmann, Hartmut (Hrsg.): „Gott mit uns". Nation, Religion und Gewalt im 19. und frühen 20. Jahrhundert. Göttingen 2000 (Krum-eich 2000b)

Kuhne, Wilhelm: Anthropologische und soziologische Grundlagen der Pädagogik Anton Heinens. Ein Beitrag zur Genese der christlichen Volksbildung. Phil Diss. Bonn 1981

Kuhne, Wilhelm: Christliche Erwachsenenbildung: der pädagogische und andragogische Entwurf Anton Heinens. Schriften zur christlichen Erziehung und Bildung, Bd. 1. Paderborn 1983

Kuhne, Wilhelm: Die westfälischen Landvolkshochschulen in der Weimarer Zeit. Ein Beitrag zur ländlichen Bildungsgeschichte. In: Westfälische Zeitschrift 142 (1992), 387-413

Kuhne, Wilhelm (Hrsg.): Anton Heinen. Aus Leben und Werk. Paderborn 1979

Kühnl, Reinhard: Die Weimarer Republik. Errichtung, Machtstruktur und Zerstörung einer Demokratie. Hamburg 1985

Kunert, Ernst-Dieter: Volksverein für das katholische Deutschland 1890-1933. Mönchen-Gladbach 1990

Küppers, Heinrich: Der katholische Lehrerverband in der Übergangszeit von der Weimarer Republik zur Hitler-Diktatur. Zugleich ein Beitrag zur Geschichte des Volksschullehrerstandes. Veröffentlichungen KfZG, Reihe B: Forschungen, Bd. 57. Mainz 1975

Küppers, Heinrich: Schulpolitik. In: Rauscher, Anton (Hrsg.): Der soziale und politische Katholizismus. Entwicklungslinien in Deutschland 1803 - 1963. Bd. 2. München/ Wien 1982, 352-394

Küppers, Robert: Der Pädagoge Leo Weismantel und seine „Schule der Volkschaft" (1928-1936). Studien zur Pädagogik, Andragogik und Gerontagogik, Bd. 12. Frankfurt a. M./ u.a. 1992

Kurt, Ronald: Hermeneutik. Eine sozialwissenschaftliche Einführung. Konstanz 2004

Laack, Fritz: Das Zwischenspiel freier Erwachsenenbildung. Hohenrodter Bund und Deutsche Schule für Volksforschung und Erwachsenenbildung in der Weimarer Epoche. Bad Heilbrunn 1984

Langner, Albrecht (Hrsg.): Säkularisation und Säkularisierung im 19. Jahrhundert. Beiträge zur Katholizismusforschung: Reihe B, Abhandlungen. München/ u.a. 1978

Lautenschläger, Gabriele. Joseph Lortz (1887-1975) Weg, Umwelt und Werk eines katholischen Kirchenhistorikers. Studien zur Kirchengeschichte der Neuesten Zeit, Bd. 1. Würzburg 1987

Lehmann, Hartmut/ Oexle, Gerhard (Hrsg.): Nationalsozialismus in den Kulturwissenschaften. Band 1: Fächer – Milieus – Karrieren. Veröffentlichungen des Max-Planck-Instituts für Geschichte, Bd. 200. Göttingen 2004 (Lehmann 2004a)

Lehmann, Hartmut/ Oexle, Gerhard (Hrsg.): Nationalsozialismus in den Kulturwissenschaften. Band 2: Leitbegriffe – Deutungsmuster – Paradigmenkämpfer – Erfahrungen und Transformationen im Exil. Veröffentlichungen des Max-Planck-Instituts für Geschichte, Bd. 211. Göttingen 2004 (Lehmann 2004b)

Lehmann, Karl: Glauben bezeugen, Gesellschaft gestalten. Reflexionen und Positionen. Freiburg/ u.a. 1993

Lelieveld, Bruno: Die Wandlung der Ständeidee in der deutschsprachigen katholisch-sozialen Literatur des 19. und 20. Jahrhunderts bis zum Erscheinen der Enzyklika "Quadragesimo Anno" (1931). Diss. Bonn 1965

Lemmens, Franz: Robert Grosche. In: Schriftenreihe des Schmittmann-Kollegs. Heft 1. O.V., Ort und Jg. Gedenkstunde für Robert Grosche am 29. Februar 1968, 5-12

Leugers, Antonia: Gegen eine Mauer bischöflichen Schweigens. Der Ausschuß für Ordensangelegenheiten und seine Widerstandskonzeption 1941 bis 1945. Frankfurt a. M. 1996

Leugers, Antonia: Positionen der Bischöfe zum Nationalsozialismus und zur nationalsozialistischen Staatsautorität. In: Bendel, Rainer (Hrsg.): Die katholische Schuld? Katholizismus im Dritten Reich zwischen Arrangement und Widerstand. Münster 2004[2], 122-143

Lill, Rudolf: Ideologie und Kirchenpolitik des Nationalsozialismus. In: Gotto, Klaus/ Repgen, Konrad (Hrsg.): Die Katholiken und das Dritte Reich. Mainz 1983[2], 24-35

Lingelbach, Karl-Christoph: Erziehung und Erziehungstheorien im nationalsozialistischen Deutschland. Weinheim 1970 und 1987[2]

Lingelbach, Karl-Christoph: „Erziehung" unter der NS-Herrschaft – methodische Probleme ihrer Erfassung und Reflexion. In: Keim, Wolfgang (Hrsg.): Pädagogen und Pädagogik im Nationalsozialismus – Ein unerledigtes Problem der Erziehungswissenschaft. Frankfurt am Main 1988, 47-63

Lingelbach, Karl-Christoph: Unkritische Bildungshistorie als sozialwissenschaftlicher Fortschritt? In: Keim, Wolfgang/ u.a. (Hrsg.): Erziehungswissenschaft und Nationalsozialismus – Eine kritische Positionsbestimmung. Marburg 1990, 125-136 (Lingelbach 1990a)

Lingelbach, Karl-Christoph: Zur Kritik „Pädagogischen Denkens" in der zeithistorischen Erziehungsforschung. In: Keim, Wolfgang/ u.a. (Hrsg.): Erziehungswissenschaft und Nationalsozialismus – Eine kritische Positionsbestimmung. Marburg 1990, 123-124 (Lingelbach 1990b)

Löffler, Maria: Zeitgeschichte der Erwachsenenbildung in Rheinland-Pfalz nach 1945. Dargestellt am Beispiel des freien Trägers Katholische Erwachsenenbildung. Trier 1995

Löhr, Wolfgang: Franz Brandts (1834-1914). In: Aretz, Jürgen/ u.a. (Hrsg.): Zeitgeschichte in Lebensbildern. Aus dem deutschen Katholizismus des 19. und 20. Jahrhunderts, Bd. 3. Mainz 1979, 91-105

Löhr, Wolfgang: Carl Sonnenschein (1876-1929). In: Aretz, Jürgen/ u.a. (Hrsg.): Zeitgeschichte in Lebensbildern. Aus dem deutschen Katholizismus des 19. und 20. Jahrhunderts, Bd. 4. Mainz 1980, 92-102

Lönne, Karl-Egon: Politischer Katholizismus im 19. und 20. Jahrhundert. Frankfurt a. M. 1986

Loome, Thomas Michael: Liberal Catholicism, Reform Catholicism, Modernism. A Contribution to a New Orientation in Modernism Research. Tübinger theol. Studien, Bd. 14. Mainz 1979

Loth, Wilfried (Hrsg.): Deutscher Katholizismus im Umbruch zur Moderne. Stuttgart/ u.a. 1991

Lowitsch, Bruno: Der Kreis um die Rhein-Mainische Volkszeitung. Frankfurt a. M. 1980

Lowitsch, Bruno: Ernst Michel (1889-1964). In: Aretz, Jürgen/ u.a. (Hrsg.): Zeitgeschichte in Lebensbildern. Aus dem deutschen Katholizismus des 19. und 20. Jahrhunderts, Bd. 5. Mainz 1982, 223-238

Lutz, Heinrich: Unser Plan. In: Akademische Bonifatius-Einigung (Hrsg.): Religionshochschule. Paderborn 1927, 6-10

Lutz, Heinrich: Demokratie im Zwielicht. Der Weg der deutschen Katholiken aus dem Kaiserreich in die Republik 1914-1925. München 1963

Maier, Hans: Revolution und Kirche. Zur Frühgeschichte der kirchlichen Demokratie. München 1973[3]

Maier, Hans: Zum Standort des deutschen Katholizismus in Gesellschaft, Staat und Kultur. In: Rauscher, Anton (Hrsg.): Entwicklungslinien des deutschen Katholizismus. Beiträge zur Katholizismusforschung: Reihe B, Abhandlungen. Paderborn 1973, 40-49

Marschall, Bernhard: Der Zentralbildungsausschuß der katholischen Verbände Deutschlands. In: Pöggeler, Franz/ Langenfeld, Ludwig/ Welzel, Gotthard (Hrsg.): Im Dienste der Erwachsenenbildung, Festgabe für Rudolf Reuter. Osnabrück 1961, 106-109

Marschall, Bernhard (Hrsg.): Volksbildungsarbeit. Ergebnisse der Rheinischen Bildungswoche 4. – 8. Okt. 1920 zu Köln. Köln 1921

Marz, Bernd (Hrsg.): Eugen Drewermann. Regen gegen den Krieg. Düsseldorf 1991

Matthias, Erich/ Morsey, Rudolf (Hrsg.): Das Ende der Parteien 1933. Düsseldorf 1960

Mazura, Uwe: Zentrumspartei und Judenfrage 1870/71-1933. Verfassungsstaat und Minderheitenschutz. Veröffentlichungen KfZG, Reihe B: Forschungen, Bd. 62. Mainz 1994

Meinl, Kurt: Die Volkshochschule Jena. Aspekte ihrer Entwicklung im Wandel der staatlichen Machtverhältnisse. In: Oppermann, Dieter (Hrsg.): 75 Jahre Volkshochschule. Vom schwierigen Weg zur Humanität, Demokratie und sozialen Verantwortung. Bad Heilbrunn 1995, 111-138

Meyers Lexikonredaktion (Hrsg.): Meyers großes Taschenlexikon, 25 Bd.e. Mannheim/ u.a. 1999[7]

Michel, Ernst: Kirche und Wirklichkeit. Ein katholisches Zeitbuch. Jena 1923

Michel, Ernst: Zur Grundlegung einer katholischen Politik. Frankfurt am Main 1923 und 1924[2]

Michel, Ernst: Politik aus dem Glauben. Jena 1926

Michel, Ernst: Volksbildung als „Bildung zum Volk" (1929). In: Benning, Alfons (Hrsg.): Quellentexte katholischer Erwachsenenbildung. Paderborn 1971, 182-190. Erstveröffentlichung: Der Kunstwart. Monatshefte für Kunst, Literatur und Leben 42 (1928/29), 353-359

Michel, Ernst: Weltanschauung und Erwachsenenbildung (1931). In: Benning, Alfons (Hrsg.): Quellentexte katholischer Erwachsenenbildung. Paderborn 1971, 210-218. Erstveröffentlichung: Hefte für Büchereiweisen 15 (1931), 190-196

Michel, Ernst: Von der kirchlichen Sendung der Laien. Berlin 1934

Michel, Ernst: Gläubige Existenz. Heidelberg 1952

Michel, Ernst: Der Prozeß „Gesellschaft contra Person". Soziologische Wandlungen im nachgoetheschen Zeitalter. Stuttgart 1959

Michel, Ernst: Das christliche Weltamt. Revidierte Neuausgabe des Buches „Von der kirchlichen Sendung der Laien" vom Jahre 1934. Frankfurt am Main 1962

Militärgeschichtliches Forschungsamt (Hrsg.): Deutsche Militärgeschichte in sechs Bänden 1648-1939. München 1983

Mirgeler, Albert: Wiederaufbau einer Kirche. Dargestellt an Hand der Tagebücher von Robert Grosche. In: Communio 3 (1974), 74-86

Mikat, Paul: Staatskirchenrechtliche Aspekte religiöser Interessen. In: Denzler, Georg (Hrsg.): Kirche und Staat auf Distanz. Historische und aktuelle Perspektiven. München 1977, 193-206

Missalla, Heinrich: Für Volk und Vaterland. Die Kirchliche Kriegshilfe im Zweiten Weltkrieg. Königstein 1978

Missalla, Heinrich: Wie der Krieg zur Schule Gottes wurde. Hitlers Feldbischof Rarkowski. Eine notwendige Erinnerung. Oberursel 1997

Missalla, Heinrich: Für Gott, Führer und Vaterland. Die Verstrickung der katholischen Seelsorge in Hitlers Krieg. München 1999

Missala, Heinrich: Mut zur Wirklichkeit. In: Publik-Forum. Zeitung kritischer Christen, Heft 9 (2004), 46-49

Mockenhaupt, Hubert: Franz Hitze (1851-1921). In: Morsey, Rudolf (Hrsg.): Zeitgeschichte in Lebensbildern. Aus dem deutschen Katholizismus des 19. und 20. Jahrhunderts, Bd. 1. Mainz 1973, 53-64 (Mockenhaupt 1973a)

Mockenhaupt, Hubert: Heinrich Brauns (1868-1939). In: Morsey, Rudolf (Hrsg.): Zeitgeschichte in Lebensbildern. Aus dem deutschen Katholizismus des 19. und 20. Jahrhunderts, Bd. 1. Mainz 1973, 148-159 (Mockenhaupt 1973b)

Mockenhaupt, Hubert: Weg und Wirken des geistlichen Sozialpolitikers Heinrich Brauns. Paderborn 1977

Mooser, Josef: Das katholische Milieu in der bürgerlichen Gesellschaft. Zum Vereinswesen des Katholizismus im späten Deutschen Kaiserreich. In: Blaschke, Olaf/ Kuhlemann, Frank-Michael (Hrsg.): Religion im Kaiserreich: Milieus – Mentalitäten – Krisen. Religiöse Kulturen der Moderne, Bd. 2. Gütersloh 1996, 59-92

Morsey, Rudolf: Die Deutsche Zentrumspartei. In: Matthias, Erich/ Morsey, Rudolf (Hrsg.): Das Ende der Parteien 1933. Düsseldorf 1960, 281-453

Morsey, Rudolf: Die deutsche Zentrumspartei 1917-1923. Düsseldorf 1966

Morsey, Rudolf: Adam Stegerwald (1874-1945). In: Ders. (Hrsg.): Zeitgeschichte in Lebensbildern. Aus dem deutschen Katholizismus des 19. und 20. Jahrhunderts, Bd. 1. Mainz 1973, 206-219 (Morsey 1973a)

Morsey, Rudolf: Der deutsche Katholizismus in politischen Umbruchsituationen seit dem Beginn des 19. Jahrhunderts. In: Rauscher, Anton (Hrsg.): Entwicklungslinien des deutschen Katholizismus. Beiträge zur Katholizismusforschung: Reihe B, Abhandlungen. Paderborn 1973, 31-39 (Morsey 1973b)

Morsey, Rudolf: Heinrich Brüning (1885-1970). In: Ders. (Hrsg.): Zeitgeschichte in Lebensbildern. Aus dem deutschen Katholizismus des 19. und 20. Jahrhunderts, Bd. 1. Mainz 1973, 148-159 (Morsey 1973c)

Morsey, Rudolf: Karl Trimborn (1854-1921). In: Ders. (Hrsg.): Zeitgeschichte in Lebensbildern. Aus dem deutschen Katholizismus des 19. und 20. Jahrhunderts, Bd. 1. Mainz 1973, 148-159 (Morsey 1973d)

Morsey, Rudolf: Ludwig Kaas (1881-1952). In: Ders. (Hrsg.): Zeitgeschichte in Lebensbildern. Aus dem deutschen Katholizismus des 19. und 20. Jahrhunderts, Bd. 1. Mainz 1973, 148-159 (Morsey 1973e)

Morsey, Rudolf: Matthias Erzberger (1875-1921). In: Ders. (Hrsg.): Zeitgeschichte in Lebensbildern. Aus dem deutschen Katholizismus des 19. und 20. Jahrhunderts, Bd. 1. Mainz 1973, 103-112 (Morsey 1973f)

Morsey, Rudolf: Clemens August Kardinal von Galen (1878-1946). In: Ders. (Hrsg.): Zeitgeschichte in Lebensbildern. Aus dem deutschen Katholizismus des 19. und 20. Jahrhunderts, Bd. 2. Mainz 1974, 37-46 (Morsey 1974a)

Morsey, Rudolf: Franz von Papen (1879-1969). In: Ders. (Hrsg.): Zeitgeschichte in Lebensbildern. Aus dem deutschen Katholizismus des 19. und 20. Jahrhunderts, Bd. 2. Mainz 1974, 75-87 (Morsey 1974b)

Morsey, Rudolf: Joseph Görres (1776-1848). In: Aretz, Jürgen/ u.a. (Hrsg.): Zeitgeschichte in Lebensbildern. Aus dem deutschen Katholizismus des 19. und 20. Jahrhunderts, Bd. 3. Mainz 1979, 26-35 (Morsey 1979a)

Morsey, Rudolf: Ludwig Windthorst (1812-1876). In: Aretz, Jürgen/ u.a. (Hrsg.): Zeitgeschichte in Lebensbildern. Aus dem deutschen Katholizismus des 19. und 20. Jahrhunderts, Bd. 3. Mainz 1979, 62-74 (Morsey 1979b)

Morsey, Rudolf: Martin Spahn (1875-1945). In: Aretz, Jürgen/ u.a. (Hrsg.): Zeitgeschichte in Lebensbildern. Aus dem deutschen Katholizismus des 19. und 20. Jahrhunderts, Bd. 4. Mainz 1980, 143-158

Morsey, Rudolf: Der Kulturkampf. In: Rauscher, Anton (Hrsg.): Der soziale und politische Katholizismus. Entwicklungslinien in Deutschland 1803-1963. Bd. 1. München/ Wien 1981, 72-109 (Morsey 1981a)

Morsey, Rudolf: Der politische Katholizismus 1890-1933. In: Rauscher, Anton (Hrsg.): Der soziale und politische Katholizismus. Entwicklungslinien in Deutschland 1803-1963. Bd. 1. München/ Wien 1981, 110-164 (Morsey 1981b)

Morsey, Rudolf: Die katholische Volksminderheit und der Aufstieg des Nationalsozialismus. In: Gotto, Klaus/ Repgen, Konrad (Hrsg.): Die Katholiken und das Dritte Reich. Mainz 1983[2], 9-23

Morsey, Rudolf: Katholizismus, Verfassungsstaat und Demokratie. Vom Vormärz bis 1933. Paderborn 1988 (Morsey 1988a)

Morsey, Rudolf: Gründung und Gründer der Kommission für Zeitgeschichte 1960-1962. In: HJB 115 (1995), 453-485

Morsey, Rudolf (Hrsg.): Zeitgeschichte in Lebensbildern. Aus dem deutschen Katholizismus des 19. und 20. Jahrhunderts, 11 Bd.e. Mainz 1973-1980

Morsey, Rudolf (Hrsg.): Das Wahlverhalten der deutschen Katholiken im Kaiserreich und in der Weimarer Republik. Untersuchungen aus dem Jahre 1928 von Johannes Schauff. Veröffentlichungen KfZG, Reihe A: Quellen, Bd. 18. Mainz 1975

Morsey, Rudolf (Hrsg.): Katholizismus, Verfassungsstaat und Demokratie. Vom Vormärz bis 1933. Beiträge zur Katholizismusforschung: Reihe A, Quellentexte zur Geschichte des Katholizismus. Bd. 1. Paderborn/ u.a. 1988 (Morsey 1988b)

Mosse, George L: Die völkische Revolution. Über die geistigen Wurzlen des Nationalsozialismus (Aus dem Amerikanischen übersetzt von Renate Becker). Frankfurt a. M. 1991

Müller, Dirk H.: Arbeiter – Katholizismus – Staat. Der Volksverein für das katholische Deutschland und die katholischen Arbeiterorganisationen in der Weimarer Republik. Forschungsinstitut der Friedrich-Ebert-Stiftung, Reihe: Politik und Gesellschaftsgeschichte, Bd. 43. Bonn 1996

Müller-Commichau, Wolfgang: Erwachsenenbildung in Mainz 1924-1936. Kontinuität und Brüche. Studien und Dokumentationen zur deutschen Bildungsgeschichte, Bd. 58. Köln 1994

Müller-Lönnendung, Ludwig: Staat und Volk im Verständnis Anton Heinens. Ein Beitrag zum Staats- und Rechtsgedanken in der christlichen Erwachsenenbildung. Phil. Diss. Bonn 1983

Nacke, Bernhard/ Tessmer, Johannes: Kirchliche Erwachsenenbildung. In: LThK, Bd. 6, Freiburg 1997[3]

Naess, Arne/ u.a.: Democracy, Ideology und Objectivity. Studies in the Semantics and Cognitive Analysis of Ideological Controversy. Oslo/ Oxford 1956

Nell-Breuning, Oswald von: Ständischer Gesellschaftsaufbau. In: Handwörterbuch der Sozialwissenschaften. Neuauflage des Handwörterbuches der Staatswissenschaften. Beckerath, E./ u.a. (Hrsg.). Bd. 10. Stuttgart / u.a. 1959

Nell-Breuning, Oswald von: Katholizismus. In: Gabriel, Karl/ Kaufmann, Franz-Xaver (Hrsg.): Zur Soziologie des Katholizismus. Darmstadt 1980, 24-38

Neubach, Helmut: Felix Porsch (1853-1930). In: Morsey, Rudolf (Hrsg.): Zeitgeschichte in Lebensbildern. Aus dem deutschen Katholizismus des 19. und 20. Jahrhunderts, Bd. 1. Mainz 1973, 65-80

Neubach, Helmut: Peter Spahn (1846-1925). In: Morsey, Rudolf (Hrsg.): Zeitgeschichte in Lebensbildern. Aus dem deutschen Katholizismus des 19. und 20. Jahrhunderts, Bd. 1. Mainz 1973, 65-80

Neumann, Johannes: Das geschichtlich gewordene Zusammenspiel von Kirche und Staat in Deutschland. In: Denzler, Georg (Hrsg.): Kirche und Staat auf Distanz. Historische und aktuelle Perspektiven. München 1977, 179-192

Nichtweiß, Barbara: Erik Peterson. Neue Sicht auf Leben und Werk. Mainz 1992

Niederhofer, Andrea: Bernhard Marschall und seine Bedeutung für die kirchliche Rundfunkarbeit. Unveröffentlichte Magisterarbeit. München 1985

Niggemann, Wilhelm: Das Selbstverständnis katholischer Erwachsenenbildung bis 1933. Osnabrück 1967

Nordbom, Pia: Für Glaube und Volkstum. Die katholische Wochenzeitung „Der Deutsche in Polen" (1934-1939) in der Auseinandersetzung mit dem Nationalsozialismus. Veröffentlichungen KfZG, Reihe B. Forschungen, Bd. 87. Paderborn 2000

Nuissl, Ekkehard/ Tietgens, Hans (Hrsg.): Mit demokratischem Auftrag. Deutsche Erwachsenenbildung seit der Kaiserzeit. Bad Heilbrunn 1995

Nyssen, Walter: Begegnung mit Robert Grosche In: Schriftenreihe des Schmittmann-Kollegs. Heft 1. O.V., Ort und Jg. Gedenkstunde für Robert Grosche am 29. Februar 1968, 13-20

Oer, Rudolfine Freiin von: Die Säkularisation von 1803 – Durchführung und Auswirkungen. In: Langner, Albrecht (Hrsg.): Säkularisation und Säkularisierung im 19. Jahrhundert. Beiträge zur Katholizismusforschung: Reihe B, Abhandlungen. München/ u.a. 1978, 9-30

Oerter, Rolf: Kindheit. In: Ders./ Montada, Leo (Hrsg.): Entwicklungspsychologie. Weinheim 1998[4], 249-309 (Oerter 1998a)

Oerter, Rolf: Jugendalter. In: Ders./ Montada, Leo (Hrsg.): Entwicklungspsychologie. Weinheim 1998[4], 310-395 (Oerter 1998b)

Ohne Verfasser: Nachruf Dr. Erich Reisch. In: EB 32 (1986), 50

Olbrich, Josef: Geschichte der Erwachsenenbildung als Sozialgeschichte. Zur Methodologie der historischen Forschung in der Erwachsenenbildung. In: Bildung und Erziehung, 29 (1976), 450-462

Olbrich, Josef: Bildung und Demokratie – Die Erwachsenenbildung in der Weimarer Zeit von 1918 bis 1933. In: Grundlagen der Weiterbildung: Praxishilfen, Neuwied 1994, 1-20

Olbrich, Josef: Geschichte der Erwachsenenbildung in Deutschland. Opladen 2001

Ott, Hugo: Conrad Gröber (1872-1948). In: Aretz, Jürgen/ u.a. (Hrsg.): Zeitgeschichte in Lebensbildern. Aus dem deutschen Katholizismus des 19. und 20. Jahrhunderts, Bd. 6. Mainz 1984, 64-75

Pahlke, Georg: Trotz Verbot nicht tot. Katholische Jugend in ihrer Zeit, Bd. 3: 1933-1945. Paderborn 1995

Palmade, Guy (Hrsg.): Das bürgerliche Zeitalter. Fischer Weltgeschichte, Bd. 27. Frankfurt a. M. 1974

Pankoke-Schenk, Monika: Katholizismus und Frauenfrage. In: Rauscher, Anton (Hrsg.): Der soziale und politische Katholizismus. Entwicklungslinien in Deutschland 1803 - 1963. Bd. 2. München/ Wien 1982, 278-311

Papen, Franz von: Der Wahrheit eine Gasse. München 1952

Papen, Franz von: Vom Scheitern einer Demokratie 1930-1933. Mainz 1968

Parker, R.A.C. (Hrsg.): Das zwanzigste Jahrhundert 1918-1945. Fischer Weltgeschichte, Bd. 34. Frankfurt a. M. 1980

Patt, Helmut Joseph: Anton Heinen als Sozialpädagoge. Versuch einer geschichtlichen und systematischen Darlegung seiner sozialen Bildungsarbeit. Theol. Diss. Münster 1957

Patt, Helmut Joseph: Anton Heinen – Nur ein Phänomen? In: EB 30 (1984), 209-215

Paul, Gerhard: „... gut deutsch, aber auch gut katholisch". Das katholische Milieu zwischen Selbstaufgabe und Selbstbehauptung. In: Ders./ Mallmann, Klaus-Michael: Milieu und Widerstand. Eine Verhaltensgeschichte der Gesellschaft im Nationalsozialismus. Bonn 1995, 26-153

Pesch, Heinrich: Lehrbuch der Nationalökonomie. Erster Band: Grundlegung. Freiburg im Breisgau 1924[4]

Peter, Ulrich: Der „Bund der religiösen Sozialisten" in Berlin von 1919 bis 1933. Europäische Hochschulschriften: Reihe 23 Theologie, Bd. 532. Frankfurt am Main/ u.a. 1995

Peter, Ulrich: Christuskreuz und rote Fahne. Der Bund der religiösen Sozialisten in Westfalen und Lippe während der Weimarer Republik. Beiträge zur westfälischen Kirchengeschichte, Bd. 24. Bielefeld 2002

Petersen, Karsten: „Ich höre den Ruf nach Freiheit". Wilhelm Emmanuel von Ketteler und die Freiheitsforderungen seiner Zeit. Eine Studie zum Verhältnis von konservativem Katholizismus und Moderne. Veröffentlichungen KfZG, Reihe B: Forschungen, Bd. 105. Paderborn 2005

Peukert, Detlev: Volksgenossen und Gemeinschaftsfremde. Anpassung, Ausmerzung und Aufbegehren unter dem Nationalsozialismus. Köln 1982

Pfeiffer, Arnold: Religiöse Sozialisten. Dokumente der Weltrevolution, Bd. 6. Olten/ Freiburg im Breisgau 1976

Pieper, August: Das Papstwort über die Arbeiterfrage. In: Westfälische Volkszeitung vom 26.05, 27.05., 30.05. und 01.06.1891

Pieper, August: Vom Geist der deutschen Demokratie. Mönchengladbach 1919[2]

Pieper, August: Sinn und Aufgaben des Volksvereins für das katholische Deutschland. Mönchengladbach 1926[2] (Pieper 1926a)

Pieper, August: Was geht den Geistlichen seine Volksgemeinschaft an? Mönchengladbach 1926 (Pieper 1926b)

Pieper, August: Der Staatsgedanke der deutschen Nation. Mönchengladbach 1928

Pöggeler, Franz: Hohenrodt – Zur Entmythologisierung eines Begriffes. In: EB 4 (1958), 134-136

Pöggeler, Franz: Erwachsenenbildung. In: LThK², Bd. 3. Freiburg i. Brsg. 1959, 1057-1060

Pöggeler, Franz: Das Phänomen Anton Heinen – Erwägungen aus Anlaß einer neuen Heinen-Monographie. In: EB 9 (1963), 129-138

Pöggeler, Franz: Katholische Erwachsenenbildung. Ein Beitrag zu ihrer Geschichte 1918-1945. München 1965

Pöggeler, Franz: Erwachsenenbildung in der Weimarer Republik. Persönlichkeiten und Institutionen. In: Theorie und Praxis der Erwachsenenbildung 8 (1975), 582-592 und 9 (1976) 30-39

Pöggeler, Franz: Erwachsenenbildung in der Spannung zwischen Persönlichkeit und Institution. Geschichte der Erwachsenenbildung als Persönlichkeitsgeschichte. In: EB 27 (1981), 13-24

Pöggeler, Franz: Anton Heinen. In: Wolgast, Günther/ Knoll, Joachim H. (Hrsg.): Biographisches Handbuch der Erwachsenenbildung. Erwachsenenbildner des 19. und 20. Jahrhunderts. Stuttgart/ Bonn 1986, 149-150 (Pöggeler 1986a)

Pöggeler, Franz: August Pieper. In: Wolgast, Günther/ Knoll, Joachim H. (Hrsg.): Biographisches Handbuch der Erwachsenenbildung. Erwachsenenbildner des 19. und 20. Jahrhunderts. Stuttgart/ Bonn 1986, 305-306 (Pöggeler 1986b)

Pöggeler, Franz: Emil Ritter. In: Wolgast, Günther/ Knoll, Joachim H. (Hrsg.): Biographisches Handbuch der Erwachsenenbildung. Erwachsenenbildner des 19. und 20. Jahrhunderts. Stuttgart/ Bonn 1986, 325-326 (Pöggeler 1986c)

Pöggeler, Franz: In Memoriam Heinrich Lutz 1887-1958. 6 S. o.O. und o.J.

Pöggeler, Franz/ Langenfeld, Ludwig/ Welzel, Gotthard (Hrsg.): Im Dienste der Erwachsenenbildung. Festschrift für Rudolf Reuter. Osnabrück 1961

Pöggeler, Franz (Hrsg.): Handbuch der Erwachsenenbildung, Bd. 4: Geschichte der Erwachsenenbildung. Stuttgart/ u.a. 1975

Pöggeler, Franz (Ed.): National identity and Adult Education. Challenge and Risk. Studien zur Pädagogik, Andragogik und Gerontagogik, Bd. 25. Frankfurt a. M./ u.a. 1995

Pohl, Karl Heinrich: Katholische Sozialdemokraten oder sozialdemokratische Katholiken in München: ein Identitätskonflikt? In: Blaschke, Olaf/ Kuhlemann, Frank-Michael (Hrsg.): Religion im Kaiserreich: Milieus – Mentalitäten – Krisen. Religiöse Kulturen der Moderne, Bd. 2. Gütersloh 1996, 233-254

Pöpping, Dagmar: Abendland. Christliche Akademiker und die Utopie der Antimoderne 1900-1945. Berlin 2000

Prange, Klaus: Sind wir allzumal Nazis? Eine Antwort auf Wolfgang Keims Bielefelder Kontinuitätsthese. In: Zeitschrift für Pädagogik 36 (1990), 745-751

Prüfer, Sebastian: Sozialismus statt Religion. Die deutsche Sozialdemokratie vor der religiösen Frage 1863-1890. Kritische Studien zur Geschichtswissenschaft, Bd. 152. Göttingen 2002

Prümm, Karl: Walter Dirks und Eugen Kogon als katholische Publizisten der Weimarer Republik. Reihe Siegen, Bd. 53: Germanistische Abteilung. Heidelberg 1984

Quaritsch, Helmut: Carl Schmitt (1888-1985). In: Aretz, Jürgen/ u.a. (Hrsg.): Zeitgeschichte in Lebensbildern. Aus dem deutschen Katholizismus des 19. und 20. Jahrhunderts, Bd. 9. Mainz 1999, 199-220

Raab, Heribert: Geistige Entwicklungen und historische Ereignisse im Vorfeld der Säkularisation. In: Rauscher, Anton (Hrsg.): Säkularisierung und Säkularisation vor 1800. Beiträge zur Katholizismusforschung: Reihe B, Abhandlungen. Paderborn 1976, 9-42

Raab, Heribert: Auswirkungen der Säkularisation auf Bildungswesen, Geistesleben und Kunst im katholischen Deutschland. In: Langner, Albrecht (Hrsg.): Säkularisation und Säkularisierung im 19. Jahrhundert. Beiträge zur Katholizismusforschung: Reihe B, Abhandlungen. München/ u.a. 1978, 63-96

Raab, Heribert: „Katholische Wissenschaft" – Ein Postulat und seine Variationen in der Wissenschafts- und Bildungspolitik deutscher Katholiken während des 19. Jahrhunderts. In: Rauscher, Anton (Hrsg.): Katholizismus, Bildung und Wissenschaft im 19. und 20. Jahrhundert. Beiträge zur Katholizismusforschung: Reihe B, Abhandlungen. Paderborn/ u.a. 1987, 61-92

Raem, Heinz-Albert: Katholischer Gesellenverein und Deutsche Kolpingfamilie in der Ära des Nationalsozialismus. Veröffentlichungen KfZG, Reihe B: Forschungen, Bd. 35. Mainz 1982

Rang, Adalbert: Reaktionen auf den Nationalsozialismus in der Zeitschrift „Die Erziehung" im Frühjahr 1933. In: Otto, Hans-Uwe/ Sünker, Heinz (Hrsg.): Soziale Arbeit im Faschismus. Bielefeld 1986, 35-54

Rang, Adalbert: Spranger und Flitner 1933. In: Keim, Wolfgang (Hrsg.): Pädagogen und Pädagogik im Nationalsozialismus – Ein unerledigtes Problem der Erziehungswissenschaft. Frankfurt am Main 1988, 65-78

Rang, Adalbert: Beklommene Begeisterung – Sprangers und Flitners Reaktionen auf den Nationalsozialismus im Jahr 1933. In: Zedler, Peter/ König, Eckard. (Hrsg.): Rekonstruktionen pädagogischer Wissenschaftsgeschichte. Fallstudien, Ansätze, Perspektiven. Weinheim 1989, 263-294

Rauh, Hellgard: Frühe Kindheit. In: Oerter, Rolf/ Montada, Leo (Hrsg.): Entwicklungspsychologie. Weinheim 1998[4], 167-248

Rauh-Kühne, Cornelia: Katholisches Milieu und Kleinstadtgesellschaft. Ettlingen 1918-1939. Sigmaringen 1991

Rauh-Kühne, Cornelia: Katholikinnen unter dem Nationalsozialismus. Voraussetzungen und Grenzen von Vereinnahmung und Resistenz. In: Wickert, Christl (Hrsg.): Frauen gegen die Diktatur. Widerstand und Verfolgung im nationalsozialistischen Deutschland. Schriften der Gedenkstätte Deutscher Widerstand: Reihe A, Analysen und Darstellungen, Bd. 2. Berlin 1995, 34-51

Rauh-Kühne, Cornelia: Anpassung und Widerstand? Kritische Bemerkungen zur Erforschung des katholischen Milieus. In: Schmiechen-Ackermann, Detlef (Hrsg.): Anpassung, Verweigerung, Widerstand. Soziale Milieus, Politische Kultur und der Widerstand gegen den Nationalsozialismus in Deutschland im regionalen Vergleich. Schriften der Gedenkstätte Deutscher Widerstand: Reihe A, Analysen und Darstellungen, Bd. 3. Berlin 1997, 145-163

Rauscher, Anton: Gustav Gundlach (1892-1963). In: Morsey, Rudolf (Hrsg.): Zeitgeschichte in Lebensbildern. Aus dem deutschen Katholizismus des 19. und 20. Jahrhunderts, Bd. 2. Mainz 1974, 159-176

Rauscher, Anton: Solidarismus. In: Ders. (Hrsg.): Der soziale und politische Katholizismus. Entwicklungslinien in Deutschland 1803 - 1963. Band 1. München/ Wien 1981, 340-357 (Rauscher 1981a)

Rauscher, Anton: Sozialismus. In: Ders. (Hrsg.): Der soziale und politische Katholizismus. Entwicklungslinien in Deutschland 1803-1963. Bd. 1. München/ Wien 1981, 294-339 (Rauscher 1981b)

Rauscher, Anton: Oswald von Nell-Breuning (1890-1991). In: Aretz, Jürgen/ u.a. (Hrsg.): Zeitgeschichte in Lebensbildern. Aus dem deutschen Katholizismus des 19. und 20. Jahrhunderts, Bd. 7. Mainz 1994, 277-292

Rauscher, Anton (Hrsg.): Entwicklungslinien des deutschen Katholizismus. Beiträge zur Katholizismusforschung: Reihe B, Abhandlungen. Paderborn 1973

Rauscher, Anton (Hrsg.): Säkularisierung und Säkularisation vor 1800. Beiträge zur Katholizismusforschung: Reihe B, Abhandlungen. Paderborn 1976

Rauscher, Anton (Hrsg.): Christliche Soziallehre unter verschiedenen Gesellschaftssystemen. Veröffentlichungen der Katholischen Sozialwissenschaftlichen Zentralstelle Mönchengladbach: Mönchengladbacher Gespräche, Bd. 1. Köln 1980

Rauscher, Anton (Hrsg.): Der soziale und politische Katholizismus. Entwicklungslinien in Deutschland 1803-1963. Bd. 1. München/ Wien 1981 (Rauscher 1981c)

Rauscher, Anton (Hrsg.): Der soziale und politische Katholizismus. Entwicklungslinien in Deutschland 1803-1963. Bd. 2. München/ Wien 1982

Rauscher, Anton (Hrsg.): Religiös-kulturelle Bewegungen im deutschen Katholizismus seit 1800. Beiträge zur Katholizismusforschung: Reihe B, Abhandlungen. Paderborn/ u.a. 1986

Rauscher, Anton (Hrsg.): Katholizismus, Bildung und Wissenschaft im 19. und 20. Jahrhundert. Beiträge zur Katholizismusforschung: Reihe B, Abhandlungen. Paderborn/ u.a. 1987

Recknagel, Anne-Christel: Siebzig Jahre Volkshochschule Stuttgart 1919-1989. Ein Beitrag zur Geschichte der Volksbildung. Stuttgart 1989

Reichshandbuch der deutschen Gesellschaft. Das Handbuch der Persönlichkeiten in Wort und Bild. Berlin 1931

Reichsschulkonferenz 1920. Ihre Vorgeschichte und Vorbereitung und ihre Verhandlungen, Amtlicher Bericht. Leipzig 1921

Reifenberg, Peter: Situationsethik aus dem Glauben. Leben und Denken Ernst Michels (1889-1964). St. Ottilien 1992

Reifenberg, Peter: Ernst Michel – der „ernstzunehmende Laientheologe". In: Stimmen der Zeit 119 (1994), 498-500

Reisch, Erich: Deutscher Lebenswille und katholisches Christentum. Gedanken und Zahlen zur Bevölkerungsbewegung. In: Czeloth, Heinrich/ Ders. (Hrsg.): Wachsende Volkskraft durch wachsenden Glauben. Berlin 1937, 14-24 (Reisch 1937a)

Reisch, Erich: Volksaufartung durch die Familie. Aus den Hirtenbriefen der deutschen Bischöfe über die Familie von 1919 bis 1937. In: Czeloth, Heinrich/ Ders. (Hrsg.): Wachsende Volkskraft durch wachsenden Glauben. Berlin 1937, 6-13 (Reisch 1937b)

Reisch, Erich: Zu zeitlichen und inneren Anfängen von Erwachsenenbildung aus der Retrospektive eines alten Mannes. In: Henrich, Franz/ Kaiser, Hermann (Hrsg.): Erwachsenenbildung. Fünfundzwanzig Jahre Erwachsenenbildung im Spiegel einer Zeitschrift. Düsseldorf 1980, 37-49

Repgen, Konrad: Entwicklungslinien von Kirche und Katholizismus in historischer Sicht. In: Rauscher, Anton (Hrsg.): Entwicklungslinien des deutschen Katholizismus. Beiträge zur Katholizismusforschung: Reihe B, Abhandlungen. Paderborn 1973, 11-30

Repgen, Konrad: 1938 – Judenprogrom und katholischer Kirchenkampf. In: Brakelmann, Günter/ Rosowski, Martin (Hrsg.): Antismitismus. Von religiöser Judenfeindschaft zur Rassenideologie. Göttingen 1989, 112-146

Rest, Walter: Robert Grosche. In: Schultz, Hans-Jürgen (Hrsg.): Tendenzen der Theologie im 20. Jahrhundert. Eine Geschichte in Portraits. Stuttgart 1966, 321-327

Richter, Ingrid: Katholizismus und Eugenik in der Weimarer Republik und im Dritten Reich. Zwischen Sittlichkeitsreform und Rassenhygiene. Veröffentlichungen KfZG, Reihe B: Forschungen, Bd. 88. Paderborn 2001

Richter, Reinhard: Nationales Denken im Katholizismus der Weimarer Republik. Münster 2000

Riesenberger, Dieter: Die katholische Friedensbewegung in der Weimarer Republik. Düsseldorf 1976

Riesenberger, Dieter: Der „Friedensbund deutscher Katholiken" und der politische Katholizismus in der Weimarer Republik. In: Holl, Karl/ Wette, Wolfram (Hrsg.): Pazifismus in der Weimarer Republik. Beiträge zur historischen Friedensforschung. Paderborn 1981, 91-111

Riesenberger, Dieter: Der Friedensbund Deutscher Katholiken in Paderborn – Versuch einer Spurensicherung. Paderborner Beiträger zur Geschichte, Nr. 1. Paderborn 1983

Riesenberger, Dieter: Geschichte der Friedensbewegung in Deutschland. Von den Anfängen bis 1933. Göttingen 1985

Ringer, Fritz K.: The decline of the German mandarins. The German academic communitiy 1890-1933. Cambridge 1969

Ringer, Fritz K.: Die Gelehrten. Der Niedergang der deutschen Mandarine 1890-1933. Stuttgart 1983

Rink, Hans: Ildefons Herwegen (1874-1946). In: Morsey, Rudolf (Hrsg.): Zeitgeschichte in Lebensbildern. Aus dem deutschen Katholizismus des 19. und 20. Jahrhunderts, Bd. 2. Mainz 1974, 64-74

Rittberger, Volker (Hrsg.): 1933. Wie die Republik der Diktatur erlag. Stuttgart, Berlin, Köln, Mainz 1983

Rittelmeyer, Christian/ Parmentier, Michael: Einführung in die pädagogische Hermeneutik. Darmstadt 2001

Ritzi, Christian/ Wiegmann, Ulrich (Hrsg.): Behörden und pädagogische Verbände im Nationalsozialismus. Zwischen Anpassung, Gleichschaltung und Auflösung. Bad Heilbrunn 2004

Rode, Hermann: Die sozialpolitischen Ideen August Piepers. Diss. Köln 1950

Roegele, Otto B.: Presse und Publizistik des deutschen Katholizismus 1803-1963. In: Rauscher, Anton (Hrsg.): Der soziale und politische Katholizismus. Entwicklungslinien in Deutschland 1803 - 1963. Bd. 2. München/ Wien 1982, 395-434

Röhrig, Paul: Das größte Genie der Volksbildung, Nikolai Frederik Severin Grundtvig (1783-1872). In: EB 32 (1986), 19-24

Röhrig, Paul (Hrsg.): Um des Menschen willen. Grundvigts geistiges Erbe als Herausforderung für Erwachsenenbildung, Schule, Kirche und soziales Leben. Weinheim 1991

Rölli-Alkemper, Lukas: Familie im Wiederaufbau. Katholizismus und bürgerliches Familienideal in der Bundesrepublik Deutschland 1945-1965. Veröffentlichungen KfZG: Reihe B, Forschungen, Bd. 89. Paderborn 2000

Rommen, Heinrich: August Pieper. In: Die Schildgenossen 15 (1935/1936), 464-467

Rook, Andrea: ... damit der Mensch als solcher bestehen kann. Geschichte der Volkshochschule Dresden 1919 - 2006. Dresden 2006

Roos, Lothar: Kapitalismus, Sozialreform, Sozialpolitik. In: Rauscher, Anton (Hrsg.): Der soziale und politische Katholizismus. Entwicklungslinien in Deutschland 1803 - 1963. Bd. 2. München/ Wien 1982, 52-158

Rülcker, Tobias/ Oelkers, Jürgen (Hrsg.): Politische Reformpädagogil. Berlin/ u.a. 1998

Ruster, Thomas: Die verlorene Nützlichkeit der Religion. Katholizismus und Moderne in der Weimarer Republik. Paderborn / u.a. 1997[2]

Ruster, Thomas: „Ein heiliges Sterben". Der Zweite Weltkrieg in der Deutung deutscher Theologen. In: Zur Debatte. Themen der Katholischen Akademie in Bayern. Heft 3, 35 (2005), 10-12

Sacher, Hermann (Hrsg.): Staatslexikon der Görresgesellschaft, 5 Bd.e. Freiburg im Breisgau 1926-1932[5]

Sailer, Johann Michael: Über Erziehung für Erzieher, besorgt von Schoelen, E. Paderborn 1962

Sailer, Johann Michael: Was ist und soll Erziehung. Texte für Eltern und Erzieher. Ausgewählt und herausgegeben von Benning, Alfons. Freiburg im Breisgau/ u.a. 1982

Salamun, Kurt: Ideologie und Aufklärung. Wien/ u.a. 1988

Salamun, Kurt: Ist mit dem Verfall der Großideologien auch die Ideologiekritik am Ende? In: Ders. (Hrsg.): Ideologien und Ideologiekritik: ideologietheoretische Reflexionen. Darmstadt 1992, 31-49 (Salamun 1992)

Salamun, Kurt (Hrsg.): Aufklärungsperspektiven. Weltanschauungsanalyse und Ideologiekritik. Tübingen 1989

Salamun, Kurt (Hrsg.): Ideologien und Ideologiekritik: ideologietheoretische Reflexionen. Darmstadt 1992

Sandkühler, Hans-Jörg: Ideologie. In: Ders./ u.a. (Hrsg.): Europäische Enzyklopädie zu Philosophie und Wissenschaften, Bd. 2. Hamburg 1990, 616-638

Schasching, Johannes: Soziologische Aspekte der Katholizismusforschung. In: Rauscher, Anton (Hrsg.): Entwicklungslinien des deutschen Katholizismus. Beiträge zur Katholizismusforschung: Reihe B, Abhandlungen. Paderborn 1973, 50-54

Schatz, Klaus: Zwischen Säkularisation und Zweitem Vatikanum. Der Weg des deutschen Katholizismus im 19. und 20. Jahrhundert. Frankfurt a. M. 1986

Scheile, Hermann: Grundtvig und die deutschen Heimvolkshochschulen. In: Röhrig, Paul (Hrsg.): Um des Menschen willen. Grundtvigs Erbe als Herausforderung für Erwachsenenbildung, Schule, Kirche und soziales Leben. Weinheim 1991, 131-137

Schellenberger, Barbara: Katholische Jugend und Drittes Reich. Eine Geschichte des Katholischen Jungmännerverbandes 1933-1939 unter besonderer Berücksichtigung der Rheinprovinz. Veröffentlichungen KfZG, Reihe B: Forschungen, Bd. 17. Mainz 1975

Schellenberger, Barbara: Adalbert Probst (1900-1934). Katholischer Jugendführer – Opfer des Nationalsozialismus. In: DJB 69 (1998), 279-286

Scheller, Martin: Zwischen Romantik und Faschismus. Der Beitrag Othmar Spanns zum Konservatismus der Weimarer Republik. Stuttgart 1970

Schelonke, Michael: Katholische Publizistik angesichts des Nationalsozialismus. Eine ideologiekritische Untersuchung für den Zeitraum 1929-1933 unter besonderer Berücksichtigung katholischer "Intelligenzblätter". Diss. Paderborn 1995

Schepp, Heinz-Hermann/ u.a.: Zum Demokratieverständnis der „Neuen Richtung". Frankfurt a. M. 1988

Schewick, Burkhard van: Katholische Kirche und nationalsozialistisches Rassenpolitik. In: Gotto, Klaus/ Repgen, Konrad (Hrsg.): Die Katholiken und das Dritte Reich. Mainz 1983[2], 101-121

Schleiermacher, Friedrich: Hermeneutik und Kritik. Mit einem Anhang sprachphilosophischer Texte Schleiermachers. Herausgegeben und eingeleitet von Manfred Frank. Frankfurt a. M. 1977[7]

Schmidle, Paul: Nachruf Dr. Erich Reisch. In: Caritas. Zeitschrift für Caritaswissenschaft und Caritasarbeit 87 (1986), 105

Schmid, Michael: Formen der Ideologiekritik. In: Salamun, Kurt (Hrsg.): Aufklärungsperspektiven. Weltanschauungsanalyse und Ideologiekritik. Tübingen 1989, 149-162

Schmidt, Helmut: Grundwerte in Staat und Gesellschaft. In: Denzler, Georg (Hrsg.): Kirche und Staat auf Distanz. Historische und aktuelle Perspektiven. München 1977, 236-246

Schmidt, Konrad: Die Bedeutung personaler Beziehung im Bildungsprozeß. Anton Heinens Beitrag zur Landpädagogik als Lebenshilfe. Veröffentlichungen zur Geschichte der mitteldeutschen Kirchenprovinz, Bd. 7. Paderborn 1995

Schmidt, Ute: Zentrum oder CDU. Politischer Katholizismus zwischen Tradition und Anpassung, Schriften des Zentralinstituts für sozialwissenschaftliche Forschung der FU Berlin, Bd. 51. Opladen 1987

Schmidt-Häuer, Christian: „Wer am Leben blieb, wurde nackt gelassen". [Zum Genozid an den Armeniern vor 90 Jahren] In: Die Zeit, Nr. 13. vom 23.03.2005, 15-18

Schmitt-Glatz, G.: Dr. Ernst Laslowski. Lebensbild eines katholischen Volksbildners. Rühlermoor 1961

Schmolke, Michael: Adolph Kolping (1813-1865). In: Aretz, Jürgen/ u.a. (Hrsg.): Zeitgeschichte in Lebensbildern. Aus dem deutschen Katholizismus des 19. und 20. Jahrhunderts, Bd. 3. Mainz 1979, 36-49

Schmolke, Michael: Katholisches Verlags-, Bücherei- und Zeitschriftenwesen. In: Rauscher, Anton (Hrsg.): Katholizismus, Bildung und Wissenschaft im 19. und 20. Jahrhundert. Paderborn 1987, 93-117

Schoelen, Georg: Der Volksverein für das katholische Deutschland 1890-1933. Eine Bibliographie. Mönchen-Gladbach 1974

Schoelen, Georg: Bibliographisch-historisches Handbuch des Volksvereins für das katholische Deutschland. Veröffentlichungen KfZG, Reihe B: Forschungen, Bd. 36. Mainz 1982

Schoelen, Georg: Bibliographisch-historisches Handbuch des Volksvereines für das katholische Deutschland. Nachträge und Neuerscheinungen 1982-1992, Mönchengladbach 1993

Scholder, Klaus: Kirche und Staat in der 1. Hälfte des 20. Jahrhunderts (1918-1945). In: Denzler, Georg (Hrsg.): Kirche und Staat auf Distanz. Historische und aktuelle Perspektiven. München 1977, 102-109

Scholder, Klaus: Die Kirchen und das Dritte Reich, Bd. 1, Vorgeschichte und Zeit der Illusionen 1918-1934. Frankfurt a. M./ u.a. 1986

Scholder, Klaus: Die Kirchen zwischen Republik und Gewaltherrschaft. Gesammelte Aufsätze. Arentin, Karl Otmar von/ Besier, Gerhard (Hrsg.). Berlin 1988

Schröder, Oskar: Aufbruch und Missverständnis. Zur Geschichte der reformkatholischen Bewegung. Graz 1969

Schrodi, Alfons: Nachruf auf Pater Bernhard Willenbrink OMI. 8 S. Lahnstein 1987

Schütte, Heinz: Ziel: Kirchengemeinschaft. Zur ökumenischen Orientierung. Paderborn 1985³

Schulze, Winfried/ Helm, Gerd/ Ott, Thomas: Deutsche Historiker im Nationalsozialismus. Beobachtungen und Überlegungen zu einer Debatte. In: Schulze, Wienfried/ Oexle, Otto Gerhard (Hrsg.): Deutsche Historiker im Nationalsozialismus. Frankfurt am Main 2000³, 11-48

Schulze, Winfried/ Oexle, Otto Gerhard (Hrsg.): Deutsche Historiker im Nationalsozialismus. Frankfurt am Main 2000³

Schwalbach, Bruno: Erzbischof Conrad Gröber und die nationalsozialistische Diktatur. Eine Studie zum Episkopat der Metropoliten der Oberrheinischen Kirchenprovinz während des Dritten Reiches. Karlsruhe 1986

Schwan, Alexander: Zeitgenössische Philosophie und Theologie in ihrem Verhältnis zur Weimarer Republik. In: Erdmann, Karl Dietrich/ Schulze, Hagen (Hrsg.): Weimar. Selbstpreisgabe einer Demokratie. Eine Bilanz heute. Kölner Kolloquium der Fritz Thyssen Stiftung Juni 1979. Düsseldorf 1980, 259-304

Schwan, Gesine: Nationalsozialismus in den Kulturwissenschaften. In: Lehmann, Hartmut/ Oexle, Gerhard (Hrsg.): Nationalsozialismus in den Kulturwissenschaften. Band 1: Fächer – Milieus – Karrieren. Veröffentlichungen des Max-Planck-Instituts für Geschichte, Bd. 200. Göttingen 2004, 651-655

Schweppenhäuser, Gerhard: Adornos Begriff der Kritik. In: Ders.: Emanzipationstheorie und Ideologiekritik. Zur praktischen Philosophie und kritischen Theorie. Cuxhaven 1990, 37-61

Seibel, Wolfgang: Krise der Kirche heute? Genauer: Vor welchen Problemen steht die Kirche? In: Bibel heute, Zeitschrift des katholischen Bibelwerks e.V. Stuttgart, Stuttgart, Heft 3, 27 (1995)

Seiffert, Helmut: Einführung in die Hermeneutik. Die Lehre von der Interpretation in den Fachwissenschaften. Tübingen 1992

Seitter, Wolfgang: Geschichte der Erwachsenenbildung. Eine Einführung. Bielefeld 2000²

Seitter, Wolfgang (Hrsg.): Walter Hofmann und Robert von Erdberg. Die neue Richtung im Spiegel autobiographischer Zeugnisse ihrer beiden Hauptrepräsentanten. Dokumentation zur Geschichte der Erwachsenenbildung. Bad Heilbrunn 1996

Siemsen, Barbara: Der andere Weniger. Eine Untersuchung zu Erich Wenigers kaum beachteten Schriften. Studien zur Bildungsreform, Bd. 25. Frankfurt a. M./ u.a. 1995

Smula, Hans-Jürgen. Milieus und Parteien. Eine regionale Analyse der Interpendenz von politisch-sozialen Milieus. Parteiensystem und Wahlverhalten am Beispiel des Landkreises Lüdinghausen 1918-1933. Münster 1987

Sonnenschein, Carl: Die sozialstudentische Bewegung, Vermehrter Separatabdruck aus ThGl. Paderborn 1909

Sontheimer, Kurt: Antidemokratisches Denken in der Weimarer Republik. Die politischen Ideen des deutschen Nationalismus zwischen 1928 und 1933. München 1978 und 1983[2] (Sontheimer 1983)

Sontheimer, Kurt: Die Weimarer Demokratie im Banne politischer Ideologien. In: Rittberger, Volker (Hrsg.): 1933. Wie die Republik der Diktatur erlag, Stuttgart, Berlin, Köln, Mainz 1983, 29-39 (Sontheimer 1983b)

Spael, Wilhelm: Das katholische Deutschland im 20. Jahrhundert, seine Pionier- und Krisenzeiten. Würzburg 1964

Sperlings Zeitschriften- und Zeitungsadreßbuch. Handbuch der deutschen Presse. Bearbeitet von der Adreßbücher-Redaktion des Börsenvereins der Deutschen Buchhändler zu Leipzig. Leipzig 52.-61. Ausgabe (1926-1939)

Stasiewski, Bernhard: Akten deutscher Bischöfe über die Lage der Kirche 1933-1945. 6 Bd.e. Veröffentlichungen KfZG, Reihe A: Quellen. Mainz/ Paderborn 1958-1985

Stehkämper, Hugo: Julius Bachem (1845-1918). In: Morsey, Rudolf (Hrsg.): Zeitgeschichte in Lebensbildern. Aus dem deutschen Katholizismus des 19. und 20. Jahrhunderts, Bd. 1. Mainz 1973, 29-42 (Stehkämper 1973a)

Stehkämper, Hugo: Wilhelm Marx (1863-1946). In: Morsey, Rudolf (Hrsg.): Zeitgeschichte in Lebensbildern. Aus dem deutschen Katholizismus des 19. und 20. Jahrhunderts, Bd. 1. Mainz 1973, 174-205 (Stehkämper 1973b)

Steinmetz, Willibald: Die „Nation" in konfessionellen Lexika und Enzyklopädien (1830-1940). In: Haupt, Heinz-Gerhardt/ Langewiesche, Dieter (Hrsg.): Nation und Religion in der deutschen Geschichte. Frankfurt a. M./ New York 2001, 217-292

Stillger, Hugo: Das Reichskonkordat. Iur. Diss. Kallmünz 1934

Strätz, Hans-Wolfgang: Die Säkularisation und ihre nächsten staatskirchenrechtlichen Folgen. In: Langner, Albrecht (Hrsg.): Säkularisation und Säkularisierung im 19. Jahrhundert. Beiträge zur Katholizismusforschung: Reihe B, Abhandlungen. München/ u.a. 1978, 31-62

Strunk, Gerhard: Ernst Michel. In: Wolgast, Günther/ Knoll, Joachim H. (Hrsg.): Biographisches Handbuch der Erwachsenenbildung. Erwachsenenbildner des 19. und 20. Jahrhunderts. Stuttgart/ Bonn 1986, 272-274

Strunk, Gerhard: Erich Weniger. In: Wolgast, Günther/ Knoll, Joachim H. (Hrsg.): Biographisches Handbuch der Erwachsenenbildung. Erwachsenenbildner des 19. und 20. Jahrhunderts. Stuttgart/ Bonn 1986, 430-431

Stühmer, Alexander: Das Verhältnis von Politik und Pädagogik im Werk Herman Nohls. In: Gatzemann, Thomas/ Göing, Anja-Silvia (Hrsg.): Geisteswissenschaftliche Pädagogik, Krieg und Nationalsozialismus. Kritische Fragen nach der Verbindung von Pädagogik, Politik und Militär. Frankfurt am Main/ u.a. 2004, 141-163

Stüken, Wolfgang: Hirten unter Hitler. Die Rolle der Paderborner Erzbischöfe Caspar Klein und Lorenz Jaeger in der NS-Zeit. Essen 1999

Süß, Winfried: Bischof von Galen und die nationalsozialistische „Euthanasie". In: Zur Debatte. Themen der Katholischen Akademie in Bayern. Heft 3, 35 (2005), 18-19

Tenorth, Heinz-Elmar: Zur deutschen Bildungsgeschichte 1918-1945. Probleme, Analysen und politisch-pädagogische Perspektiven. Köln/ Wien 1985

Tenorth, Heinz-Elmar: Deutsche Erziehungswissenschaft 1930 bis 1945. Aspekte ihres Strukturwandels. In: Zeitschrift für Pädagogik 32 (1986), 299-321

Tenorth, Heinz-Elmar: Geschichte der Erziehung. Einführung in die Grundzüge ihrer neuzeitlichen Entwicklung. Weinheim/ München 1988

Tenorth, Heinz-Elmar: Wissenschaftliche Pädagogik im nationalsozialistischen Deutschland. Zum Stand ihrer Erforschung. In: Zeitschrift für Pädagogik, 22. Beiheft (1988), 53-84 (Tenorth 1988)

Tenorth, Heinz-Elmar: Eduard Sprangers hochschulpolitischer Konflikt 1933. Politisches Handeln eines preußischen Gelehrten. In: Zeitschrift für Pädagogik 36 (1990), 573-596

Tenorth, Heinz-Elmar: Wahrheitsansprüche und Fiktionalität. Einige systematische Überlegungen und exemplarische Hinweise an die pädagogische Historiographie zum Nationalsozialismus. In: Lenzen, Dieter (Hrsg.): Pädagogik und Geschichte. Pädagogische Historiographie zwischen Wirklichkeit, Fiktion und Kosntruktion. Weinheim 1993, 87-102

Tenorth, Heinz-Elmar: Pädagogik für Krieg und Frieden. Eduard Spranger und die Erziehungswissenschaft an der Berliner Universität, 1913-1933. In: Horn, Klaus-Peter/ Kemnitz, Heidemarie (Hrsg.): Pädagogik Unter den Linden. Stuttgart 2002, S. 191-226

Tenorth, Heinz-Elmar: Gefangen in der eigenen Tradition – Erziehungswissenschaft angesichts des Nationalsozialismus. In: Zeitschrift für Pädagogik 49 (2003), 734-755 (Tenorth 2003a)

Tenorth, Heinz-Elmar: Pädagogik der Gewalt. Zur Logik der Erziehung im Nationalsozialismus. In: Jahrbuch für Historische Bildungsforschung 9 (2003), S. 7-36 (Tenorth 2003b)

Tenorth, Heinz-Elmar/ Böhme, Günther: Einführung in die historische Pädagogik. Darmstadt 1990

Thrasolt, Ernst: Dr. Carl Sonnenschein. Der Mensch und sein Werk. München 1930

Thieme, Hans-Bodo: Herbert Evers: Landrat des Kreises Olpe von 1933 bis 1945. Ein politisches Leben in Widersprüchen. Schriftenreihe des Kreises Olpe, Nr. 29. Olpe 2001

Thiersch, Hans: Die hermeneutisch-pragmatische Tradition der Erziehungswissenschaft. In: Ders./ Ruprecht, Horst/ Herrmann, Ulrich: Die Entwicklung der Erziehungswissenschaft. Grundfragen der Erziehungswissenschaft, Bd. 2. München 1978

Tietgens, Hans: Zwischenpositionen in der Geschichte der Erwachsenenbildung seit der Jahrhundertwende. Bad Heilbrunn 1994

Tietgens, Hans: Fünfundsiebzig Jahre Volkshochschule. In: Nuissl, Ekkehard/ Tietgens, Hans (Hrsg.): Mit demokratischem Auftrag. Deutsche Erwachsenenbildung seit der Kaiserzeit. Bad Heilbrunn 1995, 61-105 (Tietgens 1995a)

Tietgens, Hans: Zu den Schwierigkeiten des Umgangs mit der Geschichte der Erwachsenenbildung. In: Nuissl, Ekkehard/ Tietgens, Hans (Hrsg.): Mit demokratischem Auftrag. Deutsche Erwachsenenbildung seit der Kaiserzeit. Bad Heilbrunn 1995, 12-15 (Tietgens 1995b)

Tietgens, Hans (Hrsg.): Erwachsenenbildung zwischen Romantik und Aufklärung. Dokumente zur Erwachsenenbildung der Weimarer Republik. Göttingen 1969

Tooze, Adam: Stramme junge Männer in braunen Uniformen. [Rezension zu Aly, Götz: Hitlers Volksstaat. Raub, Rassenkrieg und nationaler Sozialismus. Frankfurt a. M. 2005]. In: Die Zeit, Nr. 18 vom 28.04.2005, 51

Tormin, Walter: 1933-1934. Die Machtergreifung. In: Aleff, Eberhard (Hrsg.): Das Dritte Reich. Hannover 1982[17], 9-60

Tormin, Walter (Hrsg.): Die Weimarer Republik. Hannover 1977[20]

Tröster, Werner: „... die besondere Eigenart des Herrn Dr. Pieper ...!" Dr. Lorenz Pieper, Priester der Erzdiözese Paderborn, Mitglied der NSDAP Nr. 9740. In: Ulrich Wagener (Hrsg.), Das Erzbistum Paderborn in der Zeit des Nationalsozialismus. Beiträge zur regionalen Kirchengeschichte 1933-1945. Paderborn 1993, 45-91

Tutguntke, Hansjörg: Demokratie und Bildung. Erwachsenenbildung am Ausgang der Weimarer Republik. Phil. Diss. Frankfurt a. M. 1988

Ulbricht, Justus H.: „Volksbildung als Volk-Bildung". Intentionen, Programme und Institutionen völkischer Erwachsenenbildung von der Jahrhundertwende bis zur Weimarer Republik. In: Historische Kommission der Deutschen Gesellschaft für Erziehungswissenschaft (Hsrg.): Jahrbuch für Historische Bildungsforschung, Bd. 1. Weinheim/ München 1993, 179-203

Ullrich, Volker: Alles bekannt? Mitnichten! Für NS-Forscher gibt es noch viel zu tun. In: Die Zeit, Nr. 5 vom 03.02.2005, 43 (Ullrich 2005a)

Ullrich, Volker: Hitlers zufriedene Räuber. [Rezension zu Aly, Götz: Hitlers Volksstaat. Raub, Rassenkrieg und nationaler Sozialismus. Frankfurt a. M. 2005]. In: Die Zeit, Nr. 11 vom 20.03.2005, 49-50 (Ullrich 2005b)

Ummenhofer, Stefan: Wie Feuer und Wasser? Katholizismus und Sozialdemokratie in der Weimarer Republik. Berlin 2003

Urbach, Dieter: Die Katholische Volkshochschule Berlin 1923-1940. In: EB 13 (1967), 171-178

Uphoff, Berthold: Kirchliche Erwachsenenbildung. Befreiung und Mündigkeit im Spannungsfeld von Kirche und Welt. Stuttgart 1991

Uphoff, Berthold: Auf der Suche nach einem eigenen Profil. Katholische Erwachsenenbildung in der Weimarer Republik. In: Nuissl, Ekkehard/ Tietgens, Hans (Hrsg.): Mit demokratischem Auftrag. Deutsche Erwachsenenbildung seit der Kaiserzeit. Bad Heilbrunn 1995, 16-60

Velden, Josef von der (Hrsg.): Die berufsständische Ordnung. Idee und praktische Möglichkeiten. Veröffentlichungen des Volksvereins für das kath. Deutschland. Köln 1932

Verlag Herder (Hrsg.): Der Verlag Herder 1801-2001. Humbach, Karl-Theo/ Kathöfer, Martina/ Zimmermann, Burkhard (Redaktion). Freiburg im Breisgau 2001

Verweyen-Hackmann, Edith/ Weber, Bernd: „Wahres Christentum ist, seinem Stifter folgen ..." Kirche in der Zeit des Nationalsozialismus. Reflexionen und Materialien zur Unterrichtspraxis (Jgst. 9/10). Religionspädagogische Arbeitshilfe, Nr. 35. Münster 1995

Vogel, Norbert/ Scheile, Hermann (Hrsg.): Lernort Heimvolkshochschule. Paderborn 1983

Vogel, Wieland: Katholische Kirche und nationale Kampfverbände in der Weimarer Republik. Veröffentlichungen KfZG, Reihe B: Forschungen, Bd. 48. Mainz 1989

Volk, Hermann: Homilie im Totenamt für Robert Grosche. In: Cath 21 (1967), 165-169

Volk, Ludwig: Das Reichskonkordat vom 20. Juli 1933 von den Ansätzen in der Weimarer Republik bis zur Ratifizierung am 10. September 1933. Veröffentlichungen KfZG, Reihe B: Forschungen, Bd. 5. Mainz 1972

Volk, Ludwig: Adolf Kardinal Bertram (1859-1945). In: Morsey, Rudolf (Hrsg.): Zeitgeschichte in Lebensbildern. Aus dem deutschen Katholizismus des 19. und 20. Jahrhunderts, Bd. 1. Mainz 1973, 274-286

Volk, Ludwig: Akten Kardinal Michael von Faulhaber 1917 - 1945. I 1917 – 1934. Veröffentlichungen KfZG, Reihe A: Quellen, Bd. 17. Mainz 1975

Volk, Ludwig: Die Kirche in der Weimarer Republik und im NS-Staat. In: Kötting, Bernhard (Hrsg.).: Kleine deutsche Kirchengeschichte. Freiburg im Breisgau/ u.a. 1980, 110-129

Volk, Ludwig: Nationalsozialismus. In: Rauscher, Anton (Hrsg.): Der soziale und politische Katholizismus. Entwicklungslinien in Deutschland 1803-1963. Bd. 1. München/ Wien 1981, 165-208

Volk, Ludwig: Der deutsche Episkopat und das Dritte Reich. In: Gotto, Klaus/ Repgen, Konrad (Hrsg.): Die Katholiken und das Dritte Reich. Mainz 1983[2], 51-64

Volk, Ludwig: Nationalsozialistischer Kirchenkampf und deutscher Episkopat. In: Bendel, Rainer (Hrsg.): Die katholische Schuld? Katholizismus im Dritten Reich zwischen Arrangement und Widerstand. Münster 2004[2], 96-105

Volkshochschule Jena (Hrsg.): 1919 bis 1994 – 75 Jahre Volkshochschule Jena. Grussworte – Zur Geschichte der Volkshochschule Jena und Thüringen – Erinnerungen. Rudolstadt/ u.a. 1994

Wachtling, Oswald: Joseph Joos (1878-1965). In: Morsey, Rudolf (Hrsg.): Zeitgeschichte in Lebensbildern. Aus dem deutschen Katholizismus des 19. und 20. Jahrhunderts, Bd. 1. Mainz 1973, 236-250

Wachtling, Oswald: Joseph Joos. Journalist, Arbeiterführer, Zentrumspolitiker. Politische Biographie 1878-1933. Veröffentlichungen KfZG, Reihe B: Forschungen, Bd. 16. Mainz 1974

Wagener, Ulrich (Hrsg.): Das Erzbistum Paderborn in der Zeit des Nationalsozialismus. Beiträge zur regionalen Kirchengeschichte 1933-1945. Paderborn 1993

Walf, Knut: Querelles allemandes? In: Denzler, Georg (Hrsg.): Kirche und Staat auf Distanz. Historische und aktuelle Perspektiven. München 1977, 215-219

Walter, Franz Xaver: Bildungspflicht und Katholizismus. Schriften des Zentralbildungsausschusses der Katholischen Verbände, Nr. 1. Mönchengladbach 1922

Warnach, Walter: Die Welt als Zeugnis des Wortes. Zum Wirken Robert Grosches. In: Cath 22 (1968), 6-24

Weber, Bernd: Pädagogik und Politik vom Kaiserreich zum Faschismus. Zur Analyse politischer Optionen von Pädagogikhochschullehrern von 1914-1933. Königsstein/ Taunus 1979

Weber, Doris: Wir sind in die Irre geführt worden und die katholische Kirche schweigt bis heute dazu. Ein Gespräch mit Heinrich Missala. In: Publik-Forum. Zeitung kritischer Christen, Heft 20 (2005), 68-70

Weber, Wilhelm: Liberalismus. In: Rauscher, Anton (Hrsg.): Der soziale und politische Katholizismus. Entwicklungslinien in Deutschland 1803-1963. Bd. 1. München/ Wien 1981, 265-293

Weiß, Edgar: Weiß: Wissenschaft und Kritische Theorie – Rückbesinnung auf die kritischen Traditionen der Erziehungswissenschaft. In: Gamm, Hans-Jochen/ u.a. (Hrsg.): Jahrbuch für Pädagogik 2005. Religion – Staat – Bildung. Frankfurt am Main 2006, 313-331

Weitsch, Eduard: Die weltanschaulichen Grundlagen des Volkshochschulheims Dreißigacker. In: Archiv für Erwachsenenbildung 2 (1925), 211-212

Werfel, Franz: Die vierzig Tage des Musa Dagh. 2 Bd.e. Wien 1933

Wessenberg, Ignaz Heinrich von: Die Elementarbildung des Volkes im achtzehnten Jahrhundert. Zürich 1814

Wiek, Wilfried: Söhne wollen Väter. Wider die weibliche Umklammerung. Hamburg 1992

Winkler, Heinrich August: Weimar 1918-1933. Die Geschichte der ersten deutschen Demokratie. München 1993

Wolf, Hubert: Man muß auch löschen, wenn das Nachbarhaus brennt. [Zur Seligsprechung Clemens August Graf von Galens in Rom] In: Frankfurter Allgemeine Zeitung, Nr. 48 vom 26.02.2005, 47

Wolgast, Günther: Bernhard Marschall. In: Ders./ Knoll, Joachim H. (Hrsg.): Biographisches Handbuch der Erwachsenenbildung. Erwachsenenbildner des 19. und 20. Jahrhunderts. Stuttgart/ Bonn 1986, 261-262 (Wolgast 1986a)

Wolgast, Günther/ Knoll, Joachim H. (Hrsg.): Biographisches Handbuch der Erwachsenenbildung. Erwachsenenbildner des 19. und 20. Jahrhunderts. Stuttgart/ Bonn 1986 (Wolgast 1986b)

Wulf, Christoph: Theorien und Konzepte der Erziehungswissenschaft. München 1977

Wulfert, Hedwig: Arbeiterbildung im Verständnis Anton Heinens. Ein Beitrag zur christlichen Erwachsenenbildung. Phil. Diss. Bonn 1992

Wunsch, Albert: Die Idee der „Arbeitsgemeinschaft". Eine Untersuchung zur Erwachsenenbildung in der Weimarer Zeit. Frankfurt a. M./ u.a. 1986

Wurm, Alois: Grundsätze der Volksbildung. Mönchen-Gladbach 1913

Zangerle, Joseph: Geschichte der katholischen Erwachsenenbildung. In: HBEB, Bd. 4. Stuttgart, Berlin, Köln, Mainz 1975, 336-346

Zedler, Peter/ König, Eckard. (Hrsg.): Rekonstruktionen pädagogischer Wissenschaftsgeschichte. Fallstudien, Ansätze, Perspektiven. Weinheim 1989

Zeuner, Christine: Die „Leipziger Richtung" – Kontext erwachsenenbildnerischer Tätigkeit Fritz Borinskis vor 1933. In: Jelich, Franz-Josef (Hrsg.): Fritz Borinski. Zwischen Pädagogik und Politik – ein historisch-kritischer Rückblick. Essen 2000, 69-88

Zils, Frank: Kirche und Erwachsenenbildung. Grundlagen, Beweggründe, Prinzip. Frankfurt am Main 1997

Zinn, Holger: Zwischen Republik und Diktatur. Die Studentenschaft der Philipps-Universität Marburg in den Jahren von 1925 bis 1945. Köln 2002

Zima, Peter V.: Ideologie und Theorie. Eine Diskurskritik. Tübingen 1989

Zimmer, Hasko: Die Hypothek der Nationalpädagogik. Herman Nohl, der Nationalsozilaismus und die Pädagogik nach Auschwitz. In: Jahrbuch für Pädagogik 1995, 87-114

Zimmer, Hasko: Pädagogik, Kultur und nationale Identität. Das Projekt einer „deutschen Bildung" bei Rudolf Hildebrand und Herman Nohl. In: Jahrbuch für Pädagogik 1996, 159-177

Zimmer, Hasko: Von der Volksbildung zur Rassenhygiene: Herman Nohl. In: Rülcker, Tobias/ u.a. (Hrsg.): Politische Reformpädagogik. Berlin/ u.a. 1998, 59-82

Zimmermann-Buhr, Bernhard: Die katholische Kirche und der Nationalsozialismus in den Jahren 1930-1933. Frankfurt a. M./ New York 1982

Zulehner, Paul Michael: Kirchenvolks-Begehren (und Weizer Pfingstvision). Kirche auf Reformkurs. Düsseldorf 1995

Internetquellen:

http:www.bautz.de/bkkl/w/wust.shtml
Zugriff am 06.02.2006

http:www.geb.uni-giessen.de/geb/volltexte/2004/1934/pdf/SdF-2004-1_2d.pdf
Zugriff am 06.02.2006

http:www.histinst.rwth-achen.de/default.asp?documentID=39
Zugriff am 06.02.2006

http:www.home.foni.net/~adelsforschung/lex50.htm
Zugriff am 13.02.2006

http:www.home.foni.net/~adelsforschung1/dbar87.htm
Zugriff am 13.02.2006

http://www.kbe-bonn.de/fileadmin/Redaktion/PDF/Dokumente_zu_EB/bayern_1.pdf
Zugriff am 18.07.2006

http://www.kbe-bonn.de/fileadmin/Redaktion/PDF/Stellungnahmen/Aufruf_an_Bischoefe.pdf
Zugriff am 18.07.2006

http:www.lexi.donx.de./?action=details&show=Cesare%20Orsenigo.
Zugriff am 06.02.2006

Personenverzeichnis

(ohne Dank, Vorwort und Literaturhinweise)

Aich, Franz	110
Altmeyer, Karl Aloys	424, 488, 517
Aly, Götz	45
Antz, Joseph	290, 350
Arndt, Ernst Moritz	226, 462
Baader, Franz von	108, 418
Bach, Johann Sebastian	247, 464
Bachem, Julius	75
Bachem, Karl	398, 403, 517
Bacon, Francis	55
Bärtle, Josef	293, 294, 355
Bäuerle, Theodor	101, 348
Baumgartner, Alois	25, 27
Baxa, Jakob	418
Bebel, August	321, 449
Beck, Gottfried	32, 58
Becker, Werner	419
Beethoven, Ludwig van	247, 251, 256, 458, 464
Benedikt XV.	120, 128
Benning, Alfons	24, 61, 63, 64, 327, 333, 338, 521
Berten, Walter	366
Bertram, Adolf	82, 83, 479
Besier, Gerhard	31
Bismarck, Otto von	72, 74, 76, 89, 118, 162, 462, 501
Blaschke, Olaf	196, 317, 318
Blättner, Fritz	36
Böckenförde, Ernst-Wolfgang	22, 29, 272
Bollnow, Friedrich	36
Bonifatius, Wynfreth	511
Bonilla, Manuel	121
Brandts, Franz	436
Brauer, Theodor	418
Braun, Johannes	95, 96
Brauns, Heinrich	379, 384, 385, 436
Brauns, Otto	80
Bredow, Ferdinand von	501, 502
Bredow, Hans	362
Breuer, Johannes Gregor	86
Breuning, Klaus	303, 374, 406, 415, 437, 515, 518, 521, 545, 546
Brombacher, Kuno	412, 413, 425-428, 506, 556
Brosseder, Hubert	112, 113
Broszat, Martin	59
Brüning, Heinrich	78, 397, 398, 403, 407, 436, 470, 474, 478, 501
Brunner, Johann Paul	110
Buerschaper, Kurt	267, 557
Buß, Franz Joseph Ritter von	418
Camacho, Manuel Avila	122
Canisius, Petrus	161
Chamberlain, Houston Stuart	481, 534
Comenius, Johann Amos	91
Dahmen, Thomas	527, 530, 532, 553
Darwin, Charles	472
Dauzenroth, Erich	374, 519, 520, 521
Destutt de Tracy, Antoine	55
Detten, Georg von	409, 412
Detten, Hermann von	409
Dilthey, Wilhelm	53
Dimmler, Hermann	239
Dirks, Walter	362, 412, 522
Dolch, Josef	36
Dollfuß, Engelbert	390, 496, 503, 504
Döllinger, Johannes Joseph Ignaz von	71, 108
Doms, Herbert	401
Dorneich, Julius	413, 418
Drewermann, Eugen	214, 439, 442
Droste-Hülshoff, Annette von	464
Droste-Vischering, Clemens A. von	68
Dürer, Albrecht	464
Dwinger, Edwin Erich	451
Dyroff, Adolf	96
Ebenhoech, Nivardus	110, 111
Edison, Thomas Alva	365
Eggers, Hans	538
Eichendorff, Joseph Freiherr von	247, 305
Engels, Friedrich	321
Erdberg, Robert von	91, 348, 353
Erzberger, Matthias	380, 383, 396
Ettle, Elmar	30
Evers, Herbert	412
Faulhaber, Michael von	154, 307, 451
Fell, Margret	25, 27, 545, 546, 548
Felten, Heinz	418
Fischer, Aloys	36
Fischer, Georg	40
Fischer-Erling, Josepha	293
Flex, Walter	227, 316
Flitner, Wilhelm	35, 36, 277

Forster, Karl	436
Förster, Wilhelm	94
Franco, Francisco	226
Freyer, Hans	411
Friedrich-Wilhelm IV.	68
Gadamer, Hans-Georg	53
Galen, Clemens August Graf von	81, 82, 215, 399, 426-428, 485, 514
Gentges, Ignatius	267, 557
Gerhardt, Paul	464
Gerlich, Franz	109
Geßler, Otto	501
Getzney, Heinrich	43, 390
Glasebock, Wilhelm	403
Glum, Friedrich	446, 475
Gobineau, Joesph Arthur Graf von	481
Goebbels, Joseph	104, 425, 481
Goethe, Johann Wolfgang von	247, 262, 449, 458, 534, 540
Göring, Hermann	81
Goritzka, Richard	544-547
Görres, Joseph	108, 193, 418, 462, 486, 497
Gösser, Max	294
Gottwald, Herbert	518, 566
Gregor XVI.	131
Gröber, Conrad	170, 412, 414, 514
Grosche, Robert	26, 49, 100, 101, 259, 268, 274, 280-283, 301, 389, 390, 396, 411, 430, 521, 524, 525, 543-548, 552, 555, 558, 560
Grothmann, Detlef	25, 93, 95, 100-102, 522
Gruber, Hubert	522
Grundtvig, Nikolai Frederik S.	86, 353
Gundlach, Gustav	395
Gurian, Waldemar	517
Hagemann, Walter	424, 425, 431
Hatzfeld, Johannes	559
Hebbel, Friedrich	243
Hegel, Georg Wilhelm Friedrich	472
Hehl, Ulrich von	29
Heidegger, Martin	53
Heim, Georg	108, 155, 356, 537
Heine, Heinrich	201, 449
Heinen, Anton	25, 26, 91, 94-96, 99, 101, 104, 260, 274, 333, 352, 355, 386, 436, 524, 525, 529, 530, 533-541, 548, 559
Heinz, Odorich	110
Heitzer, Horstwalter	25, 529, 531
Henn, Aloys	43
Henningsen, Jürgen	327, 348
Herder-Dorneich, Theophil	413
Herold, Karl	384
Herwegen, Ildefons	405, 411, 417, 514
Heß, Rudolf	414, 498
Heydrich, Reinhard	81
Hindenburg, Paul von	80, 162, 223, 224, 398, 406, 469, 478, 499, 501, 504-506, 534
Hirschmann, Hans	175
Hitler, Adolf	34, 78-83, 165, 167, 170, 215, 233, 235, 307, 365, 368, 394, 406, 407, 414, 416, 421, 429-433, 469, 471, 476, 477-484, 488-513, 520, 527
Hitze, Franz	75, 89, 322, 383, 385, 419, 436, 528, 536
Hohn, Wilfried	98, 102, 390, 391
Hohn, Wilhelm	436
Horn, Klaus-Peter	41, 42, 44
Hummel, Karl Josef	45
Hürten, Heinz	30, 80, 332, 333, 480, 522, 545
Innitzer, Theodorf	234
Jäger, Lorenz	116, 117, 325
Johannes XXIII.	80
Joos, Joseph	379, 392-399, 401, 402, 407, 440, 451, 514, 522, 555
Jörg, Joseph Edmund	418
Jostock, Paul	94
Jung, Edagr	547
Jünger, Ernst	312
Jürgens, Maria	538
Kaas, Ludwig	78, 79
Kaibach, Rudolf	460
Karg, Bertha	323
Kautz, Heinrich	42
Keckeis, Gustav	315
Keim, Helmut	27, 40
Keim, Wolfgang	21, 23, 34, 35, 38, 60, 61, 276, 289
Kerrl, Hanns	170
Kerschensteiner, Georg	43, 94
Ketteler, Wilhelm E. Freiherr von	71, 75, 87, 88, 234, 307, 322, 411, 417, 418
Klafki, Wolfgang	35, 37, 53-59, 61
Klasen, Franz	110
Klausener, Erich	81, 501, 503, 514, 547
Klein, Caspar	313, 528
Klein, Gotthard	25, 93, 521
Kleine, Richard	425-427, 430, 548
Kleist, Heinrich von	244, 247, 458

Klinkenberg, Heinrich 412, 416, 419, 517
Klöckner, Florian 397, 398
Kogon, Eugen 139, 412, 419, 437, 522
Koller, Pius 110
Kolping, Adolph 86, 87, 330, 354, 391, 418, 486, 498
Körner, Theodor 218, 242
Kösters, Christoph 214
Kraiker, Gerhard 171
Kraus, Franz Xaver 432
Kremer, Gerhard 352
Kuhne, Wilhelm 333, 538, 539, 541
Lagarde, Paul Anton de 288, 462, 550
Landmesser, Franz Xaver 139
Langbehn, Julius 252, 263, 275, 289, 290, 309, 310, 319, 550
Lasalle, Ferdinand 73, 88, 321
Laslowski, Ernst 263, 293, 563
Lautenschläger, Gabriele 426
Lehmann, Karl 61
Leo XIII. 74, 89, 131-134, 142, 180
Lessing, Theodor 454
Litt, Theodor 36
Lochner, Rudolf 370
Lortz, Joseph 425-431, 514, 522
Löwenstein, Alois Fürst zu 401
Lowitsch, Bruno 63, 64
Ludwig, Emil 108, 310, 377, 386, 389, 454
Lueger, Karl 481, 490, 491
Lüninck, Hermann Freiherr von 404
Luther, Martin 116, 426, 464
Lutz, Heinrich 349, 388, 390, 554
Manz, Georg Joseph 108, 109
Marschall, Bernhard 94, 98-105, 254, 255, 259, 262, 267, 283, 284, 328, 335, 356, 363-367, 370, 386, 396, 554, 555, 557, 558, 560
Martin, Konrad 71, 72
Marx, Karl 55, 56, 141, 321
Marx, Wilhelm 385, 404, 435
Mayer, Peter 162
Mehler, Ludwig 108, 110
Meißner, Alexander 362
Michel, Ernst 62, 64, 65
Mirgeler, Albert 411, 412, 437, 479, 544
Missala, Heinrich 32, 214
Morsey, Rudolf 45, 384, 416, 516, 521
Mosterts, Carl 387-389, 555
Mozart, Wolfgang Amadeus 464
Muckermann, Friedrich 105, 315, 395, 396, 523
Muckermann, Richard 362

Müller, Adam Heinrich Ritter von Nittersdorf 418
Müller, Dirk H. 25, 345, 521
Müller, Franz 419
Müller, Ludwig 493
Müller, Otto 398, 399
Müller-Commichau, Wolfgang 40, 41
Müller-Lönnendung, Ludwig 538, 540
Mussolini, Benito 166, 167, 394, 436, 454, 469-476, 482, 496, 513
Naess, Arne 56
Nattermann, Johannes 301, 390, 391, 425, 426, 427, 430
Nell-Breuning, Oswald von 395
Neumann, Klemens 256, 293, 354
Neundörfer, Ludwig 310
Nieder, Ludwig 338, 386, 436
Nietzsche, Friedrich 160, 458, 481
Niggemann, Wilhelm 24, 50, 92, 332, 333, 335, 337, 342, 357
Nohl, Herman 36, 37
Noske, Gustav 501
Nüdling, Ludwig 377
Nusser, Luitpold 361
Ohlenhusen, Götz von 301
Olazar, Juliana 121
Orsenigo, Cesare 417
Papen, Franz von 79, 80, 306, 390, 396-415, 422, 423, 428, 430, 437, 440, 478, 500-502, 514-520, 547
Parmentier, Michael 54
Patt, Helmut Joseph 25, 27, 94, 95, 101, 333, 480, 538
Paul VI. 124
Pesch, Heinrich 138
Piechowski, Paul 450
Pieper, August 25, 26, 91-96, 375, 386, 393, 430, 435, 436, 455, 488, 524-533, 537, 539, 552-554, 559, 562
Pieper, August Lorenz 527
Pieper, Lorenz 360, 527
Pilgram, Friedrich 418, 419
Pilsudski, Jozef 496
Pinsk, Johannes 411, 412, 544
Pius IX. 71, 72, 131, 377
Pius X. 76, 128, 151, 191
Pius XI. 120, 122, 123, 128, 191, 210, 255, 308, 395
Pius XII. 79, 82, 124, 132, 417, 514
Pöggeler, Franz 21, 24, 27, 49, 101, 293, 294, 373, 529-531, 538, 539
Poll, Maria 418

629

Pöpping, Dagmar 523
Probst, Adalbert 81, 501, 503
Quiroga, Javier 212
Rachl, Aidan 111
Radowitz, Joseph Maria von 418, 432, 435, 437, 438
Raederscheidt, Georg 339, 340
Rarkowski, Franz Justus 432, 433
Rauh-Kühne, Cornelia 30
Rauscher, Anton 139
Reifenberg, Peter 63
Reinermann, Wilhelm 330, 371, 418
Reisch, Erich 263, 264, 267, 342, 356, 370, 557, 563
Remarque, Erich Maria 312, 315, 316, 394, 466
Repgen, Konrad 45
Reuter, Ludwig von 499
Richter, Reinhard 33
Rittelmeyer, Christian 54
Ritter, Emil 25, 50-52, 65, 66, 96, 98-101, 239, 240, 244, 251-263, 273-278, 288-290, 299, 304, 309, 314, 319, 324, 328, 330, 353, 360, 361, 370-560
Röhm, Ernst 409, 501, 502
Rosenstock-Hussey, Eugen 63
Rossaint, Josef 323
Roth, Corbinian 430, 548
Ruster, Thomas 24, 33, 65, 214, 540, 545, 547
Sacher, Hermann 479
Sailer, Johann Michael 84-87
Salamun, Kurt 56, 57
Sandkühler, Hans-Jörg 56
Scheler, Max 94, 517, 521
Schelonke, Michael 32, 50, 58, 237
Schiller, Friedrich 247, 447, 449, 458
Schlageter, Albert Leo 227, 388
Schlegel, Friedrich von 417, 418
Schleicher, Kurt von 80, 501, 502
Schleiermacher, Friedrich 53
Schmaus, Michael 514
Schmidt, Expeditus 239
Schmidt, Konrad 538
Schmidt, Wilhelm 491
Schmitt, Carl 411, 412, 502, 522
Schneider, Egidius 559
Schoelen, Georg 373, 516, 521, 527-530
Schöningh, Hans 399, 400
Schorn, Auguste 418
Schrörs, Heinrich 535

Schröteler, Christian Joseph 282
Schulze, Winfried 39
Schwan, Gesine 39, 61
Seidenfaden, Theodor 273, 287, 299, 305, 310, 314, 328
Seitter, Wolfgang 349
Senestry, Ignaz von 71
Sieber, Markus 111
Siebertz, Paul 514
Sinzheimer, Hugo 63
Skladanowsky, Emil 360
Skladanowsky, Max 360
Sonnenschein, Carl 43, 78, 260, 327, 353, 378-380, 436
Sontheimer, Kurt 77, 276, 297, 306, 312, 441
Spael, Wilhelm 518, 521
Spahn, Martin 380, 390, 416
Spahn, Peter 383
Spann, Othmar 94, 390
Spranger, Eduard 35, 36, 94
Stapel, Wilhelm 461
Stark, Johannes 474, 475, 478
Steber, Franz 300
Stegerwald, Adam 78, 379, 384, 437, 438
Stoffels, Josef 543
Strasser, Gregor 481, 502
Tenorth, Heinz-Elmar 59, 60
Thun, Roderich Graf von 413-415
Tischleder, Peter 94
Tönnies, Ferdinand 94, 287
Trimborn, Karl 89, 383-385
Tucholsky, Kurt 454
Twickel, Rudolf Freiherr von 416, 517
Ullrich, Volker 45
Uphoff, Berthold 24, 333
Urbach, Dieter 27, 40
Velden, Johannes Joseph van der 102
Vetter, Marianus 267, 430, 548, 557
Vogelsang, Karl Emil L. Freiherr von 419
Vogelweide, Walther von der 305
Volk, Ludwig 83
Wagner, Richard 247, 286, 289, 449, 456, 458
Weber, Alfred 460, 466
Weber, Friedrich Wilhelm 221, 242
Weigl, Franz Xaver 43
Weismantel, Leo 252, 390
Weitsch, Eduard 358, 468
Weniger, Erich 35-37
Werfel, Franz 125
Wessenberg, Ignaz Heinrich von 85, 86

Wewel, Erich	109-111	Wulftert, Hedwig	538
Wilhelm, Theodor	36	Wurm, Alois	338, 339, 342, 455
Willenbrink, Bernhard	111-113	Wust, Peter	520, 521
Windthorst, Ludwig	89, 91, 437	Ziegler, Joseph	110
Wirsing, August	460	Zima, Peter V.	56
Wolff, Theodor	454	Zimmermann-Buhr, Bernhard	78
Wolker, Ludwig	388, 389	Zollner, Johannes Evangelist	110

STUDIEN ZUR BILDUNGSREFORM

Herausgeber: Wolfgang Keim

Band 1 Rudolf Hars: Die Bildungsreformpolitik der Christlich-Demokratischen Union in den Jahren 1945-1954. Ein Beitrag zum Problem des Konservatismus in der deutschen Bildungspolitik. 1981.

Band 2 Martin Fromm: Soziales Lernen in der Gesamtschule. Aspekte einer handlungsorientierten Konzeption. 1980.

Band 3 Wilfried Datler (Hrsg.): Verhaltensauffälligkeit und Schule. Konsequenzen von Schulversuchen für die Pädagogik der "Verhaltensgestörten". 1987.

Band 4 Gernot Alterhoff: Soziale Integration bei Gesamtschülern in Nordrhein-Westfalen. Längsschnittuntersuchung zu Veränderungen verschiedener Aspekte im Sozialverhalten. 1980.

Band 5 Dietrich Lemke: Lernzielorientierter Unterricht – revidiert. 1981.

Band 6 Wolf D. Bukow/ Peter Palla: Subjektivität und freie Wissenschaft. Gegen die Resignation in der Lehrerausbildung. 1981.

Band 7 Caspar Kuhlmann: Frieden – kein Thema europäischer Schulgeschichtsbücher? 1982.

Band 8 Caspar Kuhlmann: Peace – A Topic in European History Text-Books? 1985.

Band 9 Karl-Heinz Füssl/ Christian Kubina: Berliner Schule zwischen Restauration und Innovation. 1983.

Band 10 Herwart Kemper: Schultheorie als Schul- und Reformkritik. 1983.

Band 11 Alfred Ehrentreich: 50 Jahre erlebte Schulreform – Erfahrungen eines Berliner Pädagogen. Herausgegeben und mit einer Einführung von Wolfgang Keim. 1985.

Band 12 Barbara Gaebe: Lehrplan im Wandel. Veränderungen in den Auffassungen und Begründungen von Schulwissen. 1985.

Band 13 Klaus Himmelstein: Kreuz statt Führerbild. Zur Volksschulentwicklung in Nordrhein-Westfalen 1945-1950. 1986.

Band 14 Jörg Schlömerkemper/ Klaus Winkel: Lernen im Team-Kleingruppen-Modell (TKM). Biographische und empirische Untersuchungen zum Sozialen Lernen in der Integrierten Gesamtschule Göttingen-Geismar. 1987.

Band 15 Luzius Gessler: Bildungserfolg im Spiegel von Bildungsbiographien. Begegnungen mit Schülerinnen und Schülern der Hiberniaschule (Wanne-Eickel). 1988.

Band 16 Wolfgang Keim (Hrsg.): Pädagogen und Pädagogik im Nationalsozialismus – Ein unerledigtes Problem der Erziehungswissenschaft. 1988. 3. Auflage 1991.

Band 17 Klaus Himmelstein (Hrsg.): Otto Koch – Wider das deutsche Erziehungselend. 1992.

Band 18 Martha Friedenthal-Haase: Erwachsenenbildung im Prozeß der Akademisierung. Der staats- und sozialwissenschaftliche Beitrag zur Entstehung eines Fachgebiets an den Universitäten der Weimarer Republik – unter besonderer Berücksichtigung Kölns. 1991.

Band 19 Bruno Schonig: Krisenerfahrung und pädagogisches Engagement. Lebens- und berufsgeschichtliche Erfahrungen Berliner Lehrerinnen und Lehrer 1914-1961. 1994.

Band 20 Burkhard Poste: Schulreform in Sachsen 1918-1923. Eine vergessene Tradition deutscher Schulgeschichte. 1993.

Band 22 Inge Hansen-Schaberg: Minna Specht – Eine Sozialistin in der Landerziehungsheimbewegung (1918-1951). Untersuchung zur pädagogischen Biographie einer Reformpädagogin. 1992.

Band 23 Ulrich Schwerdt: Martin Luserke (1880-1968). Reformpädagogik im Spannungsfeld von pädagogischer Innovation und kulturkritischer Ideologie. 1993.

Band 24 Kurt Beutler: Geisteswissenschaftliche Pädagogik zwischen Politisierung und Militarisierung – Erich Weniger. 1995.

Band 25 Barbara Siemsen: Der andere Weniger. Eine Untersuchung zu Erich Wenigers kaum beachteten Schriften. 1995.

Band 26 Charlotte Heckmann: Begleiten und Vertrauen. Pädagogische Erfahrungen im Exil 1934-1946. Herausgegeben und kommentiert von Inge Hansen-Schaberg und Bruno Schonig. 1995.

Band 27 Jochen Riege: Die sechsjährige Grundschule. Geschichtliche Entwicklung und gegenwärtige Gestalt aus pädagogischer und politischer Perspektive. 1995.

Band 28 Anne Ratzki/ Wolfgang Keim/ Michael Mönkemeyer/ Barbara Neißer/ Gudrun Schulz-Wensky/ Hermann Wübbels: Team-Kleingruppen-Modell Köln-Holweide. Theorie und Praxis. 1996.

Band 29 Jürgen Theis/ Sabine Pohl: Die Anfänge der Gesamtschule in Nordrhein-Westfalen. 1997.

Band 30 Wolfgang Keim/ Norbert H. Weber (Hrsg.): Reformpädagogik in Berlin – Tradition und Wiederentdeckung. Für Gerd Radde. 1998.

Band 31 Hans-Günther Bracht: Das höhere Schulwesen im Spannungsfeld von Demokratie und Nationalsozialismus. Ein Beitrag zur Kontinuitätsdebatte am Beispiel der preußischen Aufbauschule. 1998.

Band 32 Axel Jansa: Pädagogik – Politik – Ästhetik. Paradigmenwechsel um '68. 1999.

Band 33 Susanne Watzke-Otte: "Ich war ein einsatzbereites Glied in der Gemeinschaft...". Vorgehensweise und Wirkungsmechanismen nationalsozialistischer Erziehung am Beispiel des weiblichen Arbeitsdienstes. 1999.

Band 34 Edgar Weiß: Friedrich Paulsen und seine volksmonarchistisch-organizistische Pädagogik im zeitgenössischen Kontext. Studien zu einer kritischen Wirkungsgeschichte. 1999.

Band 35 Reinhard Bergner: Die Berthold-Otto-Schulen in Magdeburg. Ein vergessenes Kapitel reformpädagogischer Schulgeschichte von 1920 bis 1950. 1999.

Band 36 Armin Bernhard: Demokratische Reformpädagogik und die Vision von der neuen Erziehung. Sozialgeschichtliche und bildungstheoretische Analysen zur Entschiedenen Schulreform. 1999.

Band 37 Gerd Radde: Fritz Karsen. Ein Berliner Schulreformer der Weimarer Zeit. Erweiterte Neuausgabe. 1999.

Band 38 Johanna Pütz: In Beziehung zur Geschichte sein. Frauen und Männer der dritten Generation in ihrer Auseinandersetzung mit dem Nationalsozialismus. 1999.

Band 39 Mathias Homann: Von der Heckerschen Realschule zur Kepler-Oberschule. Berliner und Neuköllner Schulgeschichte von 1747 bis 1992. 2001.

Band 40 Dietmar Haubfleisch: Schulfarm Insel Scharfenberg. Mikroanalyse der reformpädagogischen Unterrichts- und Erziehungsrealität einer demokratischen Versuchsschule im Berlin der Weimarer Republik – Teil 1 und 2. 2001.

Band 41 Karl-Heinz Günther: Rückblick. Nach Tagebuchnotizen aus den Jahren 1938 bis 1990. Von Gert Geißler zur Drucklegung ausgewählt und bearbeitet. 2002.

Band 42 Wolfgang Keim (Hrsg.): Vom Erinnern zum Verstehen. Pädagogische Perspektiven deutsch-polnischer Verständigung. 2003.

Band 43 Burkhard Dietz (Hrsg.): Fritz Helling, Aufklärer und "politischer Pädagoge" im 20. Jahrhundert. Interdisziplinäre Beiträge zur intellektuellen Biographie, Wissenschaftsgeschichte und Pädagogik. 2003.

Band 44 Fritz Helling: Mein Leben als politischer Pädagoge. Herausgegeben von Buckhard Dietz und Jost Biermann. 2006.

Band 45 Edwin Hübner: Anthropologische Medienerziehung. Grundlagen und Gesichtspunke. 2005.

Band 46 Christa Uhlig: Reformpädagogik: Rezeption und Kritik in der Arbeiterbewegung. Quellenauswahl aus den Zeitschriften *Die Neue Zeit* (1883–1918) und *Sozialistische Monatshefte* (1895/97–1918). 2006.

Band 47 Christa Uhlig: Reformpädagogik und Schulreform – Diskurse in der sozialistischen Presse der Weimarer Republik. Quellenauswahl aus den Zeitschriften *Die neue Zeit/Die Gesellschaft* und *Sozialistische Monatshefte* (1919–1933). 2007.

Band 48 Wolfgang Keim / Gerd Steffens (Hrsg.): Bildung und gesellschaftlicher Widerspruch. Hans-Jochen Gamm und die deutsche Pädagogik seit dem Zweiten Weltkrieg. 2006.

Band 49 Martin Dust: *„Unser Ja zum neuen Deutschland"*. Katholische Erwachsenenbildung von der Weimarer Republik zur Nazi-Diktatur. 2007.

www.peterlang.de

Nadja Bleil

Interkulturelle Kompetenz in der Erwachsenenbildung
Ein didaktisches Modell für die Trainingspraxis

Frankfurt am Main, Berlin, Bern, Bruxelles, New York, Oxford, Wien, 2006.
380 S., zahlr. Abb. und Tab.
Europäische Hochschulschriften: Reihe 11, Pädagogik. Bd. 942
ISBN-10: 3-631-55338-2 / ISBN-13: 978-3-631-55338-1 · br. € 56.50*

Diese Arbeit wurde für Praktiker der Erwachsenenbildung verfasst. Sie enthält theoretische Grundlagen interkultureller Erwachsenenbildung und Didaktik sowie Reflexionen sozialer und interkultureller Kompetenzkonstruktionen für die interkulturelle Trainingsarbeit. Die Theorieentwicklung wird durch Ergebnisse einer phänomenologischen Studie über Interkulturalität in der Arbeitswelt gestützt. Das Modell, welches für die interkulturelle Trainingsentwicklung zur Verfügung gestellt wird, enthält Voraussetzungen interkultureller Erwachsenenbildung, subjektive Theorien über Interkulturaliät und interkulturelle Kompetenz potentieller Adressaten, eine andragogische Definition von interkultureller Kompetenz sowie Hinweise zur Gestaltung von Lernprozessen auf unterschiedlichen Kontextebenen.

Aus dem Inhalt: Interkulturalität in der Arbeitswelt · Interkulturelle Andragogik · Interkulturelle Trainingspraxis · Soziale Kompetenz · Interkulturelle Kompetenz · Modell: Training interkultureller Kompetenz · Phänomenologische Analyse · Interkulturelle Zusammenarbeit · Soziale Gestaltung von Interkulturalität in Arbeitszusammenhängen · Interkulturelle Erwachsenenbildung

Frankfurt am Main · Berlin · Bern · Bruxelles · New York · Oxford · Wien
Auslieferung: Verlag Peter Lang AG
Moosstr. 1, CH-2542 Pieterlen
Telefax 0041 (0)32/376 17 27

*inklusive der in Deutschland gültigen Mehrwertsteuer
Preisänderungen vorbehalten
Homepage http://www.peterlang.de